江阴体育志

江阴体育志编撰组

方志出版社

图书在版编目（CIP）数据

江阴体育志 / 江阴体育志编纂委员会编. --北京 : 方志出版社，2019.1
ISBN 978-7-5144-3604-4

Ⅰ.①江… Ⅱ.②江… Ⅲ.①体育事业—概况—江阴 Ⅳ.①G812.753.4

中国版本图书馆CIP数据核字（2019）第036845号

江阴体育志

编　　者： 江阴体育志编纂委员会
责任编辑： 何明忠

出 版 人： 冀祥德
出 版 者： 方志出版社
地址　北京市朝阳区潘家园东里9号（国家方志馆4层）
邮编　100021
网址　http://www.fzph.org
发　　行： 方志出版社图书经销中心
电话（010）67110500
经　　销： 各地新华书店
印　　刷： 江阴金马印刷有限公司

开　　本： 889×1194　1/16
印　　张： 49.5
字　　数： 1289千字
版　　次： 2019年1月第1版　2019年1月第1次印刷
印　　数： 0001～1000册

ISBN 978-7-5144-3604-4　**定价：** 180.00元

《江阴体育志》编纂委员会

《江阴体育志》审稿人员

（姓氏排列不分前后）

王萍芳　王荣芳　纪晓华　成苏萍　邢　盈　江　勇　吴海英　李孜渊　李忠耘
李　宁　李俊伟　李缉宁　陈学超　苏一鸣　延克俭　何驰娟　张　海　张　健
赵修平　赵本金　季江宁　周　玲　周　乾　承　鸿　姜屹峰　俞也平　顾洪伟
谢　诚

《江阴体育志》审稿单位

江阴市委宣传部
江阴市史志办公室
江阴市委保密局

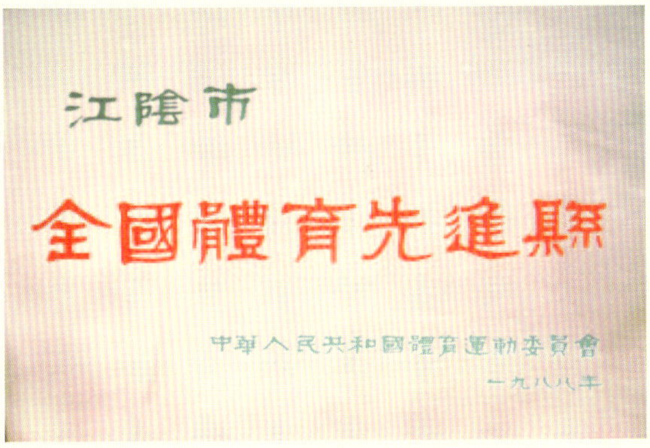
江陰市
全國體育先進縣
中華人民共和國體育運動委員會
一九八八年

江阴市 1996-2000 年度
全国群众体育先进单位
国家体育总局
二〇〇一年十一月

2003年全民健身周
先进单位

2004年全民健身周
先进单位

2001—2004年度
全国群众体育先进单位
国家体育总局
二〇〇五年十月

2005年全民健身周
先进单位

2006年度全民健身活动
先进单位
国家体育总局
二〇〇六年十二月

2007年全民健身与奥运同行活动
先进单位
国家体育总局
二〇〇七年十二月

2013-2016 年度群众体育先进单位

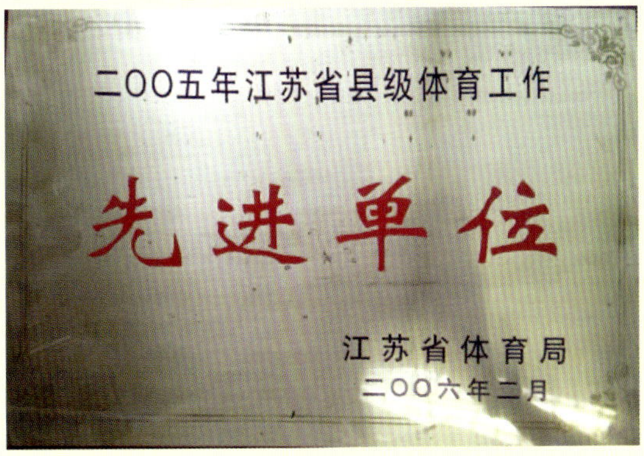

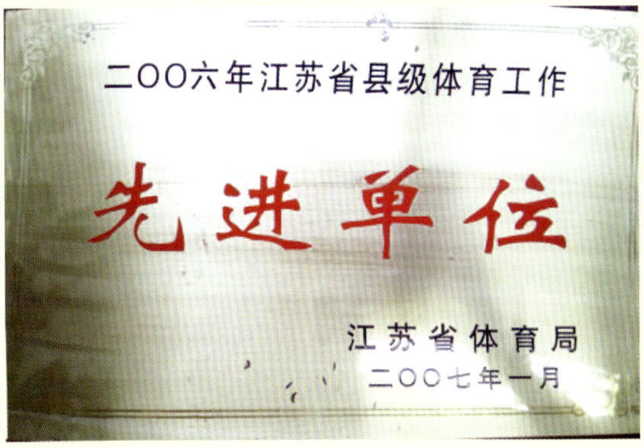

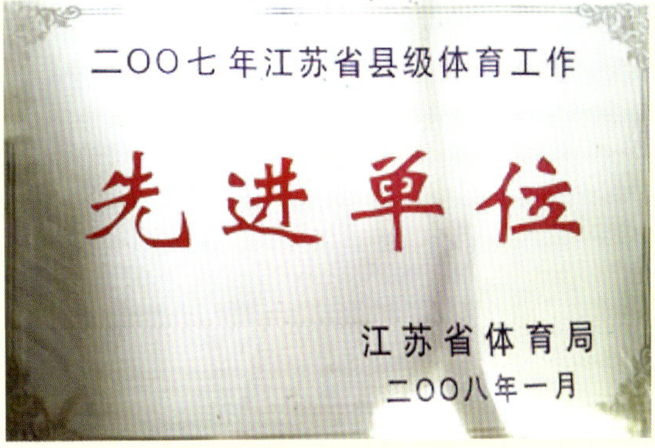

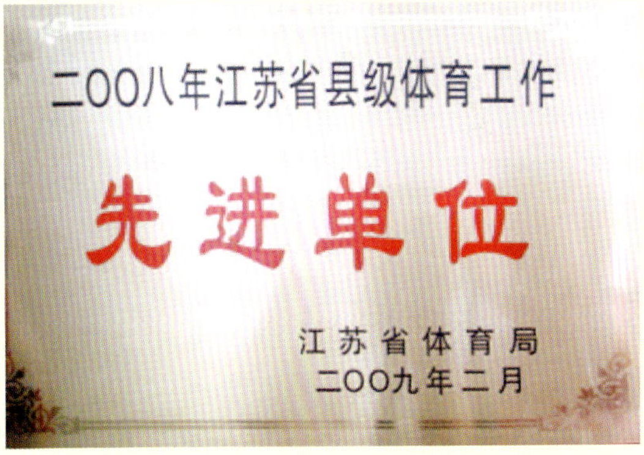

2019 年 1 月，荣获中国象棋协会 2018 年度赛事优秀合作单位

江阴市体育局
2010年体育彩票销售
突 破 3 亿 元
江苏省体育局
2010年12月

二00九年江苏省县级体育工作
先 进 单 位
江苏省体育局
二〇一〇年一月

二〇一〇年江苏省县级体育工作
先 进 单 位
江苏省体育局
二〇一一年一月

二〇一一年江苏省县级体育工作
先 进 单 位
江苏省体育局
二〇一二年一月

江 阴 市 体 育 局
二〇一二年度体育彩票工作
销 售 突 破 奖
江苏省体育局
二〇一三年一月

二〇一二年江苏省县级体育工作
先 进 单 位
江苏省体育局
二〇一三年一月

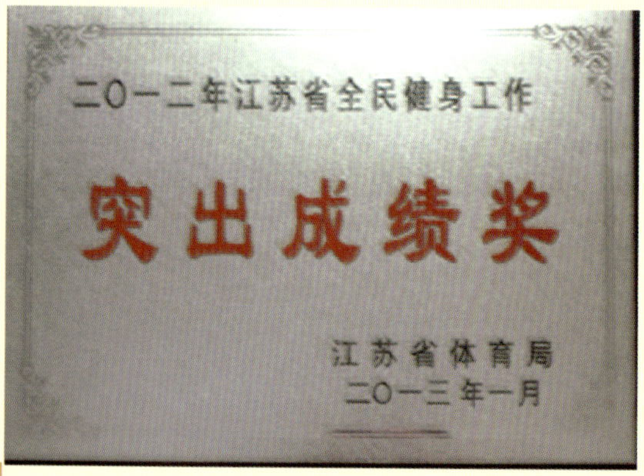
二〇一二年江苏省全民健身工作
突出成绩奖
江苏省体育局
二〇一三年一月

江苏省公共体育服务体系
示 范 区
江苏省体育局
二〇一五年四月

2016 年江苏省县级体育工作先进单位

2017 年度江苏省县级体育工作先进单位

2017 年度体育彩票工作先进单位

被评为 2015 年度绩效考核优胜机关

被评为 2016 年度人民满意机关

江阴首枚残奥会金牌获得者——龚彬

残疾人人龚彬，2003 年荣获第六届全国残运会女子坐式排球锦标赛冠军；2004 年获第十二届残奥会女子坐式排球赛冠军。

2008 年北京第二十九届奥运会
男子蹦床（个人）金牌获得者陆春龙

2014 年 7 月 5 日，在江苏省第十八届运动会青少年部男子足球甲组决赛中，江阴市男子足球队力克常州队夺得冠军。图为江阴市男子足球队员合影

2014 年 5 月 31 日，江阴市第二中学澄星女子足球队在江苏省第十八届运动会女子足球（甲组）决赛中夺得冠军

2014 年 7 月 28 日 -8 月 2 日，江阴高级中学男足在全国第十二届学生运动会中夺得亚军

2014 年 9 月 20-26 日，华士击剑队在江苏省第十八届运动会击剑比赛中夺得男子花剑少年乙组团体冠军、儿童组团体亚军。

1995 年 10 月 28 日，国家体委主任伍绍祖来江阴视察，并为市体育中心题额

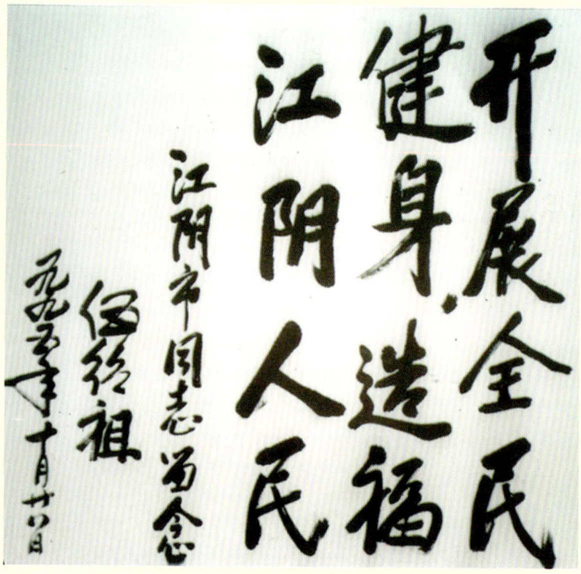

1995 年 10 月 28 日，国家体委主任伍绍祖来江阴视察时题辞

1995 年秋国家体委副主任刘告（前右二）在徐海峰（左一）副市长，市体委李任忠（前右一）主任陪同下视察华西村

1993 年 3 月 31 日，国际奥委会执委委员、中国奥委会副主席，全国体育总会副主席何振梁（中）与夫人（右二），在无锡市体委副主任潘多（右一），江阴市副市长曹建华（左二），市体委主任李仕忠（左一）陪同下视察江阴市体育。

1997 年 3 月 31 日，中国奥委会副主席、全国体育总会副主席何振梁（右）为江阴体育馆提额，江阴市体委李仕忠（中）主任、徐汝泉副主任陪同

2011 年江阴市体育局局长缪兴坤等领导陪同原国家女排主教练、现任福建省体育局副局长陈忠和参观体育中心

上图首排左五国家体育总局王钧副局长；右四国家体育彩票中心王卫东主任；左四省体育局殷宝林局长，颜争鸣副局长（右三）；左三江阴市王锡南市长等领导出席庆功会。

2012 年 10 月 31 日，江阴市副市长龚振东（左一）左二市体育局局长顾洪伟（左二）陪同国家体育局原副局长崔大林（右二），国家体育总局自行车击剑运动管理中心主任、中国马术协会主席潘志琛（右一）考察海澜国际马术俱乐部。

2012 年 11 月 5 日，市体育局顾洪伟局长（左）等领导陪同国家足协副主席薛立（中）教研江阴市二中女足

2014 年江苏省体育局陈刚局长一行视察江阴四方游泳康复产业有限公司

2014 年江苏省体育局陈刚局长一行参观海澜国际马术俱乐部

澄江街道迎奥运全民健身运动会

徐霞客镇首届体育运动会

周庄镇第二届全民运动会

2009 年竣工投运的市新体育场雄姿

2003 年建成的市新体育馆正面图

2011 年建成投运的市民水上活动中心外貌

1997 年投入使用的江阴体校大楼

1984 年竣工的江阴体育馆正面图

正在建设中的全民健身活动中心

中山北路江阴市老体育场西大门现状

江阴市门球场（江阴老体育场内）

改造后的江阴市老体育场一角

二、镇级（含学校、政府共建共享设施）

南闸街道体艺中心

顾山中学体艺馆

长泾中学体艺馆

云亭中学体育馆

民营企业投资的华士镇 天华体育馆

村级投资的华士镇 华西文体中心

周庄镇体育馆

青阳体育馆

璜土镇体育馆

新桥镇体育运动中心全景

江阴晨光体育俱乐部游泳池

众多的游泳馆之一（新桥体育健身俱乐部）

室内游泳池之一（江阴黄嘉喜来登酒店）

利港西范社区健身点

长泾和平村健身点

2015 年 1 月 7 日 全国游泳之乡揭牌仪式

（以上图片由城东街道提供）

江阴体育产业企业入栈 2016 年中国体育用品博览会之一单位（江阴市文明体育塑胶有限公司）展台一览

2014 年 10 月，江阴“苏南县域国家体育产业基地”揭牌

2015 年江阴市体育产业联合会成立大会

1995 年 10 月，举办万人长跑活动

2010 年 7 月澄江功夫扇

2011 年 10 月青阳现场会（老年人健身展示大会）

虎啸分会成立

新桥海澜马术表演

2008 年安踏全国女子排球大奖赛

2008 年镇级篮球比赛

2008 年中加女篮挑战赛

2010 年“中国国家队～德国勒沃库森队”国际足球邀请赛

2010 年徐霞客国际攀岩大赛

2010 年 NBL 国际男篮挑战赛

2011 年龙舟大赛（月城）

2012 年 361° 全国男子排球大奖赛

2011 年 10. 11-26 全国青少年艺术体操锦标赛

2012 年亚洲青少年乒乓球锦标赛

2012 年 361° 全国男子排球大奖赛

2014 年市委市政府举办江阴籍冠军运动员教练员庆功座谈会

2015 年“四方杯”年全国游泳俱乐部锦标赛

万球进校园系列（一）

（二）

足球名宿进校园

名宿校园育新苗

江苏省男子排球队进校园传教

象棋名宿进校园指导

江苏省马术队省地联办签约仪式
江苏省体育局　无锡市人民政府　江阴市人民政府　海澜集团有限公司
2009年8月24日
江苏省马术队

（一）

江苏省
徐霞客体操队　徐霞客蹦床队
徐霞客艺术体操队　徐霞客技巧队
冠名签约仪式

（二）

1957 年元旦江阴县人民体育场落成庆典

1958 年 12 月 25 日江阴体育代表团参加苏州专区第一届农民运动大会合影

江阴体专学校学生 1959 年 2 月 1 月参加苏州地区篮球锦标赛夺冠合影

1972 年江阴县举行中小学生田径运动会入场式

会徽

2017 年江阴市第七届全民运动会开幕式主席台

江阴市第七届全民运动会开幕式（一）

无锡市委常委、江阴市委书记陈金虎会见 2013-2016 年度江阴市群众体育工作先进集体和先进个人

注：本志书入书图照除署名外均由江阴市体育局提供

2015 年 5 月 27 日，四国男篮巅峰争霸赛

2016 年 8 月 13 日，奥林匹克文化中国行走进江阴

2016 年 10 月 23 日，江阴市第二届半程马拉松赛

2017 年 4 月 1 日，江阴周庄 2017 中国体育彩票全国象棋业余棋王赛启动仪式

2017 年 4 月 8 日，四方杯全国游泳俱乐部锦标赛

江阴市学生”人人学会游泳“三年行动计划（2015˜2017）

2017 年 4 月 16 日，中华人民共和国第十三届运动会男子足球 U18 预选赛江苏江阴赛区

2017 年 5 月 13 日，第七届足球联赛

2017 年 6 月，江阴市首届全澄欢乐跑

2017 年 11 月 5 日，江阴市徐霞客半程马拉松赛

2017 年 11 月 26 日，第四届乒乓球团体积分排名赛

2018 年 1 月 13 日，U23 亚洲足球锦标赛

全民健身馆全貌

2019 年 1 月 1 日，江阴市全民健身馆羽毛球场

江阴市全民健身馆篮球场

江阴市全民健身馆乒乓球场

江阴市全民健身馆网球场

2019 年 1 月 1 日，全民健身馆开馆全体人员合照

序

历经5年时间的精心编纂，首部《江阴体育志》终于辑成并付梓出版，这是江阴体育事业发展史上一项重大成果。江阴地处江尾海头，素为控江扼海军事重地。江阴人历来尚武崇文，华夏国术的军事体育和民间体育，春秋时期即盛行并承传至今，藉以保家卫乡，可谓历史悠久，源远流长。江阴体育事业整体发展始于新中国成立，经过数代江阴体育人敢为人先的团结拼搏，在各个时期都曾先后获得诸多省级和全国性荣誉，塑就了与“人心齐、民性刚、敢攀登、创一流”江阴精神一脉相承的江阴体育人精神，凝练出“为城市发展添光彩，为百姓健康谋福利”主旨，为助力经济社会发展做出了应有的贡献。为客观记述江阴古今体育发展，供后续借鉴和参阅，遂于2012年夏着手组编此志。

首部《江阴体育志》着眼于挖掘古代体育历史，浓墨于学校体育、竞技体育、群众体育活动实绩，侧重于江阴地区亮点体育项目，秉持详今略古之原则，繁简有别，章法严谨，体例完备，考证详实，较为客观地反映了江阴体育发展史。五年间，编纂人员面对资料短缺等系列困难，发动江阴文人贤达，广集博览江阴体育古今史料，尊重历史，辛勤笔耕，终梳理著成，实属不易。

《江阴体育志》的辑成面世，既凝聚了编纂人员的辛劳，也是全局干群支持配合的结晶。同时得到了市各有关部门、各镇（街道）、各中小学校、体育单项协会倾力支持，无偿为志书编撰工作提供了大量珍贵的史料和诸多专业性建议。特别是市史志办，编撰期间投入了大量精力，提供了精细的业务指导。值此志书出版之际，谨代表江阴市体育局向所有关心、支持本志编辑的单位和个人致以最诚挚的谢意!

由于前期历史记载不够详尽，部分资料短缺、收集难度较大、差准核实困难，导致编纂时间冗长，故部分内容记述到2015年，近年大事要事仅以彩页配图的形式展示。书中疏漏在所难免，不足之处诚请社会各界斧正。

江阴市体育局

凡 例

一、本志以马克思列宁主义、毛泽东思想、邓小平理论、“三个代表”重要思想、科学发展观，习近平亲时代中国特殊社会主义思想为指导，坚持历史唯物主义和辩证唯物主义，坚持实事求是原则，记述江阴体育历史与现状之史实。

二、本志遵循“详今略古、统合古今”之原则，上限因事而异，适当追溯；下限断至2015年底，大事记和重大事件延伸至截稿之日。

三、全志以“目录”“综述”“大事记”等为卷首，以起到提纲契领、开卷了然之效。有关章节前设无题概述，用于综述始末。部分章节后配“附录”。卷末为“志余”，收古今体育史料、文献、趣闻、轶事等内容，以补正文之不足，增加其知识性、可读性、趣味性。

四、本志采用记、志、述、录、图、表诸体例，以章、节、目为主要层次结构，横分门类、纵述史实；以编年体与纪事本末体相结合之程式，综述江阴市体育工作的大事要事。

五、本志恪守述而不论之原则。事例保持原意，文字略加修理，均按文本原意据实入志。

六、本志资料来自局、乡镇、部门和馆藏档案资料与征集到的相关史料，一般不注明出处。

七、历史纪年：辛亥革命前用朝代年号，辛亥革命后用公元纪年。记述中的“解放前”和“解放后”的界限，以1949年4月23日江阴市全境域解放日为界。

八、人物入志标准：遵循生不立传原则，凡已故体育界江阴籍历史人物入“人物传略”；凡获奥运冠军荣誉者及著名人物入“人物简介”；凡获世界冠军、国家冠军，国际和国家级运动健将，在体育事业中作出突出贡献者入“人物名录”。

九、竞赛得奖个人入志标准：县（市）级选第一名入志；地市级选前三名；省级选前六名；国家级及以上选前八名。

十、体育特色学校入志标准：凡本志书截稿日期前获省级以上传统项目示范学校称谓。取得显著业绩和取得突出成绩的农村小学附于节末。

十一、本志行文中涉及的专用名词，在第一次出现时用全称，其后重复出现时则用简称，例如“无产阶级文化大革命运动”，简称“文化大革命”；“江阴市第二中学”简称“江阴二中”等等，以此类推。

十二、本志的数量记述按1999年12月国家技术监督局发布的《出版物数字用法的规定》；历史纪年按上海辞书出版社出版的《辞海》公布的标准。

十三、本志资料的下限截止时间为2015年年底。

目 录

概　述

江阴，位于长江下游，太湖平原北端，北枕长江，南连太湖，东近上海，西接常州，境内水道纵横，通江达海，交通发达，土地肥沃，气候宜人，物产丰饶，素有鱼米之乡盛誉。历史上江阴有33座半山屹立在海江边，形成“枕山负水”“水环峦拱”的“锁航要塞”之军事重镇。南朝梁时以邑治居于海、江之阴而名江阴，简称澄。

江阴有7000年人类生息史，5000年文明史，3800年建城史，2500年文字记载史，1700余年建县史。江阴唐代以前属古扬州辖，建制曾为郡、为国、为军、为路、为州，历经变迁，公元1367年恢复县建置后均以江阴为名。1949年4月23日江阴全境解放，属苏南行署常州专区，1953年恢复江苏省建置后改属苏州地区。1983年3月实行市管县体制，改属无锡市。1987年4月23日，撤县建市，仍为县级建制。全市总面积986.97平方公里，辖澄江、临港、云亭、南闸、城东5个街道和璜土、月城、青阳、徐霞客、华士、周庄、新桥、长泾、顾山、祝塘10个镇。2015年年末，全市常住人口163.7万人，其中户籍人口124.1万人，外来暂住人口39.6万人，实现地区生产总值2880.86亿元，实现一般公共预算收入218.92亿元。

一

江阴体育在民国以前主要以民间体育和学校体育为基础。江阴祁头山遗址出土文物和石器时代的石斧、石箭，考证7000多年前先民们在江阴这块海边的山区湖泊大地上，过着勤劳的刀耕火种、捕渔打猎的原始生活，繁衍后代，留下了远古时代的文物遗存，留下了人类的历史文明和远古体育文明。

3800多年前的夏朝中后期，一座雄伟的古城屹立在东海边，护卫着这里东夷氏族方国先民们的安全，代表着这里行政、军事建置的存在，这就是当今引起国内外共同聚焦、关注、神秘的江阴佘城遗址、花山遗址。据初步出土的部分青铜器兵器和青铜冶炼设施，鉴证佘城为夏商两朝中王都古城战争历史和体育在江阴句吴国的远古历史。史载孔子的七十二弟子之一言（偃）子，曾在江阴定山山麓设学辅教，以“礼、乐、射、御、书、数”为基本教学内容，世称“六艺”。江南地区每年秋季“诸射”会考，考核射箭、骑马、驾车技术，突出礼和武学，为春秋时代的江邑培养了不少军事人才（古有言子墓、言子祠，现代有宗言村），成为江阴古邑在春秋战国时期体育沿革史的历史依据。

秦汉时期，长江入海口尚在镇江、东外为大海湾，江阴处于长江口外南岸东海边。历史上这里海贼、盐盗、湖匪侵扰猖獗，为地方一大危害，守暨阳边将莫宠于长寿筑莫城，率乡丁兵勇抗御，军事体育为当时暨阳乡的主要体育活动。吴大帝孙权嘉禾年间（232–238年），命黄祖在江阴香山建练武场，设箭垛八百座，操练兵勇民壮。在海边马驮沙岛（即今靖江市）置军马养殖场，并于江阴诸山巅增设烽火台，命大将凌统镇守这一战略要地，卫护京都建业之安全（凌统殁后葬江阴青阳镇）。另据史载，因东汉末年“党锢之祸”、西晋末年“八王之乱”，曾出现两次历史大规模的人口南迁，其中以西晋末年的“永嘉南渡”为最烈。大量的北方人民南迁江阴，带来了北方地区的农耕技艺，也带来了中原地区的体育文明和体育文化，丰富和提升了江南地区的体育内涵和品位，军事体育开始向养生方面发展，从而加速了江阴地区体育繁荣发展的进程。

唐宋时期，特别五代十国时期，由于广泛推行武举制，促进民间练武活动广泛深入展开，夯实了民间的崇武基础，江阴地区的民间体育活动主要以军事体育为重，辅以健身养生等活动。宋代文学家苏轼曾隐居江阴香山，创编了一套健身气功“香泉功”，盛行于江阴及周边地区民间。宋时，水军统制陈浚在县治东南辟水军教场，武员操阅于此。元朝至正二十三年（1363），武举赵立倡义举、募义民，定于中秋节杀“鞑子”，城乡百姓互相呼应，凶残的元兵被江阴的乡兵义勇赶出江阴。这在历史上是少见的，体现了江阴人的忠义品性和重文崇武、保家卫乡的胸怀。

至明代，由于倭患不断加剧，朝廷加强了对江阴民间的武备训练，以减轻倭患的危害程度。弘治六年（1493），江阴募民壮数千名，进行针对性的武术培训，较大程度地提高了民间抗倭保家园的作战能力。正德元年（1506），推官伍文定在君山建教场，面积25.91亩。用于操演民壮，成为明、清武臣大阅及习武、考拔武童之地，称君山校场，又称大校场。嘉靖五年（1526），江苏巡抚陈延恩举议，每男丁犒银7两2分，充入习武，措办拳场，以御外侮。由于官民协力同心，全民习武，保家卫乡，明朝至清前期江阴民间的习武热潮持续了几百年，对清末民国的民间习武带来深远的影响。人们也由此敬仰，牢记江阴人在顺治二年（1645）那场81天抗清，城破宁死无一人肯降的英勇悲壮的历史往事。据江阴文史记载，连李寄这个文弱穷书生，也奔忙于出生地敔山湾，组织乡民义勇保卫家乡，配合江阴城里义军抗清。

江阴民间徒手、器械武术流传甚早。汉以后海贼倭寇肆虐中国沿海地区，四乡大受蹂躏，江阴因属军事重地尤烈，乡民用以强身自卫的武术活动得到提倡和盛行，尤以东乡的北涸、顾山、长泾、文林、河塘和西乡的申港、西石桥为盛。每于冬春农闲时，利用场头、空房、庙宇、祠堂、自发组织拳场，师徒相授，苦练拳棒，甩石锁、抓石笋、举石担、打皮砂袋、打马鞍石、站梅花桩等，常杂陈刀、枪、剑、棍等国术器械，比武打擂，促进各门派的武术交流和提高，经久不衰，流传至近代解放初。在北涸有每年三月廿七、廿八的划龙船比赛，在船头上表演短打拳术及器械，锣鼓喧天，热闹非凡，实际上是一个水面上的国术运动会。据考证，这种与苏州相同的为纪念伍子胥之别具一格的龙舟（拳船）赛，在国内龙舟赛中鲜见。因民间习武勤而广泛，是以名家辈出，明清之际江阴连续出14位武进士，尤以清顺治九年（1652）至康熙八年（1669）的17年间，连续出9位武进士和数十位武举人、武秀才，为江阴一时之盛。清嘉庆、道光年间的东外河北街的龚闻海及其弟子吴瑶田、闸桥河下诨名“铁脚”王高的闸夫等一批武术高手，都身怀绝技，名震江邑及周边地区。

二

民国时期是江阴近代体育发展的成熟时期，江苏省级的体育比赛也已经十分频繁。据史料记载统计，部分学校在某些项目上出现优势，据《江苏省体育志》载，江阴的南菁中学与扬州中学、金陵中学的若干田径项目，曾经常称雄于全省性运动会。从民国初至1920年，举行“省中等学校联合运动会”6次。1928年4月至1931年5月的4年间又举行4次“省大学区中等学校联合运动会”。1928年4月，在江苏省第一届中等学校联合运动会上，江苏公立南菁学校11位选手夺得团体冠军，徐恕忠个人获全能冠军。运动员归来时，南菁全校师生整队出南门外3里的轮船码头欢迎，并于1929年5月7日至9日参加在南京举行的“中央大学区第一届民众业余运动会”。为了参加这一盛大赛事，4月17日在无锡举行三区（江阴、无锡、武进、宜兴、靖江五县）筹备会议，4月30日在无锡举行分区运动会，选拔优秀运动员。从1930年至1935年共举行4届江苏省级运动会（原计划1937年9月4日至7日举行第五届，因日军全面侵华而取消，同时取消10月份举行的“全运会”）。江阴县组团参加历届省运会，第四届省运会上（1935年9月12日—15日在省立镇江公共体育场举行），江阴派出20名优秀运动员参加比赛，其中以梁官松（队长）、陈瑜（副队长）及史济康、朱宝光等6员江阴足球悍将为主组成的二区足球代表队（江阴、无锡、武进、宜兴、溧阳5县）夺得省四运会男子足球比赛冠军，二区体育代表队夺得8个项目中7个项目的主名次，几乎囊括了这届运动会的好成绩，在全省参赛的61个县的8个区中引起轰动。在民国时期的十次全省中等学校联合运动会上，江阴南菁中学运动员在个人竞技中得分最多，屡获田径项目佳绩。其中江阴田径运动员黄德成被选为江苏省田径代表队队员，参加第五届全运会比赛。江阴县运动员在省级的4届运动会上的足球、田径、武术、举重、游泳等项目上均取得过好成绩，尤以足球、田径、武术等项目，令人刮目。

江阴的足球运动起步较早，普及面广。民国初年，李仲彬、姚初宝等人建成“市桥足球队”，吸引了一批江阴足球爱好者，经1929年江阴煤栈梁官松组成“工余足球队”后，在其影响下，各地足球队蓬勃发展。有“记者”“利用”“黑牛”“商联”“澄友”“神锋”“正气”“北雄”“工联”“南卫”（后改为忠义）、“农联”（后改为农锋）、“清风”“东联”“星联”“澄汇”“公余”等球队相继成立。至1949年解放前，这些足球队球赛不断，球艺大有提高，经常邀请无锡“无畏”“记者”“乐群”“锡青”足球队和上海新新公司足球队、麦加利中学足球队等周边县市足球队来澄进行友谊赛，切磋球技，在江阴形成一股足球热，对解放后江阴的足球持续发展带来深远的影响。

抗战胜利后，1945年11月12日，江阴县政府隆重举行纪念孙中山诞辰八十周年庆祝典礼，在县立公共体育场举行全县中小学生“胜利杯”篮球锦标赛。同月25日，为提倡冬季运动，全县中心国民学校分别举办全县小学暨民众跳绳、踢毽比赛。1946年1月，全县校长会议议决，举行抗战胜利后第一次全县中小学暨民众春季运动会。是年，江阴县体育协进会、正气体育会、忠义体育会相继成立。10月，由江阴县政府重建中正体育场（原君山大校场），有司令台、篮球架、足球架、排球架等设施。是月30日，举行中正体育场落成典礼，并举行“中正杯”篮球、足球赛。是年起，江阴初中恢复童子军课，高中恢复军训。同年11月11日，江阴青阳区在青阳中学旧址举办秋季运动会。全区各小学生选手800余人参加了运动会赛事，表达江阴人民对打败日本侵略者和赢得反法西斯战争胜利的喜悦心情。

三

新中国为体育事业发展提供了良好的社会环境，体育由此长期被作为实现民族复兴和国家富强的重要举措，视为体现人民权利和国际地位的象征，成为展示国家和民族形象的舞台。

1951年12月起，江阴在部分中等以上学校推行《冬季体育锻炼标准》和试行《劳卫制》。在工厂、机关推行广播体操、足球运动，农村因地制宜发展篮球运动，进行小型比赛。1952年春，江阴县第一届体育运动大会在县人民大会堂举行。表演项目有国术类、骑射类、举掷类等，竞赛项目有石担、石锁、跳绳、踢毽子等民俗传统体育项目。1954年6月，江阴县人民政府在司马街62号兴建县人民体育场，1957年6月建成投入使用，为解放初期县体育中心所在地。1955年12月，成立工人俱乐部委员会，有组织地开展职工体育活动。1956年4月28日，成立江阴县体育运动委员会，副县长顾秉钧兼任江阴县体委主任。是年，千人以上的利用纱厂建立体育协会，百人以上的工厂建立体育锻炼小组，全面推行广播体操。每季度开展一次地区性或行业性的工人足球或篮球比赛，每年举行一次全县工人田径运动会。未成立体协的由各单位工会俱乐部组织以体育运动队形式，开展足球、篮球、乒乓球、象棋等项目的体育活动。

1958年5月1日至2日，在县体育场举行全县职工运动会。是年12月下旬，江阴派出80余人的体育代表团参加“苏州专区第一届农民运动大会”，夺得男子篮球第二名等三块奖牌、奖旗的好成绩。1959年，县体委与黄山部队在江阴东乡双山沙岛（1962年划沙洲县）举行“横渡长江”游泳活动（终站至对岸德积公社）。“文化大革命”之前这一段时间内，江阴民间足、篮、乒乓等球类活动很活跃。至1964年，澄江公社就有14个足球队、23个篮球队、35个乒乓球队。1964年8月，江阴县被确定为全省开展足球运动的重点地区之一。1965年，上海市的一个足球队慕名到江阴，指名要与江阴星联足球队决一高下，结果大败而归。当时，苏州地区拥有8个县的足球人才，但地区足球队主力大部分是江阴人。时年，全县有篮球队600多个，其中尤以璜塘、峭岐、璜土、西石桥等公社较突出。据《璜塘镇志》载，璜塘公社18个大队有篮球场111片，其中青墩大队11个自然村竟有17片普通篮球场。染织一厂、纺器厂、併线厂还成立女子篮球队。在众多篮球队中有一个“满天飞篮球队”，曾多次受邀去苏州、常熟、无锡、武进等外县、市参加比赛，名声大振。因璜塘古称“金凤乡”，“金凤满天飞”成了赞誉这支球队的美称。1965年县农民运动会上，璜塘公社代表队获得团体总分第一名的好成绩。由于当时台海形势紧张，从学校到农村，工厂到企事业单位，体育训练以射击、投弹、通信、游泳、刺杀、长跑等军事体育为主，民间的民俗体育之打拳、摔跤、石担、石锁、爬杆、气功、舞枪、弄棒、打马鞍石等国术活动又一度兴盛。

传统的武术，新中国成立后又有发展。1952年，江阴县举行民族形式的体育表演大会，项目有摔跤、舞剑等国术表演。1958年12月下旬，江阴县武术队员参加苏州专区第一届农民运动大会，夺得好成绩。民间武术在人民公社化后的一段时间里处于低潮。一直到1974年，华西大队成立小武术队，此后10多年间，为到华西大队参观的国内外来宾献技450多场次，颇有声誉。1976年元旦，举办县农民武术运动会，以后多次举行武术选拔赛。1977年8月，在吴县木渎举行苏州地区武术比赛，江阴获团体冠军。1978年至1982年，江阴县体委先后聘请拳师举办7期武术骨干培训班，培训415人。1982年后，由江阴武术协会辅导拳术、散打、剑术、掌术等武术，培养儿童武术新秀，先后成立20多个儿童小武术队，至1987年共培训1800多人次。原有民间武术基础较好的地区，以老带新，使民族传统体育活动得到保持和弘扬。

1966年至1976年的“文化大革命”时期，受政治运动和路线斗争影响，体育活动开展受到影响，各省、市、专区级的竞赛活动暂停，小型竞赛和业余训练也只能作适当安排，暑假不组织体育教师和运动员的集训活动。后由于受国际形势影响，毛泽东向全国人民发出“要准备打仗”的指示。1970年9月29日，江阴县举办军体运动会，项目有刺杀，步兵班进攻和球类等军事体育项目。1974年5月，为迎接江苏省第八届运动会召开，江阴县在县体育场举行田径运动会，有工人、农民、学生2177人参加比赛（注：本届田径运动会曾被误认为“江阴县第四届运动会”，经本编撰组考证，现已纠正）。1976年1月，江阴县革命委员会在县体育场举行农民体育运动会，比赛项目有广播体操、武术（拳术、刀、剑、戟、棍）、石担、石锁、拔河、爬竿、爬绳、舞马叉、拗手劲、引体向上、俯卧撑等项目。“文化大革命”期间的学校体育课改为军体课，而一些“语录操”“忠字舞”“游泳”“武装囚渡”等“革命性”体育活动成为热门，替代了常规性体育项目，形成一种具有特殊政治色彩的群众体育。

四

1978年至1980年的三次全国体育工作会议，标志着我国以竞技体育为中心，“思想一盘棋，组织一条龙，训练一贯制”举国体制的正式形成。1984年，中共中央发布了《关于进一步发展体育运动的通知》，第一次明确提出建设体育强国的目标。国家体委于1986年4月15日颁布了《关于体育体制改革的决定（草案）》，拉开了我国体育体制改革的序幕。根据中央文件精神，江阴市结合多年体育发展较滞后的现状（1983年在省首届县组织田径赛上，江阴列全省64个县之第59位），找差距、挖潜力、定措施。加大体育设施投入，打好本县足球强项翻身仗，推动其他体育项目加快发展。

足球是江阴体育的传统强项，自民国初至“文化大革命”前享誉江南体坛。“文化大革命”结束后，江阴足球爱好者又掀起运动热潮，引人注目的“李家班足球队”，由李氏一门四代16人组成，赢得了“足球世家”的美誉。江阴足球注重从小抓起，从娃娃中培养足球苗子，形成五级足球梯队，最小的“宝宝队”队员7～8岁。20世纪80年代开始，江阴县就有了小学女子足球队，这在国内是很少见的。江阴县实验小学等一批学校的努力实践，为江阴县（市）体校源源不断地输送了足球苗子和足球人才。1979年7月，江苏省体委再次确定江阴为江苏省足球的重点地区之一。1983年8月，江苏省足球工作会议在江阴召开。是年，江阴、徐州建立两个江苏省足球“小三队”，作为省运动学校的分班。1985年3月19日，江苏省体委以苏体竞第六号文件批复，同意江阴的“贝贝队”“萌芽队”“幼苗队”“希望队”等足球队，可以直接参加省举办的足球比赛。1986年，全县有足球队达355个，队员5435名，每年进行足球队升降级比赛已成制度。1988年之后的一段时期，江苏省足球队主力几乎一半是江阴籍球员。江阴一中和江阴二中的男女足球队向省足球队、国家女子少年足球队、国家女子青年足球队、国家女子足球队等输送了不少优秀的国家足球一级运动员、国家足球健将级运动员、国际健将级运动员，以及省足球队教练、国家女足教练。据数据显示，江阴市从1992年至2015年的23年间，体育运动员共有33人获得国家级及以上运动健将证书，其中足球运动员获得国家级运动健将证书的就有19人，占总数的一半以上，翁新芝2009年获国际级运动健将。从这些数据中，可以看到江阴足球的发展概况和取得的业绩。

被誉为“国球”的乒乓球项目，在江阴这块土地上也曾经辉煌。民国时期的上海，江阴人薛绪初乒乓球技已经堪称世界一流，一些国外世乒赛冠军都败在薛绪初拍下。弟弟薛伟初小他10岁，与杨瑞华、徐寅生、李富荣、张燮林等老上海队五员虎将，解放初即进入国家乒乓球队成为主力。1961年，第26届世乒赛第一次在中国举行，为打败世界乒坛秘密武器“弧圈形上旋球”，薛绪初、薛伟初兄弟俩一个送“情报”，一个作陪练，终于使中国乒乓球队夺得举世瞩目的第26届世乒赛中国首场胜利。1988年和1989年，月城人顾铁林教练利用与国家乒乓球队的特殊渊源，请世乒赛冠军庄则栋到月城办少儿乒乓球培训班，又请世乒赛冠军张燮林带了国家乒乓球女队到江阴表演和指导。1995年，又请来世乒赛冠军倪夏莲到江阴指导打球。2000年以后，倪夏莲还带了她的国外团队到江阴月城做过表演和指导，对江阴和月城的乒乓球运动发展起到了激励和推进作用。月城中心小学为此成为江苏省体育传统项目学校，月城少儿乒乓班培养出来的徐云飞、孙婷等一批队员先后成为江苏省乒乓球队的专业队员。

江阴特殊的军事地理环境，使传统国术源远流长，民间自发的武术、举重等活动遍布城乡。江阴的举重项目，在江苏省内也是强项，自1958年云亭木匠钱耀坤夺得苏州地区举重银牌后，后起之秀的林慧、张志成、藏伟在全省、全国乃至国际举重比赛中不断取得好成绩；武术运动更是成绩斐然，曾有多人夺得国际武术比赛金牌，提升了江阴体育的整体水平。

五

自1987年江阴撤县建市以来，经过持续不懈的努力和社会经济快速发展， 江阴体育取得了长足发展，1988年获“全国体育先进县（市）”，1992年再次获得这一荣誉。从1992年起，江阴年度获全国及以上的比赛金牌数量逐年显著提升。1994年，在省县组田径比赛中以乙级队第一名的成绩晋升甲级队。1998年，在第十四届省运会上，江阴队以总分281.93分，金牌和总分列全省县、市前列。1999年获江苏省“十佳体育先进县（市）”，并获得1996年至2006年“全国群众体育先进县（市）”光荣称号，取得了打好体育翻身仗的胜利。

进入21世纪，江阴体育发展驶入快车道，逐步实现了群众体育、竞技体育和体育产业的协同发展。

城乡公共体育健身设施建设一体推进 至2006年，村村体育健身工程建设居于全省县级领先水平；2007年完成市、镇、村“新四个一工程”，2008年出台学校体育设施向社会开放实施意见，2009年启动实施“镇镇游泳池”建设，2012年全市推进城乡一体的“10分钟体育健身圈”建设，每年投的健身器材费用达400余万元；2015年追加投入1000万元，完成“1000个健身点”的规范整治。自2002年至2011年，先后投入16亿元，建成新体育馆、新体育场、市民水上活动中心，标志着江阴体育设施向现代化高标准迈进，为全面实施《全民健身计划纲要》奠定了坚实的物质基础。据2014年第六次全国体育场地普查，江阴市的体育场地设施比第五次普照查有很大的发展。现有体育场22片、田径场10片、活动广场400片、小运动场66片、篮球场724片、3人制篮球场65片、篮球房20个、门球场36片、排球场28片、排球房4个、羽毛球场43片、乒乓球场66片、网球场37片、足球场9片、5人制足球场5片、高尔夫球场2片、体育馆20座、游泳馆23个、游泳池23只、羽毛球房30个、乒乓球室516个、棋牌室389个、台球房84个、健身房167个、综合房24个、健身步道473条、健身路径器材1124套、石锁活动场6片及其他体育硬件设施。至2015年年底，全市体育场地总面积438.4万平方米、全市人均2.74平方米，在全省县级市居领先水平。

群体赛事活动实现成体系全覆盖 社团组织网格化。从1988年成立第一个镇级体育协会，至镇（街）“3+2”体育协会全部建成，全市有市级单项体育协会36个，体育俱乐部近500个，社会体育指导员5157名。赛事活动体系化，马术、龙舟、健身气功等“一镇一品”特色群体活动日渐形成。江阴培育引导“三大品牌”“六大联赛”“九大系列”群体活动，不断推动赛事活动上规模、成体系，全市每年举办各级各类赛事活动达500余项次。

抓基层打基础，提升竞技体育整体水平 坚持以市业余体校为龙头，创新实施“体教结合”模式，逐步形成传统校、网点校互补的阶梯式训练网络，拥有省级以上体育俱乐部11个，无锡市级以上传统项目校35所。主动引入“省队市办”新模式，省马术队、象棋队先后落户江阴，1997–1998、1999–2000年龄组省男足队落户江阴高中，无锡市击剑、女子排球等项目入驻。每年举办中小学生的体育竞赛达10项以上，使竞技体育水平得到“质”的提升。

主动服务培养增强体育产业综合实力　2009年，国家和省、市相继出台关于加快体育产业发展实施意见，促进江阴体育产业大发展，逐步形成祝塘运动服饰加工、青阳球类生产、月城制艇、长泾运动器材制造、华士乒羽球制造等集聚发展，培育海澜马术、四方游泳、文明塑胶等一批体育产业企业。2013年获批建成国家基地以来，形成以月城龙舟、徐霞客户外休闲为重点的城南体育休闲旅游区。申报省级引导资金自2011年至今，34个项目获资助2360万元，连续6年居全省县级市首位。

承办大型赛事塑造江阴城市名片　从中山北路老体育馆承接全国乒乓球俱乐部联赛和各类表演赛，至2003年新体育馆落成承接全运会蹦床比赛、CBA联赛等国家级标准比赛，其间充分利用乡镇场地、设施资源，先后承办中华龙舟大赛、徐霞客国际攀岩大赛、环太湖自行车赛等赛事。“十二五”规划以来，组织承办国家级以上赛事由以前每年的3～5项提升至每年近10项，先后承办全国游泳俱乐部锦标赛、四国男篮争霸赛、全国NBL男子篮球联赛等赛事，尤其在足球赛事方面，为打造江阴这个足球运动城市名片奠定了基础。

市、镇（街）体育场馆运营稳健，保障有力　市体育中心自2012年以来建成“一卡通”消费系统，相继推出16个特定节假日向特定人群免费开放等一系列惠民、便民新举措，每年接待健身市民超120万人次，健身培训市民4000余人次，承办国家级及以上赛事5项以上，举办各级各类群体赛事活动100余项次。夏季游泳高峰期，创日接待泳客1万余人次的新高纪录，实现年销售额超3000万元。先后获评“全国场馆运营优秀奖”“全国群众游泳健身活动模范池馆”“全国冬泳先进单位”“江苏省十佳体育中心”等荣誉，经营成效在全国县级市起到示范和引领作用。同时，全市各镇（街）体育场馆全面有序向社会开放。

体彩销售保持全国县级市领先　江阴体彩从1998年，初始发行时的6台彩票机，至今在全市城乡已发展到307个销售网点，年销售量从最初的百余万元逐年跃升，2007年在全国县级市中率先突破亿元大关，2015年销量达到5.39亿元历史新高，累计筹集公益金近3亿元。多年来持续获得省体育局“突出贡献奖”的表彰，2015年获国家体彩中心通报表扬。

经全市人民和体育工作者的共同努力，江阴市自2001年至2012年连续获全国全民健身先进单位的表彰，2007年率先成为江苏省首批体育强（县）市，2008年成为全省体育基本现代化试点工作的三个（县）市之一，2010年至2015年获江苏省县级体育工作考评“六连冠”，2013年创建成功“苏南（县域）国家体育产业基地”，2014年获评“全国游泳之乡”和全国首个“足球啦啦操”进校园实验区，2015年成功创建首批“江苏省公共体育服务体系示范区”和“全国青少年校园足球试点（县）市”。2015年3月，全国青少年校园足球行政管理人员和校长培训班在江阴举行，江阴市体育局局长顾洪伟向大会发出“叫中国足球的崛起从江阴发起”的倡议，得到参加会议的全国同行们的共鸣和响应，激励着江阴人重振华夏足球雄风之情怀，彰显着一个县级市体育跨大步发展的风貌。

据不完全统计，截至2015年年底，江阴籍运动员有1人获残奥会冠军，2人获奥运会金牌，72人获得国家级及以上级冠军；有国际级运动健将1人，国家级运动健将33人，二级以上运动员322人；向地区、省、国家输送运动员863名；举办本县（市）大小赛事863次，承办国内外赛事315次；集体获得国家级荣誉70次，获江苏省级荣誉194次，获苏州无锡（地区）市级荣誉241次；个人获得国家、省、地（市）级荣誉共287次。获得地市级以上比赛金牌1763枚，银牌1578枚，铜牌1436枚。

“国运盛，体育兴”。体育是综合国力和社会文明程度的重要体现，关乎千家万户的健康，关乎人的全面发展，关乎一个城市的长远发展。通过江阴一代代体育人的不懈努力，奠定了江阴体育事业的基石。全市体育工作将立足群众多样化健身需求，大力倡导科学健身理念，建好群众身边的体育设施，健全群众身边的体育组织，丰富群众身边的体育活动，努力实现全市群众体育更快发展、竞技体育更高提升、体育产业更强规模，为高水平全面建成小康社会和“健康”江阴建设提供更强有力的服务保障。

大事记

夏商时期

域内佘城为夏中期一方国都城，祭祀、宴乐、游猎体育活动和学校体育在夏商时期的佘城区域内已经盛行。

春秋战国时期

周灵王二十五年（前547年），建邑立邦，江阴地属延陵邑辖。

孔子学生言偃在江阴境内定山东麓设学辅教，课程以“礼、乐、射、御、书、数”六艺为主。江南地区每年秋季“诸射”会考，考核射箭、骑马、驾车技术，其形式相同于近世的学校运动会。

域内于1983年、1984年相继出土的青铜削、青铜戈、青铜矛等商周时代的兵器，表明商周时延陵古邑军事体育活动已相当频繁。

秦汉时期

秦汉时，江阴地处东海岸边，物产丰饶，海贼、盐盗、湖匪侵袭猖獗。莫宠于长寿筑莫城抗御，军事体育为当时暨阳乡的主要体育活动。

三国时期

吴大帝嘉禾年间（232－238），孙权命黄祖在香山建练武场，设箭垛八百座；在江阴海边马驮沙岛（即今靖江市）置军马养殖场；并于江阴诸山巅增设烽火台，命大将凌统镇守这一战略要地，护卫京都建业安全。

五代十国时期

由于广泛推行武举制，促进民间练武活动，江苏地区涌现出王愚子、谢建、李长子、姚佶等一批武林高手。

宋

文学家苏轼（1037～1101）在隐居江阴香山期间，除撰写健身名文《上张安道养生诀谕》之外，还创编了一套健身气功“香泉功”（坡仙功），盛行于江阴及周边地区，并在香山留下“墨池”等几处文化遗址。

淳熙九年（1182），水军统制陈浚在县治东南辟水军教场，又称军教场，清称小教场，武员操阅于此。

明

正德元年（1506），推官伍文定在君山西北创辟君山教场，面积25.91亩，用于操演民壮。

称君山校场，又称大校场。

嘉靖五年（1526），江苏巡抚陈延恩举议，每男丁稿银7两2分，充入习武，措办拳场，以御外侮。

万历十年（1582），明神宗下令天下州县学，皆设武学生员，提学官一体考取。江阴自天启二年（1622）起，相继科考录取武进士。至清嘉庆四年（1799），江阴共有14位武举考中武进士。

清

乾隆年间（1736－1795），江苏武进周廷梅、刘玉环均为当时象棋名家，共创象棋毗陵派，广收门徒，江阴从学者甚众。

光绪二十九年（1903），农历十一月二十六日，清政府颁布《奏定学堂章程》，规定各级各类公立学校均开设体操科：每周小学3小时，中学2小时，高等学堂3小时，师范、实业学堂2小时。江阴各学堂，学校依章设置体操课。

光绪三十年（1904），县学士陈砚香发起，于城内民运巷底开工建设江阴县公共体育场，面积近4000平方米。首任场长沈松寿，继任场长陶荣书、张继周等。

1912年

南菁学校填平校西北面6亩余田作为操场。后逐步扩建，拥有周长300米跑道，足球、篮球、排球场，并有运动器械室。

1916年

10月25日，教师张镐在县立第九国民学校创建江阴童子军。

1917年

3月，江阴县公共体育场于城内民运巷底建成。

1918年

3月，县劝学所长祝丹卿筹资于公共体育场建筑场地，充实设备，修建房屋，建有田径场、篮球场、足球场和办公用房。

1919年

是年起，每年举行童子军大会操。

1922年

江阴贯彻《新学制课程标准》，体操课改为体育课。

1928年

春，由吴尚贤率领的11位江阴选手去南京参加江苏省第一届中等学校联合运动会，获团体冠军，徐恕忠获个人全能冠军。运动员乘船归来时，江苏公立南菁学校全校师生整队出南门外3

里的码头欢迎，轰动江阴。

1929年

江阴煤栈组成职工“工余足球队”，足球名将梁官松任队长兼教练，驰誉一时。

1930年

春，江苏省举行首次大检阅、大露营，江阴县中八团名列第三名。

3月18－23日，民国江苏省第一届运动会在南京举行，江阴运动员取得竞赛好成绩。

1931年

9月21－23日，民国江苏省第二届运动会在省立镇江体育场举行，江阴运动员取得田径等项目好成绩。

1933年

县高级中学一、二年级每周增设3节军训课，高中学生毕业前须集中军训3个月。

9月19－22日，江阴体育代表团，在省立镇江体育场参加民国江苏省第三届运动会的比赛。

1935年

1月1日，县立体育场举行国术表演大会，有青龙大刀、猴拳、罗家枪、单锏等31项国术表演。

9月12－15日，江阴体育代表团20名运动员，参加在省立镇江体育场举行的民国江苏省第四届运动会比赛。由江阴足球名将梁官松（队长）、陈瑜（副队长）和史济康、朱宝光等人组成的二区足球队，夺得省四运会男子足球比赛冠军；吴福元获摔角中量级第一名；杨东海获田径五项全能第二名；陶金保获1000米第三名；姚楚宝获踢毽（拖）第一名、（大跳）第二名。

1937年

12月1日，日军攻陷江阴县城，初具规模的县公共体育场上的体育设施和办公设施摧毁殆尽。

1941年

伪江苏省委在苏州公共体育场举行“伪第一届省运动会”，江阴田径选手许廷荣被选为参加1942年7月全国决赛的田径选拔赛选手。

1945年

11月4日，江阴县政府委任吴增起为江阴县立公共体育场场长，前往体育场向伪体育场场长谢沁仁接收，一一点验清楚，造具清册报核。

11月12日，江阴县政府举行纪念孙中山先生诞辰八十周年庆祝典礼，在县立公共体育场举行全县中小学生“胜利杯”篮球锦标赛。

11月，因体育场地狭小，办公室不敷，拟具计划，设置图样，组织筹募委员会，呈县核夺，并由参议会通过，将中山公园内已破坏不堪的中山堂，移建体育场办公室及活动室，原澄衷小学基地及土阜挑去铺平，扩充体育场场地。重建足球场、篮球场、排球场、网球场、乒乓球台，辟有200米跑道和器械区。

12月25日，为提倡冬季运动，全县中心国民学校分别举办全县小学暨民众跳绳、踢毽比赛。

1946年

1月，全县校长会议议决，举行抗战胜利后第一次全县中小学暨民众春季运动会。

9月5日，国民政府教育部订定9月9日为体育节。

9月29日，在中山公园荷花厅举行第一次中正体育场筹备会，决定将原君山大校场收回面积26亩，改建成中正体育场。

10月，江阴县政府重建中正体育场，有司令台、篮球架、足球架、排球架各一副。10月30日，举行中正体育场落成典礼，并举行“中正杯”篮、足球赛。

是年起，初中恢复童子军课，高中恢复军训。

1950年

建立等级运动员制度。

1951年

12月，在部分中等以上学校推行《冬季体育锻炼标准》和试行《劳卫制》。

1952年

1月19－20日，江阴县第一届人民体育运动大会在县人民大会堂举行。表演项目有国术类、骑射类、举掷类、技巧类等。竞赛项目有石担、石锁、跳绳、踢毽子。

1954年

县人民政府在司马街（62号）新辟体育场，占地46690平方米，建有400米中心跑道6条，足球场长100米、宽76米。为解放初江阴县体育中心所在地，1957年6月建成投用。

1956年

4月28日，成立江阴县体育运动委员会，副县长顾秉钧兼体委主任。

1958年

12月下旬，江阴县体育代表团80余人参加苏州专区第一届农民运动大会，获男子篮球、举重等项目的3块奖牌（旗）等荣誉。

年底，江阴县在体育场开办体育中专，招收男女学生90人，1959年年底解散。

1959年

2月1日，江阴县男子篮球队参加苏州专区篮球锦标赛，获冠军。

4月，南菁中学举行校运动会，刷新上届校运动会所有记录，破10项县纪录。

11月，为庆祝新中国成立十周年和江阴县解放十周年，在人民体育场举行江阴县第二届人民体育运动大会，参加运动会的有农村、工厂、机关、学校个人或团体，闭幕式在工人俱乐部（现工人文化宫）举行。

1960年

3月，江阴县再次开办体育中专，招收男女学生90人，一年后并入江阴师范，至毕业而终止。

1963年

2月，根据省体工会议精神，建立澄江镇青少年业余体校，有田径、体操、足球、乒乓球4个班。

是年，澄江镇组织职工篮球和排球比赛，江阴一中教工篮球队和排球队获冠军。

1964年

8月，根据国家体委“大力开展足球运动，迅速提高技术水平”的决定，省指定江阴县为全省开展足球运动的重点地区之一，举办青少年业余体校，由文教局局长牟达兼任校长。

同月，苏州专区决定，在江阴县青少年业余体校暂设足球班。

10月，澄江镇民办初中3个年级中成立20个小型足球队和10个女子乒乓球队。

1965年

11月20日，江苏省组成参加第二届全运会体育代表团。第一分团由男排一、二队，女篮二队、体操队、击剑队、举重队、乒乓球队共81人组成（其中女24人），由南京体育学院副院长张凤扬任分团团长，王云山为副团长，到江阴巡回汇报表演。

1966年

6月27日，江苏省体委转发国家体委《关于停止执行运动员、裁判员等级制度的通知》。江阴执行文件精神，停止执行运动员、裁判员等级制度。

7月27日，江苏省体委通知：为保证“文化大革命”运动开展，各省、市、专区级的竞赛活动暂停；小型竞赛、业余训练作适当安排；军事野营和游泳活动，按人委批转省体委和省军区司令部的联合报告的精神执行；暑假不组织体育教师和运动员的集训活动。

是年，于体育场南端建司令台。

1969年

6月1日，江阴县体育运动委员会由中国人民解放军江苏省江阴县体育军事接管组接管。

是年，江阴县体育军事接管组编写出版《体育战线》第一至第六期。

1970年

9月29日，江阴县革命委员会举行江阴县军体运动会，时间一周。运动会项目有：刺杀、广播操、负重赛跑、拔河、投手榴弹、跳高、跳远、200米障碍、篮球、足球、乒乓球、步兵班进攻等军事体育项，工人、农民、学生参加运动会。

1971年

10月15－18日，苏州专区政工组，专区体育军事接管组召开各县中、小学体育教师教学革命座谈会，一个要“准备打仗”的军事体育活动正在掀起高潮。

10月，江阴县第三届人民体育运动大会在人民体育场举行，竞赛项目有田径、球类、拔河、团体操表演（大刀舞、广播操、民兵刺杀等），共有工人、农民、学生2852名运动员参赛。

12月13日，县军管会撤销，恢复江阴县体育运动委员会，赵明发兼任体委主任，王鼎富、李永林任副主任。

1972年

7月16日，为纪念毛泽东“7·16”畅游长江六周年，江阴县革命委员会，江阴县人民武装部联合发文开展夏季游泳活动，召开纪念会议，组织参会人员和运动员于东门外环城河进行游泳比赛。

10月1－3日，江阴县中、小学田径运动会在县人民体育场举行，全县各中、小学均参加。

10月21日，李永林任江阴县体委党支部第一任书记，主持日常工作。

1973年

8月17－20日，苏州地区在常熟县举行全区少年体操比赛，江阴县代表队获团体总分第三名。

1974年

5月1日－30日，为迎接江苏省第八届运动会召开，江阴县田径运动会在县体育场举行，有工人、农民、学生2177人参加。（因1988年《江阴市志·体育志》提供初稿者不慎，误将这届田径运动会错写成“江阴县第四届人民体育运动会”，造成重大讹误，现已查明纠正。）

7月23－27日，苏州地区第四届田径运动会在常熟县人民体育场召开，江阴县派出40余名运动员参加。

1975年

4月21－24日，江阴县中学生田径运动会在县体育场举行。

1976年

1月1－2日，江阴县革命委员会在县体育场举办农民民间体育运动会，比赛项目有：广播体操、爬竿、爬绳、石担、石锁、拔河、武术（拳术、刀、枪、剑、戟、棍）、舞马叉、拗手劲、引体向上、俯卧撑等。

是年，由江苏省、苏州地区、江阴县共同投资，在新建体育场西南角修建灯光球场。占地面积1600平方米。

1977年

3月，县青少年业余体校开始在全县招生，业余训练一年。

7月10－15日，县革委会体委与县上山下乡知识青年办公室联合举办上山下乡知识青年篮球选拔赛。

1978年

6月，江阴县举办中小学生乒乓球赛。

1979年

7月，江苏省体委再次确定江阴为全省足球发展重点地区之一。

10月22－25日，江苏省参加第四届全运会体育代表团一分团（省青年一队、省男女羽毛球队、省男女体操队、省女篮队、省男女二棋队）到江阴表演。

1980年

5月24日，由江阴县体委、县妇联、县教育局、县团委、县计划生育办公室，在县体育场联合举办江阴县首届幼儿体育运动会，有515名幼儿参加。比赛项目有：40米三轮车、20米运球跑、一分钟拍球（比次数）、沙袋投准、20米骑马打敌人、20×8迎面接力赛、团体操表演等。以后每年在“六·一”儿童节前举办幼儿体育运动会。

是年，儿童游乐场在中山公园南大门口建成开放，占地2100平方米。

是年，江阴县实验小学获“1980年全国市县小学代表队小足球比赛冠军”。

1981年

12月，举行澄江镇小学三年级学生足球赛。

是年，工人文化宫内建溜冰场，面积630余平方米，有波浪滑道等设施，可容纳250人。

是年，澄江镇男女小学生足球赛在县体育场举行。

1982年

3月23－27日，江阴各影剧院先后上映大型彩色纪录片《拼搏—中国女排夺魁记》，江阴县文教局、体委、总工会、妇联、共青团县团委联合通知，影片到县后立即安排给各公社上映。

3月，实验小学被批准为省体育传统项目学校（足球）。

8日，成立县体育技术辅导中心小组（1985年8月，加以调整充实）。组长：顾仁淦、王世贤（专职）。副组长：石卫国、吴永康、姜琍、周子润。组员：刘启朴、端木水根等21人。

11月，江阴县举行中小学生乒乓球冠军赛，实验小学学生张文国和徐敏分别获得小学男、女组第一名。

是年，完成招待所的配套工程，可容200余人住宿，300余人就餐，250余人竞赛和集训。

是年，全县举行中学生篮球选拔赛，南菁中学男、女队均获第一名。

1983年

3月12日，江阴县体委、总工会召开施行《国家体育锻炼标准》骨干会议，首先在16个单位培训骨干，进行试点。

4月4日，省体委转发关于足球座谈会纪要：重新组建全省足球训练网，省设一队、二队两个队，江阴、徐州两地建立两个足球小三队，作为省运动学校的分班，中专编制。

8月17－21日，江苏省足球工作会议在江阴举行，省体委主任吴镇、副主任兼南京体院院长张海涛、副主任杨静义、竞赛处处长汪华、省足球协会主席张凤扬等共71人参加会议。

11月10日，全县举行小学生足球赛，实验小学获得第一名。

是年，灯光球场进行维修加盖玻璃钢屋顶，翌年9月底竣工，有电子计时计分器等设备，可容纳2500观众，成为一馆多用的群众体育活动场所。

是年，江苏省决定在江阴、徐州建立两个江苏省足球“小三队”，作为江苏省体育运动学校的足球分班。

1984年

春节，团县委、体委联合举办县首届“兴国杯”青少年乒乓球赛。县中男、女队获得团体第一名，林红获青年级女子单打第一名。实验小学获小学男、女队团体第一名，张文国获男子单打第一名，徐敏获少年组女子单打第一名。

7月，在无锡举行的省武术比赛上，章翊东获少年男子全能第三名，传统对练第一名；黄鸣峰获少年女子全能第六名、拳术第四名；蒋丽华（君）获儿童女子全能第二名，拳术第二名。

9月25日，县体育馆竣工，顶高14米，赛场长31米，宽18米，看台设座2500个。

10月，举办江苏省少年儿童足球教练员学习班，聘请北京市科研所足球研究人员徐福生主讲。

1985年

元旦，举行首届农民“丰收杯”篮球赛，澄江镇农民篮球代表队获冠军。

3月19日，省体委以“苏体竞第六号文件”批复同意江阴县“贝贝杯”“萌芽杯”“幼苗杯”“希望杯”球员都可以直接参加省举办的同级足球竞赛。

4月21日，举行江阴县首届“宝宝杯”足球比赛，县长田庆白代表县委、县政府在开幕典礼上宣布：4月21日为江阴体育日。中国足协、共青团江苏省委、省妇联致贺电；省总工会致贺信；省体委、省教育厅、中华全国体育总会江苏分会、省足协、无锡市体委、无锡县体委、沙州县体委、江苏电视台、江苏人民广播电台、江苏体育《拼搏报》、无锡电视台、无锡人民广播电台、《无锡日报》社等单位到会；无锡市体委副主任潘多讲话；县委书记、县人大常委会主任作为首场男、女队比赛开球；江苏电视台录制比赛实况，并在29－30日晚上七时半播放。观众近5000人，会后写信向邓小平汇报比赛情况。

5月，举行全县小学生“萌芽杯”足球赛。

6月，江阴被列为全省26个县体育信息网点之一。

6月9日，由著名足球教练高丰文率领的中国少年足球队到澄与江苏少年三队比赛，5：0胜江苏少年三队。

7月21日，日本国家乒乓球男、女队13人，由团长八杉善次郎带领到澄，参观华西大队。在村的乒乓室里，日本一位曾获得过世界二十九届女子单打冠军的老运动员，同体委主任吴应鸣对阵。后返城，参观体育场、馆和训练房等体育设施，双方再合影留念，这是江阴县体委接待的第一批体育外宾。

8月5日，日本相模原市少年足球队应无锡市邀请到华访问，于5日下午在江阴县体育场与江阴县少年足球队举行友谊比赛。江阴县少年足球队以2：1胜相模原市少年足球队。这是外国足球队首次到江阴县比赛。

8月23－27日，江苏省体委在江阴县体委主持召开省农村社会办体育经验交流会，会议期间学习中央文件和李梦华的重要文章，参观江阴农村乡、镇企业兴办体育事业的先进典型，探讨体育社会化的理论性问题。

9月9日，中国少年足球队指导刘光标应邀到澄作“柯达杯”赛事报告。

9月23日，由朝鲜体育运动指导委员会副委员长率领的朝鲜体育代表团到澄，参观华士乡华西村。

是年，江阴一中被确定为省级足球传统项目学校。

是年，经无锡市体委抽查审定：南菁、县中、一中3所中学和实验、人民2所小学为无锡市级体育传统项目（田径、足球）学校。

是年年底，在虹桥新区，君山东南征地1公顷建造游泳池，池长50米、宽21米，总面积1050平方米。有更衣、寄存、淋浴、医务、休息等室。

是年，在体育场东建水泥板四级和五级看台，座位3000个。

1986年

5月9日，召开县体育工作会议，评选江苏省和全国体育先进县检查验收工作。

7月1－9日，中国体育记者协会，江苏省体委，江苏省体育记者协会，苏州市、无锡市体委组织中央和部分省、市新闻单位的体育记者，联合举办苏南农村体育的集体采访活动，到江阴采访华西村、华士乡、澄江镇、青阳镇。

7月20日，日本体育教育研修团一行21人，应中国国际体育旅游公司邀请，由锡到澄参观华西村，并留宿华西宾馆。

9月5日，江阴游泳池建成，举行开幕典礼。

9月25日，江苏省人民政府苏政发〔1986〕148号文件发布，江阴县获评“体育先进县”。

10月中旬，县体委接受国家体委的全面抽样检查验收，得到高度评价。

10月4日，华士镇获江苏省体育先进乡（镇）称号。利港乡、璜塘乡、长泾乡获江阴县体育先进乡称号。

11月，体育场西足球场建溜冰场，面积700平方米，有波浪滑道等设施。

是年，县体委对竞赛制度进行探索性改革，以举办学校青少年儿童比赛为主，组织职工、农民参赛活动。

是年，因工人文化宫扩建需要，体育场司令台拆除。

1987年

1月1日，国家乒乓青年集训队和世界冠军惠钧、李惠芬等应邀到澄作表演赛。

4月14日，应国家体委邀请，由伊朗教育和体育研究室主任阿巴斯·巴赫拉姆率领的体育专家考察团一行五人，由国家体委群体司学校处2人陪同，到江阴参观青阳镇农村体育和江阴县体育设施。

4月23日，国务院批准江阴撤县建市。8月1日，在长江影剧院召开建市成立庆祝大会。

4月，旱冰场落成，面积700平方米，辅助用房建筑面积457平方米，6月10日开放。

5月2日，江苏女排联队到澄，与江阴联队、江阴军民联队在体育馆进行“崎山杯”比赛，江苏女排联队胜。

6月9－14日，第四届亚洲女排锦标赛及1988年奥运会亚洲资格选拔赛在上海、苏州、无锡三市举行，这是一次亚洲排坛级别最高的比赛。县体委姜琍出任无锡赛区裁判。

6月16日，中国女排在上海参加第四届亚洲女排锦标赛获冠军后，全队人员应邀来澄。17日晚，在体育馆进行表演赛，先由中国女排蓝队对阵红队，再由中国女排对阵江苏男排（江阴市第二毛纺厂）。

8月1日，江阴撤县建市，江阴县体育运动委员会改称江阴市体育运动委员会。县体育场改称江阴市体育场。

8月27日－9月6日，由无锡菊花电器集团公司、人民体育出版社、北京棋院中日友好围棋会馆联合主办的第七届“国手战”围棋赛，在江阴市举行，聂卫平等25人参加。首届“菊花杯”围棋新秀赛，王洪军等24人参加决赛。

1988年

3月9日，峭岐镇农民体育协会成立，这是江阴市第一个乡（镇）体育协会。

4月15－18日，首届“锅炉杯”女排邀请赛在市体育馆举行，邀请第六届全运会冠军队福建女排和获1985年全国冠军、1986年亚军的浙江女排到江阴比赛。

4月20－26日，市小学生男子足球比赛在市体育场举行。

5月15日，1988年江阴市少年足球（男子）比赛在市体育场举行。

5月16日，江阴市“蟠龙杯”国际女排友好邀请赛在市体育馆举行，接待日本大阪女子排球访华团与南京部队女排进行排球比赛。

6月16日，江阴市小学生“贝贝杯”足球竞赛在市体育场举行。

8月1日，无锡市体委锡体〔1988〕第75号文件批准命名江阴市青阳镇、月城乡、申港乡、峭岐镇、文林乡为无锡市第二批体育先进乡（镇）。

9月11日，“太湖杯”全国钓鱼邀请赛江阴“保险杯”赛区开赛，参赛队分别来自福州市、沈阳市、景德镇市、上海市、上海普陀区、济南市、合肥市、南京市、天津市、北京市、郑州市、重庆市、杭州市、常州市、无锡市、宜兴市、慈溪县、江阴市，市特邀代表肖国衡、朱志宏等11位老领导参加比赛。

9月14－20日，江阴市首届“保险杯”足球赛甲级队在市西足球场举行。乙级队于10月13－19日在市东足球场举行。

是年，江阴市被国家体委命名为全国体育先进县（市）。

1989年

1月25－31日，上海市“东方杯”埠际女子足球邀请赛在上海市青少年体校举行，江阴市女子足球队受邀参赛。

4月4－9日，第五届“兴国杯”青少年乒乓球比赛在江阴市举行。

4月20－25日，1989年江阴市小学生足球赛在市人民体育场举行。

5月27－29日，1989年无锡市小学生基层（传统）学校足球比赛在江阴市体育场举行。

7月1日，市体委、报社、电视台、电台联合举办江阴市首届企业家乒乓球比赛，请世乒赛冠军庄则栋进行表演并与全体参赛人员合影留念，市主要领导翟怀新、徐海峰、王伟成等14人组成比赛组织委员会，江阴市50余个单位的70余位领导参赛。

7月15－21日，1989年江苏省少年乙组足球比赛在江阴市体育场举行。

7月29日，无锡市体委、无锡市棋类协会发文，江阴市女运动员沈志健1984、1985年代表无锡市参加江苏省棋类比赛，两次获女子组国际象棋比赛冠军。

10月12日，在国务院小礼堂召开的全国农村体育工作先进集体、先进个人表彰大会上，江阴市被评为全国体育先进县（市）。

11月14－15日，江阴市机关第二届乒乓球比赛在市少年宫、市税务局、市老干部局等5个地方举行。

1990年

1月27－29日，江阴市“申达杯”篮球精英赛在申港镇举行。

2月4日，市小学生毽球、跳绳比赛在市体育馆举行。

3月26日，江阴市第六届“兴国杯”青年乒乓球赛在市内举行。

4月3日，无锡市体委锡体群〔1990〕第4号文件批准命名江阴市澄江镇、周庄镇、长寿乡、北涸镇为无锡市第三批体育先进乡（镇）。

4月21－22日，江阴市小学生篮球赛在市体育场举行。

6月11－14日，市第四届“共青杯”羽毛球联谊赛在市体育馆举行。

9月10－25日，为迎接第十一届亚运会在中国举行，江阴市举行全市职工“利用杯”足球赛，“澄水杯”第七套广播体操比赛。10月1－20日，举行“永联杯”乒乓球、“船舶杯”篮球比赛。

10月1日，市第二届企业家乒乓球邀请赛在市体育馆举行。

10月14－16日，江阴市第四届中小学生田径运动会在市体育场举行，37个代表团（67个参赛代表队）参加比赛。

11月20日，中共江阴市直机关委员会（澄机〔1990〕54号）同意张金保任市体委党支部书记。

11月22－26日，第七届“丰收杯”篮球赛在市体育馆举行。

12月15－16日，江阴市中学生篮球赛在市体育场举行。

12月20日，江苏省体委命名江苏省第三批体育先进乡（镇），周庄镇、月城乡、澄江镇、申港镇名列其中。

1991年

3月30－31日，1991年江阴市小学生乒乓球比赛在市体育场举行。

4月23－27日，1991年市小学生男子足球比赛在市体育场举行。

5月20日，江阴市体委（澄政体〔1991〕第20号）批复同意建立“江阴市摩托车运动协会”。

5月22－28日，江阴市中学生男子足球（初中部）比赛在市体育场举行。

6月15－16日，在江阴市体育场举行1991年江阴市小学生排球竞赛。

10月10－12日，江阴市体委和江阴市教委联合在市体育场举行江阴市第五届中、小学生田径运动会。

10月15－16日，江阴市举办第二届老年人运动会，全市各镇组团参加门球、象棋、乒乓球三个项目的比赛。

10月18－20日，由市体委、市报社、市电台、市电视台、周庄镇政府、市棋协联合举行的江阴市“兴华杯”企业家象棋邀请赛在周庄镇举行。

12月1日，市第三届企业家乒乓球比赛在市体育馆举行。

12月5日，无锡市体委锡体群〔1991〕17号文件批准命名江阴市马镇镇、山观镇、新桥镇、西郊镇、河塘镇为无锡市第四批体育先进乡（镇）。

12月18－31日，江阴市高中组男子足球比赛在市体育场举行。

1992年

5月17日，由市教委和体委联合组织的1992年市中、小学生田径传统校对抗赛在祝塘镇中心小学举行。由田径传统校小学组澄江中心等6个学校，中学组由南菁中学等8个学校运动员参加对抗赛。

8月9－16日，1992年江苏省少年甲级组男子足球比赛在江阴市体育场举行，有盐城、徐州、江阴、无锡、苏州、扬州、南京等市运动员参赛。

9月，江阴市通过国家体委复查验收，再次荣膺“全国体育先进县（市）”称号。

10月8－10日，江阴市第六届中、小学生田径运动员在市体育场举行。

1993年

3月27日，江阴市人大常委会（澄人发〔1993〕4号）任命张金保为市体育运动委员会主任。

5月15－17日， 1993年江阴市儿童足球比赛在体育场举行。

7月16－22日，江苏省少年乙组男子足球比赛在江阴市举行。

10月14－16日，江阴市第七届中小学生田径运动会暨1993中国江阴徐霞客文化旅游节活动在市体育场举行。

10月20－24日，由市老龄会、市体委、市老干部局、市总工会、市退休职工管委会、市老年人体协六个单位联合举办江阴市第三届老年人运动会，在市老年宫等赛场举行象棋、乒乓球、门球、钓鱼等项目比赛。

10月22－28日，由九五部队、市级机关、纲绳厂等企业，西郊镇等单位在市体育场举行市“钻石杯”男子足球比赛。

10月22－29日，1993年江阴市“足协杯”男子足球比赛在市体育场举行。

11月10－16日，1993年江阴市“丰收杯”男子篮球比赛在市体育馆举行。参加单位为各片的篮球冠军、亚军队。

是年，月城乒乓球队获“第七届全国少年宫乒乓球赛女子团体第一名”。

1994年

1月30－2月3日，江苏省在南京市举行儿童甲组足球集训比赛，江阴队获第五名。

3月8日，中共江阴市委调李仕忠担任市体委主任；许兴伟担任市体委副主任。

3月18日，德国不伦瑞克足球队到江阴访问。

3月31日，应江阴市人民政府邀请，德国下萨克森州沃尔芬比特市市长海因茨·迪特尔·埃斯姆率经贸访问团一行到江阴市访问，并举行“'94江阴国际足球友谊赛”。4月2日进行第二场足球赛。

4月19日，澳大利亚国家男子排球队受邀来中国参加男排四国邀请赛。赛前到江阴与江苏男排进行一场'94江阴“京江杯”国际男子排球邀请赛。

5月8日，江阴市中小学田径传统校比赛于陆桥中心小学举行。

6月27－29日，江阴市第二届乒乓球比赛在市体育馆举行，13个镇组成代表队参加角逐比赛。

7月1日－7月2日，市第六届企业家乒乓球赛在市体育馆举行。

8月21日，江苏省第十三届运动会青少年部男子甲组足球比赛在江阴市举行，市内举重新秀峭岐中学学生林慧获少年甲组83公斤级举重金牌，5次打破三项全国少年纪录荣获特等功。峭岐中学学生李庆华获皮划艇1000米金牌。

8月30日，江苏省体委、江苏省教委联合授于江阴市计丽华、庄建英、王军伟3名小学生运动员“1993－1994年学年度江苏省‘雏鹰起飞’小学生体育活动跳绳项目小能手称号”证书；授予小学生徐云飞“‘雏鹰起飞’乒乓球项目小能手称号”证书。

9月15－19日，江阴市“振林杯”中国象棋比赛在市文林镇举行。

9月17－18日，1994年江阴市儿童乒乓球竞赛在市体育馆举行。

9月28－30日，江阴市第八届中小学生田径运动会在市体育场举行。

10月4日，中国沈阳希贵残疾人杂技艺术团参加南太平洋地区残疾人运动会专场演出后，受江阴市体委邀请，为江阴人民作短期公演。

10月22日，在无锡市召开的第十三届省运会庆功大会上，江阴市体委被评为立功先进集体。

11月1－5日，江阴市男子足球比赛“八汇杯”在市体育场举行，各工矿、企事业、机关团体、驻澄部队参加比赛。

11月2日和6日，蝉联亚运会冠军的中国男子篮球队，在广岛载誉回国后，应市体委邀请，分别于2日在市体育馆与江苏队男篮对阵，6日移地河塘镇再次表演。

11月18－25日，市“协澄杯”棋类大赛暨第九届围棋升段赛落幕，周国新获江阴市1994年度象棋棋王称号；喻伟力获围棋第一名。

是月，国家体委、国家教委、共青团中央联合授予江阴市计丽华、庄建英二位小学生运动员“1993年至1994年学年度全国‘雏鹰起飞’小学生体育活动跳绳项目小能手称号”证书。

12月29日，为执行国家全民健身计划，在市体育场举行全市小学生跳绳、踢毽比赛。

1995年

1月8日，江苏八汇足球俱乐部在南京市召开成立大会。省四套班子的领导及相关单位领导出席大会。全国33家新闻单位到场采访，《中国体育报》、《扬子晚报》、《体育时报》、《无锡日报》等数10家报纸作专题报导；江苏、无锡、江阴等电视台作实况转播。江阴市领导陈捷元、周文标，体委主任李仕忠、副主任许兴伟和市足球界知名人士参加成立大会。市体委主任李仕忠任名誉董事长，市足协主席巴本云任副董事长。

4月12日，市体校小选手参加在宜兴市举行的“1995年苏、锡、常三市七县春季田径邀请赛”，取得好成绩。

是月，为适应江阴体育事业发展需要和迎接第十三届省运会的召开，市体育场翻修工程开工。7月竣工，8月交付使用，保证第十三届省运会顺利进行。

是月，在北京举行的庆祝信鸽协会成立十周年大会上，江阴市信鸽协会被中国信鸽协会命名为“全国先进集体”。

5月2日，在新沂举行的全省县组田径甲级队比赛中，江阴市运动员沈燕包揽女子B组100米、200米金牌；沈丽惠摘女子B组标枪桂冠；王海峰夺男子A组跳高第一名，江阴市金牌总数为全省县级市第六名。

5月21日，在太原市举行的全国田径锦标赛上，江阴市运动员朱益红以23秒05的成绩获得女子200米冠军。

7月9－15日，江苏省青少年举重比赛在扬州市举行，江阴市9名举重选手代表无锡市参赛，获5金、1银、5铜共11块奖牌的好成绩。

7月15－17日，′95“加佳杯”江苏省青少年甲组足球比赛在江阴市体育场举行。

8月17－22日，在宝应市举行的“加佳杯”江苏省少年乙组足球比赛中，江阴市代表队获得第三名佳绩。

8月22－24日，江阴市少年体校选手徐金莲、沈燕代表江苏省田径队，参加在江西省吉安市举行的1995年全国少年田径分龄赛夺得4金、1银、1铜。

9月14－16日，全市第三届乒乓球比赛在市体育馆举行，共有16个的队运动员参加，其中年龄最大的54岁，最小的13岁。

9月18日，成立江阴市全民健身活动领导小组，陈捷元任组长，刘忠标、李仕忠、刘忠耀、陆新华、殷玉才任副组长，耿晨新、叶雪平、陈汝生、杨泉兴、吴汉章、李卫忠、王生祥、徐德明、许兴伟、封晓春、汤玉清、周美娣、张其坪、蒋国洪为领导小组成员。领导小组下设办公室，办公室设在市体委，许兴伟兼任办公室主任，秦浩明任副主任。

9月26－29日，全市第九届中小学生田径运动会在市体育场举行，来自66所中小学的657名运动员，参加87个项目的角逐。

9月26－30日，全市第三届象棋比赛在澄西船厂举行，18个镇54名运动员参赛。

10月1日，《中华人民共和国体育法》颁布实施。

10月4－6日，江阴市第四届老年人运动会分别在市老年宫、市门球场等场地举行。

10月16－18日，江阴市承办华东钓鱼协作区江阴赛区“开发杯”钓鱼比赛，来自上海、福建、江西、浙江、山东、安徽、江苏等省、市的运动员参加，市老领导肖国衡以17.8公斤的成绩获得康乐赛总重量第二名。

10月28日，国家体委主任伍绍祖在省体委副主任徐荣生、无锡市副市长黄竹平和江阴市委书记翟怀新、副市长陈捷元陪同下，考察江阴体委工作，观看正在举行的市小学生乒乓球比赛和工作汇报，题词“开展全民健身，造福江阴人民”，并与体委全体人员合影留念，又为第二体育中心题词。

10月29日，江阴市木兰拳协会举行成立大会，江苏省、无锡市、苏州市等武协领导和上海、苏州等地木兰拳教练受邀参加。市人大常委会副主任杨顺治、副市长陈捷元（名誉会长），市妇联主任周佩芳（协会会长）等出席大会。

11月1日，江阴市人民政府（澄政复〔1995〕115号）同意成立江阴市体育总会。江阴市体育总会与江阴市体委两块牌子，一套班子，李仕忠任体育总会主席，许兴伟、季江宁、徐汝泉任副主席。

是年，江阴市获奖牌数全省第六，团体总分列全省第九名，名次上升20位。运动员朱益红取得全国锦标赛女子200米和4×100米接力2块金牌；在亚洲田径锦标赛上力挫群雄，获1金、1铜、2枚奖牌，实现江阴市运动员冲出亚洲走向世界的目标。

是年，国家体委、教委、团中央颁发证书，表彰璜塘中心小学学生计丽华、庄建英获1994年度全国“雏鹰起飞”小学生体育活动跳绳项目小能手称号。

是年，市举重队参加无锡市青少年举重比赛，取得12枚金牌、2枚银牌，总分94分，获团体第一名。有12名运动员代表无锡参加省比赛。

1996年

4月13－15日，江苏省县组田径比赛在如皋市举行，江阴代表团获团体总分第七名。

4月26－28日，江阴市小学生足球比赛结束，西郊中心小学足球队代表江阴参加7月举行的无锡市小学生足球比赛。

5月3－6日，江苏省青少年举重比赛在大丰县举行，江阴市10名选手代表无锡市参赛，获11枚金牌、8枚银牌、3枚铜牌。林慧获3枚金牌，入选八一队。

5月12日，江阴市邮电局首届邮电职工田径运动会在市体育场举行，选拔出参加无锡市第一届邮电职工运动会的代表团队。

5月14日，在江苏省体育工作会议上，省体委授予江阴市“输送体育后备人才先进单位”奖牌，表彰江阴市“八五”期间向省、市输送89名体育后备人才。

6月20日，由省体委和新华社江苏分社、江苏电视台、江苏人民广播电台、扬子晚报、无锡日报、江南晚报、无锡电视台、无锡人民广播电台组成的采访团到江阴市专题采访全民健身运动。6月25日，《人民日报》刊登江阴市黄山森林公园登山晨练照片。

6月22日，江阴市1996年全民健身宣传周活动大会在体育场举行，市四套班子领导和有关部门负责人出席。同时，举行木兰拳、气功和澄江镇的5所小学2000名学生广播操表演。

6月28日，江阴市第四届象棋比赛开幕，6月30日闭幕。

8月8－13日，1996年“江阴日报杯”足球赛首次在市体育场举行。

8月12－14日，全国少年田径分龄赛在山东青岛市举行，江阴市体校有4名运动员代表江苏省参赛，获得5金、3银、3铜。

8月18日，江阴市首届“雪豹杯”游泳比赛在市游泳池举行。

8月21－26日，在无锡市体育中心举行的江苏省青少年乙组足球比赛中，以江阴市运动员为主组成的无锡代表队保持不败战绩，捧金而归。

9月3日，江阴市举行第四届职工体育运动会，比赛设7个项目、7个杯赛（“协澄杯”棋类赛；“衡山坞杯”桥牌赛；“邮电杯”足球赛；“钢绳杯”拔河赛；“永联杯”广播操赛；“供电杯”田径赛；“长驳杯”木兰拳赛）。

9月19－21日，江阴市第十届中小学生田径运动会在市体育场举行。

9月22日，江阴市首届乡镇田径运动会在市体育场举行，全市26个镇组队参加。

10月5－6日，江苏省第二届木兰拳比赛在张家港市体育馆举行。江阴市组队参赛，再次获得集体一等奖；沙静获单人一等奖；丁雪琴、诸永娟、马洪珍3人获单项二等奖；马遇获优秀创新奖。江阴代表队为23支参赛队伍中获奖最多，成绩最佳的一支队伍。

10月14日，《中国体育报》头版重要位置刊登《无体不振》文章，介绍江阴市月城体育工作取得的重要成绩。

1997年

3月31日，国际奥委会执委委员、中国奥委会副主席、全国体育总会副主席何振梁与夫人一行到访，在听取市体委工作汇报后，参观黄山公园、江阴长江大桥南岸建设工地、华西村和“远望三号”船。

3月26日，江阴市业余体校首支参赛队伍举重队出征无锡，参加无锡市青少年举重比赛，13名队员中8名队员获得第一名，5名队员获得第二名，并取得团体总分第二名佳绩。

4月12日，市政府在长江饭店召开江阴市第四届运动会第一次组委会会议，标志着市四运会正式启动。

5月18日，江阴举重队9名小将代表无锡市出战在淮阴市举行的江苏省青少年举重比赛，获7项桂冠。

是月，月城镇在江阴市28个乡镇中第一个被省命名为“江苏省十大体育名镇”称号。

6月27日－7月7日，’97全国女子足球联赛（第二阶段）在江阴市体育场举行。这是本市历年来级别最高，人数最多的一次全国足球比赛。

是月，月城中心小学学生黄芳参加国家体委在成都举行的全国“台商杯”中国象棋比赛，获1986年组女子亚军。

8月25日，’97无锡市中学生“江南晚报杯”男子足球赛在江阴市体育场举行，代表江阴市参赛的一中初、高中足球代表队双双夺冠。

9月20日，市五套领导班子在市委书记袁静波带领下，为江阴市网球培训中心剪彩揭牌。

是月，江阴市体育学校新校舍落成，江阴市教育电视台对体校师生进行了一天的活动现场采访。

10月25日下午2时，间隔26年的江阴市第四届运动会开幕式在市体育场举行，全市63个体育代表队入场，市长王伟成致开幕词。省体委副主任殷宝林、群体处处长丁明娟、无锡市体委主任王建新等到会祝贺、致词。本届运动会共设14大项、42小项，63个代表团4782人参赛，文体表演人员3018人，加上大会工作人员及观众，参加开幕式人员超过1万人。

10月29日，江阴市第四届运动会田径赛在市体育场降下帷幕，共有24个镇、29所高中、33所初中、32所小学803名运动员参加了本届运动会最后100枚金牌的角逐。

10月，在上海举行的中华人民共和国第八届运动会上，朱益红代表江苏队参赛，获女子4×400米接力第一名。

11月14日晚，江阴市第四届运动会在江阴市体育馆闭幕，本届运动会有17人19次打破15项市中小学生田径记录。

1998年

3月28日，经江苏省足球协会、中国足球协会注册批准，江苏法尔胜足球俱乐部在法尔胜大酒店宣告成立，同时举行新闻发布会。

4月1－3日，江苏省县组田径比赛（甲级队）在锡山市体育场举行。代表江阴的市体校田径队8名运动员夺得金牌，夺得金牌总数第三名，团体总分第五名的好成绩。

是月，在无锡市青少年举重比赛中，江阴市15名选手均获奖。获11枚金牌、4枚银牌。7名队员入选无锡代表队，将参加省十四届运动会。

5月2日，1998年全国足球乙级队联赛华东江阴赛区，江苏法尔胜足球俱乐部申达队以1：0胜上海宝钢队。无锡市委副书记王家骏专程赶到赛场观看比赛，江阴电视台、无锡电视台实况转播，江阴有线电视台、江阴广播电台、《江阴日报》等新闻单位作报道。

5月25－26日，江阴市运动员吴海刚参加南京浦口陆军指挥学院举行的江苏省第十四届运动会，在自行车男子甲组个人500米比赛中获得第一名。这是江阴市，也是无锡市在省十四届运动会上首获金牌。

5月25－28日，江阴市34名残疾运动员在无锡市首届残疾人运动会上的田径、射击、举重、拔河、乒乓球、游泳等六个项目中共获得金牌28枚、银牌9枚，铜牌13枚；获团体总分第二名，金牌总数第二名的好成绩。

6月9日，市体育馆特邀美国体育使者明星篮球队和美国风之友明星篮球队举行对抗争霸赛。

6月，经中国人民银行和国家体育总局批准，电脑传统型体育彩票在江阴市发行，并在市精品商厦、人民商场、科龙电器、百货集团家电维修部设立4个网点、6台电脑操作。

7月13－19日，全国少年儿童中国象棋比赛在上海棋院举行，江阴市月城中心小学3名参赛小将获得可喜成绩，14岁黄芳并与南京市组队获团体冠军。

7月26日，1998年中国信鸽协会第十四届信鸽大赛结束。江阴赵公祥饲养的雄鸽获1500公里第一名；徐林千饲养的雌鸽获2000公里第三名。

9月4日，应江苏省体委邀请，日本大版男子排球队到江阴市参观，并与江苏男排进行邀请赛。

10月17日，1998年江苏省“法尔胜杯”木兰拳比赛在江阴市体育馆举行，江阴市组织老年、中年两队参加比赛，均获得集体项目第一名。

10月29日，1998年“雪豹日化杯”国际篮球挑战赛在市体育馆举行，参赛队伍为美洲的风暴队与江苏南钢队。

是月，市体委被省体委评选为1996－1997年度业余训练先进县（市）。

是年，江阴市28个镇全部被命名为省、市体育先进镇。

1999年

1月1日，为庆祝中华人民共和国建国五十周年、澳门回归和江阴长江公路大桥建成通车，江阴全市各镇同一时间举行十万健儿长跑庆元旦活动。

4月，江阴市陆桥中心小学荣获全国《国家体育锻炼标准施行办法》先进集体。

4月14－16日，1999年江苏省级县组田径赛在锡山体育场举行，江阴市代表队获得团体总分前三名。

4月20－22日，江阴市门球协会在市体育场门球场举办纪念渡江胜利暨江阴解放五十周年门球赛活动。

5月16日，无锡市小学生棋类比赛在无锡市棋院举行，江阴代表队夺取4枚金牌，列参赛队伍之首。月城中心倪文和梅琳获个人男、女象棋冠军，城中中心李系能获围棋女子个人冠军。

是月，市游泳池改造扩建工程竣工，7月5日对社会开放。

7月，在沈阳举行的全国青年锦标赛暨城运会预赛上，江阴市运动员沈燕以100米11″7（电动计时）的优异成绩达到国家健将标准，是江阴籍田径运动员第三人获此殊荣。

7月，在广州举行的第七届全国中学生田径运动会上，江阴体校田径队李龙代表江苏参赛，取得100米第五（11″13）、200米第四（22″91）、4×100米第三名佳绩。

8月14－18日，在江宁足球训练基地举行的江苏省少年男子乙组足球赛上，江阴市业余体校足球队作为唯一的县级市队参赛，获得比赛第四名的好成绩。

8月21－22日，以日本藤冈市少年足球队为主组成的友好访问团一行34人，在市体育场与江阴市少年足球队举行4场友谊比赛。

8月23－26日，江苏省青少年田径运动会在无锡市体育中心举行，江阴市运动员李龙获男子100米、男子乙组200米2块金牌；严春燕获女子甲组100米金牌；薛莲获女子甲组800米金牌。

8月25日，市全民健身领导小组召开全体会议，决定于9月17日－25日举行全民健身活动宣传周，从9月上旬开始至10月上旬结束。

10月6日，参加江苏省第九届元老足球杯甲、乙组比赛的江阴市申达包装元老足球队从苏州赛场双双凯旋，甲、乙两组分别获得亚军、冠军成绩，江阴队以唯一的县级市队夺魁而闻名省足球界。

12月4日，江苏省排球协会在江阴市召开1999年年会。大会期间，全体委员听取江阴市体委主任李仕忠介绍江阴体育工作情况，参观长江大桥、华西村等地。

12月30日，无锡市委副书记王家骏、江阴市委副书记刘建国、副市长陈捷元、无锡市体委主任徐忠强等有关领导为江阴市二中“江苏省培养足球后备人才重点学校”揭牌。

是月，月城、申港两镇男、女乒乓球运动员代表无锡市，参加在高邮市举行的江苏省农民运动会乒乓球比赛。月城镇获得女子团体冠军、女子单打第三名，申港镇获得男子团体亚军、男子单打第一名。

2000年

1月1日，举行江阴市“建行杯——世纪之光”万人长跑活动。

1月22－23日，体育馆举行2000年维达全国排球联赛，这是江阴首次承办的全国排球联赛。

4月13日，江阴市第五届职工运动会开幕。

4月14－6日，在无锡市第八届运动会中小学部小学组棋类比赛中，江阴市获得象棋团体金牌、女子象棋、围棋个人金牌各1枚，男子国际象棋金牌1枚。

4月28日，市业余体校运动员参加江苏省县级组田径赛，获总分99分，列第九名，单项奖牌3金、3银、3铜，其中，李龙获得男子B组100米、300米栏金牌，胡丹获女C组100米栏金牌。

4月29－30日，无锡市八运会中学组初、高中足球比赛在江阴市一中足球场举行，江阴一中初、高中足球运动员双双夺冠。

5月13－15日，世界女子乒乓球俱乐部锦标赛在市体育馆举行，辽宁本钢腾达俱乐部获冠军。

7月19－27日，江苏省第四届“省长杯”中学生足球赛在淮安市举行，江阴市一中足球队获得本次比赛的第三名。

7月22日，市体委在文明广场举办“世纪之光”广场文体晚会。

8月3日，无锡市小学生篮球赛在市体育馆、一中举行，华西男队获第一。

8月9日，江阴市体委主任李仕忠获国家体育总局授予全国县级体育先进个人荣誉。

8月11－17日，江阴市少年足球队一行对日本藤冈市进行友好访问。

9月17日，举行江阴市第五届职工运动会。

11月24日，江阴市体育中心及一期体育馆建筑设计方案定标。

11月28日，市政府召开江阴市参加无锡市八运会表彰大会，江阴市在八运会上夺得金牌77枚，总分1668分，列名市（县）之首。

11月29日，江阴市举行首届残疾人运动会。

12月23－24日，在大桥东路卖即开型体育彩票1120万元，赞助9.8万元。

12月25日，市体委获省体育局授予2000年江苏省全民健身宣传周（月）活动先进单位荣誉称号。

2001年

3月1日，市体委主任李仕忠、市体委体育彩票管理中心主任周新元获无锡市体育彩票管理中心的表彰，被评为无锡市2000年体育彩票管理先进工作者。

3月3日，江阴市中年妇女表演的木兰扇舞在“江苏省百万妇女健身活动展示大赛”中荣获一等奖。

4月10日，市体委召开全市乡镇体育工作会议。

4月11日，市体育馆举办2001年“协统杯”美国职业篮球明星争霸赛。

5月1－4日，市田径队以6枚金牌、1枚银牌、7枚铜牌在全省田径比赛中获得金牌数第三名的佳绩。

5月8－15日，在省青少年举重比赛中，江阴市参赛队获金牌7枚、铜牌4枚。

6月12日，在体育馆举办“金回杯”中国——江苏（女篮）对抗赛，比分110：62。

6月14日，江阴市运动员李岱春在日本宫崎县举行的23届世界业余围棋锦标赛上八战八胜，荣获冠军，这是江阴市运动员首次获得围棋世界冠军。

6月28日，市委、市政府召开李岱春获世界业余围棋锦标赛庆功大会。

是月，江阴月城的黄芳在北京举行的全国乙级棋士比赛中荣获冠军，并获中国象棋大师称号。

是月，翁新芝、葛洋等二中女足参战的江苏省队在秦皇岛全国青年女子足球锦标赛上夺冠。

7月13日，市体委主办的“江阴人民支持北京申奥文体晚会”在市文明广场举行。

8月7日，江阴被省体育局评为1998-1999年度江苏省业余训练先进市。

是月，二中女足参战的江苏省队在成都举行的全国中学生女子足球联赛上夺冠。

9月3日，江阴市获1996-2000年度“全国群众体育先进单位”。

9月12日，在一中体艺馆举行江苏南钢——山东永安男篮对抗赛。

9月13日，市体委、民政局在兴澄大酒店游泳池举行江阴市残疾人游泳比赛。

9月28日，市体育馆开工庆典。市领导和省、无锡市体育局领导为体育馆奠基培土。

10月，江阴市体育运动委员会更名为江阴市体育局。

11月，在广州举行的中华人民共和国第九届运动会上，承浩代表江苏队参赛，获男子200米蛙泳第一名。

2002年

1月8日，市体育局被市政府评为2001年度目标管理先进单位。

3月，经省体育局推荐，江苏电视台到体校进行二次专访。

4月3－6日，在江苏省县组田径比赛中，市田径队获金牌4枚、铜牌5枚、团体总分第八名。

4月28日，市体育局、市职工大学领导及有关人等在市职工大学举行“江阴市体质测试中心”揭牌仪式。

5月18日，无锡市小学生羽毛球赛在华西实验学校举行。

6月3日，市全民健身活动月启动开幕式在文明广场举行。

9月6日，世界劲旅古巴女子篮球队首次到澄，并于7日晚在市一中体艺馆与中国女子篮球队举行的友谊赛中，以80：74获胜。

是月，二中女足参战的江苏省队在南昌全国2002年U18青年女子足球联赛上夺冠。

5月1日－10月26日，江苏省第十五届运动会在苏州市闭幕，江阴市夺得13枚金牌、11枚银牌、13枚铜牌，金牌数列全省65个县（市）第十名。

10月，江阴市二中女子足球队在江苏省第十五届运动会足球赛上获得4枚金牌。

11月13日，“长电杯”美俄男子篮球明星争霸赛在市体育馆举行，由美国筑梦者队以95：85战胜俄罗斯红星队。

是月，缪兴坤被任命为江阴市体育局局长。

12月31日，江阴市被省体育局授予“2000—2001年度江苏省业余训练先进县（市、区）”称号。

2003年

1月，成立江阴市体育总会。

3月，江阴民间武术选手自费组成代表团参加2003年首届香港国际武术比赛，共获金牌6枚、银牌1枚、铜牌2枚。

6月，开展以“健体强身，抗击非典”为主题的江阴市第五届全民健身节暨第八届全民健身周活动。

6月14日，“国土杯”四强男篮邀请赛在市体育馆举行，参赛队有上海东方队、浙江万马队、江苏南钢队、南京军区队。

6月23日，市人大常委会领导翟怀新、何国石、梅振铨等一行20余人考察体育场和体育馆。

7月，江阴体育馆建成，投入试运行。

8月8－10日，2003年“嘉鑫杯”全国蹦床比赛在澄举行。

9月20日，江阴百乐城木兰拳队参加无锡市秧歌比赛，在24队中勇夺第3名。

9月中下旬，举行江阴市千名老人太极拳比赛。

9月下旬，举行江阴市第八届老年人运动会。

10月9－12日，新体育馆落成正，式开馆，举行“法尔胜杯”第24届男子世界杯乒乓球比赛。

10月14－16日，举办市十七届中小学生田径运动会。

10月23日，江阴老年队参加无锡市万人老年健身比赛，获太极拳一等奖。

12月9日，市体育局局长缪兴坤、副局长季江宁、法尔胜总裁周建松等人参加无锡市第四届体总会议。

12月24日，无锡市档案局到江阴市体育局验收二级档案申报，经评比91.4分（二级档案85分，自报88.7分），顺利达标。

12月25日，省体育局党组成员戴伟一行到江阴调研沿江体育带群体工作情况。

2004年

1月1日，在市文明广场举行“元旦万人健身长跑活动”，市四套班子领导参加。

1月，江阴市被评为2003年“江苏省承办全国体育竞赛最佳赛区”。市体育局获无锡市2003年度全民健身活动优秀组织奖。

2月，国家体育总局篮球运动管理中心授予江阴市“2003年全国篮球竞赛优秀赛区”荣誉称号。澄江镇获无锡市全民健身体系“八个一工程”十佳单位。

2月25日，省体育局党组成员、体育总会副主席戴伟以及省体育局群体处副处长王志光率调研组到澄调研。

5月6日，国家射击队总教练许海峰及陶璐娜一行35人到海澜集团参观。

5月10－12日，发行即开型体育彩票。

5月28日，“腾飞杯”首届贝卡尔特中国男子足球联赛在江阴贝卡尔特厂区内举行。

6月14日，市二中学生翁新芝入选中国国家女子足球队备战雅典奥运会集训队名单。

6月24日，江阴市承办美国明星篮球队与南斯拉夫贝尔格莱德篮球俱乐部队对抗赛。

7月21日，全国象棋甲级联赛第10轮在国际大酒店会议中心举行。

8月，国家体育总局授予市体育局“2003年度全国全民健身周先进单位”。

9月17－28日，成功举办2004年“江阴杯”全国羽毛球锦标赛。

9月，市运动员龚彬获雅典第二届残奥运动会女子坐式排球冠军。

10月2日，江阴市邀请雅典奥运会冠军陈艳青、唐功红、石智勇等到澄表演。

10月12－15日，全国艺术体操锦标赛在江阴市举行并圆满落幕。

2005年

2月23日，江阴市参加全省体育工作会议，荣获“2004年江苏省县级体育工作先进单位”“2004年度承办全国体育竞赛最佳赛区”和“2004年度承办全国体育竞赛优秀赛区”，成为全省受表彰最多的县级市。

3月，国家体育总局授予江阴市“2004年度全民健身周先进单位”荣誉称号。

4月23日，江阴二中女足夺得世界中小学生足球锦标赛亚军。

5月30日，全国文明城市专家组考察江阴市体育场、体育馆。

6月16－18日，在学院场和闸桥社区开展义务国民体质测试活动。

7月14－17日，第二届“步步高”全国男排大奖赛E组比赛在江阴市举行，上海、江苏分获一、二名。

7月28日，成立江阴市体育人才调研工作领导小组，体育局副局长季江宁任组长，姜琍任副组长。

8月30日－9月6日，江阴市运动员臧伟代表中国参加在乌兹别克斯坦举行的亚洲青年举重比赛，荣获85公斤级抓举、挺举和总成绩3项冠军。

9月24日，国家体育总局副局长在江苏省体育局局长李一宁的陪同下，到江阴市观摩十运会女篮比赛。

10月10－21日，承办十运会蹦床比赛。10月20日，央视十运会专题现场报道组到澄采访。

11月14日，省委、省政府在南京举行十运会承办和参赛工作总结表彰大会，江阴市被组委会授予“最佳赛区”和“优秀赛区”称号。

11月，国家体育总局授予江阴市“全国群众体育先进县（市）”称号。

12月16日，江阴市体育局成立党总支，缪兴坤任体育局党总支部书记。

2006年

1月1日，组织开展万人健身活动，市长王锡南主持启动仪式并为登山起跑发令。

1月24日晚，江苏省电脑传统型体育彩票第06014期开出中奖号码，江阴市02743销售站中取一注500万元特等奖。

2月7—12日，应新加坡象棋总会的邀请，江阴市棋院组队赴新加坡进行象棋文化交流，象棋大师戴荣光随队前往。

2月17日，江苏省电脑传统型体育彩票第06024期开出中奖号码，江阴市02765号机中取一注500万元特等奖。

3月10日，全市体育工作会议在市行政事业中心举行，会议对2005年体育工作先进单位和先进个人进行表彰，并对全市16个乡镇体育中心进行授牌。

3月16日，江苏省“万村体育健身工程”调研组在市体育局副局长喻伟力陪同下考察云亭、华士、新桥的全民健身设施，对江阴市的建设现状表示满意。

3月13日，市委、市政府召开文教体重点项目现场推进会，考察体育场拆迁地块。

5月1－7日，江苏省“省长杯”男子（高中组）足球比赛在江阴市举行，江阴市一中男足获第四名。

5月7日，在姜堰举行的江苏省“省长杯”女子（高中组）足球比赛中，江阴市二中女足获得冠军。

5月20日，2006年男子篮球对抗赛北京首钢对辽宁盼盼的比赛在周庄体育馆举行。

5月23日，江阴市四方游泳设备有限公司举行产品论证鉴定会，经国家体育总局等有关专家鉴定，该企业2项产品标准上升为国家行业标准。

5月28日，市老年人体育协会召开第二届代表大会，产生新一届领导班子，翟怀新任主席。

6月20日，“环太湖”篮球联赛开幕式在周庄体育馆举行。

7月13－17日，江阴市运动员张志成在环太平洋举重锦标赛上获得男子105公斤级抓举、挺举、总成绩3枚金牌。

7月21－23日，江苏省2005－2006赛季台球联赛“鑫牌杯”总决赛在江阴市举行。

7月8－12日，市体校参加在徐州新沂举行的江苏省县组田径赛，获5金、7银，总分179分，在全省县级市（区）总分排名第三，创造历史最好成绩。

是月，江阴二中女足队员参战的国家队在澳大利亚女足“亚洲杯”锦标赛上获女子足球冠军。

是月，江阴二中女足队员参战的江苏省队在全国中学生女子足球锦标赛上获女子足球冠军。

8月18－22日，2006年全国女篮俱乐部联赛（决赛）在市体育馆举行。

9月5－10日，江阴市圆满承办2006年“嘉鑫杯”全国武术散打冠军赛。

是月，江阴二中女足队员参战的江苏队在2006年U18全国青年女子足球锦标赛上获女子足球冠军。

10月，男少乙组足球队在南通的江苏省第十六届运动会上夺冠。

2007年

1月1日，全民健身活动启动仪式在天华文化中心大剧院广场举行。

1月17日，江阴市体育总会第二届委员大会召开，江苏省体育总会秘书长赵德全，无锡市体育局局长、体育总会主席陆惠玲，江阴市委常委、纪委书记蔡叶明出席大会，宜兴、锡山、惠山、丹阳、金坛等县市体育总会领导到会祝贺，靖江、昆山、常熟、张家港等体育总会来电致贺词。

3月6日，江苏省省辖市、各市、县（市、区）分管体育的副县（市、区）长，以及省各级体育局领导共300多人参加在江阴市召开的江苏省体育工作会议。

3月7日，全省体育局局长会议在江阴市召开。

3月26日，市政协主席黄满忠在市体育局领导的陪同下，考察周庄镇周西村等农村体育健身工程（点）。

4月13日，市人大常委会主任孙福康、副主任何国石等考察群众体育工作，副市长倪颖伟陪同。

4月10日，2007年江苏省体育总会工作座谈会在江阴市召开，省体育总会领导和全省各地级市体育总会领导参加会议。

4月15－21日，江阴二中女子足球队代表中国，也是亚洲唯一球队参加在智利首都圣地亚哥举行的第20届世界中学生足球锦标赛，六战皆胜，决赛中以2：1战胜上届冠军德国队，捧得冠军奖杯。

5月20日，由全国篮球协会主办、江阴市体育馆承办的中国男篮一、二队对抗赛在江阴举行。

7月，江阴二中女足队员参战的江苏省队在吉安的全国女子U16足球联赛上夺得第一名。

8月10－16日，江苏省第十一届“省长杯”男子初、高中组足球赛在徐州沛县举行，江阴市第一中学以六战全胜的战绩夺得高中男子组冠军。

9月5日，在2007年长三角体育圈“大目湾新城杯”海洋体育大展示比赛活动中，华士镇组队代表江苏省参加“抢採望潮”和“风雨同舟”两个项目的比赛，并在“风雨同舟”项目中夺冠。

9月8日，江阴市第五届职工足球联赛在江阴高级中学初中部举行。

9月8日，2007年“鲁能杯”中国乒乓球超级联赛第十七轮（江苏新潮赛区）在市体育馆举行。

9月29日下午，江阴市学生阳光体育运动正式启动。

10月2－6日，2006–2007“盛世　仙鹤杯”江苏省台球联赛总决赛在常州星诺克台球俱乐部落幕，市喜来登俱乐部卫冕江苏省台球联赛赛季团体总冠军，喜来登俱乐部选手李春荣获本赛季江苏省台球联赛个人总冠军。

10月23日，受省体育局委托，以无锡市体育局副局长李晓红为组长的考核验收组，对江阴市体育强镇创建工作进行全面的考核验收。江阴市各镇均已达到江苏省体育强镇建设标准。

10月29日，全省县级体彩工作经验交流会暨江阴市销售超亿元新闻发布会在江阴市召开。

11月12－18日，2007“圣马杯”全国女篮俱乐部联赛第二阶段比赛在市体育馆举行。

11月3日下午，作为北京奥组委特批支持北京奥运会文化活动之一的“奥运联想千县行”江阴站活动在璜土生态公园举行。

11月15日，在南通市举行的江苏省田径单项赛上，江阴市体校女生缪杏艳在女子200米比赛中夺得一枚金牌。

12月18－19日，江苏省体育装备协会2007年度会员大会在江阴市召开，市游泳池被省体育局表彰为2007年度江苏省先进游泳池。

12月29日，江苏省“小太阳杯”幼儿棋类比赛在江阴市举行。

2008年

1月1日，“幸福江阴与奥运同行”元旦万人长跑活动在市天华文化中心大剧院广场举行启动仪式。

1月9－13日，由国家体育总局排球运动管理中心主办，江苏省体育竞赛管理中心、江阴市体育局承办的“2008安踏全国女子排球大奖赛”在体育馆举行。

1月22日，由无锡体彩中心组织的高频彩票销售培训暨经验交流会在江阴市举行。

是日，江阴市体育局被国家体育总局表彰为2007年“全民健身与奥运同行活动先进单位”。阳光卫视专题栏目组于1月15－17日对江阴市体育工作进行采访。

3月24日，江阴电台奥运频道开播。“点燃北京奥运，点燃先锋106”，让江阴市民及时掌握奥运精彩。

4月1－7日，2008年全国男子篮球联赛在江阴体育馆举行。

4月7日，奥运即开型体育彩票开始在江阴市全面上市销售。

4月12日，市文学艺术界联合会主办2008第三届“长三角杯”国际标准舞公开赛。

4月5日，2008年江阴市周庄镇迎奥运“华宏杯”中美男子篮球对抗赛在周庄镇体育馆举行。

4月19－21日，国家体育总局社会体育指导中心在张家港市举办全国健身秧歌大赛，市老年人体育协会组队参赛，以中年组第二套健身秧歌规定套路最高分获得大赛一等奖。

5月27日8点，北京奥运火炬接力南京站传递活动正式启动。江阴市当选的北京奥运火炬手全国著名劳模、华西村党委老书记吴仁宝、江苏华宏实业集团董事长胡士勇分别完成了第177棒和第74棒火炬接力任务。

5月1－3日，江阴市木兰拳协会应邀参加在上海举行的第九届国际武术博览会。

6月14－15日，江阴市天力太极拳研究会6名会员参加在南京举行的国际武术邀请赛，并在太极拳、太极剑等项目获得“九金三银”的战绩。

是月，江阴二中女足队员参战的江苏队在荆州全国女子足球U18青年联赛决赛上获女子足球冠军。

7月18日，由国家篮球协会主办，江阴市体育局承办的国际女篮奥运热身赛在江阴体育馆开幕。央视体育频道进行现场直播。

7月29日，江苏省体育局发来贺信，祝贺江阴市2008年度内体彩销售在全省县级市中再次率先突破亿元大关。

8月6－15日，江阴市小将翁新芝连续四场作为中国女足首发球员出场，征战奥运赛场。

8月19日，江阴籍运动员陆春龙夺得奥运男子蹦床个人冠军，这是江阴籍运动员在奥运会上获得的个人首枚金牌。

8月20日上午，江阴市副市长龚振东带着鲜花慰问了陆春龙的爷爷、奶奶，向他们转交了中共江阴市委、江阴市人民政府的贺信。

8月20日下午，受无锡市委、市政府委托，无锡市体育局慰问奥运蹦床冠军陆春龙的爷爷、奶奶，祝贺江阴小将陆春龙在北京奥运会蹦床比赛中勇夺金牌。

8月20日上午，“幸福江阴与奥运同行”2008年度“四方杯”游泳比赛落幕。

9月9日，《江阴日报》刊载了小将陆春龙委托转发的给江阴市民的贺信，表达他对父老乡亲的感谢，并代他向家乡人民汇报了近期的训练比赛情况。

9月23日，韩国蔚山市少年足球代表团一行27人于当日下午15：00到江阴，与江阴市少年足球代表队进行一场友谊赛。

10月1－3日，2008年江苏省第十二届“省长杯”青少年足球比赛(男子高中组)在夏港街道体育中心举行。

10月3－5日，省少儿中国象棋定级赛在江阴市月城镇举行。

10月11日，2008年肯德基全国青少年三人篮球冠军挑战赛常规赛(江阴赛区)在市老体育场开赛。

10月11日，江阴德玛斯特钻具有限公司冠名江苏南钢篮球俱乐部男子篮球队签约仪式在南京举行。

10月11日，2008年庆奥运老年人健身项目展示活动在市一中体艺馆举行。

10月19日，为期三天的2008年江苏“省长杯”第十八届中老年足球比赛在市体育场落幕。

10月26日，为期三天的2008年江阴市第二十二届中小学生田径运动会在江阴市体育场落幕。

10月30日，由市体育馆主办，无锡圣马控股独家冠名赞助的江阴市徐霞客镇农业生态旅游节闭幕式暨无锡圣马控股10周年庆典晚会在市体育馆举行。整场晚会以中国人民解放军海军政治部文工团主力阵容登台亮相，宋祖英、吕继宏等演员齐聚江阴。

10月，江阴二中女足参战的江苏省队在义乌举行的全国女子足球锦标赛上获女子足球冠军。

是月，许诚参加江苏省男子足球队在“全国U19足球”比赛上获男子足球冠军。

11月2日，江阴市副市长龚振东在市政府会见陆春龙及其父母一行，祝贺他在第29届北京奥运会上获得男子蹦床金牌，为国家和家乡争得荣誉。

11月6日，德玛斯特男篮在市篮球馆迎战上海西洋男篮，以118：88获得冠名后首战大捷。

11月19日，市政协领导黄满忠一行考察江阴市体育工作。

12月8日，“徐霞客杯”2008全国技巧、啦啦操锦标赛在市体育馆开幕。

12月27日，江阴市游泳协会成立。

2009年

2009年1月1日，“幸福江阴·全民健身”元旦万人长跑活动在市天华文化中心大剧院广场举行启动仪式。

1月3日，2009年江苏省“小太阳”杯幼儿棋类比赛在江阴市城中实验小学（东区）举行，来自本省各地70多支队伍738名运动员参赛。

2月25日，江苏男篮在市体育馆主场迎战辽宁男篮，以120：112获胜。

是月，2008年度中国优秀场馆评选结果揭晓，市体育中心体育馆被中国体育场馆协会授予“中国体育场馆协会运行管理优秀奖”。

3月10日，香港国际武术邀请赛闭幕，代表江阴市太极拳协会参赛的3名选手获得3金、4银的佳绩。

4月12日，在无锡市“激情周末”广场文艺演出活动开幕式暨广场舞蹈、鼓乐大赛决赛中，申港街道荡湖船队的舞蹈《荷塘欢歌》获舞蹈类金奖。

5月3日，在江苏省少儿棋类公开赛上，江阴市23位参赛小棋手将5金、4银、3铜收入囊中，在全省参赛队伍中排名第一。

5月3日，“激情探戈、柔美伦巴”——全国万人体育舞蹈大赛（江阴赛区）暨“雪豹日化”杯体育舞蹈城市公开赛在市体育馆开幕。

6月11日上午，江阴市第五届运动会新闻发布会在市机关大楼三楼第二会议室召开。来自中新社、科技日报、中央人民广播电台、新华日报、江苏人民广播电台、现代快报、江南时报、无锡日报、江南晚报、无锡商报及江阴日报、江阴电视台、江阴电台等新闻媒体的记者参加。

6月13日，江阴市开展为期2天的国家级游泳教练员、救生员培训班。

8月8日，为纪念北京奥运会成功举办1周年，以及庆祝全国首个全民健身日，市全民健身工作指导委员会、市委宣传部、市体育局、市城管执法局、市文广新局联合举办庆祝全国首个“全民健身日”活动。

8月15日，亚洲自行车锦标赛在印度尼西亚开幕。江阴市体校运动员汤科蓉一举夺得女子场地计分赛、女子公路20公里个人计时赛、女子80公里大组赛3枚金牌。

8月24日，市全民健身活动中心正式投运，综合性体育设施“芙蓉花”（市新体育场）举行竣工交接仪式。

同日，江苏省马术队“落户”海澜国际马术俱乐部。

是月，在湖南长沙举行的全国第十届中学生运动会上，市二中女足代表江苏省参赛，以六战六胜的佳绩，取得全国第十届中学生运动会女子足球冠军。

10月11日晚，江阴市第五届运动会开幕式在新落成的体育中心举行。

10月20日，江阴市体校运动员汤科蓉以18分的总成绩摘得十一届全运会女子场地自行车记分赛金牌。

10月25日，首届华西山地车赛在华西世界公园举行，来自韩国、日本、意大利和国内各地的200余名运动员参加该项赛事。

11月3日晚，江阴市第五届运动会闭幕。

11月16日晚，中澳男篮对抗赛在市体育馆举行。

11月25－27日，省农业委员会、省体育局、省农民体育协会在启东市联合举办江苏省第二届农民体育节，澄江街道革新村代表无锡市参赛，荣获最高荣誉“大会一等奖”。

11月27日，江阴市体育彩票庆功表彰会在江阴国际大酒店举行。截至11月24日晚，江阴体育彩票销售额在全省率先突破2亿元，创下了省内县级市体育彩票上市发行以来的最好销售成绩。省体育局局长殷宝林、国家体育总局体彩管理中心党委书记金小虎到会祝贺。市领导王锡南、孙英、龚振东出席庆功会。

2010年

1月1日上午，举办全民健身活动和迎新年元旦长跑活动。

1月13－14日，全国体育彩票工作会议暨2009年体育彩票工作先进表彰大会在北京召开。市体育局局长缪兴坤在会上作《坚持科学管理　强化执行力度 努力实现体育彩票销售新跨越》的交流发言。这是全国体育彩票工作会议首次邀请一位县级市体彩工作代表在大会上进行经验交流。

1月30日晚，省体育局局长殷宝林一行到江阴市，慰问移师江阴主场作战的江苏德玛斯特男篮运动员。

1月30日－2月2日，第五届全国中小学生跆拳道锦标赛在上海体育学院附中举行，陆桥实验小学代表江阴市组队参加比赛，获得3枚金牌、3枚银牌、1枚铜牌的好成绩。同时，荣获女子团体第三名、跆拳道团体表演舞第三名和道德风尚奖。

3月11日下午，江阴市组织召开体育基本现代化试点工作座谈会。省体育局副巡视员戴伟、无锡市体育局局长陆慧玲及相关领导、无锡市场馆中心副主任高慧，以及南京体育学院、南京师范大学体育学院、上海体育学院等有关专家受邀参加，市各有关部委办局领导应邀参加。

3月18日，2010年江阴市老年人体育工作会议在市老干部活动中心报告厅举行。

4月，江苏省第十四届“省长杯”青少年足球赛在扬州宝应举行，全省各市的11支代表队参加此次比赛的激烈角逐。江阴二中女足以7战全胜的优异战绩勇夺本届杯赛冠军。

4月29日－5月2日，　2010安踏全国男子排球大奖赛江阴站比赛在江阴市体育馆举行，江苏、上海、四川、山东等四支传统强队参赛。

5月14–16日，市木兰拳队伍参加在淮阴举办的“友好城市庆世博中国木兰拳精英荟萃邀请大赛”，获大赛最高荣誉特等奖。

5月15－18日，全国男子篮球联赛（NBL）历史上首次正式组织的最大规模外援选秀活动在市体育馆举行。

5月19日晚，“江阴·徐霞客杯”国际足球邀请赛在市新体育场举行，中国国家队迎战德甲老牌劲旅勒沃库森队，以3：0获胜。

5月27－28日，由江阴市委组织部和市体育局共同组织，举办无锡市大学生村官二级社会体育指导员培训班，来自全市社区、行政村的58名大学生村干部参加培训。

5月30日，江苏省第五届“沿江体育带”全民健身大联动活动在镇江举行。启动仪式上，第六届“沿江体育带”全民健身大联动的授旗仪式同时进行，江阴成为全省首个举办此项活动的县级市。

6月13日，上海世博会江苏活动周开幕，江阴“荡湖船”节目在上海世博园进行巡游表演。

6月16日上午，2010江苏省“月城杯”龙舟精英赛在月城镇双泾村雷介泾河畔举行。

6月30日，首届江阴FJBA男子篮球甲级联赛在周庄镇闭幕。

7月10日，江苏省体操队、蹦床队、艺术体操队和技巧队，与徐霞客镇政府举行冠名签约仪式，并进行了体操表演。

7月22日，“江阴周庄杯”首届华东区中学生跆拳道比赛在周庄镇体育馆开幕，此项比赛由中国中学生体育协会跆拳道分会、华东区竞赛管理委员会主办，周庄镇政府承办。

8月2日上午，全市体育工作会议在市政府第一会议室召开。

9月25日晚，第19届中国金鸡百花电影节系列活动启动仪式暨海澜情·中国国际马术视觉艺术盛典开幕式在海澜马术场举行。

9月27日，江阴市人民政府（澄政办发〔2010〕105号）发文，江阴市体育局改为3个内设机构：办公室、体育业务科、体育经济科。

9月27－29日，江阴市第24届中小学生田径运动会在江阴市一中开幕。

10月5日上午，第八届江苏省“月城杯”少儿象棋定级升级赛在江阴市举行。

10月24日，在由教育部体育教育学会组织的全国青少年校园青春健身操大赛中，江阴一中代表队获得啦啦操提高套路特等奖、基础套路一等奖以及最佳完成动作奖。

11月2日，“2010中国徐霞客国际攀岩大师赛”在徐霞客镇举行，国家体育总局党组成员、中纪委驻国家体育总局纪检组长吴齐宣布大师赛开幕。国际攀岩联合会主席马尔科、国家体育总局登山运动管理中心主任李致新、江苏省体育局局长殷宝林出席开幕式。

12月1－5日，2010年江苏省第十四届“省长杯”足球比赛（男子高中组）在江阴一中举行。

2011年

4月1日，江阴市妇女健身鼓王大赛在市学院场举行。

4月13日，2011年度省级体育产业发展引导资金项目评审工作会议（苏南片区）在江阴体育中心召开。

5月21日－5月22日，敔山湾举办江苏省第六届“沿江体育带”全民健身大联动暨“敔山嶺秀杯”2011中国江阴敔山湾国际自行车赛。

6月5－6日，国家体育总局副局长、党组成员冯建中到江阴市考察。

6月6日，2011中华龙舟大赛（江阴·月城站）在月城镇双泾生态园举行，来自全国的12支龙舟队参赛，比赛项目有男子200米、500米直道竞速和3000米环绕赛。

6月12日，2011年无锡市“喜洋洋杯”轮滑比赛中，辅延轮滑队蝉联团体冠军。

6月17日，“金顾山杯”全国象棋混双邀请赛在顾山镇北涸之春度假村举行，此次比赛由中国象棋协会主办，顾山镇人民政府、江阴市体育局和省棋类运动协会承办。

6月24日，2011年度省体育产业发展引导资金项目签约仪式在南京举行。江阴市共有暨阳体育产业发展有限公司、海澜集团、江苏金一文化发展有限公司、四方游泳设备有限公司、道勃尔体育用品有限公司、徐霞客旅游区发展有限公司6个单位获引导资金资助，资助金额总计400万元。

7月20日，2011年江阴市体育产业工作会议在市政府大楼第二会议室召开。

7月22日，江阴96家高频销售站体彩快开游戏 “11选5”在本市开售。

7月31日，江阴长寿镇02781体彩站点中出了第11117期七位数2注特等奖，2注特等奖为一人中得。江阴年内共中出5个超过500万的大奖，累计巨奖金额达到4695万元。

8月10日，市委常委、政法委书记孙小虎调研全市体育工作发展情况。

9月1日，经市政府第72次常务会议讨论通过，江阴市正式出台《江阴市全民健身实施计划（2011－2015）》和《关于加快发展体育产业的实施意见》。

9月10日，江阴市民水上活动中心——“水蘑方”落成启用。

9月26－27日，全省体育基本现代化试点推进工作会议在江阴市召开。国家体育总局政法司副司长梁晓龙应邀出席会议并讲话。上海体院党委书记戴建、苏州大学体育学院院长王家宏分别作主题发言。

10月15日上午，2011第二届中国徐霞客国际攀岩大师赛在徐霞客镇举行。

10月12－18日，全国第八届残疾人运动会在浙江杭州举行，江阴市残疾运动员龚彬参加坐式排球赛女子组比赛，以七战七胜的骄人战绩获得第一名，这是龚彬自2003年以来获得的第6块全国残疾人运动会金牌。

是月，在2011年全国高中足球联赛总决赛上，江阴一中男足表现出色，以6胜1负的战绩获得冠军。

10月29日，江苏省老年人体育节江阴分会场、江阴市第十一届老年人运动会闭幕式暨柔力球比赛，在市一中体艺馆结束。

是月，江阴二中女足7名队员参战的江苏女子足球队在济南举行的全国第七届城市运动会上夺得冠军。

11月4日上午，由国际自行车联盟、江苏省人民政府批准，国家体育总局自行车击剑运动管理中心、中国自行车运动协会、江苏省体育局主办，无锡市、常州市、苏州市人民政府承办的2011环太湖国际公路自行车赛江阴徐霞客镇至常州武进赛段比赛顺利举行。

是年，江阴体彩年销量突破4.87亿元，再创历史新高，连续六年保持全省县级市销量第一。

2012年

1月1日上午，2012年江阴市全民健身活动启动仪式暨元旦长跑活动在市体育中心主体育场隆重举行，5000余名来自全市各条战线的干部群众和驻澄部队官兵参加，市四套班子领导出席。

2月16日，第三届亚洲沙滩运动会组委会在北京国家体育总局举行发布会，揭晓亚沙会火炬、奖牌。江阴市金一文化创意团队设计作品“海阳之星”“凤舞金沙”被选中并最终采用。

2月24－26日，第十届“香塘杯”桥牌团体赛在桥牌之乡——江苏省太仓市体育馆举行。由江阴市桥牌协会会长、秘书长等一行4人组成的江阴市桥牌队，以九胜一平的骄人战绩获得冠军。

2月24日，2012国际女足邀请赛在江阴市体育中心举行，江苏华泰女足4：1战胜韩国大教女足。

3月8日，江阴市在政府大厦三楼决策中心组织召开《江阴国家体育产业基地建设与发展规划》专家论证会，邀请国内知名体育产业专家对《规划》进行了评审。江苏省体育局副局长颜争鸣、江阴市人民政府副市长龚振东和无锡市体育局有关领导出席了本次评审会并讲话，江阴市各镇、街道办事处、政府各有关部门分管领导、市体育局中层以上干部均列席参加。

3月9日，全市体育基本现代化建设推进会召开，会议由政府办副主任万小溪主持，体育局局长缪兴坤作工作报告，副市长龚振东出席会议并讲话。

3月27日，顾洪伟任江阴市体育局局长、党组书记。

4月1日，在无锡市体育工作暨全国健身示范城市动员大会上，江阴市周竹园、许美丽、徐玉芬3人和市太极拳队、青阳镇老年人健身队2个团队高票获得“十佳”殊荣。

是月，市体育局召开各片区群众体育工作座谈会，重点围绕城乡“十分钟体育健身圈”和镇、村“新四个一工程”建设部署群众体育工作，推进体育基本现代化试点工作开展。

5月17－20日，2012年(第30届)中国国际体育用品博览会在北京国际展览中心隆重举办，文明体育塑胶有限公司、四方游泳设备有限公司、同创体育机械有限公司、江阴华士体育用品有限公司、鼎创体育机械有限公司等多家企业纷纷跻身会展。

5月20日，2012年361°全国男子排球大奖赛总决赛在江阴市体育馆落下帷幕，上海队荣获冠军，八一队、江苏队分获第二、第三名。

5月24日上午，无锡市副市长华博雅一行到江阴考察体教结合工作开展情况，并为设立在江阴华士实验小学的无锡市青少年击剑训练基地揭牌。江阴市委副书记高佩、副市长龚振东出席揭牌仪式并陪同考察。

6月21日，无锡市二级社会体育指导员培训在江阴开班，来自全市各镇街的100名体育骨干参加此次培训。

6月23日，2012年中华龙舟大赛（江阴　月城）暨第三届中国江阴“水韵月城”生态旅游节在月城镇双泾河畔的龙舟休闲体育基地拉开帷幕，来自全国各地的16支龙舟队伍进行了决赛日的较量。国家体育总局群众体育司司长盛志国，中央电视台副总编辑李挺，省体育局局长殷宝林，中央电视台体育频道总监江和平，中央电视台发展研究中心主任李舒东，江阴市领导沈建、赵国权、高佩、计军、吴芳、袁秋中、戴旭东、龚振东、唐仲贤参加开幕式。

7月4－6日，由浙江省宁海县风景旅游管理局、宁海县体育发展中心、中国木兰拳国际艺术中心主办的中国木兰风采展示暨民族传统文化国际大奖赛，在宁海县中体育馆举行。江阴市澄江街道芙蓉木兰艺术队，与法国、印度尼西亚、意大利、美国和中国、广东深圳市等地68支参赛队同场竞技，最终获得综艺类最高荣誉特等奖。

8月7日，江阴市体育局局长顾洪伟及部分业务部门负责一行5人走进江阴人民广播电台“空中热线”直播节目，通过电波与市民进行广泛沟通交流。

8月8日，江阴市举行全民健身节启动仪式暨广播体操比赛，副市长龚振东参加启动仪式，并为社会体育指导员队伍授旗。

8月26日，2012年“金顾山杯”全国象棋混双赛在顾山镇圆满落幕。经过3天激烈角逐，洪智、何静夫妇夺冠，阎文清、胡明夫妇与吕俊、许妙玲夫妇分获亚军、季军。

10月5－6日，江苏省第二届木兰拳比赛在张家港市体育馆举行。江阴市组队参赛，再次获得集体一等奖。

10月24日，江阴市空竹协会正式成立。

10月31日下午，全国政协委员、国家体育总局原副局长崔大林，国家体育总局自行车击剑运动管理中心主任、中国马术协会主席潘志琛一行到澄考察海澜国际马术俱乐部。江苏省体育局局长殷宝林、副局长杨国庆、无锡市体育局副局长李晓红及省局相关业务处领导随行考察。江阴市副市长龚振东、体育局局长顾洪伟及新桥镇有关领导陪同考察。

11月2－6日，江苏省桥牌等级赛在泰州姜堰市溱潼风景区天水雅居度假村举行。来自全省各地78支队伍近600名运动员参赛，江阴天水雅居队获甲级A组冠军。

11月5日下午，国家体育总局足球运动管理中心副主任、中国足协副主席薛立专程到江阴看望正在江阴二中集训的女足国少队。江阴市副市长龚振东、体育局局长顾洪伟全程陪同。

截至2012年12月底，江阴市体彩年销售量达5.0052亿元，突破年销售5亿元大关，再创历史新高。

2013年

1月1日，举办元旦全民健身系列活动。

1月15日，在江苏省体育局长会议上，江阴市体育局被江苏省体育局通报表彰为“2012年江苏省县级体育工作先进单位”，在全省县级体育工作考评中获“三连冠”。

4月4日，由中国击剑协会主办的2013年“华士杯”全国击剑俱乐部联赛江阴站比赛，在华士实验小学体育馆开赛。来自全国各地的40支代表队467名运动员参加联赛第一站为期3天的比赛。

6月12日（端午节），2013年中华龙舟大赛（月城站）在江阴月城镇举行，来自全国的19支龙舟队进行比赛，约6万观众赴赛场观看比赛。央视体育频道对赛事进行现场直播，美联社、路透社通过视频新闻向海外报道，人民日报、光明日报等40多家平面媒体和新浪、搜狐等35家网络媒体进行了报道。

7月，江阴市获国家体育总局批准，与昆山、溧阳共建“苏南县域国家体育产业基地”。

8月10日，2013年七夕“金顾山杯”全国象棋混双赛在江阴市顾山镇举行。赵鑫鑫、伍霞、徐天红、金海英、孙勇征、党国蕾、许银川、尤颖钦、赵国荣、张国凤、洪智、胡明、吕钦、赵冠芳、王天一、唐丹等8对象棋特级大师应邀参赛。孙勇征、党国蕾获得冠军。

8月31日－9月12日，第十二届全运会在辽宁省沈阳市举行，江阴市25名运动员入选江苏代表队，获得8块金牌、1块银牌、3块铜牌。其中，江阴二中“澄星”女足有10名队员入选江苏队，获得女子足球成人组金牌、女子足球青年组金牌，陈佳获垒球金牌，许美玲获4×100米金牌。

9月25－30日，2013年全国少年儿童国际跳棋锦标赛在成都落幕，由江阴市花园实验小学6名小棋手组成的江苏省代表队参加比赛。全国17个省、市近290名选手参赛。经过5天9轮的激烈争夺，江苏队夺得11岁男子组团体冠军，江阴选手杨浩颖最终以6胜3和的不败战绩摘得参赛组别桂冠，孙铭以7胜2负的战绩夺得亚军。

9月25日－10月5日，全国女足U－16锦标赛在山东潍坊举行，作为全国12支U－16女足劲旅中唯一的一支“县级市”球队，江阴二中澄星女足获亚军。

10月22日，江阴市第六届运动会在市体育中心隆重举行开幕仪式，市四套班子领导出席开幕式。

10月30日，江阴市第六届运动会闭幕式暨群众体育先进表彰大会在市政府大楼举行，标志着历时近半年的市六运会圆满落幕。市六运会期间，全市643支代表队，8400多名运动员共参加2个部、6个组、47项次比赛，产生518.5枚金牌、302枚银牌、318枚铜牌。

11月10日，“2013年长三角地区体育产业协作会议”在江阴市召开，来自江苏、浙江、上海体育局的代表出席会议，共同签署长三角地区体育产业协作协议。

11月27日，新华社、人民日报、中央人民广播电台、中央电视台体育频道、中国青年报等5

家中央媒体记者汇聚江阴，对江阴市加快发展体育事业进行集中采访报道。

是年，江阴市体育工作在全省2013年度县（市）综合考核中以101分名列第一，连续4年蝉联全省县级体育工作考评第一。

2014年

1月1日，举办首届“全民健身与全民阅读”元旦公益徒步大会，采用市民自愿报名方式，1000余人参加并捐赠图书。

是月，江阴市在全省县级体育工作考评中获“五连冠”。

5月31日，在江苏省第十八届运动会女子足球（甲组）决赛中，代表无锡参赛的江阴二中澄星女子足球队，以2：0力克南京队夺得冠军。这是江阴二中女足时隔12年后获得的又一个省运会冠军。

6月16日，中国游泳协会在北京召开第五届代表大会，江阴市推进“镇镇游泳池”建设经验参加本次大会交流，这也是全国游泳工作交流会议有史以来第一次特邀县市级参加。江阴市体育局局长顾洪伟作题为《顺全民之意，建设镇镇游泳池馆；举全市之力，争创全国游泳之乡》的经验交流。国家体育总局副局长蔡振华，对江阴市积极推进“全国游泳之乡”的创建工作成效给予高度肯定，并将其列为中国游泳协会“十三五”规划方案的重要内容。

6月17－19日，中国、美国、乌克兰、立陶宛四国男篮“未来之星”云集江阴，参加“南门城市嘉园”杯2014洲际青年男篮巅峰争霸赛。

6月18－23日，江阴市木兰拳协会芙蓉代表队赴海南省三亚市参加2014年中国木兰拳暨民族传统文化展示国际比赛，来自法国、印尼、新加坡、荷兰、意大利等国家，以及香港、上海、贵州、江西、内蒙古等20多个省市，50多个参赛团队，700余各中外选手参加比赛。江阴代表队获团体最高奖项大金奖。

7月5日，江苏省第十八届运动会青少年部男子甲组足球赛在徐州市睢宁体育中心举行决赛，江阴队夺冠，创造了县级市男女足球队在同一届省运会上双获冠军的历史。

8月21－28日，以江阴棋院院长章逸为团长的江苏省青少年围棋访日代表团应邀访问日本爱知县和福冈县。

8月，在由教育部、国家体育总局、共青团中央、上海市人民政府承办的全国第十二届学生运动会上，江阴高中男足荣获亚军，创造该赛事江苏省男足的历史最好成绩。

9月26日，青奥会女足决赛中，由江阴籍主教练陆亿良率领的中国U－15女足队以5：0胜委内瑞拉队，以4战全胜的战绩获得冠军，这是中国足球首次获得奥林匹克赛事的冠军。

10月11日，教育部体艺司司长王登封一行到澄调研江阴足球运动开展情况，并授予江阴全国首个“足球·啦啦操”进校园试验区。

11月5日，江苏省体育局局长陈刚一行3人到江阴市，调研“省队市办”马术项目开展情况。

11月15－16日，在无锡市举行的2014年第十一届华东协作区少儿国际象棋冠军赛中，江阴市新桥中心小学国际象棋队获得团体总冠军。

12月22日，江苏省体育局、江阴高级中学、江苏国信舜天俱乐部、无锡市体育场馆和训练管理中心、江阴市体育局五方联办江苏省男足（1999－2000年龄组）运动队签约仪式在江阴高级中学举行。

是月，由中国游泳协会、中国救生协会开展的2009－2013年度“全国游泳之乡”和“全国群众游泳健身活动模范池馆”评审活动结束。命名江阴市等10个单位为“全国游泳之乡”，命名江阴市体育中心游泳馆等132个单位为“全国群众游泳健身活动模范池馆”。

2015年

1月1日，以“为爱行走　祝福江阴”为主题，举办“江阴农商行”第二届元旦公益徒步大会。此次活动采用网络自愿报名方式，报名费用于资助困难学生和患重症孤寡老人。

1月5–8日，中国游泳协会场馆委员会、装备委员会会议在江阴市黄嘉喜来登酒店召开，期间为获得“全国游泳之乡”“全国群众游泳健身活动模范池馆”单位授牌。

是月，江阴市在全省县级体育工作考评中获“六连冠”。

3月20－21日，全国青少年校园足球行政管理人员和校长培训班在江阴市举办。本次培训班由教育部组织开展，江阴是全国5个足球培训点之一，江阴市副市长龚振东出席开班仪式并致辞。在21日的交流会上，市政协副主席、教育局局长陈兴初，市体育局长顾洪伟及江阴一中、江阴二中代表进行了经验交流发言。

3月29日，斯迈夫体育论坛十周年（江苏）年会暨江苏体育产业大会在江苏南京圆满落下帷幕。江阴市体育中心凭借优质的软硬件服务和良好的运营管理业绩，在全省脱颖而出，荣获江苏省“十佳体育中心”。

4月1日，市体育局在顾山镇召开“1000个健身点”规范整治现场推进会，明确三类健身工程改造提升标准，下达各镇街2015年健身点规范整治目标任务。

4月9日，全省公共体育服务体系建设推进会在扬州市召开，江阴市被命名为首批江苏省公共体育服务体系示范区。

4月11–12日，“四方杯”2015年全国游泳俱乐部锦标赛在江阴市民水上活动中心举行。此赛事由国家体育总局游泳运动管理中心、中国游泳协会主办，江阴市体育局承办，共有来自中国游泳协会团体会员单位20多个、600余名运动员参加。江阴泳协荣获女子团体总分第3名、男子团体第4名、团体总分第四的好成绩。

4月20–30日，全国第一届青运会男子足球16岁以下组预赛（江苏江阴赛区），在江阴市体育中心举行全国青年运动会的前身是全国城市运动会。

4月27–30日，由省社会体育管理中心主办、全国排舞运动推广中心承办的2015年全国排舞教练员、裁判员培训班在江阴市体育中心举办，来自省内50多名排舞爱好者参加了本次培训。

是月，江阴二中女足队员黄媛媛、黄沁怡、罗思怡、徐婷成功入选2015年中国女足U–14国少队。

是月，江阴市获命名江苏省首批青少年校园足球试点县(市、区)。

5月7日–11日，由国家体育总局和中国体育用品业联合会主办的“2015年中国国际体育用品博览会”在福建福州海峡国际会展中心成功举办。四方游泳设备有限公司、文明橡塑科技有限公司、绿舒人造草坪有限公司、同创体育机械有限公司4家江阴体育用品企业参展。国家体育总局局长、中国奥会会主席刘鹏，国家体育总局副局长冯建中等领导都到江阴市企业展位参观并给予好评。

5月12日上午，江阴市政协组织的“五送一助”启动仪式在顾山镇举行，市体育局参加启动仪式并赠送价值10万元的健身器材。

5月19日，为期5天的全省青少年举重锦标赛在宿迁市泗洪县体育馆举行。来自全省13市的216名“小力士”角逐32个级别的比赛。江阴体校举重运动员梁雨航获本次比赛少年甲组52公斤级抓举、挺举、总成绩3枚银牌，曹洛豪获少年乙组52公斤级抓举、挺举和总成绩3枚金牌。

5月26—28日，“江阴农商银行杯”2015洲际男篮巅峰争霸赛在江阴市体育馆举行，中国、美国、加拿大、澳大利亚四支球队参赛。

6月17—21日，2015年全国男排冠军赛第一站比赛在江阴市体育馆举行，江苏队、山东队、河南队、四川队、广东队、浙江队6支队伍参赛。

6月19日上午，在江阴赛区参加2015年361°全国男子排球冠军赛的江苏正荣男排队员们走进云亭实验小学，与学生进行面对面的互动。本次活动旨在进一步增强学生进行体育锻炼的热情，促进江阴市校园体育的普及提升，进一步深化体育“三进校园”工程的开展。

6月27日上午，参加洲际男篮巅峰争霸赛的中国队和澳大利亚国奥队走进市实验小学，与学生进行面对面的互动。副市长龚振东，市体育局、教育局相关领导，澄江街道分管领导，实验小学相关领导参加本次活动。

6月22日，2015年江苏省第二十五届“省长杯”中老年足球赛于在太仓落下帷幕，江阴市代表队4：1战胜连云港代表队，蝉联该赛事冠军。

6月30日，市体育局局长顾洪伟、副局长张健及相关科室和事业单位负责人走进“空中热线”直播节目，与市民开展交流互动。

8月8日19点，“体育与文明同行”2015年江阴市全民健身节在市体育中心拉开帷幕。

8月12日，江阴市残联举办的2015年江阴市残疾人田径运动会在市体育中心主体育场举行。本次运动会共有110名来自各镇、街道运动员参加，共设35个比赛项目，涉及肢体、听力和视力3个残疾类型，产生146个奖项。

8月12日，市政府市长沈建、副市长龚振东检查了学生“人人学会游泳”培训组织情况并给予充分肯定。

9月23日，新华社、中国体育报，新华日报、扬子晚报、现代快报，省广电总台新闻中心、教育频道、广播电台，扬子体育报等9家媒体到澄，对校园足球进行集中采访。

9月24日，国家体育总局群体司牵头组成调研组到澄，并邀请山西、上海、安徽、河南、湖南、陕西省（市）体育局参加，调研拼装式游泳池建设推广工作。

是月，江阴市获教育部命名“全国青少年校园足球试点县（区）”，市城中实验小学、市花园实验小学、市夏港实验小学、市第一初级中学、江阴高级中学、市第一中学和市第二中学7所学校获命名“全国青少年校园足球特色学校”。

10月25日，2015年江阴首届半程马拉松比赛在江阴敔山湾开赛。来自全市及周边地区的1500多名长跑爱好者参加比赛。最终，段宇亭以1小时19分40秒夺得男子组冠军，王田以1小时37分15秒夺得女子组冠军。

是月，在山东潍坊举办的2015年全国中等城市青少年足球赛中，江阴体校足球队勇夺冠军，并荣获体育道德风尚奖。

11月5日，中国足球协会原主席王俊生、中国足球协会副主席容志行和中国足坛名宿苏永舜、刘清泉等先后到江阴市进行交流活动。

11月20日，江阴市体育产业联合会成立大会在天华体育中心举行，会员单位达到55个。

第一章　体育组织

江阴体育组织，远及古代。这些组织是江阴体育运动发展的历史陈迹，也是江阴体育运动发展的内涵。近代江阴地区与体育有关的组织，有健体强身和竞技方面的组织；有军事和娱乐方面的组织；有全市性组织和地方性组织；有传统体育项目组织和新兴体育项目组织；有行政事业机构和社会群众团体等等。这些从古代沿续至今的各式体育组织，经历了漫长的历史演变和更替过程。

第一节　沿　革

夏商起始，江阴佘城作为远古青铜器时代长江下游第一座方国都城，雄立于东海岸边。商末泰伯奔吴建立的句吴国，为了适应经济、军事发展的需要和文化教育发展的需要，无论官方和民间，都程度不同地将体育放在非常重要的位置上，由此，与体育相关的社团、流派、组织史不绝书。

春秋末，孔子弟子言偃于江阴东郊定山山麓设学辅教、建立以儒家学派倡行的“礼、乐、射、御、书、数”六艺为主的教学课程制度。自此，江南地区每年秋季举行“诸射”会考，考核射箭、骑马、驾车等技术，形成与近代相似的学校体育运动会。其组织者即是传授六艺的学塾。

秦汉时期，地处东海岸边的暨阳因地理条件优越，物产丰饶，海上倭寇、盐盗、湖匪、抢劫侵袭猖獗，守江阴边关之将莫宠于今长寿建江阴第二座城池——莫城，组织民壮与海盗、湖匪进行长期持续的保家卫国的军事斗争。这一历史时期的体育活动以军事体育为主，组织者以官方组织辅以民间社团组织。

三国时期，吴大帝孙权命大将凌统镇守江阴这一军事重地，确保吴都建业之后翼安全。同时命黄祖（黄祖是刘表手下，与孙权有杀父之仇，一直是敌方）。在大海边的江阴香山建练武场，设箭垛八百座，训练军兵及地方民壮，抵御曹魏强敌，其军事体育为官方组织和民间社团组织并行。

两晋南北朝至唐宋元明清漫长的历史时期内，镇江以东的长江口之外大片海区逐渐淤涨成陆，长江入海口从镇江逐渐移至江阴以东，江阴成为“锁航要塞”之军事重地。由于江阴特殊的地理位置，成为兵家必争的军事要塞，民间练武助官兵御侮和保卫地方家园活动盛行，与民俗体育相关的体育流派、体育社团组织一直沿续存在。至清末光绪三十年（1904），由县学士陈砚香发起，设立江阴县公立体育场，以适应体育发展和竞技比赛的需要，首任场长沈松寿。

辛亥革命以后，江阴县成立县教育局，设“社会教育”专职机构，其中包括体育。1918年，江阴县立体育场归县教育局“社会教育”管辖。

1934年10月，童子军理事长张寄周（张镐）接替原任场长孙安吉之职。同年，江阴生生体育会成立。

1940年4月，江阴汪伪县政府县立体育场筹备主任黄亚蒙置办运动器材，办理民众运动事宜。1943年，伪体育场场长谢沁仁兼任新运俱乐部主任筹备员。

1945年抗日战争胜利，国民政府恢复社会教育机关（县立图书馆、县立体育场、县立中山公园），吴增起奉令向谢沁仁接收，任县立体育场场长。同年，县政府转省政府令，陆续组织体育会，并颁发《体育会组织办法》。

1946年，江阴县体育协进会、正气体育会、忠义体育会相继成立。

1949年4月22日，江阴县城解放。4月23日，江阴全境解放。4月25日，中共江阴县委员会、江阴县人民政府正式办公，体育属县文教局领导管理。体育场设专职干部王世贤，负责全县体育工作。另设“中华全国体育总会、江苏省江阴县体育分会”的群众团体组织。

1956年4月28日，经县人民政府批准，建立江阴县体育运动委员会，由副县长顾秉钧兼任体会主任，体委工作仍由文教局代管，体育活动由体育场负责。是年，江阴县工人图书馆通过整顿，改为江阴县工人俱乐部，成立俱乐部委员会。协助千人以上的工厂（利用纱厂）建立体育协会，百人以上的工厂建立体育锻炼小组。

1957年，在百人以上的工厂建立体育协会，为该单位体育工作的领导机构，在各单位行政、党组织或工会领导下进行工作。县体委则在方针、任务及业务上进行领导或起一定的指导作用。

1958年年底和1960年3月，在江阴体育场两次办体育中专，设足球、篮球、排球、田径、体操等项。1964年8月，江苏省指定江阴县为全省开展足球运动的重点地区之一，举办青少年业余体校，由文教局局长牟达兼任校长。

1969年6月1日，江阴县体育运动委员会由中国人民解放军江苏省江阴县体育军事接管组接管。1971年12月13日，军管组撤销，恢复江阴县体育运动委员会，赵明发兼任体委主任。1972年6月，恢复青少年业余体校、县体委成立党支部。1978年5月，体委副主任赵舞翔主持工作。1982年12月，吴应鸣任体委主任。1987年2月，张金保任体委主任。1991年，信鸽、棋类、足球、篮球、羽毛球、排球、武术、桥牌、钓鱼、老年人体育10个协会正式挂牌成立，其他协会在积极组织中。

1994年3月8日，中共江阴市委调李仕忠担任江阴市体委主任。1995年11月1日，江阴市人民政府批准成立江阴市体育总会，与江阴市体委两块牌子、一套班子。1997年3月，增设产业科。

1995年9月18日，江阴市人民政府为了全面贯彻《全民健身计划纲要》，切实加强对全民健身活动的领导，成立江阴市全民健身活动领导小组，有成员单位18个。副市长陈捷元任组长，刘忠标、李仕忠、刘忠耀、陆新华、殷玉才任副组长，耿晨新、叶雪平、陈汝生、杨泉兴、吴汉章、李卫忠、王生祥、徐德明、许兴伟、封晓青、汤玉清、周美娣、张其坪、蒋国洪为领导小组成员。领导小组下设办公室，许兴伟兼任办公室主任，秦浩明任副主任，办公室设在市体委。职能是：负责全市全民健身工作整体规划的制定和实施，《全民健身计划纲要》的宣传、贯彻落实和实施情况的监督，推动全民健身活动开展。

2001年10月，江阴市体育运动委员会更名为江阴市体育局。

2002年3月，江阴市全民健身活动领导小组更名为江阴市全民健身工作指导委员会。

2003年3月1日，成立江阴市体育总会，局长缪兴坤兼任江阴市体育总会主席。2003年6月，新体育馆竣工投入使用。2003年9月3日，调整市全民健身工作指导委员会成员，倪颖伟任主任，缪兴坤等5人为副主任，孔菊伟等13人为委员。2003年12月31日，批准成立江阴市体育中心，缪兴坤兼任江阴市体育中心主任。2004年12月，建立江阴体育局党总支部。是年12月，张成林任体育产业科科长。2005年1月31日，召开体育场设计方案论证会。2009年9月，投资6.3亿元的体育中心主体育场竣工。2009年，江阴市全民健身工作指导委员会成员调整，由副市长龚振东任主任。2011年9月，总建筑面积28675平方米的江阴市水上活动中心竣工投入运行。至此，江阴市体育中心（江阴暨阳体育产业发展有限公司）所属的现代化大型新体育馆、新体育场、水上活动中心等三大体育主体建筑，全部完工并投入使用。

2012年3月27日，顾洪伟任江阴市体育局局长、党组书记，兼江阴暨阳体育产业发展有限公司董事长，总经理。

第二节 行政事业机构

一、江阴县（市）体育运动委员会

江阴县体育运动委员会初成立于1956年4月28日，由县文教局代管，副县长顾秉钧兼任县体委主任，设置秘书，由秘书潘嗣玉主持日常事务，另有工作人员张乃兵、龚国铨等人。当时体育活动由体委所属的体育场具体负责。当年，江阴县工人图书馆通过整顿，改为江阴县工人俱乐部委员会，协助千人以上的工厂（利用纱厂）建立体育协会，百人以上的工厂、单位建立体育锻炼小组，开展经常性的群众体育活动。江阴县委、县政府在管理体制上多次进行调整、扩大、提高。1957年，百人以上的工厂单位的体育锻炼小组改为体育协会。这些协会在该单位的行政、党组织或工会的领导和支持下开展基层单位的群众体育活动，是县体育运动委员会在基层工厂企事业单位中的基层体育组织机构。县体育运动委员会则在体育方针、任务及具体体育业务上进行领导或技术上的指导。

1958年成立江阴县体育专科学校，体育场也增加了领导力量。1961年，体育专科学校因三年自然灾害解散。1964年创建青少年业余体校。1964年后，体育场设置行政事务、业务、训练、保管、竞赛、宣传等小组。

“文化大革命”期间，体育运动受到一定干扰。1969年6月1日，江阴县体育运动委员会由中国人民解放军江苏省江阴县体育军事接管小组接管替代。1971年10月，军管小组撤销。1971年12月13日，恢复江阴县体育运动委员会，下设体育场。1972年6月，恢复青少年业余体校，县体委成立党支部，设人事、秘书；体育场设竞赛组、宣传组；体校设足球、篮球、武术、体操等队。

1982年，因体育工作发展需要，新建招待所。1984年将灯光球场改建体育馆。是年，体委系统内设四个机构：

体育场：设场长、会计、出纳、总务、业务、场务。

青少年业余体校：设校长、足球教练、田径教练、武术教练。

体育馆：设馆长、电工、美工、票务、业务、馆务。

体育招待所：设所长、管理员、会计、出纳、服务员、炊事员。

1985年，调整县体育辅导中心小组成员。1987年，调整领导班子，理顺内部机构，设置办公室、竞赛训练股、群众体育股等3个行政股室，改选党支部委员，成立工会。

1997年3月增设产业科。2001年10月，江阴县体育运动委员会更名为江阴市体育局。2011年3月，调整内设机构，办公室不变；竞训科改为业务科；群体科改为社体中心；产业科改为经济科。至2015年未变动。

江阴县（市）体委历任正、副主任一览

表1-1

任职时间	姓　名	职　务	备　注
1956年4月—1957年9月	顾秉钧	体委主任	副县长兼
1958年5月—　？	祝铨寿	体委主任	副县长兼
1958年5月—　？	顾九纲	副主任	县委宣传部长兼
1969年6月—1971年12月	县体育军事接管小组		
1971年12月—1978年2月	赵明法	体委主任	县委宣传部副部长兼
1971年12月—1978年10月	王鼎富	副主任	县人民武装部长兼
1971年12月—1978年5月	李永林	副主任	主持工作
1978年5月—1984年3月	赵舞祥	副主任	主持工作
1982年1月—1984年3月	马春泉	副主任	
1982年12月—1987年2月	吴应鸣	体委主任	
1984年6月—1987年2月	陈祖德	副主任	
1986年7月—1995年12月	姚廷印	副主任	
1987年2月—1994年3月	张金宝	体委主任	
1987年2月—1994年3月	顾仁淦	副主任	
1994年3月—2001年10月	李仕忠	体委主任	
1994年3月—2001年10月	许兴伟	副主任	
1994年3月—2001年10月	季江宁	副主任	
1995年11月—2001年10月	徐汝泉	副主任	

表1-2

江阴县（市）体委（局）场馆负责人一览

老体育场			老体育馆			游泳池		
时　间	姓　名	职　务	时　间	姓　名	职　务	时　间	姓　名	职　务
1949 年 4 月— 1956 年 4 月	王世贤	负责人	1984 年— 1990 年 4 月	陶德贤	馆　长	1986 年 9 月— 1995 年	李正兴	
1956 年 4 月— 1958 年	潘嗣玉	主持工作						
1958 年— 1966 年	顾仁淦	负责人	1990 年 4 月— 1993 年 12 月			1995 年 1 月 15 月— 2003 年 3 月	金文斌	
1966 年— 1971 年 12 月	文　革	军　管	1993 年 12 月— 1996 年 1 月	庞嗣铨	负责人（兼）	2003 年 3 月— 2005 年 3 月	沈新惠	
1971 年 12 月— 1979 年 3 月	吴永康	负责人	1996 年 1 月 15 日— 2001 年 2 月	王学飞	聘任副馆长	2005 年 3 月以后划归体育中心管理		
1979 年 3 月— 1984 年 12	顾仁淦	场　长	1998 年 3 月 12 日— 2001 年 2 月	张国君	聘任馆长	附注：老体育场解放前负责人 光绪三十年（1904）首任场长沈松寿。据不完全统计，后任场长（负责人）为陶筚书、孙吉安。1934 年 10 月张镐，1940 年 4 月王亚蒙，1943 年谢沁仁。1945 年 9 月日伪投降后，吴增起接任至 1949 年春解放。		
1984 年 12 月— 1989 年 9 月	姜　琍	场　长	2001 年 2 月— 2003 年 3 月	王学飞	聘任馆长			
1989 年 9 月— 1993 年 12 月	秦浩明	负责人	2003 年 3 月 6 日— 2005 年 3 月	王学飞	续聘馆长			
1993 年 12 月— 2002 年 1 月	李国良	负责人						
2002 年 1 月— 2005 年	杜剑英	（法人） 聘任副场长	2005 年 3 月以后划归体育中心管理					
2005 年以后划归体育中心管理								

二、江阴市体育局

2001年10月，江阴市体育运动委员会更名为江阴市体育局。

江阴市体育局正、副局长一览

表1-3

任职时间	姓名	职务	备注
2001年10月—2002年11月	李仕忠	局长	
2001年10月—2013年4月	季江宁	副局长	
2001年10月—2003年11月	丁和兴	副局长	
2002年11月—2012年3月	缪兴坤	局长	
2004年11月—2012年11月	喻伟力	副局长	
2009年9月—	张海	副局长	
2012年3月—	顾洪伟	局长	
2013年5月—	张健	副局长	

三、局内科室

江阴市体育局科室主任、科长一览

表1-4

办公室（主任）		竞训科（科长）		群体科（科长）		产业科（科长）	
姓名	时间	姓名	时间	姓名	时间	姓名	时间
姜琍	1989年9月—2005年12月	石卫国	1989年9月—1993年12月	秦浩明	1993年12月—2002年1月	周新元	1997年3月—2002年6月副科长主持工作
钱晴	2005年12月—2008年11月	季江宁	1993年12月—1994年10月	李国良	2002年1月—2007年2月	张成林	2004年12月—2008年12月
何驰娟	2008年11月—2012年12月27日	端木水根	1994年10月—2000年9月	周乾	2007年7月—2011年3月副科长主持工作	沈新惠	2008年12月—2009年9月
李忠耘	2012年12月27日—	苏一鸣	2000年9月—2007年7月副科长主持工作			李忠耘	2009年9月—2011年4月副科长主持工作
		苏一鸣	2007年7月—2011年3月				
		2011年竞训科改为业务科（科长）		2011年群体科改为社体中心（主任）		2011年产业科改为经济科（科长）	
		姓名	时间	姓名	时间	姓名	时间
		苏一鸣	2011年3月—	周乾	2011年3月—	李忠耘	2011年4月—2012年12月27日
						何驰娟	2012年12月27日—

四、直属事业单位

（一）市业余体育学校

1963年2月，创办澄江镇青少年业余体育学校。1964年8月，成立江阴县青少年业余体校，校址在老体育场内东侧，由县教育局局长牟达兼任校长。1966年，学校停办。1972年恢复，不设校长，周耀良任学校负责人。1976年，石卫国任负责人。1981年，端木水根任负责人。1984年学校设校长，石卫国任校长。1987年，江阴撤县建市，学校更名为江阴市业余体育学校，1988年，端木水根任校长。1995年，张如皋任校长，2011年8月，张健任校长。2015年3月30日，姜屹峰任校长。

（二）市体育学校（初名体育中专）

1958年年底，市体育场第一次办体育中专，1959年年底停办。1960年3月办县体育学校，一年后并入江阴师范学校。1984年8月，在祝塘中学开设体育职业班，后暂停。1989年，在市政府协调下，由体委和教委合办江阴市体育学校，校址设在君巫路原游泳大楼，解决初中阶段学生的“三集中问题”，由一中副校长陆纪生负责学校工作。1990年，市业余体校校长端木水根兼任校长。1992年，学校搬迁到中山北路老体育场原体委招待所，陈希荣任校长；同年8月，王曼虎任体育学校校长。1997年9月，体育学校搬迁至现在的新校舍综合楼，增设小学四年级到六年级3个班，李根发任校长。1999年、张如皋兼任校长。2011年8月，张健兼任校长。2015年3月，姜屹峰兼任校长。

2015年年底，学校共有从小学四年级至高中三年级9个年级，262名学生。开设田径、足球、举重、柔道、游泳5个专业学科。

江阴市业余体育学校校长（负责人）一览

表1-5

任职时间	姓名	职务	备注
1964年8月—1966年	牟　达	校　长	县教育局局长（兼）
1966年—1972年			“文化大革命”军管期间停办
1972年—1976年	周耀良	负责人	
1976年—1981年	石卫国	负责人	
1981年—1984年	端木水根	负责人	
1984年12月—1989年8月	石卫国	校　长	
1989年9月—1995年	端木水根	校　长	
1995年—2011年8月	张如皋	校　长	
2011年8月—2015年3月30日	张　健	校　长	
2015年3月30日—	姜屹峰	校　长	

江阴市体育学校校长（负责人）一览

表1-6

任职时间	姓名	职务	备注
1989 年—1990 年	陆纪生	负责人	
1990 年—1992 年	端木水根	校长	（兼）
1992 年—1992 年 8 月	陈希荣	校长	
1992 年 8 月—1997 年	王曼虎	校长	
1997 年—1999 年	李根发	校长	
1999 年—2011 年 8 月	张如皋	校长	（兼）
2011 年 8 月—2015 年 3 月 30 日	张　健	校长	（兼）
2015 年 3 月 30 日—	姜屹峰	校长	（兼）

（三）市体育中心（江阴暨阳体育产业发展有限公司）

2003年11月，体育局中山北路的老人民体育场，中山北路的老体育馆和君巫路的市游泳池3个直属事业机构合并成立江阴市体育中心。

2009年7月28日，为推进体育事业机制体制改革，在原体育中心基础上，注册成立江阴暨阳体育产业发展有限公司。由市国资办和体育局双重管理，形成一个单位、二块牌子，实行企业化操作、市场化运营的国资企业公司。公司注册资金500万元。主要经营范围：健身、群众文化活动、体育比赛、体育训练；保健服务；为会议及展览等项目提供营业性演出和服务场所。

至2015年，体育中心（江阴暨阳体育产业发展有限公司）运营资产范围包括：中山北路老体育场和中心二期工程新体育场（2009年8月投用）；中山北路老体育馆和中心一期工程新体育馆（2003年7月投用）；君巫路游泳池和中心三期工程市民水上活动中心（2011年9月投用）。是江阴市规模最大、标准最高、功能最全的大型现代化体育文化设施。自2009年至2015年共实现开票营业额16000余万元，实现利润2000余万元。

江阴市体育中心（江阴暨阳体育产业发展有限公司）主要领导一览

表1-7

任职时间	姓名	职务	备注
2003 年 12 月 31 日—2009 年 8 月	缪兴坤	主任	体育局长兼
2009 年 8 月—2010 年 6 月	龚振东	董事长	副市长兼
2009 年 8 月—2010 年 6 月	王学飞	总经理	
2010 年 6 月—2011 年 11 月	王学飞	董事长　总经理	
2011 年 11 月—2012 年 4 月	缪兴坤	董事长　总经理	体育局长兼
2012 年 4 月—2014 年 6 月 3 日	顾洪伟	董事长　总经理	体育局长兼

注：2014年6月3日后由副职李俊伟主持工作。

（四）市社会体育管理中心

2010年9月16日，江阴市机构编制委员会澄编〔2010〕35号文件批复，注销事业单位性质的江阴市体育总会，保留行政性质的江阴市体育总会，成立江阴市社会体育管理中心。核定事业编制5名（从市体育中心划入4名，原市体育总会划入1名）。

2011年3月3日，澄政体〔2011〕9号文件，任命周乾为社会体育管理中心主任。

市社会体育管理中心的主要职责是：推行全民健身计划，组织实施全市群众体育工作计划；监督国家体育锻炼标准的实施，开展国民体质测试；指导和推动农村体育、社区体育、学校体育及其他社会体育的发展；负责对体育协会工作的日常指导、协调；负责全市群众体育骨干的业务培训和三级社会体育指导员的培训、考核评聘和管理；负责市级群众体育竞赛和对外参赛；负责对全市健身气功的日常管理。

（五）市体育彩票管理中心

1998年6月，经中国人民银行和国家体育总局批准，电脑传统型体育彩票在江阴市发行。在市精品商厦、人民商场、科龙电器、百货集团家电维修部设立4个网点、6台电脑操作。隶属体育局产业科管理，由产业科副科长周新元（主持工作）负责领导工作。

2002年6月4日，江阴市体育彩票管理中心成立。6月27日，张成林调体育彩票管理中心任副主任，周新元继续主持工作。2007年12月江勇主持工作；2008年12月沈卫平主持工作；2011年3月李宁主持工作。2012年年底，体育彩票年销售突破5亿元。2015年体彩销售达5.39亿元。自2006年起连续六年获得省县级市体育彩票销售“六连冠”荣誉。2012年至2015年名列全国县级市体育彩票销售领先行列。

市体育彩票管理中心正、副主任一览

表1-8

任　职　时　间	姓　名	职　务	备　注
2002年6月27日—2004年12月13日	张成林	副主任	
2002年6月27日—2007年7月	周新元	副主任	主持工作
2003年8月28日—2003年11月30日	丁和兴	主　任	副局长兼
2007年7月—2007年12月	周新元	主　任	
2007年12月—2008年12月	江　勇	副主任	主持工作
2008年12月—2011年3月	沈卫平	副主任	主持工作
2011年3月—	李　宁	副主任	主持工作

第三节　党团工会组织

江阴县体育运动委员会单独成立党支部较晚，由县直机关党委于1972年12月25日批准，成立江阴县体育运动委员会党支部，李永林任支部书记。人事调动后，由县直机关党委和组织部批准，赵舞祥自1978年10月18日任支部副书记至1984年6月。1984年6月澄机〔1984〕14号文件批复，陈祖德任体委党支部书记。此后，张金保、李仕忠、缪兴坤等相继担任体委（局）党支部书记。2005年12月20日，中共江阴市体育局党支部改为党总支部，缪兴坤任书记。2008年6月，中共江阴市体育局党总支部改为中共江阴市体育局党组，缪兴坤任党组书记。2012年3月27日，顾洪伟任中共江阴市体育局党组书记。

一、中共江阴县（市）体育运动委员会党支部正、副书记一览

表1-9

任职时间	姓名	职务	备注
1972年12月25日—1978年7月26日	李永林	书记	
1978年10月18日—1984年6月	赵舞祥	副书记	
1984年6月—1987年5月15日	陈祖德	书记	
1987年5月15日—1994年5月4日	张金保	书记	
1994年5月4日—2001年10月22日	李仕忠	书记	

二、中共江阴市体育局党支部书记一览

表1-10

任职时间	姓名	职务	备注
2001年10月22日—2002年11月29日	李仕忠	书记	
2002年11月29日—2005年12月20日	缪兴坤	书记	

三、中共江阴市体育局党总支部成员一览

表1-11

任职时间	姓名	职务	备注
2005年12月20日—2012年3月27日	缪兴坤	书记	
2005年12月20日—	季江宁	副书记	
2005年12月20日—2011年8月31日	鲍振新	委员	组织工作
2005年12月20日—2015年	苏一鸣	委员	宣传工作
2005年12月20日—2010年2月25日	张如皋	委员	纪检工作
2005年12月20日—2010年2月25日	李俊伟	委员	
2014年1月13日—	顾洪伟	书记	
2014年1月13日—	张海	副书记	
2014年1月13日—	张健	委员	
2014年1月13日—	李俊伟	委员	
2014年1月13日—	姜屹峰	委员	

四、中共江阴市体育局党组成员一览

表1-12

任职时间	姓名	职务	备注
2008年6月—2012年3月27日	缪兴坤	党组书记	
2008年6月—2013年5月	季江宁	党组成员	
2009年9月27日—	张　海	党组成员	
2012年3月27日—	顾洪伟	党组书记	
2013年5月7日—	张　健	党组成员	

五、中共江阴市体育局各基层支部成员一览

表1-13

任职时间	姓名	职务	备注
2006年1月17日—2013年5月	季江宁	局机关党支部书记	
2006年1月17日—	苏一鸣	局机关党支部组织委员	
2006年1月17日—2009年6月4日	江　勇	局机关党支部宣传委员	
2006年1月17日—2013年5月	张　健	体校党支部书记	
2006年1月17日—	吴　琦	体校党支部组织委员	
2006年1月17日—2009年6月4日	袁一兵	体校党支部宣传委员	
2006年1月17日—2009年6月4日	王学飞	体育中心党支部书记	
2006年1月17日—2009年6月4日	李仕忠	局离退休党支部书记	
2006年1月17日—	姚廷印	局离退休党支部组织委员	
2006年1月17日—	陶德贤	局离退休党支部宣传委员	
2009年6月4日—2009年11月10日	李俊伟	体育中心党支部书记	
2009年6月4日—	江　勇	体育中心党支部副书记	
2009年6月4日—	袁一兵	体校党支部副书记	
2009年6月4日—	李忠耘	局离退休党支部书记	
2009年11月10日—	王学飞	市暨阳体育产业发展有限公司支部委员书记	
2009年11月10日—2011年12月25日	李俊伟	市暨阳体育产业发展有限公司支部委员副书记	
2009年11月10日	徐福民	市暨阳体育产业发展有限公司支部委员	
2011年12月25日	李俊伟	体育中心党支部书记	
2014年1月13日—	姜屹峰	业余体校党支部书记	
2014年1月13日—2015年	李俊伟	体育中心党支部书记	
2014年1月13日—	李忠耘	体育局机关党支部书记	
2014年1月13日—	何驰娟	体育局机关党支部委员	
2014年1月13日—	周　乾	体育局机关党支部委员	

续表1-13

任　职　时　间	姓　名	职　务	备注
2014年1月13日—	徐福民	体育中心党支部委员	
2014年1月13日—	江　勇	体育中心党支部委员	
2014年1月13日—	袁一兵	业余体校党支部副书记	
2014年1月13日—	李仕忠	体育局离退休党支部书记	

六、中国共产主义青年团

1984年下半年，体委设立团小组，组长季江宁，属党校团支部领导。

1986年，由于团员人数增加，经报请上级主管部门同意成立体委团支部，季江宁任团支部书记；按照上级团委要求，开展团的活动，配合体委党支部，起到助手作用。1992年任命苏一鸣为团支部书记；1998年任命张健为团支部书记；2003—2015年周乾为团支部书记。

体育局共青团支部书记一览

表1-14

任　职　时　间	姓　名	职　务	备　注
1986年—1992年	季江宁	团支部书记	
1992年—1998年	苏一鸣	团支部书记	
1998年—2003年	张　健	团支部书记	
2003年—	周　乾	团支部书记	

七、工会委员会

1986年1月6日，县总工会批复，建立江阴县体育运动委员会工会，由陈祖德、刘初宝、姜琍组成筹建小组。顾仁淦任工会主席，姜琍任工会副主席。1996年2月5日，市直机关委员会批准，季江宁任工会主席，金文斌任副主席，端木水根、吴国英、金文斌为工会经费审查委员，端木水根为主任委员。2001年12月27日，总工委批复，原体育运动委员会机关工会更名为体育局机关工会。2006年7月26日，市体育局工委改选。2006年7月31日，澄机工〔2006〕20号文批复，季江宁任体育局机关工会主席，兼任工会经费审查委员会主任；苏一鸣任工会副主席，组织生活委员；李俊伟任宣传教育委员；张健任文化体育委员，并负责工会财务；陈芗负责工会财务。澄机工〔2014〕7号文件批复，张海任体育局机关工委主席；李宁任体育局机关工会委员会经费审查委员会主任兼组织委员；江勇任宣传教育委员；姜屹峰任文化体育委员；蒋小兰任机关工委女职工委员会主任兼工会财务。

体委、局机关工会组织一览

表1-15

任职时间	姓名	职务	备注
1986年1月6月—1996年2月5日	顾仁淦	工会主席	
1986年1月6日—1996年2月5日	姜　琍	副主席	
1996年2月5日—2014年3月18日	季江宁	工会主席	
1996年2月5日—2003年	金文斌	副主席	工委经费审查委员会
2006年7月31日—2014年3月18日	苏一鸣	副主席	组织生活
2006年7月31日—2014年3月18日	李俊伟	委　员	宣传教育
2006年7月31日—2014年3月18日	张　健	委　员	文化教育
2006年7月31日—2014年3月18日	陈　芗	委　员	财　务
2014年3月18日—	张　海	工会主席	
2014年3月18日—	李　宁	兼组织委员	经费审查委员会主任
2014年3月18日—	江　勇	委　员	宣传教育
2014年3月18日—	姜屹峰	委　员	文化体育
2014年3月18日—	蒋小兰	兼财务委员	女职工委员会主任

第四节　体育社团

江阴市自1959年8月1日成立江阴县棋类协会起，至2012年年底为止，共成立23个体育协会。

2013年，执行上级指令对体育社团进行全面整改，老干部乒乓球协会和钓鱼协会在行政社团背景整改中注销。至2015年年底，已办理注册手续的协会共计36个。

江阴市信鸽协会组织一览

表1-16

职务	姓名	任职时间	备注
协会执委会	沈永才、顾时鸣等9人	1964年	全国第二个信鸽协会
执委会	潘昌仁、沈永才等9人	1973年—1984年	共10届协会
会　长	潘昌仁	1984年—1990年	第11、12届协会
副会长	陈济生	1984年—1990年	
秘书长	陈济生（兼）	1984年—1990年	
会　长	陈济生	1990年—2005年	第13、14、15、16、17届协会
副会长	刘金宝、徐一彪、宋志华等人	1990年—2005年	
秘书长	徐一彪（兼）	1990年—2005年	
会　长	庞士亮	2005年—2008年	第18届协会
副会长	宋志华、徐一彪、洪刚琪、王建华等人	2005年—2008年	

续表1-16

职　务	姓　名	任 职 时 间	备　注
名誉会长	陈济生	2005年—2008年	
秘书长	杨　诚	2005年—2008年	
会　长	庞士亮	2008年—	第19届协会
副会长	宋志华、徐一彪、洪刚琪、王建华等人	2008年—	
秘书长	杨　诚	2008年—	

江阴市棋类协会组织一览

表1-17

职　务	姓　名	任 职 时 间	备　注
主　席	许志泉	1959年8月1日—1962年5月	
副主席	刘国权、庄淦涛	1959年8月1日—1962年5月	
常　委	钱本、吕忠毅、章武曾等人	1959年8月1日—1962年5月	
主　席	许志泉	1964年—1966年	江阴县技艺协会
副主席	刘国权、章武曾、刘耀明、庄淦涛等人	1964年—1966年	
主　席	许志泉	1974年—1983年	恢复“文化大革命”中停顿的协会
副主席	刘国权、章武曾、胡士雄、刘耀明、庄淦涛等人	1974年—1983年	
主　席	许志泉	1983年—1984年	
副主席	刘国权、姚雪景、王炳才等人	1983年—1984年	
常　委	胡士兴等14人	1983年—1984年	
主　席	许志泉（前）、刘国权（后）	1984年9月—1985年	
副主席	王炳才等19人	1984年9月—1985年	
主　席	刘国权	1985年—1986年	
副主席	王炳才等人	1985年—1986年	
主　席	刘国权	1986年11月—1995年12月9日	职工棋类活动委员会成立
副主席	姚雪景等人	1986年11月—1995年12月9日	
名誉主席	偶连生	1986年11月—1995年12月9日	
会　长	符维龙	1995年12月—	职工棋类委员会与棋协合并
副会长	周筱晔等人	1995年12月—	
名誉会长	陈捷元、李仕忠、刘国权	1995年12月—	

江阴市围棋联谊会组织一览

表1-18

职　务	姓　名	任 职 时 间	备　注
会　长	符维龙	1997年5月—	与棋协两块牌子、一套班子
副会长	周筱晔、王一飞、江桂苞、顾敏明、章逸等人	1997年5月—	
棋院院长	周筱晔	1998年7月—	与围棋联谊会同时成立
副院长	章逸（常务副院长）等人	1998年7月—	
培训部主任	尤国耀	1998年7月—	

江阴市足球协会组织一览

表1-19

时间	姓　名	任 职 时 间	备　注
主　任	赵舞祥	1979年12月27日	
副主任	李树森、虞聘荣、王启元、顾祖南、曹慎祥、康　平、王廷彦、顾仁淦	1979年12月27日	
主　席	巴本云	1985年9月—1999年	
副主席	徐士清、蒋武成等人	1985年9月—1999年	
名誉主席	刘立荣	1985年9月—1999年	
顾　问	周建松等6人	1985年9月—1999年	
主　席	唐国胜	1999年—2006年6月18日	
副主席	曹士洪等6人	1999年—2006年6月18日	
主　席	朱耀良	2006年6月18日—2010年	
常务副主席	曹士洪	2006年6月18日—2010年	
副主席	袁建国等6人	2006年6月18日—2010年	
秘书长	吴卫列	2006年6月18日—2010年	
主　席	朱耀良	2010年—	
副主席	吕惠明等6人	2010年—	
秘书长	吴卫列	2010年—	

江阴市桥牌协会组织一览

表1-20

职　务	姓　名	任 职 时 间	备　注
会　长	石卫国	1980年12月—1983年	
副会长	陶立新等人	1980年12月—1983年	
秘书长	陈　欣	1980年12月—1983年	
会　长	缪海林	1983年—1987年4月	副会长等不详
会　长	许治燕	1987年4月—2008年	

续表1-20

职　务	姓　名	任职时间	备　注
副会长	陶立新、缪海林、仲正裕等人	1987年4月—2008年	
秘书长	陈　欣	1987年4月—2008年	
会　长	张东标	2008年—	
副会长	江明、袁卫鸿、华新民等人	2008年—	
秘书长	单卫东、蔡根清（副）	2008年—	

江阴市武术协会组织一览（含分会）

表1-21

职　务	姓　名	任职时间	备　注
队　长	贺雪圣	1974年5月7日—1982年	县业余武术队成立
副队长	陈惠君、陈汝金等人	1974年5月7日—1982年	
主　席	陈惠君	1982年8月11日—1985年	武术协会成立
委　员	贺雪圣、申福君、张宗玉、周胜洪、姚建忠、戴洪坤、肖汉云、姚炳炎、陈汝金等人	1982年8月11日—1985年	
主　席	陈惠君	1985年—2009年	第3届至第六届组织资料缺失。
名誉主席	李盛仁	1985年—2009年	
委　员	贺雪圣、申福君、戴洪坤、姚建忠、何静芬、周胜洪	1985年—2009年	
会　长	徐国强	2009年—	第7届协会组织
副会长	张菊英等7人	2009年—	
秘书长	王　峰	2009年—	

江阴市乒乓球协会组织一览

表1-22

职　务	姓　名	任职时间	备　注
主　席	蒋俊森	1982年—1985年	成立
副主席	邬荣澄、张鸣、郭立华等人	1982年—1985年	
顾　问	孙仁杰、徐兴宝	1982年—1985年	
主　席	蒋俊森	1985年—1987年	
副主席	邬荣澄、张鸣等人	1985年—1987年	
名誉主席	徐诒燕	1985年—1987年	
顾　问	曹林高	1985年—1987年	
主　席	蒋俊森	1987年—1992年	
副主席	黄岗等	1987年—1992年	
会　长	徐士诒	1992年—1996年	
会　长	王新潮	1996年—1998年	

续表1-22

职 务	姓 名	任职时间	备 注
会 长	吕 静（女）	1998年—2010年	
秘书长	倪雪峰	1998年—2010年	
会 长	徐 良	2010年—	
副会长	钱 红、郁松宝、陈铭等14人	2010年—	
秘书长	邱正强	2010年—	

江阴市羽毛球协会组织一览

表1-23

职 务	姓 名	任职时间	备 注
名誉理事长	康 平	1983年7月3日	协会成立
顾 问	周象裘	1983年7月3日	
理事长	刘 渺	1983年7月3日	
副理事长	谢冠庆、郁光宙等人	1983年7月3日	
理事长	郁光宙	1985年—1986年	第二届
顾 问	刘 渺、周象裘	1985年—1986年	
理事长	郁光宙	1986年—1993年	第三届
会 长	郁光宙	1993年—2003年	第四届
会 长	郁光宙	2003年—	第五届
副会长	吕文清、苏 坚、郁华宙等人	2003年—	
秘书长	黄岗锋	2003年—	
荣誉会长	孙小虎	2003年—2013年	
荣誉副会长	喻伟力	2003年—2013年	

江阴市排球协会组织一览

表1-24

职 务	姓 名	任职时间	备 注
负责人	吴云康	1983年	排协组织
主 席	沙际泰	1984年6月—1987年4月9日	协会成立
名誉主席	翟怀新	1984年6月—1987年4月9日	
顾 问	吴云康、姜琍等人	1984年6月—1987年4月9日	
主 席	沙际泰	1987年4月9日—	调整
名誉主席	范金坤	1987年4月9日—	
顾 问	姜琍等5人	1987年4月9日—	
秘书长	丁玉森	1987年4月9日—	
会 长	鲍应麟	时间不详	

续表1-24

职　务	姓　名	任职时间	备　注
副会长	吴继明、吴家兴	时间不详	
会　长	徐海标	1997 年—2010 年	
副会长	吴继明、吴家兴	1997 年—2010 年	
秘书长	薛红坚	1997 年—2010 年	
会　长	吴继明	2010 年 10 月—	
副会长	薛红坚、卞国兴、郭建华、等 7 人	2010 年 10 月—	
秘书长	张　鸣	2010 年 10 月—	

江阴市老年体育协会组织一览

表1-25

职　务	姓　名	任职时间	备　注
会　长	黄满忠	1989 年—2006 年 5 月 28 日	
副会长	陈治生、顾仁淦、薛仁甫等人	1989 年—2006 年 5 月 28 日	
秘书长	张震华	1989 年—2006 年 5 月 28 日	
副秘书长	陶德贤	1989 年—2006 年 5 月 28 日	
主　席	翟怀新	2006 年 5 月 28 日—2011 年 6 月 7 日	
副主席	陈汝生、李仕忠等人	2006 年 5 月 28 日—2011 年 6 月 7 日	
秘书长	陶德贤	2006 年 5 月 28 日—2011 年 6 月 7 日	
副秘书长	姜琍、居正兴	2006 年 5 月 28 日—2011 年 6 月 7 日	
主　席	翟怀新	2011 年 6 月 7 日—	
副主席	李仕忠、秦荣芬等人	2011 年 6 月 7 日—	
秘书长	秦荣芬（兼）	2011 年 6 月 7 日—	
副秘书长	姜琍、居正兴	2011 年 6 月 7 日—	

江阴市老干部乒乓球协会组织一览

表1-26

职　务	姓　名	任职时间	备　注
会　长	吴林兴	2010 年 10 月 15 日—2013 年	2010 年协会成立，2013 年因行政社团背景整改注销
副会长	于耀良、周竹园等人	2010 年 10 月 15 日—2013 年	
名誉会长	翟怀新、孙福康、黄满忠、何士荣、李立行等人	2010 年 10 月 15 日—2013 年	
秘书长	沈兵祥	2010 年 10 月 15 日—2013 年	

江阴市篮球协会组织一览

表1-27

职　务	姓　名	任职时间	备　注
主　席		1974 年	协会成立、名单缺
名誉主席	周建松	1985 年—1993 年	

续表1-27

职　务	姓　名	任职时间	备　注
名誉副主席	王旭等14人	1985年—1993年	
主　席	陈万元	1985年—1993年	
主　席	张炳华	1993年7月—2004年12月	
副主席	徐林峰、吴贯一、缪炳甫、华炳才、钱建清等人	1993年7月—2004年12月	
秘书长	张国君	1993年7月—2004年12月	
名誉主席	翟怀新、黄满忠、陈捷元等7人	1993年7月—2004年12月	
名誉副主席	郁秋皓、季三宝、徐林峰等12人	1993年7月—2004年12月	
主　席	胡士勇	2004年12月18日—	
副主席	包文辉、蒋卫平等13人	2004年12月18日—	
秘书长	李俊伟	2004年12月18日—	
副秘书长	缪君波、王　辉	2004年12月18日—	

江阴市钓鱼协会组织一览

表28

职　务	姓　名	任职时间	备　注
名誉主席	徐德明、肖国衡、朱志宏、刘立荣、王克山、刘根宝、周建松、查振祥、吴志坚	1987年11月15日—2004年	协会成立
主　席	邱　挺	1987年11月15日—2004年	
副主席	黄亚蒙、顾仁淦等8人	1987年11月15日—2004年	
秘书长	陶德贤	1987年11月15日—2004年	
会　长	王克山	2004年—2013年	行政社团背景整改时注销
副会长	丁汉宝、陈汝生	2004年—2013年	
名誉会长	肖国衡、成　强	2004年—2013年	
秘书长	陶德贤	2004年—2013年	

江阴市门球协会组织一览

表29

职　务	姓　名	任职时间	备　注
会　长	薛　强	1991年12月28日—2001年10月18日	成立协会
副会长	张震华等5人	1991年12月28日—2001年10月18日	
名誉会长	刘立荣、肖国衡	1991年12月28日—2001年10月18日	
顾　问	王克山、徐蓉芬、顾学之、张业兴	1991年12月28日—2001年10月18日	
会　长	张震华	2001年10月18日—2011年9月4日	第二届
副会长	陈汝生等人	2001年10月18日—2011年9月4日	
秘书长	陶德贤	2001年10月18日—2011年9月4日	

续表1-29

职　务	姓　名	任 职 时 间	备　注
会　长	陈汝生	2011 年 9 月 4 日—2013 年	第三届
副会长	潘龙宝（兼秘书长）	2011 年 9 月 4 日—	
名誉会长	张震华	2011 年 9 月 4 日—	
顾　问	章仁权、钱万清、李哲民等人	2011 年 9 月 4 日—	
会　长	严国良	2015 年—	整改易人
副会长	潘龙宝等人	2015 年—	
副会长	陈郁桐	2015 年—	兼秘书长

江阴市木兰拳协会组织一览

表1-30

职　务	姓　名	任 职 时 间	备　注
会　长	周佩芳	1995 年 10 月—1999 年 6 月	协会成立
副会长	陈惠芬、姜琍、张安春等 6 人	1995 年 10 月—1999 年 6 月	
秘书长	朱　秦	1995 年 10 月—1999 年 6 月	
会　长	焦蓉芳	1999 年 7 月—	
副会长	姜琍、张安春、陈惠芬	1999 年 7 月—	
秘书长	姜　琍（兼）	1999 年 7 月—	例行换届未成，协会组织未变。

江阴市网球协会组织一览

表1-31

职　务	姓　名	任 职 时 间	备　注
理事长	金亚洪	2005 年 6 月—2009 年	协会成立
秘书长	刘　强	2005 年 6 月—2009 年	
负责人	陈国兴	2009 年 4 月—2012 年 4 月	第二届
会　长	余亚洪	2012 年 5 月—	第三届
副会长	郁　敏	2012 年 5 月—	
秘书长	刘　强	2012 年 5 月—	

江阴市健美协会组织一览

表1-32

职　务	姓　名	任 职 时 间	备　注
会　长	周建明	2006 年 8 月—	
副会长	解红光	2006 年 8 月—	
名誉会长	李　宁	2006 年 8 月—2013 年	改选
秘书长	姚晓刚	2006 年 8 月—	
副秘书长	李　明	2014 年 3 月—	增选

江阴市游泳协会组织一览

表1-33

职　务	姓　名	任职时间	备注
会　长	史方度	2008年12月27日—2010年8月	
副会长	陈建华等8人	2008年12月27日—2010年8月	
会　长	史方度	2010年8月—	改选
秘书长	李　宁	2010年8月—2013年	改选
副秘书长	吴永新		改选
副秘书长	翁明亮、许海生、翁惠祥等人	2010年8月—	
培训部长	江　磊	2010年8月—	
裁判部长	牟远华	2010年8月—	
竞赛部长	王　玉	2010年8月—	
财务部长	陈　芸	2010年8月—	

江阴市石锁协会组织一览

表1-34

职　务	姓　名	任职时间	备　注
会　长	任建平	2011年7月26日—	协会成立
副会长	高森林、吕德忠、肖建平、顾秘华、陈建平、赵　虞、顾建法等人	2011年7月26日—	

江阴市太极拳协会组织一览

表1-35

职　务	姓　名	任职时间	备　注
会　长	周竹园	2008年8月8日—	从武术协会分出
副会长	蒋耀铭、刘秀燕等人	2008年8月8日—	
秘书长	吴丹娜	2008年8月8日—	

江阴市体育舞蹈协会组织一览

表1-36

职　务	姓　名	任职时间	备　注
会　长	吴香媛	2008年5月3日—	
副会长	殷　毅、张小英、徐健湖	2008年5月3日—	
秘书长	李福明	2008年5月3日—	
名誉会长	杨　明	2008年5月3日—	
顾　问	马　季	2008年5月3日—	

江阴市空竹协会组织一览

表1-37

职　务	姓　名	任职时间	备　注
主　任	周金春（委员张其国等 9 人）	2010 年 3 月	成立“空竹俱乐部”
会　长	王虎良	2012 年 6 月—	批准成立协会
副会长	周金春、周伯祺等人	2012 年 6 月—	

江阴市市社会体育指导员协会组织一览

表1-38

职　务	姓　名	任职时间	备　注
会长、法人代表	缪兴坤	2009 年 12 月—2010 年 10 月 28 日	批准成立
副会长	季江宁、喻伟力、张　海	2009 年 12 月—2010 年 10 月 28 日	
秘书长	周　乾	2009 年 12 月—2010 年 10 月 28 日	
法人代表	周　乾	2010 年 10 月 28 日—2013 年	市政府规定副科级以上在职领导不能兼任社团负责人及领导
法人代表	陈小云	2013 年—	改选

1995年，江阴市根据相关法律和上级精神，启动社会体育指导员培训、考核、审批工作。是年共有社会体育指导员78人。1997年，经无锡市培训考核，江阴市有53人获首批二级社会体育指导员证书、证章。除云亭镇外其他27个镇均成立社会体育指导站，市体育技术辅导中心更名为市体育指导中心。1998年10月，各镇选派3人参加市三级社会体育指导员培训，经考核批准首批三级社会体育指导员53人，15个镇的社会体育指导站由无锡市体育局命名。2002年10月，进行三级社会体育指导员培训，34人参加并全部通过考核获得资格证书。2003年8月，举办三级社会体育指导员培训班暨三级象棋裁判员培训班，年内新批三级社会体育指导员11人、二级社会体育指导员4人、一级社会体育指导员3人。2004年，在各镇开展三级社会体育指导员巡回培训班17期，共计培训1302人。2005年培训二级社会体育指导员71人。至2007年年底，市内共有各级社会体育指导员1662人，其中国家级1人，一级8人、二级106人、三级1547人。

江阴市社会体育指导员协会于2009年11月12日，由江阴市体育总会、江阴市老年体育协会、江阴市棋类协会、江阴市木兰拳协会、江阴市武术协会、江阴市体育舞蹈协会、江阴市足球协会、江阴市门球协会等协会发起。2009年11月21日，召开协会会员大会、通过协会章程，确定江阴市体育局局长缪兴坤为协会会长、副局长季江宁、喻伟力、张海为协会副会长，周乾为秘书长，缪兴坤会长为法人代表。2009年12月15日，经民政局审核批准生效。

根据江阴市政府有关规定，副科级以上在职领导不能兼任社团负责人及领导，2010年10月28日，免去缪兴坤、季江宁、喻伟力、张海在协会内领导职务。江阴市社会体育指导员协会法人代表更换为周乾，会长、副会长等职务空缺。至2015年年底，江阴市社会体育指导员协会会长由陈小云担任，协会共有各级指导员4642人，其中国家级45人、一级186人、二级1014人、三级3397人。

随着江阴体育事业发展的需要，自2012年至2015年又新增15个体育协会。

江阴市台钓协会组织一览

表1-39

职　务	姓　名	任职时间	备　注
会　长	胡志权	2013 年 5 月	协会成立（第一届）
副会长	薛丽军	2013 年 5 月	协会成立（第一届）
副会长	胡跃琪	2013 年 5 月	协会成立（第一届）
秘书长	胡跃琪（兼）	2013 年 5 月	协会成立（第一届）

江阴市陈氏太极拳协会组织一览

表1-40

职　务	姓　名	任职时间	备　注
会　长	张建林	2013 年 6 月 4 日	协会成立（第一届）
副会长	奚　文	2013 年 6 月 4 日	协会成立（第一届）
副会长	陆耀明	2013 年 6 月 4 日	协会成立（第一届）
副会长	章振宇	2013 年 6 月 4 日	协会成立（第一届）
秘书长	薛　峰	2013 年 6 月 4 日	协会成立（第一届）

江阴市方圆太极拳协会组织一览

表1-41

职　务	姓　名	任职时间	备　注
会　长	顾玉芬	2013 年 8 月	协会成立（第一届）
副会长	马佩军	2013 年 8 月	协会成立（第一届）
副会长	龚立新	2013 年 8 月	协会成立（第一届）
副会长	周　静	2013 年 8 月	协会成立（第一届）
秘书长	张　红	2013 年 8 月	协会成立（第一届）

江阴市柔力球协会组织一览

表1-42

职　务	姓　名	任职时间	备　注
会　长	计丽英	2013 年 11 月 9 日—	批准成立（第一届）
副会长	温芝秀	2013 年 11 月 9 日—	批准成立（第一届）
副会长	张静蓉	2013 年 11 月 9 日—	批准成立（第一届）
副会长	王爱芬	2013 年 11 月 9 日—	批准成立（第一届）
秘书长	尤南华	2013 年 11 月 9 日—	批准成立（第一届）

江阴市长跑协会组织一览

表1-43

职　务	姓　名	任职时间	备　注
会　长	吴　昊	2013年11月26日	协会成立（第一届）
会　长	张凤度	2015年	换届（第二届）
副会长	丁建中	2015年	换届（第二届）
秘书长	朱　伟	2015年	换届（第二届）
副秘书长	肖正军	2015年	换届（第二届）
副秘书长	孙宇德	2015年	换届（第二届）
副秘书长	缪其龙	2015年	换届（第二届）
副秘书长	顾建国	2015年	换届（第二届）

江阴市健身操舞协会组织一览

表1-44

职　务	姓　名	任职时间	备　注
会　长	宋国庆	2014年4月26日	协会成立（第一届）
副会长	王彩华	2014年4月26日	协会成立（第一届）
副会长	李洪昌等5人	2014年4月26日	协会成立（第一届）
秘书长	陆秀梅	2014年4月26日	协会成立（第一届）

江阴市射箭协会组织一览

表1-45

职　务	姓　名	任职时间	备　注
会　长	王　成	2014年10月	协会成立（第一届）
副会长	范叶军	2014年10月	协会成立（第一届）
副会长	王上丹	2014年10月	协会成立（第一届）
副会长	程建斌	2014年10月	协会成立（第一届）
秘书长	曹海涛	2014年10月	协会成立（第一届）

江阴市铁人三项协会组织一览

表1-46

职　务	姓　名	任职时间	备　注
会　长	李晓斌	2015年1月5日	协会成立（第一届）
副会长	吴海玉	2015年1月5日	协会成立（第一届）
副会长	朱春光	2015年1月5日	协会成立（第一届）
秘书长	阚鹏程	2015年1月5日	协会成立（第一届）

江阴永年杨氏太极拳协会组织一览

表1-47

职　务	姓　名	任 职 时 间	备　注
会　长	钱金瑞	2015年1月18日	协会成立（第一届）
副会长	徐金玉	2015年1月18日	协会成立（第一届）
副会长	朱长江	2015年1月18日	协会成立（第一届）
副会长	王维德	2015年1月18日	协会成立（第一届）
副会长	左刚平	2015年1月18日	协会成立（第一届）
秘书长	朱长江（兼）	2015年1月18日	协会成立（第一届）
副秘书长	钱彬源	2015年1月18日	协会成立（第一届）

江阴市航空航海车辆模型运动协会组织一览

表1-48

职　务	姓　名	任 职 时 间	备　注
会　长	徐　明	2015年4月23日	协会成立（第一届）
副会长	于耀祖	2015年4月23日	协会成立（第一届）
副会长	沈军辉	2015年4月23日	协会成立（第一届）
秘书长	梅　健	2015年4月23日	协会成立（第一届）

江阴市汽摩运动协会组织一览

表1-49

职　务	姓　名	任 职 时 间	备　注
会　长	单志林	2015年5月18日	协会成立（第一届）
副会长	邵伟明	2015年5月18日	协会成立（第一届）
副会长	沈良等3人	2015年5月18日	协会成立（第一届）
秘书长	吴　岩	2015年5月18日	协会成立（第一届）

江阴市武当龙门太极拳协会组织一览

表1-50

职　务	姓　名	任 职 时 间	备　注
会　长	徐建春	2015年8月28日	协会成立（第一届）
副会长	徐玉龙	2015年8月28日	协会成立（第一届）
副会长	朱刘斌	2015年8月28日	协会成立（第一届）
副会长	左刚平	2015年8月28日	协会成立（第一届）
副会长	金献忠	2015年8月28日	协会成立（第一届）
秘书长	黄江海	2015年8月28日	协会成立（第一届）

江阴市体育产业联合会组织一览

表1-51

职　务	姓　名	任 职 时 间	备　注
会　长	周爱明	2015年12月2日	联合会成立（第一届）
副会长	张颂华	2015年12月2日	联合会成立（第一届）
副会长	宋文明	2015年12月2日	联合会成立（第一届）
副会长	史瑞丰	2015年12月2日	联合会成立（第一届）
秘书长	蔡文娟	2015年12月2日	联合会成立（第一届）
副秘书长	吴锦明	2015年12月2日	联合会成立（第一届）
副秘书长	赵抗震	2015年12月2日	联合会成立（第一届）
理事	瞿全兴	2015年12月2日	联合会成立（第一届）
理事	陆洪兴	2015年12月2日	联合会成立（第一届）
理事	方锡钢	2015年12月2日	联合会成立（第一届）
理事	赵　力	2015年12月2日	联合会成立（第一届）
理事	梁乐平（女）	2015年12月2日	联合会成立（第一届）
理事	季纯军	2015年12月2日	联合会成立（第一届）
理事	吕霞（女）	2015年12月2日	联合会成立（第一届）
理事	许洁（女）	2015年12月2日	联合会成立（第一届）

第五节　乡镇（街道）体育组织

一、乡镇（街道）体育领导小组

1986年11月13日，在全县30个乡镇都已建立体育领导小组的基础上，采取“民办公助、乡镇自愿”的原则，设置乡镇专职体育干部。有璜土乡（许岳林）、利港乡（赵林芳）、西石桥乡（朱煜明）、青阳镇（吴国平）、峭岐乡（陈为铭）、璜塘乡（张亚伟）、周庄镇（缪福华）、长泾乡（王伟新）8个乡镇，由县体委支付补贴费，每人每月30元。

1987年4月21日，第二批乡镇设置专职体育干部的有：申港乡（张阿汝）、月城乡（胡杏珍）、桐岐乡（王汉军）、马镇乡（余玉标）、长寿乡（盛裕春）、华士镇（赵寅春）、新桥乡（郁士良）、陆桥乡（夏冠平）、祝塘乡（王金才）、南闸乡（陆洪度）、夏港乡（吴剑）。享受县体委支付每人每月30元的补贴费。

1988年5月6日，第三批乡镇调协专职体育干部的有：顾山镇（杨惠健）、山观乡（陈建龙）。之后，石庄的王静华、文林的孙荣胜、北涠的汪龙标也成为专职体育干部。至此，全市共有24个乡镇配备了专职体育干部，其余6个乡镇也明确了管理体育的兼职人员。

1986—1988年各乡镇体育领导小组干部名单一览

表1-52

乡镇名称	干部名单	乡镇名称	干部名单
璜　土	许岳林	陆　桥	夏冠平
石　庄	王静华	新　桥	郁士良
西石桥	朱煜明	长　泾	王伟新
利　港	赵林芳	祝　塘	王金才
申　港	张阿汝	文　林	孙荣胜
夏　港	吴　剑	顾　山	杨惠健
月　城	胡杏珍	北　漍	汪龙标
青　阳	吴国平	河　塘	
马　镇	余玉标	南　闸	陆洪度
璜　塘	张亚伟	云　亭	
峭　岐	陈为铭	山　观	陈建龙
桐　岐	王汉军	要　塞	
长　寿	盛裕春	西　郊	
华　士	赵寅春	石　牌	
周　庄	缪福华	澄江镇	

二、乡镇（街道）体育运动委员会

1991年6月，各乡镇体育工作领导小组更名为镇（街道）体育运动委员会。2005年12月，全市贯彻落实江苏省《关于进一步加强体育工作，加快建设体育强省的决定》，经市编制委员会批复，各镇文化中心增挂体育中心牌子，并明确职责。至2007年，市内镇级（街道）运动委员会因并镇，由30个调整为17个，各镇（街道）并有干部专责领导，配合体育干部开展工作。

1995年各镇体育运动委员会体育干部名单一览

表1-53

名　称	1995 年各镇体育干部		名　称	1995 年各镇体育干部	
	姓　名	原　职		姓　名	原　职
璜　土	许耀伦	宣 传 科	周　庄	袁耀祥	文 化 宫
石　庄	黄永军	文 化 站	陆　桥	顾　燕	教 育 科
西石桥	朱煜明	文 化 站	新　桥	陈荣达	文 化 站
利　港	黄士平	文 化 站	文　林	孙荣胜	市三建机械厂
申　港	李裕才	爱 卫 会	长　泾	王新伟	教 育 科
夏　港	吴　剑	文 化 站	顾　山	张根才	教 育 科
月　城	胡杏珍	镇 体 委	北　国	许瑞芬	教 育 科

续表1-53

名　称	1995年各镇体育干部		名　称	1995年各镇体育干部	
	姓　名	原　职		姓　名	原　职
青　阳	吴国平	宣传科	河　塘	周洪良	成教中心
马　镇	张富良	文化站	祝　塘	张洪霞	教育科
璜　塘	陈国君	团　委	南　闸	陆洪度	文教中心
峭　岐	陈为铭	政府办	云　亭	汪国才	文化站长
长　寿	陈加平	监察队	山　观	刘文兴	人武部
桐　岐	王立平	文化站	要　塞	唐雪江	团委书记
华　士	杜凤鸣	体育干部	澄江镇	何旭旦	党校干部

2012年各镇（街道）体育干部及分管领导名单一览

表1-54

单　位	镇（街道）分管领导	体育干部	备　注
璜土镇	段玲华	许暮艳	石庄镇并入
利港镇	孟　峰	殷生金	西石桥镇并入
申港街道	缪建伟	陈　云	
夏港街道	戴佳廉	袁勤奋	
月城镇	顾　健	刘少华	
青阳镇	邱国才	吴　勇	桐岐镇并入
徐霞客镇	许海英	李国兴	璜塘、峭岐、马镇三镇合并
华士镇	龚　英	张霞萍	陆桥镇并入
周庄镇	钱丽英	卞　铭	长寿镇并入
新桥镇	王　馥	徐　磊	
长泾镇	张红霞	周远峡	河塘镇并入
顾山镇	俞卫东	陈剑雄	北国镇并入（前任郑天石）
祝塘镇	夏建辉	龚　军	文林镇并入
南闸街道	曹其龙	许建春	
云亭街道	严文华	李爱英	
澄江街道	黄岳君	孔玉娟	要塞、西郊二镇并入
城东街道	徐煜平	顾晓冬	含山观、石牌二镇

第六节　体育俱乐部

江阴最早获得批准的国家级体育俱乐部为2003年8月6日，获批的江阴市体育学校江阴市青少年体育俱乐部。2007年12月获批江苏省级体育俱乐部2个。为了全面贯彻落实《中共中央、国务院关于加强青少年体育增强青少年体质的意见》精神，从2008年起，掀起创建俱乐部热潮，范围从学校扩大到全社会。至2015年年底，江阴市共有359个体育俱乐部，其中国家、省、市级74个，列表如下；285个为镇（街道）级，本文不作详述。

一、江阴市国家级体育俱乐部一览

表1-55

俱乐部名称	审批文号	审批时间
江阴市体育学校江阴市青少年体育俱乐部	体群字〔2003〕90号	2003年8月6日
江阴市华士高级中学高中青少年体育俱乐部	苏体竞〔2006〕28号	2006年4月10日
江阴市阳光青少年体育俱乐部	澄政体〔2008〕 号	2008年12月1日

二、江阴市江苏省级体育俱乐部一览

表1-56

俱乐部名称	审批文号	审批时间
江阴市第二中学青少年综合俱乐部	苏体竞〔2006〕74号	2007年12月10日
江阴市云亭实验小学青少年体育俱乐部	苏体竞〔2007〕74号	2007年12月10日
华士实验小学华士实验青少年体育俱乐部	苏体竞〔2008〕65号	2008年
江阴市第一中学青少年体育俱乐部	苏体竞〔2009〕82号	2009年
新桥体育健身俱乐部	苏体群〔2008〕66号	2008年10月8日
华士镇体育健身俱乐部	苏体群〔2011〕80号	2011年11月
祝塘镇体育健身俱乐部	苏体群〔2011〕80号	2011年11月

三、江阴市、无锡市级体育俱乐部一览

表1-57

级别	俱乐部名称	审批文号	审批时间
无锡市级	祝塘镇体育健身俱乐部	锡体群〔2009〕80号	2009年12月16日
	申港街道江南社区体育健身俱乐部	锡体群〔2008〕46号	2008年7月30日
	夏港街道社区体育健身俱乐部	锡体群〔2009〕80号	2009年12月16日
	澄江街道体育健身俱乐部	锡体群〔2010〕97号	2010年11月26日
	周庄镇体育健身俱乐部	锡体群〔2010〕97号	2010年11月26日
	长泾镇体育健身俱乐部	锡体群〔2010〕97号	2010年11月26日
	城东街道体育健身俱乐部	锡体群〔2010〕97号	2010年11月26日
	璜土镇体育健身俱乐部	锡体群〔2010〕97号	2010年11月26日
	申港街道社区体育健身俱乐部	澄政体〔2008〕22号	2008年11月18日
	利港镇社区体育健身俱乐部	澄政体〔2008〕22号	2008年11月18日
	南闸镇社区体育健身俱乐部	澄政体〔2008〕22号	2008年11月18日
	月城镇社区体育健身俱乐部	澄政体〔2008〕22号	2008年11月18日
	青阳镇社区体育健身俱乐部	澄政体〔2008〕22号	2008年11月18日
	徐霞客镇社区体育健身俱乐部	澄政体〔2008〕22号	2008年11月18日
	云亭镇社区体育健身俱乐部	澄政体〔2008〕22号	2008年11月18日

续表1-57

级别	俱乐部名称	审批文号	审批时间
江阴市级	顾山镇社区体育健身俱乐部	澄政体〔2008〕22号	2008年11月18日
	新桥镇绿园社区体育健身俱乐部	澄政体〔2008〕22号	2008年11月18日
	夏港街道普惠苑社区体育健身俱乐部	澄政体〔2008〕22号	2008年11月18日
	璜土镇小湖村社区体育健身俱乐部	澄政体〔2008〕22号	2008年11月18日
	滨江开发新城东办事处山观社区体育健身俱乐部	澄政体〔2008〕22号	2008年11月18日
	璜土镇花港苑社区体育健身俱乐部	澄政体〔2008〕22号	2008年11月18日
	临江新城港口办事处通江路社区体育健身俱乐部	澄政体〔2008〕22号	2008年11月18日
	江阴市天天乒乓球俱乐部	澄政体〔2009〕16号	2009年7月30日
	江阴市福娃体育俱乐部	澄政体〔2006〕20号	2006年8月23日
	江阴市快乐青少年体育俱乐部	澄政体〔2009〕10号	2009年6月8日
	江阴市英尚台球俱乐部	苏锡澄民证字1125号	2006年8月
	江南武术散打搏击俱乐部	苏锡澄民证字1115号	2006年
	江阴市企业家高尔夫球俱乐部	澄民社〔2008〕011号	2008年12月8日
	江阴市鼎盛体育俱乐部	澄政体〔2010〕10号	2010年5月
	体育中心新奥体俱乐部	澄政体〔2009〕20号	2009年10月18日
	江阴市澄春空竹俱乐部	澄政体〔2010〕1号	2010年1月8日
	江阴市华宏篮球俱乐部	澄政体〔2009〕3号	2009年2月25日
	江阴市华士羽毛球体育俱乐部	澄政体〔2009〕2号	2009年2月11日
	江阴市精武体育俱乐部	苏锡澄民证字2375号	2011年5月24日
	璜塘实验学校（小学部）青少年体育俱乐部	澄政体〔2010〕 号	2010年12月7日
	江阴市尖峰轮滑运动俱乐部	苏锡澄民证字2485号	2011年11月3日
	江阴市青阳旌阳棋类俱乐部	苏锡澄民证字2435号	2011年9月15日
	灵格羽毛球俱乐部	苏锡澄民证字2585号	2012年3月26日
	海边游泳俱乐部	苏锡澄民证字2545号	2012年2月23日
	方圆太极拳俱乐部	苏锡澄民证字2575号	2012年3月15日
	江阴市暨阳棋社	民政字583号	2014年1月13日
	江阴名扬搏击健身俱乐部	民政字584号	2014年2月21日
	江阴舞吧舞吧街舞俱乐部	民政字586号	2014年3月3日
	江阴泰尼斯网球俱乐部	民政字590号	2014年3月10日
	江阴澄龙体育俱乐部	民政字602号	2014年5月20日
	江阴菁院体育俱乐部	民政字608号	2014年6月13日
	江阴天华健身俱乐部	民政字611号	2014年7月23日
	江阴新蕾体育俱乐部	民政字614号	2014年8月1日
	江阴晨光体育俱乐部	民政字621号	2014年8月25日
	江阴启秀青少年体育俱乐部	民政字666号	2014年

续表1-57

级别	俱乐部名称	审批文号	审批时间
江阴市级	江阴港湾青少年足球俱乐部	民政字 667 号	2014 年
	江阴海明搏击防身俱乐部	民政字 672 号	2015 年 12 月 3 日
	江阴水蘑方乒乓球俱乐部	民政字 690 号	2015 年 12 月 9 日
	江阴市飞扬体育俱乐部	民政字 691 号	2015 年
	江阴海纳体育俱乐部	民政字　号	2015 年 1 月
	江阴快乐运动青少年体育俱乐部	澄政体〔2015〕7 号	2015 年 2 月 23 日
	江阴宏茂足球俱乐部	澄政体〔2015〕21 号	2015 年 5 月 29 日
	江阴璜土村惠民健身俱乐部	澄政体〔2015〕27 号	2015 年 8 月 10 日
	江阴阿凡达户外健身俱乐部	澄政体〔2015〕28 号	2015 年 9 月 1 日
	江阴吉鑫足球俱乐部	民政字 730 号	2015 年 11 月 17 日
	江阴醉驴户外俱乐部		
	江阴新峰足球俱乐部		
	江阴法尔胜足球俱乐部		
	江阴帝恺狼体育俱乐部		

第二章　学校体育

学校体育随着学校教育的出现而起始，随着学校教育的盛衰而起伏。学校体育是社会体育的缩影，是学校教育不可缺少的组成部分，亦是整个社会体育的重要组成部分。

学校体育是国民体育的基础，是整个体育工作的战略重点。

第一节　沿革

学校体育沿革分春秋时期至1945年的学校体育，1949年至1965年的学校体育，1966年至1976年学校体育和1977年至2015年的学校体育四个阶段来概述。

一、春秋时期至1945年的学校体育

春秋时期江阴就有学校体育。据江阴市周庄《宗言村志》记载，春秋时期，孔子七十二弟子之一言（偃）之，曾在江阴定山东麓办学，以孔子“六艺”辅教，除教“六艺”外，还赞同学生郊游和游泳，为江邑培养了不少军事人才。宋初，江阴军建文庙于观风门（南门）外，设军学，供学者肄习。景祐年间（1034—1038），江阴文庙迁至军治东面（现江阴市暨阳中学校址）。南宋绍兴五年（1135），知军王棠请命朝廷新建军学，以左儒林郎范雩为军学教授。元至元二十八年（1291），军学改为州学。明时江苏学政节署江阴后，在大校场开考武科。春秋的“六艺”，宋时的军学，元朝的州学及明朝的武科，均有学校体育因素。清光绪二十四年（1898），南菁书院奉命改为中西兼习的高等学堂，重视体育教学，明确提出学校授以近代体育。1903年1月，江阴按《奏定学堂章程》规定：江阴各小学堂、中学堂、高等学堂均开设体操课，以兵式体操为主。《奏定学堂章程》的颁行，为近代学校体育的普遍实施创造了重要条件。江阴城镇学校始聘专职体育教员，北涸著名南拳高手许太和曾聘任文林二校、长泾一校体育教师。1912年，南菁改为江苏公立南菁学校，学校就有相当完备的体育设施，校友会设运动部，组织学生进行课外活动。1914年，江阴试办童子军。清末民初，江阴城内的礼延高等小学、南菁高等学校、辅延两等小学、澄中两等小学等各类学校先后开设体操科目，初等小学以游戏体操为主，高等小学以普通体操和兵式体操并重，中学以兵式体操为主，每周上体育课3课时，此时，江阴学校体育基本确立。

民国成立之始，废除了清的学部，成立教育部，学堂改为学校，规定中小学开设“体操”为必修课。1917年，江阴县立第九国民学校体育教师张镐，训练学生首次表演童子军操，随之，各校童子军操练普遍开展。1920年起，江阴县每年均举行童子军大会操。1923年，江阴县贯彻《新学制课程标准》，体操科改为体育课，内容有田径、体操、球类、国术和游戏。1931年春，江苏省举行首次童子军大检阅、大露营，江阴县中八八团名列第三名。“壬戌学制”废除旧的教育宗旨，把学校“体操科”改为“体育课”，废除了中小学的兵操，体育课以田径、体操、球类、游戏、国术为主要内容。学制系统的建立，推动了学校体育的施行。1934年，国民政府教育部成立体育委员会，讨论并通过《国民体育实施方案》，其内容包括目标、实施纲

要、行政组织、经费设备、体育时间、体育课、早操、课外活动、运动竞赛和表演、健康检查、野外集体活动、成绩考核等方面，高级中学一、二年级每周增设3节军训课，高中学生毕业前须集中军训三个月。1937年起，江阴县小学低年级体育课和音乐课合并为唱游课。1941年，国民政府又成立国民体育委员会，作为全国最高体育行政组织，江阴县也在教育局内设置类似的委员会。1942年，国民政府组织编写各种体育教材和体育参考书，一些体育师资培训机构和学校体育也有较大发展，各地体育运动竞赛也在蓬勃开展。抗战胜利后，在初中恢复童子军课，高中恢复军训。这是解放之前学校体育的概况。

二、1949年至1965年的学校体育

新中国的诞生，学校体育也翻开崭新一页。1949年10月，建立中华全国体育总会，江阴县建立体育分会，学校童子军课被废止。1951年8月6日，政务院发出了《关于改善各级学校学生健康状况的决定》，中小学每周设2节体育课，2节课外体育活动，每天25分钟早操或课间操，从此，江阴学校体育开始步入全面建设的道路。1952年，教育部开始设置体育处，教育部和国家体委联合颁布了《学校体育工作暂行规定》，明确提出了我国学校体育的基本目标："促进学生身心发展，增强体质，并对学生进行道德品质教育，使他们能很好地完成学习任务，从事社会主义建设和保卫祖国"。6月10日，毛泽东在中华全国体育总会第二届代表大会上，作了"发展体育运动，增强人民体质"的题词，为全国体育定下了理论基调。同年，教育部颁布了《各级各类学校教育计划》，其中，规定了体育为学校必修课，每周两学时。江阴县文教科明文规定：学校体育课列入课表，每周两节，每天规定课间操15分钟；另外，每周课外活动两节，课间操以徒手操为内容。体育课两节及课外活动两节，一周共四节180分钟时间，内容是队形变换，开展单项体育活动等进行体育锻炼。各校都有统一的教材大纲，小学课程安排：一、二年级为唱游课，三年级以上为体操课，内容为田径、团体操、游戏。中学以田径，体操，篮、排、乒乓等球类活动为主。课外活动开展拔河、掷手榴弹、越野跑、跳绳、踢毽、爬竿（绳）、田径、球类等活动。1953年，根据"三好"（身体好、学习好、工作好）的要求，进一步确立体育在学校教育中的地位。农村学校的体育场地普遍有所扩大，体育师资得到充实和提高。幼儿园设体育课，保教并重，以体育为基础，游戏为主要活动。1954年，国家体委参照苏联模式结合中国实际情况，制订、公布推行新中国第一个"国家体育锻炼标准"——《准备劳动与卫国体育制度》（简称《劳卫制》）在全国学校中推广使用。江阴县中小学先后施行《劳卫制》并推行第一套少年和儿童广播体操。1956年，教育部在借鉴苏联十年制体育教学大纲的基础上，制订和施行我国《小学体育教学大纲》（草案）、《中学体育教学大纲》（草案）和《师范学校体育教学大纲》（草案）。使中国各级各类学校的体育教学工作有了规范的统一的要求，学校体育课教学常规化。是年，江阴县遵照上级精神召开全县小学体育教师会议，贯彻省体育教学研究会议精神，讨论学习体育教学大纲。江阴县成立《劳卫制》锻炼小组，江阴体委负责《劳卫制》的抽测，发放证章、证书工作。

1958年的"左"倾思想也波及学校体育，江阴学校达标，各项活动也订有"指标"，以军训、劳动代替体育课现象也出现过。翌年4月，南菁中学校运会，刷新上届运动会所有校纪录。1960—1962年三年中，中国遭受自然灾害，国家经济处于十分困难时期，江阴各学校体育课改为"保健课"，每周2节体育课改为每周1节，学校体育活动和各种竞赛全被取消，有些学校的活动场地翻垦种植蔬菜、瓜果等。劳动代替体育，学生身体素质、体质、运动技术水平普

遍下降。1963年，国家经济有所好转，人民生活有所提高，依照教育部的《全日制中小学暂行工作条例》，江阴各校恢复正常学校体育教学，坚持上好体育课，开展晨间锻炼、课间操、课外体育活动，学校体育逐渐健全发展。1964年8月，国务院转批教育部、卫生部、国家体委《关于中、小学生健康状况和改进学校体育、卫生工作的报告》，指出："学校体育应面向广大学生，首先是上好每周两节体育课，同时坚持做好早操和课间操，安排好每周两次课外体育活动，然后在广泛开展群众性体育活动的基础上，可适当组织学生的运动竞赛。"这样江阴中小学以"两课、两操、两活动"为中心的学校体育格局初步形成。是年10月，江阴城镇中小学的小型球队、乒乓球队开始活跃起来。1965年，国家体委正式下达试行《青少年体育锻炼标准》，是年，中学生体育课按教材要求，在计划中增强了10%的球类课。江阴县分五个组织片的体育教研组，围绕上好体育课，各片开展集体备课、听课、观摩等活动。1965年前的学校体育在健康稳步地发展着。

三、1966年至1976年期间的学校体育

1966年到1976年是中国"文化大革命"的历史阶段。1966年5月，"文化大革命"开始，江阴县的中小学和全国大中小学校一样都成立了"红卫兵""红哨兵""红小兵"等群众组织，并进行了史无前例的大串联，学校一片混乱。学校正常的教学秩序无法维持，学校体育工作一度停顿，操场变草场，体育设备器材均遭到严重损失。受"停课闹革命"影响，体育课一度停顿。1968年5月12日，中共中央、国务院、中央军委联合发出命令，对全国党、政、机关、学校实行军事管制，江阴各校成立"革命委员会"，军宣队、工宣队、贫下中农走进校门管理学校，学生回校复课。1969年起，江阴的大、中、小学校开展学军活动，学校取消了班队建制，均按部队式样建制。学校体育课改为军体课，学校体育课以队列、队形、射击、投弹、游泳、行军、刺杀、擒拿格斗、攀爬、跨越障碍、战地救护、防空演练等军事训练项目为体育教学内容，请复员军人、解放军到校上军体课。幼儿园体育课被取消。以手榴弹作为学校体育的投掷项目一直延用到1983年才被淘汰。1973年10月，江阴县举行中小学生田径运动会。1975年江阴县举行小学生基层足球赛。1976年7月，五七小学（实验小学）代表苏州地区参加江苏省基层小学足球分区赛，获无锡市赛区第一名。"文化大革命"期间，学校里的学生广泛开展跳忠字舞、游泳、拉练等活动。1976年10月14日，中共中央粉碎江青革命集团，"文化大革命"结束，学校才恢复正常教学秩序，学校军体课恢复为体育课。学校体育逐步走向正确轨道。1966年到1976年是中国特定的社会历史阶段，这一期间的学校体育和全国的各行各业、国家建设一样均受到巨大损害。

四、1977年至2015年的学校体育

1977年起，学校体育全面复苏，学校体育工作沿着健康、正确的轨道向纵深发展。江阴县文教局设体育教研员，体委配有专职管理人员，学校体育得到加强。1978年，教育部颁发了《全日制、十年制学校体育教学大纲》（试行草案）和《中小学体育教材》（试用本），规范了我国中小学的体育教学。是年9月，教育部、国家体委、卫生部下达了《关于加强学校体育、卫生工作的通知》；10月，教育部颁发了体育教学计划，对学校体育、卫生工作作了明确的要求。1979年，教育部又颁发了《中小学体育工作暂行规定》《中小学卫生工作暂行规定》和《高等学校体育工作暂行规定》。同年，各省、市、自治区教育厅（局）都成立了体育卫

生处，地市级教育局成立了体育卫生科，使地方学校有了专门的体育管理机构。是年，江苏省南菁高级中学获江苏省体育、卫生先进集体称号。1981年，江阴县各幼儿园恢复体育课，江阴县各片、公社中心教研组建立，积极进行学校体育改革探索。1982年，国家制定的《中华人民共和国宪法》第21条特别规定："国家发展体育事业，开展群众性的体育活动，增强人民体质。"第46条又规定："国家培养青年、少年、儿童在品德、智力、体力等方面全面发展。"这是"文化大革命"结束后，党和政府重新调整了体育政策，是新时期党制定的体育方针，同时也为学校体育指明了方向。是年，江阴县开展评选"体育园丁"工作，江阴县西郊中学体育教师王世贤被授予"全国优秀体育园丁"称号。1983年，国家体委公布《关于进一步加强学校体育工作的意见》，提出了学校体育工作的奋斗目标和阶段性要求。江阴县文教局召开了学校体育工作会议，各校建立了体育、卫生领导小组，有一位副校长主管学校体育、卫生工作，有一位教导主任具体抓学校体育、卫生工作，学校体育正式列入学校工作，每年学校体育、卫生工作有计划、有布置、有检查、有总结，在各级领导的重视下，学校体育有了明显的提高和发展，学校中各种体育活动、体育竞赛频繁起来。学校中各种校级的棋类、田径、球类等运动队相继建立起来，江阴市各种运动队在省、市级乃至全国比赛中取得了令人可喜的成绩。1982年，推行《国家体育锻炼标准》之后，江阴体育传统项目学校、体育特色学校、体育网点和布局学校不断涌现，体育特长生纷纷被输送到各级各类运动队、上级院校深造。1983年11月，江阴县举行小学生足球赛。1985年5月，江阴县举行小学生"萌芽杯"足球赛。

1986年，由于国家教委颁发了《关于加强中小学体育师资队伍建设的意见》，各高等院校体育系、科，师范院校和综合性大学、中等师范设立体育系、科，或增办体育班扩大体育招生名额，或通过进修、函授等措施，江阴县体育教师在数量上得到了大幅增加，学校体育教师缺乏的问题基本得到解决。是年7月，江阴县举行小学生"宝宝杯""贝贝杯"足球赛。

1987年，国家体委、国家教委颁布《中学生体育合格标准试行办法》，对推动学校体育发展，全面提高学生身体素质起到良好效果。

1990年2月20日，经国务院批准的《学校体育工作条例》以法规的形式规定："学校体育是学生毕业、升学的考试科目。"使学校各级领导、教师和学生明确学校体育的重要性。1993年，江阴市体委、教委对初中毕业生报考重点高中（南菁、市中）、师范及中专的考生进行身体三项素质考试，以三项得分计入报考重点高中、师范及中专中考总分内。

1994年，根据上级决定：江阴市开始实行凡初中毕业生全部参加身体三项素质体育考试，三项基本素质由原来的每项20分改为每项15分，由该三项考试的总成绩计入学生中考总分内。中考加试体育引起了全民对学校体育的高度重视。1995年8月29日，第八届全国人民代表大会常委会第十五次会议审议并通过了《中华人民共和国体育法》，这是新中国成立以来第一部体育大法。这部大法为推进中国体育体制的改革、对学校体育事业的持续、稳定、健康发展具有十分重要的指导意义。2001年9月，全市学校体育课改为"体育与健康"课。2002年，江阴市执行国家教委、国家体育总局颁布的《学生体质健康标准》，规定一、二年级和三至九年级的体育课，由原来每周2课时增至每周4课时和3课时。2003年，原《国家体育锻炼标准》暂停使用，全市学校体育执行新的《学生体质健康标准》。

2007年，江阴市体育学校与江苏省南菁高级中学联合办学。江阴市贯彻执行教育部、国家体育总局、共青团中央发布的《关于开展全国亿万学生阳光体育运动的决定》，全市中小学生开展阳光体育活动。

2010年，江阴市体育学校被省体育局授予“四星级业余体校”称号。

2012年，国务院办公厅转发教育部、发改委、财政部、体育总局《关于进一步加强学校体育工作的若干意见》的通知，提出了对加强学校体育的重要性、总体思路和主要目标、重点任务、健全学校体育的监测评价机制和加强对学校体育的组织领导这五大部分17点具体意见，江阴市根据上级意见对推进学校体育科学发展，促进学生健康成长作了明文规定。

2013年，江阴市实验小学获江阴市中小学体育工作综合评比第一名。10月，江阴市实验小学被评为江阴市群众体育工作先进集体。是年4—10月，江阴市中小学、中专、技校等学校参加江阴市第六届运动会比赛。

2014年4月，江阴市将全面推进学校体育设施向公众开放，每天开放时间不少于2小时。是年，江阴市成立了以分管副市长为组长，教育局长、体育局长为副组长的“江阴市阳光校园足球工作领导小组”，全市76所中小学基本做到了“一球一操”，其中25所学校还成立了女子足球队，全市约有10万中小学生参加了校园足球和校园啦啦操项目。是年暑假，江阴二中女足、江阴一中男足在江苏省第18届省运会上双双获第一名。江阴高中男足代表江苏省参加全国第12届中学生运动会足球比赛获亚军。是年10月，江阴市举行“澄星杯”中小学生阳光校园足球联赛，将传统的足球项目和现代校园啦啦操项目结合起来，开展“一校一球一操”活动。

2015年1月，江阴二中女足教练汪坤洁到全市各个小学挑选35名女足小苗苗。是年3月，来自江苏、浙江、安徽、湖南等地的县区政府领导、教育部门负责人、学校校长等300多位代表参加的全国青少年校园足球行政管理人员和校长培训班在江阴启动，为“中国足球从娃娃抓起”这一具有战略意义的主题共商大计。江阴市推出实施校园足球发展的“三年行动规划”，城中实验小学、花园实验小学将实施校园足球“三个课程体系”即：校园足球文化课程体系、校园足球游戏课程体系和校园足球教学课程体系，通过试点逐步向全市推广。是年，江阴市体校面向社会招聘足球教练员1名。是年9月，教育部命名江阴市第一中学、江阴市第二中学、江阴市中学、江阴市第一初级中学、江阴市夏港实验小学、江阴市花园实验小学、江阴市城中实验小学为校园足球特色学校。

第二节　体育教学与研究

体育教学是学校实施国民体育素质，增强民族体质，培养学生全面发展和提高竞技体育水平的重要途径；体育教学研究又是提高学校体育教学质量的主要方法和重要保证。

一、体育教学

清光绪二十四年（1898），南菁书院奉命改为中西兼习的高等学堂，重视体育教学，授以近代体育为内容，拉开了近代学校体育课程教学的序幕。1912年，南菁书院改为江苏公立南菁学校，有相当完备的体育设施，校友会设运动部，组织广大学生进行课外活动。1914年，试办江阴童子军。清末民初，江阴各类学校先后开设体操项目，初等小学以游戏体操为主，高等小学以普通体操和兵式体操并重，中学以兵式体操为主，每周上体操课3课时。江阴城镇学校始聘专职体育教员，北涸著名南拳高手许太和曾聘任文林二校、长泾一校体育教师，根据国术动作自编体操口令，让学生掌握动作规律，提高体育兴趣。1916年，江阴县立第九国民学校体育教师张镐，训练学生首次表演童子军操。随之，江阴各校童子军操练普遍开展，训练科目有队形变换、露营、攀登、结绳、追踪、救护等。1919年起，江阴每年均举行全县性童子军大会操。1922年，贯彻《新学制课程标准》，学校体操课改为体育课，内容有体操、田径、球类、国术和游戏。1928年，贯彻《国民教育法》，江阴中小学除体育课外，均实行早操及课外体育锻炼活动。20世纪30年代，江阴各中学根据省规定，严格考查体育训练成绩，凡不及格不得升级或毕业。是年，江阴女学生开始参加球类、田径、游泳等体育运动。1933年，江阴高级中学一、二年级每周增设3节军训课，高中学生毕业前须集中军训三个月。1936年起，江阴各小学低年级体育课和音乐课合并为唱游课。抗战胜利后，在初中恢复童子军课，高中恢复军训。

解放后，人民政府重视学校体育教学。江阴各校童子军课被废止，中小学每周设2节体育课、2节课外活动，每天15分钟课间操。解放初期教材不统一，体育授课教师多为兼职。1952年，贯彻“发展体育运动，增强人民体质”的方针。教育部《各级各类学校教育计划》规定：课间操以徒手操为内容，一、二年级为唱游课，三年级以上体操课以田径、体操、游戏、球类为主。1953年，根据“三好”（身体好、学习好、工作好）的要求，进一步确立体育在学校教育中的地位。农村学校的体育场地逐步有所扩大，体育师资逐步得到充实和提高。幼儿园设体育课，保教并重，以体育为基础，游戏为主要活动。1954—1955年，江阴县中小学先后推行第一套少年和儿童广播体操。1956年，江阴贯彻教育部《关于改进小学体育工作的指示》，试行《小学体育教学大纲（草案）》。在三年经济困难时期，江阴学校体育课改为保健课，中小学体育教学，训练中强度大的活动被削减，学生身体素质、运动技术水平严重下降。1963年国家经济好转，《全日制中小学暂行工作条例》颁布，江阴各校坚持上好体育课，开展晨间锻炼、课间操、课外体育活动，学校体育教学逐步恢复。1965年3月，国家体委正式下达试行《青少年体育锻炼标准》。是年，江阴各中学体育课按教材的基本要求，在教学计划中增加了10%的球类课：男子足球，女子篮球。

1966年“文化大革命”开始，学校体育教学、体育工作一度停顿。体育设备、器材损坏严重。从1969年起，针对学生组织纪律松散、思想情绪纷乱状况，江阴各学校开展“学军”活动。学校体育课改为“军体课”，上课以队列队形、射击、刺杀、投弹、游泳、爬山、行军等军事训练科目为主要内容。幼儿园体育课被取消。1976年10月，江青反革命集团被粉碎后，才恢复正常的学校体育教学。

1977年起，学校体育教学日趋正常。江阴县文教局设体育教研员，体委配有专职人员参加管理学校体育教学，学校体育教学和体育教师培训工作得到了加强。1978年，教育部组织编写了《十年制中小学体育教学大纲》（试行草案）和《中小学体育教材》（试用本），规范了我国中小学的体育教学。9月，教育部、国家体委、卫生部下达了《关于加强学校体育、卫生工作的通知》；10月，教育部颁发了教学计划和《体育教学大纲》（试行草案），对学校体育教学、卫生工作有了明确要求。江阴县中小学的体育教学也有新的目标，加强和重视体育正课的教学，保证每生每天一小时体育活动时间，积极施行《国家体育锻炼标准》。江阴县体委、教育局设有专管学校体育工作的干部、领导，督导学校各种体育教学活动。各学校体育工作，体育教学有进度，课外体育活动有计划和安排。江阴县每个体育教师都有体育教学的备课本、听课本。

1979年，教育部又颁发了《中小学体育工作暂行规定》和《高等学校体育工作暂行规定》。同年，各省、市、自治区教育厅（局）都成立了体育卫生处，地区级教育局成立了体育卫生科，使得学校体育有了专门的管理机构。1980年起，江阴县全面贯彻《中小学体育工作暂行规定（试行草案）》《中小学生卫生工作暂行（草案）》。是年，江阴县教委遵照教育部颁发的高等学校体育教师培训计划，使三分之一的在职体育教师接受三个月至一年的培训，提高在职体育教师的教学业务水平。3月12日，江阴县文教局、卫生局转发教育部、卫生部《关于试行〈中小学卫生工作暂行规定〉草案》，要求各校根据学生年龄特点，合理安排学生作息时间和教学进度，学生每天在校时间（包括自习与课外活动），小学不超过6小时，中学不超过7小时。每天学生睡眠时间要保证：小学生10小时，中学生9小时，要建立学生健康卡，定期对学生进行身体健康检查。3月21日，江阴县文教局、体委转发教育部、国家体委《关于试行〈中小学体育工作暂行规定〉草案》，要求全县中小学体育教学的基本任务是指导学生锻炼身体，增强体质，要健全学校体育竞赛制度，要有一名校长主管学校体育工作，体育教研组在主管校长和教导主任的领导下做好工作。自此，江阴县中小学校体育工作，体育教学有进度，课外活动有计划，体育课有备课笔记，各中小学能坚持每天“两课、两操、两活动”，课外活动由班主任带队，体育教师指导。是年11月3日，江阴县文教局颁发《中小学体育教学工作要求》，要求上好体育课，加强双基教学（基础知识和基本技能），形式灵活多样，适应学生生理负荷，注意学生安全。雨天，有条件学校按进度上课，无场地条件的上体育理论课，不能放任自流，不得改上他课。课外活动要平均每天保证一小时。是年，江阴县体委和文教局联合发出通知，重点中学招收初一新生需加试体育，学校体育教学工作进一步得到了加强。

1981年，江阴县在体育教学中，对体育课的结构、教学形式、教法、考核制度、项目、方法等，相继进行改革探索。

1983年，国家体委发出了《关于进一步加强学校体育工作的意见》，提出了学校体育工作的目标、阶段性要求，各级领导重视抓学校体育教学。江阴县文教局召开了学校体育工作的专门会议，各校建立体育、卫生领导小组，确定一位校长主管学校体育、卫生工作，有一位教导主任具体抓体育、卫生工作，学校体育、卫生工作正式列入学校工作计划，学校体育、卫生工作有计划、有布置、有检查、有总结。

1984年，中共中央下达了《关于进一步发展体育运动的通知》，全面阐明了体育在现代化建设中的地位、任务和作用，引起了各级党委、政府的广泛重视，学校体育教学步入正轨。江阴县体委和教育局每年都制订全县中小学体育教学计划，具体部署学校体育教学的要求、任务和具体活动。1987年，国家教委、体委颁布了《中学生体育合格标准试行办法》，为学校施行《国家体育锻炼标准》作出了具体安排。江阴县体委与文教局把推行《国家体育锻炼标准》作为一项重点工作来抓，课内课外有机结合，同时，在江阴县祝塘中心小学召开达标现场会。

1988年，江阴市112所中学配备专职体育教师125人，42所中心小学及集镇完小配备体育教师51人，体育课课时为每周2课时，教材采用人民教育出版社的《中小学体育教材》。各校体育教研组按照各年级、各班体育课程安排，制定课外体育活动轮值表，定时间、定场地、定项目、定教师，因地制宜开展有序的体育教学和体育课外活动。是年，江阴市月城中心小学办起江苏省首个农村小学乒乓球训练班，建立少儿象棋训练班和篮球训练班；江阴市祝塘中学面向全市招收第二批体育职业班学生，向体育院校输送人才。

1989年9月，江阴市体委、教委发动各中小学开展体育日、体育周、体育节活动，庆祝新中国成立40周年和全国群众体育活动日。10月，江阴市教委发出《关于认真落实学生平均每天1小时体育活动的通知》，各中小学全面实行“两课、两操、两活动”，开展班与班、年级与年级小型多样的各类体育竞赛活动，举行一年一度的校田径运动会，田径、乒乓球、篮球、排球、足球、艺术体操、棋类等兴趣小组普遍建立，每所学校基本有2支校代表队。是年，江阴市人民政府同意江阴市体委建立江阴市体育学校江阴市第一中学分校，两块牌子一套班子。学校管理、经费申报、体育师资调配由江阴市体委负责，学校文化课的教学、教研、师资调配由江阴市教委负责。

1990年2月，经国务院批准，国家教委、体委颁发《学校体育工作条例》，以法规的形式肯定：“体育是学生毕业、升学的考试科目”。《条例》规定的各项任务、内容及要求是指导学校体育工作的重要依据，是全面加强学校体育工作的有力措施。江阴市体委同市教委制定学校体育和体育教师评估条例，明确学校体育教学工作重点和体育教师职责，还举办小学体育教师第七套广播操师资骨干培训班。

1991年，学校体育教学有所加强，江阴市118所中等学校均建立体育教研组，形成体育教学教研网络。配备中学专职体育教师161名，38所集镇完小和镇中心小学55名，农村初中专职体育教师29名，计245名；兼职体育教师：中学26名，小学10名，计36名；专兼职体育教师全市共281名。体育教师学历，中学：本科16名，专科54名，中师26名；小学：大专2名，中专40名，高中20名。江阴市体委、教委抽查青阳、长泾、澄西3所完中实施中学生体育合格标准情况，对江苏省南菁高级中学等5所学校录取的1245名高一新生进行体育合格标准三项身体素质普查。是年，各镇中学和中心小学经上级抽查均达到中小学体育教学暂行规定标准。

1992年，江阴市各中小学使用新修订的九年义务教育全日制小学、初级中学体育教学大纲（试用）教材，69所中学和495所小学均建立体育工作档案。1993年起，报考重点高中、中专和师范学校的学生，均参加江阴市统一组织的身体三项素质考试，共60分。1994年，国家教委在北京举办的“全国初中毕业生升学考试体育培训班”上，明确规定初中毕业生必须加试体育。是年，初中毕业生加试身体三项素质由原来的60分降为45分，每项满分15分，三项得分，计入中考总分。是年，江阴市贯彻实施《学校体育工作条例》现场交流会分别在江阴市月城中学和江阴市华士中心小学召开。各级各类学校按规定配齐体育教师，健全体育教师进修、培训制度，体育器材、设施设备基本达标。

1996年，江阴市中小学体育教学用书使用新修订的江苏少年儿童出版社出版的中小学《体育与健康》教师用书和学生用书。1998年，江阴市中学专职体育教师206人，其中本科学历31人、专科学历126人。中学体育教师职称：中学高级教师9人，中学一级教师45人。小学专职体育教师117人，其中本科学历1人、专科学历19人。小学高级教师6人，小学一级教师21人。全市中小学共有专职体育教师323人。1999年，江阴市进一步推进体育教学改革，各级领导更加重视学校体育教学，各校体育设施设备均达到国家规定标准。师资队伍基本实现专业化、专职化。全市有专、兼职体育教师327人，国家三级以上裁判172人。学生五项身体素质指标平均值超过江苏省标准。是年，在无锡市召开的全国学校体育工作会议代表100余人参观江阴一中现场展示的足球教学观摩活动。是年，江阴市教委制订出台《江阴市中小学体育教学常规》和《体育课教学质量评估表》，为评价体育教学质量提供依据。2001年9月，学校体育课改为“体育与健康”课。

2002年，江阴市各学校全面实施国家教委、体育总局颁布的《学生体质健康标准》，一、二年级和三至九年级的体育课，由原来每周2课时增至每周4课时和3课时。2003年，江阴市教育局出台《江阴市“九年义务教育‘体育与健康’课程标准实验”课堂教学评价表》，同时，自该年起不再以《国家体育锻炼标准》对学生进行体质测试，执行新的《学生体质健康标准》。

2007年，江阴市体校与江苏省南菁高级中学联合办学解决体校初中毕业学生上高中的问题。是年，江阴市贯彻落实中共中央、国务院《关于加强青少年体育增强青少年体质的意见》和教育部、国家体育总局、共青团中央《关于开展全国亿万学生阳光体育运动的决定》，组织全市近万名学生参与校园集体舞和每天上午统一安排的25～30分钟大课间体育活动。江阴市教育局出台《关于加强全市学校体育工作增强青少年体质的若干意见》，要求各校体育课严格执行国家体育课程计划，确保小学一、二年级每周4课时，小学三年级至六年级和初中每周3课时、高中每周2课时。同时下发《关于落实体育教师工作量等问题的意见》，对提高体育教师待遇也作出了规定。至年底，江阴市有专、兼职体育教师601人，其中，41所中学配备专职体育教师319人，40所中心小学及集镇完小配备242人。江阴市体育局、教育局积极开展学生阳光体育活动外，还积极组队参加无锡市组织的“全国亿万学生阳光体育系列活动”。

2008年，江阴市业余体校被江苏省体育局授予三星级业余体校，继续施行体教结合的训练教学模式。

2008年度江阴市体育教学坚持以课程改革为中心，以课堂教学研究和教师队伍建设为基本点，进一步更新教育观念，深化学科教学改革和研究，切实提高学生体质健康水平，促进学校体育工作再上新台阶。12月24日，江阴市第一中学青年教师开展教学基本功比赛，有8位教师展示教学基本功。

2009年， 5月15日，江阴市体育教学专业委员会理事会议在澄西中学举行。

2010年，江阴市业余体校被省体育局授予“四星级业余体校”称号（苏体青〔2010〕50号）。

2011年，江阴市推进新课程标准下体育教学，开展中小学体育教学研究课展示活动，突出体现体育与健康课程新理念，着力提高体育与健康课程实施水平。3月25日，为弘扬中华民族优秀文化，培养学生顽强意志品质，促进学生身心健康，落实教育部体艺厅〔2010〕8号和省教育厅有关文件精神，努力做好《全国中小学生系列武术健身操》在区内各中小学校的推广工作，江阴市教研室在江阴市长泾中学举办江阴市全国中学生武术健身操《英雄少年》培训。4月1日，江阴市小学体育课堂教学大比武在城中实验小学落下帷幕，两天时间17堂参赛课，1堂示范课在18个班级中进行，主要开展课堂教学和教师专业技能两部分的比赛。12月14日，江阴市学生阳光体育活动展示现场会在江苏省江阴市第一中学召开。全市各中小学校校长、主管体育工作的副校长、各校体育教研组长和江阴市体育教科室主要负责人共200多人参加这次活动。是年，江阴4位体育教师参加无锡市中学体育学科技能大赛，有2名获一等奖，2名获二等奖。江苏省江阴市高级中学教师王建伟在无锡市比赛中脱颖而出，代表无锡市参加江苏省首届教师技能大赛，在中学体育教师技能大赛评比中，获得江苏省高中组一等奖中第一名的好成绩。

2012年，江阴市中小学开展体育优秀校本课程展评活动，深入推进活力校园建设，进一步加强体育和美育，严格落实1小时阳光体育，全面推进学生体育艺术“2+1”专项教学活动。11月16日，江阴市部分体育教师参加江苏省教育厅、江苏省体育局、无锡市教育局合作组织在无锡市高等师范学校举办为期五天，以体育课程改革和体育教学，提高课堂教学质量效果为核心内容的江苏省体育教师专项备训。是年，为促进体育与健康课程改革，推广“动作发展与体育教学，江阴市中小学校正进行着”体育课程改革和动作发展的体育教学。是年，江阴市澄西中学体育教师刘锋，代表无锡市参加2012年江苏省中学体育教师教学能手比赛获高中组一等奖；利港实验小学体育教师戚永朝执教的体育课获第四届全国中小学体育优秀课评比二等奖，江苏省小学体育教师优秀课评比一等奖；虹桥实验小学体育教师张琦娟执教的体育课获江苏省小学体育教师优秀课评比一等奖；要塞实验小学体育教师刘培龙在2012年江苏省教育厅组织的江苏省基础教育青年教师教学基本功比赛中，获小学体育教学二等奖中第一名；华士实验小学缪海青，周庄中学张军两位体育教师分别获得江苏省中小学体育教师优秀课评比二等奖。作为江苏省高中体育与健康课程基地之一的江苏省江阴市高级中学的体育与健康课程，被列入江苏省教育厅遴选的2012年普通高中课程建设项目中。

为保证江阴市经过高中阶段体育与健康课程学习的学生，除了1－2项专项技能得到发展外，基本的专门运动技能也得到相应发展的目的，江阴市针对高中体育课程实施的具体情况，制订了《高中体育与健康课程必修必学内容（试行）》于2013年度开始在全江阴市各校实施。根据苏教基〔2011〕34号和苏教研〔2012〕6号文件精神，按照《江苏省基础教育青年教师教学基本功大赛规程》的要求，于2013年3—4月，在江阴市范围内举办第一届江阴市初中青年体育教师的基本功比赛。为促进中青年体育教师的发展提供平台，江阴市于2013年5月在江阴市花园实验小学举行了全市35周岁以上小学体育教师课堂教学大比武活动。是月22日，在靖江市举办的沿江七县市小学《体育与健康》课堂教学交流研讨活动中，辅延小学体育教师谭振华上了展示课，并获得一等奖。2013年12月，江阴市中小学体育教师通过说课比赛选拔，有5位教师代表江阴体育教师参加无锡市的中小学体育教师说课比赛，其中4位教师获得这次比赛一等奖。

2014年，江阴高中体育教师周峰任江阴市首批教育名师工作室主持人。由江苏省教研室主办，江苏省江阴高中承办的“2014江苏省高中体育与健康优秀课评比”活动于是年4月2—4日在江苏省江阴高级中学举行。江阴高中体育教师陈杰获“2014江苏省高中体育与健康优秀课”评比一等奖。江阴一中体育教师陆秀梅获“2014江苏省高中体育与健康优秀课”评比二等奖。江阴初级中学体育教师胡丹参加“2014年江苏省基础教育青年教师基本功大赛”并获二等奖。澄西中学体育教师刘锋、江阴高中体育教师陈杰参加江苏省“名师课堂”展播，体育教研员沈菁作为指导教师在名师课堂上现场点评。江阴市青年体育教师参加无锡市初中、高中体育教师基本功比赛，有2位教师获得一等奖，有2位教师获得二等奖。华士实验小学体育教师徐超获“2014江苏省基础教育青年教师基本功大赛”三等奖。

2015年5月27日，江阴市根据苏教办基〔2015〕5号文件，按照《江苏省基础教育青年教师教学基本功大赛规程》的要求，在江阴市立新小学举行“2015年江阴市小学青年体育教师基本功比赛”，有23位小学青年体育教师参加七大项的体育基本功比赛。是年10月29日、30日，江阴初中青年体育教师课堂教学评比在江阴初级中学举行，是历次初中体育教师比赛中参赛人员最多的一次。是年11月30日—12月2日，在江阴市初级中学举办了“无锡市初中体育教师优秀课评比”活动，并组织来自无锡市近200名体育教师进行观摩与培训交流活动。江阴市长泾第二中学体育教师季光耀在比赛中获一等奖。

江阴市获无锡市体育学科教学能手（大市级）以上荣誉称号教师一览

表2-1

姓　名	性别	单　　位	荣　誉　称　号
沈　菁	女	江阴市教育科学研究室	无锡市学科带头人
张琦娟	女	江阴市虹桥小学	无锡市学科带头人
林　海	男	江阴市花园实验小学	无锡市学科带头人
夏兴南	男	江阴市实验小学	无锡市学科带头人
孔敏亚	女	江苏省江阴高级中学	无锡市教学能手
张小明	男	江阴初级中学	无锡市教学能手
章伟明	男	江苏省青阳高级中学	无锡市教学能手
蒋建军	男	江苏省南菁高级中学	无锡市教学能手
周　峰	男	江苏省江阴高级中学	无锡市教学能手、江阴名师
束红伟	男	江苏省江阴一中	无锡市教学能手
姚建伟	男	江阴市澄西中学	无锡市教学能手
王建伟	男	江苏省江阴高级中学	无锡市教学能手
刘　锋	男	江阴市澄西中学	无锡市教学能手
张　军	男	江阴市周庄中学	无锡市教学能手
朱　文	女	江阴市花园实验小学	无锡市教学能手
林玉生	男	江阴市祝塘实验小学	无锡市教学能手
冯静娴	女	江阴市要塞实验小学	无锡市教学能手
刘学东	男	江阴市月城实验小学	无锡市教学能手
杨再宏	男	江阴市英桥国际学校	无锡市教学能手
戚永朝	男	江阴市利港实验小学	无锡市教学能手

（江阴教育科学研究室提供）

二、体育教学研究

1977年之前，学校体育教学研究由于体育课缺乏统一的教材和教学大纲，体育教师绝大部分都是兼职的，体育课和体育教学研究没有摆到学校体育教学的重要位置，因此在体育教学研究方面比较薄弱。

1964年，江阴县文教局组织全县体育教师开展学习和公开课教学活动1次，学习和研究活动3次，各片（区）开展活动3次，还组织各校体育教研组长讨论江阴县自己编的中小学体育教学进度。

1968年，县文教局举办了全县中小学专职体育教师教学培训班。11月4日，在红心中学（现在的南菁中学）召开全县中小学专任体育教师和兼任体育教师的教学会议。

1972年，江阴县60多名中小学体育教师参加县举办的暑期训练班，研讨体育教学。

1977年起，学校体育教学趋向正常，为提高体育教学质量，把学校体育教学引向深入，江阴县文教局开始设体育教研员，具体抓学校体育教学研究和体育教师培训工作。1978年，教育部颁发了《体育教学大纲》（试行草案），对学校体育教学、卫生工作有了明确的目标要求，江阴县文教局、体委设立专管学校体育的机构，每个体育教师都有备课本、听课本。各学校普遍成立了体育、卫生领导小组，建立体育教研组领导和管理学校的体育卫生工作。

1979年，教育部颁发了《中小学体育工作暂行规定》和《高等学校体育工作暂行规定》后，各校建立体育卫生领导小组，使得各校有了专门管理学校体育的机构。是年寒假期间，江阴县文教局、体委举办了江阴县体育教师学习班，交流各个年级的全年和上半学期的教学计划，聘请具有多年教学经验的体育教师主讲各年级体育备课和体育教学经验。江苏省南菁高级中学仲正裕、尤一鸣两教师主讲高二年级上学期的体育备课和体育教学经验；江阴县高级中学马林兴、胡明甫两教师主讲高二下学期体育备课和体育教学经验；江阴县第一中学沈禹九、姚春平两教师主讲高一上学期体育备课和体育教学经验；江阴县青阳中学姜玉熙、季凤英两教师主讲高一下学期体育备课和体育教学经验；江阴县澄西中学盛无坤、梅荣祖，江阴县西郊中学王世贤、季汉兴，江阴县长泾中学的叶奕林、夏纪志，江阴县华士中学的华国良、赵正基分别主讲了初二年级上、下学期和初一年级上、下学期的体育备课和体育教学经验。凡参加学习的教师都要编写好自己所任年级体育学科的教学进度，备好完整的体育教学教案。

1980年，教育部颁发了高等学校体育教师培训计划，使三分之一的在职体育教师接受三个月至一年的培训，提高在职体育教师的业务水平。是年，江阴实验小学一年举行两次体育公开课，一次是对江阴县各中心小学开课，一次是对苏州地区各县的实验小学开课。是年，江阴县中小学普遍贯彻了《中小学体育工作暂行规定》和《中小学卫生工作暂行规定》（简称两个暂行规定），收到一定的效果。

1981年，中央两个“暂行规定”指明了学校体育的目标方向。江阴县分5个片建立中学和小学县体育中心教研组，各公社（镇）建立社（镇）体育教研组，形成体育教学研究网络。县体育中心教研组中学组设组长1人，副组长2人，组员4人；县小学体育中心教研组设组长1人，副组长1人，组员8人；江阴县体育场参加中心组人员有4人。片体育教研组由各公社、（镇）中学、中心小学的体育教研组组长参加，由片中学的体育教研组长任片体育教研组组长或推选正、副组长各1人。江阴县体育中心教研组在江阴县体委、江阴县文教局的领导和支持下开展工作；片体育教研组在片中学、片中心小学领导下工作；公社（镇）教研组在公社中学、中心小学领导下工作。县体育中心组每学期活动2～3次，片体育教研组每学期活动4～5次，公社（镇）体育教研组每月活动1次。各层次的教研组都建立考勤、考绩和小结、评比制度，通过层层教研组的活动来提高体育教师的教学业务水平，克服了“一只哨子两只球，稍稍活动一堂课”的现象。体育中心组的基本任务是制订和实施江阴县中、小学体育教师的教学研究、辅导活动和业务进修，部署工作，制订县的、片的、公社的体育教研活动的日程、内容、形式、负责人，研究体育教学大纲、教材、研究教材教法，组织专题讲座或举办体育教师短训班等工作。

江阴县体育中心教研组中学组成员有：王世贤、仲正裕、马林兴、姜玉熙、盛元坤、叶奕林、沈永和；县小学中心体育组成员有：计文荣、高来英、李伯安、潘定荣、王伯溪、薛翰章、曹国章、鲍应麟。江阴县体委参加体育中心教研组人员有：沈寿华、顾仁淦、端木水根、周子润。

是年10月25日—11月22日，江阴县体育中心教研组举办了五个项目的专题讲座，聘请江苏师院体育系教授、讲师到江阴县讲课，江阴县完中、中心小学、澄江镇部分体育教师参加听课。时间、内容安排如下表：

江阴县完中、中心小学、澄江镇部分体育教师参加听课时间

表2-2

时　　间	内容	主讲人
10/25　上午　8 : 30~10 : 30	中学体育	蔡振秋助教
11/1　上午　8 : 30~10 : 30	体育卫生	李佑文讲师
11/8　上午　8 : 30~10 : 30	田　　径	张文辉讲师
11/15　上午　8 : 30~10 : 30	足　　球	王祖俊教授
11/22　上午　8 : 30~10 : 30	中学武术教学	袁贤群教授

是年暑假，江阴县文教局举办了小学体育教师培训班，以研究大纲、教材为主，讲练结合。时间半个月，有23位小学体育教师参加。

是年11月3日，江阴县体委、文教局颁发了《中小学体育教学工作要求》，要求备课要在备教材的同时，要备组织教法、场地器材、安全措施等。

1982年9月13—15日，县文教局、县体委召开了为期三天的全县中小学体育教研组长会议，研究安排中小学各年组体育教学计划，施行新的《国家体育锻炼标准》和培训第六套儿童广播体操。到年底，学校体育课有了很大变化，在江阴县71所中小学中，有一所中学每人每天能达到一小时体育活动，有51所学校每周做到两课两操两活动，有27所学校在雨天也能上课、出操，不受雨天影响。江苏省南菁中学实行按男女、体质强弱分班教学。

1983年，学校体育教学改革较上年有显著进步，大多数公社（镇）以上中小学做到了教学有计划、备课有笔记、上课有常规。

1985年，积极开展县、片、乡（镇）三级体育教研活动，请教授、专家讲授，组织体育观摩课评选，选派体育教师参加上级举办的训练班。为了交流学校体育教学经验，推动中小学体育教学，全县各级各类学校广泛开展人人上好一堂体育公开课的教学活动，提高体育教师的素质和体育正课教学质量。经各乡（镇）中小学共同推选：由江阴县第一中学浦静芬、江苏省南菁高级中学仲正裕、江阴澄江中心小学杨静华、江阴县长泾中心小学王伯溪代表江阴县参加无锡市优秀体育课评选。经无锡市优秀体育课评选小组推选，确定江阴县第一中学幼师班体育教师浦静芬代表无锡市参加江苏省优秀体育课评选。通过评比活动，努力提高了体育正课教学质量，克服存在的重训练轻教学、重少数轻多数的不正常现象。做到了不上无计划课、不上无准备课，提倡上有创新改革的优质体育课，大面积提高体育课教学质量。

1986年，学校体育紧紧围绕上好一堂体育课，提高体育课堂教学质量这一主题，广泛开展听课、评课活动。江阴县体委、文教局先组织开展以片为单位的青年教师评课活动，各片再推派优质体育课参加全县评课活动，江阴县6名青年体育教师惠萍、王玲、孔喜林、王玲秀、刘凯、陈敏的体育课获得好评。

1987年，江阴市文教局、市体委一方面抓好市、片、乡（镇）三级体育教研组，开展教研活动，组织体育课观摩活动，另一方面采取请进来，请教授、专家讲课。是年4月，邀请国家体委研究员徐福生到江阴进行为期10天的示范训练指导，邀请世乒赛冠军惠钧、李惠芬和以孙晋芳为首的省妈妈排球队到江阴作辅导表演，受到广大师生的欢迎和好评。

1988年1月，江阴市教育学会体育教学专业委员会第二届年会在澄西中学举行，本次年会共有会员29人参加。是年，市、片、乡（镇）的体育教研组坚持定期开展教研活动，全市各校开展优秀体育课评比活动，江苏省南菁高级中学体育教师王佩兰所教的课被评为江苏省农村中学优秀体育课。

1989年，江阴市执行《九年义务教育全日制体育教学大纲（初审稿）》，继续开展各级体育优秀课评比活动。江阴市长寿中心小学的教师蔡建英在无锡市体育优秀课评比中获一等奖。

乡（镇）学校体育教研组是乡镇学校体育教研的龙头。1990年，江阴市体委配合市教委恢复和健全学校体育教研组活动，以市、片体育教研组为领导，以体育传统项目学校为骨干，由乡（镇）中学、中心小学牵头，组织各中小学体育教师定期开展体育教研、竞赛、达标等活动。是年7月，江阴市体委与教委联合举办了为期五天的各乡镇中心小学体育教师培训班，重点讲授选材理论及训练规范知识等内容，受到培训教师的欢迎。8月，江阴市澄西中学体育教师姚春平撰写的《学生骨干教学演示在体育教学中作用》一文在《中国体育报》上刊登。

1991年，江阴市教育学会体育教学专业委员会第三届年会在江阴市周庄中学举行，有正式会员41人参加。5月，《江阴市学校体育工作经验汇编》和《江阴市农村优秀体育教师经验汇编》出版，江苏省南菁高级中学、江阴市职业中学、江阴市职工大学的体育教学改革经验被推广交流。

1994年，江阴市教育学会体育教学专业委员会第四届年会在陆桥中学举行。江阴市青阳实验小学教师许建明在江苏省中青年体育教师基本功比赛中获小学组一等奖。是年，首次举行江阴市体育教学能手评选，江苏省南菁高级中学邹炫、江阴市峭岐第二中学封伟、江阴市澄江中心小学杨静华三位教师被评为江阴市第一批体育教学能手。

1995年，江阴市澄西中学教师姚春平被评为首批江阴市中学体育学科带头人。是年，江阴市体委率先对江阴体校教练员实行聘任制和工作目标风险抵押承包，打破了铁饭碗和终身制，较好地调动了教练员的工作积极性，取得了竞技体育历史性进展。江阴市体委、教委组织教师学习《体育法》。是年，为促进教研功能网络化管理，江阴市教研室聘请体育学科骨干教师担任江阴市中小学教学研究中小学体育学科中心组成员，并发聘书，任期三年，今后每三年聘一次。

1996年，为促进体育教师队伍建设培养青年体育教师，江阴市第一届中小学体育青年教师教学大比武分别在江阴市山观中学和江阴市澄江中心小学举行，以后这样的活动每两年举行一次。在这次大比武中，江阴市澄西中学殷坚和江阴市文林中学黄志良获中学组一等奖，江阴市祝塘中心小学林玉生和江阴市澄江中心小学林海获小学组一等奖。江阴市澄西中学教师殷坚被评为江阴市中学体育学科体育教学能手。是年，江阴市青阳中学《高中体育类别教学模式研究》获江苏省教育科研“95规划”立项课题，这是江阴市首项省级体育教学专项课题。

1997年江阴市教育学会体育教学专业委员会第五届年会分别在江阴市青阳中学和江阴市月城实验小学举行，有近80位中小学体育教师代表参加了会议。本届年会体育教学专业委员会理事进行了新老交替换届选举，推选江阴市澄西中学体育教师姚春平为会长，江苏省南菁高级中学体育教师尤一鸣、江阴市青阳中心小学体育教师许建明为副会长。是年末，江阴市中小学体育教师的80篇教科研论文，在中国体育科学学会体育史分会主编的国家级刊物《体育文史》中发表。是年，在江阴市澄江中心小学首次举行了“小学体育教师运用现代化教学手段的室内理论课评比”活动，使得学校体育教学进入了现代教育信息技术时代。

1998年，江阴市澄西中学体育教师姚春平和江阴市澄江中心体育教师小学林海当选为无锡市第一批体育学科带头人。

1999年，江阴市青阳中学的江苏省教育科研“九五”规划立项课题“高中体育类别教学模式研究”顺利结题。

2000年，教育学会体育教学专业委员会第六届年会在江阴市第二实验小学举行。

2001年，江阴市澄西中学体育教师张小明在江苏省第二届中小学体育教师教学能手比赛中，获中学农村组一等奖。

2002年，江阴市教育局体育教研室编辑出版《江阴市中小学体育实验教材教学案例集》。

2003年，江阴市实验小学体育教师夏兴南被评为无锡市小学体育学科带头人，江阴市第二实验小学体育教师汤菊被评为江阴市小学体育学科带头人。是年，江阴市教育局出台《江阴市“九年义务教育‘体育与健康’课程标准实验”课堂教学评价表》，为评价体育课堂教学质量提供了依据。

2004年，由市教研室体育教研员沈菁主持，江阴市高级中学初中部体育教研组承担的中央教科所“十五”规划学校体育卫生科研重点规划课题“现代信息技术在中小学体育与健康教育中的运用实验研究”的子课题——《初中体育与健康课程单元教材信息资源的开发与运用》立项实验并取得阶段性成果。是年，由两所学校参加的中国体育科学学会立项的全国重点课题“21世纪中国学校体育发展研究”子课题实验研究结题，并评为二等奖。

2005年，“江阴市中小学体育教研网站”于9月1日开通。是年，召开教育学会体育教学专业委员会第七届年会，选举产生新一届理事共14人。是年，江阴市澄西中学体育教研组获无锡市首批“先进教研组”称号，江阴市澄西中学体育教研组组长姚春平被评为无锡市“先进教研组组长”。

2006年，江阴市教育局举行全市首届教研室校级领导参加体育教学大比武活动，中学6名校级领导，小学7名校级领导参加比赛，5人获一等奖。是年，江阴市高级中学教师王建伟执教的武术课《棍术》获江苏省体育优秀课评比一等奖，并代表江苏省参加“第二届全国中小学体育教学优秀课评比”获一等奖。作为全国一等奖获得者的代表，在“第二届全国中小学体育教学观摩展示活动”的开幕式上执教了初二年级的武术课《棍术》，受到与会专家与观摩者的一致好评。

2007年，江阴市4位教师的论文在第四届中国学校体育科学大会论文评比中获二等奖。

2007年江阴市中小学体育教师调查一览

表2-3

<table>
<tr><th colspan="2">调查项目</th><th>统 计 情 况</th><th>备 注</th></tr>
<tr><td colspan="2">专职体育教师</td><td>595 人</td><td>小学 256 人，中学 339 人。</td></tr>
<tr><td colspan="2">兼职体育教师</td><td>若干人</td><td>主要分布在小学。</td></tr>
<tr><td colspan="2">年 龄 分 布</td><td>35 周岁以下占 75%</td><td>大多数教师年龄在 30 岁以下，整个队伍偏年轻。</td></tr>
<tr><td rowspan="3">学历结构</td><td rowspan="3">中学</td><td>高中 24 人，初中 1 人，专业合格 24 人，中师 8 人，中专 3 人</td><td rowspan="3">学历已合格近 67%，仍有部分教师在函授。</td></tr>
<tr><td>专科 69 人，专科函授 11 人，双专科函授 5 人</td></tr>
<tr><td>本科 122 人，本科函授 6 人，研究生 2 人，研究生函授 7 人</td></tr>
</table>

续表2-3

调查项目		统　计　情　况	备　　注
学历结构	小学	高中以下 21 人，专业合格 8 人，中专 68 人，中师 34 人	学历合格近 60%，有近 70 名教师正在参加本科函授。
		大专 35 人，函授自学 70 人	
		本科 20 人，函授本科 9 人	
骨干教师（带头人、能手、新秀）	中学	28 人，占中学总人数 7%	其中已有 3 人担任校级领导、7 人担任校中层，2 人不在教学第一线。
	小学	27 人，占小学总人数 7.5%	

2008年9月16日，江阴市教研室对江阴市璜土实验小学进行教学调研。

2009年4月10日，江阴市城东、城西片小学体育协作教学研讨会在江阴市长山中心小学举行。江阴市教研室体育教研员沈菁和城东、城西两片16位体育教师参加，上午观摩了该校大课间活动和江阴市要塞实验小学冯静娴、江阴市虹桥小学张琦娟的体育课，下午展开讨论和传达了2009年上级有关体育教研精神。10月，江阴市教研室体育教研员沈菁参加了“首届全国中小学体育教学论坛”会，并在会上作了“动作发展研讨”发言。12月9日，有全国动作发展研究的同行和课题组成员，在江阴市璜土中学举行了“江阴市动作发展视角下的体育教学研究”研讨会。12月，江阴市体育教研员沈菁领题的“动作发展视角下的跳跃类运动技能教学设计研究”被批申为第八期江苏省中小学体育教研重点课题。

2011年3月8日，江阴市澄江街道中学体育学科教学研究活动在江苏省江阴市第一中学举行。10月23—26日，首届全国中小学教学改革论坛暨《中国学校体育》创刊30周年纪念活动在北京市东城区进行。江阴市中小学体育教研员沈菁、江阴市实验中学梁勇峰和江阴市虹桥小学张琦娟参加了这次会议。会上，江阴市体育教研员沈菁作了《动作发展视角的体育教学》专题报告，展示了江阴课题组两年来的研究成果，受到到会专家和同行们的高度评价。11月18日，江阴市教研室对江阴市第三实验小学进行体育课堂教学调研。12月22—23日，无锡市教研中心、江阴市教研室对江阴市要塞实验小学进行课堂教学调研。12月27日，江阴市“学生阳光体育运动”活动展示课在江阴市花园实验小学举行。12月28日，江阴市高级中学体育学科“同课异构”〈背越式跳高腾空技术〉研讨会在江阴市要塞中学举行，由5位三星级高中的体育教师上课，5位上课学校的体育教研组长与观摩的30位教师共同研讨。

2012年3月27日，江阴市高级中学体育学科“同课异构”教学研讨活动在江阴市青阳中学举行，江阴市12所重点高中的体育教研组组长、25位青年体育教师参加本次活动。6月21日，江阴市虹桥小学张琦娟与杨静华、朱文等教师，在江阴市体育教研员沈菁带领下赴石家庄外国语学校对“动作发展视角下的系统教学”进行说课，借班上课，评课，受到专家及同行教师的认可和赞许。

2013年6月，由市体育教研员沈菁主持的江苏省中小学教学研究的重点课题“动作发展视角下的跳跃类技能教学设计研究”，在江阴市西石桥小学顺利结题并获得成果奖。2013年7月，由孙菁申报的“动作发展视角下的滚翻类技能教学设计研究”课题，经全国教育科学规划领导小组审批，被列为全国教育科学“十二五”规划2013年度教育部重点课题。由江阴实验中学梁勇峰、澄西中学刘锋、周庄中学张军、虹桥小学张琦娟等教师组成的“江阴团队”，主持了国家刊物《中国学校体育》杂志2012−2013年度的“案例研析”栏目，就“课程与教学的目标、内容、方法、评价”等核心问题，展开讨论与研究。是年10月14

日，在江阴市周庄实验小学举行了体育学科青年骨干教师“如何设计面向全体学生的体育教学”专题研讨会议。江阴市中小学体育学科青年骨干教师研究小组部分成员、华士片小学体育骨干教师、周庄镇小学体育教师参与活动，北京师范大学体育与运动学院教授贾齐到场指导。

2014年5月，“十二五”规划2013年度教育部重点课题“动作发展视角下的滚翻类技能教学设计研究”，在江阴市城中实验小学顺利开题。是年，江阴市教育局组织开展为期一年的“双师型”小学体育教师培训顺利结束，40名非体育专业的教师经过考核，拿到了“小学体育教师资格证书”。2014年12月4日，2014年度江阴市中小学体育教师全员第二次培训活动，在江阴市教师进修学校举行，来自江阴市330名小学、初中体育教师参加了培训。是年，经过选拔、评选，江阴市有4位体育教师获得无锡市教学能手称号，有6位体育教师获得江阴市学科带头人称号，有5位体育教师获得江阴市教学能手称号。是年，江阴市开展小学、初中体育教师的课型比赛与研究，根据学科的运动性认识特点，归纳提炼的研究课型为“引导体验型”。是年12月29日，江阴市教育学会体育教学专业委员会召开第九次代表大会，大会选举产生了江阴市教育学会体育教学专业委员会第九届理事会理事。殷坚任理事长，周峰、吕立平、刘学东任副理事长，沈菁任秘书长。中学理事8位，小学理事9位。

2015年1月7日，江阴市华士实验小学承办了“无锡市义务教育阶段足球教材研讨活动”，200名无锡市的中小学体育教师观摩了这次活动。“全国青少年校园足球行政管理人员和校长培训班”于是年3月20日，在江阴市政府大楼报告厅隆重举行，来自全国七个省的校园足球行政管理人员和校长400人参加了这次会议。会议期间，与会代表分别观摩江阴市城中实验小学、江阴市花园实验小学和江阴一中3所学校的校园足球文化、校园足球游戏和校园足球教训赛，全面展示江阴市校园足球“传统与现代融合，普及与提高并举”的特色，同时制订了江阴市“校园足球课程”，发展规划方案。是年，为深入贯彻落实全国青少年校园足球工作电视电话会议精神，加快推进江阴市校园足球工作的开展，促进青少年学生身心健康发展，全面提高江阴市学校领导对校园足球的认识和体育教师实施足球课程的水平，江阴市教育局在教育部支持下与“耐克足球体育课项目组”团队签定培训协议，用一年半的时间为江阴市中小学校长和专职体育教师进行“江阴市义务教育阶段校园足球体育课项目培训”。培训期间，邀请国内外足球专家用足球体育课教学培训的方式，把先进的足球教学理念和高效的足球教学方法传递给学校领导和体育教师。第一期培训于2015年3月13日举行，之后两期又分别于2015年12月与2016年4月在教师发展中心与辅延中心小学举行。是年10月10日，由江阴市教师发展中心教科室与教育部重点课题“动作发展视角下的滚翻类技能教学设计研究”课题组联合举行的“江阴市第八次‘教师专项课题进课堂’活动——暨小学生滚翻类技能‘引导体验型’课堂教学观察活动”，在江阴市要塞实验小学举行。 有来自全市各中小学、幼儿园及职教学校的教科室主任、市体育中心组组长及课题组成员200余人参加这次活动。教师发展中心副主任王华平、教科室主任许建国到会并讲话。是年，江阴市贯彻省“深化课堂教学改革”文件精神，以“课题研究”为引领，“课型研究”为抓手，开展了一系列研究与评比相结合的活动。江阴市教师发展中心教师沈菁被评选为2015年江苏省教科研系统先进个人。

第三节　体育活动

体育活动是指课余时间在校内组织学生参加的课外体育活动，是学校体育的重要组成部分。

1928年，《国民教育法》就明确规定：江阴中小学除体育课外，均实行早操及课外体育锻炼活动。

解放后，新中国人民政府重视学校体育工作，中小学校每周设2节体育课，2节课外体育活动，每天15分钟课间操。

1989年10月，江阴市教委发出《关于认真落实学生平均每天一小时体育活动的通知》，全市中小学全面实行“两课、两操、两活动”。体育活动内容除传统的如球类、武术、棋类、田径、技巧、体操、跳绳、踢毽等项目外，随着科技的发展，一些有科技含量的活动项目如航模、海模、轮滑、摇控、机器人等，也加入到课外体育活动中来。

一、《国家体育锻炼标准》

为了促进学校体育的发展，全面“促进学生身心健康发展，增强体质，努力改进全国学生的健康状况，使每一个学生都具有强健的体魄，能够胜任紧张的学习和繁重的工作”，1954年，国家体委参照苏联模式，结合中国实际情况制订了《准备劳动与卫国体育制度》（简称《劳卫制》），并于同年5月4日向全国公布，这样，新中国有了第一个关于学校的“国家体育锻炼标准”。后经过实践，不断完善修订，至1982年9月，国家体委发布了新的、适合我国国情的《国家体育锻炼标准》，俗称《标准》。

这种国家规定的体育锻炼标准在“文化大革命”前没有认真对待，“文化大革命”中，由于学校教育处于瘫痪，体育锻炼标准停止施行。直至1976年10月后，“国家体育锻炼标准”才得以正常地推广和发展。1987年，国家教委、国家体委颁布了《中学生体育合格标准试行办法》，保证了学校达标活动正常开展。经过课内、课外刻苦训练，达标的施行面、达标率、优秀率逐年上升，江阴市各中小学学生的体质有所增强。

2002年，学校全面实施国家教委、国家体育总局颁布的《学生体质健康标准》，同时，从该年起不再以《国家体育锻炼标准》对学生进行体质测试，原《国家体育锻炼标准》停止使用。

1982—2001年，江阴市中、小学历年施行《国家体育锻炼标准》情况汇总于下。

1982—2001年江阴市中、小学历年施行《国家体育锻炼标准》情况汇总一览

表2-4

年度	学校类别	学校总数	施行校数	施行面%	适龄生数	病残数	应测生数	达标生数	达标率%	达标情况					
										及格数	及格率%	良好数	良好率%	优秀数	优秀率%
1982－1983年度	中学	125	104	83.2	46486	526	45960	23152	50.33	14626	63.14	7231	31.26	1295	5.60
	小学	518	395	76.3	68949	543	68406	23508	33.77	14174	20.37	8299	11.90	1035	1.50
	合计	643	499	77.6	115435	1069	114366	46660	40.80	28800	61.72	15530	33.28	2330	5.00
1983－1984年度	中学	117	109	93.2	48606	707	47899	37492	78.27	23112	61.65	11657	31.09	2723	7.30
	小学	550	527	95.8	64012	895	63117	49706	78.75	27239	54.80	19198	38.62	3269	6.60
	合计	667	636	95.4	112618	1602	111016	87198	78.55	50351	57.74	30855	35.38	5992	6.90
1984－1985年度	中学	127	123	96.9	52906	805	52101	46136	88.55	26618	51.10	14728	28.27	4790	9.20
	小学	567	562	99.1	67168	941	66227	61345	92.63	32563	49.17	22556	34.06	6226	9.40
	合计	694	685	98.7	120074	1746	118328	107481	90.83	59181	50.00	37284	31.51	11016	9.30
1985－1986年度	中学	114	114	100	51933	614	51319	46659	90.91	25423	54.49	15626	33.49	5610	12.02
	小学	542	542	100	73400	738	72662	68820	94.71	34168	49.65	25763	37.44	8889	12.92
	合计	656	656	100	125333	1352	123981	115479	93.14	59591	51.60	41389	35.84	14499	12.56
1986－1987年度	中学	112	112	100	48937	342	48595	46762	96.23	20204	43.21	14631	31.29	11927	25.50
	小学	541	541	100	77110	932	76178	74148	97.34	30106	40.60	24249	32.70	19793	26.70
	合计	653	653	100	126047	1274	124773	120910	96.90	50310	41.61	38880	32.16	31720	26.23
1987－1988年度	中学	133	133	100	49721	462	49259	47297	96.01	18099	38.26	16323	34.51	12875	27.22
	小学	525	525	100	76768	761	76007	74895	98.53	20801	27.78	22273	29.73	31821	42.48
	合计	628	628	100	126489	1223	125266	122192	97.55	38900	31.83	38596	31.58	44696	36.57
1988－1989年度	中学	103	103	100	52180	479	51701	50341	97.37	20041	39.81	16158	32.09	14142	28.10
	小学	521	521	100	76429	625	75804	74595	98.41	21302	28.54	23759	31.88	29534	39.59
	合计	624	624	100	128609	1104	127505	124936	97.99	41343	33.08	39917	31.31	43676	34.96

续表2-4

年度	学校类别	学校总数	施行校数	施行面%	适龄生数	病残数	应测生数	达标生数	达标率%	达标情况					
										及格数	及格率%	良好数	良好率%	优秀数	优秀率%
1989—1990年度	中学	90	90	100	55360	397	54963	53806	97.89	19659	36.53	16609	30.86	17538	32.59
	小学	516	516	100	74026	645	73381	72627	98.97	18890	26.00	24345	33.52	29392	40.46
	合计	606	606	100	129368	1042	128344	126433	98.51	38549	30.48	40954	32.39	46930	37.11
1990—1991年度	中学	87	87	100	58608	432	58176	55391	95.24	32174	55.30	15841	27.22	7376	14.31
	小学	494	494	100	70764	659	70105	67660	96.51	33988	48.48	21521	30.69	12151	17.96
	合计	581	581	100	129372	1091	128281	123051	95.92	66162	51.57	37362	29.12	19527	15.58
1991—1992年度	中学	77	77	100	62528	444	62084	59170	95.3	34302	57.97	15956	26.96	8912	15.06
	小学	482	482	100	66129	572	65557	62892	96.07	31502	50.08	20044	31.87	11346	18.03
	合计	559	559	100	128657	1016	127641	122062	95.63	65804	53.91	36000	29.49	20258	16.59
1992—1993年度	中学	69	69	100	62238	443	61795	58492	94.65	35228	60.23	15830	27.06	7434	12.71
	小学	470	470	100	59046	675	58371	55759	95.53	26164	46.92	17920	37.13	11675	20.93
	合计	539	539	100	121284	1118	120166	114251	95.08	61392	53.73	33750	29.54	19109	16.72
1993—1994年度	中学	67	67	100	59396	374	59022	56760	96.17	32374	57.02	15718	27.69	8668	15.27
	小学	465	465	100	53662	503	53159	51915	97.66	20320	39.14	22250	42.85	9345	17.99
	合计	532	532	100	113058	877	112181	108675	96.87	52694	48.48	37968	34.93	18013	16.57
1994—1995年度	中学	65	65	100	57716	336	57380	55210	96.21	29914	54.18	16929	30.66	8367	15.15
	小学	456	456	100	52301	442	51859	50627	97.62	14012	27.67	27417	54.15	9198	16.16
	合计	521	521	100	110017	778	109239	105837	96.88	43926	41.50	44346	41.90	17565	16.59
1995—1996年度	中学	62	62	100	55737	313	55424	53348	96.25	28639	53.68	16489	30.91	8220	15.41
	小学	452	452	100	56556	517	56039	54718	97.64	15426	28.19	29334	53.61	9958	18.20
	合计	514	514	100	112293	830	111483	108066	96.95	44065	40.78	45823	42.40	18178	16.82

续上表

年度	学校类别	学校总数	施行校数	施行面%	适龄生数	病残数	应测生数	达标生数	达标率%	达标情况					
										及格数	及格率%	良好数	良好率%	优秀数	优秀率%
1996－1997年度	中学	61	61	100	51705	286	51419	49657	96.57	21498	43.29	20414	41.11	7745	15.59
	小学	439	439	100	66541	606	65935	64373	97.63	22871	35.52	29625	46.02	11877	18.45
	合计	500	500	100	118246	892	117354	114030	97.16	44369	38.90	50039	43.88	19622	17.20
1997－1998年度	中学	54	54	100	48283	301	47982	46377	96.65	20038	43.20	19047	41.06	7292	15.72
	小学	404	404	100	78882	612	78270	76454	97.67	27127	35.48	35199	46.03	14128	18.47
	合计	458	458	100	127165	913	126252	122831	97.29	47165	38.39	54246	44.16	21420	17.43
1998－1999年度	中学	56	56	100	49707	230	49477	47850	96.71	20643	43.14	19653	41.07	7554	15.78
	小学	409	409	100	88859	623	88236	86313	97.82	30545	35.38	39782	46.09	15986	18.52
	合计	465	465	100	138566	853	137713	134163	97.42	51188	38.15	59435	44.30	23540	17.54
1999－2000年度	中学	51	51	100	57272	254	57018	55250	96.87	23730	42.95	22747	41.17	8773	15.87
	小学	379	379	100	91735	653	91082	89187	97.91	32169	36.07	40403	45.30	16615	18.62
	合计	430	430	100	149007	907	148100	144437	97.52	55899	38.70	63150	43.72	25388	17.57
2000－2001年度	中学	51	51	100	68409	242	68167	66090	96.95	28268	42.77	27194	41.15	10628	16.08
	小学	343	343	100	87054	509	86545	84824	98.01	30367	35.80	38484	45.37	15973	18.83
	合计	394	394	100	155463	751	154712	150914	97.54	58635	38.85	65678	43.52	26601	17.63
2001－2002年度	中学	2002年全面实施国家教委、体育总局颁布的《学生体质健康标准》，同时从该年起不再以《国家体育锻炼标准》对学生进行体质测试。													
	小学														
	合计														

1982—2001年江阴市学校施行《国家体育锻炼标准》获无锡市以上表彰的单位和个人一览

表2-5

年　度	先　进　集　体	先　进　个　人
1982－1989 年度	江阴市祝塘中心小学（江苏省级） 祝塘中学、陆桥中学、长泾中心小学	秦浩明（省级） 郁　峰（河塘中心）　翁平庆（长山中学） 龚永明（河塘中学）　薛翰章（华士中心） 王建明（周庄中心）
1989－1990 年度	祝塘中心（省级）	秦浩明（省级）
1992－1993 年度	江阴市中、璜土中学、利港中学 祝塘中心、顾山中心、陆桥中心	
1994－1995 年度	利港中学、河塘中学、璜土中学 祝塘中心、陆桥中心、周庄中心	
1995－1996 年度	陆桥中学、河塘中学、陆桥中心 祝塘中心	袁步云（河塘中心）　吴春鸣（桐岐中学） 耿建国（利港中学）　陆仁元（峭岐中心） 徐加福（璜土中心）　江耀坤（石庄中学）
1997－1998 年度	陆桥中心（国家级）、河塘中心 顾山中学、月城中学	张宗法（陆桥中学）　龚永明（河塘中学） 王利新（新桥中心）　薛　礼（申港中学） 林　海（澄江中心）　林玉生（祝塘中心）
1998－1999 年度	江阴市中、文林中学、桐岐中学 峭岐中心、南闸中心、实验小学	周　君（璜土中学）　张宗法（陆桥中学） 连卫国（新桥中学）　汤　菊（第二实小） 缪德兴（周庄中心）　徐岳军（申港中心）
1999－2000 年度	江阴职高、利港中学、桐岐中学 澄西中学、山观中学、陆桥中学 青阳中心、长寿中心、陆桥中心 峭岐中心、申港中心、河塘中心	
	山观中学等 7 个单位	许建明等 7 人

二、“冬季三项”体育锻炼活动

上年11月下旬到翌年1月中旬，江阴市体育局、教育局组织全市各中小学生开展以长跑、跳绳、踢毽为主的冬季三项锻炼活动。“冬季三项”百日体育锻炼活动是学生冬季体育锻炼，强身健体的有效活动，是学校在冬季开展体育锻炼最适合学生年龄特点、行之有效的最好方法。学校冬季体育锻炼是贯彻实施《全民健身计划纲要》和《学校体育工作条例》的重要内容，以长跑、跳绳、踢毽为中心的百日冬锻活动，受到学校师生和社会各界的广泛欢迎。多年来，每年冬季各校广泛开展“长跑、跳绳、踢毽”三项活动，已成为江阴市中小学校的常规活动。江阴市体委、市教育局在每年冬季到来之前就精心设计，安排好本年冬季锻炼的活动内容、要求、方法，各校结合自己学校特点，安排开展好“冬季三项”活动。一般学生自备一绳一毽，上午早操或课间操时间不做广播操，由各校自己选择好路径，妥然安排好长跑活动。每天长跑距离：小学500～1000米，中学1000～1500米。冬季长跑累计：小学达6万～10万米，中学达12万～15万米。下午课外活动和课间操时间，安排跳绳、踢毽活动。各校成立由主管学校体育的校长，同各年级组长、体育教研组长组成的学校冬锻领导小组，制订好冬锻活动计划，有总结、有评比，各校把冬锻的三项活动组织比赛成绩汇总后报市体委、市教育局，各级主管部门为鼓励冬锻持续开展，对冬锻中成绩突出的单位和个人予以通报表扬。

现摘录江阴市开展跳绳、踢毽部分比赛情况和1987年以来，开展“冬季三项”体育锻炼活动获无锡市以上表彰的前三名先进集体和个人于后。

（一）开展长跑、跳绳、踢毽部分比赛情况

1979年，澄江镇各中学以及11所小学举行冬季长跑比赛。澄西船厂技校获青年男子组第一名，县中获青年女子组和初中女子组第一名，南菁获初中男子组第一名，城北小学获小学男、女组第一名。是年，江阴县举行中小学生冬季长跑比赛。各组第一名为：青年男子组华瑞锡（北大街小学教师），青年女子组李亚英（北涸中学），初中男子组吴建国（南菁），初中女子组史晓红（南菁），小学男子组黄拥军（北大街小学），小学女子组戚亚萍（城北小学）。是年1月6日，澄江镇中学生举行越野长跑比赛。初高中男子、女子组第一名均为县中。各组第一名为：高中男子组许文伟（县中），高中女子组包美艳（南菁）；初中男子组钱伟（县中），初中女子组王龙　（县中）。

1980年1月5日，举行江阴县中小学生冬季长跑比赛。12月21日，在江阴县体育场举行江阴县中学生冬季长跑比赛，南菁、县中、一中、青阳、澄西、华士、西郊、长泾、解放、城北10所中学73名学生参赛。南菁中学获高中组、初中组团体总分第一名。顾晓清（县中）获高中男子组5000米第一名，高燕蓉（一中）获高中女子组3000米第一名，吴建国、王敏（南菁）分别获初中男子组3000米和女子组2000米第一名。

1983年12月25日，在县体育场举行江阴县中小学生冬季长跑比赛，公社中小学以片为单位组队，澄江镇各中小学以校为单位组队参赛。县中唐建定以17′58″2破青年男子组5000米县纪录，南菁王拥军（18′19″6）、杨继红（18′32″9）、解放初中张宗泽（18′47″8）破少年男子组5000米县纪录，一中姚兵（10′31″0）、长泾王晓东（10′39″8）、一中陆仁良（10′47″6）破少年男子组3000米县纪录。1983年11月16日至1984年1月16日（60天），江阴县举行全县中小学生“江阴——洛杉机”象征性冬季长跑活动。

1984年12月，由各片中学、中心校举行江阴县中、小学生冬季长跑分区赛。由各片中学、中心校主办。1985年10月，以片为单位举行中小学生冬季长跑分区赛。

1990年1月17日，在体育馆举行江阴市小学生跳绳比赛，全市20个乡镇代表队参赛。祝塘中心小学获团体第一名。南闸中心、周庄中心获团体第二、第三名；祝塘中心小学赵云南获个人第一名。

1993年12月25日，在体育馆举行江阴市小学生跳绳比赛，各片冠军队男、女各5名运动员参赛。

1994年，举行江阴市小学生跳绳、踢毽比赛，各片冠军队参赛。璜塘中心王军伟获男子个人跳绳第一名，璜塘中心张静燕获女子个人跳绳第一名；璜塘中心小学获男子跳绳团体第一名，祝塘中心、周庄中心获男子跳绳团体第二、第三名；祝塘中心获女子跳绳团体第一名，璜塘中心、南闸中心获女子跳绳第二、第三名。

1994年11月寒假前，江阴市举行中小学生冬季万人长跑通讯赛。

1996年1月5日，在市体育馆举行江阴市小学生跳绳比赛，各片冠军队男、女各5名运动员参赛。璜塘中心获男女团体第一名；薛婷婷获女子组个人第一名，陆晓英获男子组个人第一名。

1997年1月，在市体育馆举行江阴市小学生跳绳比赛，各片冠军队男、女各5名运动员参赛。男子组：长泾、文林两中心小学并列第一名，璜塘、青阳两中心小学并列第二名，女子组：璜塘、南闸、周庄三所中心小学分获前三名。

1999年1月9日，在体育馆举行江阴市小学生跳绳、踢毽比赛，共184名运动员参赛。璜塘中心、周庄中心、长泾中心分获男子跳绳前三名，璜塘中心、长泾中心、南闸中心分获女子跳绳前三名；璜塘、长泾、石庄三所中心小学分获男、女子踢毽前三名。

（二）1987—2009年江阴市开展“冬季三项”体育锻炼活动

获无锡市以上表彰的前三名先进集体和个人一览

表2-6

年度	先进单位	单项先进集体及个人					
		长　跑	名次	跳　绳	名次	踢　毽	名次
1987—1988	中学：长泾 澄西 小学：青阳 长寿	—		小学：祝塘 长泾 祝塘中心：曹成刚 徐　锋 庞建娟	1 2 1 2 3	—	
1988—1989	中学：陆桥 城北 石庄 小学：青阳 璜塘 澄江	中学：陆桥初中男子 初中女子 陆桥中学：龚兴明 濮亚刚 龚振兴	1 2 1 2 3	青阳中学：蒋　芳	3	—	
1990—1991	中学：马镇 北漍 城北 小学：周庄 青阳 长泾	中学：市中初中女子 城北高中女子 市中高中男子 城北初中男子 城北中学：丁娟平 林　芳 聂湘蓉	1 1 2 2 1 2 3	祝塘中心 江阴市中 祝塘中心：赵云南 夏义军 吴海峰 璜塘中心：陆琴花	1 2 1 2 1 2	—	
1991—1992	中学：市中 利港 城北 小学：西郊 周庄 桐岐	城北中学初中女子 男子 城北中学高中男子 女子 江阴市中女子 利港中学：赵红玉 城北中学：花　娟 曾洪兴 江阴市中：叶　刚	1 3 1 1 2 2 3 1 3	江阴市中 祝塘中心 祝塘中心：赵云南 吴海平 许　伟	3 1 1 2 3	—	
1992—1993	中学：城北 市中 北漍 小学：新桥 周庄 桐岐	市中初中女子 高中男子 高中女子 城北中学：初中男子 初中女子 北漍中学高中男子 青阳中心女子 市中：周　凌 汤敏芳 城北中学：徐　杰 蒋君良 顾燕平	1 2 3 1 2 3 3 1 2 2 3 3	江阴市中 祝塘中心男子	2 2	—	

续表2-6

年度	先进单位	单项先进集体及个人					
		长　跑	名次	跳　绳	名次	踢　毽	名次
1992 — 1993		城北高中：朱建军 朱熊熊 杨怀杰 花　娟 陶燕芸 李金秀	1 2 3 1 2 3				
1993 — 1994	中学：澄西 市中 北国 小学：璜塘 华士 祝塘	市中高中女子 男子 市中女子：李春霞 徐　华 长泾中学初中：夏晓明 徐吉江	1 3 2 3 2 3	祝塘中心男女组 璜塘中心：王军伟 计丽华	1 3 2	祝塘中心男子 女子 祝塘中心：楼惠强	1 2 1
1994 — 1995	中学：南菁 长山 石庄 小学：璜塘 祝塘 华士	南菁高中女子 徐　娅 祝塘中心女子 龚静玉	1 2 2 2	祝塘中心男子 女子 祝塘中心：吴君霞 璜塘中心：王军伟 95年元月无锡市小学 跳绳、踢毽赛： 璜塘中心男子 祝塘中心女子	2 2 1 2 2 1	祝塘中心男子 女子 璜塘中心：张建晓 潘云伟 朱　静 陆伟红 璜塘中心男子、女子	2 2 1 3 1 2 1
1996 — 1997	澄西中学获省先进集体 中学：云亭 石庄 小学：周庄 马镇 祝塘	—		璜塘中心女子团体 男子团体 璜塘中心：任春亚 薛婷婷	1 2 2 3	璜塘中心男子 女子 璜塘中心：陆小燕 张海亚 张　晨 陆　伟	2 2 1 2 2 3
1997 — 1998	中学：澄西 长泾 职高 小学：璜塘 祝塘 长山	祝塘中心小学男子 长泾中学高中男子 澄西中学初中女子	3 3 3	—		—	
1998 — 1999	中学：澄西 新桥 二中 小学：长山 祝塘 实验	—		—		—	
1999 — 2000	中学：新桥 长泾 一中 小学：长山 璜塘 陆桥	—		—		—	

续表2-6

年度	先进单位	单项先进集体及个人					
		长　跑	名次	跳　绳	名次	踢　毽	名次
2001—2002	中学：二中 月城 小学：长山 璜塘 华士 新桥获省冬锻先进学校	—		—		—	
2006—2007	中学：利港 陆桥 小学：华士 月城 顾山 辅延 云亭 青阳	—		—		—	
2007—2008	中学：澄西 陆桥 小学：北涸 华士 花园 璜塘 夏港 月城 实验小学获省冬锻先进学校	—		—		—	
2008—2009	中学：江阴市中 云　亭 小学：市实小 顾　山 大　桥 新　桥 青　阳 要　塞 江阴一中获省冬锻先进学校	—		—		江阴一中杨婷玉	5

三、“雏鹰起飞”小学生体育活动

为掀起全民参与体育运动热潮，增强学生体质，1994年，国家体委、国家教委、共青团中央开展了全国“雏鹰起飞”小学生跳绳、踢毽等体育活动。

江阴市璜塘中心小学计丽华、庄建英获国家体委、国家教委和共青团中央授予“1993—1994学年度全国‘雏鹰起飞’小学生体育活动跳绳项目小能手”称号；璜塘中心王军伟和月城中心小学徐云飞分别获江苏省体委、省教委和共青团省委授予“1993—1994学年度江苏省‘雏鹰起飞’小学生体育活动跳绳和乒乓球项目小能手”称号。

四、中小学生阳光体育活动

2007年4月26日，教育部、国家体育总局、共青团中央向全国发出《关于全面启动全国亿万学生阳光体育运动的通知》决定于2007年4月29日，在全国范围内全面开展亿万学生阳光体育活动。学生走向操场，走进大自然，走到阳光下积极开展体育锻炼，掀起群众性体育锻炼热潮，全国亿万学生集体锻炼一小时活动。

江阴市体育局、市教育局贯彻落实全国学校体育工作会议精神和开展全国亿万学生阳光体育运动的决定，积极贯彻“健康第一”“每天锻炼一小时，健康工作五十年，幸福生活一辈子”的现代健康理念，以全面实施《学生体质健康标准》，大力推进体育大课间活动为重点，蓬勃开展“阳光体育活动”。

江阴市体育局、市教育局积极举办足球、篮球、乒乓球、羽毛球、田径、棋类等6项10次“阳光体育活动”系列比赛，参赛运动队达180个，运动员2240人。如江阴市开展的阳光伙伴比赛、“金鑫杯”小学生篮球赛、“华士实验杯”小学生排球赛、“晨光杯”小学生足球赛、“澄江杯”小学生三棋赛、“华高杯”中学生乒乓赛、“励实杯”中学生足球赛、“成化杯”中学生排球赛、“青中杯”中学生篮球赛等系列活动。同时，江阴市还认真组织数百名小运动员参加无锡市体育局组织举办的“全国亿万小学生阳光体育运动”小学生体育综合竞赛。如：“雪浪杯”乒乓赛、“世霸杯”篮球赛，以及羽毛球、田径、足球、棋类、武术、射击等项目比赛。在无锡市小学生八项八次体育竞赛综合评比中，江阴市名列第二名。同时，江阴市体育局、市教育局把各校活动与加强学校体育课程建设，提高德育工作实效，促进和谐校园等紧密结合，培养学生积极主动的体育锻炼习惯，提高学生思想道德素质、文明礼仪素质和身体健康素质，努力推进校园体育文化建设。

2014年江阴市小学生阳光伙伴比赛前八名成绩一览

表2-7

单　位	第一次成绩	第二次成绩	最好成绩	失误次数	名次	备注
文林中心小学	6″75	6″66	6″66		一	
利港实验小学	×	6″84	6″84	1	二	
祝塘中心小学	6″98	6″88	6″88		三	
夏港实验小学	6″90	×	6″90	1	四	
璜塘实验小学	6″98	×	6″98	1	五	
北涸中心小学	7″31	7″07	7″07		六	
周庄实验小学	×	7″14	7″14	1	七	
长寿实验小学	7″16	7″38	7″16		八	

五、兴趣组活动

兴趣组活动主要指学生课余时间依据个人兴趣爱好自愿参加的体育活动。兴趣组活动除了传统的球类、棋类、武术等项目活动外，随着时代的发展，一些新兴的有科技含量的体育活动项目也不断在学校课外体育活动时出现。如江阴市要塞中学、利港中学、新桥中心小学、临港新城实验学校等学校的航模，江阴市云亭中学的航模、船模、机器人，澄江中心小学、辅延中心小学和花园中心幼儿园的轮滑，要塞中学的无线电报话，大桥小学的射击，临港新城实验学校的纸模型飞机、电动赛车、电脑仿真、电子百拼、电子制作（太空探测器、智能寻轨器、摇控编码探雷器）、带降火箭模型、各种橡筋模型，还有广大学生喜爱感兴趣的无线电摇控车、摇控船、摇控飞机、滑板等。

第四节　体育竞赛

竞技体育是一个国家和地区体育事业发展水平的重要标志，是学校体育的集中表现。学校体育竞赛一方面是发现、培养、输送人才，另一方面是推动社会各界体育活动的开展，既培养了体育人才，又扩大了体育人口，普及与提高相结合，使运动水平不断提高。

一、历年中小学生体育竞赛

（一）参加全国体育竞赛

1981年6月16日，江阴县实验小学获团中央、教育部、国家体委联合颁发的“一九八O年全国市县小学代表队小足球比赛冠军”。

1983年8月10—15日，江阴县小足球代表队一行12人在赵午翔带领下赴苏州参加第一届全国“贝贝杯”小足球比赛。

1984年8月，江阴县西郊中心小学女子足球队和江阴一中女子足球队代表江苏省队参加全国足球传统校女子足球比赛。

1985年8月，江阴县顾山中学奚东杯、吴燕红，江阴县祝塘中学陈红梅参加在秦皇岛举行的全国第一届青少年帆船比赛。

1992年8月4—8日，在徐州市举行的中国业余体校田径分龄赛上，江阴体校选手黄春洪在1978年龄组跳远全能赛以192分获冠军。8月20—9月5日，在广东湛江市举行的中国少年举重赛中，江阴业余体校学生刘达获得少年男子组56公斤级总分第一，挺举第二，抓举第三，总成绩第二，实现了江阴市业余体校参加全国单项比赛奖牌、金牌数零的突破。

1993年月，城乒乓球队参加第七届全国少年宫乒乓球赛，获女子团体第一名，男子团体第二名，男子单打第三名。

1994年，江阴市组织市属中学生男、女队和月城镇中学生女队，小学生男队12名运动员参加在成都举办的全国少年宫“月兔杯”乒乓球赛并取得好成绩，中学生男队获第二名，女队获第四名，月城中学女队获第三名。

1995年8月举行的全国少年田径分龄赛上，江阴市业余体校2名选手代表江苏省队参赛，取得了个人全能200米、400米赛4枚金牌、1枚银牌、1枚铜牌。8月22—24日，在江西吉安市举行全国少年田径分龄赛，江阴市选手徐金莲、沈燕代表江苏省队比赛，获得了4枚金牌、1枚银牌和1枚铜牌，在全国大赛中尚属首次。

1996年8月12—14日，全国少年田径分龄赛在山东青岛市举行，江苏省代表队分别获男、女总分第一，金牌数居首位。江阴体校有4名运动员参加这次比赛，获5枚金牌、3枚银牌、3枚铜牌。江阴市田径选手沈燕一人独得3枚金牌，100米成绩达国家一级运动员标准。顾静伟获1枚金牌、1枚银牌、1枚铜牌，严春燕获1枚金牌、1枚银牌，沈丽惠获1枚银牌、2枚铜牌。这是江阴市运动员在参加全国性比赛中取得最辉煌的一次成绩。

1998年7月13—19日，江阴市月城中心小学黄芳、倪文和梅琳3名小将参加上海棋院举行的全国少年儿童中国象棋比赛，均获得较好成绩。是年，在徐州举行的全国田径分龄赛（第一赛区）中，江阴市李龙、薛莲两位运动员均取得优异成绩。

江阴市体校沈燕1999年6月20日在沈阳举办的全国田径青年锦标赛暨四城会预选赛上，以100米11″7的成绩达国家健将等级标准。是年，江阴籍选手黄芳代表江苏省队参加在温州举行的全国少年中国象棋甲组比赛中获个人第二名。8月21—22日，日本藤冈市少年足球队访问团一行34人到江阴市访问，在市体育场与江阴市少年足球队举行友谊赛，江阴少年足球队以2：0、4：2、2：0、0：2三胜一负而获胜。是年8月，江阴市棋院实验小学学生周光辉、周光宇、张晓韬 、张圣贤4名小选手随省青少年围棋代表团赴日本爱知县访问。

2000年，全国青年田径锦标赛在四川德阳市举行，江阴市19岁的田径名将沈燕在100米和200米赛中分别以11秒81和24秒01的成绩获第一，并达到了国家运动健将等级标准。江阴市体校学生李龙在7月代表中国队参加在匈牙利布达佩斯举行的世界少年田径锦标赛。

2001年7月30日—8月6日，由团中央宣传部、全国青少年宫协会、全国青少年宫棋类分会主办的第十五届“希望杯”棋类赛在浙江嘉兴市举行，全国53个队，分1985至1994年龄组三棋男女各6个组别771名队员参加。江阴市棋院和天华艺校组织了26名选手参加，江阴棋院赵津获中国象棋女D组冠军，徐沂沂获中国象棋女F组亚军。江阴市体校张志诚、李杰两小将代表江苏省队参加在四川成都举行2001年全国少年举重比赛，15岁的张志诚获全国少年乙组94公斤级总成绩第二名。

2002年8月，在重庆举行的全国举重高水平后备人才比赛中，江阴市16岁的张志诚获94公斤级别抓举135公斤、挺举180公斤、总成绩315公斤3枚金牌，臧伟也获得77公斤级3个第四名。是年，梅琳在福州市举行的“2002年百事可乐杯”全国少年象棋锦标赛上获女子14岁组第七名。

2003年，在全国举重赛中，江阴选手臧伟获得了青少年举重比赛青年组85公斤级抓举、挺举、总成绩3枚金牌。张志诚不仅在全国青年男子举重锦标赛中获得了105公斤级的抓举第一名、挺举第四名、总成绩第三名，还在印度尼西亚举行的亚洲青年男子举重锦标赛上带伤上场，获抓举、挺举，总成绩的3枚铜牌。

2004年，江阴市第一中学于文清参加全国青少年航海模型锦，标赛获F1—E1公斤第四名。

2005年8月16—24日，江阴市举重队员臧伟代表中国参加在乌兹别克斯坦举行的亚洲青年举重锦标赛，在85公斤级以抓举151公斤、挺举181公斤，总成绩332公斤的成绩获得了3枚金牌。8月22日，江阴市二中女足代表江苏省参加在河南郑州举行的第九届全国中学生运动会女足比赛，获亚军。是月，大桥小学射击运动员杨利军在全国重点城市射击比赛中获少年级运动步枪3×10第一名。

2006年7月18日，江阴二中女足参加在郑州举行的全国中学生女子足球赛，获冠军。8月1—5日，“2006年银城地产杯”全国羽毛球单项学校协作交流赛在南京下关区羽毛球馆举行。江阴市华士实验学校羽毛球队8名选手参加，范羽芯获10岁女子单打比赛第一名和综合名次第四名，李洋阳获10岁男子综合名次第二名和比赛名次第三名，唐嘉杰获10岁男子比赛第二名和综合名次第四名。

2007年4月，江阴二中女足代表中国队参加在智利举行的第二十届世界中学生女子足球锦标赛上获冠军，这是我国历届参加国际足球比赛首次夺冠。8月14—20日，2007“裕祥杯”全国少年乙组羽毛球赛在大连第十五中学举行，江阴队获1994年龄组男子团体第一名，沈琪翔获1994

年龄（13岁）组个人第一名，徐一鸣获该组第六名。是月，在全国少年儿童跳水锦标赛上，江阴籍选手李淼淼获女子甲A一米板、248.20第二名和女子甲A全能551.40第三名。

2009年8月16日，全国第十届中学生运动会在湖南长沙举行，江阴二中女足参加并获冠军。8月20—23日，2009年第四届全国大众跆拳道锦标赛在呼和浩特举行，江阴市高宇航获个品少儿男子组和竞技少儿男子31公斤级第二名，苏宇获个品成年男子组第三名。是年8月，江阴市要塞实验小学武术队参加2009年第六届浙江国际传统武术比赛，获3枚金牌、1枚银牌、1枚铜牌和集体项目第四名。

2010年1月30日—2月2日，江阴市陆桥实验小学参加在上海举行的第五届全国中小学生跆拳道锦标赛，获3金3银1铜团体表演第三名。4月2日，王涟涟参加在阿塞拜疆巴库举行的2010年世界青少年锦标赛，获女子花剑第三名。8月16—18日，新桥中心小学参加在山东莱芜举行的第12届全国青少年航空航天模型教育竞赛，获2金、2个一等奖、1个二等奖；学生陈芳蕊、张盼盼分别获得东风火箭项目和雷鸟橡筋动力飞机女子组金牌。10月21—24日，臧伟和张志成参加在北京举行的全国举重冠军赛上分获总成绩第二、第三名。10月23—11月7日，在江阴新体育中心举行2010年肯德基全国少年三人篮球冠军挑战赛，有113个单位557位选手参加。江阴市体校柔道队输送的许加华和马翔分获全国少年男子锦标赛48公斤级和80公斤级组的冠军。臧伟获全国男子举重锦标赛抓举第一名，总成绩第三名。

2011年7月5—9日，江阴市体校输送的运动员汤科蓉参加在吉林前郭县举办的2011年全国公路自行车冠军赛上，获计时赛和女子个人赛2枚金牌。7月22—30日，江阴市二中女足参加在广西南宁举行的1997-1998组南宁全国少年足球比赛，获女子季军。7月30—31日，体校运动员谭新宇参加在山东淄博市举行的2011全国田径后备人才基地锦标赛上获男子200米、400米2枚金牌。9月15—19日，江阴举重队员张志成在新疆乌鲁木齐举行的2011年全国男子举重冠军赛，获105公斤级挺举金牌。9月16—18日，江阴市第一中学参加在镇江举行的全国啦啦操锦标赛暨2011世界啦啦操锦标选拔赛，获中学组规定动作街舞啦啦操第一名。垒球运动员陈佳9月21日—27日在台湾南投县举行的2011第十届亚洲女子垒球锦标赛中获季军；10月18—25日，在四川成都举行的全国垒球锦标赛中获冠军。

2012年4月10—13日，全国男子举重锦标赛在福州市举行，臧伟和张志成分别获94公斤级金牌和105公斤级铜牌。6月16—25日，全国柔道锦标赛在南京举行，宋云和许加华分获男子51公斤级银牌和56公斤级铜牌。7月13—15日，2012全国少年16-17田径锦标赛在山东烟台举行，江阴队员李宇杰和严晨旭分获男子4×100米金牌和400米栏铜牌。8月2—5日，2012年第十五届全国“江风　育苗杯”围棋赛暨江阴市实验小学百年校庆在江阴实验小学举行，来自全国各地33所学校、俱乐部、培训中心的291名小朋友参加比赛。8月11—15日，2012年全国象棋儿童赛在华西村举行，这次比赛从2002年1月1日出生起到2005年12月31日止，分一年一个年龄段共四个年龄组比赛，参加这次比赛的有全国各地108个参赛队711位小运动员。江阴市少儿培训中心获甲组团体第二名，少儿乙组团体第一名；江阴市实验幼儿园获少儿丁组第八名。8月14—19日，全国高水平后备人才基地举重锦标赛在浙江宁波举行，江阴选手黄涛获男子少年乙级77公斤级抓举金牌、挺举铜牌、总成绩银牌。全国U15男子足球决赛在云南昆明举行，江阴少足队获季军。10月18—25日，亚洲U18中学生足球锦标赛在伊朗德黑兰市举行，江阴市一中男足获第四名。11月18日，全国中学生啦啦操预赛在天津市举行，江阴市一中获一等奖，江阴高中获二等奖。

2013年4月20日—22日，全国青年田径锦标赛在浙江嘉兴举行，江阴云亭实验小学输送的队员李宇杰和谢梦媛分获男子4×100米和女子100米栏季军。7月3—9日，全国拳击锦标赛在辽宁锦州举行，江阴队员宋芳获男子48公斤级亚军。8月14—26日，全国男子足球U17总决赛在云南泸西县举行，江阴一中队员获男子足球冠军。9月1—12日，全国第十二届全运会在辽宁举行，江阴运动员符浩获蹦床男子团体季军，刁东亚获男子花剑亚军，江阴二中女足获冠军，陈佳获女子垒球冠军，汤科蓉获女子公路个人计时赛季军，许美玲获女子4×100米接力冠军。9月27日—10月4日，全国女子足球U16锦标赛在山东潍坊举行，江阴二中女足获亚军。全国男子足球U17冠军杯赛在广西柳州举行，江阴一中足球队获亚军。

2014年6月20—22日，2014年全国青年田径锦标赛在浙江丽水举行，谢梦媛获女子100米栏亚军。7月10—13日，2014年全国田径大奖赛总决赛在山东济南举行，江阴运动员许美玲获女子4×100米冠军、400米亚军。7月23日—8月1日，全国中运会足球赛在上海杨浦区举行，江阴运动员吴凡、腾超、朱嘉豪参加比赛，获男子组亚军。7月28日—8月5日，2014全国少年柔道比赛在辽宁朝阳举行，张雨电获男子柔道冠军。9月30日—10月6日，韩国釜山亚运会在韩国釜山九德棒球场举行，陈佳获女子垒球季军。

2015年3月，全国女子垒球冠军杯赛在西双版纳举行，江阴垒球运动员陈佳参加并获冠军。4月，全国田径大奖赛在济南奥体中心和山西太原举行，许美玲获100米冠军，周艳兵获100米季军。6月，全国田径冠军赛在北京举行，谭新宇获4×400米亚军。同月，全国基地（田径）比赛在宜昌举行，史云恒获60米、100米和400米3项亚军。7月，江阴市高级中学足球队，在延吉举行的全国U15足球联赛上获冠军。8月，全国青运会（足球）在海沧体育中心举行，吴凡、朱嘉豪、谢志伟、腾超、沈桃林、葛江涛获男子甲组亚军。9月，全国田径锦标赛在苏州举行，许美玲获4×100米冠军。9月18—25日，全国女子垒球锦标赛在大连旅顺举行，陈佳获冠军。10月，全国青运会（田径）在福州海峡奥体中心举行，周艳兵获4×100米季军；柔道比赛在长乐滨海体育中心综合馆举行，许紫春获60公斤级冠军。10月30日，全国中等城市青少年足球赛在山东潍坊体育运动学校举行，江阴市体校少足队参加并获冠军。

（二）参加江苏省体育竞赛

1931年春，江阴县中八八团参加江苏省举行首次童子军大检阅，大露营，名列第三名。

1963年，江苏省举行各县中学生田径通讯赛，江阴县中初中男子组总分294分获第一名，初中女子组总分114.5分获第四名；高中男子组总分208分获第三名。四个项目获个人第一名的有：初中男子400米缪掌宝成绩59″6，初中女子手榴弹（500公分）朱凤娣，成绩28.60米；高中男子4×100米接力祝塘中学队50″7，高中女子400米，卢媛芬1′8″3。获第二名的有11人次，获第三名的有3人次。

1976年7月26—30日，澄江镇“五·七”小学（江阴实验小学）代表苏州地区参加江苏省基层小学生足球分区赛，获无锡市赛区第一名。

1979年，江阴县获得江苏省少年足球乙级队联赛第一名。江阴县小学基层足球队男队获江苏省第四名，女队获省第五名。

1981年8月20—24日，江阴县体委、文教局在县体育场承办江苏省苏南地区基层小学生足球比赛，有南京市、苏州市、无锡市、常州市、镇江市和苏州地区六个代表队参加，江阴县实验小学代表苏州地区参加比赛并蝉联亚军。

1983年7月31日—8月7日，江阴县儿童、少年武术队一行8人，在姜象芬带领下赴连云港参加江苏省儿童、少年武术比赛，江阴男、女队均获团体第三名，江阴武术队员章翊东获单项对练第二名。8月21—29日，江苏省助足球重点班在江阴县体育场举行集训比赛，参加单位有：南京、无锡、徐州、南通、苏州、连云港市、淮安、建湖、泰县、宝应、沛县、江阴县和常熟市省助重点班、常州市代表队。该本次比赛分少年乙组和儿童甲组两个年龄段比赛，江阴儿童甲组队获第三名。

1984年1月20—26日，江阴女子足球队一行17人，在路志远带领下，赴连云港参加江苏省女子足球集训比赛，参赛单位有省属市队和江阴县队共9个单位，江阴县女队获第二名。7月6—15日，江阴县中学生女子足球队一行17人，在季江宁、鲍应麟带领下，赴徐州参加江苏省中学生“希望杯”足球比赛。7月11—20日，江阴县中学生男子足球队一行15人，在端木带领下，在江阴县体育场参加江苏省中学生“希望杯”足球比赛，获小组赛第二名、决赛第四名。8月19—24日，江阴县西郊中心小学女子足球队代表无锡市队参加在扬州宝应举办的江苏省小学生“萌芽杯”足球比赛，获第一名；江阴一中女子足球队参加江苏省足球传统校中学生足球比赛（东台赛区），获第一名。这两所学校在本月又代表江苏省队参加全国足球传统校女子足球赛。8月19—30日，南菁中学王建，征存中学沈志坚，实验小学尤中、沙江敏，江阴县中郑文煜、陆逢镰参加无锡市棋类代表队，赴南通参加江苏省棋类比赛，获国际象棋、围棋、中国象棋前三名。

1985年3月6日，在江苏省第三届中学生运动会田径赛和第十一届省运会（中小学部）田径赛上，江阴县华忠新、包洪钢破男子甲组10000米竞走县纪录，居惠凤破女子甲组5000米竞走县纪录，唐文清破男子乙组5000米竞走县纪录，刘君芬破女子乙组3000米竞走县纪录。7月13—18日，省训练基地（无锡江阴）男女足球队，分别参加在连云港灌云县举办的1985年江苏省小学生“萌芽杯”女子足球比赛和在建湖县举行的江苏省小学生“萌芽杯”男子足球赛。7月13—19日，江阴县实验小学女子足球队一行9人，在葛佩玉带领下，赴常熟参加1985年江苏省小学生“贝贝杯”足球比赛。7月20—29日，江阴县女子足球代表队一行15人，在顾仁淦、陆纪生带领下，赴淮阴市盱眙县参加1985年江苏省少年乙组“幼苗杯”女子足球赛，获第三名。8月8日，由陆逢镰、王坚、沈志建、尤中组成的江阴县少年棋类代表队，赴江苏金坛参加省棋类比赛。8月12—21日江阴县体委受省体委委托在江阴县体育场承办1985年江苏省中学生“希望杯”女子足球赛，参赛单位有省直属市和江阴县女子足球代表队。

南菁中学沈志建于1984、1985年代表无锡市分别参加了在南通市和常州市金坛县的江苏省棋类比赛，蝉联少年女子组国际象棋比赛冠军，她是江阴市在历届省所有体育运动项目竞赛中第一个获省冠军的运动员。

1986年5月1—5日，江阴县中学女子田径代表队一行7人，在王淦生、张如皋带领下，赴徐州沛县参加1986年江苏省县级田径比赛。5月11—14日，江阴县中学男子田径代表队一行6人，在王淦生、胡玉芳带领下，赴沙洲县参加1986年江苏省县级田径比赛。7月13—20日，江阴县第一中学和江阴县实验小学的男子足球队，代表无锡市参加在常熟举办的江苏省中小学生足球传统学校（男子）足球比赛。8月4—9日，江阴县实验小学男、女足球队代表无锡市赴江苏泰县举办的江苏省小学生“萌芽杯”足球赛。

1987年，江阴市田径单项成绩有了新的进展，在省青少年田径比赛中，夺取了女子100米、200米、4×100米的金牌，4×100米还打破了省纪录；有2人5次打破无锡市少年女子乙组100米、200米纪录，1人破无锡市成年组200米纪录，1人平无锡市少年女子乙组200米纪录，创造了江阴市田径运动前所未有的好成绩。

1988年，江阴市业余体校田径队在江苏省65个县（市）级单位的田径竞赛中，夺得两项5枚金牌、1枚银牌，女子甲组总分名列全省第一，女子甲乙组团体总分名列65个县（市）的第八名，创了江阴市女子田径运动的新纪录男、女队团体总分取得了名列全省20名的成绩，使江阴市田径运动进入全省甲级队的行列。比1986年提前了33名，比1987年提前了25名，比政府下达的管理目标提高了15名。是年，江阴市小学生足球队在省小学生传统校足球赛中获得第三名。

1989年，江阴市田径队在省级县组比赛中获金牌1枚，铜牌2枚，团体总分名列全省第二十九位，保持了甲级队水平。少年中国象棋获省少年棋类比赛第二名。

1990年，江阴市体校田径队在省县组比赛中获金牌、银牌各1枚，铜牌2枚，团体总分名列全省第二十六位，比上年提高了三位，保持了省甲级队水平。是年，江阴少年乙组足球队在省赛中获第四名。7月，在省12届运动会上，江阴学生参赛4项11人共得68.25分，是历届省运会得分最高。举重队员林慧40公斤级获省第三名，6次破同级别省纪录，独得21分。

1992年5月，在省赛中江阴体校选手黄春洪在1978年龄组以6.57米的跳远成绩破该组该项省纪录。8月，在镇江举行的江苏省少年棋类赛中，江阴市中学生顾上杲获男子甲组中国象棋冠军，月城中学学生姚立获男子乙组中国象棋银牌。江阴市田径队在省级县组比赛中团体总分列全省十四位，比上年提高了17个名次。江阴市足球队在省赛中少年男子甲组获第二名。

1993年，江阴市组织田径、足球、举重、柔道四个队参加省比赛均获得团体第一，获个人冠军2个、亚军2个。江阴市体校黄春洪代表无锡市队参加华东地区田径协作赛，分别获得100米、跳远两个第二名。

1994年，在参加江苏省第十三届运动会上，江阴市运动员代表无锡市参加了12个项目的比赛，共得180.31分，获6枚金牌、8枚银牌、10枚铜牌。江阴市举重新秀峭岐中学学生林慧获少年男子甲组83公斤级举重金牌，4次打破三项全国少年纪录。峭岐中学学生李庆华获皮划艇C1 1000米金牌。田径运动员黄春洪、李强、沈丽，举重运动员王新燕、刘达、秦建虎，自行车运动员孙良，皮划艇运动员薛凤英，足球运动员杨栋、任剑、诸晓华、陆超、翟文君、周翔、周梁、陈凯、丁永培，柔道运动员刘晓亚等18位运动员都取得较好成绩。是年，以江阴市实验小学为代表的小学生足球队，参加江苏省足球协会举办的第四届夏令营足球赛，获第三名。是年，江阴市少年田径队在省县组田径赛中，共得金牌6枚、银牌2枚、铜牌3枚，总分97分，获江都赛区第一名。

1995年4月12日，苏、锡、常三市七县春季田径邀请赛在宜兴举行，江阴选手沈艳、沈丽惠、徐金莲都发挥出了较好水平，沈艳参加的100米、200米已超过了这次参赛的甲组成绩。5月2—4日，在省县组田径赛上，江阴从甲级队的二十九名跃居第九名，名次上升20位，金牌全省第六。7月9—15日，在省少年举重赛中，江阴市9名选手代表无锡市参赛，获得了5枚金牌、1枚银牌5枚、铜牌11。7月28日，江阴市实验小学足球队参加在连云港市海师附小举行的江苏省小学生足球夏令营。8月15日，在镇江举行的江苏省小学生乒乓球赛，江阴市月城中心小学学生徐云飞获男单金牌。8月17—22日，江阴代表队参加在宝应市举行的江苏省足球传统校“加佳杯”比赛，获第三名。

1996年4月13—15日，省县组田径比赛在南通如皋市举行。江阴市代表队8名运动员参加比赛，女子组沈燕、徐金莲、严春燕、邹锡、沈丽惠，男子组顾静伟、邹龙飞均取得了好成绩，获得团体总分第七名，金牌总数第五名，江阴队首次进入江苏省团体总分前八名。5月3—6日，在大丰县举行的江苏省青少年举重比赛，江阴市10名选手代表无锡市队参赛，获11枚金牌、8枚银牌、3枚铜牌，其中91公斤级选手林慧8次打破抓举、挺举、总成绩省纪录，获3枚金牌。还有青年组刘达获64公斤级3枚金牌，女子青年组76公斤级选手徐春凤也获得2枚金牌、1枚银牌。第一次参加省赛的曹正军、朱振宇、陈荣也分别获得了1枚银牌、2枚铜牌。8月21—26日，在无锡市体育中心举行的江苏省少年乙组足球赛中，以江阴市足球队员为主组成的无锡市江阴队获冠军。

1997年5月20—22日，江阴市体校运动员在江都市举行的江苏省县组田径赛中获团体总分第10名，奖牌数第七名。7月12—18日，江阴市实验小学足球队代表江阴市小学生，在徐州丰县举行的江苏省小学生足球夏令营赛中获第七名。是年，江阴市业余体校青少年举重队在淮阴举行的江苏省青少年举重赛中获七项冠军。

1998年，在江苏省第十四届运动会上，江阴市共有55名运动员代表无锡市队，参加田径、足球、篮球、乒乓球、羽毛球、拳击、柔道、举重、自行车、皮划艇、射击、武术等13个项目的比赛，获金牌13.25枚，总分281.93分，列一市三县之首，金牌总数和团体总分列全省县级市前茅。是年，江苏省县组甲级队田径赛于4月1—3日在锡山市体育场举行，江阴市8名运动员获金牌总数第三名、团体总分第五名。云亭选手李龙获B组男子100米、200米两枚金牌；女将薛莲在A组400米、800米连获两枚金牌；峭岐林丽在B组女子100米栏获金牌、100米短跑获银牌。

1999年4月12—14日，江阴田径队参加江苏省田径赛，云亭镇李龙、利港邹锡获金牌3枚，李龙破男子B组100米省纪录，平男子200米省纪录；申港李燕破女子B组100米省纪录。江阴代表队得团体总分99分，获第九名，金牌列省前茅。8月14—18日，江阴业余体校足球队参加了在江宁足球训练基地举行的江苏省少年男子乙组足球赛，有南京、无锡、苏州、南通、徐州、扬州、连云港代表队参加，江阴作为唯一的县级市直接参赛，获得第四名和道德风尚奖。8月23—26日，江苏省青少年田径运动会在无锡市体育中心举行，江阴市10名运动员代表无锡市队参加比赛，获得了4枚金牌。是年，在省县组田径赛中，李龙获13、14岁年龄组个人100米、200米两个第一名，邹锡获女子15～16年龄组个人200米第一名，严春燕获该组100米第二名200米第三名，薛莲获该组个人400米第二名，张苗获该组个人100米栏第二名、跳高第三名，李燕获13—14年龄组个人100米栏第三名。是年，江阴棋类队员季诞参加在淮安市举行的江苏省少年儿童国际象棋少年乙组男子组比赛，获个人第一名，倪文参加在宿迁市举行的江苏省少年儿童男子乙组中国象棋赛，获个人第三名，李系能参加在扬州市举行的江苏省儿童女子乙组围棋赛，获个人第三名。举重队员曹正军参加在淮阴市举行的江苏省青少年举重比赛，获69公斤级个人第二名，陈荣获77公斤级个人第三名。柔道队员任兴行在泰州市举行的江苏省少年柔道比赛中，获男子乙组52公斤级第二名；王丽参加在苏州举行的江苏省青少年跆拳道集训比赛，获女子乙组54公斤级个人第一名。李俊参加在苏州举行的江苏省少年儿童甲组羽毛球赛，获个人第二名。在南京举行的省青少年皮艇赛中，江阴籍选手刘强获少年男子甲组个人500米、1000米第二名，孔石贤获少年男子乙组个人第一名，邓云江、施铭获500米和1000米男子个人第二名，顾雪莲获少年乙组女子个人500米第二名、1000米第三名。是年，在宿迁举行的江苏省少年儿童象棋赛中，江阴选手黄芳获少年乙组女子第一名，梅琳获儿童乙组女子第一名。在无锡体育中心举行的省青少年田径赛中，李龙又获男子乙组100米、200米第一名，严春燕、薛莲获女子甲组第一名，邹锡获该组第二名。

2000年，江苏省第四届“省长杯”中学生足球赛于7月19—27日在淮安市举行，江阴第一中学足球队以小组第一名出线，获本次比赛第三名。是年，江阴市6名小选手代表无锡市参加在盐城市体育馆举行的江苏省青少年举重比赛，江阴选手张志诚、李杰获4枚金牌、2枚银牌。是年，江阴市8名运动员代表无锡市参加在苏州举行的江苏省少年田径赛，无锡市代表队获11枚金牌列全省第三名，江阴运动员获7枚金牌、2枚银牌，其中李龙一人就获男子100米、200米两枚金牌。是年，江阴一中少年男子甲组、乙组足球队，参加江苏省少年足球比赛，甲组获第二名，乙组获第三名。

2001年5月1—4日，江苏省县级田径比赛分甲、乙两地举行。江阴市田径队在丹阳市参加比赛，得6枚金牌、1枚银牌、7枚铜牌，团体总分119分，金牌数获全省第三名，团体总分第五名。堵君兰、缪小琴、胡丹、李燕都获第一名。5月8—15日，江苏省青少年举重比赛在盐城市举行。江阴市7名运动员代表无锡市队参加比赛，陈荣和李杰分别获青年组77公斤级和少年甲级69公斤级抓、挺、总成绩3枚金牌，江阴队员共获7枚金牌、4枚铜牌。8月7—15日，江阴市第二中学14—15岁女生组成的江阴市女足代表队，参加在徐州沛县举行的江苏省女子乙组足球赛，获第五名。8月15—21日，江阴市业余体校足球队参加在徐州市举行的江苏省青少年足球赛获第3名。是月，江阴市7岁小选手李淼淼参加江苏省少儿跳水比赛，获女子丙组（7～8岁）个人全能、跳板、跳台三枚银牌。是月，江苏省青少年田径赛在苏州举行，江阴市体校田径队员李龙的100米、200米，胡丹和邹锡的跳远和400米栏，夏建的4×100米均获第一名，还有，12名选手获得4枚银牌、3枚铜牌。在南京市举行的2008年奥运会后备人才选拔赛上，江阴市体校举重队员张志诚以抓举130公斤、挺举162.5公斤、总成绩292.5公斤获94公斤级3枚金牌，藏伟获77公斤级抓举、挺举、总成绩3枚银牌；李杰获69公斤级挺举、总成绩2枚银牌。是年，江阴市第一中学代表无锡市参加在南京市举行的2001年江苏省男子甲组“省长杯”足球比赛，获第二名和道德风尚奖。是年，江阴市业余体校足球队赴南通市参加由南通舜天足球学校举办的1987、1988年龄组男子足球邀请赛，四场比赛，江阴体校共进18个球，失球2个，取得了胜利。

2002年4月3—6日，在丹阳举行的省县组田径赛上，江阴市田径队获团体总分第八名，共获金牌3枚、银牌4枚、铜牌5枚，谢奕南一人独得2枚金牌。8月，梅琳在姜堰举行的江苏省第十五届运动会中国象棋赛上，获少年女子乙组第三名。

2003年8月25—30日，江苏省青少年男子甲组足球赛在江苏江宁足球基地举行，江阴足球队代表无锡市队参加，获身体素质测试和球赛冠军。江阴二中女足获江苏省“省长杯”女足赛冠军。是月，张煜磊获得了江苏省青少年射击锦标赛青年男子组小口径步枪60发射击个人和团体冠军。是年，张小舟获江苏省青少年武术套路比赛儿童甲组剑术第一名。江阴市田径队的刘娜在江苏省青少年田径赛中获得了女子甲组跳高金牌，缪金获得了男子乙组4×100米冠军和男子乙组4×400米冠军。

2004年4月30日—5月7日，江苏省青少年男子甲组足球赛在宿迁泗洪县体育中心举行，江阴市代表无锡市队参加8个县市队比赛，获第二名。2004年5月1—5日，江阴市大桥小学学生孙璐霞在江苏省青少年射击个人比赛上，获少年女子步枪卧射个人金牌，并获国家一级运动员称号。江阴二中女足代表无锡市队参加2004年江苏省女子甲组足球赛，获第二名；同年参加“2004年江苏省第八届省长杯”比赛，获高中组女足第二名。5月5—7日，“广源杯”江苏省县级田径赛在句容市体育中心举行，江阴选手项龙清获男子A组800米、1500米第一名，江冬霞获女子C组100米栏第一名，缪晓丹获女子C组跳高第二名，李翔获男子B组跳高第三名。5月20—25日，江苏省青少年举重赛在盐城举行，江阴市队获6项冠军。女子甲组63公斤级江阴运动员刘菁以抓举80公斤、挺举95公斤、总成绩175公斤获3枚金牌；臧伟在男子青年组85公斤级中获抓举155公斤、挺举170公斤、总成绩325公斤3枚金牌。

2005年8月，江阴柔道队员郑娇在江苏省少年柔道比赛中获女子甲组62公斤级一等奖。江阴跳水队员李淼在江苏省少年儿童跳水比赛中获女子乙组5米跳台一等奖。江阴籍自行车运动员华云霞在江苏省青少年自行车比赛中获女子乙组3公里个人一等奖，3公里团体一等奖。田径运动员陈龙在江苏省青少年田径单项比赛中获男子青年组铁饼一等奖。于小含和孙文英在江苏省传统学校小学生羽毛球赛中获1996年组女双第一名。射击运动员孙璐霞在江苏省射击赛中获少年级气枪个人冠军。拳击运动员周鎏在江苏省青少年拳击比赛中获少年组59公斤级一等奖。

2006年5月4日，第三届江苏省"红旗杯"象棋公开赛在镇江市委党校举行，江阴市小选手顾羽乔在幼儿女子甲组比赛中获冠军，孙昕妍获该组第三，常国锦获幼儿乙组第三名，江阴市小太阳少儿棋类俱乐部获幼儿组团体第三名，城中实验小学获幼儿甲组第五名。9月18日，在江苏省女子足球比赛中，江阴二中女足获亚军。是月，江阴市二中女足在姜堰举行的"2006年江苏省第十届省长杯"女子高中组足球赛中获冠军和体育道德风尚奖；江阴一中男足获高中男子足球第四名和体育道德风尚奖。11月10日，江阴市二中女足在省十六届运动会上获金牌，总分超上届。是年，在省十六届运动会上，江阴代表队获得金牌18.25枚、银牌9枚、铜牌12枚，总分437.75分，金牌和总分列县（市）级前十名。是年，在省县组田径甲级队赛中，江阴队获金牌5枚，总分179分，列县（市）级排名第三名。在2006年十六届省运会上，大桥小学射击队陈璐获少年男子30发卧射团体金牌，孙璐霞获少年女子30发卧射银牌，杨利军获少年男子气步枪铜牌。

2007年7月14—15日，江苏省第八届中学生田径运动会（苏南）在江苏丹阳高级中学举行，南菁高级中学承珠凤、周施庆，江阴高级中学的何益君获优秀运动员称号。7月18—21日，"江苏网通杯"江苏省青少年中国象棋比赛在淮安市楚州区举行，江阴市选手倪文获少年男子甲组第三名，梅琳获少年女子甲组第二名，承瑞丰获少年男子乙组第四名，朱言心获儿童女子乙组第三名，顾羽乔获幼儿女子第二名。8月20—23日，"江苏网通杯"2007江苏省青少年跆拳道比赛在姜堰市新世纪武艺学校举行，江阴市少年甲组1人、乙组6人，共计7人参加比赛。江阴选手王亮亮获男子乙组45公斤级第一名，沙纯懿获女子乙组54公斤级第二名，仇猛猛获男子甲组59公斤级第三名，任晓天、沈佳霖和陈苏斌分获男子乙组和女子乙组45公斤级、62公斤级和49公斤级第五名。8月21—25日，江阴市月城小学乒乓球代表队在江苏海安举行的江苏省传统学校小学生乒乓球赛中获女子甲组团体第三名。8月9—16日，2007年江苏省第十一届"省长杯"足球赛在徐州市沛县体育中学举行，江阴一中代表队获高中组第一名。

2008年5月2—5日，中国电信·2008年江苏省青少年阳光体育联赛"中国体育彩票杯"江苏省青少年县级田径赛在常州市金坛举行，江阴市代表队获体育道德风尚奖，混合团体总分第七名和奖牌数第十名。江阴运动员刘春新、第小菠、邢雪艳、缪杏艳、孔粲、季敬、谢梦媛、徐静、谷美玉、宋海燕、任晗琦均取得好成绩。7月18—20日，江苏省第九届"金峰杯"中学生田径运动会（苏南）在常州市溧阳光华高级中学举行，江阴高级中学栾佳媛获高中女子组400米第八名，翁宇哲获高中男子400米第六名，何益君获高中男子跳远第五名。8月2—6日，在新沂举行的2008年江苏省跆拳道比赛，江阴运动员陆媛媛获少年女子甲组52公斤级第一名，杨振坤获少年男子乙组56公斤级第三名，陈苏斌获少年女子乙组49公斤级第三名，刘宏伟获少年男子甲级70公斤级第一名。10月1—3日，2008年江苏省第十二届"省长杯"青少年足球赛在夏港街道体育中心举行，江阴市第一中学高中男子组获第三名，江阴一中初中男子组获第一名。10月3—5日，第五届江苏省“月城实验杯”少儿象棋定（升）级在江阴市月城实验小学举行。

2009年1月1—3日，在江阴市城中实验小学举行江苏省“小太阳杯”幼儿棋类比赛，分2001年1月1日以后出生、2002年1月1日以后出生和2002年9月1日以后出生的三个年龄组，由江阴市花园小学、北大街小学、江阴实验小学、辅延中心小学等19个单位的幼儿园255位小运动员参加。3月20—28日，2009年江苏省第十三届“省长杯”青少年足球赛在南通举行，江阴一中男子队参加并获第四名。4月30日—5月3日，2009年江苏省青少年县组田径比赛在太仓市举行，江阴市代表队获团体第十名。6月28日—7月2日，全国儿童象棋比赛在江苏省泰州市原野大酒店举行，江阴共有50名小运动员参加。8月4—10日，2009年江苏省第十三届“省长杯”青少年足球赛小学组在镇江句容举行，小学女子组由江阴市辅延小学代表队参加获第三名。12月4—9日，2009年“中国体育彩票杯”江苏青少年足球赛在徐州举行，江阴市体校男足获第一名，女子组由江阴二中女足参加并获第四名，女子丙组由江阴二中女足参加并获第五名。

2010年江苏省第十七届运动会青少年部女子乙组、丙组分别于2010年5月6—14日和10月8—16日在金坛市金沙公园体育场举行，江阴市代表队获少年乙组第二名，女子丙组获第四名；男子丙组在武进举行，江阴队获第七名。8月21—22日，江苏省首届国际跳棋比赛在江阴市云亭中心幼儿园举行，由常州、连云港、南通等12个单位113位小运动员参加。10月2—5日，江阴市天华艺术学校举办江苏省第十届“天华杯”国际象棋公开赛，全省32个单位433位选手参加，江阴市新桥中学和璜塘实验小学获少年级团体第五、第六名。10月4—6日，第八届江苏省“月城杯”少儿象棋定级竞赛在江阴市月城实验小学举行，由常州东方红小学、常熟、盐城、张家港等15个单位参加。12月1日，2010年江苏省第十四届“省长杯”高中男子组足球赛在江阴市第一中学举行，5所中学参加，江阴一中代表队获第三名。在句容举行的江苏省小学男子足球赛上，江阴体校男子足球代表队获第一名。在扬州宝应举行的江苏省小学女子足球赛上，江阴市辅延中心小学女足代表队获第一名。7月10—17日，2010年“安格卢特杯”江苏省青少年县级田径赛在张家港市体育中心体育场举行，江阴市季敬获男子甲组400米第一名和200米第三名，梅晓波获男子甲组五项全能第二名，宋海燕获女子甲组五项全能第三名，谭新宇获男子乙组400米第二名，谢梦媛获女子乙组100米栏第一名，蒋松江获男子丙组跳高第四名，许志茹获女子组60米第二名、100米第五名，南菁高中获高中组团体总分第六名。

2010年4月23—25日，江苏省第七届“红旗杯”少儿棋类公开赛在镇江举行，江阴新桥中学获少年乙组团体冠军和男子个人第一名、第三名，女子个人第一名、第二名；江阴市实验小学获儿童甲组、乙组和幼儿甲组3个团体第一名，幼儿乙组、丙组团体第二名，儿童甲组、乙组和幼儿甲组3个个人第一名。9月29日—10月5日，江阴市体校参加在句容举行的江苏省第14届“省长杯”青少年足球赛，获小学组第二名。在江苏省第17届运动会上，郑震宁获少年乙组65公斤级武术散打第一名，张羽和林丽获柔道比赛男子93公斤级和女子57公斤级第一名，邱丽、张晨辰获女子63公斤级、48公斤级第二名和第三名，徐晓蕾和夏吉获举重女子少年甲组69公斤级、男子青年组77公斤级第一名，季敬、孔繁和严晨旭获男子甲组400米、男子甲组跳远和男子乙组800米3个第三名。11月6—7日，在扬州举行的江苏省中学生田径赛上，孔繁和杨晓波获男子跳远、100米和男子跳高第二和第三名，宋海燕获女子跳远第三名。12月1—5日，江阴市第一中学参加在江阴举办的江苏省第14届“省长杯”青少年足球赛，获高中组第三名。

2011年1月1—3日，2011年江苏省“小太阳杯”幼儿棋类比赛在江阴城中实验小学、江阴市党校、天华艺术学校举行，来自全省各地的73所棋院、少年宫、小学、俱乐部及幼儿园的702位小棋手参加。8月6—8日，2011年江苏省第十五届“省长杯”初中男子足球赛在江苏徐州举行，江阴一中初中代表队参加；初中女子足球赛在句容举行，江阴二中女足以六战六捷获第一名。8月17—21日，江苏省阳光体育运动女子甲组足球锦标赛在扬州宝应举行，江阴市队代表无锡市队参赛，获第一名。10月5—6日，第九届江苏省“月城杯”少儿象棋定（升）级赛暨首届江苏省业余棋协大师赛在江阴市月城实验小学举行，共有18所学校和棋社的257位棋手参加。

是年，在参加省以上的比赛中，江阴市业余体校参加省县田径甲级队比赛，获2枚金牌、4枚银牌、4枚铜牌，总分125分获团体第八名、高中组团体第五名。在省青少年举重锦标赛中，江阴体校举重队员获金牌3枚；柔道队员林丽、姚蓓在省柔道比赛中分获第一、第二名。在省拳击比赛中，江阴运动员许加华获省拳击第一名。

2011年4月23—24日，第八届江苏省“红旗杯”少儿棋类公开赛在镇江举行，江阴市实验小学获五段组、三段组团体第一名，四段组团体第三名以及个人五段组、二段组两枚银牌。7月24—27日，江苏省青少年航空模型赛在昆山市举行，江阴新桥实验小学获男子“东风”模型火箭单项团体和女子“小力士”模型火箭单项团体两个第一名，任泽红和朱妍红分获男子“东风”模型火箭和女子“小力士”模型火箭两枚金牌。8月9—13日，江苏省田径锦标赛在淮安市举行，江阴市体校获4枚金牌、4枚银牌、4枚铜牌。8月13—14日，江苏省第十二届中学生田径运动会在江阴举行，南菁高中和市高中获7枚金牌、4枚银牌、3枚铜牌。8月23—26日，2011年江苏省第十五届“省长杯”足球赛在句容市举行，江阴市二中初中女子足球获冠军。11月8—11日，江苏省田径锦标赛暨江苏省青少年单项赛在如皋市举行，江阴体校获2枚金牌、2枚银牌、3枚铜牌。11月18—20日，江苏省第十一届“励实杯”中学生健美操比赛在江阴举行，江阴市一中获高中组街舞啦啦操团体和啦啦操自编动作团体两个第一名；江阴市高级中学获自选和规定两个团体第二名。11月25—27日，江苏省第四届“丹阳九中杯”中学生武术比赛在丹阳市举行，何梓旭获男子短器械和南拳两枚金牌，李炜获男子长器械和南拳1枚金牌、1枚银牌，益嘉乐获男子短器械银牌。

2012年1月1—3日，2012年江苏省“小太阳杯”儿童棋类比赛在江阴市城中实验小学和新金税花园举行，参加这次比赛的有49个单位445位小运动员。4月26日—5月2日，江苏省青少年田径赛（第一赛区）在宿迁沭阳体育中心举行，江阴市代表队一行16人参加获5金3铜，李宇杰、谭新宇、施健、谢梦媛、龚芬等均获各自项目第一名。7月15—19日，2012年江苏省“省长杯”青少年校园足球阳光联赛总决赛，第十三届中学生足球锦标赛（初中男子组）在南通第二中学举行，江阴第一中学参加比赛并获第五名，女子初中组获亚军。7月26—29日，江苏省第八届中学生羽毛球锦标赛在南京十二中学举行，江阴市初级中学参加获3枚金牌1枚铜牌，初中男队获团体第一名，初中女队获团体第五名，男双获第三名，女双获第五名，江阴的梁鑫获男子单打第一名。7月29日—8月3日，2012年江苏省青少年阳光体育运动联赛“金建交通杯”江苏省青少年女子甲组足球锦标赛在盐城建湖县职业技术教育中心举行，江阴市第二中学女足代表无锡市队比赛获第二名，江阴队员李红红、徐依雯获体育道德风尚运动员称号。8月2—8日，2012年江苏省“省长杯”青少年校园足球阳光联赛总决赛第十三届中学生足球锦标赛（高中组）在江苏省扬州市宝应县画川高级中学举行，江阴市高级中学获传统校组第五名和体育道德风尚奖。8月8—11日，2012年江苏省校园足球阳光联赛总决赛第十三届中学生足球锦标赛（初中女子组）在江苏省海州高级中学举行，江阴市第二中学女子足球队参加比赛并获第二名和体育道德风尚奖。8月17—19日，江苏省国际跳棋锦标赛在华西村举行，这次比赛设成年组、少年组和儿童A、B、C、D、E共七个组别，有15个单位203名运动员参加，江阴市花园实验小学获儿童C组B组团体第一和B组第二名；花园幼儿园获儿童E组团体第一名和D组第二名；江阴市山观中心幼儿园和云亭中心幼儿园获儿童E组第二、第三名。10月1—7日，尼尼潘达2012年江苏省青少年阳光体育运动联赛江苏省青少年足球锦标赛（男子甲组）在南通市如东县高级中学举行，江阴市代表队代表无锡市队参加获第三名。

2012年7月2—6日，江苏省青少年拳击赛在淮安市举行，蒋森海和许加华分别获男子55公斤级银牌和59公斤级铜牌。7月8—9日，江苏省小学生田径夏令营在泗阳举行，江阴李加恒、任磊和陆伟一获男子乙组、甲组跳远和60米3枚金牌。7月10—15日，江苏省青少年举重锦标赛在宿迁举行，张海杰获男子少年乙组69公斤级抓举、挺举和总成绩3枚金牌。7月12—18日，江苏省青少年击剑冠军赛在徐州市举行，钱龙、朱春宇和李佳囡获男子儿童花剑团体冠军、男子花剑冠军和重剑儿童团体亚军。7月16—17日，苏南片高中田径比赛在常州举行，南菁中学施健、谢梦媛、张丽等获9枚金牌、2枚银牌、3枚铜牌。8月3—8日，江苏省青少年田径锦标赛在徐州举行，江阴代表队获5枚金牌、1枚银牌、13枚铜牌。11月15—20日，江苏省田径单项赛在连云港举行，李宇杰、张丽、谢梦媛、蒋童4人获100米和100米栏3枚金牌1枚铜牌。11月，江苏省第五届“六合高中杯”中学生武术比赛在南京举行，江阴高中获棍术、拳术两个一等奖，陶栋梁获男子短器械、长拳、南拳3个亚军。

2013年5月2—6日，江苏省青少年田径锦标赛暨县组田径赛在盐城大丰市举行，江阴队获2枚金牌、2枚银牌、5枚铜牌。5月7—11日，江苏省青少年举重比赛在徐州举行，江阴代表队获2枚金牌、3枚银牌、6枚铜牌。7月1—8日，江苏省青少年柔道比赛在徐州举行，江阴队获3枚金牌、4枚铜牌。7月2—8日，江苏省青少年击剑锦标赛在徐州举行，江阴代表队获5个冠军、1个亚军和1个季军。7月9—14日，江苏省“省长杯”青少年足球赛在江苏省外国语学校举行，江阴二中女子初中组获冠军。7月14—18日，江苏省“省长杯”青少年足球赛在南通二中举行，江阴第一中学男子初中组获亚军。7月20—21日，江苏省第14届运动会在常州武进区举行，江阴代表队获4枚金牌、7枚银牌。7月21—22日，江苏省田径夏令营在宿迁泗阳举行，江阴代表队获5个第二名、1个第三名。7月23—27日，江苏省“省长杯”青少年足球赛在徐州举行，江阴市第一中学获男子高中组亚军。7月25—31日，江苏省青少年田径锦标赛在徐州举行，江阴代表队获15枚金牌、8枚银牌、14枚铜牌。8月2—6日，江苏省青少年自行车比赛在苏州市举行，江阴选手刘铖烨获男子自行车行间距200米和竞速赛两个季军。8月4—10日，江苏省青少年足球锦标赛在连云港赣榆县举行，江阴市体校获男子甲组季军。11月12—17日，江苏省田径单项比赛在淮安市举行，江阴市获男子跳远亚军，女子100米、100米栏两个季军。

2014年5月—9月，江苏省第18届运动会在徐州市举行，举重比赛获77公斤级1个冠军、1个季军，85公斤级1个亚军；柔道比赛获1个冠军、2个亚军、4个季军；田径比赛获4个亚军、7个季军。8月22—26日，2014年江苏省“省长杯”青少年校园足球阳光联赛总决赛在建湖举行，江阴市青阳实验小学参加获第七名。10月18—22日，2014江苏省青少年举重冠军赛在射阳少体校举行，江阴两名选手1人获亚军、1人获季军。

2015年7月12—13日，江苏省第16届中学生田径运动会（苏南）在常州市高级中学举行，南菁高中、江阴高中、江阴一中、青阳中学、华士高中、成化高中参加，江阴高级中学获总分第二名。7月14—16日，2015年江苏省青少年阳光体育运动联赛江苏省小学生体育传统学校田径夏令营在宿迁泗阳体育中心举行，江阴市云亭实验小学参加获甲组第一名，团体总分第三名。7月17—23日，江苏省“省长杯”青少年校园足球联赛总决赛暨第16届中学生足球锦标赛（高中男子组）在常州北郊高级中学举行，江阴第一中学获第三名，江阴高级中学获第六名。

（三）参加地区（市）体育竞赛

1926年5月2日，江阴县立甲种师范赴锡与荣民私立公益中学作篮球友谊赛。

1930年暑假，无锡初中学生发起成立“梁溪篮球队”与江阴县中学生比赛。同年12月14日，省立锡中高二班足球队与南菁白队在公共体育场举行足球比赛。

1959年2月1日，江阴体专男子队获苏州地区篮球锦标赛冠军。

1972年6月25—28日，江阴县选派中学生男女排球队参加在无锡杨市中学主办的苏州地区中学生排球赛，选派中学生男女篮球队参加在太仓主办的苏州地区青少年篮球赛。

1978年6月4—6日，江阴县长泾中学男女排球队代表江阴县基层中学生赴太仓参加苏州地区基层中学迎江苏省第九届排球选拔赛，男女代表队均获地区排球选拔赛第二名。8月1—3日，江阴县体委、文教局组织的江阴县中学生男女运动员、教练员一行29人，在沈寿华带领下赴常熟参加苏州地区中学生田径运动会。

1979年，江阴县小学基层足球队获无锡预赛区第一名。江阴省级足球重点班比赛获地区组第二名。是年，江阴市小学生排球男女队均获无锡预赛区第二名。

1981年4月1—4日，江阴男子少年篮球队在陈乃桐带领下赴吴县木渎参加苏州地区少年篮球赛获地区少年篮球赛第一名。3月22—26日，江阴女子少年篮球队（南菁）代表队赴无锡钱桥参加苏州地区少年篮球比赛，获地区少年女子篮球赛第三名。6月14—16日，江阴少年足球代表队一行20人参加在昆山举行的苏州地区少年足球赛并获第一名。7月31日—8月1日，江阴县武术代表队参加苏州地区少年儿童刀、棍、枪、拳武术比赛。

1982年4月2—4日，江阴县田径代表队一行51人在黄瑾、马春泉带领下，参加在常熟召开的苏州地区中小学生田径运动会并获第五名，蔡永忠、沈瑛的2组铁饼和小学的殷芳的100米、200米均破地区纪录，单文龙的100米栏、徐文艳的女子全能总分，马凡的100米栏，均获第一名，还有顾晓清的400米栏、吴珏的铁饼、陈玉芬、李文亚、孔静亚和小学顾福仁的手榴弹、吴月萍的1500米、薛彪的800米、1500米、蔡永忠和孙瑛的铅球、王芳的800米等都获得前3名的好成绩。8月15日，江阴县体委受地区体委委托承办苏州地区基层小学排球比赛，由江阴、吴江、无锡、太仓四县的小学男女排球代表队参加，江阴代表队由申港中心小学的男队和实验小学的女队参加，男队获第一名，女队获第三名。

1983年4月25—26日，江阴县小学生田径代表队一行37人由蒋福全带领参加无锡市小学生田径运动会，江阴县运动员陈胜（400米1′2″，800米2′26″8）、张君（100米15″2）、李敏（铅球7.50米）均获得前3名。4月27—30日，江阴县中学生田径代表队一行41人在司锐峰带领下，参加无锡市第二十三届中学生田径运动会，高中男子顾晓清、高中女子潘红霞，初中男子薛标、初中女子陈红妹四人均获单项第一，初中女子黄霞云破本项纪录。5月26—27日，江阴县长泾中学男队、长泾小学男队、南菁中学女队、实验小学女队，代表江阴县中小学排球传统学校赴宜兴体育馆参加无锡市举行的排球传统学校比赛，江阴中学男、女队均获第二名，小学男、女队均获第三名。6月18—19日，江阴县小武术队一行11人参加无锡市少年儿童武术比赛。10月30日，江阴航模代表队参加在驻无锡荣巷部队操场上举办的无锡市第一届“银燕杯”航空模型比赛。12月30日—1984年1月3日，江阴县体委在县体育场承办无锡市中学生篮球比赛，参赛队有：无锡市第八中学男、女代表队，江阴县中男、女代表队，宜兴县宜城中学男队宜兴县中女队，无锡县先锋中学男队和八士中学女队。比赛结果，江阴县中男、女队均获第三名。

1984年4月19—22日，江阴实验小学男、女足球队一行24人，在张正熙、方月娥带领下参加在江阴体育场举行的无锡市“贝贝杯”足球比赛，江阴实验小学男、女队均获第一名。5月6日，江阴县体委、教委组织华士中学张菊英、城北中学张翊东、南菁中学徐坚强、江阴一中沈震、江阴县中黄敏峰、江阴实验小学孙春雷、城北小学蒋明、人民小学张兆惠、五一小学符坚等13位学生组成的江阴县少年、儿童武术队，参加在无锡举行的1984年无锡市少年儿童武术观摩交流大会选拔赛。5月18—19日，江阴县中学生田径代表队参加在无锡市人民体育场举行的无锡市中学生田径分组比赛，江阴县蔡永忠的铅球、铁饼，周春良的三项全能，周臣虎的100米、200米等均取得好成绩。7月4日，江阴县少年儿童武术队在姜象芬带领下，赴无锡梁溪中学进行武术集训后，组成无锡市少年儿童武术队，参加江苏省武术团体比赛。10月27—28日，无锡市体委、教育局在无锡市人民体育场举行中学生男女子甲组组（1967—1969年间出生）、男女子乙组组（1970—1971年间出生）和小学男女子甲组组（1972—1973年间出生的）田径达标竞赛，江阴县田径代表队的薛彪、蔡永忠、吴煜、殷芳、李敏等12位运动员达13项次一、二等级。

1985年3月28日，江阴县中小学乒乓球队一行23人参加无锡市中小学生乒乓球赛，小学女子甲组获团体第三名。6月17日，由夏建、莫铮、陆逢镰等16名运动员组成的江阴县少年棋类代表队，参加无锡市组织的一市三县少年儿童棋类优秀棋手选拔赛，江阴县获四项冠军、四项亚军、二项第三名。8月5日，江阴县体委受无锡市外办和无锡市体委委托，在江阴县体育场由江阴县第一中学少年男子足球队同日本相模原市少年足球队举行江阴县首次涉外足球比赛，江阴一中少年男子足球队以2：1胜日本相模原市少年男足队。9月27日—10月5日，江阴县体委受无锡市体委委托在江阴县体育场承办1985年无锡市小学生（男队）足球比赛，参赛单位有三县和无锡市各区足球代表队。10月25—26日，江阴县中学生田径队员33人，教练员4人，工作人员2人，在顾仁淦带领下赴无锡市体育馆参加1985年无锡市中小学生田径运动会。

1986年7月6—10日，江阴县杏春小学女队和澄江中心男队参加江阴县体委承办的1986年无锡市小学生篮球比赛。11月11—14日，月城中心小学顾洪相，辅延小学莫彩霞，华士中心小学方政、方容，江阴县实验小学徐海燕、尤中、钱加庆、穆颖，澄江中心小学查建江、范松涛、李少微，仲沁组成江阴县小学生棋类代表队，在刘国权带领下赴无锡市南长区举行的1986年无锡市小学生三项棋类比赛。

1987年，江阴市小学生足球队在无锡市“萌芽杯”足球赛中获第一名，实现了“三连冠”。是年，在无锡市小学生乒乓球比赛中、江阴市代表队获第二名。

1988年，在无锡市中小学生足球赛中江阴市小学生足球队获第一名。

1989年，江阴市组织7个运动队参加无锡市比赛。少儿乒乓球队儿童乙组获第二名，丙组获第三名。小学生田径女子组获无锡市中小学生田径比赛女子100米第一名。小学生足球队获无锡市小学生足球赛第二名，“保险杯”足球赛第二名。

1990年，江阴市组织参加无锡市学校系统比赛6次，男子篮球队获第二名，女子篮球队获第三名，小学生乒乓球的两个年龄组均获无锡市团体冠军。

1993年，江阴市组织9个队参加无锡市举重、乒乓球、足球、田径、三项棋类、游泳、排球、篮球等项目的比赛，获团体冠军1个，团体亚军7个，团体第三名3个；获个人冠军7个，6个第一。

江阴市顾山镇省渡桥小学男、女排球队于1994年10月13日在无锡市举行的小学生排球赛中，双获冠军。北涸中心小学男子篮球队和顾山新龚小学女子篮球队，代表江阴市队参加无锡市儿童篮球比赛，分别获第一名和第三名。

1995年4月6—7日，在无锡市举行的青少年举重赛上，江阴市14名参赛运动员取得了12枚金牌、1枚银牌、1枚铜牌14枚奖牌，总分为全赛区第一名。5月13—14日，“江南晚报”杯儿童棋类比赛在无锡市棋院举行，江阴市月城和璜塘两中心小学8位小棋手参赛，月城中心小学获中国象棋团体第三名，黄芳和陈钦获中国象棋女子A组和男子B组冠军，璜塘中心小学陶蓉获国际象棋女子B组第二名。6月7—8日，无锡市举行一市三县青少年田径比赛，江阴市徐金莲、沈燕获女子甲组200、400米，女子乙组100米、200米4枚金牌，沈丽惠获女子乙组铅球金牌，严春燕获女子乙组100米铜牌。

1996年10月，在无锡市第七届运动会中，江阴市中学组获团体总分、金牌总数第一名，小学组获团体总分第二名和金牌总数第四名。

1997年3月27—38日，江阴市体校13名运动员参加在无锡梁溪中学举办的无锡市青少年举重比赛，获团体第二名，8名队员获第一名，5名队员获第二名。青年组女将杨小萍在70公斤级比赛中以挺举106公斤和总成绩185公斤两项成绩均破省纪录，年仅12岁的江阴市澄江中心小学五年级学生张忠诚参加15—16岁少年乙组70公斤级比赛，以抓举57.5公斤、挺举80公斤获冠军。5月23—24日，由江阴市华士实验学校代表江阴市队参加无锡市小学生的羽毛球赛中少年乙组男子，获团体第一名，女子团体获第二名，儿童甲组获男女团体第二名，儿童乙组获男女团体第一名。5月29—30日，江阴市体校代表队参加无锡市“体育场杯”青少年田径比赛，获团体第四名，少年女子薛莲获400米、800米和1500米3个第一名。7月18—19日，江阴市北涸中心小学和南闸中心小学，在宜兴市体育馆举办的无锡市小学生篮球赛中，北涸中心小学男队获第二名，南闸中心小学女队获第一名。7月28—31日，江阴市顾山中心小学女排参加无锡市小学生排球赛，获女子排球第一名。8月12—14日，江阴市城中中心小学参加无锡市小学生足球赛，获无锡市小学生足球赛第一名。10月8—10日，江阴市月城中心小学乒乓球队参加无锡市少儿乒乓球赛中男女子甲组组和乙组均获团体第三名。11月7—8日，澄江中心和祝塘中心小学代表队参加在无锡市体育场举行的无锡市小学生田径运动会，女子丙组胡丹同学获跳远、400米第一名，同时破无锡市女子丙组纪录；缪晓琴获200米第一名，破该项纪录。8月12日，江阴市城中中心小学代表江阴市队，在江阴市体育场举行的无锡市小学生足球赛中获得冠军。8月25日，江阴一中初、高中足球代表队参加在江阴市体育场举行的“97无锡市中学生‘江南晚报杯’”男子足球赛，双双获得第一名。

1998年，江阴市参加无锡市青少年体育竞赛，有93名运动员参加了八项六次比赛，获团体第一名的有2个，第二名的有3个，第三名的有4个，获个人金牌13枚、银牌8枚、铜牌8枚。

1999年，江阴市体校学生在无锡市体育竞赛中也取得较好成绩，严春燕、邹锡、袁士军、程明根、曹飞、胡清清、金耀、费燕燕、李燕、蔡萍均取得田径各项优秀成绩。江阴市体校举重队参加无锡市青少年举重赛，陈荣、朱正宇、李维强、张志诚、大小李杰、尚伟、张煜、顾科达、江士强、郁娇、徐春凤、朱虹、邬黛菊均取得各组前三名。江阴市月城中心小学、澄江中心小学、北涸中心小学、璜土中心小学、城中中心小学和实验小学的小棋手参加无锡市“无锡日报杯”小学生棋类比赛，男子队荣获中国象棋团体第一名、女子队获围棋团体第二名，倪文和梅琳分获中国象棋男女个人第一名，王彦获国际象棋男子个人第三名，李系能和赵越分获女子围棋第一名和第三名。是年，月城中心小学和申港中心小学代表队参加无锡市小学生乒乓球赛女子乙组，获团体第三名，何晓伟获男子乙组个人第三名。是年，华士实验学校参加无锡市小学生羽毛球赛，男子乙组获团体第一名，男子甲组和女子乙组获团体第二名，女子甲组获团体第三名，冯雨霄、花正侃获男子甲组个人第二名，赵明远、张家威获男子乙组个人第一名，符一波、钱澄获男子乙组个人第三名，张雨月、赵丽萍获女子乙组个人第二名，章宁、姜文洁获女子乙组个人第三名。是年，江阴市华西小学，南闸中心小学在宜兴市参加无锡市小学生篮球赛，华西小学男篮获集体第一、南闸中心小学女篮获集体第二。顾山中心小学参加无锡市小学生排球赛，男队获集体第一，女队获集体第二。是年，在宜兴市举行的无锡市小学生武术比赛中，江阴市要塞中心小学和辅延中心小学代表队获甲组、乙组和总名次第三名，张小舟获男子乙组个人全能第一名和五步拳第二名，成江龙获男子甲组个人全能、基本功、五步拳个人3个第三名，顾鹏飞获男子乙组个人全能第二名。是年，青阳中心小学男队参加无锡市小学生足球赛，获集体第一名。是年，江阴代表队参加无锡市小学生田径比赛中，男子甲组倪志伟获得个人100米第一、跳远第二名，胡丹的50米和跳远均获得第一名，女子甲组缪小琴的200米和400米以及女子甲组的4×100也获第一名，女子甲组曾喜丹的50米、100米获女子甲组第三名。

2000年4月9日，江阴市申港、月城两中心小学代表江阴市参加无锡市第八届运动会小学生乒乓球赛，男子甲组、乙组获团体铜牌，女子甲组长获团体总分第四名。4月14—16日，在无锡市棋院举行无锡市第八届运动会小学组棋类比赛，江阴市运动员梅琳（月城中心）、李系能（城中中心）、吕伦（澄江中心）分获女子象棋、围棋和男子国际象棋3枚个人金牌和象棋团体金牌。4月29—30日无锡市八运会中学组初中组、高中组足球比赛在江阴市第一中学足球场举行，江阴一中初中组、高中组双获冠军。江阴市小学生武术队获无锡市八运会小学武术团体第三名，小学生女子乙组田径队获小学组田径团体第五名。小学生排球女子队获小学组排球赛第三名，男子组获第四名。华西小学男子队获小学组篮球赛冠军，南闸中心小学女子队获亚军。

2001年7月，江阴市业余体校小足球队参加在宜兴市举行的无锡市小学生足球赛，获亚军。8月23日，江阴市暨阳中学和辅延中心小学组成的江阴市武术代表队参加无锡市小学生“雏鹰杯”武术比赛，获团体第二名，辅延小学吴振华获男子乙组规定拳第一名，暨阳中学杨炎获女子乙组个人全能第二名和规定拳第三名，张晓州获男子甲组规定拳和短兵器第三名。“2001年无锡市江南晚报·可口可乐杯”中学生足球赛在江阴市体育场举行，江阴市第一中学获无锡市“江南晚报·可口可乐杯”中学生足球赛冠军，春申中学和征存中学分获第二、第三名。

2002年8月13日，江阴市实验小学足球代表队参加无锡市小学生足球赛，获第五名。

2003年8月15—17日，无锡市小学生足球赛在江阴市第一中学举行，参加这次比赛有无锡地区6个球队，江阴市代表队获冠军。10月24日，无锡市“康丽思”小学生篮球（乙组）赛在江阴市北涸中心小学举行，北涸中心小学均获男、女子乙组组冠军。

2004年3月27日，江阴市业余体校11名举重队员参加无锡市青少年举重比赛，少年乙组获得了2枚金牌、4枚银牌，其中6名队员加入无锡市队参加5月在盐城举行的江苏省青少年举重比赛。华士实验小学也单独组队参加本次比赛，其中杨益峰获得了少年乙组69公斤级抓举、挺举，总成绩第一名。4月17—18日，在无锡市九运会小学生棋类赛中，江阴市小学生棋类选手均获小学组男、女象棋团体冠军，围棋男女队和国际象棋女子队均获小学组团体第三名，月城实验小学姜婷获小学组象棋女子组第一名。是年，在无锡市九运会中，江阴市职业技术学院获高校组团体总分第二名，金牌总数第三名；江阴市高级技工学校获技校组总分、金牌总数第一名；江阴市中学和小学代表队均获中学组和小学组总分第二名、金牌第三名；江阴市学生足球代表队均获九运会初中组、高中组和小学生组3枚金牌。

2007年，江阴市月城小学乒乓球代表队在“2007雪浪杯”无锡市小学生乒乓球赛上获男子团体第二名、女子团体第四名、男女混合团体总分第三名。江阴市顾山小学男女代表队在“2007世霸杯”无锡市小学生篮球赛上，男子获第三名、女子获第四名。江阴市组队参加2007无锡市小学生羽毛球赛，女队获团体第二名，男队获团体第一名，王大翀（华士实验小学）获男单第二名。江阴市田径代表队参加2007无锡市田径比赛，获男子团体第四名、女子团体第一名、男女混合团体第二名，李宇杰、任晗琪、谢梦媛、吴静禹分别获男女50米、100米、200米、400米、800米、男女跳远、4×100接力第一名。江阴市青阳实验小学足球代表队参加2007无锡市小学生足球赛获第一名。在2007年无锡市小学生棋类比赛上，新桥实验小学徐滋龄、江阴实验小学林伊娜获国际象棋第一、第二名，江阴实验小学朱言心、月城实验小学姜婷、城中中心小学顾羽乔分别获中国象棋女子组第一至第三名，实验小学毛仁杰获中国象棋男子组第三名，新桥实验小学获国际象棋女子团体第一名。

江阴市实验小学代表江阴市参加“2008年雪浪杯”无锡市小学生乒乓球赛，男子组获团体冠军，女子组获团体第二名、团体总分第一名；徐懿德获男子单打第一名，时烨阳获男子单打第二名。江阴市要塞实验小学代表江阴市参加2008年无锡市小学生武术（套路）比赛，获团体总分第三名，儿童甲组基本功第二名，儿童乙组基本功第一名；孙锦华、周靳恬、殷煜殿、周舒玥、江文斌、周淳远、罗怡倩等运动员都取得了第二、第三名的较好成绩。

2009年7月15日，无锡市第十届运动会中学组足球赛在江阴一中举行，江阴市第一中学高中组和初中组均获第一名。

2010年4月24—25日，2010年无锡市小学生乒乓球赛在喜洋洋运动健身馆举行，以区、市（县）为单位设甲、乙、丙三个组别10个项目的比赛。江阴市男子乙组、女子乙组、女子丙组均取得了较好的成绩。

8月19—21日，2010年无锡市小学生跆拳道比赛在无锡市喜洋洋运动健身馆举行，江阴运动员卞楷文和沈金丽分别获男、女子甲组组32公斤级和34公斤级第二名，缪飞羽、徐烨分获男子甲组44公斤级和男子乙组35公斤级第三名。8月21日，在无锡市体育中心举行2010年无锡市小学生速度轮滑比赛，江阴市男、女代表队均获团体第一名，参加女子组300米、500米速滑的朱拟缘均获第一名，男子组的150米接力速滑和女子组陆艺葶的300米速滑均获第二名。8月26日，2010年无锡市小学生游泳比赛在无锡市游泳跳水馆举行，江阴队获团体总分第二名。在男子甲组比赛中，江阴队的檀皓举获200米混合泳和100米自由泳两个第一名，任镇涛的200米混合泳、袁诚啸的自由泳和高畅的100米蛙泳均获第三名。在男子乙组比赛中，张凯来的50米自由泳获第一名，4×50米的自由泳和浏览的50米仰泳均获第二名。女子甲组谢熙的200米混合泳和100米蛙泳及该组的4×50米混合泳、自由泳均获第二名。女子丙组高琦儿获50米蛙泳和4×50米自由泳接力两个第三名。9月12日，在2010年无锡市小学生武术（套路）赛中，江阴市代表队获团体总分第一名。儿童男子甲组孙锦华获刀棍小全能第一名和长拳第二名。周靳恬、高玎分获女子甲组枪剑小全能第二、第三名，江阴市男女集体基本功获第二名。薛煜辉获儿童男子乙组规定拳第一名和枪剑小全能第二名，徐书含获男子乙组枪剑小全能两个第一名。周舒玥获女子乙组规定拳和刀枪小全能两个第一名，罗怡倩获女子乙组规定拳第二名和枪剑第三名。江阴儿童乙组和丙组的基本功均获第一名，金乐平获男子丙组刀术第一名和规定拳第二名，李紫竹获女子丙组剑术第二名和规定拳第三名。11月6—7日，2010年无锡市小学生田径比赛在无锡市体育中心举行，江阴市代表队获团体总分第三名，甲组团体总分第一名，乙组团体总分第四名。甲组的男女4×100米、李荣烜和费雪娇的男女50米栏、王铭和张雨欣的男女跳远都均获第一名，李荣烜的男子100米、费雪娇的女子400米、金之煌的男子50米、高寅和张雨欣的男女50米栏、李苗的女子800米和朱燕文的女子跳远均获第二名，许志茹的女子100米、李苗的女子400米、朱燕文的女子50米栏和缪敏莉的女子800米均获第三名，乙组王靓的300米，龚芬的跳高、跳远均获第一名，乙组女子4×100米获第三名。

2011年10月29—30日，2011年无锡市小学生田径比赛在江阴市职业技术学院举行，江阴市小学生甲、乙、丙三组均获团体总分第三名。江阴市小运动员陶凌云、任磊、龚芬、冯依雯、李金玉、徐梦涵、李加恒、张恒妍、薛慧洁、何知源等小朋友均取得了前三名。是年，江阴市在参加无锡市组织的小学生轮滑比赛中，江阴市辅延小学和澄江中心小学组织的轮滑代表队参加无锡市小学生轮滑比赛获团体总分第一名。江阴市花园实验小学和华士实验小学组织的羽毛球代表队参加无锡市小学生羽毛球比赛获团体第一名。北涸实验小学女子篮球队参加无锡市小学生篮球比赛获第二名，综合评比第一名。江阴市武术代表队参加无锡市小学生武术（套路）比赛，甲、乙、丙三个年龄组均获团体总分第三名，薛煜辉的男子甲组长拳、徐书含的男子甲组枪剑小全能、周淳远的女子甲组长拳均获得第三名，甲组团体基本功获第二名，朱凌轩的男子乙组枪剑小全能、季紫竹女子乙组的刀棍小全能均获第三名，女子丙组和儿童丙组均获集体基本功第四名。

2012年11月24—25日，江阴市代表队参加无锡市小学生田径比赛，并获甲组团体总分第四名，乙组团体总分第三名，甲乙团体总分第三名。

2013年，无锡市第11届运动会小学组比赛在3—9月间举行，共设12个大项目，田径比赛于9月23—26日在无锡市体育中心举行。

2014年4月26—27日，无锡市小学生羽毛球比赛在无锡市体育中心体育馆举行，江阴市华士实验小学、花园实验小学和江阴英桥实验小学参加，江阴华士实验小学获甲组男子、女子团体第一名和丙组女子团体第二名、丙组男子团体第三名。6月30日，无锡市小学生篮球赛在无锡市体育中心全民健身馆举行，江阴实验小学和北涸实验小学参加，江阴市实验小学获男子组第二名，北涸实验小学获女子组第五名。是年，无锡市小学生田径比赛在无锡市体育中心举行，江阴市云亭实验小学代表参加并获团体总分和奖牌两个第一名。是年，在无锡市小学生游泳比赛上，江阴市第二实验小学和城中实验小学代表参加，并分获团体总分第四和第八名。是年，在无锡市小学生速度轮滑比赛上，江阴市澄江中心小学、华士实验小学和新桥中心小学参加，澄江中心小学获团体总分和男子甲组1000米、男子乙组300米、500米、3000米、3×150米接力和女子乙组300米、500米、1000米、3000米，女子甲组3×150米接力11个第一名；华士实验小学获女子乙组1000米第一名。是年，无锡市小学生排球比赛上，顾山实验小学和云亭实验小学代表队参加，顾山实验小学获女子组第一名，男子组获第二名，云亭实验小学获女子组第四名。是年，无锡市小学生棋类比赛在无锡市东北塘实验小学举行，江阴实验小学获中国象棋男子甲组第一名，围棋男子乙组第四名；花园实验小学获国际跳棋男子乙组第一名和男子甲组第二名；新桥中心小学获国际象棋男子甲组第三名和男子乙组第二名。无锡市小学生跆拳道比赛由祝塘中心小学、峭岐实验小学和夏港实验小学参加。

2015年5月16—17日，无锡市小学生象棋比赛在无锡市东北塘实验小学举行，月城实验小学和江阴市实验小学分获男子甲组团体总分第二、第三名。5月30日，无锡市小学生校园足球比赛在无锡市举行，江阴市山观实验小学、夏港实验小学和峭岐实验小学分别获第三、第五和第八名。6月3日，无锡市小学生篮球比赛在无锡市新体育中心全民健身馆举行，这次比赛有男女15支代表队参赛，江阴市峭岐实验小学获男子第八名和女子组第六名。是年，无锡市小学生羽毛球比赛在无锡市举行，江阴华士实验小学和花园实验小学分获团体总分第三和第五名。是年，无锡市小学生游泳比赛在无锡市游泳中心举行，江阴市第二实验小学和城中实验小学分获团体总分第五、第六名。无锡市小学生排球赛在无锡市体育中心举行，江阴市云亭实验小学获女子组第二名，顾山实验小学获男子组第三名和女子组第六名。是年，无锡市小学生田径比赛在无锡市体育中心举行，江阴市云亭实验小学和峭岐实验小学参加，云亭实验小学张紫琪获女子甲组50米栏和跳高两个第一名，林清润获男子甲组跳高、跳远两个第一名，刘利斌获男子甲组1500米第一名。是年，无锡市小学生速度轮滑在无锡市体育中心举行，江阴市澄江中心小学、华士实验小学和夏港实验小学参加，江阴市澄江中心小学获速度轮滑团体总分和男子甲组个人1000米、5000米和3×150米接力4个第三名，女子甲组获3×200米接力第一名，焦阳紫萱获女子甲组500米和1000米第二、第三名，鲁峥冉获女子甲组1000米和5000米两个第二名；华士实验小学获女子乙组1000米和3000米两个第一名和男子丙组500米、女子丙组500米和1000米3个第一名；江阴夏港实验小学获男子丙组1000米第一名。

（四）参加本县（市）体育竞赛

1920年起，江阴县每年均举行童子军大会操。

1935年4月16日—5月11日，江阴县立体育场举行第一届篮球锦标赛，参加比赛的有征存男队、励实男队、南菁女队、征存女队、巾英女队。

1944年4月4日，在江阴县公共体育场举行“新国民大会操”。

1945年11月12日，国民江阴县政府隆重召开纪念孙中山诞辰八十周年庆祝典礼，同时在县立公共体育场举办全县中小学胜利建设歌咏、演说竞赛暨“胜利杯”篮球锦标赛，参加竞赛的篮球队有顾山、华士、西郊、长寿等的中小学校的代表队。12月，长安小学举办“东声杯”小橡皮球比赛，杨墅桥小学、贯庄小学均为“东声杯”之盟主。12月25日，为提倡冬季运动，由全县中心国民学校分别主持办理江阴县小学暨民众跳绳、踢毽比赛。

1951年11月，江阴县各中小学普遍推行广播体操。城市中学开展拔河、掷手榴弹、器械操、竞走、越外（野）跑、跳绳、篮球、足球等活动和单项比赛。小学的体育运动主要有跳绳、踢毽、小皮球、爬竿（绳）、乒乓、垒球等活动。

1958年，江阴以片为单位开展中小学生篮球比赛，优胜队再参加江阴县中小学生篮球比赛。

1959年4月，南菁中学举行校运动会，破10项县纪录。

1960—1962年，江阴中小学校体育课改为“保健课”，各种竞赛活动全部停止。

1963年，江阴市中小学校体育竞赛恢复，全县78%的学校举行校田径运动会和其他球类比赛。

1964年10月，澄江镇民办初中三个年级中成立了30个小型足球队和10个女子乒乓球队。11月下旬，县体委举行了全县中小学和工厂职工系统的足球竞赛，还邀请无锡、南通等地足球队到江阴进行友谊比赛。

1966年4月30日—5月1日，为了更广泛地推动江阴县乒乓球运动和提高乒乓球技术水平，并选拔出江阴县中小学男女生基层冠军队参加是年在昆山举行的苏州专区中小学生乒乓球基层比赛，江阴县体委在澄江镇举行江阴县中小学生乒乓球基层选拔赛。项目为男女团体赛，参赛单位有各片中小学男女基层冠军队、澄江镇中小学男女冠军队。

1973年，江阴县在以片为单位进行预赛后推选男女各一代表队于5月1—2日举行江阴县中学生排球赛，澄江镇由南菁中学男女代表队参加，青阳片由青阳中学男女代表队参加，要塞片由西郊中学男子代表队和观山中学女子代表队参加，华士片由曙光中学男子代表队和陆桥中学女子代表队参加，长泾片由北涸中学男子代表队和顾山中学女子代表队参加，澄西片由澄西中学男子代表队和申港中学女子代表队参加。5月24—25日，以片为单位进行比赛后，选拔出基层男女各一代表队参加江阴县中学生篮球选拔赛。12月2—3日，江阴县举办中学生羽毛球赛。12月9—10日，江阴县举办小学生乒乓球赛。是年，澄江镇五一小学（利用棉纺子弟小学）男女队代表江阴县参加在昆山举行的苏州地区小学基层篮球邀请赛。

1974年1月5—11日，江阴县体委、文教局举行了江阴县各中学田径自行选拔赛，将各校男女子甲组组、男女子乙组组选拔的成绩汇集到县体委。4月7—8日，在南菁中学大饭厅举行了江阴县中学生羽毛球选拔赛，参加的学校有青阳中学、顾山中学、祝塘中学、长泾中学、南闸中学、北涸中学和南菁中学。11月30日—12月3日，在江阴县体育场举行以片组成的代表队，设甲、乙、丙三组男女运动员，每组各2人参加的江阴县小学生乒乓球赛。12月7—9日，江阴县体委举办由南菁、县中、一中、西石桥中学、西郊中学和陆桥中学6所学校参加的部分中学生足球赛。是月17—20日，江阴县体委举行由片组成基层中学生冠军队参加的江阴县中学生篮球赛。

1975年3月22—27日，江阴县体委、文教局为进一步推动学校体育活动的开展，在各片选拔的基础上，由各片派出冠军队参加江阴县篮球和排球比赛。5月13—15日，江阴县体委委托西石桥教革组举办江阴县小学生基层排球赛，各片男女冠军队12人采用循环制比赛方法比赛。澄江镇代表队由城北小学男队和五七小学（实验小学）的女队代表参加，青阳片由璜塘小学的男女代表队参加，华士片由华士小学的男女代表队参加，要塞片由南闸小学的男队和西郊小学的女队代表参加，澄西片由申港小学的男女代表队和西石桥小学（东道主）男女代表队参加，长泾片由长泾小学男女代表队参加，长泾小学的男女排球队获第一名并代表江阴县小学生排球队参加地区比赛。6月10—12日，江阴县体委、文教局在县体育场举行各片代表队参加的小学生足球赛，农村小学由于受足球场地的限止，由澄江镇的城北小学、“五七”小学（实验小学）、五一子弟小学（利用棉纺子弟小学）、人民小学（澄江中心小学）、东方红小学（辅延小学）、城南小学、北大街小学，万代红小学（杏春小学）代表队参加，东方红小学获第一名，并代表江阴县小学生小足球队参加地区比赛。9月17—19日，江阴县体委、文教局在县体育场举办基层儿童篮球比赛。10月5—7日和10月15—17日，江阴县体委和文教局在华士中学和华士小学举办江阴县中、小学生乒乓球选拔赛，各片选派中、小学生混合组队各1队，运动员9人（男5女4）参加。11月26日—12月2日，江阴县体委、文教局在县体育场举行部分中学生足球赛，参赛单位有南菁中学、江阴县中、江阴一中、西郊中学、解放中学、城北中学和南菁中学足球班。

1976年，江阴县体委、文教局举行中小学足球、武术、乒乓球比赛。3月27—29日，青阳镇、华士、南闸、西郊、西石桥等公社各1所小学参加了在县体育场举行了小学生足球赛。4月22—24日，在华士大队举行部分中小学生参加的武术比赛。5月25日，在华士公社举行由各片和华士公社少年乙组和儿童甲、乙组共21个队参加的江阴县中小学生乒乓球赛。6月20日，江阴县体委在县体育场举行江阴县小学生篮球赛。

1977年3月26—28日，江阴县体委、文教局在长泾中学举行江阴县小学生基层代表队排球赛，长泾中心小学获得男、女第一名，南新街、长小分别获第二、第三名。8月15—18日，江阴县体委、文教局在澄江镇举行由全县各片代表队、华西学校和县业余体校代表队参加的江阴县中小学生武术比赛。9月13—18日，江阴县体委、文教局在陆桥中学举行由各片中学选拔产生的基层男女代表队和江阴县业余体校少年男女篮球队参加的江阴县中学生篮球赛。12月1—3日，江阴县体委、文教局在澄江镇举行由各片小学基层男女代表队和江阴县业余体校男女队参加的江阴县小学生篮球赛。

1979年5月，江阴县体委、文教局与县妇女联合会首次举办江阴县幼儿运动会，有515名幼儿参加。

1980年5月1—2日，在县体育场举行江阴县中学生田径测验赛，男子甲组各项第一名为：徐彪（100米12″6，200米25″0，400米57″4）、周祖法（800米2′14″8，1500米4′47″0）、单文龙（91.4米栏18″6）、苏一鸣（跳高1.59米）、夏建军（跳远5.47米）、邓君平（三级跳远11.09米）、周云清（铅球10.19米）、谢维仁（铁饼35.74米）、冯正兴（标枪45.38米）、俞建清（手榴弹60.22米）。女子甲组各项第一名为：梅小琴（100米15″5，84米栏21″2）、章桂芬（200米31″4）、李亚英（400米1′8″2，800米2′41″5，1500米5′50″4）、成丽萍（跳高1.39米，跳远4.49米）、陈玉芳（铅球8.49米）、梅杏芬（铁饼22.14米，标枪33.60米，手榴弹36.17米）。是年，江阴县各校每年举行一次校运动会，有条件的每年举行春秋两次运动会，大部分中小学班级之间也经常有计划地举行小型单项竞赛活动。

1981年3月14—15日，江阴县体委、文教局在县体育场举行江阴县基层中学生篮球赛，华士中学男子代表队、澄江镇女子代表队分别获第一名并代表江阴县参加苏州地区中学生篮球赛。4月18—19日，江阴县体委、文教局在县体育场举行县基层小学生篮球赛，由出线的璜土小学男队和实验小学队女队代表江阴县小学生篮球队赴苏州地区比赛。5月16—17日，江阴县体委、教育局在县体育场举行江阴县中学生各片代表队和澄江镇中学代表队参加的足球比赛，比赛分城区组和乡区组，城区组由南菁、县中、一中参加，江阴一中获第一名，南菁中学获第二名，江阴县中获第三名；乡区组由西郊中学、璜土中学参加，西郊中学获第一名，璜土中学获第二名。5月20日—6月6日，江阴县体委、文教局利用业余时间在县体育场举行澄江镇小学基层男女足球比赛，男子组由城南小学、北大街小学、人民小学、杏春小学、东方红小学、实验小学参加，女子组由实验小学、杏春小学、城南小学参加。6月1日儿童节，江阴县体委、文教局在县体育场灯光球场举行了由澄江镇、九五工程、港务局、交通部船厂等单位的11所幼儿园的600多位小朋友参加的幼儿运动会。项目有男女运球（40米）比快、三轮车（40米）比快和迎面接力（40米）比快三个项目，中间还穿插实验小学幼儿园的红花操表演、人民小学（澄江中心小学）幼儿园的哑铃操表演、东方红小学（辅延小学）幼儿园红旗操表演、城南小学幼儿园的花圈操表演、北大街小学幼儿园的纱巾操表演和城北小学幼儿园的椅子操表演，北大街幼儿园获团体总分第一，获奖3辆三轮车。同日，江阴县体委、文教局在县体育场举行江阴县各片小学男女基层冠军队排球竞赛，长泾小学男子队和女子队分获第一名和第三名，实验小学的男队和女队分获第二名和第一名，申港小学的男队和女队分获第三名和第二名。

1982年5月8—9日和14—15日，祝塘公社和顾山公社举行了全社的小学生和中学生运动会。

6月1日儿童节，江阴县体委和文教局在县体育场举行9个单位参加的江阴县第三届幼儿运动会，会上有北大街小学、东方红小学、人民小学和实验小学4个单位幼儿园192个小朋友参加的团体操和199个小朋友参加的40米运球、40米三轮车和20米×8迎面接力跑三个项目的比赛，获得团体前三名的为江阴实验小学幼儿园、北大街小学幼儿园、江阴人民小学幼儿园。6月17—20日，江阴县体委、文教局在县体育场举行江阴县中学生篮球选拔赛，全县五个片和澄江镇男女代表队以及南菁中学、县中男女代表队参加。6月18—22日，江阴县体委、文教局在县体育场举行江阴县基层小学生足球赛，有人民小学、东方红小学、实验小学、杏春小学、五一子弟小学和青阳小学参加，江阴市实验小学获第一名，五一子弟小学和人民小学获第二、第三名。是月，南菁、城北、县中、一中4所中学参加中学生足球选拔赛，选拔出了江阴一中代表江阴县参加江苏省中学生“三好杯”足球比赛。7月10—13日，江阴县体委、文教局在县体育场举行江阴县基层小学生篮球选拔赛，船厂子弟小学男子代表队、江阴实验小学女子代表队、华士中心小学男、女代表队，峭岐公社小学生男子代表队、璜塘公社利明小学女子代表队、顾山中心小学男、女代表队和南闸中心女子代表队参加。7月14—16日，江阴县体委、文教局在县体育场举行江阴县小学生基层排球赛，参赛单位有各片小学男女代表队和澄江镇男女代表队。8月26—29日，江阴县体委和文教局举行江阴县中学生基层排球赛，参赛的有各片代表队，要塞片由云亭中学男女代表队，长泾片由长泾中学男女代表队，澄西片由申港长丰中学男子代表队和申港中学女子代表队，华士片由周庄中学男子代表队，澄江镇由城北中学男子代表队、南菁中学女子代表队参赛，长泾中学男女排球队获第一。10月30日—11月7日，共青团江阴县委、县体委、文教局在县体育场联合举办澄江镇各小学小足球比赛，实验小学、东方红小学、澄南小学、船厂子弟小学、人民小学5个单位参加，江阴市实验小学获第一，东方红小学和人民小学获第二、第三名。11月18—20日，江阴县体委、文教局在县体育场举行江阴县中小学乒乓球赛，由各片、澄江镇和南菁、县中的各男女代表队参加，中学男子组由要塞片的邓文忠获第一名，中学女子组由澄西片的沈建凤获第一名，小学男子组由澄江镇的张文国获第一名，小学女子组由澄江镇的徐敏获第一名。

1983年4月9—10日，江阴县体委、文教局在县体育场举行江阴县基层中学排球对抗赛，参赛的学校男队有长泾中学、申港长丰中学、云亭中学；女队有长泾中学、申港中学、南菁中学。比赛结果：男队第一名为长泾中学队，第二名为申港长丰中学队，第三名为云亭中学队；女队第一名为南菁中学队，第二名为长泾中学队，第三名为申港中学队。5月14—15日，江阴县体委、文教局在县体育场举行江阴县小学生排球传统学校选拔赛，参赛学校有长泾小学男女队、申港小学男队、实验小学女队、北大街小学男队，长泾小学男队获第一名，申港、北大街小学男队获第二、第三名；实验小学女队获第一、长泾小学女队获第二名。7月8日，江阴县体委、文教局在县体育场举行4所基层小学（江阴实验小学、青阳镇小学、璜土中心小学、南闸中心小学）乒乓球对抗赛，璜土中心孙建军获1971年龄男子组第一名，实验小学徐敏获1971年龄女子组第一名；实验小学孟俊获1972年龄男子组第一名，实验小学沙静获1972年龄女子组第一名。5—10月，江阴县体委在县体育场举行澄江镇小学基层足球比赛，参加学校有西郊中心小学、船厂子弟学校、人民小学、实验小学，比赛结果：实验小学获第一名，人民小学和船厂子弟学校获第二、第三名。8月21—24日，江阴县棋艺协会在江阴县中举行澄江镇少年国际象棋比赛。这次比赛分中学和小学两组，中学组有：姚文（南菁女）、郑文煜、韩红皮、尹丽萍（女）、沈志建（女）（均县中），陈炜、尤嘉（女）（均一中），小学组有：徐学东、周冬、周静（女）（均东方红小学），耿剑、夏忆澄、陈宇炯、陈宇熔、尤中、李俊（均实验小学）。尤嘉获中学组冠军，尤中获小学组冠军。11月25日开始，县体委在县体育场举办澄江镇各小学“贝贝杯”小足球赛，参加比赛的学校有实验、人民、东方红、城北、北大街、杏春、城南、棉纺厂子弟、澄西船厂等小学代表队，江阴实验小学、人民小学、澄西船厂小学分别获第一、第二、第三名。11月27—30日，县体委、文教局在县体育场举行江阴县中学生篮球选拔赛，各片的男女冠军队和澄江镇男女冠军队参加，江阴县中、澄西中学、长泾中学队分获男子队前三名；江阴县中、祝塘中学、南闸中学队分获女队前三名。

1984年2月6—9日，共青团江阴委员会在体育场（青年组赛地）和澄西船厂（中小学生赛地）两个地方举行江阴县首届“兴国杯”青少年乒乓球赛，参加这次比赛的领导、裁判、工作人员、运动员计420人，男女运动员282人、单位42个，单位之多，人数之多，历史空前。3月20日，江阴县体委、教委选拔实验小学方心刚、方东、张玉琴、孟俊、沙静，青阳小学吴江涛，周庄中心潘亦其，人民小学钱春燕等14位小同学，组成江阴县小学生乒乓球队，参加无锡市小学生乒乓球比赛。5月6—7日，江阴县体委、教委在江阴县体育场举行1984年江阴县中学生排球选拔赛，参赛单位有各片和澄江镇男女排球冠军队，通过选拔将重新组成江阴县男女排球代表队参加7月在无锡县举行的无锡市中学生排球赛。5月22日，为了更好地开展女子足球运动，江阴体委举办了有澄江镇各小学和西郊中心参加的江阴县小学女子基层“萌芽杯”足球赛，西郊中心、江阴实验小学和杏春小学分获前三名。

1985年2月9—11日，共青团江阴县委员会在江阴县体育场举行江阴县第二届“兴国杯”青少年乒乓球赛。4月21日，江阴县长田庆白将这一日定为江阴县体育日，并在这第一个体育日上举行江阴县首届“宝宝杯”足球比赛。“宝宝杯”赛是足球的最小年龄足球梯队，年龄在7～8岁。江阴县根据上级精神建成了从小学一年级起至高中毕业的五个年龄组男女足球衔接梯队，即：7～8岁的宝宝队，9～10岁的贝贝队，11～12岁的萌芽队，13～15岁的幼苗队，16～17岁的希望队。5月15—19日，江阴县体委、教委在县体育场举办1985年江阴县澄江镇小学生“萌芽杯”足球比赛，江阴县实验小学男、女足球队获得第一名。6月10—15日，江阴县体委、教委在县体育场举办1985年江阴县澄江镇小学生“贝贝杯”足球比赛，江阴县实验小学女足与澄江中心男足均获第一名。6月29日—7月2日，江阴县体委、教委在县体育场举办1985年江阴县中学生“希望杯”足球比赛，江阴一中男、女队获第一名。9月22日，在体育场举行江阴县中学生田径测验赛。11月，在南菁中学举行澄江镇初一学生田径赛。

1986年6月25—28日，江阴县体委、教委在县体育场举行由各片和澄江镇男、女冠军队参加的江阴县小学生篮球比赛。7月11—12日，江阴县体委、教委在县体育场举行1986年江阴县中学生排球比赛，参赛单位有澄江镇的南菁中学男、女队，要塞片的云亭中学男队和西郊中学的女队。7月13—18日，江阴县体委在县体育场举行江阴县小学生“贝贝杯”足球比赛，参赛单位有江阴实验小学男、女队，澄江中心的男队，辅延小学男、女队，北大街小学男队，城南小学男女队和西郊中心小学的男、女队。9月15—20日，江阴县体委、县教委，在县体育场举办的1986年江阴县“萌芽杯”足球赛，参加单位有实验小学男、女队，辅延小学男、女队，澄江中心男队，城南小学男、女队，北大街小学男、女队，杏春小学和西郊小学的男、女队。10月6—8日，江阴体委在体育馆举办江阴县首届小学生棋类比赛，参加的学生共55人，其中男生40人、女生15人；参加中国象棋项目的有43人，其中男生32人、女生11人；参加国际象棋项目的有6人，其中男生4人、女生2人；参加围棋项目的有6人，其中男生4人、女生2人；裁判16人。

10月10—15日，江阴县体委在体育场举办1986年江阴县“宝宝杯”足球赛，参赛单位有江阴县实验小学、辅延小学、北大街小学、杏春小学的男、女队和西郊中心的女队、澄江中心和船厂子弟小学的男队。12月5—9日，共青团江阴县委员会在县体育馆举行1986年江阴县第三届“兴国杯”青少年乒乓球赛，参赛人数313人，运动员186人，其中学生运动员92人，占运动员的近50%。12月28—30日，江阴县体委在县体育场举行江阴县中学生篮球比赛，参赛单位有各片男、女冠军队和澄江镇男、女代表队。

1988年，江阴市体委会同江阴市教委举办的市中小学生各种竞赛有17次251场。

1990年4月1—10日，江阴市举行以片为单位江阴市中小学生田径赛。5月15日，在市体育场举行小学生田径传统校对抗赛，曹桥小学、陆桥中心、澄江中心、华士中心等6所小学48名学生参赛。

1991年5月19日，在市体育场举行江阴市小学生田径选苗赛，全市各小学30支代表队120名学生参赛。5月20日，在体育场举行江阴市中小学生田径传统校对抗赛，共有13所学校104名学生参赛，月城中学获中学组团体总分第一名，青阳中心小学获小学组团体总分第一名。

1992年5月17日，在祝塘中心小学举行江阴市中小学田径传统校对抗赛，8所中学、6所小学共112名学生参赛，顾山中学获中学组团体总分第一名（668分），祝塘中心小学获小学组团体总分第一名（42.5分）。5月19—21日，举行以片为单位的田径选拔赛，市体委还派员赴各片招生选才。

1993年5月22—23日，在南闸中学举行江阴市中小学生田径对抗赛，共13支代表队104位学生参赛，顾山中学获中学组团体总分第一名（719分）、祝塘中心小学获小学组团体总分第一名（51分）。

1994年5月28—30日，江阴市中小学田径传统校田径对抗赛在陆桥中学和陆桥中心小学举行，来自全市的6所中学和8所小学共116名学生参赛，江阴市中获中学组团体总分第一名（669分），祝塘中心小学获小学组团体总分第一名（50分）。是年，江阴市体委和教委组织全市各中小学生篮球、排球分片比赛后再集中决赛及小学生足球比赛。

1995年4月15日，江阴市举行儿童棋类比赛，月城中心小学荣获团体冠军，坏南路小学获团体第二。4月25日，青阳南新街小学足球队在江阴市8所小学参加的小学生足球赛中获冠军，西郊中心小学和澄江中心小学分别获第二、第三名。5月14日，江阴市儿童篮球赛在华士体育馆举行，参赛的有华士、北涸、南闸、南闸马泾、北大街、澄西船厂、璜土7所小学，华士中心小学男队获得第一名，北涸和南闸马泾小学男队获第二、第三名；南闸中心女队获第一名，澄西船厂和北大街小学女队获第二、第三名。5月27日，江阴市中小学田径传统校对抗赛在云亭中心小学举行，参赛中学有陆桥、青阳、市中、澄西、顾山、城北等中学。小学有华士、澄江、青阳、云亭、祝塘、陆桥、南闸曹桥等小学和陆桥泾浜小学，112名运动员。中学组由陆桥中学获第一名，青阳中学和江阴市中获中学组第二、第三名；小学组由华士中心小学获第一名，澄江中心小学和云亭中心小学分获第二、第三名。6月10日，江阴市小学生排球赛在华士中心体育馆举行，顾山省渡桥小学男、女队均获冠军，城北中心小学男队和华士中心女队获亚军。这次是顾山省渡桥小学男、女队获小学排球五连冠。7月21日，江阴市中学生篮球赛在璜土中学举行，璜土中学男队获第一名，实现了三连冠；山观中学和北涸中学分获男队第二、第三名；女队由陆桥中学、璜塘中学和祝塘中学分别获一至三名。7月28日，江阴市举行中学生足球比赛，经过五天角逐，征存中学、江阴一中和山观中学分获第一至第三名。8月10日，江阴市中学生乒乓球赛在市体育馆举行，华士中学、周庄中学分获男、女团体冠军，北涸中学、长山中学分获男子团体第二、第三名，江阴一中、北涸中学分获女子团体第二、第三名。奚岱（北涸）获男单第一名，蒋洁（一中）获女单第一名。是年，初中毕业生体育考试科目为男子1000米、女子800米，立定跳远和铅球（3公斤）三个项目。

1996年1月5日，由璜塘、周庄、城中、澄江和河塘5个中心小学组成的江阴代表队参加无锡市蹦蹦球、跳绳、踢毽三项冬锻项目的比赛。璜塘中心小学男子队获跳绳、踢毽两个团体第一，女子队获踢毽团体第一、跳绳团体第二；周庄中心小学、城中中心小学分获蹦蹦球男子团体冠亚军；河塘中心小学、澄江中心小学获女子蹦蹦球第二、第三名。4月13日，江阴市体委、教委组织全市各片和澄江镇的江阴市小学生棋类冠军队在月城中心小学举行的小学生棋类赛，这些小选手年龄均在10～11岁。月城中心小学的季诞、黄芳，顾山中心小学的朱晓宇，璜土中心小学的杨文凭，璜塘中心小学的徐东华、张晓，澄江中心的张怡蓉、张晓南、赵越，环南路小学的张虹，均取得了各组项目的第一名。4月26—28日，江阴市体委、教委在市体育场举办了江阴市小学生足球比赛，有关片的冠军队和澄江镇部分小学7支代表队84名运动员参加比赛，西郊小学获冠军，实验小学和要塞镇绮山小学获第二、第三名。5月11—13日，江阴市体委协同教委举办1996年江阴市初中男子足球赛和小学生篮球赛，江阴一中连战连胜获中学男子足球冠军；北涸中心小学男子队和南闸中心女子队分获小学篮球男、女冠军。6月2日，江阴市一年一度的中小学田径传统校对抗赛在青阳中学举行，6所中学、8所小学的120名运动员参加36个项目比赛，陆桥中学和祝塘中心小学分别获中学组和小学组团体总分第一名。6月7日，江阴市体委为选拔参加无锡市七运会学生部乒乓球队员，在市体育馆举行中小学乒乓球赛。青阳中学黄锋、严丹分获高中组男、女单打第一名，月城中学奚春中、严玲霞获初中组男、女单打第一名，月城中心小学张龙、高洁、季春阳、杜颖洁获小学组男、女单打第一名。6月15日，江阴市小学生排球赛在华士体育馆举行，顾山省渡桥小学男、女队获第一名，顾山中心小学男、女队和城北小学男、女队分获第二、第三名。

1997年4月19—20日，在南菁中学举行江阴市农村初中、完全小学田径赛，江阴市19所初中、27所小学共368名学生参赛。申港移山初中获初中组团体总分第一名，璜土二中、峭岐二中分获初中组团体总分第二、第三名；陆桥泾浜小学获小学组团体总分第一名，山观长安小学、文林西阳小学分别获小学组团体总分第二、第三名。江阴市第四届运动会中小学部“红星杯”棋类赛于5月9日在江阴围棋馆举行，江阴市33所学校147名运动员参加比赛，月城中心小学、江阴市中、南菁中学分别获小学、初中、高中组中国象棋团体第一名；实验小学、江阴市中、南菁中学分别获小学、初中、高中组围棋团体第一名；璜塘中心小学和璜塘中学获小学组、中学组国际象棋团体第一名。小学组男、女中国象棋个人第一名分别为陈钦和黄芳，围棋男、女第一名分别为奚志华和赵越，国际象棋男、女第一名分别为高鹏和陶蓉。初中组男、女象棋第一名分别为孙黎明和陈亚珍，国际象棋第一名为许麟，围棋第一名为蒋中元。高中组男、女象棋第一名为卫春军和谢仁萍，围棋第一名为赵剑，国际象棋第一名为吴静红。北涸中心小学、华士中心小学和文林中心小学分别获江阴市第四届运动会小学组篮球赛男子组第一至第三名，璜塘中心小学、顾山新龚村小学和云亭中心小学分获女子篮球第一至第三名。小学组排球赛于6月7日在江阴市体育馆举行，顾山中心小学和顾山省渡桥小学分获男、女第一名；华士中心小学男、女队双双获第二名，云亭中心小学男队和南闸中心小学女队分获第三名。在江阴市四运会初中组足球赛暨第二届“江阴日报杯”中小学生暑期足球赛中，江阴一中、春申中学和青阳中学分获初中组第一至第三名；城中中心小学、申港中心小学和辅延中心小学分获小学组第一至第三名。“华联杯”江阴市中小学乒乓球赛于7月23日结束，32支代表队176名运动员参加，月城中、小学获得初中、小学男女组团体冠军，北涸与南闸两中学获初中男子团体第二、第三名，江阴一中和北涸中学获初中女子团体第二、第三名，云亭和峭岐两中心小学获小学男子团体第二、第三名，顾山和祝塘两中心小学获小学女子团体第二、第三名。月城中学蔡澄钧获初中男单第一名，严令霞获初中女单第一名，季春寅获小学男单第一名，孙婷获小学女单第一名。华士中学获高中组乒乓球男子团体第一名，青阳中学和北涸中学获男子乒乓球团体第二、第三名，周庄中学获高中组女子乒乓球团体第一名，澄西中学和工商学校获高中女子乒乓球第二、第三名。黄峰（青阳中学）获高中组男单第一名，朱晓岚（周庄中学）获高中女子组乒乓球女单第一名。江阴市四运会高中组足球赛于8月9日结束，青阳中学获第一，南菁中学和江阴市中分获第二、第三名。

江阴市第四届运动会中小学部初中组男子篮球赛于8月12日结束，北涸中学、申港中学、澄西中学分获初中男子组前三名；陆桥中学、江阴一中和南闸中学分获初中女子组前三名。高中组篮球赛于8月20日结束，璜土中学、澄西中学、职业高中分获高中男子组前三名；职业高中、江阴市中分获高中女子组前两名。

江阴市第四届运动会中学组初中、高中组排球赛于9月中旬结束，初中组由顾山中学男、女队获第一，城北中学、申港中学初中男队分获第二、第三名，夏港、江阴市中初中女队分获第二、第三名。高中组男队由云亭中学获第一名，高中女队由申港中学获第一名，江阴市中和城北中学分获高中男队第二第三名，长泾中学、市中分获高中女队第二、第三名。江阴市第四届运动会中小学部中小学田径比赛于10月29日结束，这次盛会共有24个镇、29所高中、33所初中和32所小学803名运动员参加，有17人19次打破了15项江阴市中小学田径纪录。获高中组团体总分前三名的分别为南菁、市中和澄西中学，获高中金牌总数前三名的分别为南菁、市中、月城中学；获初中团体总分前三名的分别为陆桥、周庄、利港中学；获初中金牌总数前三名的分别为周庄、申港、利港中学；获小学团体总分前三名的分别为璜塘、申港、青阳中心小学，获小学金牌总数前三名的分别为璜塘、河塘、澄江中心小学。

1998年4月18日，由江阴市红星集团支持，江阴市体委、教委组织举行了“红星杯”小学生棋类比赛，江阴市15所小学91名小运动员参加，月城中心小学倪文和梅琳获得中国象棋男、女冠军，城中中心小学张哲、李系能获围棋男、女冠军，澄江中心小学的朱可骏和璜塘中心小学的张黎获国际象棋男、女冠军。获得中国象棋团体前三名的学校分别为月城、文林、顾山3所中心学校，获围棋团体前三名的分别为城中中心小学、江阴实验小学和顾山中心小学，获国际象棋团体前三名的分别为璜塘、澄江和璜土3所中心小学。5月30日，在月城中学举行江阴市中小学田径传统校对抗赛，全市13所中小学102名学生参赛，澄西中学和青阳中心小学分别获中学组和小学组团体总分第一名。6月11—13日，由江阴宏澄建筑集团支持，市体委、教委在市体育馆举行“'98江阴市小学生《宏澄杯》篮球赛”，北涸中心小学男队和顾山新龚小学女队获得了“宏澄杯”，华西和文林两小学获男女第二、第三名。

7月19日，江阴市体委和教委联合举办了全市小学生乒乓球比赛，月城中心小学代表队获男、女子甲组组、女子乙组团体冠军。在单打比赛中，月城中心校的汪锌晨获甲组男单冠军，孙婷获甲组女单冠军。长泾中心小学获男子乙组团体冠军，该校郭政伟获该组男单冠军。山观中心小学和顾山中心小学分获男子甲组团体第二、第三名，顾山中心校和南闸中心校获女子甲组团体第二、第三名；月城中心小学和璜土中心小学获男子乙组团体第二、第三名，顾山中心小学和长山中心小学获女子乙组第二、第三名。在1998年暑假中，江阴市体委和教委举行全市中学生“宏澄杯”中学生篮球赛，澄西中学、长泾中学和华士中学分获男队前三名，南闸中学、陆桥中学和江阴高中分别获女队前三名。10月16日，江阴市体委和教委在市体育馆举行江阴市小学生排球比赛，由各片选拔出来的9支代表队参加，黄山小学和顾山省渡桥小学分获男女队冠军。

1999年4月10日和4月24日，江阴市小学生棋类和乒乓赛分别在市棋院和体育馆举行，参加比赛的共有23个单位126名运动员。获象棋团体前三名有月城、澄江和北涸3所中心小学；获围棋前三名的有城中、实验、澄江3所中心小学；获国际象棋前三名有澄江中心、璜塘、璜土3所中心小学。获乒乓球儿童甲组团体前三名为月城、申港、长泾3所中心小学。获儿童乙组团体前三名为申港、长泾和月城3所中心小学。5月16日，由月城中心小学、江阴实验小学、澄江中心小学、城中中心小学、璜塘中心小学和璜土小湖小学6所小学组成的江阴市代表队参加无锡市小学生棋类比赛，江阴市代表队获4枚金牌，列参赛队之首，月城中心小学倪文、梅琳和城中中心小学李系能分获象棋、围棋男女冠军。5月29日，在顾山中学举行江阴市中小学田径传统校对抗赛，全市13所中小学102名学生参赛，陆桥中小学分别获中学组和小学组团体总分第一名。7月6—8日，江阴市体委在体育馆举行小学生篮球比赛，北涸、华西、文林、云亭、峭岐、顾山、南闸、长泾和璜塘9所小学代表队参加。获男篮前三名的有华西、北涸、峭岐3所小学，获女篮前三名的有南闸、璜塘、华西3所小学。7月12—15日，在市体育馆举行的江阴市中、小学生排球赛，在小学生排球赛中，全部由村级小学校排球代表队参加，顾山省渡桥小学男、女排球队获冠军，永安小学男女队居亚军，男排第三名由华士新宁小学获得，女排第三名由华士实验小学获得。中学生排球赛仅有3支女队、2支男队参加。

7月20—24日，江阴市初中学生足球赛在市体育场举行，参加这次比赛的有：江阴市利港中学、江阴市第一中学、江阴高级中学、江阴第二中学、江阴市征存中学、江阴市青阳中学和江阴市南闸中学7支足球代表队，江阴市青阳中学、江阴高级中学和利港中学分获得前三名。7月26—27日，江阴市中学生乒乓球赛在华联大厦乒乓球馆举行。参加的学校有江阴市月城中学、江阴市北涸中学、江阴市第二中学、江阴市华士高级中学。经过2天54场比赛，月城中学、北涸中学、江阴市二中分获初中组团体前三名，月城中学、华士高级中学和北涸中学分获高中组团体前三名。苏澄钧（华士）获高中组男子个人第一名；徐红英（月城）获高中组女子个人第一名；张龙（月城）获初中男子个人第一名；钱杏（月城）获初中女子个人第一名。7月28日—8月11日，江阴市举行贝贝少儿棋类夏令营比赛分1988年、1989—1990年、1991年三个年龄组举行。8月17—18日，江阴市举行初中男子篮球比赛，江阴市云亭中学、江阴市北涸中学、江阴璜土中学分获前三名。

2000年5月27日，江阴市小学生棋类比赛在江阴市棋院举行，参加这次比赛的有全市25所小学，167名运动员。获得象棋团体总分前三名是月城中心小学、长泾中心小学和顾山中心小学，获围棋团体总分前三名是江阴市实验小学、辅延中心小学和城中中心小学，获国际象棋团体总分前三名是璜塘中心、璜土中心小学和天华艺校。8月11—17日，江阴市少年足球队对日本滕冈市进行友好访问。

10月15日，江阴市小学生乒乓球赛顺利结束，全市9所中心小学51名小运动员参加了男、女子甲组、乙组的团体和单打比赛。男子甲组、女子甲组和男子乙组、女子乙组的团体金牌分别由江阴市月城中心小学和江阴市申港中心小学两所学校获得；男子甲组、男子乙组及女子乙组的单打冠军分别由申港中心的曹铠、尤晓春和缪金凤获得，月城中心的杜颖洁获女子甲组单打冠军。10月28日，江阴市少儿武术比赛在市体育馆举行，由体委下设的武术训练点江阴市要塞中心小学和辅延中心小学两所学校的1988年至1994年出生的28名小运动员参加，分别参加武术基本功和规定的拳、剑、刀、棍、枪的比赛。要塞中心小学的顾鹏飞、苏怡明分获男女基本功金牌，辅延中心小学王洋和要塞中心小学陈珊分获男女子甲组组规定拳冠军。

2001年4月2日，江阴市24所小学150多名男女小棋手，在江阴市棋院举行江阴市小学生棋类比赛。江阴市月城中心小学的象棋，江阴市实验小学的围棋分别获团体冠军，月城中心小学倪文和任佳静分获象棋男子、女子个人冠军，实验小学张晓韬和陆亿佳获围棋男女冠军，江阴市澄江中心的吕伦和璜塘中心的张海仙获国际象棋男、女个人冠军，璜塘中心小学获国际象棋团体冠军。4月13日，江阴市体委举行江阴市小学生乒乓球比赛，申港中心小学代表队获男子甲组团体冠军，月城中心小学代表队获女子甲组和女子丙组团体冠军，长泾中心小学代表队获男子乙组和女子乙组团体冠军，顾山小学代表队获女子丙组团体第二名，男子甲组和女子甲组单打前三名分别被申港中心和月城中心获得，实验小学获女子丙组团体第三名。6月9日，江阴市小学生排球赛在市体育馆举行，云亭三河口小学和华士实验学校分获男子、女子冠军，华士新宇小学和南闸中心小学分获男、女亚军。6月15日，江阴市小学生乙组篮球赛在月城中心小学举行，这是小篮球、小场地、小篮架首次比赛，月城中心小学和北涸中心小学获男、女队冠军，顾山中心小学、北涸中心小学和南闸中心小学、西石桥中心小学分获男女第二和第三名。7月7—8日，江阴市“信用杯”小学生千人比赛暨小学生“三棋”定段（级）比赛在江阴市信用合作联社举行，江阴市实验小学周光宇等150多名小选手获奖，708名小选手获得由中国棋院签发的段（级）业余棋手证书。由15支代表队参加的2001年江阴市小学生足球赛在市体育场举行，江阴市实验小学获冠军，西郊中心小学和城中中心小学获第二、第三名。7月21日，2001年江阴市中学生（高中组）篮球赛在江阴市体育馆举行，江阴市云亭中学获男队冠军，江阴市北涸中学和江阴高级中学获第二、第三名；南闸中学获女队第一，江阴一中获女队第二名。8月3—7日，江阴市举办“金穗杯”三人篮球争霸赛，成人组大圣队、高中组马黄队、初中组峭岐中学队同捧“金穗杯”。8月11日，在江阴市中学生初中组排球赛上，顾山中学男、女队获冠军，华士实验学校和申港中学队分获男、女亚军，云亭中学男队和要塞中学女队分获第三名。是年，在江阴市“广吉杯”小学生女子足球赛上，江阴市第二实验小学获冠军，辅延中心小学和西郊中心小学分获第二、第三名。

2002年3月31日，江阴市体育局、教育局联合举办江阴市小学生棋类比赛，参加这次比赛的有22所学校、183名棋手，年龄最大的11岁、最小的7岁。江阴市文林中心小学、江阴市澄江中心小学和江阴市月城中心小学分获中国象棋团体前三名；江阴市实验小学、江阴市辅延中心小学和江阴市城中中心小学分获围棋前三名；江阴市璜塘小学、江阴市石庄小学和江阴市实验小学分获国际象棋前三名。北大街小学7岁的陈乃馨获女子国际象棋冠军，江阴市实验小学9岁的陆亿佳和月城中心小学的郑扬也分获女子围棋和男子象棋个人冠军。4月6—7日，江阴市小学生乒乓球赛有6个组别95名选手参加，江阴市申港中心小学、江阴市月城中心小学获男子甲组、女子甲组团体冠军，江阴市长泾中心小学获男子乙组、女子乙组团体冠军，江阴市实验小学获男子丙组团体冠军。7月8—10日，江阴市体育局组织2002年小学生男子足球赛，江阴市实验小学获第一名，文林中心小学、长山中心小学分别获第二、第三名。16—19日，江阴市中学生初中篮球赛在市体育馆举行，江阴市新桥中学和南闸中学分获江阴市中学生（初中）篮球比赛男、女冠军。19日，江阴市小学生武术比赛圆满结束，江阴市要塞中心小学和辅延中心小学分获团体总分第一、第二名。8月3—4日，江阴市中学生乒乓球赛在市体育馆举行，有9所学校78名运动员参赛，江阴二中获高中男子组团体冠军，江阴市北涸中学获高中和初中组女子双冠军，长泾中学获初中男子组冠军。8月8日，江阴市中学生排球赛在市体育馆举行，这次比赛有7所学校，4个男队、5个女队参加，顾山中学、云亭中学、成化高级中学分别获男队前三名。

2003年3月29—30日，江阴市小学生棋类比赛在江阴市棋院举行，参加这次比赛的有20所学校128名棋手，江阴市实验小学、辅延中心小学、华士实验学校分获围棋团体前三名，江阴市月城中心小学、实验小学、文林小学获中国象棋前三名，江阴市璜塘中心小学、新桥中心小学、华士实验学校分获国际象棋前三名。4月12—13日，江阴市小学生乒乓球赛在市体育馆举行，这次比赛增加了1996年出生的小学生，参赛人数增加到175人，团体也增加了4个，江阴市申港中心小学和月城中心小学获男女各组团体和单项冠亚军，继续保持领先地位。

2003年上半年受“非典”影响，中小学各项体育竞赛暂缓，随“非典”清除下半年各项赛事才逐渐恢复。

7月5日，江阴市小学生武术比赛在江阴市要塞实验小学举行，江阴辅延中心小学和要塞实验小学36位同学参加，有男女子甲组、乙、丙规定拳，刀、剑和个人全能等16个项目，要塞实验小学和辅延中心小学分获武术第一、第二名。是月，在江阴市小学生篮球比赛中，北涸中心小学获男子甲、乙组篮球冠军，北涸赤岸小学获女子乙组冠军，长泾中心小学获女子甲组冠军。是月，江阴市小学生排球比赛在云亭中心小学举行，云亭中心小学与顾山中心小学分获小学排球男、女冠军。在江阴市小学生足球赛中，西郊实验小学获男子足球7人制冠军，城中实验小学获男子足球4人制冠军，第二实验小学获女子足球冠军。是月30—31日，来自8所学校60名运动员参加的2003年江阴市中学生乒乓球赛在市体育馆举行，江阴一中获初中男、女团体冠军，江阴二中获高中男子团体冠军，北涸中学获高中女子团体冠军，江阴一中获各组单打冠军。8月5日，来自5所学校的2个男队、4个女队参加的江阴市中学生排球赛在市体育馆举行，江阴市云亭中学和顾山中学分获男、女冠军。

2004年5月8日，江阴市“新盛杯”小学生排球赛在江阴市顾山中心小学举行，顾山中心小学和华士实验学校分获小学排球男、女冠军。7月8日，江阴市小学生“三棋”比赛暨定级（段）赛在江阴市实验小学、机关幼儿园和北大街幼儿园三个地方举行，26所小学、21所幼儿园824名小棋手参加，年龄最大13岁、最小5岁，在中国象棋、国际象棋和围棋各组别产生12个团体冠军、30名个人冠军，全市有68名小棋手获中国棋院签发的级（段）位业余棋手证书。7月10日，江阴市小学生足球赛在市体育场举行，比赛使用的最新足球竞赛规则，采用小场地、4号球，有9个男队、2个女队参加比赛，男队分甲、乙组，甲组使用7人制场地，乙组与女子组使用4人制场地，江阴市西郊实验小学获男子甲组冠军，长山小学获男子乙组冠军，西石桥小学获女子冠军。7月20日，江阴市中学生（高中）篮球赛在江阴高级中学体艺馆举行，有8支男队和3支女队参加，青阳中学获男子组冠军，江阴高级中学获女子组冠军。7月27—28日，江阴市中学生（高中）排球赛在市体育馆举行，江阴市云亭中学获男子组冠军，要塞中学获女子组冠军。8月5—6日，江阴市中学生乒乓球赛在市体育馆举行，江阴一中获高中男子组，初中男、女组团体冠军，南闸中学获高中女子组团体冠军，单打比赛各组冠军基本由市一中的选手获得。

2005年5月20—22日，在新体育馆举行2005年江阴市小学生乒乓球比赛，全市12所小学140

名小运动员参加，江阴市实验小学获男子乙组、男子丙组和女子丙组团体第一名，江阴市月城实验小学获女子乙组团体第一名；星星乒乓球馆朱叶获男子甲组个人第一名，月城实验小学薛冰清获女子甲组个人第一名，李佳心获女子乙组个人第一名，实验小学费凯获男子乙组个人第一名，李炜钦获男子丙组个人第一名。5月27—28日，江阴市“瑞泽杯”小学生排球赛在江阴市云亭中心小学举行，全市9所小学、12支球队、105名球员参加比赛，云亭中心小学获男队第一名，华士实验小学获女队第一名。6月11—12日，江阴市小学生篮球赛在江阴市顾山中心小学举行，全市8所小学11支球队参加比赛，北漍中心小学获男子团体第一名，长泾中心小学获女子团体第一名。是月，江阴市小学生“三棋”暨定位（组）赛在江阴市花园小学和市机关幼儿园举行，全市25所小学、11所幼儿园、567名小运动员参加比赛，实验小学获围棋甲组、乙组、丙组、丁组，中国象棋乙组、丙组6个团体第一名，新桥中心获国际象棋甲组、乙组、丙组、丁组4个团体第一名，城中实验小学获中国象棋甲组团体、丁组团体2个第一名。7月11—12日，江阴市小学生足球赛在市体育场举行，全市9所小学10支球队参加，青阳小学获男足第一名，辅延小学获女足第一名。7月28—30日，江阴市中学生（初中）篮球赛在江阴市高级中学体育馆举行，全市6个球队参加比赛，北漍中学获男队第一名，长泾中学获女队第一名。8月1—2日，江阴市中学生（初中）排球赛在江阴第一中学体艺馆举行，全市8个队参加比赛，云亭中学获男队第一名，顾山中学获女队第一名。8月5—6日，在市新体育馆举行江阴市中学生乒乓球赛，全市7所中学8支球队参加。山观中学获高中男子团体第一名，南闸中学获高中女子组团体第一名，江阴市第一中学获初中男、女组团体第一名，江阴市一中曹阳获高中男子单打第一名，南闸中学顾晓媛获高中女子单打第一名，江阴市一中胡盼运获初中组男子单打第一名，江阴市一中许烨珺获初中女子组单打第一名。

2006年6月25日，在江阴市高级中学举行江阴市中小学田径传统校对抗赛，全市12所中小学148名学生参赛，江阴市中分别获高中组和初中组团体总分第一名，青阳中学、澄西中学和青阳实验小学、祝塘实验小学分别获初中组和小学组团体总分第二、第三名。是年，江阴市体委共组织江阴市学校体育竞赛6项11次，参赛队210个，运动员2375人；组织参加无锡市体育竞赛6项6次，计150余人。

2007年5月11—13日，江阴市“金鑫杯”小学生篮球赛在北漍中心小学举行，领队、裁判、运动员共208人参加。5月19—20日，华士高级中学举办江阴市“华高杯”中学生乒乓球赛，裁判、工作人员、运动员共142人参加。5月26—27日，在华士实验学校举行江阴市小学生排球比赛，裁判、工作人员、运动员共220人参加。6月15—17日，在江阴晨光实验小学举行江阴市“晨光杯”小学生男子足球比赛，裁判、工作人员、运动员共762人参加。6月25日，在月城中学举行江阴市中小学田径传统校对抗赛，全市有11所中小学15个队110名学生参赛，江阴市高级中学获高中组和初中组团体总分第一名，青阳实验小学获小学组团体总分第一名。7月5—6日，江阴市“澄江杯”小学生“三棋”比赛在澄江中心小学和机关幼儿园举行，参加的小运动员有820人，其中幼儿园小朋友有190人。10月12—14日，江阴市体育局组织了“励实杯”中学生足球、“成化杯”中学生排球和“青中杯”中学生篮球等比赛。

2008年6月27—29日，在江阴市澄西中学举行江阴市中小学田径传统校对抗赛，全市11所学校101名学生参赛，江阴高中获高中组和初中组团体总分第一名，澄西中学和陆桥中学分获高中组和初中组团体总分第二名，云亭实验小学和陆桥实验小学分别获小学组团体总分第一名和第二名。

在2008年度中，全市中小学校开展了“贺奥运”阳光体育竞赛活动，有中小学的篮球赛、乒乓球赛、足球赛、体育传统学校田径对抗赛、棋类及阳光伙伴等比赛活动。

2009年10月11日至11月3日，在江阴市第五届运动会上，江阴市实验小学、青阳实验小学和北涸中心小学获小学组金牌总数前三名，云亭中学、江阴市高中、山观中学获初中组金牌总数前三名，江阴市职校、南菁高级中学、江阴一中获高中组金牌总数前三名。江阴市实验小学、云亭实验小学和青阳实验小学获小学组团体总分前三名，江阴高中、云亭中学、山观中学获初中组团体总分前三名，江阴高级中学、江阴第一中学和南菁中学获高中组团体总分前三名。

2010年6月2—5日、6月24—26日、6月28—29日，江阴市体育局和教育局分别举行了江阴市“华篮杯”小学生篮球、江阴市小学生足球和江阴市小学生棋类和暨定级赛全市小学生的阳光伙伴活动。7月7—8日，在江阴市澄西中学举行江阴市中学生（高中组）足球比赛，由山观、澄西和祝塘3所高中学生参加。7月19—24日，江阴市中学生初、高中篮球赛在江阴市第一中学举行，全市初、高中16所学校参加，山观中学、江阴一中、青阳二中获初中男子组前三名，长泾中学、南闸中学、陆桥中学分获初中女子组前三名，山观中学、青阳中学、江阴一中获高中男子组前三名；成化高级中学、江阴一中和长泾中学获高中组女子前三名。9月16—19日，江阴市小学生排球赛在江阴市云亭实验小学举行，由云亭、长泾、华士、文林4所实验小学参加，长泾、云亭、文林3所实验小学分获前三名。10月20—24日，在江阴市要塞实验小学举行江阴市中小学生乒乓球比赛，由15所小学128位小朋友选手和10所中学87位学生参加，江阴市实验小学获小学组男子乙组、女子乙组、男子丙组组团体第一名，城中实验小学获男子乙组、女子乙组团体第二名和男子丙组、女子丙组团体第三名，辅延中心小学获女子丙组团体第一名，男子丙组第二名和女子乙组组团体第三名，南闸实验小学获女子丙组组团体第二名，月城实验小学获男子乙组组团体第三名；南菁高中获高中组男子、初中女子第一名，以及高中女子和初中男子第二名；江阴一中获高中女子第一名和高中男子第二名，江阴高中获初中男子第一名和初中女子第二名，长泾中学获初中男子、女子第三名，华士高中获高中男子第三名，成化高级中学获高中女子第三名。11月5—6日，在华士高级中学举行江阴市中学生健美操比赛，有5所中学68位学生参加。12月30日，由徐霞镇客人民政府承办的2010年江阴市“园丁杯”环徐霞客湿地自行车比赛，来自全市各中小学、幼儿园、职业类学校近90所学校270人参加了比赛。

2012年5月12—13日，江阴市少儿棋类比赛有19所小学、23所幼儿园的668名小棋手参加。6月6—8日，江阴市“元博服饰杯”小学生篮球赛在江阴市北涸中心小学举行，全市6所小学9个队参加比赛。7月9—13日，江阴市中学生足球赛在市体育场举行，有7所学校8个队参加，江阴第一中学初中组、高中组均获第一名。7月23—28日，江阴市中学生（初中、高中）篮球赛在江阴市第一中学举行，有21所中学30个球队338位队员参赛，山观中学、长泾中学、青阳中学分获高中组男队第一至第三名，长泾中学、江阴第一中学和青阳中学分获高中女子组第一至第三名；临港新城中学、璜土中学、山观中学分获初中组男队第一至第三名，长泾中学、北涸中学和临港新城中学分获初中女队第一至第三名。10月11—12日，江阴市小学生阳光伙伴竞赛在市体育场举行，有7所小学134位小运动员参加。

2014年5月12—14日，江阴市小学生乒乓球比赛在江阴市体育中心体育馆举行，有16所小学33支球队参赛，江阴市实验小学获男子乙组、丙组两个团体第一名。5月15—16日，江阴市中学生乒乓球比赛在江阴市体育中心体育馆举行，有9所高中、11所初中、34支球队参赛，江苏省南菁高级中学获高中男、女组两个团体第一名，江阴初中获初中男子团体第一名，南菁实验学校获初中女子团体第一名。5月20—22日，江阴市小学生排球比赛在江阴市云亭实验小学举行，有6所小学11支球队参赛，顾山实验小学获小学男子组第一名，云亭实验小学获小学女子组第一名。5月—11月，江阴市首届“澄星杯”中小学生阳光足球联赛在江阴市体育中心举行，江阴市夏港实验小学获小学男子组第一名，月城实验小学获小学女子组第一名；青阳第二中学获初中男子组第一名，江阴市第二中学获初中女子组、高中女子组两个第一名，江阴市第一中学获高中男子组第一名。6月16—19日，江阴市小学生篮球比赛在江阴市北漍实验小学举行，有12所小学16支球队参赛，江阴市实验小学获小学男子组第一名，周庄实验小学获小学女子组第一名。

2015年4月25—26日，江阴市小学生排球比赛在江阴市云亭实验小学举行，有8所小学12支球队参赛，江阴市顾山实验小学获小学男子组、女子组两个第一名。5月13—17日，江阴市中学生乒乓球比赛在江阴市体育中心体育馆举行，有15所初、高中学校30支球队参赛，江阴市初级中学获初中男子组、女子组两个第一名，南菁高级中学获高中男子组、女子组两个第一名；南菁高中的陈昊源获高中男子单打第一名，长泾中学的郑慧获高中女子组单打第一名；江阴二中的徐逸东获初中男子单打第一名，江阴初中的高骑儿获初中女子单打第一名。5月14—16日，江阴市小学生乒乓球赛在市体育中心体育馆举行，有18所小学37支球队参赛，江阴市城中实验小学获男子乙组、丙组两个第一名，月城实验小学获女子乙组第一名，澄江中心小学获女子丙组第一名；澄江中心小学的焦心烨、钱星彤和焦灵茜获小学女子单打甲、乙、丙三组3个第一名，月城实验小学的严曦航获小学男子甲组单打第一名，要塞实验小学的张圣尧和周亮锦获小学男子乙组、丙组单打第一名。6月11—13日，江阴市小学生篮球比赛在市体育中心体育馆举行，有10所小学14支球队参赛，江阴市实验小学获小学男子组第一名，长泾实验小学获小学女子组第一名。7月21—23日，江阴市中学生篮球比赛在江阴第一中学和江阴市初级中学举行，有22所初高中学校28支球队参赛，长泾二中获初中男子组第一名，顾山中学获初中女子组第一名，华士高级中学获高中男子组第一名，长泾中学获高中女子组第一名。9月12—14日，江阴市中学生排球比赛在江阴市成化高级中学举行，有初、高中11所学校15支球队参赛，江阴市云亭中学获初中男子组、女子组两个第一名，成化高级中学获高中女子组第一名。

二、历年中小学生田径运动会

发展体育必须充分利用体育竞赛这个杠杆，这不仅是体育宣传的重要手段，而且是实施体育业务指导的重要环节，也是推动社会体育的重要途径和反映体育训练的晴雨表。

1916年3月，在江苏省立学校第二次联合运动会上，江阴南菁中学校棍棒操名列甲等。

1917年4月20日，江阴县文林乡立第二校参加无锡开原乡私立公益五校联合运动会。5月下旬，南菁学校开运动会。11月12–13日，在江阴公共体育场举行县立高小联合运动会，聘请常熟体育场指导员黄玉甫、陶公权作评判。

1918年4月22—25日，在南京高等师范大操场举行的江苏省立学校第四次联合运动会上，江阴南菁中学个人竞技得分最多。是年，自江阴县体育场建立后至抗日战争前，每年秋季都举行全县中小学联合运动会，由县教育科主持。同年，江阴县属长泾、文林、祝塘、马嘶、顾山五乡举行联合运动会，李桢为五乡联合运动会纪念录序于梁溪经正校舍。

1920年1月26日，江阴县立第五高等小学校开运动会，有江阴文林乡立第二国民学校等10余个团体参加，约5000人。

1928年4月28–29日，南菁体育教师吴尚贤率11位选手赴南京省立体育场参加江苏大学区第一届中等学校联合运动会。南菁中学在这次运动会获得男子田径赛锦标，南菁中学徐恕忠获得个人全能总分第一名和男子（甲组）跳远5.51米、200米跑25″4，江阴县中杨时勉（男子）获撑竿跳高2.845米的好成绩。

1929年5月4—6日，在南京省立体育场举行中央大学区第二届中等学校联合运动会上，南菁中学徐恕忠获男子（甲组）跳远5.93米，张代明获男子（乙组）标枪32.88米，黄义成获男子（乙组）400米62″1和男子（乙组）800米2′29″的好成绩。

1930年3月15—17日，在镇江南外三十六标操场举行的江苏省第三届中等学校联合运动会上，南菁中学张代明获得男子（甲组）标枪35.60米的好成绩。

1931年5月1—4日，在镇江省立体育场举行江苏省第四届中等学校联合运动会，南菁中学杨纯佛获800米2′19″4的好成绩。

1932年11月，江阴县立后塍民众教育馆组织第一次二、三区民众业余小学联合运动会，各校参加男、女运动员258人，男、女生1032人，观众6000余人。小学团队操表演最优的有短棒操、哑铃徒手混合操等。

1946年11月11日，江阴青阳区在青阳东弄青阳中学旧址大操场举行秋季运动会，中学组有青阳初级中学及尚仁初级中学两个单位，分男女子甲组乙组，全区各小学分男女子甲组、乙、丙、丁组，参加选手达800余人。

1971年7月1日，为庆祝中国共产党诞生50周年，中共江阴县委、江阴县革命委员会、江阴县人民武装部在县体育场举行江阴县首届中学生军体运动大会。大会除田径15个项目外，还有篮球、排球、足球和乒乓球四种球类比赛，这次运动会有五个片一个镇的男女代表队410人参加，是十年来规模最大的一次运动会。男女篮球队冠军由长泾片获得，男女篮球亚军由澄西片获得，男子排球冠军由要塞片获得，女子排球冠军由澄西片获得，男女排球亚军由青阳片获得，足球冠军由要塞片获得，足球亚军由澄江镇获得，男子乒乓球第一名由长泾中学王渊获得。

1972年10月14日，在县体育场举行江阴县中小学生田径运动会，有821名学生（其中小学生248名）参赛，澄江镇、祝塘、利港获小学组团体总分前三名，北涠、澄江、西石桥获中学组团体总分前三名。

各组第一名如下，中学男子甲组：张宝洪（100米，12″7；200米，27″3；400米，1′1″7）、朱福仁（800米，2′25″2；1500米，5′06″0）、卞志大（3000米，10′33″4）、童秋华（110米中栏，20″0；铁饼，35.65米）、王顺喜（跳高，1.48米）、周建仁（跳远，5.46米）、孙铭（三级跳远，11.26米）、顾祖林（铅球，9.98米）、徐志荣（手榴弹，56.45米）。中学女子甲组：宣越芳（100米，14″8；80米低栏，16″2）、朱丽华（200米，32″1；400米，1′14″0；800米，2′54″1）、姜琍（跳高，1.29米）、王春凤（跳远，4.14米）、王玉燕（铅球，7.52米）、顾士萍（手榴弹，29.5米）、陈琴华（铁饼，20.15米）。中学男子乙组：戴业勤（100米，13″3；200米，27″3；跳远，4.59米）、王振兴（400米，1′4″7）、宋国良（800米，2′30″4）、华瑞锡（1500米，5′28″5）、陈一鸣（80米低栏，13″3）、赵进良（跳高，1.44米）、尤一鸣（铅球，10.23米；铁饼，33.20米）、俞兆兴（手榴弹，51.10米）。中学女子乙组：祝佩芳（60米，8″6；100米，14″8；200米，32″4）、惠萍（200米，32″4）、郁士芬（400米，1′18″1）、刘秀芳（800米，3′0″8）、蒋小萍（80米低栏，15″7）、黄鸣（跳高，1.22米）、张士英（跳远，4.03

米）、朱萍英（手榴弹，28.46米）。小学男子组：吴强（60米，9″3；100米，15″4）、徐永良（200米，32″9）、陆和平（400米，1′16″8）、陈华文（跳高，1.22米）、周士坤（跳远，3.97米）、周国洪（手榴弹，44.96米）。小学女子组：刘根娣（60米，9″7；200米，34″4）、陈兰凤（100米，16″2）、周建英（400米，1′25″6）、张兰珍（跳高，1.12米）、张伟清（跳远，3.39米）、薛杏英（垒球，39.14米）。

1972年江阴县中小学生田径运动会中学组破县纪录一览

表2-8

组别	项目	原纪录	姓　名	学　校	破纪录成绩
男子甲组	手榴弹	54.43 米	徐志荣	县中	56.45 米
	手榴弹	54.43 米	史建新	西郊	55.07 米
女子甲组	跳高	1.28 米	姜　莉	南菁	1.29 米
	铅球	7.44 米	王玉燕	祝塘	7.52 米
男子乙组	铅球	10.11 米	尤一鸣	马镇	10.23 米
女子乙组	60 米	9″0	祝佩芳	县中	8″6
	60 米	9″0	惠　萍	县中	8″7
	60 米	9″0	宋建新	北涸	8″9
	80 米低栏	16″4	蒋小萍	县中	15″7

1973年10月1—3日，江阴县中小学生田径运动会在县体育场举行，设高中男、女生甲组，初中男、女生乙组，小学男、女生丙组。全县各镇、公社中小学代表队参赛，并选拔县代表队参加地区的各项比赛。

1974年5月1—3日，江阴县田径运动会在县体育场举行，来自全县各镇、公社、工矿企业、学校的498名运动员参加比赛，大会按年龄分为成年、中学、小学三大组。成年男子组团体总分第一名为澄江镇（87分），北涸公社（39分）、璜土公社（39分）分获成年男子组团体总分第二、第三名。成年女子组团体总分第一名为北涸公社（51分），澄江镇（42.5分）、祝塘公社（35分）分获成年女子组团体总分第二、三名。中学男子组团体总分第一名为澄江镇（55分），北涸公社（54分）、长泾公社（31分）分获中学男子团体总分第二、三名。中学女子组团体总分第一名为峭岐公社（51分），澄江镇（51分）、顾山公社（40分）分获中学女子组团体总分第二、第三名。小学男子组团体总分第一名为西石桥公社（59分），申港公社（54分）、澄江镇（52分）分获小学男子组团体总分第二、第三名。小学女子组团体总分第一名为澄江镇（60分），璜塘公社（48分）、南闸公社（29分）分获小学女子团体总分第二、第三名。

1975年4月17—19日，江阴县中学生田径运动会在县体育场举行，各镇（公社）中学生代表队共574名运动员参赛，分为甲、乙两组。团体总分第一名为澄江镇（169.5分），华士镇（94分）、北涸公社（93.5分）为团体总分第二、第三名。各组第一名如下，男子甲组：顾忠兴（100米，12″3）、刘国林（200米，25″4）、陈建荣（400米，59″7）、任国清（800米，2′20″0）、华瑞雪（1500米，4′46″0；3000米10′7″5）、汪堃洁（110米栏，17″8；跳远，5.48米）、华士镇（4×100米接力，52″6）、俞文雄（五项全能，1681分）、包文忠（跳高，1.47米）、张协民（三级跳远，11.27米）、吴小明（撑竿跳高，2.50米）、陈加平（铅球，10.06米）、杨勇康（手榴弹，57.04米）、倪仁建（铁饼，34.86米）、李春（标枪，39.50米）。女子甲组：惠萍（100米，14″2；200米，29″4）、唐永芳（400米，1′10″7）、吴云芳（800米，2′47″5；1500米，5′34″8）、何丽华（100米栏，19″3）、吴永珠（五项全能，2843分）、澄江一队（4×100米接力，59″6）、陈健青（跳高，1.29米；跳远，4.41米）、夏一智（铅球，7.47米）、那彩华（手榴弹，34.84米）、徐文艳（铁饼，26.74米）、顾菊芬（标枪，26.23米）。男子乙组：王志宏（60米，8″4；100米，13″6；200米，27″9）、俞江铭（400米，1′4″4；铅球，8.02米）、马杰（800米，2′30″4；1500米，5′13″1）、谢洪涛、邱荣（100米栏，20″4）、缪国清（五项全能，726分）、严国良（跳高，1.30米）、刘跃（跳远，4.51米）、周建兴（手榴弹，46.78米）。女子乙组：吴群英（60米，8″9；100米，15″0）、陈美新（200米，32″3）、华明娟（400米，1′13″3；800米，2′50″8）、严枫（80米栏，17″1）、董梅（三项全能，750分；跳高，1.16米；铅球，6.40米）、许菊芬（跳远，4.03米）、王杏凤（手榴弹，29.86米）。

1975年江阴县中学生田径运动会破县纪录一览

表2-9

组别	项目	原纪录	姓　名	学　校	破纪录成绩
男子甲组	200 米	25″5	刘国林	澄江二队	25″4
	110 米栏	19″	汪堃洁	澄江一队	17″8
	跳远		汪堃洁	澄江一队	5.48 米
男子乙组	400 米		俞江铭	澄江一队	1′4″4
	60 米		王志宏	澄江一队	8″4
女子甲组	200 米	31″5	惠　萍	澄江一队	29″4
女子乙组	800 米	2′52″0	华明娟	北涸	2′50″8

1976年4月26日，江阴县中学生田径运动会在县体育场举行，各镇、公社代表队共有153名学生参加比赛。各组第一名如下，青年男子组：杭兴兆（100米，12″8；三级跳远，11.15米）、陈强（200米，27″3）、尹建刚（400米，1′0″2）、王荣明（800米，2′20″5；1500米，4′50″4）、高启良（跳高，1.46米；跳远，5.08米）、陆文银（铁饼，19.51米）、华国良（标枪，42.33米）、王建国（手榴弹，52米）。青年女子组：施华（100米，15″2）、承永建（200米，31″4）、唐永芳（400米，1′51″1；标枪，23.77米）、倪云娣（800米，2′56″8）、吕金芳（跳高，1.23米）、徐湘妹（铅球，6.29米）、承和英（手榴弹，29.30米；铁饼，15.97米）。少年男子甲组：陈建雄（100米，12″2；200米，25″8；400米，59″6）、夏一雷（800米，2′16″0；1500米，4′46″0）、包庆忠（110米栏，18″2；跳高，1.49米；三级跳远，11.45米）、惠永兴（跳远，5.19米）、陈泽（铅球，10.45米）、杨永康（铁饼，30.95米；标枪，47.75米；手榴弹，66.90米）。少年女子甲组：吴群英（100米，14″7）、刘根娣（200米，31″1；400米，1′10″0）、吴荣芳（800米，2′47″5）、贡彩芳（1500米，5′32″5）、沈小平（跳高，1.26米）、杨一敏（跳远，4.47米）、徐萍（铅球，6.29米）、刘建凤（手榴弹，33.10米）、夏一智（铁饼，17.02米；标枪，23.43

米）。少年男子乙组：高向东（60米，8″3；100米，14″1；跳远，4.59米）、赵叶（200米，28″7）、瞿苏宁（400米，1′6″3；1500米，5′10″4）、马杰（800米，2′27″0）、陈羽（80米栏，16″2）、年国良（跳高，1.40米；铅球，8.24米）、薛林才（手榴弹，44.02米）。少年女子乙组：余红（60米，9″0；100米，15″2）、华敏娟（200米，31″0；400米，1′12″1）、陆副芹（800米，2′53″0）、刘丽娟（80米低栏，16″9）、唐静娟（跳高，1.20米；跳远，4.00米）、袁红玉（铅球，6.52米）、徐菊妹（手榴弹，27.79米）。

1977年4月23—25日，在体育场举行江阴县中学生田径运动会，全县各镇、公社完全中学和华西学校共36个单位716名运动员参赛。团体总分第一名为南菁中学（192分），北漍中学（187.5分）、江阴县中（146.5分）为团体总分第二、第三名。各组第一名如下，高中男子组：赵掌明（100米，12″7）、刘海良（200米，26″4；400米，1′00）、唐建法（800米，2′22″4；1500米，4′54″75；3000米10′5″4）、严志丰（110米栏，18″8）、北漍中学（4×400米接力，4′14″3）、刘再耀（跳高，1.48米）、杨伟飞（跳远，5.19米）、刘惠忠（三级跳远，11.70米）、朱铁良（铅球，10.79米）、王振江（手榴弹，63.10米；铁饼，29.64米；标枪，43.10米）。高中女子组：杨菊芬（100米，14″5）、王翠英（200米，31″3）、王维（400米，1′12″3）、潘凤娟（800米，2′49″5）、沈凤珠（1500米，5′42″2）、沈小萍（100米低栏，19″3；跳高，1.30米）、南菁中学（4×100米接力，58″9）、杨敏（跳远，4.14米）、董梅（铅球，10.08米；铁饼，26.62米）、王维（手榴弹，33.68米）、沈菊妹（标枪，29.18米）。初中男子组，赵建华（100米，14″4；200米，28″8；400米，1′17″8）、费建良（800米，2′39″2）、周祖法（1500米，5′18″6）、王生红（3000米，10′50″0）、朱益民（100米低栏，18″9）、北漍中学队（4×100米接力，59″2）、黄少华（跳高，1.38米）、陆德俊（跳远，4.52米）、殷海祥（铅球，7.62米；铁饼，26.06米）、李志荣（标枪，32.07米）、徐建义（手榴弹，53.28米）。初中女子组：余红（100米，14″7；80米低栏，15″8）、孙兰（200米，31″9；400米，1′15″2）、殷燕玉（80米，2′52″5）王玲（跳高，1.20米）、南菁中学队（4×100米接力，1′01″9）、沈燕（跳远，3.19米）、施敏玉（铅球，7.15米）、徐凤（手榴弹，29.43米）。

1977年江阴县中学生田径运动会破纪录一览

表2-10

组别	项目	原纪录	姓　名	学　校	破纪录成绩
高中男子组	3000 米	—	唐建法	曙光中学	10′5″4
	跳高	—	刘再耀	璜土中学	1.48 米
	三级跳远	—	刘惠忠	县中	11.70 米
	三级跳远	—	杨伟飞	顾山中学	11.32 米
	铅球	—	朱铁良	夏港中学	10.79 米
	铅球	—	包模荣	长泾中学	10.47 米
	铅球	—	周剑兴	申港中学	10.17 米
	手榴弹	—	王振江	南菁中学	63.10 米
	手榴弹	—	胡士清	峭岐中学	59.62 米

续表2-10

组别	项目	原纪录	姓　名	学　校	破纪录成绩
高中男子组	手榴弹	—	陈建荣	曙光中学	57.54 米
高中女子组	跳高	—	沈小萍	南菁中学	1.30 米
	铅球	—	董　梅	县中	10.08 米
	铅球	—	包金梅	文林中学	8.44 米
	铅球	—	龚玉琴	长泾中学	8.30 米
	标枪	—	沈菊妹	月城中学	29.18 米
初中男子组	100 米低栏	—	朱益民	一中	18″ 9
	100 米低栏	—	赵　猛	县中	19″ 4
	100 米低栏	—	陆　军	华士中学	19″ 8
	100 米低栏	—	王健兴	青阳中学	20″ 0
	跳高	—	黄少华	文林中学	1.38 米
	跳高	—	丁　晔	长泾中学	1.34 米
	跳远	—	陆德俊	西石桥中学	4.52 米
	手榴弹	—	徐建义	马镇中学	53.28 米
	手榴弹	—	殷海祥	申港中学	48.46 米
初中女子组	铅球	—	黄亚玉	文林中学	6.42 米
	铅球	—	施敏玉	县中	7.15 米
	铅球	—	梅杏芬	西石桥中学	7.01 米
	铅球	—	王　玲	南菁中学	6.41 米
	铅球	—	李惠芬	县中	6.4 米
	100 米	—	佘　红	南菁中学	14″ 7
	铅球	—	佘　红	南菁中学	6.44 米

1978年4月30日—5月1日，在体育场举行江阴县中学生田径运动会，来自全县各中学共537名运动员参加比赛。南菁中学邓君平打破男子初中组跳高苏州地区纪录。各组第一名如下，高中男子组：付中（100米，11″ 9；200米，26″ 1）、翟苏宁（400米，58″ 8；800米，2′ 13″ 8；1500米，4′ 41″ 6）、缪剑忠（3000米，10′ 19″ 8）、钱兵（110米中栏，17″ 3，跳高，1.56米；跳远，5.49米）、南菁（4×100米接力，50″ 9）、陆建平（三级跳远，11.46米）、缪德庆（铅球，10.48米）、刘再跃（铁饼，31.84米）、唐永兴（标枪，45.42米；手榴弹，62.18米）。高中女子组：浦静芬（100米，14″ 0）、华明娟（200米，29″ 6）、黄荷娟（400米，1′ 8″ 8）、殷燕玉（800米，2′ 44″ 6）、沈凤珠（1500米，5′ 44″ 8）、叶文英（100米栏，19″ 4）、南菁（4×100米接力，59″ 0）、费荣芬（跳高，1.30米）、吴朝红（跳远，4.46米）、董梅（铅球，9.47米；铁饼，28.50米；标枪，29.80米）、庄美娟（手榴弹，35.40米）。初中男子组：沈震海（100米，12″ 6）、徐彪（200米，26″ 8）、李岳良（400米，1′ 01″ 3；800米，2′ 22″ 8）、张方大（1500米，5′ 0″ 6）、一中（4×100米接力，52″ 8）、张建平（100米栏，17″ 5）、邓君平（跳高，1.45米）、支曙明（跳远，5.02

米）、缪龙晓（铅球，10.98米）、沈小敏（铁饼，34.4米）、陆德俊（标枪，42.42米）、费岳清（手榴弹，51.59米）。初中女子组：王静（100米，14″2）、周红（200米，30″6；跳远，4.10米）、李亚英（400米，1′10″9；800米，2′46″9）、长泾中学（4×100米接力，1′1″0）、曹冬梅（80米低栏，16″6）、施敏玉（跳高，1.24米；铅球，8.03米）、吴琴芳（手榴弹，36.90米）。

1978年江阴县中学生田径运动会破县纪录一览

表2-11

组别	项目	原纪录	姓　名	学　校	破纪录成绩
高中男子组	110 米中栏	—	钱　兵	县中	17″3
	跳高	—	钱　兵	县中	1.56 米
	跳远	—	钱　兵	县中	5.49 米
	铁饼	—	刘再跃	璜土	31.84 米
高中女子组	400 米	—	黄荷娟	文林	1′08″8
	800 米	—	殷燕玉	文林	2′44″6
	铁饼	—	董　梅	县中	28.50 米
	标枪	—	董　梅	县中	29.80 米
初中男子组	100 米	—	沈震海	南菁	12″6
	100 米	—	徐　彪	西石桥	12″8
	200 米	—	徐　彪	西石桥	26″8
	400 米	—	李岳良	县中	1′01″3
	400 米	—	姚克修	一中	1′01″6
	400 米	—	施建南	利港	1′01″7
	800 米	—	施建南	利港	2′25″1
	400 米	—	倪卫民	城北	1′02″1
	800 米	—	倪卫民	城北	2′27″2
	400 米	—	曹国良	县中	1′03″0
	400 米	—	王晓博	利港	1′04″0
	800 米	—	李岳良	县中	2′22″8
	4×100 米接力	—	市一中队		52″8
	100 米栏	—	张建平	县中	17″5
	100 米栏	—	单文龙	青阳	17″6
	100 米栏	—	季云明	解放	18″2
	100 米栏	—	葛丁顺	青阳	18″2
	100 米栏	—	支曙明	一中	18″6
	跳远	—	支曙明	一中	5.02 米
	100 米栏	—	杨伟平	长泾	18″7

续表2-11

组别	项目	原纪录	姓　名	学　校	破纪录成绩
初中男子组	铅球	—	缪龙晓	华士	10.98 米
	铅球	—	倪卫民	城北	10.89 米
	铅球	—	唐存柱	城北	10.55 米
	铁饼	—	唐存柱	城北	33.66 米
	标枪	—	唐存柱	城北	35.02 米
	铅球	—	汪祖丰	北国	10.50 米
	铁饼	—	沈小敏	青阳	34.40 米
	标枪	—	陆德俊	西石桥	42.42 米
	标枪	—	袁　华	一中	38.94 米
	标枪	—	庞建军	城北	36.29 米
	标枪	—	王利民	顾山	36.25 米
初中女子组	200 米	—	周　红	长泾	30″6
	200 米	—	李亚英	北国	30″8
	400 米	—	李亚英	北国	1′10″9
	400 米	—	周巧娣	县中	1′12″2
	跳高	—	施敏玉	县中	1.24 米
	铅球	—	施敏玉	县中	8.03 米
	手榴弹	—	吴琴芳	璜土	36.90 米

1978年6月，江阴县成立中学生田径代表队，由19人组成：

少年甲组：傅忠（华士）、郑军（县中）、翟苏宁（南菁）、钱兵（县中）、戚军（县中）、叶文英（南菁）、黄荷娟（文林）、殷燕玉（文林）、董梅（县中）、吴朝红（顾山）。少年乙组，邓君平（南菁）、费岳清（文林）、单文龙（青阳）、肖秋云（解放）、徐向（长寿）、王静（县中）、周红（长泾）、李亚英（北涸）、曹冬梅（城北）。

1978年10月27—29日，在体育场举行江阴县小学生田径运动会，全县各公社（镇）共31所学校505名学生参加比赛。（运动会成绩无查考）

1979年10月1—2日，江阴县中学生田径运动会在县体育场举行，来自全县36所中学的522名男女选手参赛。南菁中学获团体总分第一名（239分），青阳中学（88.5分）、江阴县中（84分）获团体总分第二、第三名。各组第一名如下，男子甲组：徐彪（100米，12″5；200米,25″6；400米，58″0）、倪士民（800米，2′18″6；1500米，4′48″0）、单文龙（110米栏，18″5）、邓君平（跳高，1.57米；三级跳远，11.21米）、吴秋明（铅球，9.98米）、谢维仁（铁饼，33.47米）。女子甲组：陈继敏（100米，14″6；200米，30″6）、李亚英（400米，1′7″6；800米，2′37″7；1500米，5′35″8）、曹冬梅（100米栏，18″9）、成丽萍（跳高，1.38米；跳远，4.31米）、谈晓绮（铅球，7.98米）、蒋彩芬（铁饼，22.79米）。男子乙组：黄斌（100米，13″8；200米，29″0；400米，1′7″0）、季福明（800米，2′39″9）、严益宇（110米栏，21″4）、胡克鸣（跳高，1.30米）、董伯超（跳远，4.37米）、汤荣兴（铅球，7.65米；铁饼，26.70米）。女子乙组：吴煜（100米，14″3；200米，29″9）、陆雄亚（400米，1′12″7）、吴月萍（800米，2′52″6）、徐小红（80米栏，16″0）、史晓红（跳高，1.30米）、姚芬（跳远，4.16米）、许红（铅球，7.71米）。

1979年江阴县中学生运动会破县纪录一览

表2-12

组别	项目	县纪录	姓　名	学　校	破纪录成绩
男子甲组	跳高	1.56 米	邓君平	南菁	1.57 米
	铁饼	31.84 米	谢维仁	青阳	33.47 米
女子甲组	400 米	1′8″8	李亚英	北国	1′7″6
	800 米	2′44″6	李亚英	北国	2′37″7
	100 米栏	19″0	曹冬梅	南菁	18″9
	跳高	1.30 米	成丽萍	南菁	1.38 米
女子乙组	200 米	30″6	吴　煜	南菁	29″9
	跳高	1.24 米	史晓红	南菁	1.30 米

1980年5月24日，在县体育场举行江阴县首届幼儿园运动会，澄江镇各小学幼儿园515名小选手参加比赛。江阴县实验小学幼儿园获第一名，北大街小学幼儿园获第二名。

1980年6月5—7日，在体育场举行江阴县中小学生田径运动会。中学组团体总分第一名为南菁中学（128.5分），北涸中学（118.3分）、江阴县中（88分）分获中学组团体总分第二、第三名。小学组团体总分第一名为北涸中心小学（58分），长泾中心小学（42分）、澄江甲（34分）分获小学组团体总分第二、第三名。各组第一名如下，中学男子甲组：徐志兴（100米，13″0；200米，26″8）、蒋华（400米，59″9；跳高，1.49米；三级跳远，11.15米）、吴建国（800米，2′18″4；1500米，4′39″9；3000米，10′34″4）、丁卫权（110米栏，18″5）、周炳华（跳远，4.94米）、朱士德（铅球，9.02米；铁饼，30.44米；手榴弹，56.58米）、孔幼迅（标枪，44.18米）。中学女子甲组：何芳（100米，14″4）、李亚英（200米，30″5；400米，1′7″1；800米，2′35″5）、吴月萍（1500米，5′31″9）、梅小琴（110米栏，20″4）、姚芬（跳高，1.28米；跳远，4.23米）、陈玉芬（铅球，8.79米）、缪菁华（铁饼，22.38米）、包秋珍（标枪，26.18米；手榴弹，32.84米）。中学男子乙组：钱国洪（100米，14″5；200米，29″4；800米，2′33″8）、钱立涛（400米，1′5″2；110米栏，21″0）、刘文华（1500米，5′20″6）、陆建国（跳高，1.33米；跳远，4.59米；铁饼，24.70米）、郁建明（铅球，8.26米）、蔡仁良（手榴弹，41.78米）。中学女子乙组：吴煜（100米，14″5；200米，29″8；80米栏，16″0）、陆雄亚（400米，1′12″4；跳远，4.11米）、徐培芳（800米，2′54″7）、杨秀文（1500米，5′59″0）、张东（跳高，1.20米）、陈红梅（铅球，9.13米；手榴弹，33.04米）。小学男子组：张汉中（100米，15″4；200米，32″4）、洑卫东（400米，1′12″2）、王晓东（800米，2′38″9）、张建明（跳高，1.18米）、蔡建文（跳远，3.98米）、包益新（铅球，7.25米）、刘金才（手榴弹，42.24米）。小学女子组：丁丽娟（100米，16″4）、许洁（200米，33″6）、李英姿（400米，1′15″3）、汤静娟（800米，2′51″6）、余生连（跳高，1.10米）、夏莉红（跳远，3.51米）、浦君（铅球，5.63米）、顾银凤（手榴弹，31.16米）。中学女子甲组李亚英200米（30″5），女子乙组陈红梅铅球（9.13米），小学女子组汤静娟800米（2′51″6）打破县纪录。

1981年6月1日，在体育场灯光球场举行第二届江阴县幼儿运动会，北大街小学幼儿园获团体总分第一名。1981年9月，江阴县举行以片为单位小学生田径运动会。各组第一名如下，男子组：计勇军（60米，9″25；200米，32″4）、马胜（100米，15″6）、徐建军（400米，1′15″4）、徐志平（800米，2′52″0）、蒋建伟（跳高，1.10米）、陆亿良（跳远，3.80米）、李开平（手榴弹，41.77米）、陈小松（铅球，7.5米）。女子组：徐英（60米，9″6）、黄惠琴（100米，15″9；200米，33″0；800米，2′54″2）、蒋安妹（400米，1′18″4）、戚宇音（跳高，1.12米）、陈景卫（跳远，3.40米）、周兰芳（手榴弹，28.9米）、徐林（铅球，6.17米）。1981年10月1—3日，江阴县中学生田径运动会在县体育场举行，各公社（镇）中学共37支代表队347名运动员参赛。南菁中学获中学组团体总分第一名（194分），江阴县中（117.5分）、北涸（111分）获中学组团体总分第二、第三名。各组第一名如下，男子甲组：马凡（100米，12″1；110米栏，18″0）、朱瑜（200米，25″3）、蒋华（400米，57″0；跳高，1.53米）、庄工（800米，2′16″3；1500米，4′54″0）、黄国华（3000米，11′6″5）、杜宁洪（110米栏，18″0）、陆建国（跳远，5.35米）、张建良（三级跳远，11.19米）、朱小虹（铅球，9.02米）、吴彧（铁饼，30.10米）、顾惠兴（标枪，43.76米）、汤荣兴（手榴弹，54.48米）、江卫心（五项全能，1588分）。女子甲组：吴煜（100米，13″5）、卢敏红（200米，29″3）、潘红亚（400米，1′9″0；800米，2′41″0）、吴月萍（1500米，5′36″8）、姚芬（100米栏，18″8；跳远，4.23米）、曹薇（跳高，1.28米）、陈玉芬（铅球，7.82米；标枪，28.38米；手榴弹，37.04米）、吴珏（铁饼，24.98米）、薛亚军（标枪，28.38米）、周玉英（五项全能，1834分）。男子乙组：张龙明（100米，13″5；200米，27″5；400米，1′3″0）、薛彪（800米，2′25″9；1500米，5′8″7）、孔勤（110米栏，21″4）、辛国良（跳高，1.25米）、臧红武（跳远，4.61米）、蔡永忠（铅球，8.62米；铁饼，28.34米）、李文雅（手榴弹，50.38米）。女子乙组：季以妹（100米，15″0；200米，31″2；跳远，4.14米）、王芳（400米，1′10″1；800米，2′43″0）、汤静娟（1500米，5′51″2）、王亚君（80米栏，15″9）、孙莉（跳高，1.25米）、黄露云（铅球，8.14米）、孙瑛（铁饼，24.56米）、孔静亚（手榴弹，32.78米）。

1981年江阴县中学生田径运动会破县纪录一览

表2-13

组别	项目	县纪录	姓　名	学　校	破纪录成绩
女子甲组	100 米	14″0	吴　煜	南菁	13″5
	200 米	29″4	卢敏红	解放中学	29″3
	100 米栏	19″0	姚　芬	澄西中学	18″8
女子乙组	800 米	2′43″8	王　芳	南菁	2′43″0
	400 米	1′10″9	王　芳	南菁	1′10″1
	1500 米	5′59″0	王　芳	南菁	5′58″6
	1500 米	5′59″0	汤静娟	北涸中心	5′51″2

1982年6月1日，第三届江阴县幼儿运动会在县体育场举行，共有192名学生参加表演，199名学生参加竞赛。江阴县实验小学幼儿园获团体总分第一名，人民小学幼儿园（澄江中心幼儿园）和东方红小学幼儿园（辅延小学幼儿园）分获第二、第三名。孙俊达、何英分获男子、女子40米运球第一名；文江、顾霞分获男、女组40米三轮车第一名。是年9月27—30日，在体育场举行江阴县中小学生田径运动会，全县中学28支代表队263名运动员，小学31支代表队186名运动员参加比赛。南菁中学获中学组团体总分第一名（154分），江阴县市一中（126分）、祝塘中学（90分）获中学组团体总分第二、第三名。江阴县实验小学获小学组团体总分第一名（76分），顾山小学（52分）、人民小学（47分）获小学组团体总分第二、第三名。各组第一名如下，男子甲组：朱瑜（100米，12″2；200米，24″7；400米，59″0）、唐建定（800米，2′16″0；1500米，4′40″9；3000米，10′12″5）、黄志良（110米栏，18″6；跳远，5.34米；三级跳远，11.74米）、李奇（跳高，1.58米）、朱利斌（铅球，10.04米；铁饼，32.20米）、姚远（标枪，50.56米）、许晨锋（手榴弹，55.90米）、张虹（五项全能，1832分）。女子甲组：吴星（100米，13″8；200米，29″1）、潘红霞（400米，1′5″8；800米，2′37″7；100米栏，19″0）、崔巧珍（1500米，5′46″7；3000米，12′4″5）、张东（跳高，1.35米）、史晓红（跳远，4.33米；五项全能，2297分）、吴珏（铅球，8.73米；手榴弹，36.32米）、黄霞云（铁饼，28.30米）、周芳（标枪，26.32米）。男子乙组：程国忠（100米，14″5）、潘曼平（200米，29″3）、曹彪（400米，59″9）、薛彪（800米，2′29″8；1500米，5′6″7）、翟惟嘉（100米栏，18″5；跳高，1.46米）、陈小松（跳远，4.63米）、陆章林（铅球，8.39米）、须育慎（铁饼，28.54米）、程国忠（手榴弹，40.96米）。女子乙组：殷芳（100米，14″4；200米，30″0；400米，1′11″6）、周珍新（800米，2′57″2）、杨珊红、徐国华（80米栏，15″7）、姚文珏（跳高，1.23米）、仲英（跳远，4.04米）、顾倩怡（铅球，7.70米）、沈杏芳（铁饼，19.46米）、查宏英（手榴弹，28.70米）。小学男子组：于彤（60米，9″3）、陈胜（100米，14″6；200米，30″2；400米，1′07″0）、沈一斌（跳高，1.17米；跳高，3.78米）、高峰（铅球，8.26米）、杜晓峰（手榴弹，39.58米）。小学女子组：解　（60米、9″8）、王琴（100米，15″5；200米，32″4；400米，1′15″8）、顾丽燕（跳高，1.17米）、张小燕（跳远，3.70米）、季敏（铅球，6.76米）、吴燕红（手榴弹，26.68米）。

1982年江阴县中小学田径运动会破县纪录一览

表2-14

组别	项目	县纪录	姓　名	学　校	破纪录成绩
中学男子甲组	标枪	47.16	许晨锋	澄西中学	47.20 米
	标枪	47.16	姚　远	市一中	50.56 米
中学男子乙组	400 米	1′0″1	曹　彪	北涸中心	59″9
	跳高	1.45 米	翟惟嘉	南菁中学	1.46 米
小学男子组	200 米	30″5	陈　胜	人民小学	30″2
	400 米	1′8″9	陈　胜	人民小学	1′07″0
小学女子组	跳高	1.12 米	顾丽燕	文林中心	1.17 米
	跳高	1.12 米	周志芳	实验小学	1.17 米

1983年9月28—30日，江阴县中小学生田径运动会在县体育场举行，全县34所中学，37所小学共347名（其中小学146名）学生参赛。南菁中学获中学组团体总分第一名（1017分），江阴县中（954分）、江阴县一中（848分）获中学组团体总分第二、第三名。江阴县实验小学获小学组团体总分（531分）第一名，峭岐中心（496分）、青阳镇（384分）获小学组团体总分第二、第三名。各组第一名如下，中学男子甲组第一名：张兵（100米，12″4）、缪振新（200米，24″9）、缪东晓（3000米，11′29″2）、丁卫东（跳高，1.39米）、刘强（铅球，8.35米）、顾浩然（铁饼，17.98米）。中学女子甲组第一名：吴煜（100米，13″1）、孔静亚（800米，2′40″9）、蔡建英（1500米，6′18″6）、陈红妹（铅球，9.56米）、杜庆娣（跳高，1.22米）。南菁中学吴煜以13″1的成绩打破自己保持的中学女子甲组100米13″5的县纪录。

1984年10月15—17日，在县体育场举行江阴县中小学生田径运动会，67所中小学共614名学生（其中小学生251名）参赛。南菁中学获中学组团体总分第一名（142分），江阴县中（139分）、青阳中学（98分）获中学组团体总分第二、第三名。祝塘中心获小学组团体总分第一名（70分），澄江镇北片（61分）、北涸中心小学（56分）获小学组团体总分第二、第三名。各组第一名如下，中学男子甲组：张兵（100米，11″8；200米，24″1）、王晓东（400米，57″3）、薛彪（800米，2′14″2；1500米，4′48″3）、庄建平（3000米，11′0″0）、周神青（5公里竞走，30′15″5）、洪　（110米栏，17″5）、翟惟嘉（跳高，1.45米）、臧红武（跳远，5.55米）、周春良（三级跳远，12.36米；铅球，10.88）、赵国平（撑竿跳高，2.60米）、蒋明华（铁饼，36.26米）、徐洪平（标枪，46.52米）。中学女子甲组：王惠珠（100米，13″9）、殷芳（200米，28″4）、李红霞（400米，1′7″1；800米，2′42″7）、孔静亚（1500米，5′25″8；3000米，12′2″2）、杨珊红（100米栏，18″9）、居惠凤（3公里竞走，19′07″0）、王立英（跳高，1.23米）、仲英（跳远，4.64米）、沈莉（铅球，9.07米；铁饼，25.78米）、鲍澜敏（标枪，22.78米）。中学男子乙组：刘斌（100米，13″2）、黄荣（200米，27″0）、徐乾（400米，1′1″5；跳远，5.13米）、缪英其（800米，2′38″1）、翟卫国（1500米，5′11″7）、朱由（100米栏，20″0）、蒋建华（5公里竞走，33′25″2）、刘军辉（跳高，1.28米）、吴国云（铅球，7.59米）、唐承兴（铁饼，27.78米）、何晓东（标枪，27.12米）。中学女子乙组：李敏（100米，13″9；铅球，10.15米）、王琴（400米，1′7″5；200米，29″1）、陆建华（800米，2′44″2）、顾亚华（1500米，5′44″2）、陈晓云（80米栏，15″8）、马安品（3公里竞走，20′7″5）、陈正清（跳高，1.35米）、周志芳（跳远，4.49米）、徐芳（铁饼，19.79米）、何晓红（标枪，15.84米）、李敏（铅球，10.15米）。小学男子甲组：杨炯（60米，9″1；100米，14″6）、张建达（200米，31″9）、叶航（400米，1′10″8；800米，2′46″1）、陈建忠（跳高，1.00米）、曹晓南（跳远，4.04米）、钱烈（铅球，6.63米）。小学女子甲组：蒋晓云（60米，9″8）、蔡亦新（100米，15″7）、朱益红（200米，32″4；400米，1′13″6）、吴翠芬（800米，2′59″3）、堵秋霞（跳高，1.08米）、包映红（跳远，3.73米）、曾莉萍（铅球，6.30米）。小学男子乙组：濮建刚（60米，10″0；跳远，3.60米）、周荣献（100米，15″4；200米，32″8）、潘永明（400米，1′12″9）、孙岳忠（跳高，1.05米）、杜国云（垒球，44.48米）。小学女子乙组：谢雪菲（60米，9″5；100米，16″3）、张小华（200米，35″8）、吴红（400米，1′22″9）、彭汝英（跳高，1.00米）、姚利红（跳远，3.47米）、沙静（垒球，

32.28米）。

1984年江阴县中小学生运动会破县纪录一览

表2-15

组别	项目	县纪录	姓　名	学　校	破纪录成绩
中学男子甲组	200米	24″4	张　兵	县中	24″1
	三级跳远	11.79米	周春良	青阳中学	12.36米
	铅球	10.48米	周春良	青阳中学	10.88米
	标枪	缺失	徐洪平	祝塘中学	46.52米
	标枪	缺失	蔡永忠	县中	43.46米
中学女子甲组	200米	29″1	殷　芳	南菁	28″4
	3000米	12′4″9	孔静霞	祝塘中学	12′2″2
	跳远	4.58米	仲　英	县一中	4.64米
中学男子乙组	跳远	5.02米	徐　乾	南菁	5.13米
中学女子乙组	200米	29″4	王　琴	县中	29″1
	400米	1′8″1	王　琴	县中	1′7″5
	1500米	5′51″2	顾亚华	县一中	5′44″2
	跳高	1.30米	陈正清	青阳中学	1.35米
	跳远	4.41米	周志芳	南菁	4.49米
	铅球	9.13米	李　敏	县中	10.15米

1986年5月21—23日，在体育场举行江阴县中小学生田径运动会，全县66支代表队共722名（其中小学372名）学生参加比赛。县中获中学组团体总分第一名（151分），南菁中学（141分）、马镇中学（103分）获中学组团体总分第二、第三名。澄江二队获小学组团体总分第一名（118分）。祝塘中心小学（86分）、陆桥中心小学（76.5分）获小学组团体总分第二、第三名。各组第一名如下，中学男子青年组：刘洪华（100米，11″9）、黄卫刚（400米，57″7）、朱富春（1500米，4′48″0；3000米，10′32″7）、许晔峰（110米栏，20″0）、彭辉（跳高，1.45米）、任思明（跳远，5.78米）、蔡永忠（铅球，10.21米）、吴国清（标枪，27.76米）、金亚明（铁饼，27.32米）。中学女子青年组：仲瑛（100米，14″1）、黄红（400米，1′10″8）、姚喜雪（800米，2′38″2；1500米，5′36″3）、徐为贞（跳高，1.25米）、佘联娥（跳远，4.42米）、王芳（铅球，9.26米；铁饼，25.06米）、沈杏芬（标枪，21.60米）。中学男子甲组：张兵（100米，12″1）、张皓（200米，25″4）、朱鸿海（400米，1′1″2）、张丰（800米，2′14″1；1500米，4′44″0）、卢和兴（10公里竞走，62′6″9）、翟惟嘉（跳高，1.72米；三级跳远，12.51米）、连卫国（跳远，5.97米）、俞文清（铅球，10.43米；铁饼，37.68米）、殷军（标枪，36.96米）。中学女子甲组：殷芳（100米，13″2；200米，29″0）、王琴（400米，1′7″3）、陆建华（800米，2′41″6）、陈红武（1500米，5′37″6）、史海燕（100米栏，20″2）、陈正清（跳高，1.40米；跳远，4.98米）、黄燕（铅球，7.88米）、程翠英（标枪，18.60米）、解国珍

（铁饼，24.24米）、刘君芬（5公里竞走，29′24″6）。中学男子乙组：刘斌（100米，12″5）、徐乾（200米，25″9；400米，57″8）、王建强（800米，2′23″6）、刘红烈（1500米，4′55″1）、朱由（100米栏，20″2）、刘峰（跳高，1.39米）、吴庆吉（跳远，5.17米）、吴国云（铅球，10.67米；标枪，32.16米）、唐承兴（铁饼，42.96）、蒋建军（5公里竞走，30′13″7）。中学女子乙组：张芳（100米，14″2；200米，29″6）、冯幸华（400米，1′10″1；800米，2′47″8）、朱春亚（80米栏，15″8）、俞芳（跳高，1.23米）、沈菁（跳远，4.18米）、黄美英（铅球，8.13米）、徐文琼（标枪，18.40米）、赵娟（铁饼，20.14米）。小学男子甲组：周荣献（100米，14″6；跳远，4.48米）、许峰（200米，31″9）、潘永明（800米，高2′38″0）、江胜宇（跳高，1.24米）、殷晓军（铅球，9.64米）。小学女子甲组：杜丽芳（100米，14″4；200米，30″1）、王志玉（800米，2′52″7）、张文君（跳高，1.25米）、唐洁（跳远，3.74米）、沙静（铅球，7.66米）。小学男子乙组：陆伊黎（50米，8″0）、朱冠华（100米，14″5；200米，30″6）、胡山历（400米，1′14″9）、秦建国（800米，2′48″0）、宋学雷（跳高，1.09米）、崔强（跳远，3.96米）、杜明（铅球，7.45米）。小学女子乙组：查海燕（50米，8″0；跳远，3.82米）、方红霞（100米，15″5）、许小红（200米，32″1；800米，2′54″7）、任敏华（400米，1′17″3）、侯春静（跳高，1.09米）、黄海芳（铅球，5.97米）。小学男子丙组：吕豫（50米，7″9；100米，15″9）、李卫东（200米，34″8；400米，1′16″8）、陈勇庆（跳高，1.05米）、范庆丰（跳远，3.74米）、陈东伟（垒球，37.62米）。小学女子丙组：林芳（50米，8″4）、吴君亚（100米，15″5；跳远，3.48米）、黄科（200米，34″4）、赵红玉（400米，1′18″5）、周艳（跳高，1.04米）、曹颂伟（垒球，26.72米）。小学男子丁组：张勇（50米，8″2；跳远，3.45米）、丁成国（400米，1′19″1）、俞国华（垒球，36.58米）。小学女子丁组：赵丹（50米，8″5；400米，1′20″6）、郁玉娟（垒球，27.30米）、李秋霞（跳远，3.21米）。

1986年江阴县中小学生田径运动会破县纪录一览

表2-16

组　别	项目	县纪录	姓　名	学　校	破纪录成绩
中学男子青年组	400米	—	黄卫刚	华士中学	57″7
	400米	—	顾东凯	长泾中学	57″8
	400米	—	张国龙	马镇中学	59″0
	400米	—	王小平	利港中学	1′0″
	400米	—	侯文忠	陆桥中学	1′0″8
	400米	—	许寒健	璜塘中学	1′01″6
	铅球	—	蔡永忠	县中	10.21米
	铅球	—	施　武	征存中学	9.95米
中学女子青年组	标枪	—	沈杏芬	要塞中学	21.60米
	标枪	—	何　琴	周庄中学	18.54米
	标枪	—	雷静亚	月城中学	18.48米

续表2-16

组　　别	项目	县纪录	姓　名	学　校	破纪录成绩
中学女子青年组	标枪	—	纪丹华	城北中学	17.62 米
	800 米	—	姚喜雪	马镇中学	2′38″2
	1500 米	—	姚喜雪	马镇中学	5′36″3
	100 米	—	仲　英	一中	14″1
	100 米	—	佘联娥	长寿中学	14″6
	100 米	—	张志英	文林中学	14″7
	100 米	—	黄美琴	山观中学	15″0
	100 米	—	张剑萍	北涸中学	15″1
	400 米	—	黄　红	县中	1′10″8
	400 米	—	张剑萍	北涸中心	1′13″6
	铁饼	—	王　芳	南菁中学	25.06 米
	铅球	—	王　芳	南菁中学	9.26 米
	铁饼	—	王冬梅	璜土中学	24.34 米
	铁饼	—	殷亚萍	璜土中学	22.54 米
	铁饼	—	纪月华	城北中学	22.46 米
中学男子甲组	跳高	—	翟惟嘉	南菁中学	1.72 米
	跳高	—	黄　峰	青阳中学	1.65 米
	跳远	—	连卫国	北涸中心	5.97 米
中学女子甲组	跳远	—	陈正清	青阳中学	4.98 米
中学男子乙组	铁饼	—	唐承兴	马镇中学	42.96 米
	铁饼	—	何晓东	新桥中学	36.70 米
	200 米	—	徐　乾	南菁中学	25″9
	标枪	—	吴国云	县中	32.16 米
中学男子乙组	标枪	—	姚利群	华士中学	31.90 米
	标枪	—	缪文龙	祝塘中学	31.08 米
	标枪	—	陈　兴	祝塘中学	29.26 米
	标枪	—	刘国生	要塞中学	28.12 米
	标枪	—	张洪方	石庄中学	28.10 米
	标枪	—	刘军辉	长泾中学	27.92 米
中学女子乙组	标枪	—	徐文琼	利港中学	18.40 米
	标枪	—	陆海霞	长山中学	18.32 米
	标枪	—	王　芳	华士中学	17.54 米
小学男子甲组	铅球	—	徐立新	峭岐中心	9.40 米
	铅球	—	殷晓军	申港中心	9.64 米

续表2-16

组　　别	项目	县纪录	姓　名	学　校	破纪录成绩
小学女子甲组	跳高	—	张文君	西郊中心	1.25 米
	铅球	—	沙　静	澄一队	7.66 米
小学男子乙组	100 米	—	朱冠军	澄二队	14″5
	200 米	—	朱冠军	澄二队	30″6
小学女子乙组	跳远	—	查海燕	澄二队	3.82 米
	800 米	—	许小红	祝塘中心	2′54″7
	800 米	—	周益红	西石桥中心	2′55″0
	800 米	—	费惠琼	陆桥中心	2′55″8
	800 米	—	吴晓萍	北漍中心	3′07″0
	跳高	—	侯春静	利港中心	1.09 米
	跳高	—	吕　敏	南闸中心	1.07 米
	跳高	—	仰英姿	—	1.07 米
	跳高	—	陈雪芬	桐岐中心	1.07 米
	跳高	—	胡云霞	—	1.07 米
小学女子丙组	跳高	—	周　艳	河塘中心	1.04 米
	100 米	—	吴君亚	夏港中心	15″5

1987年9月26—27日，第一届江阴市中小学生田径运动会在市体育场举行，全市小学32支代表队256名运动员，中学33支代表队258名运动员参加比赛。江阴市中以115分的成绩获中学组团体总分第一名。江阴市一中（69分）、城北中学（65分）获中学组团体总分第二、第三名。华士中心以97分的成绩获小学组团体总分第一名，澄一队（90分）、澄二队（62分）获小学组团体总分第二、第三名。各组第一名如下，中学男子青年组：王晓伟（100米，11″9）、张峰（400米，55″3）、任国军（1500米，14′46″8）、徐良洪（3000米，10′53″1）、王健荣（跳高，1.57米）、徐平（跳远，5.73米）、蔡永忠（铅球，10.39米）、高文跃（标枪，33.24米）、俞文清（铁饼，30.54米）。中学女子青年组：殷芳（100米，13″5）、陆建华（400米，1′07″8；800米，2′42″5）、陈红武（1500米，5′54″2）、陈正清（跳高，1.50米；跳远，5.17米）、赵培娟（铅球，7.65米）、朱华（标枪，18.20米）、丁云芳（铁饼，24.08米）。中学男子甲组：徐乾（100米，12″1）、沈一斌（200米，25″9；400米，57″1）、支伟（800米，2′14″8）、于志良（1500米，4′49″9）、李蔚（跳高，1.40米）、吴林涛（跳远，5.76米）、张伟东（铅球，10.43米；铁饼，28.66米）、耿武军（标枪，32.20米）。中学女子甲组：张芳（100米，14″7）、蔡亦新（400米，1′9″4；200米，28″0）、陆美华（800米，2′46″2）、李蓉艳（1500米，5′44″2）、朱春亚（100米栏，20″4）、孔燕珠（跳高，1.44米）、包红英（跳远，4.07米）、王芳（铅球，7.88米）、任春玉（标枪，25.34米）、王文亚（铁饼，23.54米）、王英（三级跳远，8.92米）。中学男子乙组：李新（100米，12″7；200米，27″3）、彭建明（400米，1′01″7）、叶航（1500米，5′10″7）、吕刚（跳高，1.57米；铁饼，35.20米）、符盛强（跳远，5.31米）、顾建

明（铅球，10.84米）、赵伟（标枪，34.54米）。中学女子乙组：谢雪菲（100米，13″4；200米，28″3）、戴燕（400米，1′11″8；800米，2′42″7）、张文军（跳高，1.46米；跳远，4.79米）、陆玲妹（铅球，10.00米；标枪，23.56米）、奚赛玉（铁饼，19.70米）、戴月娣（三级跳远，8.49米）。小学男子甲组：徐刚（100米，14″3）、吴海雄（200米，31″3）、陶建华（800米，2′43″1）、沈志峰（跳高，1.28米；跳远，4.23米）、李伟（铅球，8.73米）。小学女子甲组：查海燕（100米，14″5）、范敏芳（200米，32″0）、包红亚（800米，2′52″8）、陈雪芬（跳高，1.23米）、方红霞（跳远，4.28米）、黄丽萍（铅球，6.82米）。小学男子乙组：范庆丰（50米，7″5；跳远，4.57米）、吕豫（100米，15″9）、冯海峰（200米，30″8）、汤纪刚（400米，1′14″0）、陈龙（800米，2′47″3）、张军（跳高，1.17米）、陆敏（铅球，7.59米）。小学女子乙组：吴君亚（50米，7″7；100米，14″9）、瞿小岚（200米，33″7）、赵静（400米，1′14″3；800米，2′46″8）、周艳（跳高，1.16米）、周丽玉（跳远，3.71米）、林惠珍（铅球，6.53米）。小学男子丙组：张勇（50米，8″0；跳远，4.04米）、江峰（100米，16″0）、殷加良（200米，33″5）、黄春洪（400米，1′13″8）、徐新峰（跳高，1.06米）、俞国华（垒球，38.84米）。小学女子丙组：赵丹（50米，8″2）、陈丹玉（100米，15″9）、华金云（200米，33″0；400米，1′17″3）、俞海燕（跳高，1.05米）、夏春亚（跳远，3.36米）、郁玉娟（垒球，31.16米）。小学男子丁组：徐新民（50米，8″3；400米，1′17″1）、赵荣（跳远，3.60米）、刘海峰（垒球，36.62米）。小学女子丁组：董芬（50米，8″7）、徐志萍（400米，1′20″8）、赵雄英（跳远，3.31米）、黄桃华（垒球，28.04米）。

1987年江阴市中小学生田径运动会破市纪录一览

表1-17

组　别	项目	市纪录	姓　名	学　校	破纪录成绩
中学男子青年组	400米	—	张　峰	江阴一中	55″3
	400米	—	王晓伟	城北中学	55″8
	400米	—	张　健	一中	56″6
中学女子青年组	100米	—	殷　芳	南菁中学	13″5
	400米	—	殷　芳	南菁中学	1′08″3
	400米	—	陆建华	陆桥中学	1′07″8
	400米	—	王惠珠	南菁中学	1′08″9
	跳高	—	陈正清	青阳中学	1.50米
	跳远	—	陈正清	青阳中学	5.17米
中学女子甲组	400米	—	蔡亦新	市中	1′9″4
	标枪	—	任春玉	祝塘中学	25.34米
	标枪	—	季小燕	月城中学	22.30米
中学男子乙组	跳高	—	吕　刚	陆桥中学	1.57米
	跳远	—	符盛强	夏港中学	5.31米
	跳远	—	周荣献	市中	5.27米
	铅球	—	顾建明	顾山中学	10.84米

续表1-17

组　别	项目	市纪录	姓　名	学　校	破纪录成绩
中学男子乙组	标枪	—	赵　伟	周庄中学	34.54 米
	标枪	—	黄伟勇	城北中学	33.52 米
	标枪	—	张惠洪	城北中学	33.24 米
中学女子乙组	跳高	—	张文军	市中	1. 46 米
	跳远	—	张文军	市中	4.79 米
	标枪	—	陆玲妹	顾山中学	23.56 米
小学男子乙组	跳远	—	范庆丰	澄一队	4.57 米
	跳远	—	冯海峰	澄一队	4.21 米
小学女子乙组	跳高	—	周　艳	河塘中心	1.16 米
	跳高	—	李夏华	北漍中心	1.16 米
小学男子丙组	跳高	—	徐新峰	申港中心	1.06 米
	垒球	—	俞国华	长山中心	38.84 米
	垒球	—	奚松军	马镇中心	38.26 米
小学女子丙组	400 米	—	华金云	澄二队	1′ 17″ 3
	跳高	—	俞海燕	文林中心	1.05 米
	垒球	—	郁玉娟	河塘中心	31.16 米
	垒球	—	陈　玲	周庄中心	28.46 米
	垒球	—	黄亚芳	长山中心	27.38 米
	垒球	—	刘　霞	周庄中心	27.28 米
小学男子丁组	400 米	—	徐新民	祝塘中心	1′ 17″ 1
	400 米	—	赵　荣	华士中心	1′ 19″ 0
	跳远	—	赵　荣	华士中心	3.60 米
	跳远	—	施兴峰	石庄中心	3.56 米
	垒球	—	刘海峰	月城中心	36.62 米
小学女子丁组	跳远	—	赵雄英	华士中心	3.31 米
	垒球	—	黄桃华	马镇中心	28.04 米

1988年10月6—8日，在市体育场举行江阴市第二届中小学生田径运动会，全市66所学校共521名学生参赛。江阴市中以89分的成绩获中学组团体总分第一名，江阴市一中（85分）、青阳中学（84名）获中学组团体总分第二、第三名。澄一队以102分的成绩获小学组团体总分第一名。陆桥中心小学（74分）、峭岐中心小学（69分）获小学组团体总分第二、第三名。各组第一名如下，中学男子甲组：张健（100米，11″ 6；400米，55″ 0）、徐庆（1500米，5′ 2″ 6）、王海东（跳高，1.65米）、顾健（跳远，5.87米）、陶益明（铅球，9.23米；铁饼，25.42米）。中学女子甲组：缪文娥（铅球，7.37米）、潘云英（铁饼，22.42米）。中学男子乙组：周峰（100米，12″ 4；200米，25″ 4）、陈展（400米，57″ 3）、支伟（800米，2′ 9″ 9）、李蔚（跳高，1.48米）、吴林涛（跳远，5.65米）、张卫东（铅球，11.78米；铁饼，35.64米）。中学女子乙组：缪丽敏（100米，14″ 3；跳远，4.20米）、陆建华（800米，2′ 29″ 0）、陆雪芬（铅球，9.28米；铁饼，25.24米）。中学男子丙组：张雷明（100

米，12″5；200米，25″5）、彭建明（400米，59″9）、叶航（800米，2′24″0；1500米，4′55″9）、吕刚（跳高，1.62米）、邱小东（跳远，5.75米）、殷晓军（铅球，11.03米；铁饼，40.86米）、张惠洪（标枪，44.18米）、姚建伟（三级跳远，12.01米）。中学女子丙组：周莉芳（100米，13″7；200米，28″4）、俞金珠（400米，1′09″6）、吴翠芬（800米，2′46″0）、张文军（100米栏，16″8；跳远，4.93米）、孙敏娟（跳高，1.23米）、陆玲妹（铅球，11.34米；标枪，28.32米）、王文亚（铁饼，27.60米）、李金秀（三级跳远，10.05米）。中学男子丁组：赵云江（100米，13″3）、徐刚（200米，27″9）、李晓峰（800米，2′27″0）、蔡鹏（跳高，1.50米）、卞宏（跳远，4.80米）、余洪平（铅球，10.10米）、谢挺（铁饼，31.34米；标枪，33.84米）。中学女子丁组：杜丽芳（100米，13″7；200米，28″8）、戴艳（400米，1′7″4；800米，2′46″0）、张晓华（800米栏，15″3）、周益红（跳高，1.25米；三级跳远，9.18米）、方红霞（跳远，4.68米）、杨玲洁（铅球，10.18米）、陈晓红（铁饼，21.82米）、耿新芳（标枪，22.35米）。小学男子甲组：韩志刚（100米，14″7）、郭刚（200米，28″9）、黄春洪（800米，2′42″0）、张军（跳高，1.35米）、冯海峰（跳远，4.49米）、张卫丰（铅球，8.92米）。小学女子甲组：吴君亚（100米，14″5；200米，30″0）、章丽敏（800米，2′46″0；跳高，1.32米）、周丽玉（跳远，4.12米）、林惠珍（铅球，7.53米）。小学男子乙组：张勇（50米，7″4）、殷加良（100米，15″1）、唐伟兴（200米，30″6；400米，1′11″0）、费建弘（800米，2′45″0）、周晓华（跳高，1.14米）、赵金华（跳远，4.19米）、王强（铅球，8.24米）。小学女子乙组：沈丽（50米，7″3；100米，14″0）、梅暖英（200米，32″3）、华金云（400米，1′14″3；800米，2′49″0）、潘红艳（跳高，1.15米）、吴婕（跳远，3.68米）、徐亚（铅球，6.58米）。小学男子丙组：夏青（50米，8″1）、陆建华（100米，15″3）、吴政（200米，32″4）、宋滨（400米，1′16″1）、庄晓峰（跳高，1.16米）、吕军伟（跳远，3.69米）、刘海峰（垒球，42米）。小学女子丙组：戴红娟（50米，8″2）、高凤（100米，16″0）、徐芝萍（200米，32″9；400米，1′18″7）、江华（跳高，1.13米）、曹志平（跳远，3.67米）、张静（垒球，34.75米）。小学男子丁组：诸晓华（50米，8″0）、夏利军（400米，1′15″2；跳远，3.64）、邓海荣（垒球，42.92米）。小学女子丁组：沈文峰（50米，8″4）、任莉君（400米，1′21″4）、王茜（跳远，3.34米）、吴微媛（垒球，30.50米）。

1988年江阴市中小学生田径运动会破市纪录一览

表1-18

组　别	项目	市纪录	姓　名	学　校	破纪录成绩
中学男子甲组	400米	—	张　健	一中	55″0
	跳高	—	王海东	青阳中学	1.65米
中学男子乙组	铅球	—	张卫东	城北中学	11.78米
中学男子丙组	铅球	—	殷晓军	市中	11.03米
	标枪	—	张惠洪	城北中学	44.18米
	标枪	—	朱友忠	云亭中学	37.96米
	标枪	—	金　琪	北涸中学	35.84米

续表1-18

组　别	项目	市纪录	姓　名	学　校	破纪录成绩
中学男子丙组	标枪	—	杨震凯	要塞中学	35.52 米
	跳远	—	邱小东	璜土中学	5.75 米
	跳远	—	姚建伟	澄西中学	5.72 米
	跳远	—	周荣献	市中	5.69 米
	跳远	—	梅建峰	澄西中学	5.60 米
	跳远	—	沈志健	职中	5.49 米
	跳远	—	车建刚	征存中学	5.46 米
	跳远	—	张文军	市中	4.93 米
中学女子丙组	标枪	—	陆玲妹	顾山中学	28.32 米
	三级跳远	—	李金秀	青阳中学	10.05 米
	三级跳远	—	缪金凤	青阳中学	9.71 米
	三级跳远	—	吴阿妹	月城中学	9.61 米
	三级跳远	—	包映红	文林中学	9.57 米
	三级跳远	—	季　慧	周庄中学	9.31 米
	三级跳远	—	周亚芳	澄西中学	9.25 米
小学男子甲组	跳高	—	张　军	璜塘中学	1.35 米
小学女子甲组	铅球	—	林惠珍	峭岐中心	7.53 米
小学男子乙组	铅球	—	王　强	山观中心	8.24 米
小学女子乙组	50 米	—	沈　丽	澄一队	7″3
	100 米	—	沈　丽	澄一队	14″0
小学男子丙组	跳高	—	庄晓峰	青阳中心	1.16 米
	跳高	—	吕军伟	峭岐中心	1.13 米
	跳高	—	张　平	华士中心	1.07 米
小学女子丙组	跳远	—	曹志平	周庄中心	3.67 米
	垒球	—	张　静	璜塘中心	34.75 米
	垒球	—	黄桃华	马镇中心	33.04 米
小学男子丁组	50 米	—	诸晓华	澄二队	8″0
	50 米	—	任　剑	澄一队	8″1
	50 米	—	吴　杰	青阳中心	8″1
	跳远	—	钱　松	陆桥中心	3.64 米
	50 米	—	钱　松	陆桥中心	8″2
	400 米	—	夏利军	长泾中心	1′15″2
	跳远	—	夏利军	长泾中心	3.64 米
	400 米	—	费小三	陆桥中心	1′15″8

续表1-18

组　　别	项目	市纪录	姓　名	学　校	破纪录成绩
小学男子丁组	垒球	—	邓海荣	峭岐中心	42.92 米
	垒球	—	陈　兵	长寿中心	37.0 米
小学女子丁组	50 米	—	沈文峰	申港中心	8″ 4
	50 米	—	王　茜	澄一队	8″ 4
	跳远	—	王　茜	澄一队	3.34 米
	垒球	—	吴微媛	夏港中心	30.50 米

1989年9月27—29日，在市体育场举行第三届江阴市中小学生田径运动会，全市69所学校共529名学生参赛。江阴市中获中学组团体总分第一名（58分），周庄中心小学获小学组团体总分第一名（75分）。城北中学（53分）、陆桥中学（49分）获中学组团体总分第二、第三名；云亭中心小学（66分）、澄一队（64分）获小学组团体总分第二、第三名。各组第一名如下，中学男子甲组：张雷明（100米，12″ 2）、梅建峰（200米，25″ 4）、支伟（400米，57″ 4；800米，2′ 15″ 6）、蒋利民（1500米，4′ 45″ 3）、吕刚（跳高，1.69米）、姚建伟（跳远，5.99米）、殷晓军（铅球，11.49米；铁饼，35.14米）。中学女子甲组：杜丽芳（100米，12″ 9；200米，28″ 1）、郭红艳（800米，2′ 47″ 8；1500米，5′ 53″ 3）、张文军（跳高，1.44米；跳远，4.90米）、陆玲妹（铅球，10.57米）、沈建梅（铁饼，27.42米）。中学男子乙组：徐刚（100米，12″ 9；200米，26″ 4）、李晓峰（400米，59″ 6）、吴会（800米，2′ 18″ 8）、张春晓（1500米，5′ 07″ 0）、张昊轶（跳高，1.43米）、谢挺（跳远，5.24米）、马文进（铅球，11.04米）、王文斌（铁饼，38.27米）、黄健（标枪，37.14米）。中学女子乙组：沈莉（100米，13″ 6；200米，27″ 5）、张彤琛（400米，1′ 06″ 0）、章丽敏（800米，2′ 39″ 5）、方红霞（100米栏，18″ 1；三级跳远，9.81米）、陶燕蓉（跳高，1.26米）、吴君亚（跳远，4.21米）、杨玲洁（铅球，10.95米；标枪，29.80米）、耿新芬（铁饼，23.48米）。小学男子甲组：唐伟兴（100米，14″ 0）、江峰（200米，29″ 0）、周其中（800米，2′ 38″ 5）、沈雪峰（跳高，1.25米）、赵金华（跳远，4.54米）、王强（铅球，10.47米）。小学女子甲组：梅暖英（100米，15″ 0）、顾燕（200米，31″ 5）、谢丽颖（800米，2′ 54″ 9）、吴红（跳高，1.25米）、王芳（跳远，3.69米）、顾雷燕（铅球，7.27米）。小学男子乙组：周建平（50米，7″ 4；200米，31″ 2）、卞季忠（100米，14″ 9）、赵云南（400米，1′ 11″ 2）、仲晓峰（800米，2′ 49″ 0）、张平（跳高，1.28米；跳远，3.94米）、胡力（铅球，8.69米）。小学女子乙组：黄芬（50米，7″ 8）、高凤（100米，14″ 9）、徐志祥（200米，31″ 9；400米，1′ 12″ 6）、惠霞（800米，2′ 51″ 0）、江华（跳高，1.20米）、曹志萍（跳远，4.07米）、张静（铅球，7.43米）。小学男子丙组：诸晓华（50米，7″ 7；100米，14″ 5）、吴杰（200米，31″ 8）、费小三（400米，1′ 13″ 8）、沈灵（跳高，1.04米）、钱松（跳远，3.87米）、邓海荣（垒球，45.72米）。小学女子丙组：唐春霞（50米，8″ 2；100米，15″ 5）、汪洪珠（200米，33″ 4；400米，1′ 16″ 8）、陈莉（跳高，1.07米）、常凤琴（跳远，3.50米）、张文静（垒球，36.16米）；小学男子丁组：戴海峰（50米，8″ 2）、徐百灵（400米，1′ 16″ 7；跳远，3.57米）、许国强（垒球，38.85米）；小学女子丁组：张璐芳（50米，8″ 2）、费良芬（400米，1′ 18″ 9）、陆洁（跳远，3.29米）、任彩霞（垒球，26.14米）。

1989年江阴市中小学生田径运动会破市纪录一览

表2-19

组 别	项目	市纪录	姓 名	学 校	破纪录成绩
中学男子甲组	跳远	—	姚建伟	澄西中学	5.99 米
中学女子甲组	铅球	—	陆玲妹	顾山中学	10.57 米
中学女子乙组	铅球	—	杨玲洁	市中	10.95 米
	标枪	—	杨玲洁	市中	29.80 米
	标枪	—	耿新芬	城北中学	23.58 米
小学男子甲组	铅球	—	王 强	山观中学	10.47 米
小学男子乙组	跳高	—	张 平	华士中心	1.28 米
	铅球	—	胡 力	青阳中心	8.69 米
	铅球	—	王 东	新桥中心	8.38 米
小学女子乙组	跳高	—	江 华	云亭中心	1.20 米
	跳远	—	曹志萍	周庄中心	4.07 米
	铅球	—	张 静	澄江中心	7.43 米
小学男子丙组	垒球	—	邓海荣	峭岐中心	45.72 米
	50 米	—	诸晓华	澄二队	7″7
小学女子丙组	100 米	—	唐春霞	顾山中心	15″5
	400 米	—	汪洪珠	祝塘中心	1′16″8
	垒球	—	张文静	马镇中心	36.16 米
小学女子丁组	50 米	—	张璐芳	顾山中心	8″2
	400 米	—	费良芬	祝塘中心	1′18″9
	400 米	—	刘静芬	长泾中心	1′19″1
	400 米	—	张璐芳	顾山中心	1′19″8

1990年10月14—16日，在体育场举行第四届江阴市中小学生田径运动会，来自全市30个乡（镇）68所学校的544名学生参赛，顾山中学陆玲妹以11.95米的成绩刷新无锡市中学女子甲组铅球纪录。城北中学（87分）获中学组团体总分第一名，澄江一队（111分）获小学组团体总分第一名。顾山中学（68分）、陆桥中学（64分）获中学组团体总分第二、第三名。祝塘中心（85分）、青阳中心（83分）获小学组团体总分第二、第三名。各组第一名为，中学男子甲组：黄凯（100米，11″7；200米，24″7）、冯献军（400米，56″0）、吕强（800米，2′12″0）、邱晓东（1500米，4′41″1）、吕刚（跳高，1.72米）、姚建伟（跳远，6.02米）、殷晓军（铅球，11.90米；铁饼，38.70米）、吴澄东（标枪，42.60米）；中学女子甲组：李金秀（100米，13″5；跳远，4.87米）、沈惠丽（200米，29″4）、浦 洁（800米，2′41″2）、戴静霞（1500米，5′32″6）、张文中（跳高，1.45米）、陆玲妹（铅球，11.95米；标枪，31.20米）、金鲜（铁饼，26.44米）。中学男子乙组：吴云（100米，12″7）、成宇（200米，26″37）、徐斌（400米，58″4）、仲建刚（800米，2′21″5）、蒋建兴（1500米，4′49″1）、郭刚（100米栏，16″9）、朱玉忠（跳高，1.61米）、李强（跳

远，5.66米）、张卫峰（铅球，10.94米；铁饼，37.62米）、沈立恩（标枪，37.28米）。中学女子乙组：吴君亚（100米，13″8；100米栏，17″1）、朱柳红（200米，29″8）、夏淼（400米，1′10″0）、章丽敏（800米，2′32″9；1500米，5′28″8）、刘静亚（跳高，1.40米）、胡瀚（跳远，4.41米）、张秋亚（铅球，10.74米）、赵海英（铁饼，26.32米）、戴丽君（标枪，20.56米）。小学男子甲组：周建平（100米，13″7）、吴洪清（200米，28″4）、赵云南（800米，2′29″2；跳远，4.20米）、徐玉清（100米栏，18″9）、马新丰（跳高，1.25米）、邹刚开（铅球，9.63米）。小学女子甲组： 宇烨（100米，14″4）、 宇娜（200米，29″7）、沈亚敏（800米，2′47″8）、黄海燕（100米栏，18″8；跳远，4.43米）、江华（跳高，1.33米）、张静（铅球，9.42米）。小学男子乙组：诸晓华（50米，7″5；100米，14″2）、陈强（200米，30″8）、费小三（400米，1′11″9）、许永明（800米，2′47″5）、徐冰（跳高，1.21米）、蒋建军（跳远，4.09米）、朱云峰（铅球，8.62米）。小学女子乙组：周春芬（50米，7″8；跳高，1.21米）、王茜（100米，14″8；跳远，4.10米）、刘亚娣（200米，33″8）、夏澄云（400米，1′13″8；800米，2′48″3）、吴晓华（铅球，7.77米）。小学男子丙组：徐丰（50米，7″9）、张科（100米，15″2）、陈鑫（200米，31″8；400米，1′12″0）、吴斌（跳高，1.18米）、张晓峰（跳远，4.01米）、许明（垒球，44.38米）；小学女子丙组：徐金莲（50米，8″0；跳远，3.76米）、张璐芳（100米，15″4；200米，32″8）、刘静艺（400米，1′18″6）、周宁（跳高，1.20米）、朱晓琳（垒球，34.62米）。小学男子丁组：夏科伟（50米，7″9；跳远，4.01米）、袁晓云（400米，1′13″0）、陆明（垒球，40.30米）。小学女子丁组：陈小烨（50米，8″5）、夏丽娇（400米，1′18″2）、张丽（跳远，3.44米）、周蓉（垒球，28.40米）。

1990年江阴市中小学生田径运动会破市纪录一览

表2-20

组　别	项目	市纪录	姓　名	学　校	破纪录成绩
中学男子甲组	100米	—	黄　凯	城北中学	11″7
	跳远	—	姚建伟	澄西中学	6.02米
	铅球	—	殷晓军	市中	11.90米
中学女子甲组	铅球	—	陆玲妹	顾山中学	11.95米
	标枪	—	陆玲妹	顾山中学	31.20米
中学男子乙组	跳高	—	朱玉忠	陆桥中学	1.61米
	跳高	—	江　平	南菁中学	1.58米
中学女子乙组	800米	—	章丽敏	华士中学	2′32″9
	1500米	—	章丽敏	华士中学	5′28″8
	1500米	—	徐　华	桐岐中学	5′32″8
	1500米	—	赵红玉	利港中学	5′34″4
	1500米	—	丁娟萍	城北中学	5′35″2
	铁饼	—	赵海英	陆桥中学	26.32米

续表2-20

组　别	项目	市纪录	姓　名	学　校	破纪录成绩
中学女子乙组	铁饼	—	张秋亚	顾山中学	25.74 米
	铁饼	—	周　静	峭岐中学	25.46 米
小学女子甲组	跳高	—	江　华	云亭中心	1.33 米
	铅球	—	张　静	璜塘中心	9.42 米
小学男子乙组	100 米	—	诸晓华	澄二队	14″2
	100 米	—	陈　强	祝塘中心	14″5
小学女子乙组	跳高	—	周春芳	顾山中心	1.21 米
	跳远	—	王　茜	澄一队	4.10 米
	铅球	—	吴晓华	顾山中心	7.77 米
	铅球	—	张小艳	文林中心	7.68 米
小学男子丙组	跳高	—	吴　斌	云亭中心	1.18 米
小学女子丙组	100 米	—	张璐芳	澄一队	15″4
	200 米	—	张璐芳	澄一队	32″8
	跳远	—	徐金莲	澄一队	3.76 米
	跳远	—	沈红霞	青阳中心	3.74 米
小学男子丁组	50 米	—	夏科伟	长泾中心	7″9
	400 米	—	袁晓云	西郊中心	1′13″0
	400 米	—	陆春山	祝塘中心	1′14″6
	跳远	—	夏科伟	长泾中心	4.01 米
	跳远	—	袁晓云	西郊中心	3.91 米
小学女子丁组	400 米	—	夏丽娇	长泾中心	1′18″2
	跳远	—	张　丽	石庄中心	3.44 米

1991年10月10—12日，在体育场举行第五届江阴市中小学生田径运动会，共有59所学校487名学生参赛。城北中学获中学组团体总分第一名（85分），澄西中学（83分）、云亭中学（77分）获中学组团体总分第二、第三名。青阳中心获小学组团体总分第一名（96分），华士中心（94分）、澄一队（92分）获小学组团体总分第二、第三名。各组第一名如下，中学男子青年组：黄国忠（47.12分）。中学女子青年组：陆玲妹（44.95分）。中学男子甲组：黄凯（100米，11″7；200米，24″1）、徐斌（400米，55″5）、何金平（800米，2′14″1）、郁军（1500米，4′43″6）、张军（跳高，1.78米）、江胜宇（跳远，5.96米）、张卫峰（铅球，12.17米）、殷晓军（铁饼，39.68米）、谢挺（标枪，42.88米）。中学女子甲组：李金秀（100米，13″7）、沈惠丽（200米，28″5；400米，1′06″1）、赵红玉（800米，2′33″5；1500米，5′19″3）、张文军（跳高，1.30米；跳远，4.72米）、杨玲洁（铅球，10.44米；标枪，34.64米）、曹燕萍（铁饼，29.20米）。中学男子乙组：唐伟兴（100米，12″4；200米，25″6）、王玉忠（400米，58″6）、徐杰（800米，2′15″3）、李明（1500米，4′50″5）、陈国强（100米栏，15″5）、费伟（跳高，1.62米）、黄春洪（跳远，5.76米）、李庆华（铅球，11.30米；铁饼，40.06米）、周荣峰（标枪，46.46米）。

中学女子乙组：　宇华（100米，13″8）、华燕（200米，27″7；400米，1′5″2）、徐华（800米，2′36″1）、郭海燕（1500米，5′34″5）、王海燕（100米栏，16″6；跳高，1.35米）、虞艳玉（跳远，4.86米）、张秋亚（铅球，12.74米；铁饼，32.10米）、张静（标枪，24.64米）。小学男子甲组：沈春雷（100米，13″7）、陶敏伟（200米，28″7；跳高，1.30米）、陆雁飞（800米，2′37″8）、朱云峰（100米栏，18″2；铅球，10.83米）、邓海荣（跳远，4.46米）。小学女子甲组：王茜（100米，13″7；200米，28″8）、崔琪（800米，2′45″2）、陶花（100米栏，19″0）、周春芳（跳高，1.34米）、姜丽琴（跳远，3.77米）、吴晓华（铅球，9.75米）。小学男子乙组：施方亮（50米，7″7；100米，14″6）、顾正锋（200米，30″5；铅球，10.09米）、芮刘军（400米，1′10″0；跳高，1.30米）、陶洪清（800米，2′44″3）、徐柏灵（跳远，4.06米）。小学女子乙组：徐金莲（50米，7″5；跳远，4.27米）、吴琦（100米，14″4；200米，30″0）、王明娟（400米，1′14″4）、孙锦花（800米，2′59″5）、周宁（跳高，1.22米）、黄亚（铅球，6.75米）。小学男子丙组：夏科伟（50米，7″8）夏奇（100米，14″6；200米，31″2）、袁晓勇（400米，1′9″4；跳远，4.03米）、夏晓华（跳高，1.19米）、顾静伟（垒球，44米）。小学女子丙组：黄莉（50米，8″1）、梅芳（100米，15″3；200米，32″5）、夏丽娇（400米，1′17″3）、赵霞（跳高，1.09米）、张丽（跳远，3.53米）、沈丽惠（垒球，37.32米）。小学男子丁组：李立（50米，8″2；400米，1′13″7）、蒋春凤（跳远，3.70米）、许炼（垒球，42.66米）。小学女子丁组：陆静娟（50米，8″2；400米，1′16″6）、赵秋霞（跳远，3.48米）、魏莉（垒球，31.54米）。

1991年江阴市中小学生田径运动会破市纪录名单

表2-21

组　　别	项目	市纪录	姓　名	学　校	破纪录成绩
中学男子甲组	跳高	—	张　军	璜塘中学	1.78 米
	铅球	—	张卫锋	长寿中学	12.17 米
中学女子甲组	1500 米	—	赵红玉	利港中学	5′19″3
	标枪	—	杨玲洁	城北中学	34.64 米
中学男子乙组	100 米	—	唐伟兴	澄西中学	12″4
	200 米	—	唐伟兴	澄西中学	25″6
	100 米栏	—	陈国强	云亭中学	15″5
	100 米栏	—	周晓华	云亭中学	16″2
	100 米栏	—	茅逸君	澄西中学	16″3
	跳高	—	费　伟	陆桥中学	1.62 米
	跳远	—	黄春洪	云亭中学	5.76 米
	标枪	—	周荣峰	市中	46.46 米
中学女子乙组	铅球	—	张秋亚	顾山中学	12.74 米
	铁饼	—	张秋亚	顾山中学	32.10 米
	铅球	—	张　静	璜塘中学	11.15 米

续表2-21

组　别	项目	市纪录	姓　名	学　校	破纪录成绩
小学男子甲组	100 米栏	—	朱云峰	峭岐中心	18″2
	100 米栏	—	李　江	祝塘中心	18″4
	100 米栏	—	燕东升	实验小学	18″4
	100 米栏	—	庞澄峰	峭岐中心	18″5
小学女子甲组	100 米	—	王　茜	澄一队	13″7
	跳高	—	周春芳	顾山中心	1.34 米
	铅球	—	吴晓华	顾山中心	9.75 米
小学男子乙组	200 米	—	顾正锋	祝塘中心	30″5
	铅球	—	顾正锋	祝塘中心	10.09 米
	200 米	—	戴海峰	西石桥中心	30″6
小学女子乙组	跳高	—	周　宁	顾山中心	1.22 米
	跳远	—	徐金莲	澄一队	4.27 米
	跳远	—	程亚琴	石庄中心	4.16 米
小学男子丙组	400 米	—	袁晓勇	西郊中心	1′9″4
	400 米	—	顾静伟	璜塘中心	1′11″3
	跳高	—	夏晓华	云亭中心	1.19 米
小学女子丙组	100 米	—	梅　芳	青阳中心	15″3
	垒球	—	沈丽惠	峭岐中心	37.32 米
小学女子丁组	400 米	—	陆静娟	祝塘中心	1′16″6
	跳远	—	赵秋霞	华士中心	3.48 米
	跳远	—	张惠琼	青阳中心	3.48 米
	垒球	—	魏　莉	桐岐中心	31.54 米
	垒球	—	朱玉香	陆桥中心	31.46 米
	垒球	—	严春丽	周庄中心	31.42 米

1992年10月8—10日，第六届江阴市中小学生田径运动会在市体育场举行，全市66所中、小学共543名学生参赛。陆桥中学获团体总分137分，为中学组第一名，澄江中心获团体总分114分，为小学组第一名。顾山中学（128.5分）、南菁（90分）为中学组团体总分第二、第三名。青阳中心（98分）、西郊中心（58分）为小学组第二、第三名。各组第一名如下，中学男子青年组：黄凯（46.23分）。中学女子青年组：李金秀（45.93分）。中学男子甲组：唐伟兴（100米，11″8；200米，24″3）、徐斌（400米，56″6）、黄锋（800米，2′12″6）、李明（1500米，4′51″1）、江平（跳高，1.79米）、黄春洪（跳远，6.14米）、周锋（铅球，11.09米；铁饼，35.02米）、谢挺（标枪，48.40米）。中学女子甲组：朱柳红（100米，13″3；200米，27″7）、翟美娣（400米，1′5″5）、浦臻洁（800米，2′33″0）、徐华（1500米，5′38″0）、陶燕蓉（跳高，1.49米）、胡瀚（跳远，4.83米）、杨玲洁（铅球，

10.94米；标枪，36.50米）、张秋霞（铁饼，34.28米）。中学男子乙组：周建平（100米，12″1；200米，25″1）、戴文平（400米，59″2；800米，2′15″2）、彭富华（1500米，4′49″7）、周晓华（100米栏，15″2）、唐钧（跳高，1.72米）、茅逸君（跳远，6.11米）、赵振海（铅球，10.58米）、胡力（铁饼，37.64米）、邓海荣（标枪，42.64米）。中学女子乙组：华燕（100米，12″8；200米，26″7）、徐志萍（400米，1′04″6；跳远，4.81米）、郭海燕（800米，2′31″5；1500米，5′22″6）、王海燕（100米栏，16″4）、周春芳（跳高，1.46米）、吴晓华（铅球，11.95米）、胡芸（铁饼，25.02米）、张静（标枪，34.42米）。小学男子甲组：孙建卫（100米，14″1）、於文（200米，29″0）、芮刘军（800米，2′34″0；跳高，1.40米）、姚华强（100米栏，18″3）、孙晓锋（跳远，4.35米）、朱文忠（铅球，10.93米）。小学女子甲组：徐金莲（100米，13″9；200米，29″1）、孙锦花（800米，2′47″8）、陆洁（100米栏，18″1；跳远，4.19米）、周宁（跳高，1.30米）、黄亚（铅球，8.48米）。小学男子乙组：徐陈君（50米，8″1）、喻晓（100米，14″0；200米，29″5）、顾春伟（400米，1′08″0）、陆建峰（800米，2′43″1）、王贤伦（跳高，1.27米）、朱明亮（跳远，4.23米）、何益民（铅球，8.73米）。小学女子乙组：梅芳（50米，7″5）、沈艳（100米，14″2；200米，30″3）、李燕（400米，1′13″9；跳远，3.94米）、李华（800米，2′49″4）、赵霞（跳高，1.23米）、沈丽惠（铅球，7.49米）。小学男子丙组：蒋春凤（53分）。小学女子丙组：张惠琼（89分）。小学男子丁组：周强、许祎筠（51分）。小学女子丁组：严春燕（84分）。

1992年江阴市中小学生田径运动会破市纪录名单

表2-22

组　别	项目	市纪录	姓　名	学　校	破纪录成绩
中学男子甲组	跳高	—	江　平	南菁中学	1.79 米
	跳远	—	黄春洪	云亭中学	6.14 米
中学女子甲组	铁饼	—	张秋霞	顾山中学	34.28 米
	标枪	—	杨玲洁	城北中学	36.50 米
中学男子乙组	100 米	—	周建平	陆桥中学	12″1
	200 米	—	周建平	陆桥中学	25″1
	200 米	—	章　成	澄西中学	25″5
	100 米栏	—	周晓华	云亭中学	15″2
	跳高	—	唐　钧	市中	1.72 米
	跳高	—	茅逸君	南菁中学	1.69 米
	跳远	—	茅逸君	南菁中学	6.11 米
中学女子乙组	100 米	—	华　燕	顾山中学	12″8
	800 米	—	郭海燕	陆桥中学	2′31″5
	1500 米	—	郭海燕	陆桥中学	5′22″6
	100 米栏	—	王海燕	云亭中学	16″4
	标枪	—	张　静	璜塘中学	34.42 米

续表2-22

组　　别	项目	市纪录	姓　名	学　校	破纪录成绩
中学女子乙组	标枪	—	吴晓华	顾山中学	33 米
	标枪	—	沈　艳	青阳中学	31.38 米
小学男子甲组	跳高	—	芮刘军	璜土中心	1.40 米
小学女子甲组	100 米栏	—	陆　洁	澄江中心	18″ 1
小学男子乙组	100 米	—	喻　晓	澄江中心	14″ 0
	200 米	—	喻　晓	澄江中心	29″ 5
	200 米	—	顾春伟	璜塘中心	30″ 2
	400 米	—	顾春伟	璜塘中心	1′ 08″ 0
	200 米	—	夏　奇	要塞中心	30″ 2
小学女子乙组	跳高	—	赵　霞	华士中心	1.23 米

1993年10月14–16日，在体育场举行第七届江阴市中小学生田径运动会，全市68所中、小学共544名学生参赛。江阴市中获中学组团体总分第一名（144分），顾山中学（101分）、南菁中学（88分）获中学组团体总分第二、第三名。祝塘中心获小学组团体总分第一名（86分），澄江中心小学（63分），青阳中心小学（57分）获小学组团体总分第二、第三名。各组第一名如下，中学男子青年组：焦丽军（43.4分）。中学女子青年组：陶燕蓉（45.3分）。中学男子甲组：唐伟兴（100米，11″ 9；200米，24″ 7）、卢锋（400米，55″ 7）、蔡建锋（800米，2′ 13″ 2）、李明（1500米，4′ 43″ 6）、江平（跳高，1.74米）、茅逸君（跳远，6.01米）、周荣峰（铅球，11.86米；标枪，54.20米）、周峰（铁饼，33.84米）。中学女子甲组：朱柳红（100米，13″ 5；200米，27″ 9）、徐志萍（400米，1′ 5″ 2；跳远，4.86米）、翟美娣（800米，2′ 34″ 3；1500米，5′ 24″ 8）、龚惠霞（跳高，1.40米）、张秋霞（铅球，11.00米；铁饼，35.22米）、张静（标枪，38.92米）。中学男子乙组：钱卫锋（100米，12″ 3）、周晓华（200米，24″ 8）、王晓宇（400米，58″ 8）、彭富华（800米，2′ 13″ 9；1500米，4′ 37″ 7）、曾平（100米栏，16″ 3）、袁江锋（跳高，1.61米）、杨峰（跳远，5.82米）、许晓刚（铅球，12.22米；铁饼，45.26米）、邓海荣（标枪，44.68米）。中学女子乙组：华燕（100米，13″ 5；200米，27″ 9）、徐金莲（400米，1′ 6″ 5）、崔岐（800米，2′ 39″ 7）、李莺燕（1500米，5′ 46″ 7）、陆和芬（100米栏，18″ 4）、周春芳（跳高，1.30米）、汤丽芬（跳远，4.72米）、吴晓华（铅球，11.25米；标枪，32.08米）、许山花（铁饼，25.18米）。小学男子甲组：马林（100米，14″ 0）、姜勇（200米，28″ 8）、宋仲洁（800米，2′ 38″ 8）、颜玉庆（100米栏，16″ 5）、黄李军（跳高，1.28米；跳远，4.52米）、高平（铅球，9.89米）。小学女子甲组：沈艳（100米，14″ 2；200米，29″ 9）、徐丹（800米，2′ 52″ 4）、黄红娣（100米栏，17″ 8）、钱红丹（跳高，1.13米）、沈惠丽（跳远，4.25米；铅球，8.79米）。小学男子乙组：赵军（50米，7″ 9）、顾林云（100米，14″ 5；跳远，4.36米）、臧叶江（200米，29″ 6）、王冬（400米，1′ 10″ 7）、胡燕军（800米，2′ 46″ 4）、陈超（跳高，1.30米）、陆叶锋（铅球，11.27米）。小学女子乙组：黄春花（50米，8″ 3）、陶佳（100米，15″ 2；跳远，3.86米）、沈小琴、夏莉芳（200米，33″ 6）、钱向红（400米，1′ 11″ 3；800米，2′ 46″ 7）、周静芳（跳高，1.07米）、盛建勤（铅球，7.09米）。

1993年江阴市中小学生田径运动会破市纪录一览

表2-23

组别	项目	市纪录	姓　名	学　校	破纪录成绩
中学男子甲组	标枪（700克）	50.04米	周荣峰	市中	54.20米
中学女子甲组	铁饼（1公斤）	34.90米	张秋霞	南菁	35.22米
	标枪（600克）	36.50米	张　静	市中	38.92米
中学男子乙组	标枪（600克）	44.10米	邓海荣	峭岐中学	44.68米
	1500米	缺失	彭富华	市中	4′37″7
	200米	25″1	周晓华	云亭中学	24″8
	铁饼（1公斤）	43.20米	许晓刚	北涸中心	45.26米
小学女子甲组	100米栏	18″1	黄红娣	祝塘中心	17″8
小学男子乙组	铅球	10.09米	陆叶锋	祝塘中心	11.27米
	铅球	10.09米	臧叶江	文林中心	10.41米
小学女子乙组	400米	1′12″6	钱向红	祝塘中心	1′11″3

1994年5月28—30日，第八届江阴市中小学生田径运动会在市体育场举行，全市69所中小学共552名学生参加比赛。陆桥中学获中学组团体总分第一名（90分），江阴市中（86.5分）、南菁中学（80.5分）获中学组团体总分第二、第三名。澄江中心小学获小学组团体总分第一名（99分）。利港中心小学（70分）、周庄中心小学（65.5分）获小学组团体总分第二、第三名。各组第一名如下，中学男子青年组：马颂芳（65.62分）。中学女子青年组：朱柳红（72.56分）。中学男子甲组：许明（100米，11″9）、唐伟兴（200米，24″7）、卢峰（400米，55″9）、刘文清（800米，2′13″3）、蔡建锋（1500米，4′33″7）、茅逸君（跳高，1.76米；跳远，6.09米）、许晓刚（铅球，12.16米、铁饼，42.76米）、周荣峰（标枪，53.56米）。中学女子甲组：陆荷芬（100米，13″5）、常凤琴（200米，28″6）、徐志萍（400米，1′4″4）、翟美娣（800米，2′38″8）、陈凤珠（1500米，5′24″8）、周杏芬（跳高，1.43米）、徐志萍（跳远，5.04米）、张秋霞（铅球，10.79米；铁饼，36.20米）、张静（标枪，39.20米）。中学男子乙组：费澄（100米，12″5）、唐红新（200米，25″5）、王晓忠（400米，58″0；800米，2′23″6）、施加宝（1500米，4′52″4）、姚华强（100米栏，15″9）、金海峰（跳高，1.61米）、芮刘军（跳远，5.70米）、顾正锋（铅球，11.06米；铁饼，39.84米）、徐海华（标枪，42.80米）。中学女子乙组：沈燕（100米，13″1；200米，27″3）、徐金莲（400米，1′02″1）、徐碧（800米，2′33″8；1500米，5′23″4）、李燕（100米栏，17″0；跳高，1.35米）、吴琦（跳远，5.26米）、季英（铅球，10.65米；铁饼，24.26米）、沈丽惠（标枪，31.02米）。小学男子甲组：赵辉（100米，13″2；200米，28″6）、张静忠（800米，2′36″3）、殷伟（100米栏，18″1）、孙建洪（跳高，1.25米）、顾林云（跳远，4.71米）、臧叶江（铅球，12.67米）。小学女子甲组：佘红（100米，15″1）、李秋亚（800米，2′45″5）、卞琴（100米栏，18″1）、查新叶（跳高，1.15米）、高宇兰（跳远，3.94米）。小学男子乙组：林燕强（50米，7″6）、徐冰达（100米，14″6；跳远，4.59米）、王建强（200米，30″6）、顾彬炎（400米，1′8″5；800米，2′35″8）、许晓东

（跳高，1.28米）、林海（铅球，9.69米）。小学女子乙组：严春燕（50米，7″3；100米，14″3）、邹锡（200米，26″8；400米，1′6″9）、何丽芳（800米，2′56″8）、刘海燕（跳高，1.10米）、杨敏雁（跳远，3.85米）。小学男子丙组：奚春中（55分）。小学女子丙组：张燕（93分）。小学男子丁组：徐康（56分）。小学女子丁组：华笑芳（89分）。

1994年江阴市中小学生田径运动会破市纪录一览

表2-24

组别	项目	市纪录	姓　名	学　校	破纪录成绩
中学男子甲组	铁饼（1.5 公斤）	41.96 米	许晓刚	北涸中心	42.76 米
中学女子甲组	铁饼（1 公斤）	35.22 米	张秋霞	南菁中学	36.20 米
	标枪（600 克）	38.92 米	张　静	市中	39.20 米
中学女子乙组	跳远	4.96 米	吴　琦	城北中学	5.26 米
小学男子甲组	100 米	13″3	赵　辉	利港中心	13″2
	铅球（3 公斤）	11.11 米	臧叶江	文林中心	12.67 米
	跳远	4.62 米	顾林云	月城中心	4.71 米
小学男子乙组	800 米	2′36″2	顾彬炎	祝塘中心	2′35″8
	跳远	4.57 米	徐冰达	西石桥中心	4.59 米
小学女子乙组	200 米	29″3	邹　锡	澄江中心	26″8
小学女子乙组	400 米	1′11″27	邹　锡	澄江中心	1′6″9

1995年9月27—29日，在体育场举行第九届江阴市中小学生田径运动会，全市28个镇72所学校共853名学生参赛。南菁中学获中学组团体总分第一名，江阴市中、陆桥中学获中学组团体总分第二、第三名。澄江中心小学获小学组团体总分第一名，河塘、陆桥两中心小学获小学组团体总分第二、第三名。各组第一名如下，高中男子组：许明（100米，11″8）、卢峰（200米，24″6）、唐红新（400米，55″0；800米，2′10″1）、蔡建锋（1500米，4′32″1）、杜叶勇（110米栏，17″9；三级跳远，12.66米）、南菁（4×100米接力，48″3）、侯海雄（跳高，1.70米）、费澄（跳远，5.86米）、周荣峰（铅球，11.71米；标枪，52.68米）、曹晓东（铁饼，33.68米）。高中女子组：高凤（100米，13″5）、徐志萍（200米，28″4；400米，1′05″0）、翟美娣（800米，2′35″7；1500米，5′28″2）、吴琦（100米栏，17″5；跳远，4.86米）、南菁（4×100米接力，55″4）、黄彩霞（跳高，1.40米）、沈文凤（铅球，11.05米）、张秋霞（铁饼，36.66米）、张静（标枪，35.76米）。初中男子组：陶坚（100米，11″8；200米，24″7）、宗海（400米，55″9；800米，2′12″5）、施加宝（1500米，4′41″5）、陈洁（100米栏，15″8）、一中（4×100米接力，48″5）、王世雄（跳高，1.61米）、顾静伟（跳远，6.13米）、汤宇峰（三级跳远，12米）、陆志强（铅球，12.37米）、陈立满（铁饼，38.10米）、燕东升（标枪，46.22米）。初中女子组：沈燕（100米，12″6；跳远，5.24米）、徐金莲（200米，26″6；400米，1′0″4）、薛莲（800米，2′30″3；1500米，5′23″3）、李琰（100米栏，16″5；跳高，1.41米）、澄西中学（4×100米接力，55″2）、沈丽惠（铅球，10.72米；标枪，32.96米）、黄丽霞（铁饼，25.90米）。小学男子甲组：袁士军（100米，14″1；200米，28″9）、陈龙（400米，1′8″9）、包金伟（800

米，2′41″3）、肖建锋（100米栏，17″7）、黄利锋（跳高，1.15米）、李龙（跳远，4.61米）、符建锋（铅球，10.09米）。小学女子甲组： 燕玲（100米，15″5）、邹锡（200米，28″7；400米，1′7″3）、何丽芳（800米，2′42″2）、陈美娟（跳高，1.20米；跳远，3.85米）、蒋洁（铅球，6.74米）。小学男子乙组：苏仁杰（50米，7″5；100米，14″9）、缪叶福（200米，30″8；400米，1′7″8）、戴立（跳高，1.23米；跳远，4.26米）、丁雪（铅球，6.80米）。小学女子乙组，吴柳柳（50米，8″）、费燕燕（100米，14″5；200米，30″9）、袁勤（400米，1′11″9）、徐虹（跳高，1.20米）、沈晓萍（跳远，3.43米）。小学男子丙组：华佛兴（58分）。小学女子丙组：李燕（85分）。小学男子丁组：吴啸晨（72分）。小学女子丁组：陆杨清（86分）。邹锡（400米，1′7″3）破市纪录。

1996年9月19—21日，第十届江阴市中小学生田径运动会在市体育场举行，来自全市72所学校的619名学生参赛。南菁中学获中学组团体总分第一名（159分），江阴市中（122分）、月城中学（117分）获中学组团体总分第二、第三名。青阳中心小学获小学组团体总分第一名（86分）。澄江中心（77分）、云亭中心（66分）获小学组团体总分第二、第三名。各组第一名如下，高中男子组：许明（100米，11″4；200米，23″6）、唐红新（400米，55″4）、蔡建锋（800米，2′10″9；1500米，4′30″6）、陈小强（110米栏，17″5）、侯海雄（110米栏，17″5；跳高，1.65米）、璜土中学（4×100米，46″8）、顾静伟（跳远，6.26米）、王晓宇（三级跳远，12.90米）、张泉（铅球，11.65米；铁饼，35.16米）、管振华（标枪，45.70米）。高中女子组：徐林媛（100米，13″7；200米，28″3）、徐凤（400米，1′06″3）、龚海滨（800米，2′48″3）、周燕萍（1500米，5′59″4）、吴亚钰（100米栏，17″0）、南菁中学（4×100米接力，56″1）、董彩霞（跳高，1.38米）、吴琦（跳远，4.94米）、沈文锋（铅球，10.70米）、张静（铁饼，25.68米）、吴晓华（标枪，31.20米）。初中男子组：黄建锋（100米，12″0；200米，25″0）、袁金海（400米，56″3）、王建荣（800米，2′14″4）、陈姚（1500米，4′53″0）、颜耀庆（100米栏，15″3）、陆桥中学（4×100米接力，47″9）、徐星（跳高，1.62米；跳远，5.95米）、汤宇锋（三级跳远，12.49）、顾林峰（铅球，11.24米）、李宏（铁饼，39.38米）、陆叶峰（标枪，46.34米）。初中女子组：沈燕（100米，12″5；200米，26″0）、邹锡（400米，1′03″7）、薛莲（800米，2′26″5；1500米，5′12″6）、李燕（100米栏，16″5；跳高，1.50米）、陆桥中学（4×100米，55″7）、何丽花（跳远，4.77米）、朱艳娣（铅球，9.75米）、沈丽惠（铁饼，27.44米；标枪，34.34米）。小学男子甲组：徐峰（100米，13″9；200米，28″6）、王凯（400米，1′05″9；800米，2′37″9）、周刚（100米栏，20″9）、张海林（跳高，1.25米；跳远，4.61米）、居晓德（铅球，9.85米）。小学女子甲组：吴柳柳（100米，14″2；200米，29″0）、陈叶英（400米，1′13″6；800米，2′52″6）、臧晨华（100米栏，19″6）、秦亚芬（跳高，1.23米）、徐江（跳远，4.32米）、姚泉（铅球，7.65米）；小学男子乙组：华菊良（50米，7″3；100米，13″7）、程明根（200米，29″2）、胡协锋（400米，1′09″1）、朱崇明（跳高，1.20米；铅球，7.82米）、陆国尧（跳远，4.33米）。小学女子乙组：郁娇（50米，7″6；100米，15″0）、谭小叶（200米，31″1；400米，1′11″5）、张清（跳高，1.10米；跳远，3.81米）、顾珍梅（铅球，8.21米）。小学男子丙组：曹玉龙（55分）。小学女子丙组：蔡萍（90分）。小学男子丁组：李敏炫（57分）。小学女子丁组：高雯静（80分）。

1996年江阴市中小学生田径运动会破市纪录名单

表2-25

组别	项目	市纪录	姓　名	学　校	破纪录成绩
高中男子组	100米	—	许　明	璜土中学	11″4
	200米	—	许　明	璜土中学	23″6
	100米	—	钱海峰	月城中学	11″4
	200米	—	钱海峰	月城中学	24″0
	100米	—	顾静伟	市中	11″5
	跳远	—	顾静伟	市中	6.26米
	100米	—	施方亮	青阳中学	11″7
	100米	—	唐晨亮	征存中学	11″7
	200米	—	唐晨亮	征存中学	24″3
	200米	—	唐红新	南菁中学	24″0
	200米	—	张能强	申港中学	24″3
	三级跳远	—	张能强	申港中学	12.70米
	1500米	—	蔡建锋	月城中学	4′30″6
	110米栏	—	陈小强	澄西中学	17″5
	110米栏	—	侯海雄	南菁中学	17″5
	110米栏	—	姚华强	璜土中学	17″8
	110米栏	—	杜叶勇	南菁中学	17″8
	4×100米	—	璜土中学		46″8
	4×100米	—	市中		47″0
	4×100米	—	南菁中学		47″3
	4×100米	—	征存中学		47″7
	4×100米	—	月城中学		48″2
	三级跳远	—	王晓宇	陆桥中学	12.90米
	铁饼	—	张　泉	月城中学	35.16米
	铁饼	—	邓　云	周庄中学	34.28米
初中男子组	100米栏	—	颜耀庆	祝塘中学	15″3
	100米栏	—	盛　彬	澄西中学	15″4
	100米栏	—	贡伟东	华士中学	15″4
	4×100米	—	陆桥中学		47″9
	4×100米	—	市一中		48″3
	跳高	—	徐　星	陆桥中学	1.62米
	三级跳远	—	汤宇锋	陆桥中学	12.49米
	三级跳远	—	姚斌伟	澄西中学	12.39米
	铁饼	—	李　宏	石庄中学	39.38米

续表2-25

组别	项目	市纪录	姓　名	学　校	破纪录成绩
初中男子组	铁饼	—	顾林峰	祝塘中学	38.52 米
	标枪	—	陆叶峰	祝塘中学	46.34 米
小学男子乙组	50 米	—	华菊良	陆桥中心	7″3
	100 米	—	华菊良	陆桥中心	13″7
	50 米	—	臧　伟	青阳中心	7″3
	200 米	—	程明根	北涸中心	29″2
小学女子乙组	铅球	—	顾珍梅	青阳中心	8.21 米

1997年10月26－29日，第十一届江阴市中小学生田径运动会在市体育场举行，来自全市72所学校共643名学生参赛。璜土中心小学获小学组团体总分第一名（69.5分）、申港中心小学（58分）、青阳中心小学（57.5分）分获小学组团体总分第二、第三名。陆桥中学获初中组团体总分第一名（68分），周庄中学（67分）、利港中学（61分）分获初中组团体总分第二、第三名。南菁中学获高中组团体总分第一名，江阴市中（97分）、澄西中学（59分）分获高中组团体总分第二、第三名。长泾中心、华士实验学校、青阳中心、澄江中心、陆桥中学、河塘中学、周庄中学、南菁中学、市中、澄西中学获体育道德风尚奖。各组第一名如下，高中男子组：顾静伟（100米，11″5；跳远，6.33米）、唐晨亮（200米，23″7）、唐红新（400米，54″7；100米栏，16″6）、唐海东（800米，2′10″0）、瞿延军（1500米，4′33″4）、蒋园园（跳高，1.68米）、姚斌伟（三级跳远，12.46米）、邓海云（铅球，11.33米）、曹晓东（铁饼，36.42米）、刘建国（标枪，47.84米）。高中女子组：吴琦（100米，13″1；跳远，5.08米）、陈波（200米，28″6）、汤凤霞（400米，1′06″1）、黄丽英（800米，2′38″9；1500米，5′38″0）、李燕（100米栏，17″61；跳高，1.50米）、沈文峰（铅球，10.8米）、刘芳（铁饼，28.36米）、沈丽惠（标枪，40.82米）。初中男子组：李涛（100米，12″0）、杨敏（200米，25″2）、朱鹏鸿（400米，56″8）、华浩明（800米，2′14″5；1500米，4′45″7）、贡伟东（100米栏，15″4）、陆鹏（跳高，1.61米）、唐国强（跳远，5.94米）、华伟峰（三级跳远，12.49米）、顾凌飞（铅球，11.8米）、张琦（铁饼，40.86米）、张卫军（标枪，42.80米）。初中女子组：严春燕（100米，12″9；跳远，4.84米）、邹锡（200米，27″3；400米，1′03″7）、张依娜（800米，2′36″0）、何丽芳（1500米，5′25″1）、张苗（100米栏，16″3）、陈静（跳高，1.45米）、杨丽洁（铅球，9.38米）、卞琴（铁饼，24.80米；标枪，28.40米）。小学男子甲组：钱亚军（100米，13″1；200米，27″5）、胡清清（400米，1′04″7）、朱春冬（800米，2′29″1）、王华伟（100米栏，17″5）、吴坚（跳高，1.38米；跳远，4.39米）、陶锋（铅球，10.04米）。小学女子甲组：工帆（100米，14″8）、童防皓（200米，29″6）、沈浩岚（400米，1′13″6）、钱丽丹（800米，2′54″1）、夏秋（100米栏，19″4）、贾丽芳（跳高，1.25米）、夏金波（跳远，4.04米；铅球，8.92米）。小学男子乙组：陆承宗（50米，7″6）、张伟（100米，14″1）、黄伟（200米，27″6；400米，1′05″9）、任志虎（跳高，1.20米）、陈强（跳远，4.63米）、孔霖伟（铅球，10.44米）。小学女子乙组：缪晓琴（50米，7″6；100米，14″4）、龚丹（200米，29″2）、徐洁（400米，1′08″5）、张新（跳高，1.18米）、胡丹（跳远，4.28米）、韩明烨（铅球，8.91米）。

1997年江阴市中小学田径运动会破市纪录一览

表2-26

组　别	项目	市纪录	姓　名	学校	破纪录成绩
高中女子组	标枪	40.14 米	沈丽惠	南菁中学	40.82 米
初中男子组	100 米	12″1	李　涛	暨阳中学	12″0
	三级跳远	11.77 米	华伟峰	申港中学	12.49 米
初中女子组	100 米栏	16″4	张　苗	华士实验学校	16″3
小学男子甲组	100 米	13″2	钱亚军	申港中心	13″1
	200 米	28″0	钱亚军	申港中心	27″5
	200 米	28″0	殷　虹	璜土中心	27″7
小学男子乙组	200 米	29″2	黄　伟	山观中心	27″6
	200 米	29″2	缪晓东	周庄中心	28″9
	200 米	29″2	张　伟	山观中心	29″1
	400 米	1′7″8	黄　伟	山观中心	1′05″9
	跳远	4.59 米	陈　强	新桥中心	4.63 米
小学女子乙组	跳远	4.27 米	胡　丹	澄江中心	4.28 米
	铅球	8.21 米	徐昱烨	马镇中心	8.91 米
小学女子乙组	铅球	8.21 米	韩明烨	—	8.91 米
	铅球	8.21 米	周　婷	南闸中心	8.28 米

1998年9月24－27日，在体育场举行第十二届江阴市中小学生田径运动会，来自全市的72所中小学共632名运动员参赛。南菁中学获高中组团体总分第一名，华士中学、澄西中学分获高中组团体总分第二、第三名。陆桥中学获初中组团体总分第一名，申港中学、利港中学分获初中组团体总分第二、第三名。青阳中心获小学组团体总分第一名，云亭中心、璜塘中心分获小学组团体总分第二、第三名。青阳中心胡涛涛打破男子儿童甲组800米无锡市纪录（2′22″8）。各组第一名如下，高中男子组：顾静伟（100米，11″4）、陶军（200米，24″0）、袁金海（400米，54″3）、杨凯（800米，2′06″2）、薛云飞（1500米，4′45″6）、顾新军（110米栏，16″9）、薛晓光（三级跳远，12.67米）、刘瑜（跳高，1.60米）、唐国强（跳远，6.16米）、陈立满（铅球，11.61米）、张琪（铁饼，36.22米）、陈文武，标枪，40.60米）。高中女子组：林丽（100米，13″1）、汤凤霞（200米，29″1；400米，1′08″7）、黄丽英（800米，2′45″1；1500米，5′55″8）、李燕（100米栏，16″7；跳高，1.44米）、何丽花（跳远，4.87米）、朱燕娣（铅球，8.85米）、沈丽惠（铁饼，30.30米；标枪，39.80米）。初中男子组：袁士军（100米，11″7）、李龙（200米，24″1；100米，11″7）、张苗（400米，56″2）、华浩敏（800米，2′10″8）、陈天华（1500米，4′41″2）、张凌（100米栏，16″2）、费东（三级跳远，12.57米；跳远，6.26米）、孙向宁（跳高，1.61米）、黄建君（铅球，12.21米）、叶如意（铁饼，39.58米）、陈贤利（标枪，44.30米）。初中女子组：费燕燕（100米，12″8；跳远，4.87米）、邹锡（200米，27″1；400米，1′03″6）、何丽芳（800米，2′29″9；1500米，5′10″4）、张苗（100米栏，16″5）、侍丽娜（跳高，1.42米）、张晔（铅球，10.10米）、龚晓红（铁饼，24.52米）、徐雪（标枪，23.10米）。小学男子甲组：

张洪（100米，13″1；200米，27″4）、胡涛涛（400米，1′01″4；800米，2′22″8）、陆天麟（跳高，1.35米）、李飞（跳远，4.50米）、张煜（铅球，11.06米）。小学女子甲组：缪小芹（100米，14″2；200米，29″2）、徐玉娥（400米，1′09″9；800米，2′48″5）、胡丹（100米栏，17″9；跳远，4.16米）、顾星洁（跳高，1.15米），韩明烨（铅球，8.90米）。小学男子乙组：唐浩（50米，7″4；100米，14″3）、刘喜（200米，30″9）、江侠（400米，1′07″1）、倪志伟（跳远，4.43米）、伏志强（跳高，1.28米）、徐彬（铅球，8.33米）。小学女子乙组：张燕秋（50米，7″7）、刘晓（100米，15″1）、顾小燕（200米，31″9；400米，1′12″9）、倪甜（跳高，1.21米）、张晓璐（跳远，3.88米）、周丽（铅球，59.4米）。

1998年江阴市中小学生田径运动会破市纪录一览

表2-27

组　别	项目	市纪录	姓　名	学校	破纪录成绩
高中男子组	800米	2′9″2	杨　凯	月城中学	2′06″2
初中男子组	400米	57″2	张　苗	陆桥中学	56″2
	100米	11″9	李　龙	云亭中学	11″7
	100米	11″9	袁士军	—	11″7
	200米	24″8	李　龙	云亭中学	24″1
初中女子组	1500米	5′19″3	何丽芳	申港中学	5′10″4
小学男子甲组	800米	2′28″9	胡涛涛	青阳中心	2′22″8
	400米	1′2″0	胡涛涛	青阳中心	1′01″4

1999年9月17－19日，在体育场举行第十三届江阴市中小学生田径运动会，全市72所中小学、90支代表队共648名选手参赛。青阳中心、申港中学、南菁中学分获小学组、初中组、高中组团体总分第一名。华士中心、辅延小学，璜塘中学、华士中学，江阴市中、华士高中分获小学组、初中组、高中组团体总分第二、第三名。共有10人11次破9项市纪录，33人达5项少年级、73人达9项三级、5人达4项二级运动员标准。各组第一名如下，高中男子组：袁士军（100米，11″3）、陶军（200米，23″3；400米，52″5）、李晓珑（800米，2′09″7）、殷叶飞（1500米，4′34″7）、何才福（110米栏，17″5）、姚斌伟（三级跳远，13.11米；跳远，6.28米）、周锋（跳高，1.68米）、张琦（铅球，12.05米；铁饼，35.69米）、孟勇（标枪，45.43米）。高中女子组：费燕燕（100米，13″2；跳远，4.99米）、林丽（200米，28″2）、周培芳（400米，1′03″4；800米，2′30″9）、何丽芳（1500米，5′28″8）、李燕（100米栏，18″0；跳高，1.47米）、卞琴（铅球，10.57米；铁饼，30.69米）、沈丽惠（标枪，41.32米）。初中男子组：缪裕杰（100米，11″8）、程明根（200米，24″1；800米，2′09″2）、贡冰（400米，55″9）、陈天华（1500米，4′30″0）、马掌军（100米栏，14″8；跳远，5.87米）、陈良（三级跳远，12.07米）、周文彬（跳高，1.67米）、王彬（铅球，11.57米）、徐军伟（铁饼，39.10米）、陈贤利（标枪，48.66米）。初中女子组：姜燕燕（100米，13″5）、缪小琴（200米，28″0；400米，1′01″7）、蔡萍（800米，2′32″0）、吴洁（1500米，5′37″4）、刘丽（100米栏，16″3）、周阳（跳高，1.40米）、胡丹（跳远，4.84米）、张烨（铅球，11.25米）、陈丽娟（铁饼，27.76米）、孔芳

（标枪，25.61米）。小学男子甲组：沈军（100米，13″6）、黄金刚（200米，28″9；100米栏，16″2）、江侠（400米，1′1″7）、张奕（800米，2′29″0）、赵凯（跳高，1.41米）、陶侃（跳远，4.57米）、吴豪峰（铅球，12.32米）。小学女子甲组：张艳秋（100米，14″8）、薛婵玉（200米，30″5；400米，1′9″2）、胡晶晶（800米，2′44″1）、王逸静（100米栏，14″8）、许洁（跳高，1.23米）、戴佳丽（跳远，3.91米）、张小璐（铅球，8.22米）。小学男子乙组：钱晓泽（50米，7″2）、陈泽余（100米，14″2）、张浩（200米，29″2）、何澄华（400米，1′06″6）、徐强（跳高，1.28米）、乙彬（跳远，4.53米；铅球，11.94米）。小学女子乙组：曾喜丹（50米，7″4；100米，14″5）、王燕（200米，29″6；400米，1′09″2）、龚燕婷（跳高，1.21米）、谢奕南（跳远，4.30米）、杨萍（铅球，8.34米）。小学男子丙组：徐程浩（50米，7″4）、龚晓峰（100米，14″8；200米，30″9）、鲁云鹏（跳远，4.09米）、吴肖刚（垒球，43.50米）。小学女子丙组：蒋健（50米，8″0）、杨静（100米，15″1；200米，31″）、徐冰洁（跳远，3.44米）、张秋艳（垒球，40.55米）。小学男子丁组：费晓灵（50米，7″6；100米，14″9）、夏天宇（200米，31″9）、吴洪凯（跳远，3.95米）、缪俊杰（垒球，41.40米）。小学女子丁组：周霞（50米，7″8；200米，31″9）、杨春萍（100米，15″5）、张淼（跳远，3.49米）。

1999年江阴市中小学生田径运动会破市纪录一览

表2-28

组　别	项目	市纪录	姓　名	学校	破纪录成绩
高中男子甲组	200米	24″0	陶　军	华士高中	23″3
	400米	54″3	陶　军	华士高中	52″5
初中男子组	800米	缺失	程明根	北漍中学	2′09″2
	标枪	46.34米	陈贤利	山观中学	48.66米
	400米	56″85	贡　冰	华士实验学校	55″9
小学男子甲组	100米栏	18″1	黄金刚	祝塘中心	16″2
	跳高	1.40米	赵　凯	华士实验学校	1.41米
小学男子乙组	铅球	缺失	乙　彬	月城中心	11.94米
	50米	7″3	钱晓泽	新桥中心	7″2
小学女子乙组	跳远	4.28米	谢奕南	璜土中心	4.30米

2000年9月21－23日，在市体育场举行第十四届江阴市中小学生田径运动会，全市72所中小学195支代表队共631名运动员参赛。青阳中心小学获小学组团体总分第一名，月城中心小学、陆桥中心小学分获小学组团体总分第二、第三名。璜塘中学获初中组团体总分第一名。陆桥中学、云亭中学分获初中组团体总分第二、第三名；江阴高中获高中组团体总分第一名，南菁中学、华士中学分获高中组团体总分第二、第三名。有17人次破14项市纪录，有20人达少年级、101人达三级、2人达二级运动员标准。各组第一名如下，高中男子组：袁士军（100米，11″5）、陶军（200米，23″7；400米，53″5）、薛云飞（800米，2′06″0）、陈天华（1500米，4′32″1）、王琰（110米栏，17″2；三级跳远，13.26米）、陈强（跳高，1.71米）、唐国强（跳远，6.35米）、陈贤利（铅球，47.05米）、黄建军（铁饼，38.92米）。高

中女子组：费燕燕（100米，13″5）、林丽（200米，28″8；跳远，5.09米）、刘丽（400米，1′04″9；100米栏，17″9）、周培芳（800米，2′35″6）、何丽芳（1500米，5′32″1）、侍丽娜（跳高，1.44米；三级跳远，10.35米）、卞琴（铅球，11.11米；铁饼，30.23米）、徐雪（标枪，27.32米）。初中男子组：符敏（100米，12″2）、缪晓冬（200米，25″1；400米，57″4）、薛培培（800米，2′14″7）、吴清清（1500米，4′35″8）、孔敏军（100米栏，14″9；跳远，6.15米）、夏毅（跳高，1.76米）、徐飞（三级跳远，12.86米）、陈林（铅球，12.42米）、陶海雄（标枪，43.05米）、陈小虎（铁饼，41.83米）。初中女子组：胡丹（100米，13″2；跳远，5.34米）、缪小琴（200米，27″8）、蔡萍（400米、1′03″1；800米，2′24″3）、庄敏霞（1500米，5′20″7）、李燕（100米栏，16″1）、刘娜（跳高，1.53米）、谢燕媛（三级跳远，10.61米）、孔芳（铅球，10.47米）、邹薇（标枪，25.57米）、沈洁（铁饼，27.42米）。小学男子甲组：徐亮（100米，13″8；200米，28″9）、吴威（400米，1′04″8）、程荣（800米，2′33″8）、陈植（100米栏，17″6）、高群（跳高，1.38米）、朱鹏（跳远，4.59米）、杨海（铅球，10.23米）。小学女子甲组：李雅（100米，14″6）、王静（200米，29″8；400米，1′07″0）、张辰静（800米，2′42″2）、刘玲（100米栏，19″1）、胡晓霞（跳高，1.29米）、许美玲（跳远，4.05米）、许苏亚（铅球，7.81米）。小学男子乙组：朱海斌（50米，7″5）、徐程浩（100米，14″2）、龚晓峰（200米，29″4）、陈彬（400米，1′03″9；铅球，9.55米）、徐套（跳高，1.31米）、周钧（跳远，4.42米）。小学女子乙组：徐倩（50米，7″5）、郭莹（100米，14″0；200米，29″6）、顾丽华（400米，1′09″3；跳远，4.46米）、黄丽（跳高，1.24米）、汤莉静（铅球，7.74米）。小学男子丙组：潘超（50米，7″6；100米，14″4）、夏天宇（200米，29″7）、周云江（跳远，4.09米）、缪俊杰（垒球，44.55米）。小学女子丙组：黄玉（50米，7″9；跳远，3.95米）、张凤娇（100米，15″0）、杨春萍（200米，31″3）。小学男子丁组：顾天萍（50米，8″1）、张宫诚（100米，14″9；200米，31″3）、戴晨乾（200米，31″3）、陶阳洋（跳远，3.43米；垒球，46.85米）。小学女子丁组：秦霞（50米，7″9；100米，15″5）、张淼（200米，33″0）、葛静（跳远，3.76米）、王晓亚（垒球，33.11米）。

2000年江阴市中小学生田径运动会破市纪录一览

表2-29

组　别	项目	市纪录	姓　名	学校	破纪录成绩
初中女子组	跳高	1.52 米	刘　娜	陆桥中学	1.53 米
	跳远	5.26 米	吴　丹	青阳二中	5.34 米
小学女子甲组	400 米	1′07″3	王　静	青阳中心	1′07″0
小学男子乙组	400 米	1′04″4	陈　彬	月城中心	1′03″9
	跳高	1.30 米	徐　套	周庄中心	1.31 米
小学女子乙组	跳高	1.23 米	黄　丽	陆桥中心	1.24 米
	跳远	4.30 米	顾丽华	峭岐中心	4.46 米
小学男子丙组	100 米	14″8	潘　超	要塞中心	14″4
	200 米	30″9	夏天宇	长泾中心	29″7

续表2-29

组　别	项目	市纪录	姓　名	学校	破纪录成绩
学男子丙组	垒球	43.50 米	缪俊杰	长寿中心	44.55 米
小学女子丙组	50 米	8″0	黄　玉	陆桥中心	7″9
	跳远	3.44 米	黄　玉	陆桥中心	3.95 米
	100 米	15″1	张凤娇	璜塘中心	15″0
小学男子丁组	200 米	31″9	张宫诚	长泾中心	31″3
	200 米	31″9	戴晨乾	山观中心	31″3
	垒球	41.40 米	陶阳洋	河塘中心	46.85 米
小学女子丁组	跳远	3.49 米	葛　静	青阳中心	3.76 米

2001年9月27－29日，在市体育场举行第十五届江阴市中小学生田径运动会，来自全市76支代表队533名学生参赛。璜塘中心小学获小学组团体总分第一名，青阳中心小学、申港中心小学分获小学组团体总分第二、第三名；申港中学获初中组团体总分第一名，青阳中学、云亭中学分获初中组团体总分第二、第三名；市中获高中组团体总分第一名，南菁中学、周庄中学分获高中组团体总分第二、第三名。共有19人次达少年级标准、137人次达三级运动员标准、8人次达二级运动员标准。各组第一名如下，高中男子组：包烨（100米，11″6）、缪晓东（200米，23″4；400米，53″8）、陈天华（800米，2′05″3；1500米，4′29″2）、王琰（110米栏，17″0；三级跳远，13.47米）、王建军（铅球，12.48米；铁饼，39.34米）、刘晓光（标枪，48.86米）。高中女子组：张依娜（100米，14″0；200米，28″9）、何丽芳（400米，1′06″2；800米，2′31″9）、庄敏霞（1500米，5′13″2）、沈星（100米栏，17″7）、侍丽娜（跳高，1.50米）、费燕燕（跳远，5.16米）、堵君兰（三级跳远，12.01米）、张晔（铅球，9.59米；铁饼，25.60米）、孔芳（标枪，29.37米）。初中男子组：赵晓（100米，12″1）、胡青青（200米，24″8；400米，54″6）、项龙清（800米，2′05″7；1500米，4′29″5）、崔蓬舟（100米栏，15″6）、金成敏（跳高，1.61米）、倪志伟（跳远，6.01米）、施秋海（三级跳远，12.08米）、刘云飞（铅球，12.74米）、孔喜洪（铁饼，39.59米）、张云磊（标枪，46.08米），初中女子组：曾喜丹（100米，13″0）、吴洁（200米，27″5）、缪小琴（400米，1′03″6）、成吴燕（800米，2′26″6；1500米，5′06″9）、刘菁（100米栏，16″1）、陆珊萍（跳高，1.40米）、胡丹（跳远，5.33米；三级跳远，11.01米）、王丽（铅球，10.79米）、李晶（铁饼，28.91米）、毛致君（标枪，25.94米）。小学男子甲组：王晓（100米，13″9）、李健（200米，29″3）、蒋令旗（400米，1′03″0；800米，2′34″6）、费贝贝（100米栏，17″4）、王涛（跳高，1.32米）、顾海峰（跳远，4.72米）、唐新（垒球，39.90米）。小学女子甲组：周霞（100米，14″1；200米，29″3）、龚金芝（400米，1′13″0）、陆茜（800米，2′52″9；100米栏，18″9）、缪婷婷（跳高，1.18米）、黄玉（铅球，6.80米）。小学男子乙组：包伟威（50米，7″7）、陈超（100米，14″7）、王建刚（200米，30″4；跳远，4.28米）、徐胡烨（400米，1′10″6）、方晓明（垒球，46.76米）。小学女子乙组：翟秋莹（50米，7″7）、张淼（100米，14″3；200米，29″6）、刘艳（400米，1′12″1）、周晶华（跳高，1.05米；垒球，29.50米）、葛静（跳远，3.88米）。

2001年江阴市中小学生田径运动会破市纪录一览

表30

组　别	项目	市纪录	姓　名	学校	破纪录成绩
高中男子组	800米	2′07″0	陈天华	市中	2′05″3
高中女子组	三级跳远	11.08米	堵君兰	市中	12.01米
初中女子组	三级跳远	10.61米	谢奕南	璜土中学	10.86米
	100米栏	16″4	刘　菁	青阳中学	16″1
	三级跳远	10.61米	胡　丹	青阳中学	11.01米
	1500米	5′22″6	成吴燕	申港中学	5′06″9
	1500米	5′22″6	李　静	周庄中学	5′09″1
小学男子甲组	跳高	1.31米	王　涛	璜塘中心	1.32米
	跳远	4.63米	顾海峰	青阳中心	4.72米
	400米	1′03″9	蒋令旗	周庄中心	1′03″0
	800米	2′35″8	蒋令旗	周庄中心	2′34″6
小学男子乙组	跳远	4.09米	徐胡炜	长山中心	4.20米
	跳远	4.09米	王建刚	申港中心	4.28米
	垒球	44.55米	方晓明	利港中心	46.76米
小学女子乙组	200米	31″0	张　淼	璜塘中心	29″6

2002年10月18－20日，在市第一中学、江阴高级中学举行第十六届江阴市中小学生田径运动会，全市各镇中学、中心小学、市直属学校、聋哑学校等60所学校共554名运动员参赛。共有19名选手破16项市纪录。33人达少年级、197人达三级、27人达二级运动员标准。江阴市中、长泾中学、华士高级中学分获高中组团体总分前三名，璜塘中学、周庄中学、华士实验学校分获初中组团体总分前三名，申港中心小学、璜塘中心小学、利港中心小学分获小学组团体总分前三名。江阴市中、周庄中学、利港中心分获高中组、初中组、小学组金牌总数第一名。

2003年10月16－18日，在南菁中学和市体育场举行第十七届江阴市中小学生田径运动会，共有61所学校520名学生参加比赛。江阴高中获高中组团体总分第一名，南菁中学、华士中学分获高中组团体总分第二、第三名；华士中学获初中组团体总分第一名，江阴市中、周庄中学分获初中组团体总分第二、第三名；青阳中心小学获小学组团体总分第一名，祝塘中心小学、申港中心小学分获小学组团体总分第二、第三名。江阴高中、华士中学、青阳中心分获高中组、初中组、小学组金牌总数第一名。有25名选手破21项市纪录。有1名选手达国家一级运动员标准，28人次达二级、207人次达三级、26人次达少年级标准。各组第一名如下，高中男子组：倪志伟（100米，11″0；200米，22″8）、缪晓东（400米，51″1）、项龙清（800米，1′57″2；1500米，4′11″9）、华士中学（4×100米接力，45″6）、王飞（110米栏，16″4）、徐飞（跳高，1.86米；三级跳远，14.09米）、孔敏军（跳远，7.03米）、徐开（铁饼，44.92米）、张秋钢（标枪，54.66米）、周庆（铅球，12.21米）。高中女子组：曾喜丹（100米，12″7；200米，25″7）、缪小琴（400米，1′02″5）、赵美华（800米，2′35″6；1500米，5′24″9）、李燕（100米栏，15″2）、市中（4×100米接力，53″3）、刘娜（跳高，1.58米）、堵君兰，跳远，5.17米；三级跳远，12.53米、毛致君（铁饼，31.13米；标枪，32.91米）、夏金波（铅球，9.61米）。初中男子组：吴邦（100米，11″9；200米，24″2）、赵锋（400米，54″8）、刘峥琼（800米，2′06″6）、蒋亚平（1500米，4′26″5）、陈植（100米栏，14″5）、璜塘中学（4×100米接力，48″4）、张庭（铁饼，42.39米；铅球，12.83米）、高健（标枪，52.98米）、王海维（跳高，1.76米）、江皓（跳远，6.12米）、徐海（三级跳远，13.04米）、缪磊（小全能，1267分）。初中女子组：许美玲（100米，13″2）、承珠凤（200米，26″4；400米，1′01″7）、李静（800米，2′32″4；1500米，5′10″9）、顾丽华（100米栏，15″5）、青阳中学（4×100米接力，53″2）、黄玉（铁饼，25.02米；铅球，11.86米）、薛瑛芝（标枪，25.17米）、费丽（跳高，1.40米）、邹小莉（跳远，5.07米）、陈汝娟（三级跳远，10.72米）、张宁微（小全能，1096分）。小学男子甲组：孙　（100米，13″8；200米，28″7）、吴志晓（400米，1′04″9；800米，2′35″2）、孙海龙（100米栏，19″2）、季林（跳高，1.30米）、郁俊杰（跳远，4.78米）、顾梦杰（铅球，8.96米）、陈龙（垒球，51.69米）、青阳中心（4×100米接力，56″5）。小学女子甲组：邢雪艳（100米，14″2；400米，1′05″8）、严洁（200米，30″0）、朱烨（800米，2′46″7）、黄聪艳（100米栏，17″1）、陈梦婷（跳高，1.24米）、黄莹（跳远，4.30米）、曾蕾（铅球，7.20米）、吴小洁（垒球，39.50米）、申港中心（4×100米接力，59″4）。小学男子乙组：谢晓阳（50米，7″4；400米，1′07″5）、王杰（100米，14″0；400米，29″7）、朱浩东（跳远，4.33米）、吴志超（铅球，6.98米，垒球，45.78米）。小学女子乙组：鲍敏楠（50米，7″7）、沈洁（100米，14″9）、程佳（200米，29″5；400米，1′06″9）、徐晓蕾（跳远，4.11米）、蒋艳丽（铅球，7.32米）、殷文娟（垒球，28.35米）。小学男子丙组：杨文鑫（100米，15″7）、李宇东（200米，29″7）、张曦（垒球，41.21米）、孙诗渊（小全能，65.25分）。小学女子丙组：潘静娟（100米，15″7）、薛燕（200米，31″2；小全能，79分）、管梦菲（垒球，32.17米）。小学男子丁组：陆蒙晨（100米，15″6）、黄伟烨（200米，31″7；小全能，59分）、张天南（垒球，41.47米）。小学女子丁组：潘锦依（100米，16″2）、邱晓玲（200米，37″6）、汤景妍（垒球，31.20米）、张真芝（小全能，57.25分）。

2003年江阴市中小学生田径运动会破市纪录一览

表2-31

组　别	项目	市纪录	姓　名	学校	破纪录成绩
高中男子组	800米	2′01″	项龙清	南菁中学	1′57″2
	1500米	4′28″8	项龙清	南菁中学	4′11″9
	1500米	4′28″8	马栋斌	华士中学	4′24″2
	铁饼	42.76米	徐　开	南菁中学	44.92米
	标枪	54.66米	张秋钢	山观中学	54.66米
高中女子组	跳高	1.57米	刘　娜	南菁中学	1.58米
初中男子组	1500米	4′29″5	蒋亚平	周庄中学	4′26″5
	1500米	4′29″5	刘峥琼	新桥中学	4′26″9
	标枪	48.66米	高　健	华士中学	52.98米

续表2-31

组　别	项目	市纪录	姓　名	学校	破纪录成绩
初中女子组	100米栏	15″8	顾丽华	市中	15″5
	4×100米接力	53″7	青阳中学队	青阳中学	53″2
小学男子甲组	跳远	4.73米	郁俊杰	新桥中心	4.78米
	4×100米接力	57″1	青阳中心队	青阳中心	56″5
小学女子甲组	400米	1′06″2	邢雪艳	利港中心	1′05″8
小学男子乙组	400米	1′08″6	谢晓阳	青阳中心	1′07″5
小学女子乙组	200米	29″6	程　佳	青阳中心	29″5
	400米	1′12″0	程　佳		1′06″9
	400米	1′12″0	姚　晨	璜塘中心	1′11″2
	400米	1′12″0	黄静亚	申港中心	1′11″9
	400米	1′12″0	唐思梦	利港中心	1′07″1
	跳远	4.09米	徐晓蕾	申港中心	4.11米
小学男子丙组	200米	31″2	李宇东	市第二实验小学	29″7
小学女子丙组	200米	31″9	薛　燕	祝塘中心	31″2
	200米	31″9	包铃炯	祝塘中心	31″4
小学男子丁组	垒球	36.49米	张天南	青阳中心	41.47米

2004年9月27－29日，在南菁高级中学举行第十八届江阴市中小学生田径运动会，全市共72所学校621名学生参赛。南菁中学获高中组团体总分第一名，江阴市中、成化高中分获高中组团体总分第二、第三名；江阴市中获初中组团体总分第一名，陆桥中学、璜塘中学分获初中组团体总分第二、第三名；青阳中心小学获小学组团体总分第一名，申港中心、云亭中心小学分获小学组团体总分第二、第三名。各组第一名如下，高中男子组：倪志伟（100米，10″9）、缪金（200米，23″0）、沈秋春（400米，50″7）、冯栋斌（800米，1′59″4）、孔秋虎（1500米，4′18″1）、陈植（110米栏，16″9）、华士中学（4×100米接力，44″8）、刘寅飞（铁饼，40.62米；铅球，11.94米）、张云磊（标枪，56.04米）、陆天麟（跳高，1.86米）、王振东（跳远，6.63米）、钱佳明（三级跳远，13.20米）。高中女子组：曾喜丹（100米，12″8；200米，25″5）、缪小琴（400米，1′00″2）、赵美华（800米，2′30″1；1500米，5′10″1）、顾丽华（110米栏，15″8）、南菁中学（4×100米接力，51″2）、毛政君（铁饼，30.25米；标枪，31.88米）、李晶（铅球，9.75米）、夏岑（跳高，1.41米）、谢奕南（跳远，4.97米；三级跳远，11.67米）。初中男子组：顾晔荣（100米，11″7）、徐伟国（200米，24″3）、季浩（400米，52″9；100米栏，14″8）、赵波（800米，2′06″3）、徐宇峰（1500米，4′21″2）、璜塘中学（4×100米接力，47″7）、李春虎（跳高，1.67米）、何益君（跳远，5.92米）、惠杰（三级跳远，12.4米）、李海雄（铁饼，39.84米）、马少波（标枪，41.97米）、俞恒（铅球，13.03米）、陆佳伟（小全能，940分）。初中女子组：周霞（100米，12″4；100米栏，16″1）、承珠凤（200米，25″9；400米，59″6）、徐丽娟（800米，2′31″9）、钱丹（1500米，5′23″2）、市二中（4×100米接力，53″6）、缪婷婷（跳高，1.46米）、胡梦媛（跳远，4.92米）、谢文

静（三级跳远，10.50米）、黄玉（铅球，12.82米；铁饼，30.05米）、龚萍（标枪，26.79米）、郭晓霞（小全能，964分）。小学男子甲组：王杰（100米，13″3；200米，27″7）、季敬（400米，1′03″5；800米，2′31″6）、陈天伟（100米栏，16″9）、殷强立（跳远，4.51米）、黄坚（铅球，8.70米）、吴志超（垒球，51″36）、青阳中心（4×100米接力，58″9）。小学女子甲组：徐晓蕾（100米，14″3）、唐思梦（200米，29″7）、程佳（400米，1′03″4；800米，2′31″1）、高丽君（跳远，4.42米）、丁筠芝（铅球，7.23米）、唐文娟（垒球，34.76米）、申港中心（4×100米接力，59″1）。小学男子乙组：孙诗渊（50米，7″3；100米，14″2）、李宇东（200米，29″0；400米，1′05″5）、李杰（跳高，1.20米；跳远，4.01米）、张曦（铅球，6.50米；垒球，43.90米）。小学女子乙组：王　（50米，7″5）、包铃炯（100米，14″2；200米，29″9）、刘一慧（400米，1′08″5）、杨晓玲（跳高，1.19米）、包晔（跳远，3.73米）、王萍萍（铅球，7.19米）、管梦菲（垒球，37.23米）。小学男子丙组：李宇杰（100米，14″2）、谭新宇（200米，30″0；小全能，76.6分）、臧文杰（垒球，42.09米）。小学女子丙组：缪苗（100米，15″6；小全能，78分）、薛宇婷（200米，32″2）、汤景妍（垒球，30.70米）。

2004年江阴市中小学生田径运动会破市纪录名单

表2-32

组　别	项目	市纪录	姓　名	学校	破纪录成绩
高中男子组	4×100 接力	—	华士中学		44″8
	4×100 接力	—	成化高中		44″8
	标枪	—	张云磊	—	56.04 米
	跳高	—	陆天麟	—	1.86 米
	跳高	—	刘文飞	—	1.86 米
高中女子组	4×100 接力	—	南菁中学		51″2
初中男子组	4×100 接力	—	璜塘中学		47″7
	100 米栏	—	季　浩	—	14″8
	800 米	—	赵　波	—	2′06″3
	1500 米	—	徐宇峰	—	4′21″2
初中女子组	铅球	—	黄　玉	—	12.82 米
小学男子甲组	100 米	—	王　杰	—	13″3
	800 米	—	季　敬	—	2′31″6
小学女子甲组	400 米	—	程　佳	—	1′03″4
	800 米	—	程　佳	—	2′31″1
小学男子乙组	200 米	—	李宇东	—	29″0
	400 米	—	李宇东	—	1′05″5
	跳高	—	李　杰	—	1.20 米
小学女子乙组	跳高	—	杨晓玲	—	1.19 米
	跳高	—	管梦菲	—	1.19 米
小学男子丙组	100 米	—	李宇杰	云亭中心	14″2

2005年9月27－29日，在南菁中学举行第十九届江阴市中小学生田径运动会，共有72所学校621名学生参赛。南菁中学获高中组团体总分第一名，成化高中、华士中学分获高中组团体总分第二、第三名；江阴市中获初中组团体总分第一名，璜塘中学、徐霞客中学分获初中组团体总分第二、第三名；云亭中心小学获小学组团体总分第一名，璜塘中心小学、青阳中心小学分获小学组团体总分第二、第三名。南菁中学、市中、云亭中心分获高中组、初中组、小学组金牌总数第一名。各组第一名如下，高中男子组：高铿（100米，11″10）、金晓磊（200米，23″20）、周剑鹏（400米，52″20）、项龙清（800米，57″7；1500米，4′00″4）、杨利峰（100米栏，16″20）、华士中学（4×100接力，44″0）、彭涛（铁饼，35.40米；标枪，34.85米）、万晓夏（跳高，1.80米）、王振东（跳远，6.73米）、徐海（三级跳远，14.12米）、周庆（铅球，13.00米）。高中女子组：周霞（100米，13″10）、郭滢（200米，26″00）、承珠凤（400米，1′01″0）、刘千金（800米，2′28″7）、赵敏（1500米，5′13″4）、顾丽华（100米栏，15″7）、南菁中学（4×100接力，51″50）、陆怡（铁饼，31.65米；铅球，10.84米）、赵晓琳（标枪，23.77米）、姚玲（跳高，1.38米）、张英（跳远，5.23米）、谢奕南（三级跳远，12.06米）。初中男子组：俞浩可（100米，11″49；100米栏，14″60）、徐伟国（200米，23″30）、范龙（400米，53″90）、唐凯（800米，2′07″90）、任晓军（1500米，4′30″40）、徐霞客中学（4×100米接力，45″80）、张凯强（铁饼，41.74米；铅球，14.26米）、吴超（标枪，43.24米）、汤强（跳高，1.67米）、任迈凯（跳远，5.70米）、黄华（三级跳远，12.25米）、蒋晓炜（小全能，1433分）。初中女子组：胡月红（100米，13″30）、邢雪艳（200米，26″7；400米，1′02″40）、程佳（800米，2′28″60）、钱丹（1500米，5′08″80）、黄莹（100米栏，16″80）、市中（4×100接力，52″60）、张江花（铁饼，26.11米；铅球，10.99米）、龚萍（标枪，24.31米）、王敏（跳高，1.43米）、胡梦媛（跳远，4.80米）、韩梦娇（三级跳远，10.56米）、肖倩倩（小全能，1461分）。小学男子甲组：孙诗渊（100米，13″20）、陈浩（100米栏，20″70）、李宇东（200米，27″50；400米，1′03″80）、张荣耀（800米，2′35″60）、陈钦鸿（垒球，47.40米）、赵备（铅球，10.21米）、孙一涛（跳高，1.33米）、李杰（跳远，4.40米）、云亭中心（4×100米接力，59″20）。小学女子甲组：宦旦男（100米，13″90；100米栏，17″20）、朱影（200米，29″20）、郑思琴（400米，1′08″20；800米，2′42″30）、朱曾琴（垒球，40.07米）、王萍萍（铅球，9.27米）、管梦菲（跳高，1.27米）、翟晓洁（跳远，4.45米）、璜塘中心（4×100米接力，1′00″0）。小学男子乙组：李宇杰（50米，7″0；100米，13″5）、谭新宇（200米，28″1；400米，1′06″2）、华伊涛（跳高，1.29米；跳远，4.08米）、周宽（铅球，7.95米）、臧文杰（垒球，53.98米）。小学女子乙组：华燕婷（50米，7″5；100米，14″3）、薛宇婷（200米，30″1）、谢梦媛（400米，1′10″6）、郭嘉炜（跳高，1.20米）、徐铭洁（跳远，4.05米）、吴莲玉（铅球，5.64米）、汤景妍（垒球，41.76米）。小学男子丙组：黄志豪（小全能，75分）、黄晓春（100米，14″7）、张龙（200米，30″5）、刘晓（垒球，42.01米）。小学女子丙组：杜静（小全能，87.25分）、任晗琦（100米，15″3）、陈吴钰（200米，32″0）、徐燕芬（垒球，33.21米）。小学男子丁组：黄超（小全能，62.25分）、张嘉豪（100米，15″0）、陆晨曦（200米，32″3）、张星宇（垒球，39.61米）。小学女子丁组：薛雯倩（小全能，62.0分）、朱一枝（100米，15″4）、王晓雯（200米，34″3）、吴亭仪（垒球，17.86米）。

2006年10月25－27日，在江阴市第一中学举行第二十届江阴市中小学生田径运动会，全市76所学校586名运动员参赛。南菁中学、江阴高中、成化高中获高中组团体总分前三名，南菁中学、市一中、江阴高中获高中组奖牌总数前三名；江阴高中、华士中学分别获初中组团体总分、奖牌总数第一、二名，璜塘中学、顾山中学分别获初中组团体总分、奖牌总数第三名；云亭、青阳、璜塘三所实验小学分获小学组团体总分前三名，青阳、云亭、长寿三所实验小学分获小学组奖牌总数前三名。各组第一名如下，高中男子组：蒋伟（100米，11″7）、夏文军（110米栏，15″5；200米，22″7）、任晓（1500米，4′18″0）、江阴高中（4×100米接力，45″1）、赵峰（400米，51″0；800米，2′01″4）、曹协峰（铅球，13.26米）、徐海（三级跳远，13.67米）、费林炜（跳高，1.80米）、邵刚（跳远，6.55米）、季浩（五项全能，2934分）。高中女子组：郭滢（100米，12″2）、顾莉华（100米栏，15″7）、钱丹（800米，2′22″0；1500米，5′02″7）、承珠凤（200米，25″6；400米，1′00″2）、南菁高中（4×100米接力，50″9）、刘晓红（铅球，8.49米）、张英（三级跳远，11.0米；跳远，5.15米）、王姣（跳高，1.49米）、刘霞（五项全能，1963分）。初中男子组：王朦龙（100米，11″4；跳远，6.67米）、吴伟（100米栏，14″6）、赵胜（1500米，4′41″0）、曹栋（200米，24″2）、华士实验学校（4×100米接力，46″4）、曹健（400米，53″9；800米，2′10″8）、吕伟滨（铅球，12.76米）、张洋（三级跳远，12.56米）、俞敏君（跳高，1.70米；小全能，1653分）。初中女子组：邢雪艳（100米，12″4；200米，25″7）、韩梦娇（100米栏，16″0；三级跳远，11.05米）、陈春慧（1500米，5′14″1，800米，2′26″9）、江阴高中（4×100米接力，52″4）、唐诗梦（400米，1′01″2）、仇红艳（铅球，9.34米）、龚科洁（跳高，1.36米）、胡梦媛（跳远，5.06米；小全能，1440分）。小学男子甲组：李宇杰（100米，13″0；100米栏，16″1）、谭新宇（200米，27″1；400米，1′03″2）、费叶涛（800米，2′39″6）、孙洪斌（垒球，46.26米）、周堃（铅球，9.02米）、华伊涛（跳高，1.34米；跳远，4.36米）、长寿中心小学（4×100米接力，56″6）。小学女子甲组：华燕婷（100米，14″5）、谢梦媛（200米，28″8；400米，1′07″4）、顾晓（800米，2′53″5）、汤景娇（垒球，41.66米）、吴莲玉（铅球，6.34米）、张玉妍（跳高，1.20米）、张丽（跳远，4.36米）、祝塘中心小学（4×100米接力，59″5）。小学男子乙组：何夏凉（50米，7″6）、黄志豪（100米，13″4；200米，28″4）、王盛尧（400米，1′08″5）、袁超宇（跳高，1.23米；跳远，4.12米）、王聪（铅球，8.50米）、刘晓（垒球，51.20米）。小学女子乙组：顾佳佳（50米，7″6）、任晗琦（100米，14″5）、陈吴钰（200米，29″5）、吴静禹（400米，1′07″2）、徐萌男（跳高，1.21米）、王莉（跳远，4.16米）、徐燕芬（铅球，7.03米）、唐佳佳（垒球，41.40米）。小学男子丙组：耿晓铭（100米，14″4；小全能，70分）、陈晨曦（200米，30″1）、孔星宇（垒球，42.58米）。小学女子丙组：朱一枝（100米，14″5；小全能，82分）、沈哲（200米，31″3）。小学男子丁组：黄强（100米，15″2）、何淼（200米，31″7）、张旦明（垒球，35.26米）、金之煌（小全能，64分）。小学女子丁组：李珊珊（100米，16″1），薛银澜（200米，32″9；小全能，63分）、张晓丽（垒球，27.25米）。

2006年江阴市中小学生田径运动会破市纪录名单

表2-33

组　别	项目	市纪录	姓　名	学校	破纪录成绩
高中女子组	800米	—	钱　丹		2′22″0
	1500米	—	钱　丹		5′02″7
	4×100米接力	—	南菁中学		50″9
初中男子组	跳远	—	王朦龙		6.67米
小学男子甲组	200米	—	谭新宇		27″1
	100米	—	李宇杰	云亭中心	13″0
	100米栏	—	李宇杰	云亭中心	16″1
	跳高	—	华伊涛		1.34米
小学男子乙组	铅球	—	王　聪		8.50米
小学女子乙组	跳高	—	徐萌男		1.21米
	跳远	—	王　莉		4.16米
小学女子丙组	100米	—	朱一枝		14″5
小学男子丁组	200米	—	何　淼		31″7
小学女子丁组	200米	—	薛银澜		32″9

2007年10月12－14日，第二十一届江阴市中小学生田径运动会在江阴市第一中学举行，来自全市77所学校653名学生参赛。江阴市中获初中组团体总分和金牌数第一名，南菁高中获高中组团体总分和金牌数第一名，云亭实验小学、青阳实验小学分获小学组团体总分、金牌数第一名。各组第一名如下，高中男子组：刘春新（100米，11″08；200米，22″8）、翁宇哲（400米，51″6；800米，2′03″0）、陈植（110米栏，15″8）、任晓（1500米，4′23″4）、市中（4×100米接力，44″7）、黄凯（铅球，12.75米）、邵刚（三级跳远，13.66米）、朱红军（跳高，1.83米）、孙粲（跳远，6.64米）、季浩（五项全能，2997分）。高中女子组：缪杏艳（100米，12″67）、承珠凤（200米，25″78；400米，1′00″8）、陆春慧（800米，2′36″0；1500米，5′21″7）、周霞（100米栏，16″64）、市中（4×100米接力，53″0）、蒋菊花（铅球，8.22米）、赵紫燕（三级跳远，10.42米）、缪燕君（跳高，1.43米）、郑从吉（跳远，4.86米）、陆琳玲（五项全能，1640分）。初中男子组：陶周良（200米，23″47；400米，54″0）、王朦胧（100米，11″35）、季敬（800米，2′09″5；1500米，4′28″0）、居宇豪（100米栏，14″26）、市中（4×100米接力，45″6）、陈佳彬（铅球，11.47米）、钱佳（三级跳远，13.08米）、梅小菠（跳高，1.64米；小全能，1734分）。初中女子组：陈丽莉（100米，12″7；200米，26″67）、唐诗梦（400米，1′02″5）、姚晨（800米，2′26″8）、赵玉燕（1500米，5′16″3）、宋海燕（100米栏，16″06；小全能，1353分）、市中（4×100米接力，54″4）、蒋晓蕊（铅球，10.46米）、高丽君（三级跳远，11.05米）、宋海燕（跳远，5.36米）、徐晓艳（跳高，1.42米）。小学男子甲组：费晓春（100米，13″55）、王盛尧（200米，28″24；400米，1′05″4）、黄林凯（800米，2′39″9）、杨帆（100米栏，17″56）、青阳实验小学（4×100米接力，58″7）、刘杰（垒球，52.10米）、朱鑫杰（铅球，9.22米）、顾超（跳高，1.20米）、梅杰（跳远，4.81米）。

小学女子甲组：顾佳佳（100米，14″0）、吴静禹（200米，28″52；400米，1′04″5）、陆婷（800米，2′40″7）、任晗琦（100米栏，17″04；跳远，4.37米）；璜塘实验小学（4×100米接力，1′00″0）、唐佳佳（垒球，44.15米；铅球，7.40米）、费智彧（跳高，1.23米）。小学男子乙组：李逸（50米，7″51）、仲志锋（100米，13″53）、陈晨曦（200米，28″32；跳远，4.47米）、徐锦涛（跳高，1.30米）、孙文（铅球，7.40米）、文斌（垒球，49.51米）。小学女子乙组：朱一枝（50米，7″3）、沈哲（100米，14″12；200米，29″4）、姚圆圆（400米，1′09″8）、陈辉桦（跳高，1.10米）、龚晨曦（跳远，3.54米）、刘铭（铅球，5.85米）、闵伟玲（垒球，39.58米）。小学男子丙组：龚飞洋（100米，14″56）、冯星（200米，30″23；小全能71分）、张旦明（垒球，40.37米）。小学女子丙组：蒋星靓（100米，15″82）、薛静燕（200米，31″66）、张璐（垒球，31.69米）、陈苏婷（小全能，73分）。小学男子丁组：冯文杰（100米，15″39）、包鸣建（200米，33″08）、孙旗阳（垒球，34.88米）、石佳奇（小全能，60分）。小学女子丁组：黄梦丹（100米，16″16）、郁嘉仪（200米，32″24）、周郁恬（垒球，33.18米）、苏秋　（小全能，58分）。共有9人破7项市纪录。

2008年10月24－26日，在市体育场举行第二十二届江阴市中小学生田径运动会，共有71所学校635名学生参赛。璜塘实验小学和长寿实验小学分获小学组团体总分和奖牌总数第一名，陆桥实验小学和长寿实验小学分别获小学组团体总分第二、第三名，青阳实验小学和陆桥实验小学分别获奖牌总数第二和第三名；江阴高中、陆桥中学、云亭中学分获初中组团体总分前三名，江阴高中、璜土中学、山观中学分获初中组奖牌总数前三名；南菁高中、江阴高中、长泾中学分获高中组团体总分和奖牌总数前三名。各组第一名如下，高中男子组：孔粲（100米，11″0；跳远，6.53米）、黄海波（110米栏，16″0；跳高，1.87米）、赵胜（1500米，4′34″9）、曹健（200米，22″96；400米，52″1）、江阴高中（4×100米接力，45″1）、季敬（800米，2′07″7）、徐佳威（铅球，11.59米；铁饼，33.11米）、许华敏（三级跳远，13.74米）、梅小波（五项全能，2902分）、胡雅锋（标枪，34.66米）。高中女子组：邢雪艳（100米，12″6；200米，26″1）、薛雅虹（100米栏，15″4）、钱丹（1500米，5′27″1）、南菁高中（4×100米接力，50″6）、唐思梦（400米，1′02″4）、栾佳媛（800米，2′32″1）、濮红洁（铅球，7.91米）、高丽君（三级跳远，10.94米）、徐晓艳（跳高，1.43米）、宋海燕（五项全能，2761分、跳远，5.36米）、耿君（铁饼，23.39米）、夏张丽（标枪，21.45米）。初中男子组：孙列（100米，11″9）、杨洋（110米栏，14″4）、邢鑫（1500米，4′36″1）、梁晨（200米，23″4）、江阴高中（4×100米接力，45″9）、仲江山（400米，51″8；800米，2′07″7）、陈佳彬（铅球，11.04米；铁饼，32.87米）、陆钧（三级跳远，13.04米）、施健（跳高，1.76米）、张浩杰（跳远，6.03米）、张晨炜（小全能，1395分）、陆丁庆（标枪，41.49米）。初中女子组：翟晓洁（100米，13″0；200米，27″6）、任晗琦（100米栏，15″8；跳远，5.0米）、赵玉艳（1500米，5′20″7）、璜土中学（4×100米接力，54″7）、刘静（400米，1′02″9）、姚晨（800米，2′33″8）、蒋晓蕾（铅球，10.67米）、宦旦男（三级跳远，10.85米）、蒋英（跳高，1.42米）、朱琳（小全能，1052分）、黄婷菊（铁饼，26.36米）、汤景妍（标枪，20.61米）。小学男子甲组：仲志锋（100米，13″63；跳远，4.46米）、许冬（100米栏，17″7）、周清园（200米，28″14；400米，1′04″0）、王修文（800米，2′36″8）、郑浩（垒球，50.40米）、李益帆（铅球，8.53米）、陆回飞（跳高，1.35米）、青阳实验小学（4×100米接力，57″5）。小学女子甲组：朱一枝（100米，13″84）、缪雪佳（100米栏，20″2；铅球，7.42米）、沈哲（200米，28″99；跳远，4.23米）、秦晨洁（400米，1′07″6；800米，2′39″17）、高怡筠（垒球，37.78米）、陈耀桦（跳高，1.23米）、陆桥实小（4×100米接力，1′00″4）。小学男子乙组：丁昊良（50米，7″2）、金之煌（100米，14″3；200米，30″4）、陈文跃（400米，1′10″1）、蒋松江（跳高，1.31米）、王子寅（跳远，4.09米）、傅宇翔（铅球，10.23米；垒球，53.09米）。小学女子乙组：许志茹（50米，7″4；100米，14″3）、费雪娇（200米，30″2）、涂晨锐（400米，1′07″9）、黄佳卉（跳高，1.18米）、朱燕文（跳远，3.91米）、朱伟玲（铅球，6.98米）、徐棚（垒球，36.23米）。小学男子丙组：吴非（100米，15″03）、李昊健（200米，29″3；小全能，73分）、杨家骝（垒球，41.10米）。小学女子丙组：汪丽（100米，15″26）、倪欣怡（200米，31″7；小全能，74分）、江佳敏（垒球，39.25米）。小学男子丁组：江海涛（100米，15″2）、薛健（200米，31″88）、孙昊杰（垒球，37.52米）、王林伟（小全能，57分）。小学女子丁组：缪佳敏（100米，15″8）、华仟禧（200米，32″4；小全能，71分）、徐梦涵（垒球，28.05米）。

2008年江阴市中小学生田径运动会破市纪录一览

表2-34

组 别	项目	市纪录	姓 名	学校	破纪录成绩
高中男子组	110米栏	16″6	黄海波	江阴高中	16″0
	跳高	1.86米	黄海波	江阴高中	1.87米
	110米栏	16″6	宋世佳	要塞中学	16″2
高中女子组	100米栏	15″7	薛雅虹	南菁高中	15″4
	4×100米接力	51″20	南菁高中	南菁高中	50″6
	跳远	5.29米	宋海燕	南菁高中	5.36米
初中男子组	三级跳远	12.45米	谭新宇	江阴高中	12.67米
	三级跳远	12.45米	施 健	云亭中学	12.71米
	跳高	1.72米	施 健	云亭中学	1.76米
	三级跳远	12.45米	陆 钧	周庄中学	13.04米
小学男子甲组	跳高	1.33米	陆回飞	陆桥实小	1.35米
小学男子乙组	铅球	7.95米	傅宇翔	长寿实小	10.23米
	跳高	1.30米	蒋松江	长寿实小	1.31米
小学男子丙组	200米	29″7	李昊健	长寿实小	29″3
小学女子丙组	垒球	33.21米	周郁恬	花园实小	35.36米
	垒球	33.21米	江佳敏	璜土实小	39.25米
小学女子丁组	200米	32″7	华仟禧	陆桥实小	32″4

2009年10月24－27日，在市体育中心举行第二十三届江阴市中小学生田径运动会，80所学校共643名选手参赛。南菁中学获高中组团体总分第一名，江阴市中、江阴市一中分获高中组

团体总分第二、三名；江阴市中获初中组团体总分第一名，云亭中学、华士中学分获初中组团体总分第二、三名；青阳实验小学获小学组团体总分第一名，陆桥实验小学、云亭实验小学分获小学组团体总分第二、第三名。各组第一名如下，高中男子组：孔粲（100米，11″05）、曹健（200米，22″74；400米，50″9）、蒋程（800米，2′02″92；1500米，4′34″51）、殷强立（110米栏，15″89）、黄海波（跳高，1.92米）、江阴高中（4×100米接力，43″94）、王飞（跳远，6.61米）、张浩杰（三级跳远，13.95米）、张凯强（铅球，12.31米）、陈波（铁饼，36.68米）、黄云涛（标枪，41.42米）、梅晓波（五项全能，3036分）。高中女子组：胡梦媛（100米，12″47；100米栏，15″11）、陈丽莉（200米，27″2）、姚晨（400米，1′03″03）、赵玉艳（800米，2′30″2；1500米，5′19″86）、南菁（4×100米接力，51″12）、宋海燕（跳高，1.46米；跳远，5.03米）、高丽君（三级跳远，10.56米）、尹丹丹（铅球，8.31米）、耿君（铁饼，25.09米）、徐文静（标枪，23.20米）、张雯（五项全能，1802分）。初中男子组：李宇杰（100米，11″52；跳远，6.30米）、严伟伟（200米，23″4）、谭新宇（400米，54″82）、陈锞（800米，2′06″8；1500米，4′27″77）、张晓（100米栏，15″56）、华士实验学校（4×100米接力，46″93）、刘阳（跳高，1.61米）、陈晓杰（三级跳远，11.83米）、殷宇航（铅球，10.32米）、蒋家鑫（铁饼，33.80米）、陆丁庆（标枪，48.56米）、俞潇（小全能，1529分）。初中女子组：朱一枝（100米，13″42）、张丽（200米，27″11）、刘静（400米，1′03″18）、高丽（800米，2′30″66；1500米，5′21″99）、江阴高中（4×100米接力，54″11）、谢梦媛（100米栏，15″7；三级跳远，11.20米）、费智哉（跳高，1.40米）、任晗琦（跳远，4.92米）、刘洁（铅球，9.87米；铁饼，22.27米）、周陈莲（标枪，23.70米）、李鑫怡（小全能，1124分）。小学男子甲组：钱晓虎（100米，13″42）、沈丹枫（200米，28″68）、陈文跃（400米，1′05″12；800米，2′32″37）、陆罗铖（100米栏，17″91）、青阳实验小学（4×100米接力，58″16）、蒋松江（跳高，1.36米）、魏苏雨（跳远，4.59米）、许天昊（铅球，10.52米）、陈毅涛（垒球，51.13米）。小学女子甲组：费雪娇（100米，14″2；200米，29″6）、薛静燕（400米，1′07″52）、缪敏莉（800米，2′43″3）、孔维益（100米栏，18″9）、黄佳卉（跳高，1.23米）、邱敏好（跳远，4.20米）、朱伟玲（铅球，8.39米）、徐棚（垒球，43.30米）、陆桥实验小学（4×100米接力，58″59）。小学男子乙组：吴非（50米，7″65）、濮晓磊（100米，14″42）、冯文杰（200米，29″2；400米，1′07″38）、费晓天（跳高，1.32米）、刘丹（跳远，3.92米）、许清（铅球，6.09米；垒球，43.26米）。小学女子乙组：汪丽（100米，14″53；200米，30″96）、倪欣怡（400米，1′12″96）、陆芳（跳高，1.15米）、范茜雯（跳远，3.87米；50米，7″64）、江佳敏（铅球，6.10米；垒球，48.31米）。小学男子丙组：高泽岩（100米，14″36）、薛健（200米，31″1；小全能，68分）、陈书雨（垒球，43.89米）。小学女子丙组：周欣宇（100米，15″91）、华千禧（200米，30″15；小全能，85分）、徐梦涵（垒球，35.79米）。小学男子丁组：陈英杰（100米，15″09；小全能，58分）、陶希彬（200米，32″1）、陆子坚（垒球，37.61米）。小学女子丁组：朱依林（100米，15″79）、金雯（200米，32″35）薛慧洁（小全能，54分）、何知源（垒球，27.82米）。

2009年江阴市中小学生田径运动会破市纪录一览

表2-35

组别	项目	市纪录	姓　名	学校	破纪录成绩
高中男子组	4×100米接力	44″84	江阴高中		43″94
	100米	11″14	孔　粲	南菁	11″05
	跳高	1.87米	黄海波	—	1.92米
	跳高	1.87米	施　健	南菁	1.89米
	五项全能	2902分	梅晓波	南菁	3036分
	110米栏	16″24	陈　强	山观中学	16″22
	110米栏	16″24	殷强立	职技中心校	15″89
高中女子组	100米栏	15″64	胡梦媛	南菁	15″11
初中男子组	小全能	1267分	徐鑫杰	徐霞客中学	1306分
			俞　潇	—	1529分
	小全能		殷宇航	市一中	1403分
初中女子组	三级跳远	11.05米	谢梦媛	云亭中学	11.20米
小男甲	跳高	1.35米	蒋松江	长寿实验小学	1.36米
小女甲	4×100米接力	59″04	陆桥实验小学	陆桥实验小学	58″59
小男乙	跳高	1.31米	费晓天	陆桥实验小学	1.32米
小女乙	垒球	41.76米	江佳敏	璜土实验小学	48.31米
小男丙	100米	14″44	高泽岩	长山实验小学	14″36
小女丙	200米	31″44	华千禧	陆桥实验小学	30″15
小男丁	100米	15″14	陈英杰	陆桥实验小学	15″09
小女丁	200米	32″64	金　雯	花园实验小学	32″35
	200米	32″64	薛慧洁	青阳实验小学	32″48

2010年9月27－29日，第二十四届江阴市中小学生田径运动会在江阴市第一中学举行，共72所学校80支代表队616名学生参赛。南菁中学获高中组团体总分、金牌总数第一名，江阴市一中获高中组团体总分、金牌总数第二名，江阴市中和山观中学分获高中组团体总分和金牌总数第三名。江阴市中和云亭中学分获初中组团体总分和金牌总数第一名，陆桥中学和江阴市中分获初中组团体总分和金牌总数第二名。云亭中学和临港新城实验学校分获初中组团体总分和金牌总数第三名。青阳实验小学获小学组团体总分、金牌总数第一名，陆桥实验小学获小学组团体总分、金牌总数第二名，云亭实验小学和长山中心小学分获小学组团体总分和金牌总数第三名。各组第一名如下，高中男子组：李宇杰（100米，11″05）、季敬（200米，21″98；400米，49″5）、严晨旭（800米，2′01″8；1500米，4′33″0）、梁晨（110米栏，16″8）、市一中（4×100米接力，44″2）、梅晓波（跳远，6.74米）、蒋叶峰（三级跳远，13.01米）、陈佳彬（铅球，10.44米）、陈正人（铁饼，33.37米）、陆丁庆（标枪，15.32米）、施健（跳高，2.00米；五项全能，2987分）。高中女子组：胡梦媛（100米，13″5）、陈丽莉（200米，26″63；400米，1′00″0）、姚晨（800米，2′35″4）、赵玉艳（1500米，5′25″1）、江阴高中（4×100米，52″4）、杨姝（跳高，1.25米）、高丽君（跳远，4.74米）、谢梦媛（三级跳远，11.66米）、丁岭岭（铅球，8.50米）、翁夏雨（铁饼，23.26米；标枪，22.93米）、张雯

（五项全能，1948分）。初中男子组：王飞（100米，11″98；200米，24″13）、顾萌（400米，55″4）、徐胜健（800米，2′11″4；1500米，4′52″8）、王盛尧（100米栏，15″4）、云亭中学（4×100米接力，48″5）、毛钐樊（跳高，1.61米）、吕飞（跳远，5.62米；三级跳远，11.93米）、殷宇航（铅球，12.71米；小全能，1676分）、张家鑫（铁饼，34.55米）、李益帆（标枪，37.57米）。初中女子组：朱一枝（100米，13″4）、李怡轩（200米，28″08；400米，1′05″2）、李苗（800米，2′36″5）、缪敏莉（1500米，5′29″6）、江阴高中（4×100米接力，55″3）、任晗琦（100米栏，16″35；三级跳远，10.69米）、费知彧（跳高，1.36米）、顾佳佳（跳远，5.04米）、张亚红（铅球，9.57米）、张晓婷（铁饼，23.27米）、周陈莲（标枪，22.23米）、吴静瑀（小全能，1144分）。小学男子甲组：吴非（100米，14″1）、冯文杰（200米，29″56）、汪嘉豪（400米，1′07″2）、沈奕舟（800米，2′42″1）、王熠（100米栏，18″02）、陆桥实验小学（4×100米接力，58″7）、费晓天（跳高，1.37米；垒球，48.46米）、顾朱炜（跳远，4.09米）、李涵杰（铅球，9.11米）。小学女子甲组：汪丽（100米，14″19；200米，30″1）、李金玉（400米，1′11″6）、钱浩（800米，3′02″10）、朱敏（100米栏，18″42）、青阳实验小学（4×100米1′01″8）、陆芳（跳高，1.31米）、蔡冰洁（跳远，4.16米）、江佳敏（铅球，7.16米；垒球，49.50米）。小学男子乙组：薛健（50米，7″48；100米，14″12）、高泽岩（200米，29″52）、罗烨龙（400米，1′12″5）、何宇轩（跳高，1.10米）、陶凌云（跳远，4.02米）、陈书雨（铅球，8.04米）、赵杰（垒球，49.06米）。小学女子乙组：周晶兰（50米，7″74）、华千禧（100米，14″78；200米，29″87）、王靓（400米，1′11″7）、龚芳（跳高，1.22米）、缪雪蕾（跳远，3.81米）、居颖欣（铅球，5.23米）、徐梦函（垒球，38.95米）。小学男子丙组：陈英杰，（100米，14″62）、陈雨杰（200米，31″31）、居鑫宇（垒球，35.62米）、李加恒（小全能，70分）。小学女子丙组：朱依琳（100米，15″69；小全能，65分）、薛慧洁（200米，31″76）、何知源（垒球，29.03米）。小学男子丁组：何欢（100米，15″62，小全能，47分）、曹智宇（200米，32″55）、唐胡钢（垒球，30.72米）。小学女子丁组：吴家钰（100米，15″87）、丁许诺（200米，35″7）、任玉洁（垒球，20.35米）、刘彦雯（小全能，55分）。

2010年江阴市中小学生田径运动会破市纪录一览

表2-36

组别	项目	市纪录	姓　名	学校	破纪录成绩
高中男子组	跳高	1.89 米	施　健	南菁中学	2.00 米
	200 米	22″4	季　敬	市一中	21″98
	400 米	50″3	季　敬	市一中	49″5
初中男子组	铅球	12.22 米	殷宇航	市一中	12.7 米
	小全能	1403 分	殷宇航	市一中	1676 分
	小全能	1403 分	俞烨刚	山观中学	1421 分
小学男子甲组	跳高	1.36 米	费晓天	陆桥实验小学	1.37 米
小学女子甲组	跳高	1.30 米	陆　芳	顾山实验小学	1.31 米
	垒球	47.54 米	江佳敏	璜土实验小学	49.50 米
小学女子乙组	跳高	1.21 米	龚　芳	陆桥实验小学	1.22 米

2011年9月27日－29日，第二十五届江阴市中小学生田径运动会在江阴市第一中学举行，全市72所学校共621名学生参赛。南菁中学、江阴市一中、江阴市中分别获高中组团体总分第一、第二、第三名；江阴市二中、江阴市中、陆桥中学分获初中组团体总分前三名，江阴市二中、顾山中学、江阴市一中分获初中组奖牌总数前三名；青阳实验小学和陆桥实验小学分别获小学组团体总分和奖牌总数第一第二名，云亭实验小学和璜塘实验小学分别获小学组团体总分和奖牌总数第三名。

各组第一名如下，高中男子组：李宇杰（100米，11″23）、谭新宇（200米，22″27；400米，50″2）、仲江山（800米，2′01″8）、严晨旭（1500米，4′43″7）、梁晨（110米栏，15″85）、江阴一中（4×100米接力，43″7）、黄力晨（跳高，1.63米）、张浩杰（跳远，6.48米；三级跳远，13.79米）、陈佳彬（铅球，11.46米）、殷宇航（铁饼，33.25米）、陆丁庆（标枪，43.35米）、施健（跳高，2.01米；五项全能，3210分）；高中女子组：张丽（100米，12″53；200米，25″93）、陈丽莉（400米，1′00″2）、姚晨（800米，2′34″4；1500米，5′15″8）、南菁中学（4×100米接力，51″7）、钱丽红（跳高，1.43米）、任晗琦（跳远，5.23米；三级跳远，11.00米）、蒋晓蕾（铅球，8.25米）、徐文静（铁饼，21.22米；标枪，21.84米）、吴静瑀（五项全能，2366分）、李红亚（100米栏，20″87）。初中男子组：谢臻佳（100米，12″12）、徐炯剑（200米，24″37）、沈雷（400米，57″1）、周鑫（800米，2′12″3；1500米，4′47″4）、印时伟（100米栏，15″04）、周庄中学（4×100米接力，49″3）、奚力奇（跳高，1.77米）、吴义龙（跳远，5.63米）、陈雨乐（三级跳远，11.70米）、吴旻阳（铅球，12.28米；铁饼，42.15米）、李益帆（标枪，42.32米）、吴康健（小全能，1252分）。初中女子组：龚丽（100米，12″87；200米，26″37）、费雪娇（400米，1′03″5）、李苗（800米，2′33″4；1500米，5′09″9）、江阴二中（4×100米接力，52″5）、奚徐娜（100米栏，18″62）、吴钰（跳高，1.36米）、朱一枝（跳远，4.82米）、封萧雅（三级跳远，9.80米）、张亚红（铅球，10.43米）、刘青云（铁饼，25.35米）、王洁然（标枪，18.93米）、范丽萍（小全能，1043分）。小学男子甲组：薛健（100米，13″4；200米，28″24）、薄鑫（400米，1′04″0）、黄威（800米，2′41″9）、陆伟一（100米栏，17″58）、青阳实验小学（4×100米接力，58″2）、徐辰杰（跳高，1.20米）、陶凌云（跳远，4.16米），徐伟锋（铅球，9.16米）、孙吴杰（垒球，45.4米）。小学女子甲组：华千禧（100米，14″48；200米，29″89）、王靓（400米，1′09″9；跳远，3.92米）、代向楠（800米，2′52″0）、冯依雯（100米栏，18″39）、龚芳（跳高，1.32米）、居云欣（铅球，6.63米）、徐梦涵（垒球，48.45米）、陆桥实验小学（4×100米接力，1′02″2）。小学男子乙组：李加恒（50米，7″51；跳远，4.07米）、陈英杰（100米，14″35；跳高，1.33米）、殷徐尧（200米，30″49；400米，1′12″5）、刘宇洋（铅球，7.62米）、陈雨轩（垒球，43.74米）。小学女子乙组：孔婧（100米，15″26；50米，8″06）、张恒妍（200米，31″21；跳远，3.65米）、薛敏佳（400米，1′14″4）、颜佳欣（跳高，1.10米）、丁梦佳（铅球，6.32米）、何知源（垒球，38.14米）。小学男子丙组：何欢（100米，15″31）、冯俊杰（200米，30″67）、薛嘉俊（垒球，36.31米）、张楚（小全能，57分）。小学女子丙组：吴家钰（100米，15″36；小全能，75分）、丁许诺（200米，33″12）、陈昕苗（垒球，29.58米）。小学男子丁组：吴双（100米，15″46）、盛浩飞（200米，32″42；小全能，53分）、苏啸（垒球，37.33米）。小学女子丁组：袁齐齐（100米，17″05）、唐文香（200米，

33″23；小全能，65分）、仰陆英（垒球，26.22米）。

2011年江阴市中小学生田径运动会破市纪录一览

表2-37

组别	项目	市纪录	姓名	学校	破纪录成绩
高中男子组	跳高	2.00 米	施　健	南菁	2.01 米
	五项全能	3036 分	施　健	南菁	3210 分
初中女子组	4×100 米接力	53″3	江阴市二中	二中	52″5
小学女子甲组	跳高	1.31 米	龚　芳	陆桥实小	1.32 米
小学男子乙组	跳高	1.32 米	陈英杰	陆桥实小	1.33 米

2012年9月27－29日，在市体育中心举行第二十六届江阴市中小学生田径运动会，来自全市79所学校的686名学生参赛。南菁中学、江阴市一中、江阴市二中分别获高中组团体总分、奖牌总数第一、第二、第三名；华士中学、江阴市二中分别获初中组团体总分、奖牌总数第一第二名，长泾中学、山观中学分别获初中组团体总分、奖牌总数第三名。云亭实验小学、祝塘实验小学和利港实验小学分获小学组团体总分前三名，璜土实验小学、祝塘实验小学和江阴市实验小学分获奖牌总数前三名；江阴中专、璜塘职高分获职校组团体总分、奖牌总数第一、第二名，南华、华姿分别获职校组团体总分、奖牌总数第三名。南菁中学李宇杰100米预决赛（10″61；10″69）均达高中男子国家一级运动员标准。

各组第一名如下，高中男子组：李宇杰（100米，10″69）、谭新宇（200米，21″91；400米，49″2）、张金玉（800米，2′02″2）、黄林凯（1500米，4′22″9）、张嘉豪（110米栏，16″21）、南菁中学（4×100米接力，44″8）、奚力奇（跳高，1.77米）、刘鑫涛（跳远，6.04米）、吕飞（三级跳远，13.78米）、吴旻阳（铅球，11.60米；铁饼，37.03米）、李益帆（标枪，46.31米）、张晓凯（五项全能，2384分）。高中女子组：龚丽（100米，12″56）、张丽（200米，26″09）、李怡轩（400米，1′03″1）、徐依雯（800米，2′52″8）、袁凤智（1500米，6′24″8）、市二中（4×100米接力，52″4）、谢梦媛（100米栏，14″73）、刘静（跳高，1.40米）、任晗琦（跳远，5.34米；三级跳远，10.73米）、刘青云（铅球，8.48米；铁饼，24.13米）、唐佳佳（标枪，27.46米）吴静瑀（五项全能，2238分）。职校男子组：许乾（100米，11″93；跳远，5.80米）、荣传奇（200米，24″25）、周博磊（400米，54″72）、徐莉（800米，2′05″6；1500米，4′42″8）、杨超（跳高，1.70米）、何晓阳（铅球，10.27米）、江阴中等专业学校（4×100米接力，48″4）。职校女子组：黄舒瑜（100米，14″59；跳远，3.78米）、徐若琪（200米，31″07）、倪亚男（400米，1′13″3）、赵珏（800米，2′49″5）、周红姣（1500米，6′02″5）、朱芸（跳高，1.20米）、唐倩（铅球，6.07米）、江阴中等专业学校（4×100米接力，1′00″9）。（初中男、女生组资料缺失。）小学男子甲组：刘宇洋（100米，13″34；铅球，9.50米）、沈懿（200米，28″61）、马瑞千（400米，1′04″8；800米，2′37″9）、蒋浩南（100米栏，18″13）、云亭实验小学（4×100米接力，59″1）、陈英杰（跳高，1.38米）、李加恒（100米，13″18；跳远，4.73米）、费佳豪（垒球，41.74米）。小学女子甲组：孔婧（100米，14″4）、薛慧洁（200米，30″19）、徐婷（400米，1′05″2；800米，2′33″9）、杜佳（100米栏，17″94）、黄圆淼（跳高，1.23米）、张恒妍（跳远，4.16米）、王科楠（铅球，7.24米）、丁梦佳（垒球，40.58米）、利港实验小学（4×100米接力，1′04″3）。小学男子乙组：张昆（50米，7″63；100米，14″26）、张楚（200米，28″5；400米，1′09″2）、郭鹏飞（跳高，1.20米）、周科童（跳远，4.28米）、周培（铅球，6.93米）、黄杰（垒球，39.99米）。小学女子乙组：吴家钰（50米，7″82）、梅满（100米，14″74）、丁许诺（200米，31″82；铅球，7.42米）、李希琼（400米，1′14″1）、蒋懿（跳高1.15米）、刘彦雯（跳远，3.85米）、任玉洁（垒球，34.54米）。小学男子丙组：杨刚（100米，14″6；小全能，64分）、盛浩飞（200米，30″98）、张钦宇（垒球，43.22米）。小学女子丙组：李佳慧（100米，16″0）、唐文香（200米，30″76；小全能，77分）、仰陆英（垒球，32.79米）。小学男子丁组：徐镇涛（100米，15″1）、姚伟伦（200米，32″76）、沈嘉灵（垒球，34.44米）、林清润（小全能，53分）。小学女子丁组：华佳琪（100米，15″94；小全能，57分）、吴梦涵（200米，33″95）、潘嫣（垒球，25.73米）。

2012年江阴市中小学生田径运动会破市纪录一览

表2-38

组别	项目	市纪录	姓　名	学校	破纪录成绩
高中男子组	100 米	11″05	李宇杰	南菁	10″69
	200 米	21″98	谭新宇	一中	21″91
	400 米	49″5	谭新宇	一中	49″2
高中女子组	100 米栏	15″11	谢梦媛	南菁	14″73
初中女子组	1500 米	5′08″8	李　苗	徐霞客	5′03″5
小学男子甲组	跳高	1.37 米	陈英杰	陆桥	1.38 米
	100 米	13″24	李加恒	云亭	13″18
小学女子乙组	铅球（3kg）	7.32 米	丁许诺	长山	7.42 米

2013年4月—10月，江阴市第六届运动会暨二十七届江阴市中小学生田径运动会在江阴市体育中心举行，全市各中小学代表队参赛。江阴高中（361分）、江阴一中（281分）、南菁高中（256分）分别获高中组团体总分第一、第二、第三名；江阴一中（16枚）、江阴高中（15枚）、南菁高中（11枚）分别获高中组奖牌总数第一、第二、第三名。江阴初中（213分）、云亭中学（171分）、江阴一中初中部（152分）分别获初中组团体总分第一、第二、第三名；云亭中学（11枚）、江阴一中初中部（8枚）、江阴初中（7枚）分别获初中组奖牌总数第一、第二、第三名。江阴实验小学（607分）、澄江中心小学（369分）、辅延中心小学（358分）分别获小学组团体总分第一、第二、第三名；江阴实验小学（26枚）、澄江中心小学（14枚）、新桥中心小学（11枚）分别获小学组奖牌总数第一、第二、第三名。

各组成绩第一名如下，高中男子组：王飞（100米，11″03；200米，22″64）、王盛尧（400米，51″4）、黄林凯（800米，1′59″9）、杨兴隆（1500米，4′20″5）、张嘉豪（110米，16″29）、江阴一中（4×100米接力，44″1）、毛钐樊（跳高，1.83米）、印叶伟（跳远，6.16米）、吕飞（三级跳远，12.83米）、吴旻阳（铅球，11.98米）、符金龙（铁饼，37.15米）、李益帆（标枪，50.30米）、蒋松江（五项全能，2469分）。高中女子组：龚丽（100米，12″44；200米，26″1）、李怡轩（400米，1′02″6）、陈吉斓（800

米，2′32″5；1500米，5′29″9）、包欢华（100米栏，20″68）、二中（4×100米接力，51″6）、吴钰（跳高，1.43米；标枪，23.16米）、任晗琦（跳远，5.63米；三级跳远，11.01米）、陈江丽（铅球，8.21米）、陆文姣（铁饼，23.82米）、吴静瑀（五项全能，2588分）。初中男子组：高寅（100米，11′53″；200米，23″31）、胡金滔（400米，54″0）、汪东清（800米，2′12″9；1500米，4′47″5）、张人元（100米栏，14″63）、青阳二中（4×100米接力，48″1）、高显兵（跳高，1.67米；小全能，1508分）、王铭（跳远，5.90米）、侯坤（三级跳远，12.50米）、潘勇（铅球，11.05米）、赵祎凡（铁饼，38.01米）、刁赞阳（标枪，44.84米）。初中女子组：汪丽（100米，13″03；100米栏，15″8）、徐婷（200米，29″94）、殷晓婷（400米，1′03″9）、黄媛媛（800米，2′31″5；1500米，5′19″3）、江阴初中（4×100米接力，54″5）、颜佳欣（跳高，1.42米）、蔡冰洁（跳远，4.81米）、李金玉（三级跳远，11.11米）、张红（铅球，9.22米；标枪，23.21米）、李倩（铁饼，24.94米）、巫晓岚（小全能，1196分）。小学男子甲组：董浩（100米，13″54；200米，28″1）、陈祥煜（400米，1′06″9；800米，2′36″7）、周培（100米栏，18″87；铅球，9.15米）、祝塘中心小学（4×100米接力，58″9）、沙伟鹏（跳高，1.25米）、全乐平（跳远，4.22米）、黄程（垒球，47.31米）。小学女子甲组：吴奕婷（100米，14″11；100米栏，17″93）、黄星楠（200米，30″07）、梅锡贤（800米，2′51″6）、梅满（100米栏，17″93；跳远，4.22米）、刘彦雯（跳高，1.23米）、丁许诺（铅球，8.40米）、朱梦婷（垒球，41.88米）、西石桥中心小学（4×100米接力，1′00″8）。小学男子乙组：罗骏怡（50米，7″41；100米，14″09）、史云恒（200米，28″11；400米，1′05″7）、段浪（跳高，1.38米）、杨刚（跳远，4.45米）、徐丰（铅球，7.37米）、钱云超（垒球，46.34米）。小学女子乙组：朱子婧（50米，7″73；100米，14″65）、唐文香（200米，29″05；400米，1′06″1）、钱怡杰（跳高，1.18米）、蒋雯怡（跳远，3.85米）、仰陆英（铅球，6.40米；垒球，39.85米）、小学男子丙组：徐镇涛（100米，14″46）、刘利斌（200米，30″15）、金正扬（垒球，40.03米）、林清润（小全能，74.00分）。小学女子丙组：梅陈露（100米，15″29）、陈雯烨（200米，31″93）、冯嵘林（垒球，27.17米）、华佳琪（小全能，71.00分）。小学男子丁组：刘恩（100米，14″93）、徐晟轩（200米，32″44）。陈凯（垒球，35.29米）、陈竹凯（小全能，52.00分）。小学女子丁组：季恬潇（100米，16″02）、沈依君（200米，34″76）、张烨（垒球，26.20米）、徐语晨（小全能，56.00分）。

2013年江阴市第六届运动会（中小学部田径）破市纪录一览

表2-39

组别	项目	市纪录	姓名	学校	破纪录成绩
高中女子组	跳远	5.36 米	任晗琦	江阴一中	5.63 米
小学男子乙组	跳高	1.33 米	段　浪	峭岐实小	1.38 米
	200 米	28″34	史云恒	云亭实小	28″11
小学女子乙组	200 米	29″64	唐文香	璜塘实小	29″05
	400 米	1′07″00	唐文香	璜塘实小	1′06″1
小学男子丁组	100 米	15″09	刘　恩	夏港实小	14″93

2014年9月27—29日，第二十八届江阴市中小学生田径运动会在江阴市体育中心举行。各组第一名如下，高中男子组：高寅（100米，11″4）、徐炯剑（200米，23″9；400米，51″9）、黄鹏飞（800米，2′05″4）、黄孝柯（1500米，4′30″2）、蒋松江（110米栏，16″55）、江阴高级中学（4×100米接力，45″6）、沈聪（跳高，1.74米）、谢臻佳（跳远，6.59米）、陈雨乐（三级跳远，13.48米）、符金龙（铅球，12.41米）、倪力南（铁饼，38.15米）、李益帆（标枪，58.80米）、张嘉豪（五项全能，2705分）。高中女子组：龚丽（100米，12″79；200米，25″96）、贡婷娜（400米，1′04″1）、陈玲娣（800米，2′34″9）、程敏敏（1500米，5′28″0）、江阴市第二中学（4×100米接力，53″7）、吴钰（跳高，1.49米）、封萧雅（跳远，4.82米）、李金玉（三级跳远，11.16米；100米栏，16″47）、陆文姣（铅球，7.70米）、缪梦洁（铁饼，24.59米）、林朵（标枪，25.57米）、朱敏（五项全能，1966分）。初中男子组：王铭（100米，12″23；跳远，6.28米）、程能强（200米，24″32；400米，54″2）、汪东清（800米，2′09″6；1500米，4′35″5）、任磊（100米栏，14″66；小全能，1580分）、华士实验中学（4×100米接力，48″5）、方金涛（跳高，1.56米）、罗烨龙（三级跳远，12.10米）、廖正滔（铅球，11.89米）、唐鹏（铁饼，37.94米）、杨钰雷（标枪，40.07米）。初中女子组：汪丽（100米，12″77；100米栏，15″63）、王靓（200米，27″46；400米，1′02″0）、罗思怡（800米，2′27″2）、张静（1500米，5′25″7）、江阴初级中学（4×100米接力，52″7）、颜佳欣（跳高，1.45米）、冯依雯（跳远，5.06米；三级跳远，10.74米）、张红（铅球，10.10米）、吴雨润（铁饼，24.48米）、张美琳（标枪，25.10米）、巫晓岚（小全能，1139分）。小学男子甲组：盛浩飞（100米，13″87）、史云恒（200米，29″14；400米，1′04″3）、刘仁豪（800米，2′41″1）、刘瑶瑶（100米栏，18″4）、青阳实验小学（4×100米接力，1′00″0）、段浪（跳高，1.53米）、宦黎宾（跳远，4.76米）、王雪彬（铅球，8.23米）、钱云超（垒球，53.78米）。小学女子甲组：陈秋霖（100米，14″27）、唐文香（200米，28″07；400米，1′03″3）、袁双双（800米，2′43″8）、李嘉静（100米栏，19″41）、钱怡杰（跳高，1.33米）；肖沁　（跳远，3.90米）、陈艳艳（铅球，7.35米）、仰陆英（垒球，38.77米）、璜塘实验小学（4×100米接力，1′01″1）。小学男子乙组：徐镇涛（50米，7″62；100米，14″56）、刘利斌（200米，30″1；400米，1′09″7）、徐明炜（跳高，1.27米）、林清润（跳远，4.24米）、张蒋雨（铅球，6.38米）、沈嘉灵（垒球，49.03米）。小学女子乙组：陈雯烨（50米，7″66；100米，14″68）、梅陈露（200米，32″08）、吴梦涵（400米，1′13″0）、潘凌（跳高，1.21米）、刘晶晶（跳远，3.79米）、胡欣瑞（铅球，5.43米）、潘嫣（垒球，36.62米）。小学男子丙组：江晓龙（100米，14″85）、陈竹凯（200米，32″41；小全能，60分）、陈凯（垒球，39.68米）。小学女子丙组：夏奕轩（100米，15″4）、沈依君（200米，32″45）、吴奕君（垒球，34.83米）、徐昕（小全能，65分）。小学男子丁组：唐权（100米，16″06）、朱永恒（200米，33″34）、兰宇翔（垒球，30.65米）、贡杰（小全能，40分）。小学女子丁组：倪响（100米，17″1）、贾婧仪（200米，35″65）、朱欣月（垒球，27.11米）、李文文（小全能，54分）。

2015年第二十九届江阴市中小学生田径运动会在江阴市体育中心举行。

各组第一名如下，高中男子组：陆伟一（100米，11″14）、陆高飞（200米，23″28）、黄鹏飞（400米，51″0；800米，2′03″0）、徐康（1500米，4′33″0）、陶嘉诚（110米栏，17″0）、江阴一中（4×100米接力，44″0）、蒋松江（跳高，1.50米）、白云龙（跳远，6.55米）、潘嘉豪（三级跳远，12.73米）、赵祎凡（铅球，11.39米）、花阳（铁饼，36.63米）、杨钰雷（标枪，37.27米）、张嵩（五项全能，2505分）。高中女子组：汪丽（100米，12″61）、贡婷娜（200米，26″82）、王靓（400米，1′03″）、程敏敏（800米，2′28″0；1500米，5′23″）、南菁高级中学（4×100米接力，51″0）、吴钰（跳高，1.55米）、冯依雯（跳远，4.98米）、李金玉（三级跳远，11.33米；100米栏，15″96）、方雨婷（铅球，8.07米）、缪梦洁（铁饼，24.45米）、林朵（标枪，31.03）、朱敏（五项全能，2067分）。初中男子组：李加恒（100米，11″63；跳远，5.96米）、顾天行（200米，24″79）、陈建鹏（400米，59″）、余培泽（800米，2′14″0）、岳彩杰（1500米，4′39″0）、蒋浩南（100米栏，15″3）、陆桥中学（4×100米接力，47″0）、蒋涛（跳高，1.70米）、连若淳（三级跳远，12.29米）、刘宇洋（铅球，10.81米）、杨安溱（铁饼，36.86米）、赵一豪（标枪，39.04米）、姚煜晖（小全能，1330分）。初中女子组：徐婷（100米，13″69）、唐文香（200米，28″11；400米，1′02″0）、罗思怡（800米，2′30″0）、李嘉静（1500米，5′26″0），江阴初中（4×100米接力，54″0）、梅满（100米栏，16″94）、颜佳欣（跳高，1.51米）、包琼（跳远，4.54米；三级跳远，10.06）、陈润娇（铅球，9.69米）、何嘉艳（铁饼，25.71米）、张美琳（标枪，25.23米）、马梦恬（小全能，1070分）。小学男子甲组：王瑞淞（100米，13″89）、徐康晟（200米，28″35）、李志洋（400米，1′04″0）、刘利斌（800米，2′29″0）、金正扬（100米栏，19″83）、祝塘中心小学（4×100米接力，58″0）、林清润（跳高，1.54米；跳远，5.12米）、吴佳龙（铅球，9.02）、沈嘉灵（垒球，50.84米）。小学女子甲组：陈雯烨（100米，14″55）、梅陈露（200米，28″94）、夏开欣（400米，1′07″0；800米，2′40″0）、徐炀滢（100米栏，19″19）、张紫琪（跳高，1.30米）、刘晶晶（跳远，3.97米）、陆嘉伊（铅球，7.53米；垒球，43.93米）、青阳实验小学（4×100米接力，59″）。小学男子乙组：江晓龙（50米，7″47）、钱佳豪（100米，14″24；200米，29″1）、陈竹凯（400米，1′06″0）、王冠霆（跳高，1.20米）、林一诺（跳远，4.08米）、邓小东（铅球，7.32米）、汪佳玮（垒球，45.44米）。小学女子乙组：徐蕴雯（100米，14″76）、沈依君（200米，29″89；400米，1′10″0）、高媛（跳高，1.13米）、周语纯（跳远，3.94米）、周敏轩（铅球，6.44米）、彭诗雨（垒球，39.41米）、夏奕轩（50米，7″78）。小学男子丙组：蔡星宇（100米，14″88）、徐晓峰（200米，31″26）、兰宇翔（垒球，37.88米）、张宇豪（小全能，62分）。小学女子丙组：曹淑静（100米，15″68；小全能，66分）、付秀阳（200米，34″62）、吕懿蒲（垒球，35.19米）。小学男子丁组：全涛（100米，15″38；小全能，64分）、朱嘉熙（200米，32″53）、李宇轩（垒球，42.12米）。小学女子丁组：沈阳（100米，16″08；小全能，62分）、王姚幸子（200米，33″45）、刘懿童（垒球，28.64米）。

第五节　江阴市体育学校简介

江阴市体育学校又名江阴市业余体育学校，简称江阴市体校。江阴市体校是继1958年年底和1960年3月，江阴县文教局在体育场两次办体育中专的基础上创办起来的。1964年8月，江苏省指定江阴县为全省开展足球运动的重点地区之一。9月，由当时文教局局长牟达兼任校长，办起了江阴县青少年业余体育学校，为县体委下属全额拨款事业单位。主要负责本域内的体育训练、体育竞赛和体育人才的培养和输送，是江阴地区竞技体育的龙头，是江阴体育工作的重心，校址位于江阴城区中山北路80号。

开始时，体校大部分学生从小学到初高中分布在城区各校就读，星期天和每日下午课余时间集中训练。1988年有专职教练9人，兼职4人。开设田径（跑、跳、掷）、足球（男、女）等训练项目，在训学生93人，其中男足队员15人被列为江苏省资助的业余训练重点对象。是年，江阴市体委、市教委联合建立体育中学，学校教练员即市业余体校教练员，校址设在城区君巫路游泳池综合大楼。开设田径、足球、举重等训练项目，在江阴市内招首批初中体育特长生，市业余体校分散在各校的学生也同时进入该校进行“三集中”教学、训练、学习。1989年11月，市体育中学改建成江阴市体育学校（以下简称“市体校”）。这是一所在完成九年制义务教育的同时，集中较多时间进行体育训练的学校，属江阴市体委、市教委双重领导。该校设初中三个年级3个班，体育中学学生并入该校，市业余体校教职人员也全部担任该校教练，文化课教师由市教育局从他校抽调，校址在体委招待所内。1990年4月，市体校有学生80人，设足球、田径、举重、柔道（新增）4个项目，有教练员9人，文化课教师13人。1997年，该校在市体育场西南侧建成3516平方米新校舍，还建成当时江苏省一流的室内塑胶跑道。办学规模由原来初中3个年级3个班扩大到小学四年级到初中三个年级6个班，成为江阴市田径、足球、举重运动员学习、训练、食宿一条龙的6年一贯制体校。2003年8月，体校与江苏省南菁高级中学建立联合办学点，解决了体校在校初三学生高中就读难题，实现了业余体育训练9年一贯制，此“体教结合”模式被江苏省体育局、省教育厅采纳在全省推广。同年，体校创建成国家青少年体育俱乐部。2005年，体校开设青少年跆拳道训练项目。2007年，体校有教练员11人，其中国家高级教练2人，一级教练3人，二级教练4人，三级教练2人；有文化教师21人，在校学生115人。2008年，走改革创新发展思路，积极引进高水平后备人才，开发新项目，体校引进了3名击剑运动员，7名水上项目运动员。进一步完善业余训练选材网络和江苏省南菁高级中学联合办学模式。

办学以来，体校在各级政府、领导的关心支持下，在体校教练员和运动员的努力下，取得了骄人的业绩。

1988年11月，江阴市体校田径队参加省县组田径赛，总分名列全省20名，再次进入全省甲级队行列（1984年首次进入），体校教练端木水根被评为江苏省优秀教练员。1991年5月，在武进县举行的省县级田径比赛，体校沈丽获女子13～14岁组的100米第二名和200米第一名。黄海燕获该组100米栏第六名。吴君亚获女子15岁组100米栏第五名和200米栏第四名。1992年，体校学生黄春洪、刘达参加全国田径分龄赛和全国少年男子举重比赛共获奖牌6枚，其中金牌2枚，实现江阴市参加全国单项比赛和奖牌、金牌零的突破。1994年，体校田径队以江苏省县组田径比赛乙级队第一名的成绩晋升为甲级队，翌年获全省总分第九名，金牌第七名。1995年5月2—8日，在淮安市举行省青少年县组听田径赛上，体校学生江冬霞获女子13～14岁组100米第五名和100米栏第二名；缪晓丹获100米栏第五名和跳高第三名；陈燕获跳远第六名和三级跳远第五名；罗敏玉获铅球第二名和铁饼第二名；胡梦媛获三项全能第四名；陆培东获男子该组600米第二名。许美玲获女子16岁组100米第三名和200米第二名；顾莉华获该组100米栏第二名和200米栏第三名；吴肖刚获该组400米第五名。是年8月22—24日，在全国少年田径分龄赛中，体校选手徐金莲获女子15岁组短跑个人全能、200米、400米3枚金牌；沈燕获女子14岁组100米金牌、200米银牌和个人全能铜牌；朱益红获200米、4×100米两枚金牌，后又入选国家队于9月代表国家参加亚洲田径锦标赛获1枚金牌1枚铜牌，成为江阴人冲出亚洲第一人。1996年8月，体校沈燕、顾静伟、严春燕、沈丽惠4名运动员代表省队参加全国少年田径分龄赛上获得5枚金牌3枚银牌3枚铜牌。田坛好手沈燕1人独揽3枚金牌，100米成绩达国家一级运动员标准并被评为精神文明运动员；顾静伟获得了1枚金牌1枚银牌和1枚铜牌；小将严春燕获得了1枚金牌1枚铜牌；沈丽惠也获得了1枚银牌和2枚铜牌。1996年度共得全国性金牌6枚，银牌3枚，铜牌2枚；省级金牌15枚，银牌9枚，省县级田径赛总分列全省第7名，金牌第5名；全国少年分龄赛共获金牌6枚；在无锡市七运会上获总分、金牌双第一。体校举重队共获得省、无锡市金牌23枚，银牌10枚，铜牌3枚。与无锡市联合组成少年足球乙组赛得省第一名。江阴市中小学生运动会上57人次破30项江阴市运动会纪录。向上级输送体育后备人才34名。1997年，体校举重队参加省赛获7项桂冠。98年在全国田径分龄赛上，体校学生李龙获100米、200米、全能3项第一，薛莲获400米第一、800米第二。1996—1997年，江阴市体校在江苏省各县（市）业余体校评估考核中江阴市体校排名第五，被评为江苏省业余训练先进单位，还被评为全国业余体育训练先进集体，体校校长张如皋被评为全国群众体育工作先进个人和全国业余体育训练先进个人，王曼虎被评为无锡市群众体育工作先进工作者，朱银昌被省体委授予江苏省业余体育训练先进工作者。1999年6月20日，在沈阳举办的全国田径青少年锦标赛暨四城会预选赛上，体校输送到省队的沈燕同学以100米11″7（电计时）的成绩达国家健将运动员等级标准。这是继江阴市田径运动员朱益红、薛莲之后第三位获此称号的运动员。2000年8月，由26名队员组成的体校少年足球队对日本藤冈市进行访问，成为江阴历史上首个赴日访问的体育团队。是月，沈燕在全国青年田径锦标赛中获1枚金牌、1枚银牌、1枚铜牌。2001年，体校学生胡丹率先达到国家一级运动员标准，学校成为北京体育大学教学实习基地。是年，在省县级田径赛中，体校健儿以6枚金牌、1枚银牌、7枚铜牌，团体总分119分的成绩在全省获金牌数第3名，团体总分第5名。2002年，江苏电视台两次派员到体校专访，年终再次被评为江苏省业余训练先进单位。是年8月，体校举重队员16岁张志成参加全国举重高水平后备人才比赛中，荣获94公斤级别抓举135公斤、挺举180公斤、总成绩315公斤3枚金牌。2003年，体校男子足球队参加省青少年甲组比赛首次夺冠。体校成为2003年江苏省创建青少年体育俱乐部学校。体校田径队员刘娜在省青少年田径赛中获女子甲组跳高金牌，缪金等获男子乙组4×100米冠军，同时和项龙清、薛梦成等获4×400米冠军。举重队员臧伟获省青少年举重85公斤级抓举、挺举、总成绩3枚金牌。2004年，体校输送的运动员张志成入选国家举重队。2005年8月，体校举重运动员臧伟代表中国参加在乌兹别克斯坦举行亚洲青少年举重锦标赛上获85公斤级别抓举151公斤、挺举181公斤、总成绩332公斤3枚金牌。2006年，体校田径队参加省县组田径比赛获团体总分第三名，创下了历年参加该赛最佳成绩。是年11月，体校被江苏省体育局命名为江苏省第三批高水平体育后备人才田径训练基地，并获10万元专项奖励。2007年，体校举重选手臧伟代表江苏省在全国举重锦标赛上获94公斤级总成绩金牌，再创江阴举重佳绩。体校与江苏省南菁高级中学联合办学点在省县组田径甲级队比赛中排名全省中学组第三位。在省第八届中学生田径运动会上一举拿下17枚金牌。2008年，举重队员臧伟和张志成在全国举重锦标赛上分别获总成绩第三名和第五名。体校被省体育局命名为首批江苏省三星级业余体校称号（苏体竞〔2008〕37号）。2009年，体校取得了输送人才质量、年度竞赛成绩、参赛人数及输送人数三大突破。全年共获得亚洲金牌3枚，全国金牌2枚、银牌1枚、铜牌1枚，省级金牌12枚。其中由体校培养并输送的8名优秀运动员，在第十一届全国运动会田径、自行车、足球、拳击、柔道、举重项目中，获得了1枚金牌、1枚铜牌、1个第5名、4个第7名、1个第8名的佳绩。尤其是田径项目出身的汤科蓉除获全运会女子场地自行车记分赛金牌外，在亚洲自行车锦标赛中一人夺得女子公路20公里个人计时赛、女子公路80公里大组赛、女子场地计分赛三项冠军。是年，体校同时组织参加省级赛事163人次，除田径队、举重队继续保持省前茅外，足球队首次取得了省少年男子乙组比赛和“省长杯”青少年男子足球比赛小学组双冠军，柔道队也取得了省赛多年未获的2枚金牌。在无锡市十运会田径、足球赛中，体校138名运动员获金牌18枚，包揽了小学组、初中组、高中组男子足球的三项冠军，以及初中组、高中组田径团体冠亚军。是年，体校向国家青年队、省优秀运动队、省少体校和无锡市体育运动学校，分别输送1名、4名、9名和14名体育后备人才。2010年，体校被江苏省体育局、省教育厅命名为“江苏省四星级业余体校”称号（苏体青〔2010〕50号），同时被省体育局命名为“江苏省第三批高水平体育后备人才单项训练基地”。2011年8月，江苏省田径锦标赛在淮安市举行，体校学生施健获男子青年组跳高第二名（2.04米）；李宇杰获男子甲组100米第三名（11″18）和200米第六名（23″82）；谢梦媛获女子甲组100米栏第一名（15″01）。是年11月，江苏省田径锦标赛暨江苏省青少年单项赛在南通市如皋举行，李宇杰获男子甲组100米第二名（11″12）和200米第五名（23″30）；谢梦媛获女子甲组100米栏第一名（16″05）。2011年，在省县级田径甲级队比赛中得2枚金牌、4枚银牌、4枚铜牌，总分125分，获省团体第八名和高中组团体第五名，拳击队员许加华获第一名。是年，向省运动队输送7人，向省体校输送16人，输送创历史之最。2012年，在省县组田径赛（第一赛区）中，江阴市体校学生李宇杰获男子甲组100米第一名，200米第三名。谭新宇获男子甲组200米、400米第一名。施健获男子甲组跳高第一名，跳远第三名。谢梦媛获女子甲组100米栏第一名，200米栏第三名。张嘉豪获男子乙组100米栏第五名。汪丽获女子乙组100米栏第六名。任磊获男子丙组跳远第二名，200米第六名。薄鑫获男子丙组400米第三名，200米第五名。薛健获男子丙组100米第六名。龚芬获女子丙组跳高第一名。

2013年4月，在浙江嘉兴举行全国青年锦标赛上，宋芳获拳击第二名，李宇杰和谢梦媛获4×100米和100米栏2个第三名。5月，在江苏省县组田径赛上，江阴市体校15位运动员获2枚金牌、3枚银牌、6枚铜牌。是月，在徐州举行的江苏省青少年举重比赛上，体校举重运动员张海杰获77公斤级挺举第一名、抓举第二名和总成绩第二名；缪佳晨获48公斤级抓举第一名、挺举第三名和总成绩第三名。7月，在徐州举行江苏省青少年田径锦标赛上，江阴体校22位运动员获得了62项奖，其中，周艳冰一人获4项第一名；张丽获2项第一名和2项第二名；施健获跳远、跳高第一、第二名；李金玉获2项第一名和100米栏第三名。是月，在常州武进区举行的江苏省第14届运动会（苏南片）上，体校学生获4枚金牌、7枚银牌。其中，张丽获2枚金牌，严晨旭获2枚金牌1枚银牌，李宇杰获3枚银牌，黄林凯获2枚银牌。是月，在宿迁泗阳举行的江苏省田径夏令营上，体校学生李加恒、张楚各获2枚银牌。是月，江阴体校代表队获江苏省青少年足球锦标赛第三名。是月，在徐州举行的江苏省青少年拳击赛上，体校蒋森海、许加华、许紫春均获第一名，曹海锋、周吉成、张雨电、张子阳均获第三名。8月，在苏州举行的江苏省青少年自行车比赛上，刘铖烨、缪敏莉获第三、第四名。在12届全运会上，许美玲获4×100米第一名，陈佳获垒球第一名。7月，在徐州举行的江苏省青少年击剑锦标赛上，马瑞千、钱龙、闫宇豪、邵宏炎获男子花剑儿童团体第一名。全国青年拳击锦标赛，宋芳获48公斤级第二名。9月，缪晨佳、黄涛在2013年江苏省举重冠军赛上获2个第二名。宋芳输送省拳击队。

2014年第18届省运会举重比赛上，江阴队获1枚金牌、2枚银牌、2枚铜牌；在柔道比赛上获1枚金牌、2枚银牌、4枚铜牌；在田径比赛上获4枚银牌、6枚铜牌；在自行车项目比赛上获2枚金牌、2枚银牌、4枚铜牌；足球赛上，获1997年、1998男子甲组冠军；在花剑比赛上，获4枚银牌、1枚铜牌、4项第四名。是年，在省县组田径赛上，江阴体校获3枚金牌、2枚银牌、1枚铜牌。许紫春输送省拳击队。

2015年3月和9月，在西双版纳和大连旅顺举行的全国女子垒球冠军杯赛和锦标赛上，体校选送的学生陈佳获2次冠军。是年4月，在2015省县组田径赛上，体校学生获1项冠军、6项亚军和1项季军。是月，2015全国田径大奖赛上获1项冠军、1项亚军、2项季军。5月，在江苏省青少年举重锦标赛上，江阴代表队获3项冠军、3项亚军。6月，江阴体校史云恒参加全国基地赛获3项亚军。7月，在江苏省小学生体育传统学校夏令营比赛上获5项冠军、4项亚军、2项季军。是月，李金玉参加苏南片中学生运动会获2项季军，是月，体校代表队在江苏省柔道锦标赛上获1项冠军、3项亚军、3项季军。是月，体校参加江苏省青少年田径竞标赛上获5项冠军、5项亚军、2项季军。是月，江阴体校参加江苏省足球锦标赛获亚军。8月，在江苏省青少年击剑锦标赛上体校获5项团体冠军、1项个人亚军、2项团体季军；在击剑冠军赛上获3项团体冠军、1项个人季军。9月，在2015年全国田径锦标赛上，体校学生许美玲获4×100米冠军。10月，周艳兵和许紫春在全国青运会上获男子4×100米季军和女子拳击60公斤级冠军。是月，江阴市体校参加全国中等城市青少年足球赛获冠军。11月，江苏省青少年举重冠军赛上，体校选手曹洛豪获男子少年乙组56公斤级抓举81公斤冠军。

一、江阴市体育学校办学模式历程

江阴市体育学校始建于1964年，是江阴市业余训练的主阵地，江阴市体育学校（简称江阴体校）的办学历程大致经过了五个阶段。

第一阶段自1964年至1988年，办学形式为走读式。体校学生分布在城区各所学校，训练是利用星期天和每天下午的课余时间进行，由于学生分散，各校学习安排不一致，故学生的训练时间和人数得不到保障。

第二阶段自1988年至1997年，江阴体校自办初中班，文化课教师从原来的江阴一中抽调，初中进行了三集中训练，小学生仍放在城区小学进行走读训练。

第三阶段自1997年至1999年，体校新建了校舍，办学规模得到了扩大，招生从小学四年级至初中三年级，这一时期的训练，真正做到了从小抓起的“三集中”一条龙训练。

第四阶段自1999年至2003年，江阴体校完成了第四阶段的办学模式，体校初中毕业生部分项目与市重点中学联办：田径项目与江阴市中联办，足球项目与江阴一中联办，基本解决了田径、足球项目初中毕业生的就学问题。但举重、柔道项目的初三学生升高中的就学问题仍然得不到解决。

第五阶段的办学模式2003年同南菁高级中学的全面联合办学模式。体校自办小学、初中班、高中与南菁中学联办，这样体校4个训练项目的初中毕业生全部解决了高中就读的困难。

二、与南菁高中联合办学的具体做法

江阴市体校与南菁高中的全面联合办学的具体做法是：在体校与南菁高中协商一致的基础上，经教育局、体育局批准同意，签订联合办学协议。联合办学名称为：南菁高级中学江阴体校高中联合办学点。

达成协议：联合办学点所招生源主要是体校学生，兼收其他学校有体育特长的学生。招生指标由体校向教育局申请，学生学籍列入教育指标，所招运动员由体校负责训练，生活、食宿、教学、学籍等管理由南菁高中负责，学生毕业后由南菁高中发放毕业证书，运动员实行双重学籍，代表双方参加比赛，参赛经费由代表单位自行落实。

为保证这种办学模式取得实效，江阴市教育局提供了三条优惠政策：一是只要体校需要，联合办学点可在全市范围招生，并可提前录取体育特长生。二是体育特长生的学习成绩不计班主任和任课教师的考核，不参与学校学生成绩平均分统计。三是对社会招的体育特长生的择校费由体校收取（低于一般学生），主要用于学生的训练和管理。

联合办学的优点：一是有利于延长运动寿命。在小学四年级至初三年级六年时间，既完成基础训练，到了联合办学点中，又增加了三年系统训练，为运动成绩的提高创造了条件。二是联合办学模式实现了真正意义上的业余训练九年一贯制，保证了运动训练的系统性和连贯性。为教练员训练出高水平的运动员在训练时间上提供了保障。三是联合办学可真正达到优势互补、资源共享的目的，使学校、家长、学生三满意。四是联合办学切实解决体校生源问题，为输送体育人才，选拔运动员起到了保证作用。

第六节　体育传统项目学校

19世纪80年代初，江阴市体委根据国家体委1979年1月22日《关于做好县的体育工作的意见》和省、地体委体工会议精神，重点抓好学校体育工作，抓好本县重点传统项目是足球和田径的中小学对口衔接工作，落实省、地、县三线布点工作，为促进我国体育事业的进步，推动群众体育和竞技体育协调发展，全面贯彻落实德智体美的教育方针，开展了体育传统项目学校的工作。1980年9月，江阴县首批传统项目学校有南菁中学（足球）、江阴县中（田径、足球）、实验小学、人民小学（足球）等8所，这8所学校都建立代表队，班班都有运动队。这8所学校有足球队100个队（其中女队32个队249人），排球队40个队328人（其中女队19个队136人），篮球队5个队82人（其中女队3个队56人），乒乓球队2个8人，田径144人（其中女子72人）。1981年，8所体育传统项目布点学校中，有4所学校办了7个体育特长班。办班形式有两种：一种把运动员放在一个班级里；另一种把同一体育项目的运动员放在同一个班里，便于管理，便于教学，便于训练。1982年3月，实验小学批准为省体育传统项目学校。1983年，实验小学被评为省传统项目学校先进集体。1985年1月，江阴县中、南菁中学、北大街小学被无锡市教育局、体委命名为无锡市体育传统学校，人民小学、西郊中心小学为无锡市足球传统校。江阴县实验小学、江阴县第一中学经审定正式为江苏省级体育传统项目（足球）学校。1988年，江阴市有传统项目学校15所，其中省级1所、地（市）级6所、江阴市级8所。1989年，经检查验收，新增陆桥中学、陆桥中心小学、南闸曹桥小学和月城中心小学为体育传统校。是年，共有省、市、县三级传统校16所，其中省级1所、无锡市6所、江阴市级9所。1991年，江阴市传统项目学校增至26所。1993年，按国家体委、国家教委颁发的《全国体育传统项目学校评估标准及办法》，经过申报、审核、验收，命名澄西中学、青阳中学、顾山中学、城北中学、青阳中心小学、华士中心小学、陆桥中心小学、云亭中心小学、南闸曹桥小学、长泾中心小学、辅延中心小学11所为江阴市级体育传统项目学校。1994年3月，经申请、审核、验收、陆桥泾浜小学为江阴市传统项目（田径）学校。1997年，江阴市月城中心小学被江苏省命名为“江苏省体育传统项目学校”，月城中心小学校长顾文才被国家体育总局和国家教委授予“1997年度全国体育传统项目学校先进工作者”称号。1998年，江阴市体委、江阴市教委对体育传统项目学校强化规范化、科学化、制度化建设，提高办学质量，按国家体育总局、国家教委颁布的《全国体育传统项目学校评估标准》，组织专人对重新申报和新申请的体育项目学校进行检查，江阴市有25所传统项目学校为省、无锡市、江阴市三级体育传统项目学校。其中省级3所（江阴第一中学、江阴市实验小学、江阴市月城中心小学），无锡市级5所（江阴市中、陆桥中学、澄江中心小学、西郊中心小学、祝塘中心小学），江阴市级17所（江阴澄西中学、长泾中学、月城中学、顾山中学、青阳中学、江阴二中、山观中学、璜塘中心小学、华士实验学校、陆桥中心小学、青阳中心小学、南闸中心小学、云亭中心小学、北涸中心小学、长泾中心小学、顾山省渡桥小学、陆桥泾浜小学）。

到了90年代，为优化整合教育资源，坚持大力发展训练布局校和网点校，在体育工作各方面条件较好的，有一两个体育项目能经常开展而成绩较稳定的学校，将其发展为本市（县）体育项目布局校、网点项目学校。2003年，继续贯彻“体教结合”的方针，新批江阴市暨阳中学、申港中心小学2所业余训练布局点，新增8所小学为江阴市培养足球后备人才重点网点校，巩固创建成果。2004年，继续发展训练布局校和网点校，江阴市各类布局校、网点校发展到17所，在训运动员178名，累计在训人数达700多名。2005年7月，经申请、审核验收，命名江阴市花园小学为江阴市羽毛球体育传统项目学校。是年，江阴市训练布局校、网点校发展增至31家，训练质量和水平有所提高。2006年，增加了青阳实验小学（足球）、新桥中心小学（国际象棋）、华士实验学校（排球）3所学校为体育传统项目学校。2007年，江阴市业余体校、体育传统学校、布局校、网点校形成了体教、体企、体协结合的管理模式，取得了一系列可喜成效。

2008年，江阴市第二中学（女足）、江阴市第一中学（男足）、江阴市云亭实验小学（田径），被江苏省体育局、省教育厅命名为“江苏省体育传统项目学校”（苏体竞〔2008〕70号）。江阴市澄江中心小学（田径）、江阴市高级中学（田径）、北涸中心小学（篮球）、云亭实验小学（排球）、西郊实验小学（足球）、青阳实验小学（足球）、江阴市实验小学（乒乓球）、月城实验小学（乒乓球、棋类）、华士实验学校（羽毛球）、花园实验小学（羽毛球）、大桥小学（射击）、新桥中心小学（棋类）等12所学校，被无锡市体育局、教育局命名为无锡市级体育传统项目学校。2009年，江阴市第二中学被国家体育总局办公厅、教育部办公厅命名为“国家级体育传统项目（女足）学校”（体青字〔2009〕7号）。2011年6月，江阴市第一中学被国家体育总局办公厅、教育部办公厅命名为国家级体育传统项目（男足）学校（体青字〔2011〕10号）。

2011年8月，江阴市月城实验小学被国家象棋协会授予“2011～2015年全国象棋后备人才培训基地”；花园实验小学被江苏省棋类运动协会命名为“江苏省国际跳棋训练基地”，江阴市少儿棋类培训中心被中国跳棋协会授予“国家级国际跳棋训练基地”；江阴市璜塘实验学校创建为国家级青少年体育俱乐部。

2012年，经过几次申报、验收、审批、优化整合，江阴市各级体育传统校发展到国家级2所，江苏省级3所，无锡市级27所，江阴市级传统校（24所）布局校、网点校16所（见表）。

这些传统项目学校布局校、网点校为本学校，本地区体育事业的发展发挥了重大作用，为学校体育的繁荣作出显著贡献。

一、国家和省命名的传统项目学校

江阴市各级体育传统项目学校有70多所，选择参加过全国及江苏省级体育竞赛并取得注目成绩的，被国家体育总局、教育部及江苏省命名的体育传统项目学校简介于下。

（一）江苏省江阴市第一中学

江苏省江阴市第一中学始建于1907年，前身为教会学校——励实学堂，是一所有着百年优良传统的老校。江阴一中为江苏省四星级高中、国家级示范性高中、江苏省重点高中之一。江阴一中全体师生在“爱国砺志，求实创新”校风的激励下，发扬“不怕困难、团结拼搏、敢为人先、勇创一流”的一中精神，继承和发扬学校足球运动的优良传统，突出学校体育工作，广泛开展群众性的足球运动，努力提高学校足球运动水平，在该校男子足球方面取得了可喜的成绩。

1984年，一中女足获省赛冠军。7月，女足代表省参加华东地区六省一市中学生女足赛，获第6名，并获精神文明奖。1985年，男足在南京与日本少足队友谊赛，2∶0获胜。1986年，一中女足在无锡市与美国旋风女足友谊赛，3∶0获胜；是年6月，江阴一中被省体委、省教育厅命名为江苏省足球（男足）传统项目学校。1999年10月，全国学校体育卫生工作经验交流会在无锡市召开，江阴一中作现场展示足球教学受到与会领导的好评。2000年11月，该校被江苏省学校足球管理工作委员会命名为“江苏省培养足球后备人才重点学校”。是年，江阴一中男足获江苏省（第四届）“省长杯”中学生男足比赛铜牌、江苏省少年男子乙组足球比赛第五名。2001年，在江苏省“省长杯”中学生男足比赛中获银牌，并被评为精神文明队，获省少年男子足球甲组比赛银牌，乙组比赛铜牌，江苏省第一届中学生足球比赛第四名。同年，江阴一中与江阴市体育学校、无锡市体育中心联合办班，将域内江阴市花园小学、江阴市实验小学、江阴市辅延中心小学等5所小学作为该校足球人才网点学校。同时，建立健全体育工作制度、足球队管理细则、体育课课堂常规、课外活动和兴趣小组管理办法、学生体质监测和公告制度等12项规章制度，启动“阳光体育运动工程”，落实学生每天1小时体育锻炼要求，并把足球作为高中阶段必修课程，普及足球运动基本知识，每星期日向学生开放足球等运动场所，定期举行年级足球联赛。先后建立包括足球在内的5个体育俱乐部，常年坚持活动。学校明确专人负责足球项目的教学流程管理，保证足球教学和训练所需经费。2002年，江阴一中男足获江苏省中学生足球赛银牌、省第十五届运动会少年男足甲组比赛铜牌和乙组比赛第四名。2003年，获全国“广吉杯”15岁年龄组少年男足赛第五名、江苏省少年男足甲组比赛金牌。2004年4月，江苏省体育局在该校召开全省足球后备人才重点学校建设研讨会。是年，该校男足获江苏省中学生足球赛第二名，江苏省第八届“省长杯”中学生男足比赛第三名；江阴一中成为首批中国中学生体育协会足球分会会员学校，并获准在无锡地区招生。2005年，江阴一中男足获第九届“省长杯”中学生男足比赛第三名。2006年，该校承办江苏省第十届“省长杯”中学生高中组男足比赛并获第四名。2007年，江阴一中男足获江苏省第十一届“省长杯”中学生高中组男足比赛金牌、江苏省中学生足球赛第四名。2008年，江阴一中初中组男足也获冠军。2009年，江阴市第五届运动会时，江阴一中获初、高中男足赛双料冠军。2010年，在全国中学生足球联赛暨江苏省第十一届中学生足球赛中，一中高中组男足获亚军。2011年，在江苏省第十五届“省长杯”中学生男足比赛中获银牌，并被评为精神文明队。是年，江阴一中被国家体育总局办公厅、教育部办公厅命名为“国家级体育传统项目（男足）学校”（体育字〔2011〕10号）。是年11月，在全国高中生足球联赛中江阴一中高中男足获总决赛冠军，为学校足球队争取到了走出国门的宝贵机会。2012年10月，江阴一中足球联队代表中国中学生队参加第40届在伊朗举行的亚洲中学生足球锦标赛并获得第四名。2013年7月，在江苏省第十七届“省长杯”青少年校园足球阳光联赛总决赛暨第十四届江苏省中学生足球比赛获高中男子传统校组第二名。是年，被中学生足球协会评为“全国开展足球工作优秀学校”。2014年7月，在徐州体育中心举行的江苏省十八届运动会青少年部足球比赛获男子甲组第一名（4块金牌）。是月，在南通市举行的江苏省“省长杯”青少年校园足球阳光联赛总决赛暨十五届中学生足球锦标赛上，获高中男子传统校组第二名。2015年7月，在常州举行的江苏省“省长杯”青少年校园足球阳光联赛总决赛暨第十六届中学生足球锦标赛获传统学校组第三名。参加无锡市和江阴市的足球比赛就不计在内了。江阴一中坚持“出经验、出成绩、出人才”这一足球管理理念，足球训练迈上规范化、科学化轨道。

近年来，江阴一中除常设高水平的男子足球队外，还设有乒乓球队、田径队、健美操队等，也成绩斐然。

该校健美操队先后三年获得江苏省中学生健美操比赛团体一等奖第一名。2010年代表无锡市参加全国比赛获全国校园青春健美操大赛团体一等奖。2011年代表无锡市参加全国啦啦操锦标赛获团体一等奖。2012年代表无锡市参加全国比赛全国校园青春健身操大赛啦啦操获提高套路特等奖，基础套路一等奖。江阴一中乒乓球队在无锡市传统项目学校和四星级高中乒乓球比赛中，保持前三名成绩。江阴一中高中田径队参加2012年无锡市首届四星级高中田径赛，获男子团体第二名。

江阴一中向省足球队、省运动学校、南京大学、南京理工大学、南京师范大学、苏州大学、北京体育大学、上海体育学院、南京航空航天大学等省内外各类高校输送足球人才200余人。其中陆亿良、翟伟国、翟伟忠、张军、赵伟等成为国内足坛的佼佼者，令世人瞩目。

该校有76个教学班、3个国际班、3379名学生，405位教职工。有专职体育教师16人，学历100%达标。体育教师中有田径一级裁判5名，篮球一级裁判4名，健美操一级裁判1名，亚洲“B级”足球教练员1名。学校建有全市一流的体育场馆，400米标准塑胶田径场地，体育设施设备齐全，条件优越。

（二）江阴市第二中学

江阴市第二中学是1998年从江阴市第一中学分派出来的一所学校。它和江阴市第一中学一样，同样有着厚实的人文底蕴和浓郁的育人氛围。江阴二中先后获得国家体育总局、教育部、江苏省人民政府授予的“北京2008奥林匹克教育示范学校”“全国贯彻《学校体育工作条例》先进学校”“全国群众体育先进单位”“中国中学生体育协会女子足球分会会员学校”“国家级体育传统项目（女足）学校”。被江苏省教委、省足协、省足球管理中心联合授予“江苏省培养足球后备人才重点校”牌匾，成为江苏省唯一的“女足人才培养基地”“江苏省体育先进学校”“江苏省青少年奥林匹克体育综合俱乐部”“江苏省足球突出贡献奖”“江苏省足球运动协会50周年先进集体”。被无锡市体育局、教育局授予“无锡市群众体育工作先进集体”“无锡市为奥运工程作出贡献的‘先进集体’”“无锡市空军招飞先进单位”“无锡市冬季体育锻炼先进学校”。被江阴市体育局、教育局授予江阴市“十佳特色学校”等荣誉和称号。中央电视台、江苏电视台、湖南卫视，人民日报、中国体育报、新华日报等新闻媒体对江阴二中进行过专门采访和报道。

江阴市第二中学的崛起，该校女足立下了汗马功劳。江阴市第二中学女子足球队最早成立于1982年，1984年在江苏省足球传统校中学生足球（女足）比赛中获冠军，1989年参加上海市“东方杯”女足邀请赛获第六名。是年，因无锡市取消女足项目，二中女子足球队解散。时隔五年后，1994年为迎战江苏省第十三届运动会，江阴二中重新组建临时女子足球队，于1999年

3月8日成立无锡市江阴二中澄星女子足球队，开无锡市校办女足先河。是年8月，江阴二中女足在江苏省少年女足比赛中获乙组第五名。12月，江阴二中被命名为江苏省培养足球后备人才重点学校。2000—2003年，江阴二中女足在江苏省少年女足比赛中两次获乙组亚军、一次获甲组第五；在江苏省“省长杯”女足比赛中获第六届乙组亚军、第七届乙组冠军。2001年8月，江阴二中女足代表江苏省参加全国中学生女子足球联赛并获冠军。2002年8月，代表江苏省参加第八届全国中学生运动会女足比赛获第二名。2004年4月，江阴第二中学成为首批中国中学生体育协会女子足球分会会员学校。6月14日，二中女足学生翁新芝入选国家女子足球队备战雅典奥运会集训队，成为江阴体育史上第一个入选奥运会集训的运动员。12月被认定为江苏省体育传统项目（女足）学校。2005年4月，受教育部委派，代表中国参加在丹麦举行的第十九届世界中学生女子足球锦标赛获亚军，是年8月，又代表江苏省参加第九届全国中学生运动会获亚军，全国中学生女足比赛冠军、华东区女足邀请赛亚军。10月，江阴二中被评为“2000—2004年度全国群众体育先进单位”。2006年1月，被评为全国贯彻《学校体育工作条例》优秀学校。7月，代表江苏省参加全国中学生女足赛，获冠军和体育道德风尚奖。11月，成为北京2008奥林匹克教育示范学校（无锡地区唯一）。2007年4月，代表中国参加在智利举行的第二十届世界中学生女子足球锦标赛获冠军，受到教育部、省教育厅、无锡市政府、江阴市政府的嘉奖和表彰。5月，江阴二中被江苏省评为“三八”红旗集体，江阴市首批“3A级特色学校”“十佳特色学校”。2009年代表江苏省参加第十届全国中学生运动会的3月预赛，获第一名，8月决赛获冠军。是年，江阴市第二中学被国家体育总局办公厅、教育部办公厅命名为国家级“体育传统项目（女足）学校”。2011年7月参加“安乐杯”华东地区校园足球夏令营暨第二十四届少年女子足球协作赛，获第一名。2012年7月，参加全国友好城市校园足球暨华东地区第二十六届青少年女子足球协作赛，获第一名。2013年10月，在山东潍坊获得全国女子足球“U－16”锦标赛第二名。2014年6月，在秦皇岛获全国女足“U－18”联赛决赛第六名。是年9月，在山东潍坊获全国女足“U－18”锦标赛第七名。

江阴二中女足参加江苏省范围内比赛，也成绩斐然。2002年11月，代表无锡市参加省第十五届运动会，获女子足球乙组冠军。2006年10月，代表无锡市参加江苏省第十六届运动会，获女子足球乙组亚军。1999年至2012年度，江阴二中女足参加省女足比赛，2次获第一名、4次获第二名。2002年至2012年度，江阴二中女足队参加江苏省第六届至第十五届“省长杯”女足赛，分别获得冠军4次、亚军3次、季军2次、第四名1次。2013年7月，获江苏省女子足球赛第二名。是年8月，第十七届江苏省“省长杯”青少年校园足球阳光联赛获初中组女足第一名。2014年5月，在徐州举行的18届江苏省运会女子甲组上获第一名。7月，在江阴举行的江苏省“省长杯”青少年校园足球阳光联赛总决赛中获第一名。9月，在淮安参加18届江苏省运会获女子丙组第七名。2015年8月，在常州举行的江苏省青少年年度比赛中获第四名。是年7月，在泗洪举行的江苏省校园足球“省长杯”女足比赛中，获初中组第二名。

江阴二中培养了一批优秀的女足队员。江阴二中女子足球队队员葛洋、翁新芝、翁晓洁、吴敏、曾莹分别入选中国国家少年队、国家青年队和国家女子足球队，成为国家女足队中的主力队员。二中女子足球队有的队员还被选拔到江苏省一队、省青年队、省少年队，入选国家少年队的有近20人，转会陕西省女足队的有7人，转会重庆市女足队的有2人，被大学录取的有16人。

江阴市第二中学女子足球队曾获得教育部嘉奖令，被江苏省妇女联合会授予“江苏省

‘三八’红旗集体”，被无锡市团委、妇联授予“新长征突击队”“无锡市‘三八’红旗集体”“优秀运动队”等荣誉称号。

（三）江阴市云亭实验小学

前身为江阴云亭中心小学的江阴市云亭实验小学，始创于1904年，是一所闪耀着革命历史光环的学校。中国早期进步青年，参加过毛泽东主持的第六届农民运动讲习所、中共江阴县第一任党支部书记孙逊群（后改名为孙选）就在该校任教过。共青团中央委员肖楚女也到该校会晤孙逊群，检查部署共青团的组织发展工作。革命先驱中共党员陈叔璇也在该校当过体育教师。地下联络员周厚芳在该校任职、任教，工作直至退休。该校经过百余年变迁、二度移址，已形成“一个中心两个办学点”的办学格局，成为一所具有相当规模的完全小学。

云亭实验小学占地78亩，有学生3200余名，65个教学班，170余名教职员工。有体育教师14名，其中10名专职体育教师、4名兼职体育教师，学历100%合格，有8位教师是本科学历，有6名体育教师为田径一级和二级裁判，1名篮球一级裁判，2名篮球二级裁判，1名跆拳道一级裁判，多人曾被评为江阴市优秀教练员、十佳教练员和体育先进个人。

云亭实验小学有一片250米塑胶田径场地和一座漂亮的体育馆，各种器材设备配置符合国家标准，能满足日常体育课教学和训练工作之需要。云亭实验小学常设田径、男女排球、篮球、足球、乒乓球等运动队，经常积极参加江阴市以上各种竞赛。

云亭实验小学不仅是有着光荣历史的学校，同时又是一所有着良好传统的田径运动学校，也是江阴市历史上第一所被江苏省体育局、江苏省教育厅命名的“江苏省体育传统项目（田径）学校”。该校从1992年后二十年中，输送给江阴市以上体校的学生就有50多名，其中有27名学生分别输送到无锡市体校、省体工队、高校训练或深造。该校学生黄春洪1986年输送到江阴县体校，同年5月在省赛中以6.57米的跳远成绩破该项目省纪录，成为江阴市体校第一个代表省队参加全国比赛的选手。1992年8月4—8日，在徐州举行的全国业余体校田径分龄赛上，黄春洪在1978年龄组跳远全能赛中以192分摘得桂冠，并以6.53米的成绩名列跳远单项第三名，为江阴市业余体校参加全国单项比赛实现了金牌数零的突破，成为江阴市第一个获全国比赛第一枚金牌的得主。云亭实验小学1991年输送到江阴市体校后在2002年选送到江苏省田径队的学生李龙，在1998年到2002年这5年中，参加省级以上重大比赛中就有23次获第一名。三破省100米和200米纪录达全国一级运动员标准，在2000年8月江苏省市级田径赛中，以100米10秒78创江阴历史上百米最佳成绩。在2001年5月参加全国少年田径锦标赛中，电计时100米只差0.02秒而未达全国健将等级。是年7月，代表中国参加在匈牙利布达佩斯举行的世界少年田径锦标赛，因时差不适的原因，而落榜，这是江阴市体校培养的继朱益红之后的第二位走出国门的田径参赛选手。云亭实验小学还有黄海燕、周华、项龙清、倪志伟、薛建刚、朱振宇、李宇杰、谢梦媛、薛雅虹、施健、堵君兰、李金玉、史云恒等一批在江阴乃至省市级体坛上享有盛名的优秀运动员。云亭实验小学在培养田径人才上令人注目。2014年，云亭实验小学在无锡市小学生田径比赛上就有15人获第一名。江阴市有22个一级运动员，云亭就占了7个，几乎占全江阴市三分之一。一个镇级中心小学近20年间连续输送出如此多的优秀田径人才，在江阴地面上实属少见。

云亭实验小学先后获得“无锡市文明单位”“无锡市体育传统项目（排球）学校”“无锡市优秀教工集体”“无锡市德育先进学校”“无锡市体卫工作两个条例验收‘先进学校’”“无锡市‘冬季三项’百日锻炼活动先进学校”“江阴市小学素质教育‘四星级学校’”“江阴市AAA特色学校”“江苏省体育传统项目（田径）学校”“江苏省青少年奥林匹

克体育俱乐部”“输送体育后备人才先进学校”等荣誉称号。

（四）江阴市月城实验小学

江阴市月城实验小学创建于1904年，是一所具有悠久历史的百年老校。该校1996年9月移地重建，校舍坐落在江阴市月城镇的西南角。学校占地4.1万多平方米，校舍建筑面积1.5万多平方米，活动场地1万平方米。现有46个教学班级，学生1920名，全校教职工147名。月城实验小学师资队伍实力雄厚，有中学高级教师5名，小学高级教师103名，无锡市学科带头人2名，江阴市学科带头人5名，无锡市教学能手4名，江阴市教学能手6名，无锡市教学新秀3名，江阴市教学新秀14名。

月城实验小学全面贯彻党的教育方针，积极实施素质教育，以“恭敬桑梓、回报家乡”为已任，以“学生发展优良、教师团队优秀、学校品牌优质”为目标，在“质量强校，特色立校、科研兴校”的总体办学理念指导下，扎实开展教改科研，成绩斐然。该校先后被授予为“全国学校体育工作先进集体”“二十一世纪中国体育发展研究优秀实验学校”“江苏省体育传统项目学校”“江苏省实验小学”“江苏省青少年科技教育特色学校”“江苏省教育科学研究实践基地”“江苏省健康促进学校”“无锡市平安校园”“无锡市绿色学校”“无锡市优秀教师群体”“江阴市管理一类学校”“江阴市素质教育四星级学校”“江阴市AAA级特色学校”“江阴市十佳特色学校”等荣誉称号。

江阴市月城实验小学的乒乓球体育特色项目由来已久。1988年元月，月城乡胥林小学的郑玲莉、李红英、严月、陈丽静4名运动员，代表月城乡参加江阴市第四届“兴国杯”乒乓球赛上，获得了小学女子甲组、乙组团体和陈玲莉、严月两个人四个项目的冠军，此事激励了月城乡爱好乒乓球活动人士和社会热爱体育活动有识之士的重视，月城中心小学校长顾文才、时任月城水泥厂厂长顾锡兴、月城卫生院院长（兼任乡乒协秘书长）唐震球和社会上的有识之士经过多次酝酿，认真商讨达成共识，为进一步推动月城乡群众体育活动，掀起月城乡体育活动热潮，提高乒乓球技术水平和全民身体素质，决定成立月城乡少儿乒乓球培训班。月城乡水泥厂、鑫城印刷集团公司、威尔顿印刷集团公司、协统汽车附件有限公司等企业单位，负责乒乓班的培训活动经费，月城中心小学具体负责实施乒乓班的选员、培训事务，乡乒协具体协调政府、社会各界对乒乓培训班的关心和支持。是年10月20日，月城乡少儿乒乓球培训班成立大会在月城水泥厂隆重举行，政府领导，社会各界有识之士，国家体委乒乓训练处处长、世界乒坛名将张燮林，原世界乒乓球冠军庄则栋和夫人由月城乡乒乓爱好者顾铁林牵线应邀也专程从北京到会祝贺。会上，庄则栋欣然接受少儿乒乓班诚挚邀请任月城乡少儿乒乓班名誉教练，并在1989年6月和1990年4月两次（每次半月）专程从北京到月城对少儿乒乓班队员进行手把手的辅导训练和指导。月城中心小学乒乓球训练班先后受到国家乒坛、名将、高手的悉心关怀和支持。体委训练局党委书记刘吉，国家乒乓球队领队姚振绪，乒乓球世界冠军李惠芬、惠均，乒乓国手曹臻、陈晴，国家乒乓球队优秀运动员李隽及中国乒乓球队队员，瑞典国家青年队队员，驰骋国际乒坛的倪夏莲及其率领的卢森堡国家乒乓队等到校交流、辅导。

1988年，月城中心小学教师刘汉秋为少儿乒乓球培训班首任教练。1990年后，由月城中心小学教师徐德法负责月少儿乒乓班训练工作。徐德法热爱少儿乒乓培训工作，在负责少儿乒乓班训练工作期间，所辅导学生连续十余年获江阴市小学生乒乓球比赛团体、个人总分第一名，并向江苏省体校及省体工队输送徐云飞、孙婷、郑玲莉、李红英、黄峰5名乒乓球运动员。1995年，徐德法被江苏省乒乓球协会小学分会授予“十佳教练员”称号，1996年获无锡市“先进体育教师”称号。2000年3月以后，由郑玲莉、李红英、黄峰任该培训班教练。

月城中心小学乒乓球培训班先后获国家级比赛冠军、亚军各1次，季军2次；获省级比赛冠军1次，亚军2次；获无锡市级比赛冠军15次、亚军10次、季军23次；获江阴市级比赛冠军52次、亚军40次、季军28次。培训班培养像郑玲莉、李红英、严丹、陈丽静、杜颖洁、陆婷、徐云飞、孙婷、季春寅、汪锌晨、孔大水、汪烨莉、顾晓婷、李佳心、薛冰清、陈铭瑶、孙语明、顾晓斌、刘宇等一批批优秀乒乓球队员。这些队员在江阴少儿乒坛上，在无锡市及省、国家少儿乒乓球比赛中均取得了优异成绩。江阴市月城实验小学成为颇负盛名的江苏省乒乓球传统项目学校。

80年代以来，江阴市月城实验小学大力发展体育特色项目，积极拓展特色内涵，不但在少年乒乓球项目上有突出成绩，而在少年中国象棋的培训上务实前行，锐意进取，更负有盛名。

月城中心小学为全面实施素质教育，更好地体现“质量强校、特色立校、科研兴校”办学理念，在月城工业供销总公司经理、月城乡棋协主席陈金汉的鼎力资助下，月城乡少儿棋类培训班于1989年9月创办。聘请了江阴市棋坛名将、小学教师方永兴首任培训班教练，首批学生有10余人，利用节假日和课余时间学习奕棋。经过方永兴4年的悉心培训，学生棋艺水平迅速提高。1991年，该校学生顾上杲成为江阴市第一个少年棋王，获江苏省中国象棋少儿组冠军，姚立获江苏省少年中国象棋锦标赛男子乙组亚军，谢剑获江苏省少年组中国象棋男子第二名。1993年，聘请了江苏省农运会中国象棋亚军、江阴市棋王、全国象棋棋协大师陆逢镰任该校培训班专职教练，江阴市冷轧变形钢筋厂厂长钦建华接任月城镇棋协主席后，在社会各界人士的悉心关怀支持下、培养和训练出了象黄芳、季诞、梅琳、倪文、唐菲茵、陈钦、任佳静、陈凌婕、张一铭、钱奕琦、任柔匀、李翔宇、张子毅、姜婷、郑杨、陈亚珍、陈洁颖、钱正兴、郑棘、雷栋、蔡梓丹、薛煜、唐闰臣、陆冰心、徐纯钰、郑易非、施红、陈磊熠等一大批优秀象棋人才。少儿棋类培训班先后向江苏省棋院、无锡市棋院选送了多名优秀队员，成为江苏省、无锡市棋坛上优秀棋手。黄芳获国家女子象棋大师称号，成为无锡地区获此殊荣的第一人。季诞成为江苏省国际象棋队主力队员。梅琳获全国少年象棋锦标赛女子乙组冠军，在多届省、市象棋锦标赛上多次获冠亚军。倪文在全国“正大杯”象棋邀请赛上获少年象棋第五名，在无锡市小学生象棋赛上几乎包揽了个人、团体前三名，学生张子毅被中国象棋协会授予“地方棋协大师”称号。在省、全国各级各类比赛中多次获奖。

月城实验小学校在象棋领域中取得的不俗成绩，离不开省、市各级领导及象棋界的名人、高手的关心和指点。江苏省棋院院长邵震中，副院长、国家象棋特级大师徐天红，象棋大师言穆江、李国勋、徐超，象棋特级大使张国凤、伍霞，无锡市棋院院长、国家象棋大师戴荣光等棋界著名高手，也曾多次到该校少儿棋类培训班指导。该校先后被江苏省棋类运动协会命名为“江苏省象棋训练基地”，被中国象棋协会授予“全国象棋后备人才培训基地”称号。

月城实验小学自1989年创办象棋训练班以来，在各级各类比赛中均取得了优异成绩。

（五）江阴市实验小学

江阴市实验小学创建于1912年春，是一所百年老校。百年来，随着社会历史的变迁，校名由县立女子高等学校——县立第一小学——澄中小学——实验小学——县立第一学区中心小学——澄中小学——模范小学——实验小学——第一学区中心小学——中山镇中心国民学校——城中中心小学——实验小学——“五七”小学几经更改，最后确定为江阴市实验小学，是省示范性小学。校舍从大庙巷——戚公祠——九校校址（九校停办）——戚公祠，几经移址，直到1990年移地新建于澄江西路246号虹桥新区。该校占地1.4万平方米，建筑面积1.1万平方米，活动场地0.46万平方米。校内建有200米江阴小学界最早的塑胶田径场地，有儿童乐园、微机室、语音室、视听阅览室、多媒体教室、多功能活动室、自然实验室、演播室和美术、书法、器乐、科技等专用教室，还有围棋、乒乓球训练馆。全校有57个教学班、2448位学生，在职教师157人，其中研究生1人、本科134人、大专20人、中专2人；小学高级职称20人，小学一级职称110人、小学二级职称22人。有专职体育教师6人，其中本科、大专各3人，国家田径二级裁判2人，围棋国家一级裁判1人。

江阴实验小学从创办以来，有不少志士能人在少年时期就读此校。全国妇联原副主席、全国妇联常委、全国人大常委、全国政协常委罗琼（原名徐素娟），上海音乐院原副院长蒋在文，全国书法家协会主席沈鹏，著名教育家、北京师范大学研究院原院长顾明远，著名教授冯安祖，中国科学院研究生院教授裴定一，著名教授曹凤祥，江阴政协原副主席罗龙涛，江苏省南菁高级中学校长夏锡良，南京市中医药大学基础医药院副院长黄煌，江阴市委常委、副书记高佩，江阴市常委、临港新城管委会主任徐冬青等先后就读该校。

江阴实验小学创办以来，经过全体师生的努力，取得可喜的成果。学校先后获得江苏省“模范学校”“文明学校”“和谐校园”“平安校园”“教育科研先进集体”“江苏省小学数学、语文、英语课程教材改革实验三门学科先进集体”“现代教育技术示范学校”“优秀家长学校”“贯彻《体育卫生工作条例》先进集体”“无锡市文明单位”“艺术教育特色学校”无锡市“冬季三项百日锻炼活动先进单位”“无锡市体育传统项目学校”“江苏省体育传统项目学校”“江阴市体育工作先进集体”“江阴市阳光体育先进学校”“江阴市学校体育和艺术工作先进集体”“江苏省教育科研实验基地” “全国少工委实验基地”和“全国棋类教学实验基地”等几十项荣誉称号。

江阴市实验小学足球运动起步较早，取得的成绩也斐然可观。70年代开始时，江阴实验小学将学校体育工作放在学校工作的重要位置，将足球运动与足球训练作为学校体育工作的重中之重。学校领导在制订学校工作计划时把学校的足球训练工作的人员、时间、地点，包括训练的津贴都落实到了实处。在这种良好的工作环境中，江阴实验小学的足球训练一直处于健康发展，并取得了较好的业绩。1976年7月，实验小学代表苏州地区参加江苏省基层小学足球分区赛荣获无锡市赛区第一名，1980年6月，实验小学获团中央、教育部和国家体委联合举办的“一九八O年全国市县小学代表队小足球比赛”冠军。是年8月，实验小学足球队代表苏州地区参加在江阴体育场举行的江苏省基层小学生足球赛（苏南赛区）获第二名。1982年被批准为省体育传统项目（足球）学校，该校小足球队3次获苏南赛区冠军。1984年4月，实验小学男女足球队一行24人参加在江阴体育场举行的无锡市“贝贝杯”足球赛，均获得第一名。1985年7月，实验小学女足队一行9人在葛佩玉带领下赴常熟参加江苏省小学生“贝贝杯”足球赛。1986年，该校参加无锡市小学生“贝贝杯”足球赛男子组获第一名，“萌芽杯”足球赛男、女组均获第一名。是年8月，实验小学男女足球队代表无锡市赴江苏泰兴县举办的江苏省小学生“萌芽杯”足球赛男队获第六名。1994年，实验小学足球队参加省足协主办的第四届夏令营足球赛获第三名。1995年7月，在连云港市海师附小举行的江苏省小学生足球夏令营身体素质、基本技术和足球赛，实验小学足球队获比赛第六、总成绩第七。1997年7月，在徐州丰县举办的江苏省中小学生足球夏令营赛，实验小学足球队获第七名。1999年7月，在江苏省第四届小学生足球夏令营赛获第三名。2002年8月，该校足球队参加无锡市小学生足球赛获第五名。实验小学足球队在江阴市和澄江镇小学生足球比赛中，基本上保持了冠军位置。

江阴市实验小学先后为省足球运动学校输送了陆忆良、赵伟、张勇、张良、张军、夏红兵、汤玉红、凌正军等运动员，被评为“85—86学年度无锡市体育传统校输送人才先进学校”“江苏省足球网点校”。江阴市实验小学在小学足球运动史上曾经有过一段辉煌的历史。

棋类活动是一种益智性的活动，特别对开发智力、促进智力的发展起很大帮助作用，所以深受广大学生喜爱和家长的支持。江阴市实验小学棋类活动在江苏省、无锡市棋坛上也负有盛名。1998年以来，学校投入10多万元建成了3个围棋现代化专用教室，配备了100多副棋具，每年有800多名学生接受课堂围棋教育，参加提高培训的人数每年有200多人次。2000年，江阴实验小学成为江阴市棋协的围棋训练基地，成立了“红星”围棋俱乐部。学校有专职的围棋教师6人，2001—2004年，聘请了围棋业余世界冠军李岱春业余7段到校执教。2003年聘请了围棋职业三段王宏伟执教。2005年聘请了原湖北队总教练、围棋职业5段刘乾利任该校围棋队的专职教练。实验小学教师，国家围棋一级裁判夏兴南精心撰写了江阴市实验小学围棋校本课程纲要和初、中、高三册辅助练习册。研究课题被“全国中小学棋类教学研究课堂组”立项。十多年来，学校形成了启蒙、初、中、高级系统规范的围棋管理教学体系取得良好的效果。

1999年，江阴实验小学获江苏省小学围棋赛团体第三名。是年，该校参加无锡市“无锡日报杯”小学生棋类赛，获围棋女子团体第二名。2001年，在无锡市连元街小学举行的无锡市小学生棋类赛中，实验小学学生艾诗颖和张晓韬分获围棋女子个人第二和男子个人第五名。8月，实验小学学生周光辉、周光宇、张晓韬、张圣贤随江苏省青少年围棋代表团赴日本爱知县访问比赛，这是该校小棋手首次走出国门。2004年4月，在无锡市第九届运动会上，江阴实验小学获小学组围棋团体第二名。2005年8月，在淮安举行的江苏省幼儿棋类赛上，江阴实验小学获围棋团体第四名，该校学生朱言心获女子幼儿组象棋第二名，承瑞丰获儿童甲组第五名。2007年12月，在江阴市党校举行2008年江苏省“小太阳杯”幼儿棋类赛，该校获团体象棋、围旗A组第四名，象棋B组第三名，该校学生龚昊一获围棋男子A组个人第二名。是年，江阴实验小学获无锡市中小学棋类赛围棋男子团体第七名，女子团体第四名。是年，在“全国亿万学生阳光体育活动”无锡市小学生棋类赛上，江阴实验小学学生林伊娜获国际象棋女子组第一名，朱言心获中国象棋女子组第一名，毛仁杰获中国象棋男子组第三名。2008年，在江苏省“红旗杯”围棋公开赛上，该校获儿童乙组团体第五名，幼儿甲组团体第二名，幼儿乙组团体团体第五名，幼儿丙组团体第二名。2009年，由中国象棋协会主办的全国儿童象棋比赛在江苏泰州原野大酒店举行，实验小学代表队获B组团体第七名。是年1月，江苏省“小太阳杯”幼儿棋类赛在江阴市城中实验小学举行，江阴实验小学学生顾典获围棋女子A组第五名，郭宇涵获围棋女子B组第四名，包舒雯获围棋女子C组第六名，张一铭、谭锦涛获象棋男子B组第二和第三名，沈均如获象棋女子B组第四名。2010年10月，在天华艺校举行的江苏省第十届“天华杯”国际象棋公开赛上，江阴市实验小学获幼儿甲组团体第五名，许多同学获幼儿女子甲组个人第三名。是年，在第四届全国中小学棋类教学实验成果交流大会上，江阴市实验小学获围棋团体二等奖。2012年，第十五届全国“江风·育苗杯”围棋公开赛上，江阴市实验小学获少儿A组团体冠军，少儿B组团体和少儿C组团体第三名，少儿D组团体第四名，少儿E组团体第五名，幼儿A组团体冠军。是年，在江苏省“小太阳杯”幼儿围棋赛上，江阴实验小学获A组团体第三名，B组团体第二名，C组团体第三名。是年，在江苏省“红旗杯”少儿棋类公开赛上，实验小学获儿童甲组五段组第一名，儿童乙组四段组、儿童丙组三段均获第二名。

2015年江阴市“华佰杯”少儿棋类比赛，获团体总分第一名，围棋获得了甲、乙、丙、丁四组团体第一名。

2000年，江阴市实验小学成为首批全国“围棋育苗工程”成员单位，2002年和2004年，在省、市棋院带领下有8位围棋学生代表江苏省赴日本、新加坡、欧洲、韩国参加交流活动，取得了优异成绩。有20多位学生在全国、省级比赛中获奖。校围棋队连续13年包揽了江阴市围棋团体冠军，多次获无锡市冠军和四城市团体冠军。江阴实验小学培养了初段至五段的学生16人，培养江阴市级以上个人冠军200多名，有许多爱好围棋的学生在各自的大学里崭露头角。江阴市实验小学本着“以棋启智，以棋育人”的先进办学理念，在棋坛上搭建了一个教育平台，为开发学生智力、培养学生优良品质而努力着。

江阴市实验小学的乒乓球运动也不亚于足球运动。该校从80年代中期，将乒乓球训练引入校园。当时由于没有固定的乒乓球训练专用室，只能因地制宜，借用空教室放两张乒乓台开展训练。培训教师有两位，一位外聘，另一位由本校体育教师兼任。在训练期间，不断加强乒乓特长生的培训工作，通过参加各类比赛和外出参加兄弟学校技术交流、观摩活动，聘请了国家乒乓球队原教练庄则栋到校指导，江阴市实验小学乒乓球队整体水平不断走上新的台阶。2008年，江阴市实验小学成为江阴市少儿乒乓球训练基地，训练条件有了改善，实验小学装备了专用乒乓球训练馆，有训练球台11个，特聘省队原专业乒乓球运动员徐云飞等5人为专职教练，聘请国家队原球员陈静为客座教练，学生训练时间由原来的周六、周日发展到每天下午4点以后，队员人数增加到200多名，乒乓球技术水平走在了江阴乃至无锡市前列。

1991年，江阴市实验小学获无锡市小学生乒乓球赛团体第一名。2006年，参加无锡市小学生乒乓球赛，获男子、女子丙组团体第二名，女子乙组第四名，男子乙组第五名，各项总分第四名。2008年，在江苏省第十届小学生乒乓球赛上获女子甲组团体第四名。是年，江阴市实验小学乒乓球队代表江阴市参加“全国亿万学生阳光体育运动”“雪浪杯”无锡市小学生乒乓球赛，获男子团体冠军和女子团体第二名，团体总分第一名，徐懿德获男子甲组单打第一名，时烨阳获男子甲组单打第二名。2009年，在无锡市第十届运动会小学生乒乓球赛上，获男子乙组、女子乙组团体第一名，男子丙组团体第二名，女子丙组团体第四名。2010年4月，该校与江阴市月城实验小学联合组队代表江阴市参加无锡市小学生乒乓球赛，获女子丙组团体第一名，男子乙组团体第二名，女子乙组和男子丙组第三名。江阴实验小学陈铭瑶获女子甲组单打第一名，孙语明获男子甲组单打第二名，高琦儿获女子丙组单打第三名。

2012年，在无锡市十运会乒乓赛中，江阴市实验小学获男子、女子乙组团体第一名，男子丙组团体第二名。是年，又获江苏省第二十六届乒乓球夏令营比赛男子甲组、女子甲组和女子乙组团体第五名。在无锡市传统项目学校乒乓球比赛上，获团体总分第三名，男子乙组团体第二名，女子乙组团体第三名，女子丙组团体第三名。是年7月，江苏省乒乓球运动协会少儿培训基地在江阴市实验小学挂牌，国家体育总局乒羽中心主任助理陆元盛、江阴市副市长龚振东出席揭牌仪式，此时，江阴实验小学乒乓球运动已开展了近30年。“体教结合”理念得到了发扬，科学训练，良好的运动环境和社会效应使该校乒乓球活动走上了良性循环的道路。

江阴市实验小学篮球运动起步较晚。2009年春，该校成立篮球运动队，聘请了江阴篮球界专业教练带队，利用业余时间集训。小队员们发扬“三不怕”精神，积极投入训练。在篮球运动上时间虽然不长，但在短短的四年中连续获得可喜成绩。2009年，在江阴市第五届运动会上，该校篮球队获小学组男子第二名。2010年，在江阴市“华兰杯”小学生篮球赛上，该校男子组获冠军。同年9月，在无锡市“喜洋洋杯”小学生篮球赛上，该校又获男子组冠军。在2011年和2012年江阴市小学生篮球赛上，该校男子组均获第二名。在2013年江阴市第六届运动会和无锡市第11届运动会上，获小学组篮球比赛第一、第二名。

二、中国轮滑运动示范学校

江阴市澄江中心小学

江阴市澄江中心小学坐落于江阴城内中山南路23号，有30个教学班，在校生1300人，在职教师80位。该校前身是著名音乐家刘天华之父刘宝珊等有识之士创办的“翰墨林两等小学堂”。1909年，在章启之、王翊唐等倡议下，将在1905年秋创办的“澄中两等小学堂”和“翰墨林两等小学堂”　合并，取名“澄翰两等小学堂”。1934年，将“澄翰两等小学堂”易名的“澄翰高级小学”与“中街初级小学”合并取名为“澄翰小学”。1962年学校更名为“澄江镇中心小学”。1968年学校又更名为“人民小学”。1985年至今校名恢复“江阴市澄江中心小学”。

一百多年的历史，澄江中心小学培养了一大批党政领导及卓有成就的名家新秀。江阴有名的音乐家刘天华三兄弟，第一任江阴县委书记茅学勤，新华社原社长、中宣部原副部长、文化部原部长朱穆之，东海舰队原副司令员陈庆季，北京钢铁学院院长、常务副书记李文，北京师范大学原副校长、博士生导师顾明远，国际宇航科学院院士、空气动力学家曹鹤荪，中科院上海分院副院长、当代著名生物学家、人工合成胰岛素主要研究人员之一的杜雨仓，江苏省副省长李绥章，全国政协委员季树农，水力发电总局副局长、中科院高能物理研究所党委副书记、国家能源委员会办公厅主任季诚龙等，均是该校毕业的学生。该校历史悠久、底蕴深厚。

澄江中心小学自创办以来，一直以严谨的治学，谆朴的教风，扎实的工作，卓著的成绩而久负盛名，赢得了澄江镇乃至江阴人民的信赖。学校先后被授予“江苏名校”“江苏省现代教育技术示范学校”“无锡市德育先进学校”“无锡市常规管理先进学校”“无锡市体育传统项目学校”“江阴市管理一类学校”及“江阴市素质教育四星级学校”等几十种荣誉和称号。

自2008年以来，澄江中心小学一直致力于“体育特色、文化育人”的体育特色学校建设。学校针对校园面积、学生活动场地的局限，选择了便于开展、学生喜爱的新兴体育项目轮滑作为学校体育特色项目。通过与江阴尖锋轮滑俱乐部的合作，聘请有专业水准的教练，积极推进“轮滑进课堂”，让全校喜爱轮滑的学生参与到这项运动中来。经过几年坚持不懈的努力，并与省轮滑苏州基地及江苏省轮滑队建立合作共建关系，选送优秀苗子参加省队乃至全国的夏令营集训，接受高水平培训，学校轮滑运动的技能和水平得到了突飞猛进的发展和提高，出现了像赵英栋、范志超、吕嘉婧、汪兴砚、鲁峥冉、花林、陆瑶冰、焦阳紫萱、曹烨、王思雨、李嘉言、薛蛟、朱子健、张威等一大批轮滑优秀苗子。2010年年末，在无锡市、江苏省及全国的轮滑比赛中取得了较好的成绩，成为江阴市小学轮滑的“传奇”。

2011年5月，获得了无锡市第五届轮滑大赛小学组团体前四名和优秀组织奖。6月，在无锡市“喜洋洋杯”小学生轮滑赛中获团体第一名。2011年度获无锡市各种轮滑比赛前三名的有8人16人次。12月，被无锡市轮滑协会授予“无锡市轮滑运动先进学校”称号。

2012年6月，在无锡市“旺小杯”小学生速滑赛上获团体第二名，9月被国家体育总局社体中心中国轮滑协会授予“中国轮滑运动示范学校”称号。2012年度，获无锡市轮滑比赛前三名的有18人24人次，获全国及江苏省成绩的有5人13人次。

2013年，获全国奖项的有24人次，获江苏省奖项有18人次，获无锡市奖项有37人次，其中获4个团体奖、获江阴市奖项有34人次。2014年，获无锡市奖项36人次，其中获男子甲组、男子乙组、女子甲组三个3×150米接力第一名，获江阴市奖项13人次。2015年，获无锡市奖项28人次，其中获团体总分第三名，获江阴市奖项30人次。

三、江阴市各级传统项目学校、网点校、布局校

（一）江阴市各级体育传统项目学校一览

表2-40

序号	学　校	项　目	级　别
1	江阴市第二中学	女足	国家、省级
2	江苏省江阴市第一中学	男足	国家、省级
3	江阴市云亭实验小学	田径	省级
4	江阴市华士实验小学	羽毛球	无锡市
5	江阴市城中实验小学	象棋	无锡市
6	江阴市要塞实验小学	足球	无锡市
7	江苏省南菁高级中学	田径、乒乓球	无锡市
8	江阴市晨光实验小学	足球	无锡市
9	江阴市陆桥实验小学	田径	无锡市
10	江阴市北漍中心小学	篮球	无锡市
11	江阴市澄江中心小学	田径、轮滑	无锡市
12	江阴市青阳实验小学	足球	无锡市
13	江阴市实验小学	乒乓球	无锡市
14	江阴市璜塘实验小学	田径	无锡市
15	江苏省江阴市第一中学	乒乓球	无锡市
16	江阴市花园实验小学	羽毛球、国际跳棋	无锡市
17	江阴市云亭实验小学	排球	无锡市
18	江苏省江阴市高级中学	田径	无锡市
19	江阴市长泾第二中学	篮球	无锡市
20	江阴市长泾中学	武术	无锡市
21	江阴市月城实验小学	乒乓球、象棋	无锡市
22	江阴市陆桥中学	田径	无锡市
23	江阴市华西实验学校	篮球	无锡市
24	江阴市新桥中心小学	棋类	无锡市
25	江阴市山观中学	篮球	无锡市
26	江阴市云亭中学	排球	无锡市
27	江阴市英桥国际学校	跆拳道	无锡市
28	江阴市祝塘中心小学	田径	无锡市

续表2-40

序号	学　校	项　目	级　别
29	江阴市辅延中心小学	游泳	无锡市
30	江阴市要塞中学	排球	无锡市
31	江阴市长泾实验小学	篮球	江阴市
32	江阴市长泾中学	篮球	江阴市
33	江阴市成化高级中学	排球	江阴市
34	江阴市澄西中学	田径	江阴市
35	江阴市顾山实验小学	排球	江阴市
36	江阴市顾山中学	田径	江阴市
37	江阴市花园实验小学	羽毛球	江阴市
38	江阴市华士实验小学	排球	江阴市
39	江阴市华西实验学校	篮球	江阴市
40	江阴市璜塘实验小学	田径	江阴市
41	江阴市璜土实验小学	篮球	江阴市
42	江阴市暨阳中学	武术	江阴市
43	江阴市第二中学	乒乓球	江阴市
44	江阴市陆桥实验小学	田径	江阴市
45	江阴市南闸实验小学	篮球	江阴市
46	江阴市青阳实验小学	田径	江阴市
47	江阴市青阳中学	篮球	江阴市
48	江阴市山观中学	篮球	江阴市
49	江苏省江阴市临港新城实验学校（小学）	乒乓球	江阴市
50	江阴市桐岐中心小学	女足	江阴市
51	江阴市夏港实验小学	女足	江阴市
52	江阴市月城中学	田径	江阴市
53	江阴市云亭实验小学	田径	江阴市
54	江阴市祝塘实验小学	田径	江阴市
55	江阴市青阳实验小学	足球	江阴市

（二）江阴市网点校、布局校一览

表2-41

序号	单　　位	项　目
1	江阴市第一中学	男足
2	江阴市第二中学	女足
3	北漍中心小学	女篮
4	大桥小学	射击
5	要塞实验小学	武术
6	月城实验小学	象棋、乒乓球
7	临港新城实验学校（小学）	乒乓球
8	华士实验小学	羽毛球
9	辅延中心小学	女足、武术
10	江阴市棋院	棋类
11	江阴市实验小学	男足
12	青阳实验小学	男足
13	晨光实验小学	女足
14	城中实验小学	男、女足
15	花园实验小学	男足
16	第二实验小学	女足

第七节　全国航空（航天）模型活动重点单位

江阴市开展航空（航天）模型活动起始于20世纪90年代，为了认真贯彻落实国务院《关于基础教育改革与发展的决定》《关于进一步规范中小学行为深入实施素质教育的意见》等文件精神，“要减轻中小学生过重的课业负担，尊重学生的人格，遵循学生身心发展规律，保证中小学生身心健康成长”“要丰富学生课余生活，组织好学生课外体育活动”等指示精神，以深化课程改革、全面推行素质教育为目的，江阴市中小学在课外体育活动时间普遍开展了航空（航天）模型制作和科技创新等一系列活动。在学校中开展航空（航天）模型活动对提高青少年学生的动手动脑的能力，促进学生全面素质的提高，对推动江阴市特色学校建设，打造品牌学校，丰富青少年学生课外活动、课余生活，开拓学生视野，提高学生综合素质，激发学生创新精神，促进学生健康成长，培养、锻炼学生的实践能力，都起着十分积极的作用。

航空（航天）模型活动与国家的航空事业息息相关。当今世界上流行的各种无人机就是在航空模型的基础上逐步发展而来的，很多军事上的小型化都是从航模开始的，所以航模活动受到世界各国尤其是发达国家的普遍重视。航模活动对增强青少年学生的国防意识，激发青少年对国防事业，致力献身祖国航空事业起着极其重要作用。航空模型是飞机的先驱，是航空技术有力的认识工具，是飞机设计师诞生的摇篮，航模活动越来越受到学校和全体师生的普遍重视。

航空（航天）模型活动是许多航模爱好者和广大青少年喜爱的活动。航模活动是集科学性、知识性、趣味性、竞技性、实践性于一体的健康益智活动，深受广大青少年学生的青睐。江阴市有近20所中小学致力于航空（航天）模型活动，参加航空（航天）模型活动的学生有近万人。被国家体育总局命名为“全国航空（航天）模型活动重点单位”的，江阴市就有4所，他们是：江阴市要塞中学、江阴市利港中学、江阴市新桥中心小学和江阴市临港新城实验学校。被无锡市体育局命名为“无锡市航空（航天）模型活动重点单位”有5所，他们是：江阴市第一中学（初中部）、江阴高中实验学校、江阴市实验学校、江阴市华西实验学校和江阴市顾山实验小学。这里简介被国家体育总局命名为“全国航空（航天）模型活动重点单位”的4所学校。

一、江阴市要塞中学

江阴市要塞中学是开展航空（航天）模型活动起步较早的学校。1995年，由要塞中学教师唐焕章发起，利用课余体育活动时间组织一些爱好航空模型活动的学生制作橡筋航模。随着活动的深入、学生动手能力的提高，开始参加各级各类航模比赛。1996年开始参加了无锡市的航模竞赛，1998年参加了江苏省的航模竞赛。2002年6月，要塞中学荣获了无锡地区首个被国家体育总局命名为“全国航空（航天）模型活动重点单位”的称号。

十多年来，江阴市要塞中学参加各级各类航模比赛取得了卓越的成绩。

2004年6月，参加无锡市第20届中小学生“庆六一”航模和无锡市22届中小学生陆海空模型比赛，荣获综合团体特等奖，2次优秀组织奖，4个单项团体一等奖，2个单项团体二等奖，5个单项个人特等奖，12人获单项个人一等奖，2人获单项个人二等奖。是年，参加江苏省第11届青少年航空模型比赛，2人获个人一等奖，1人获个人二等奖，2人获个人三等奖。参加2004年“飞向北京——飞向太空”全国青少年航空（航天）模型比赛，该校学生韩鹏1人获三个项目的第三名。

2005年，参加无锡市21届中小学生“庆六一”模型和无锡市23届中小学生陆海空模型比赛，4次获优秀组织奖，2人获单项团体特等奖，3人获单项团体一等奖，4人获单项团体二等奖，有3人获单项个人特等奖，7人获单项个人一等奖，10人获单项个人二等奖。是年，参加江苏省第12届青少年科模和江苏省少年航模竞赛，1人获单项个人第一名，有2人分获第二、第三名。

2006年，参加无锡市第24届中小学生陆海空模型比赛，获综合团体一等、优秀组织奖和最佳组织奖各1次，2人获单项团体一等奖，3人获单项团体二等奖，有10人获单项个人一等奖，5人获单项个人二等奖。

2007年，参加无锡市第23届中小学生“东浄杯”科模赛和无锡市第25届中小学生陆海空模型比赛，获单项团体和单项个人2个特等奖、4个综合团体一等奖，3人获单项团体一等奖，1人获单项团体二等奖，11人获单项个人一等奖，6人获单项个人二等奖，2次获优秀组织奖。是年，参加江苏省14届青少年科模竞赛和江苏省全民健身运动会航空模型比赛，有2项获单项团体第一名，3人获单项个人第一名，2人获个人第二名，4人获个人第三名。

2008年，参加无锡市24届中小学生“江溪杯”科模竞赛和无锡市第26届中小学生陆海空模型比赛，2次获优秀组织奖，3次获综合团体一等奖，5人获单项团体一等奖，4人获单项团体二等奖，1人获单项个人特等奖，11人获单项个人一等奖，7人获单项个人二等奖。是年，参加江苏省第15届青少年科模竞赛，获单项个人一等奖和单项个人二等奖各1人，有6人获单项个人三等奖。

2009年，参加无锡市第25届中小学生“东浲杯”科模和无锡市第27届中小学生陆海空模型比赛，获1个优秀组织奖、2个综合团体一等奖、1个综合团体二等奖，2人获单项团体一等奖，4人获单项团体二等奖，5人获单项个人特等奖，5人获单项个人一等奖，8人获单项个人二等奖。是年，参加江苏省16届青少年科模竞赛，3人获单项个人一等奖，1人获单项个人二等奖。

2010年，在无锡市航空（航天）模型赛和无锡市26届中小学生“华庄杯”科模竞赛，以及无锡市第28届中小学生陆海空模型比赛中，获最佳组织奖、2个综合团体一等奖、1个综合团体二等奖，5人获单项团体一等奖，2人获单项团体二等奖，2人获单项个人特等奖，9人获单项个人一等奖，2人获单项个人二等奖。是年，参加江苏省第17届青少年科模赛，1人获单项个人二等奖，3人获单项个人三等奖。

2011年，参加无锡市27届中小学生“华庄杯”科模竞赛和无锡市第29届中小学生陆海空模型比赛，获2个综合团体一等奖、1个综合团体二等奖，4人获单项团体一等奖，5人获单项团体二等奖，有3人获单项个人特等奖，8人获单项个人一等奖，12人获单项个人二等奖。是年，在江苏省18届青少年科模竞赛和省青少年航空（航天）模型竞赛中，1人获单项团体一等奖，1人获单项团体二等奖，有9人获单项个人一等奖，8人获单项个人二等奖，11人获单项个人三等奖。

2012年，在无锡市28届中小学生“江溪杯”科模竞赛和无锡市第30届中小学生陆海空模型比赛中，获综合团体一等奖和最佳组织奖、单位团体特等奖，4人获单项团体一等奖，2人获单项团体二等奖，3人获单项个人特等奖，8人获单项个人一等奖，6人获单项个人二等奖。是年，参加江苏省第19届青少年科模竞赛，2人获单项个人一等奖，2人获单项个人二等奖。参加第14届“飞向北京—飞向太空”全国青少年航空（航天）模型赛，5人获单项个人一等奖，5人获单项个人二等奖，2人获单项个人三等奖，2人获团体第二名。江阴市要塞中学陆建云、江祥等老师，在全国、省、市航模比赛中多次被评为优秀科技辅导员。

2013年5月，在无锡市第二十九届“江溪杯”中小学生科模竞赛上，江阴市要塞中学获科技模型类综合团体和杆身橡筋动力飞机单项团体两个一等奖，遥控直升机留空单项团体三等奖，获个人单项竞赛1个二等奖和2个三等奖，李金根被评为优秀辅导员。是年8月，在江苏省“双良杯”青少年航空模型竞赛上，“小力士”模型火箭（伞降）单项赛中，获1个一等奖、3个二等奖，1个三等奖。在“嫦娥一号”火箭柔性翼滑翔机单项赛中，获1个一等奖、2个二等奖。在“东风”模型火箭（带降）单项赛中，获一、二、三等奖各1个。在S3A/2伞降模型火箭单项赛中，获高中组1个三等奖和1个第二名，“小力士”模型火箭单项赛获初中组团体第二名。是年12月，在无锡市第三十一届模型比赛中，要塞中学获综合团体一等奖和最佳组织奖，获单项团体4个一等奖，获木质弹射机2个一等奖，获“天驰”橡筋杆身机和空斩机2个一等奖和2个二等奖。

2014年7月，江阴市要塞中学参加十六届“九龙仓杯　飞向北京—飞向太空”全国青少年航空模型竞赛（江苏预选赛），获综合团体一等奖和“山猫”“中天”“翼神”橡筋动力模型赛3个单项团体二等奖。获“山猫”“中天”“翼神”橡筋动力模型赛4个个人一等奖，1个二等奖和2个个人三等奖。是年12月，江阴市要塞中学参加无锡市三十二届“周庄杯”模型赛，获最佳组织奖、航空模型综合团体二等奖和“天戈”遥控直升机模型项目团体三等奖。获空斩机项目1个一等奖，1个二等奖，获“天驰”橡筋模型项目2个三等奖。

2015年7月，江阴市要塞中学参加第十七届“飞向北京——飞向太空”全国青少年航空模型竞赛（江苏预选赛），获综合团体二等奖，“翼神”橡筋动力扑翼机单项团体第三名。获“中天”“天鹤”“翼神”橡筋动力机和“海鸥”电动动力机4个单项一等奖和2个单项三等奖。陆建云、毛圆园获“优秀辅导员”称号。是年11月，在第二十二届省青少年模型竞赛中，获橡筋动力飞机2个二等奖，1个三等奖。12月，要塞中学参加无锡市第三十三届模型比赛，获航空模型综合团体和“天驰”橡筋模型杆身机两个团体一等奖，木质弹射机获团体三等奖。“天驰”橡筋模型杆身机获单项个人2个一等奖。

江阴市要塞中学不但在航模上取得了显著成绩，而且在科模、船模、车模、电子、机器人等方面也取得了不俗的成绩。要塞中学多次获得“综合团体特等奖”“优秀组织奖”“最佳组织奖”等荣誉称号。

二、江阴市利港中学

江阴市利港中学是“全国航空（航天）模型活动重点单位”之一。1994年江阴市利港中学以航空（航天）模型活动教育为切入点，拓展科技教育的外延，将航空（航天）模型活动作为开展国防教育、爱国主义教育的一项重要内容。江阴市利港中学在坚持质量立校的同时，积极开展实施素质教育，并以航模作为学校特色，融科技与竞技、动脑与动手、学习与应用为一体，积极探索有效方法，大胆实践、努力创新，有力促进利港中学学生综合素质的提高。

江阴市利港中学把航模作为素质教育的重要方面来抓，学校每年在航模上投入数万元资金，确保航模活动顺利进行。参加航模活动的人数占学生人数的80%以上，每学期组织一次校级航模比赛，并把航模比赛列入学校运动会比赛项目之一，校广播、电视台定期举办航模知识讲座，通过宣传橱窗、板报、征文等形式宣传航模知识及航模活动中涌现出来的先进人物、先进事迹。学校选派工作敬业、技术过硬、动手能力强的许尧良、王锡炳、邹冠南、钮建国等教师的为航模辅导员，聘请江苏省航协张越为学校常年校外辅导员，指导开展航模活动。学生利用课外活动时间、双休日、暑假时间进行理论学习和模型制作，把每年10月中旬作为学校科技体育节，把航空模型、科技创新成果列为比赛项目，计入班级团体总分，对获奖的学生、班级给予嘉奖。通过一系列措施，激发了学生参与航模活动的积极性。每天的大课间和课外活动时间，学校操场上成群结队，三人一组、五人一群进行航模科技实践，这已成为江阴市利港中学的一道风景线。

江阴市利港中学每年都参加全国、江苏省、无锡市青少年航空（航天）模型比赛获奖百余次，十多名学生在国家级、省、市级航模比赛中获奖。2002年，钱志光、孙浩俊获国家级航模比赛一等奖。2004年，何露萍、吴青南获国家级航模比赛一等奖。2005年，缪佳琪、吴杰获国家级二等奖。2003年10月，江阴市利港中学被国家体育总局命名为“全国航空（航天）模型活动重点单位”。2007年，在无锡市第25届中小学生航模竞赛暨无锡市堰桥中学杯陆海空模型竞赛中，利港中学共取得6个单项的11个一等奖，其中，取得直升机、空桥机、遥控电动模型飞机3个单项冠军，取得木质弹射机、直升机、空桥机、遥控电动模型飞机等4个团体冠军，利港中学获得了“中学组团体冠军”和“最佳组织奖”称号。2008年，利港中学参加无锡市26届中小学生模型比赛，获得7个个人一等奖，5个项目团体一等奖。2009年，利港中学参加无锡市27届中小学生模型比赛获得4个个人一等奖、2个项目团体一等奖。2010年8月，利港中学参加江苏省青少年航模比赛获S3A/3伞降模型火箭、“小力士”模型火箭和“东风”模型火箭3个初中组单项团体第二名。7月，参加无锡市28届中小学生模型比赛，获3个团体二等奖，2个团体三等奖。2011年，利港中学参加无锡市第29届中小学生模型比赛获得3个个人一等奖、6个个人二等奖，6个个人三等奖。2012年，利港中学参加无锡市第30届中小学生模型比赛，获4个个人一等奖、2个个人二等奖、11个个人三等奖。

2013年8月，江阴市利港中学参加在海口举行的2013第十五届“飞向北京——飞向太空”全国青少年航空（航天）模型教育竞赛总决赛中，缪奕宇的“嫦娥一号”火箭柔性翼滑翔机留空项目获二等奖，吴凌逸的“小力士”火箭伞降留空项目和符钰的纸折飞机留空项目均获三等奖，符钰的“小力士”火箭伞降留空项目和仇嘉浩的“嫦娥一号”火箭柔性翼滑翔机留空项目均获优胜奖。是月，在参加2013江苏省“双良杯”青少年航空模型竞赛中，有3个项目获一等奖，其中仇嘉浩的“嫦娥一号”火箭柔性翼滑翔机留空项目和左枫凡的S3A/2伞降模型火箭项目获金牌，陈音因的“嫦娥一号”火箭柔性翼滑翔机留空项目获银牌。有9个项目获二等奖，其中周烨的“嫦娥一号”火箭柔性翼滑翔机项目、符钰的“东风”模型火箭（带降）项目和缪彩云的“小力士”模型火箭（伞降）项目均获铜牌。有14个项目获三等奖；S3A/2伞降模型火箭项目和“嫦娥一号”火箭柔性翼滑翔机项目均获初中组团体第一名，“东风”模型火箭（带降）项目获初中组团体第二名，“小力士”模型火箭（伞降）项目和S6A/2带降模型火箭项目均获初中组团体第三名。是年12月，利港中学参加“三杰杯”无锡市第31届模型赛中，利港中学获得模型综合、“空桥”橡筋模型项目、弹射滑翔模型项目、“天驰”橡筋模型项目一个模型综合团体一等奖和三个单项团体一等奖，“杭州号”航海模型项目获单项团体三等奖；有19个项目攻个人一等奖，戚子弈和李元浩的“天驰”橡筋模型项目分获亚军和季军。有8个项目获二等奖，4个项目获三等奖。

2014年，利港中学参加在昆山千灯石浦中心小学举行的2014“千灯杯”江苏省青少年航空模型锦标赛上，获2个单项团体初中组第一名，1个初中综合团体第二名，2个单项团体第三名和1个单项团体第五名；有3个项目获个人一等奖，6个项目获个人二等奖，6个项目获个人三等奖。是年，在常州举行的2014年十六届“飞向北京——飞向太空”全国航模预选上，利港中学获12个团体第一名，12个项目获一等奖，13个项目获二等奖，11个项目获三等奖。是年，利港中学参加在江阴周庄中学举行的2014无锡市第32届模型比赛，获优秀组织奖，航空模型综合团体一等奖，航海模型综合团体三等奖；6个单项目获一等奖，2个单项目获二等奖。

2015年8月，利港中学参加在淮安举行的2015江苏省青少年航空模型锦标赛，S4A/2火箭推进模型滑翔机项目获团体金奖，“小力士”伞降模型火箭项目获团体银奖，S3A/2带降模型火箭项目获团体铜奖，“东风一号”伞降模型火箭项目获团体二等奖，S6A/2带降模型火箭项目获团体三等奖。是年11月，在江宁举行的2015第十七届“飞向北京——飞向太空”全国青少年航空（航天）模型教育竞赛上，利港中学有9个项目获一等奖金牌，3个项目获一等奖银牌，1个项目获一等奖铜牌；2个项目获二等奖银牌，2个项目获二等奖铜牌，1个项目获二等奖，1个项目获三等奖。12月，利港中学参加了无锡市第33届模型比赛暨无锡市阳光100杯模型比赛，获1项综合团体亚军，3项团体季军，4个项目的团体一等奖。许尧良和钮建国两名教师被无锡市体育局授予“优秀辅导员”称号。有9个项目获一等奖，其中谭静的“天驰”橡筋动力飞机项目和张鑫悦的空中斩车模型项目获冠军，张祝雅的空中斩车模型获亚军，有两个项目获二等奖，2个项获三等奖。

江阴市利港中学以竞赛为手段，着力推进青少年学生航模活动和阳光科技体育进校园活动的深入开展，促进广大青少年学生体育科技水平和素质的提高，培养广大青少年学生学科学、爱科学、用科学和积极探索、勇于创新的精神，让广大青少年学生在航模科技体育活动中健康成长。

三、江阴市新桥中心小学

航模科技活动是一项融科技、艺术、竞技、益智、娱乐于一体的体育活动项目，可以培养学生的动手能力和团队精神，有利于提高学校的科技文化水平。江阴市新桥中心小学的航模科技特色项目，始于20世纪80年代，自2000年学校成为无锡市航空模型协会团体会员后，学校领导就十分重视航模活动。定期邀请专职教练到校指导，开展航模活动，全校学生参赛率达100%。该校校长范凤鸣亲自主编了约3万字的航模活动校本教材《飞向太空》，成为无锡市第一个以航模作为校本课程的学校。航空模型活动生动活泼，寓教于乐，具有知识性、操作性的特点，深受广大学生的喜爱。

江阴市新桥中心小学在参加全国、江苏省和无锡市的各级航空模型比赛中，陈芳蕊和张盼盼两位同学获第十二届“飞向北京——飞向太空”全国青少年航空（航天）模型教育竞赛总决赛两个项目的冠军，有数十次获江苏省青年航空模型比赛金牌，在无锡市20、21、23、24、26、27、28、29届航空模型比赛中获20多个第一名，辅导教师多次被评为江苏省和无锡市优秀航模辅导员。

2005年11月，被国家体育总局授予“全国航空（航天）模型活动重点单位”，这是本年度获得该称号的江苏省唯一单位，也是无锡市历史上小学系统第一个全国航空（航天）模型活动的重点单位。2012年，该学校又获国家体育总局、教育部和科技部联合颁发的“全国科技体育传统校”称号。

2013年12月，新桥中心小学参加在江阴市利港中学举行的无锡市第31届模型比赛，获单项团体2个一等奖，1个二等奖和单项个人4个一等奖，1个二等奖，1个三等奖。2014年8月，新桥中心小学参加在昆山石浦举行的江苏省青少年航空模型竞赛，获单项个人5个一等奖和5个二等奖，夏文杰和王江希获2块银牌，夏雪、王江希获2块铜牌。是年12月，参加了在江阴市周庄中学举行的无锡市第32届模型比赛，新桥中心小学获得航空模型综合团体二等奖和优秀组织奖，单项个人3个二等奖，2个三等奖。2015年8月，新桥中心小学参加在海南海口大学举行的“飞向北京——飞向太空”全国航模比赛，获单项个人2个一等奖。李俊杰获悬浮纸飞机留空计时赛季军，单项个人4个三等奖，4个优胜奖。是年12月，参加在无锡天一实验小学举行的无锡市第33届航空模型比赛，获航空模型综合团体和2个单项团体共3个一等奖，2个单项团体二等奖和1个单项团体冠军，4个单项个人一等奖、2个个人亚军、2个个人二等奖和1个个人三等奖。

四、江阴市临港实验学校

江阴市临港实验学校坐落在季子故里，是一所功能齐全、设备先进的九年一贯制学校。

江阴市临港实验学校自1996年开始结合学校自身实际情况，因地制宜，因时制宜，按普及加特色的思路，确立了以航空（航天）模型活动为重点项目的学校科技教育特色。临港新城实验学校以航空（航天）模型活动为抓手，认真贯彻“科教兴国”的战略方针，深化教育改革，全面推进素质教育。学校还自主编写《小学生航空（航天）模型基础》作为校本教材。江阴市临港实验学校在2008年4月被国家体育总局命名为“全国航空（航天）模型活动重点单位”。

江阴市临港实验学校在各级各类中小学生航空（航天）模型比赛中，取得了不俗的成绩。有49人次荣获国家级奖项，有85人次获得江苏省级奖项。在无锡市级航模比赛中，有52人次获无锡市个人奖项，有45项获无锡市级团体奖项。

江阴市临港实验学校在全国、江苏省、无锡市青少年航模比赛中也多次获奖，吴东栋、刘军亮、缪健、黄少锋被江苏省青少年科技教育协会评为“优秀辅导教师”。

江阴市临港实验学校不但在航模上有突出的成绩，而且在科技模型、体育科技项目上更有建树。

除了以上4所国家级和5所无锡市级“航空（航天）模型活动重点单位”外，江阴市开展航空（航天）模型活动的学校还有起步较早的江阴市云亭中学，将航模作为特色文化项目的江阴市文林中学，集民间资本研发、训练、比赛、教学为一体的江阴市璜土中学捷力航模队，江阴市长泾中学，江阴市华士实验学校，江阴市周庄中学，江阴市长山中心小学，江阴市月城实验小学，江阴市要塞实验小学，江阴市北涸中心小学，江阴市澄江中心小学等。特别是璜土中学捷力航模队研制的无人机已经可以实现航拍，效果良好。

第八节　村级小学选介

在江阴市学校体育中，有一些地处乡村边缘、穷乡僻壤村级小学，学校规模小，复式教学，体育器材、活动场地条件极差，但小小的乡村小学在学校体育上，却取得了不少业绩，令人刮目相看。如：顾山省渡桥小学、顾山新龚小学、南闸曹桥小学、陆桥泾浜小学、璜塘红星小学等。这里选择江阴市大桥小学、顾山省渡桥小学和璜塘红星小学3所学校简介于下：

一、江阴市大桥小学

江阴市大桥小学坐落于风景优美的长江大桥景区，创办于2000年5月，由原来的黄山小学和城北小学合并移地新建而成。该校占地29亩，建筑面积9000平方米。现有14个教学班，560个学生，在职教师40位，是一所新创办的规模较小的学校。

大桥小学地处长江边，学校新建，规模较小，在无锡市、江阴市体育局和教育局的关心指导下，江阴市大桥小学于2001年11月成立了江阴地区唯一的一支业余射击队，成为无锡射校在江阴唯一的布局学校。江阴市大桥小学射击队创办的时间尽管不长，但取得了卓有成效的射击成绩。

1995年5月4–6日，在常州举行的省青少年射击个人冠军赛上，孙璐霞获少年女子气步枪40发第一名（395环），少年女子30发卧射第四名（289环），少年女子3×10第六名（279环）。

2001年12月，江阴市大桥小学参加无锡市“安踏杯”小学生射击比赛中获团体亚军，个人单项2个第一名，1个第二名，1个第三名和1个第五名。

2002年5月，江阴市大桥小学承办了无锡市“镍网杯”小学生射击比赛，荣获团体亚军，获得个人单项2个第一名，2个第三名；小组获2个第一名，1个第二名和1个第四名。是年12月，在参加无锡市“陶城杯”小学生射击比赛中，荣获团体冠军；获得个人单项2个第一名，3个第二名；小组获2个第一名，2个第二名。黄坚、陈璐两人达国家三级运动员等级。

2003年7月，在参加无锡市“宏泰杯”小学生射击比赛中，荣获团体冠军，获得个人单项1个第一名，3个第二名，1个第三名；小组获3个第一名，1个第二名，打破5项无锡市纪录。孙璐霞达国家二级运动员等级，杨利军、徐芯、刘娜达国家三级运动员等级。是年8月，张煜磊获江苏省青少年射击锦标赛青年男子组小口径步枪60发个人和团体冠军。

2004年3月，大桥小学射击队代表无锡市队参加“杭州、无锡、沪（杨浦）友谊赛”，表现上乘。陈璐达到校部考核优秀级（无锡射校共4人达优秀级），孙璐霞3个项目达标（射校校部共10人达标，孙璐霞是唯一3项达标的），受到无锡射校的高度赞誉，并获得了校部的奖励。5月，在江苏省个人冠军赛上，孙璐霞获得3×10小口径步枪个人冠军，陈璐获得第六名，两人均达国家一级运动员等级。7月，在江苏省锦标赛上，陈璐获得气步枪个人冠军及男子团体两项冠军，孙璐霞获得个人第四名及女子团体冠军。在无锡市九运会上，大桥小学射击队再度荣获团体冠军，并获个人冠军1个，小组第一名1个，打破了3项无锡市纪录，杨利军达国家二级运动员等级，张萍达国家三级运动员等级。10月，江阴市大桥小学被无锡市人民政府授予九运会“群众体育先进集体”。

2007年5月5−7日，在江苏省方山体育训练基地射击坊举行省青少年射击比赛，杨利军获青年男子步枪60发个人第二名，步枪3×20发个人第三名和气步枪60发个人第五名；孙璐霞获女子青年组步枪60发个人第六名。

2008年，上级对学校枪支管理的规定后，学校射击队暂停训练，即使参加比赛，由于缺少训练效果也不理想。

江阴市大桥小学坚持以德为首，五育并举，全面发展朴实的办学理念，努力把学校办成培养学生聪明好学、兴趣广泛、具有个性的乐园。现已分别获得了“无锡市现代化技术学校”“江阴市素质教育星级单位”“AA级特色学校”“江阴市管理一类学校”“江阴市安全文明校园”“执行教育法规的‘诚信单位收费规范学校’”“无锡市园林单位”“食品卫生管理先进学校”等荣誉称号。

二、顾山省渡桥小学

顾山省渡桥小学是江阴市顾山镇上的一所村级完小，全校有200多名学生。省渡桥小学克服场地、器材、师资上的困难，在1984年建立了男、女排球队并进行业余训练。1991年是顾山省渡桥小学腾飞的转折点。年近花甲、两鬓斑白的胡兴根校长亲自作教练，老师人人当教员，并请江阴市体委的排球教练作辅导，头顶骄阳，脚踏寒暑，经过一年多时间，师生共同努力，在1991、1992年江阴市第一、第二届儿童排球赛上，顾山省渡桥小学男生排球队连续两年获江阴市小学生排球赛冠军，并代表江阴市小学生参加无锡市排球比赛，分别获第二、第三名。在1993年到1999年中，连续七年获得无锡市小学生排球赛冠军，成为取得无锡市小学排球竞赛冠军的第一所村级完小。在男子排球的影响和带领下，顾山省渡桥小学的女子排球队经过刻苦训练，1993年首次参赛便一举夺得江阴市冠军、无锡市亚军。顾山省渡桥小学女子排球队的辉煌从1993年一直延伸到1999年，连续七年获得江阴市冠军，三次无锡市冠军。1994年被江阴市命名为“排球特色学校”，受到江阴市体委、教委联合嘉奖，并授予“排球育新苗，球场建英豪”锦旗。

一所穷乡僻壤的乡村小学能连续获得如此成绩实属不易。在1999年，江阴市实施规模办学，顾山省渡桥小学撤并到顾山中心小学而不复存在，但他们这种拼搏精神，处在边远的穷乡僻壤的乡村小学曾经有过一支令人刮目相看的男女小学生排球队，曾为乡村学校体育树立了榜样，是乡村小学体育的一面旗帜。

三、璜塘红星小学

璜塘红星小学地处璜塘镇西北偏僻的元塘大队谭家村，是一所只有两个班级、两名教师，一至六年级的三复式教学的村小，共有学生65名。学校规模小，办学条件极差，活动场地仅有一片200平方米的泥操场，更无其他体育设施、设备。1970年，2位教师组织学生勤工俭学，割草晒干卖草干，挣来的钱买篮球，向当地生产队借了一只篮球圈，用几块盖厕所的木板和两根毛竹做了一个简易篮球架，供学生活动训练。经过刻苦磨练，精心辅导，1974年参加江阴县第一届小学生篮球赛女子组获冠军，1975年获江阴县第二届小学生篮球赛女子亚军，在1976年到1977年江阴县小学女子篮球赛中获二连冠。

随着教育事业的发展，在规模办学中，这些学校被撤并到当地施教中心小学去了，这些学校已不复存在。

除这些学校外，还有南闸曹桥小学、顾山新龚小学、陆桥泾浜等村级小学，在乡村学校体育史上也做出了显著成绩。

第三章　群众体育

第一节　沿革

早在明清时期，以强身御盗卫乡的武术为主要内容的江阴群众体育就很为活跃，并在长达数百年间的抗倭、抗清、抗英的斗争中发挥了重要作用。20世纪20—30年代，田径、足球、篮球等现代体育由学校传入社会，引起民众重视，促进了江阴体育事业的发展。

新中国成立后，全县上下积极响应毛泽东“发展体育运动，增强人民体质”的号召，广泛开展群众性体育活动，足球、篮球、乒乓球等球队遍布城乡各地，群众体育在当时极其艰难的条件下掀起高潮。60年代初期，受三年经济困难影响，全县人民勒紧裤带共渡难关，无心无力搞体育，学校体育降低要求，群众体育濒临停顿。但是，结合“备战备荒”，国防体育被放到突出的位置，县人武部在农村、工厂、学校举行实弹射击，培养射手数以千计。后在中共中央“调整、巩固、充实、提高”八字方针指引下，群众体育活动恢复较快。1966—1976年，受“文化大革命”干扰，江阴的群众体育事业几乎处于瘫痪状态，体育机构被破坏，运动场地被占用，体育干部被下放。但这一时期配合反帝反修，野营拉练、武装泅渡、负重赛跑等军事体育活动较为活跃。

中共中央十一届三中全会给江阴体育事业带来勃勃生机，全县群众体育又有新的发展。1985年，国家体委发出在全国争创体育先进县的通知，并颁布全国体育先进县的标准。江阴以争创全国体育先进县为契机，掀起群众体育“争先创优”的热潮，农村乡镇体育事业得到进一步发展。1988年9月15日，江阴市被评为全国体育先进县（市）。1992年4月，江阴市高票通过国家体委的复查验收，再次荣获全国体育先进县（市）。

1995年，《中华人民共和国体育法》和《全民健身计划纲要》颁布实施，体育工作步入法制化建设的轨道。江阴市成立全民健身工作领导小组，制定发展群众体育、实施全民健身的工作计划。1995—2015年，每年在全市举办全民健身节和全民健身周（月）活动，组织丰富多彩、为群众喜闻乐道的体育健身活动，参加活动的群众总计逾百万人次。江阴在全省市（县）中率先实现镇镇成为省体育先进、村村都有健身设施的目标，被省命名为首批体育强县（市），所辖镇（街道）全部被评为首批省体育强镇，并被省体育局、国家体育总局分别授予“江苏省十佳体育先进市（县）”“全国全民健身活动先进单位”。2006年，全市已有3个乡镇被评为全国“亿万农民健身活动”先进乡镇，5个乡镇为省级“亿万农民健身活动”先进乡镇。2009年后，月城龙舟、海澜马术等大型特色体育以及老年人、妇女、残疾人体育也都蓬勃发展，呈现崭新面貌。2015年，全市共有各级社会体育指导员4642名，每万人达38名，人均体育活动场所面积达2.74平方米，位居无锡市、江苏省前列。江阴的全民健身活动不断向纵深发展，群众体育提高到一个新的阶段，人民群众的体质显著增强。

第二节　职工体育

县立公共体育场建立后，足球、篮球、田径等活动由学校师生参加，而后扩展至机关、工厂、企事业单位职工。1929年，足球名将梁官松在江阴煤栈组成“工余足球队”。1933年，江阴正气日报、澄清日报、大声报联合组成记者足球队。1934年，江阴生生体育会成立，有足球、篮球2个队。抗战胜利后，江阴足球运动又渐趋活跃，先后举行“海涛杯”足球赛，“中正杯”“忠义杯”篮足球赛，“司令杯”“爱民杯”足球锦标赛。1942年，江阴民众教育馆业余田径队许廷荣被选入省代表队参加全国比赛。

解放后，江阴城区原有足球队伍得到保持和发展。20世纪50年代，江阴县运动员获得苏南行署足球选拔赛和第四届省运动会足球比赛2个亚军。1979年7月，江苏省体委确定江阴为省足球的重点地区之一。是年起，每年进行职工足球升降级比赛形成制度。1985年，江阴确定4月21日为县的体育日，规定每年这一天要在全县范围内广泛开展群众体育特别是足球活动。1986年4月，江阴县代表队获省首届纺织系统职工运动会足球第二名。1987年，举行市职工足球联赛，有工厂、机关、银行、医院等18个单位40多个球队参赛，历时16天，每场比赛观众千人以上。2000年5月，江苏法尔胜足球俱乐部（全国县级市首创）获得全国青年男子足球联赛亚军。2004年至2015年，全市共举办7届市职工足球联赛和6届市业余足球俱乐部联赛。

除足球外，城镇职工体育活动普及的还有篮球、乒乓球、棋类、广播操、长跑等。解放初，多为职工自发组织。1951年，江阴在工厂、机关推行广播操。1955年12月，县总工会通过基层工会有组织地开展职工体育活动。1956年首先在利用纱厂建立体育协会。1957年，百人以上的厂建立体育领导小组或体育协会。是年起，每季度开展1次地域性或行业性的职工球类比赛，每年1次职工田径运动会。1958年，工人俱乐部举办中国象棋大棋盘公开赛，其后围棋、国际象棋比赛也开始举办。1963年，群众性的信鸽活动开始。是年，澄江镇组织职工篮球和排球比赛，一中教工篮球和排球队获得冠军。1964年，澄江镇有23个篮球队、35个乒乓球队，县第一染织厂、纺织器材厂、澄江镇并线厂还成立女子篮球队。“文化大革命”初期，职工体育竞赛停顿。1972年，澄江、青阳、华士3镇恢复职工篮球赛。1973年起，城镇职工广播操、球类、田径、棋类、武术等体育活动又趋活跃。1977年开始，由基层逐级选拔，参加县的职工运动会和“共青杯”“团结杯”“兴国杯”“长江杯”“储蓄杯”“芙蓉杯”等单项比赛。1986年，县总工会成立县职工体育促进会，进一步加强对职工体育活动的领导。年内成立以退休教师、干部为主力的2支门球队。1988年11月，江阴市信鸽协会发行全国信鸽界第一枚纪念币。是年，职工体育在市总工会组织下，因地制宜开展具有行业特点的小型多样的体育活动；全市有54个机关、企业单位建有3个以上业余运动队，职工体育活动十分活跃。1996年5—10月，江阴市获无锡市第七届运动会成人部职工组总分第一名。年内，相继举办市邮电、供销总社、地税、中国银行、利用集团及澄江镇城西街道等行业系统（单位）职工运动会。1998年，江阴市供电局当选为无锡市“十佳”体育先进企业。1999年，市总工会探索和建立以小型为主、基层为主、业余为主、协会为主的活动方式，调动广大职工参与体育健身的积极性。2001年元旦，市总工会举办“迎新春”职工男子拔河比赛。9月，在市体育馆举行市乡镇职工男子拔河比赛。2004年，中船江阴澄西船厂被评为无锡市群众体育先进集体。2007年5月，柔力球运动在江阴起步，市老年体协举办由30多名退休教师参加的第一期柔力球培训班。10月，江阴市长山中心小学教师许巍获得省全民健身运动会社会体育部速度轮滑比赛3枚金牌。2011年7月，在江阴市新桥中学举行“阳光杯”军企篮球友谊赛，第一集团军和江苏省阳光集团代表队参赛。2012年8月，江阴市级机关党工委、体育局、暨阳体育产业发展有限公司、江南水务公司在市游泳馆联合举办“江南水务杯”游泳比赛。2015年10月下旬—12月中旬（周六、周日），江阴市“联盟杯”足球比赛在市老体育场和敔山湾实验学校举行，法尔胜泓昇集团、兴澄特钢等13支足球队参赛。

一、市（县）职工运动会

新中国成立后至2015年，江阴市（县）共举行五届职工运动会。

（一）江阴县第一届职工运动会

1958年5月1—2日，江阴县第一届职工运动会在县体育场举行。

（二）江阴县第二届职工运动会

1983年5月1—2日，江阴县第二届职工运动会在县体育场举行。全县共有44支代表队559名（其中女运动员196名）运动员参加田径、拔河、乒乓球等项目比赛。田径团体总分第一名为县棉纺厂代表队，县中和县印染厂代表队分获第二、三名。男子组单项第一名：丁克（50米，6″2；100米，11″7）、李福寿（1500米，4′53″2）、高新国（跳高，1.64米）、孔善林（跳远，6.12米）、葛丁顺（立定跳远，2.88米）、朱勤（铅球，12.35米）；女子组单项第一名：陈健青（50米，8″1）、于金凤（100米，15″9）、曹雪隐（800米，3′02″7）、成丽萍（跳高，1.40米；铅球，9.08米）、胡玉芬（跳远，5.02米；立定跳远，2.34米）。乒乓球男女团体第一名分别为交通部澄西船舶修造厂、县钢厂代表队，男、女单打第一名分别为邱正强和顾爱芬。拔河男、女第一名分别为交通部澄西船舶修造厂和澄江镇并线厂代表队。

（三）江阴县第三届职工运动会

1986年5月1日—10月1日，江阴县第三届职工运动会在县体育场等单位举行，全县企事业单位代表队参加田径、球类、棋类、拔河、桥牌等项目比赛。田径团体总分第一名为县林场代表队，第二至第六名分别为县长江农机厂、晶体管厂、机械厂、起重机械厂、县中代表队。男子足球第一名为县印染厂代表队。男子篮球第一名为县建筑公司代表队。男子桥牌团体第一名为县瓷厂代表队。乒乓球男女团体第一名分别为交通部澄西船舶修造厂、县永联汽车公司代表队，男、女单打第一名分别为邱正强、顾爱芬。拔河男、女第一名分别为县棉纺厂、县渔工商联合公司代表队。羽毛球男、女团体第一名分别为县印染厂、钢绳厂代表队，男、女单打第一名分别为郁光宙、张荷芬。中国象棋、围棋团体第一名均为县工业局一队，国际象棋团体第一名为县工业局代表队。

（四）江阴市第四届职工运动会

江阴市第四届职工运动会于1996年9月至10月举行，比赛项目有田径、足球、拔河、象围棋、桥牌、广播操、木兰拳7大项21小项，参赛运动员5300人次，共举行各项比赛1373场次。7项比赛均由企业赞助设立“杯”名：“供电杯”田径赛189个队297名运动员，“邮电杯”足球赛13个队195名运动员，“钢绳杯”拔河赛48个队720名运动员，“协澄杯”棋类赛55个队248名运动员，“衡山坞杯”桥牌赛8个队54名运动员，“永联杯”广播操赛20个队600名运动员，“长驳杯”木兰拳赛27个队270名运动员。在10月5日的开幕式上，有58个职工代表方队在体育场接受检阅，同时进行木兰扇、广播操大型表演。田径团体总分第一名为县教委代表队，第二、三名分别为顾山镇、县供销总社代表队，教委李强、杜丽芳分获男女100米、400米第一名，姚建伟、陆新美分获男女跳远第一名，张伟丰、陆玲妹分获男女铅球第一名，顾山镇戴燕获女子跳高第一名。卫生局、教委、邮电局代表队获围棋团体前三名，工业局曾一平获个人第一名。月城镇、教委代表队分获中国象棋团体第一、二名，教委陆逢镰获个人第一名。

（五）江阴市第五届职工运动会

2000年4—9月，江阴市第五届职工运动会举行，设田径、篮球、乒乓球、台球、保龄球、围棋、中国象棋、游泳、拔河、桥牌、广播操11大项33小项。参赛代表队56个，涉及28个镇、11个局（系统）和17个直属单位。其间进行145场选拔赛，有10万人参加，观众超20万人次。9月17日，在市体育场举行开幕式，省总工会、无锡市总工会以及市五套班子的领导应邀出席。市委书记袁静波宣布运动会开幕，省总工会副主席李晓布、市长王伟成作重要讲话，市委副书记刘建国主持开幕式并致开幕词。3000余人表演具有全民健身地方特色的文体节目及由四个乐章组成的“新世纪主人翁”大型团体操。开幕式后举行“苏龙杯”田径比赛。月城镇代表队获中国象棋团体第一名，澄江镇、港务局代表队分获第二、三名，教委陆逢镰获个人第一名；澄江镇代表队获围棋团体第一名，市级机关、市红星集团有限公司代表队分获第二、三名，红星集团李岱春获个人第一名。澄江镇代表队获篮球男子第一名，月城镇、市级机关代表队分获第二、三名。工业局代表队获乒乓球男子团体第一名，教委、北涸镇代表队分获第二、三名，公安局邱正强、教委李红英分获男女单打第一名。

二、职工单项体育比赛

解放前，江阴的职工体育主要有足球和篮球。1929年，足球名将梁官松在江阴煤栈成立“工余足球队”，常赴常州、无锡、镇江、扬州等地比赛，并于1935年9月参加民国第四届省运动会。1942年，江阴民众教育馆业余田径队许廷荣被选拔为参加全国比赛选手。1945年11月，江阴县“胜利杯”篮球赛在公共体育场举行。1946年1月，为庆祝抗战胜利后第一个元旦，县“海涛杯”足球赛举行。年内，奕棋高手常在城区天仙茶社、雨香茶楼角逐，自发组织比赛。1948年9月9日，为庆祝体育节，县足球、篮球比赛在公共体育场举行。

解放后，在普及足球、篮球的同时，田径、排球、羽毛球、乒乓球、棋类、游泳、拔河等比赛活动相继在职工中兴起。

1950年，全县企事业单位、工矿、机关成立足球队、篮球队，利用节假日举行邀请赛、友谊赛。1951年10月，江阴运动员姚文瑞获苏南行署第一届人民体育大会常州专区选拔赛女子工人组跳高第一名。是月，江阴县新联足球队代表常州专区参加苏南行署足球选拔赛，获得第二名，夏和云、吴林宝、徐纪九、吴振发等4名队员被选入苏南行署代表队。1955年，江阴县总工会建立工人俱乐部，开始有组织举办职工体育比赛。1957年起，每季度开展1次地域性或行业性的职工球类比赛。

1963年，澄江镇举办职工篮球和排球比赛，县一中教工队获得篮球、排球双冠军。翌年5月，江阴县教师蔡崇武、工人赵秀英分别获得苏州地区第三届田径运动会成年组男子铁饼第一名、女子手榴弹第一名。年内，县体委批准成立“江阴县棋艺协会”，辟中山公园荷花厅为奕棋室，经常邀请常州、无锡、常熟、靖江等市县棋友和江阴比赛，以及与华士、长泾、长寿、顾山等县内乡镇举行联赛。是年，澄江镇有14个足球队、35个乒乓球队、23个篮球队，县第一染织厂、纺织器材厂、澄江镇并线厂还成立女子篮球队，坚持周周有训练、月月有比赛。1965年7月，县职工篮球比赛在县体育场举行，县建筑公司代表队获第一名。9月28日—10月4日，南菁高中教师黄绍香获苏州地区围棋锦标赛男子成年组第二名。

1972年5月1日，澄江、青阳和华士3镇职工篮球比赛举行，各镇男女代表队共72名选手参加。7月16日，为纪念毛泽东畅游长江6周年，全县有2000余名职工参加各种形式的游泳比赛活动。

1973年7月16日，江阴县举行毛泽东畅游长江7周年职工游泳比赛，县港务局唐增佳、南菁中学徐建清、县化肥厂陈童芳获男子组2000米自由泳前三名。10月1日，常熟、江阴2县象棋、围棋比赛举行。是年，澄江、青阳、华士3镇职工篮球、乒乓球比赛举行。

1974年4月，苏州地区职工象棋比赛举行，江阴县职工刘国权获第三名。5月1—3日，江阴县田径运动会在县体育场举行，共有职工、农民、学生2177名运动员参赛。是年，县职工足球联赛在县体育场举行，江阴县铁合金厂、钢丝绳厂代表队分获第一、二名。

1975年1—3月，澄江镇职工篮球联赛举行，共有20个企业、2所学校231名运动员参加。3月23—24日，县工业、商业、粮食等系统职工乒乓球比赛举行。8月5日，江阴县和常州市职工羽毛球对抗赛举行，江阴队4：1胜。是月，江阴县职工足球联赛在县体育场举行，共有15支代表队300余名运动员参加。9月3日—10月4日，县职工篮球赛举行，有16支代表队192名运动员参赛。

1977年4月16—20日，苏州地区棋类活动交流会在常熟县举行，江阴县象棋队获团体第四名。7月16日，纪念毛泽东畅游长江11周年县职工游泳比赛在澄江镇举行，共有300余名选手参加。9月20—28日，县职工篮球选拔赛在县工人俱乐部举行，共118名选手参加。12月，县职工足球比赛在县体育场举行，有17支代表队参赛。

1978年4月5—24日，县职工象棋比赛在县工人俱乐部举行。10月5—28日，县职工篮球比赛举行，有19支代表队222名运动员参加。10月，县职工足球比赛在县体育场举行，共10支代表队194名运动员参加。是年，江阴县信鸽协会通过选拔比赛，选出10只优秀赛鸽支援昆明军区35037部队。

1979年6月21日，澄江镇职工篮球赛在县工人俱乐部举行，共有29支代表队（其中4支女队）参加。8月15—21日、8月25日—9月18日，县职工足球甲、乙级队联赛分别在县体育场举行。10月，苏州地区围棋选拔赛举行，江阴县职工王炳才被选入地区代表队。

1980年元旦，县体委、总工会联合举办县职工象棋比赛，共有31支代表队124名棋手参加。9月5日—10月3日，县职工足球甲、乙级队联赛举行，县钢丝绳厂、机械厂代表队分获甲、乙级队第一名。10月，苏州地区职工棋类选拔赛在常熟县举行，江阴县职工王炳才、邓永明、金保、闻银良4人参加。

1981年4月，苏州地区棋类比赛举行，江阴县职工王炳才、陈惠明分获围棋、国际象棋第二名。6月20日—7月4日，县职工男子篮球甲级队联赛举行，县建筑公司代表队获第一名。9月1—19日、9月20—24日，县职工足球甲、乙级队联赛分别在县体育场举行，甲级队第一名为县钢丝绳厂代表队，乙级队第一名为县纺织器材厂代表队。11月1—3日，县职工篮球乙级队联赛举行，县标准件厂男队和五一棉纺厂女队获第一名。

1982年5月，江苏省田径比赛暨中日田径友谊比赛在靖江县举行，江阴县中学教师丁克参赛。9月5—15日，县职工足球甲级队联赛在县体育场举行，县五一棉纺厂代表队获第一名。是月，县职工足球乙级队联赛举行，有10支代表队参加。10月，县职工男子篮球甲级队联赛在县体育场举行，第一名为县建筑公司代表队。11月1日，县职工排球比赛在体育场举行，县一中、晶体管厂代表队分获第一、二名。11月15—18日、11月18—20日，县商业系统分别举行象棋和乒乓球比赛，沈志伟获象棋第一名，县食品公司代表队获乒乓球男子团体第一名，缪建其和邓玉娟分获男、女单打第一名。11月，县职工篮球男子乙级队联赛举行，第一名为县化肥厂代表队。12月，县职工棋类比赛在县工人俱乐部举行，共有28支代表队102名棋手参加。

1983年4月28日—5月2日，无锡市职工羽毛球比赛在市区举行，交通部澄西船舶修造厂代表队获团体第三名。5月10—16日，县“长江杯”篮球职工男女子甲组级队联赛举行。5月22日—6月2日，县职工乒乓球比赛举行，交通部澄西船舶修造厂男队、县兴澄钢厂女队获团体第一名，邱正强和顾爱芬分获男、女单打第一名。5月，县职工田径比赛在县体育场举行，丁克、高新国分获男子100米、跳高第一名，戚丽萍获女子铅球、跳高第一名。6月，无锡市职工篮球比赛在市区举行，江阴县建筑公司代表队获第三名。7月10—14日，县职工男子篮球比赛在县体育场举行，县晶体管厂代表队获第一名。7月31日—8月8日，县职工羽毛球比赛举行，共有12支代表队56名选手参加，交通部澄西船舶修造厂代表队获男女团体冠军，郁光宙、陆萍分获男女单打冠军。9月15日—10月5日，县职工足球甲、乙级队联赛在县体育场举行，共有30支代表队540名运动员参加，县五一棉纺厂、铁合金厂代表队分获甲、乙级队第一名。10月8日—11月7日，江阴县首届“芙蓉杯”职工棋类比赛在县工人文化宫举行，围棋、象棋、国际象棋团体第一名分别为江阴县兴澄钢厂队、交通部澄西船舶修造厂二队和一队，围棋男子第一名为黄绍香，象棋男女第一名分别为沈志伟和陈虹，国际象棋男、女第一名分别为易家伟和姚苑茹。是月，县商业系统举行象棋和乒乓球比赛，象棋团体第一名为澄江副食商店代表队，个人第一名为沈志伟；乒乓球团体第一名为澄江百货公司代表队，男、女单打第一名分别为缪建其和郭建华。11月22—28日，无锡市职工足球甲级队邀请赛在江阴县体育场举行，江阴县纺织机械厂和红卫印染厂代表队分获第二、三名。是年，江苏省棋类比赛在常州武进县湖塘桥镇举行，江阴县职工姚苑茹获女子国际象棋第一名。

1984年2月7—10日，县首届“兴国杯”青少年乒乓球比赛在县体育馆举行，县级机关赵永兴和顾爱芬分别获得青年组男、女单打第一名。3月，县第二届“芙蓉杯”棋类比赛在县工人文化宫举行，交通部澄西船舶修造厂代表队获象棋团体第一名，黄全发获个人第一名。5月10—21日，县“长江杯”职工足球甲级队联赛在县体育场举行，共有10支代表队180余名选手参加，县纺织机械厂代表队获第一名。5—11月，无锡市首届“保险杯”足球比赛举行，共有135支基层代表队参加，江阴县纺织机械厂代表队获第三名。6月25—26日，无锡市首届“工人杯”篮球比赛在市区举行，江阴以县建筑公司为主组队参赛。7月1—10日，无锡市职工棋类比赛举行，江阴县选手陈虹、姚苑茹分获女子中国象棋、国际象棋第三名。8月26日—9月8日，县足球乙级队联赛举行，共17支代表队278名运动员参加，交通部澄西船舶修造厂代表队获第一名。11月25—26日，第一届“无锡杯”羽毛球协作比赛在江阴县举行，江阴县职工代表队获团体第三名。12月22—24日，县教工篮球比赛举行，县一中、长泾、华士、璜塘、南闸、璜土中学等片冠军队参加。

1985年2月9—11日，县第二届“兴国杯”青少年乒乓球比赛举行，县工业局团委代表队获青年组团体第一名，赵永兴和顾爱芬分获男、女单打第一名。5月16—22日，县第三届“芙蓉杯”棋类比赛在县工人文化宫举行，县五一棉纺厂、商业局、澄江镇并线厂代表队分别获得围棋、象棋、国际象棋团体第一名，章左新、符维龙、曾一平分别获得个人第一名。7月13—17日，无锡市职工羽毛球比赛在江阴县举行，江阴县代表队获女子团体第三名、男子团体第四名，交通部澄西船舶修造厂代表队获女子团体第二名，徐亚芳获女子单打第三名。7月23—27日，县职工足球乙级队比赛在县体育场举行，共12支代表队198名选手参赛。8月26日—9月3日，县职工足球甲级队比赛举行，共有9支代表队130名选手参加。10月，县职工乒乓球和象棋比赛在县工人文化宫举行，交通部澄西船舶修造厂男队、江阴县永联公司女队获乒乓球团体第一名，杜凤鸣、顾爱芬分获男女单打第一名；县冶金机电工业公司代表队获象棋团体第一名，周介眉、陈虹分获男、女个人第一名。12月20日，县教工排球比赛在南菁中学举行，县一中代表队获第一名。是月，县商业系统职工乒乓球比赛举行。

1986年元旦，江阴和沙洲2县职工乒乓球对抗赛举行，江阴男队胜，女队负。2月14—20日，县首届“共青杯”青年羽毛球赛在县体育馆举行，共有29支代表队参加，县红卫印染厂、钢丝绳厂代表队分获男、女团体第一名，郁光宙、张荷芬分获男女单打第一名。4月3—13日，江苏省纺织系统首届职工足球赛在江阴县举行，共14个市（县）代表队参加，江阴县代表队获第三名。4月8—20日，县第四届“芙蓉杯”棋类比赛在县工人文化宫举行，县兴澄钢厂代表队获围棋团体第一名，王炳才获个人第一名；县港务处代表队获象棋团体第一名，沈志伟获个人第一名；澄江镇并线厂代表队获国际象棋团体第一名，康国强获个人第一名。8月，无锡市职工羽毛球比赛举行，江阴男队获第三名。11月20—27日，县首届“拥军杯”排球比赛举行，共有29支代表队参赛。12月5—9日，县第三届“兴国杯”青少年乒乓球比赛在县体育馆举行，共176名选手参加，华士镇团委和县工业局团委代表队分获青年组男女团体第一名，赵永兴和永联公司吴莹莹分获男、女单打第一名。是年，首届“储蓄杯”县职工足球联赛在县体育场举行，有18支代表队270名运动员参加，县红卫印染厂代表队获第一名。

1987年3月3—7日，县职工棋类比赛在县工人文化宫举行，共23队56名棋手参加。4月，县信鸽协会举办500公里级河南商丘竞赛，当天归巢311只。5月25日—6月2日，江阴市职工足球乙级队联赛在市体育场举行。5月，江阴市男子篮球队获无锡市第六届职工运动会第二名。6月3—9日，市第二届“储蓄杯”职工足球甲级队联赛在市体育场举行，市红卫印染厂代表队获第一名。12月，市第二届“共青杯”青年羽毛球比赛举行。

1988年1月14—17日，市第四届“兴国杯”青少年乒乓球比赛在市体育馆举行，共有63支代表队179名选手参加。4月28日—5月2日，市职工篮球甲级队联赛在周庄镇举行。8月18—22日，市职工乒乓球比赛举行，27支代表队113名运动员参加，邱正强和沈建凤分获男女单打第一名。8月25—27日，江阴市第一届市级机关游泳比赛在市游泳池举行。是月，第二届“保险杯”无锡市足球比赛举行，江阴市红卫印染厂代表队获第一名。9月13—20日，市第二届“拥军杯”排球比赛在市体育馆举行，共有17支代表队（其中4支女队）164名选手参赛。9月14—20日、10月5—11日，江阴市首届“保险杯”职工足球甲、乙级队比赛分别在市体育场举行，共有18支代表队312名运动员参赛。11月1—5日，市职工象棋、围棋比赛在市体育馆举行，澄江镇象棋队、围棋队均获第一名，夏治中、章左新分获象棋、围棋个人第一名。是月，市第三届“共青杯”青年羽毛球比赛在市体育馆举行，市级机关等8支代表队89名男女运动员参加。是年，省优胜赛鸽品评活动在常州市举行，江阴市职工殷荀度培育的1羽雄鸽获银质奖。

1989年3月4—8日，市职工棋类比赛在市体育馆举行。4月6—9日，市第五届“兴国杯”青少年乒乓球比赛在市体育馆举行，青年组男、女团体第一名分别为澄江镇团委代表队和市工业局团委代表队，男、女单打第一名分别为陈明和黄建芬。7月1日，江阴市首届企业家乒乓球比赛在北涸镇举行，共有65名选手参赛，著名乒乓球运动员、世锦赛3连冠获得者庄则栋与会表演并和全体运动员合影留念。8月15—16日，第二届市级机关“利用杯”游泳大赛在市游泳池举行，共有229名选手参加，许兴伟、张网森、蒋萍分别获得男子青年、男子中年、女子青年组第一名。9月1—4日，江阴市第二届“保险杯”职工足球甲、乙级队比赛在市体育场举行，共15队

273名运动员参赛。10月5—13日，市第三届“拥军杯”排球赛在市体育场举行，共有11支代表队132名选手参加。11月14—15日，市级机关第二届乒乓球比赛在市少年宫和老干部局举行。

1990年4月，市职工象棋和围棋比赛在华士镇电力大厦、市体育馆分别举行，有21队51名选手参加象棋比赛、8队25名选手参加围棋比赛。6月11—14日，市第四届“共青杯”青年羽毛球比赛在体育馆举行。8月8日，市第三届市级机关游泳比赛在市游泳池举行，许兴伟、吴燕红分获青年组男、女第一名。9月10—27日，江阴市职工迎亚运“三球一操大赛”“利用杯”足球比赛在市体育场举行，共有17支代表队302名运动员参加，第一名为市红卫印染厂代表队。9月16—22日，市职工“永联杯”乒乓球比赛举行，男、女团体第一名分别为交通部澄西船舶修造厂队和市工业局一队，男、女单打第一名分别为邱正强和黄建芬。10月1—2日，市第二届企业家乒乓球比赛在市体育馆举行，共有62名选手参加，陈铭、蒋友权、蔡承明分获男子青年、中年、老年组单打第一名，胡桂英获女子单打第一名。5—13日，市职工“船舶杯”篮球比赛在市体育馆举行，共有15支代表队150名选手参加，第一名为交通局代表队。11月，无锡市职工足球比赛在市区举行，江阴市代表队获第一名。

1991年3月，市体委、总工会和江阴瓷厂联合举办江阴市职工“彩凤杯”桥牌邀请赛，共有12支代表队60名选手参赛。4月15—20日，市棋类比赛在市体育馆举行，共有23支代表队64名棋手参赛。4月18—20日，“兴华杯”市企业家中国象棋比赛在周庄镇举行，有22名选手参加。8月16—17日，第四届市级机关游泳比赛在市游泳池举行。9月3—9日，市职工“港务杯”棋类比赛在市工人文化宫举行，共25队45名选手参赛。11月27—30日，市第五届“共青杯”青年羽毛球比赛在市体育馆举行。12月1日，市第三届企业家乒乓球比赛在市体育馆举行，共有71名选手参赛。是月，市退休职工门球队参加无锡市第二届“丝密斯”门球比赛。是年，江苏省信鸽协会在陕西华阴举办1000公里级比赛，江阴市职工徐林千培育的1只信鸽获总冠军。

1992年元旦、3月29日，市职工桥牌比赛和CAS桥牌双人比赛分别在市工人文化宫举行。4月15—19日，市职工棋类比赛在市体育馆举行，澄江镇象棋队和围棋队获团体第一名，黄君兴和章左新分获象棋、围棋个人第一名。5月，职工殷荷度培育的1只信鸽获全国500公里级近程赛第三名。6月5—13日，“健身杯”市职工足球甲、乙级队比赛在市体育场举行。8月18日，第五届市级机关游泳比赛在市游泳池举行，邱明玉、许兴伟分获男子青年、中年组50米自由泳第一名，吴燕红获女子青年组50米自由泳第一名。12月17—30日，市“协会杯”职工羽毛球比赛在市体育馆举办。12月27日，市第四届企业家乒乓球比赛在市体育馆举行，蔡成明等17人分获男子各年龄段第一名，俞志芬获女子第一名。是年，无锡市“巨龙杯”离休干部门球赛举行，江阴市代表队获第八名。

1993年5月4—5日，市个体企业男子篮球比赛在市体育馆举行，璜土乡代表队获第一名。5月13—19日，市职工篮球比赛在市体育馆举行，交通局、教委代表队分获男女第一名。7月1日，市第五届企业家乒乓球比赛在市体育馆举行，共有72名选手参加。7月31日，第六届市级机关游泳比赛在市游泳池举行，共有84名选手参赛。8月8—10日，“江阴杯”无锡市基层职工羽毛球比赛在江阴市举行，共有8支代表队30名选手参赛，江阴男队获第一名，女队获第二名，郁光宙、张荷芬分获男女单打第一名，柳建刚、徐洪流获男子双打第一名，郁光宙、吕文清获混合双打第一名。10月22—28日，“钻石杯”市职工足球比赛在市体育场举行。11月25—27日，市职工象棋比赛在市体育馆举行，共有7队23名棋手参赛，澄江镇代表队获团体第一名，黄全发获个人第一名。是年，中国无锡第四届“康乐杯”国际门球比赛在无锡市举行，江阴市职工门球队获第七名。

1994年3月17—19日，中国无锡第五届国际门球比赛在无锡市举行，共有24队近200名运动员参加，江阴市澄江镇虹桥代表队获第一名。4月，江阴市信鸽协会在河南商丘500公里级比赛中，获无锡市雌鸽组前三名，职工陈誉培育的2只雄鸽分别获得江苏省第一、三名。7月1—2日，市第六届企业家“秦望杯”乒乓球比赛在市体育馆举行，共40名选手参赛。8月4日，第七届市级机关“银河杯”游泳比赛在市游泳池举行，共184名选手参加。9月15—19日，“振林杯”市象棋比赛在文林镇电力管理站举行，教委陆逢镰获第一名。11月1—5日，市“八汇杯”职工足球比赛在市体育场举行，澄江镇代表队获第一名。11月18—27日，市首届“协澄杯”职工棋类大赛在市文化宫举行。

1995年6月15—16日，江阴市利用集团公司在市体育场举行职工田径运动会。6月26—30日，市级机关“红影杯”乒乓球比赛在市体育馆举行。8月8日，第八届市级机关游泳比赛在市游泳池举行，129名选手参赛。9月30日，市钢丝绳厂举行1995年“国庆、厂庆”趣味运动会。是月，市职工棋类比赛在市体育馆举行，有8支代表队19名棋手参赛。10月30日—11月3日，“八汇杯”市职工足球比赛在市体育场举行。11月11日，市第七届“月信杯”企业家乒乓球比赛在市体育馆举行。是月，市第一届“篮协杯”和市级机关篮球比赛在市体育馆分别举行。12月5—9日，市第二届“协澄杯”棋类大赛暨第十届围棋段位赛在市体育馆举行，共有12队32名职工参加。是年，职工陈德荣培育的1只雌鸽获第十届全国信鸽品评赛500公里级江苏省第一名、全国第五名。

1996年5月17—19日，市级机关“红影杯”乒乓球比赛在市体育馆举行，共48名选手参加。5—10月，无锡市第七届运动会举行，江阴市职工代表队获足球男子第一名，张军、姚建炜、张卫丰分获男子跳高、跳远、铅球第一名。6月28—30日，市职工象棋比赛在交通部澄西船舶修造厂举行，共17支代表队51名棋手参加。8月8日，第九届市级机关游泳比赛在市游泳池举行，有22支代表队136名选手参加。9月，市第三届“协澄杯”职工棋类比赛举行，共有55支代表队248名棋手参赛。11月11—13日，市第二届“篮协杯”篮球比赛在市体育馆举行。年内，市邮电局、地方税务局、供电局和供销合作总社职工运动会相继举行。是年，由职工雷斌培育的1只信鸽获江苏省700公里级第一名。

1997年6月10—12日，市职工羽毛球比赛在市体育馆举行，交通局代表队获男子团体第一名，市机关代表队获女子团体第一名，柳建刚、樊洋获男子双打第一名，沈羞月、苏坚获女子双打第一名，樊洋、张荷芬分获男女单打第一名。6月15—17日，市总工会组织市职工棋类比赛，工业局代表队获围棋团体第一名，姚坚获个人第一名；市钢丝绳集团公司代表队获象棋团体第一名，奚建忠获个人第一名。7月11—13日，市职工乒乓球比赛举行，男、女团体第一名分别为公安局代表队和工业局代表队，男、女个人第一名分别为邱正强和黄建芬。8月5日，第十届“中保人寿杯”市级机关游泳比赛在市体委游泳池举行。8月21—28日，市第三届“篮协杯”篮球比赛举行。11月28—30日，1997年无锡市“红星杯”棋类锦标赛在江阴市教育培训中心举行，江阴市红星集团围棋队获团体第二名，王炳才获个人第二名，江阴市象棋队获团体第四名。12月，1997年江阴市钢丝绳“雄鹰杯”足球友谊比赛在市体育场举行。是年，江阴市信鸽协会获全国1000公里级无锡市第一名、1500公里级江苏省第四名，“回归杯”2500公里级江苏省超远程大赛团体第三名。

1998年4月8日—7月16日，江阴市职工沈建良培育的（95）340530雌鸽、陈誉培育的（96）

053227雄鸽、赵公祥培育的（96）048713雄鸽，徐林千培育的（94）048713雌鸽分别获第十四届全国信鸽大赛（江苏赛区）江阴市500、1000、1500公里级第一名，江苏省2000公里级第三名。5月26—28日，市第四届“篮协杯”篮球赛在市体育馆举行，共有7支代表队76名选手参赛。7月，祝塘镇成人教育中心校教师任浩峰获江苏省第十四届运动会青少年部青年组男子柔道比赛第一名。8月30日—9月25日，江苏法尔胜集团公司在市体育场举行“法尔胜杯”职工足球比赛，共16队318名选手参加。9月，江阴市总工会举办市职工乒乓球比赛，共有36个市直属工会代表队参赛。10月10—11日，市职工桥牌队式比赛在江阴市九华集团公司（原江阴瓷厂）俱乐部举行。10月20—29日，第二届江苏省“省长杯”职工足球比赛在南京市举行，江苏法尔胜集团公司代表队获第二名。是年，江阴市代表队获无锡市离休干部门球邀请赛第二名。

1999年4月14—16日，市象棋比赛在市棋院举行，共有21支代表队62名棋手参赛，市教委陆逢镰获第一名。6月7日，市第五届“篮协杯”篮球比赛在市体育馆举行，共118名选手参加，市金税花园代表队获第一名。8月12日，第十一届市级机关游泳比赛在市游泳池举行，共有33名选手参赛。9月22日，市职工拔河比赛在市体育馆举行，有8支代表队120名选手参加，澄江镇代表队获第一名。是年，无锡市“老年杯”千人百队门球比赛在市区举行，交通部澄西船舶修造厂代表队获第一名。

2000年1月28日，江阴市级机关“迎新春”乒乓球比赛举行，男子单打第一名为谢炳法，女子单打第一名为刘秀英。4—9月，江阴市职工代表队获无锡市第八届运动会男子足球第一名、男子篮球第三名、女子4×100米接力第一名，张卫丰、黄春洪分别获得男子铅球、跳远第一、二名，徐金莲获得女子400米和800米第一名，陆玲妹获得女子铅球第二名。6月，市总工会举办“希望杯”市职工乒乓球比赛，共有255名选手参赛。年内，职工赵公祥培育的（97）316575雄鸽获江苏省张掖站2000公里级第一名，陈德荣培育的2只信鸽分别获得全国A级大赛700公里级第一、四名。

2001年元旦，市总工会举办“迎新春”市职工男子拔河比赛，共有21个直属工会代表队参加。3月20—26日，无锡市“红星杯”职工围棋邀请赛在江阴市棋院举行，有16支代表队48名棋手参赛，由李岱春领衔的江阴市红星集团公司代表队获团体第一名。5月31日—6月2日，市第六届“篮协杯”篮球比赛在市体育馆举行，共有56名选手参加。6月9—14日，李岱春获第二十三届世界业余围棋锦标赛成年组男子第一名，成为江阴市第一位棋类世界冠军。8月8日，第十二届市级机关游泳比赛在市游泳池举行。8月11—12日，市职工桥牌比赛在江阴市九华集团俱乐部举行。10月9—11日，“红星杯”市职工象棋比赛举行，共17支代表队46名棋手参赛。是年，国际门球邀请赛暨全国门球锦标赛在无锡市举行，江阴市代表队获第八名。

2002年元月，市“迎新春”桥牌邀请赛在市九华集团俱乐部举行，市级机关、市自来水公司代表队分获第一、二名。9月3—5日，市象棋比赛在市棋院举行，共17支代表队51名棋手参赛。10月15—18日，市总工会举办市职工篮球比赛，有15支代表队参加。11月14—18日，“国税诚信杯”市级机关篮球比赛在市体育馆举行，第一名为国税局代表队。是年，亚洲城市“门球友谊聚濠江”门球邀请赛在澳门特别行政区举行，江阴市门球协会副会长陈汝生代表无锡队参赛。

2003年6月13日，市男子拔河比赛在周庄体育馆举行，临港新城办事处等15支代表队195名选手参赛。8月18—20日，市职工象棋比赛在市棋院举行，共有21支代表队62名棋手参赛。10月，市总工会、体育局联合举办“建设杯”江阴市首届职工足球联赛，比赛由江阴职业技术学院承办，建设局、广电局协办。年内，无锡市“会员杯”门球比赛在市区举行，江阴市代表队获第七名，并获体育道德风尚奖。

2004年4月13—16日，市象棋比赛在璜土镇成人教育中心校举行，共有15支代表队45名棋手参加。是月，王根才获无锡市第九届运动会职工组围棋男子第二名。5月22日—6月19日，首届“雄鹰杯”江阴市4人制足球比赛在市体育场举行，有74名运动员参加，江苏法尔胜集团公司自由队获第一名。6月14日，江苏省2700公里级超远程信鸽大赛在新疆哈密市举办，江阴市职工唐和华培育的（2002）171264雨点黄雄鸽获苏南地区第一名。8月2日—9月26日，“法尔胜杯”市第二届职工足球联赛在江阴职业技术学院、培尔职业技术学院举行，共10支代表队218名运动员参加，第一名为江苏法尔胜集团公司代表队。12月26—30日，市职工男子篮球比赛在市新体育馆举行，有58名运动员参加，澄江镇代表队获第一名。

2005年春，江苏省信鸽协会在陕西临潼举办1000公里级信鸽大赛，共有4万只参赛，江阴市职工王建华培育的（2004）570707雄鸽获第一名。5月，市职工、市级机关乒乓球比赛在市体育馆分别举办，共有37支代表队参加。6月14日，市男子拔河比赛在市体育馆举行，有16支市级机关和5支职工代表队参赛。6月，市职工象棋比赛举行，有19支代表队60余名棋手参赛。8月5日，市游泳比赛在市游泳池举行，有机关、企业、乡镇等单位152名选手参加，公安局、国土局和新潮科技有限公司代表队分获各项第一名。9—10月，市总工会、体育局在江阴职业技术学院培尔校区联合举办“学院杯”市第三届职工足球联赛。

2006年5月30日—6月1日，市棋类比赛在月城实验小学举行，设企业、机关和乡镇3组，市港口集团公司代表队获得企业组象棋、围棋团体第一名，谢剑、徐建勇分获个人第一名；市建设局、教育局代表队分获机关组象棋、围棋团体第一名，姚力、王平华分获个人第一名。8月4日，市总工会、体育局、精神文明建设指导委员会和市委机关工作委员会在市游泳池联合举办市游泳比赛。10月，市第四届职工足球联赛在市体育场举行。12月19—22日，市总工会举办“移动杯”市职工乒乓球比赛，34支男队、12支女队共400余名选手参赛。

2007年5月1日，市总工会、文化局联合举办市庆“五一”广场文艺暨男子职工拔河比赛，全市基层工会24支代表队312名选手参加。6月1日，市第二届全民健身运动会职工男子拔河比赛在周庄镇体育馆举行，有16支代表队240名选手参赛。6月25—28日，市职工乒乓球比赛在华士镇举行，共有68名选手参赛，男子单打第一名为邱正强，女子单打第一名为张春蕾。6月30日—7月1日，市职工象棋比赛在澄江街道成人教育中心校举行，60名棋手参加，澄江街道代表队获团体第一名，雷明获个人第一名。8月20日，市全民健身与奥运同行“雪豹杯”游泳比赛在市游泳池举行，20支代表队共76名选手参加，公安局、国土局和新长铁路江阴站、新潮科技有限公司代表队分别获得各项第一名。9月8—30日，第五届市职工足球联赛在江阴高级中学初中部举行，共有6支代表队131名运动员参加。9月21日，江苏省首届太极拳柔力球比赛在连云港市举行，以退休教师为主力的江阴市代表队获得优胜奖。10月5—7日，江苏省全民健身运动会社会体育部速度轮滑比赛在苏州市举行，江阴市长山中心小学教师许巍获得女子500米计时赛、1000米计时赛、5000米淘汰赛3枚金牌，并获得体育道德风尚奖。是年，“青松杯”第三届市老干部门球比赛在市体育场举行。

2008年4月，市迎奥运“房建杯”四人制职工足球比赛在市体育场举行，共14支代表队110名运动员参加。5月17日，第九届信鸽国家赛（江苏赛区）在河南郑州市举行，江阴市职工朱建方培育的1只信鸽（2007）485609获700公里组第三名。6月6—8日，“庆奥运”全国千公里信鸽联赛（五省一市）在北京举行，江阴市职工姚仲明培育的1只信鸽（2006）288614获900公里组第一名。6月14日—7月17日，市级机关“红盾杯”足球比赛在市体育场举行，有16支代表队160名选手参加。8月20日，“幸福与奥运同行”市“四方杯”游泳比赛在市游泳池举行，共21支代表队参加，新长铁路江阴站、国土局、江阴职业技术学院、周庄镇代表队分获各项第一名。11月1—10日，“旌阳杯”市职工男子篮球比赛在青阳镇举行，共有10支代表队参赛。是年，市离退休老干部门球比赛在市老干部局举行。

2009年4月11日—8月2日（逢双休日），江阴市首届业余足球俱乐部联赛在市一中举行，共有17队475名运动员参加。4—10月，无锡市第十届运动会举行，江阴市职工代表队李霞获女子100米第一名、400米第二名，邹微、姜瑜获羽毛球女子双打第一名，孔敏军获男子跳高、跳远第一名，朱卫国获男子铅球第一名、跳高第二名，陶军获男子400米第二名。5月6—8日，市老年职工围棋比赛在劳动局举行，团体第一名为澄江街道代表队，个人第一名为赵杰。5月9—10日，市职工象棋比赛在市文化宫举行，共有42名棋手参赛，团体第一名为教育局代表队，个人第一名为陆逢镰。5月20日，市职工男子拔河比赛在市体育馆举行，12支代表队144名运动员参加，公安局代表队获第一名，兴澄钢厂、市级机关代表队分获第二、三名。6月23—25日，市职工乒乓球比赛在市总工会举行，共有24支代表队93名选手参赛，团体第一名为教育局代表队，男子单打第一名为徐云飞，男子双打第一名为邱正强和黄磊。7月24—28日，市职工足球比赛在市体育场举行，共有7支代表队141名运动员参加，江苏法尔胜集团公司代表队获第一名。8月，市桥牌团体赛和双人赛在市桥牌俱乐部举行，市江南水务公司代表队获团体第一名，要塞中学和江苏法尔胜集团公司代表队分获第二、三名，华新民、钱海华，朱选青、袁卫鸿分获南北方、东西方第一名。10月12—13日，市职工羽毛球比赛在市体育馆举行，共14支代表队62名选手参赛，团体第一名为建设局代表队，男子单打第一名为顾英军，男子双打第一名为周少云、杨斌。12月1—8日，市职工“德玛斯特杯”篮球比赛举行，有19支代表队220名运动员参加。是年，江阴市门球队获昆山“淀山湖杯”江、浙、沪门球精英赛第六名。

2010年3月26日，市级机关“浦发杯”羽毛球比赛在市体育中心举行，共34支代表队125名运动员参赛。5月3日，“天水雅居杯”2010年体育舞蹈全国城市公开赛暨第二届江阴市体育舞蹈锦标赛在市体育馆举行，来自上海、北京、广州、江苏、浙江、山东等全国各地48支代表队近2000名选手参赛，江阴市体育舞蹈协会等11支代表队参加。5月11—12日，市退管会、人保局、机关党工委联合举办江阴市级机关事业单位退休人员乒乓球比赛，共有13支代表队参赛。5月15日—7月18日，市第二届业余足球俱乐部联赛在南菁中学举行，铲刀队获第一名，徐宁锋凭借13粒进球获金靴奖，李富祥获金哨奖。5月28日—6月30日，市篮球男子甲级队联赛在周庄镇举行，有9支代表队91名选手参加。9月26—28日，为庆祝新中国成立61周年，市总工会举办市职工羽毛球比赛，共有45支代表队近300名运动员参加。是月，江阴市级机关“红盾杯”足球比赛在市体育场举行，13支代表队156名运动员参加。11月16—18日，市“正恒杯”乒乓球比赛在市体育中心举行，临港新城、靖江工业园区等单位共95名选手参赛。11月26日，江阴市柔力球队获无锡市优胜奖。是年，江阴市职工篮球队代表无锡队参加第十七届江苏省运动会职工组篮球比赛，获第一名。

2011年4月8日，江阴市级机关“浦发杯”羽毛球比赛举行，共有108名运动员参赛。4月23日，市退休教师柔力球代表队获无锡市“老龄杯”柔力球比赛优胜奖。5月2日，首届“茅山杯”国际标准舞公开赛在镇江句容市举行，江阴市代表队获16枚金牌、17枚银牌、16枚铜牌。6—7月，市首届“企业杯”男子篮球比赛在市体育中心举行。7月11日，“阳光杯”军企篮球友谊赛在江阴市新桥中学举行，解放军第一集团军代表队和江苏阳光集团代表队参加。8月，江阴市级机关“红盾杯”足球比赛在市体育场举行，共12支代表队140名选手参加。9月10日，“幸福杯”市百姓游泳比赛在江阴市民水上活动中心举行，有工人、农民、干部331名选手参加。10月24—26日，市职工棋类比赛在顾山镇举行，共有3支围棋、14支象棋代表队参赛。10月28日—11月9日，“旌阳杯”市第三届业余足球俱乐部联赛在青阳镇举行。

2012年4月7日，江阴市级机关“浦发杯”羽毛球比赛在市体育馆举行，共有27支代表队136名选手参加。4月8日，市退休教师柔力球代表队获无锡市柔力球竞赛第一名。5月18—22日，“长泾苏青杯”市男子篮球乙级队比赛在长泾镇苏青标准件厂举行，共16支代表队参赛，苏青标准件厂代表队获第一名。是月，“体彩杯”市第四届业余足球俱乐部联赛在江阴职业技术学院举行。6月2日，“中国江阴”2012年体育舞蹈城市公开赛在江阴市举行，江阴市体育舞蹈协会等11支代表队参加。8月17日，“江南水务杯”江阴市级机关游泳比赛在市民水上活动中心举行，共26支代表队100余名运动员参加。10月13日—11月5日，市首届“体彩杯”乒乓球单打争霸赛在市民水上活动中心举行，李峰、沙勤、赵玉兴分别获得职工组男子青年、女子成年、男子中老年组第一名。10月27日，市教育系统“树人杯”乒乓球比赛在青阳镇文体中心举行，有150名选手参加。是月，“徐霞客杯”市男子篮球联赛在徐霞客镇凯育电厂举行，共9支代表队98名运动员参加。11月17日，“金鹏杯”2012年江苏省第十五届体育舞蹈锦标赛暨华东地区体育舞蹈公开赛在盐城市第一中学举行，江阴市体育舞蹈协会代表队参赛。12月8—9日，市第二届羽毛球大奖赛在市体育馆举行。

2013年5—7月，江阴市“企业杯”男子篮球比赛在市体育中心举行，江阴中国银行、江阴三元石业有限公司等8支代表队96名运动员参加。6月，江阴市级机关“中恒杯”九人制足球赛在市体育中心举行，共有17支球队参赛。11月，江阴市“花园升辉杯”男子篮球比赛在长泾中学体艺馆和苏青标准件厂举行，浩博科技、升辉包装、苏峰石化、恒丰工具、江南钢管、盛凯环保、成琪纺织等17支代表队参加。是年，法尔胜泓昇集团足球队获江阴市六运会职工部足球比赛第一名，教育局、兴澄特钢、公安局、市级机关、供电局代表队分获第二至第六名；在第十一届无锡市运动会上，市职工组获金牌12枚、团体总分277分，两项均列无锡市第一名，朱卫国获男子跳高、跳远第一名，承珠凤获女子100米、200米第一名，顾利华获女子400米、跳远第一名。

2014年5月12—17日，江阴市职工足球比赛在市体育场举行，市级机关、教育局、建设局、农商行、卫生局、法尔胜泓　集团、兴澄特钢、公安局、供电公司等代表队参加。5月，江阴市级机关第二届“中恒杯”足球赛在市体育中心举行，共有17支代表队243名运动员参加。6月16—18日，江阴市老年人门球比赛在市门球场举行，20支代表队参加，江阴石化代表队获第一名，澄江街道、教育局代表队分获第二、三名。9月10—17日，江阴市级机关三人制篮球赛在市体育中心举行，共有29支代表队174名运动员参加，体育局代表队获第一名，人社局代表队获第二名，海关、检察院代表队并立第三名。是年，举行市退休人员“人社杯”乒乓球、棋类、钓鱼比赛，澄江街道人社所代表队获乒乓球、象围棋团体第一名，王仁济、谷秀明、周介眉分获乒乓球、象棋、围棋个人第一名；南闸街道人社所代表队获钓鱼团体第一名，杭英明获个人第一名。

2015年4月11—12日，全国游泳俱乐部锦标赛在江苏江阴市体育中心游泳馆举行，来自全国21个俱乐部的600余名运动员参加，江阴市职工王天雨和董天宇分别获男子25～29岁组100米蛙泳、50米蝶泳第一名，陈菁获女子55～59岁组50米蝶泳第一名。5月，全国桥牌锦标赛在浙江杭州黄龙体育中心举行，共有3000名选手参加，江阴市法尔胜桥牌队获基层团体赛第三名、快速淘汰赛第四名，单卫东晋升为终身大师，江明、俞敏敏、张东标晋升为国家大师。是月，江阴市“卧龙杯”FJBA男子篮球俱乐部联赛在月城镇举行，来自全市乡镇（街道）、企业及驻江阴某部队的19支男子篮球队参加，广吉集团队获第一名，月城队和华兰股份队分获第二、三名。6月27日，江阴市迎“七一”职工羽毛球赛在市体育中心举行，共有100余名运动员参赛。9月15—26日，迎“国庆”江阴市职工足球比赛在市体育中心和老体育场举行，共有市级机关、教育局、建设局、环保局、法尔胜集团、兴澄特钢、供电公司等18个代表队参赛，法尔胜集团公司代表队获第一名，市级机关、兴澄特种钢铁有限公司代表队分获第二、三名。

三、重点企业、机关特色体育

1988年，域内交通部澄西船舶修造厂等大型企业建有球类、综合活动室等体育设施，经常开展职工体育活动。1995年国务院《全民健身计划纲要》颁发后，部分大型企业工会制订计划和措施，拨出经费，每年开展特色文体活动。1996年，市邮电、供销总社、地税、中国银行等行业系统（单位）分别独立举行首届职工运动（田径）会。阳光集团公司在新落成的阳光大厦内建保龄球室、乒乓球室、桌球室、健身房和舞厅。交通部澄西船舶修造厂从是年起，每年组织“元宵乐”大型文体活动和数次单项体育比赛，每两年举办1届职工运动会。市钢绳集团公司在1996年安装200余个有线喇叭，职工每天上、下午做5分钟工间操。同时建立田径、棋类等运动队，有380名职工参加。是年12月，该集团公司创建雄鹰足球俱乐部（业余）；次年10月，在江苏省首次“省长杯”大型企业职工足球赛上获亚军。1998年，钢绳集团公司变更为法尔胜集团公司，雄鹰足球俱乐部改建为法尔胜足球俱乐部，为全国县级市首创。同年8月23日起，举行历时半月的“法尔胜杯”足球赛，有16个独立法人公司的16支球队318名运动员参赛。

2000—2002年，法尔胜足球俱乐部（足球队）在全国青年足球联赛江苏赛区比赛中获第二名，在全国U-19青年足球联赛中获第六名；2003年举行抗“非典”“法尔胜特钢制品杯”足球对抗赛，是年、翌年获市第一、二届职工足球联赛冠军。阳光集团有限公司于2003年成立乒乓球协会，翌年成立篮球协会等，有会员近200人，先后举办8届篮球赛、4届拔河赛、3届乒乓球赛、3届棋类赛以及足球赛等。

2009年8月，海澜集团签约打造江阴海澜国际马术俱乐部。俱乐部占地500余亩，建筑面积12万平方米，拥有国内外良马300余匹，是国内首家集马术训练、表演、比赛基地，建有豪华马术表演馆和亚洲第一大横式马术训练场。2011年7月11日，“阳光杯”军企篮球友谊赛在新桥中学举行，阳光集团代表队和第一集团军代表队参赛。2012年1月8日，海澜国际马术俱乐部创造了团体盛装舞步吉尼斯世界纪录。

20世纪80年代至2015年，江阴市（县）级机关体育赛事连连，分阶段举办多项目多届次系列比赛。据不完全统计，共举行篮球比赛10届、足球比赛8届、游泳比赛12届、羽毛球比赛10届、乒乓球比赛9届，参赛运动员超万人，观众逾20万人次，在江阴体育史上写下了光辉一页。

第三节　农村体育

解放前，农民主要参加民间的传统体育活动。解放后，随着农村教育事业的发展，以篮球为主的近代体育项目逐渐盛行。西石桥的“青年队”、璜土乡的“驼峰队”、璜塘镇的“满天飞队”、峭岐乡的“飞轮队”和滨江乡的“滨江队”都是解放初期较活跃的篮球队。三年困难时期，农村体育活动处于停顿状态。1963年省农村体育工作座谈会后，农村体育活动恢复较快。1964年，全县农民业余篮球队有600多个，以璜塘、西石桥、华士等地较盛，“满天飞队”“苍山队”等实力较强。1965年县农民运动会上，璜塘乡代表队获团体总分第一名。1966年后数年，各公社举行群众性的游泳活动。1975年，华西大队瞿满清参加江苏省群众体育先进基层单位经验交流会。中共十一届三中全会以后，随着农村经济体制改革和农民生活的改善，群众性的业余体育活动有了新的发展，平时以开展篮球、乒乓球、棋类活动为主，在节假日普遍组织各种单项竞赛。1983年4月，为贯彻《全国农村体育工作会议纪要》，各乡镇普遍建立体育领导小组和体育协会，同时鼓励乡村企业兴办体育事业。文化站、俱乐部把活跃群众业余文体活动列为经常性的工作内容。是年，长寿、周庄、璜土、西石桥、石庄、利港等乡镇举行农民运动会，有367个村举行篮球、乒乓球、羽毛球和棋类比赛。县体委从1984年起，举行十届“丰收杯”篮球赛，其中第二、第四、第五届分别由璜塘乡、周庄三房巷村和申港镇承办。1984年8月，省体委在江阴召开农村社会办体育经验交流会，参观、考察璜塘乡群众办体育，并对江阴体委面向社会、依靠社会办体育予以肯定。1986年10月，江阴获江苏省体育先进县称号，华士、长泾、璜塘先后评为江苏省体育先进乡。是年4月，在青阳镇举办省第三届亿元乡“致富杯”篮球赛。1987年4月，在丹阳举办省第三届、全国首届“致富杯”篮球赛，峭岐镇篮球队获省冠军和全国亚军。5月20—27日，璜塘乡承办江苏省首届“篮协杯”（男子组）篮球赛。7月，要塞乡和市体委等6个单位在市体育场联合举办江苏省农民“要塞杯”足球比赛。1988年3月25日—4月29日，在无锡市体育馆举行市首届农民运动会，共53个男女代表队356名运动员参赛，江阴市获团体总分第三名。1990年，澄东、夏港镇举行首届农民体育运动会，有500余人参加。1996年10月，全市首届乡镇田径运动会在市体育场举行，有23个乡镇225名选手参加100米、400米、1500米、4×100米、跳高、跳远6个项目角逐，近千人在运动会开幕式上进行木兰拳、木兰剑、广播体操集体表演。1998年9月，市第二届乡镇田径运动会在市体育场举行，有19个镇134名运动员进行100米、200米、400米、800米、跳高、跳远、铅球、铁饼8个项目比赛。此后，该项运动会由各镇自行举行。1999年，各乡镇共投入经费101.7万元，举办各类竞赛274次，有5.9万人参加。是年，江阴市获无锡市农民乒乓球比赛女团第一名、男团第二名，李红英、郑玲莉分获女单第一、二名，刘凝、曹钧分获男单第一、二名。2007年9—11月，徐霞客镇举办首届运动会，专门谱写会歌《追赶明天的太阳》，开幕当天，1000余人进行由“龙腾之势”“和谐之美”“奥运之梦”三章组成的大型文体表演。是年，夏港、利港、长泾3镇也分别举行农民运动会。2009年7—9月，云亭镇举办首届全民运动会，共有1386名运动员参加篮球、乒乓球、羽毛球、门球、田径、象棋、拔河、登山、跳长绳及趣味类等项目比赛。2010年，顾山镇先后举办充满农村生活气息，为广大群众喜闻乐道的背媳妇、莳秧、割稻、挑担比赛。2011年，周庄镇华宏篮球队获全国“小康杯”篮球赛冠军。是年，夏港街道举办第六届农民运动会，成年组增设车铁环、游泳项目，老年组增设广场健身操项目，共27支代表队2015名运动员参赛，比赛项目和参赛人数均创下纪录。2012年6月22—23日，月城镇在双泾生态园举办中华龙舟大赛，有10万群众观看。7月和10月，周庄镇、申港街道分别举行农民运动会，各有1000余名运动员参赛。11月，利港镇举行第三届龙狮节，舞龙、舞狮、健身舞、腰鼓、风筝表演吸引了上万名观众。

2015年4—11月，华士镇举行第二届全民运动会，比赛项目为田径、球类、棋类、游泳、拔河、击剑等，有3047名运动员参加竞技，近千人参加表演。是年，全市各镇（街道）、村（社区）开展各类健身活动300余项次，参与群众超20万人次。

一、市（县）农民运动会

1965年，江阴县农民运动会在县体育场举行，璜塘乡获团体总分第一名。

1976年1月1—2日，江阴县农民民间运动会在县体育场举行，共有24个公社（镇）270余名运动员参赛，有广播操、引体向上、俯卧撑、拗手劲、爬绳、爬竿、石担、石锁、武术（拳术、刀、枪、剑、戟、棍）、拔河等28个比赛项目。

1996年9月22日，首届江阴市乡镇田径运动会在市体育场举行，有23个镇225名运动员参赛，近千人在运动会开幕式上进行木兰拳、木兰剑、广播体操集体表演。顾山、青阳、月城镇代表队获团体总分前三名。男子组单项第一名：王凯、李德友（100米）、封荣（400米）、黄建春（1500米）、璜塘镇（4×100米接力）、姚建伟（跳远）、张伟丰（铅球）；女子组单项第一名：杜丽芳（100米；400米）、蒋惠娟（800米）、顾山镇（4×100米接力）、胡瀚（跳远）、陆玲妹（铅球）。

1998年9月，市第二届乡镇田径运动会在市体育场举行，有19个镇134名运动员参加100米、200米、400米、800米、跳高、跳远、铅球、铁饼8个项目比赛。此后全市农民运动会不再举行，由各镇单独举办。

二、乡镇（街道）农民运动会

20世纪80年代，域内长寿等少数乡镇举行农民运动会。2007年9—11月，徐霞客镇举办首届运动会，会歌《追赶明天的太阳》以及由“龙腾之势”“和谐之美”“奥运之梦”3章组成的大型文体表演颇具特色。2010年1—11月，顾山镇举行第一届全民运动会，历时300余天，15000余人参加，莳秧、割稻、挑担、背媳妇等充满农村生活气息的比赛项目，为广大群众喜闻乐道。2012年，周庄、申港2镇也分别举行农民运动会，参赛运动员均在千人以上。至2015年，全市各镇都已举办1届或多届农民运动会。

1990—2015年江阴市部分乡镇（街道）农民运动会一览

表3-1

乡镇、街道	届　次	年　月	比赛项目	参赛人数	组队情况
夏港街道（镇）	第一届	1990.5	田径、篮球、乒乓球、拔河	500	设中小学组、成人组
	第二届	1994.5	田径、篮球、乒乓球、拔河、象棋	1000	
	第三届	1998.5	田径、篮球、乒乓球、拔河、象棋、自行车慢骑、羽毛球	620	
	第四届	2002.4	田径、篮球、乒乓球、拔河、象棋、自行车慢骑、挑担	580	
	第五届	2007.12	田径、篮球、乒乓球、拔河、象棋、挑担、扳手腕、双球、柔力球	600	27支运动队
	第六届	2011.7-10	田径、篮球、乒乓球、羽毛球、游泳、象棋、车铁环、自行车慢骑、门球、柔力球、健身操	2015	27支运动队

续表3-1

乡镇、街道		届　次	年　月	比赛项目	参赛人数	组队情况
利港镇		第一届	1995.11	田径、篮球、乒乓球、拔河、象棋、趣味体育	850	15 支运动队
		第二届	1999.10	田径、篮球、乒乓球、拔河、象棋、趣味体育	900	16 支运动队
		第三届	2007.12	田径、篮球、乒乓球、拔河、象棋、趣味体育等 12 项	2200	近 30 支运动队
青阳镇		青阳镇运动会	1991.10	田径、篮球、乒乓球、象棋	500	—
璜土镇		第三届	1996.12	中小学团体操、乒乓球、拔河、象棋、门球、钓鱼	800	—
		第四届	2011.5-10	球类、棋类、拔河、自行车慢骑等	850	—
长泾镇		长泾镇全民运动会	2007.9-10	田径、象棋、乒乓球、门球、自行车慢骑、篮球	2000	设中小学组、职工组、老年组
徐霞客镇		第一届	2007.11	田径、篮球、乒乓球、棋类、跳绳、踢毽、前抛秧、喜运丰收粮、推轮胎等 23 项	918	45 支运动队
澄江	镇	第三届	1992.8-9	游泳、象棋、围棋、乒乓球、羽毛球、拔河、田径等	1000	25 支运动队
		第四届	1996.9	田径、足球、篮球、羽毛球、乒乓球、游泳、拔河、象围棋	1200	29 支运动队
		第五届	2000.6	田径、足球、篮球、乒乓球、羽毛球、游泳、拔河等 10 多个项目	1000	39 支运动队
	街道	第一届	2007.11	球类、棋类、田径、游泳等 10 多个项目	1300	68 支运动队
		第二届	2009.11	田径、球类、棋类、拔河、跳绳、登山、游泳、木兰拳、太极拳	1700	66 支运动队
		第三届	2011.5-10	田径、球类、棋类、拔河、跳绳、柔力球、门球、健身秧歌、轮滑、武术操	1750	70 支运动队
顾山镇		第一届	2010.1-11	拔河、篮球、象棋、乒乓球、背媳妇、挑担、田径、莳秧、游泳、割稻、钓鱼、羽毛球、集体跳绳等 30 个大项 142 小项	15000	—
周庄镇		第一届	2012.7	团体项目 22 项 个人项目 26 项	1000	23 支运动队
云亭街道		第一届	2009.7-9	田径、象棋、拔河、跳长绳、乒乓球、门球、羽毛球、篮球、趣味、登山等 18 个项目	1386	30 支运动队
		第二届	2013.11	竞技类 8 项、趣味类 10 项、表演类 3 项	1481	27 支运动队
申港街道（镇）		第一届	2006.10	田径、篮球、乒乓球等 19 大项 35 个小项	875	23 支运动队
		第二届	2012.10	田径、篮球、乒乓球、拔河、跳绳、踢毽等 34 项	1286	28 支运动队
新桥镇		第一届	2011.5	田径、篮球、乒乓球、羽毛球、拔河、象棋及残疾人比赛	1200	28 支运动队
		第二届	2015.5	田径、游泳、乒乓球、拔河、推轮胎、跳绳、跆拳道、太极拳等	1250	29 支运动队
华士镇		第二届	2015.4-11	球类、田径、游泳、太极拳、棋类、击剑等	3047	少年组、青年组、老年组

三、乡镇（街道）体育

澄江街道

由西郊、要塞2镇先后并入澄江镇以后更名为澄江街道。江阴第一支足球队建立于民国初期，由城内市桥附近的李仲彬、姚楚宝等人自发组成，称“市桥队”。1929年，上海开滦煤矿公司驻江阴办事处足球名将梁官松在江阴煤栈组建“工余足球队”，梁任队长兼教练。1935年9月，民国第四届省运会在镇江省立公共体育场举行，工余足球队梁官松、陈瑜、史济康、朱宝光等4名运动员代表二区（二区包括无锡、武进、宜兴、江阴、溧阳5县）参加足球比赛，获第一名。1951年，以吴新华、邵宝龙等足球爱好者组成的城区“江松足球队”非常活跃，在常州地区足球比赛中获亚军。1958年11月，在南京举行的江苏省第四届运动会上，由邵宝龙、李振声、李振兴等江阴城区运动员组成的苏州地区足球代表队获亚军。1964年，全镇有14个足球队。1984年成立“呐喊队”，翌年成立“劲松元老队”。1986年，全镇有大、中、小学，工矿企业、农民、老年等足球队355个，队员5435名。1988年，域内五星村李雪郎自发组织一支村级足球队，该队分别获得1994年江阴市足球联赛、1996年第七届无锡市运动会足球比赛、1997年江苏省球迷协会足球联赛冠军。2000年起，域内足球发展进入快车道，江阴二中女足、一中男足异军突起，成绩优异。二中女足获2001年全国中学生女子足球联赛冠军，2005年第十九届世界中学生足球锦标赛亚军，2006年全国中学生女子足球比赛冠军，2007年第二十届世界中学生足球锦标赛冠军，2009年第十届全国中学生运动会女子足球冠军；一中男足获2011年全国高中男子足球联赛总决赛冠军，2012年第40届亚洲中学生足球锦标赛第四名。至2015年，江阴二中女足先后培养出1名国际级运动健将、12名健将级运动员。

除足球外，还有田径、游泳、拔河、举重、篮球、乒乓球、羽毛球、棋类、广播操、长跑等。1955年起，该镇有组织地开展群众体育活动。1958年举行中国象棋大棋盘公开赛，其后围棋、国际象棋比赛也开始举办，南菁中学教师钱本、黄绍香，利用纱厂工人姚雪景分别为象棋、围棋、国际象棋棋艺好手。1963年，镇篮球和排球比赛举行，县一中教工篮球队和排球队获得冠军。1965年8月，第四届镇篮球比赛举行，建筑公司代表队获冠军。“文化大革命”开始，群众体育活动停顿。1973年，恢复业余体育组织，全镇共有足球队15个、篮球队16个、乒乓球队27个、排球队2个、羽毛球队1个。平时各运动队自发开展比赛，节日由镇组织联赛，有时邀请兄弟县（市）运动队进行友谊赛。1976年9月后，群众体育活动得到广泛开展。1980年2月，镇乒乓球个人赛举行，有男56人、女19人参加，共赛172场。5月，镇篮球赛举行，有14个男队、4个女队共216人参赛，历时23天。11月，长江服装厂等7个单位发起组织乒乓球邀请赛。1981年5月3日晚，“五四”青年节4000米火炬接力赛举行，车辆厂代表队获第一名。7月9日起，篮球联赛举行，县建筑公司代表队获甲级队第一名、棉纺织厂和长航局代表队分获第二、三名。1985年元旦，首届江阴县农民“丰收杯”篮球赛举行，澄江镇代表队获冠军。1986年9月22—28日，澄江镇首届体育运动会举行，共有31个单位113个运动队1118名运动员参赛。塔南村代表队获田径团体总分第一名，绿园村、乳制品厂代表队分获第二、三名。澄江镇第二纺织厂女子拔河队、建筑公司男子拔河队、纺织用品厂足球队和羽毛球女队，县长江农机厂篮球队、羽毛球男队和乒乓球男队，澄江镇医药中心店乒乓球女队分别获得冠军。澄江镇第二纺织配件厂、车辆运输服务公司、毛巾色织厂队获精神文明奖。1987年，全镇有篮球、足球、羽毛球、排球、武术、棋类、桥牌等项目的运动队410个，运动员3709名。1989年9月，为庆祝中华人民共和国成立40周年，第二届澄江镇运动会举行，有田径、球类、拔河等15个项目，1000余名运动员参赛，历时1个月。1992年8—9月，第三届澄江镇运动会举行，1000余名运动员参加田径、球类、棋类、拔河等项目比赛。是年，澄江镇被省体委命名为省级体育先进镇。1995年6月，国务院颁布《全民健身计划纲要》后，澄江镇成立全民健身领导小组，在积极扶持基层群体活动的同时，把街、村、企事业单位群众体育活动列入年终精神文明考核。之后，域内全民健身活动形式多样，蔚然成风。黄山公园每天早晨有数千人自发进行登山活动，大桥公园几千米长的绿带涌动着跑步的人群，黄山湖公园、朝阳公园、天鹤公园、百花园等处晨练人流如织，文明广场、中山公园和学院场街心广场为晨练起舞广场，还有沿河绿带、小区花苑等广大地区，每天有数万之众参加健身活动。1996年9月，第四届澄江镇运动会举行，有田径、球类、棋类、游泳、拔河等8大项20多小项，共有29支代表队1200名运动员参赛。1997年，澄江镇被国家体委评为全国群众体育先进镇。2000年6月，第五届澄江镇运动会举行，有39个代表队1000余名运动员参加球类、棋类、田径、游泳等10多个项目比赛，历时4个月。2001年6月9—14日，第二十三届世界业余围棋锦标赛在日本宫崎县日向市举行，红星集团公司运动员李岱春代表中国队参赛，获成年组男子第一名，成为江阴市首位棋类世界冠军。年内，澄江镇与璜土镇联合组队参加国际门球邀请赛，在国内外52支球队的角逐中获得第八名。是年，澄江镇代表队获江阴市广播操比赛一等奖。2002年，城北街道办事处被评为江苏省群众体育先进单位。2004年6月，该镇各社区、村以“生活奔小康、身体要健康”为主题做好图片、壁报宣传工作，开展各类健身活动。2005年5月，大桥小学获无锡市“射击协会杯”小学生射击比赛男子普通气步枪第一名和女子普通气步枪5×20坐射第一名。7月，澄江中心小学参加无锡市传统校田径比赛获第一名。10月，花园实验小学在无锡市小学生羽毛球比赛中获女子团体冠军；张志诚获南京第十届全国运动会举重青年男子105公斤级挺举第一名，成绩为210公斤，打破全国纪录。是年，澄江镇获江苏省全民健身“八个一工程”先进单位称号。2006年，举办全镇老年健身活动汇演；虹桥、花园、城西等街道管理区相继举办全民健身运动会。2007年7月14—15日，省第八届中学生田径运动会（苏南）在丹阳高级中学举行，共有35所中学490名运动员参赛，南菁中学获团体总分第一名，周施庆、承珠凤被评为优秀运动员。年内，澄江街道木兰拳队获香港回归十周年第三届中国木兰拳国际精英交流大赛大金奖。年末，全街道有乒乓球、武术、木兰拳、太极拳、棋类等群众体育协会15个，有社会体育指导员130人，体育人口占居民总人口的50%以上。是年，澄江街道创建为江苏省首批体育强镇（街道）。是年至2011年共举行3届街道全民运动会，参赛运动员近5000人。2009年，澄江街道被评为无锡市体育工作十佳乡镇（街道）。2010年8月8日，共青团澄江街道委员会在暨阳山庄举办“全民健身、运动嘉年华”第二届家庭趣味运动会，举行全民健身节启动仪式。是年，百乐城晨（晚）练点获江苏省优秀群众健身活动点称号。2011年10月，花园实验小学获中国国际跳棋协会举办的“晨源投资杯”华东地区国际跳棋比赛A组团体第一名、B组团体第二名，个人获3枚金牌、2枚银牌、1枚铜牌。是年，澄江街道被评为江苏省全民健身活动先进单位。2012年5月，城中实验小学获无锡市少儿棋类比赛女子甲组第一名，张心怡获象棋个人第一名。8月，澄江中心小学汪兴凡获国家体育总局举办的中国轮滑速度赛少年乙组1000米计时赛第五名。

2013年8月31日—9月12日，第十二届全国运动会在辽宁省举行，翁新芝、翁晓洁获足球女子成年组第一名，张志诚获举重男子105公斤级第六名。8月，芙蓉木兰拳队获中国木兰拳跨年度国际挑战（碟片）评奖大赛国际甲等最佳展演大奖。次年6月，该队再次获得中国木兰拳暨民族传统文化展示国际大赛木兰拳项目大金奖。2015年，澄江街道扎实推进“10分钟体育健身圈”提挡升级，全民健身活动丰富多彩，组织开展比赛、活动30余次，参与群众达万人。

夏港街道

1946年，在夏港境内的江苏省立江阴农业职业学校有7000多平方米体育运动场1个，设有250米跑道、篮球场2片，学校师生体育活动活跃。自此，田径、篮球等现代体育项目开始传入社会，引起民众重视。

新中国成立后，特别是中共十一届三中全会以来，该镇的体育运动蓬勃发展。1986年10月、1988年7月，江苏省竞走比赛和县级田径赛分别在常熟、东海举行，夏港中学学生蒋建军创造的10公里（50′42″）、5公里（25′30″）竞走江阴市最高纪录，一直保持至今。1987年9月，镇国庆乒乓球、象棋比赛分别在夏港建筑站、农具厂、中学举行。1988年，全镇有篮球场5片，其中灯光球场1个，有镇级运动队8支，全年组织大型赛事3次。1990年5月，首届镇全民运动会举行，以后，每4年举办1届。1991年4月，夏港镇体育运动委员会成立，由镇长修华林任主任。1992年1月，镇春节乒乓球、中国象棋比赛举行，30名运动员参加。1993年5月21日，镇篮球赛在夏港建筑公司举行，有6支代表队参加。是年，夏港镇被省体委命名为省体育先进镇。1998年5月，夏港镇第三届全民运动会举行，分中学、小学、成人3个组，中学组设田径、乒乓球、中国象棋、广播操项目，小学组增加拔河项目，成人组增加篮球、羽毛球、自行车慢骑项目，全镇各村以及工厂、学校等企事业单位共有26个代表队参赛，夏港中学、夏港中心小学、夏港村、镇机关代表队获团体总分前四名。2002年4月，夏港镇第四届全民运动会举行，中、小学组分别增加拔河和跳绳、踢毽子项目，全镇有21支代表队参赛，观众4000余人。2005年，该镇举办“迎新春”乒乓球和中国象棋、“新港杯”桌球、“建行杯”羽毛球、“锋利杯”篮球等比赛，共有200余名运动员参加。年内，先后成立篮球、乒乓球、象棋、木兰扇、太极拳5个体育分会和乒乓球、木兰扇、棋类3个俱乐部，下设18支运动队。是年，该镇被评为江苏省全民健身“八个一工程”先进单位。2006年5月1日，镇中国象棋选拔赛举行，16名运动员参加。9月30日，镇乒乓球比赛举行，32名运动员参加。11月5日，“夏港杯”市门球邀请赛举行，澄西片5支球队参加。是年，基本完成村村全民健身工程，并成立镇、村（社区）老年体育协会。2007年11月，总面积2.7万平方米的镇体育中心竣工，有400米标准塑胶跑道、足球场、网球场等。12月10—15日，第五届镇全民运动会在镇体育中心举行，运动会增设老年组挑担、扳手腕、双球、柔力球等比赛项目，共27支代表队600多名运动员参赛，三联村、夏港社区、普惠村代表队获团体总分前三名。是年，夏港镇被江苏省体育局命名为省首批体育强镇。2008年10月1—3日，该镇成功承办江苏省第十三届“省长杯”高中男子足球比赛，共4队86名运动员参加。2009年8月8日，为全国全民健身日，夏港街道举行健身技艺展示、奥运知识竞猜等活动。2010年12月28日，新长江集团与中国手球协会合作签约。是年，夏港街道体育中心被国家体育总局命名为国家全民健身工程示范项目，街道被江苏省体育局表彰为省全民健身活动先进单位，被无锡市评为国民体质监测先进单位。2011年7—10月，夏港街道第六届全民运动会在夏港体育中心举行，成年组增设车铁环、游泳项目，老年组增设广场健身操项目，共有27支代表队2015名运动员参赛，比赛项目和参赛人数为历届运动会之最，普惠村、夏港实验学校、普惠苑社区代表队获团体总分前三名。

2012年，夏港街道有老年舞、门球、木兰扇、篮球、健身气功、拔河、健身秧歌、乒乓球、柔力球、沙罐操、双球、太极拳、象棋、腰鼓、羽毛球、足球、武术、石锁等18个协会，有健身路径40套、篮球场7920平方米、网球场10个、健身广场5600平方米、门球场780平方米、乒乓球室720平方米、羽毛球场1500平方米。

申港街道

域内民众向来崇尚武术、打沙袋、举石担、甩石锁、摔跤、舞龙（狮）等民间传统体育活动。武术以市镇和戴君桥村一带较甚，以刀术、剑术、散打见常，民国初曾有多人收徒授技。石担、石锁较为普遍，以徐村、于门一带尤为活跃。石锁常式有翻鳑鲏、一支香、老鹰摩风、大鹏展翅等，难度动作有苏秦背剑、十字捆绑、黑虎穿裆等。

新中国成立后，群众体育活动蓬勃兴起，较普遍的项目有篮球、乒乓球、象棋等。1953年春，滨江乡成立本地第一支“云龙”篮球队，亦称“滨江队”和“徐村队”，出征澄西各地总是载誉而归，在境内蝉联冠军20余年。1964年至1968年，篮球活动遍及全社各地，村村有球架，队队有球员。农闲节日，球讯满天，赛事频繁。1986年10月，乡灯光球场落成，占地面积7978平方米，四周台阶式水泥看台可容纳观众两千人。首场比赛有24支村级队参加，历时8天，徐村和西街村代表队分获冠亚军。

1987年2月，成立申港体育协会，下设乒乓球、象棋、篮球3个分会。11月，在灯光球场举行江阴市第五届“丰收杯”篮球赛，有11支乡镇代表队参加，申港代表队获第四名。是年，申港段龙舞剧照刊登在《人民画报》封面上，从此段龙舞名扬四海。1988年3月，申港镇乒乓球队获得江阴市“龙腾杯”澄西片第一名后，参加无锡市首届农民运动会获团体第五名和男单第三名。1989年10月，该镇成功承办江苏男篮代表队和巴基斯坦国家男篮代表队友谊赛，同时还承办江苏、浙江、上海、驻南京市某部队全国男篮四强邀请赛。

1990年后，各体育分会竞相参加和承办多项赛事，高潮迭起。1992年，该镇被省体委命名为省级体育先进镇。1997年至1999年，该镇女运动员薛莲在参加市、省、全国的比赛中屡获佳绩：1997年5月29—30日，获无锡市“体育场杯”青少年田径锦标赛400米、800米、1500米3枚金牌，1998年获江苏省第十四届省运会400米第一名、800米第二名，全国少年田径分龄赛800米第一名、400米第二名。1999年8月，薛莲被国家体委批准为健将级运动员。是年，江苏省农民运动会乒乓球比赛在高邮市举行，3名申港镇男运动员和3名月城镇女运动员组队代表无锡队参赛，获男团亚军、男单冠军。2000年10月4—5日，江阴市举行小学生乒乓球比赛，申港中心小学代表队获乙组男、女团体冠军，尤晓春、缪金凤分获男、女单打冠军。是年后，镇、村二级体育设施日趋完善，全民健身掀起热潮。2006年10月，首届镇全民运动会举行，竞赛项目有田径、篮球、乒乓球、拔河等19大项35小项，共有23支运动队875名运动员参赛。2007年年末，全镇有村级标准篮球场10个、乒乓球台150余张、老年门球场1片和社区健身器材11件。是年，申港镇被评为江苏省首批体育强镇。次年，申港街道江南社区被命名为无锡市首批城乡社区体育健身俱乐部。2009年，街道《荡湖船》被无锡市体育局评为市第十届运动会开幕式优秀表演节目。2012年10月10日，街道第二届全民运动会在临港新城实验学校举行，设田径、拔河、篮球、乒乓球、羽毛球、象棋、跳绳、踢毽子等34项，共有28支运动队1286名运动员参赛。

南闸街道

域内抓石笋、举石担、甩石锁、打黄沙袋、摔跤等传统体育活动有很深的源渊。早在1935年9月1日无锡社桥省立教育学院第四届省运会二区选拔赛上，吴家埭村民吴福元、吴子元兄弟俩分别获重量级摔跤第二、三名，顾玉才获轻量级举重、摔跤第一、二名，顾玉琴获轻量级举重第四名。是年，吴福元参加民国江苏省第四届运动会，获中量级摔跤冠军。

解放后，域内各村普遍开展篮球活动。1956年，由农民陈汉才和外湾小学教师王大澄发起成立乡第一支篮球队，建起第一片篮球场。1957至1958年，里湾、东村、周家村、花家凹、野山嘴、陈士岸、东河南、孟岸塘、陈家门、石岐里、何屯基等自然村都有篮球队、篮球场。那时候没有运动衫、运动鞋，村民就赤膊穿草鞋赤脚上阵。1960年，泗河村11个自然村就有10支篮球队、10个篮球场。1966年8月，里湾篮球队获武进县横山桥镇篮球友谊赛冠军。70—80年代，在每年的元旦、春节、集场，域内都要组织以自然村为单位的篮球比赛。

“振南杯”是南闸街道的一项富有特色和有广泛影响的群众性的文体活动，以体育比赛为主，始于1985年，每年举办一届。早期仅有篮球和乒乓球两个项目，后增加中国象棋、围棋、拔河、广播操、健身操和田径六个项目。2000年至2005年，泗河村连续获“振南杯”篮球比赛第一名。2010年更名为“宜居南花园杯”。至2015年，共举办27届。

1995年8月，泗河村集资近3万元建篮球场，于次年春节举行由每个村民小组组队参加的篮球赛。1996年，南闸中心小学获江阴市小学生篮球比赛女子组第一名，翌年被命名为江阴市篮球传统项目学校。1999年，南闸镇被省体委评为省级体育先进镇。2000年5月，南闸中心小学再次获得江阴市小学生篮球比赛女子组第一名。年内，镇篮球队经常与驻江阴市某部队、市内企业、周边乡镇及武进市横山桥、芙蓉镇等球队交流比赛，磋商球艺。2002年12月1—3日，泗河村在野山嘴举行篮球邀请赛，江阴华宏、月城、一中以及武进市等球队参赛。江阴电视台拍摄电视片，热播一个星期。是年，该村投资100万元在村内建成6个篮球场，自此常年组织村民比赛。2004年，南闸镇获江阴市全民健身活动先进乡镇称号。2005年4月10—12日，“金山泉杯”泗河村篮球邀请赛举行，华宏、月城、兴澄钢铁、申港等市内代表队以及武进横山桥镇一、二队参赛。2006年5月，南闸镇体育中心挂牌成立。翌年，该镇有各类健身团体12个、村级晨练点15个、社会体育指导员70余名，村村建有体育健身设施，被评为江苏省首批体育强镇。2008年8月19日，观西东芦岐村陆春龙获北京第二十九届奥林匹克运动会蹦床男子网上单人第一名，成为江阴市首枚奥运会金牌获得者。2009年，南新汤家村汤科蓉获亚洲公路自行车锦标赛女子20公里个人计时赛、女子80公里大组赛、女子场地计分赛3枚金牌。2011年，足球名将陆亿良任中国女子少年足球队主教练，并于2014年5月率领该队夺得在南京举行的第二届春季青年奥林匹克运动会女足冠军。

2015年，该街道已有陆春龙、汤科蓉、陆亿良3名健将级运动员。

云亭街道

境内民众历来喜爱体育活动，武术、石担、石锁、舞龙、登山、风筝等民间传统体育尤为盛行。

1988年起，云亭镇每年都要举行篮球、乒乓球、象棋等项目比赛。1989年，云亭中学男子排球队在江阴市中学生排球比赛中获冠军，云亭中心小学代表队获市中小学生田径运动会小学组团体总分第二名。1992年5月，卜修培获江阴市退休职工象棋比赛第一名。8月4—8日，在江苏徐州市举行的全国业余体校田径比赛中，黄春洪以192分的成绩摘得跳远全能桂冠，成为江阴市男子第一枚全国田径金牌获得者，翌年获第十三届省运动会4×100米接力第一名。1994年，周华获省县级田径比赛100米第一名、200米第二名。1998—2002年，李龙夺得全国田径比赛9枚金牌、江苏省13枚金牌，并5破3平江苏省纪录和1平全国纪录。1999年，云亭镇被省体委命名为省体育先进镇。2001年7月，李龙代表中国队参加在匈牙利布达佩斯举行的世界少年田径锦标赛。2003年，云亭中心小学获无锡市小学生排球比赛冠军。2005年，镇政府和定山村共同出资13万元，在定山修筑有640级台阶的山道，供居民登山健身。是年至2007年，云亭中心小学连续获得市中小学田径赛小学组团体总分第一名，创造了三连冠的辉煌。2006年，该镇建门球场1个，并举行“瑞泽杯”门球邀请赛，市内8个门球队参赛。2007年，各行政村均有群众体育设施，其中6个村建有篮球场、乒乓室，5个村建有健身路径。老年人体育掀起热潮，有多支腰鼓队、门球队和太极拳队。年末，云亭实验小学被省体育局命名为省奥林匹克俱乐部，被省体育局、教育局评为2007—2008学年度开展“冬季三项”锻炼活动先进学校。是年，该镇被命名为江苏省首批体育强镇。2008年，云亭实验小学田径队代表江阴市参加无锡市小学生田径运动会，获得团体总分、金牌总数双第一。2009年7—9月，云亭街道第一届全民运动会举行，有篮球、乒乓球、羽毛球、门球、田径、象棋、拔河、登山、跳长绳及趣味类等比赛项目，共有1386名运动员参赛。是年，云亭中学获江阴市第五届运动会初中组奖牌总数第一名。2010—2012年，谢梦媛获江苏省县级田径赛女子乙组100米栏第一名，施健获省青少年田径锦标赛男子甲组跳高第一名，李宇杰获全国少年田径锦标赛4×100米接力第一名，云亭实验小学获江苏省小学生体育夏令营田径比赛金牌总数第一、团体总分第三名。2012年，该街道有一支40多人，男舞黄龙、女舞青龙的绮星龙灯队，拥有包括2条夜光龙灯在内的5条龙灯规模，他们舞出云亭，为峭岐、周庄等周边地区群众表演，还两次到市区中山公园献艺，《江阴日报》曾报道舞龙盛况。

2013年11月，云亭街道举办第二届全民运动会，设竞技类8项、趣味类10项、表演类3项，村（社区）、机关、企事业单位27支代表队1481名运动员参加。是年，云亭中学获市第六届运动会初中组金牌榜第一名、团体总分第二名，云亭实验小学史云恒以预赛28″29、决赛28″11的成绩打破小学男子乙组200米江阴市纪录（25″34）。2015年，由市体育局和云亭街道联合举办的健身气功八段锦培训在云亭中学体育馆举行，来自云亭街道各村（社区）的社会体育指导员和健身爱好者近60余人参加。

至2015年，云亭实验小学先后培养了周华、李龙、倪志伟、施健、李宇杰、谢梦媛、项龙清7名田径一级运动员，并向上级体校、体工队输送50余名优秀选手。

璜土镇

清末民初，农民在农闲季节利用庙宇、祠堂或打谷场进行甩石锁、抓石笋、举石担、打沙袋等民间传统体育活动。有的村庄还请拳师教练拳棒、气功。1938年，澄西中学组织虹光篮球队至四周乡村和常州、江阴等地参加比赛，1941年获得江阴“一声杯”篮球赛冠军。从此，篮球比赛在农村逐渐普及。

新中国成立后，农村体育活动有篮球、乒乓球和拔河等项目，其中球赛盛行一时。50年代，华庄村的驼峰篮球队称雄澄西各乡村。1966年7月13日，毛泽东畅游长江，璜土公社党委组织机关、企事业单位干部、农民80多人于7月23日在璜土村贾家头西侧沙帽河开展游泳活动。1972年起，璜土公社多次组织农民篮球、乒乓球、象棋以及汽枪射击比赛。1976年，璜土中学学生参加苏州地区游泳比赛，梅一平获男子100米自由泳第一名、200米自由泳第二名，周晶星获女子100米蛙泳第一名、200米自由泳第一名。1983年9月，首届公社农民运动会举行，有23个大队（场）366名运动员参赛，历时7天。比赛项目男子组有田径、篮球、乒乓球、挑担、自行车慢骑等10项，女子组有田径、自行车慢骑、汽枪射击等5项。南郭庄村、黄墅村代表队分获团体总分第一、二名。1985年，璜土中心小学获无锡市小学生乒乓球比赛女子团体第三名。1986年9—10月，第二届乡“振兴杯”农民运动会举行，全乡23个村（场）和37个企事业单位的农民、干部、职工613名运动员参赛，分男、女2组，历时12天。比赛项目男子组有投弹、汽枪射击、自行车障碍、拔河、象棋、篮球、乒乓球等7项，女子组有汽枪射击、自行车障碍、乒乓球3项。潘友根、薛小军、张单平、刘洪、彭浩龙及西贯村代表队、农具厂代表队分别获男子组乒乓球、投弹、汽枪射击、自行车障碍、象棋及拔河、篮球第一名，苏彩珍、臧亚萍、张惠英分别获女子组乒乓球、汽枪射击、自行车障碍第一名。是年，璜土中学学生杨国忠获无锡市乒乓球比赛男子单打第二名。1988年，该镇有群众自发组织的篮球队3支，经常开展比赛。1992年，璜土、石庄（后并入璜土）先后成立体育委员会。1993年起，璜土中学男子篮球队获江阴市中学生篮球赛五连冠。1996年12月10—16日，第三届镇农民运动会暨全民健身活动周举行，运动会有“茶梅杯”乒乓球、“暨阳杯”象棋、“航玻杯”门球、“前进杯”中小学团体操、“富丽杯”拔河、“金波杯”钓鱼等比赛。1997年元旦，镇“外贸杯”篮球锦标赛和儿童技能、幼儿体能比赛举行。2月，镇妇联、体委联合举办“三八”巾帼女子健身活动竞赛。5月，镇第三届乒乓球比赛举行。7月，开展“庆七一，迎回归”系列庆祝活动，举行镇第二届全民健身“回归杯”火炬接力比赛。9月，镇体委举行第四届篮球锦标赛。是年，该镇建成江苏省体育示范镇，并被评为全国全民健身宣传活动周先进单位。1998年，璜土镇被授予全国亿万农民健身活动先进乡镇、江苏省亿万农民健身活动先进乡镇。2000年获无锡市第八届运动会群众体育先进镇称号。2002年10月，该镇被江苏省体育局评为省群众体育先进单位。2005年5月，域内开展全民健身月活动，举办篮球、乒乓球、门球、象棋比赛，举行太极拳、莲湘表演，成立璜土镇腰鼓队。2006年5月1日，璜土镇“健康送进村，幸福千万家”工程启动仪式在小湖社区健身广场举行，开展健身操、太极拳、木兰剑拳、腰鼓、舞龙、莲湘等健身展示活动。是月，璜土镇老年体育协会成立。是年，该镇组成12人的老年体协讲师团，每月8日、18日、28日到各村体育活动室讲授健康知识。镇内75名健身骨干取得体育指导员证书，年累计指导群众体育超过5万人次。2007年5—6月，该镇举办全民健身月系列活动，有篮球、乒乓球、象棋比赛和舞龙、腰鼓、莲湘表演。7月，镇老年体育协会代表队获江阴市“健康杯”门球邀请赛冠军。年末，全镇有群众性体育协会5个，健身晨（晚）练点26个、篮球场23个、门球场6个、乒乓球室6个、健身房2个、健身路径162套、健身广场15个，全民健身活动普及率达82%。是年，璜土镇被江苏省体育局评为首批省体育强镇。

2009年8月8日，该镇在启港苑举办趣味运动会；在小湖村举办“兰星杯”篮球邀请赛，有4支常州队参赛，3000多名观众呐喊助威，璜土代表队获冠军；在花港苑村举办“夕阳红杯”乒乓球赛；在镇文化中心举办羽毛球比赛；在生态公园举行门球比赛。2010年，璜土镇体育公园被国家体育总局命名为全民健身工程示范公园。2011年5月至10月，第四届镇农民运动会举行，有850名运动员参加球类、棋类、拔河、自行车慢骑等项目比赛。7月1日，璜土体育馆投入使用。是年，该镇获无锡市全民健身活动优秀组织奖。

2012年7月，璜土镇承办“璜土葡萄杯”第18届亚洲青少年乒乓球锦标赛，这是该赛事举办以来，首次由中国承办，有18个国家和地区的190余名运动员参赛，中央电视台现场直播于16日下午举行的女子青年团体决赛。

2013年元月，举行“庆元旦”趣味运动会和“迎春杯”羽毛球比赛，来自各村、企事业单位的238名运动员（其中趣味运动会186名）参加，璜土实验小学队获得迎面传球接力第一名，花港苑村和市第三实验小学队并列夹乒乓球接力第一名，范志凌获得“连中三圆”第一名，李冲获得一分钟跳绳第一名（218个），融泰科技杨勇和花港苑村季英分别获得羽毛球男女单打第一名。2014年9月29日，举行“迎国庆”乒乓球比赛，全镇40余名选手参赛，张良获男子单打第一名，牟红霞获女子单打第一名。是年，“璜土葡萄杯”自行车邀请赛在镇生态公园举行，来自河北、浙江及省内南京、常州、泰州等地众多选手参加男子山地组、男子公路组、女子山地组和大众骑行组4个组别的比赛。2015年11月21日，在镇文化体育活动中心举行象棋邀请赛，常州龙虎塘、临港街道和璜土镇的26名棋手参加，龙虎塘代表队获团体第一名，临港街道徐永逵获个人第一名。

利港镇

舞龙、打莲湘、放风筝为镇内民间传统体育项目，至今不衰。1988年，利港成套厂投资1万元建灯光篮球场。1990年，镇农民体育协会成立，下设篮球、乒乓球、门球、象棋、太极拳、木兰扇分会。是年，该镇运动员参加江阴市锦标赛，获篮球第三名，乒乓球个人第二名，象棋团体第三名。1992年，利港镇体育运动委员会成立。是年，利港镇被命名为无锡市体育先进镇。1995年11月，第一届镇农民运动会举行，有15支运动队参加篮球、乒乓球、田径、拔河、象棋等项目比赛。是年至2002年，沈燕获江苏省县级田径比赛女子100米、200米第一名，全国少年田径赛女子100米、200米第一名，沈阳市全国青年田径锦标赛女子100米第一名；邹锡获江苏省县级田径赛女子400米、200米栏第一名，江苏省第十五届运动会女子青年400米栏第一名，并打破江苏省纪录。1999年10月，该镇举行第二届农民运动会，有16支运动队900名运动员参加，比赛项目为田径、篮球、乒乓球、拔河、象棋等。2002年7月31日，江苏省青少年航空模型比赛在宿迁市落下帷幕，利港中学学生张耀华获火箭模型项目冠军。年内，该镇征地4公顷，投资近千万元兴建农民公园。在健身周活动中，开展象棋、篮球、自行车慢骑、拔河等比赛，组织木兰扇、老年健身操表演，活动丰富多彩，群众热情高涨，参与人数众多。是年，利港镇被国家体育总局评为全国全民健身周活动先进单位。2005—2007年，全镇新建篮球场28片、健身路径8套，各村都建乒乓球室、棋牌室，基本完成“村村体育健身工程”。2007年12月，利港镇举办第三届农民运动会，有近30支运动队2200名运动员参加田径、篮球、乒乓球、拔河、象棋、趣味体育等12个项目比赛。是年，该镇被省体育局评为江苏省首批体育强镇。2011年，利港游泳俱乐部获江苏省先进游泳俱乐部称号。2012年11月，镇第三届龙狮节举行，有文艺演出、民间舞龙（狮）表演、民歌大赛、亲水湖游园会和“喜看利港新貌”主题摄影展5项活动，舞龙、舞狮、健身舞、腰鼓、风筝、航模等表演吸引了上万名群众观看。

至2012年，沈燕、邹锡先后被国家体育总局批准为健将级运动员。

月城镇

境内民间传统体育起源较早，自明清至民国，打马鞍石、甩石锁、舞马叉、举石担、抓石笋、击黄沙袋等就很流行。1945年，篮球、乒乓球逐步从学校传向社会。

1953年后，域内篮球运动迅速发展，比赛频繁。1968年起，棋类活动日趋活跃。1987年，月城镇篮球、乒乓球、象棋等协会成立。年内举办首届“卧龙杯”篮球赛，此后每年举行一届。是年至2002年，共举办13届“卧龙杯”乒乓球赛。

1988年10月20日，月城少儿乒乓球班成立大会在月城水泥厂举行，国家体委训练处处长张燮林、世界乒乓球锦标赛三连冠获得者庄则栋专程从北京赴月城与会祝贺。1989年6月，庄则栋又专程赴月城指导小运动员训练。1990年4月，庄则栋再次到月城对小队员进行面对面地指导。庄则栋三下月城精心辅导，使少儿班运动员水平得到很大提高，在日后的比赛中，小运动员们累计获奖190次，其中省级37次、国家级11次。

1991年起，顾上杲和姚力连续两年分别获江苏省少年儿童中国象棋比赛少年甲组、乙组男子第一、二名。1992年，月城镇农民体育协会成立。是年起，月城先后荣获江苏省体育先进镇、江苏省亿万农民健身活动先进镇、江苏省体育示范镇、江苏省“十大”体育名镇、全国群众体育先进单位、全国亿万农民健身活动先进镇等称号。1994年12月14日，省体委在月城镇召开江苏省富裕地区体育典型示范乡镇座谈会，对该镇蓬勃发展的体育事业给予很高的评价。

1996年，月城镇全民健身领导小组成立，宣传贯彻“一纲一法”（《全民健身计划纲要》《中华人民共和国体育法》），掀起全民健身热潮。是年起，每年组织开展元旦长跑和篮球、象棋、乒乓球、扑克牌、羽毛球、木兰扇、太极拳、拔河、足球比赛以及腰鼓表演等群众性体育活动，并将10月定为“全民健身月”。1997年6月，镇体育工作指导站成立，开始实行社会体育指导员技术等级制度和成人体质测定制度。1998年，月城中心小学校长顾文才被国家体委、国家教委授予“全国传统项目学校先进工作者”。1999年9月，双泾村成立龙舟队。

2000年8月，季诞获江苏省少年儿童国际象棋比赛少年甲组男子第一名，以后又获国际象棋大师称号，一直活跃在国际象棋舞台上。10月，月城龙舟队（双泾村）代表江苏队参加全国第四届农民运动会“樊华杯”龙舟赛获500米第四名、1000米第七名、总成绩第七名，并在全国第十届“屈原杯”龙舟比赛中获600米、1000米直道竞速碟赛冠、季军。2001年5月，年仅17岁的黄芳在全国象棋升级赛中，以超过90%的胜率从一级棋士晋升为中国象棋大师，成为无锡市继戴荣光之后的第二位中国象棋大师。10月，月城龙舟队参加上海“世纪之门　半岛花园杯”龙舟赛获250米、500米直道竞赛双冠军。

2002年8月，残疾人陈玲、汤海良参加第六届江苏省残疾人运动会，陈玲获女子800米第一名、1500米第三名，汤海良获男子4×100米接力第一名。年内，全镇初步形成全民健身组织网络，由体育俱乐部、体育活动中心和晨（晚）练点组成互相配合、互为补充的网络化体系。

2003年8月，梅琳获全国少年象棋比赛女子冠军。2004年11月，月城中学和实验小学被江苏省棋类协会命名为江苏省象棋训练基地，并于11月28日举行挂牌仪式。是年起，姜婷连续4年夺得无锡市象棋比赛少年组女子第一名。2004—2009年，分别举行“奋进在月城”“魅力水乡、幸福月城”“卧龙腾飞·欢歌月城”等为主题的大型文体活动。2005年11月，由陈德容、陈峰父子培育的609619号信鸽在无锡市公鹏赛中获全国冠军和地区冠军。是年，月城镇体育中心成立。

2006年6月，该镇创编的戏曲形体健美操获江苏省优秀新项目奖，并在长三角体育圈全民健身大联动活动中被推荐参加全国全民健身创新节目评比。是年，月城镇被评为江苏省第十六届运动会群众体育先进集体。2007年，该镇通过江苏省首批体育强镇考核验收，并被评为江苏省体育“八个一工程”先进单位。是年至2011年，月城实验小学成功承办第三、五、八、九等4届江苏省“月城杯”少儿象棋定级升级赛。

2010年6月16日，“水韵月城”生态旅游节开幕式暨江苏省“月城杯”龙舟精英赛在双泾村举行，共有9条龙舟分3组飞舟竞渡，约6万群众观摩。江阴协统队（月城）获500米直道竞速赛冠军。是年，月城镇被省体育局表彰为省群众体育先进单位。2011年6月6日，中华龙舟大赛暨中国龙舟公开赛在双泾生态园举行。是年，月城镇成为中国龙舟休闲体育基地。2012年6月3日，月城镇举办“华盛杯”象棋特级大师表演赛，由特级大师徐天红、蒋川表演。6月22—23日，2012年中华龙舟大赛（江阴·月城站）在双泾生态园举行，来自广东、福建、浙江、江西、湖北、江苏等8省16队（4支女队）共432名运动员参赛，中央电视台1套、5套同步并机全程直播大赛开幕式，开创央视国内单项赛事报道先河，观众达10万人。

2013年，该镇扎实推进群众性体育活动，成功举办中华龙舟大赛（江阴·月城站）、全国象棋儿童赛等重大赛事，完善体育健身设施，基本建成“10分钟健身圈”。2014年7月16日，月城实验小学5名学生参加全国中小学象棋锦标赛暨全国中小学生中国象棋夏令营，任柔匀以六胜一和的战绩获得女子小学D组第一名。

2015年，月城镇有体育协会1个，龙舟、篮球、棋类、乒乓球、足球、信鸽等分会6个，协统龙舟、桂花秧歌、水韵舞龙等百人以上大型特色团队14个，健身路径31套、健身器材344件、全民健身点107个，镇域体育人口达50%以上。

青阳镇

域内民众历来喜爱体育活动，特别是武术和篮球。以健体防身的传统武术活动在青旸乡镇广泛开展，乡民们冬练三九、夏练三伏，功底深厚。清末，有莳家圩徐尚庆中武举人，南沿河谢鹤峰中武秀才。民国初年，北街拳师谢根源拳路深广，门徒众多。1935年，青旸驻军在南街李家花园北首建造镇内第一个篮球场。1946年，国民党49军237团在姚家场建造公共篮球场，供篮球爱好者活动。

20世纪50年代，万源染织厂和悟空、南楼、西庄、桐岐、新安、小兆等自然村开始兴建篮球场，比赛不断。60年代，全镇掀起篮球运动高潮，有70个简易篮球场。

改革开放后，随着经济的发展、人民生活的改善，篮球活动更趋活跃。原青阳人革厂篮球队出征沪宁沿线各城市，并远征西安等地，亨有盛誉。1985年5月，青阳镇获首届江苏省亿元乡“致富杯”篮球赛冠军。1986年4月，承办江苏省第二届亿元乡“致富杯”篮球赛。9月，该镇篮球队获江阴县“丰收杯”篮球赛冠军，翌年蝉连冠军。1987年，全镇已有29个篮球场、1个万余平方米田径场、69个乒乓球室和足球场等体育运动场所。1988年3月，青阳镇篮球队获无锡市首届农民运动会篮球赛冠军。年末，全镇共有24个群众体育组织。1992年，青阳镇被评为无锡市体育先进镇。1997年，青阳镇代表队获第四届江阴市运动会金牌总数第五名。1999年，该镇被命名为省体育先进镇。

2004年，青阳镇代表队获江阴市木兰扇和太极拳比赛第一名。2005年8月20—26日，亚洲青年举重锦标赛在乌兹别克斯坦举行，臧伟获85公斤级抓举（151公斤）、挺举（181公斤）、总成绩（332公斤）3枚金牌。2006年，青阳镇乒乓球队获江阴市首届“红双喜佩佩杯”乒乓球比赛男团第三名，青阳中学篮球队获江阴市高中男子篮球赛第一名。是年至2012年，青阳镇篮球协会共举办7届“旌阳杯”篮球赛。2007年9月，该镇腰鼓队获无锡市腰鼓比赛二等奖。年末，全镇有健身房5个、其他健身点21个，体育设施普及各社区、行政村，有篮球、乒乓球、象棋等5个协会，男子足球、太极拳、木兰拳、腰鼓等6个运动队，体育人口占总人口的51.2%。是年，该镇被评为江苏省首批体育强镇。

2008年4月，青阳镇体育舞蹈协会代表队获“张家港杯”全国秧歌大赛最佳表演奖。是年起，青阳实验小学足球队获无锡市小学生男子足球比赛五连冠。2009年，华姿职校篮球队获第五届江阴市运动会中职组第一名。是年开始，青阳镇每年举行“庆五一”“迎国庆”“迎新春”象棋、拔河、篮球、乒乓球、羽毛球、太极拳、柔力球等系列比赛。2010年10月，该镇柔力球协会代表队获江苏省球操比赛（昆山站）优胜奖。年底，总投资5000余万元、占地面积2.81万平方米、总建筑面积1.99万平方米的体育中心主体工程竣工。2011年10月28日—11月9日，青阳镇举行“旌阳杯 ”江阴市男子篮球联赛，共7队76名运动员参加。

2012年4月，青阳镇老年健身队被评为无锡市十佳团队。8月6日，在第30届伦敦奥运会帆船比赛中，祖籍青阳的徐莉佳以30分19秒的成绩，以35分的净得分获金牌，成为江阴市继陆春龙之后的第二位奥运会金牌得主。

2013年，青阳镇代表队获江阴市第六届运动会老年组团体总分第二名、金牌榜第二名，青阳实验小学男子足球队获无锡市第十一届运动会第一名，许美玲获第十二届全国运动会女子4×100米接力第一名。2014年，该镇加快推进体育社会化，“10分钟体育健身圈”工程进展顺利，群众体育健身活动成效明显，镇柔力球队夺得无锡市柔力球比赛第一名，镇被评为无锡市体质测试先进乡镇。2015年11月2日，青阳灵之舞队获江阴市第三届全民广场健身舞大赛第一名。年末，青阳镇有臧伟、徐莉佳、许美玲3名健将级运动员。

徐霞客镇

2003年12月撤并原璜塘、马镇、峭岐3镇后成立霞客镇，于2007年1月3日更名为徐霞客镇。

篮球运动在域内最盛。璜塘素有“篮球之乡”的美称。早在1948年8月，须毛村组建境内第一支篮球队。1956年，任九房的“农利”“农余”“红光”3支球队合并组成“满天飞”篮球队，当年代表乡参加江阴县第一届农民篮球锦标赛获冠军。1965—1968年，进入鼎盛期，18个大队共有111个篮球场。1970年，“满天飞”代表公社参加江阴县篮球赛再获冠军。璜塘元塘村红星小学，仅有65名学生、2名教师，1970年成立篮球队，1974年参加江阴县首届小学生篮球赛获冠军，次年获亚军，1977年再获冠军。1984年9月至2003年10月，该镇共举办“金凤杯”篮球赛17届。1987年5月20—27日，璜塘乡人民政府承办江苏省首届“篮协杯”（男子组）比赛，有徐州、淮阴、苏州、常州、无锡、南京、镇江等12个单位代表队参赛。1999年4月6日，上海东方篮球队总教练李秋平率全队运动员在任九房灯光球场作表演赛，姚明及2名外援参加精彩表演，观众5000余人。

解放后，马镇境内较大的自然村几乎都组建篮球队，至1978年，发展到26支。1969年，云燕篮球队代表江阴县参加苏州地区组织的“丰收杯”篮球赛。1982—1987年，马镇共举办4届“霞客杯”篮球赛。

解放初期，峭岐永昌布厂率先组建篮球队，取名“飞轮”。50年代初，峭岐乡第一届农民篮球赛在永昌布厂举行，“飞轮”队获冠军。当年，“飞轮”与璜塘“满天飞”在江阴享有盛名。1963年，童家村建起峭岐第一个灯光球场，此时篮球赛事日趋增多，灯光球场吸引方圆30余华里的球队前去参赛，四邻八乡观众如潮，盛况空前。1987年，峭岐镇篮球队参加在丹阳举行的江苏省第三届、全国首届“致富杯”篮球赛，获省冠军和全国亚军。

除篮球外，域内运动员在参加省和全国田径、柔道、举重、皮划艇、跳绳、踢毽等项目比赛中，也取得不菲的成绩。1986年5月，陈正清获江苏省县级田径比赛女子跳高第一名。1992年，张卫东获全国少年男子柔道比赛95公斤以上级第一名，次年获全国青年柔道锦标赛无差别级第一名；沈丽惠获江苏省中学生运动会女子标枪第一名。1993年9月，吴海刚获省自行车锦标赛男子第一名；林莉获省中学生运动会女子100米栏第一名。1994年，薛凤英获全国皮划艇比赛女子500米双人皮艇、500米四人皮艇2枚金牌；林慧在省十三届运动会男子少年组举重比赛中，获83公斤级总成绩第一名，并5破3项全国少年纪录；李庆华获省十三届运动会男子1000米单人划艇第一名。2000年12月，璜塘成功承办江苏省首届“金达来杯”中小学生跳绳、踢毽比赛，璜塘中心小学获小学组团体第一名，王烨蛟获男子个人第一名。2001年、2002年，缪小琴、曾喜丹先后获得省县级田径比赛女子B组600米、800米，女子C组300米第二名。

2003年以来获市级及以上集体荣誉：2003年，江阴体育工作先进单位，江阴全民健身活动先进单位；2004年，无锡市第九届运动会群众先进集体，江阴市体育工作先进乡镇；2005年，无锡市优秀群众健身活动点；2006年，江苏省"亿万农民健身活动"先进乡镇，全国"亿万农民健身活动"先进乡镇；2007年，江苏省首批体育强镇，江阴市2007年全民健身与奥运同行先进集体；2008年，江阴市2008年度"幸福江阴与奥运同行"活动先进集体；2009年，无锡市第十届运动会群众体育先进集体，无锡市群众体育先进单位，江阴市第五届运动会群众体育先进集体；2010年，2009年度江阴市体育工作先进集体。

2004—2012年，该镇共举办全民健身万人长跑启动仪式、万人文体活动月（周）9次，男子篮球比赛8届、乒乓球12届、足球5届、棋类10届、拔河3届，广播操、健身秧歌各1届。

2007年11月，徐霞客镇第一届运动会在璜塘实验学校举行，共有45支代表队918运动员参加田径、跳长绳、混合拔河、乒乓球、羽毛球、中国象棋、围棋、自行车慢骑、双手提重物、三人四足跑、女子踢毽、前抛秧、喜运丰收粮、推轮胎等项目比赛，历时35天。

2010年5月19—20日，协办"江阴　徐霞客"中国——德国勒沃库森国际足球邀请赛。11月2—3日，协办第一届中国江阴徐霞客国际攀岩大师赛。是年，与南京体育学院联办省运动队，冠名为江苏省徐霞客体操队、江苏省徐霞客蹦床队、江苏省徐霞客艺术体操队、江苏省徐霞客技巧队。次年10月16日，协办第二届中国江阴徐霞客国际攀岩大师赛，来自中国、捷克、韩国、俄罗斯、波兰等16个国家和地区的50余名选手，包括世界排名前8位的选手参赛。中国登山协会授予徐霞客镇为"中国国家攀岩队竞赛和训练基地"，国家体育总局登山运动管理中心授予徐霞客镇为承办竞赛优秀赛区。年末，璜塘实验学校成为国家级青少年体育俱乐部。2011—2012年，徐霞客镇凯育热电厂篮球队获江阴市2届男子篮球联赛冠军、1届"照明杯"无锡市篮球男子甲级队联赛冠军。

2013年10月12日，徐霞客镇举办首届健身气功展示，共有13支代表队100余名选手参加，任九房村代表队获团体优胜奖，30人获荣誉奖。是年，该镇代表队获江阴市第六届运动会成人部乡镇组团体总分第一名（204.5分）。2014年8月，江阴市残疾人游泳比赛在市游泳池举行，该镇运动员顽强拼搏，夺得团体总分第一名。是年，该镇承办华东地区少儿棒球赛和无锡市第二届国际象棋等级赛。

2015年，徐霞客镇体育运动委员会下辖镇体育协会、社会体育指导站、体质监测站、村厂企事业单位领导小组4个机构。镇体育协会下设篮球、村（社区）健身、足球、乒乓球、门球、棋类、信鸽、老年体协等8个分会。镇老年体协成立太极拳、腰鼓、柔力球、气功、广场舞等5个大型健身团队，每个团队人员100−800人不等。全镇21个行政村有篮球场51个、乒乓球台46副、健身路径70套、健身广场67个、老年活动中心48个、室内器材142件，体育人口达50%以上。

华士镇

1937年，华墅镇组建篮球队，经常邀请外地球队比赛。是年，成立乒乓球队，与国民政府驻军举行对抗赛。

1953年，第一届华墅镇民间运动会举行。1964年8月，镇篮球锦标赛在红旗大队举行，有数十支球队参赛。1973年，青阳、华士2镇象棋友谊赛举行。翌年12月，华西大队成立小武术队，聘陈惠君为教练。此后10余年间，小武术队为前来参观的国内外来宾表演450余场次，颇负声誉。1974—1976年，澄江、青阳、华士3镇象棋比赛举行，华士获三连冠。1975年，华西大队瞿满清参加江苏省群众体育先进基层单位经验交流大会。

1983年始，该镇连续5年举行“振华杯”篮球比赛。1986年，华士镇被省体委命名为江苏省体育先进镇。1987—1990年，该镇举办4届象棋比赛，华士动力机厂蝉联冠军。1988年10月12日，华士文化站站长沈岳欣被授予全国农村体育工作积极分子。是年，华士镇体育运动委员会组建篮球、气功等5个协会，陆桥乡（后并入华士镇）建农民体育协会。

1991年，华士镇体育运动委员会更名为华士镇体育协会。次年底，华士镇被省体委命名为省级体育先进镇。1994年，华士中心小学造体育馆，翌年建游泳馆。1997年，动力机厂举行环镇长跑活动。1999年，陆桥镇被评为推行国家体育标准施行办法先进单位，并被省体委命名为省级体育先进镇。是年，华士高级中学体育馆（亦称华士体育中心）竣工，建筑面积4320平方米，建有400米跑道、4个篮球场和1个足球场。

2001年，陆桥镇农民体育协会并入华士镇农民体育协会。年内，镇政府和华士集团公司承办全国“鲁能杯”男子乒乓球超级联赛第二阶段第四轮比赛，并举行“华西村杯”乒乓球赛，有17支代表队69名运动员参加。2004年，残疾姑娘龚彬与队友一起代表中国队参加第十二届雅典残奥会，获女子坐式排球团体冠军。2005年，各行政村体育点建有率达100%，华士高级中学体育馆被国家体育总局命名为全国青少年俱乐部。是年起，华士镇被评为江苏省全民健身“八个一工程”先进单位、江苏省体育强镇。2006年，华士高中获第二届江苏省中学生运动会羽毛球、乒乓球团体第四名。华士镇成立红双喜乒羽俱乐部，采取政府扶持、企业自主、镇体委和乒羽协操作的三方联办形式，有会员百余人；俱乐部总面积500平方米，可同时容纳上百人活动。2007年，华士实验学校参加全国羽毛球比赛获少年乙组团体冠军，并获“大目湾新城杯”长三角体育圈海洋体育大展示“风雨同舟”项目冠军。是年，该镇承办首届“校长杯”江苏省乒乓球赛、第五届“红双喜杯”省中学生乒乓球赛。

2008年5月27日、9月2日，华西村老书记吴仁宝和陆桥敬老院职工龚彬分别参加奥运会、残奥会南京站火炬接力。2009年10月，该镇被国家体育总局表彰为2005—2008年度全国群众体育先进单位。年末，全镇27个行政村和2个社区都建有篮球场、乒乓球室、健身路径以及老年活动中心等体育设施，有游泳池（馆）、溜冰场、门球场、棋牌室、健身房等场所50多处。2010年，该镇中意太极拳协会6名会员在第四届世界华人艺术节华东区武术选拔赛暨2010年法尔胜“泓凯杯”武术与健康论坛交流大会上，获团体银奖，个人3枚金牌、2枚银牌。2012年，华士镇被授予无锡市全民健身活动优秀组织奖。

2013年7月2—7日，华士实验小学和中学击剑队获江苏省青少年击剑锦标赛男子花剑儿童组团体、男子重剑儿童组团体第一名，男子花剑儿童组个人、女子花剑儿童组个人第二名。10月11—17日，该镇开展首届老年健身节活动，举行乒乓球、羽毛球、象棋、围棋、门球、垂钓比赛和太极拳、气功、健身秧歌、广场舞表演，活动精彩纷呈。是年，华士乒乓球活动中心、文化中心、健身广场等5个站点被评为无锡市优秀健身站点。2014年1—2月，举办春节家庭趣味运动会以及爬长城、球类、棋类、自行车比赛，趣味运动会的拉力吃香蕉、拉圈踩气球、托球竞走、家庭接力踢毽等项目具有娱乐性和挑战性，充满乐趣和竞争。4月25—27日，华士实验小学代表队获无锡市小学生羽毛球比赛男子甲组、女子甲组团体第一名。是年，建成华士公园、文化中心广场等健身站点70多个，“10分钟体育健身圈”工程建设成效显著，天华纱业集团筹资3500余万元兴建综合体育馆。2015年4—11月，举行第二届全民运动会，分成人组、老年组和学生组，比赛项目为田径、足球、篮球、羽毛球、乒乓球、消防技能、拔河、跳绳、象棋、围棋、门球、游泳、击剑等，参加竞技类的运动员有3047人，参加表演类的运动员有近1000人。

周庄镇

1982年春节，长寿公社（后并入周庄镇）举行农民运动会，共有376名运动员分别参加篮球、乒乓球、康乐球、象棋、石担、石锁、挑担、拉板车、自行车慢骑、拔河、射击等项目比赛。1987年，长寿乡党委决定：国庆节为乡体育节。是年，周庄镇三房巷村建灯光篮球场，并举办江阴县第四届农民“丰收杯”篮球赛。1990年、1992年，周庄、长寿镇先后被评为省群众体育先进镇、省体育先进镇。1996年，周庄镇被评为省体育先进镇。2003年7月，总投资2000万元，占地4000余平方米，拥有2000个观众席位的周庄镇体育馆落成。10月，举办“江阴周庄杯”全国男篮甲A四强邀请赛，中央电视台、中国体育报等11个媒体予以播报。2005—2006年，先后承办第一届“骏马杯”环太湖地区6城市男篮联赛、“鲁能杯”中国乒乓球俱乐部超级联赛、“鑫裕杯”美国代表队对阵南斯拉夫代表队篮球明星争霸赛、江苏南钢对阵美国代表队篮球明星争霸赛、江苏南钢对阵斯洛文尼亚代表队“周庄之夜”篮球邀请赛、北京首钢对阵辽宁“盼盼”篮球对抗赛、“华宏杯”环太湖地区篮球赛等赛事。2005年，该镇华宏村培养、引进10余名篮球队员，并聘请专业教练，成立华宏业余篮球队。此后，华宏篮球队获（江苏）环太湖地区篮球联赛第一名、全国大企业篮球比赛第二名、无锡市第十届职工运动会男篮比赛第一名、省运会职工组篮球比赛第一名、全国农运会男子篮球比赛第三名。

2006年起，域内周庄村共投入8000多万元用于文体设施建设，建成300座位的评书场1座、老年活动中心6处，健身馆、游泳馆及足球场、网球场各1个，篮球场2个，并在各个新村居民点安装健身器材，供村民开展健身活动。各个自然村实现800米之内有公园绿地，500米之内有活动场地。2007年6月，该村拔河队代表周庄镇参加江阴市第二届全民健身运动会拔河比赛，获第一名。

2007年，江阴市成化高级中学武术队参加中国星艺术节影视武术大赛（江苏赛区），获团体总分第二名，单项10枚金牌、12枚银牌、2枚铜牌，赵少秋等6名运动员代表江苏队参加全国总决赛。年末，全镇有篮球、乒乓球、武术等协会7个，会员180名。是年，周庄镇被评为省首批体育强镇。2008年5月27日，华宏实业集团有限公司董事长、江阴市篮球协会主席胡士勇参加奥运会南京站火炬接力。2009年，华宏村获江苏省农民体育先进村称号，周庄镇被评为江苏省农民体育先进镇。2011年，华宏篮球队获全国“小康杯”篮球比赛冠军。2012年7月27日，首届周庄镇全民运动会在成化高级中学开幕，共有23支代表队1000余名运动员参加，设团体项目22项、个人项目26项，分成人、老年人和学生3个组，其中成人组有竞技类和趣味类比赛，历时5个月。

2013年，周庄镇代表队获江阴市第六届运动会乡镇组金牌榜第二名、团体总分第四名，拔河女子第一名，张卫丰获铅球男子第一名，顾莉华获女子800米、跳远第一名，并获无锡市第十一届运动会女子400米第一名、跳远第一名。2015年，学校体育场所向社会有序安全开放，全民健身活动蓬勃开展，举办各类竞赛30余场次，参与群众上万人。

新桥镇

1988年，域内有篮球场2个，基层体育队伍4支。1992年，新桥镇被评为江苏省体育先进镇。翌年，在新桥中学建造灯光球场，并承办江阴市农民“丰收杯”篮球赛。1994年11月，江苏阳光集团公司在北京人民大会堂举办“阳光杯”名人桥牌赛。次年，该集团公司在新落成的阳光大厦内建保龄球室、乒乓球室、桌球室、健身房和舞厅。1997年，新桥镇体育指导站成立。2003年，江苏阳光集团公司成立乒乓球协会，翌年成立篮球协会等，有会员近200人，先后举办8届篮球赛、4届拔河赛、3届乒乓球赛、3届棋类赛以及足球赛等。2005年，新桥中心小学被国家体育总局确定为全国航空（航天）模型活动重点单位。2006年，镇政府投资800万元建成体育馆；新桥中心小学国际象棋队获江苏省第八届国际象棋公开赛儿童甲组团体冠军。2007年年末，全镇有体育馆1个、公共健身场所8处、篮球场10个、羽毛球场4个、门球场1个。是年，该镇在全市率先成立省级社区俱乐部，并被评为省首批体育强镇。镇老年体育协会成立棋类、乒乓球、健身操、太极拳、门球等活动队，常年开展健身活动。2008年，该镇先后举办“裕兰杯”象棋赛、“江帆杯”拔河赛、“爱心杯”乒乓球赛、“好运来杯”羽毛球赛和“阳光杯”篮球赛。年末，新桥镇社区被命名为无锡市首批城乡社区体育健身俱乐部、江苏省社区健身俱乐部。是年，该镇将体育组织网络覆盖到农村（社区），延伸到企业、机关、学校。2009年8月24日，江苏省马术队省、地联办签约仪式在江苏海澜集团公司会展中心举行，总裁周建平被江苏省体育总会聘为江苏省马术协会会长。是年后，推动体育活动常态化，该镇每年举办一次全镇社区体育文化节和企业冠名的健身月系列活动，每两年举行一次全民运动会。2010年8月，新桥中心小学陈方蕊和张盼盼获第12届“飞向北京—飞向太空”全国青少年航空航天模型教育竞赛总决赛2枚金牌。是年，该镇体育健身中心被国家体育总局命名为国家全民健身工程示范项目；新桥镇被省体育局表彰为全省群众体育先进单位。2011年5月，新桥镇全民健身运动会举行，共有机关、村（社区）、企业等单位的28个代表队1200名运动员参赛，并首次开设残疾人比赛项目。10月，海澜马术俱乐部被中国体育旅游博览会组委会推荐为中国体育旅游精品项目。翌年，海澜马术俱乐部创造了团体盛装舞步吉尼斯世界纪录；新桥中心小学被国家体育总局、教育部、科技部评为全国科技体育传统学校。2013年1月19日—2月24日，新桥镇开展“好运来杯”羽毛球、“振新电器杯”乒乓球、“裕兰纺织杯”象棋、“江帆杯”拔河比赛等元旦、春节全民健身月活动，上千人参加。8月8—15日，开展以游泳、三人四足跑、三人30秒钟跳绳、乒乓球单打、篮球比赛及健身展示为内容的第五届社区体育文化节活动。9月12日，包英凤获第十二届全运会男子马术三项赛个人第三名。海澜马术表演队被命名为无锡市特色文化团队。11月19日，新桥中心小学国际象棋队获江苏省团体冠军。2014年，该镇举办社区文化体育节和第八届社区体育健身运动会。广场舞《渔家乐》获第十一届江苏省“五星工程奖”，秧歌舞获省三等奖。学校体育设施全年对社会开放，接待群众参加体育健身近4万人次。2015年4月30日，新桥中心小学举行第26届春季田径运动会。是年新桥镇举行第二届全民运动会，千余名运动员参加田径、游泳、拔河、乒乓球、推轮胎、跳绳、跆拳道、太极拳比赛和健身操、啦啦操、荡湖船表演。

2015年，新桥镇已拥有一个投资5000万元，包括1000座的体育馆、400米塑胶跑道田径场、50米8泳道游泳馆、塑胶网球场以及灯光篮球场、排球场在内的现代化体育中心，4个新建小区建成占地面积7.8万平方米具有一流体育设施的健身场所36个。年内，全镇群众性的体育活动掀起新的高潮，全民健身蔚然成风，体育人口达50%以上。

长泾镇

20世纪60—70年代，长泾村民因陋就简，利用生产队打谷场打球，几乎村村有篮球场。农闲时节，赛事频繁。“长虹”男子篮球队威名远播，经常转战于澄、锡、虞、杨舍等县、镇。80年代，长泾掀起群众体育热潮，比赛此起彼伏。有“长兴杯”“针织杯”篮球赛，“兴国杯”乒乓球赛、“星火杯”象棋赛等。江阴市比图加油有限公司董事长仰午正每年出资举办全镇元旦新春长跑赛，场面蔚为壮观，几十年持之以恒，从不间断。1984年10月1—3日，为庆祝新中国成立35周年，该乡在长泾中学举行农民运动会，各村及企事业单位、机关、学校代表队参加田径、拔河、篮球、乒乓球、象棋等项目比赛。翌年，全乡有篮球队28支（其中女篮3支）、乒乓球队16支、象棋队10支。1986年，长泾镇被评为无锡市体育先进乡镇。1988年10月12日，镇长孙德胜被授予全国农村体育工作积极分子。是年，长泾镇被省体委命名为省体育先进镇、体育强镇。1989年1月，著名乒乓球运动员何智丽、郑怀颖、于贻泽至南涠村作精彩表演。1992年，该镇再次被江苏省体委评为体育先进镇。1994年11月，中国、江苏男子篮球队在河塘（后并入长泾镇）举行表演赛。1997年起，相继成立镇太极拳、自行车、健身操、象棋等运动队，各队训练比赛常态化。1999年，河塘镇通过江苏省体育先进镇验收。2001年起，长泾镇共举办12届象棋比赛。2006年，该镇成立全民健身工作指导委员会和老年体育协会。年内，共举办各类体育赛事6次。2007年9—10月，长泾镇全民运动会举行，有田径、象棋、乒乓球、门球、自行车慢骑、篮球等比赛项目，设中小学、老年、职工3组，共有2000余名运动员参赛。10月31日，在庆祝江阴撤县建市20周年“盛世欢歌　幸福江阴”的大型巡游表演活动中，该镇推出一支120人的打莲湘队伍，在市区边行进边表演，获得一致好评。年末，全镇有腰鼓、木兰扇、太极拳、门球、舞龙、象棋等6支运动队，老年协会打莲湘成为江阴市保留的运动项目。是年，该镇被省体育局命名为江苏省体育强镇。2009年，长泾镇获无锡市全民健身活动先进单位称号。2010年8月8日，该镇组织百人健步走暨健身节启动仪式。2013年9月13日，该镇健身秧歌队获江阴市第六届运动会成人部乡镇组第一名。2014年5—6月，长泾镇“活力舜城、快乐运动”全民健身运动会在长泾中学举行，共有500多名运动员参赛。开幕式上，来自学校、村（社区）、镇级机关等8个方队进行文体表演。开幕式结束后，举行拔河、跳长绳、挑担、一分钟投篮、协力布道等项目比赛。是年，该镇代表队获江阴市第二届“鸳鸯杯”门球赛第一名。2015年1月，长泾镇柔力球队获江阴市柔力球交流比赛优胜奖。10月2日，举行长泾镇比图迎国庆长跑拔河比赛，150名选手参加。

至2015年，镇政府共投入1500余万元建健身公园、健身广场、篮球场、乒乓球室、老年活动室等。全镇健身场所占地面积达18万平方米，人均3.05平方米，有园林、生态健身公园3个，健身路径器材43套、健身点33个。各村都建有灯光篮球场、乒乓球室、棋牌室等健身设施。

顾山镇

东乡尚武之风历来盛行。清光绪末至宣统初，在北涠（后并入顾山镇）有别开生面的三月廿七、廿八划龙船比赛。四处乡民组织“挡船”（指挥船）前来参加，龙舟往来划行，竞相追逐，破浪前进，岸上锣鼓喧天，人声鼎沸，场面蔚为壮观；武术高手在船头方寸之地表演短打拳术，甩火球、石锁，舞单双刀，趁船过桥飞起钢叉，船过桥后接住再舞，将自身的武术特长发挥得淋漓尽致，实际上是一个水上国术运动会。明嘉靖年间（1522～1566年），倭寇入侵，顾山人以强身自卫习武成风，在南拳大师许太和倡导下，几乎村村办拳场，人人都习武，西陈巷陈维肾、东街张锡卿都成为江南著名的拳师。解放后拳场大多中断，但在顾山，郭瑞荫、张祖恭等人至今还在组织拳场习武。

篮球、乒乓球也是北涠群众喜爱的活动项目。1988年至2003年，北涠自撤乡建镇始，至并入顾山终，每年在国庆节前后都要举办“兴国杯”篮球赛，共17届，每届有10多支球队100余名运动员参赛。同时举办企业冠名的乒乓球比赛，共16届，每届有50余名运动员角逐。而登山为顾山民间传统体育活动特色项目，几乎每年都要组织比赛。北涠中心小学篮球、顾山省渡桥村小学排球都曾名扬江阴城乡，一时成为美谈。1991—1995年，省渡桥村小学5次蝉连江阴市小学生男女排球比赛冠军，其间获无锡市亚军1次。1992年，北涸中心小学获江阴市小学生男子篮球比赛第一名、无锡市第三名。年内，顾山镇共组建业余球队9个、学校运动队13个。是年，北涸镇被省体委评为省级体育先进镇。1995年9月24日，第十一届亚洲田径锦标赛在印度尼西亚首都雅加达举行，朱益红代表中国队参赛，获女子4×100米接力第一名、200米第三名，成为江阴市冲出国门、走向亚洲田径第一人，并被国家体委批准为健将级运动员。1996—1997年，顾山、北涸先后被省体委命名为江苏省群众体育先进镇。1998年，顾山镇获江苏省“亿万农民健身活动”先进乡镇称号。2003年3月，顾山、北涸两镇合并组成新的顾山镇。10月，顾山镇成立体育运动委员会，下设篮球、乒乓球、门球、羽毛球、象棋、游泳、木兰拳、太极拳8个协会。2006年1月29日，该镇分别举行有50多名运动员参加的“迎新春”乒乓球比赛和40多名运动员参加的象棋个人赛。12月，“春辉杯”顾山镇乒乓球比赛在北涸中学举行，有84名运动员参加。2007年2月，镇三人制篮球赛举行，有8支球队参加。5月，镇乒乓球和象棋比赛举行，共有80余名运动员参加。年内，全镇增加健身路径5套，购置健身器材7件。是年，该镇被省体育局评为江苏省首批体育强镇。2008年2月，镇新春系列文体活动竞赛举行。5月，顾山镇“青工杯”乒乓球赛在北涸中学举行，有45名运动员参加。10月，举办澄东南片中老年人健身项目展示活动，有300多人参展。2009年2月9日，镇元宵节象棋、篮球、乒乓球比赛举行，共有150多名运动员参加。4月27日，庆五一“朝阳商贸杯”拔河、乒乓球比赛举行，全镇有34支代表队300多名运动员参加。

2010年为该镇体育年，1月至11月举办首届全民运动会，比赛活动丰富多彩，充满农村生活气息，为广大群众喜闻乐道，突出全民参与，小到学生，老至古稀，不论工人、农民、家庭妇女都有参赛项目，都能享受到比赛带来的乐趣。其中，2月有三人制篮球比赛、象棋比赛、乒乓球单打比赛，5月有“东立毛纺杯”背媳妇比赛、“坤达电器杯”挑担比赛、“海江印染杯”阳光伙伴比赛、“大阪涂料杯”成人田径赛，6月有“农商行杯”莳秧比赛，7月有“宝丽毛纺杯”乒乓球团体比赛，8月有“新东方酒店杯”游泳比赛，9月有“德诚钢铁杯”篮球比赛，10月有“中江房产杯”割稻比赛，11月有“金港无纺布杯”钓鱼比赛、“建邦铝业杯”集体跳绳比赛、“人和环保杯”羽毛球比赛等，近万人（含预赛）参加。

2011年，该镇举办“迎新春”乒乓球单打、“庆元宵”三人制篮球和象棋、庆“五一”乒乓球团体和拔河等系列比赛，共967名运动员参加。2012年8月23—26日，“金顾山杯”全国混双象棋赛举行，有16名象棋特级大师（象棋大师）和200名棋迷参加。10月24日，顾山镇中老年柔力球暨青少年集体跳绳比赛举行，共413名（其中中老年柔力球245名）运动员参加。2013年，顾山镇运动员李秐海、费林炜分获江阴市第六届运动会初中组男子50米自由泳、乡镇组男子100米第一名，承珠凤获无锡市第十一届运动会职工组女子100米、200米第一名。2014年该镇新建健身场所2处，学校体育设施向社会开放，全民健身活动精彩纷呈。2015年4月30日晚上，在赤岸村举行庆“五一”篮球联谊赛，来自张家港凤凰镇魏庄村、顾山派出所联防队、顾山中学、北涸小学、赤岸村等6支篮球队60余名运动员参加，比赛场面精彩连连，吸引了众多群众前往观看。

祝塘镇

清代，域内每年都要举办拳击比赛，曾经涌现出孔天锡等多名武林高手。

解放后，篮球、跳绳、踢毽等民间传统体育活动盛行。50—70年代，著名击剑运动员颜虎清先后参加3届全国运动会、1届亚洲运动会和2届世界击剑锦标赛，并取得优秀成绩。1987年，文林乡（后并入祝塘）有篮球场17个，其中灯光球场3个，全年举办球类、棋类比赛20余场次；祝塘镇有基层篮球队21支，组织比赛25次。1988年10月，世界乒乓球锦标赛三连冠获得者庄则栋到祝塘针织服装厂作技术指导，全镇乒乓球爱好者获益匪浅。1990年，祝塘中心小学代表队在江阴市第四届中小学生田径运动会上表现出色，获团体总分、金牌总数第二名。1994年，该镇自筹资金250万元建造游泳池等体育设施。1997年10月，祝塘镇体育指导站成立。是年，祝塘镇被评为江苏省体育先进镇，祝塘中心小学获施行《国家体育锻炼标准》全国先进集体称号，并被评为无锡市百日冬锻先进集体。1998年7月，祝塘成人教育中心校教师任浩峰获江苏省第十四届运动会柔道男子青年第一名，后又获上海市第十二届运动会中国式摔跤男子52公斤级第二名。是年，该镇获江阴市广播操比赛第二名。2000年，祝塘中心小学在江阴市小学生国际象棋比赛中力挫群雄，勇夺第一名。2002年，祝塘镇老年体协代表队获江阴市老年健身操比赛一等奖。2004年，该镇广播操代表队获江阴市广播操比赛一等奖。2006年，祝塘镇体育指导站更名为祝塘镇体育中心。2007年5月，该镇拔河队获得江阴市拔河比赛第二名。年末，全镇有老年、棋类、乒乓球、篮球、足球、拔河6个群众体育协会，有拔河队18支、篮球队20支、乒乓球队16支、象棋队18支和腰鼓、扇子舞、秧歌、健身操、太极拳、木兰拳、太极剑队各2支，登山队1支，常年开展比赛。公共体育健身场所、健身活动点覆盖全镇各个村（社区）。是年，该镇被江苏省评为首批体育强镇。2011年8月，镇健身秧歌队获无锡市第五套健身秧歌大赛二等奖。11月，该镇乒乓球队获江阴市乒乓球比赛男子团体和男单冠军。

2012年“五一”国际劳动节前夕，首届祝塘镇趣味运动会在祝塘实验小学举行，全镇12个行政村（社区）、重点骨干企业和机关事业单位共22支代表队176名运动员参赛，有滚轮胎、挑担、自行车慢骑、背媳妇、跳长绳和接力等6个比赛项目。比赛高潮迭起，妙趣横生，选手们充分享受运动的快乐。无锡鹰贝机械有限公司、北湾村、江阴市茂达棉纺厂有限公司代表队分获团体总分第一、第二和第三名。2013年4—12月，该镇举办2届乒乓球赛，象棋、篮球赛各1届，参与者上千人。是年，祝塘镇男子拔河队获得江阴市第六届运动会第一名、无锡市第二名。2014年5月，文林中心小学和祝塘实验小学分获江阴市阳光伙伴比赛第一、三名。是年文林村芳草地健身队获江阴市“龟龄杯”全民健身广场舞比赛第一名，并代表江阴市参加在杭州举办的全国全民健身舞万人展示活动。残疾青年龚晓鹏获省残运会2枚金牌。祝塘中学和实验小学代表队分获全国射箭比赛男子甲组团体第二名、女子乙组团体第四名。全年新建“10分钟体育健身圈”9个。2015年5月28日，祝塘实验小学获江阴市小学生阳光伙伴比赛第一名。5月，该镇广场舞代表队获江阴市一等奖，实现三连冠。年末，祝塘镇投入168万元，对59个健身站点提挡升级。是年，全镇有体育馆1个、足球场4个、篮球场45个、排球场18个、羽毛球场4个、健身路径40套、乒乓球室26个、棋牌室12个。

临港街道

2013年3月29日，由夏港街道（大部分）、申港街道、利港镇合并组建成立。7月，临港街道中央景观公园建成，其中自行车道达到国际标准，建有标准网球、篮球等活动场地。9月29日、12月26日，分别在利港公园龙狮广场和绅豪台球馆举行“迎国庆”“迎元旦”街道广场舞和台球比赛，500余人参加。是年，该街道成立全市首个老年人健康教育指导中心，完善体育中心、学校体育场所、健身广场功能，“10分钟文体服务圈”基本形成。

2014年2—3月，临港街道举办“迎新春，我运动，我快乐”系列比赛，比赛项目为跳绳、定点投篮、拔河、飞镖、乒乓球等，近千人参加。5月18日，临港街道“庆五一”男女混合（10

男5女）拔河比赛在申港春申广场举行。6月24—26日，该街道西石桥门球队获江阴市首届“会员杯”门球赛第二名。9月29日，在春申广场举行“迎国庆”广场舞大赛，各村、社区广场舞代表队参加，一等奖为申港社区代表队，利港社区、东刘村代表队获二等奖，中兴村、西石桥社区、东支社区代表队获三等奖。12月28日，临港街道“迎元旦”台球比赛在绅豪台球馆举行，共有45名选手参赛，来自兴港社区的尤志权获得第一名。

2015年3月28—29日，临港街道乒乓球比赛在江阴高级中学体育馆举行，项目为男子团体和男女单打，创新村代表队获团体第一名，机关代表队、利港实验小学代表队分获第二、三名，金春和程素梅分获男女单打第一名。4月26日，临港开发区工会、临港街道体育运动委员会在临港中央公园举行首届自行车竞赛，来自横塘村、狼途、BTM单车俱乐部、威茨曼金属江阴有限公司等14支代表队的82名运动员参加，项目为男女山地竞速，临港开发区党政办李翰州、申港自行车俱乐部冯文、BTM单车俱乐部夏建春获男子前三名，狼途俱乐部李平和谈花琴、双良自行车协会许清获女子前三名。7月4—5日，“中节能　翎航城杯”街道羽毛球比赛在江阴高级中学举行，共有22支代表队166名运动员参加，分混合团体、男子单打、女子单打三个项目，中节能代表队获混合团体第一名，夏南村代表队获第二名，中节能公司的陈孟春获男子单打第一名，夏南村的陆志英获女子单打第一名。8月29日上午9时，在江阴高级中学游泳馆举行临港街道全民游泳竞赛，比赛项目为男子25米自由泳、50米自由泳，女子25米自由泳、50米自由泳，黄成华获得男子25米、50米自由泳第一名，倪惠芬获得女子25米、50米自由泳第一名。9月24日，临港街道“中节能　翎航城杯”广场舞大赛在春申广场举行，共有13支代表队参加，利港社区队获一等奖，西奚墅村、西石桥社区队获二等奖。

第四节　民间传统体育

一、沿革

江阴民间传统体育有悠久的历史，尚武之风一直盛行，经久不衰。顾山、北涸、祝塘、塘头桥、长泾、文林、青阳、周庄、西石桥等乡镇以及江阴城内的闸桥头、河北街等地方，从清代到民国到处开设拳场，习武练拳者众多，有徒手的，有刀、枪、棍、棒的。新中国成立后，民间武术又有新的发展，江阴成立工人武术队，华西大队成立小武术队。20世纪80年代，江阴成立武术协会并相继组建各拳种分会，多次代表江苏省乃至中国的民间武术团体参加全国、世界性武术比赛。改革开放后，武术又焕发了青春，民间武术发展迅猛，江阴高中、要塞实验小学等学校弘扬中华武术相继组建武术队，经常参加无锡市、江苏省的武术比赛并获得较好名次。

足球前身为蹴鞠，又名踏鞠、蹹鞠，在商代已十分流行，到汉、魏时发展较快，战国时期在全国各地广泛开展。江阴人尤喜足球，故江阴素有“足球之乡”的美称。民国期间，江阴就有“市桥队”“工余队”等足球队。在抗日战争时期，江阴城区足球爱好者自发组织“商联队”“飞队”“北联队”等球队并举行比赛。抗战胜利后，江阴足球又趋活跃，“县府”“商联”“利用”“海联”“正章”“东风”“黑牛”等足球队成立并参加无锡、江阴市县“回力杯”“中正杯”“忠义杯”“司令杯”等足球锦标赛。解放后，江阴足球空前发展，“江松队”“星联队”“李家班”“呐喊队”“老年足球队”，以及学校、企业的足球队如雨后春笋兴办起来。1985年后，从小学到中学开始成立“宝宝队”“贝贝队”“萌芽队”“幼苗队”“希望队”五级足球梯队。江阴的青少年足球队不需参加选拔就可以直接参加江苏省举办的足球竞赛。江阴青少年足球队在无锡市、江苏省屡屡得奖。江阴二中女子足球队曾代表中国参加世界中学生女子足球锦标赛并获冠军。

跳绳、踢毽是中国民间自古到今广为流传的一种体育活动，盛行于冬春季节。跳绳、踢毽不受场地限制、不受人数限制，无论男女老少都情有独钟。江阴地区每所学校每到冬季来临就组织跳绳、踢毽活动。苏南小镇璜塘是跳绳、踢毽最活跃的乡镇。璜塘实验小学从一年级到六年级均开展跳绳、踢毽活动，在省、市跳绳、踢毽比赛中独占鳌头，连连夺冠，屡创佳绩。1994年，该校学生计丽华、庄建英、王军伟被江苏省及国家体委、国家教委和共青团中央命名为省、全国“雏鹰起飞”小学生跳绳、踢毽小能手称号。其他如祝塘实验小学、南闸实验小学等学校的跳绳、踢毽也表现不俗，成绩斐然。

还有吴楚时为纪念春秋诗人屈原而发自民间的划龙舟活动在江南水乡一带广泛开展，经久不衰。江阴北涸镇龙舟竞渡最为兴盛。龙舟队员们有的挥臂划舟，有的在龙舟头上方寸之地表演舞拳劈刀，使棍挥枪，舞钢刀掷石锁，飞钢叉树倒立等动作。水乡月城，境内河道密布，水路畅通，域内双泾村成立农民龙舟队，因队员均姓钱，号称“钱家军”。双泾龙舟队多次参加省及全国龙舟大赛，并获得较好成绩。

调龙灯，又叫舞龙。龙是中华炎黄子孙的象征，有着悠久的历史。早在春秋战国时代就有逢年过节时舞龙的习俗，至西汉舞龙在民间广泛流行，隋唐至明清到解放初期，舞龙这一民间传统活动一直盛行。域内云亭、青阳、月城等乡镇近年又兴起舞龙。云亭“绮星龙灯队”运动规模、活动范围、舞龙技艺比以前有所突破，成为江阴地区舞龙的新的亮点。

江阴技校的舞狮队参加省里比赛也获得好名次。

民间传统体育还有射卸、舞蹈、相扑、拔河、风筝、棋类、石担、石锁等等。这些民间传统体育在几千年的历史长河中，经过不断洗礼越来越完善，越来越深受群众欢迎。

二、民间传统体育种类

江阴民间传统体育源远流长，主要有武术、足球、跳绳、踢毽、龙舟、龙灯、风筝、荡湖船、打莲湘、舞狮（龙）等。

（一）武术

喝着长江“跹跟头水”长大的江阴人，南人北相，崇文更尚武。早在明代抗御倭寇之时，江阴民间便盛行习武之风。东乡的顾山、北涸一带在清代至民国年间，到处开设拳场，习武练拳者众多。拳种有谭腿、工益、白鹤子、黑虎拳、杨家手、独臂手、百合拳、醉罗汉、醉八仙、猴拳、四门拳等。器械以单双刀、三节棍、虎头钩、梅花枪、杜龙枪、青龙刀、大品斧为主。拳场训练项目有拳击及单刀、双刀、单枪、剑戟、马叉棍子、软鞭等。沈舍里严银芳擅长钢叉之技，张锡卿的醉八仙拳功夫颇深，勇俊育的三节棍远近闻名。东街周金敖的石锁身手不凡，西陈巷陈维贤武艺超群，曾应聘任上海精武体育会教练，毛弄的勇耕曾任中央大学武术教练。华墅、陆家桥民间徒手、器械武术流传甚早，乡民用以强身和自卫的武术活动得到广泛提倡。咸丰年间，华墅人孙翼如喜武艺，臂力过人。陆西村王家基、陆东村侯士巷都设过拳场，王家基，王元昌为拳师；侯士巷，蒋阿积为拳师。据《龙砂殷氏宗谱》载：“康熙九年（1670），殷琏，字介荣，中武进士，官江淮卫守备。”《龙砂贡氏宗谱》载：“康熙十二年（1673），贡氏族人名炜，字介熙，折武进士桂冠而闻乡里，官至山西代州杨方口守备。”清代，还出过贡应芳、贡应芬、殷维宁、赵嵘、孙彪、蒋国治等多名武举人。清代，祝塘每年都要举办拳术比赛，乡间涌现出不少武林高手。徐再思在《澄江旧话·化手》中写到，祝塘“农民人人讲究武功，曾有孔天锡等祝塘四杰之大名”。“至祝塘昔年武功致盛之因，远在前明，名曰化手，人人习练，乃成风尚……所谓化手者，乃拳击之手法也”。江阴习武之地并不局限于祝塘一地。薛品源在《江乡忆志·以力服人》中写到当年江乡塘头桥一带民众练武的场景：“那些豪爽倜傥的年轻人，在晓风吹拂中，在落霞掩映时，在皓月当空夜，聚集稻麦场上练刀枪，习拳脚，几乎遍及江乡各村。”明清时期，长泾民间盛行拳术。萧锦华、萧宝生、萧洪宝、萧宝初四弟兄开馆授徒，结成萧家拳帮，其中萧锦华的少林武功甚为精绝。该拳帮的舞马叉、舞火球、三节棍、丢石锁等绝技广为群众所传颂。文林荡南素称武术之乡，清末民初，南街薛增海的板凳拳和“武松脱枷”，汪坤如的石锁，朱三房、张传根的马叉均是拿手好戏。清末至民国，民间武术在青阳乡村广泛开展，甩石锁、抓石笋、擎石担、打马鞍石等传统项目练习者最多。有莳家圩徐尚庆中武举人，南沿河谢鹤峰中武秀才。高有道擅长猴拳、矮拳，能在八仙桌上施展功夫，西街沈虎邦则以棍棒、八卦见长。民间武术在周庄境内流传已久，支巷周荣福甩石锁有单扯锁、双扯锁、两指顶梗、拳顶锁背、鲤鱼穿夹、黑虎穿裆、梅花桩、蒙眼扯锁、过桥扯锁等十八招绝艺。西乡的西石桥甩石锁较为普遍。招式有两大类：一是面花，有翻鳑鲏、一支香、掇石臼、老鹰摩风、凤凰展翅等；二是背花，有苏秦背剑、十字捆绑、张飞跨风、黑虎穿裆等。习武者冬练三九，夏练三伏，大多功底深厚、身手不凡。清嘉庆、道光年间，东外河北街的龚闻海及其弟子吴瑶田、北外闸桥河下诨名“铁脚”王高的闸夫，都身怀绝技。域内四乡多庙会、节场，其间常杂陈刀、枪、剑、棍、钢叉等器械，习武者争相献技，比武打擂，促进各门派的交流和提高。因民间习武之勤，是以名家辈出，明清之际有戴俨如、陈震亨、陆龙、陆鳌、赵志、缪玙、马逢元、吴位思、朱婴、殷琏、贡炜、钟雄岳、赵荣、章杞等14人取得武进士功名。清光绪三年（1877）生于北涸许巷的许太和系国内著名南拳大师、南拳代表、体育教育家。1923年春去上海参加第一次全国武术大会，观摩比赛的爱国将领张学良对他表演的少林拳赞不绝口，同他一起摄影留念，还为其题词祝贺。同年担任无锡“国粹体育会”教练，后任常熟、江阴两地公共体育场国术指导员、技术部主任，著有《南拳入门》一书，风行苏、常一带，门徒遍布苏南。许太和教授的武术，短小精悍，开架紧密，出手刚劲有力，被称为是流行苏南地区的正宗南拳。生于1908年的南闸吴家埭人吴福元，身高一米九九，身板“俏硬”，天生一副神力，能轻松挑起1000斤的重担。1935年，吴福元从江阴步行至镇江参加民国第四届省运会，获中量级摔跤金牌。翌年，全国摔跤擂台赛在南京举行，吴福元一轮轮晋级，最后和一名军官对决，激战两个余小时，最终拿下金牌。从此一举成名，世称“武状元”，直至20世纪60—70年代，还常有人慕名拜访他。

新中国成立后，民间武术运动又有发展。1952年，江阴县举行民族形式体育表演大会，有摔跤、舞剑、舞刀、舞棍、劈刺等项目。1964年，属上海蔡云龙华拳门的任碧碧到江阴传授少林拳。1973年，江阴工人武术队成立。1974年12月，华西大队聘请陈惠君为教练，成立小武术队。此后10余年间，小武术队为前往华西大队参观的国内外来宾献技450多场次，颇负声誉。1976年元旦，江阴县农民武术运动会在体育场举行，以后多次举行武术选拔赛。1977年8月，苏州地区武术比赛在吴县木渎举行，江阴获团体冠军。1982年，江阴县武术协会成立，并陆续组建长拳分会、绵拳分会、悟拳分会、武当分会、心意六合拳分会以及天力太极研究会。该协会曾多次代表江苏民间武术团体参加全国性武术比赛和国际传统武术节，屡获金牌，扬威武坛。生于华士镇的贡仲祥从小酷爱习武，练就浑身绝技，1994年3月应邀出席在法国巴黎举行的第一届“欧洲杯”和第六届“巴黎市长杯”中国武术锦标大赛，担任大会裁判长，表演了形意拳、太极推手、八卦乌龙拳、活步六十四掌和刀剑等武艺，荣获中国杰出功夫奖和最高荣誉金杯奖。1997年3月，世界和平武术联合会开幕大典在美国华盛顿举行，莅会者有130多个国家不同门派的武术代表，贡仲祥应邀参加并获世界级武术大师奖牌。城东街道年逾八旬的周生洪，自幼酷爱武术，14岁起四处拜师，经名师传授，集武林之大成，成为一代真传武当大师，历任江苏武协会员、江苏大学武协名誉会长暨总教练、江阴市武协常委兼武馆总教练等职，2005年被评为中国传统武术特级大师及华东武馆十佳教练，曾多次在国际、国内重大武术赛中获大奖，历年来他收徒数以千计，门徒均成为各地武术活动的骨干。

进入21世纪，一股习武热在青少年中兴起。江阴高中和要塞实验小学等学校为了进一步弘扬中华武术，相继组建武术队。要塞实验小学雪豹武术队以“以武育德，以武砺志，文武结合，全面发展”为宗旨，以传播武术文化为突破口，以武术基本功、套路为教学内容，以理论学习与实践演练相结合为教学方法，培养武术后备人才。武术队不仅常年坚持训练，不断提高队员的武艺，而且以武会友，与兄弟学校开展技术切磋交流。2000年10月，要塞实验小学武术队参加中日友好联欢会演出，受到日本友人的一致赞扬。2010年，武术队在无锡市小学生武术比赛中摘取9金7银5铜，荣获团体总分第一名。2012年11月，在江苏省第五届“六合高中杯”中学生武术锦标赛中，江阴高中武术队获高中组集体棍术一等奖、集体拳术一等奖，陶栋梁被评为优秀队员。

（二）足球

江阴素有“足球之乡”的美称。早在民国初期，由城内市桥附近的李仲彬、姚楚宝等人自发组成江阴第一支足球队，称“市桥队”。1929年，上海开滦煤矿公司江阴办事处调来梁官松（梁是和被称为亚洲“球王”的李惠堂一起踢过球的足球名将），在煤栈组成工余足球队，梁任队长兼教练。队员有史济康、朱宝光、钱惠农、沙介福、李仲彬、姚楚宝、钱育昌、荣坤生、陆冠粹、君宝芹等11人。曾代表二区参加省运动会，并赴常州、无锡、泰兴、扬州、镇江等地比赛，战绩颇佳。1933年，江阴正气日报、澄清日报、大声报联合组成记者足球队，队员有缪冰瑜、朱树屏等12人，请梁官松指导，是一支较为活跃的足球队。1934年，江阴生生体育会成立，有足球、篮球2个队，抗战爆发后停止活动。抗战胜利后，江阴足球运动又趋活跃。1946年元旦，举行“海涛杯”足球锦标赛，有县府、商联、利用、海联、正章、东风、黑牛7个队参赛。以后由茅黄山等组成正气足球队，曾参加无锡“回力杯”锦标赛。之后江阴又陆续举行过“中正杯”“忠义杯”　“司令杯”“爱民杯”等足球锦标赛。

解放后，江阴城区原有足球队伍得到保持和发展。1951年，苏南行署举行足球选拔赛，江阴由吴新华、邵宝龙等10人组成的“江松队”作为常州专区代表队参加比赛，获亚军，其中7名队员被选入苏南代表队。1958年11月，李振声、李振兴、邵宝龙等6人作为苏州地区足球队队员，参加省第四届运动会，获第二名。50年代，城区有一支以李仲彬为首，李仲才、李振声、李萌生、李振兴、李振洪为主力的“星联足球队”，曾称雄江阴。李氏可称足球世家，该队后来由李家一门四代16人组成，赢得“李家班”美名。1964年，澄江镇有足球队14个。1979年7月，江苏省体委确定江阴为省足球的重点地区之一。是年起，每年进行职工足球升降级比赛形成制度。80年代开始，江阴就有小学女子足球比赛，这在全国都很少见。1984年，以中、青年尖子足球队员组成“呐喊足球队”40余人，“老年足球队”28人，坚持练球，并辅导少年儿童业余训练，以推动足球运动发展。1985年，省体委批复同意江阴县直接参加省举办的“贝贝杯”“萌芽杯”“幼苗杯”“希望杯”足球竞赛。1986年，城区有中小学、工矿企业、农民、老年足球队355个，队员5435名。1987年，参加市职工足球联赛的有工厂、机关、银行、医院等18个单位的40多支代表队，历时16天，每次比赛观众千人以上。1988年之后，江苏足球队主力几乎一半是江阴人，涌现出以陆亿良、赵伟、翟卫国、翟卫忠、姜亿峰、翁新芝、翁晓洁、葛洋、吴敏、曾莹为代表的一大批优秀球员。进入21世纪，江阴二中女足立足国内，踢向世界，摘金夺银，令国人瞩目：2005年4月，代表中国参加在丹麦举行的第十九届世界中学生足球锦标赛，获亚军；2007年4月，出征智利首都圣地亚哥，获第二十届世界中学生足球锦标赛冠军。2012年10月18—25日，第四十届亚洲U—18中学生足球锦标赛在伊朗德黑兰举行，江阴市第一中学足球队代表中国队参加，获男子第四名。

2014年12月，江苏省青少年足球队正式组队进驻江阴高级中学，由江阴籍著名A级教练员翟伟忠执教。次年7月，全国男子足球U15联赛在吉林延吉市举行，江阴高级中学足球队参加，获得冠军。是年末，该队已向国家少年足球队输送10名运动员。省队校办——江阴高级中学足球队开创了江苏省乃至全国校园足球人才培养的新模式。

至2015年，江阴共向国家队输送足球运动员31名；有国际足球健将1名、国家级健将19名。足球已成为江阴体育的一张名片。

（三）跳绳、踢毽

跳绳，活动时双手持绳子的两端，围绕着身体前后甩动，双脚或单脚跳起，使绳子从脚下甩过而周而复始运动，至绳子被脚绊住而停止跳动为止。跳绳时，脚跳过的绳子甩动的次数愈多，技艺愈高。跳绳花式多样，有单跳（每次跳起时绳子从脚下通过1次）、双跳（每次跳起时绳子从脚下通过2次）、三跳（每次跳起时绳子从脚下通过3次）；有前跳、后跳（每次跳起时绳子由前向后称前跳，由后向前曰后跳），前跳、后跳都有单、双、三跳之分；有前交叉跳、后交叉跳（双手交叉甩动绳子，或由前向后或由后向前），前交叉跳、后交叉跳也有单、双跳之分；也有两人各持绳子一端，多人共同跳绳等。

踢毽，用铜钱、布和鸡毛管做成毽座，插上鸡毛便成毽子。踢毽子花样多种，主要有：用脚背踢的叫“尖”，用脚内侧踢的叫“踢”，用脚外侧踢的叫“牙”，用双脚起跳踢的叫“大跳”，用脚从身后面踢的叫“拖”，把毽子踢起后用脚背或用面部接住的叫“朵”，用膝盖踢的叫“弓”。早在1935年民国江苏省第四届运动会踢毽比赛中，江阴运动员姚楚宝就获“拖”第一名、“大跳”第二名。

跳绳、踢毽盛行于冬春季节，饶有风趣，无论男女、长幼都情有独钟。玩到尽兴时，小孩往往废寝忘食、流连忘返，大人也常常忘乎所以、乐不思蜀。直到现在，东乡一带举办乡镇运动会，还把跳绳、踢毽作为比赛项目，学校尤为风行。在各级跳绳、踢毽比赛中，璜塘中心小学取得的成绩最佳。1946年，璜塘中心国民学校就夺得江阴县学校跳绳、踢毽比赛团体总分第一名，姜崇珍获“大跳”个人第一名。解放后，江阴市（县）凡举办跳绳、踢毽比赛，璜塘中心小学均独占鳌头，在无锡市和江苏省也连连夺冠，屡创佳绩。1994年，该校学生计丽华、庄建英、王军伟获江苏省“雏鹰起飞”小学生体育活动跳绳项目小能手称号，计丽华、庄建英还被国家体委、国家教委、共青团中央命名为全国“雏鹰起飞”小学生体育活动跳绳项目小能手。1997年，璜塘中心小学包揽无锡市小学生跳绳、踢毽比赛4个第一名。2000年，璜塘中心小学获江苏省首届“金达来杯”中小学生跳绳、踢毽比赛小学组团体总分第一名。祝塘中心小学、南闸中心小学等学校也在各类跳绳、踢毽比赛中获得好成绩。

（四）龙舟、龙灯

龙舟竞渡，域内北涸和月城最负盛名。而北涸龙舟与苏州吴县龙舟相同，是专为纪念伍相子胥而发自民间的传统体育活动。清光绪末至宣统初，北涸龙舟竞渡最为兴盛。南拳大师许太和是北涸划龙船的主要发起人之一。每逢划龙船日，北涸市河的南北向东新河段和东西向应天河段的大小客船停靠在边，两岸人流熙攘观者如堵。十余艘披绸扎彩的“挡船”（指挥船）摇橹自南金湾起，往北经太平桥向东至邹家巷路前与二干河交界处，转西至银杏桥，再向南往返而行。国术员在锣鼓声中登船劈拳弄刀，当众表演。他们有的劲使枪棍，有的飞舞钢叉，有的前后左右掷石锁，有的跑倒立，还有的趁船过桥起飞钢叉，船过桥后接住再舞等等，船头方寸之地，刀光剑影，令人眼花缭乱。龙舟上两排青壮年挥臂划桨，“挡船”昂首翘尾往来如飞，竞相追逐，破浪前行，彩旗招展，鼓锣齐鸣，人声鼎沸，场面蔚为壮观，实是盛大的水上武术会。民国35年（1946），北涸举办了历史上规模最大也是最后一次龙舟竞渡。

南乡月城因境内河道密布，水路畅通，自古以来，船舟为居民重要的交通和运输工具，乡民都会摇船划舟。镇内有个双泾村，月城靠双泾村名扬天下，双泾村靠龙舟声名远播。

1999年9月，双泾村成立农民业余龙舟队，因队员都姓钱，所以号称“钱家军”。10月，双泾龙舟队代表月城镇参加无锡市“中信杯”龙舟邀请赛获第四名。2000年9月，双泾龙舟队参加江苏省园艺博览会龙舟赛获600米第四名、1000米第五名。10月，双泾龙舟队代表江苏队参加在四川双流市举行的全国第四届农民运动会“樊华杯”龙舟赛获500米第四名、1000米第七名、总成绩第七名。是年，双泾龙舟队代表江苏队参加中国龙舟协会在无锡举行的“中视股份杯”第十届“屈原杯”龙舟赛，获男子组500米碟赛第三名、1000米碟赛第一名。2001年，双泾龙舟队先后获“山禾杯”无锡市第二届龙舟赛600米第三名、1000米第二名和上海市体育局举办的“世纪之门　半岛花园杯”上海龙舟邀请赛直道竞赛250米、500米2项第一名。2009年，双泾龙舟队冠名为江苏省协统龙舟队。2010年后，江苏省协统龙舟队获中华龙舟大赛第三名，200米、500米直道竞速赛第四名。2011至2015年，中华龙舟大赛（江阴·月城站）均于农历端午节在月城双泾生态园中国龙舟休闲体育基地举办。2012年盛况空前，来自广东、福建、浙江、江西、湖北、江苏等8个省份的12支男队和4支女队，共432名选手参赛。来自海南、浙江、贵州等5个中华龙舟大赛主办地的观摩人员全程观摩比赛。中央电视台1套、5套同步并机全程直播大赛开幕式，开创央视国内单项赛事进行全程报道的先河。来自周边县市和乡镇观赛人员超10万人，其中开幕式观众8.28万人。

江阴古今有元宵节后“龙灯调过马灯看”之习俗。据历代《江阴县志》载：苏南地区的重大节日或庙会集场，调龙灯必不可少；遇上干旱拜神求雨之祭祀活动，则调的是青龙。近代江阴文史载：民国和解放初期，江阴每一个乡镇，甚至较大的村、巷都有龙灯队，其中北涸邓家坝，云亭大园里、北街上、黄玉台村，南闸曹桥以及青阳、周庄等地龙灯颇负盛名。而西乡几镇将龙灯衍化成“段龙”，俗称“脱节龙灯”，享誉澄武地区。“文化大革命”前后近半个世纪，龙灯被打入“冷宫”，盛况不再。

改革开放后进入新世纪，人们普遍怀念老祖宗留下的传统民族文体活动——调龙灯。云亭、青阳、月城等农村，近年又兴起调龙灯热潮，这是对民族图腾的呼唤，失传几十年的调龙灯活动，又回到了江阴这块充满“龙气”的热土上。2015年，一支40多人，男舞黄龙、女舞青龙的云亭新伍绮星龙灯队，已拥有包括2条夜光灯在内的5条龙灯规模，他们调出云亭，为峭岐、周庄等邻镇群众献艺，并两次到市区中山公园表演。江阴日报曾报道舞龙盛况。

绮星龙灯队的几位老年组织者不拘泥于老的传统龙灯技法，从网上学习各地调龙灯的创新经验，推陈出新，在男女青黄二龙共舞、夜明珠龙争艳斗奇的基础上，赋予新的龙灯调舞技艺，成为江阴龙灯一大特色。龙灯，成为江阴非物质文化遗产中又一颗耀眼的明珠。

（五）风筝

风筝，江阴俗称鹞子，放风筝江阴人叫放鹞子。俗话说："十月麦，请人踏"，意在一过农历十月，麦田最好让人踩踏一遍，有利于麦苗越冬。春节前后为最佳放鹞子时间。江阴的鹞子品种比较多，造型一般取材于飞禽走兽，诸如燕子鹞、鸽子鹞、蜜蜂鹞、蝴蝶鹞、老鹰鹞、蜈蚣鹞、斗鹞等等。小鹞子用纸糊，大鹞子用布糊。大鹞子有盘篮、蚕匾大，牵制大鹞子的绳索是用上等的麻搓成的直径5厘米许的麻绳，要四五个壮小伙子侍弄方能放飞。村民特别是青少年自发举办比赛，比谁家的鹞子大、漂亮（色彩）、飞得高。鹞子上还配有琴弦，琴弦有的用藤条削开成薄片，有的用蚕丝编成丝带，经风一吹，发出"汪汪"声响。每逢晴夜，牵引鹞子的麻绳上挂上灯笼，称放鹞灯或压鹞灯。灯笼用竹篾扎成，用丝绸糊好，里面安装油灯。大的鹞子一条牵引绳上能挂数十盏灯笼，远观如一串彩球，斜贯天空，像星星一样眨巴着眼睛。

20世纪80年代以来，江阴市城乡出现许多风筝爱好者，把娱乐、健身融为一体，使风筝活动得到空前发展。利港镇西刘墅村的姚仲虞长期研究、制作的"带响风筝"成为周边地区风筝活动中的一个显著特色，不仅在周边乡镇有名，近些年还出现在山东潍坊，江苏南通、如东、常州淹城、西夏墅、宜兴周铁镇、张家港乐余镇、常熟虞山等地的风筝节上，成为引人瞩目的一大亮点。他扎制的一只3米见方的蜜蜂鹞，安装多重音阶的142只竹铃和2只30厘米直径的中空葫芦，声音响亮雄厚，到常州、张家港等地参赛，人们一听声音就说："江阴风筝来了。"利港风筝爱好者近年来配合利昌房产、江阴市台商协会等单位举办风筝表演赛，吸引众多客商，获得良好效果。为此，江阴市台协特地将一块题有"风筝技艺，世代永传"的镜框，赠给西刘墅村风筝协会。2015年4月24—26日，"体彩杯"江苏省风筝公开赛在宜兴周铁镇举行，姚仲虞、张玉亮等参加，获最佳工艺奖。

（六）荡湖船、打莲湘

荡湖船源于江南荡舟采莲的劳动。江阴荡湖船由来已久，角色是由渔翁和渔姑两人组成，舞蹈反映渔民们在打鱼劳动中的一些动态和情趣。表演时，渔姑站在船的中间，双手抓住船沿走"小碎步"，使船向前进、向后退和向左、右移动以及原地转动，停下来时双膝颤动，使身体上下起伏。船头、船尾可翘起可下倾。渔翁在船的右面，双手握桨，不断地划动，并做比较丰富的舞台调度。荡湖船以荡为主，渔姑在表演时脚步平衡、将船轻提轻放，腕力均匀，支配得当，身腰灵活，进退自如，舞姿轻盈。渔翁则动作幅度大，舞姿奔放，舞桨动作刚柔兼顾，灵活多变。

流行于澄西地区的荡湖船原来以双人舞的形式表演，一般是在庙会的巡游队伍中边行进边表演。2007年10月31日，江阴纪念撤县建市20周年，举行"盛世欢歌　幸福江阴"大型巡游活动，经江阴市文化馆舞蹈干部叶岳英和申港镇文化服务中心主任吴产良，文化骨干许春娣重新编排的由88个渔姑组成的大型荡湖船参加巡游，被评为"群众最喜爱的方队"。

2010年5月，江阴市文化馆舞蹈干部刘冰对荡湖船再度创编，将船内的渔姑改成鱼的形象，拓展表演空间。这种既是人又是鱼，既可在船内又可走出船外表演的复合形象的刻画，让人看到渔姑的勤劳朴实和江南鱼米乡船船鱼满舱的丰收景象，具有浓郁的地方特色和强烈的时代气息。6月13日，一支由江阴市职业技术学院旅游专业36位大一女生表演的荡湖船荡进了上海世博园，参加“吴韵汉风　人文江苏”欢乐盛装大巡游。姑娘们身穿浅粉色、绣着金光闪闪鱼鳞片的“美人鱼”服装，熟练地运用腰、肩、胸三道弯的扭动，形象、生动地展示荡湖船的水乡特色。披着绿、白、蓝三色渐变薄纱的道具船，在姑娘们灵动的手中舞出阵阵涟漪，演绎了人、鱼、水和谐灵动的水乡风韵和欢快场景。6月13—17日，是江苏活动周，荡湖船每天巡游一遍，并在庆典广场进行两场定点演出。江阴的荡湖船，成为中外游客们关注的热点，成为上海世博园一道亮丽的风景线。

清末至解放前，域内澄西乡镇农村常有妇女手持莲湘棒演唱莲湘，沿路求乞。她们大多是来自皖北、苏北一带南移谋生的灾民和民间艺人，表演时手里拿着莲湘，敲打手和脚，编唱一些应景捧场的莲湘词，或民间流传的故事和小曲，这种形式，人们称它为“打莲湘”。

莲湘，以道具命名。这种道具有的地方又叫“莲厢”“花棍”“霸王鞭”，是用长三尺左右的竹竿，在竹竿上刻出槽口，槽口里镶上几片或十几片铜钱做成。由于竹竿似箫，竹里镶铜钱，所以江阴东乡群众称为钱箫。打莲湘，又称打钱箫，流布区域原为江阴澄西地区，特别是利港、申港一带。解放后，传布至江阴其他乡镇及周边城市。表演时，用莲湘的两端分别敲击身体各个部位，铜钱在摇晃中发出沙沙的撞击声，犹如珠落玉盘、雨打芭蕉，富有清脆悦耳的节奏感。

新中国成立初期，人们创造出一种把现代舞蹈与打莲湘有机结合的形式，即朴实健康优美的“翻身莲湘”，一直流传至今。打莲湘男女都可以表演。在江阴地区，打莲湘一般由年轻女子表演。表演者身穿中式彩色绸缎服饰，颜色有红、绿两种，胸前绣有一朵大金花，领口、袖口镶有金边。表演时配以音乐，一般为江南丝竹，有二胡、笛子、箫、月琴、唢呐等，乐队随着表演队伍一边行进，一边伴奏。也有先录好音，行进时播放录音带或CD。

打莲湘已发展成一项江阴市群众的体育舞蹈活动。全市大多数镇（街道）的社区和村里，都拥有20多人的打莲湘队伍，平时经常排练演出。2007年，在庆祝江阴撤县建市20周年“盛世欢歌　幸福江阴”的大型巡游活动中，长泾镇推出一支120人的打莲湘队伍，在江阴市区一边行进，一边表演，受到广大群众的一致赞扬。

（七）九狮舞、段龙舞、马灯舞

九狮舞在江阴有很深的源渊，清代江阴诗人缪植曾在看过舞狮后，吟诗赞道：“琼姿冰骨本天成，百兽相逢不用惊。猛烈性情今脱尽，单留一片是空明。”西乡利港镇一带尤为流行。1936年，利港人赵国民对九狮舞的阵势、队形、狮子的制扎工艺，进行多次整理，不断完善美化，使之更趋完美。九狮舞充分彰显了江阴人的品性，具有极强的地域特色。近年来，为保护传承九狮舞，利港镇党委、政府制定五年保护计划，安排专人负责九狮舞的传授、培训、排练，把九狮舞融入社区、农村，普及到广大群众中去。江阴中等专业学校于2004年成立九狮舞社团，培养了一批青少年九狮舞骨干。

舞龙是中华民族在逢年过节或喜庆之日表达喜悦祝福时，最常见的民间传统文体活动。江阴地区向来有春节、元宵、庙会时舞龙的习俗，尤以申港的段龙舞最负盛名。段龙又名彩龙，也称脱节龙灯。关于段龙的来历，申港当地还有一个有趣的传说：很久以前，有一种蛇名叫“彩蛇”，长七寸，喜欢在树上或房屋的梁上爬行。若从高处跌落下来，就碎成七段，每段都会在地上迅猛地转动，倾刻便能段段相接，合成一体，自由自在地离去。有谁遇上这种机会，谁就会交上好运。人们将彩蛇敬奉为龙，效仿它的形状，扎成七节段龙起舞，以示吉祥。自此，段龙舞就在民间流传。

1940年左右，段龙舞在申港开始流行。1950年，刘铁组织新中国成立后申港第一支由清一色女子舞龙的段龙舞队，段龙由女子来舞的习俗由此渐渐流传。1956年，段龙舞获苏州地区优秀演出奖，并被选拔到北京参加全国民间舞蹈会演。1978年，申港文化站对段龙舞进行进一步挖掘整理并再度创作，在省、市民间文艺会演中连获殊荣。1983年冬，申港文化站组织段龙舞老艺人参加江苏省苏南片民间文艺会演。1985年，段龙舞被编入《中国民间舞蹈集成江苏卷》。1987年5月，《人民画报》将段龙舞剧照刊登在封面上，从此申港段龙舞名扬四海。1994年9月，段龙舞经过江阴市文化馆舞蹈干部叶岳英的改编，以12条龙、180人的阵容，参加在无锡市举办的江苏省第十三届运动会开幕式表演，获得一致好评。尔后，申港的段龙舞队被无锡市文化局命名为无锡市特色文化团队。2009年4月，江阴的段龙舞入选江苏省非物质文化遗产名录。

段龙与其他龙灯相比有两个长处，一是龙段是分开的，可断可连，在阵式变换中进退自如，灵活方便；二是舞者都是女性，舞步灵动，姿态优美，形成妩媚不失刚健，轻盈而不失柔韧的风格，正是这两个独有的特点，使申港的段龙舞深受群众喜爱，传人源源不绝，经久不衰。

马灯舞又称调马灯，原先流传在无锡马山地区。江阴的马灯舞流行于农村的庙会上，尤以原要塞镇陈 弄民间艺人组队的马灯舞最为出色。

马灯舞的道具是“马”，用竹篾扎成中空的架子，然后用布糊成马的形状，人站在镂空的马身中表演。马颈上系一串小铃，起动时“叮当”有声。马鞭用竹竿做成，上面用红、黄、绿三色排苏分节装饰而成，柄根钻孔，孔中穿线，线成环形以便套在手腕上。

马灯舞用打击乐器伴奏，过去用十番锣鼓，经过长期演出，锣鼓点逐渐丰富，1994年开始改用音乐旋律，并在旋律中加进了马蹄声和马的嘶鸣声。

马灯舞的表演者站在镂空的马身中，前面是马头，后面是马尾，用绳子固定在腰间。表演者左手拉缰绳，右手拿马鞭子，以穿阵势和走队形为主，节奏慢时脚步与平时走路相同，快时则走小跑步。马鞭可以抽打马屁股，亦可举在手中转动。庙会中的“跑马灯”少则二三十人，多至三五十人。有时村与村还要进行比赛。这个表演由于具有万马奔腾、勇往直前的气势，很能感染观众，让人精神振奋、情绪激动，所以一般都安排在活动的开场或压台。

1958年，马灯舞参加江阴县群众文艺会演并获奖。1956年11月，祝塘文化站站长邢之芗将马灯舞改编成独舞《犟马》。《犟马》参加苏州专区民间歌舞会演，获优秀演出奖，并被推荐参加江苏省农村业余文艺会演。1994年，为庆祝中华人民共和国成立45周年，江阴市组织一台民间歌舞，马灯舞由当时的要塞镇排练并参加演出。

马灯舞的女表演者都扮成古代女兵的形象：白套衫、白灯笼裤、黑护腕、红披肩、红头巾、鞋头饰红绣球的白跑鞋，显得英姿飒爽，生气勃勃。表演时，配以铿锵的锣鼓声、马蹄声和马的嘶鸣声，仿佛让人看到一群“不爱红装爱武装”的女骑兵，全身披挂，朝气蓬勃地驾驭着骏马，驰骋在疆场奋勇杀敌的形象。

第五节　其他体育

一、老年人体育

（一）老年人运动会

1989年9月，江阴市老年人体育协会成立。当年举办市首届老年人运动会，有象棋、门球、老年迪斯科、乒乓球4项，共有62支运动队199名运动员参赛，最高年龄84岁。每两年一届的市老年人运动会形成制度，逢单年举行，营造以赛促练、以练促健氛围，一直延续至2011年。以后，市老年人运动会与市全民运动会接轨，不再单独举办。比赛项目由少到多，开始几届主要是乒乓球、门球、象棋、围棋、钓鱼比赛，随着社会上老年人健身锻炼项目的丰富，逐渐增加拳、功、操展示等。1999年举行的第六届老年人运动会，增设元极舞、登山等比赛项目，有493名运动员参赛，郁松宝获乒乓球男子单打第一名，何文明获钓鱼第一名，澄江镇象棋队获团体第一名，陈兴跃、赵杰分获象棋、围棋个人第一名，城中门球队获团体第一名。2001年9月，市第七届老年人运动会举行，共有311名运动员参赛，澄江、璜土镇代表队分获象棋、门球团体冠军，赵汝能、赵杰、王仲熙分获象棋、围棋、乒乓球个人冠军。2003年10月，第八届市老年人运动会举行，有1000余名运动员参赛，澄江镇围棋队、太极拳队、虹桥门球队和马镇象棋队获冠军，刘秀英、孙荣庆、赵杰分获乒乓球、象棋、围棋个人冠军。2007年，第十届市老年人运动会举行，历时4个月，有71支运动队550多人参赛。运动会闭幕式上，15个镇、4个办事处的408名老年人表演19个健身节目。2011年4月至10月，第十一届市老年人运动会举行，设立乒乓球、台球、象棋、围棋、门球、健身舞、柔力球7个项目，共有1100余名运动员参赛。

（二）老年人单项竞赛

1996年，市老年运动员在第七届无锡市运动会比赛中，获围棋和门球团体第二名，乒乓球团体第五名，张杰获围棋个人第二名。1999年6月10日，赵汝能获第八届无锡市老年运动会中国象棋个人第二名。2001年6月，璜土镇老年协会门球队参加无锡市千人百队门球赛，获第三名。2002年9月，市老年人健身操比赛举行，有16支运动队320名运动员参赛。2003年9月，市老年人太极拳比赛举行，有22支运动队374名运动员参赛。2006年，市老年健身秧歌队在长三角体育圈“英派斯杯”比赛中获一等奖。2007年5月，市第二届全民健身运动会老年组乒乓球单打比赛在市总工会举行，有80名男、女运动员参赛，杜凤鸣、刘秀燕分获男、女单打冠军。6月，市老年人门球比赛举行，共27支运动队270名运动员参赛；市老年人棋类比赛举行，共52名棋手参赛，徐霞客镇、澄江街道分获中国象棋、围棋团体第一名，钱浩明、吕荣岳分获中国象棋甲、乙组第一名，周介眉获围棋第一名。是年，市老年柔力球队代表无锡市参加在连云港市举办的江苏省首届柔力球大赛，获一等奖。2008年，市健身秧歌队在全国秧歌大赛中获一等奖和最佳表演奖；市木兰拳队参加在上海市举办的第九届国际武术博览会木兰拳比赛，获集体二等奖及最佳表演奖；市太极拳队在南京举办的国际武术邀请赛上获得9枚金牌、3枚银牌。2009年，市柔力球队、太极拳队参加无锡市比赛，均获一等奖，市门球队获团体第一名。2010年6月，市太极拳代表队在香港第八届国际武术节上获3枚金牌、2枚银牌、1枚铜牌；8月，在江苏省“周氏杯”太极拳（剑）比赛中获11枚金牌、7枚银牌、6枚铜牌；11月，在镇江“泓凯杯”武术与健身论坛交流大会上获7枚金牌、5枚银牌。年内，市乒乓球代表队参加在澳门举行的“善明敏之杯”中老年乒乓球民间国际友好邀请赛，获团体亚军；市老年健身球操队代表无锡市参加在昆山举行的江苏省老年人体育节健身球操比赛，获规定套路一等奖。是年，澄江街道城东健身秧歌队代表无锡市参加江苏省健身秧歌大赛，获一等奖。2012年10月25—28日，国际木兰拳邀请赛在上海市举行，共有38支国内外代表队参加，江阴市代表队获中老年组规定套路金奖。2013年，江阴市老年运动员获无锡市第十一届运动会乒乓球男子团体第一名、女子气排球第一名、男子门球第一名、柔力球第一名、健身球操及太极拳（剑）第一名。2014年，江阴市老年体协组队代表无锡市参加省手杖健身操，老年气排球、柔力球、健身球操等项目的比赛，取得较好的成绩，其中手杖健身操队获第四名、女子气排球队获第六名、柔力球和健身球操队获得优胜奖。2015年11月6日和21日，江阴市老年手杖操队分别获得徐州江苏省老年人手杖健身操比赛第四名、上海“长风杯”全国手杖健身操邀请赛第四名。

（三）老年人健身项目展示

2006年，市举办庆祝第19个敬老日暨老年人健身项目展示大会，共展示15个项目。是年，市功夫扇队参加江苏省老年人体育健身项目展示，获得优秀奖。2007年开始，每年以敬老节为节点，分市、片、镇三个层面举办展示活动，并明确要求：镇（街道）展示要“全”，各村、社区以及行业协会都要有节目参加；片展示要“大”，节目多少根据实际情况确定，但要有一定的规模，一次展示要带动一片地区的健身活动；全市展示活动要“精”，就是在镇、片展示的基础上挑选比较成熟、精彩且有特色的项目参展。是年，徐霞客和青阳两镇在无锡市体育项目展示中获优秀组织奖。2008年，徐霞客、青阳镇代表队参加江苏省老年人体育健身项目展示，获一等奖。2009年，市木兰扇队参加无锡市和江苏省“迎国庆”体育项目展示，均获优秀表演奖。2010年，市健身球队代表无锡市参加环太湖老年体育圈健身展示，获优胜奖。2011年至2012年，全市共举办体育项目展示活动128次，参展人员近20000人，前往观摩的群众超过10万人次。2015年10月18日，江阴市庆祝全国第三个老年节暨老年人体育健身项目展示大会在市一中举行，来自全市15个镇（街道）的老年代表队有序展示。

（四）老年人特色健身团队

至2015年，全市各镇（街道）根据各自的长项和特点，有选择地成立老年人特色健身团队。徐霞客镇组建太极拳、腰鼓、健身气功等5支120人左右的健身团队。月城镇各村（社区）均有特色健身项目，如双泾村的广场舞、秦皇村的太极剑等都在百人以上。青阳镇已建有老年健身队伍58支，其中柔力球、太极拳、舞蹈项目均达500人左右。澄江街道有9个项目超过200人，其中腰鼓46队1209人，健身秧歌36队871人，健身球操27队738人，太极拳28队619人。市太极拳、柔力球、木兰扇、腰鼓、健身球操、手杖健身操、广场舞和佳木斯健身操等队已被无锡市命名为大型特色团队。无锡市老年人体育协会授予江阴市“太极拳之乡”“柔力球之乡”“木兰拳之乡”等三个特色项目之乡称号。

二、妇女体育

1964年，江阴县第一染织厂、纺织器材厂、澄江镇并线厂先后组建女子篮球队，并在节假日开展比赛活动。1970年，申港公社西街大队成立妇女刺杀队，利用农闲苦练杀敌本领。1974年，华士公社华西大队组成女子篮球队，党支部副书记赵毛妹任队长，铁姑娘们还经常与男社员举行游泳、投弹、刺杀、射击等项目比赛。

1981年，马镇公社妇女联合会举办第一届妇女运动会，全社14个大队和9个骨干企业组队参加拔河、乒乓球、自行车慢骑、跳远、跳绳和包扎救护等6个项目的比赛。是年后，共举办6届镇（乡）妇女运动会。1988年3月，无锡市农民运动会举行，江阴选手李丛蓉获女子围棋个人第一名。

1994年5月，江苏省农民“致富杯”乒乓球比赛在连云港市举行，江阴市月城镇乒乓球队代表无锡队参赛，获女子团体第一名，李红英、郑玲莉分获女子单打第一、三名。

1995年9月，首届“凤凰杯”江苏省木兰拳比赛在张家港市举行，江阴市代表队获团体一等奖，马洪珍获个人一等奖，许美丽、丁雪琴、沙静获三等奖。12月，江苏省第三届农民运动会

“瘦西湖杯”乒乓球比赛在扬州市举行，月城镇乒乓球队代表无锡队参赛，获女子团体第二名。

1996年10月5—6日，“金河杯”江苏省木兰拳比赛在张家港市举行，江阴市代表队获集体项目一等奖，沙静获个人一等奖，丁雪琴、诸永娟、马洪珍获二等奖，马遇获表演创新奖。是年，无锡市中国象棋比赛在市区举行，月城象棋队参加，获女子A组第一名。

1997年5月22—27日，江苏省农民“AB杯”乒乓球比赛在昆山市举行，月城镇乒乓球队代表无锡队参赛，获女子团体第一名，李红英、郑玲莉分别获得女子单打第一、五名。8月，江阴市西石桥镇木兰拳代表队获江苏省农民健身活动比赛团体二等奖。11月22日，“通力杯”江苏省木兰拳比赛在太仓市举行，江阴市代表队获集体二等奖，孙倩、沙静分获个人一、二等奖。

1998年10月17—18日，第四届“法尔胜杯”江苏省木兰拳比赛在江阴市举行，全省共有25支代表队参赛，江阴市代表队获集体项目中年组、老年组一等奖，沈焕英获个人一等奖，范建淑、沈稼桢获二等奖，张桂芳、张美娟、严秀萍获三等奖。

1999年10月，无锡市农民乒乓球比赛在市区举行，月城镇代表队获女子团体第一名，李红英、郑玲莉分别获得女子单打第一、二名。是月，月城镇女子乒乓球队代表无锡队参加第五届江苏省农民运动会，获团体第五名，李红英获女单第三名。是年，无锡市木兰拳比赛在市区举行，顾山镇代表队获中华木兰扇三路单扇老年组一等奖，青阳镇代表队获五路双扇中年组一等奖。

2001年3月，江苏省百万妇女健身大赛在南京五台山体育馆举行，江阴队代表无锡队参赛，木兰双扇《满园春色》获一等奖。8月，无锡市万名老年健身活动拳、功、操系列竞赛举行，江阴有40名中老年妇女参加，获优秀表演奖和优秀组织奖两项最高奖。

2002年10月25日，江阴市木兰拳比赛在市体育馆举行，各乡镇代表队参加，一等奖为澄江、顾山镇代表队，二等奖为华士、利港、山观镇代表队。11月20日，无锡市妇女联合会授予江阴市二中女子乙组足球队“三八”红旗集体。11月，无锡市体育局、教育局表彰在第十五届省运动会中取得优异成绩的个人，江阴市女运动员翁新芝、翁晓洁、李淼淼为一等功。

2004年6月12—13日，“恒力杯”华东部分城市木兰拳邀请赛在吴江市松陵一中体育馆举行，上海、江苏、浙江共15支代表队参赛，江阴市代表队获团体二等奖，并获得体育道德风尚奖。

2006年5月1—3日，“姚记杯”第八届国际武术博览会在上海举行，美国、澳大利亚、新加坡、日本和中国共43支代表队参加木兰拳比赛，江阴市代表队获团体二等奖，沙静获个人一等奖。

2007年6月12日，无锡市腰鼓比赛在锡山区举行，青阳镇腰鼓队参赛，获二等奖。7月6—11日，庆祝香港回归祖国十周年第三届木兰拳国际精英交流赛在香港东区爱秩序湾社会礼堂举行，共有印尼、新加坡、日本、韩国及中国台湾、澳门、香港地区和内地49支代表队55名选手参加，江阴市木兰拳队和澄江街道芙蓉社区木兰拳队获比赛最高荣誉大金奖。10月5—7日，江阴市长山中心小学教师许巍代表无锡队参加在苏州举行的江苏省全民健身运动会社会体育部速度轮滑比赛，获成年组女子500米计时赛、1000米计时赛、5000米淘汰赛3枚金牌。

2008年4月，全国秧歌大赛在江苏张家港市举行，江阴市青阳镇女选手庄玲玲获一等奖及最佳表演奖。5月1—3日，第九届国际武术博览会在上海举行，江阴市沙静、马思、徐慧、朱秦、顾敏华、郁霞、周桂兰、花燕萍8人参加“劳沃斯杯”木兰拳比赛，获中年组国家规定套路二等奖，沙静和马思获个人一等奖，《木兰花扇》获集体最佳表演奖。

2009年11月26—27日，“好收成杯”江苏省第二届农民体育节在启东市举行，江阴市澄江街道革新村15名女选手代表无锡队以改编的农村劳作为特点的《扇舞拳韵》展示，获一等奖。

次年5月12—15日，友好城市庆世博中国木兰拳精英荟萃邀请赛在淮安市举行，共有国内外53支代表队参赛，江阴市代表队获大赛最高荣誉特等奖。

2011年6月11日，第十届中国木兰拳暨民族传统文化国际交流大赛在马来西亚举行，印度、蒙古、新加坡及中国内地共42支代表队参加，江阴市代表队获木兰双扇团体银奖，邢桂英获个人金奖。9月15日，江苏省第七届农民运动会健身秧歌比赛在镇江扬中市文锦广场举行，江阴队代表无锡队参赛，获国家第四套健身秧歌规定套路第三名、团体总分金奖。

2012年6月9—10日，“健康常熟杯”江苏省部分城市木兰拳邀请赛在常熟市举行，江阴市代表队获团体总分第一名。10月25—28日，上海国际木兰拳邀请赛举行，国内外共38支代表队400余名选手参赛，江阴市代表队获中老年组规定套路金奖，沙静、马愚、陈惠芬获个人5金1银，沙静和马愚分别获得个人总分第一、二名。

2013年8月25日，江阴市女子门球比赛在市门球场举行，各镇（街道）、机关局、企事业单位共26支代表队近200名选手参加。9月18日—10月11日，“龟龄集杯”江阴市首届全民广场舞总决赛在市体育中心举行，共有31支代表队737名选手参加。

2014年5月，第九届江阴市级机关“浦发杯”羽毛球赛在市体育馆举行，30支代表队144名运动员参加，顾龙芬、许文溪获女子双打第一名。7月，中国木兰拳暨民族传统文化展示国际大赛在海南三亚市举行，江阴市芙蓉木兰队获木兰拳项目最高奖项——团体大金奖。

2015年1月22日，中华老年体育舞蹈国际艺术节在香港九龙湾国际展中心举行，江阴市阳光女子东坊队夺得三等奖，江阴市木兰拳协会百花园健身点夺得优胜奖，由江阴老年女排队组成的啦啦队获全场最高奖——最佳啦啦队组织奖。4月11—12日，“四方杯”全国游泳俱乐部锦标赛在江苏江阴市体育中心举行，共有20支代表队630名运动员参加，江阴市运动员陈菁获得女子55～59岁组50米蝶泳第一名。7月，第一届全国广场舞赛在香港举行，江阴市月城健身队获得金奖三等奖、总分第八名。10月31日，江苏省第十个老年体育节江阴分会场闭幕式暨市木兰拳协会成立二十周年展示大赛在江阴市一中体艺馆举行，536名女选手共展示《木兰情》《木兰魂》《木兰韵》《木兰飘香》等16个节目。

三、残疾人体育

历年来，江阴残疾人驰骋体坛，在无锡市、江苏省乃至全国各类竞技比赛活动中均取得优异成绩，展现出残疾人的自强风采和顽强拼搏精神，尤其突出的是肢残人龚彬，在第十二届雅典残疾人奥林匹克运动会上，与队友一起获得女子坐式排球冠军，实现江阴体育史上残奥会金牌零的突破。

1988年9月，江阴市杏春培智学校8名学生参加江苏省第一届特殊奥林匹克运动会（以下简称特奥会），获得4枚金牌、2枚银牌、1枚铜牌。

1990年10月，江阴市8名少年儿童参加省第二届特奥会，陈芳获女子少年组跳远第二名、50米第三名，谢燕获100米第一名，陈智荣获50米第二名；黄建国获男子少年组跳远第二名，李涛获200米第二名，倪峰获50米第二名，李良朋获100米第三名。

1995年6月，省第三届“特奥会”在无锡市举行，江阴市残联共有8名残疾人参赛，获2枚金牌、3枚银牌和2枚铜牌。是年，省第三届伤残人运动会在南京市举行，江阴市山观镇胡敏慧代表无锡队参赛，获2枚金牌。

1998年5月，无锡市首届残疾人运动会在市区举行，江阴市共28名残疾人选手参赛，获28枚金牌、9枚银牌、13枚铜牌，团体总分第二名。

1999年9月，江阴市胡敏慧、陈玲、汤海良、匡江华4名残疾人选手代表无锡队参加省第五届残疾人运动会，获2枚金牌、9枚银牌，并获无锡市体委、民政局、残联表彰，胡敏慧获一等奖，陈玲、汤海良获二等奖，匡江华获鼓励奖，胡敏慧以5.09米的成绩打破男子截肢F42级跳远4.63米的全国纪录。

2000年11月29日，江阴市首届残疾人田径（含象棋）运动会在市老体育场举行，全市29个镇及市聋哑学校、开关厂等32个单位91名残疾人运动员参加。

2002年5月，共有12名残疾人选手代表无锡队参加江苏省第六届残疾人运动会，获7枚金牌、3枚银牌、2枚铜牌，龚彬入选省女子坐式排球队集训。7月，徐霞客镇岐北对桥村残疾人运动员邓士荣代表江苏队参加全国残疾人坐式排球优胜队联赛暨世锦赛选拔赛，获男子团体第六名。

2003年9月和10月，龚彬与队友一起分别获扬州全国第六届残疾人运动会女子坐式排球第一名，日本亚太地区女子坐式排球锦标赛及残奥会资格赛冠军。

2004年5月14日，庆祝第十四次全国助残日暨江阴市第二届残疾人运动会在市老体育场举行，共有74名选手参赛。8月，省残疾人游泳锦标赛举行，江阴市共有6名选手代表无锡队参赛，获11枚金牌、8枚银牌、2枚铜牌。9月，龚彬与队友一起获雅典第十二届残疾人奥林匹克运动会女子坐式排球金牌。

2005年11月，江苏省残疾人青少年田径锦标赛在淮安市举行，江阴有3名选手代表无锡队参赛，视力残疾人潘冬青获100米、400米2枚金牌，肢残人吴峥获100米金牌、200米银牌。

2006年4月，第七届全国残疾人运动会在云南举行，龚彬代表江苏队参赛，获女子坐式排球冠军。9月，省第七届残疾人运动会在南京举行，龚彬等10名江阴选手代表无锡队参赛，获7枚金牌、6枚银牌和5枚铜牌。

2008年8月，在省残联举办的残疾人游泳锦标赛中，江阴选手薛利江获1枚金牌和1枚银牌，黄玲获1枚铜牌。次年7月11—19日，江阴市共有49名残疾人选手参加无锡市第十届运动会，获得金牌43枚、银牌21枚、铜牌15枚，团体总分508分，团体总分和金牌总数均列无锡市第一名。

2010年4月，江阴市运动员黄玲在全国残疾人自行车锦标赛上获得1枚银牌、2枚铜牌。5月，龚彬代表江苏队参加全国残疾人女子坐式排球锦标赛暨第八届全国残运会预赛，获第一名。8月，江阴市15名残疾人代表无锡队参加江苏省第八届残疾人运动会，获10枚金牌、5枚银牌、14枚铜牌。

2011年7月28—29日，无锡市残疾人乒乓球锦标赛在天一实验小学体育馆举行，江阴市11名残疾人选手参赛，获团体第三名，其中谭伯军等3名选手获肢残男子组TT8级团体金牌，邹惠兴获肢残男子组TT9级单打金牌。8月24日，无锡市残疾人游泳比赛在江南大学游泳馆举行，江阴市有15名选手参赛，获金牌16枚、银牌7枚和铜牌9枚，团体总分、金牌总数双第一。10月12—18日，全国第八届残疾人运动会在杭州举行，龚彬担任江苏女子坐式排球队队长，与山东、河北、上海、甘肃、辽宁、湖北及东道主浙江队比赛七战七捷，摘得桂冠，江苏女子坐式排球队实现全国残运会三连冠。10月，黄玲获全国第八届残运会自行车CS女子3公里个人追逐赛、20公里个人计时赛、团体竞速赛3枚银牌。

2012年，江苏省残疾人青少年游泳锦标赛举行，江阴市残疾人选手代表无锡队参赛，朱钰静获S13 100米自由泳银牌、50米自游泳银牌，沈伽伟获SB12 100米蛙泳铜牌。

2014年9月9—14日，江苏省第九届残疾人运动会在宿迁沭阳县体育中心举行，江阴市14名残疾人运动员代表无锡队参加，共获得18枚金牌、11枚银牌、6枚铜牌，其中朱玉龙获男子T35 100米、200米、400米3枚金牌，并打破100米和200米省残运会纪录，黄玲获女子T46 800米、1500米、3000米3枚金牌，并打破1500米省残运会纪录，李幸丰打破男子T38 400米省残运会纪录。

2015年9月12—19日，全国第九届残疾人运动会暨第六届特殊奥林匹克运动会在成都双流市举行，江阴市运动员龚彬代表江苏队参加，获女子坐式排球第二名。

第六节 军事体育训练

一、野营训练活动

1958年7月成立江阴县军事野营委员会，由0100部队一支队、5054支队、县体委、教育局、团县委、粮食局、兵役局等单位组成。7月27日—8月2日，江阴县军事野营委员会组织445名中学生（其中高中生245名、初中生200名）参加为期7天的军事野营活动。1960年6月，江阴县军事野营委员会布置全县中学、工矿企业、机关事业单位实施军事野营训练。7月14—30日，训练学生、工人、干部、农民共69318人，包括步兵、无线电兵、有线电兵、军械兵、炮兵等兵种训练，内容为防空、防原子、防化学毒物、夜间集合、急行军、野营拉练、射击、投弹、游泳、爬山等。1966年上半年，江阴县军事野营委员会组织澄江镇初高中学校学生和机关、厂矿、企事业单位的民兵共6000人开展军事野营活动。

1969年10—12月，江阴县各中小学在中国人民解放军江阴县体育军事接管小组的领导下，先后开展军训拉练、急行军、军事演习、军事野营等训练活动。10月24日，江阴华士中学举行50公里长途行军活动，100余名师生身背行军包，一手拿着木枪，一手捧着语录本，途经周庄、云亭、要塞、澄江、西郊、山观等公社，用11个小时完成50公里长途行军。12月9—12日，石庄中学158名男女民兵、红卫兵向江阴进军，举行为期四天的军事野营活动，在黄山组织抢占山头、夜间攻碉堡、站岗值勤、紧急集合、防空防弹等演习。来回60公里，全体学生步行跋涉，精神饱满，没有一个人掉队。12月，璜塘中学民兵营二连三排举行军事野营演习。演习分为六个部分：长途行军、抢占山头、搜山捉特务、攻占山头、强攻顶峰、夜行军。长途行军，行军路线为学校至花山，战士们扛着红缨枪，高唱革命歌曲行进，途中进行几次急行军和防空演习，5时出发，8时40分到达花山目的地。抢占山头，与“敌人”争时间，比速度，抢占制高点。搜山捉特务（把写有×××、×××等特务名字的纸条预先压在小石头下面，或嵌在石缝里面，或丢在乱草丛中），发现某山峰有一股“特务”，全排战士紧急集合，进行搜山，战士们机智勇敢，活擒“敌特”429名。攻占山头，为了歼灭二峰上的“敌人”，指挥员命令全体战士向二峰进攻，在进攻过程中，战士们坚决服从命令听指挥，指挥员命令冲锋就冲锋、卧倒就卧倒，倾刻，二峰上的“敌人”被歼灭。强攻顶峰，为了歼灭顶峰上的“敌人”，指挥员命令战士强攻，战士们采用灵活机动的战略战术，一会儿冲锋，一会儿卧倒，不时变换队形，卧倒埋伏时战士们在草中隐蔽着一动不动，“敌人”很难发现，抓住有利战机，战士们一跃而起，似从天降，顶峰“敌人”全部被歼灭。夜行军，行军路线花山至学校，整个行军过程中，没有一个人讲话，只听得见嚓嚓的脚步声，其间进行急行军、防空、向“敌军”发动猛烈进攻、传口令等军事演习活动，20时许全体战士回归学校。同期，城区红心中学（南菁中学）、五一中学（江阴县中学）、一中、三中、人民小学（澄江中心小学）、东方红小学（辅延小学）等中小学也相继开展军事野营训练活动。

二、无线电、航海、射击

1960年4月16日，江阴县体委派员参加江苏省军区司令部、江苏省体委联合召开的民兵无线电通信兵训练工作会议，着重讨论各区（地区）新建4个无线电俱乐部的筹建和原有各市（县）无线电俱乐部的加强训练等问题。4月25日，县人民武装部、体委联合向中共江阴县委员会报告请批建立无线电、航海和射击俱乐部，并推荐俱乐部专职人员。无线电俱乐部主任，李满章（华士公社12大队）；教练，徐兆福（县邮电局）、吴建纲（县邮电局）。航海俱乐部主任，杨文生（中兴公社双山小学校长）；教练，孔德君（南菁高中学生，原为航海教练员）、沈明久（江阴轴承厂）。射击俱乐部主任，蒋金南（南菁高中）；教练，王安林（陆桥公社）、杨林楚（文林公社）。4月后，根据江苏省委通知精神，结合民兵训练，江阴县掀起以射击为中心的群众运动。7月，苏州地区体育运动委员会下拨江阴县野营子弹5.4万发、步枪子弹3万发。8月1日，江阴县无线电、航海、射击俱乐部分别开始办公和开展活动。9月，镇江专区、常州市、无锡市和江阴县等4单位民兵射击对抗赛在常州市举行。是年，结合备战备荒，国防体育被放在突出的位置，江阴县人民武装部在农村、工厂、学校、机关举行实弹射击训练和比赛，培养射手数以千计。1964年建军节和国庆节期间，江阴县开展民兵射击、投弹比武活动，共136人参赛，其中17人被评为特等射手。

“文化大革命”结束后，全县民兵组织起来进行准军事化训练，实弹射击成为训练的主要项目。1978年，纪念毛泽东关于民兵工作“三落实”指示发表16周年，澄江镇组织全镇21个武装基干民兵单位进行射击、投弹、刺杀、爆破等军事表演。1980年8月，县人武部组织县属厂矿企业实弹射击比赛，澄江镇代表队获男、女对抗射击第一名，男子第一练习射击第一名。是年，苏州地区推荐江阴县体委秦浩明为省射击协会会员。1984年9月，江阴县要塞中学进行以无线电报务训练为特色内容的国防科技教育，初中年级设立无线电报务中队，高中年级开设无线电报务班。10月，县人武部组织射击战伤救护比武演习，澄江镇女民兵班获第一名。是年，全县有18个乡镇建有轻武器射击场，组织基干民兵射击训练。1988年，无锡军分区举行民兵比武大会，江阴市代表队获得射击团体总分第一名，对抗射击第一名。1990年，江苏省军区无线电报务技术竞赛在南京市举行，要塞中学无线电报务班代表无锡军分区参赛，陆晓红获发报技术第一名。1991年5月，江阴市民兵连赴上海奉贤靶场参加对空实弹射击，取得优秀成绩。是年，江苏省军区无线电报务技术竞赛在扬州市举行，要塞中学无线电报务班学生陆晓红、吴雅芳代表无锡军分区参加，分别被评为优秀报务员、最佳抄报手。1992年，无锡军分区组织全区无线电报务技术竞赛，要塞镇民兵通信分队代表江阴市参赛，获得全能和发报2项第一名。2003年4月，江苏省军区在盐城射阳举行实弹射击考核，江阴市民兵预备高炮营六连125名官兵代表无锡军分区参加，在7个单项中获得3项第一名。2004年8月，全国青少年航海模型锦标赛在河南郑州市举行，江阴市第一中学学生于文清代表江苏队参赛，获得中学组女子F1-E1公斤第四名。2008年，无锡市军分区组织全区民兵应急分队比武竞赛，江阴市代表队获实弹射击个人第一名。2010年，要塞中学“王成报务中队”获无锡市英雄中队、江苏省英雄中队称号，并被无锡军分区命名为“先进少年军校”。

三、其他军事体育训练活动

光绪28年（1902），南菁高等学堂即设体操科，以兵式体操为主。1903年后，江阴县各学堂均从事体操科的教学，初等小学以游戏体操为主，高等小学以普通体操和兵式体操并重，中学以兵式体操为主，每周上体操3课时。1914年，南菁试办童子军，定额50人，接着县内有条件的学校也都办童子军。童子军学习和训练的科目有队形更换、露营、旗语、攀登、结绳、追踪、救护等。1916年，在江阴地方纪念日的联合运动会上，县立第九国民学校体育教师张镐训练学生首次表演童子军操。1919年后，江阴县每年秋季举行全县童子军大会操。1923年5月23日，江阴县童子军礼延一团、辅延二团、澄翰五团、女校廿三团、澄南三团赴苏州市会操，礼延成绩最优，有3项均获第一。1925年6月，常熟、江阴、无锡、如皋4县在无锡举行童子军大检阅，江阴一高团徐明彝之自由车，女高团蒋伊文之观察、记忆及救护，王月英之包扎均属最优，江阴女高团的露营、七幼童团的游戏亦均优良。1930年春，江苏省举行首次童子军大检阅，江阴县中学八八团名列第三名。

1937年抗日战争爆发，江阴县各中学对学生实行严格的军训操练，组织强迫跑步、紧急集合等活动，高级中学一、二年级每周增设3节军训课，高三毕业前须集中军训3个月。1944—1945年汪伪政权时期，江阴伪县府遵循省府规定，令各校加强实施军事训练，以适应战时要求。抗战胜利后，江阴县初中恢复童子军课，高中恢复军训。1948年6—11月，江阴西乡利港中心、龙砂初中、城区中山中心分别举行童子军检阅，以及露营、旗语、攀登、结绳、追踪、救护等项目竞赛。

解放后，江阴群众性的军事体育训练活动日趋活跃。1950年12月，江阴县人民武装部首次举办民兵干部轮训班，训练民兵基层骨干。1955年冬季，县人武部以沿江、沿山、国家粮库所在地区为重点，训练18～30岁民兵5752人。1958年9月，毛泽东发出“大办民兵师”的号召后，全县各公社（镇）建立人民武装部，后又成立民兵团，采用小型、就地分散的方式，训练17～25岁的男基干民兵25000人。1959年，县体委与驻江阴县某部队在双山沙至对岸德积公社区联合举行横渡长江活动，有学生、农民、职工、解放军参加，驻江阴县某部队派4艘炮艇保护。是年至1962年，县人武部在全县开展争当优秀民兵活动，评定“五好民兵”23305人。1965年3月，全县举行军事选拔比赛，选出民兵训练技术尖子参加苏州军分区的比武大会。6月，县体委、人武部对民兵游泳骨干进行为期3天的集训，县级机关、县工商业系统以及澄江、青阳、华士镇共30余人参加。1969年7月30日—8月2日，中国人民解放军江阴县军事接管组在澄江镇举办县游泳毛泽东思想专题学习班。1970年7月，县教育局规定全县中小学体育课改为“军体课”，军体课以军事训练为主要内容。初一：列队动作要领及其变换；利用地形地物意义及要领；掌握卧倒及在敌人的火力下运动的高姿、低姿、曲身前进动作；步枪、手枪、手榴弹的构造；刺杀的基本动作，防空、游泳、救护知识；军事野营、解放军光荣传统。初二：增加防原子、化学、细菌武器的“三防”知识；学习悬垂、攀登、负重行军和登山练习；学习蛙泳、踩水、潜水。高中：举办军事野营，更好地掌握各项军事知识和技能，一旦需要，即能参军，担负起保卫祖国的神圣职责。9月，为庆祝中华人民共和国成立21周年，江阴县革命委员会在体育场举行县中学生军体运动会，有刺杀、负重赛跑、手榴弹、200米障碍、步兵班进攻等项目，孙义宝、顾菊英分获青年组男女300米负重赛跑第一名，承仲良、金凤娣分获男女200米障碍第一名；邢克兴、盛庆云分获少年组男女手榴弹第一名。1971年7月1—2日，江阴县中学生军体运动会在县体育场举行，有280名学生参赛。7月16日，顾山公社举行游泳表演，公社独立团，大队、单位民兵营以及中小学参加，表演内容有武装泗渡，水上射击、运输、救护、进攻等。9月，顾山中学请民兵营长携带真枪辅导学生学习机步枪原理，使学生会拆会装，会瞄准射击；请医生指导学生止血包扎，急救。年内，申港公社西街大队成立妇女刺杀队，开展女子军体活动。是年，县教育局举办以游泳、刺杀、军事障碍为主要内容的中小学军体教师学习班。

“文化大革命”结束后，以民兵训练为主的军事体育活动在全县范围内掀起高潮。1976年6月，江阴县委成立游泳指挥部，由徐蓉芬、徐国英、刘玉兴、王宝学、李永林5人负责。以后数年，全县广泛开展结合军事训练的游泳活动。1983年，建成县民兵训练基地，面积为13790.66平方米，依托训练基地，对全县基干民兵实施训练。1987年，采取由驻江阴市某部队带训和市民兵训练基地集训及分片设点联训的方法，全市训练基干民兵1000人，民兵训练走上基地化、规范化。1988年后，市人武部按照“训用一致、着眼未来、突出重点、改进方法、注重效益”原则和《民兵军事训练大纲》，重点训练民兵应急分队、专业技术民兵和民兵干部5217人，合格率99%。1992年年底，江阴市人武部接受南京军区检查考核，获得五省一市总分第一名。1993年5月，江阴市民兵干部学校在市民兵训练基地成立。8月，市民兵训练举行，突出训练专业技术和重点课目，参训人员总评优秀。是年，市民兵训练基地被省政府、省军区评为省先进民兵训练基地。1996年起，市人武部开展科技大练兵，受训1050人，合格率98.5%，总评优秀。1997年3月，市人武部选调108人组建市直属民兵应急机动连，进行以5公里武装越野、带应急背景检验性综合训练为主的强化训练，达到“拉得出、打得响、过得硬”的训练目的。4—5月，市直属民兵应急机动连分别接受无锡军分区、江苏省军区考核验收，评定成绩均为优良。1999年5月，市人武部组织16名民兵进行“城市夜战中的民兵班与敌军夜视器材作斗争”课目演练，该课目被无锡军分区评为优秀课目。2000年，市预备役高炮营四连被江苏省预备役高炮师评为基层建设“拳头连队”。2002年，市人武部分4期对全市1187名基干民兵进行规范化训练。2003年，全市共训练基干民兵1308人，突出专业分队训练，涉及导弹、工兵、通信、防化等12个专业的381名专业技术民兵，完成快速动员集结演练任务。2004年，经江苏省军区考核，市民兵应急分队有4个课目获优秀，1个课目获良好；经无锡军分区考核，市民兵干部和专业技术分队总评成绩良好。2006年9月，市国防动员委员会组织28个成员单位及澄江镇民兵参加无锡市城市防空作战和“反恐维稳”演习，并组织4支专业分队的民兵160人在江阴长江大桥附近进行防空演习。2007年，全市共训练专业技术和应急分队民兵1524人。市人武部被江苏省军区评为军事训练先进单位。2008年4月23日，市人武部举行市基干民兵联防演练，共有18个单位528人参演。9—10月，市人武部军训初、高中新生12493人。是年，无锡军分区举行民兵应急分队比武竞赛，江阴市代表队获团体总分第二名，手榴弹投准等个人2个第一名。2009年5月，依托海澜集团成立市第一支36人的女子民兵特勤队。年内，市人武部分6批，对全市1027名民兵进行训练。2010年7月15日，市人武部举行市民兵应急连队“三精”（精准射击、精熟操练、精确指挥）军事技能强化训练，共有37人参训。8月1日，省民兵应急分队“三精”比武竞赛在泰州市举行，江阴市民兵应急分队代表无锡军分区参赛，获团体总分第四名，单项2个第一名、2个第二名、1个第三名。2011年5月23日，无锡军分区举行教练员比武竞赛，江阴市代表队获第一名。5月30日—6月11日，江阴市代表无锡军分区参加江苏省军区教练员比武大赛，参赛课目被评为省“十佳”课目。7月25日—8月15日，南京军区教练员比武竞赛在安徽举行，江阴市人武部长戴旭东被评为“郭兴福式优秀教练员”。2012年3月，市人武部组织15名民兵分2批参加江苏省军区、无锡军分区举行的通信、森林防火演练。4月，市人武部组织为期一周的“反恐维稳”集训，全市共有240名民兵参训。6月，市国防动员委员会举行为期22天的“苏动——2012”国防动员指挥训练，全市17个镇（街道）、市级机关和7个企事业单位共286人参训。2013年6月11—14日，省实弹战术演习在盐城射阳县靶场举行，全省有23个单位参演，市民兵导弹连快速、有序完成系列演练任务，取得2发2中、双发齐中的成绩，获省军区“命中靶机奖”。2014年10月12日—11月14日，市人武部组织参加江苏省民兵“打得准”比武竞赛集训。11月15日，选拔23人赴泰州代表无锡市参加省军区组织的射击、武装越野、匍匐前进、投掷手榴弹等10项项目的比武竞赛，获团体总分第一名。是年，市人武部共组织民兵训练6期，有788名民兵完成军事训练任务，成绩总评均为优秀。2015年3月，市人武部组队参加无锡军分区实弹实投竞赛，获团体第一名。

第七节　创建活动和全民健身

一、创建活动

（一）争创全国体育先进县（市）

1984年10月，中共中央向全国人民发出《关于进一步发展体育运动的通知》。1985年国家体委作出在全国争创体育先进县的通知，并颁布全国体育先进县的标准。江阴县委、县政府闻风而动，成立争创全国体育先进县的领导小组，组织发动全县人民投入到争创全国体育先进县的活动中去，并对照全国体育先进县的标准制订十条措施予以落实。根据创建需要，县政府不断增加经费投入，先后拔款286.4万元，建设和完善体育设施，保障软、硬件指标达标，包括人均2角左右的体育经费。是年建成一座长31米、宽18米、顶高14米、设座2500个的体育馆，次年竣工一个占地1万平方米的标准游泳池，两年间达到“四个一”标准（标准田径场、游泳池、训练房、体育馆）。1986年9月25日，江苏省人民政府命名江阴县为体育先进县。10月中旬，国家体委验收组到江阴抽样检查，评价认为：“领导很重视，群众有要求，工作发展快，潜力非常大，卧龙伏虎，腾飞有望。”同时，各乡镇也掀起争创热潮，体育事业得到迅速发展。长泾乡筹资42万元兴建体育场，周庄三房巷村投入20余万元建造带有看台的灯光篮球场。1987年，全市农村有篮球场218个，田径场39个，乒乓球室428个，旱冰场9个。是年，全市职工、农民和学生的体育运动蓬勃发展，各种运动会和单项比赛此起彼伏，常年不断，经常参加体育活动的人数达到全市总人口的40%。

1988年9月，江阴市被评为全国体育先进县（市）。1989年10月2日，在国务院小礼堂召开的全国农村体育工作先进集体、先进个人表彰大会上，国务院副总理田纪云将一帧“江阴市—全国体育工作先进县（市）”的铜匾授予市委常委、宣传部部长王伟成，并勉励说：“你们江阴不差嘛。”

此后，江阴市体育在不断深化改革中推向新的广度和深度。1989年，由市体育中学改建成的江阴市体育学校，成为全市竞技训练的龙头，培养体育人才的基地。群众体育向着系统化、制度化、传统化、社会化发展。各类体育设施得到进一步完善和提升，全民健身普遍开展，市民体质显著增强。1992年4月，江阴市高票通过国家体委的复查验收，再次荣获全国体育先进县（市）。

（二）争创省体育先进强镇（乡）、强县（市）

2007年年初，江苏省体育局为推进城乡体育一体化发展，在全省开展体育强县（市）和体育强镇（乡）争创活动。江阴市积极响应，迅速向15个镇和澄江街道下达争创任务，要求按照江苏省体育强镇6大类21条创建标准抓好落实。全市多次召开座谈会、现场会、推进会，解决创建工作中遇到的困难和问题。针对镇体育健身中心设施方面存在的问题，市体育局制定一系列扶持奖励政策，并深入各镇进行具体指导与审核把关。同时加大投入，向有关镇、村赠送篮球架105副、乒乓球台210张、健身路径70套。经努力，全市256个行政村累计建成篮球场279个，健身路径244套，乡镇体育健身工程和城区社区健身路径覆盖率达100%，各镇（街道）均建成体育健身中心。10月23日至24日，江苏省体育强镇验收组对江阴市创建工作进行验收。江阴市各镇（街道）在体育经费上的投入、组织健全的网络、群体活动的普及、镇村到位的设施、业余训练的佳绩、健身氛围的浓厚以及档案资料的规范、效果明显的做法获得验收组很高评价，全市15个镇和澄江街道全部被省体育局命名为首批省体育强镇。12月12日至13日，江苏省体育强市检查验收组对江阴市创建江苏省体育强县（市）工作进行检查验收。验收组对照各项指标逐一勘验，随机抽检夏港、璜土、申港3个镇体育工作和基础体育设施建设情况，查看创建工作文字图片资料台账。验收组对江阴市党政领导重视、全面落实创建体育强市工作、切实把实施《全民健身计划纲要》与加快体育现代化建设纳入经济发展规划和幸福江阴建设，坚持政府主导，提高体育强市建设保障力度，坚持以人为本，积极构建全民健身服务体系，坚持开拓创新，不断提升竞技体育水平，坚持市场运作，努力培育体育产业市场等给予充分肯定和高度评价。12月20日，江苏省体育局发文，命名江阴市为江苏省首批（13个）体育强县（市）。

（三）争创“亿万农民健身活动”先进镇

1990年，农业部、国家体育委员会、中国农民体育协会联合发出在全国开展“亿万农民健身活动”的号召，旨在最大规模地发动农民参加体育锻炼，强健体魄，提高人口素质，贯彻落实《全民健身计划纲要》，促进农村生产发展和农村经济繁荣，促进农村社会稳定和全面进步，为农村两个文明建设服务，为贯彻落实党的农村政策服务。活动的主题为“科学、文明、健康、富裕，做新时代体魄健壮的新型农民”。江阴市高度重视，积极响应，广泛开展宣传活动，使“亿万农民健身活动”的意义家喻户晓。全市28个镇迅速行动起来，掀起全民健身争创“亿万农民健身活动”先进镇的热潮。据统计，1996、1998、2000年三年，各镇共举办各类竞赛718次，参加比赛队员107572人，投入经费4389237元，盛况空前。此后进一步加大争创力度，完善和提升体育设施，开展内容丰富、形式多样、富有农村气息和为农民喜闻乐道的体育活动。全市农民通过科学、文明、健康、丰富的体育活动达到强身健体、娱乐身心、陶冶情操，以强健的体魄投身于改革开放和现代化建设中去，为农村社会主义物质文明和精神文明建设做出贡献。至2006年，江阴市有全国亿万农民健身活动先进乡镇3个、江苏省“亿万农民健身活动”先进乡镇5个。

江阴市荣获国家级“亿万农民健身活动”先进乡镇：

第三批（1996年）：月城镇

第四批（1998年）：璜土镇

第八批（2006年）：徐霞客镇

江阴市荣获省级“亿万农民健身活动”先进乡镇：

第三批（1996年）：月城镇

第四批（1998年）：璜土镇、顾山镇

第五批（2000年）：璜塘镇

第六批（2002年）：山观镇

（四）全民健身“八个一工程”达标工作

“八个一工程”为：建立一个健身组织网络，每年举办一次全民健身活动周，建设一个全民健身工程（点），建设一批晨（晚）练健身点，建设一支社会体育指导员队伍，建立一个国民体质测试站，每年举行一次体育健身科普系列宣传，形成一个特色体育项目。2004年，江苏省开展全民健身服务体系“八个一工程”达标工作。是年，江阴市积极贯彻《全民健身计划纲要》，建立多元化群众体育服务体系，加快全民健身工程（点）建设进程，新建全民健身工程2个，全民健身点28个，全市累计建有省级健身工程7个，全民健身点74个，各镇、经济开发区和城市社区健身点覆盖率达100%，培训各镇社会体育指导员共计1309名，每万人体育指导员数超过12名，建立1个国民体质监测站、17个测试点，进行多场次科学健身知识普及教育，形成篮球、门球、太极拳、舞龙等特色体育项目。12月，域内有13个镇“八个一工程”建设一次性通过上级评估验收，江阴市被评为达标工作先进单位。2005年，开展以申港、徐霞客、顾山、月城、夏港、利港、华士镇和新城东办事处为重点的“国民体质监测暨体育三下乡”活动，集中对800名乡村老人、幼儿、成人进行体质测定，举行第十届全民健身节暨第十届全民健身周启动仪式，新建全民健身工程1个、健身点30个，培训二级社会体育指导员71名，开展群众体育活动150余次，参与者近4万人，周庄、华士、夏港、澄江等4镇被评为江苏省全民健身“八个一工程”先进单位。2008年，举办全市性全民健身活动比赛25次，完成430万元体育器材配送下乡，包括健身路径180套、篮球架40副、乒乓球台120张、小篮球板282架，建成1个江苏省级、2个无锡市级、23个江阴市级社区体育健身俱乐部，完善镇级国民体质监测站，新增三级社会体育指导员269名，月城、徐霞客2镇获江苏省全民健身服务体系“八个一工程”先进单位称号。

二、全民健身

（一）全民健身周（月）活动

1995年，国家颁布《全民健身计划纲要》和《中华人民共和国体育法》。8月，市全民健身领导小组成立。10月18日起开展“全民健身宣传周”活动，先后举行实施《全民健身计划纲要》动员大会；机关干部、企业职工、农民、学生、解放军官兵等开展万人长跑活动；城区各小学举行广播体操大会操等。此后每年6月或9月均开展“全民健身周活动”，并因时制宜，调整充实群众喜闻乐见的活动内容。2003年，市根据江苏省相关通知精神，确定每年6月10日为“全民健身日”，所在周为“全民健身周”、6月为“全民健身节”。2005年，全国第十届运动会在江苏举行，江阴市于6月进行的“全民健身周”活动结合“迎十运”组织一系列比赛。2006年5月底，根据国家体育总局统一部署，将 “全民健身周”扩大为“全民健身月”，乒乓国手王励勤、象棋特级大师柳大华和徐天红等到江阴，为首个“全民健身月”作助兴表演。2009年8月8日，江阴市将全民健身日定为全民健身节启动日，坚持“政府主导、协会组织、社会参与”原则，积极推行部门互动、城乡联动，围绕“我运动、我健康、我快乐”，开展全民健身节活动。1995—2015年，全市持续开展“全民健身周”活动11年，“全民健身月”活动10年，累计举行各类活动8000余次，参与人数达201.37万。

1995—2015年江阴市“全民健身周（月）”活动一览

表3-2

年份	日　期	活动内容	参与人数（万人）	获奖情况
1995	10月18—22日	活动动员大会、健身节目表演、万人长跑、广播大会操等	1.25	—
1996	6月12—22日	活动动员大会，木兰拳、广播操、气功表演，登山。各镇开展健身活动245次	3.95	—
1997	10月21—27日	迎香港回归全民健身宣传周活动、市第四届运动会开幕，第八套广播操培训，国民体质测试。各镇开展健身活动259次	1.75	市体育局获江苏省全民健身宣传周活动先进单位
1998	6月15—19日	《全民健身计划纲要》全民健身宣传周活动，广播大会操，篮球、乒乓球、棋类等比赛。各镇开展健身活动239次	1.70	—
1999	宣传周9月27日—10月3日；系列活动9月中旬—10月中旬	迎国庆50周年第四届全民健身宣传周活动，市田径、木兰拳、拔河比赛，市老年运动会、广播操大会操，镇广播操摄像评比。各镇开展登山、登楼活动	5.59	江阴市被评为江苏省“十佳”全国体育先进县（市）。市体育局被评为省体育先进集体、全民健身宣传周活动先进单位
2000	9月21—27日	第五届全民健身宣传周活动，市第五届职工运动会开幕，广场健身文体晚会。各镇开展健身活动	5.00	市体育局被评为江苏省全民健身宣传周活动先进单位
2001	6月—10月	庆祝建党80周年和支持北京申办奥运会市第六届全民健身月活动，老年健身操培训班，棋类、篮球等比赛、广场健身文体晚会。各镇开展各类体育活动65次	12.00	—
2002	6月8—28日	纪念毛泽东“发展体育运动，增强人民体质”题词50周年市第七届全民健身周活动，健身节目表演评奖，“一纲一法”宣传和国民体质测试，万人大会操，5个乡镇中小学小会操，老年健身操比赛	7.20	市体育局被评为江苏省全民健身宣传周活动先进单位
2003	6月10—16日	“健身强体，抗击非典”市第五届全民健身节暨第八届全民健身周。乡镇、社区开展群众体育活动近200次。体育协会举办市内比赛50余次	3.86	—
2004	6月10—16日	“生活奔小康，身体要健康”市第六届全民健身节暨第九届全民健身周，“体育三下乡”活动启动，群众体质测试，太极拳、乒乓球比赛。各镇开展健身活动	5.50	市体育局被评为全国全民健身活动先进单位；江阴市被评为江苏省县级体育工作先进单位
2005	6月14—20日	“迎十运”市第七届全民健身节暨第十届全民健身周活动启动，开展舞龙等全民健身活动，国民体质监测服务，千人拔河比赛，乒乓球、广播操、游泳比赛，广场文艺表演。各镇开展健身活动	6.00	市体育局被评为全国全民健身活动先进单位、江苏省县级体育工作先进单位
2006	6月	市全民健身月活动，参加无锡市启动仪式，组织乒乓球、棋类、广播操比赛。各镇全民健身月活动同步举行	5.00	市体育局被评为全国全民健身活动先进单位、江苏省体育先进集体、江苏省县级体育工作先进单位

续表3-2

年份	日　期	活动内容	参与人数（万人）	获奖情况
2007	6 月	全民健身活动月启动，老年人第十届运动会开幕。市、镇两级开展活动近百次	5.00	市体育局被评为全国全民健身活动先进单位、江苏省县级体育工作先进单位
2008	6 月	迎奥运倒计时 100 天暨“幸福江阴”与奥运同行全民健身活动月启动仪式，全民健身节目展示，开展“幸福江阴”与奥运同行主题活动，各镇、村、协会开展健身活动	6.7	市体育局被授予全国全民健身与奥运同行活动优秀组织奖、第三次全国群众体育现状调查工作先进单位、江苏省县级体育工作先进单位
2009	8 月	举行“我运动，我健康，我幸福”和“天天健康、天天快乐”为主题的庆祝全国首个全民健身日活动暨江阴市群众体育获奖节目汇演，市第五届运动会举行，国民体质测试，市、镇、村开展体育竞赛近 300 次	10.87	市被评为全国农村体育健身工程先进县（市）、被授予全民健身与奥运同行活动优秀组织奖，市体育局被评为江苏省县级体育工作先进单位
2010	8 月	8 月 8 日，以百乐城广场为全民健身活动主会场，在暨阳山庄举行“全民齐健身，运动嘉年华”家庭趣味运动会，城乡共举办全民健身日庆祝活动 13 场次。至 11 月 15 日，各镇、村、协会开展健身活动 500 余次	15	市体育局被评为 2010 年全国全民健身活动先进单位、江苏省县级体育工作先进单位
2011	8 月	8 月 8 日，市区、镇（街道）举办 13 场次“全民健身日”庆祝活动；举办市、镇、村协会体育竞赛和活动 500 余次	20	市体育局获全国全民健身活动优秀组织奖、江苏省县级体育工作先进单位
2012	8 月	全民健身节启动仪式暨广播操、羽毛球、棋类、拔河比赛和健身展示；8 月至 11 月全民健身节活动期间，全市城乡开展各级各类全民健身活动 300 余次	20	市体育局获全国全民健身活动优秀组织奖、江苏省县级体育工作先进单位
2013	8 月	8 月 8 日晚，举办全民健身节启动仪式，多个体育协会、健身俱乐部表演、展示丰富多彩的节目；8 月至 11 月市六运会、社区、职工、机关运动会举行。	20	市被评为全国群众体育先进单位
2014	8 月	8 月 7 日晚，全民健身节启动仪式举行，太极拳、广场舞、腰鼓、木兰扇、跆拳道、空竹等表演精彩纷呈；8—11 月，全市城乡共举办体育竞赛、活动 400 余次。	20	—
2015	8 月	8 月 8 日晚，举行全民健身节启动仪式趣味运动会：团体组，阳光伙伴跑、车轮滚滚、跳长绳、呼啦圈大传递；家庭组，同心协力、搭桥过河、三人四足、斗转星移。8—11 月，市半程马拉松、第三届全民健身广场舞比赛，各镇街开展全民健身活动。	20	—

（二）长跑、登山活动

1999年元旦，全市城乡同时举行“奔向21世纪”10万人长跑活动，城区主会场设在文明广场，有36个单位1.19万人参加，市五套班子领导带头长跑，行程4000米，历时45分钟。自此城内元旦都开展长跑活动。2000年元旦长跑以“世纪之光”命名，全市城乡共10万人参加。2001年元旦，市举行“进军新世纪”健身长跑比赛，有12.5万人参加，观摩群众超25万人。其间，市区分别进行成年组、高中组、初中组长跑比赛，成年男子组30人、女子组20人、初高中男子组各20人、女子组各15人获一等奖。2003年后，每年元旦以万人健身长跑形式迎接新年。2006年元旦，全市组织1000余人开展以“登黄山、迎新春、爱江阴、展宏图”为主题的登山活动，作为全市元旦万人健身活动的启动仪式。2007年元旦，全民健身活动启动仪式暨元旦长跑活动在市天华文化中心举行，市委书记朱民阳等市四套班子领导率领2000余人冒雨跑完全程。2008年元旦，“幸福江阴与奥运同行”元旦万人长跑活动启动仪式在天华文化中心举行，机关、企事业单位、学校、部队等单位2300余人组成11个方队参加2100米长跑。2009年元旦，在天华文化中心举行“幸福江阴 全民健身”元旦活动启动仪式，全市组织2000余人2100米长跑和200人自行车3200米健身行活动。2012年元旦，全民健身活动启动仪式暨元旦长跑活动在市体育中心举行，5000余名来自各条战线的干部、群众和驻江阴市某部队官兵参加长跑。2015年元旦，市体育局组织全民健身全民阅读公益捐书暨江阴市首届市民徒步大会，数千名市民身背小背包，里面装满捐赠的书籍，从体育中心出发，在完成10千米徒步绕城后，回到体育中心，把800余册图书捐给香山书屋。至2015年全市举行元旦长跑17次，登山活动5次，累计130余万人参与。

（三）火炬接力

1981年5月3日晚，澄江镇举行“五四”青年节4000米火炬接力赛。县车辆厂代表队获第一名。1990年3月8日，澄江镇妇联、工会举行“巾帼杯”火炬接力赛，共有48支代表队192名运动员参赛。1991年10月，在徐霞客镇举行江阴市“发扬霞客精神，建设繁荣江阴”火炬接力赛，有38队500名运动员参加。1997年7月，璜土镇举行第二届全民健身“回归杯”火炬接力比赛。

（四）文体晚会

1999年6月19日，市体委在文明广场举行“全民健身奔向21世纪”文体晚会，市木兰拳协会、太极拳辅导站以及辅延幼儿园、要塞中心小学等单位的475名选手参加表演，观众达万人。2000年7月22日，市“世纪之光”文体晚会在文明广场举行，共有12个单位参加表演，健身操、太极拳、小武术、铃铛舞等节目深受广大群众欢迎。2001年7月13日，市体育局在文明广场举办支持北京申办奥运会文体晚会，有500余名选手参加表演，观摩者近万人。当晚10时10分，国际奥委会主席萨马兰奇用平稳的语调宣布北京成为2008年奥运会主办城市时，广场顿时成为欢乐的海洋。2004年8月17日，市体育局在文明广场举办“全民健身进万家”文体晚会，有300余名选手表演健美操、健身舞、小武术、腰鼓等10个节目，“全国亿万农民健康促进活动”中期检查评估组在副市长倪颖伟陪同下观看演出。

（五）社会体育指导员培训

自1993年国家推行社会体育指导员等级制度以来，江阴市加强社会体育指导员培训，采取自办培训班巡回培训与选送优秀骨干外出培训相结合的方式，开展形式多样的社会体育指导员培训。1995年，市根据相关法律和上级精神，启动社会体育指导员培训、考核、审批工作，其基本条件是能较系统掌握社会体育指导理论与方法，具有一定的社会体育指导能力和工作资历。是年，全市共批准社会体育指导员78人。1997年，经无锡市培训考核，域内有53人获首批二级社会体育指导员证书、证章；除云亭镇外其他27个镇均成立社会体育指导站；市体育技术辅导中心更名为市体育指导中心。1998年10月，各镇选派3人参加市三级社会体育指导员培训，经考核批准三级社会体育指导员53人，15个镇的社会体育指导站由无锡市体委命名。2002年10月，域内进行三级社会体育指导员培训，34人参加并全部通过考核获得资格证书。2003年8月，举办三级社会体育指导员培训班暨三级象棋裁判员培训班，年内新批11人三级、4人二级、3人一级社会体育指导员。12月，李国良被授予全国优秀社会体育指导员。2004年，市体育局组织人员在各镇开展三级社会体育指导员巡回培训17期，共计培训1302人。至2007年年底，域内共有各级社会体育指导员1662人，其中国家级1人、一级8人、二级106人、三级1547人。2010年，全年新批三级社会体育指导员144名、二级127名、一级32名。2015年，域内共有等级社会体育指导员4642人，其中国家级45人、一级186人、二级1014人、三级3397人，每万人拥有社会体育指导员38人。社会体育指导员在引导人们进行正确、科学、健康的健身指导和开展小型、分散、多样的全民健身活动中扮演着重要角色，逐渐成为全民健身事业广泛深入开展的生力军，进一步满足了广大群众参加体育科学健身的需求。

江阴市等级社会体育指导员

国家级：45人

姜琍（木兰拳）、吴卫列（足球）、李国良（篮球）、尤国耀（中国象棋）、李俊伟（篮球）、李雪芬（广场舞）、何婉英（组织管理）、沙静（木兰拳）、方凤琴（篮球）、季红英（健身秧歌）、陆秀梅（排舞）、陆晓雯（体育舞蹈）、薛礼（篮球）、夏菁（健身操）、许俊（篮球）、董小妹（广场舞）、王爱芬（柔力球）、张燕红（健美操）、江磊（游泳）、李强（篮球）、许美丽（木兰拳）、章丹楠（腰鼓）、刘晓白（篮球）、周建新（足球）、周竹园（太极拳）、毛建军（球类）、庄玲玲（健身秧歌）、宋利民（足、篮球）、贾建红（健身操）、孔文晓（田径、游泳）、许晓琴（武术）、夏淼（排舞）、周玉英（健美操）、吴小红（篮球）、秦军（足球）、周乾（组织管理）、沈言石（健身气功）、王睿（羽毛球）、蒋耀铭（太极拳）、胡佩仪（太极拳）、顾玉芬（太极拳）、刘秀英（太极拳）、龚维涵（太极拳）、何英（健身舞）、陈丽蓉（健身舞）

一级：共186人（具体名单略）

二级：共1024人（具体名单略）

三级：共3397人（具体名单略）

（六）体育“三下乡”活动

2004年起，域内完善多元化的群众体育服务体系，开展送体育器材、比赛活动和健身知识下乡的体育“三下乡”活动。6月17日，在新城东办事处举行全市第六届全民健身节暨体育三下乡启动仪式。年内，送太极拳、乒乓球、象棋、广播体操和拔河5项比赛到乡镇举行，向镇、社区赠送30套体育器材和一批健身书籍；市体育局被江苏省体育局评为“迎十运体育下乡”活动先进单位。此后每年开展“三下乡”活动，至2015年共赠送健身路径器材1109套，篮球架783副，乒乓球台837张，到乡镇举行41次市级体育比赛，送健身知识下乡72次，受到农村居民欢迎。

第四章　竞技体育

竞技体育，古而有之。江阴竞技体育源于近代而盛于当代。

在近代，江阴竞技体育主要是指参加1918年以后省中等学校联合运动会和省运动会。在当代，江阴竞技体育主要是指参加市地、省、全国、亚洲和世界的比赛。

无论近代或当代，江阴竞技体育均以田径和足球为基础性项目。

第一节　沿　革

清末民初，近代体育传入江阴，由学校推向社会。民国初年，省立南菁公立学校参加省中等学校联合运动会，成绩斐然。1929年，足球名将梁官松在江阴煤栈组成职工“工余足球队”。20世纪30年代，江阴县运动员在省运动会上取得一流成绩。1942年，江阴民众教育馆业余田径队成立，队员许廷荣入选省田径队参赛全国运动会。竞技活动渐趋活跃。

解放后，党和政府重视体育事业，江阴竞技体育得到迅速发展。

50年代初期，足球在城区得到普及，竞技水平明显提高。1951年以来，江阴县运动员获得苏南行署足球选拔赛和第四届省运动会足球比赛2枚银牌。1958年4月，省南菁中学举行田径运动会，共刷新10项县纪录。1959年9月，江阴县运动员在第一届全国运动会上摘得铜牌。

60年代初，受国民经济暂时困难的影响，江阴的体育事业处于低谷。1963年后，随着国民经济开始好转，江阴竞技体育逐渐恢复。1964年，光城区就有14个足球队、23个篮球队、35个乒乓球队，坚持周周有活动，月月有比赛。在1965年第二届全国运动会上，江阴县运动员获得花剑第四名的好成绩。1966年下半年起至1976年，遭“文化大革命”破坏，江阴竞技体育陷入瘫痪。

70年代，特别是粉碎江青反革命集团和中共十一届三中全会以来，江阴竞技体育逐步得到恢复和发展，进入全面振兴的新的历史时期。1971年开始，举办多届全县性运动会。1974年，江阴县运动员代表国家先后参加第三十一届世界击剑锦标赛和第七届亚洲运动会。从1977年开始，全县“共青杯”“兴国杯”“芙蓉杯”“团结杯”“长江杯”“储蓄杯”等各类“杯”赛此起彼伏，生气勃勃。1978年，成立县中学生田径队。是年成立的苏州地区足球队共21名队员中，江阴就占17名。1979年，江阴县列为江苏省9市、县开展足球运动的重点地区之一。是年起，每年进行职工足球、篮球升降级比赛形成制度。

80年代初，江阴小学生女子足球比赛风气已开，全国亦为罕见。1984年，开办省体育运动学校足球教学班（又称省足“小三队”）。是年起，每年举办少儿足球“杯”赛，从娃娃抓起，训练梯队化。1985年确定4月21日为“江阴体育日”。同年省体委批复同意江阴县直接参加省少年足球比赛。1986年1月，以“小三队”为主力和省运动学校组成的江苏省少年队夺得全国业余体校少年乙组足球赛亚军，从而使江苏省少年足球队由全国丙级队跃升为甲级队。相对足球而言，这一时期的田径较为后进，在1987年举行的省青少年县级田径赛上，江阴仅得28分，位列第四十五名。1989年，由市体育中学改建成的江阴市体育学校，思想一盘棋，组织一条龙，训练一贯制，成为全市竞技训练的龙头，培养体育人才的基地，田径等后进项目面貌迅速改变。

90年代，江阴竞技体育呈现新的发展势头，张卫东、黄春洪、周华、顾上杲、薛凤英、林慧、朱益红、黄芳、李森森、薛莲、李龙、沈燕等一大批优秀运动员脱颖而出。1992年8月，黄春洪获得全国业余体校田径分龄赛14岁组男子跳远全能第一名，成为江阴田径史上男子第一枚全国金牌获得者。1994年9月，林慧在第十三届省运动会上，一举夺得举重男子少年甲组83公斤级总成绩第一名，并5次打破3项全国少年纪录。1995年9月，朱益红代表中国队参加在印度尼西亚雅加达市举行的第十一届亚洲田径锦标赛，获得1金1铜2块奖牌，成为江阴市冲出国门，走向亚洲田径第一人。从1998年开始，李龙先后获田径项目全国金牌9枚，省级金牌13枚，并5破3平江苏省纪录，1平全国纪录。1999年6月，在沈阳举行的全国青少年田径锦标赛暨第四届全国城市运动会预赛上，沈燕以11″07的成绩夺得女子少年甲组100米第一名。

进入21世纪，江阴市运动员树立攀登世界体育高峰的雄心壮志，竞技水平取得历史性突破，在冲出国门、走向亚洲、奔向世界的征途上迈出了新的一步。2001年6月，在日本宫崎县举行的第二十三届世界业余围棋锦标赛上，李岱春以八战八胜的佳绩摘得桂冠，成为该项目赛事上夺冠的第14位中国棋手和江阴市首位获得棋类世界冠军的选手。2004年9月，在希腊雅典举行第十二届残疾人奥林匹克运动会，龚彬获得女子坐式排球冠军。2005年8月，臧伟获乌兹别克斯坦塔什干亚洲青年举重锦标赛男子85公斤级抓举、挺举、总成绩3枚金牌。2006年7月，张志诚获萨摩亚独立国阿皮亚环太平洋举重锦标赛105公斤级抓举、挺举、总成绩3枚金牌；翁新芝、翁晓洁获澳大利亚阿德莱德市亚洲杯女足冠军。2007年4月，在智利圣地亚哥举行的第二十届世界中学生足球锦标赛上，江阴市第二中学女子足球队力挫群雄，勇夺冠军。2008年8月，陆春龙获得北京第二十九届奥林匹克运动会蹦床男子网上单人金牌，成为江阴体育史上第一位奥运会冠军。2009年8月，汤科蓉夺得印度尼西亚亚洲自行车锦标赛3枚金牌。2010年5月，王涟涟获阿塞拜疆巴库世界青少年击剑锦标赛铜牌。2011年9月，陈佳获台湾南投县第十届亚洲女子垒球锦标赛铜牌。2012年8月，徐莉佳获伦敦第三十届奥林匹克运动会女子帆船单人金牌。10月，江阴市第一中学男子足球队获伊朗德黑兰第四十届亚洲U－18中学生足球锦标赛第四名。至2015年，域内有奥运、世界冠军各2人，残奥运冠军1人。

第二节　市（县）运动会

1917年秋，在县立公共体育场举行首届江阴县中小学联合运动会，提倡竞技活动，1937年抗战爆发前，每年按期举行。1946年春，举行抗战胜利后第一次全县中小学暨民众运动会，首开县运动会先河。新中国成立后至2015年，江阴共举办6届市（县）运动会。

一、江阴县第一届运动会

原名为“1952年江阴县民族形式体育表演大会”，于1952年春在县公共体育场举行，同年秋在人民大会堂举行江阴县民族形式体育表演大会。有农民、工人、学生、机关干部和军警参加。赛前分区进行选拔，各区选拔出优秀运动员参加大会竞技。竞赛项目为石担、石锁、跳绳、踢毽子等，表演项目为武术类、技术类、骑射类、举掷类和技艺类。大会产生参加苏南区民族形式表演大会代表队。大会筹委会分别由中共江阴县委、县政府领导人任正、副主任。

二、江阴县第二届运动会

庆祝新中国成立10周年，江阴县第二届运动会于1959年11月在县人民体育场举行。竞赛项目以田径为主，有农民、职工和学生参加，闭幕式在工人俱乐部举行。

1959年江阴县第二届运动会第一名成绩一览

表4-1

项　　目	运动员（队）	单　　项	成　　绩
田　径	周庆山	男子组 100 米	12″4
		男子组 200 米	25″3
		男子组 800 米	2′09″3
		男子组 1500 米	4′32″5
		男子组 3000 米	10′01″0
	周庆山	男子组 5000 米	17′05″5
		男子组 10000 米	36′37″7
		男子组 400 米中栏	1′06″9
	臧良才	男子组 110 米栏	20″7
	杨光发	男子组五项全能	2181 分
	陈兴碌	男子组跳高	1.60 米
		男子组跳远	6.01 米
		男子组三级跳远	12.20 米
	姜永兴	男子组 200 米低栏	30″9
	罗永生	男子组铅球	9.19 米
	高乐全	男子组手榴弹	52.35 米
		男子组标枪	41.71 米
	袁学正	男子组铁饼	31.10 米
	傅德友	男子组撑竿跳高	3.08 米
	青阳镇队	男子组 4×100 米接力	48″6
	祝塘乡队	男子组 4×400 米接力	3′53″3
	刘秀琴	女子组 100 米	15″3
	余素琴	女子组 400 米	1′14″5
	陆惠如	女子组 800 米	2′58″2
	南菁中学队	女子组 4×100 米接力	1′03″3
	青阳中学队	女子组 4×200 米接力	2′17″4
	徐士英	女子组跳远	4.05 米
	柳金凤	女子组铅球	5.845 米
		女子组铁饼	21.35 米
	曹丽萍	女子组标枪	16.34 米

三、江阴县第三届运动会

1971年10月，江阴县第三届运动会在人民体育场举行。竞赛项目有田径、球类、拔河、团体操表演（大刀舞、广播操、民兵刺杀等），特邀项目为撑竿跳高、标枪、铁饼，共有工人、农民、学生2852名运动员参赛。

1971年江阴县第三届运动会第一名成绩一览

表4-2

项　目	运动员（队）	单　项	成　绩
田　径	陆国昌	男子组 100 米	12″6
	夏瑞良	男子组 200 米	26″2
	王仁芳	男子组 400 米	1′02″2
		男子组 200 米低栏	31″7
	谢正球	男子组 800 米	2′19″3
		男子组 1500 米	4′55″0
	徐汉庆	男子组 5000 米	18′50″2
	蒋国忠	男子组跳高	1.47 米
	陶兴和	男子组跳远	5.44 米
	王永成	男子组三级跳远	11.49 米
	耿林兴	男子组手榴弹	48.37 米
	黄志杨	男子组铅球	11.07 米
	陈建华	女子组 60 米	9″0
	徐蕴玉	女子组 100 米	15″1
	宣越芳	女子组 200 米	31″5
	余素琴	女子组 400 米	1′14″5
		女子组 800 米	3′02″6
	计友芬	女子组 80 米低栏	17″0
	王协芬	女子组跳高	1.20 米
	徐士英	女子组跳远	4.05 米
	单凤英	女子组手榴弹	31.44 米
	陈雪琴	女子组铅球	7.54 米
足　球	澄江镇队	男子组	
篮　球	澄江镇队	男子组	
	祝塘公社队	女子组	
排　球	华士公社队	男子组	
	青阳镇队	女子组	
乒乓球	月城公社队	男子组	

表4-2

项　目	运动员（队）	单　项	成　绩
乒乓球	周庄公社队	女子组	
团体操	北大街小学队	斗笠舞	
	红心（南菁）中学队	大刀舞	
	人民（澄江）小学队	藤圈操	
	五一（利用）棉纺厂队	广播操	
	澄江镇队	民兵刺杀	
	要塞公社队		

四、江阴市第四届运动会

1997年5月9日—10月29日，江阴市第四届运动会在人民体育场举行。四运会设中小学部、成人部，中小学部设小学组和中学组，中专、中技、职高参加中学组高中比赛，成人部设职工组、乡镇组和老年组。竞赛项目为田径、球类、棋类、游泳等14大项42小项，奖牌总数816枚，其中金牌272枚。全市28个镇、滨江开发区、17个局级单位、11个设立党委的企业以及中小学、中专、中技、职大共525个代表队4921人参赛。大会有16人18次打破田径项目13个组别的市级纪录。华士实验学校获小学组，江阴市中获中学组，澄江镇获乡镇组和老年组，工业局获职工组团体总分第一名。金牌榜第一名为：小学组璜塘中心，中学组南菁中学，乡镇组老年组澄江镇，职工组工业局。11月14日晚，在市体育馆举行闭幕式，南京军区前线歌舞团、江阴锡剧团等联袂献演。

1997年江阴市第四届运动会中小学部田径项目破市纪录一览

表4-3

组　别	运动员	单　项	破纪录成绩	原纪录	学　校
小男乙	黄　伟	200 米	27″6	29″2	山观中学
		400 米	1′05″9	1′07″8	
	张　伟	200 米	29″1	29″2	市第二实验小学
	缪晓东	200 米	28″9	29″2	周庄中心
	陆　强	跳远	4.63 米	4.59 米	新桥中心
小女乙	胡　丹	跳远	4.28 米	4.27 米	澄江中心
	徐旻烨	铅球	8.91 米	8.21 米	马镇中心
	周　婷	铅球	8.28 米	8.21 米	南闸中心
小男甲	钱亚军	100 米	13″1	13″2	申港中心
		200 米	27″4	28″0	
	殷　虹	200 米	27″7	28″0	璜土中心
初中男子	李　涛	100 米	11″9	12″1	暨阳中学
	莫　亮	三级跳远	12.08 米	11.77 米	利港中学
	华伟峰	三级跳远	12.49 米	11.77 米	申港中学

续表4-3

组　别	运动员	单　项	破纪录成绩	原纪录	学　校
初中女子	张　苗	100米栏	16″3	16″4	华士实验学校
高中男子	唐红新	400米	54″3	54″6	南菁中学
	顾静伟	100米	11″3	11″4	市中
高中女子	沈丽惠	标枪	40.82米	40.14米	南菁中学

各项第一名：

田径：

小学男子丁组，夏盛龙（全能，58分）；小男子丙组，徐晓春（全能，58分）；小男子乙组，陆承宗（50米，7″16）、张伟（100米，14″1）、黄伟（200米，27″6；400米，1′05″9）、任志虎（跳高，1.2米）、陆强（跳远，4.63米）、孔霖伟（铅球，10.44米）；小男子甲组，钱亚军（100米，13″1；200米，27″4）、胡清清（400米，1′04″7）、朱春冬（800米，2′29″1）、王华伟（100米栏，17″5）、胡坚（跳高，1.38米；跳远，4.39米）、陶峰（铅球，10.04米）；小女子丁组，谢彬（全能）；小女子丙组，刘晓（全能）；小女子乙组，缪晓琴（50米，7″6；100米，14″4）、龚丹（200米，29″8）、徐洁（400米，1′08″5）、张新（跳高，1.18米）、胡丹（跳远，4.28米）、徐旻烨（铅球，8.91米）；小女子甲组，王帆（100米，14″8）、童防皓（200米，29″6）、沈浩岚（400米，1′13″6）、钱丽丹（800米，2′54″1）、夏秋（100米栏，19″4）、贾丽芳（跳高，1.25米）、夏金波（跳远，4.04米；铅球，8.92米）；初中男子组，李涛（100米，11″9）、杨敏（200米，25″2）、朱鹏鸿（400米，56″8）、华浩明（800米，2′14″5；1500米，4′45″7）、贡伟东（100米栏，15″4）、陆鹏（跳高，1.61米）、唐国强（跳远，5.94米）、华伟峰（三级跳远，12.49米）、顾凌飞（铅球，11.8米）、张琦（铁饼，40.86米）、张工军（标枪，42.8米）；初中女子组，严春燕（100米，12″9；跳远，4.84米）、邹锡（200米，27″32；400米，1′03″0）、张依娜（800米，2′36″0）、何丽芳（1500米，5′25″7）、张苗（100米栏，16″3）、陈静（跳高，1.45米）、杨丽洁（铅球，9.38米）、卞琴（铁饼，24.8米；标枪，28.4米）；高中男子组，顾静伟（100米，11″3；跳远，6.33米）、唐晨亮（200米，23″72）、唐红新（400米，54″3；110米栏，16″6）、唐海东（800米，2′10″0）、瞿延军（1500米，4′33″4）、蒋园园（跳高，1.68米）、姚斌伟（三级跳远，12.64米）、邓海云（铅球，11.33米）、曹晓东（铁饼，36.42米）、刘建国（标枪，47.84米）；高中女子组，吴琦（100米，12″1；跳远，5.08米）、陈波（200米，28″6）、汤凤霞（400米，1′06″1）、黄丽英（800米，2′38″9；1500米，5′38″0）、李燕（100米栏，17″1；跳高，1.5米）、沈文锋（铅球，10.8米）、刘芳（铁饼，28.364米）、沈丽惠（标枪，40.824米）；乡镇男子组，钱海峰（100米，11″8）、张文荣（200米，24″4；400米，54″3）、蔡建峰（800米，2′10″2；1500米，4′34″2）、张军（跳高，1.8米）、黄汉军（跳远，6.52米）、张卫丰（铅球，13.0米，铁饼，32.28米）；乡镇女子组，杜丽芳（100米，14″1）、许亚娣（200米，28″4；400米，1′09″7）、赵静（800米，2′51″9）、徐燕（1500米，6′10″8）、胡瀚（跳高，1.35米）、陆新美（跳远，4.56米）、王文霞（铅球，8.92米）、胡蓉（铁饼，28.1米）、沈华芳（标枪，29.36米）。

足球：城中中心；江阴一中（初中）；青阳中学（高中）；钢绳集团公司（职工）。

篮球：北涠中心（男），璜塘中心（女）；北涠中学（初男），陆桥中学（初女）；璜土中学（高男），江阴职业中学（高女）；澄江镇（乡镇男）。

排球：顾山中心（男；女）；顾山中学（初男；初女）；云亭中学（高男），申港中学（高女）。

乒乓球：团体，月城中心（男；女）、月城中学（初男；初女）、华士中学（高男）、周庄中学（高女）、澄江镇（乡镇男）、月城镇（乡镇女）、公安局（职工男）、工业局（职工女）、桐岐镇（老年男）、澄江镇（老年女）；单打，季春寅（小男）、孙婷（小女）、苏澄锋（初男）、严玲霞（初女）、黄锋（高男）、朱晓岚（高女）、陈铭（乡镇男）、李红英（乡镇女）、邱正强（职工男）、黄建芳（职工女）、蔡永明（老年男）、李亚萍（老年女）。

羽毛球：团体，交通局（职工男）、市级机关（职工女）；双打，柳建刚／樊洋（男双）、沈羞月／苏坚（女双）；单打，樊洋（男单）、张荷芳（女单）。

门球：澄江镇（乡镇组团体）。

中国象棋：团体，月城中心、月城中学（初中）、江阴高中（高中）、澄江镇（乡镇组；老年组）、钢绳集团（职工组）；个人，陈钦（小男）、黄芳（小女）、孙黎明（初男）、陈亚琴（初女）、谢剑（高男）、谢仁萍（高女）、黄君兴（乡镇男）、奚建忠（职工男）、刘耀明（老年男）。

国际象棋：团体，璜塘中心、璜塘中学（初中）、南菁中学（高中）；个人，高鹏（小男）、陶蓉（小女）、许麟（初男）、吴静红（高女）。

围棋：团体，江阴实验小学、江阴高中初中部（初中）、南菁中学（高中）、华士镇（乡镇组）、工业局（职工组）；个人，奚志华（小男）、赵越（小女）、蒋中元（初男）、赵剑（高男）、薛茂洪（乡镇男）、姚坚（职工男）、顾岳泉（老年男）。

游泳：曹建锋（男子青年组50米自由泳，32″32；100米自由泳，1′21″1）、余海波（男子青年组50米蛙泳，42″4）、马达明（男子中年组50米自由泳，31″3）、陆海波（男子中年组100米自由泳，1′06″0）、於建明（男子中年组100米蛙泳，45″5）、杨兰红（女子中年组50米自由泳，37″49）。

桥牌：工业局（男团）。

拔河：澄江镇（男；女）。

五、江阴市第五届运动会

2009年4—10月，江阴市第五届运动会在人民体育场举行。10月11日晚，在新落成的市体育中心举行开幕式，市委书记朱民阳宣布开幕，市长王锡南致辞，副市长龚振东主持，60支方队在锣鼓声中和运动员进行曲中进入会场，2万多名市民参加。本届运动会设中小学部和成人部，其中，中小学部设小学组、初中组、高中组，成人部设职工组、乡镇组和老年组。比赛共设田径、篮球、足球、乒乓球、排球、中国象棋、围棋、国际象棋、阳光伙伴、羽毛球、健美操、拔河、健身秧歌、门球、太极拳、柔力球、木兰扇、台球等18个项目41项次。参加比赛的运动员共计6954名，产生852枚奖牌，其中金牌367.5枚。法尔胜集团获职工组，徐霞客镇获乡镇组，澄江街道获老年组，江阴实验小学获小学组，江阴高级中学获初中组和高中组团体总分第一名；法尔胜集团获职工组，澄江街道获乡镇组和老年组，江阴实验小学获小学组，云亭中学获初中组，江阴职教中心校获高中组金牌榜第一名。

2009年江阴市第五届运动会中小学部田径项目破市纪录一览

表4-4

组 别	运动员（队）	单项	破纪录成绩	原纪录	学 校
小男丁	陈英杰	100米	15″9	15″14	陆桥实验学校
小女丁	金 雯	200米	32″35	32″64	花园实验小学
	薛慧洁	200米	32″28	32″64	青阳实验小学
小男丙	高泽岩	100米	14″36	14″44	长山实验小学
小女丙	华仟禧	200米	30″15	31″44	陆桥实验小学
小男乙	费晓天	跳高	1.32米	1.31米	陆桥实验小学
小女乙	江佳敏	垒球	48.31米	41.76米	璜土实验小学
小男甲	蒋松江	跳高	1.36米	1.35米	长寿实验小学
小女甲	陆桥实验小学队	4×100米接力	58″59	59″4	陆桥实验小学
初中男子	俞 潇	小全能	1529分	1267分	市一中
	朱鑫杰	小全能	1306分	1267分	徐霞客实验中学
	殷宇航	小全能	1403分	1267分	市一中
初中女子	谢梦媛	三级跳远	11.2米	11.05米	云亭中学
高中男子	市高中队	4×100米接力	43″94	44″84	市高中
	孔 粲	100米	11″5	11″14	南菁高中
	施 健	跳高	1.89米	1.87米	南菁高中
	黄海波	跳高	1.92米	1.87米	市高中
	梅晓波	五项全能	3036分	2902分	南菁高中
	陈 强	110米栏	16″22	16″24	山观中学
	殷强立	110米栏	15″89	16″24	职技中心校
高中女子	胡梦媛	100米栏	15″11	15″64	南菁高中

各项第一名：

田径：高中男子组，孔粲（100米，11″5）、曹健（200米，22″74；400米，50″9）、蒋程（800米，2′02″92；1500米，4′34″51）、殷强力（110米栏，15″89）、黄海波（跳高，1.92米）、江阴高中队（4×100米接力，43″94）、王飞（跳远，6.61米）、张浩杰（三级跳远，13.95米）、张凯强（铅球，12.31米）、陈波（铁饼，36.68米）、黄云涛（标枪，41.42米）、梅晓波（五项全能，3036分）；高中女子组，胡梦媛（100米，12″47；100米栏，15″11）、陈丽莉（200米，27″2）、姚晨（400米，1′03″3）、赵玉艳（800米，2′30″2；1500米，5′19″86）、南菁队（4×100米接力，51″12）、宋海燕（跳高，1.46米；跳远，5.03米）、高丽君（三级跳远，10.56米）、尹丹丹（铅球，8.31米）、耿君（铁饼，25.09米）、徐文静（标枪，23.2米）、张雯（五项全能，1802分）；初中男子组，李宇杰（100米，11″52；跳远，6.3米）、严伟伟（200米，23″4）、谭新宇（400米，54″82）、陈锞（800米，2′06″8；1500米，4′27″77）、张晓（100米栏，15″56）、华士实验学校队（4×100米接力，46″93）、刘阳（跳高，1.61米）、陈晓杰（三级跳远，11.83米）、殷宇航（铅球，10.32

米）、蒋家鑫（铁饼，33.8米）、陆丁庆（标枪，48.56米）、俞潇（小全能，1529分）；初中女子组，朱一枝（100米，13″42）、张丽（200米，27″11）、刘静（400米，1′03″18）、高丽（800米，2′30″66；1500米，5′21″99）、江阴高中队（4×100米接力，54″11）、谢梦媛（100米栏，15″7；三级跳远，11.2米）、费智哉（跳高，1.4米）、任晗琦（跳远，4.92米）、刘洁（铅球，9.87米；铁饼，22.27米）、周陈莲（标枪，23.7米）、季鑫怡（小全能，1124分）；小男子甲组，钱晓虎（100米，13″42）、沈丹枫（200米，28″68）、陈文跃（400米，1′05″12；800米，2′32″37）、陆罗铖（100米栏，17″9）、青阳实验学校队（4×100米接力，58″16）、蒋松江（跳高，1.36米）、魏苏雨（跳远，4.59米）、许天昊（铅球，10.52米）、陈毅涛（垒球，51.13米）；小男子乙组，吴非（50米，7″65）、濮晓磊（100米，14″42）、冯文杰（200米，29″2；400米，1′07″38）、费晓天（跳高，1.32米）、刘丹（跳远，3.92米）、许清（铅球，6.09米；垒球，43.26米）；小男子丙组，高泽岩（100米，14″36）、薛健（200米，31″1；小全能，68分）、陈书雨（垒球，43.89米）；小男子丁组，陈英杰（100米，15″9；小全能，58分）、陶希彬（200米，32″1）、陆子坚（垒球，37.61米）；小女子甲组，费雪娇（100米，14″2；200米，29″6）、薛静燕（400米，1′07″52）、缪敏莉（800米，2′43″3）、孔维益（100米栏，18″9）、黄佳卉（跳高，1.23米）、邱敏妤（跳远，4.2米）、朱伟玲（铅球，8.39米）、徐棚（垒球，43.3米）、陆桥实验小学队（4×100米接力，58″59）；小女子乙组，汪丽（100米、14″53；200米，30″96）、倪欣怡（400米，1′12″96）、陆芳（跳高，1.15米）、范茜雯（跳远，3.87米；50米，7″64）、江佳敏（铅球，6.1米；垒球，48.31米）；小女子丙组，周欣宇（100米，15″91）、华仟禧（200米，30″15；小全能，85分）、徐梦涵（垒球，35.79米）；小女子丁组，朱依林（100米，15″79）、薛慧洁（200米，32″28；小全能，54分）、何知源（垒球，27.82米）；乡镇男子组，蒋伟（100米，11″57；跳远，7.01米）、陆林铠（200米，23″52）、许华敏（400米，52″21）、何冰珂（800米，2′04″84）、张卫丰（铅球，12.01米）；乡镇女子组，曾喜丹（100米，12″75；200米，26″58）、承珠凤（400米，1′03″6）、顾莉华（800米，2′31″3）、胡丹（跳远，4.97米）、陆玲妹（铅球，9.48米）；职工男子组，徐波（100米，11″61；200米，24″84）、张仁和（800米，2′24″4）、孔敏军（跳高，1.71米）、赵阳（跳远，5.98米）、陶永红（铅球，7.26米）；职工女子组，黄洁（100米，14″9）、沈燕（200米，32″94）、张晓霞（800米，3′06″12）、张丽（跳远，3.77米）、张炯花（铅球，8.52米）。

足球：青阳实验小学（男）、辅延小学（女）；江阴一中（初男；高男）；法尔胜集团（职工男）。

篮球：北涸中心小学（男；女）；利港中学（初男）、江阴二中（初女）；华姿职业学校（高男）、长泾中学（高女）；周庄镇（乡镇男）。

排球：华士实验小学（男）、顾山实验小学（女）；云亭中学（初男；初女）；中船澄西船厂技校（高男）、江阴职教中心校（高女）。

羽毛球：建设局（团体）；顾英军（男单），周少云/杨斌（男双）。

乒乓球：团体，江阴实验小学（男子乙组；女子乙组；男子丙组）、城中实验小学（女子丙组），南菁中学（初男；初女；高女）、江阴一中（高男），澄江街道（乡镇男）、月城镇（乡镇女），教育局（职工男）；单打，黄曦明（男子甲组）、程玉婷（女子甲组）、王景浩（男子乙组）、赵容（女子乙组）、孟力培（男子丙组）、汪芸双（女子丙组）、周熙（初男）、杨伊宁（初女）、赵希（高男）、吕可心（高女）、蒋辉（乡镇男）、李红英（乡镇女）、徐云飞

（职工男）、王仲熙（老年男）、刘秀英（老年女）；双打，邱正强/黄磊（职工男）。

门球：澄江街道（团体）。

中国象棋：团体，江阴实验小学（男；女）、教育局（职工男）、澄江街道（乡镇男）、月城镇（乡镇女）、青阳镇（老年男）；个人，毛仁杰（小男）、朱言之（小女）、陆逢镰（职工男）、韦锡强（乡镇男）、梅琳（乡镇女）、孙荣庆（老年男）。

围棋：团体，江阴实验小学（男；女）、澄江街道（老年男）；个人，吴梦豪（小男）、薛开悦（小女）、赵杰（老年男）。

国际象棋：团体，新桥中心小学（男；女）；个人，张俊杰（小男）、缪一珉（小女）。

阳光伙伴：江阴第二实验小学。

健美操：江阴高级中学初中部（初中）、江阴一中（高中）。

拔河：澄江街道（乡镇男）、公安局（职工男）。

健身秧歌：经济开发区管委会。

台球：彭浩龙（乡镇男）、徐炳坤（职工男）。

太极拳：澄江街道等8个单位获优胜奖。

木兰扇：澄江街道等9个单位获优胜奖。

柔力球：澄江街道等7个单位获优胜奖。

六、江阴市第六届运动会

2013年4—10月，江阴市第六届运动会在市体育中心举行。该届运动会以“全民健身，共享市运”为主题，设田径、足球、篮球、排球、羽毛球、乒乓球、围棋、国际象棋、中国象棋、游泳、阳光伙伴、轮滑、健美操、广播体操、健身秧歌、健身球操、拔河、太极拳、柔力球、老年气排球技术、门球等21个竞赛项目，分中小学部和成人部，其中，中小学部分小学组、初中组和高中组，中等专业学校、职业高中、综合高中参加高中组比赛，成人部分职工组、乡镇组和老年组。共有643支代表队8411名运动员参加。产生518.5枚金牌、302枚银牌、318枚铜牌，5人打破7项次市田径纪录。市实验小学、市初中、市高中、徐霞客镇、法尔胜集团、澄江街道分别获小学组、初中组、高中组、乡镇组、职工组、老年组团体总分第一名，市实验小学、云亭中学、市一中、市级机关、澄江街道分别获小学组、初中组、高中组、职工组、乡镇组老年组金牌榜第一名。

2013年江阴市第六届运动会中小学部田径项目破市纪录一览

表4-5

组　别	运动员（队）	单项	破纪录成绩	原纪录	学　校
小女乙	唐文香	200 米	29″5	29″64	璜塘实验小学
		400 米	1′06″0	1′07″0	
小男乙	段　浪	跳高	1.38 米	1.33 米	峭岐实验小学
	史云恒	200 米	28″11（决）	28″34	云亭实验小学
			28′29（预）		
小男丁	刘　恩	100 米	14″93	15″9	夏港实验小学
高中女子组	任晗琦	跳远	5.63 米	5.36 米	市一中

各项第一名：

田径：小男子甲组，董浩（100米，13″54；200米，28″1）、陈祥煜（400米，1′06″9；800米，2′36″7）、周培（100米栏，18″87）、祝塘实验小学队（4×100米接力，58″9）、全乐平（跳远，4.22米）、周培（铅球，9.15米）、黄程（垒球，47.31米）；小男子乙组，罗骏怡（50米，7″41；100米14″9）、史云恒（200米，28″11；400米，1′05″7）、段浪（跳高，1.38米）、杨刚（跳远，4.45米）、徐丰（铅球，7.37米）、钱云超（垒球，46.34米）；小男子丙组，徐镇涛（100米，14″46）、刘利斌（200米，30″15）、金正扬（垒球，40.03米）、林清润（小全能，74分）；小男子丁组，刘恩（100米，14″93）、徐晟轩（200米，32″44）、陈凯（垒球，35.29米）、陈竹凯（小全能，52分）；小女子甲组，吴奕婷（100米，14″11；400米，1′07″2）、黄星楠（200米，30″7）、梅锡贤（800米，2′51″6）、梅满（100米栏，17″93；跳远，4.22米）、刘彦雯（跳高，1.23米）、丁许诺（铅球，8.4米）、朱梦婷（垒球，41.88米）、西石桥小学队（4×100米接力，1′00″8）；小女子乙组，朱子婧（100米，14″65；50米，7″73）、唐文香（200米，29″5；400米，1′06″1）、钱怡杰（跳高，1.18米）、蒋雯怡（跳远，3.85米）、仰陆英（铅球，6.4米；垒球，39.85米）；小女子丙组，梅陈露（100米，15″29）、陈雯烨（200米，31″93）、冯嵘林（垒球，27.17米）、华佳琪（小全能，71分）；小女子丁组，季怡潇（100米，16″2）、沈依君（200米，34″76）、张烨（垒球，26.2米）、徐语晨（小全能，56分）；初中男子组，高寅（100米，11″53；200米，23″31）、胡金滔（400米，54″0）、汪东清（800米，2′12″9；1500米，4′47″5）、张人元（100米栏，14″63）、青阳二中队（4×100米接力，48″1）、高显兵（跳高，1.67米；小全能，1508分）、王铭（跳远，5.9米）、侯坤（三级跳远，12.5米）、潘勇（铅球，11.05米）、赵祎凡（铁饼，38.01米）、刁赞阳（标枪，44.84米）；初中女子组，汪丽（100米，13″3；100米栏，15″8）、徐婷（200米，26″94）、殷晓婷（400米，1′03″9）、黄媛媛（800米，2′31″5；1500米，5′19″3）、江阴初级中学队（4×100米接力，54″5）、颜佳欢（跳高，1.42米）、蔡冰洁（跳远，4.81米）、李金玉（三级跳远，11.11米）、张红（铅球，9.22米；标枪，23.21米）、李倩（铁饼，24.94米）、巫晓岚（小全能，1196分）；高中男子组，王飞（100米，11″3；200米，22″64）、王盛尧（400米，51″4）、黄林凯（800米，1′59″9）、杨兴隆（1500米，4′20″5）、张嘉豪（110米栏，16″29）、江阴一中队（4×100米接力，44″1）、毛钐樊（跳高，1.83米）、印叶伟（跳远，6.16米）、吕飞（三级跳远，12.83米）、昊旻阳（铅球，11.98米）、符金龙（铁饼，37.15米）、李益帆（标枪，50.3米）、蒋松江（五项全能，2469分）；高中女子组，龚丽（100米，12″44；200米，26″1）、李怡轩（400米，1′02″6）、陈吉斓（800米，2′32″5；1500米，5′29″9）、包欢华（100米栏，20″68）、市二中队（4×100米接力，51″6）、吴钰（跳高，1.43米；标枪，23.16米）、任晗琦（跳远，5.63米；三级跳远，11.01米）、陈江丽（铅球，8.21米）、陆文姣（铁饼，23.82米）、吴静瑀（五项全能，2588分）；男子成人组，费林炜（100米，11″55）、印澄灵（200米，23″71）、包新恩（400米，56″1；800米，2′14″7）、孔敏军（跳远，6.53米）、张卫丰（铅球，11.08米）；女子成人组，曾喜丹（100米，13″92；200米，28″65）、承珠凤（400米，1′08″27）、顾莉华（800米，2′52″6；跳远，4.7米）、陆玲妹（铅球，10.11米）。

足球：青阳实验小学（男）、要塞实验小学（女）、市一中（初男；高男）、法尔胜泓集团（职工男）。

篮球：江阴实验小学（男）、北涸中心小学（女）、华西实验学校（初男）、长泾中学（初女）、青阳中学（高男）、江阴高级中学（高女）、周庄镇（乡镇男）。

排球：云亭中学（初男；初女）、江阴中等专业学校（高男）、成化高级中学（高女）。

羽毛球：团体，市级机关（职工男）、私企联合会（职工女）；单打，李　东（男单）、邹微（女单）；双打，苏武/李　东（男双）、姜瑜/徐丽丽（女双）。

乒乓球：团体，月城实验小学（男子乙组；女子丙组）、江阴实验小学（女子乙组）、要塞实验小学（男子丙组）、江阴初级中学（初男）、南菁高级中学实验学校（初女）、南菁高级中学（高男）、江阴一中（高女）、澄江街道（乡镇男）、月城镇（乡镇女）、江阴职业技术学院（职工男）、澄江街道（老年混合）；单打，孟力培（男子甲组）、汪芸双（女子甲组）、邓俊熹（男子乙组）、徐旻琪（女子乙组）、范增炀（男子丙组）、时妙（女子丙组）、孙语阳（初男）、陈铭瑶（初女）、袁润博（高男）、程玉婷（高女）、蒋辉（乡镇男）、李红英（乡镇女）、李烽（职工男）、张情洁（职工女）、王仁济（老年男）、刘秀英（老年女）。

门球：澄江街道（老年组团体）。

围棋：团体，江阴实验小学（男子甲组；男子乙组；女子甲组；女子乙组）；个人，江炜烨（男子甲组）、沈文洋（男子乙组）、曹臻鸣（女子甲组）、谢懿萱（女子乙组）。

中国象棋：团体，江阴实验小学（男子甲组；男子乙组；女子甲组）、月城实验小学（女子乙组）、月城镇（乡镇男；乡镇女）、卫生局（职工男）、澄江街道（老年男）；个人，戴一帆（男子甲组）、朱晨旭（男子乙组）、沈均如（女子甲组）、任柔匀（女子乙组）、徐向海（乡镇男）、严春燕（乡镇女）、顾上杲（职工男）、谷秀明（老年男）。

国际象棋：团体，新桥中心小学（男子甲组；男子乙组；女子甲组；女子乙组）；个人，陆子凡（男子甲组）、徐铭哲（男子乙组）、申越（女子甲组）、郁子菱（女子乙组）。

游泳：辅延中心小学（小学组团体），李蔚鹏（男子甲组混合泳）、陆亦淳（男子甲组50米自由泳）、侯汐芃（男子甲组50米蛙泳）、范志昊（男子乙组50米自由泳；50米蛙泳）、黄泽霖（男子丙组50米自由泳）、尤弋洋（男子丙组50米蛙泳）、孟歌野（女子甲组混合泳；50米自由泳）、李鹏钦（女子甲组50米蛙泳）、陈竞萌（女子乙组50米自由泳）、侯苏桉（女子乙组50米蛙泳）、任羽暄（女子丙组50米自由泳；50米蛙泳）、市实验小学队（4×50米自由泳接力甲组）、辅延中心小学队（4×50米自由泳接力甲组丙组）；江阴初级中学（初中组团体），李耘海（男子50米自由泳）、张文烨（男子50米蛙泳）、姚心芸（女子50米自由泳；50米蛙泳）、新桥中学队（4×50米自由泳接力）；江阴高级中学（高中组团体），薛淳元（男子50米自由泳）、李佳轩（男子50米蛙泳）、王郅一（女子50米自由泳）、徐湘玲（女子50米蛙泳）、江阴高级中学队（4×50米自由泳接力）；澄江街道（乡镇组团体），董春生（男子50米自由泳）、陈能兴（男子50米蛙泳；100米蛙泳）、徐洪（男子100米自由泳）、城东街道队（男子4×50米自由泳接力）、倪惠芬（女子50米自由泳；100米自由泳）、许瑞雨（女子50米蛙泳）、顾玲君（女子100米蛙泳）、澄江街道队（女子4×50米自由泳接力）；市级机关（职工组团体），程学（男子50米自由泳；100米蛙泳）、王天雨（男子50米蛙泳；100米自由泳）、市级机关队（男子4×50米自由泳接力）、董天宇（男子50米自由泳）、江磊（女子50米蛙泳）、江阴职业技术学院队（女子4×50米自由泳接力）。

阳光伙伴：利港实验小学。

轮滑：团体，澄江中心小学；个人，汪兴砜（男子甲组300米；1000米）、季哲恺（男子甲组50米）、朱晨羿（男子乙组300米）、张威（男子乙组500米；1000米）、李嘉言（女子甲组500米）、朱云霏（女子乙组300米；1000米）、周依婷（女子乙组500米）。

健美操：江阴第二中学（初中）、江阴第一中学（高中）。

健身秧歌：长泾镇。

广播体操：澄江镇（乡镇组）、公安局（职工组）。

拔河：祝塘镇（乡镇组男子）、周庄镇（乡镇组女子）、公安局（职工组男子）。

健身球操：澄江街道（老年组）。

太极拳：澄江街道（老年组）。

柔力球：澄江街道（老年组）。

老年气排球技术：澄江街道（老年组）。

第三节　市（县）级单项比赛

新中国成立以来，江阴地区的运动竞赛特别活跃，竞技水平显著提高。

一、田径

1917年5月，江苏公立南菁学校举行田径运动会。11月12—13日，首届江阴县中小学联合运动会在县立公共体育场举行。1918年，长泾、文林、祝塘、马嘶、顾山等5乡举行校联合运动会。1920年1月26日，江阴县立第五高等小学举行运动会，有文林乡立第二国民学校等10所小学5000余名学生参赛。1932年起，县立后梅小学（今西石桥中心小学）每年举行春秋两季运动会。1946年春，抗战胜利后第一次全县中小学暨民众运动会举行。11月11日，青阳区中小学运动会在青阳镇东弄大操场举行，青阳初中、尚仁初中以及各小学共800多名学生参赛。

1951年，澄江镇各中学举行竞走、越野跑竞赛。

1958年4月，南菁中学举行校运动会，共打破10项县纪录。

1962—1965年，全县各中小学均举行运动会。

1970年7月，江阴县军事体育运动会在县体育场举行，有刺杀、广播操、负重赛跑、拔河、投手榴弹、跳高、跳远、200米障碍、篮球、足球、乒乓球、步兵班进攻等项目，全县各镇、公社代表队参赛，按年龄分为青少年两组。

1970年江阴县军事体育运动会田径项目第一名成绩一览

表4-6

组　别	运动员（队）	单　项	成　绩
男子青年组	陆国昌	200米	27″5
	陶宗樊	400米	1′02″8
	张云林	1500米	5′08″0
	孙义宝	3000米负重	11′50″0

续表4-6

组　别	运动员（队）	单　项	成　绩
男子青年组	承仲良	200米障碍	—
	郁士虎	手榴弹	53.77米
	李庆云	跳高	1.40米
	徐汝良	跳远	5.28米
女子青年组	曹琴芳	200米	34″4
		400米	1′20″3
	顾菊英	3000米负重	17′16″0
	金凤娣	200米障碍	1′04″6
	季春娣	跳远	3.54米
	徐铃玉	跳高	1.25米
男子少年组	徐士良	200米	27″1
	缪建洪	400米	1′11″0
	于洪生	1500米	5′59″0
	江焕成	3000米负重	12′41″0
	周子泽	200米障碍	39″0
	邢克兴	手榴弹	49.87米
		跳远	4.96米
	薛武年	跳高	1.40米
女子少年组	陈小妹	200米	33″2
		跳远	3.79米
	蔡霞萍	400米	1′20″2
	盛庆云	手榴弹	25.12米
	刘琴芳	跳高	1.15米

1971年7月1—2日，江阴县首届中学生体育运动大会在县体育场举行，来自全县各镇、公社中学的280名学生参加，按年龄分为青、少年两组。

1971年江阴县首届中学生体育运动大会田径项目第一名成绩一览

表4-7

组　　别	运动员（队）	单　　项	成　　绩
男子青年组	徐士良	100米	12″9
	黄永毅	200米	27″3
		跳高	1.51米
	胡兴鸿	400米	1′03″6
	陶新石	800米	2′28″5
		1500米	5′0″2
	邢克兴	跳远	5.22米
	顾尚兴	110米栏	18″5
	陶品龙	手榴弹	44.59米
	夏治平	铅　球	9.20米
	朱　伟	三级跳远	11.02米
女子青年组	蔡玉萍	100米	15″0
		400米	1′46″6
	谢金凤	800米	2′54″6
	王叶芬	跳高	1.23米
	刘　敏	跳远	3.92米
	程　菊	铅球	6.97米
	李婵月	80米低栏	16″4
男子少年组	徐家祥	60米	8″6
	顾大建	100米	13″4
	顾金洪	200米	28″8
		400米	1′04″5
	张益明	手榴弹	48.85米
	童秋华	铅球	10.11米
	侯仁华	跳高	1.36米
女子少年组	陈建华	60米	9″0
		100米	14″5
		200米	31″27
	余素琴	400米	1′12″5
	王国凤	手榴弹	35.92米
	季苏宁	铅球	7.96米
	陈燕珠	跳高	1.20米
	陈小妹	跳远	4.16米

1972年10月1—4日，江阴县中小学生田径运动会在县体育场举行，共有821名学生（中学，573名；小学，248名）参赛。小学组团体总分第一名为澄江镇，第二至六名分别为祝塘、利港、申港、璜塘、夏港公社；中学组团体总分第一名为北涸公社，第二至六名分别为澄江镇、西石桥、南闸、马镇、月城公社，有23名学生打破县纪录。

1973年10月1—3日，江阴县中小学生田径运动会在县体育场举行，设高中男、女生甲组、初中男、女生乙组、小学男、女生丙组3组，全县各公社（镇）中小学代表队参赛。

1974年5月1—3日，江阴县田径运动会在县体育场举行，来自全县各公社（镇）、工矿企业、学校的2177名运动员参赛，大会按年龄分为成年、中学、小学3大组。成年组男子团体第一名为澄江镇，北涸、璜土公社分获第二、三名，女子团体第一名为北涸公社，澄江镇、祝塘公社分获第二、三名；中学组男子团体第一名为澄江镇，北涸、长泾公社分获第二、三名，女子团体第一名为峭岐公社，澄江镇、顾山公社分获第二、三名；小学组男子团体第一名为西石桥公社，申港公社、澄江镇分获第二、三名，女子团体第一名为澄江镇，璜塘、南闸公社分获第二、三名。

1975年4月17—19日，江阴县中学生田径运动会在县体育场举行，各公社（镇）代表队共574名运动员参赛，分为甲、乙两组。团体总分第一名为澄江镇，第二—六名分别为华士镇、北涸公社、青阳镇、峭岐公社、顾山公社。

1976年4月26日，江阴县中学生田径选拔赛在县体育场举行，全县共有153名运动员参赛。

1977年4月23—25日，江阴县中学生田径运动会在县体育场举行，全县各镇、公社完全中学和华西学校共36个单位716名学生参赛，团体总分第一名为南菁中学，北涸中学、县中、顾山中学、曙光中学、县一中分别获第二至六名。

1978年4月30日—5月1日，江阴县中学生田径运动会在县体育场举行，共有537名运动员参赛，南菁中学邓君平打破男子初中组跳高苏州地区纪录。10月27—29日，江阴县小学生田径运动会在县体育场举行，全县各公社（镇）共31所学校505名学生参赛。

1979年10月1—2日，江阴县中学生田径运动会在县体育场举行，来自全县36所中学的522名男、女运动员参赛，南菁中学获团体总分第一名，第二至六名分别为青阳中学、县中、北涸中学、西石桥中学、华士中学。12月—1980年1月，江阴县中小学冬季长跑比赛举行，华瑞锡获男子青年组第一名，李亚英获女子第一名；吴建国获男子初中组第一名，史晓红获女子第一名；黄拥军获男子小学组第一名，戚亚萍获女子第一名。

1980年5月1—2日，江阴县中学生田径测验赛在县体育场举行。各组第一名：男子甲组，徐彪（100米，12″6；200米，25″0；400米，57″4）、周祖法（800米，2′14″8；1500米，4′47″0）、单文龙（91.4米栏，18″6）、苏一鸣（跳高，1.59米）、夏建军（跳远，5.47米）、邓君平（三级跳远，11.09米）、周云清（铅球，10.19米）、谢维仁（铁饼，35.74米）、冯正兴（标枪，45.38米）、俞建清（手榴弹，60.22米）；女子甲组，梅小琴（100米，15″5；84米栏，21″2）、章桂芬（200米，31″4）、李亚英（400米，1′08″2；800米，2′41″5；1500米，5′50″4）、成丽萍（跳高，1.39米；跳远，4.49米）、陈玉芳（铅球，8.49米）、梅杏芬（铁饼，22.14米；标枪，33.6米；手榴弹，36.17米）。6月1日，江阴县第一届幼儿运动会在县体育场举行。6月5—7日，江阴县中小学生田径运动会在县体育场举行，中学组团体总分第一名为南菁中学，第二至六名依次为北涸中学、县中、澄西中学、青阳中学、城北中学；小学组团体总分第一名为北涸中心，第二至六名依次为长泾中心、澄江甲队、河塘中心、澄江乙队、青阳中心。12月21日，江阴县中学生冬季长跑比赛在县体育场举行，共有10所学校73名学生参赛，南菁中学获高、初中团体总分第一名，顾晓清获高中男子5000米第一名，高燕蓉获高中女子3000米第一名，吴建国获初中男子3000米第一名，王敏获初中女子2000米第一名。

1981年6月1日，第二届江阴县幼儿运动会在县体育场举行，北大街小学幼儿园获团体总分第一名。9月，以片为单位县小学生田径运动会举行。10月1—3日，江阴县中学生田径运动会在县体育场举行，共37支代表队347名学生参赛，南菁中学获团体总分第一名，县中、北淍中学、青阳中学、祝塘中学、解放中学分获第二至六名，南菁中学王芳打破女子乙组400米、800米、1500米3项江阴县纪录。

1982年6月1日，第三届县幼儿运动会在县体育场举行，共有192名选手参加表演，199名选手参加竞赛，县实验小学幼儿园、人民小学幼儿园、东方红小学幼儿园获团体总分前三名，孙俊达、何英分获男、女40米运球第一名，文江、顾霞分获男、女40米三轮车第一名。9月27—30日，江阴县中小学生田径运动会在县体育场举行，共59队449名（其中小学186名）学生参赛，中学团体总分第一名为南菁中学，第二至六名依次为县一中、祝塘中学、县中、北淍中学、青阳中学；小学团体总分第一名为县实验小学，第二至六名依次为顾山中心、人民小学、文林中心、长泾中心、北淍中心。

1983年5月1—2日，江阴县第二届职工运动会在县体育场举行，团体总分第一名为江阴县五一棉纺厂，县中和县红卫印染厂分获第二、三名，个人第一名：男子组，丁克（50米；100米）、李福寿（1500米）、高新国（跳高）、孔善林（跳远）、葛丁顺（立定跳远）、朱勤（铅球）；女子组，陈健清（50米）、于金凤（100米）、曹彐隐（800米）、成丽萍（跳高；铅球）、胡玉芬（跳远；立定跳远）。9月28—30日，江阴县中小学生田径运动会在县体育场举行，共有71所学校347名（其中小学146名）学生参赛，中学团体总分第一名为南菁中学，第二至六名依次为县中、县一中、青阳中学、城北中学、祝塘中学；小学团体总分第一名为县实验小学，第二至六名依次为峭岐、青阳镇、华士、青阳公社、长寿中心。11月11日—1984年1月16日，江阴县中小学生冬季中长跑比赛举行，公社中小学以片为单位组队，澄江镇以校为单位组队参赛，县中唐建定以17′58″0的成绩打破男子青年组5000米江阴县纪录，南菁中学王拥军以18′32″9、解放中学张宗泽以18′47″8的成绩打破男子少年组5000米江阴县纪录，县一中姚兵以10′31″0、陆亿良以10′47″6，长泾中学王晓东以10′39″8的成绩打破男子少年组3000米江阴县纪录。

1984年10月15—17日，江阴县中小学生田径运动会在县体育场举行，全县67所学校614名（其中小学生251名）学生参赛，南菁中学获中学组团体总分第一名，县中、青阳中学、祝塘中学、县一中、北淍中学分获第二至六名；祝塘中心获小学组团体总分第一名，澄江镇北片、北淍中心、澄江镇南片、陆桥中心、青阳镇中心分获第二至六名。12月，江阴县中小学生冬季中长跑分区赛在各片片中学、中心校举行。

1985年1月1日，江阴县职工越野长跑比赛举行。6月1—9日，江阴县以片为单位中小学生田径运动会举行。9月22日，江阴县中学生田径测验赛在县体育场举行。10月，江阴县以片为单位中小学生冬季中长跑分区赛举行。

1986年5月21—23日，江阴县中小学生田径运动会在县体育场举行，66支代表队722名（其中小学372名）学生参赛，县中、南菁中学、马镇中学、青阳中学、长寿中学、县一中获中学组团体总分前六名；澄江二队、祝塘中心、陆桥中心、青阳中心、周庄中心、澄江一队获小学组团体总分前六名。

1987年9月26—27日，第一届江阴市中小学生田径运动会在市体育场举行，共65队514名（其中小学256名）运动员参赛，市中获中学组团体总分第一名，市一中、城北中学、陆桥中学、南菁中学、顾山中学分获第二至六名；华士中心获小学组团体总分第一名，澄江一队、澄江二队、石庄中心、青阳中心、申港中心分获第二至六名。

1988年10月6—8日，第二届江阴市中小学生田径运动会在市体育场举行，全市66所学校共521名学生参赛，中学组团体总分第一名为市中，市一中、青阳中学、西石桥中学、城北中学、顾山中学分获第二至六名；小学组团体总分第一名为澄江一队，陆桥中心、峭岐中心、澄江二队、华士中心、石庄中心分获第二至六名。

1989年9月27—29日，第三届江阴市中小学生田径运动会在市体育场举行，69所学校共529名学生参赛，中学组团体总分第一名为市中，第二至六名依次为城北、陆桥、澄西、南菁、北涸中学；小学组团体总分第一名为周庄中心，第二至六名依次为云亭中心、澄江一队、祝塘中心、顾山中心、申港中心。

1990年4月1—10日，江阴市以片为单位中小学生田径比赛举行。5月15日，江阴市小学生田径传统校对抗赛在市体育场举行，南闸曹桥小学、陆桥中心、澄江中心、华士中心等学校48名学生参赛。10月14—16日，第四届江阴市中小学生田径运动会在体育场举行，来自全市30个乡（镇）68所学校的544名学生参赛，中学团体总分第一名为城北中学，第二至六名依次为顾山中学、陆桥中学、市中、华士中学、澄西中学；小学团体总分第一名为澄江一队，第二至六名依次为祝塘、青阳、西郊、峭岐、顾山中心。顾山中学陆玲妹以11.95米的成绩刷新中学女子甲组铅球无锡市纪录。10月16—17日，第一届江阴市教职员工田径运动会在市体育场举行，共有68支代表队131名运动员参赛。

1991年5月19日，江阴市小学生田径选苗比赛在市体育场举行，共30支代表队120名学生参赛。5月20日，江阴市中小学田径传统校对抗赛在市体育场举行，共13所学校104名学生参赛，月城中学获中学团体总分第一名，青阳中心获小学团体总分第一名。10月10—12日，第五届江阴市中小学生田径运动会在市体育场举行，全市59所学校487名学生参赛，中学组团体总分第一名为城北中学，第二至六名依次为澄西、云亭、陆桥、顾山中学、市中；小学组团体总分第一名为青阳中心，第二至六名依次为华士中心、澄江一队、祝塘中心、峭岐中心、顾山中心。

1992年5月17日，江阴市中小学田径传统校对抗赛在祝塘中心小学举行，14所学校共112名学生参赛，顾山中学获中学组团体总分第一名，祝塘中心获小学组团体总分第一名。5月19—21日，江阴市以片为单位田径选苗赛举行，市体委派教练赴片参选。10月8—10日，第六届江阴市中小学生田径运动会在市体育场举行，全市66所学校共543名学生参赛，陆桥中学获中学组团体总分第一名，顾山、南菁、青阳、澄西、云亭中学分获第二至六名；澄江中心获小学组团体总分第一名，青阳中心、西郊中心、陆桥中心、市实验小学、周庄中心分获第二至六名。

1993年5月22—23日，江阴市中小学田径传统校对抗赛在南闸中学举行，共13队104名学生参赛，顾山中学获中学组团体总分第一名，祝塘中心获小学组团体总分第一名。10月14—16日，第七届江阴市中小学生田径运动会在市体育场举行，全市68所学校共544名学生参赛，中学团体总分第一名为市中，第二至六名依次为顾山、南菁、青阳、澄西、陆桥中学；小学团体总分第一名为祝塘中心，第二至六名依次为澄江中心、青阳中心、市实验小学、月城中心、峭岐中心。

1994年5月8日，江阴市中小学田径传统校对抗赛在陆桥中学、陆桥中心举行，共14所学校116名学生参赛，市中获中学组团体总分第一名，祝塘中心获小学组团体总分第一名。5月28—30日，第八届江阴市中小学生田径运动会在市体育场举行，共69队552名学生参赛，中学团体总分第一名为陆桥中学，第二至六名依次为市中、南菁中学、澄西中学、石庄中学、申港中学；小学团体总分第一名为澄江中心，第二至六名依次为利港中心、周庄中心、祝塘中心、市实验小学、云亭中心。

1995年5月21日，江阴市中小学田径传统校对抗赛在云亭中心举行，14所学校共169名学生参赛，陆桥中学获中学组团体总分第一名，华士中心获小学组团体总分第一名。9月27—29日，第九届江阴市中小学生田径运动会在市体育场举行，全市28个镇72所学校共853名学生参赛，中学组团体总分第一名为南菁中学，第二至六名依次为市中、陆桥中学、璜土中学、申港中学、月城中学；小学组团体总分第一名为澄江中心，第二至六名依次为河塘、陆桥、利港、祝塘、申港中心。

1996年6月2日，市中小学田径传统校对抗赛在青阳中学举行，共12所学校112名学生参赛。9月19—21日，第十届江阴市中小学生田径运动会在市体育场举行，共72所学校619名学生参赛，南菁中学获中学组团体总分第一名，市中、月城中学、璜土中学、陆桥中学、澄西中学分获第二至六名；青阳中心获小学组团体总分第一名，澄江、云亭、璜塘、山观、陆桥中心分获第二至六名。9月22日，首届江阴市乡镇田径运动会在市体育场举行，全市23个乡镇178名运动员参赛。团体总分前六名依次为顾山、青阳、月城、澄江、北涸、璜塘镇。

1997年4月19—20日，江阴市农村初中、完全小学田径赛在南菁中学举行，全市46所（其中初中19所）学校共368名学生参赛，申港移山初中获初中组团体总分第一名，璜土二中、峭岐二中分获第二、三名；陆桥泾浜小学获小学组团体总分第一名，山观长安小学、文林西阳小学分获第二、三名。5月24日，市田径传统校对抗赛在市中举行，14所学校112名学生参赛，市中、陆桥中心分获中、小学组团体总分第一名。10月26—29日，第十一届江阴市中小学生田径运动会在市体育场举行，共有72所学校643名学生参赛，璜土中心获小学组团体总分第一名，申港、青阳中心分获第二、三名；陆桥中学获初中组团体总分第一名，周庄、利港中学分获第二、三名；南菁中学获高中组团体总分第一名，市中、澄西中学分获第二、三名。南菁中学、长泾中心等10所学校获体育道德风尚奖。

1998年5月30日，江阴市中小学田径传统校对抗赛在月城中学举行，13所学校102名学生参赛，澄西中学、青阳中心分获中、小学团体总分第一名。9月24—27日，第十二届江阴市中小学生田径运动会在市体育场举行，72所学校632名学生参赛，青阳、云亭、璜塘中心获小学组团体总分前三名；陆桥、申港、利港中学获初中组团体总分前三名；南菁、华士、澄西中学获高中组团体总分前三名。青阳中心小学胡涛涛打破男子儿童甲组800米无锡市纪录。

1999年5月29日，江阴市中小学田径传统校对抗赛在顾山中学举行，13所学校102名运动员参赛，中、小学组团体总分第一名分别为陆桥中学和陆桥中心小学。9月17—19日，第十三届江阴市中小学生田径运动会在市体育场举行，72所学校90支代表队648名选手参赛，青阳中心、申港中学、南菁中学分获小学、初中、高中组团体总分第一名；华士中心、辅延小学，璜塘中学、华士中学，市中、华士中学分获小学、初中、高中组团体总分第二、三名。共有10人11次破9项市纪录，33人达52项少年级、73人达92项三级、5人达4项二级运动员标准。

2000年9月21—23日，第十四届江阴市中小学生田径运动会在市体育场举行，全市72所学校195支代表队共631名运动员参赛，小学、初中、高中组团体总分第一名分别为青阳中心、陆桥中学、市中。共有17人次破14项市纪录，20人达少年级、101人达三级、2人达二级运动员标准。

2001年9月27—29日，第十五届江阴市中小学生田径运动会在市体育场举行，全市76支代表队533名学生参赛，璜塘、青阳、申港中心获小学组团体总分前三名，申港、青阳、云亭中学获初中组团体总分前三名，市中、南菁中学、周庄中学获高中组团体总分前三名。共有19人次达少年级、137人次达三级、8人次达二级运动员标准。

2002年10月18—20日，第十六届江阴市中小学生田径运动会在市第一中学、江阴高级中学举行，全市各镇中学、中心小学、市直属学校、聋哑学校等60支代表队共554名运动员参赛，市中、长泾中学、华士高级中学获高中组团体总分前三名，璜塘中学、周庄中学、华士实验学校获初中组团体总分前三名，申港、璜塘、利港中心获小学组团体总分前三名，市中、周庄中学、利港中心分获高中、初中、小学组金牌总数第一名。共有19名学生破16项市纪录，33人达少年级、197人达三级、27人达二级运动员标准。

2003年10月16—18日，第十七届江阴市中小学生田径运动会在南菁中学和市体育场举行，共有61所学校520名学生参赛，高中组团体总分前三名分别为市中、南菁中学、华士中学，初中组团体总分前三名分别为华士中学、市中、周庄中学，小学组团体总分前三名分别为青阳、祝塘、申港中心，市中、华士中学、青阳中心分获高中、初中、小学组金牌总数第一名。有25名运动员破21项市纪录，有1人达国家一级运动员标准，28人次达二级、207人次达三级、26人次达少年级运动员标准。

2004年9月27—29日，第十八届江阴市中小学生田径运动会在南菁高级中学举行，全市共72所学校621名学生参赛，南菁中学获高中组团体总分第一名，市中、成化高中分获第二、三名；市中初中部获初中组团体总分第一名，陆桥、璜塘中学分获第二、三名；青阳中心获小学组团体总分第一名，申港、云亭中心分获第二、三名。

2005年9月27—29日，第十九届江阴市中小学生田径运动会在南菁中学举行，共有621名学生参赛，南菁、成化、华士中学获高中组团体总分前三名，市中初中部、璜塘中学、徐霞客中学获初中组团体总分前三名，云亭、璜塘、青阳中心获小学组团体总分前三名，南菁中学、市中初中部、云亭中心分获高中、初中、小学组金牌总数第一名。

2006年6月25日，江阴市中小学田径传统校对抗赛在市中举行，12所学校148名学生参赛，青阳实验小学获小学组团体总分第一名，祝塘、璜塘实验小学分获第二、三名；市中初中部获初中组团体总分第一名，陆桥、顾山中学分获第二、三名；市中获高中组团体总分第一名，青阳、澄西中学分获第二、三名。10月25—27日，第二十届江阴市中小学生田径运动会在市一中举行，全市76所学校586名学生参赛，南菁中学、市中、成化高中获高中组团体总分前三名，南菁中学、市一中、市中获奖牌总数前三名；市中初中部、华士中学、璜塘中学获初中组团体总分前三名，市中初中部、华士中学、顾山中学获奖牌总数前三名；云亭、青阳、璜塘实验小学获小学组团体总分前三名，青阳、云亭、长寿实验小学获奖牌总数前三名。

2007年6月25日，江阴市中小学田径传统校对抗赛在月城中学举行，共有11所学校110名学生参赛，青阳实验小学获小学组团体总分第一名，市中获初、高中组团体总分第一名。10月12—14日，第二十一届江阴市中小学生田径运动会在市第一中学举行，来自全市77所学校653名学生参赛，市中初中部获初中组团体总分和金牌榜第一名，南菁中学获高中组团体总分和金牌榜第一名，云亭、青阳实验小学分获小学组团体总分、金牌榜第一名。

2008年6月27—29日，江阴市中小学田径传统校对抗赛在澄西中学举行，11所学校101名学生参赛，市中获高中组团体总分第一名，澄西中学为第二名；市中初中部获初中组团体总分第一名，陆桥中学为第二名；云亭实验小学获小学组团体总分第一名，陆桥实验小学为第二名。10月24—26日，第二十二届江阴市中小学生田径运动会在市体育场举行，共有71所学校635名学生参赛，璜塘、长寿实验小学分获小学组团体总分、奖牌总数第一名，陆桥、长寿实验小学分获团体总分第二、三名，青阳、陆桥实验小学分获奖牌总数第二、三名；市中初中部、陆桥中学、云亭中学获初中组团体总分前三名，市中初中部、璜土中学、山观中学获奖牌总数前三名；南菁中学、市中、长泾中学获高中组团体总分、奖牌总数前三名。

2009年10月24—27日，第二十三届江阴市中小学生田径运动会在市体育中心举行，80所学校共643名学生参赛，南菁中学获高中组团体总分第一名，市中、市一中分获第二、三名；市中初中部获初中组团体总分第一名，云亭、华士中学分获第二、三名；青阳实验小学获小学组团体总分第一名，陆桥、云亭实验小学分获第二、三名。

2010年9月27—29日，第二十四届江阴市中小学生田径运动会在市一中举行，共有72所学校80支代表队616名学生参赛，南菁中学获高中组团体总分、金牌总数第一名，市一中获团体总分、金牌总数第二名，市中、山观中学分获团体总分、金牌总数第三名；市中初中部、云亭中学分获初中组团体总分、金牌总数第一名，陆桥中学、市中初中部分获团体总分、金牌总数第二名，云亭中学、临港新城实验学校分获团体总分、金牌总数第三名；青阳实验小学获小学组团体总分、金牌总数第一名，陆桥实验小学获团体总分、金牌总数第二名，云亭实验小学、长山中心分获团体总分、金牌总数第三名。

2011年9月27—29日，第二十五届江阴市中小学生田径运动会在市第一中学举行，全市72所学校共621名学生参赛，南菁中学、市一中、市中获高中组团体总分和奖牌总数前三名；市二中、市中初中部、陆桥中学获初中组团体总分前三名，市二中、顾山中学、市一中获奖牌总数前三名；青阳、陆桥、云亭实验小学获小学组团体总分前三名，青阳、陆桥、璜塘实验小学获奖牌总数前三名。

2012年9月27—29日，第二十六届江阴市中小学生田径运动会在市体育中心举行，来自全市79所学校的686名学生参赛，南菁中学、市一中、市二中获高中组团体总分和奖牌总数前三名；华士中学、市二中、长泾中学获初中组团体总分前三名，华士中学、市二中、山观中学获奖牌总数前三名；云亭、祝塘、利港实验小学获小学组团体总分前三名，璜土、祝塘、市实验小学获奖牌总数前三名；江阴中专、璜塘职业高中、南华职校获中职组团体总分前三名，江阴中专、璜塘职业高中、华姿职校获奖牌总数前三名。南菁中学李宇杰100米预、决赛（成绩，10″61；10″69）均达到高中男子国家一级运动员标准。

2014年9月27—29日，第二十八届江阴市中小学生田径运动会在市体育中心举行，共有88所学校组队参加，南菁高中、市高中、市二中获高中组团体总分和奖牌总数前三名；市二中获初中组团体总分第一名，市初中、华士初中分获第二、三名，市初中获奖牌总数第一名，华士初中、祝塘中学分获第二、三名；云亭实验小学获小学组团体总分、奖牌总数两项第一名，峭岐实验小学、青阳实验小学分获团体总分第二、三名，长泾实验小学、青阳实验小学分获奖牌总数第二、三名。

2015年10月15—17日，第二十九届江阴市中小学生田径运动会在市体育中心举行，80余所学校组队参加，市高中获高中组团体总分第一名，南菁高中、成化高中分获第二、三名，南菁高中获奖牌总数第一名，市高中、成化高中分获第二、三名；市初中获初中组团体总分和奖牌总数两项第一名，市二中、陆桥中学分获团体总分第二、三名，文林中学、临港初中分获奖牌总数第二、三名；长泾实验小学、青阳实验小学分获小学组团体总分、奖牌总数第一、二名，云亭实验小学获团体总分第三名，月城实验小学获奖牌总数第三名。

二、球类

（一）足球

1945年12月1日，江阴县足球友谊赛举行，利用纱厂足球队与黑牛队、商联队参加。1946年1月，为庆祝抗战胜利后第一个元旦，江阴县“海涛杯”足球锦标赛在县公共体育场举行，有县府、商联、利用、海联、正章、东风、黑牛等7支球队参加。7月17日，澄友足球队与神锋足球队对抗赛在县公共体育场举行。10月30日，“中正杯”足球赛在中正体育场举行，共4支球队参加。1948年4月10日，江阴县“忠义杯”足球赛在公共体育场举行。7月15日，江阴县“爱民杯”足球锦标赛举行。7月23日，在县公共体育场举行江阴县足球比赛，农锋队与清风队参加。9月9日，为庆祝体育节，江阴举行县足球比赛，正气甲队和商联队参加。

1974年12月7—9日，江阴县中学生足球比赛在县体育场和南菁中学举行。是年，县职工足球联赛在县体育场举行，县铁合金厂代表队获第一名。

1975年6月10—12日，县小学生足球比赛在县体育场举行，各片一所基层小学代表队参赛。8月，县职工足球联赛在县体育场举行，要塞、西郊等公社、澄江镇县（镇）企事业单位代表队参赛。11月26日—12月2日，县中学生足球比赛在县体育场举行，南菁中学、县中、一中、西郊中学、解放中学、城北中学6所学校代表队105名学生参赛。

1976年3月27—29日，县小学生足球赛在县体育场举行，青阳镇、华士、南闸、西石桥等公社1所、澄江镇2所基层小学代表队参赛。

1977年1月，县中学生足球比赛在县体育场举行，共110名学生参加。12月，县职工足球比赛在县体育场举行，共有9支代表队150名运动员参加。

1978年10月，县职工足球比赛在县体育场举行，共11个单位代表队194名运动员参赛。12月，县小学生足球比赛在县体育场举行，有150名小运动员参赛，人民小学代表队获第一名。

1979年3月，县小学生足球比赛在县体育场举行。8月15—21日，县职工足球甲级队联赛在县体育场举行。8月25日—9月18日，县职工足球乙级队联赛在县体育场举行。

1980年7月11—14日，县首届小学生女子足球比赛在县体育场举行，有8所小学参赛，县实验小学代表队获第一名。7月15—17日，县中学生足球赛在县体育场举行，县一中代表队获第一名。9月5日—10月3日，县职工足球甲、乙级队联赛在县体育场举行，共有21支代表队近300名运动员参赛，甲级队第一名为县钢丝绳厂代表队，乙级队第一名为县机械厂代表队。是年，团中央、教育部、国家体委联合举办1980年全国市、县基层小学代表队小足球赛，县实验小学代表队获男子冠军，团中央、教育部、国家体委发给奖状一张，奖励儿童橡胶足球4个、少年足球4个。

1981年5月16—17日，县中学生乡区组、城区组足球比赛在县体育场分别举行，西郊中学代表队获乡区组第一名，县一中代表队获城区组第一名。6月，县小学生足球赛在县体育场举行，男、女第一名均为县实验小学代表队。9月1—19日、9月20—24日，县职工甲、乙级队足球联赛在县体育场分别举行，县钢丝绳厂代表队获甲级队第一名，澄江镇纺织器材厂代表队获乙级队第一名。11月1—5日，县基层小学小足球比赛在县体育场举行，乡区组第一名为西郊中心小学代表队，城区组第一名为县实验小学代表队。

1982年5月6日，县“三好杯”足球选拔赛在县体育场举行，县一中足球队获第一名，代表县参加江苏省中学生“三好杯”足球赛。9月5—15日，县职工足球甲级队联赛在县体育场举行，县五一棉纺厂代表队获第一名。9月，县职工足球乙级队联赛在县体育场举行。10月31日—11月7日，县基层小学小足球选拔赛在县体育场举行，县实验小学代表队获第一名。

1983年3月，县基层小学“贝贝杯”女子足球比赛在县体育场举行，县实验小学代表队获甲组第一名，北大街小学代表队获乙组第一名。5月，县基层小学足球比赛在县体育场举行，县实验小学代表队获第一名。9月15日—10月8日，县职工足球甲、乙级队联赛在县体育场举行，共30支代表队540名运动员参赛，甲级队第一名为县五一棉纺厂代表队，乙级队第一名为县铁合金厂代表队。11月，县小学生“贝贝杯”小足球赛在县体育场举行，县实验小学代表队获第一名。

1984年3月，县中小学生“贝贝杯”“幼苗杯”足球赛在县体育场分别举行。5月10—21日，县职工“长江杯”足球甲级队联赛在县体育场举行，共10支代表队180余名运动员参赛，县纺织机械厂代表队获第一名。5月22日，县“萌芽杯”基层小学女子足球赛在县体育场举行，西郊中心小学代表队获第一名。8月26日—9月8日，县职工足球乙级队联赛在县体育场举行，17支代表队共278名运动员参赛，交通部澄西船舶修造厂队获第一名。12月，县基层小学“贝贝杯”足球赛在县体育场举行，北大街小学代表队获男子第一名，县实验小学代表队获女子第一名。是年，第一届“兴国杯”县中学生足球赛在县体育场举行，县一中代表队获优胜奖。

1985年3月19日，省体委苏体竞第六号批复，同意江阴县组队直接参加省举办的“贝贝杯”“萌芽杯”“幼苗杯”“希望杯”足球比赛。4月21—29日，县“宝宝杯”足球赛在县体育场举行，共9所学校201名学生参赛，男、女第一名均为县实验小学代表队，澄西船厂子弟小学男队、城南小学女队被评为精神文明队，解佐华、程维剑分别被评为男、女最佳射手。5月15—19日，县小学生“萌芽怀”足球赛在县体育场举行，全县8所小学164名学生参赛，男、女第一名均为县实验小学代表队，东方红小学男队、杏春小学女队获精神文明队称号，沈宏伟、沙静被评为男、女最佳射手。6月10日，县“贝贝怀”足球赛在县体育场举行，共有7所学校153名学生参赛，澄江中心代表队获男子第一名，县实验小学代表队获女子第一名，东方红小学、城南小学代表队分获男、女精神文明运动队称号。6月29日—7月2日，县中学生“希望怀”足球赛在县体育场举行，男、女第一名均为县第一中学代表队。7月23—27日，县职工足球乙级队比赛在县体育场举行，有12支代表队198名运动员参赛，县棉纺厂队获第一名。8月26日—9月3日，县职工足球甲级队比赛在县体育场举行，共有9支代表队130名运动员参赛，县印染厂代表队获第一名。

1986年7月13—22日，县小学生“贝贝杯”足球赛在县体育场举行，9支代表队87人参赛，男、女第一名均为县实验小学代表队。9月15—19日，县小学生“萌芽杯”足球赛在县体育场举行，共17支代表队129名运动员参赛，男、女第一名均为县实验小学代表队。9月24—27日，县中学生足球乙组比赛在县体育场举行，男、女第一名均为县第一中学代表队。10月10—15日，县小学生“宝宝杯”足球赛在县体育场举行，12支代表队120名学生参赛，男、女第一名均为县实验小学代表队。是年，县职工“储蓄杯”足球联赛在县体育场举行，18支球队270名运动员参赛，县印染厂代表队获第一名。

1987年4月18—21日，县小学生“萌芽杯”足球赛在县体育场举行，10队共100名学生参赛，男、女第一名均为县实验小学代表队。4月25—30日，江阴市中学生“希望杯”足球赛在市体育场举行，共有8支代表队115名运动员参赛，男、女第一名均为市第一中学代表队。5月25日—6月2日、6月3—9日，江阴市第二届“储蓄杯”职工足球乙级、甲级队联赛在市体育场分别举行，市印染厂足球队获甲级队第一名。7月15—19日，市“贝贝杯”足球赛在市体育场举行，有14支代表队166名学生参赛。

1988年4月22—26日，市小学生男子足球比赛在市体育场举行，市实验小学代表队获第一名。6月16—22日，市小学生“贝贝杯”男子足球比赛在市体育场举行，有7队84名学生参赛，市实验小学代表队获第一名。9月14—20日、10月5—10日，市首届“保险杯”职工足球甲级、乙级队比赛在市体育场分别举行，共有18支代表队312名运动员参赛。是年，市“山源杯”中学生足球赛举行，市一中代表队获男子第一名。

1989年4月，市小学生男子足球赛在市体育场举行，6支代表队共72名学生参赛，市实验小学代表队获第一名。9月1—14日，市第二届“保险杯”职工足球甲级、乙级队比赛在市体育场举行，共15队273名运动员参赛。12月20—25日，市小学生足球选苗赛在市体育场举行。

1990年4月20—26日，市小学生足球比赛在市体育场举行。4月27—29日，市中学生男子足球比赛在市体育场举行，市体育学校代表队获第一名。4月27日—5月3日，市中学生男子足球比赛在市体育场举行。9月10—27日，市职工迎亚运“三球一操”大赛“利用杯”男子足球比赛在市体育场举行，共有17支代表队302名运动员参赛，县染印厂足球队获第一名。12月，市小学生足球赛在市体育场举行。是年，市“兴国杯”足球赛在市体育场举行，市一中代表队获中学组男子第一名。

1991年4月23—25日，市小学生男子足球赛在市体育场举行。5月22—28日，市初中男子足球比赛在市体育场举行，市一中代表队获第一名。7月11—13日，市高中男子足球选拔赛在市体育场举行。12月18—31日，市高中男子足球赛在市体育场举行。

1992年4月21—25日，市小学生男子足球赛在市体育场举行，市实验小学代表队获第一名。6月5—13日，市职工“健身杯”足球甲级、乙级队比赛在市体育场举行，共有9支代表队134名运动员参赛。7月18—20日，市中学生男子足球比赛在南菁中学举行，市一中代表队获第一名。11月28日—1993年1月1日，市小学生男子足球布局校周末比赛在市体育场举行，西郊中心小学代表队获第一名。

1993年5月15—17日，市儿童男子足球比赛在市体育场举行，市实验小学代表队获第一名。10月22—28日，市“钻石杯”男子足球比赛在市体育场举行，市钻石楼酒家代表队获第一名。10月，市中学生足球比赛在市体育场举行，市一中代表队获男子第一名。11月27日—12月25日，市小学生布局校周末男子足球比赛在市体育场举行。

1994年5月27—28日，市儿童男子足球竞赛在市体育场举行，共5支代表队60名学生参赛，市实验小学代表队获第一名。10月，市中学生足球赛在市体育场举行，市一中代表队获男子第一名。11月1—5日，市“八汇杯”男子足球比赛在市体育场举行，有5支代表队80名运动员参赛，澄江镇代表队获第一名。11月19日—12月29日，市小学生足球布局校（男子）周末比赛在市体育场举行，共有8所学校96名学生参赛，南闸镇南新街小学代表队获第一名，辅延小学代表队获精神文明队称号。

1995年4月15—18日，市小学生男子足球比赛在市体育场举行，8支代表队112名学生参赛，南新街小学代表队获第一名。7月24—29日，市中学生男子足球比赛在市体育场举行，有10支代表队150名学生参赛，征存中学代表队获高中组第一名，西郊中学代表队被评为精神文明队，市一中代表队获初中组第一名，要塞中学代表队被评为精神文明队。10月30日—11月3日，“八汇杯”市足球赛在市体育场举行。11月17日—12月8日，市小学生男子足球布局校周末比赛在市体育场举行，8所小学70名学生参赛，南新街小学代表队获第一名。

1996年4月26—30日，市小学生男子足球比赛在市体育场举行，7所学校82名学生参赛，西郊中心代表队获第一名。5月3—7日，市初中男子足球比赛在市体育场举行，市一中代表队获第一名。8月8—15日，“江阴日报杯”暑期中学生男子足球赛在市体育场举行，共9支代表队108名学生参加，青阳维萨队获第一名。12月14—22日，市小学生男子足球布局校周末比赛在市体育场举行，有5所学校50名学生参赛，市实验小学代表队获第一名。

1997年7月16—19日，市初中男子足球比赛在市体育场举行，市一中代表队获第一名。7月24—27日，市小学生男子足球比赛在市体育场举行，城中中心代表队获第一名。7月31日—8月9日，市高中男子足球比赛在市体育场举行，青阳中学代表队获第一名。8月29日—9月3日，市职工足球比赛在市体育场举行，市钢绳集团公司代表队获第一名。暑假期间，“江阴日报杯”市中学生男子足球比赛在市体育场举行，市一中代表队获初中组第一名。12月12—20日，市小学生男子足球布局校周末比赛在市体育场举行，辅延小学代表队获第一名。是年，1997年江阴市钢绳“雄鹰杯”足球友谊赛在市体育场举行。

1998年8月10—14日，市小学生“法尔胜杯”男子足球比赛在市体育场举行，共有9所学校135名学生参赛，西郊中心小学代表队获第一名。8月20—24日，市中学生“法尔胜杯”男子足球比赛在市体育场举行，6所学校131名学生参赛，市一中代表队获第一名。8月30日—9月25日，“法尔胜杯”男子足球赛在市体育场举行，法尔胜集团公司共16队318名运动员参赛。

1999年1月9—16日，1998年江阴市小学生男子足球布局校周末比赛在市职工大学举行，青阳中心代表队获第一名。7月20—22日，市中学生（初中）男子足球比赛在市体育场举行，8所学校共93名学生参加，青阳中学代表队获第一名。8月10—12日，市小学生男子足球比赛在市体育场举行，有8所学校90名学生参赛，青阳中心队获第一名。11月7日—12月5日，市小学生男子足球布局校周末比赛在市体育场举行，8所小学80名学生参赛，辅延小学代表队获第一名。11月24—26日，市“恒生杯”男子足球邀请赛在市体育场举行。

2000年7月25—28日，市初中生男子足球比赛在市体育场举行，有7所学校84名学生参赛，夏港中学代表队获第一名。8月7—10日，市小学生男子足球比赛在市体育场举行，9所学校107名学生参赛，市实验小学代表队获第一名。11月3—18日，市小学生男子足球布局校周末比赛在市实验小学和西郊中心小学举行，共9所学校90名学生参赛，市实验小学代表队获第一名。

2001年7月7—10日，市小学生男子足球比赛在市体育场举行，10所小学120名学生参赛，市实验小学代表队获第一名。7月25—28日，市高中学生（男子）足球比赛在市体育场举行，共有11所学校198人参加，市一中代表队获第一名。11月17—18日，市“广吉杯”小学生女子足球比赛在市体育场举行，市第二实验小学代表队获第一名。12月15—16日，市“励实杯”小学生男子足球比赛在市一中举行，市实验小学队获第一名。

2002年6月27日，市小学生女子足球比赛在市体育场举行，市第二实验小学代表队获第一名。7月8—10日，市小学生男子足球比赛在市体育场举行，共8所学校80名学生参赛，市实验小学代表队获第一名。7月23—27日，市初中男子足球比赛在市一中举行，市一中代表队获第一名。

2003年7月16—20日，市小学生足球比赛在市体育场举行，有10队149名学生参赛，市实验小学代表队获女子第一名，西郊中心和城中中心代表队分获男子1991至1993年后组第一名。7月22—23日，市高中生男子足球比赛在市体育场举行，征存中学代表队获第一名。

2004年5月22日—6月19日，市“雄鹰杯”首届四人制足球比赛在市体育场举行，共有74名运动员参赛，法尔胜自由队获第一名。8月2日—9月26日，“法尔胜杯”市职工足球联赛在江阴职业技术学院和培尔职业技术学院举行，共有10支代表队218名运动员参赛，法尔胜集团代表队获第一名。

2005年7月10—12日，市小学生足球比赛在市体育场举行，9校10队110名学生参赛，青阳中心代表队获男子第一名，辅延小学代表队获女子第一名。

2006年9月21—22日，市小学生足球比赛在市体育场举行，青阳实验小学代表队获男、女第一名。12月9日，市初中男子足球比赛在市中举行，山观中学代表队获第一名。

2007年6月15—17日，市小学生足球比赛在晨光实验学校举行，共有7所小学9支代表队100名学生参赛，西郊实验小学队获男子第一名，辅延小学队获女子第一名。7月12—14日，市中学生男子足球比赛在市一中举行，市一中代表队获第一名。9月8—30日，第五届市职工足球联赛在市中初中部举行，全市共6支代表队131名运动员参赛。

2008年4月，江阴市迎奥运“房建杯”四人制足球比赛在市体育场举行，共有14支代表队110名选手参赛。6月11—30日，市中小学“贺奥运”阳光体育小学生足球比赛在夏港实验小学举行，来自全市8所学校的5支男队和4支女队共102名选手参加比赛，青阳实验小学男队、辅延小学女队获第一名。6月14日—7月17日，江阴市级机关“红盾杯”足球比赛在市体育场举行，有16支代表队160名运动员参赛。6月26—28日，市初中男子足球比赛在市体育场举行。

2009年4月11日—8月2日（周六、周日），江阴市业余足球俱乐部联赛在市一中举行，全市共有17支代表队475名运动员参赛。6月25—27日，市小学生足球比赛在夏港体育中心举行，6所学校7支代表队71名选手参赛，市实验小学男队、辅延中心女队获第一名。7月16—18日，市中学生男子足球比赛在市体育场举行，6所学校共8支代表队129名学生参赛，市一中代表队获初、高中组第一名。7月24—28日，市职工男子足球比赛在市体育场举行，共有7支代表队141名运动员参赛，法尔胜代表队获第一名。

2010年5月15日—7月18日，江阴市第二届业余足球俱乐部联赛在南菁高级中学举行，铲刀队获第一名，徐宁峰以13粒进球获金靴奖，李富祥获金哨奖，城市热能队获体育道德风尚奖。6月24—26日，市小学生足球比赛在晨光实验小学举行，共有6所学校8支代表队81名学生参赛，青阳实验小学队获男子第一名，桐岐中心队获女子第一名。7月7—8日，市高中男子足球比赛在澄西中学举行，有3支代表队59名学生参赛，山观中学代表队获第一名。9月，江阴市级机关“红盾杯”足球比赛在市体育场举行，共13队156名运动员参赛，体育局代表队获第一名。

2011年7月9—10日，市中学生男子足球比赛在南菁中学（初中部）举行，全市共有6支代表队参加比赛。8月，江阴市级机关“红盾杯”足球比赛在市体育场举行，共有12支代表队120名运动员参赛。是年，江阴市第三届业余足球俱乐部联赛在市体育场举行。

2012年4月26—30日，市小学生足球比赛在市体育中心举行，8所学校共112名学生参赛，山观实验小学代表队获男子第一名，要塞实验小学代表队获女子第一名。5月，2012年“体彩杯”江阴市第四届业余足球俱乐部联赛在江阴职业技术学院举行。7月19—23日，市中学生男子足球比赛在市体育场举行，有7所学校127名学生参赛，市一中代表队获初、高中第一名。

2014年5月12—17日，江阴市职工足球比赛在市老体育场举行，市级机关、教育局、建设局、农商行、卫生局、法尔胜泓昇集团、兴澄钢铁、供电公司等代表队参加，法尔胜泓昇集团代表队获第一名。5—11月，江阴市首届“澄星杯”中小学生阳光校园足球联赛在市一中、市实验小学等中小学和市体育中心举行，共有39所小学、32所初中、11所高中82支代表队1522名运动员参加，小学组男、女第一名分别为夏港实验小学和月城实验小学代表队，初中组男、女第一名分别为青阳第二中学和市第二中学代表队，高中组男、女第一名分别为市一中和市二中代表队。10月中旬至12月上旬（逢双休日），江阴市业余足球俱乐部“联盟杯”足球比赛在市体育中心举行，共有16支代表队192名运动员参加。

2015年6月9日—7月12日，江阴市级机关第八届足球比赛在市体育中心举行，共有23支代表队368名运动员参加。7月，江阴市第二届“澄星杯”中小学校园足球联赛在市体育中心举行。9月15—26日，迎“国庆”江阴市职工足球比赛在市体育中心和市老体育场举行，共有18支代表队384名运动员参加，法尔胜泓　集团公司代表队获第一名。10—12月（逢双休日），江阴市业余足球俱乐部“联盟杯”足球比赛在市老体育场举行，共13支代表队参加。

（二）篮球

1935年4月，江阴县第一届篮球锦标赛在县立体育场举行，有征存队（女）、野童队、中英队（女）、无名队、小友队、民强队、励实队、南菁队（女）、旭轮队参赛。1945年11月12日，江阴县“胜利杯”青少年篮球锦标赛在县公共体育场举行，顾山、华士、西郊、长寿等中小学代表队参赛。1946年8月，江阴县“要塞杯”篮球赛举行，11月，江阴北外中正体育场落成，县“中正杯”篮球赛举行。1948年4月，江阴县“忠义杯”篮球联赛举行；9月，为庆祝体育节，举行县篮球比赛。

1972年5月1日，澄江、青阳、华士3镇职工篮球赛举行，共有72名男、女运动员参赛。8月，江阴县职工篮球赛在县体育场举行，由各片的冠军队参加。

1973年5月24—25日，县中学生篮球选拔赛在县体育场举行，共有12队120名学生参赛，男子第一名为璜土中学代表队，女子第一名为县中代表队。11月24日，华士、青阳、澄江3镇篮球比赛在澄江镇举行，男、女第一名均为澄江镇代表队。

1974年3月28—29日，为参加地区职工篮球比赛，县工交、财贸、建筑系统职工篮球选拔赛举行。12月17—20日，县中学生篮球赛在县体育场举行。

1975年1—3月，县职工基层篮球联赛在澄江镇举行，共有20个企业、2所学校22队231名运动员参赛。2月11—13日（农历年初一至初三），县农民篮球赛在县体育场举行，由各片冠军队参赛，文林公社代表队获第一名。3月22—24日，县基层中学生篮球赛在县体育场举行，男子第一名为顾山中学代表队，女子第一名为南菁中学代表队。9月17—19日，县基层小学生篮球赛举行，共180名学生代表各片冠军队参赛。9月30日—10月4日，县职工篮球赛在县体育场举行，全县共16队192名运动员参赛。

1976年6月20—22日，县小学生篮球赛在县体育场举行，各片男、女代表队114名学生参赛，男子第一名为东方红小学代表队，女子第一名为南闸中心小学代表队。

1977年1月13—15日，县基层中学生篮球赛在西石桥公社举行。7月10—15日，县上山下乡知识青年篮球赛在澄江镇举行，共168名选手参赛。9月13—18日，县基层中学生篮球选拔赛在陆桥中学举行，共16队192名学生参加。9月20—28日，县职工篮球选拔赛在县工人俱乐部举行，118名运动员参加。12月1—3日，县基层小学生篮球比赛在澄江镇举行，各片冠军队共168名学生参赛。

1978年9月15—18日，县中学生篮球赛在澄江镇举行。10月5—28日，县基层职工篮球赛在县工人俱乐部举行，19队共222名选手参赛。10月17—18日，县小学生篮球赛在县体育场举行，由各片冠军队参加。

1979年5月7—9日，县中学生篮球赛在县体育场举行。9月6—21日，县职工篮球赛在县工人俱乐部、体育场举行，25支男队、4支女队参赛。

1981年3月14—15日，县中学生篮球选拔赛在县体育场举行，华士片男队、澄江镇女队获第一名，代表江阴县参加地区中学生篮球比赛。4月18—19日，县基层小学生篮球赛在县体育场举行，璜土中心男队、县实验小学女队获第一名。6月20日—7月4日，县职工男子篮球甲级队联赛在县体育场举行，县建筑公司代表队获第一名。11月1—3日，县职工乙级队篮球联赛举行，县标准件厂男队、五一棉纺厂女队获第一名。

1982年6月17—20日，县中学生篮球选拔赛在县体育场举行，男、女第一名均为南菁中学代表队。孙建平、徐建平、陆建国、张虹、缪振新、俞波涛、黄卫东、陈建清、蒋华、龚伟、吴文伟、杨健、黄卫东、史晓红、赵月红、王桂琴、王敏、吴钰、巴益萍、王丽萍、张东、龚丽东、戴建珍、朱彩虹、孔静亚等组成县男、女代表队参加地区比赛。7月10—13日，县基层小学生篮球选拔赛在县体育场举行。10月，县职工篮球甲级队联赛在县体育场举行，第一名为县建筑公司代表队。11月5—15日，县职工篮球乙级队联赛在县体育场举行，第一名为县化肥厂代表队。

1983年5月6—7日，县基层小学生篮球赛在县体育场举行。5月10—16日，“长江杯”县职工男、女篮球甲级队联赛在县体育场举行，共7支代表队78名选手参赛。11月27—29日，县基层中学生篮球选拔赛在县体育场举行，男、女第一名均为县中代表队。

1984年5月，县职工“团结杯”篮球赛在县体育场、澄江镇、青阳镇、华士镇基层赛区举行。12月22—24日，县教工篮球比赛在县中举行，各片冠军县一中、长泾、华士、璜塘、南闸、璜土中学代表队参赛。12月29日—1985年1月2日，县第一届农民“丰收杯”篮球赛在县体育馆举行，各片冠军队共60名选手参赛，澄江镇代表队获第一名。

1985年10月13—15日，县基层小学生篮球赛在县体育馆举行，男子第一名为澄江中心队，女子第一名为县实验小学队，长泾和平小学队、顾山中心队分别被评为男、女精神文明队。12月28日—1986年1月1日，县第二届农民“丰收杯”篮球赛在璜塘乡举行，文林乡代表队获第一名。

1986年5月18日，县第二届职工运动会篮球赛在县体育馆举行，县建筑公司代表队获第一名。6月25—26日，县小学生篮球赛在县体育馆举行，男子第一名为澄江中心队，女子第一名为杏春小学队。9月27日—10月2日，县第三届农民“丰收杯”篮球赛在县体育馆举行，青阳镇代表队获第一名。12月28—30日，县中学生篮球赛在县体育场举行，11支男、女代表队共110名学生参赛，男、女第一名均为祝塘中学代表队。

1987年7月，市小学生篮球比赛在市体育馆训练房举行。11月20—24日，市第四届农民“丰收杯”篮球赛在周庄三房巷村举行，青阳镇代表队获第一名。12月10—11日，市中学生篮球赛在市体育馆举行，共12支代表队144名学生参赛。

1988年4月28日—5月2日，市职工篮球甲级队联赛在周庄镇举行。5月7—9日，市小学生篮球赛在市体育场举行，共7队82名学生参赛。9月22日，江阴市级机关篮球赛在市党校、体育场举行。11月20—26日，市第五届农民“丰收杯”篮球赛在申港镇举行，第一名为青阳镇代表队。11月26日，市“适宜形式”儿童篮球赛在市体育场举行。12月8—11日，市中学生篮球冠军赛在市体育场举行。

1989年4月19—21日，市小学生篮球赛在市体育馆举行，5支男队、4支女队共108名学生参赛。10月3—7日，市第六届农民“丰收杯”篮球赛在市体育馆举行，共100名运动员参赛，河塘乡代表队获第一名。10月20—25日，市职工“双天鹅杯”篮球赛在市体育场举行，有12支代表队129名运动员参赛。12月15—16日，市中学生篮球赛在市体育场举行，有6队144名学生参赛。

1990年1月27—29日，市“申达杯”篮球精英赛在申港镇举行。4月20—22日，市小学生篮球赛在市体育场举行，11队131名学生参赛。10月5—13日，市职工迎亚运“三球一操”大赛“船舶杯”篮球比赛在市体育馆举行，有15支代表队150名选手参赛，第一名为交通局代表队。11月22—26日，市第七届农民“丰收杯”篮球赛在市体育馆举行。12月15—16日，市中学生篮球赛在市体育馆举行，共有12队144名男、女学生参赛。

1991年4月28—29日，市“河塘杯”初中男子篮球赛在河塘中学举行，河塘中学代表队获第一名。11月6—7日，市小学生篮球赛在市体育场举行。

1992年6月10—12日，市儿童篮球赛在市体育场举行，有7支代表队98名学生参赛，男子第一名为北涠中心队，女子第一名为南闸中心队。7月19—20日，市中学生篮球赛在南菁中学举行，男子第一名为山观中学队，女子第一名为陆桥中学队。11月16—20日，市第八届农民“丰收杯”篮球赛在市体育馆举行，西郊乡代表队获第一名。

1993年5月4—5日，市个体企业男子篮球赛在市体育馆举行，璜土乡代表队获第一名。5月13—19日，市职工篮球赛在市体育馆举行，交通局队获男子第一名，教委一队获女子第一名。

1994年6月4—5日，市儿童篮球赛在市体育馆举行，南闸马泾小学代表队获男子第一名，顾山新龚小学代表队获女子第一名。7月25—29日，市中学生篮球赛在市体育馆举行，男子第一名为璜土中学代表队，女子第一名为陆桥中学代表队。10月13—16日，市第九届农民“丰收杯”篮球赛在新桥中学举行，甲级队第一名为西石桥乡代表队，乙级队第一名为月城乡代表队。

1995年5月13—14日，市儿童篮球赛在华士中心举行，有98名学生参赛，男子第一名为华士中心队，女子第一名为南闸中心队。6月8—9日，市中专、中技、职业高中篮球赛在江阴工商学校举行，河塘和申港代表队分获男、女第一名。7月20—21日，市中学生篮球赛在璜土中学举行，璜土中学代表队获男子第一名，陆桥中学代表队获女子第一名。11月17—19日，市第十届农民“丰收杯”暨第一届“篮协杯”篮球赛在市体育馆举行。11月25—29日，江阴市级机关篮球赛在市体育馆举行。

1996年5月11—13日，市小学生篮球赛在市体育馆举行，共10队109名学生参赛，男子第一名为北涠中心队，女子第一名为南闸中心队。7月18—20日，市高中生男子篮球赛在市体育馆举行，璜土中学队获第一名。11月11—13日，市第二届“篮协杯”篮球赛在市体育馆举行，共有A、B两组9支代表队126名选手参赛，夏港镇队获A组第一名，申达一队获B组第一名。

1997年5月31日—6月2日，市小学生篮球比赛在市体育馆举行，北涠中心队获男子第一名，璜塘中心队获女子第一名。8月9—12日，市初中生篮球比赛举行，北涠中学队获男子第一名，顾山中学队获女子第一名。8月13—20日，市高中生篮球赛举行，璜土中学队获男子第一名，市职业高中队获女子第一名。8月21—28日，市第三届“篮协杯”篮球比赛举行，澄江镇队获男子第一名。11月28—30日，省、市重点中学高中男子和农村初中男子篮球比赛举行，有348名学生参赛，澄西中学队获省、市重点中学高中男子第一名，申港移山初中队获农村初中第一名。

1998年5月26—28日，江阴市第四届“篮协杯”篮球比赛在市体育馆举行，共7支代表队76名选手参赛，璜塘镇代表队获第一名。6月11—13日，市小学生“宏澄杯”篮球赛在市体育馆举行，有152名学生参赛，北涸中心代表队获男子第一名，顾山新龚小学代表队获女子第一名。8月4—6日，市中学生“宏澄杯”篮球赛在市体育馆举行，共134名学生参赛，澄西中学代表队获男子第一名，南闸、陆桥中学代表队并立女子第一名。

1999年6月7—10日，市第五届“篮协杯”篮球赛在市体育馆举行，共118名选手参赛，金税花园队获第一名。7月6—8日，市小学生篮球赛在市体育馆举行，共有109名学生参赛，男子第一名为华西小学队，女子第一名为南闸中心小学队。8月17—18日，市初中男子篮球赛在市体育馆举行，云亭中学队获第一名。

2000年7月17—19日，市小学生篮球赛在市体育馆举行，有86名学生参赛，华西小学代表队获男子第一名，南闸中心代表队获女子第一名。8月15—17日，市初中生篮球赛在市体育馆举行，有8所学校78名学生参赛，男子第一名为峭岐二中代表队，女子第一名为南闸中学代表队。

2001年5月31日—6月2日，市第六届“篮协杯”篮球赛在璜土镇北湖西村举行，共有56名选手参赛。6月10—12日，市小学生甲组篮球赛在市体育馆举行，8所学校87名学生参赛，北涸中心代表队获男子第一名，长泾中心代表队获女子第一名。6月15—16日，市小学生乙组篮球赛在月城中心举行，月城中心代表队获男子第一名，北涸中心代表队获女子第一名。7月19—21日，市高中生篮球赛在市体育馆举行，7所学校80名学生参赛，云亭中学代表队获男子第一名，南闸中学代表队获女子第一名。8月3—7日，市“金穗杯”三人制篮球争霸赛在市体育场举行。

2002年5月10—12日，市小学生篮球甲组比赛在市体育馆举行，有88名学生代表9所学校参赛，男子第一名为月城中心代表队，女子第一名为长泾中心代表队。5月25日，市小学生篮球乙组比赛在北涸中心举行，男、女第一名均为北涸中心小学代表队。7月16—19日，市高中生篮球比赛在市体育馆举行，共有11所学校110名学生参赛，男子第一名为新桥中学代表队，女子第一名为南闸中学代表队。11月14—18日，“国税诚信杯”市级机关篮球赛在市体育馆举行，国税局代表队获第一名。

2003年7月11—12日，市小学生篮球赛在北涸赤岸小学举行，共13支代表队110名学生参赛，男子甲组、男子乙组、女子乙组第一名均为赤岸小学代表队，女子甲组第一名为长泾中心代表队。7月20—22日，市高中生篮球赛在市中举行，青阳中学代表队获男子第一名，祝塘中学代表队获女子第一名。8月10日，市中学生女子篮球赛在市体育馆举行，长泾中学代表队获第一名。

2004年5月23—26日，市小学生甲组篮球比赛在月城实验小学举行，共有12所学校15队136名学生参赛，男、女第一名均为北涸中心小学代表队。6月11—13日，市小学生乙组篮球赛在北涸中心小学举行，北涸中心男、女代表队获第一名。12月26—30日，市男子篮球比赛在市新体育馆举行，有6个镇58名运动员参赛，第一名为澄江镇代表队。

2005年6月11—12日，市小学生篮球赛在顾山中心举行，共有7所小学11队91名学生参赛，北涸中心男队、长泾中心女队获第一名。7月28—29日，市初中生篮球赛在江阴高级中学举行，男子第一名为北涸中学代表队，女子第一名为长泾中学代表队。12月1—4日，市“华宏杯”男子篮球赛在成化中学举行，全市12支代表队136名运动员参赛，周庄镇代表队获第一名。

2006年5月19—21日，市小学生篮球赛在长泾实验小学举行，11所小学15支代表队共175名学生参赛，北涸中心男队、长泾中心女队获第一名。9月29日—10月1日，市“幸福杯”篮球邀请赛在体育馆举行。11月3—5日，市中学生篮球赛在南菁中学举行，共8所学校119名学生参赛，男子第一名为青阳中学队，女子第一名为长泾中学队。11月，市“霞客杯”男子篮球赛在徐霞客镇金凤村举行，有11支代表队参赛，华宏队获第一名。11月—2007年1月，市“农商行杯”青年三人制篮球赛在市体育馆等举行，共27支球队137名运动员参赛。

2007年5月11—13日，市小学生篮球赛在北涸中心举行，11所小学14队163名学生参赛，顾山实验小学队获男子第一名，长泾实验小学队获女子第一名。11月21—23日，市中学生篮球赛在青阳中学举行，11所中学19队203名学生参赛，高中男、女第一名均为市一中队，初中男子第一名为申港中学队，女子第一名为长泾中学队。11月，江阴市“卧龙杯”男子篮球赛在月城中学举行，11支代表队参赛，华宏队获第一名。

2008年5月22—25日，市小学生篮球赛在北涸实验小学举行，共有15所学校19支代表队220名学生参赛，男子第一名为顾山实验小学队，女子第一名为北涸中心小学队。11月1—10日，“旌阳杯”市男子篮球赛在青阳镇举行，共有16支代表队185名运动员参赛，第一名为青阳镇队，卞辉文、王成分别获得分王和三分王称号。11月19—22日，“成化高中杯”江阴市中学生篮球比赛在成化中学举行，全市15所中学22支代表队共243名学生参赛，高中男子第一名为市一中队，女子第一名为长泾中学队；初中男子第一名为山观中学队，女子第一名为长泾中学队。

2009年6月3—6日，市小学生篮球赛在长寿实验小学举行，有13所学校17支代表队183名学生参赛，男、女第一名均为北涸中心小学代表队。7月21—26日，市中学生篮球赛在长泾中学、长泾实验小学举行，全市有24所学校38支代表队429名学生参赛，华姿职校代表队获高中男子第一名，长泾中学代表队获女子第一名；利港中学代表队获初中男子第一名，市二中代表队获女子第一名。10月21—23日，市乡镇男子篮球赛在市体育中心举行，来自全市镇（街道）的140名运动员参赛，第一名为周庄镇代表队。12月1—8日，市“德玛斯特杯”男子篮球赛举行，共有19支球队220名运动员参赛，德玛斯特队获第一名。

2010年5月28日—6月30日，市男子篮球甲级队联赛在周庄镇举行，共有9队91名运动员参赛，第一名为周庄华宏队。6月2—5日，市“华兰杯”小学生篮球赛在临港新城实验学校举行，共有13所学校代表队参赛，男子第一名为市实验小学队，女子第一名为长泾实验小学队。7月19—24日，市中学生篮球赛在市一中、江阴高中举行，共有17所学校28支代表队参赛，山观中学代表队获初、高中男子第一名，长泾中学和成化高中代表队分获初、高中女子第一名。

2011年5月21—25日，“南闸泗河杯”市男子篮球比赛在南闸街道举行，全市18支代表队211名运动员参赛，夏港街道代表队获第一名。6月8—11日，市小学生篮球赛在云亭实验小学举行，共有10支球队100名学生参赛，男、女第一名均为北涸中心小学代表队。6—7月，市首届“企业杯”男子篮球比赛在市体育中心举行，有6支代表队参赛。7月11日，“阳光杯”军企篮球友谊赛在新桥中学举行，阳光集团代表队和第一集团军代表队参赛。7月19—23日，市中学生篮球赛在成化高中和周庄中学举行，共有19所学校300名学生参赛，初中男、女第一名均为临港新城实验学校代表队，江阴高级中学代表队获高中男子第一名，长泾中学代表队获高中女子第一名。10月28日—11月9日，“旌阳杯”FJBA江阴市男子篮球联赛在青阳镇举行，共7队76名运动员参赛，第一名为霞客凯育热能代表队。

2012年5月18—22日，“长泾苏青杯”市男子篮球乙级队比赛在长泾苏青标准件厂举行，共有16支代表队参赛，苏青队获第一名。6月6—8日，市“元博服饰杯”小学生篮球赛在北涸中心举行，共有6所学校101名学生参赛。7月23—28日，市中学生篮球比赛在市一中、市初中举行，共21所学校338名学生参赛，初中男子第一名为临港新城实验学校队，女子第一名为长泾中学队；高中男子第一名为山观中学队，女子第一名为长泾中学队。10月20—23日，“徐霞客杯”2012年江阴市FJBA男子篮球联赛在金凤村、凯育电厂举行，浩博科技等9个单位代表队98名运动员参赛。

2014年6月16—19日，市小学生篮球比赛在北涸中心小学举行，共有17支代表队参加，江阴市实验小学代表队、周庄实验小学代表队分获男、女第一名。9月10—17日，江阴市级机关三人制男子篮球赛在体育中心举行，29支代表队174名运动员参加，体育局代表队获第一名，人社局代表队获第二名，海关代表队和检察院代表队并立第三名。10月18—23日，江阴市“卧龙杯”FJBA男子篮球比赛在月城镇蔡庄村和月城村灯光球场举行，共16支代表队192名运动员参加。

2015年6月11—13日，市小学生篮球比赛在市体育中心体育馆举行，江阴市实验小学男队和长泾实验小学女队获第一名。7月14—17日、7月21—23日，市中学生篮球比赛在江阴市第一中学和江阴市初级中学举行，长泾二中男队、顾山中学女队获初中组第一名，华士中学男队、长泾中学女队获高中组第一名。9月19—30日，市“振宏国际杯”篮球邀请赛在华士镇举行，振宏国际、天华集团、南闸泗河、广吉集团等16支代表队参加，振宏国际队获第一名，广吉集团和霞客霞龙队分获第二、三名。10月16—25日，江阴市“卧龙杯”FJBA男子篮球俱乐部联赛在月城镇蔡庄村和月城村灯光球场举行，乡镇（街道）、企业及驻江阴部队的19支代表队参加，广吉集团代表队获第一名，月城镇和华兰股份代表队分获第二、三名。

（三）排球

1963年5月，县教工排球赛在县体育场举行，县第一初级中学代表队获第一名。

1975年5月1—2日，县中学生排球赛在县体育场举行，各片冠军队参赛，男子第一名为南菁中学队，女子第一名为长泾中学队。

1976年7月4—6日，县中学生排球赛在北涸中学举行，各片男、女代表队共161名学生参赛，男、女第一名均为长泾片代表队。

1977年3月26—28日，县基层小学生排球赛在长泾公社举行，各片代表队158名学生参赛，男、女第一名均为长泾中心小学代表队。10月20—22日，县中学生排球赛在顾山公社举行，各片冠军队168名学生参赛，男、女第一名均为长泾中学代表队。

1978年4月16—17日，县中学生排球对抗赛在长泾中学举行。

1980年5月18日，县基层小学生排球赛举行，男、女第一名均为长泾中心小学代表队。

1981年6月1日，县基层小学生排球赛在县体育场举行，男子第一名为长泾中心队，女子第一名为县实验小学队。

1982年7月14—16日，县小学生排球赛在县体育场举行。8月26—28日，县基层中学生排球赛在县体育场举行，男、女第一名均为长泾中学代表队。11月1日，县职工排球赛在县体育场举行，县一中和县晶体管厂代表队分获第一、二名。

1983年4月9—10日，县基层中学排球对抗赛在县体育场举行，男子第一名为长泾中学队，女子第一名为南菁中学队。5月14—15日，县体育传统学校排球比赛在县体育场举行，男子第一名为长泾中心队，女子第一名为县实验小学队。7月10—14日，县职工排球赛在县体育场举行，县晶体管厂队获第一名。

1984年5月6—7日，县中学生排球选拔赛在县体育场举行，长泾中学男队、南菁中学女队获第一名，选拔出22名学生成立县中学生男、女排球队：男子，冯强、陶健、顾东凯、王强、周天刚、张雨、徐岳军、华银彪、刘明、缪云岳；女子，吴珏、张银珍、刘红、钱丽慧、顾晓华、王琴、金燕、黄一戈、周志芳、顾仟怡、张艳艳、吕敏。夏纪志、徐雪方任男队第一、二教练员，姜莉、鲍应麟任女队第一、二教练员。

1986年7月6日，县小学生排球赛在县体育场举行，男、女第一名均为杏春小学队。7月11—12日，县中学生排球赛举行，男、女第一名均为南菁中学队。11月20—27日，县首届“拥军杯”排球赛举行，共有机关、学校、企业、部队共29支代表队（其中7支女队）参加，89960部队代表队获男子第一名，南菁中学代表队获女子第一名。

1987年5月9—10日，市小学生排球赛在市体育场训练房举行，男、女第一名均为城北小学队。5月16—17日，市中学生排球赛在市体育场举行，男子第一名为云亭中学队，女子第一名为南菁中学队。

1988年9月13—20日，市第二届“拥军杯”排球赛在市体育馆举行，共有17支代表队（其中4支女队）164名运动员参赛，89960部队技术部代表队获男子第一名，南菁中学代表队获女子第一名。

1989年10月5—13日，市第三届“拥军杯”排球赛在市体育馆举行，共有11支代表队132名运动员参赛。

1991年6月15—16日，市小学生排球赛在市体育场举行。

1992年7月19—20日，市中学生排球赛在南菁中学举行，有8支代表队79名学生参赛，青阳中学男队、南菁中学女队获第一名。

1993年6月19—20日，市儿童排球赛在市体育场举行，男、女第一名均为顾山镇省渡桥小学代表队。

1994年7月16日，市儿童排球赛在云亭中心举行，男、女第一名均为省渡桥小学代表队。7月25—29日，市中学生排球赛在市体育场举行，云亭中学男队、顾山中学女队获第一名。

1995年6月10—11日，市小学生排球赛在华士中心举行，有70名学生参赛，省渡桥小学男、女代表队获第一名。

1996年6月15—16日，市小学生排球赛在华士中心举行，省渡桥小学男、女代表队获第一名。

1997年6月6—8日，市小学生排球赛在市体育馆举行，男、女第一名均为顾山中心小学代表队。9月12—14日，市初中生排球赛在市体育馆举行，男、女第一名均为顾山中学代表队。9月19—21日，市高中生排球赛在市体育馆举行，男子第一名为云亭中学队，女子第一名为申港中学队。

1998年10月15—17日，市小学生排球赛在市体育馆举行，共有103名学生参赛，西郊黄山小学代表队获男子第一名，省渡桥小学代表队获女子第一名。

1999年7月12—13日，江阴市小学生排球比赛在市体育馆举行，有90名学生参赛，男、女第一名均为省渡桥小学代表队。7月15日，市中学生女子排球赛在市体育馆举行，顾山中学代表队获第一名。

2000年6月10—11日，市小学生排球赛在市体育馆举行，共有70名学生参赛，男、女第一名均为顾山中心小学代表队。11月4—5日，市高中生排球赛在市体育馆举行，有58名学生参赛，云亭中学男队、要塞中学女队获第一名。

2001年5月9—10日，市小学生排球赛在市体育馆举行，有8所学校108名学生参赛，云亭中心队获男子第一名，华士中心队获女子第一名。8月10—12日，市初中生排球赛在市体育馆举行，有68名学生参赛，云亭中学队获男子第一名，顾山中学队获女子第一名。

2002年6月7—8日，市小学生排球比赛在市体育馆举行，有6所学校9队85名学生参赛，云亭中心队获男子第一名，顾山中心队获女子第一名。8月8—9日，市高中生排球赛在市体育馆举行，共7所学校9队75名学生参赛，男子第一名为顾山中学队，女子第一名为要塞中学队。

2003年7月7—8日，市小学生排球比赛在顾山中心小学举行，有5所学校7队64名学生参赛，男子第一名为云亭中心队，女子第一名为顾山中心队。8月5—6日，市初中生排球赛在市体育馆举行，男子第一名为云亭中学队，女子第一名为顾山中学队。

2004年5月8—10日，市小学生排球赛在顾山中心小学举行，共9所学校12队108名学生参赛，男子第一名为顾山中心队，女子第一名为华士实验学校队。7月27—28日，市高中生排球赛在市体育馆举行，男子第一名为云亭中学队，女子第一名为要塞中学队。

2005年5月27—28日，市小学生排球比赛在云亭中心举行，全市9所小学105名学生参赛，云亭中心队获男子第一名，华士中心队获女子第一名。8月1—2日，市初中生排球赛在市一中举行，共6所中学8队76名学生参赛，云亭中学队获男子第一名，顾山中学队获女子第一名。

2006年6月2—4日，市小学生排球赛在市体育馆举行，有10所学校14队154名学生参赛，男、女第一名均为云亭中心代表队。10月15日，市中学生排球赛在市体育馆举行，57名学生参赛，男子第一名为云亭中学代表队，女子第一名为南闸中学代表队。

2007年5月26—27日，市小学生排球赛在华士实验学校举行，全市有11所学校14队153名学生参赛，华士实验学校代表队获男子第一名，周庄实验小学代表队获女子第一名。7月25—26日，市中学生排球赛在成化中学举行，共6所学校8队78名学生参赛，顾山中学代表队获男子第一名，成化中学代表队获女子第一名。

2009年5月14—15日，市小学生排球赛在云亭实验小学举行，7所学校10支代表队101名学生参赛，华士实验小学男队、顾山实验小学女队获第一名。7月13—15日，市中学生排球赛在市一中举行，11所学校16支代表队168名学生参赛，中船澄西船厂技校男队、市职教中心女队获高中第一名，云亭中学男、女队获初中第一名。

2010年9月16—19日，市小学生排球赛在云亭实验小学举行（男、女混合），长泾实验小学代表队获第一名。

2012年11月1日，市小学生排球赛在周庄实验小学举行，共有57名学生参赛。

2014年5月20—22日，市小学生排球比赛在云亭实验小学举行，共有11支代表队参加，男子第一名为顾山实验小学代表队，云亭实验小学、长泾实验小学代表队分获第二、三名；女子第一名为云亭实验小学代表队，顾山实验小学、长泾实验小学代表队分获第二、三名。

2015年4月25—26日，市小学生排球比赛在云亭实验小学举行，男、女第一名均为顾山实验小学代表队，男、女第二名分别为桐岐中心小学代表队和云亭实验小学代表队。9月12—14日，市中学生排球比赛在成化高级中学举行，初中组男、女第一名均为云亭中学代表队，高中组女子第一名为成化高级中学代表队。

（四）羽毛球

1973年12月2—3日，县中学生羽毛球比赛在县体育场举行，男子甲组第一名为郁光宙，女子甲组第一名为袁鸣芳，男子乙组第一名为俞渊，女子乙组第一名为沈泱。

1974年3月，县青少年羽毛球选拔赛举行，赛后组建县男、女羽毛球一队和二队。4月7—8日，县中学生羽毛球选拔赛在南菁中学举行，共有7所学校16名学生参赛，男子第一名为郁光宙，女子第一名为袁鸣芳。

1975年9月，县职工羽毛球邀请赛举行，有长江服装厂等7个单位代表队参赛。

1983年7月31日—8月8日，县职工羽毛球赛在县红卫印染厂和交通部澄西船舶修造厂技校举行，共有12支代表队56名运动员参赛，男、女团体第一名均为交通部澄西船舶修造厂代表队，男单第一名为郁光宙，女单第一名为陆萍。

1986年2月17—20日，县首届“共青杯”青年羽毛球联赛在县体育馆举行，澄江、青阳、华士镇和县直单位团委（总支）等29支男、女代表队参赛，男子团体第一名为县红卫印染厂队，女子团体第一名为县钢绳厂队，男单第一名为郁光宙，女单第一名为张荷芳。12月23—24日，举行县教工女子羽毛球赛，成丽萍获第一名。翌年5月，江阴市第二届“共青杯”青年羽毛球赛举行。

1988年11月，市第三届“共青杯”青年羽毛球赛在市体育馆举行，市直单位团委、乡（镇）团委共8支代表队89名男、女运动员参赛。

1990年6月11—14日，市第四届“共青杯”青年羽毛球赛在市体育馆举行。

1991年11月27—30日，市第五届“共青杯”青年羽毛球赛在市体育馆举行，共有23个单位代表队110名运动员参赛。

1992年12月17—19日，市“协会杯”职工羽毛球赛在市体育馆举行。12月19—20日，市小学生羽毛球赛在市体育馆举行，各片冠军队参赛。

1993年9月17日，市儿童羽毛球赛在华士中心小学举行，男子单打第一名为黄龙，女子单打第一名为叶明玉。

1997年6月10—12日，市职工羽毛球比赛在市体育馆举行，男子团体第一名为交通局队，女子团体第一名为市级机关队，柳建刚、樊洋获男双第一名，沈羞月、苏坚获女双第一名，樊洋获男单第一名，张荷芳获女单第一名。

1999年7月5日，市小学生羽毛球对抗赛在华士实验学校举行，长泾中心和华士实验学校共20名学生参赛，男子单打第一名为冯羽霄，女子单打第一名为石蕾。

2009年10月12—13日，市职工羽毛球比赛在市体育馆举行，共有14支代表队62名选手参赛，建设局代表队获团体第一名，顾英军获男子单打第一名，周少云、杨斌获男子双打第一名。

2010年3月26日，江阴市级机关“浦发杯”羽毛球比赛在市体育中心羽毛球馆举行，有34支代表队125名选手参赛。6月，市业余羽毛球联谊赛在灵格羽毛球馆举行，23队148名运动员参赛。7月25日，市捷晟羽毛球混双联谊赛举行，共有13支代表队116名选手参赛。9月19—20日，市“恒瑞　润通”羽毛球双打联谊赛在灵格羽毛球馆举行，共188名选手参赛。

2011年4月8日，江阴市级机关“浦发杯”羽毛球赛举行，全市21个机关部门共108名选手参赛。8月1日起，由市房管局、市物业管理委员会主办，未来家居国际名品建材MALL承办的江阴市首届“未来家居杯”物管小区羽毛球精英赛在灵格羽毛球馆举行，共有100余支代表队500余名选手参赛。

2012年4月7日，江阴市级机关“浦发杯”羽毛球赛在市体育馆举行，共有27个机关部门136名选手参赛。12月8—9日，市第二届羽毛球大奖赛在市体育馆举行。

2013年6月29—30日，江阴市大联盟“法国朗斐杯”羽毛球公开赛在灵格羽毛球馆举行，共有100余名男、女运动员参加单打、双打比赛。

2014年5月，江阴市级机关“浦发杯”羽毛球比赛在市体育馆举行，共有30支代表队144名运动员参加，城管局顾英军、徐明获男子双打第一名，公用事业局朱晓斌、辛建溶获混合双打第一名，质监局顾龙芬、许文溪获女子双打第一名。

2015年，举行江阴市业余羽毛球积分排名赛、江阴市职工羽毛球赛和江阴市第十二届“大联盟杯”羽毛球公开赛，瞿延军、薛澄澄、徐蕾、李希琼、刘峰/沈晓东、王珏/李希琼分获积分排名赛男子A组、男子B组、女子A组、女子B组单打和男子、女子双打第一名，法尔胜、高新区代表队分获职工羽毛球赛男、女团体第一名，李　东、姜瑜、邵佳威/赵明远、徐丽丽/姜瑜分获男单、女单、男双、女双第一名，孙瑢贞、何俊益、蒋毛、蔡涛/张驰、蒋毛/章月娟分获“大联盟杯”公开赛男子甲组、男子乙组、女子组单打和男子、女子双打第一名。

（五）乒乓球

1966年4月30日—5月1日，县基层中小学乒乓球选拔赛在澄江镇举行，由各片冠军队参赛。

1971年7月，县中学生乒乓球赛举行，男子单打第一名为王渊，女子单打第一名为肖惠君。

1972年11月28—29日，县少年乒乓球比赛在县体育场举行，共有38名学生参赛，男子甲组单打第一名为赵玉兴，女子甲组单打第一名为蔡玮萍，男子乙组单打第一名为黄建平，女子乙组单打第一名为吕静芳。

1973年12月9—10日，县中小学生乒乓球赛在县体育场举行，各片基层学校代表队参赛，中学男子单打第一名为赵玉兴，女子为焦雪珍；小学男子单打第一名为奚建国，女子为王国英。是年，县乒乓球赛在青阳镇举行，华士镇代表队获团体第一名。

1974年11月30日—12月30日，县中小学生乒乓球赛举行，各片基层中小学代表队参赛。

1975年3月23—24日，县工业、商业、粮食、直属公司系统职工乒乓球比赛在县体育场举行，男团第一名为工业局代表队，女团第一名为直属公司代表队，男子单打第一名为蒋友权，女子单打第一名为赵珍谊。10月5—7日，县中学生乒乓球选拔赛在华士中学举行。10月15—17日，县小学生乒乓球选拔赛在华士中心举行。

1976年5月25—27日，县小学生（儿童）乒乓球赛在华士中学举行，少年乙组男子单打第一名为奚建国，女子为许冠英；儿童甲组男子单打第一名为朱新阳、女子为高丽群；儿童乙组男子单打第一名为高峰，女子为吴红。

1978年6月17—19日，县中小学乒乓球比赛在澄江镇举行，共有84名学生参赛，澄江镇和澄西片代表队分获小学男、女团体第一名，华士片和澄西片代表队分获中学男、女团体第一名，何旭和邵革分获小学男、女单打第一名，陈东杰和许冠英分获中学男、女单打第一名。

1979年6月11—12日，县中小学生乒乓球选拔赛在县体育场举行，儿童组男子团体第一名为要塞片代表队，女子团体第一名为澄西片代表队，男子甲组单打第一名为许正才，女子甲组单打第一名为许冠英，男子乙组单打第一名为陈东杰，女子乙组单打第一名为邵革，儿童男单第一名为徐峰，儿童女单第一名为沈建凤。许正才、许冠英、陈东杰、邵革、徐峰、沈建凤、刘金生、邵飞、吴志俊、沈素娟、邓文忠、朱亚惠12人组成县代表队参加地区比赛。

1982年11月18—19日，县中小学乒乓球冠军赛在县体育场举行，各片和澄江镇冠军队以及南菁、县中参赛，邓文忠和沈建凤分获中学男、女单打第一名，张文国和徐敏分获小学男、女单打第一名。

1983年5月22日—6月2日，县职工乒乓球赛举行，共有60支代表队400余名选手参赛，男团第一名为交通部澄西船舶修造厂代表队，女团第一名为县钢厂代表队，男单第一名为邱正强，女单第一名为顾爱芬。7月，青阳镇中心、璜土中心、南闸中心、县实验小学4所学校乒乓球对抗赛在县体育场举行，孙建军和徐敏分获1971年组男、女单打第一名，孟俊和沙静分获1972年组男、女单打第一名。10月24—28日，县商业系统乒乓球比赛举行，县食品公司和澄江百货商店代表队分获男、女团体第一名，缪建其和郭建华分获男、女单打第一名。

1984年2月7—10日，县首届“兴国杯”青少年乒乓球赛在县体育馆和交通部澄西船舶修造厂技校举行，县中获中学男、女团体第一名，徐峰和林红分获男、女单打第一名；县实验小学代表队获小学男、女团体第一名，张文国和徐敏分获男、女单打第一名；华士镇代表队获青年男团第一名，西郊乡代表队获青年女团第一名，华士赵永兴和县机关顾爱芬分获男单女单第一名。

1985年2月9—11日，县第二届“兴国杯”青少年乒乓球赛在县体育场举行，县工业局团委和县职工大学代表队分获青年男、女团体第一名，赵永兴和顾爱芬分获男、女单打第一名；南闸中学和南菁中学代表队分获中学男、女团体第一名，陆波和徐敏分获男、女单打第一名；璜土小学和县实验小学代表队分获小学男、女团体第一名，杨国忠和沙静分获男、女单打第一名。10月18—23日，县职工乒乓球赛在县工人文化宫和县体育馆举行，全县43支代表队135名运动员参赛，交通部澄西船舶修造厂代表队获男团第一名，县永联公司代表队获女团第一名，杜凤鸣获男单第一名，顾爱芬获女单第一名。

1986年3月9—10日，县中小学生乒乓球选拔赛在县体育馆举行，陈卫新、缪斌斌、杨国忠、吴小明、吴川、许梦亭、徐敏、马玲、江泳、倪雪峰、寇虎斌、胡炳、张文佳、陈震虬、陶轶昀、沈园、金征、沙静、胡冰、万莉、陶红等21名学生经选拔后组成县中小学代表队参加无锡市比赛。12月5—9日，县第三届“兴国杯”青少年乒乓球赛在县体育馆举行，共有176名运动员参加比赛，南闸中学和璜土中学代表队分获中学男、女团体第一名，杨国忠和徐敏分获男、女单打第一名；城南小学和县实验小学代表队分获小学男、女团体第一名，倪雪峰和沙静分获男、女单打第一名。是年，县职工乒乓球赛举行，交通部澄西船舶修造厂和县永联公司代表队分获男、女团体第一名，邱正强和顾爱芬分获男、女单打第一名。

1987年1月31日，县首届乒乓球精英赛在县体育馆举行，全县共56名（其中女选手24名）选手参赛。

1988年1月14—17日，市第四届“兴国杯”青少年乒乓球赛在市体育馆举行，共有63支代表队179名运动员参赛，周庄镇和县工业局团委代表队分获青年男、女团体第一名，陈国庆和潘静分获男、女单打第一名；市一中、市中代表队分获中学男、女团体第一名，倪雪峰和沙静分获男、女单打第一名；月城中心代表队获小学女子甲组、女子乙组团体第一名，周庄中心和杏春小学代表队分获男子甲组、男子乙组团体第一名，沈耀、郑玲莉、华亚军、严丹分获男子甲组、女子甲组、男子乙组、女子乙组单打第一名。8月18—22日，市职工乒乓球赛在澄江镇塔南小学举行，共有27支代表队113名运动员参赛，男子团体第一名为华士镇代表队，男子单打第一名为邱正强，女子单打第一名为沈建凤。是年，市第二届乒乓球精英赛举行。

1989年3月12日，市小学生乒乓球赛在澄江镇环南路小学举行，环南路小学代表队获男子甲组团体第一名，市实验小学代表队获女子甲组、男子乙组、女子乙组团体第一名。4月6－9日，市第五届“兴国杯”青少年乒乓球赛在市体育馆举行，澄江镇团委和县工业局团委代表队分获青年男、女团体第一名，陈明和王建芳分获男、女单打第一名；市一中和璜土中学代表队分获中学男、女团体第一名，寇虎斌和郑玲莉分获男、女单打第一名；璜土中心和澄江镇代表队分获小学男子甲组、男子乙组团体第一名，月城中心代表队获小学女子甲组、女子乙组团体第一名，刘国荣、李红英、张炜、严丹分获男子甲组、女子甲组、男子乙组、女子乙组单打第一名。7月1日，市首届企业家乒乓球赛在北涸镇举行，全市有65名选手参赛，全国著名乒乓球运动员庄则栋与会表演并和全体参赛运动员合影留念。11月14—15日，江阴市级机关第二届乒乓球比赛在市少年宫、老干部局举行。

1990年1月13—14日，市乒乓球迎春联谊赛在市校办工业公司举行，有51名选手参赛。1月27日，市“秦望山杯”第三届乒乓球精英赛在月城镇举行。3月10日，市小学生乒乓球选拔赛在市体育馆举行，共有8支代表队42名学生参赛，1978年组男单第一名为耿才华，女单第一名为韩英；1979年组男单第一名为禅然，女单第一名为严丹；1980年组男单第一名为黄峰，女单第一名为沈静。9月16—22日，市职工“永联杯”乒乓球比赛举行，交通部澄西船舶修造厂队和市工业局一队分获男、女团体第一名，邱正强和黄建芳分获男、女单打第一名。10月1—2日，市第二届企业家乒乓球邀请赛在市体育馆举行，有62名运动员参赛，陈铭、蒋友权、蔡承明分获青年、中年、老年组男子单打第一名，胡桂英获女子组单打第一名。

1991年2月5日，市少儿“求知杯”乒乓球比赛在月城镇举行，共有24名运动员参赛。2月16日，市第四届乒乓球精英赛在周庄镇工人文化宫举行，男单第一名为倪雪峰，女单第一名为郑玲莉。3月30—31日，市小学生乒乓球赛在市体育馆举行。12月1日，市第三届企业家乒乓球比赛在市体育馆举行，有71名选手参赛。

1992年2月7日，市第五届乒乓球精英赛在市体育馆举行，共有19名运动员参加比赛。4月18—19日，市小学生乒乓球赛在市体育馆举行，有89名学生参赛，男、女团体第一名均为青阳镇代表队，1980年组男单第一名为黄峰，女单第一名为龚海娟；1981年组男单第一名为沈斐，女单第一名为蒋洁；1982年组男单第一名为严一栋，女单第一名为严玲霞；1983年组男单第一名为徐云飞，女单第一名为周丽。12月27日，市第四届企业家乒乓球赛在市体育馆举行，蔡成明、袁刚庆、刘均酌、沈炳祥、王仲熙、徐慎山、王志刚、殷志祥、陆建明、缪金法、陈为明、熊锐、苏均石、方冠羽、谭伟涌、徐泓、陈协东分获各年龄段男子第一名，俞志芬获女子第一名。

1993年7月1日，市第五届企业家乒乓球赛在市体育馆举行，有72名选手参赛，男单第一名为沈建煜，女单第一名为吴玉芳。7月3—4日，市首届乡镇乒乓球赛在市体育馆举行，全市有9支代表队46名运动员参加比赛，澄江镇和月城镇代表队分获男、女团体第一名，沈建煜和郑玲莉分获男、女单打第一名。

1994年6月27—29日，市第二届乡镇乒乓球赛在市体育馆举行，有13支代表队64名选手参赛，澄江镇和月城镇代表队分获男、女团体第一名，沈建煜和李红英分获男、女单打第一名。7月1—2日，市第六届企业家“秦望杯”乒乓球赛在市体育馆举行，共40名选手参赛。9月18—19日，市小学生乒乓球赛在市体育馆举行，共有6支代表队44名选手参赛，男子团体第一名为山观中心代表队，女子团体第一名为顾山中心代表队。

1995年6月26—30日，江阴市级机关“红影杯”乒乓球赛在市体育馆举行。8月10日，市中学生乒乓球赛在市体育馆举行，男子团体第一名为华士中学代表队，女子团体第一名为周庄中学代表队，男子单打第一名为奚岱岳，女子单打第一名为蒋洁。9月14—18日，市第三届乡镇乒乓球赛在市体育馆举行，男子团体第一名为申港镇代表队，女子团体第一名为月城镇代表队，男子单打第一名为徐云飞，女子单打第一名为李红英。10月28—29日，市小学生乒乓球赛在市体育馆举行，有80名学生参赛，月城中心代表队获团体第一名，季春中、李肇炼、张龙、季春寅分获84、85、86、87—88年组男子单打第一名，钱杏、高洁、孙婷分获84、85、86—88年组女子单打第一名。11月11日，市第七届“月信杯”企业家乒乓球赛在市体育馆举行。

1996年5月17—19日，江阴市级机关乒乓球竞赛在市体育馆举行，有48名选手参赛，公安局二队获团体第一名，夏世忠、戴忠孝分获中、青年组男子单打第一名。5月26—27日，市第四届乡镇乒乓球赛在市体育馆举行，有18个镇91名运动员参赛，男子团体第一名澄江一队，女子团体第一名为月城镇队，男单第一名为邱正强，女单第一名为郑玲莉。6月7—8日，市中小学生乒乓球赛在市体育馆举行，有9所中学5所小学共58名学生参赛，高中男子单打第一名为黄峰，女子单打第一名为严丹；初中男子单打第一名为严春中，女子单打第一名为严玲霞；小学85—86年组男子单打第一名为张龙、女子单打第一名为高洁，87年以后组男子单打第一名为季春阳、女子单打第一名为杜颖洁。

1997年7月11—13日，市职工乒乓球比赛举行，公安局代表队获男团第一名，工业局代表队获女团第一名，邱正强和黄建芬分获男、女单打第一名。7月20—23日，市中小学生乒乓球比赛在市体育馆举行，小学男、女团体第一名均为月城中心代表队，男、女单打第一名均为月城中心季春寅和孙婷；初中男、女团体第一名均为月城中学代表队，男、女单打第一名均为月城中学的苏澄锋和严玲霞；高中男子团体第一名为华士中学代表队，女子团体第一名为周庄中学代表队，男单第一名为黄峰，女单第一名为朱晓岚。7月23—27日，市第五届乡镇乒乓球比赛在华联商厦举行，澄江镇和月城镇代表队分获男、女团体第一名，陈铭和李红英分获男、女单打第一名。9月20—21日，市老年人乒乓球比赛在市老干部局举行，桐岐镇代表队获男子团体第一名，澄江镇代表队获女子团体第一名，蔡永明获男单第一名，李亚萍获女单第一名。

1998年5月22—24日，市第六届乡镇乒乓球比赛在市体育馆举行，共有20支代表队60名运动员参赛，澄江镇和月城镇代表队分获男、女团体第一名，男子单打第一名为张倪，女子单打第一名为李红英。7月19—22日，市小学生乒乓球赛在市体育馆举行，共有107名学生参赛，月城中心代表队获男子甲组、女子甲组、女子乙组团体第一名，长泾中心代表队获男子乙组团体第一名，男子甲组单打第一名为汪锌晨，女子甲组单打第一名为孙婷，男子乙组单打第一名为郭政伟，女子乙组单打第一名为杜颖洁。

1999年4月24—25日，市小学生乒乓球比赛在市体育馆举行，有33名学生参赛，月城中心代表队获儿童甲组男、女团体第一名，申港中心代表队获儿童乙组男、女团体第一名，儿童甲组男、女单打第一名分别为月城中心的汪锌晨和杜颖洁，儿童乙组男、女单打第一名分别为申港中心殷涛和月城中心汪烨莉。5月28—30日，江阴市第七届乡镇乒乓球赛在市体育馆举行，全市有17个镇82名选手参赛，男子团体第一名为申港镇代表队，女子团体第一名为月城镇代表队，男子单打第一名为曹均，女子单打第一名为李红英，华士男队、峭岐女队获体育道德风尚奖。7月26—27日，市中学生乒乓球赛在市体育馆举行，共有24名学生参赛，月城中学代表队获初、高中团体第一名，月城中学李红英、张龙、钱杏分获高中女单、初中男单、初中女单第一名，华士中学苏澄钧获高中男单第一名。

2000年1月28日，江阴市级机关“迎新春”乒乓球比赛举行，谢炳法获男子单打第一名，刘秀燕获女子单打第一名。8月10—11日，市中学生乒乓球赛在市体育馆举行，共50名学生参赛，高中男子、高中女子、初中男子团体第一名均为月城中学代表队，初中女子团体第一名为北涸中学代表队，高中男子单打第一名为苏澄钧，高中女子单打第一名为徐红英，初中男子单打第一名为张龙，初中女子单打第一名为陆婷。10月14—15日，市小学生乒乓球赛在市体育馆举行，有51名学生参赛，月城中心代表队获男子甲组、女子甲组团体第一名，申港中心代表队获男子乙组、女子乙组团体第一名，曹恺获男子甲组单打第一名，杜颖洁获女子甲组单打第一名，尤晓春获男子乙组单打第一名，缪金凤获女子乙组单打第一名。

2001年4月13—14日，市小学生乒乓球赛在市体育馆举行，共有8所学校17队97名学生参赛，男子甲组团体第一名为申港中心代表队，女子甲组、男子丙组团体第一名为月城中心代表队，男子乙组、女子乙组团体第一名为长泾中心代表队，女子丙组团体第一名为顾山中心代表队，殷涛、汪烨莉分获男子甲组、女子甲组单打第一名，刘春磊、吕可心分获男子乙组、女子乙组单打第一名，刘宇、李佳心分获男子丙组、女子丙组单打第一名。6月5—7日，市第八届乡镇乒乓球比赛在市体育馆举行，共23支代表队101名运动员参赛，男、女团体第一名均为澄江镇代表队，男子单打第一名为邱正强，女子单打第一名为郑玲莉，南闸镇、新桥镇代表队获体育道德风尚奖。8月1—2日，市中学生乒乓球赛在市体育馆举行，有58名学生参赛，高中男子团体第一名为南闸中学队，初、高中女子团体第一名为北涸中学队，初中男子团体第一名为市中队，高中男单第一名为高磊，高中女单第一名为陈春花，初中男单第一名为曹阳，初中女单第一名为陈喜凤。11月，市“希望杯”乒乓球赛举行，共有39个单位145名选手参赛。

2002年4月6—7日，市小学生乒乓球赛在市体育馆举行，有11所学校33支代表队95名学生参赛，申港中心队获男子甲组团体第一名，月城中心队获女子甲组团体第一名，长泾中心队获男子乙组、女子乙组团体第一名，市实验小学队获男子丙组团体第一名，刘春磊、汪烨莉分获男子甲组、女子甲组单打第一名，赵　远、胡晓春分获男子乙组、女子乙组单打第一名，张晗、蒋晨怡分获男子丙组、女子丙组单打第一名。8月3—4日，市中学生乒乓球赛举行，10所学校17队50名学生参赛，长泾中学和市二中代表队分获初、高中男子团体第一名，北　中学代表队获初、高中女子团体第一名，高磊、陈春花分获高中男、女单打第一名，曹阳、李系能分获初中男、女单打第一名。9月11—13日，市第九届乡镇乒乓球比赛在市体育馆举行，有14个镇61名选手参赛。

2003年4月12—13日，市小学生乒乓球赛在市体育馆举行，有13队149名学生参赛，申港中心代表队获男子乙组、男子丙组团体第一名，月城中心代表队获女子乙组、女子丙组团体第一名，殷晓峰和汪烨莉分获男子甲组、女子甲组单打第一名，黄相林和李佳心分获男子乙组、女子乙组单打第一名，华豪卿和蔡丽华分获男子丙组、女子丙组单打第一名，李伟钦和卢希茜分获男子丁组、女子丁组单打第一名。6月25—27日，“精品杯”市第十届乡镇乒乓球比赛在精品商厦举行，全市有20个镇86名选手参赛。7月30—31日，市中学生乒乓球比赛在市体育馆举行，市一中代表队获初中男、女团体第一名，市二中代表队获高中男子团体第一名，北　中学代表队获高中女子团体第一名，殷韬、杜颖洁分获初中男、女单打第一名，曹阳、陆婷分获高中男、女单打第一名。

2004年4月9—11日，市小学生乒乓球赛在市体育馆举行，共13队146名学生参赛，男子乙组、女子乙组、女子丙组团体第一名均为月城中心小学代表队，男子丙组团体第一名为市实验小学代表队，黄相林、薛冰清分获男子甲组、女子甲组单打第一名，刘宇、李佳心分获男子乙组、女子乙组单打第一名，李伟钦、刘镜娴分获男子丙组、女子丙组单打第一名。6月25—27

日，市第十一届乡镇乒乓球赛在华士高中举行，有14个镇（开发区）67名选手参赛。8月5—6日，市中学生乒乓球赛在市体育馆举行，共7所学校51名学生参赛，市一中代表队获高中男子、初中男子、初中女子团体第一名，南闸中学代表队获高中女子团体第一名，曹阳、陈海华分获高中男、女单打第一名，张自然、许烨　分获初中男、女单打第一名。

2005年5月20—22日，市小学生乒乓球赛在市新体育馆举行，全市12所小学141名学生参赛，男子乙组、男子丙组、女子丙组团体第一名均为市实验小学代表队，女子乙组团体第一名为月城中心小学代表队，徐志航、薛冰清分获男子甲组、女子甲组单打第一名，黄凯、李佳心分获男子乙组、女子乙组单打第一名，李伟钦、朱言心分获男子丙组、女子丙组单打第一名。5月21—23日，市“迎十运”乡镇组乒乓球比赛在华士中学举行，有17个镇78名选手参赛。5月23—24日，市“迎十运”企业组乒乓球比赛在市体育馆举行，共13个单位52名选手参赛。5月25—27日，市“迎十运”机关组乒乓球比赛在市体育馆举行，共有24个单位参赛。

2006年1月24日，市中学生乒乓球赛在市体育馆举行，共64名学生参赛，市一中代表队获高中男、女团体第一名，南菁中学代表队获初中男、女团体第一名，严磊、许烨　分获高中男、女单打第一名，朱叶、李佳心分获初中男、女单打第一名。5月26—28日，市首届“红双喜佩佩杯”乒乓球比赛在华士高中举行，共14个镇68名选手参赛，男单第一名为邱正强，女单第一名为周素芬。11月17—18日，市小学生乒乓球赛在市体育馆举行，有143名学生参赛，男子乙组、女子乙组、男子丙组、女子丙组团体第一名均为市实验小学代表队，市实验小学周益宽、黄曦明、郭钦如、沈志诚、朱言心分获男子甲组、男子乙组、女子乙组、男子丙组、女子丙组单打第一名，月城中心尹晓铆获女子甲组单打第一名。

2007年5月19—20日，市中学生乒乓球赛在华士高中举行，72名学生参赛，市一中代表队获高中男、女团体第一名，南菁中学代表队获初中男、女团体第一名，曾文良、汪烨丽分获高中男、女单打第一名，朱叶、刘心馨分获初中男、女单打第一名。6月25—28日，市职工乒乓球比赛在华士镇举行，共有14个镇（街道）68名选手参赛，男子团体第一名为澄江镇代表队，女子团体第一名为华士镇代表队，男子单打第一名为邱正强，女子单打第一名为张春蕾。10月26—27日，市小学生乒乓球赛在市体育馆举行，有98名学生参赛，男子乙组、女子乙组、男子丙组、女子丙组团体第一名均为市实验小学代表队，女子甲组、男子乙组、女子乙组、男子丙组、女子丙组单打第一名分别为市实验小学郭译阳、黄曦明、朱言心、王景浩、赵容，男子甲组单打第一名为月城实验小学须笛。12月4—7日，市第十二届乡镇乒乓球赛在新桥镇体艺馆举行，13个镇60名运动员参赛。

2008年5月17—18日，市中学生乒乓球赛在市一中举行，有76名学生参赛，高中男、女团体和单打第一名均为市一中代表队，初中男、女团体和单打第一名均为南菁中学代表队。9月11—12日，市小学生乒乓球赛在市体育馆举行，共有104名学生参赛，男、女团体第一名均为市实验小学代表队，王竞获男子单打第一名，朱言心获女子单打第一名。

2009年4月11—12日，市老年人乒乓球比赛在市一中举行，共有18个单位28支代表队79名运动员参赛，王仲熙和刘秀英分获男、女单打第一名。4月14—15日，市中学生乒乓球比赛在市一中举行，有18所学校35支代表队127名学生参赛，高中女子、初中男子、初中女子团体第一名均为南菁中学代表队，高中男子团体第一名为市一中代表队，周熙和杨伊宇分获初中男、女单打第一名，赵希和吕可心分获高中男、女单打第一名。4月16—17日，市小学生乒乓球比赛在市体育馆举行，有12所学校42支代表队114名学生参赛，男子乙组、男子丙组、女子乙组团体第一名均为市实验小学代表队，女子丙组团体第一名为城中实验小学代表队，黄曦明、程玉婷分获男子甲组、女子甲组单打第一名，王景浩、赵容分获男子乙组、女子乙组单打第一名，孟力培、汪芸双分获男子丙组、女子丙组单打第一名。5月20—22日，市第十三届乡镇乒乓球赛在周庄镇举行，共有18个镇（街道）102名运动员参赛，男子团体第一名为澄江街道代表队，女子团体第一名为月城镇代表队，男子单打第一名为蒋辉，女子单打第一名为李红英。6月23—25日，市职工乒乓球赛在市总工会举行，来自全市24个单位的93名选手参赛，教育局代表队获团体第一名，徐云飞获男单第一名，邱正强、黄磊获男双第一名。

2010年5月11—12日，市退管会、人保局和机关党工委联合主办市级机关、事业单位退休人员乒乓球比赛，有13支代表队参赛，水利局代表队获男子团体第一名，市职大贡铭基获男单第一名，市中薛玉芬获女单第一名。10月20—24日，市中小学生乒乓球赛在要塞实验小学举行，共有272名学生（其中小学生157名）参赛，市实验小学代表队获男子乙组、男子丙组、女子乙组团体第一名，辅延中心代表队获女子丙组团体第一名，市实验小学王景浩、孟力培、邓俊熹、赵容、高琦儿分获男子甲组、男子乙组、男子丙组、女子甲组、女子乙组单打第一名，辅延中心刘晓奕获女子丙组单打第一名，市一中代表队获高中男、女团体第一名，市中代表队获初中男子团体第一名，南菁中学代表队获初中女子团体第一名，周煦、吕可心分获高中男、女单打第一名。11月16—18日，市“正恒杯”乒乓球赛在市体育中心举行，来自各镇（街道）、临港新城、靖江工业园区的18支男队和7支女队共95名运动员参赛，澄江街道代表队获男、女团体冠军和女子单打冠军，月城镇徐云飞获男子单打冠军。

2011年5月，市中小学生乒乓球赛在要塞实验小学举行，共有7所中学和14所小学共100余名学生参赛，南菁中学代表队获高中男、女团体冠军，市中代表队获初中男、女团体冠军。11月5日，市“树人杯”乒乓球比赛在长泾中学举行，全市有150余名中小学校长参赛，市直属学校第三代表队获团体冠军，周庄成教中心江巍波获男单冠军，长泾镇获最佳组织奖。

2012年6月28—30日，市小学生乒乓球赛在市体育中心举行，有16所学校231名学生参赛。6月30日—7月1日，市中学生乒乓球赛举行，共9所学校83名学生参赛。10月13日—11月25日，市首届“体彩杯”乒乓球争霸赛（单打）在市体育中心举行，李峰、赵玉兴、孟力培、汪芸双、沙勤分获男子青年、男子中老年、男子小学、女子小学、女子成人组冠军。10月27日，市教育系统“树人杯”乒乓球赛在青阳文体中心举行，共有150名教师参赛。

2014年5月12—14日，市小学生乒乓球比赛在市体育中心体育馆举行，江阴市实验小学代表队获男子乙组、男子丙组、女子乙组团体第一名，高晨熙、黄溢铭、杨俊南分获男子甲乙丙组单打第一名，汪芸双、徐旻琪、朱睿分获女子甲乙丙组单打第一名。5月15—16日，市中学生乒乓球比赛在市体育中心体育馆举行，南菁中学代表队获高中男、女团体第一名，孙烨飞、陈铭瑶分获男、女单打第一名；江阴初级中学和南菁实验学校代表队分获初中男、女团体第一名，王景浩、吴俣双分获男、女单打第一名。是年，市第三届退休人员“人社杯”乒乓球比赛举行，澄江镇代表队获团体第一名，王仁济获单打第一名。

2015年5月13—17日，市中小学生乒乓球比赛在市体育中心体育馆举行，江阴市初级中学代表队获初中组男、女团体第一名，徐逸东、高琦儿分获男、女单打第一名；江苏省南菁高级中学代表队获高中组男、女团体第一名，陈昊源、郑慧分获男、女单打第一名；城中实验小学代表队获男子乙组、男子丙组团体第一名，月城实验小学代表队、澄江中心小学代表队分获女子乙组、女子丙组团体第一名，严曦航、张圣尧、周亮锦分获男子甲、乙、丙组单打第一名，焦心烨、钱星彤、焦灵茜分获女子甲、乙、丙组单打第一名。是年，每季度举行市乒乓球团体积分赛，共16队100名选手参加。

三、棋类

（一）围棋

1982年12月23—28日，县职工围棋赛在县工人文化宫举行，共6支代表队46名棋手参赛。

1983年10月8日—11月7日，县职工第一届“芙蓉杯”围棋比赛在县工人文化宫举行，县钢厂代表队获团体第一名，南菁中学教师黄绍香获个人第一名。次年3月，县第二届“芙蓉杯”围棋比赛举行。

1985年5月，县第三届“芙蓉杯”围棋赛在县工人文化宫举行，有18支代表队52名棋手参赛，县五一棉纺织厂代表队获团体第一名，章左新获个人第一名。

1986年4月8—20日，县第四届“芙蓉杯”围棋比赛在县工人文化宫举行，共8支代表队23名棋手参赛，县钢厂代表队获团体第一名，王炳才获个人第一名。10月6—8日，县首届小学生围棋比赛在县体育馆举行，县实验小学和澄江中心小学共5名学生参赛。

1987年3月3—7日，县职工围棋比赛在县工人文化宫举行，有9支代表队26名棋手参赛。6月12—14日，江阴市第二届小学生围棋比赛在市体育馆举行。12月15—23日，市业余围棋段位赛在市体育馆举行，段位组20名、甲级组31名、乙级组37名棋手参加升级（位）比赛。

1988年7月8—9日，市小学生围棋比赛在市体育馆举行，共有5支代表队16名学生参赛。11月1—5日，市职工围棋比赛在市体育馆举行，澄江镇代表队获团体第一名，章左新获个人第一名。12月10—19日，市业余围棋段位赛在市体育馆举行，共71名棋手参赛。

1990年4月16—18日，市围棋比赛在市体育馆举行，8支代表队25名棋手参赛。5月5—7日，市小学生围棋比赛在市体育馆举行。10月21—31日，市业余围棋段位赛在市体育馆训练房举行。

1991年4月15—20日，市围棋比赛在市体育馆举行，有19名棋手参赛。9月3—9日，市“港务杯”围棋邀请赛在市工人文化宫举行，共18名棋手参赛。12月6日，市围棋升段赛举行，有73名棋手参赛。

1992年4月12—18日，市围棋比赛在市工人文化宫举行，有13支代表队37名棋手参赛，澄江镇代表队获团体第一名，章左新获个人第一名。6月15—16日，市小学生围棋赛在华士中心小学举行，16名学生参赛。12月15—24日，市围棋升段赛在市工人文化宫举行，有53名棋手参赛。

1994年11月18—20日，市首届“协澄杯”棋类大赛暨市围棋升段赛在市体育馆举行，市科委队获围棋团体第一名，喻伟力获个人第一名。

1995年4月15日，市儿童围棋比赛在月城中心小学举行。12月5—9日，市第二届“协澄杯”棋类大赛暨市围棋升段赛在市体育馆举行。

1996年4月12—13日，市小学生围棋比赛在月城中心小学举行，杨文凭和张怡蓉分获1984—1985年组男、女第一名，朱晓宇和赵越分获1986年组男、女第一名。是年，市业余围棋升段赛在市工人文化宫举行，有49名棋手参赛。

1997年5月9—11日，市中小学生围棋赛在市围棋馆举行，市实验小学代表队获小学团体第一名，奚志华和赵越分获男、女个人第一名；市中代表队获初中团体第一名，蒋中元获男子个人第一名；南菁中学代表队获高中团体第一名，赵剑获男子个人第一名。5月23—25日，市老年人围棋赛在市供销学校举行，顾岳泉获第一名。5月27—29日，市乡镇围棋比赛在市围棋馆举行，华士镇代表队获团体第一名，章茂洪获个人第一名。6月15—17日，市职工围棋赛在市总工会举行，工业局代表队获团体第一名，姚坚获个人第一名。

1998年4月18—19日，市“红星杯”小学生围棋比赛在市供销学校举行，城中中心代表队获团体第一名，张哲获男子个人第一名，李系能获女子个人第一名。

1999年4月10—11日，市小学生围棋比赛在市棋院举行，共有28名学生参赛，城中中心小学代表队获团体第一名，市实验小学张晓获男子第一名，城中中心小学李系能获女子第一名。12月25—26日，市“旅游杯”小学生围棋比赛在市棋院举行。

2000年5月27—28日，市小学生围棋比赛在市棋院举行，有35名学生参赛。

2001年4月2—3日，市小学生围棋比赛在市棋院举行，共41名学生参赛，市实验小学获团体第一名，张晓韬获男子第一名，陆亿佳获女子第一名。7月7—8日，市“信合杯”小学生“围棋”定段（级）比赛在市信用合作联社举行，有38所小学（幼儿园）参赛，周光宇和李系能分获甲组男、女第一名，姚凯飞和卞菁菁分获乙组男、女第一名，张圣贤获丙组男子第一名，孟志航和柳颖分获丁组男、女第一名，蒋葳和李丹婷分获幼儿组男、女第一名。

2002年3月30—31日，市小学生围棋比赛在市棋院举行，共12支代表队46名学生参赛，团体第一名为市实验小学代表队，男子第一名为张圣贤，女子第一名为陆亿佳。7月6—7日，市小学生围棋升段赛在市实验小学举行，甲组男子第一名为孙锴，女子为艾诗颖；乙组男子第一名为张圣贤，女子为过禹茜；丙组男子第一名为孟至航，女子为陆亿佳；丁组男子第一名为蒋葳，女子为李丹婷；幼儿组男子第一名为朱逸丰，女子为沈思蓓。

2003年3月29—30日，市小学生围棋比赛在市棋院举行，有9支代表队36名学生参赛，团体第一名为市实验小学代表队，男子第一名为周慕菁，女子第一名为陆亿佳。7月5—6日，市小学生围棋升段赛在市实验小学举行。

2004年7月7—8日，市少儿围棋比赛在市实验小学幼儿园、机关幼儿园、北大街幼儿园举行，甲、乙、丙、丁组团体第一名均为市实验小学代表队，市实验小学周慕菁、陆亿佳、王海青、姚佳文、顾成言、陈思嘉、沈晨龙分获男子甲组、女子甲组、男子乙组、女子乙组、男子丙组、女子丙组、男子丁组第一名，城中中心小学徐湘玲获女子丁组第一名。

2005年6月13—15日，市围棋比赛在暨苑弈村举行，有南闸、华士、澄江等镇及市经济开发区12名棋手参赛。7月7—8日，市少儿围棋比赛在花园小学幼儿园、机关幼儿园、北大街幼儿园举行，甲、乙、丙、丁组团体第一名均为市实验小学代表队，男子甲组、女子甲组、男子乙组、女子乙组、男子丙组、女子丁组第一名分别为市实验小学蒋葳、陆亿佳、周恬、缪欣、戴天宇、薛开悦，女子丙组、男子丁组第一名分别为城中中心小学徐湘玲、查宇昊。

2006年5月27—28日，市小学生围棋赛在辅延小学举行，甲、乙、丙、丁组团体第一名均为市实验小学代表队，甲、乙、丙、丁组男子第一名分别为市实验小学承子炀、戴天宇、管昊、陈喻新，甲、丙、丁组女子第一名分别为市实验小学陈思嘉、徐洋、薛开悦，乙组女子第一名为城中中心小学徐湘玲。5月30日－6月1日，市小学生围棋比赛在月城实验小学举行，共21支代表队56名棋手参赛。

2007年6月19—21日，市围棋比赛在澄江街道成教中心校举行，澄江镇代表队获团体第一名，薛茂红获个人第一名。7月5—6日，市少儿围棋比赛在澄江中心小学举行，有354名学生参赛，甲、乙、丙、丁组团体第一名均为市实验小学代表队，男子甲组、男子乙组、男子丙组、女子甲组、女子乙组、女子丙组、女子丁组第一名分别为市实验小学顾成言、陈喻新、吴梦豪、陈思嘉、徐洋、薛开悦、黄琰培，男子丁组第一名为辅延小学计铭智，男子幼儿组一等奖为蒋沁廷等19名学生，女子幼儿组一等奖为李奕蓉等6名学生。

2008年6月28—29日，市小学生“实验杯”围棋比赛在市实验小学举行，共13所学校203名学生参赛，甲、乙、丁组团体第一名均为市实验小学代表队，丙组团体第一名为辅延中心代表队，男子甲组、男子乙组、男子丁组、女子乙组、女子丙组、女子丁组第一名分别为市实验小学陈喻新、吴梦豪、季容博、薛开悦、时晨、李奕蓉，女子甲组第一名为城中实验小学徐湘玲，男子丙组第一名为辅延中心俞子煌。

2009年5月6—8日，市老年人围棋比赛在劳动局举行，有9名棋手参赛，澄江街道代表队获团体第一名，赵杰获个人第一名。5月9—10日，市小学生围棋比赛在澄江中心小学举行，全市共有12支代表队71名学生参赛，男、女团体第一名均为市实验小学代表队，男、女个人第一名分别为市实验小学吴梦豪和薛开悦。

2010年6月28—29日，市小学生围棋比赛在市实验小学举行，市实验小学代表队获甲、乙、丁组团体第一名，华士实验小学代表队获丙组团体第一名，大班、中班组团体第一名均为市实验小学幼儿园代表队，男子甲组、女子甲组、男子乙组、男子丁组第一名分别为市实验小学陈喻新、薛开悦、江炜烨、沈元洋，女子乙组、男子丙组第一名分别为华士实验小学符雨薇、王煜杰，女子丙组第一名为辅延中心孙舒雁，女子丁组第一名为花园实验小学包舒雯，大班、中班男子第一名分别为市机关幼儿园朱奕名、叶子恒，大班、中班女子第一名分别为市实验小学幼儿园张高远、宋静之。10月27日，市围棋比赛在澄江街道成教中心校举行，有16支代表队73名棋手参赛，团体第一名为华士镇代表队，个人第一名为赵剑。

2011年10月24—26日，市围棋比赛在顾山镇举行，澄江街道、青阳镇、华士镇9名棋手参赛，华士镇代表队获团体第一名。

2012年5月11—13日，市小学生围棋比赛在要塞实验小学举行，全市有13所学校194名学生参加。

2015年5月和10月，江阴市小学生春秋季围棋定段、升段比赛在澄江中心小学举行，江阴市实验小学、新桥中心小学等学校共490名学生参加。

（二）中国象棋

1973年11月24—25日，澄江、青阳、华士3镇象棋赛举行，华士镇获团体第一名。12月31日—1974年1月2日，县象棋友谊赛在县文化馆举行，华士镇吴湘获第一名。

1980年元旦，县体委、总工会联合举办县象棋比赛，有31支代表队124名棋手参加。

1982年11月15—18日，县商业系统举行象棋比赛，县五金公司沈志伟获第一名。12月，县职工象棋赛在县工人文化宫举行，有11支代表队43名棋手参赛。

1983年10月8日—11月7日，首届“芙蓉杯”县职工象棋比赛在县工人文化宫举行，交通部澄西船舶修造厂二队获团体第一名，县五金公司沈志伟获男子第一名，县标准件厂陈虹获女子第一名。10月24—28日，县商业系统象棋比赛举行，澄江副食商店代表队获团体第一名，沈志伟获个人第一名。

1984年3月，第二届“芙蓉杯”县象棋比赛在县工人文化宫举行，交通部澄西船舶修造厂代表队获团体第一名，黄全发获个人第一名。

1985年5月16—22日，第三届“芙蓉杯”县象棋比赛在县工人文化宫举行，全县有18支代表队52名棋手参赛，商业局代表队获团体第一名，符维龙、汤建华、沈志伟、寇振华、周筱晔、刘瑞林6人获优秀棋手称号。10月20—26日，县职工象棋比赛在县工人文化宫举行，县冶金机电工业公司代表队获团体第一名，周介眉、陈虹分获男、女个人第一名。

1986年4月28—30日，第四届“芙蓉杯”县中国象棋比赛在县工人文化宫举行，共15支代表队34名棋手参赛，团体第一名为县港务处队，个人第一名为沈志伟。10月6—8日，县首届小学生象棋比赛在县体育馆举行，共有16所学校41名学生参赛。

1987年3月3—7日，县职工象棋比赛在县工人文化宫举行，14支代表队30名棋手参赛。6月12—14日，江阴市第二届小学生中国象棋比赛在市体育馆举行，各片混合队参加。

1988年7月8—9日，市小学生象棋比赛在市体育馆举行，有7队29名学生参赛。11月1—5日，市职工象棋比赛在市体育馆举行，县中医院代表队获团体第一名，夏治中获个人第一名。

1989年3月3—8日，市中国象棋比赛在月城乡文化站举行，共13队42名棋手参赛。

1990年4月15—19日，市中国象棋比赛在华士镇电力大厦举行，有21支代表队51名棋手参赛。5月5—7日，市小学生象棋比赛在市体育馆举行，各片代表队、月城棋训班、澄江中心小学等29名棋手参赛。

1991年4月15—20日，市中国象棋比赛在市体育馆举行，共16支代表队45名棋手参赛。4月18—20日，市企业家“兴华杯”中国象棋比赛在周庄镇举行，22名棋手参赛。9月3—9日，市“港务杯”中国象棋赛在市工人文化宫举行，共有19支代表队27名棋手参赛。

1992年4月15—19日，市中国象棋比赛在市工人文化宫举行，18支代表队54名棋手参赛，澄江镇代表队获团体第一名，黄君兴获个人第一名。9月25—27日，市小学生中国象棋比赛在华士中心小学举行，各片代表队参赛。

1993年11月25—27日，市中国象棋比赛在市体育馆举行，有7支代表队23名棋手参赛，团体第一名为澄江镇队，个人第一名为黄全发。

1994年9月15—19日，市“振林杯”中国象棋比赛在文林镇电力管理站举行，共10支代表队30名棋手参赛，月城镇代表队获团体第一名，陆逢镰获个人第一名。11月18—27日，市“协澄杯”棋类大赛暨第九届围棋升段赛在市工人文化宫举行，市个体协会代表队获象棋团体第一名，周国新获个人第一名，并获江阴市1994年度象棋棋王称号。

1995年4月15日，市儿童中国象棋比赛在月城中心小学举行，月城中心小学和环南路小学14名学生参赛，月城中心队获团体第一名，钱正兴获男子甲组第一名，黄芳获女子甲组第一名，陈钦获男子乙组第一名，张虹获女子乙组第一名。9月26—29日，市中国象棋比赛在市体育馆举行，共8队19名棋手参赛。12月5—9日，市第二届“协澄杯”棋类大赛暨第十届围棋段位赛在市体育馆举行，全市共12支代表队32名选手参加中国象棋比赛。

1996年4月12—13日，市小学生中国象棋比赛在月城中心小学举行，月城中心小学季诞和黄芳分获1984—1985年组男、女第一名，城中中心小学张晓南和环南路小学张虹分获1986年组男、女第一名。6月28—30日，市中国象棋比赛在交通部澄西船舶修造厂招待所举行，共17队51名棋手参赛，澄江镇代表队获团体第一名，璜土镇张金昌获个人第一名。

1997年5月9—11日，市中小学生中国象棋比赛在市围棋馆举行，月城中心小学代表队获小学组团体第一名，陈钦和黄芳分获男、女个人第一名；月城中学代表队获初中组团体第一名，孙黎明和陈亚珍分获男、女个人第一名；市中代表队获高中组团体第一名，谢剑和谢仁萍分获男、女个人第一名。5月23—25日，市老年人中国象棋比赛在市供销学校举行，澄江镇获团体第一名，刘耀明获个人第一名。5月27—29日，市乡镇中国象棋比赛在市体育馆举行，澄江镇代表队获团体第一名，黄君兴获男子第一名。6月15—17日，市职工中国象棋比赛在市总工会举行，县钢绳集团公司代表队获团体第一名，奚建忠获个人第一名。

1998年4月18—19日，“红星杯”市小学生中国象棋赛在市供销学校举行，月城中心小学代表队获团体第一名，倪文获男子第一名，梅琳获女子第一名。

1999年4月10—11日，市小学生中国象棋比赛在市棋院举行，17所小学51名学生参赛，团体第一名为月城中心小学队，男子个人第一名为倪文，女子个人第一名为梅琳。4月14—16日，市中国象棋比赛在棋院举行，全市21个镇62名棋手参赛，团体第一名为月城镇队，个人第一名为陆逢镰，要塞镇队获道德风尚奖。7月28日—8月11日，市贝贝少儿棋类夏令营中国象棋比赛举行，1988年组第一名为鞠之逸，1989年组第一名为张宇波，1991年组第一名为谢从余。12月25—26日，“旅游杯”市小学生中国象棋比赛在市棋院举行，各镇中心小学、澄江镇小学、培尔学校小学部、市棋院等代表队参赛。

2000年5月27—28日，市小学生中国象棋比赛在市棋院举行，全市共92名学生参赛。6月29日，市幼儿中国象棋比赛在市机关幼儿园举行，团体第一名为市机关幼儿园队，孙玥、徐勉、冯猛、徐煜韦、林佳勇、孙欣越、郑煜程、郑榛、承瑞丰、洪宇凡10名学生获一等奖。

2001年4月2—3日，市小学生中国象棋比赛在市棋院举行，共有72名学生参赛，团体第一名为月城中心小学代表队，男子个人第一名为倪文，女子个人第一名为任佳静。7月7—8日，市“信合杯”小学生象棋比赛在市信用合作联社举行，有38所学校参赛，雷栋和任佳静分获甲组男、女第一名，林博群和华美玲分获乙组男、女第一名，刘畅和徐蕾分为丙组男、女第一名，郑扬和徐忻忻分获丁组男、女第一名，吕天杰获幼儿组1994年男子第一名，薛裕、舒心怡分获1995年组男、女第一名。10月9—11日，市“红星杯”象棋比赛在市棋院举行，有17个镇46名棋手参赛。

2002年3月30—31日，市小学生中国象棋比赛在市棋院举行，共20支代表队62名学生参赛，文林中心队获团体第一名，郑扬获男子第一名，王蔚获女子第一名。7月6—7日，市小学生中国象棋比赛在北大街幼儿园举行，翁丹石和任佳静分获甲组男、女第一名，钱嘉辰和徐蕾分获乙组男、女第一名，郑扬和朱斐玉分获丙组男、女第一名，承瑞丰和张晔涵分获丁组男、女第一名，张铭诚和庄雨欣并立幼儿组男子第一名，姜婷获幼儿组女子第一名。9月3—5日，市中国象棋比赛在市棋院举行，有17个镇51名棋手参赛，团体第一名为月城镇队，男子第一名为韦锡强，女子第一名为黄芳，男、女总名次第一名为黄芳，华士镇队获道德风尚奖。

2003年3月29—30日，市小学生中国象棋比赛在市棋院举行，共19支代表队68名学生参赛，团体第一名为月城中心小学代表队，男子第一名为承瑞丰，女子第一名为蔡梓丹。7月5—6日，市小学生中国象棋升级比赛在市实验小学举行。8月18—20日，市象棋比赛在市棋院举行，有20个镇及开发区共21队62名棋手参赛。

2004年4月13—16日，市象棋比赛在璜土镇成教中心校举行，有15个镇45名棋手参赛。7月7—8日，市少儿中国象棋比赛在市实验小学幼儿园、市机关幼儿园、北大街小学幼儿园举行，长泾中心小学代表队获甲组、乙组团体第一名，市实验小学代表队获丙组、丁组团体第一名，许宁和徐蕾分获男子甲组、女子甲组第一名，承瑞丰和徐沂沂分获男子乙组、女子乙组第一名，曹天文和姜婷分获男子丙组、女子丙组第一名，章铮和朱言心分获男子丁组、女子丁组第一名。

2005年6月13—15日，市象棋比赛在暨苑弈村举行，徐霞客等19个镇（办事处）60余名棋手参赛。7月7—8日，市少儿中国象棋比赛在花园小学幼儿园、市机关幼儿园、北大街小学幼儿园举行，城中中心小学代表队获甲组、乙组团体第一名，市实验小学代表队获丙组、丁组团体第一名，承瑞丰和徐江婷分获男子甲组、女子甲组第一名，曹天文和姜婷分获男子乙组、女子乙组第一名，张铮和周梓瑶分获男子丙组、女子丙组第一名，仲毅和朱言心分获男子丁组、女子丁组第一名。

2006年5月27—28日，市小学生中国象棋比赛在辅延小学举行，甲、乙、丙、丁组团体第一名均为市实验小学代表队，市实验小学承瑞丰、张铮、毛仁杰、朱言心、高玎分获男子甲组、男子乙组、男子丁组、女子丙组、女子丁组第一名，城中中心小学唐鉴恒获男子丙组第一名，月城中心小学姜婷获女子甲组第一名，辅延小学谭赵羽获女子乙组第一名。5月30日—6月1日，市中国象棋比赛在月城实验小学举行，全市共34队110名棋手参赛，市港口集团、建设局、澄江镇代表队分获企业、机关、乡镇组第一名，谢剑、姚力、陆逢镰分获个人第一名。

2007年6月30日—7月1日，江阴市第二届全民健身运动会职工象棋比赛在澄江街道成教中心校举行，共有60名棋手参赛，澄江街道代表队获团体第一名，雷明获个人第一名。7月5—6日，市小学生中国象棋比赛在澄江中心举行，文林中心代表队获甲组团体第一名，市实验小学代表队获乙组、丙组团体第一名，城中中心小学代表队获丁组团体第一名，市实验小学张铮、仲毅、毛仁杰、朱言心、高玎分获男子甲组、男子乙组、男子丙组、女子乙组、女子丙组第一名，城中中心王宇琦、顾羽乔分获男子丁组、女子丁组第一名，月城中心小学姜婷获女子甲组第一名，张一铭等21名学生获幼儿组男子一等奖，陆冰心等6名学生获幼儿组女子一等奖。

2008年6月28日，“实验杯”市小学生象棋比赛在市实验小学举行，甲、乙、丁组团体第一名均为市实验小学代表队，丙组团体第一名为城中实验小学代表队，市实验小学仲毅、毛仁杰、王泽铭、朱言心、高玎分获男子甲组、男子乙组、男子丁组、女子甲组、女子乙组第一名，月城实验小学王宇琦、顾羽乔、陈凌婕分获男子丙组、女子丙组、女子丁组第一名。

2009年5月6—8日，市老年人中国象棋比赛在劳动局举行，共有18个单位66名棋手参赛，青阳镇队获团体第一名，孙荣庆获男子个人第一名。5月9—10日，市小学生中国象棋比赛在澄江中心举行，男、女团体第一名均为市实验小学队，男、女个人第一名分别为市实验小学毛仁杰、朱言心。7月30—31日，市职工中国象棋比赛在市文化宫举行，有15支代表队42名棋手参赛，团体第一名为教育局队，个人第一名为陆逢镰。8月13—15日，市乡镇中国象棋比赛在祝塘镇举行，共有18个镇（街道）21支代表队84名棋手参赛，男子团体第一名为澄江街道队，女子团体第一名为月城镇队，韦锡强获男子第一名，梅琳获女子第一名。

2010年6月28—29日，市小学生中国象棋比赛在市实验小学举行，甲、乙、丁组团体第一名均为市实验小学代表队，丙组团体第一名为城中实验小学代表队，男子甲组、女子甲组第一名分别为市实验小学毛仁杰和高玎，男子乙组、女子乙组第一名分别为城中实验小学王泽楷和张心怡，男子丁组第一名为市实验小学叶子均，女子丁组第一名为花园实验小学周布布，男子大班组第一名为市实验小学幼儿园钱天煜，女子大班组第一名为月城实验小学幼儿园任柔匀，男、女中班组第一名分别为月城实验小学幼儿园曾子辉和李翔宇。10月27日，市中国象棋比赛在澄江街道成教中心校举行，有16支代表队参赛，月城镇代表队获团体第一名，陆逢镰获个人第一名。

2011年10月24—26日，市中国象棋比赛在顾山镇北涸之春大酒店举行，全市有13个镇（街道）51名棋手参赛，团体第一名为澄江街道代表队。

2012年5月11—13日，市小学生中国象棋比赛在要塞实验小学举行，来自全市6所小学的42名学生参赛。8月23—25日，市中国象棋比赛在顾山镇新龚村举行。

2014年6月28—29日，“强辉陶瓷杯”江阴市象棋棋王赛在市棋院举行，共有62名棋手参加，决赛阶段由言穆江大师挂大棋盘讲解。

2015年7月4日，“天安数码城杯”江阴市小学生棋类比赛举行，江阴市实验小学、城中实验小学、花园实验小学等学校参加，月城实验小学棋手任柔匀、李翔宇、苏家琪分获女子甲、乙、丙组第一名，张子鋆获男子丁组第一名。

（三）国际象棋

1982年12月2—3日，县职工国际象棋比赛在县工人文化宫举行。

1983年8月21—24日，县少年国际象棋比赛在县中举行，尤嘉获甲组第一名，尤中获乙组第一名。10月8日—11月7日，第一届“芙蓉杯”县职工国际象棋比赛在县工人文化宫举行，男子团体第一名为澄西船厂一队，男子个人第一名为易家伟，女子个人第一名为姚苑如。10月，县少年国际象棋比赛在县实验小学举行，县实验小学尤中和县中尹丽萍分获男、女第一名。

1984年3月，第二届“芙蓉杯”县职工国际象棋比赛在县工人文化宫举行。

1985年5月16—22日，第三届“芙蓉杯”县国际象棋比赛在县工人文化宫举行，有18人参赛，澄江併线厂代表队获男子团体优胜奖，曾一平获个人第一名。

1986年4月8—20日，第四届“芙蓉杯”县国际象棋比赛在县工人文化宫举行，澄江併线厂代表队获团体第一名，唐国强获个人第一名。10月6—8日，县首届小学生国际象棋比赛在县体育馆举行。

1987年6月12—14日，市第二届小学生国际象棋比赛在市体育馆举行，各片混合队参赛。

1988年7月8—9日，市小学生国际象棋比赛在市体育馆举行，共有13名学生参赛。次年3月4—8日，市国际象棋比赛在市体育馆举行。

1990年5月5—7日，市小学生国际象棋比赛在市体育馆举行，有16名学生参赛，澄江中心小学刘力、吴磊并列男子第一名，高源获女子第一名。

1992年9月25—27日，市小学生国际象棋比赛在华士中心举行，各片冠军队参加。

1995年12月5—9日，市国际象棋比赛在市体育馆举行，各镇、市级机关事业单位及工矿企业代表队参加。

1996年4月12—13日，市小学生国际象棋比赛在月城中心举行，璜塘中心小学徐东华、张晓分获男、女第一名。

1997年5月9—11日，市中小学生国际象棋比赛在市围棋馆举行，璜塘中心小学代表队获小学组团体第一名，高鹏和陶蓉分获男、女第一名；璜塘中学代表队获初中组团体第一名，许麟获男子第一名；南菁中学代表队获高中组团体第一名，吴静红获女子第一名。

1998年4月18—19日，“红星杯”市小学生国际象棋比赛在市供销学校举行，璜塘中心小学队获团体第一名，朱可骏获男子第一名，张黎获女子第一名。

1999年4月10—11日，市小学生国际象棋比赛在市棋院举行，澄江中心小学队获团体第一名，吕伦和龚宇媛分获男、女第一名。12月25—26日，市“旅游杯”小学生国际象棋比赛在市棋院举行。

2000年5月27—28日，市小学生国际象棋比赛在市棋院举行，有37名学生参赛。

2001年4月2—3日，市小学生国际象棋比赛在市棋院举行，共有32名学生参赛，璜塘中心小学代表队获团体第一名，吕伦和张海仙分获男、女第一名。7月7—8日，市“信用杯”少儿国际象棋比赛在市信用合作联社举行，共有38所小学（幼儿园）参赛，王彦和李晗分获甲组男、女第一名，薛洋焰和徐梦分获乙组男、女第一名，姚一琦获丙组男子第一名，陈聿同和查艺分获丁组男、女第一名，吴志敏和陈乃馨分获幼儿组男、女第一名。

2002年3月30—31日，市小学生国际象棋比赛在市棋院举行，有13队46名学生参赛，璜塘中心小学队获团体第一名，薛洋焰获男子第一名，陈乃馨获女子第一名。7月6—7日，市小学生幼儿国际象棋比赛在市机关幼儿园举行，甲、乙、丙、丁、幼儿组第一名：男子为吕伦、徐晓怡、陈聿同、郑榛、孙宇诚，女子为张海仙、任静叶、陶玲哲、陈乃馨、李苑。

2003年3月29—30日，市小学生国际象棋比赛在市棋院举行，有7所学校24名学生参赛，璜塘中心小学代表队获团体第一名，张雨露获男子第一名，陈乃馨获女子第一名。7月5—6日，市小学生国际象棋比赛在市实验小学举行。

2004年7月7—8日，市小学生国际象棋比赛在市实验小学幼儿园、市机关幼儿园、北大街小学幼儿园举行，新桥中心小学代表队获甲组、丁组团体第一名，璜塘中心小学代表队获乙组团体第一名，北大街小学代表队获丙组团体第一名，高启远和陶玲哲分获男子甲组、女子甲组第一名，郑榛和王隽分获男子乙组、女子乙组第一名，蒋亚豪和陈乃馨分获男子丙组、女子丙组第一名，徐彬和徐滋龄分获男子丁组、女子丁组第一名。

2005年7月7—8日，市小学生国际象棋比赛在花园小学幼儿园、市机关幼儿园和北大街小学幼儿园举行，甲、乙、丙、丁组团体第一名均为新桥中心小学代表队，新桥中心小学陶晨泽、陶玲哲、王盛、陆久华、刘嘉扬、张煜哲和徐滋龄分获男子甲组、女子甲组、男子乙组、女子乙组、男子丙组、男子丁组、女子丁组个人第一名，华士中心小学吴智颖获女子丙组个人第一名。

2006年5月27—28日，市小学生国际象棋比赛在辅延小学举行，甲、乙、丙、丁组团体第一名均为新桥中心小学代表队，市实验小学郑榛获男子甲组第一名，新桥中心小学陆晶晶、刘嘉扬、徐滋龄、张俊杰、陈锦曦、曹晓磊、周璇分获女子甲组、男子乙组、女子乙组、男子丙组、女子丙组、男子丁组、女子丁组第一名。

2007年7月5—6日，市小学生国际象棋比赛在澄江中心小学举行，新桥中心小学代表队获甲、乙、丙、丁组团体第一名，市第二实验小学周璇获女子丙组第一名，新桥中心小学刘嘉扬、张俊杰、石宇恒、石佳奇、徐滋龄、陈锦曦、谈笑分获男子甲组、男子乙组、男子丙组、男子丁组、女子甲组、女子乙组、女子丁组第一名，胡旻涛、姜毅凡、周言、王子阳、张琪轩5名学生获幼儿组男子一等奖，任芳可、朱闻起、任渝茜3名学生获幼儿组女子一等奖。

2008年6月28—29日，市小学生国际象棋比赛在市实验小学举行，新桥中心小学代表队获甲、乙、丙、丁组团体第一名，新桥中心小学张俊杰、郁金蕊、陆子凡、蔡晨怡、程当、申越、吴迪、缪昕芫分获男子甲组、女子甲组、男子乙组、女子乙组、男子丙组、女子丙组、男子丁组、女子丁组第一名，新桥中心小学幼儿园谢佳骋获男子大班组第一名，北大街小学幼儿园计华诚获男子中班组第一名，市第二实验小学幼儿园王晓扬和任雨彤分获女子大班组、中班组第一名。

2009年5月9—10日，市小学生国际象棋比赛在澄江中心小学举行，有6支代表队36名学生参赛，男、女团体第一名均为新桥中心小学代表队，男、女个人第一名分别为新桥中心小学张俊杰和缪一珉。

2010年6月28—29日，市小学生国际象棋比赛在市实验小学举行，甲、乙、丙、丁组团体第一名均为新桥中心小学代表队。

四、操类

1989年10月5日下午，市小学生广播（韵律）操比赛在市体育场举行，市实验小学、澄江中心等10所学校1920名学生参赛。

1990年9月11日，市职工迎亚运“澄水杯”广播操比赛在市体育馆举行，市利用棉纺针织集团公司获第一名。10月14日，在市第四届中小学生运动会开幕式上，西郊中心小学师生表演韵律操，南菁、市中、职中、征存等中学表演第七套广播操。

1995年10月22日，市小学生第七套广播操比赛在市体育场举行，澄江镇各小学共5000名学生参加。

1996年5月11日，市首届邮电职工田径运动会第七套广播操比赛在市体育场举行。6月22日，市中学生第七套广播操表演在市体育场举行，市中、市一中、征存、暨阳、城北等中学2000名学生参加。9月，“永联杯”市职工广播操比赛在市体育场举行，共有19支代表队684名选手参赛。是月，市首届乡镇运动会在市体育场举行，征存中学、暨阳中学共800名学生表演第七套广播操。

1998年10月，市职工广播操比赛在市体育馆举行。11月7日，市乡镇第八套广播操比赛在市体育馆举行，共21支代表队336人参加，第一名为申港镇，新桥镇和西石桥镇获体育道德风尚奖。

1999年9月25日，市中学生广播操大会操在市体育场举行，南菁、市中、市一中、市二中、征存、暨阳、春申等中学各300名学生参加，先由每所学校表演，后由2100名学生会操。10月30日，市乡镇广播操比赛在市体育馆举行，有12个镇192名选手参赛，申港、马镇、澄江3镇获一等奖。是年，举行江阴市万人广播操活动，中学一等奖为长泾中学、华士中学，小学一等奖为青阳中心小学、山观中心小学。

2001年12月1日，市乡镇广播操比赛在市体育馆举行，全市有10个镇158名选手参赛，申港镇和澄江镇获一等奖。

2002年11月9日，市乡镇广播操比赛在市体育馆举行，有10个镇160名选手参赛，申港镇获第一名。

2004年5月22日，市乡镇广播操比赛在祝塘中学体育馆举行，共14个镇（开发区）224名选手参赛，申港镇和祝塘镇获一等奖。

2006年6月17日，市乡镇广播操比赛在申港镇江南花苑举行，有13个镇208名选手参赛。

2012年8月8日，市乡镇第九套广播操比赛在市体育中心举行，有12个镇（街道）291名选手参赛。

五、武术

1952年，江阴县民族形式体育表演大会在县公共体育场举行，众多武术选手上场表演献技。

1976年1月1—2日，县农民民间运动会在县体育场举行，武术为主要比赛项目。4月22—23日，县中小学生武术比赛在华西大队举行，华西中小学队分别获男子甲组、男子乙组、女子甲组、女子乙组团体第一名，城南小学和人民小学队分别获儿童男子、女子团体第一名，何建东、赵富祥、唐晓红分别获男子甲组、男子乙组、男儿童全能第一名。

1978年8月15—18日，县中小学生武术竞赛在澄江镇举行，各片代表队90名学生参赛，女子甲组第一名为朱志华，女子乙组第一名为张菊英，女儿童第一名为吴芳。

1979年7月，县中小学生武术选拔赛在县体育场举行，华西大队、周庄公社、县业余体校共36名学生参赛。

1984年4月21—22日，县职工武术比赛在县体育场举行，来自全县21个企事业单位的31名选手参赛。

1987年10月25—27日，市职工武术比赛在市体育馆举行，全市20支代表队共62名选手参赛。

1999年8月4日，市小学生武术对抗赛在要塞中心小学举行，辅延、撒湖、要塞中心等3所小学26名学生参赛，沈强、顾鹏飞、刘奕凤、沙雅蓓分别获儿童男子甲组、男子乙组、女子甲组、女子乙组规定拳第一名，何振海、夏春锋、金全戈、沙雅蓓分别获儿童男子甲组、男子乙组、女子甲组、女子乙组短器械（刀、剑）第一名。

2000年10月28日，市少儿武术比赛在市体育馆举行，要塞中心和辅延小学共有28名学生参赛，各组第一名：儿童男子乙组，张晓洲（基本功；规定拳）、邓午强（剑）、任奕钢（剑）、顾鹏飞（刀）；儿童男子甲组，成江龙（规定拳；刀）、刘一鸣（棍）、陆月寒（剑）；儿童女子乙组，杨焱（基本功；规定拳；剑）、潘彐翊（刀）；儿童女子甲组，陈珊珊（规定拳；剑；枪）、徐静（刀；棍）。

2002年7月19日，市小学生武术比赛在要塞中心举行，共24名学生参赛，要塞中心小学代表队获团体总分第一名，张晓州和杨焱分别获男子甲组、女子甲组规定拳、剑第一名，沈焕获男子甲组刀第一名，吴振华和苏恬玥分别获男子乙组、女子乙组规定拳第一名。

2003年7月5日，江阴市小学生武术比赛在要塞中心举行，共有36名学生参赛，要塞中心小学代表队获团体总分第一名，各组第一名：男子甲组，沈焕（规定拳；刀）、张晓州（剑；全能）；男子乙组，吴振华（规定拳；全能）；男子丙组，陈辰（规定拳）、周阳（全能）；女子甲组，杨焱（规定拳；剑；全能）、陈杨（刀）；女子乙组，苏恬玥（规定拳；全能）；女子丙组，潘艺文（规定拳；全能）。

2004年9月19日，市小学生武术比赛在要塞实验小学举行，共29名学生参赛，各组第一名：男子甲组，吴振华（规定拳；剑）；男子乙组，刘济海（规定拳；剑）、周涛（刀）；男子丙组，沈鹏涛（规定拳）；女子甲组，管丽（规定拳）；女子乙组，潘艺文（规定拳；刀）、陈倩云（剑）；女子丙组，黄玲（规定拳）。

六、其他

（一）游泳

1971年7月16日，是毛泽东畅游长江5周年纪念日，全县各公社（镇）举行游泳竞赛。

1972年7月16日，为纪念毛泽东“七一六”畅游长江6周年，江阴县革命委员会、县人民武装部联合发文开展夏季游泳活动，并召开纪念会议，组织参会人员和运动员于东门外环城河进行游泳比赛。

1973年6月28日下午，县中小学生游泳选拔赛举行。7月16日，县纪念毛泽东畅游长江7周年游泳比赛在北外工农闸举行，县港务局唐增佳和南菁中学冯倚敏分获男、女冠军。

1977年7月16日，纪念毛泽东畅游长江11周年县游泳比赛举行，共有300名运动员参赛。

1988年7月12—13日，市中小学生游泳比赛在市游泳池举行，各片混合队及澄江镇队参赛。7月25—27日，江阴市级机关首届游泳比赛在市游泳池举行，比赛项目为女子50米、男子100米、团体4×50米接力，工商联许兴伟、组织部陈灿荣、人民医院杨琴珍分获男子青年、男子中年、女子青年组第一名，体委和交通局分获男子青年、男子中年组4×50米接力第一名。

1989年8月15—16日，第二届江阴市级机关 “利用杯”游泳大奖赛在市游泳池举行，全市50个单位229名运动员参赛，工商联许兴伟、物资局张网森、电厂曹川分获男子青年、男子中年、女子青年组第一名，体委、水利局分获男子青年、男子中年组4×50米接力第一名。

1990年8月，江阴市级机关第三届游泳比赛在市游泳池举行，工商联许兴伟、体委吴燕红分获男子青年、女子青年组第一名，体委、供电局分获男子青年、男子中年组4×50米接力第一名。

1991年8月16—17日，第四届江阴市级机关游泳比赛在市游泳池举行。

1992年8月18日，第五届江阴市级机关游泳比赛在市游泳池举行，邱明玉、许兴伟、吴燕红分获青年男子、中年男子、青年女子组第一名，税务局获青年男子、中年男子组4×50米接力第一名。

1993年7月31日，第六届江阴市级机关游泳比赛在市游泳池举行，共有84名运动员参赛，曹建锋、赵虞分获青年男子、老年男子组第一名，太平洋娱乐城、税务局分获男子青年、男子中年组4×50米接力第一名。

1994年8月4日，第七届江阴市级机关“银河杯”游泳比赛在市游泳池举行，184名运动员参赛。

1995年8月10日，第八届江阴市级机关游泳比赛在市游泳池举行，129名运动员参赛。

1996年8月8日，第九届“长城杯”江阴市级机关游泳比赛在市游泳池举行，22支代表队136名运动员参赛，港监孙艇、规划局曹建峰、港监赵萍、体委张玉南、供销合作总社马达明分获男子青年50米、男子青年100米、女子青年50米、男子老年50米、男子中年50米第一名。8月18日，江阴市首届“雪豹杯”全民游泳大赛在市游泳池举行，共136名运动员参赛。

1997年8月5日，第十届江阴市级机关暨“中保人寿杯”游泳比赛在市体委游泳池举行，人民医院李伯京、物资局黄江英分获老年男、女50米自由泳第一名，建委曹建峰、港监孙艇、供销合作总社马达明分获男子青年100米自由泳、男子青年50米自由泳、男子中年50米自由泳第一名，港监、长山油库分获男子青年、男子中年4×50米自由泳接力第一名。

1999年8月12日，第十一届江阴市级机关游泳比赛在市游泳池举行，建委蔡建峰获男子青年50米第一名，供销合作总社马达明获男子中年50米第一名，港监赵萍获女子青年50米第一名。

2001年8月8日，第十二届江阴市级机关游泳比赛在市游泳池举行。

2005年8月5日，江阴市“迎十运”游泳比赛在市游泳池举行，分企业、乡镇、机关3组，共有112名男、女运动员参赛。

2006年8月4日，江阴市游泳比赛在市游泳池举行，全市机关、乡镇、企业等单位共152名运动员参赛，杨兰红、董春生、王向萍、唐怡分获各组个人第一名，供电局、新长铁路江阴站、国际大酒店分获各组4×50米接力第一名。

2007年8月20日，市全民健身与奥运同行“雪豹杯”游泳比赛在市游泳池举行，20支代表队76名运动员参赛，项目为男、女个人50米自由泳、男、女团体4×50米自由泳接力，公安局、国土局、新长铁路江阴站、新潮科技分获各项第一名。

2008年8月20日，市“幸福江阴与奥运同行”2008年度“四方杯”游泳比赛在市游泳池举行，全市21支代表队参赛，周庄镇获女子50米、男子甲组50米第一名，新长铁路江阴站董春生、供销合作总社马达明分获男子乙组、丙组50米第一名，新长铁路江阴站、市职业技术学院分获男子、女子4×50米接力第一名。

2010年8月15日，市“雪豹日化杯”第一届小学生游泳比赛在辅延中心小学游泳池举行。9月18日，市游泳比赛在远望游泳馆举行，有50余名运动员参赛。

2011年9月10日，市“幸福江阴”百姓游泳比赛在市体育中心举行，有47支代表队331名运动员参赛。

2012年8月13日，市小学生游泳比赛在市体育中心游泳池举行，璜塘实验小学等5所学校及震皖游泳俱乐部代表队106名运动员参赛。8月17日，由市级机关党工委、体育局、暨阳体育产业发展有限公司、江南水务公司联合举办的2012年度市级机关“江南水务杯”游泳比赛在市民水上活动中心举行，共有26个机关部门（单位）代表队100多名运动员参赛。10月21—28日，2012年“四特东方韵杯”市全民游泳大赛在市民水上活动中心举行，分公开组、青年组和中老年组，项目为50米、100米自由泳，50米、100米蛙泳及4×50米自由泳接力。

2014年6月14—15日，江阴市游泳俱乐部在市民水上活动中心举行游泳联赛，全市有8支代表队86名运动员参加，邮政、南闸、创智游泳俱乐部代表队获团体总分第一、二、三名。12月28日—2015年1月1日，江阴市冬季游泳比赛在市民水上活动中心举行，分学生、青年和中老年3组，共145名运动员参加。

2015年7月16日，江阴市“游泳周”活动启动仪式在鹅鼻嘴公园举行，共有200余名运动员参加。

（二）拔河

1996年9月，市第四届职工运动会“钢绳杯”拔河比赛在市体育馆举行，共有48支代表队624名运动员参加。

1999年9月22日，市乡镇拔河比赛在市体育馆举行，共有8支代表队参加，澄江镇代表队获第一名，夏港、新桥镇代表队分获第二、三名，长寿镇代表队获体育道德风尚奖。

2000年4月13日，市第五届职工运动会“永联杯”拔河比赛在市体育馆举行，28支代表队参赛，市教委代表队获第一名，长江驳运公司、兴澄集团代表队分获第二、三名。

2001年9月20日，市乡镇拔河比赛在市体育馆举行，新桥镇代表队获第一名，马镇、申港镇代表队分获第二、三名，利港镇代表队获体育道德风尚奖。

2003年6月13日，市乡镇拔河比赛在周庄体育馆举行，全市14个镇代表队182名运动员参赛。

2005年6月14日，市“迎十运”拔河比赛在市体育馆举行，分机关、乡镇、企业3组，共有481名运动员参赛。

2007年6月12日，市第二届全民健身运动会拔河比赛在周庄镇体育馆举行，周庄等15个镇及临港新城港口办事处代表队参赛，周庄镇代表队获第一名，新桥、徐霞客镇代表队分获第二、三名。

2009年4月29日，市乡镇拔河比赛在新桥镇黄河社区举行，共有15个镇（街道）代表队195名运动员参赛，澄江街道、周庄镇、璜土镇代表队获前三名。5月20日，江阴市职工拔河比赛在市老体育馆举行，有12支代表队144名运动员参赛，公安局、兴澄集团、市级机关代表队获前三名。

2012年12月31日，江阴市级机关“民防杯”拔河比赛在市文明广场举行，有26支代表队参赛。

（三）桥牌

1984年5月，县职工桥牌比赛在县工人文化宫举行，全县企事业单位代表队参赛。

1987年4月4—7日，县桥牌选拔赛在县工人文化宫举行，全县机关、学校、企业共8支代表队参加，县级机关一队获第一名。

1991年3月，市体委、总工会、江阴瓷厂联合举办“彩凤杯”桥牌邀请赛，共有12支代表队60名运动员参赛。

1992年1月1日，市职工桥牌比赛在市工人文化宫举行，12支代表队59名运动员参赛。3月29日，市第二届CAS桥牌双人赛举行。6月19—20日，第七届埃普森世界桥牌赛暨江阴市“万荣杯”桥牌双人赛在市工人文化宫举行，22对运动员参赛。

1995年3月25日，“富士通杯”1995年全国桥牌通讯赛暨江阴市1995年桥牌团体赛在市瓷厂举行。6月9—10日，市第10届世界桥牌同场双人赛在市瓷厂举行。

1998年10月10—11日，市桥牌队式赛在市瓷厂举行。

2001年8月11—12日，市桥牌比赛在市瓷厂举行，设双人赛及队式赛。

2002年市“华联杯”迎春桥牌邀请赛在市九华集团（原江阴瓷厂）俱乐部举行，市级机关队获第一名，自来水公司队、交通部澄西船舶修造二队、九华集团队、教工队、卫生局队分获第二至第六名。

2009年8月，江阴市桥牌团体赛和双人赛在市桥牌俱乐部举行，江南水务公司、要塞中学、法尔胜队获前三名，华新民、钱海华和朱选青、袁卫鸿分获南北、东西组第一名。

2010年5月，“中国人寿杯”市桥牌邀请赛举行，市老年体协队获第一名。

第四节 参加和承办上级体育比赛

新中国成立以来，江阴运动员在参加市地、省、全国、亚洲和世界比赛中，敢攀登、争一流，成绩斐然，至2015年累计获市地级金牌1021枚、银牌937枚、铜牌851枚，江苏省级金牌532枚、银牌495枚、铜牌445枚，国家级及以上金牌210枚、银牌146枚、铜牌140枚。

从1963年举办苏州地区青少年篮球赛开始至2015年，域内累计承办市地级竞赛66次，省级竞赛79次，国家级竞赛126次，国际级竞赛44次。先后7次被国家体育总局评为“最佳赛区”“优秀赛区”，7次被评为江苏省承办全国体育竞赛年度最佳赛区。

一、参加和承办市（地区）体育比赛

（一）参加无锡市第七届运动会

1996年5—10月，无锡市第七届运动会在市区和3市（县）举行，江阴市共769名运动员参加田径、游泳、足球、篮球、排球、乒乓球、棋类、拔河、门球9个项目的比赛，获团体总分第一名（2068分），金牌总数第一名（其中金牌68枚、银牌79枚、铜牌66枚）。

李龙打破男子小学组跳远无锡市纪录。

1996年江阴市参加无锡市第七届运动会获前三名成绩一览

表4-8

项目	运动员（队）	单　项	金	银	铜	成　绩
田径	徐　峰	男子小学组50米	1			7″1
		男子小学组200米		1		28″0
	臧　伟	男子小学组50米		1		7″2
		男子小学组100米		1		13″7
	李　龙	男子小学组100米	1			13″2
		男子小学组跳远	1			5.24米
	程明根	男子小学组100米			1	13″7
		男子小学组200米			1	28″0
	王　凯	男子小学组400米	1			1′04″4
	金　耀	男子小学组800米			1	2′31″3
	江阴队	男子小学组4×100米接力	1			53″0
	秦　剑	男子小学组铅球		1		9.02米
	居晓德	男子小学组三项全能			1	833分
	郁　姣	女子小学组50米			1	7″5
	吴柳柳	女子小学组100米		1		14″2
	张　苗	女子小学组200米			1	29″6
	江阴队	女子小学组4×100米接力		1		56″7
	顾梅珍	女子小学组铅球		1		8.55米
	徐　虹	女子小学组三项全能		1		935分
	孙丽君	女子小学组三项全能			1	622分
	顾静伟	男子初中组100米		1		11″6
		男子初中组跳远		1		6.29米
	许　明	男子初中组100米			1	11″6
		男子初中组200米		1		23″9
	袁金海	男子初中组400米	1			54″6
	王建荣	男子初中组800米	1			2′09″2
	朱　明	男子初中组1500米	1			4′39″5
		男子初中组3000米		1		10′30″1
	陈　姚	男子初中组3000米			1	10′55″5
	颜耀庆	男子初中组110米栏	1			15″4
	陈小强	男子初中组110米栏		1		15″5
	盛　彬	男子初中组110米栏			1	15″8
	陆桥中学队	男子初中组4×100米接力			1	47″5
	徐　星	男子初中组跳高		1		1.72米

续表4-8

项目	运动员（队）	单　　项	金	银	铜	成　绩
田径	姚　伟	男子初中组三级跳远		1		12.73 米
	张能强	男子初中组三级跳远			1	12.72 米
	杨伟南	男子初中组铁饼		1		39.02 米
	李　宏	男子初中组铁饼			1	37.62 米
	陆叶峰	男子初中组标枪			1	46.78 米
	沈　燕	女子初中组 100 米		1		12″ 2
		女子初中组 200 米	1			25″ 1
	邹　锡	女子初中组 400 米		1		1′ 02″ 4
	汤凤霞	女子初中组 400 米			1	1′ 04″ 5
	薛　莲	女子初中组 800 米	1			2′ 25″ 5
		女子初中组 1500 米	1			5′ 13″ 2
	张依娜	女子初中组 800 米		1		2′ 31″ 6
		女子初中组 1500 米		1		5′ 27″ 0
	严春燕	女子初中组跳远		1		4.87 米
	何丽花	女子初中组 100 米栏			1	20″ 3
		女子初中组跳远			1	4.84 米
	李　燕	女子初中组 100 米栏	1			15″ 8
		女子初中组跳高		1		1.55 米
	吴晓华	女子初中组铅球		1		10.61 米
		女子初中组标枪		1		35.08 米
	刘　芳	女子初中组铁饼	1			27.92 米
	沈丽惠	女子初中组铁饼		1		27.66 米
		女子初中组标枪	1			40.14 米
	朱燕娣	女子初中组铅球			1	9.39 米
	唐洪新	男子高中组 400 米			1	52″ 7
	蔡建峰	男子高中组 800 米		1		2′ 08″ 4
	蔡建峰	男子高中组 1500 米		1		4′ 26″ 7
	徐冬春	男子高中组 1500 米			1	4′ 29″ 2
	陆桥中学队	男子高中组 4×100 米接力			1	45″ 8
	许晓刚	男子高中组铅球		1		12.97 米
		男子高中组铁饼	1			42.0 米
	张　泉	男子高中组铅球			1	12.84 米
	周荣峰	男子高中组标枪	1			57.18 米
	华　燕	女子高中组 100 米			1	13″ 1
		女子高中组 200 米			1	26″ 4

续表4-8

项目	运动员（队）	单　　项	金	银	铜	成　绩
田径	徐金莲	女子高中组 400 米	1			1′ 00″ 9
	鲍　丽	女子高中组 800 米		1		2′ 29″ 3
	刘春花	女子高中组 1500 米		1		5′ 35″ 4
		女子高中组 3000 米	1			13′ 03″ 2
	王　艳	女子高中组 3000 米		1		13′ 45″ 4
	何　静	女子高中组 3000 米			1	14′ 13″ 7
	吴亚钰	女子高中组 100 米栏	1			17″ 0
	吴　琦	女子高中组 100 米栏		1		17″ 4
	王海燕	女子高中组 100 米栏			1	18″ 1
	陆桥中学队	女子高中组 4×100 米接力			1	52″ 2
	沈文峰	女子高中组铅球	1			10.53 米
	王　菊	女子高中组铅球		1		9.47 米
		女子高中组铁饼			1	26.50 米
	张　静	女子高中组标枪			1	31.30 米
	许勇达	男子技校组跳远		1		5.65 米
	楚建锋	男子高校组 3000 米		1		10′ 25″ 6
	丁　丽	女子高校组 100 米			1	14″ 9
	张　军	男子职工组跳高	1			1.96 米
	姚建伟	男子职工组跳远	1			6.52 米
	张伟丰	男子职工组铅球	1			13.27 米
	李德友	男子职工组铅球		1		12.02 米
	杜丽芳	女子职工组 100 米		1		13″ 9
	陆新美	女子职工组跳远		1		4.76 米
	陆玲妹	女子职工组铅球		1		10.39
	江阴队	男子职工组 4×100 米接力			1	46″ 4
		女子职工组 4×100 米接力		1		54″ 8
游泳	李　君	男子 12—13 岁组 50 米蛙泳		1		47″ 36
		男子 12—13 岁组 100 米自由泳			1	1′ 46″ 4
	李　玲	女子 12—13 岁组 50 米蛙泳			1	52″ 44
足球	江阴一中队	男子初中组	1			
		男子高中组	1			
	征存中学队	男子高中组		1		
	江阴队	男子职工组	1			
	利港电力公司队	男子职工组			1	

续表4-8

项目	运动员（队）	单　项	金	银	铜	成　绩
篮球	北漍中心队	男子小学组		1		
	南闸中心队	女子小学组		1		
	北国中学队	男子初中组	1			
	祝塘中学队	女子高中组		1		
排球	江阴队	男子小学组	1			
		女子小学组		1		
	顾山中学队	男子初中组	1			
		女子初中组			1	
	云亭中学队	男子高中组	1			
	申港中学队	女子高中组			1	
乒乓球	张清洁	女子 11—12 岁组单打			1	
	孙　婷	女子 10 岁组单打		1		
棋类	季　涎	男子小学 A 组中国象棋		1		
	黄　芳	女子小学 A 组中国象棋	1			
	张晓南	男子小学 B 组中国象棋	1			
	张　虹	女子小学 B 组中国象棋			1	
	陶　蓉	女子小学 A 组国际象棋		1		
	张　黎	女子小学 B 组国际象棋			1	
	谢　剑	男子高中组中国象棋	1			
	邹　哲	男子初中组中国象棋	1			
	吴　刚	男子高中组国际象棋	1			
	李晓明	男子高中组国际象棋			1	
	吴静红	女子高中组国际象棋		1		
	周旨吉	女子初中组国际象棋	1			
	赵　剑	男子高中组围棋	1			
	周　星	男子中专组围棋	1			
	裴晓星	男子中专组围棋		1		
	张　杰	男子老年组围棋		1		

（二）参加无锡市第八届运动会

2000年4—9月，无锡市第八届运动会在市区及3市（县）举行，江阴市共有747名运动员参加田径、足球、篮球、排球、羽毛球、乒乓球、棋类、武术、台球、拔河、桥牌、门球、健美操、兴趣和钓鱼15个项目的比赛，获团体总分第一名（1668分），金牌总数第一名（77枚）。

薛晓尧打破男子技校组三级跳远无锡市纪录。

2000年江阴市参加无锡市第八届运动会获前三名成绩一览

表4-9

项目	运动员（队）	单　　项	金	银	铜	成　绩
田径	谢奕南	女子甲组跳远		1		4.93 米
	周　霞	女子乙组 100 米			1	14″2
	张益明	男子乙组 50 米	1			7″3
	吴洪凯	男子乙组跳远			1	4.36 米
	江阴队	男子乙组 4×100 米接力			1	57″1
	符　敏	男子初中组 100 米			1	11″7
		男子初中组 200 米		1		24″0
	缪晓东	男子初中组 400 米			1	54″3
	许晓峰	男子初中组 800 米		1		2′08″0
		男子初中组 1500 米	1			4′33″3
	孔明军	男子初中组 110 米栏	1			16″5
		男子初中组跳远	1			6.63 米
	陈小虎	男子初中组铁饼	1			33.96 米
	李　燕	女子初中组 100 米栏	1			17″5
		女子初中组 100 米			1	13″2
	缪小琴	女子初中组 200 米			1	27″2
		女子初中组 400 米	1			1′01″6
	蔡　萍	女子初中组 400 米			1	1′02″4
		女子初中组 800 米	1			2′27″7
	胡　丹	女子初中组跳远	1			5.64 米
	沈　洁	女子初中组铅球	1			9.25 米
		女子初中组铁饼		1		26.36 米
	孙　芳	女子初中组铅球			1	8.52 米
	孔　芳	女子初中组标枪			1	25.42 米
	江阴队	女子初中组 4×100 米接力	1			52″1
		男子初中组 4×100 米接力			1	47″5
	陶　军	男子高中组 200 米			1	22″8
		男子高中组 400 米			1	51″9
	王　琰	男子高中组 110 米栏			1	16″5
	陈贤利	男子高中组标枪			1	49.16 米
	黄建军	男子高中组铅球		1		12.30 米
	江阴队	男子高中组 4×100 米接力		1		45″7
	赵晓花	女子高中组 200 米			1	27″6

续表4-9

项目	运动员（队）	单　　项	金	银	铜	成　绩
田径		女子高中组 400 米		1		1′01″8
	刘　丽	女子高中组 400 米			1	1′02″5
		女子高中组 100 米栏	1			16″5
	周培芳	女子高中组 1500 米			1	5′26″8
	侍丽娜	女子高中组跳高		1		1.54 米
	费燕燕	女子高中组跳远			1	5.11 米
	卞　琴	女子高中组铅球	1			10.50 米
		女子高中组铁饼			1	26.0 米
	高　峰	男子高校组 110 米栏			1	19″6
	金月波	女子高校组 100 米	1			14″0
		女子高校组跳远	1			4.73 米
	陈海伟	男子中专组 1500 米			1	4′35″7
	江阴队	男子中专组 4×100 米接力			1	47″7
	吴　琼	女子中专组 100 米	1			14″2
		女子中专组 200 米			1	30″2
	唐佳佳	女子中专组 800 米	1			2′38″8
		女了中专组 1500 米	1			5′20″5
	张晓东	男子技校组 1500 米			1	4′47″13
	任伟君	男子技校组 5000 米		1		18′32″1
	薛晓尧	男子技校组三级跳远	1			13.25 米
	陈海芳	女子技校组 800 米		1		2′43″58
		女子技校组 1500 米	1			5′38″88
	谈花琴	女子技校组 1500 米			1	5′57″1
		女子技校组 3000 米		1		113′04″88
	黄春洪	男子职工组跳远		1		6.60 米
	张卫丰	男子职工组铅球	1			15.39 米
	徐金莲	女子职工组 400 米	1			1′05″0
		女子职工组 800 米	1			2′08″8
	陆玲妹	女子职工组铅球		1		10.37 米
	江阴队	女子职工组 4×100 米接力	1			52″4
足球	江阴队	男子小学组	1			
	江阴一中队	男子初中组	1			
		男子高中组	1			
	江阴工商学校队	男子中专组	1			

续表4-9

项目	运动员（队）	单　　项	金	银	铜	成　绩
足球	江阴队	男子职工组	1			
篮球	华西小学队	男子小学组	1			
	南闸中心小学队	女子小学组		1		
	云亭中学队	男子初中组		1		
	南闸中学队	女子初中组			1	
		女子高中组			1	
	江阴队	男子职工组			1	
排球	顾山中心小学队	女子小学组			1	
	顾山中学队	男子初中组		1		
		女子初中组		1		
	成化中学队	男子高中组			1	
		女子高中组			1	
羽毛球	冯雨霄	男子甲组单打			1	
	蒋梦婷	女子甲组单打			1	
	李静华	女子乙组单打			1	
	冯雨霄　花正侃	男子甲组双打		1		
羽毛球	龚梦婷　姜　瑜	女子甲组双打		1		
	李静华　费　来	女子乙组双打		1		
	王　波　姜文凯	男子乙组双打			1	
	严玲霞	女子高中组单打	1			
	徐红英	女子高中组单打		1		
	孔美华	女子高中组单打			1	
乒乓球	苏澄钧	男子高中组单打		1		
	奚春忠	男子高中组单打			1	
棋类	梅　琳	女子小学组中国象棋	1			
	倪　文	男子小学组中国象棋		1		
	李系能	女子小学组围棋	1			
	吕　伦	男子小学组国际象棋	1			
	赵　杰	男子老年组围棋	1			
	赵汝能	男子老年组中国象棋		1		
武术	成江龙	男子甲组五步拳	1			
		男子甲组个人全能	1			
兴趣	梅锁宝	男子老年组飞镖			1	
	彭兴元	男子老年组自行车慢骑			1	

续表4-9

项目	运动员（队）	单　　项	金	银	铜	成　绩
兴趣	仲至尊	男子老年组简易保龄球		1		
	高慕慈	男子老年组简易保龄球			1	
	韩　德	女子老年组简易保龄球	1			
	汤亚萍	女子老年组简易保龄球			1	
	徐加福	男子老年组祖孙同乐			1	

（三）参加无锡市第九届运动会

2004年4—10月，无锡市第九届运动会在市区举行，江阴市共867名运动员参加田径、足球、篮球、排球、羽毛球、乒乓球、棋类、射击、武术、健美操、举重、拔河、门球、钓鱼、游泳、大众体育16个项目的比赛，获团体总分2275分、金牌114枚。其中，技校组列团体总分、金牌总数2项第一名，老年组列团体总分、金牌总数2项第二名，小学、中学、高校组列团体总分第二名、金牌总数第三名，残疾人组列团体总分、金牌总数2项第四名。

曹烨、张夔分别打破女子乙组200米、跳远无锡市纪录，江阴市大桥小学射击队打破男子小学组普通气步枪5+20立射、女子普通气步枪5+20坐射团体无锡市纪录，杨利军打破男子小学组普通气步枪5+20立射无锡市纪录。

2004年江阴市参加无锡市第九届运动会获前三名成绩一览

表4-10

项目	运动员（队）	单　　项	金	银	铜	成　绩
田径	王　杰	男子甲组 100 米			1	12″9
		男子甲组 200 米			1	27″1
	季　敬	男子甲组 1500 米	1			4′54″6
	胡梦媛	女子甲组跳远	1			4.97 米
		女子甲组 100 米		1		13″3
	程　佳	女子甲组 200 米		1		28″6
		女子甲组 400 米	1			1′05″5
	严　洁	女子甲组 200 米			1	29″2
	江阴队	女子甲组 4×100 米接力		1		54″2
	何静雯	女子甲组跳高		1		1.29 米
		女子甲组 50 米		1		7″1
	黄　莹	女子甲组跳远		1		4.71 米
	宦旦男	女子乙组 50 米			1	7″4
	张　夔	女子乙组 100 米	1			13″9
		女子乙组跳远	1			4.58 米
	曹　烨	女子乙组 200 米		1		29″2

续表4-10

项目	运动员（队）	单　　项	金	银	铜	成　绩
田径	黄晓霞	女子乙组跳远			1	4.29 米
	孙诗渊	男子乙组 100 米		1		13″ 9
	李宇杰	男子乙组 400 米	1			1′ 05″ 9
		男子乙组跳远	1			4.34 米
		男子乙组 50 米		1		7″ 1
	江阴队	男子乙组 4×100 米接力		1		56″ 8
	刘春新	男子初中组 100 米		1		12″ 0
		男子初中组 200 米	1			24″ 1
	季　浩	男子初中组 400 米	1			52″ 8
	叶　超	男子初中组 400 米			1	54″ 5
	任晓军	男子初中组 800 米			1	2′ 13″ 2
	南菁中学队	男子初中组 4×100 米接力	1			46″ 5
	钱　丹	女子初中组 1500 米		1		5′ 20″ 4
	承珠凤	女子初中组 200 米		1		26″ 0
		女子初中组 400 米	1			1′ 00″ 2
	华云霞	女子初中组 400 米		1		1′ 01″ 8
	缪杏艳	女子初中组 800 米			1	2′ 33″ 8
	周　霞	女子初中组 100 米	1			13″ 0
		女子初中组 100 米栏	1			16″ 3
	缪燕君	女子初中组 100 米栏		1		17″ 5
		女子初中组跳高		1		1.40 米
	南菁中学队	女子初中组 4×100 米接力	1			52″ 0
	黄　玉	女子初中组铅球	1			11.52 米
		女子初中组铁饼	1			28.92 米
	倪志伟	男子高中组 100 米			1	11″ 1
	项龙清	男子高中组 800 米	1			1′ 58″ 7
		男子高中组 1500 米	1			3′ 59″ 1
	周佳龙	男子高中组 800 米			1	2′ 01″ 5
	马栋斌	男子高中组 800 米		1		2′ 00″ 1
	陈　植	男子高中组 100 米栏		1		16″ 1
		男子高中组跳高	1			1.77 米
	陶　健	男子高中组跳高		1		1.76 米
	蒋　伟	男子高中组三级跳远			1	13.11 米
	周　庆	男子高中组铅球		1		12.59 米
		男子高中组铁饼		1		32.10 米

续表4-10

项目	运动员（队）	单　　项	金	银	铜	成　绩
田径	曾喜丹	女子高中组 100 米		1		12″ 3
		女子高中组 200 米	1			25″ 1
	顾莉华	女子高中组 400 米		1		1′ 01″ 2
		女子高中组 100 米栏			1	15″ 5
	赵　敏	女子高中组 800 米			1	2′ 34″ 2
	缪小琴	女子高中组 100 米栏		1		15″ 4
	南菁中学队	女子高中组 4×100 米接力		1		52″ 1
	徐惠琴	女子高中组跳远			1	5.10 米
	陆　怡	女子高中组铅球		1		10.05 米
		女子高中组铁饼			1	30.88 米
	李　晶	女子高中组铁饼		1		32.0 米
	李　晶	女子高中组铅球			1	9.44 米
	邱国新	男子高校组 100 米		1		11″ 9
	赵　鹏	男子高校组铅球			1	9.95 米
	于秋云	女子高校组 100 米			1	14″ 3
	郭　云	女子高校组 1500 米	1			4′ 55″ 2
		女子高校组 3000 米	1			10′ 28″ 8
	高晓燕	女子高校组 100 米栏		1		18″ 6
	江阴职业技术学院队	女子高校组 4×100 米接力		1		56″ 6
		女子高校组 4×400 米接力		1		4′ 38″ 1
	薛　萍	女子高校组跳高			1	1.20 米
	刘　露	女子高校组跳远		1		4.62 米
		女子高校组三级跳远		1		10.15 米
	高　铿	男子技校组 100 米	1			11″ 4
		男子技校组 200 米		1		24″ 32
	金晓磊	男子技校组 100 米			1	11″ 6
	盛　魏	男子技校组 200 米			1	24″ 48
	周开颜	男子技校组跳高	1			1.69 米
		男子技校组跳远		1		6.28 米
	唐　剑	男子技校组跳高		1		1.66 米
	王志钧	男子技校组三级跳远		1		13.08 米
	蒋益军	男子技校组铅球	1			13.78 米
	陈　勇	男子技校组铁饼	1			32.14 米
	徐　峰	男子技校组标枪		1		40.52 米
	卞春泽	男子技校组标枪			1	38.85 米

续表4-10

项目	运动员（队）	单　项	金	银	铜	成　绩
田径	江阴队	男子技校组4×100米接力	1			49″28
	李　萍	女子技校组100米	1			14″24
		女子技校组200米	1			30″33
	赵美华	女子技校组800米			1	2′43″51
		女子技校组1500米		1		5′38″73
	朱晓兰	女子技校组3000米			1	112′35″18
	单　韵	女子技校组100米栏		1		21″93
	赵君丽	女子技校组跳远			1	4.21米
	江阴队	女子技校组4×100米接力		1		1′00″1
	徐海平	男子残疾人组盲人跳远	1			4.34米
	匡刚华	男子残疾人组盲人跳远		1		4.18米
	罗玉光	男子残疾人组聋哑1500米	1			4′41″3
		男子残疾人组聋哑3000米	1			10′23″0
	王岳良	男子残疾人组肢残轮骑坐式铅球	1			5.63米
		男子残疾人组肢残轮骑坐式铁饼	1			11.16米
	金王榴	女子残疾人组肢残站立T46级200米	1			35″5
		女子残疾人组肢残站立T46级400米		1		1′19″5
	高　丽	女子残疾人组肢残站立T46级200米		1		40″6
	金　晔	女子残疾人组盲人B32级100米		1		18″7
		女子残疾人组盲人B32级跳远		1		2.52米
	刘梅芳	女子残疾人组聋哑跳远	1			4.02米
	章　亚	女子残疾人组聋哑跳远			1	3.76米
	范仲兰	女子残疾人组聋哑铅球		1		6.78米
足球	江阴一中队	男子初中组	1			
		男子高中组	1			
	江阴技校队	男子技校组		1		
	江阴职业技术学院队	男子高校组		1		
篮球	北漍中心小学队	男子甲组			1	
		女子甲组		1		
		男子乙组			1	
		女子乙组	1			
	申港中学队	男子初中组		1		
	青阳中学队	男子高中组	1			
	南闸中学队	女子高中组			1	
	中船澄西技工学校队	男子技校组	1			

续表4-10

项目	运动员（队）	单　项	金	银	铜	成　绩
篮球	江阴技校队	男子技校组		1		
排球	江阴职业技术学院队	男子高校组			1	
		女子高校组		1		
	江阴技校队	男子教工技校组	1			
羽毛球	周　期	男子丙组单打			1	
	陈晓琴　张　玲	女子高校组双打			1	
乒乓球	张自然	男子甲组单打			1	
	殷　韬	男子初中组单打		1		
	曹　阳	男子高中组单打			1	
	君丽静	女子高校组单打	1			
	王海鹰	男子残疾人组聋哑单打	1			
	谭伯军	女子残疾人组肢残单打		1		
	钱　红	男子高校中专部领导单打	1			
棋类	姜　婷	女子小学组中国象棋	1			
	梅　琳	女子小学组中国象棋			1	
	沈传瑞	男子老年组中国象棋			1	
	赵　杰	男子老年组围棋		1		
	周介眉	男子老年组围棋			1	
	王根才	男子职工组围棋		1		
游泳	刘文峰	男子残疾人组聋哑 50 米仰泳	1			43″6
		男子残疾人组聋哑 50 米蛙泳	1			48″8
游泳	曹　宾	男子残疾人组聋哑 50 米蛙泳			1	1′17″8
	王海鹰	男子残疾人组聋哑 50 米自由泳			1	46″82
	罗玉辉	男子残疾人组聋哑 100 米自由泳	1			1′53″65
	印成华	初中男子 100 米自由泳			1	1′40″7
	匡刚华	男子残疾人组盲人 50 米自由泳		1		51″62
	金　晔	女子残疾人组盲人 50 米自由泳	1			3′06″83
	刘金南	男子残疾人组肢残 50 米蛙泳	1			58″64
		男子残疾人组肢残 50 米仰泳	1			1′04″11
		男子残疾人组肢残 50 米自由泳	1			48″2
	吴才华	男子残疾人组肢残 50 米自由泳		1		51″2
		男子残疾人组肢残 50 米蛙泳		1		1′09″63
	高　丽	女子残疾人组肢残 50 米蛙泳		1		1′54″88
	吴　桦	男子残疾人组肢残 50 米自由泳		1		51″2
射击	杨利军	男子小学组普通气步枪 5+20 立射		1		176 环

续表4-10

项目	运动员（队）	单　　项	金	银	铜	成　绩
射击	孙璐霞	女子小学组普通气步枪5+20立射	1			175环
健美操	包琳娜	女子高中组表演	1			
	阚凯敏	男子高中组单人操		1		5.70分
武术	吴振华	男子儿童甲组规定拳		1		8.32分
		男子儿童甲组短兵器	1			8.38分
	管　丽	女子儿童甲组规定拳			1	8.03分
		女子儿童甲组个人全能			1	18.63分
	苏恬玥	女子儿童甲组短兵器			1	7.85分
	刘济海	男子儿童乙组短兵器	1			8.30分
	陈倩云	女子儿童乙组短兵器		1		7.85分
	沈鹏涛	男子儿童丙组个人全能			1	11.82分
举重	王岳良	男子残疾人组75公斤级	1			85公斤
大众体育	周　刚	男子老年组自行车慢骑		1		1′05″12
	谈桂琴	女子老年组1分钟投篮	1			26个
	黄菊芬	女子老年组保龄球	1			31个
	陈惠芬	女子老年组保龄球			1	28个
	钱祥英	女子老年组自行车慢骑	1			51″0

（四）参加无锡市第十届运动会

2009年4—10月，无锡市第十届运动会在市区和江阴、宜兴市举行，江阴市体育代表队由1190人组成，参加田径、足球、篮球、排球、羽毛球、乒乓球、游泳、棋类、射击、武术、跆拳道、健美操、拔河、门球、柔力球、桥牌、钓鱼、阳光伙伴、大众体育、轮滑20个项目的比赛，共获金牌154.5枚，其中，残疾人组43枚列第一名，职工组10枚列第二名，小学组56枚列第四名，初中组13枚列第二名，高中组5枚列第二名，老年组2枚列第二名，技校组江阴高级技工学校（含职高、中专）17枚列第二名、中船澄西技工学校4.5枚列第五名，高校组江阴职业技术学院4枚列第四名。

王飞打破男子职高组跳远江苏省纪录。

2009年江阴市参加无锡市第十届运动会获前三名成绩一览

表4-1

项目	运动员（队）	单　　项	金	银	铜	成　绩
田径	张嘉豪	男子甲组200米			1	28″6
	包　涵	男子甲组400米	1			1′06″57
	周清园	男子甲组400米			1	1′08″12
	江阴队	男子甲组4×100米接力			1	55″77
	蒋松江	男子甲组跳高		1		1.30米

续表4-1

项目	运动员（队）	单　　项	金	银	铜	成　绩
田径	沈　哲	女子甲组跳远		1		4.45 米
		女子甲组 100 米			1	14″ 1
	章　莉	女子甲组 200 米	1			28″ 6
		女子甲组 400 米	1			1′ 02″ 58
	缪敏莉	女子甲组 800 米		1		2′ 44″ 39
		女子甲组 1500 米			1	5′ 47″ 17
	江阴队	女子甲组 4×100 米接力	1			54″ 77
	朱一枝	女子甲组 100 米		1		13″ 59
	薛　健	男子乙组 100 米		1		14″ 23
		男子乙组 50 米		1		7″ 38
	江阴队	男子乙组 4×100 米接力		1		59″ 36
	汪　丽	女子乙组 100 米			1	14″ 67
		女子乙组 50 米		1		7″ 63
	江阴队	女子乙组 4×100 米接力			1	1′ 02″ 5
	项梦超	男子初中组 100 米	1			—
		男子初中组 200 米		1		—
	严晨旭	男子初中组 1500 米			1	—
	江阴队	男子初中组 4×100 米接力	1			—
	梁　晨	男子初中组 200 米	1			—
		男子初中组 400 米			1	—
	陈　锞	男子初中组 1500 米	1			—
		男子初中组 3000 米	1			—
	李宇杰	男子初中组跳远	1			—
	陆　钧	男子初中组跳远			1	—
		男子初中组三级跳远	1			—
	谭新宇	男子初中组三级跳远		1		—
		男子初中组 400 米	1			—
	张　丽	女子初中组 100 米		1		—
		女子初中组 200 米			1	—
	陈丽丽	女子初中组 100 米			1	—
	高　丽	女子初中组 800 米		1		—
		女子初中组 1500 米		1		—
	张娇娇	女子初中组 100 米栏	1			—
	任晗琦	女子初中组跳远	1			—
	顾佳佳	女子初中组跳远		1		—

续表4-11

项目	运动员（队）	单　项	金	银	铜	成　绩
田径	曹　健	男子高中组200米			1	22″93
		男子高中组400米	1			51″3
	黄海波	男子高中组110米栏		1		15″88
	季　敬	男子高中组800米			1	2′07″2
		男子高中组400米		1		53″18
	孔　粲	男子高中组100米			1	11″13
		男子高中组跳远		1		6.92米
	张浩杰	男子高中组跳远			1	6.65米
	徐佳威	男子高中组铁饼			1	34.23米
	施　健	男子高中组跳高			1	1.92米
	胡梦媛	女子高中组跳远		1		4.96米
		女子高中组100米栏	1			14″79
	薛雅虹	女子高中组200米			1	27″33
		女子高中组110米栏		1		15″2
	赵玉艳	女子高中组800米		1		2′29″7
		女子高中组1500米		1		5′08″5
	宋海燕	女子高中组跳远	1			4．98米
		女子高中组跳高			1	1.50米
	徐晓艳	女子高中组跳高	1			1.53米
	翟晓洁	女子高中组100米		1		12″72
	江阴队	女子高中组4×100米接力		1		51″87
	陶周良	男子职高组100米	1			—
		男子职高组200米		1		—
	仲江山	男子职高组400米	1			—
	陈晓阳	男子职高组3000米			1	—
	殷强立	男子职高组110米栏		1		—
		男子职高组跳远			1	—
	王　飞	男子职高组跳远	1			—
		男子职高组三级跳远			1	—
		男子职高组4×100米接力		1		—
	梅敏琦	男子职高组跳高	1			—
	张凯强	男子职高组铅球			1	—
		男子职高组铁饼		1		—
	唐诗梦	女子职高组200米	1			—
		女子职高组400米		1		—

续表4-11

项目	运动员（队）	单　　项	金	银	铜	成　绩
田径	宦丹男	女子职高组 100 米		1		—
		女子职高组 100 米栏	1			—
		女子职高组 4×100 米接力	1			—
	尹丹丹	女子职高组跳高		1		—
		女子职高组跳远	1			—
		女子职高组 4×100 米接力	1			—
	周怡媛	女子职高组 100 米栏			1	—
	陆丽洁	女子职高组跳高			1	—
	江阴队	女子职高组 4×100 米接力			1	—
	鞠建明	男子高校组 1500 米			1	—
		男子高校组 3000 米			1	—
	江阴队	男子高校组 4×100 米接力		1		—
	张原明	男子高校组铅球			1	—
	李加乐	男子高校组铁饼	1			—
	林　晨	女子高校组 100 米	1			—
		女子高校组 200 米	1			—
	江阴队	女子高校组 4×100 米接力		1		—
		女子高校组 4×400 米接力		1		—
	恽　敏	女子高校组三级跳远		1		—
	徐卓蕾	女子高校组铅球		1		—
		女子高校组铁饼	1			—
	李　霞	女子职工组 100 米	1			13″64
		女子职工组 400 米		1		1′12″55
	孔敏军	男子职工组跳高	1			1.86 米
		男子职工组跳远	1			6.96 米
	朱卫国	男子职工组铅球	1			12.01 米
		男子职工组跳高		1		1.83 米
	陶　军	男子职工组 400 米		1		58″91
	江阴队	男子职工组 4×100 米接力	1			—
		女子职工组 4×100 米接力		1		—
	过品佳	女子职工组 800 米		1		2′48″99
	胡　丹	女子职工组跳远			1	4.34 米
	刘金南	男子残疾人组肢残站立 F42 级铅球	1			8.57 米
	华敏峰	男子残疾人组肢残站立 46 级铅球	1			8.42 米

续表4-11

项目	运动员（队）	单　　项	金	银	铜	成　绩
田径	徐海平	男子残疾人组视残B12级铁饼	1			15.66米
		男子残疾人组视残B12级跳远		1		4.11米
	何网霞	女子残疾人组聋哑200米			1	33″71
	罗玉辉	男子残疾人组聋哑3000米	1			11′12″0
		男子残疾人组聋哑1500米	1			4′51″34
	江阴队	男子残疾人组视残B13级4×100米接力	1			57″6
	江阴队	男子残疾人组肢残站立46级4×100接力	1			54″17
	胡敏惠	女子残疾人组肢残站立44级跳高	1			1.51米
		女子残疾人组肢残站立44级200米	1			30″25
		女子残疾人组肢残站立44级100米	1			15″8
	朱　燕	女子残疾人组脑瘫37级100米	1			18″3
		女子残疾人组脑瘫37级200米	1			39″18
		女子残疾人组脑瘫37级400米	1			1′33″2
	陈　玲	女子残疾人组聋哑1500米	1			6′33″83
		女子残疾人组聋哑400米		1		1′16″13
	黄　玲	女子残疾人组肢残站立45、46级1500米	1			6′06″54
		女子残疾人组肢残站立45、46级400米		1		1′15″52
	仰　蓉	女子残疾人组脑瘫37级100米			1	34″64
		女子残疾人组脑瘫37级200米			1	1′18″46
	仰　蓉	女子残疾人组脑瘫37级400米			1	2′58″0
	王　洁	男子残疾人组聋哑铅球			1	8.38米
	匡江华	男子残疾人组视残B12级跳远	1			4.16米
		男子残疾人组视残B12级100米		1		15″46
	章晓鹏	男子残疾人组聋哑铅球		1		8.57米
	李幸丰	男子残疾人组肢残站立46级400米	1			1′01″28
		男子残疾人组肢残站立46级100米			1	13″14
		男子残疾人组肢残站立46级200米		1		26″29
	钟　凯	男子残疾人组聋哑400米	1			57″32
	孙　天	男子残疾人组视残B13级200米	1			29″68
		男子残疾人组视残B13级100米		1		14″6
	季　良	男子残疾人组肢残站立46级铁饼	1			21.24米
		男子残疾人组肢残站立46级标枪			1	20.42米
	章利青	男子残疾人组弱智100米		1		14″45
		男子残疾人组弱智200米			1	30″68

续表4-11

项目	运动员（队）	单　　项	金	银	铜	成　绩
田径	章利青	男子残疾人组弱智跳远		1		4.04 米
	孙忠刚	男子残疾人组肢残轮椅 100 米		1		41″22
	王岳良	男子残疾人组肢残轮椅铅球			1	5.20 米
		男子残疾人组肢残轮椅铁饼			1	12.70 米
	金玉榴	女子残疾人组肢残站立 45、46 级 100 米		1		16″77
		女子残疾人组肢残站立 45、46 级 200 米		1		36″73
		女子残疾人组肢残站立 45、46 级 400 米			1	1′21″88
	江阴队	男子残疾人组聋哑 4×100 米接力		1		48″82
		女子残疾人组聋哑 4×100 米接力	1			1′02″17
足球	青阳实验小学队	男子小学组	1			
	江阴一中队	男子初中组	1			
		男子高中组	1			
篮球	江阴队	男子小学组		1		
		男子职高组		1		
		女子职高组			1	
		男子中专组			1	
		男子职工组	1			
排球	江阴队	男子职高组			1	
		女子职高组		1		
		男子高校组			1	
		女子高校组			1	
		女子老年组		1		
羽毛球	常　睿	男子甲组单打	1			
	吴啸天	男子甲组单打		1		
	高怡筠	女子甲组单打	1			
羽毛球	赵柳雯	女子甲组单打		1		
	周郁恬	女子乙组单打		1		
	陈　源	男子丙组单打	1			
	赵品哲	女子丙组单打	1			
	邹　微　姜　瑜	女子职工组双打	1			
	张　钿	女子职工组单打		1		
乒乓球	程玉婷	女子甲组单打	1			
	许雨辰	男子乙组单打		1		
	高琦儿	女子丙组单打		1		

续表4-11

项目	运动员（队）	单　　项	金	银	铜	成　绩
乒乓球	孟力培	男子丙组单打			1	
	陈铭瑶	女子甲组单打			1	
	朱　叶	男子中学组单打			1	
	杨伊宁	女子中学组单打			1	
	王逸逸　张情洁	女子职工组双打			1	
	徐云飞　蒋　辉	男子职工组双打		1		
	徐云飞	男子职工组单打		1		
	黄海鹰	男子残疾人组聋哑单打			1	
	吴永仪	男子残疾人组肢残单打			1	
游泳	程　学	男子职工组50米蛙泳		1		38″5
	孙　天	男子残疾人组盲人100米自由泳	1			1′36″96
	孙忠宝	男子残疾人组肢残100米自由泳	1			1′35″7
		男子残疾人组肢残50米自由泳	1			37″4
	匡江华	男子残疾人组盲人50米自由泳	1			50″36
	潘冬青	男子残疾人组盲人50米蛙泳	1			49″38
		男子残疾人组盲人50米仰泳	1			49″88
	刘文峰	男子残疾人组聋哑50米蛙泳		1		47″34
		男子残疾人组聋哑50米仰泳	1			43″95
	吴　峥	男子残疾人组肢残B10级50米自由泳	1			38″18
		男子残疾人组肢残B10级50米仰泳	1			54″14
		男子残疾人组肢残B10级100米自由泳	1			1′36″62
	罗钰辉	男子残疾人组聋哑100米自由泳	1			1′22″76
	刘金南　刘金南	男子残疾人组肢残B8级50米自由泳			1	44″11
		男子残疾人组肢残B8级50米蛙泳		1		53″6
	黄海鹰	男子残疾人组聋哑100米蛙泳			1	1′53″26
	薛利刚	男子残疾人组肢残B10级100米自由泳		1		2′10″62
游泳	刘梅芬	女子残疾人组聋哑50米自由泳	1			49″34
		女子残疾人组聋哑50米仰泳	1			1′05″52
		女子残疾人组聋哑100米仰泳	1			2′33″32
	黄　玲	女子残疾人组肢残50米仰泳	1			1′04″7
	薛　梅	女子残疾人组盲人50米自由泳		1		1′10″28
棋类	毛仁杰	男子小学组中国象棋	1			
	陈清灏	男子小学组中国象棋		1		
	朱言心	女子小学组中国象棋	1			

续表4-11

项目	运动员（队）	单　　项	金	银	铜	成　绩
棋类	高　玎	女子小学组中国象棋		1		
	吕　雪	女子小学组中国象棋			1	
	黄沁宇	女子小学组国际象棋			1	
	市中（个人）	初中组中国象棋		1		
		初中组中国象棋			1	
	雷　明	男子职工组中国象棋	1			
武术	潘汝成	男子儿童甲组长拳			1	8.18 分
	周靳怡	女子儿童甲组长拳		1		8.23 分
		女子儿童甲组剑枪小全能		1		8.36 分
	袁　理	女子儿童丙组短器械			1	7.80 分
	周舒玥	女子儿童乙组规定拳			1	8.20 分
		女子儿童乙组刀棍小全能	1			16.42 分
	薛煜殿	男子儿童乙组刀棍小全能			1	8.13 分
	季紫竹	女子儿童丙组规定拳			1	7.50 分
	全乐平	男子儿童丙组短器械		1		7.83 分
	王娅吉	女子儿童丙组短器械		1		7.90 分
	薛煜辉	男子儿童乙组规定拳			1	8.06 分
		男子儿童乙组剑枪小全能	1			16.36 分
	奚徐娜	女子儿童甲组长拳			1	8.01 分
跆拳道	李　威	男子甲组 40 公斤级		1		
	任雪飞	男子甲组 50 公斤级	1			
	施　超	男子甲组 40 公斤级			1	
	胡志聪	男子甲组 36 公斤级			1	
	杨玲艳	女子甲组 42 公斤级	1			
	蒋诚骏	男子乙组 40 公斤级	1			
	曹　森	男子乙组 45 公斤级	1			
健美操	江阴职业技术学院	高校组单人风采赛		1		
		高校组双人组合赛		1		
大众体育	宋汝云	女子老年组门球技术	1			
	刘秀英	女子老年组套圈		1		
	郭　勍	男子老年组套圈		1		
	袁国良	男子老年组套圈			1	
轮滑	朱东舜	男子小学组 500 米	1			1′04″64
	王敏杰	男子小学组 300 米		1		41″1

续表4-11

项目	运动员（队）	单　项	金	银	铜	成　绩
轮滑	周霞玉	女子小学组300米	1			43″18
		女子小学组500米		1		1′11″56
	陆艺葶	女子小学组300米		1		44″7
		女子小学组1500米		1		4′03″7
	江阴队	男子小学组150米接力	1			1′04″32
		女子小学组150米接力	1			1′12″44

（五）参加无锡市第十一届运动会

2013年3—9月，无锡市第十一届运动会在市区和江阴、宜兴市举行，江阴市运动员参加田径、游泳、篮球、足球、排球、乒乓球、羽毛球、武术、棋类、轮滑、阳光伙伴、跆拳道、棒球、健美操、拔河、桥牌、大众体育、手杖操、健身球操、柔力球、太极拳（剑）、举重、气排球23个项目的比赛，获得7个第一名。其中，小学组获金牌总数第一名，中学组获初中女子和高中男子田径团体总分第一名，职工组、老年组均获金牌总数和团体总分两项第一名。

2013年江阴市参加无锡市第十一届运动会获前三名成绩一览

表4-12

项　目	运动员（队）	单　项	金	银	铜	成　绩
田径	张　昆	男子甲组50米			1	7″37
		男子甲组100米		1		14″4
	沈　懿	男子甲组400米	1			1′06″4
		男子甲组1500米		1		5′21″2
	梅　满	女子甲组50米栏	1			9″14
		女子甲组4×100米接力	1			58″32
	黄静娅	女子甲组50米栏		1		9″44
	吴奕婷	女子甲组400米			1	1′09″5
		女子甲组800米		1		2′44″5
	刘彦雯	女子甲组跳高		1		1.25米
		女子甲组跳远			1	3.97米
	丁许诺	女子甲组铅球			1	7.87米
	宦黎宾	男子乙组50米			1	7″74
		男子乙组跳远	1			4.47米
	史云恒	男子乙组300米	1			47″62
		男子乙组600米	1			1′56″2

续表4-12

项　目	运动员（队）	单　　项	金	银	铜	成　绩
田径	史云恒	男子乙组4×100米接力	1			58″3
	盛浩飞	男子乙组100米	1			14″28
		男子乙组300米		1		49″12
	李　浩	男子乙组跳远			1	4.20米
	苏　啸	男子乙组垒球		1		40.06米
	朱子婧	女子乙组100米		1		14″74
		女子乙组50米			1	7″89
		女子乙组4×100米接力	1			1′01″8
	李嘉静	女子乙组600米			1	2′04″4
	钱怡杰	女子乙组跳高	1			1.20米
		女子乙组跳远		1		3.82米
	仰陆英	女子乙组垒球		1		34.0米
	金之煌	男子初中组200米		1		24″56
	朱霄汉	男子初中组400米	1			56″52
	王　铭	男子初中组4×100米接力	1			48″22
		男子初中组跳远		1		5.63米
	张鹏炯	男子初中组800米			1	2′20″6
	汪　丽	女子初中组100米	1			13″31
		女子初中组100米栏	1			15″76
	殷晓婷	女子初中组100米			1	13″71
	李金玉	女子初中组4×100米接力	1			53″39
		女子初中组跳远	1			5.09米
		女子初中组100米栏			1	16″17
	龚　芬	女子初中组跳高		1		1.43米
	朱　敏	女子初中组跳高			1	1.35米
	宋沈佳	女子初中组跳远		1		4.93米
	冯依雯	女子初中组跳远			1	4.90米
	王　飞	男子高中组100米	1			11″19
		男子高中组200米		1		23″6
	王盛尧	男子高中组200米	1			22″61
		男子高中组400米	1			52″47
	黄林凯	男子高中组1500米	1			4′28″9
		男子高中组3000米	1			9′44″7

续表4-12

项　目	运动员（队）	单　　项	金	银	铜	成　绩
田径	张嘉豪	男子高中组 110 米栏	1			16″62
		男子高中组 4×100 米接力	1			44″66
	刘晓渊	男子高中组 800 米			1	2′13″0
	蒋松江	男子高中组 110 米栏		1		17″35
		男子高中组跳高	1			1.82 米
	谢臻佳	男子高中组跳远	1			6.43 米
	吕　飞	男子高中组三级跳远	1			12.68 米
	缪张晓	男子高中组三级跳远			1	12.55 米
	朱一枝	女子高中组 100 米			1	13″16
		女子高中组跳远		1		4.69 米
	李怡轩	女子高中组 400 米			1	1′04″2
	肖　洁	女子高中组 800 米		1		2′43″5
	任晗琦	女子高中组 100 米栏	1			15″86
		女子高中组跳远	1			5.30 米
	吴静瑀	女子高中组 100 米栏			1	16″54
		女子高组 4×100 米接力	1			52″92
	许　乾	男子职校中专组 100 米			1	12″17
	成　松	男子职校中专组 4×100 米接力			1	47″88
	沈　聪	男子职校中专组跳高	1			1.71 米
		男子职校中专组三级跳远			1	11.89 米
	张雅文	女子高校组 100 米		1		14″39
		女子高校组 200 米		1		29″53
		女子高校组 4×100 米接力		1		59″0
	高雪梅	女子高校组 100 米			1	14″72
	孙小凤	女子高校组 1500 米		1		6′29″0
	夏咸琴	女子高校组跳高			1	1.15 米
	李　晓	女子高校组实心球前掷	1			10.50 米
	张云东	男子高校组 400 米			1	57″23
		男子高校组 800 米	1			2′11″0
	马仁全	男子高校组跳高		1		1.68 米
		男子高校组三级跳远		1		12.94 米
	陶　浩	男子高校组 800 米			1	2′13″0
	尹　明	男子高校组 110 米栏			1	19″32

续表4-12

项　目	运动员（队）	单　　项	金	银	铜	成　绩
田径	刘　坚	男子高级组4×100米接力			1	47″63
	娄百顺	男子高校组铅球	1			10.53米
	徐宇新	男子职工组100米			1	12″3
	周剑鹏	男子职工组200米		1		24″37
	徐宇新	男子职工组100米			1	12″3
	朱卫国	男子职工组跳高	1			1.88米
		男子职工组铅球	1			12.15米
	郭　伟	男子职工组跳高		1		1.84米
	李　龙	男子职工组跳远		1		6.36米
	许晓刚	男子职工组铅球		1		10.68米
	承珠凤	女子职工组100米	1			14″36
		女子职工组200米	1			29″92
	顾莉华	女子职工组400米	1			1′13″3
		女子职工组跳远	1			4.88米
	郭　滢	女子职工组200米		1		30″35
		女子职工组100米			1	14″59
	胡　丹	女子职工组跳远		1		4.79米
足球	青阳实验小学队	男子小学组	1			
篮球	北国实验小学队	男子小学组		1		
		女子小学组		1		
排球	江阴队	男子小学组		1		
		女子小学组		1		
羽毛球	陈　源	男子丙组单打	1			
	常　睿	男子甲组单打	1			
	赵品哲	女子丙组单打	1			
	高怡筠	女子甲组单打	1			
	吴啸天	男子甲组单打		1		
	赵柳雯	女子甲组单打		1		
	周郁恬	女子乙组单打		1		
	徐润奕	男子丙组单打			1	
	郁佳宜	女子丙组单打			1	
乒乓球	程玉婷	女子甲组单打	1			
	许雨辰	男子乙组单打		1		

续表4-12

项　目	运动员（队）	单　　项	金	银	铜	成　绩
乒乓球	高琦儿	女子丙组单打		1		
	孟力培	男子丙组单打			1	
	陈铭瑶	女子甲组单打			1	
棋类	毛仁杰	男子小学组中国象棋	1			
	朱言心	女子小学组中国象棋	1			
	陈清灏	男子小学组中国象棋		1		
	高　玎	女子小学组中国象棋		1		
	黄沁宇	女子小学组国际象棋			1	
	吕　雪	女子小学组中国象棋			1	
射击	李　伟	男子小学组气枪 5+20		1		
武术	薛煜辉 薛煜辉	男子小学组剑枪小全能	1			—
		男子小学组刀棍小全能			1	—
		男子小学组规定拳			1	—
	周舒玥	女子小学组剑枪小全能	1			—
		女子小学组规定拳			1	—
	周靳恬	女子小学组长拳		1		—
		女子小学组剑枪小全能		1		—
	罗怡倩	女子小学级剑枪小全能	1			—
	全东平	男子小学组短兵器		1		—
	王娅吉	女子小学组短兵器		1		—
	潘羽成	男子小学组长拳			1	—
	奚徐娜	女子小学组长拳			1	—
	袁　理	女子小学组短兵器			1	—
	季紫竹	女子小学组规定拳			1	—

（六）参加市（地区）单项比赛

1．田径

1920年5月5日，江苏省立学校第六次联合运动会分区选拔赛在无锡公共体育场举行，无锡、江阴、武进3县参赛。

1933年9月2日，第三届省运会二区选拔赛在常州市举行，无锡、江阴、武进、宜兴、溧阳等5县参赛，江阴运动员杜守光获男子甲组400米中栏第三名；黄德成获男子乙组110米高栏第一名（成绩，19″0）、400米中栏第一名（成绩，32″4），杨纯佛获400米第一名（成绩，1′11″2）、400米中栏第二名。

1935年9月，第四届省运会二区选拔赛在无锡社桥省立教育学院举行，无锡、江阴、武进、宜兴、溧阳等5县参赛，江阴县运动员杨东海以55″8的成绩打破400米省纪录（56″7）。

1935年江阴县参加第四届省运会二区选拔赛获前三名成绩一览

表4-13

组　别	运动员（队）	单　　项	金	银	铜	成　绩
男子甲组	邬翰周	100米			1	—
	杨东海	400米	1			55″8
		200米		1		—
	陶金保	10000米			1	—
	江阴队	4×100米接力			1	—
		4×400米接力			1	—

1951年10月23—25日，苏南区第一届人民体育大会常州专区预选赛在常州市举行，江阴、武进、常州、宜兴、金坛、溧阳6市县参赛。

1951年江阴县参加苏南区第一届人民体育大会常州地区预选赛获前三名成绩一览

表4-14

组　别	运动员（队）	单　　项	金	银	铜	成　绩
女子工人组	姚文瑞	跳高	1			1.14米
男子农民组	钱汝生	3000米	1			11′28″4
男子高中组	俞祥文	跳高	1			1.58米
	姚玉佩	400米	1			59″4
		800米	1			2′19″3
男子初中组	郭希玉	铅球	1			11.49米
	周其祥	100米	1			13″1
		200米	1			27″1

1964年，苏州地区第三届田径运动会举行，江阴县运动员参加。

1964年江阴县参加地区第三届田径运动会获前三名成绩一览

表4-15

组　别	运动员（队）	单　　项	金	银	铜	成　绩
男子高中组	王　斌	800米	1			2′14″8
		1500米	1			4′40″4
男子成年组	蔡崇武	铁饼	1			28.84米
女子成年组	赵秀英	手榴弹	1			39.55米

1965年8月8—11日，苏州地区中学生田径运动会在江阴县举行，江阴县运动员参加。

1965年江阴县参加地区中学生田径运动会获前三名成绩一览

表4-16

组　别	运动员（队）	单　　项	金	银	铜	成　绩
男子高中组	王　斌	1500 米	1			4′41″4
		400 米		1		59″7
	颜士良	400 米			1	59″7
	徐祖涛	800 米			1	2′32″2
	陶宗懋	100 米		1		12″3
	夏学忠	110 米中栏			1	20″5
	江阴队	4×400 米接力	1			4′01″0
	吴达鑫	三级跳远		1		11.42 米
	刘祖荣	手榴弹	1			52.20 米
		铁饼			1	23.43 米
女子高中组	徐蕴玉	100 米			1	15″2
	徐士英	200 米			1	32″2
	冯金珍	800 米			1	2′53″8
	江阴队	4×100 米接力	1			60″1
	程亚新	80 米低栏			1	16″1
		跳高		1		1.21 米
	钱自娣	跳远			1	4.0 米
	成安凤	铅球			1	7.62 米
	章琴芬	铅球		1		7.94 米
	张藏丹	三项全能			1	1233 分
男子初中组	朱国栋	110 米低栏			1	18″8
	谢正球	800 米		1		2′19″3
	江阴队	4×100 米接力			1	52″7
	李庆云	跳高	1			1.55 米
	崔仁剑	手榴弹		1		54.99 米
女子初中组	陈燕玉	200 米			1	32″0
	徐玲玉	跳高			1	1.28 米
	徐桂珍	铅球			1	7.47 米
	王新玉	手榴弹		1		31.34 米
	张以放	手榴弹			1	31.17 米

1972年5月18—20日，苏州地区少年田径选拔赛在昆山县举行，江阴县40名运动员参赛。

1972年江阴县参加地区少年田径选拔赛获前三名成绩一览

表4-17

组　别	运动员（队）	单　　项	金	银	铜	成　绩
男子甲组	朱福仁	3000 米			1	10′ 41″ 0
	周建仁	跳远	1			5.31 米
	童秋华	三项全能			1	1096 分
女子甲组	朱丽华	800 米	1			2′ 49″ 0
男子乙组	金荣昌	跳高			1	1.23 米
女子乙组	殷桂芬	跳远			1	3.76 米

1974年7月21—25日，苏州地区第四届田径运动会在常熟县举行，江阴县运动员谢正球打破男子成年组800米、1500米地区纪录，张宝洪打破男子少年组200米、400米地区纪录，瞿满兴打破男子少年组1500米地区纪录。

1974年江阴县参加地区第四届田径运动会获前三名成绩一览

表4-18

组　别	运动员（队）	单　　项	金	银	铜	成　绩
男子成年组	谢正球	800 米			1	2′ 11″ 35
		1500 米	1			4′ 34″ 2
	许泽言	110 米高栏			1	20″ 2
	朱　伟	铁饼			1	28.12 米
男子少年组	张宝洪	200 米		1		25″ 64
		400 米	1			55″ 4
	瞿满兴	1500 米			1	4′ 36″ 0
		3000 米		1		9′ 58″ 7

1975年5月，苏州地区田径选拔赛举行，江阴县运动员华瑞锡获800米、1500米、3000米3个第一名。

1976年5月，苏州地区中学生田径运动会在常熟县举行，江阴县46名运动员参赛。

1976年江阴县参加地区中学生田径运动会获前三名成绩一览

表4-19

组　别	运动员（队）	单　　项	金	银	铜	成　绩
男子青年组	江阴队	4×100 米接力			1	51″ 6
男子甲组	夏一雷	800 米			1	2′ 11″ 9
	包庆忠	110 米栏			1	19″ 9
	杨永康	铁饼		1		30.80 米
男子乙组	傅　忠	60 米		1		8″ 3

续表4-19

组　别	运动员（队）	单　　项	金	银	铜	成　绩
男子乙组	翟苏宁	800米	1			2′21″9
		1500米	1			4′50″8
女子乙组	华敏娟	400米			1	1′08″8
	董　梅	铅球	1			8.49米
		三项全能		1		1478分

1977年5月18—21日，苏州地区中学生田径运动会在常熟县举行，江阴县28名选手参赛，获团体总分第六名（100.5分）。

1977年江阴县参加地区中学生田径运动会获前三名成绩一览

表4-20

组　别	运动员（队）	单　　项	金	银	铜	成　绩
男子甲组	严志丰	110米栏			1	20″3
	杨伟飞	110米栏	1			18″7
	赵掌明	100米		1		12″6
		200米			1	25″6
	胡士清	铁饼		1		32.90米
女子甲组	沈小萍	跳高			1	1.30米
男子乙组	陆德俊	铁饼		1		29.48米
女子乙组	余　红	80米栏			1	14″8
	梅杏芬	手榴弹		1		34.64米

1978年8月1—3日，苏州地区中学生田径运动会在常熟县举行，江阴县25名运动员参赛。

1978年江阴县参加地区中学生田径运动会获前三名成绩一览

表4-21

组　别	运动员（队）	单　　项	金	银	铜	成　绩
男子成年组	华瑞锡	1500米	1			4′27″2
		5000米			1	17′50″2
男子甲组	傅　忠	100米			1	12″3
		200米			1	25″5
	钱　兵	110米栏		1		18″6
		跳高		1		1.51米
男子乙组	江阴队	4×100米接力		1		55″8
	邓君平	跳高	1			1.44米
	单文龙	110米栏		1		19″2
	费岳清	手榴弹		1		49.32米
女子乙组	李亚英	800米			1	2′43″8

1979年5月20—22日，苏州地区少年田径选拔赛在江阴县举行，江阴县获团体总分第七名（67分）。

1979年江阴县参加地区少年田径选拔赛获前三名成绩一览

表4-22

组 别	运动员（队）	单 项	金	银	铜	成 绩
男子甲组	郑 军	200米			1	25″1
	陈 澄	100米栏		1		18″9
	高新国	跳远		1		5.96米
	李金法	铁饼	1			36.26米
	徐 平	五项全能	1			2141分
男子乙组	钱 伟	800米		1		2′20″6
女子甲组	叶文英	铅球			1	9.88米
女子乙组	吴 煜	100米		1		13″9
	江阴队	4×100米接力			1	58″7
	姚 芬	跳远		1		4.41米

1979年5月31日—6月1日，苏州地区基层小学田径比赛在江阴县举行，江阴县城北小学运动员参赛，获团体总分第一名（78分）。

1979年江阴县参加地区基层小学田径比赛获前三名成绩一览

表4-23

组 别	运动员（队）	单 项	金	银	铜	成 绩
男子组	张洪福	60米	1			9″0
		100米	1			14″3
		手榴弹		1		42.58米
	杨和兴	800米			1	2′44″2
	刘金福	铅球		1		7.50米
女子组	黄建风	60米			1	10″0
		100米		1		15″8
	吴 煜	60米	1			9″1
		100米	1			14″3
		200米	1			29″3
	陆雄亚	200米			1	30″4
		400米		1		1′10″5
		跳远		1		3.94米

1980年1月，苏州地区春季中长跑选拔赛在江阴县举行，江阴县有11名运动员参赛，获团体总分第四名，华瑞锡分别以4′35″8、15′59″2的成绩获男子成年组1500米、5000米第一名，

吴月萍以5′38″3的成绩获女子乙组1500米第二名。

1980年10月1—3日，苏州地区中学生田径运动会在昆山县举行，江阴县运动员参加。

1980年江阴县参加地区中学生田径运动会获前三名成绩一览

表4-24

组别	运动员（队）	单项	金	银	铜	成绩
女子甲组	李亚英	800米			1	2′34″6
女子乙组	吴煜	100米	1			13″7
		80米栏			1	16″1
	陈红梅	铅球	1			8.98米
男子乙组	钱立涛	100米栏			1	18″7
		跳高		1		1.36米

1981年2月，苏州地区举行中学生迎春中长跑通讯赛，江阴县运动员参加。

1981年江阴县参加地区迎春中长跑通讯赛获前三名成绩一览

表4-25

组别	运动员（队）	单项	金	银	铜	成绩
男子甲组	吴建国	1500米		1		4′39″9
		3000米		1		10′20″0
		800米			1	2′18″4
	吴淦初	3000米			1	10′42″1
女子甲组	李亚英	800米	1			2′35″0
	吴月萍	800米		1		2′35″5
		1500米		1		5′31″9
	高燕蓉	3000米			1	13′01″0
男子乙组	王拥军	800米			1	2′34″0
		1500米			1	5′25″0

1981年10月18—20日，苏州地区中小学生田径运动会在无锡县梅村中学举行，江阴县33名运动员参赛，获团体总分第六名（159分），黄霞云打破地区中学女子乙组铁饼纪录，潘曼平打破地区小学男子400米纪录。

1981年江阴县参加地区中小学生田径运动会获前三名成绩一览

表4-26

组别	运动员（队）	单项	金	银	铜	成绩
中学男子乙组	薛彪	800米		1		2′18″9
		1500米		1		4′57″6
	张龙明	400米			1	1′11″8

续表4-26

组　别	运动员（队）	单　　项	金	银	铜	成　绩
中学男子乙组	臧红武	跳远		1		4.92 米
	蔡永忠	铅球			1	9.11 米
中学男子甲组	马　凡	110 米栏	1			18″5
中学女子甲组	姚　芬	100 米		1		18″4
	吴月萍	800 米			1	2′36″8
		1500 米	1			5′22″3
		3000 米		1		12′04″9
	陈玉芬	手榴弹		1		41.52 米
		标枪			1	27.32 米
	吴　珏	铁饼			1	26.18 米
中学女子乙组	孔静霞	手榴弹			1	32.22 米
	王　芳	400 米			1	1′08″2
		800 米			1	2′42″2
	黄霞云	铅球			1	8.12 米
		铁饼	1			22.82 米
小学男子组	潘曼平	200 米		1		30″5
		400 米			1	1′09″9

1981年，苏州地区举办11所重点中学田径通讯赛，江苏省南菁中学、江阴县中学分别获团体总分第四、五名。

1981年江阴县参加地区重点中学田径通讯赛获前三名成绩一览

表4-27

组　别	运动员（队）	单　　项	金	银	铜	成　绩
男子高中组	顾晓清	100 米栏		1		—
	马　凡	100 米			1	—
		200 米			1	—
	闻银良	3000 米			1	—
	庄　工	800 米			1	—
女子高中组	何敏君	手榴弹	1			28.35 米
	夏秀娟	1500 米		1		6′37″0
	吴　珏	铁饼		1		24.32 米
	何　方	200 米			1	30″1
	汤新娟	1500 米			1	6′40″0
	包秋珍	铁饼			1	23.66 米
	林　洁	手榴弹			1	27.70 米

1982年4月，苏州地区中小学生田径运动会在常熟县举行，江阴县44名运动员参赛，获团体总分第五名（230分），马凡、蔡永忠、孙瑛分别打破男子甲组、男子乙组、女子乙组100米栏、铁饼、铁饼地区纪录，殷芳打破女子小学组100米、200米地区纪录。

1982年江阴县参加地区中小学生田径运动会获前三名成绩一览

表4-28

组　别	运动员（队）	单　　项	金	银	铜	成绩
男子成年组	单文龙	110米栏	1			18″1
		400米栏			1	1′06″2
	顾晓清	400米栏		1		1′02″8
	丁　克	100米			1	11″4
女子成年组	李亚英	800米	1			2′39″0
	徐文艳	七项全能	1			—
男子甲组	马　凡	110米栏	1			16″6
女子甲组	吴月萍	1500米			1	5′21″3
	吴　珏	铁饼			1	27.46米
	陈玉芬	手榴弹		1		41.72米
男子乙组	薛　彪	800米		1		2′18″8
		1500米			1	4′57″5
	蔡永忠	铁饼		1		35.06米
		铅球		1		10.68米
	李文亚	手榴弹		1		54.20米
女子乙组	王　芳	200米			1	2′37″7
	孙　瑛	铁饼	1			23.80米
		铅球			1	7.74米
	黄霞云	铅球		1		9.05米
	孔静霞	手榴弹		1		34.14米
男子小学组	顾福仁	手榴弹			1	41.14米
女子小学组	殷　芳	100米			1	14″3
		200米			1	29″9

1983年4月26—27日，无锡市小学生田径运动会在市区举行，江阴县32名选手参赛，获团体总分第七名（48分），陈胜获男子甲组400米第一名（成绩，1′02″0），并打破无锡市纪录，李敏获女子甲组铅球第三名（成绩，7.5米），张君获女子乙组100米第二名（成绩，15″2）。4月28—30日，无锡市第二十三届中学生田径运动会在市区举行，江阴县40名选手参赛，获团体总分103分，黄霞云打破无锡市女子初中铁饼纪录，顾晓清、潘红霞、薛彪、陈红妹等4人均获第一名。6月25—27日，无锡市中学传统项目学校田径选拔赛在市区举行，江阴县祝塘中学参赛，获团体总分第三名，张虹获男子全能第一名（2034.6分），孔静亚获女子全能第一名（2063.4分），周玉英获女子全能第二名（1947.6分）。

1984年4月8日，沙洲、靖江、江阴3县田径对抗赛在江阴县举行，江阴县运动员缪正新（男子甲组三级跳远，成绩，12.54米）、吴煜（女子甲组200米，成绩，28″5）、陈红梅（女子甲组铅球，成绩，10.3米；铁饼，成绩，31.3米）破县纪录。

1984年5月18—19日，无锡市中学生田径运动会在市区举行，江阴县50名运动员参赛，获男、女子甲组组团体总分第四名（41分；32分）。

1984年江阴县参加无锡市中学生田径运动会获前三名成绩一览

表4-29

组 别	运动员（队）	单 项	金	银	铜	成 绩
男子甲组	周臣虎	100米			1	12″9
	江阴队	4×100米接力			1	51″6
	蔡永忠	铅球	1			12.68米
		铁饼	1			46.14米
	周春良	三项全能		1		1440分
女子甲组	仲 英	100米		1		13″9
	江阴队	4×100米接力			1	58″9
	陈红妹	铅球		1		11.38米
	陈正清	三项全能	1			1637分

1984年10月27—28日，无锡市中小学生田径达标赛在市区举行，江阴县有17名选手参赛，5人达一等，11人达二等。

1984年江阴县参加无锡市中小学生田径达标赛成绩一览

表4-30

组 别	运动员	单 项	达标成绩	达标标准	奖励等级
男子甲组	薛 彪	800米	2′14″5	2′15″0	一
	蒋明华	铁饼	36.54米	34.0米	二
	蔡永忠	铁饼	34.56米	34.0米	二
男子乙组	王晓东	400米	57″1	58″8	一
	徐 乾	400米	1′0″2	1′03″2	二
	沈 斌	400米	1′11″9	1′03″2	二
女子甲组	孔静亚	1500米	5′25″9	5′15″0	二
	陈红妹	铅球	10.14米	10.0米	二
	吴 煜	100米	13″5	13″6	二
		200米	28″5	28″5	二
女子乙组	李 敏	铅球	10.28米	10.0米	一
		100米	13″8	13″8	二
	殷 芳	100米	13″4	13″4	一
		200米	28″0	28″0	一
	王 琴	200米	28″5	28″5	二
		100米	1′06″3	1′07″0	二

1985年10月25—26日，无锡市中小学生田径运动会在市区举行，江阴市共有65名运动员（其中小学33名）参赛，获小学组团体总分第五名（104分）、中学组第三名（93.5分），朱益红、谢雪菲分别打破女子乙组200米、50米无锡市纪录，曹晓伟（男子甲组跳远）、蔡亦新（女子乙组跳远）、朱益红（女子乙组800米）、蒋晓芸（女子甲组800米）、潘永明（男子乙组400米）、谢雪菲（女子乙组100米）等6人打破江阴县纪录。

1985年江阴县参加无锡市中小学生田径运动会获前三名成绩一览

表4-31

组　别	运动员（队）	单　　项	金	银	铜	成　绩
男子高中组	翟维嘉	跳高		1		1.70 米
	蔡永忠	铁饼			1	34.46 米
		标枪		1		44.20 米
	张龙明	200 米			1	24″5
		400 米			1	56″5
	薛　彪	800 米		1		2′13″2
	洪　伟	110 米栏			1	17″0
女子高中组	殷　芳	100 米		1		13″4
		200 米		1		27″9
	王惠珠	100 米			1	13″8
		200 米			1	28″5
	姚喜雪	800 米		1		2′37″0
		1500 米		1		5′30″9
	仲　英	100 米栏			1	19″9
	江阴队	4×100 米接力			1	55″0
	陈海星	跳高			1	1.37 米
	王　芳	铅球			1	8.87 米
		铁饼			1	26.50 米
男子初中组	周臣虎	100 米	1			12″0
		100 米栏		1		14″5
	刘洪华	200 米	1			24″7
	沈　兵	400 米			1	1′00″0
	王军红	铅球			1	11.83 米
		跳远		1		5.48 米
	郭维刚	铁饼		1		37.88 米
	施　兵	铁饼			1	37.80 米
女子初中组	王　琴	200 米			1	28″7

续表4-31

组　别	运动员（队）	单　　项	金	银	铜	成　绩
	黄　红	400米			1	1′07″8
		800米			1	2′37″1
	陈正清	100米			1	13″9
		跳高		1		1.37米
	周志芳	跳远			1	4.68米
	江阴队	4×100米接力		1		55″6
男子甲组	曹晓伟	跳远			1	4.53米
	彭建明	200米			1	28″3
		800米	1			2′28″9
女子甲组	蒋晓芸	800米			1	2′43″5
男子乙组	潘永明	400米			1	1′08″8
		800米		1		2′37″3
	江阴队	4×100米接力			1	58″2
女子乙组	谢雪菲	50米			1	7″5
		100米			1	14″7
	蔡亦新	跳远	1			4.31米
		100米		1		14″4
	朱益红	200米	1			28″2
		800米	1			2′39″4
男子丙组	朱冠军	100米			1	14″3

1986年4月，无锡市中学生田径达标赛在市区举行，江苏省南菁中学徐建200米、400米（成绩26″0；59″3）均为二等。

1986年11月7—8日，无锡市中小学生田径运动会在市区举行，江阴县80名运动员参赛，获中学少年乙组团体总分第二名（84分），江阴队、唐仁兴分别打破男子少年乙组4×100米接力、铁饼无锡市纪录，朱益红在预赛中打破女子少年乙组200米无锡市纪录。

1986年江阴县参加无锡市中小学生田径运动会获前三名成绩一览

表4-32

组　别	运动员（队）	单　　项	金	银	铜	成　绩
男子青年组	任思明	100米		1		12″4
		跳远		1		5.64米
	章翊东	100米			1	13″1
		跳远			1	5.16米
	蔡永忠	铅球		1		11.05米
		铁饼	1			35.34米

续表4-32

组　别	运动员（队）	单　　项	金	银	铜	成　绩
女子青年组	黄　红	1500 米		1		5′ 56″ 5
男子少年甲组	张　皓	100 米		1		11″ 9
		200 米			1	24″ 6
	张　峰	800 米			1	2′ 14″ 5
	翟维嘉	跳高		1		1.77 米
		三级跳远	1			12.40 米
	余文清	铅球		1		11.33 米
		铁饼	1			38.54 米
女子少年甲组	王惠珠	100 米			1	13″ 7
	殷　芳	100 米	1			13″ 5
		200 米	1			28″ 2
	史海燕	100 米栏		1		18″ 9
	江阴队	4×100 米接力		1		55″ 4
	陈正清	跳高		1		1.41 米
		跳远		1		4.85 米
男子少年乙组	徐　乾	200 米			1	25″ 2
		400 米		1		56″ 3
	沈一斌	400 米			1	57″ 1
	支　伟	800 米			1	2′ 20″ 2
	黄建强	1500 米			1	4′ 58″ 3
	江阴队	4×100 米接力			1	48″ 4
	唐仁兴	铁饼	1			42.18 米
女子少年乙组	朱益红	100 米	1			13″ 0
		200 米	1			27″ 3
	徐金凤	铅球		1		7.76 米
	张　芳	100 米			1	13″ 6
		200 米			1	28″ 4
	朱春亚	80 米栏			1	15″ 6
	蔡亦新	跳远	1			4.67 米
		100 米		1		13″ 3
男子儿童甲组	车建刚	200 米			1	13″ 5
	冯献军	800 米			1	2′ 31″ 8
	周荣献	跳远	1		1	4.62 米
女子儿童甲组	张文军	跳高		1		1.32 米
		跳远		1		4.55 米
女子儿童丙组	江阴队	4×100 米接力			1	1′ 02″ 3

1987年4月6日，无锡“振奋杯”田径达标赛在市区举行，江阴县朱益红、蔡亦新获女子乙组100米、400米一等，成绩分别为13″4，1′03″6；13″3，1′04″2。

1987年10月29—31日，无锡市中小学生田径运动会在市区举行，江阴市共67名运动员（其中小学32名）参赛，获少年甲组第二名（89分），朱益红打破女子少年甲组100米、200米（成绩，12″9；26″5）无锡市纪录。

1987年江阴市参加无锡市中小学生田径运动会获前三名成绩一览

表4-33

组　别	运动员（队）	单　　项	金	银	铜	成　绩
男子青年组	俞文清	铅球	1			11.23 米
		铁饼	1			35.40 米
	蔡永忠	铅球			1	10.87 米
		铁饼			1	33.60 米
	徐　平	100 米			1	11″9
	徐良洪	1500 米			1	4′49″1
		5000 米		1		19′02″2
女子青年组	陈正清	100 米	1			13″2
		跳远	1			5.29 米
	殷　芳	100 米		1		13″3
		400 米		1		1′06″8
	陆建华	400 米			1	1′08″5
	陈红武	3000 米		1		13′11″9
男子少年甲组	吴庆吉	跳高		1		1.55 米
	张伟东	铁饼			1	31.50 米
	徐　乾	100 米		1		12″0
		200 米		1		24″5
	沈一斌	400 米	1			56″0
	支　伟	800 米			1	2′17″3
	于忠良	5000 米	1			18′34″3
	江阴队	4×100 米接力			1	47″9
女子少年甲组	孔燕珠	跳远			1	3.54 米
	朱益红	100 米	1			12″9
		200 米	1			26″5
	蔡亦新	100 米		1		13″3
		200 米			1	27″2
	杨雪妹	400 米			1	1′10″7
	李蓉艳	3000 米			1	12′16″6

续表4-33

组　别	运动员（队）	单　　项	金	银	铜	成　绩
女子少年甲组	朱春亚	100米栏			1	19″2
	江阴队	4×100米接力	1			54″4
男子少年乙组	顾建明	铅球			1	10.80米
	李　新	100米		1		12″9
	彭建明	200米			1	25″7
	叶　航	1500米		1		4′53″6
		3000米	1			10′55″5
女子少年乙组	张文军	跳高		1		1.47米
		三级跳远		1		9.77米
	陆玲妹	铅球		1		8.13米
	谢雪菲	100米		1		13″3
		200米			1	27″9
	戴　燕	800米		1		2′51″9
	江阴队	4×100米接力			1	56″8
女子儿童甲组	方红霞	跳远			1	4.24米

1988年4月16日，无锡市“体育场杯”田径达标赛在市体育场举行，江阴市运动员参加。

1988年江阴市参加无锡市田径达标赛获前三名成绩一览

表4-34

组　别	运动员（队）	单　　项	金	银	铜	成　绩
女子儿童甲组	方红霞	100米		1		14″2
男子少年乙组	殷晓军	铅球		1		7.41米
女子少年甲组	蔡亦新	100米	1			13″0
		200米	1			26″5
女子少年乙组	谢雪菲	100米		1		13″2
	张文军	100米栏	1			17″6

1988年10月，无锡市中小学生田径运动会在市区举行，江阴市殷晓军打破无锡市少年男子乙组铁饼纪录，朱益红、陈正清分别打破无锡市少年女子甲组200米、跳远纪录。

1988年江阴市参加无锡市中小学生田径运动会获前三名成绩一览

表4-35

组　别	运动员（队）	单　　项	金	银	铜	成　绩
男子少年甲组	张伟东	铅球		1		11.79米
	陈　震	400米		1		57″0

续表4-35

组 别	运动员（队）	单 项	金	银	铜	成 绩
男子少年甲组	于志良	1500米	1			4′36″5
	于志良	3000米	1			10′28″3
	支 伟	1500米			1	5′07″5
		3000米		1		12′16″0
	周 峰	400米			1	59″8
女子少年甲组	蔡亦新	200米			1	27″6
		400米		1		1′06″2
	陈正清	跳远	1			5.43米
		100米		1		13″0
	陆雪芬	铅球	1			9.01米
	朱益红	100米		1		12″6
		200米		1		26″4
男子少年乙组	殷晓军	铅球		1		12.27米
		铁饼		1		43.20米
	张伟洪	标枪		1		42.46米
	叶 航	3000米		1		10′43″9
	江阴队	4×100米接力			1	50″0
女子少年乙组	陆玲妹	标枪		1		30.36米
	谢雪菲	100米			1	13″4
	俞金珠	1500米			1	6′00″0
	张文军	80米栏	1			13″3
	江阴队	4×100米接力	1			52″9
男子少年75年组	蔡 鹏	三级跳远		1		10.89米
	赵云江	100米			1	12″9
	李晓峰	400米			1	1′01″0
		800米			1	2′42″2
	江阴队	4×100米接力			1	52″8
女子少年75年组	杨玲洁	铅球		1		8.83米
		标枪			1	17.36米
	杜丽芳	100米			1	13″5
		200米		1		28″4
	戴 燕	400米		1		1′08″7
		800米			1	2′46″8
	方红霞	80米栏		1		13″8
		跳远			1	4.60米
	江阴队	4×100米接力		1		55″3
男子儿童甲组	范庆丰	跳远	1			5.01米

1989年11月，无锡市中小学生田径运动会在市区举行，江阴市运动员张卫东打破无锡市中学男子C组铁饼纪录。

1989年江阴市参加无锡市中小学生田径运动会获前三名成绩一览

表4-36

组　别	运动员（队）	单　　项	金	银	铜	成　绩
男子中学A组	支　伟	1500米			1	4′43″9
	江阴队	4×100米接力			1	49″8
	吕　刚	跳高		1		1.74米
	姚建伟	跳高			1	1.59米
		跳远		1		5.82米
	殷晓军	铅球	1			11.64米
		铁饼			1	33.20米
男子中学B组	李晓峰	400米			1	1′00″0
	江阴队	4×100米接力			1	54″0
	谢　挺	标枪			1	38.30米
男子中学C组	张卫东	铅球		1		12.06米
		铁饼	1			41.68米
女子中学A组	杜丽芳	100米	1			13″3
		200米		1		27″7
	陆玲妹	铅球	1			9.89米
		标枪		1		28.32米
	张文军	五项全能	1			2485分
女子中学B组	沈　丽	100米		1		13″5
		200米	1			28″1
	方红霞	100米栏		1		18″3
	江阴队	4×100米接力	1			55″1
女子中学C组	朱益红	100米		1		13″0
		200米		1		27″4
	蔡亦新	400米			1	1′06″1
	王文亚	铁饼		1		31.86米
男子儿童乙组	赵云南	800米			1	2′36″3
女子儿童乙组	张　静	铅球		1		7.48米
		垒球	1			47.54米

1989年11月，无锡市举办中小学生万人长跑通讯赛，江阴市陆桥中学获初中男、女团体第一、二名，龚兴明、洑振洪、龚振洪获初中男子前三名。

1990年12月—1991年1月，无锡市举办中学生冬锻万人长跑通讯赛，江阴市中学获初中女子团体第一名，杨虹获初中女子1500米第三名；江阴市城北中学获高中女子团体第一名，初、高中男子团体第二名，丁娟平、林芳、聂湖蓉获高中女子前三名。

1991年3月29—30日，苏州、无锡、常州地区县级田径赛在溧阳市举行，江阴市运动员参加。

1991年4月，无锡市中小学生田径运动会在市区举行，江阴市共有84名运动员参赛。7月，经比赛选拔，江阴市朱益红、沈丽、杜丽芳3名女运动员入选无锡市青少年田径队。是年，无锡市体委对小学田径、足球等项目进行综合评比，江阴市获第一名（74分）。

1992年4月4—6日，无锡市中学生田径运动会在市区举行，江阴市运动员参加。

1992年江阴市参加无锡市中学生田径运动会获前三名成绩一览

表4-37

组　别	运动员（队）	单　　项	金	银	铜	成　绩
男子组	张　军	跳高	1			1.84 米
	黄春洪	跳远	1			—
		三级跳远	1			—
	李　强	跳远		1		—
	张卫丰	铅球	1			13.73 米
	周荣峰	标枪		1		50.04 米
女子组	方红霞	100 米栏	1			—
		跳远	1			—
	黄海燕	100 米栏		1		—
		跳高	1			—
	华　燕	200 米	1			—
	高　凤	200 米		1		—
	张秋霞	铁饼	1			34.90 米
		铅球			1	10.46 米

1993年4月23—24日，无锡市中学生春季田径运动会在市区举行，江阴市运动员参加。

1993年江阴市参加无锡市中学生春季田径运动会获前三名成绩一览

表4-38

组　别	运动员（队）	单　　项	金	银	铜	成　绩
男子组	周荣峰	铅球	1			13.25 米
		标枪		1		52.90 米
	杜逸荣	跳远			1	—
女子组	张秋霞	铅球	1			10.94 米
		铁饼	1			32.80 米
	寇秋华	100 米			1	—

1994年9月24—25日，无锡市小学生秋季田径运动会在市区举行，澄江中心小学代表江阴市参赛，获女子团体第二名。

1994年江阴市参加无锡市小学生秋季田径运动会获前三名成绩一览

表4-39

组　别	运动员（队）	单　　项	金	银	铜	成　绩
男子组	李　龙	跳远	1			—
女子组	邹　锡	50米			1	—
		100米	1			—
		200米	1			—
	严春燕	100米		1		—
		200米		1		—
	费燕燕	50米	1			—
		100米			1	—
	王　静	跳远			1	—

1994年9月24—25日，无锡“育苗杯”小学生田径运动会在市区举行，江阴市实验小学参赛，获团体总分第二名，其中女团第一名、男团第三名。

1994年江阴市参加无锡市小学生“育苗杯”田径运动会获前三名成绩一览

表4-40

组　别	运动员（队）	单　　项	金	银	铜	成　绩
男子组	赵　斌	400米			1	—
		跳远	1			—
	林燕强	50米		1		—
		100米		1		—
女子组	李海燕	200米		1		—
	那小艳	跳远	1			—
		垒球	1			—
	陆　怡	400米			1	—
		800米			1	—
	夏　贞	50米	1			—
		100米	1			—
	严文娟	跳远		1		—
	徐　雪	100米		1		
		200米			1	
	江阴实小队	4×100米接力			1	

1995年6月9日，无锡市首届青少年田径比赛在市区举行，江阴市体校5名女运动员参赛。

1995年江阴市参加无锡市首届青少年田径比赛获前三名成绩一览

表4-41

组　别	运动员（队）	单　　项	金	银	铜	成　绩
女子甲组	徐金莲	200米	1			26″6
		400米	1			59″96
	沈　燕	100米	1			12″6
		200米		1		26″7
	严春燕	100米			1	13″6
	沈丽惠	铅球	1			10.65米

1997年5月29—30日，无锡市第二届“体育场杯”青少年田径比赛在市体育场举行，江阴市体校共有15名运动员参赛，获团体总分第四名（113分）。

1997年江阴市参加无锡市第二届“体育场杯”青少年田径比赛获前三名成绩一览

表4-42

组　别	运动员（队）	单　　项	金	银	铜	成　绩
男子少年组	夏　剑	200米			1	24″7
女子少年组	林　莉	铅球			1	8.47米
	薛　莲	400米	1			1′16″0
		800米	1			2′23″33
		1500米	1			6′10″6
	邹　锡	200米栏	1			30″35
		100米		1		12″2
	张依娜	800米			1	2′39″57

1997年11月7—8日，无锡市小学生田径运运动会在市体育场举行，澄江中心小学、祝塘中心小学代表江阴市参赛，祝塘中心小学获男子儿童乙组团体总分第五名，澄江中心小学获女子儿童丙组团体总分第五名，缪小琴打破女子儿童丙组200米无锡市纪录，胡丹打破女子儿童丙组400米（预、决赛）和跳远2项无锡市纪录。

1997年江阴市参加无锡市小学生田径运动会获前三名成绩一览

表4-43

组　别	运动员（队）	单　　项	金	银	铜	成　绩
男子儿童乙组（祝塘中心）	陈向刚	200米			1	30″2
	蔡　丹	400米			1	1′04″0
		800米	1			2′29″3
	祝塘中心队	4×100米接力		1		57″7
	孔霖伟	铅球	1			10.78米
		垒球			1	50.20米

表4-43

组　别	运动员（队）	单　　项	金	银	铜	成　绩
女子儿童乙组（澄江中心）	蔡　萍	800米			1	2′38″6
	澄江中心队	4×100米接力		1		59″3
女子儿童丙组（澄江中心）	缪小琴	200米	1			29″3
	胡　丹	400米	1			1′07″4
		跳远	1			4.16米
	澄江中心队	4×100米接力			1	1′00″5

1999年3月20日，无锡市体校田径赛在市体育中心举行，江阴市体校11名选手参赛。

1999年江阴市参加无锡市体校田径比赛获前三名成绩一览

表4-44

组　别	运动员（队）	单　　项	金	银	铜	成　绩
男子1985年以后组	程明根	400米	1			54″7
		800米	1			2′13″8
	曹　飞	铅球	1			12.67米
	胡清清	800米			1	2′14″7
		400米			1	57″3
女子1985年以后组	费燕燕	100米	1			12″9
		跳远		1		4.68米
	蔡　萍	400米	1			1′01″0
		800米	1			2′26″0
	李　燕	100米栏	1			16″1
		100米		1		13″3
女子1982—1984年组（16—18岁）	严春燕	100米	1			12″1
	邹　锡	200米		1		27″7
		200米栏	1			29″6

1999年9月23—24日，无锡市小学生田径比赛在市体育中心举行，江阴市获男子甲组、男子乙组团体第四名，胡丹打破无锡市女子少年甲组跳远纪录。

1999年江阴市参加无锡市小学生田径比赛获前三名成绩一览

表4-45

组　别	运动员（队）	单　　项	金	银	铜	成　绩
男子少年甲组	倪志伟	50米	1			6″8
		跳远		1		4.99米
女子少年甲组	缪小琴	200米	1			27″3
		400米	1			1′02″6

续表4-45

组　别	运动员（队）	单　　项	金	银	铜	成　绩
	胡　丹	100米	1			13″5
		跳远	1			5.38米
	曾喜丹	50米			1	7″2
		100米			1	13″9
	江阴队	4×100米接力	1			55″2
女子少年乙组	周　霞	50米			1	7″55

2000年3月31日，无锡市体校田径赛在市体育中心举行，江阴市体校10名选手参赛。

2000年江阴市参加无锡市体校田径赛获前三名成绩一览

表4-46

组　别	运动员（队）	单　　项	金	银	铜	成　绩
男子少年乙组	程明根	100米		1		11″8
	胡清清	800米	1			2′08″2
		1500米		1		4′34″7
	金　耀	1500米			1	4′46″7
女子少年乙组	刘　丽	100米	1			13″4
		100米栏	1			16″6
	堵君兰	100米		1		13″5
		三级跳远		1		11.05米
男子少年甲组	倪志伟	100米		1		12″3
		跳远			1	5.59米
女子少年甲组	胡　丹	100米	1			12″9
		跳远	1			5.72米
	徐　洁	100米			1	13″3

2001年3月24日，无锡市田径公开赛在市体育中心举行，江阴市运动员参加，胡丹跳远达一级运动员标准，成绩为5.98米。

2001年江阴市参加无锡市田径公开赛获前三名成绩一览

表4-47

组　别	运动员（队）	单　　项	金	银	铜	成　绩
男子组	吴　纯	100米	1			10″9
		200米		1		22″8
	胡清清	800米		1		2′02″8
女子组	胡　丹	跳远	1			5.98米

续表4-47

组　别	运动员（队）	单　　项	金	银	铜	成　绩
女子组		100 米			1	12″7
	邹　锡	200 米		1		25″8
		400 米	1			57″5
	缪小琴	200 米			1	26″0
		400 米			1	59″1
	蔡　萍	800 米	1			2′22″8
	李　燕	100 米栏	1			15″5
	严春燕	100 米	1			12″0
	张　苗	三级跳远	1			11.91 米

2001年5月19—21日，无锡市小学生田径比赛在市体育场举行，江阴市获团体总分第六名，许美玲打破无锡市女子少年甲组100米纪录。

2001年江阴市参加无锡市小学生田径比赛获前三名成绩一览

表4-48

组　别	运动员（队）	单　　项	金	银	铜	成　绩
女子少年甲组	许美玲	100 米	1			12″8
		400 米			1	1′03″2
	姚　蕾	50 米	1			7″1
		跳远	1			4.75 米
女子少年乙组	施　仪	100 米			1	14″2
男子少年乙组	刘文彪	800 米		1		2′30″2

2002年3月30日，无锡市田径公开赛在市体育中心举行，江阴市24名选手参赛。

2002年江阴市参加无锡市田径公开赛获前三名成绩一览

表4-49

组　别	运动员（队）	单　　项	金	银	铜	成　绩
男子组	缪晓东	200 米	1			22″7
	陈天华	800 米	1			2′00″6
	胡清清	800 米		1		2′01″4
女子组	沈留娣	200 米			1	30″2
	成吴燕	800 米		1		2′25″0
		1500 米	1			5′32″8
	侍丽娜	跳高		1		1.58 米
	严春燕	100 米	1			12″4

续表4-49

组 别	运动员（队）	单 项	金	银	铜	成 绩
女子组	邹 锡	100米		1		12″5
		400米	1			55″7
		100米栏	1			14″8
	李 燕	100米栏		1		15″2
	堵君兰	三级跳远			1	11.84米

2002年6月1—2日，无锡市小学生田径比赛在市体育中心举行，江阴市有29名选手参赛，获团体总分第六名（99分）。

2002年江阴市参加无锡市小学生田径比赛获前三名成绩一览

表4-50

组 别	运动员（队）	单 项	金	银	铜	成 绩
男子少年甲组	顾海峰	跳远		1		4.94米
女子少年甲组	施 仪	100米		1		13″2
		200米		1		28″0
女子少年乙组	黄 莹	跳远	1			4.02米

2003年7月8—9日，无锡市小学生田径比赛在市体育中心举行，江阴市37名选手参赛，获团体总分第二名（374分），刘芝凝打破无锡市女子甲组200米、400米纪录，顾舒怡打破无锡市女子乙组跳远纪录。

2003年江阴市参加无锡市小学生田径比赛获前三名成绩一览

表4-51

组 别	运动员（队）	单 项	金	银	铜	成 绩
男子甲组	刘文彪	800米		1		2′14″3
	刘沈洁	50米	1			6″5
		100米		1		12″4
	邵 政	400米			1	1′00″8
	张余杰	垒球			1	55.41米
	江阴队	4×100米接力	1			51″9
女子甲组	李孟雅	铅球		1		7.60米
		垒球			1	35.63米
	钱 丹	800米			1	2′32″1
	韩梦娇	跳远			1	4.80米
	刘芝凝	200米	1			26″2
		400米	1			58″5

续表4-51

组　别	运动员（队）	单　　项	金	银	铜	成　绩
	江阴队	4×100米接力	1			53″8
女子乙组	王　菲	50米		1		7″6
	徐晓蕾	跳远			1	4.02米
	顾舒怡	100米	1			13″9
		跳远	1			4.73米
	江阴队	4×100米接力	1			57″5

2004年10月26—30日，无锡市小学生田径比赛在市体育中心举行，江阴市40名选手参赛，获团体总分第二名，张燮打破无锡市小学生女子乙组跳远纪录。

2004年江阴市参加无锡市小学生田径比赛获前三名成绩一览

表4-52

组　别	运动员（队）	单　　项	金	银	铜	成　绩
男子甲组	王　杰	100米			1	12″9
		200米			1	27″1
	季　敬	800米		1		2′23″8
		1500米		1		4′54″6
女子甲组	何婧雯	50米		1		7″1
		跳高		1		1.29米
	黄　莹	跳远		1		4.71米
	严　洁	200米			1	29″2
	程　佳	200米		1		28″6
		400米	1			1′03″5
	胡梦媛	100米		1		13″3
		跳远		1		4.97米
	江阴队	4×100米接力		1		56″8
男子乙组	李宇杰	50米		1		7″1
		400米	1			1′05″9
		跳远	1			4.34米
	孙诗渊	100米		1		13″9
		200米		1		28″8
	江阴队	4×100米接力		1		56″8
女子乙组	宦旦男	50米			1	7″4
	张　燮	100米	1			13″9
		跳远	1			4.58米
	曹　烨	200米		1		29″2
		400米		1		1′08″4
	黄晓霞	跳远			1	4.29米

2004年10月15—18日，无锡市中学生田径比赛在市体育中心举行，江苏省南菁中学获初中女子团体总分第一名，高中女子团体总分第二名，初中男子团体总分第三名。

2004年江阴市参加无锡市中学生田径比赛获前三名成绩一览

表4-53

组　别	运动员（队）	单　　项	金	银	铜	成　绩
高中男子组	倪志伟	100 米			1	11″1
	项龙清	800 米	1			1′58″7
		1500 米	1			3′59″1
	马栋斌	800 米		1		2′00″4
	周佳龙	800 米			1	2′01″5
	陈　植	100 米栏		1		16″1
		跳高	1			1.77 米
	陶　健	跳高		1		1.76 米
	蒋　伟	三级跳远			1	13.11 米
	周　庆	标枪		1		12.59 米
		铁饼		1		32.10 米
高中女子组	曾喜丹	100 米		1		12″3
		200 米	1			25″1
	许美玲	200 米		1		25″2
	顾莉华	400 米		1		1′01″2
		100 米栏			1	15″5
	赵　敏	800 米			1	2′34″2
		1500 米		1		5′30″4
	缪小琴	100 米栏		1		15″4
	徐惠琴	跳远			1	5.10 米
	陆　怡	铅球		1		10.05 米
		铁饼			1	30.88 米
	李　晶	铅球			1	9.44 米
		铁饼		1		32.0 米
初中男子组	刘建春	100 米		1		12″0
		200 米	1			24″1
	季　浩	400 米	1			52″8
	叶　超	400 米			1	54″5
	卞豪杰	800 米		1		2′09″6
	任晓军	800 米			1	2′13″2
	赵　波	1500 米		1		4′19″8

续表4-53

组　别	运动员（队）	单　项	金	银	铜	成　绩
初中男子组	南菁中学队	4×100米接力	1			46″5
初中女子组	周　霞	100米	1			13″0
		100米栏	1			16″3
	承珠凤	200米		1		26″0
		400米	1			1′00″2
	缪杏艳	800米			1	2′33″8
	钱　丹	1500米		1		5′20″4
	缪燕君	100米栏		1		17″5
		跳高		1		1.40米
	黄　玉	铅球	1			11.52米
		铁饼	1			28.92米

2005年7月16—17日，无锡市小学生田径比赛在辅仁高级中学举行，江阴澄江、祝塘中心小学共40名选手参赛，澄江中心获团体总分第一名，祝塘中心获团体总分第五名。

2005年江阴市参加无锡市小学生田径比赛获前三名成绩一览

表4-54

组　别	运动员（队）	单　项	金	银	铜	成　绩
男子甲组	陆天洋	100米		1		—
	陶吕杰	1500米		1		—
		跳高		1		—
	葛行舟	跳高	1			—
		跳远	1			—
	祁鹏飞	跳远			1	—
	沈　飞	垒球	1			—
女子甲组	郁静浩	100米	1			—
		跳远	1			—
	施吟竹	100米		1		—
	姜珺悦	100米			1	—
	钱晓蕾	400米	1			—
		1500米		1		—
	王园园	400米			1	—
	程　佳	1500米	1			—
		400米		1		—
	王　静	1500米			1	—
	姚燚婷	跳高	1			—

续表4-54

组　别	运动员（队）	单　　项	金	银	铜	成　绩
女子甲组	戴　玥	跳远		1		—
	江琮悦	跳远			1	—
男子乙组	张　弦	300 米	1			—
		跳远		1		—
	汤哲浩	600 米		1		—
	陈宇航	跳高			1	—
	李宇杰	跳远	1			—
		50 米	1			—
	蒋宇恒	垒球	1			—
女子乙组	许　灵	50 米	1			—
		跳远	1			—
	俞沁霞	50 米			1	—
		300 米		1		—
	王雨洁	50 米		1		—
		300 米			1	—
	何佳韵	300 米	1			—
		600 米	1			—
	袁　雯	跳高		1		—
		垒球		1		—

2006年3月19—20日，无锡市田径公开赛在市体育场举行，江阴市体育学校、申港中学、成化中学、长泾中学共24名选手参赛。

2006年江阴市参加无锡市田径公开赛获前三名成绩一览

表4-55

组　别	运动员（队）	单　　项	金	银	铜	成　绩
男子组	高　铿	100 米			1	11″0
	徐明杰	400 米		1		56″3
	刘文飞	跳高			1	1.83 米
女子组	邢雪艳	100 米			1	13″0
		200 米		1		26″3
		400 米		1		59″6
	周　霞	100 米栏	1			17″1
	缪燕君	跳高		1		1.45 米
	徐惠琴	三级跳远		1		10.94 米

续表4-55

组　别	运动员（队）	单　　项	金	银	铜	成　绩
女子组	韩梦娇	三级跳远			1	10.39 米
	宋海燕	铅球	1			6.45 米
		跳远		1		4.96 米
	胡梦媛	铅球			1	5.69 米
	许美玲	100 米	1			11″8
		200 米	1			25″1
	刘　艳	铅球		1		5.76 米
		跳远			1	4.88 米

2006年11月4—5日，无锡市小学生田径比赛在市体育场举行，江阴市澄江中心小学15名运动员参赛，获团体总分第二名。

2006年江阴市参加无锡市小学生田径比赛获前三名成绩一览

表4-56

组　别	运动员（队）	单　　项	金	银	铜	成　绩
男子乙组	李宇杰	50 米	1			—
		200 米			1	—
男子丙组	陈宇航	跳高	1			—
		跳远	1			—
女子乙组	何佳韵	50 米			1	—
		200 米			1	—
	俞沁霞	400 米	1			—
		200 米		1		—
	谢梦媛	400 米		1		—
	许　灵	跳远	1			—
	袁　雯	跳远			1	—
女子丙组	陈子瑄	50 米			1	—
		跳远	1			—
	陈亦聪	跳远		1		—

2007年11月3—4日，无锡市小学生田径比赛在市体育中心举行，江阴市祝塘中心小学27名选手参赛，获团体总分第二名，其中女团第一名、男团第四名。

2007年江阴市参加无锡市小学生田径比赛获前三名成绩一览

表4-57

组　别	运动员（队）	单　　项	金	银	铜	成　绩
男子组	仲志锋	100米		1		13″54
		200米		1		27″81
	李宇杰	50米	1			6″74
		跳远	1			5.43米
	祝塘中心队	4×100米接力	1			52″71
女子组	任晗琪	50米	1			7″47
		跳远	1			4.56米
	谢梦媛	100米	1			13″76
		200米	1			27″92
	沈　哲	100米			1	14″39
	刘　静	200米		1		28″99
	吴静禹	400米	1			1′04″48
		800米	1			2′37″6
	徐佳莉	50米			1	7″66
		跳高			1	1.31米

2009年9月20—24日，无锡市中小学生田径比赛在市区举行，江阴市获小学团体总分第四名（239分），初中男子第一名、女子第三名，高中男子第二名、女子第二名。

2009年江阴市参加无锡市中小学生田径比赛获前三名成绩一览

表4-58

组　别	运动员（队）	单　　项	金	银	铜	成　绩
男子甲组	张嘉豪	200米			1	28″6
	包　涵	400米	1			1′06″57
	周清园	400米			1	1′08″12
	蒋松江	跳高		1		1.30米
	江阴队	4×100米接力			1	55″77
女子甲组	朱一枝	100米		1		13″59
	章　莉	200米	1			28″6
		400米	1			1′02″58
	缪敏莉	800米		1		2′44″39
		1500米			1	5′47″17
	沈　哲	100米			1	14″1
		跳远		1		4.45米
	江阴队	4×100米接力	1			54″77

续表4-58

组别	运动员（队）	单项	金	银	铜	成绩
男子乙组	薛健	100米		1		14″23
		50米		1		7″38
	江阴队	4×100米接力		1		59″36
女子乙组	江丽	50米		1		7″63
		100米			1	14″67
	江阴队	4×100米接力			1	1′02″5
男子初中组	项梦超	100米	1			—
		200米		1		—
	严晨旭	1500米			1	—
	梁晨	200米	1			—
		400米			1	—
	陈锞	1500米	1			—
		3000米	1			—
	江阴队	4×100米接力	1			—
	李宇杰	跳远	1			—
	陆钧	跳远			1	—
		三级跳远	1			—
	谭新宇	三级跳远		1		—
		400米	1			—
女子初中组	张丽	100米		1		—
		200米			1	—
	陈丽丽	100米			1	—
	张娇娇	100米栏	1			—
	高丽	800米		1		—
		1500米		1		—
	任晗琦	跳远	1			—
	顾佳佳	跳远		1		—
男子高中组	曹健	200米			1	22″93
		400米	1			51″3
	季敬	800米			1	2′07″2
		400米		1		53″18
	孔粲	100米			1	11″13
		跳远		1		6.92米
	张浩杰	跳远			1	6.65米
		三级跳远		1		13.90米

续表4-58

组　别	运动员（队）	单　　项	金	银	铜	成　绩
男子高中组	徐佳威	铁饼			1	34.23 米
	施　健	跳高			1	1.92 米
	黄海波	110 米栏		1		15″88
女子高中组	胡梦媛	跳远		1		4.96 米
		100 米栏	1			14″79
	薛雅虹	200 米			1	27″33
		110 米栏		1		15″2
	赵玉艳	800 米		1		2′29″7
		1500 米		1		5′08″5
	宋海燕	跳远	1			4.98 米
		跳高			1	1.50 米
	徐晓艳	跳高	1			1.53 米
	翟晓洁	100 米		1		12″72
	江阴队	4×100 米接力		1		51″87

2010年11月，无锡市小学生田径比赛在市体育中心举行，共有江阴市、宜兴市、南长区、惠山区、北塘区、滨湖区、新区和崇安区8支队伍273名运动员参赛，江阴市获团体总分第三名（283分），其中甲组第一名（196分）、乙组第四名（87分）。

2010年江阴市参加无锡市小学生田径比赛获前三名成绩一览

表4-59

组　别	运动员（队）	单　　项	金	银	铜	成　绩
男子甲组	江阴队	4×100 米接力	1			55″8
	李荣烜	100 米		1		12″96
		50 米栏	1			8″35
	金之煌	50 米		1		7″21
	高　寅	50 米栏		1		8″67
	王　铭	跳远	1			4.55 米
女子甲组	许志茹	100 米			1	14″9
		50 米			1	7″44
	费雪娇	50 米栏	1			8″76
		400 米		1		1′05″0
	李　苗	400 米			1	1′05″0
		800 米		1		2′32″0
	张雨欣	50 米栏		1		8″77

续表4-58

组　别	运动员（队）	单　　项	金	银	铜	成　绩
女子甲组	张雨欣	跳远	1			4.42 米
	朱燕文	50 米栏			1	9″8
		跳远		1		4.26 米
	缪敏莉	800 米			1	2′34″61
	江阴队	4×100 米接力	1			53″12
女子乙组	王　靓	300 米	1			47″99
	江阴队	4×100 米接力			1	57″74
	龚　芬	跳高	1			1.30 米
		跳远	1			3.70 米

2011年10月29—30日，无锡市小学生田径比赛在江阴职业技术学院举行，江阴市40名运动员参赛，获团体总分第三名（256分），其中甲组第三名（148分）、乙组第三名（108分）。

2011年江阴市参加无锡市小学生田径比赛获前三名成绩一览

表4-60

组　别	运动员（队）	单　　项	金	银	铜	成　绩
男子甲组	任　磊	50 米栏	1			8″54
		跳远		1		4.53 米
	陶凌云	跳高		1		1.32 米
		跳远			1	4.43 米
女子甲组	李金玉	50 米栏	1			8″68
	殷晓婷	400 米	1			1′04″75
	龚　芬	跳高		1		1.31 米
		跳远			1	3.98 米
	冯依雯	跳远	1			4.30 米
	徐梦涵	垒球			1	41.25 米
男子乙组	李加恒	50 米	1			7″38
		跳远	1			4.43 米
	陈英杰	跳高		1		1.21 米
女子乙组	薛慧洁	50 米			1	7″8
	江阴队	4×100 米接力		1		59″34
	何知源	垒球		1		34.02 米
	张恒娇	300 米	1			50″5

2012年11月24—25日，无锡市小学生田径比赛在无锡市职业技术学院举行，江阴市获团体总分第三名（216分），其中甲组第四名（110分）、乙组第三名（106分）。

2012年江阴市参加无锡市小学生田径比赛获前三名成绩一览

表4-61

组　别	运动员（队）	单　　项	金	银	铜	成　绩
男子甲组	蒋浩南	50米栏		1		9″9
	江阴队	4×100米接力		1		55″25
	李加恒	跳远		1		4.79米
	钱文泽	三项全能			1	785分
女子甲组	薛慧洁	100米		1		14″79
	张恒娇	400米		1		1′08″3
		跳远	1			4.26米
	江阴队	4×100米接力	1			57″58
	杜　佳	50米栏	1			8″4
男子乙组	张　昆	100米		1		12″8
	张　楚	300米	1			47″27
		600米	1			1′54″73
	江阴队	4×100米接力	1			57″98
女子乙组	唐文香	50米	1			7″66
		100米	1			15″0
	江阴队	4×100米接力		1		1′01″69

2012年11月，无锡市中学生田径运动会在市区举行，来自无锡市二市七区和市学校管理中心所属学校以及市属民办学校共19个代表队1000余名运动员参加6个组别69个项目比赛，江苏省南菁高级中学获高中组男子团体总分第一名、女子团体总分第二名，其中高三（10）班张丽获高中女子200米第一名，达到国家一级运动员标准（本届运动会唯一达到国家一级运动员标准的选手），并获最佳运动员称号。

2014年10月30—31日，无锡市小学生田径比赛在东湖塘中心小学举行，江阴市云亭实验小学、峭岐实验小学参加，云亭实验小学获团体总分第一名（293分）、奖牌总数第一名（13金、5银、8铜）。

2014年江阴市参加无锡市小学生田径比赛获前三名成绩一览

表4-62

组　别	运动员（队）	单　项	金	银	铜	成　绩
男子甲组	史云恒	400 米	1			1′ 04″ 917
		1500 米			1	5′ 17″ 72
	罗骏怡	50 米栏	1			8″ 88
	段　浪	跳高	1			1.43 米
		跳远			1	4.56 米
	张钦宇	铅球			1	8.40 米
	钱云超	垒球	1			47.52 米
男子乙组	徐镇涛	50 米			1	7″ 61
		100 米		1		14″ 497
	王振东	600 米		1		1′ 54″ 741
	刘利斌	600 米	1			1′ 50″ 744
	云亭实小队	4×100 米接力			1	59″ 21
	林清润	跳高	1			1.31 米
		跳远			1	3.99 米
	张　涵	跳远	1			4.14 米
	张嘉灵	垒球			1	41.53 米
女子甲组	朱子婧	50 米		1		7″ 578
		100 米	1			14″ 15
	唐文香	400 米	1			1′ 03″ 57
		800 米	1			2′ 33″ 28
	李嘉静	800 米			1	2′ 37″ 12
	钱怡杰	跳高		1		1.25 米
	王驰宇	跳远	1			4.09 米
	陈艳艳	铅球		1		7.91 米
女子乙组	陈雯烨	50 米	1			7″ 78
	吴俐颖	100 米				14″ 907
	云亭实小队	4×100 米接力			1	1′ 01″ 749
	张紫琪	跳高		1		1.15 米
	徐　昕	跳远		1		3.87 米
	潘　嫣	垒球	1			33.97 米

2015年10月24—25日，无锡市小学生田径比赛在梅村高级中学举行，江阴市云亭实验小学和峭岐实验小学参加。

2015年江阴市参加无锡市小学生田径比赛获前三名成绩一览

表4-63

组　别	运动员（队）	单　　项	金	银	铜	成　绩
男子甲组	刘利斌	1500 米	1			5′09″6
	林清润	跳高	1			1.47 米
		跳远	1			5.45 米
	云亭实小队	4×100 米接力		1		54″69
	徐明炜	跳高			1	1.41 米
	张　涵	跳远		1		4.93 米
女子甲组	张紫琪	50 米栏	1			9″53
		跳高	1			1.43 米
	曾士萍	800 米		1		2′39″13
	沈瑀珊	跳远		1		4.38 米
女子乙组	徐炀莹	800 米			1	2′47″7
	袁嘉怡	跳高			1	1.20 米

2．游泳

1972年5月27—29日，苏州地区少年游泳选拔赛在昆山县举行，江阴县13名运动员参赛，马达良、刘国良、梅益平、周晶新4名选手入选地区代表队。

1972年江阴县参加地区少年游泳选拔赛获前三名成绩一览

表4-64

组　别	运动员（队）	单　　项	金	银	铜	成　绩
男子甲组	马达良	200 米自由泳		1		3′36″7
		400 米自由泳		1		—
女子甲组	周晶新	100 米蛙泳			1	2′19″6
男子乙组	刘国良	100 米自由泳	1			1′50″1
		100 米仰泳			1	2′13″1
	梅益平	200 米自由泳		1		4′18″0
	邵亚卫	100 米蝶泳	1			2′54″8
		200 米混合泳		1		—

1973年7月5—8日，苏州地区少年游泳比赛在昆山县举行，江阴县运动员参加，获团体总分第六名。

1973年江阴县参加地区少年游泳比赛获前三名成绩一览

表4-65

组 别	运动员（队）	单 项	金	银	铜	成 绩
男子甲组	刘国良	100 米自由泳			1	—
	潘才明	100 米混合泳			1	—
	江阴队	4×100 米自由泳		1		—
男子乙组	王振刚	100 米仰泳		1		—
		100 米自由泳		1		—
	张 磊	100 米蛙泳		1		—
女子乙组	刘美娟	100 米蛙泳		1		3′24″9

1976年，苏州地区少年游泳比赛举行，江阴县璜土中学梅益平获男子100米自由泳第一名、200米自由泳第二名，周晶新获女子100米蛙泳第一名、200米自由泳第一名。

1992年8月6—10日，无锡市小学生传统校夏令营游泳比赛在宜兴市举行，江阴市澄江中心小学运动员参加，获女子团体总分第三名，男子团体总分第四名。

1993年8月3—4日，无锡市儿童游泳比赛在市区举行，江阴市城中中心小学、澄江中心小学组成混合队参赛，祝瑞云获1981年组男子50米自由泳第一名。

2010年8月6日，无锡市小学生游泳比赛举行，江阴市辅延中心小学30余名学生参赛，获团体总分第二名。

2010年江阴市参加无锡市小学生游泳比赛获前三名成绩一览

表4-66

组 别	运动员（队）	单 项	金	银	铜	成 绩
男子甲组	檀皓举	100 米自由泳	1			1′26″74
		100 米蝶泳	1			2′04″62
		200 米混合泳	1			4′40″34
	张文翰	100 米蛙泳	1			1′53″4
	高 畅	100 米蛙泳			1	1′57″16
	袁诚啸	100 米自由泳			1	1′41″69
		100 米蝶泳			1	3′13″26
	任镇涛	100 米仰泳	1			2′09″76
		200 米混合泳			1	4′54″89
	辅延中心队	4×50 米自由泳接力	1			3′02″85
		4×50 米混合泳接力	1			3′29″68
女子甲组	谢 熙	100 米蛙泳			1	2′03″75
		100 米蝶泳		1		2′34″84
		200 米混合泳		1		4′49″42
男子乙组	张凯来	50 米自由泳	1			42″18

续表4-66

组　别	运动员（队）	单　　项	金	银	铜	成　绩
男子乙组	刘　览	50米仰泳		1		59″1
	辅延中心队	4×50米自由泳接力		1		3′31″36
女子乙组	辅延中心队	4×50米自由泳接力			1	3′49″27
		4×50米混合泳接力			1	4′04″86
女子丙组	高琦儿	50米蛙泳			1	1′10″37
	辅延中心队	4×50米自由泳接力			1	6′33″47

2012年8月，无锡市小学生游泳比赛举行，江阴市辅延中心小学运动员参加，获女子丙组4×50米自由泳接力，男子甲组4×50米自由泳接力、100米蛙泳3枚铜牌。

2014年8月，无锡市小学生游泳比赛在无锡市体育中心举行，江阴市第二实验小学代表队获团体总分第四名。

2014年江阴市参加无锡市小学生游泳比赛获前三名成绩一览

表4-67

组　别	运动员（队）	单　　项	金	银	铜	成　绩
男子乙组	胡家庆	100米自由泳			1	1′23″3
		50米仰泳			1	44″40
男子丙组	葛修宇	100米自由泳		1		1′27″37
		100米蛙泳		1		1′44″68
		50米自由泳打腿	1			45″92
		50米蛙泳蹬腿	1			54″53
	潘顾雨澄	100米蛙泳	1			1′38″24
		50米蛙泳蹬腿		1		55″5
	高博闻	50米自由泳		1		45″34
	江阴城中实小队	4×50米自由泳接力		1		3′08″0
	江阴二实小队	4×50米自由泳接力	1			2′45″76
	高睿启	100米自由泳			1	1′28″6
		50米仰泳	1			45″87
	徐辰之	50米仰泳		1		49″20
	潘启睿	50米自由泳打腿			1	51″96
女子乙组	龚添亿	100米蛙泳	1			1′43″69
		50米蛙泳	1			47″37
		50米蛙泳蹬腿		1		52″81
	陈泓帆	50米蝶泳			1	42″51
女子丙组	冯宁香	100米自由泳		1		1′41″67
	许俪轩	50米自由泳			1	48″39

2015年8月25日，无锡市小学生游泳比赛在市体育中心举行，江阴市第二实验小学代表队获团体总分第五名，江阴市城中实验小学代表队获团体总分第六名。

3．足球

1972年12月1—4日，苏州地区足球选拔赛在江阴县举行，江阴、吴县、常熟、太仓等县参赛。

1974年1月15—18日，苏州地区青少年足球选拔赛在江阴县举行，江阴县潘洪生、潘监伟、汪坤洁、潘卫星、王达良、陶立新、苏梦星、刘明生8名选手在比赛中表现突出，被选入地区足球队。

1978年5月29日—6月29日，苏州地区足球代表队在昆山县进行集训比赛，21名运动员中江阴占17名，余下为吴县、常熟各2名。

附：江阴县集训运动员名单

魏仲仪	陶立新	季江宁	潘建卫	宋庆祥	俞江明
王达良	李剑波	潘洪生	李　康	吴卫东	苏梦星
袁玉明	张林忠	巴本基	李振德	马　杰	

1979年2月4—6日，苏州地区少年足球选拔赛在昆山县举行，江阴县18名运动员参赛，获第二名。

1980年4月4—7日，苏州地区中小学生足球比赛在江阴县举行，江阴县小学代表队获第一名，江阴县12名、吴县4名、常熟县2名共18名运动员组成地区乙级足球代表队参加江苏省联赛。

1981年6月7—8日，苏州地区少年足球比赛在昆山县举行，江阴县代表队获第一名。

1982年4月24—26日，苏州地区少年足球选拔赛在江阴县举行，江阴县代表队获第一名。8月11—15日，苏州地区基层小学男子足球赛在常熟县举行，江阴县实验小学代表队获第二名。

1983年3月7—10日，无锡市少年足球选拔赛分别在市区和江阴举行，江阴县14名选手参赛。6月11—13日，无锡市中小学生足球比赛在市区举行，江阴县实验小学代表队获小学组第一名，江阴一中代表队获高中组第二名。11月22—28日，无锡市基层职工足球甲级队邀请赛在江阴县举行，江阴县纺织机械厂和红卫印染厂代表队分别获第二、三名，吴卫平、李国庆、滕忠如、徐志明、夏建军、程江6人获精神文明运动员称号。

1984年4月19—22日，无锡市“贝贝杯”足球比赛在江阴县举行，共有8所小学11队（其中女队5支）参赛，江阴县实验小学男、女代表队均获第一名，女队被评为精神文明队，徐晓宇、沙静被评为精神文明运动员。5—11月，由无锡市足球协会、无锡日报社、无锡人民广播电台联合主办的市首届“保险杯”基层职工足球赛在无锡等地举行，共有135队参赛，江阴县纺织机械厂代表队获第三名。7月20—27日，无锡市小学生“萌芽杯”足球选拔赛在市区举行，江阴县西郊中心小学女队获第一名。

1985年9月27日—10月5日，无锡市小学生男子足球比赛在江阴县举行，江阴县实验小学代表队获第一名。

1986年5月18—20日，无锡市小学生男子足球比赛在江阴县举行，江阴县实验小学代表队获第一名。11月10—11日，无锡市小学生“贝贝杯”足球比赛在市区举行，男、女第一名均为江阴县实验小学代表队。

1987年5月17—20日，无锡市小学生男子足球比赛在市区举行，江阴市实验小学代表队获第一名。

1988年5月，无锡市小学生足球赛在市区举行，江阴市实验小学男队、女队均获第一名。8月，无锡市中学生足球赛在市区举行，江阴市一中男队获第一名。是月，第二届无锡市“保险杯”基层职工足球赛举行，江阴市红卫印染厂代表队获第一名。

1989年5月27—29日，无锡市基层小学传统校足球比赛在江阴市举行，江阴市实验小学13名学生参赛。

1990年，无锡市职工足球比赛在市区举行，江阴市代表队获第一名。

1991年5月，无锡市小学生足球赛在市区举行，江阴市代表队获男子第一名。8月，无锡市中学生足球赛在江阴市举行，江阴市一中代表队获初中男子第一名，江苏省南菁中学代表队获高中男子第一名。

1992年7月8—11日，无锡市小学生传统校夏令营男子足球比赛在江阴市举行，共有5支代表队60名学生参赛，江阴市实验小学代表队获第一名。7月22日，无锡市中学生足球比赛举行，江阴市一中代表队获男子第一名。

1993年6月7—10日，无锡市小学生足球赛在市区举行，江阴市实验小学代表队获男子第三名。

1994年2月，无锡市少年乙组足球互访赛在市体育场举行，江阴市体校参赛。10月7—10日，无锡市小学生足球比赛举行，江阴市实验小学代表队获男子第一名。

1995年8月8—10日，无锡市“江南晚报杯”中学生足球赛在马山区举行，江阴市一中代表队获男子第三名。11月4—5日，无锡市儿童足球赛在市体育场举行，江阴市南闸镇南新街小学12名学生参赛，获第三名。

1997年8月12—14日，无锡市小学生足球赛在江阴市举行，江阴城中中心代表队获男子第一名。8月20—21日，无锡市中学生“江南晚报杯”足球赛举行，共有95名学生参赛，江阴市一中代表队获初、高中男子第一名。

1998年11月，无锡市小学生足球赛在市区举行，江阴市西郊中心小学代表队获男子第一名。

1999年9月10—13日，无锡市小学生足球赛在江阴市举行，有8支代表队96名学生参赛，江阴市青阳中心小学代表队获男子第一名。

2001年7月25—27日，无锡市小学生足球比赛在市区举行，江阴市体校代表队获男子第二名。7月25—28日，无锡市中学生“江南晚报可口可乐杯”足球比赛（江阴赛区）在江阴市举行，江阴市一中、市二中、澄西中学、成化高中、市中、云亭中学、征存中学、春申中学8所学校141名学生参赛。

2002年7月11—13日，无锡市小学生足球比赛在江阴市举行，江阴市实验小学代表队获男子第五名。

2003年8月14—17日，无锡市小学生足球比赛在江阴市一中举行，江阴市体校代表队获男子第一名。

2004年8月20—22日，无锡市小学生足球比赛在无锡机电高等职业技术学校举行，江阴市西郊中心小学代表队获男子第一名。

2006年7月21—23日，无锡市小学生足球比赛在市体育中心举行，江阴市青阳实验小学男队获第三名。

2007年11月3—4日，无锡市小学生足球比赛在无锡体育公园举行，江阴市青阳实验小学男队获第一名，并获体育道德风尚奖。

2008年8月4—5日，无锡市小学生足球比赛在无锡机电高等职业学校举行，江阴市青阳实验小学代表队获男子第一名，并获体育道德风尚奖。

2010年8月4—5日，无锡市小学生足球比赛在无锡机电高等职业技术学校举行，江阴市青阳实验小学代表队获男子第一名。

2012年8月，无锡市小学生足球比赛在市区举行，江阴市青阳实验小学代表队获男子第一名，实现五连冠（含2009年无锡市十运会）。

2015年5月27日，无锡市小学生校园足球比赛在市体育中心举行，江阴市山观实验小学和夏港实验小学男子足球队参加，分获第三、五名。11月8日—12月5日，无锡市青少年校园足球冠军赛在市体育中心举行，来自全市的37支男、女足球队参加，江阴市夏港实验小学代表队获小学组男子第一名，江阴市第一初级中学代表队获初中组男子第一名，江阴市第二中学代表队获高中组男、女第一名。

4. 篮球

1958年12月15日，苏州地区农民运动大会篮球比赛在苏州市举行，江阴县代表队获男子第二名。

1959年2月1日，苏州地区篮球锦标赛在苏州市举行，江阴县代表队获男子第一名，女子第三名。

1965年6月12—15日，苏州地区中学生篮球锦标赛在太仓县举行，江阴等8县中学生篮球队参赛。

1972年8月9—15日，苏州地区青少年篮球赛在太仓县举行，江阴县男、女代表队均获第八名。12月1—4日，苏州地区中学生篮球赛在昆山县举行，江阴县女队获第二名。12月15—25日，苏州地区业余篮球分区赛在沙洲县举行，江阴县女队获第一名，男队获第四名。

1973年7月1—5日，苏州地区中学生篮球赛在无锡县举行，江阴县代表队获女子第三名。

1974年4月2—5日，苏州地区职工篮球比赛在常熟县举行，江阴等县代表队参赛。11月3—8日，苏州地区小学生小篮球比赛在昆山县举行，江阴县代表队参赛。

1975年5月，苏州地区小篮球选拔赛举行，江阴县代表队获男子第四名。

1977年1月，苏州地区基层小学小篮球第一、二阶段比赛分别在昆山、吴江县举行，江阴县男、女队均获第一阶段第二名。

1978年1月19—23日，首届苏州地区知识青年篮球比赛在江阴县举行，江阴县女队获第二名。4月28日—5月2日，苏州地区篮球选拔赛在昆山县举行，江阴县男队获第四名，女队获第六名。

1979年6月5—7日，苏州地区业余体校篮球甲组选拔赛在江阴县举行，江阴县代表队获男子第二名，女子第四名。6月12—14日，苏州地区篮球乙组选拔赛在昆山县举行，江阴县男、女队均获第二名。7月17—20日，苏州地区基层小学篮球比赛在常熟县董浜镇举行，江阴县人民小学代表队获男子第四名。12月18—22日，苏州地区基层中学篮球选拔赛分别在吴县和昆山县举行，江苏省南菁中学女队获第三名。

1981年3月22—26日、4月1—4日，苏州地区少年篮球选拔赛分别在无锡县钱桥和吴县木渎举行，江阴县男队获第一名，女队获第三名。7月，苏州地区基层小学篮球比赛在昆山县石牌小学举行，江阴县实验小学女队获第三名。

1982年1月17—21日、2月7—10日，沙洲、江阴、无锡、昆山、常熟五县成年男、女篮球邀请赛分别在常熟董浜镇和昆山县举行。7月20日，苏州地区少年篮球选拔赛在昆山县举行，江阴县体校男、女队均获第二名。8月6—10日，苏州地区基层小学篮球赛在吴江县举行，江阴县璜土公社立埭小学男队、南闸中心小学女队参加。

1983年6月，无锡市职工篮球联赛在市区举行，江阴县建筑公司代表队获第二名。是年，无锡市少年篮球选拔赛在市区举行，江阴县体校男队获第三名。

1984年1月1—3日，无锡市中学生篮球赛在江阴县举行，江阴县男、女队均获第三名。5月24—26日，无锡市中学生篮球选拔赛在市区举行，江阴县中学男队、江苏省南菁中学女队均获第四名。6月25—26日，首届无锡市“工人杯”篮球比赛在市区举行，江阴县以县建筑公司为主组队参赛。7月16—18日，无锡市首届农民篮球邀请赛在无锡县钱桥乡举行，江阴县峭岐乡男子篮球队参赛。12月31日－1985年1月2日，无锡市基层中学生篮球比赛在宜兴县体育馆举行，江阴县中学男队、南闸中学女队参加。

1985年12月31日—1986年1月3日，无锡市中学生篮球比赛在宜兴县举行，江阴县代表队参赛。

1986年7月6—10日，无锡市小学生篮球比赛在江阴县举行，江阴县澄江中心小学男队获第三名，车建钢、王颖被评为精神文明运动员，江阴县杏春小学女队获第二名，并被评为精神文明运动队。

1987年5月，无锡市第六届职工运动会在市区举行，江阴市男子篮球队获第一名。

1988年3月，无锡市首届农民运动会篮球比赛在市区举行，江阴市农民男子篮球一队获冠军。5月14—17日，无锡市小学生篮球比赛在宜兴市举行，江阴市组队参赛。

1990年，无锡市农民篮球赛在市区举行，江阴市代表队获男子冠军。

1992年7月22日，无锡市中学生篮球比赛在宜兴市举行，江阴市山观中学代表队获男子第二名，陆桥中学代表队获女子第三名。8月15—16日，无锡市小学生传统校夏令营篮球比赛在市区举行，江阴市月城中心小学男队获第二名，女队获第三名。

1993年7月10—13日，无锡市小学生篮球比赛在宜兴市举行，江阴市北涸中心小学代表队获男子第三名。

1994年10月22—23日，无锡市儿童篮球比赛在市区举行，江阴市北涸中心小学男队获第一名，顾山新龚小学女队获第三名。

1995年11月15—16日，无锡市儿童篮球赛在市区举行，江阴市南闸中心小学代表队获女子第二名。

1997年7月18—19日，无锡市小学生篮球比赛在宜兴市体育馆举行，江阴市北涸中心小学代表队获男子第二名，南闸中心小学代表队获女子第一名。

1999年7月28—29日，无锡市小学生篮球比赛在宜兴市举行，江阴市华西小学男队获第一名，南闸中心小学女队获第二名。

2001年7月19—21日，无锡市小学生甲组篮球比赛在宜兴市举行，江阴市北涸中心小学男队获第二名，长泾中心小学女队获第三名。9月28—30日，无锡市小学生乙组篮球比赛在锡山市举行，江阴月城马圩小学男队获第一名，北涸赤岸小学女队获第二名。

2002年7月23—25日，无锡市小学生甲组篮球比赛在宜兴市举行，江阴市月城中心小学男队获第二名，长泾中心小学女队获第二名。7月30日—8月1日，无锡市小学生乙组篮球比赛在宜兴市举行，江阴市北涸中心小学男、女代表队均获第一名。

2003年8月5—7日，无锡市小学生甲组篮球比赛在宜兴市体育馆举行，江阴市北涸中心小学男队、长泾中心小学女队均获第二名。8月25—26日，无锡市小学生乙组篮球比赛在江阴市北涸中心小学举行，江阴市北涸中心小学代表队获男子第一名，女子第一名。

2004年8月16—18日，无锡市小学生甲组篮球比赛在宜兴市举行，江阴市北涸中心小学代表队获女子第二名，男子第三名。8月25—26日，无锡市小学生乙组篮球比赛在宜兴市举行，江阴市北涸中心小学代表队获女子第一名，男子第三名。

2005年8月19—21日，无锡市小学生篮球比赛在南长区新联小学举行，江阴市长泾中心小学女队获第一名。

2006年7月28—30日，无锡市小学生篮球比赛在市体育中心举行，江阴市顾山实验小学代表队获男子第二名，长泾实验小学代表队获女子第三名。

2007年8月24—26日，无锡市小学生篮球比赛在市体育运动学校举行，江阴市顾山实验小学男队获第三名。

2008年8月21—22日，无锡市小学生篮球比赛在无锡市体育运动学校举行，江阴市北涸中心小学女队获第一名，顾山实验小学男队获第三名。

2010年8月21—22日，无锡市小学生篮球比赛在无锡市体育运动学校举行，江阴市顾山实验小学代表队获男子第三名，北涸实验小学代表队获女子第一名。

2011年5月，无锡市小学生篮球比赛在市区举行，江阴市北涸实验小学代表队获女子第二名。

2012年10月，无锡市小学生篮球比赛在市区举行，江阴市北涸实验小学女队获第二名。

2014年6月30日—7月3日，无锡市小学生篮球比赛在市体育中心全民健身馆举行，共有18支代表队（男、女各9支）参加，江阴市实验小学代表队获男子第二名。

2015年6月3—5日，无锡市小学生篮球比赛在市体育中心全民健身馆举行，江阴市峭岐实验小学代表队参加，获女子第六名，男子第八名。

5．排球

1965年1月1—2日，苏州地区中学生排球赛在昆山县举行，江阴县23名男、女运动员参赛。

1972年6月25—28日，苏州地区少年排球选拔赛在无锡县举行，江阴县运动员徐金良、李维昌、顾秀英、高伊萍4人入选地区排球代表队参加省比赛。12月1—4日，苏州地区中学生排球选拔赛在昆山县举行，江阴县代表队获男子第二名，女子第三名，徐金良、李维昌、高伊萍、顾士萍4人参加地区排球队集训。

1975年4月8日，苏州地区中学生排球选拔比赛在昆山县举行，江阴县代表队参加。6月，苏州地区小学生排球选拔比赛在常熟县举行，江阴县24名男、女选手参赛，女队获第三名，男队获第五名。

1978年6月4—6日，苏州地区基层中学排球选拔赛在太仓县举行，江阴县长泾中学男、女队均获第二名。

1979年7月20日，苏州地区小学生排球赛在苏州市举行，江阴县长泾中心小学男、女队均获第一名。是年，苏州地区中学生排球赛举行，江阴县长泾中学代表队获男子、女子双第一。

1980年7月28日，苏州地区小学生排球赛在苏州市举行，江阴县长泾中心小学男、女代表队均获第一名。是年，江阴县长泾中学代表队参加地区中学生排球赛，获男子第一名，女子第一名。

1981年7月，苏州地区基层小学排球赛举行，江阴县长泾中心小学男队获第一名，江阴县实验小学女队获第二名。

1982年8月，苏州地区基层小学排球赛在江阴县举行，江阴县申港中心小学代表队获男子第一名，江阴县实验小学代表队获女子第三名。

1983年5月25—28日，无锡市中小学传统校排球选拔赛在宜兴县举行，江阴县长泾中学男队、江苏省南菁中学女队均获第二名，江阴县长泾中心小学男队、江阴县实验小学女队均获第三名。江阴县实验小学黄一戈、钱丽惠被选入无锡市队，于8月2—16日在宜兴县体委集训。8月

20—24日，无锡市中学生女子排球赛在宜兴县举行，江苏省南菁中学代表队获第二名。

1984年7月25—28日，无锡市中学生排球赛在无锡县天一中学举行，江阴县20名男、女运动员参赛。

1985年8月6—8日，无锡市中学生女子排球赛在市区举行，江苏省南菁中学参赛。

1986年8月6—10日，无锡市小学生排球赛在市区举行，江阴县杏春小学女队获第三名。8月21—22日，无锡市中学生排球赛在宜兴县举行，江苏省南菁中学女队获第三名。

1992年7月22日，无锡市中学生排球赛在无锡县举行，江阴市青阳中学男队、江苏省南菁中学女队均获第二名。

1993年7月24—27日，无锡市小学生排球比赛在市区举行，江阴县顾山镇省渡桥小学男、女队参赛，均获第三名。

1994年10月11—13日，无锡市小学生排球赛在市区举行，顾山镇省渡桥小学代表队获男子第一名、女子第一名。

1995年8月11日，无锡市中学生排球赛在江阴县华士中心小学举行，江阴市顾山中学男队获第一名，女队获第二名。10月27—29日，无锡市儿童排球赛在市区举行，江阴市顾山镇省渡桥小学男队获第一名，女队获第三名。

1997年7月28—31日，无锡市小学生排球赛在锡山市体育馆举行，江阴市顾山镇省渡桥小学女队获第一名。

1999年8月5—6日，无锡市小学生排球赛在锡山市举行，江阴市顾山中心小学代表队获男子第一名，女子第二名。

2001年7月9—11日，无锡市小学生排球赛在市区举行，江阴市云亭中心小学男队、华士中心小学女队参赛。

2002年7月13—15日，无锡市小学生排球赛在市区举行，江阴市云亭中心小学男队获第二名，顾山中心小学女队获第三名。

2003年7月29—30日，无锡市小学生排球赛在锡山市体育馆举行，江阴市云亭中心小学男队、顾山中心小学女队均获第一名。

2004年7月29—30日，无锡市小学生排球赛在锡山区体育馆举行，江阴市顾山中心小学男队、华士中心小学女队代表江阴市参赛。

2014年11月14—16日，无锡市小学生排球比赛在无锡育才中学举行，江阴市代表队获男子第二名，江阴市顾山实验小学代表队获女子第一名。

2015年11月，无锡市小学生排球比赛在市体育中心举行，江阴市顾山实验小学男队获第三名，江阴市云亭实验小学女队获第二名。

6．羽毛球

1974年5月6—9日，苏州地区羽毛球邀请赛在江阴县举行，江阴县羽毛球一队获男、女团体第一名，袁鸣芳、沈羞月、沈决获女子单打前三名，郁光宙、郁华宙分获男子单打第一、二名。9月，江阴县和苏州市羽毛球对抗赛在苏州市举行，江阴县代表队以4：1获胜。

1983年4月28日—5月2日，无锡市基层职工羽毛球比赛在市区举行，交通部澄西船舶修造厂代表队获团体第三名。

1984年11月25—26日，无锡市第一届“无锡杯”羽毛球协作赛在江阴县举行，江阴县代表队获第三名。

1985年7月13—17日，无锡市职工羽毛球赛在江阴县举行，江阴县女队获团体第三名，交通部澄西船舶修造厂女队获团体第二名，徐亚芬获女子单打第三名。

1986年8月，无锡市职工羽毛球比赛在市区举行，江阴县男队获团体第三名。

1993年8月8—10日，无锡市“江阴杯”基层职工羽毛球比赛在江阴市举行，共有8支代表队30名运动员参赛，江阴市代表队获男子团体第一名，女子团体第二名，郁光宙获男单第一名，张荷芬获女单第一名，柳建刚、徐洪流获男子双打第一名，郁光宙、吕文清获混合双打第一名。10月8—9日，无锡市儿童羽毛球比赛在市体育馆举行，江阴市华士中心小学代表队获团体第三名。

1995年6月1—2日，无锡市少儿羽毛球比赛在市区举行，江阴市华士中心小学代表队获男子甲组团体第三名，女子甲组团体第一名，女子乙组团体第三名，夏静、唐苏莎分获女子甲组单打第二、三名。10月3—6日，无锡市首届“顾俊杯”羽毛球比赛在市区举行，江阴市华士中心小学代表队获女子甲组团体第一名，王菲、徐丽丽分获女子甲组单打第一、三名。

1996年6月29日—7月1日，无锡市小学生羽毛球比赛在市体育馆举行，江阴市华士中心小学代表队获男子甲组、女子甲组、女子乙组团体第二名，徐丽丽获女子甲组单打第二名，李俊获男子甲组单打第三名，邹微、赵晨获女子乙组双打第三名。

1997年5月23—24日，无锡市小学生羽毛球比赛在市羽毛球馆举行，江阴市华士实验学校代表队获少年乙组男子团体第一名、女子团体第二名，儿童甲组男、女团体第二名，儿童乙组男、女团体第一名，李俊获少年乙组男子单打第二名，并和赵海波获男子双打第一名，张钿获少年乙组女子单打第三名，并和姜晓红获女子双打第三名，邹微、赵维获儿童甲组女子双打第二名，刘德远获儿童乙组男子单打第二名，吴怡聘、赵静分获儿童乙组女子单打第二、三名。

1998年5月15—16日，无锡市小学生羽毛球比赛在市羽毛球馆举行，江阴市华士实验学校代表队获少年乙组男子团体第二名，李俊、赵海波分获少年乙组男单第一、三名，邹微获少年乙组女单第三名，赵希获儿童甲组女单第三名，冯雨宵获儿童乙组男单第二名，胡怡聪获儿童乙组女单第三名。

1999年7月10—11日，无锡市小学生羽毛球比赛在市区举行，江阴市华士实验学校代表队获团体总分第二名（140分），冯雨霄、花正侃获男子甲组双打第二名，赵明远、张家威和符一波、钱澄分获男子乙组双打第一、三名，赵明远并获男子乙组单打第三名，张雨丹、赵丽萍和章宁、姜文浩分获女子乙组双打第二、三名，张雨丹并获女子乙组单打第三名。

2001年5月14—16日，无锡市小学生羽毛球比赛在锡山市体育馆举行，江阴市华士实验学校代表队获团体总分第二名（131分），符一波获男子甲组单打第三名，金子和赵振获男子乙组双打第一名，金子并获单打第一名，李希蓉、李逸雯获女子乙组双打第二名，李希容并获单打第三名。

2002年5月18—19日，无锡市小学生羽毛球赛在江阴市华士实验学校举行，江阴市代表队获男子甲组、男子乙组团体第一名，女子甲组团体第三名，王波、金子获男子甲组双打第一名，单打第二、三名，花仁炳、范宇心分别获男子乙组、女子乙组单打第二名，花仁炳并和符英杰获男子乙组双打第一名。

2003年10月18—19日，无锡市小学生羽毛球比赛在锡山区举行，江阴市代表队获团体总分第三名，花仁炳获男子乙组单打第一名。

2004年5月22—23日，无锡市小学生羽毛球赛在锡山区体育馆举行，江阴市华士实验学校代表队获女子甲组团体第二名，男子乙组团体第三名，男子丙组团体第二名。

2005年7月12—13日，无锡市小学生羽毛球比赛在锡山区体育馆举行，江阴市华士实验学校、花园实验小学共18名运动员参赛，华士实验学校代表队获团体总分第二名，花园实验小学代表队获女子乙组团体第一名，李溯（华士）获男子甲组单打第二名，范佳楠（华士）获女子甲组单打第一名，高怡筠（花园）、叶怡静（花园）分别获女子乙组单打第二、三名，符英杰（华士）、赵超（华士）分别获男子公开组单打第二、三名。

2006年5月13—14日，无锡市小学生羽毛球比赛在锡山区体校综合训练馆举行，江阴市华士实验学校、花园实验小学共28名学生参赛，华士实验学校代表队获团体总分第五名（30分），花园实验小学代表队获团体总分第三名（50分），李溯（华士）获儿童乙组男单第二名，高怡筠（花园）、陈妞香（花园）分别获儿童乙组女单第二、三名。

2007年10月27—28日，无锡市小学生羽毛球比赛在市体育运动学校举行，江阴市华士实验学校、花园实验小学联队16名学生参赛，获团体总分第二名，王大　（华士）获男单第二名。

2008年7月19—20日，无锡市小学生羽毛球比赛在市蠡园中心小学举行，江阴市华士实验学校、花园实验小学联队参赛，获男子团体第一名，女子团体第二名，梁昊（花园）获男单第二名。

2010年7月19—20日，无锡市小学生羽毛球比赛在市蠡园中心小学举行，江阴市华士实验学校、花园实验小学联队参赛，获男团第一名，女团第二名，梁昊（花园）获男单第二名。

2011年4月，无锡市小学生羽毛球比赛在市区举行，江阴市花园实验小学代表队参赛，获团体总分第一名。

2012年，无锡市小学生羽毛球比赛在市区举行，江阴市花园实验小学、华士实验学校联队参加，获团体总分第一名。

2014年4月26—27日，无锡市小学生羽毛球比赛在市体育中心体育馆举行，江阴市华士实验学校、花园实验小学参赛，华士实验学校代表队获甲组男、女团体第一名、丙组女子和男子团体第二、三名，李希琼获甲组女子单打第三名，许乐怡、张依菲分获丙组女子单打第二、三名。

2015年4月29—30日，无锡市小学生羽毛球比赛在市体育中心体育馆举行，江阴市华士实验学校和花园实验小学参加，华士实验学校获团体总分第三名，其中甲组女团第二名、乙组女团第三名，花园实验小学获团体总分第五名，其中乙组女团第二名、丙组男团第三名，周博文/方兴获男子甲组双打第二名，刘嘉轩/徐歆钰、陈诗雨/蒋高矣芝分获女子甲组双打第一、二名，杨依宁获女子丙组单打第二名，钟源获男子丙组单打第三名。

7．乒乓球

1963年5月26—29日，苏州地区乒乓球比赛在昆山县举行,江阴县代表队参加。

1965年5月1—5日，苏州地区基层中小学乒乓球锦标赛在吴江县举行，江阴县代表队参加。

1966年6月4—8日，苏州地区基层中小学乒乓球选拔赛在昆山县举行，江阴县12名男、女选手参赛。

1972年12月1—4日，苏州地区少年儿童乒乓球比赛在吴江县举行，江阴县运动员蔡惠萍获少年甲组女子单打第三名。

1973年12月31日—1974年1月2日，苏州地区乒乓球比赛在无锡县举行，江阴县选手赵玉兴获少年男子单打第三名，王建白获成年男子单打第三名。

1974年12月11—15日，苏州地区少年儿童乒乓球比赛在吴江县举行，江阴县代表队参加。

1975年4月2—6日，苏州地区职工乒乓球选拔赛在吴县举行，江阴县9名运动员（女运动员4人）参赛。12月21—25日，苏州地区少年儿童乒乓球比赛在无锡县举行，江阴县有14名选手参赛。

1976年12月26日—1977年1月，苏州地区中小学生乒乓球比赛举行，江阴县代表队参赛。

1977年8月13—16日，苏州地区儿童乒乓球赛在吴县举行，江阴县代表队参加。

1983年7月25—27日，无锡市儿童乒乓球选拔赛在市区举行，江阴县代表队参赛。7月，无锡市职工乒乓球比赛在市区举行，江阴县代表队参加。

1984年3月31日—4月2日，无锡市中小学生乒乓球比赛在市区举行，江阴县选手沙静、孟俊、方心刚均获各组单打第一名。

1985年3月28—31日，无锡市中小学生乒乓球比赛在市区举行，江阴县代表队获小学女子甲组团体第三名，徐峰获中学男子甲组单打第三名。6月8日，无锡市残疾人乒乓球选拔赛在市区举行，江阴县运动员刘源荣、唐兴宝分别获小儿麻痹男单第二、三名，王文华获聋哑女单第三名。是年，无锡市乒乓球比赛举行，江阴县代表队获女子团体冠军，奖焦化杯1个。

1986年，无锡市小学生乒乓球比赛在市区举行，江阴县代表队获男子团体第三名。

1987年4月11—15日，无锡市小学生乒乓球比赛在市区举行，江阴县代表队获男、女团体第二名，倪彐峰、沙静分别获男、女单打第二名。

1988年4月5—8日，无锡市小学生乒乓球比赛在江阴市举行，江阴市代表队参加。

1990年，无锡市小学生乒乓球比赛在市区举行，江阴市代表队获团体总分第一名。

1991年，无锡市小学生乒乓球比赛在江阴市举行，江阴市代表队获男子总名次第一名，女子总名次第三名。

1992年5月9—11日，无锡市小学传统校乒乓球比赛在市区举行，江阴市月城中心小学代表队获男团第二名，女团第三名，单项金牌2枚，银牌3枚，铜牌3枚。

1993年4月24—26日，无锡市小学生乒乓球比赛在市区举行，江阴市月城、马镇、长泾中心小学联队参赛，获团体总分第二名，蒋洁、余洁获1981年组女双第二名，严玲霞、徐英获1982年组女双第三名，徐云飞、苏澄军获1983年组男双第一名，严刚峰、柔春中获1984年组男双第二名。

1995年11月8—10日，无锡市儿童乒乓球比赛在市区举行，江阴市月城中心小学18人参赛，孙婷、陆婷分别获女单第二、三名，张龙获男单第二名。

1997年10月8—10日，无锡市少儿乒乓球比赛在市体育馆举行，江阴市月城中心小学共16名男、女学生参赛，获男子甲组、女子甲组、男子乙组、女子乙组团体第三名，季春寅、孙婷分别获男子甲组、女子甲组单打第二名。

1998年10月28—30日，无锡市小学生乒乓球比赛在市区举行，江阴市月城中心小学15名选手参赛，获男子甲组团体第三名，女子甲组团体第一名，男子乙组团体第三名，女子乙组团体第三名，孙婷获女子甲组单打第一名。

1999年5月22—23日，无锡市小学生乒乓球比赛在无锡市体校乒乓房举行，江阴市月城、申港中心小学联队参赛，获女子乙组团体第三名，何晓伟获男子乙组单打第三名。

2001年4月29—30日，无锡市小学生乒乓球比赛在无锡市运动学校举行，江阴市月城、申港中心小学联队24名学生参赛，获女子甲组团体第三名，男子丙组团体第一名，女子丙组团体第一名，刘宇、钱佳星分别获男子丙组单打第一、三名，李佳心、吴梦怡分别获女子丙组单打第一、二名。

2002年5月25日，无锡市小学生乒乓球比赛在梁溪中学训练房举行，江阴市19名选手参赛，殷晓峰获男子甲组单打第三名，黄相林获男子乙组单打第三名，吕可心获女子乙组单打第二名。

2003年7月20—21日，无锡市小学生乒乓球比赛在市体育运动学校举行，江阴市29名学生参赛，获团体总分第二名，殷晓峰获男子甲组单打第三名，张自然获男子乙组单打第一名，许烨珺、吕可心分别获女子乙组单打第一、三名，尹晓铆获女子丙组单打第三名。

2004年5月24—25日，无锡市小学生乒乓球比赛在锡山区港下中心小学举行，江阴市16名选手参赛，张自然获男子甲组单打第三名。

2005年11月4—5日，无锡市小学生乒乓球比赛在洛社逸胜乒乓球俱乐部举行，江阴市实验小学、月城实验小学代表队参赛，月城实验小学代表队获总团体第二名，李佳心获公开组女单第一名。

2006年4月8—9日，无锡市小学生乒乓球比赛在无锡市体育运动学校综合训练馆举行，江阴市实验小学、月城实验小学代表队参赛，分别获团体总分第四、五名，李佳心（月城）获女子甲组单打第一名，沈至诚（江阴实小）、朱言心（江阴实小）分别获男子丙组、女子丙组单打第三名。

2007年7月7—8日，无锡市小学生乒乓球比赛在无锡彐浪中心小学举行，江阴市月城实验小学15名学生参赛，获团体总分第三名。

2008年7月10—11日，无锡市小学生乒乓球比赛在无锡彐浪中心小学体育馆举行，江阴市实验小学代表队参赛，获团体总分第一名，徐懿德、时烨阳分别获男单第一、二名。

2010年7月10—11日，无锡市小学生乒乓球比赛在无锡彐浪中心小学体育馆举行，江阴市实验小学代表队参赛，获男团第一名，女团第二名，徐懿德、时烨阳分别获男单第一、二名。11月，无锡市体育传统项目学校乒乓球比赛（初、高中组）在市体育中心训练馆举行，江阴市一中代表队获初中团体总分第一名（54分），孙语阳、王竞分别获初中男单第二、三名，程玉婷获初中女单第二名，尹晓柳获高中女单第一名，汤天宇获高中男单第二名。

2011年11月，无锡市传统项目学校乒乓球比赛在市区举行，江阴市实验小学队获团体总分第三名（127分），花园实验小学队获甲组男子、乙组女子团体第一名，江阴市一中队获初中男、女团体第一名、高中女子团体第二名，花园实小王瑞林、徐家瑞分获男子甲组、女子乙组单打第一名，陈家豪获男子甲组单打第二名，江阴市实小汪芸双获女子乙组单打第二名，江阴市一中程玉婷、朱言心分获初中女单第一、三名，黄曦明、王竞分获初中男单第二、三名，徐志航、汤天宇分获高中男单第一、三名。

2012年10月，无锡市小学体育传统项目学校乒乓球比赛在市区举行，江阴市花园实验小学代表队获总团体第一名，江阴市实验小学代表队获总团体第三名，沈志超、吴俣双分获男子甲组、女子甲组单打第一、二名，孟力培获男子乙组单打第二名，徐佳瑞、杨丽萍分获女子乙组单打第一、二名，陈贵元获女子丙组单打第一名。

2013年7月，无锡市小学生乒乓球比赛在市区举行，江阴市月城实验小学参加，获男子甲组第五名、女子乙组第四名。

2014年7月，无锡市小学生乒乓球比赛在市区举行，江阴市月城实验小学代表队获女子甲组第四名。

2015年5月，无锡市小学生乒乓球比赛在市区举行，江阴市月城实验小学代表队获男子甲组第六名。

8．棋类

1963年5月30日—6月2日，苏州地区棋类比赛在常熟县举行，江阴县代表队参加。

1965年9月28日—10月4日，苏州地区中国象棋、围棋比赛在常熟县举行，江阴县棋手参加，曹祖明获中国象棋少年组第二名，黄绍香获围棋成年组第二名，祝兴鸿获围棋少年组第二名。

1974年4月14—21日，苏州地区棋类比赛在常熟县董浜镇举行，江阴县有6名棋手参赛。

1977年4月16—20日，苏州地区职工棋类活动经验交流会在常熟县举行，江阴县代表队参加。

1978年3月28日—4月3日，苏州地区棋类选拔赛在常熟县举行，江阴县棋手刘国权获中国象棋第三名。

1981年4月，苏州地区棋类选拔赛举行，江阴县运动员闻银良获中国象棋少年组第一名，武维龙获成年组第三名；王坚获围棋少年组第一名，王炳才获成年组第二名；陈惠明获国际象棋成年组第二名。

1982年3月，苏州地区棋类比赛在常熟县举行，江阴县围棋选手王炳才获男子成年组第二名，王坚获男子少年组第一名，沙江敏获女子儿童组第二名。

1984年7月1—10日、7月12—17日，无锡市职工、少年儿童棋类比赛在市区分别举行，江阴县棋手王坚、沈志健2人入选无锡市队。

1984年江阴县参加无锡市棋类比赛获前三名成绩一览

表4-68

组　别	运动员	单　项	金	银	铜
女子儿童组	沙敏江	围　　棋			1
男子儿童组	尤　中	国际象棋	1		
男子少年组	王　坚	围　　棋	1		
	郑文煜	国际象棋			1
	陆逢镰	中国象棋			1
女子少年组	沈志健	国际象棋	1		
女子成年组	陈　虹	中国象棋			1
	姚苑茹	国际象棋			1

1985年1月27日，无锡市少儿棋类比赛在市区举行，江阴县选手方政获中国象棋男子儿童组第一名，其妹方蓉获女子第三名；尤中、陈栋辉、顾上杲获国际象棋男子少年组前三名。

1985年6月17—20日，无锡市少儿棋类比赛在市区举行，江阴县有20名棋手参赛，获围棋团体第一名，陆逢镰、沈志健入选无锡市队。

1985年江阴县参加无锡市棋类比赛获前三名成绩一览

表4-69

组别	运动员	单项	金	银	铜
男子儿童组	方 政	中国象棋	1		
男子少年组	陆逢镰	中国象棋		1	
	杨志冰	围 棋	1		
	王 勇	围 棋		1	
	夏 建	国际象棋	1		
	尤 中	国际象棋		1	
	陈栋辉	国际象棋			1
女子少年组	沈志健	国际象棋	1		
	尤 嘉	国际象棋		1	
	耿 焱	国际象棋			1

1986年11月11—14日，无锡市小学生棋类比赛在市区举行，江阴县有12名男、女学生参赛，获中国象棋团体第二名， 国际象棋团体第三名，尤中获国际象棋男子第一名，方政获中国象棋男子第三名。

1987年7月17—20日，无锡市小学生棋类比赛在市体育馆举行，江阴市代表队参赛。

1988年7月22—27日，无锡市小学生棋类比赛在市郊区举行，江阴市有12名棋手参赛。

1991年5月，无锡市小学生棋类比赛在市区举行，江阴市代表队获中国象棋男子团体、围棋女子甲组团体第一名，谢剑、唐菲茵、邹哲分别获中国象棋男子乙组、女子乙组、男子丙组第一名。

1992年5月23—25日，无锡市少儿中国象棋比赛在江阴市月城镇举行，江阴市月城、华士中心小学代表队参赛，月城中心小学代表队获少年组男团第一名，个人2枚金牌，1枚银牌，1枚铜牌。

1993年4月24—26日，无锡市小学生棋类比赛在市区举行，江阴市月城中心小学代表队获中国象棋团体第一名，华士中心小学代表队获围棋团体第二名，邹哲（月城）、殷海涛（月城）分别获中国象棋男子第一、二名，张翼（华士）获围棋男子第三名。

1994年6月4—7日，无锡市儿童中国象棋比赛在市区举行，江阴市月城、华士、璜塘3所中心小学联队参赛，获团体第一名，邹哲（月城）、殷海涛（月城）分别获男子第二、三名，陈洁（华士）获女子第三名。11月29日—12月1日，无锡市第四届“协作杯”象、围棋友谊赛在江阴市举行，江阴市二队获中国象棋、围棋团体第二名，杨本法获中国象棋第二名，许志泉获围棋第二名。

1995年5月13—14日，无锡市“江南晚报杯”儿童棋类比赛在无锡市棋院举行，江阴市月城、璜塘中心小学共8名学生参赛，获中国象棋团体第三名，黄芳、陈钦分别获中国象棋女子A组、男子B组第一名，陶蓉获国际象棋女子B组第二名。

1997年11月28—30日，无锡市1997年“红星杯”中国象棋、围棋锦标赛在江阴市教育培训中心举行，共有17支代表队110名棋手参赛，江阴市红星围棋队获团体第二名，王炳才获个人第二名。

1998年6月6—7日，无锡市“江南晚报杯”小学生棋类比赛在无锡市棋院举行，江阴市有15名棋手参赛，分别获中国象棋、围棋团体第二、三名，倪文获中国象棋男子第三名，梅琳、汤莉莉分获中国象棋女子第二、三名，张晓楠获国际象棋男子第二名。12月29—31日，无锡市

1998年“红星杯”象棋、围棋锦标赛在江阴棋院举行，共16队87名棋手参赛，江阴市代表队、红星集团公司代表队参赛。

1999年5月16—17日，无锡市“无锡日报杯”小学生棋类比赛在市棋院举行，江阴市代表队获中国象棋男、女团体第一名和围棋女团第二名，倪文、梅琳分别获中国象棋男、女第一名，王彦获国际象棋男子第二名，李系能、赵越分获围棋女子第一、三名。是年，无锡市八运会老年人棋类比赛在市区举行，江阴市棋手赵汝能获中国象棋男子第二名，赵杰获围棋男子第一名。

2001年3月20—26日，无锡市“红星杯”围棋邀请赛在市棋院举行，共有16支代表队48名棋手参赛，江阴市由李岱春领衔的红星队获团体第一名。4月21—22日，无锡市小学生棋类比赛在市区举行，江阴市棋院、月城中心小学共16名棋手参赛，获中国象棋团体第一名和围棋团体第二名，国际象棋团体第三名，任佳静、倪文分别获中国象棋女子、男子第一、二名，艾诗颖获围棋女子第二名，吕伦、张海仙分别获国际象棋男子、女子第二名。

2002年4月20—21日，无锡市小学生棋类比赛在无锡南洋国际学校举行，江阴市有7所小学78名棋手参赛，文林中心小学队获中国象棋女团、男团第一、第二名，江阴实验小学队获围棋女团第二名，王蔚（文林）获中国象棋女子第一名，叶筱梅（江阴实小）获围棋女子第二名，郑榛（江阴实小）获国际象棋男子第三名。

2003年8月2—3日，无锡市小学生棋类比赛在无锡南洋国际学校举行，江阴市月城中心小学代表队获中国象棋女团第三名，江阴市实验小学代表队获围棋女团第三名，澄江中心小学代表队获国际象棋男团第三名，姜婷（月城）、张烨涵（辅延）分别获中国象棋女子第一、二名，郑杨（月城）获男子第二名，倪文（月城）、任佳静（月城）分别获男、女子增补组第一名，陈启新（澄江）获女子增补组第二名；叶筱梅（江阴实小）获围棋女子第三名，张晓韬获男子增补组第三名；陈乃馨（虹桥）获国际象棋女子第一名，吕伦（澄江）获男子增补组第一名。

2004年4月17—18日，无锡市小学生棋类比赛在南洋国际学校举行，江阴市24名小学生参赛，获中国象棋男、女团体第一名，围棋男、女团体第三名，国际象棋女团第三名，姜婷获中国象棋女子第一名。

2007年11月24—25日，无锡市小学生棋类比赛在无锡市稻香实验小学举行，江阴市共有7所小学62名学生参赛，江阴市实验小学队获中国象棋男、女团体第一名，城中中心小学队获中国象棋男团第二名、女团第三名，月城实验小学队获中国象棋女团第二名，新桥中心小学队获国际象棋女团第一名、男团第二名，毛仁杰（江阴实小）获中国象棋男子第三名，朱言心（江阴实小）、姜婷（月城实小）、顾羽乔（城中中心）获中国象棋女子前三名，徐滋龄（新桥中心）获国际象棋女子第一名。

2008年10月，无锡市小学生业余围棋升段赛在市区举行，江阴市华士实验小学王煜杰连战连胜，获围棋业余4段称号，二年级学生王泽辰、胡志超、王何均为8岁，获2段称号。

2009年，第六届锡山区“三建杯”中国象棋邀请赛举行，江阴市代表队获团体第一名，雷明获个人第三名。

2012年5月，无锡市少儿棋类比赛在市区举行，江阴市城中实验小学代表队获中国象棋女子甲组团体第一名，张心怡获个人第一名。

2014年7月3—4日，无锡市小学生棋类比赛在无锡东北塘实验小学举行，江阴市实验小学和城中实验小学代表队分获中国象棋甲组、乙组男、女团体第一名，邓俊熹、叶子钧分获男子甲组第一、三名，李泽瀚、薛人玮分获男子乙组第二、三名，任柔匀获女子甲组第三名，吴雨桐、李翔宇分获女子乙组第一、二名；江阴新桥中心小学代表队获国际象棋乙组、甲组男子团体第二、三名，张蓝天获女子乙组第三名；江阴花园实验小学代表队获国际跳棋乙组、甲组男、女团体第一、二名，孙铭、杨浩颖、戚佳明获男子甲组前三名，王珂、汪唯、薛梓岳获男子乙组前三名，王清圆获女子乙组第二名。

2015年5月16—17日，无锡市小学生象棋比赛在东北塘实验小学举行，江阴市实验小学、城中实验小学、月城实验小学、长泾实验小学参加，月城实验小学获团体总分第二名，江阴实验小学获团体总分第三名，叶子钧（江阴实小）、沈宇阳（江阴实小）分获男子甲组第一、二名，任柔匀（月城）、徐纯钰（月城）分获女子甲组第二、三名，徐理（城中）、吴雨桐（城中）分获男、女子乙组组第二名，杨又泽（城中）、华科程（月城）分获男子丙组第一、三名。

9．武术

1935年9月，民国江苏省第四届运动会二区选拔赛在无锡举行，江阴县武术运动员徐曾望小尖拳得90分，孙廷骧孩儿棍得92分，均获第一名。

1973年4月10—14日，苏州地区武术表演在常熟县举行，江阴县运动员顾鹤鸣、贺彐圣、陈惠君、金承宜4人参加，贺彐圣的枪术，顾鹤鸣、陈惠君的对练、双匕首获好评。

1976年9月1—5日，苏州地区中小学生武术比赛在无锡县举行，江阴县代表队参赛。

1977年8月29日—9月1日，苏州地区少年武术比赛在吴县举行，江阴县12名选手（以华西大队为主）参赛，获团体第一名，施荣华获少年男子全能第一名，张菊英获少年女子全能第一名。

1978年4月22—23日，苏州地区少年武术选拔赛在无锡县举行，江阴县选手张菊英获女子乙组全能第一名，吴素琴和瞿芬英并立第二名，何建乐、朱志华分别获男、女子甲组组全能第二名。朱志华、张菊英、瞿芬英、吴素琴、赵富祥5人入选地区武术队。

1979年7月27—30日，苏州地区少儿武术选拔赛在太仓县举行，江阴县有6名选手参赛，张菊英获女子乙组全能第一名，吴素琴和瞿芬英并列第二名，赵富祥获男子乙组全能第一名，何建东获男子甲组全能第二名。

1980年8月27日—9月1日，苏州地区少儿武术选拔赛在扬州市举行，江阴县有12名男、女选手参赛，共获8枚金牌，10枚银牌，4枚铜牌。赵富祥、章翊东、黄鸣峰、周建玉、吴素琴、刘萍、路灵7人入选地区少儿武术队。

1980年江阴县参加地区少儿武术选拔赛获前三名成绩一览

表4-70

组　别	运动员	单　项	金	银	铜	成绩（分）
男子少年组	赵富祥	自选拳	1			—
		短兵器	1			—
		传统单练	1			—
		长兵器	1			—
		全能	1			—
	章翊东	传统单练		1		—
		长兵器			1	—
		短兵器		1		—

续表4-70

组　别	运动员	单　项	金	银	铜	成绩（分）
女子少年组	黄鸣峰 黄鸣峰	自选拳	1			—
		短兵器		1		—
		传统单练	1			—
		长兵器			1	—
		全　能		1		—
	周建玉	长兵器		1		—
		全　能		1		—
		短兵器			1	—
		传统单练			1	—
	吴素琴	自选拳		1		—
		传统单练		1		—
	计丽虹	传统单练			1	—
男子儿童组	徐坚强	全　能		1		—
女子儿童组	刘　萍	全　能	1			—
	路　灵	全　能		1		—

1981年7月31日—8月1日，苏州地区武术选拔赛在江阴县举行，江阴运动员陈晓云、章翊东、周建玉、王峰分别获女子儿童、男子少年、女子少年、男子成年组总分第一名，黄鸣峰、路灵分获女子少年组总分第二、三名，赵敏芳获女子成年组总分第二名。章翊东、周建玉、黄鸣峰、路灵、陈晓云、王峰、赵敏芳7人入选地区武术队。

1982年8月1—2日，苏州地区武术比赛在太仓县举行，江阴县共有12名男、女选手参赛。

1982年江阴县参加地区武术比赛获前三名成绩一览

表4-71

组　别	运动员	单　项	金	银	铜	成绩（分）
男子儿童组	沈　震	长　拳			1	6.83
		短兵器			1	7.00
男子少年组	章翊东	长　拳			1	7.66
		传统单练	1			7.80
		短兵器		1		7.86
		长兵器		1		7.66
		传统对练			1	7.60
女子少年组	周建玉	长　拳	1			7.66
		短兵器	1			7.80
		长兵器	1			7.90
		传统单练	1			7.76
		传统对练			1	7.60

续表4-71

组　别	运动员	单　项	金	银	铜	成绩（分）
	黄鸣峰	长　拳	1			7.66
		短兵器		1		7.76
		长兵器		1		7.60
		传统单练		1		7.70
	路　灵	长　拳			1	7.46
		长兵器			1	7.33
	刘　萍	短兵器			1	7.60
		传统单练			1	7.53
男子成年组	王　峰	传统单练	1			7.66
		短兵器		1		7.70
女子成年组	张菊英	长　拳	1			8.10
		短兵器	1			8.10
		长兵器	1			8.13
		传统单练	1			7.80
	赵敏芳	长兵器		1		7.40
		传统单练		1		7.60
		长　拳			1	7.50
		短兵器			1	7.50

1983年2月19—20日，无锡市春节武术表演在市区举行，江阴县体校武术队参演，有集体初级拳、二路少林、三人棍及个人双圈、剑术、螳螂拳、九节鞭等42个项目。6月18—19日，无锡市少儿武术选拔赛在市区举行，江阴县有11名选手参赛，其中沈震、吴卫东、徐坚强、章翊东、陈晓云、刘萍、赵敏芳、黄鸣峰8人入选无锡市武术队。

1984年5月19—20日，无锡市少儿武术选拔赛在市区举行，江阴县有16名运动员参赛，沈震、章翊东、张兆惠、陈晓云、刘萍、黄鸣峰、孙春雷、蒋丽君8人入选无锡市武术队。

1985年6月15—16日、8月10—11日，无锡市武术比赛和武术观摩交流大会在市区分别举行，江阴县武术队参加。

1996年11月1日，无锡市小学生武术比赛在市区举行，江阴市辅延小学代表队参赛。

1998年9月24日，无锡市武术比赛暨中日武术交流赛在市区举行，江阴市辅延小学9名学生参赛，汪洋获男子儿童组刀第二名，成江龙、张鹏飞并列拳第三名。

1999年8月27—28日，无锡市小学生武术比赛在宜兴市举行，江阴市要塞中心小学、辅延小学联队参赛，获甲组第三名，乙组第三名，总名次第三名，成江龙获男子甲组全能、五步拳第三名，张小舟获男子乙组全能、五步拳第一、二名，顾鹏飞获男子乙组全能第二名。

2001年8月23—24日，无锡市武术比赛在无锡市运动学校举行，江阴市辅延小学参赛，获团体总分第二名。

2001年江阴市参加无锡市小学生武术比赛获前三名成绩一览

表4-72

组　别	运动员	单　项	金	银	铜	成绩（分）
男子儿童甲组	张小舟	规定拳			1	8.35
		短兵器			1	8.01
女子儿童甲组	沙雅蓓	短兵器		1		8.40
男子儿童乙组	吴振华	规定拳	1			8.10
女子儿童乙组	杨　炎	全能		1		15.20
		规定拳			1	8.20

2002年8月7—8日，无锡市小学生武术比赛在梁溪中学训练房举行，江阴市要塞中心小学和辅延小学联队共17名选手参赛，获团体总分第二名（93分）。

2002年江阴市参加无锡市小学生武术比赛获前三名成绩一览

表4-73

组　别	运动员	单　项	金	银	铜	成绩（分）
男子儿童甲组	张小舟	规定拳		1		8.43
		短兵器		1		8.46
		全能			1	26.64
女子儿童甲组	沙雅蓓	规定拳			1	8.42
		全能		1		26.39
	首依真	短兵器			1	8.26
男子儿童乙组	何梓旭	全能			1	16.81
	吴振华	规定拳	1			8.10

2003年11月1—2日，无锡市小学生武术比赛在江阴市要塞中心小学举行，江阴市要塞中心小学和辅延小学20名学生参赛，获团体总分第二名（161分）。

2003年江阴市参加无锡市小学生武术比赛获前三名成绩一览

表4-74

组　别	运动员	单　项	金	银	铜	成绩（分）
女子儿童甲组	杨　焱	规定拳	1			8.45
		短兵器	1			8.26
		全能	1			25.42
	管　丽	规定拳		1		8.35
		全能			1	23.04
男子儿童乙组	吴振华	规定拳	1			8.16
男子儿童丙组	陈　辰	规定拳		1		7.69
		全能			1	9.40
	周　阳	规定拳			1	7.58
		全能		1		10.20

2004年10月29—30日，无锡市小学生武术比赛在锡山区体育馆举行，要塞中心小学、辅延小学20名学生参赛。

2004年江阴市参加无锡市小学生武术比赛获前三名成绩一览

表4-75

组　别	运动员	单　项	金	银	铜	成绩（分）
男子儿童甲组	吴振华	全能	1			19.36
		短兵器	1			8.38
		规定拳		1		8.32
女子儿童甲组	管　丽	全能			1	18.63
		规定拳			1	8.03
		短兵器			1	7.85
男子儿童乙组	刘济海	全能		1		19.01
		短兵器	1			8.30
女子儿童乙组	陈倩云	短兵器		1		7.85
男子儿童丙组	沈鹏涛	全能			1	11.82
女子儿童丙组	赵　羽	全能			1	11.71

2005年11月25—27日，无锡市小学生武术比赛在无锡市体育运动学校武术训练房举行，江阴市要塞实验小学、辅延小学参赛，分别获团体总分第二、三名。

2005年江阴市参加无锡市小学生武术比赛获前三名成绩一览

表4-76

组　别	运动员	单　项	金	银	铜	成绩（分）
男子公开组	刘济海	全能		1		—
		拳　术		1		—
		长器械	1			—
	何梓旭	全能			1	—
		拳　术			1	—
		长器械		1		—
男子儿童甲组	周　阳	全能		1		—
		规定拳		1		—
		短器械		1		—
	江文斌	全能			1	—
		短器械			1	—
女子儿童甲组	江文静	全能			1	—
	潘文艺	规定拳		1		—
		拳　术	1			—
		短器械		1		—

续表4-76

组 别	运动员	单 项	金	银	铜	成绩（分）
男子儿童乙组	高叶栋	全能		1		—
		初级长拳			1	—
	王熙华	全能			1	—
	方家浩	规定拳			1	—
女子儿童乙组	奚徐娜	全能	1			—
		初级长拳			1	—
	周靳怡	全能		1		—
		初级长拳	1			—
		规定拳	1			—

2008年11月15日，无锡市小学生武术比赛在无锡市运动学校综合训练馆举行，江阴市要塞实验小学武术队参赛，获团体总分第三名（148分）。

2008年江阴市参加无锡市小学生武术比赛获前三名成绩一览

表4-77

组 别	运动员	单 项	金	银	铜	成绩（分）
男子儿童甲组	孙锦华	长 拳		1		8.23
		刀 术		1		8.11
		棍 术			1	8.0
女子儿童甲组	周靳怡	长 拳		1		8.03
		剑 术	1			8.03
男子儿童乙组	薛煜殿	刀 术		1		8.0
	薛煜辉	剑 术		1		7.73
女子儿童乙组	罗怡倩	剑 术	1			8.13
	周淳远	剑 术		1		7.95
	周舒玥	规定拳		1		8.03
		刀 术		1		8.06

2009年7月18—19日，无锡市小学生武术比赛在锡山区安镇实验小学举行，江阴市20名学生参赛，获团体总分第二名（159.8分）。

2009年江阴市参加无锡市小学生武术比赛获前三名成绩一览

表4-78

组　别	运动员	单　项	金	银	铜	成绩（分）
女子儿童甲组	周靳怡	长　拳		1		8.23
		剑枪小全能		1		16.76
	奚徐娜	长　拳			1	8.01
男子儿童甲组	潘羽成	长　拳			1	8.18
女子儿童乙组	周舒玥	刀棍小全能	1			16.42
		规定拳			1	8.20
	罗怡倩	剑枪小全能	1			15.79
男子儿童乙组	薛煜辉	规定拳			1	8.06
		剑枪小全能	1			16.36
	薛煜殿	刀棍小全能			1	16.09
女子儿童丙组	季紫竹	规定拳			1	7.50
	王娅吉	短兵器		1		7.90
	袁　理	短兵器			1	7.80
男子儿童丙组	全乐平	短兵器			1	7.83

2010年9月11—12日，无锡市小学生武术比赛在无锡市喜洋洋运动健身馆举行，以要塞实验小学为主的江阴市代表队获团体总分第一名（255.5分）。

2010年江阴市参加无锡市小学生武术比赛获前三名成绩一览

表4-79

组　别	运动员	单　项	金	银	铜	成绩（分）
男子儿童甲组	孙锦华	长拳			1	8.10
		刀棍小全能	1			16.54
	邹元熹	枪剑小全能		1		16.09
女子儿童甲组	周靳恬	长拳	1			8.15
		枪剑小全能		1		16.27
	高　玎	枪剑小全能			1	15.93
男子儿童乙组	薛煜辉	规定拳	1			8.15
		枪剑小全能		1		16.26
	徐书含	枪剑小全能	1			16.46
女子儿童乙组	周舒玥	规定拳	1			8.25
		刀棍小全能	1			16.58
	罗怡倩	规定拳		1		8.11
		枪剑小全能			1	15.88
	王娅吉	规定拳			1	8.05
		刀棍小全能			1	15.87

表4-79

组　别	运动员	单　项	金	银	铜	成绩（分）
男子儿童丙组	全乐平	规定拳		1		7.81
		刀术	1			8.01
	陆锦仪	刀术		1		7.95
女子儿童丙组	季紫竹	规定拳			1	7.85
		剑术		1		7.90

2010年11月15—16日，无锡市小学生武术比赛在无锡运动学校综合训练馆举行，江阴市要塞实验小学参赛，孙锦华获儿童男子甲组长拳、刀术第二名，周靳怡获儿童女子甲组长拳、剑术第二名。

2011年10月，无锡市小学生武术比赛在市区举行，江阴市要塞实验小学代表队获团体总分第三名，薛煜辉、徐书含分别获男子甲组规定拳、剑枪小全能第三名，朱凌轩获男子乙组剑枪小全能第三名，季紫竹获女子乙组刀棍小全能第三名。

2012年11月，无锡市小学生武术比赛在市区举行，江阴市要塞实验小学代表队参赛，获团体总分第三名。

2012年江阴市参加无锡市小学生武术比赛获前三名成绩一览

表4-80

组　别	运动员	单　项	金	银	铜	成绩（分）
男子儿童甲组	薛煜辉	剑　术		1		—
		枪　术		1		—
女子儿童甲组	周淳远	剑　术		1		—
		枪　术		1		—
	罗怡倩	长　拳		1		—
		刀　术	1			—
		棍　术	1			—
男子儿童乙组	童子洲	刀　术			1	—
		棍　术			1	—
	全乐平	刀　术		1		—
		棍　术		1		—
女子儿童乙组	季紫竹	刀　术			1	—
		棍　术			1	—
男子儿童丙组	徐豪男	剑　术	1			—
		枪　术	1			—

2013年9月2日，无锡市小学生武术（套路）比赛在市区举行，江阴市要塞实验小学武术队参加，获团体总分第四名，张东健、徐豪男分获男子儿童丙组规定拳、剑术第二名，季紫竹获

女子儿童甲组刀棍小全能第三名。

10．举重

1935年9月，民国第四届省运会二区选拔赛在无锡社桥省立教育学院举行，江阴县南闸乡吴家埭顾玉才参赛，获举重轻量级第一名。

注：为总成绩名次，下同。

1983年12月3日，无锡市青少年举重比赛在市区举行，江阴县代表队参赛。

1984年11月8—9日，无锡市青少年举重比赛在市区举行，江阴县代表队参加

1990年4月，无锡市青少年举重比赛在市区举行，江阴市代表队获团体总分第三名，林慧获男子少年组40公斤级第一名，朱冠军获男子少年组56公斤级第一名。

1991年4月3—5日，无锡市青少年举重比赛在宜兴市举行，江阴市代表队获团体总分第一名，居红卫、刘达、陶立坚分别获男子乙组40、52、56公斤级第一名。

1992年4月2—3日，无锡市青少年举重比赛在市区举行，江阴市体校代表队参赛，获团体总分第二名，林慧、刘达、陶立坚分别获男子乙组52、56、60公斤级第一名，杨小萍获女子乙组52公斤级第一名。

1993年4月2—3日，无锡市青少年举重比赛在市区举行，江阴市体校代表队参赛，获团体总分第二名。

1993年江阴市参加无锡市青少年举重比赛获前三名成绩一览

表4-81

组　别	运动员	单　项	金	银	铜	备　注
男子甲组	秦建华	59 公斤级	1			
	林　慧	70 公斤级	1			
	王春敏	70 公斤级		1		
女子甲组	杨小萍	54 公斤级	1			
	王新艳	70 公斤级	1			
男子乙组	居红卫	50 公斤级	1			
	刘　达	59 公斤级	1			
	承海鸿	64 公斤级	1			
女子乙组	徐春凤	50 公斤级		1		
	徐　敏	64 公斤级		1		

1994年3月15—16日，无锡市青少年举重比赛在市区举行，江阴市体校代表队参赛，获团体总分第一名。

1994年江阴市参加无锡市青少年举重比赛获前三名成绩一览

表4-82

组别	运动员	单项	金	银	铜	备注
男子甲组	秦建华	59公斤级	1			
	林慧	83公斤级	1			
	承海鸿	70公斤级	1			
男子乙组	刘达	59公斤级		1		
	居红卫	50公斤级	1			
	李峰	54公斤级			1	
	薛建刚	54公斤级	1			
	陈方义	54公斤级		1		
女子甲组	杨小萍	64公斤级	1			
	王新艳	76公斤级	1			
	徐敏	70公斤级	1			
女子乙组	徐春凤	54公斤级	1			

1995年4月6—7日，无锡市青少年举重比赛在市区举行，江阴市体校14名选手参赛，获团体总分第一名。

1995年江阴市参加无锡市青少年举重比赛获前三名成绩一览

表4-83

组别	运动员	单项	金	银	铜	备注
女子乙组	周丽萍	46公斤级	1			
	华娣	50公斤级			1	
	薛瑜	59公斤级	1			
	徐春凤	64公斤级	1			
女子甲组	杨小萍	64公斤级	1			
	徐敏	70公斤级		1		
	王新艳	70公斤级	1			
男子乙组	朱振宇	54公斤级	1			
	朱海奇	64公斤级		1		
	李峰	59公斤级	1			
男子甲组	刘达	64公斤级	1			
	承海鸿	70公斤级	1			
	薛建刚	54公斤级	1			
男子青年组	林慧	83公斤级		1		

1996年3月24—26日，无锡市青少年举重比赛在无锡市区举行，江阴市体校14名选手参赛，获团体总分第一名（94分）。

1996年江阴市参加无锡市青少年举重比赛获前三名成绩一览

表4-84

组　别	运动员	单　项	金	银	铜	备　注
女子乙组	华　娣	54 公斤级		1		
	薛　瑜	59 公斤级		1		
女子甲组	徐春凤	64 公斤级	1			
男子乙组	曹正军	54 公斤级	1			
	陈　荣	59 公斤级	1			
	朱振宇	64 公斤级	1			
男子甲组	李　峰	64 公斤级	1			
	朱海奇	70 公斤级	1			
	承海鸿	76 公斤级	1			
女子青年组	王新艳	76 公斤级	1			
	杨小萍	70 公斤级	1			
男子青年组	林　慧	91 公斤级	1			
	刘　达	64 公斤级	1			
	薛建刚	59 公斤级	1			

1997年3月27—28日，无锡市青少年举重比赛在梁溪中学举行，江阴市体校14名选手参赛，获团体总分第一名（94分）。

1997年江阴市参加无锡市青少年举重比赛获前三名成绩一览

表4-85

组　别	运动员	单　项	金	银	铜	备　注
女子甲组	薛　瑜	59 公斤级	1			
男子乙组	李　杰	50 公斤级		1		
	李维强	70 公斤级	1			
男子甲组	龚文俊	59 公斤级		1		
	陈　荣	64 公斤级	1			
	朱振宇	64 公斤级		1		
女子乙组	那小艳	54 公斤级		1		
女子青年组	杨小萍	70 公斤级	1			破无锡市挺举、总成绩纪录
	徐　敏	70 公斤级		1		
	王新艳	76 公斤级	1			
男子青年组	刘　达	64 公斤级	1			
	李　峰	70 公斤级	1			
	承海鸿	76 公斤级	1			

附：

江阴澄江中心小学五年级学生张志诚（12岁）参加少年乙组男子（15—16岁）70公斤级比赛，获抓举（57.5公斤）、挺举（80公斤）2枚金牌。

1998年3月27—28日，无锡市青少年举重比赛在梁溪中学举行，共有51名选手参赛，江阴市体校获团体总分第二名（129分）。

1998年江阴市参加无锡市青少年举重比赛获前三名成绩一览

表4-86

组别	运动员	单项	金	银	铜	备注
女子乙组	邬黛菊	42公斤级	1			
	那小艳	59公斤级	1			
男子乙组	李杰（小）	46公斤级	1			
	江士强	50公斤级		1		
	李杰（大）	59公斤级		1		
	张志诚	76公斤级	1			
	李维强	83公斤级	1			
女子甲组	华　娣	59公斤级		1		
男子甲组	陈　荣	70公斤级	1			
男子甲组	曹正军	70公斤级		1		
	朱振宇	76公斤级	1			
女子青年组	徐春凤	70公斤级	1			
男子青年组	刘　达	70公斤级	1			
	李　峰	76公斤级	1			
	承海鸿	83公斤级	1			

1999年3月27—28日，无锡市青少年举重比赛在无锡体育中心举行，江阴市体校17名选手参赛。

1999年江阴市参加无锡市青少年举重比赛获前三名成绩一览

表4-87

组别	运动员	单项	金	银	铜	备注
女子乙组	郁　娇	44公斤级	1			
	朱　虹	44公斤级		1		
	邬黛菊	48公斤级		1		
男子乙组	李杰（小）	47公斤级		1		
	张　煜	47公斤级			1	
	顾科达	56公斤级			1	
	江士强	62公斤级			1	
	尚　伟	56公斤级		1		

续表4-87

组　别	运动员	单　项	金	银	铜	备　注
	李杰（大）	69 公斤级		1		
	张志诚	85 公斤级		1		
男子甲组	李维强	85 公斤级	1			
女子青年组	徐春凤	69 公斤级	1			
男子青年组	朱振宇	77 公斤级	1			

2001年3月10—11日，无锡市青少年举重比赛在市区举行，江阴市体校14名选手参赛。

2001年江阴市参加无锡市青少年举重比赛获前三名成绩一览

表4-88

组　别	运动员	单　项	金	银	铜	备　注
女子乙组	沈　霄	48 公斤级	1			
	朱　虹	53 公斤级	1			
	邬黛菊	58 公斤级		1		
	顾　阳	69_{+}公斤级	1			
男子乙组	李杰（小）	62 公斤级	1			
	江士强	77 公斤级			1	
	李杰（大）	77 公斤级		1		3 破无锡市纪录
男子青年组	陈　荣	77 公斤级	1			3 破无锡市纪录

2002年4月27—28日，无锡市青少年举重比赛在市体育中心举行，江阴市体校21名运动员参赛。

2002年江阴市参加无锡市青少年举重比赛获前三名成绩一览

表4-89

组　别	运动员	单　项	金	银	铜	备　注
女子乙组	朱　虹	58 公斤级	1			
	顾　阳	69 公斤级	1			
	邬黛菊	62 公斤级	1			
男子乙组	费　棋	47 公斤级	1			
	李校军	47 公斤级			1	
	符俐强	47 公斤级		1		
	赵京华	52 公斤级		1		
	黄铁龙	52 公斤级	1			
	张　煜	62 公斤级		1		
	徐祖梁	69 公斤级	1			
	汪亦恺	69 公斤级			1	

续表4-89

组　别	运动员	单　项	金	银	铜	备　注
男子乙组	吴士良	77 公斤级	1			
	顾科达	85 公斤级			1	
男子甲组	李杰（小）	56 公斤级	1			
	李杰（大）	77 公斤级	1			
	汪士强	85 公斤级		1		4 破无锡市纪录
	臧　伟	85 公斤级	1			8 破无锡市纪录
	张志诚	85_+公斤级			1	

2003年4月，无锡市青少年举重比赛在市体育中心举行，江阴市体校20名选手参赛。

2003年江阴市参加无锡市青少年举重比赛获前三名成绩一览

表4-90

组　别	运动员	单　项	金	银	铜	备　注
男子乙组	费　棋	47 公斤级		1		
	黄铁龙	56 公斤级	1			
男子乙组	张　煜	69 公斤级		1		
	杨益峰	69 公斤级			1	
	符利强	47 公斤级			1	
	顾科达	85 公斤级	1			
	吴士良	85 公斤级		1		
	赵　军	77 公斤级		1		

2006年4月1—2日，无锡市青少年举重比赛在市体校综合训练馆举行，江阴市体校10名选手参赛。

2006年江阴市参加无锡市青少年举重比赛获前三名成绩一览

表4-91

组　别	运动员	单　项	金	银	铜	备　注
女子乙组	徐晓蕾	48 公斤级	1			
男子乙组	严小龙	48 公斤级		1		
	陈　磊	52 公斤级		1		
	卞亚栋	52 公斤级			1	
	夏　吉	62 公斤级	1			
	费　棋	69 公斤级	1			
	沈　烨	69 公斤级		1		
男子甲组	杨益峰	85 公斤级	1			
男子青年组	张　煜	62 公斤级	1			
	黄铁龙	69 公斤级	1			

11．射击

2002年5月6—7日，无锡市“镍网杯”小学生射击比赛在江阴市大桥小学举行，共有84名学生参赛，大桥小学12名选手参加，获团体总分第二名（69分），其中男子普通气步枪5+20立射团体第二名（416环），男、女子普通气步枪5+20坐射团体第一名（497环；487环）。

2002年江阴市参加无锡市小学生射击比赛获前三名成绩一览

表4-92

组　别	运动员	单项	金	银	铜	成绩（环）
男子组	蒋　晓	普通气步枪 5+20 坐射	1			172
女子组	刘　娜	普通气步枪 5+20 坐射	1			169
	华泥娜	普通气步枪 5+20 坐射			1	167

2003年7月5—6日，无锡市小学生射击比赛在锡山市堰桥镇举行，江阴市大桥小学12名学生参赛，获团体总分第一名（186分），其中男子普通气步枪5+20坐射团体第二名（510环），女子普通气步枪坐射团体第一名（510环），男、女子普通气步枪5+20立射团体第一名（486环；511环）。

2003年江阴市参加无锡市小学生射击比赛获前三名成绩一览

表4-93

组　别	运动员	单项	金	银	铜	成绩（环）
男子组	李　阳	普通气步枪 5+20 坐射		1		175
	陈　璐	普通气步枪 5+20 立射		1		166
女子组	孙璐霞	普通气步枪 5+20 立射	1			178
	刘　娜	普通气步枪 5+20 立射		1		167
	徐　芯	普通气步枪 5+20 立射			1	166

2004年7月29—30日，无锡市小学生射击比赛在锡山区体育馆举行，江阴市大桥小学12名学生参赛，获普通气步枪5+20立射男团第二名、女团第一名，坐射女团第二名。

2004年江阴市参加无锡市小学生射击比赛获前三名成绩一览

表4-94

组　别	运动员	单项	金	银	铜	成绩（环）
男子组	杨利军	普通气步枪 5+20 立射		1		176
女子组	孙璐霞	普通气步枪 5+20 立射	1			175

2005年12月17—18日，无锡市小学生射击比赛在无锡市体校射击场举行，江阴市大桥小学12名学生参赛，获团体总分第四名，其中男子普通气步枪5+20坐射团体第一名、立射团体第二名，男子普通气步枪2×10团体第一名。

2005年江阴市参加无锡市小学生射击比赛获前三名成绩一览

表4-95

组别	运动员	单项	金	银	铜	成绩（环）
男子组	施城凯	普通气步枪 5+20 坐射		1		—
	吉晓峰	普通气步枪 5+20 坐射			1	—
	梁泽渔	普通气步枪 2×10		1		—

2007年12月15—16日，无锡市小学生射击比赛在市区举行，江阴市大桥小学共有21名学生参赛，获小口径普通步枪卧姿有依托10发男子六年级团体第一名，沈昕获个人第二名。

12．轮滑

2009年8月，无锡市小学生速度轮滑比赛举行，江阴市获团体总分第一名（88分）。

2009年江阴市参加无锡市小学生速度轮滑比赛获前三名成绩一览

表4-96

组别	运动员（队）	单项	金	银	铜	成绩
男子组	朱东舜	500 米	1			1′04″64
	江阴队	3×150 米接力	1			1′04″32
	王敏杰	300 米		1		41″1
女子组	周霞玉	300 米	1			43″18
		500 米		1		1′11″56
	陆艺葶	300 米		1		44″7
		1500 米		1		4′04″64
	江阴队	3×150 米接力	1			1′12″44

2010年8月，无锡市小学生速度轮滑比赛在市体育中心举行，江阴市获团体总分第一名（116分）。

2010年江阴市参加无锡市小学生速度轮滑比赛获前三名成绩一览

表4-97

组别	运动员（队）	单项	金	银	铜	成绩
男子组	朱云鹏	500 米	1			1′13″0
	米子豪	500 米		1		1′14″29
	王敏杰	1500 米		1		3′43″96
		300 米			1	41″82
	吴鑫阳	1500 米			1	3′48″71
女子组	朱以缘	300 米	1			42″85
		500 米	1			1′12″14
	陆艺葶	300 米		1		46″35
	江阴队	3×150 米接力			1	1′10″16

2011年6月，无锡市“喜洋洋杯”小学生速度轮滑比赛在市区举行，江阴市澄江中心小学代表队获团体总分第一名（220分）。

2011年江阴市参加无锡市小学生速度轮滑比赛获前三名成绩一览

表4-98

组 别	运动员（队）	单 项	金	银	铜	成 绩
男子甲组	朱云鹏	500 米			1	1′06″55
		3000 米			1	7′06″98
	范志超	800 米			1	1′48″14
		2000 米			1	4′35″9
	澄江中心队	3×150 米接力			1	1′06″42
男子乙组	澄江中心队	3×150 米接力	1			1′08″5
	赵英栋	300 米		1		41″45
	薛 蛟	2000 米		1		4′52″95
		300 米			1	41″59
	米子豪	500 米			1	1′11″27
女子甲组	曹 烨	800 米	1			2′01″98
	澄江中心队	3×150 米接力	1			1′10″55
	刘苏婷	2000 米		1		5′13″13
		800 米			1	2′02″33
	陆瑶冰	3000 米		1		7′34″91
	杨新伊	500 米	1			1′12″2
女子乙组	焦阳紫萱	500 米			1	1′12″97
		2000 米		1		5′05″97
	澄江中心队	3×150 米接力		1		1′14″32
	王思雨	2000 米			1	5′38″51

2012年6月，无锡市“旺小杯”小学生速度轮滑比赛在市区举行，江阴市澄江中心小学代表队获团体总分第二名。

2012年江阴市参加无锡市小学生速度轮滑比赛获前三名成绩一览

表4-99

组 别	运动员	单 项	金	银	铜	成 绩
男子甲组	范志超	500 米	1			—
		5000 米	1			—
		3×150 米接力		1		—
	赵英栋	3×150 米接力		1		—
男子乙组	朱子健	1000 米	1			—
		500 米		1		—
		3×150 米接力			1	—
	张 威	300 米			1	—

续表4-99

组 别	运动员	单 项	金	银	铜	成 绩
		3000 米			1	—
		3×150 米接力			1	—
女子甲组	陆瑶冰	500 米			1	—
		5000 米			1	—
		3×150 米接力			1	—
	曹 烨	3×150 米接力			1	—
女子甲组	曹 烨	300 米			1	—
	袁 源	3×150 米接力			1	—
女子乙组	吕嘉婧	300 米		1		—
		3000 米	1			—
		3×150 米接力	1			—
	焦阳紫萱	500 米		1		—
		1000 米		1		—
		3×150 米接力	1			—
	王思雨	500 米			1	—
		3×150 米接力	1			—

2014年6月7日，无锡市小学生速度轮滑比赛在无锡市体育中心举行，江阴市澄江中心小学代表队获团体总分第一名（252名）。

2014年江阴市参加无锡市小学生速度轮滑比赛获前三名成绩一览

表4-100

组 别	运动员（队）	单 项	金	银	铜	成 绩
男子甲组	汪兴砜	1000 米	1			2′ 00″ 89
		300 米		1		38″ 12
	澄江中心队	150 米接力		1		1′ 01″ 49
	花 林	5000 米			1	11′ 46″ 31
男子乙组	朱圣煜	300 米	1			43″ 14
	澄江中心队	150 米接力	1			1′ 07″ 96
	徐浚丞	1000 米	1			2′ 13″ 81
		300 米			1	44″ 34
	吴凌峰	3000 米	1			7′ 42″ 9
		500 米			1	1′ 14″ 11
	成 城	3000 米			1	7′ 56″ 25
女子甲组	澄江中心队	150 米接力	1			1′ 05″ 0
	王思雨	300 米		1		43″ 72

续表4-100

组　别	运动员（队）	单　项	金	银	铜	成　绩
女子甲组	鲁峥冉	5000 米		1		13′ 43″ 14
	焦阳紫萱	500 米			1	1′ 12″ 20
		1000 米			1	2′ 18″ 44
女子乙组	朱云霏	3000 米		1		7′ 51″ 49
		1000 米	1			2′ 26″ 55
	陈伊岚	300 米	1			47″ 62
	王清圆	500 米	1			1′ 13″ 79
		3000 米	1			7′ 35″ 88
	钱亦欢	3000 米			1	8′ 11″ 21

2015年5月31日，无锡市小学生速度轮滑比赛在市体育中心举行，江阴市澄江中心小学、华士实验小学、夏港实验小学参加，澄江中心小学获团体总分第三名。

2015年江阴市参加无锡市小学生速度轮滑比赛获前三名成绩一览

表4-101　　　　单位：枚

组　别	运动员（队）	单　项	金	银	铜	成　绩
男子甲组	朱子健	1000 米			1	2′ 15″ 68
	张　威	5000 米			1	11′ 22″ 56
	澄江中心队	3×150 米接力			1	1′ 21″ 30
女子甲组	王思雨	300 米			1	41″ 90
	澄江中心队	3×200 米接力	1			1′ 20″ 26
	焦阳紫萱	500 米		1		1′ 08″ 17
		1000 米			1	2′ 29″ 22
	鲁峥冉	1000 米		1		2′ 28″ 16
		5000 米		1		13′ 41″ 35
男子乙组	澄江中心队	3×150 米接力			1	1′ 29″ 91
女子乙组	朱云霏	1000 米	1			2′ 20″ 34
		3000 米	1			7′ 34″ 98
	王清圆	1000 米			1	2′ 28″ 41
		3000 米		1		7′ 35″ 19
男子丙组	徐　俨	500 米	1			1′ 13″ 12
	王　凯	1000 米	1			2′ 27″ 10
女子丙组	陆天颐	1000 米	1			2′ 34″ 62
		500 米	1			1′ 13″ 78
	华士实小队	3×200 米接力			1	1′ 41″ 60

13．跆拳道

2010年8月19—21日，无锡市小学生跆拳道比赛在无锡市喜洋洋健身馆举行，江阴市运动员参赛，卞楷文获男子甲组32公斤级第二名，缪飞羽获44公斤级第三名；沈金丽获女子甲组34公斤级第二名；徐烨获男子乙组35公斤级第三名。

2011年，无锡市小学生跆拳道比赛在市区举行，江阴市运动员黄曙光获男子甲组36公斤级第一名，孙徐可获男子甲组44公斤级第三名。

2012年，无锡市小学生跆拳道比赛在市区举行，江阴市代表队获团体总分第六名（40分），饶翔宇获男子甲组32公斤级第一名，周润强获40公斤级第二名，黄曙光获44公斤级第三名；高雨宣获女子乙组32公斤级第一名，霍栩琳获35公斤级第一名。

2014年9月6—7日，无锡市小学生跆拳道比赛在无锡市体育中心举行，江阴市祝塘实验小学韦广河获男子甲组32公斤级第三名。

（七）承办市（地区）体育赛事

1963年10月5日，苏州地区青少年篮球分区赛在江阴县举行，无锡、吴县、沙洲、江阴4县参加。

1965年8月8—11日，苏州地区中学生田径运动会在江阴县体育场举行，全区8县代表队参赛。

1972年11月24—26日，苏州地区少年足球比赛在江阴县举行，沙洲、吴江、无锡、常熟、太仓、吴县和江阴7县参加少年甲组比赛，吴江、吴县、常熟、太仓、江阴5县参加少年乙组比赛。12月1—4日，苏州地区足球选拔赛在江阴县举行，江阴、吴县、常熟、太仓等县参赛。

1973年6月30日—7月3日，苏州地区基层小学小足球赛在江阴县举行，太仓、常熟、吴江、吴县、江阴5县参加。9月30日—10月1日，常熟和江阴县象棋、围棋团体赛在江阴县举行。10月1—2日，苏州市一队、二队和江阴县纺器厂、铁合金厂男子足球比赛在江阴县举行。

1974年1月5—18日，苏州地区青少年足球选拔赛在江阴县举行。5月6—9日，苏州地区羽毛球选拔赛在江阴县举行，江阴县羽毛球一队、二队参加。

1978年1月19—23日，苏州地区首届上山下乡知识青年篮球赛在江阴县举行。

1979年4月28日—5月6日，苏南协作区少年篮球邀请赛在江阴县举行。5月20—22日，苏州地区少年田径选拔赛在江阴县举行。5月31日—6月1日，苏州地区基层小学田径比赛在江阴县举行，城北小学代表江阴县参赛，获团体总分第一名。6月5—7日，苏州地区业余体校少年甲组篮球选拔赛在江阴县举行。

1980年1月12—13日，苏州地区业余体校少年甲组篮球选拔赛在江阴县举行；苏州地区中学生春季中长跑选拔赛在江阴县举行。4月4—7日，苏州地区中小学生足球比赛在江阴县举行。7月26—28日，苏州地区少年足球选拔赛在江阴县举行，有12名江阴选手被选入地区乙级队。

1981年7月31日—8月1日，苏州地区武术比赛在江阴县举行。是年，苏州地区桥牌比赛在江阴县举行。

1982年4月24—26日，苏州地区足球选拔赛在江阴县举行，常熟、沙洲、江阴、无锡、吴江、吴县6县共60名选手参赛。4月，苏州地区桥牌比赛在江阴县举行。

1983年3月7—10日，无锡市少年足球选拔赛在江阴县举行。11月22—28日，无锡市职工足球基层甲级队邀请赛在江阴县举行。12月30日—1984年1月3日，无锡市中学生篮球比赛在江阴县举行。

1984年4月8日，沙洲、靖江、江阴3县青少年田径对抗赛在江阴县举行。4月19—22日，无锡市“贝贝杯”足球赛在江阴县举行，共有8所小学11队参赛。11月25—26日，无锡市第一届“无锡杯”羽毛球协作赛在江阴县举行。

1985年7月13—17日，无锡市职工羽毛球赛在江阴县举行，江阴县男、女代表队、中船澄西船厂代表队参赛。9月27日—10月5日，无锡市小学生男子足球比赛在江阴县举行。

1986年5月18—20日，无锡市小学生男子足球比赛在江阴县举行。7月6—10日，无锡市小学生篮球赛在江阴县体育馆举行。

1988年4月5—8日，无锡市小学生乒乓球赛在江阴市举行，共有6支代表队66名学生参赛。4月15—20日，无锡市首届农民运动会棋类比赛在江阴市举行，江阴二队获男子组中国象棋第一名，李丛蓉获女子组围棋第一名。

1989年5月27—29日，无锡市小学生基层传统学校足球比赛在江阴市举行。10月22日，“明珠杯”钓鱼邀请赛在江阴市峭岐水产场举行，宜兴、常熟、张家港、无锡、江阴等市参加。是年，无锡市“保险杯”足球比赛在江阴市举行。

1991年3月22日，无锡市小学生乒乓球比赛在江阴市举行。5月11—12日，苏南地区棋牌邀请赛在江阴市体育馆举行。8月，无锡市中学生足球赛在江阴市举行，江阴市一中和省南菁中学分别获初中、高中男子第一名。

1992年3月24—26日，第五届六城市棋牌邀请赛在江阴市老干部局活动室举行。7月8—11日，无锡市小学生体育传统校足球夏令营在江阴市举行，共有5支代表队60名学生参加。7月，无锡市中学生足球比赛在江阴市举行，江阴一中获男子第一名。

1993年8月8—10日，无锡市“江阴杯”基层职工羽毛球赛在江阴市举行，共有8队30名选手参赛。是年，无锡市“保险杯”门球等级赛在江阴市举行。

1994年，无锡市第四届“协作杯”中国象棋、围棋友谊赛在江阴市举行。

1995年8月11日，无锡市中学生排球比赛在江阴市华士中心小学举行，共有36名学生参赛。

1996年7月12—14日、7月23—27日，无锡市七运会小学组、高中组男子足球比赛分别在江阴市举行，6队71名运动员参加小学组比赛，6队87名选手参加高中组比赛。

1997年8月12—14日，无锡市小学生足球比赛在江阴市举行，江阴市城中中心获第一名。8月20—21日，“江南晚报杯”无锡市中学生足球赛在江阴市体育场举行，锡山、宜兴和江阴三市95名学生参赛。11月28—30日，无锡市1997年“红星杯”象棋、围棋锦标赛在江阴市教育培训中心举行，17支代表队110名棋手参赛。

1998年12月29—31日，无锡市1998年“红星杯”象棋、围棋锦标赛在江阴棋院举行，16支代表队87名棋手参赛。

1999年9月10—13日，无锡市小学生足球赛在江阴体育场举行，有8支代表队96名学生参赛，江阴市青阳中心代表队获第一名。10月7—8日，无锡市农民乒乓球比赛在江阴市举行，有6支代表队22名选手参赛。

2000年8月1—3日，第八届无锡市运动会小学组篮球比赛在江阴市举行，江阴市华士镇华西小学代表队获男子第一名。

2001年7月25—28日，“江南晚报可口可乐杯”无锡市中学生足球比赛（江阴赛区）在江阴市体育场举行，有8所学校141名学生参赛。

2002年5月6—7日，无锡市“镍网杯”小学生射击比赛在江阴市大桥小学举行，7支代表队106名学生参赛，江阴市大桥小学获普通气步枪5+20坐射男、女团体第一名。5月18—19日，无锡市小学生羽毛球比赛在江阴市华士实验学校举行，有6支代表队96名学生参赛，江阴市代表队获男子甲组、男子乙组团体第一名。7月11—13日，无锡市小学生足球比赛在江阴市体育场举行，共有8支代表队111名学生参赛。

2003年8月14—17日，无锡市小学生足球比赛在江阴市一中举行，有6支代表队84名学生参赛，江阴市体校男队获第一名。10月25—26日，无锡市小学生篮球比赛在江阴市北涸中心举行，共76名学生参赛，江阴市北涸中心代表队获男、女第一名。11月1—2日，无锡市小学生武术比赛在江阴市要塞中心小学举行，6支代表队132名学生参赛。

2009年7月15—19日，无锡市第十届运动会中学组足球比赛在江阴市一中举行，高中5队、初中6队共154名选手参赛。

2011年7月2—3日，第二届“畅成杯”长江小三角（江阴、张家港、靖江）业余羽毛球联赛在江阴市灵格羽毛球馆举行，三地共有254名选手参赛。10月29—30日，无锡市小学生田径比赛在江阴职业技术学院举行，江阴市获团体总分第三名。

2014年5月31日—6月3日，无锡市第三届“徐霞客杯”国际象棋等级赛在江阴市璜塘实验小学举行，江阴市实验小学、璜塘实验小学和新桥中心小学国际象棋队参加。

二、参加和承办江苏省体育比赛

（一）参加江苏省第四届运动会

1958年11月2–8日，江苏省第四届运动会在南京市五台山体育场举行，江阴县足球运动员李振声、李振兴、邵宝龙、徐纪九、黄云龙等代表苏州地区队参赛，获第二名。

（二）参加江苏省第六届运动会

1960年9月28日–10月3日，江苏省第六届运动会在南京市五台山体育场举行，大会专以田径一项为比赛项目，共有70个单位参加，分市、县两组，其中县组有59个单位，江阴县运动员徐品义获县组男子5000米第四名（成绩，17′39″8）、10000米第三名（成绩，37′13″0）。

（三）参加江苏省第七届运动会

1964年10月18–21日，江苏省第七届运动会在南京市五台山体育场举行，江阴县运动员蔡崇武、王斌代表苏州地区队参加。

（四）参加江苏省第八届运动会

1974年9月15–21日，江苏省第八届运动会在南京市五台山体育场举行，江阴县运动员郁光宙、郁华宙代表苏州地区队参赛，获羽毛球男子团体第八名。

（五）参加江苏省第九届运动会

1978年9月16–23日，江苏省第九届运动会在南京市五台山体育场举行，江阴县运动员代表苏州地区队参赛，获足球男子第五名，武术团体第七名，赵富祥获少年男子传统单练第四名（成绩，8.05分），瞿芬英获少年女子剑术第三名（成绩，8.05分）。

（六）参加江苏省第十届运动会

1982年9月16–19日，江苏省第十届运动会在南京市五台山体育场举行，江阴县运动员代表苏州地区队参赛，获武术团体第三名，黄鸣峰获少年女子短兵器第五名，王坚获少年男子围棋第六名。

（七）参加江苏省第十一届运动会

1986年10月4–8日，江苏省第十一届运动会在徐州市举行，江阴县运动员代表无锡队参赛，陆逢镰获男子中国象棋第六名，王坚获男子围棋第六名，曾立红获男子举重75公斤级第三名（成绩，247.5公斤）。

（八）参加江苏省第十二届运动会

1990年9月2—8日，江苏省第十二届运动会在南京市举行，江阴市有13名运动员代表无锡队参加青少年部田径、象棋、足球、举重、柔道等项目比赛，获团体总分68.25分。朱益红打破女子中专组4×100米接力江苏省纪录，林慧打破男子少年乙组举重40公斤级抓举、挺举、总成绩江苏省纪录。

1990年江阴市参加省第十二届运动会获前六名成绩一览

表4-102

项目	运动员（队）	单　项	金	银	铜	四至六名	成绩
田径	朱益红	女子中专组 4×100 米接力	1				48″6
		女子中专组　100 米				四	12″2
		女子中专组　200 米			1		25″3
	沈　丽	女子少年乙组 4×100 米接力			1		50″0
	方红霞	女子少年乙组 100 米栏				六	15″3
	张文军	女子少年甲组全能				六	2775 分
棋类	顾上杲	男子少年组中国象棋		1			
举重	林　慧	男子少年乙组 40 公斤级总成绩			1		69.07 分
柔道	邹丽君	女子 61 公斤级		1			
	李金秀	女子 52 公斤级			1		
	杨乃君	女子 61 公斤级				六	
	杨玲洁	女子 66 公斤级				六	
	袁晓东	男子 95 公斤以上级		1			

（九）参加江苏省第十三届运动会

1994年9月9—18日，江苏省第十三届运动会在无锡市举行，江阴市41名运动员代表无锡队参加青少年部田径、足球、举重、棋类、自行车、柔道、武术、乒乓球、皮划艇等项目比赛，获团体总分180.31分。林慧5次打破举重男子少年甲组83公斤级3项全国纪录，沈丽打破女子少年甲组4×100米接力江苏省纪录。

1994年江阴市参加省第十三届运动会获前六名成绩一览

表4-103

项　目	运动员（队）	单　项	金	银	铜	四至六名	成　绩
田　径	沈　丽	女子少年甲组 4×100 米接力	1				47″2
		女子少年甲组 100 米		1			12″0
		女子少年甲组 200 米			1		24″8
	黄春洪	男子少年甲组 4×100 米接力	1				43″9
		男子少年甲组跳远				六	6.30 米
足　球	江阴队	男子少年乙组			1		

续表4-103

项　目	运动员（队）	单　项	金	银	铜	四至六名	成　绩
举　重	林　慧	男子少年甲组83公斤级总成绩	1				285公斤
皮划艇	李庆华	男子1000米单人划艇	1				4′58″8
		男子500米单人划艇		1			2′14″25
	薛凤英	女子500米单人皮艇		1			2′19″27
		女子500米双人皮艇		1			2′03″24
棋　类	赵　剑	男子少年甲组围棋				五	
自行车	孙　良	男子1公里计时赛		1			1′23″52
		男子10公里追逐赛				五	15′51″72
乒乓球	江阴（1人）	男子少年团体				四	
柔　道	刘晓亚	女子少年组61公斤级		1			

（十）参加江苏省第十四届运动会

1998年9月2—11日，江苏省第十四届运动会在南京市举行，江阴市共有55名运动员代表无锡队参加青少年部田径、足球、篮球、乒乓球、羽毛球、拳击、柔道、举重、自行车、皮划艇、射击、武术等项目比赛，获团体总分281.93分，金牌13.25枚，均列无锡市三市（县）之首。沈燕以11″99的成绩打破女子少年甲组100米江苏省纪录（原纪录，12″31）。

1998年江阴市参加省第十四届运动会获前六名成绩一览

表4-104

项　目	运动员（队）	单　项	金	银	铜	四至六名	成　绩
田径	薛　莲	女子少年甲组400米	1				55″6
		女子少年甲组800米		1			2′06″69
		女子少年甲组4×100米接力				四	47″95
	华　燕	女子青年组4×100米接力	1				47″26
		女子青年组4×400米接力			1		3′52″3
	周　华	男子青年组100米		1			10″99
		男子青年组4×100米接力		1			42″49
		男子青年组4×400米接力			1		3′22″8
		男子青年组200米				五	22″39
		男子青年组三级跳远				五	13.87米
	沈　燕	女子少年甲组200米			1		24″48
		女子少年甲组100米				四	11″99
		女子少年甲组4×100米接力				四	47″95
		女子少年甲组4×400米接力				五	3′52″16
	徐金莲	女子青年组4×400米接力			1		3′52″3
	邹　锡	女子少年甲组4×100米接力				四	47″95
		女子少年甲组200米栏				五	28″38
		女子少年甲组4×400米接力				五	3′52″16

续表4-104

项　目	运动员（队）	单　项	金	银	铜	四至六名	成　绩
足球	薛　虎　孙　龙 沈　涛　谢岳飞 徐凤江	男子乙组		1			
	杨栋良　张静忠 陆青山　戴海丰 顾晓华	男子甲组				五	
乒乓球	孙　婷	女子儿童组团体（1/4）		1			
	徐云飞	男子少年甲组单打				四	
羽毛球	邹　微	女子儿童组团体（1/5）				五	
	张　钿	女子少年乙组团体（1/3）			1		
	李　俊	男子少年乙组双打				四	
		男子少年乙组团体（1/4）				四	
柔道	任浩峰	男子少年甲组 54 公斤级	1				
	吴　静	女子少年乙组 48 公斤级	1				
	恽　刚	男子少年乙组 56 公斤级				六	
举重	曹正军	男子少年组 64 公斤级总成绩	1				267.5 公斤
	陈　荣	男子少年组 70 公斤级总成绩	1				270 公斤
	刘　达	男子青年组 64 公斤级总成绩	1				277.5 公斤
	承海鸿	男子青年组 76 公斤级总成绩	1				290 公斤
	李　峰	男子青年组 70 公斤级总成绩		1			275 公斤
	朱振宇	男子少年组 70 公斤级总成绩				四	245 公斤
	华　娣	女子少年组 54 公斤级总成绩				四	150 公斤
	徐春凤	女子青年组 70 公斤级总成绩				五	—
自行车	吴海刚	男子少年甲组行进间 500 米	1				34″73
		男子少年甲组 1000 米计时赛		1			1′20″2
	丁文杰	男子少年甲组 1000 米计时赛				四	1′22″84
		男子少年甲组 10000 米追逐赛				四	16′06″75
皮艇	高　平	男子 200 米单人	1				42″5
		男子 500 米双人	1				1′51″0
	刘　强 刘　强	男子 500 米双人	1				1′51″0
		男子 500 米单人				六	2′15″0
	薛　飞	女子 200 米双人	1				49″1
		女子 200 米单人		1			52″1
	朱锦华	男子 1000 米双人			1		4′16″9
		男子 200 米双人				五	43″5
	贾文霞	女子 500 米双人			1		2′24″5
射击	陆永峰	男子青年组移动靶（团体）				四	1595 环
		男子青年组移动靶				六	633.9 环

续表4-104

项　目	运动员（队）	单　项	金	银	铜	四至六名	成　绩
摔跤	徐智超	男子少年甲组自由式82公斤级	1				
	徐晓明	男子少年乙组古典式64公斤级		1			
	朱卫基	男子少年乙组自由式+70公斤级			1		
	蒋　君	男子少年乙组自由式50公斤级				六	
武术	刘　冬	男子少年乙组太极拳			1		8.27分

（十一）参加江苏省第十五届运动会

2002年10月18－26日，江苏省第十五届运动会在苏州市举行，江阴市共113名运动员代表无锡队参加青少年部田径、足球、中国象棋、乒乓球、射击、跳水、举重、跆拳道、自行车、皮艇、赛艇、柔道、摔跤、武术等项目比赛，获县级市团体总分第七名（366.50分）、奖牌总数第十名（37枚），大会总分、金牌、输送三大奖项。邹锡打破女子青年组400米栏江苏省纪录，达到运动健将标准，张志诚打破男子青年举重85公斤级挺举江苏省纪录（成绩，168公斤）。

2002年江阴市参加省第十五届运动会获前六名成绩一览

表4-105

项　目	运动员（队）	单　项	金	银	铜	四至六名	成　绩
田径	李　龙	男子少年甲组100米	1				—
		男子少年甲组4×100米接力			1		—
		男子少年甲组4×400米接力				五	—
	项龙清	男子少年乙组800米				四	—
	邹　锡	女子青年组400米栏	1				1′00″4
	严春燕	女子青年组100米				四	—
	蔡　萍	女子少年甲组800米				六	—
	李　燕　蔡　萍	女子少年甲组4×100米接力				六	—
	李　燕	女子少年甲组100米栏		1			—
		女子少年甲组200米栏				六	—
	胡　丹	女子少年乙组跳远				四	—
	严春燕　邹　锡	女子青年组4×100米接力		1			—
足球	江阴队	女子少年甲组		1			
		男子少年乙组				四	
		男子少年甲组			1		
		女子少年乙组	1				
中国象棋	徐沂沂	女子儿童乙组				六	
乒乓球	殷晓峰	男子儿童丙组单打	1				
射击	张煜磊	男子少年组步枪30发卧射（团体）	1				843环
		男子少年组步枪3×10（团体）	1				836环

表4-105

项 目	运动员（队）	单 项	金	银	铜	四至六名	成 绩
		男子少年组步枪3×10			1		—
		男子少年组步枪30发卧射			1		—
跳水	李淼淼	女子儿童丙组跳板	1				252.65分
		女子儿童丙组全能		1			—
		女子儿童丙组跳台			1		—
举重	张志诚	男子少年组85公斤级总成绩	1				297.5公斤
	臧 伟	男子少年组77公斤级总成绩	1				295.0公斤
举重	江士强	男子少年组77公斤级总成绩			1		—
跆拳道	冯程英	女子少年甲组65公斤级			1		
自行车	董 洋	女子少年甲组3公里（团体）		1			—
	汤科蓉	女子少年乙组2公里（团体）				四	—
皮艇	朱海新	男子500米单人		1			—
		男子1000米单人			1		—
赛艇	江 铭	男子轻量级双人			1		—
武术（套路）	成江龙	男子少年乙组南拳				六	—
		男子少年乙组刀棍全能			1		—
	张晓舟	男子儿童组剑术				五	—
		男子儿童组全能				五	—
柔道	沈皓岚	女子少年甲组58公斤级				四	
	张 磊	男子少年乙组+80公斤级				五	
摔跤	徐 栋	男子少年甲组古典式69公斤级		1			

（十二）参加江苏省第十六届运动会

2006年10月15—22日，江苏省第十六届运动会在南通市举行，江阴市有94名运动员代表无锡队参加青少年部田径、足球、篮球、垒球、举重、拳击、柔道、射击、武术（套路）、自行车、摔跤、跳水、击剑等项目比赛，获县级市团体总分第十名（437.75分）、奖牌总数第十名（金牌18.25枚、银牌9枚、铜牌12枚），大会金牌、总分、输送三大奖项。许美玲、承珠凤打破女子少年甲组4×100米接力江苏省纪录。

2006年江阴市参加省第十六届运动会获前六名成绩一览

表4-106

项 目	运动员（队）	单 项	金	银	铜	四至六名	成 绩
田径	项龙清	男子青年组1500米			1		—
		男子青年组500米				五	—
	曾喜丹	女子少年甲组100米		1			—
	许美玲	女子少年甲组100米			1		—
		女子少年甲组200米			1		—
	顾莉华	女子少年甲组200米栏	1				—

续表4-106

项 目	运动员（队）	单　　项	金	银	铜	四至六名	成　绩
田径	承珠凤　许美玲	女子少年甲组4×100米接力	1				46″85
	江阴队	女子少年甲组4×400米接力			1		—
	承珠凤	女子少年甲组400米		1			—
	钱　丹	女子少年乙组4×400米接力			1		—
		女子少年乙组600米				五	—
足球	江阴队	女子少年甲组		1			
		男子少年甲组				六	
	张春祎　周文聪	男子少年乙组	1				
垒球	陈　佳	女子少年甲组	1				
篮球	苏　芸	女子少年甲组		1			
	徐　婷	女子少年乙组				四	
举重	黄铁龙	男子青年组69公斤级总成绩				五	—
	杨益峰	男子少年甲组85公斤级总成绩				六	—
拳击	陈亚刚	男子青年组51公斤级	1				
	周　鎏	男子青年组57公斤级			1		
柔道	秦炀滨	女子少年甲组63公斤级				四	
	郑　娇	女子少年甲组63公斤级	1				
	王　钰	女子少年甲组78公斤级				五	
射击	陈　璐	男子少年甲组步枪40发（团体）		1			—
		男子少年甲组小口径普通步枪3×10（团体）				四	—
		男子少年甲组小口径普通步枪30发卧射	1				—
	孙璐霞	女子少年组步枪40发（团体）		1			—
		女子少年组小口径普通步枪3×10（团体）				四	—
		女子少年组小口径普通步枪卧射		1			—
		女子少年组普通步枪30发卧射（团体）			1		—
武术（套路）	何梓旭	男子儿童组刀			1		—
		男子儿童组全能				六	—
		男子儿童组基本功		1			—
	沙雅蓓	女子少年甲组全能				四	—
	吴振华	男子少年甲组规定拳				六	—
		男子少年甲组太极拳		1			—
		男子少年甲组基本功		1			—
自行车	华云霞	女子少年甲组3公里追逐赛	1				—
		女子少年甲组20公里计时赛				六	—

续表4-106

项 目	运动员（队）	单 项	金	银	铜	四至六名	成 绩
	华云霞 黄 玲	女子少年甲组3公里追逐赛（团体）	1				—
		女子少年甲组30公里计时赛（团体）				五	—
摔跤	张 圳	男子少年乙组古典式48公斤级				五	
	马晓蕾	女子少年乙组自由式62公斤级				五	—
跳水	李淼淼	女子儿童甲组全能			1		—
		女子儿童甲组3米板	1				—
		女子儿童甲组双人台	1				—
		女子儿童甲组跳台			1		—
		女子儿童甲组1米板				四	—
击剑	张敏芝	女子少年乙组花剑（团体）				五	

（十三）参加江苏省第十七届运动会

2010年10月11—18日，江苏省第十七届运动会在常州市举行，江阴市运动员代表无锡队参加青少年部田径、足球、篮球、网球、拳击、举重、柔道、武术等项目比赛，获县级市奖牌总数第八名（23.5枚）、输送奖第九名。

2010年江阴市参加省第十七届运动会获前六名成绩一览

表4-107

项 目	运动员（队）	单 项	金	银	铜	四至六名	成 绩
田径	戴荣余	男子青年组3000米				五	—
	季 敬	男子少年甲组400米			1		—
	孔 粲	男子少年甲组跳远			1		—
	张浩杰	男子少年甲组跳远				四	—
	江阴队	男子少年甲组4×400米接力				五	—
	陈 锞	男子少年乙组1500米				四	—
	严晨旭	男子少年乙组1500米				五	—
		男子少年乙组800米			1		—
	李宇杰	男子少年乙组100米				五	—
	江阴队	男子少年乙组4×100米接力				六	—
		男子少年乙组4×400米接力				五	—
	徐晓健	男子少年乙组800米				五	—
	胡梦媛	女子青年组100米栏				六	—
	邢彐艳	女子青年组100米				五	—
	徐晓艳	女子青年组五项全能				四	—
	薛雅虹	女子青年组100米栏				五	—
	谢梦媛	女子少年乙组三级跳远				四	—
足球	江阴二中队	女子少年乙组		1			

续表4-107

项　目	运动员（队）	单　项	金	银	铜	四至六名	成　绩
足球	江阴二中队	女子少年丙组				四	
篮球	刘　萍　夏忆雪	女子少年乙组				五	
网球	奚徐娜	女子少年甲组（团体）		1			
拳击	许加华	男子少年组 46 公斤级				五	
	吴　飞	男子少年组 53 公斤级				五	
	黄　根	男子青年组 69 公斤级			1		
举重	费　棋	男子青年组 69 公斤级总成绩				五	—
	夏　吉	男子青年组 77 公斤级总成绩	1				—
	徐晓蕾	女子少年甲组 69 公斤级总成绩	1				—
	卞亚东	男子少年甲组 69 公斤级总成绩				四	—
	汤　正	男子少年甲组 69 公斤级总成绩				五	—
	吴　越	男子少年乙组 77 公斤级总成绩				五	—
	缪佳晨	女子少年乙组 48 公斤级总成绩				六	—
柔道	张　羽	男子组 93 公斤级	1				
	林　丽	女子组 53 公斤级	1				
	邱　莉	女子组 63 公斤级		1			
	张辰晨	女子组 48 公斤级			1		
	过　凯	男子组 60 公斤级				四	
	单小峰	男子组 66 公斤级				五	
	姚　蓓	男子组 52 公斤级		1			
武术（散打）	邵　师	男子少年乙组 56 公斤级				五	
	郑震宇	男子少年乙组 65 公斤级	1				

（十四）参加江苏省第十八届运动会

2014年9月19—26日，江苏省第十八届运动会在徐州市和淮安市举行，江阴市运动员代表无锡队参加青少年部田径、足球、举重、柔道、拳击、自行车、击剑等项目比赛，共获得金牌17.25枚，列无锡县市区第一名。

2014年江阴市参加省第十八届运动会获前六名成绩一览

表4-108

项　目	运动员	单　项	金	银	铜	四至六名	成　绩
田径	杨鑫隆	男子青年组 3000 米障碍		1			—
	李宇杰	男子青年组 4×100 米接力			1		—
	王盛尧	男子青年组 4×100 米接力			1		—
	张嘉豪	男子甲组 4×400 米接力				六	—
		男子甲组 4×100 米接力			1		—
		男子甲组五项全能				四	—
	任　磊	男子乙组五项全能				四	—

续表4-108

项　目	运动员	单　项	金	银	铜	四至六名	成　绩
田径	周艳兵	女子甲组 100 米			1		—
		女子甲组 200 米			1		—
		女子甲组 4×100 米接力			1		—
	任晗琦	女子甲组跳远				六	—
		女子甲组 4×400 米接力			1		—
	龚　芬	女子 13-14 岁组跳高				五	—
	薛慧洁	女子 13-14 岁组 4×400 米接力				四	—
	冯依雯	女子 13-14 岁组跳远				四	—
		女子 13-14 岁组五项全能				六	—
	汪　丽	女子 13-14 岁组 100 米				四	—
		女子 13-14 岁组 100 米栏				四	—
		女子 13-14 岁组 4×400 米接力				四	—
	王　铭	男子甲组跳远				六	—
	蒋松江	男子甲组跳高			1		—
	陆伟一	男子乙组 4×100 米接力				六	—
举重	徐俊佳	男子乙组 77 公斤级总成绩				四	—
	周江徽	男子乙组 69 公斤级总成绩				四	—
	江海涛	男子乙组 52 公斤级总成绩				五	—
	吴　越	男子青年组 85 公斤级总成绩				五	—
	张海杰	男子甲组 77 公斤级总成绩	1				
	黄　涛	男子甲组 85 公斤级总成绩		1			
	何　淼	男子甲组 77 公斤级总成绩			1		
拳击	张雨电	男子乙组 74 公斤级	1				
	蒋森海	男子甲组 64 公斤级		1			
	曹海峰	男子甲组 59 公斤级			1		
	周吉成	男子甲组 69 公斤级			1		
柔道	胡晓晖	男子甲组 71 公斤级		1			
	陈小峰	男子甲组 64 公斤级			1		
	朱伟玲	女子甲组 68 公斤级			1		
自行车	朱　静	女子场地		1			
		女子公路大组	1				
	缪敏莉	女子公路 10 公里		1			
		女子公路大组			1		
		女子场地（团体）			1		
	刘铖烨	女子场地			1		

续表4-108

项　目	运动员	单　项	金	银	铜	四至六名	成　绩
自行车		女子场地（团体）			1		
		女子场地 200 米	1				
		女子公路 10 公里				六	
足球	江阴男子足球队	男子甲组	1				
	江阴二中女子足球队	女子甲组	1				
	江阴队	男子丙组				五	
		女子丙组				五	
击剑	钱　龙 邵宏焱 吴以恒 闫宇豪	男子花剑儿童组团体		1			
	于春雨 郑辰星 张旋子	女子花剑儿童组团体				四	
	郑辰星	女子重剑儿童组			1		
	朱春宇	男子重剑乙组团体				四	
		男子花剑乙组				五	

（十五）参加江苏省单项比赛

1.田径

1918年4月22－25日，江苏省立学校第四次联合运动会在南京高等师范专科学校大操场举行，江苏省公立南菁学校参赛，获个人竞技得分第一名。

1918年江阴县参加省立学校第四次联合运动会获前六名成绩一览

表4-109

组　别	运动员（队）	项　目	金	银	铜	四至六名	成　绩
男子少年乙组	朱宝信	撑竿跳高	1				—
	陈和庆	100 码	1				11″8
		440 码	1				62″2
男子少年甲组	封元庆	880 码	1				2′27″4

注：1码合0.914米

1928年4月28－29日，江苏大学区第一届中等学校联合运动会在省立南京公共体育场举行，江苏省公立南菁学校11名学生参赛，获男子田径团体锦标（第一名），徐恕忠获男子个人全能第一名。

1928年江阴县参加第一届省中等学校联合运动会获前六名成绩一览

表4-110

组　别	运动员（队）	项　目	金	银	铜	四至六名	成　绩
男子少年甲组	徐恕忠	个人总分	1				—
		跳远	1				5.51 米
		200 米	1				25″ 4
	杨时勉	撑竿跳高	1				2.845 米

1929年5月4—6日，第二届江苏省中等学校联合运动会在省立南京公共体育场举行，江苏省公立南菁学校参赛。

1929年江阴县参加第二届省中等学校联合运动会获前六名成绩一览

表4-111

组　别	运动员（队）	项　目	金	银	铜	四至六名	成绩
男子少年乙组	张代明	标枪	1				32.88 米
	黄义成	400 米	1				62″ 1
		800 米	1				2′ 29″ 0
男子少年甲组	徐恕忠	跳远	1				5.93 米

1930年3月15—17日，第三届江苏省中等学校联合运动会在镇江三十六标操场举行，江苏省公立南菁学校运动员张代明获男子少年甲组标枪第一名，成绩为35.6米。

1931年5月1—4日，第四届江苏省中等学校联合运动会在省立镇江公共体育场举行，江苏省南菁中学运动员杨纯佛获男子少年甲组800米第一名，成绩为2′ 19″ 4。

1933年9月19—22日，第三届江苏省运动会在省立镇江公共体育场新址举行，江阴县运动员黄德成代表二区（二区包括无锡、武进、江阴、宜兴、溧阳5县）参赛，获男子400米中栏第一名，成绩为1′ 05″ 1，代表江苏省参加全国运动会。

1935年9月12—15日，第四届江苏省运动会在省立镇江公共体育场举行，共有670名运动员（女子195人）参赛，江阴县运动员杨东海获男子五项全能第二名，陶金保获男子10000米第三名，潘发英获女子跳远第四名。

1940年9月，江苏省田径比赛举行，江阴县运动员黄德成获男子110米高栏第一名（成绩，18″ 3），破省纪录。

1942年，汪伪江苏省政府在吴县（今苏州）举行江苏省第一届全省联合运动大会，比赛项目为田径，江阴县运动员许廷荣成绩突出，被选为参加全国田径选拔赛选手。

1979年5月，江苏省少年田径选拔赛在江阴县体育场举行，江阴运动员代表苏州地区队参赛。

1982年5月，第十届江苏省运动会田径比赛暨中日田径友谊赛在靖江县举行，江阴县运动员丁克参赛。

1983年7月，江苏省中学生县级田径比赛（常熟赛区）在常熟市举行，江阴县获团体总分第十六名，全省第五十九名，张虹获男子少年甲组800米第二名（成绩，2′ 11″ 8），潘红霞获女子少年甲组100米第三名（成绩，13″ 7），仲英获精神文明奖。

1984年5月，江苏省中学生县级田径赛（南通赛区）在南通市举行，江阴等18个县参赛，江阴县获团体总分第三名，全省第十三名。

1984年江阴县参加省县级田径赛（南通赛区）获前六名成绩一览

表4-112

组　别	运动员（队）	项　目	金	银	铜	四至六名	成　绩
男子少年乙组	唐天娇	F组全能	1				1524分
		F组100米		1			16″7
	黄继红	F组全能			1		1427分
		F组100米栏				五	18″5
	洪　幸	F组全能		1			1465分
		F组100米栏			1		18″1
	宋　正	F组100米栏	1				16″5
		F组全能				五	1336分
女子少年乙组	殷　芳	A组全能	1				2312分
		A组100米			1		13″8
	李　敏	A组全能		1			2187分
		A组100米栏			1		13″8
	陈正清	B组全能				五	1957分
		B组跳高				五	1.30米
男子少年甲组	张　兵	200米				六	25″1
	缪振新	三级跳远			1		13.10米
	蒋明华	铁饼		1			37.36米
女子少年甲组	吴　煜	100米		1			13″3
	陈红梅	铅球	1				10.16米
		铁饼		1			—

1984年11月，江苏省中长跑竞走马拉松比赛在苏州常熟市举行，江阴县运动员马士洪、包洪刚分获男子少年组10公里竞走第五（成绩，55′44″0）、六名（成绩，55′54″1）。

1985年5月1—3日，江苏省县级田径赛（沙洲赛区）在苏州沙洲县举行，无锡、江阴、宜兴等20个县参赛，江阴县获团体总分第十四名，全省第三十名。

1985年江阴县参加省县级田径赛（沙洲赛区）获前六名成绩一览

表4-113

组　别	运动员（队）	项　目	金	银	铜	四至六名	成　绩
女子少年乙组	陈正清	B组全能	1				2223分
		B组跳高				六	1.33米
	李　敏	A组全能		1			2204分

续表4-113

组　别	运动员（队）	项　目	金	银	铜	四至六名	成　绩
女子少年乙组	周志芳	C组跳远				五	4.70米
男子少年乙组	唐承兴	E组铁饼			1		31.52米
	徐　乾	A组100米				六	12″6
女子少年甲组	殷　芳	200米			1		28″1
	黄惠珠	200米				五	28″5
男子少年甲组	蒋明华	铁饼	1				41.96米
		标枪		1			48.20米
	蔡永忠	标枪			1		45.43米
		铁饼				六	34.52米
	周春良	三级跳远		1			12.94米
		铅球			1		11.67米

1985年7月，江苏省第十一届运动会中小学部田径预赛和省第三届中学生运动会田径比赛在南京市举行，江阴县运动员陈正清获女子少年乙组全能第一名（2392分）。11月，江苏省秋季中长跑竞走马拉松赛在苏州常熟市举行，江阴县运动员包洪刚、华忠新分别获男子青年组10公里竞走第二名（成绩，51′44″9）、第三（成绩，54′29″4）名。

1986年5月1—5日、11—15日，江苏省女子和男子县级田径比赛在徐州沛县、苏州沙洲县分别举行，江阴县获团体总分第五十三名（20分），其中女子获第三十六名、男子获第六十名，陈正清获女子少年甲组五项全能第三名（2522分）。10月，江苏省竞走比赛在常熟市举行，江阴县运动员蒋建军以50′42″0的成绩创造县10公里竞走纪录。

1987年5月17—21日，江苏省青少年田径比赛在苏州市举行，江阴市运动员代表无锡队参赛，朱益红、蔡亦新打破女子少年乙组4×100米接力江苏省纪录，成绩为1′03″0。

1987年江阴市参加省青少年田径比赛获前六名成绩一览

表4-114

组　别	运动员（队）	项　目	金	银	铜	四至六名	成　绩
女子少年乙组	朱益红	100米	1				13″2
		200米	1				26″5
		400米			1		—
	朱益红　蔡亦新	4×100米接力	1				1′03″0
女子少年甲组	陈正清	五项全能		1			2604分
		跳高		1			1.53米

1987年7月15—18日、7月22—25日，江苏省男子、女子县级田径比赛在常州金坛县、武进县分别举行，江阴市获团体总分第四十五名（28分），其中男子获第五十七名、女子获第三十七名。殷芳被评为精神文明运动员。

1987年江阴市参加省县级田径赛获前六名成绩一览

表4-115

组 别	运动员（队）	项 目	金	银	铜	四至六名	成 绩
女子少年甲组	朱益红	100 米				五	12″ 9
	蔡亦新	200 米				六	27″ 2
女子少年乙组	谢彐菲	100 米				五	13″ 4
男子少年乙组	蒋建军	5000 米竞走				五	25′ 39″ 0

1988年3月，江苏省业余体校冬训调训比赛在南京市举行，江阴市业余体校运动员朱益红获女子少年甲组200米第二名。

1988年5月8−11日，江苏省男子县级田径比赛在建湖县举行，7月22−24日，省女子县级田径比赛在东海县举行，江阴市获团体总分第二十名（76分），其中男子获第四十九名、女子获第八名。

1988年江阴市参加省县级田径赛获前六名成绩一览

表4-116

组 别	运动员（队）	项 目	金	银	铜	四至六名	成 绩
男子少年甲组	蒋建军	5000 米竞走				六	25′ 29″ 8
女子少年甲组	朱益红	100 米				六	13″ 1
		200 米	1				26″ 5
	张文军	100 米栏				六	17″ 4
	江阴队	4×100 米接力	1				52″ 1

1989年7月19−21日，江苏省男子县级田径赛在盐城市举行，8月1−3日，省女子县级田径赛在苏州张家港市举行，江阴市获团体总分第二十九名（85分），其中男子获第五十名、女子获第十四名。

1989年江阴市参加省县级田径赛获前六名成绩一览

表4-117

组 别	运动员（队）	项 目	金	银	铜	四至六名	成 绩
男子 15 岁组	殷晓军	铁饼全能				六	93.33 分
		铁饼			1		45.64 米
	江胜宁	跳高				四	1.65 米
女子 13 岁组	章丽敏	跳高全能				六	170 分
女子 14 岁组	方红霞	跨栏全能				五	189 分
女子 15 岁组	杜丽芳	短跑全能			1		103 分
		100 米	1				12″ 7

1990年5月1−4日，江苏省县级田径赛在苏州常熟市举行，江阴市获团体总分第二十六名。

1990年江阴市参加省县级田径赛获前六名成绩一览

表4-118

组 别	运动员（队）	项 目	金	银	铜	四至六名	成 绩
女子 13～14 岁组	沈 丽	100 米		1			—
		200 米	1				—
	吴君亚	100 米栏			1		—
		200 米栏			1		—
男子 15 岁组	黄春洪	跳远				六	5.83 米

1991年5月1–4日，江苏省县级田径赛在常州武进市举行，全省共有65个县（市）及盐城郊区66个单位的343名运动员参赛，江阴市获团体总分第三十一名（40分）。

1991年江阴市参加省县级田径赛获前六名成绩一览

表4-119

组 别	运动员（队）	项 目	金	银	铜	四至六名	成 绩
女子 13～14 岁组	沈 丽	100 米		1			60.0 分
		200 米	1				63.60 分
	王海燕	100 米栏				六	54.70 分
女子 15 岁组	吴君亚	100 米栏				五	50.40 分
		200 米栏				四	57.10 分

1991年7月30日–8月1日，江苏省青少年田径比赛在南通市举行，11个省辖市293名运动员参赛，江阴市运动员代表无锡队参赛，张卫东获男子少年乙组铅球第三名（成绩，12.02米）、铁饼第二名（成绩，36.08米），杜丽芳、沈丽获女子少年甲组4×100米接力第一名（成绩，48″4），打破49″7的省纪录。

1992年5月1–4日，江苏省县级田径比赛在常州金坛市举行，江阴市获团体总分第十五名（60分）。黄春洪打破男子少年乙组跳远江苏省纪录。

1992年江阴市参加省县级田径赛获前六名成绩一览

表4-120

组 别	运动员（队）	项 目	金	银	铜	四至六名	成 绩
男子 A 组	周荣峰	标枪				五	52.80 米
男子 B 组	黄春洪	跳远	1				6.65 米
		三级跳远	1				13.90 米
女子 B 组	华 燕	100 米				四	—
		200 米		1			—
	王海燕	100 米栏		1			—
		跳高				四	—

1993年4月27−29日，江苏省县级田径赛在徐州邳州市举行（第一赛区），共有280名运动员参赛，江阴市获团体总分第二十八名（22分）。

1993年江阴市参加省县级田径比赛获前六名成绩一览

表4-121

组 别	运动员（队）	项 目	金	银	铜	四至六名	成 绩
男子 13～14 岁组	周 华	200 米	1				25″ 4
		100 米		1			12″ 1
女子 13～14 岁组	徐金莲	800 米				六	2′ 31″ 6
	陈和芬	跳高				六	1.25 米
	王海燕	200 米栏				六	33″ 7

1994年4月27−28日，江苏省县级田径赛（第二赛区）在扬州江都市举行，江阴市体校8名学生参赛，获团体总分第一名（97分），晋升甲级队。

1994年江阴市参加省县级田径比赛获前六名成绩一览

表4-122

组 别	运动员（队）	项 目	金	银	铜	四至六名	成 绩
男子 153～16 岁组	周 华	100 米	1				12″ 1
		200 米		1			24″ 1
女子 153～16 岁组	徐金莲	200 米	1				—
		400 米	1				—
	吴 琦	100 米栏	1				—
		100 米				六	—
男子 133～14 岁组	唐洪新	200 米	1				—
		400 米	1				—
女子 133～14 岁组	沈丽惠	标枪		1			—
		铁饼				六	—
	沈 燕	100 米		1			—
		200 米			1		—
	陈和芬	100 米			1		—
		200 米				四	—

1994年5月，江苏省第十三届运动会青少年田径预赛在扬州仪征县举行，江阴市运动员沈丽代表无锡队参赛，获女子少年甲组100米第一名（成绩，11″ 8）。

1995年5月2−4日，江苏省县级田径赛（第一赛区）在徐州新沂市举行，共有280名运动员（女运动员141名）参赛，江阴市体校8名选手参赛，获团体总分第九名（69分），奖牌总数第六名。

1995年江阴市参加省县级田径赛获前六名成绩一览

表4-123

组　别	运动员（队）	项　目	金	银	铜	四至六名	成　绩
男子 153～16 岁组	王海峰	跳高	1				1.88 米
		三级跳远				四	13.28 米
	周　华	跳远		1			6.53 米
	许晓刚	铁饼				六	53.32 米
女子 153～16 岁组	吴　琦	200 米栏			1		32″1
	徐金莲	200 米			1		26″9
		400 米			1		59″4
女子 133～14 岁组	沈丽惠	铅球				六	10.59 米
		标枪	1				35.12 米
	沈　燕	100 米	1				12″4
		200 米	1				26″2

1995年7月13—15日，江苏省青少年田径比赛在徐州新沂市举行，11个省辖市共264名运动员（女运动员125名）参赛，江阴市运动员代表无锡队参赛。

1995年江阴市参加省青少年田径赛获前六名成绩一览

表4-124

组　别	运动员（队）	项　目	金	银	铜	四至六名	成　绩
女子少年甲组	沈　燕	100 米		1			12″5
男子少年甲组	俞利新	400 米			1		52″3
	周　伟	110 米栏		1			15″7
		跳高				五	1.83 米
	黄春洪	跳远				六	6.54 米
	王海峰	三级跳远				六	13.42 米

1996年4月13—16日，江苏省县级田径赛（第一赛区）在南通如皋市举行，共278名运动员（女运动员136名）参赛，江阴市体校8名选手参赛，获团体总分第七名（81分），奖牌总数第五名（4金1银4铜）。

1996年江阴市参加省县级田径赛获前六名成绩一览

表4-125

组　别	运动员（队）	项　目	金	银	铜	四至六名	成　绩
女子 153～16 岁组	沈　燕	100 米	1				12″3
		200 米	1				25″4
	徐金莲	100 米		1			13″0
		200 米				四	26″1

续表4-125

组　别	运动员（队）	项　目	金	银	铜	四至六名	成　绩
女子 153～16 岁组	沈丽惠	标枪				五	36.18 米
男子 133～14 岁组	顾静伟	100 米	1				58.60 分
		跳远	1				59.30 分
	邹云飞	跳远				五	47.80 分
		三级跳远			1		46.60 分
女子 133～14 岁组	严春燕	100 米			1		50.80 分
		200 米			1		55.90 分
	邹　锡	200 米				四	54.0 分
		400 米			1		63.20 分

1996年8月19－21日，江苏省青少年田径比赛在徐州市举行，11个省辖市共358名运动员（女运动员185名）参赛，江阴市运动员代表无锡队参赛。

1996年江阴市参加省青少年田径赛获前六名成绩一览

表4-126

组　别	运动员（队）	项 目	金	银	铜	四至六名	成绩
男子少年甲组	俞利新	400 米		1			51″1
	王海峰	110 米栏		1			15″1
		三级跳远				六	13.63 米
女子少年甲组	沈　燕	100 米			1		12″4
		200 米			1		25″3
女子少年乙组	邹　锡	200 米栏				六	31″0

1997年5月20－22日，江苏省县级田径赛在扬州江都市举行（第一赛区），35个县（市）276名运动员（其中女运动员123名）参加，江阴市共有8名选手（以体校为主）参赛，获团体总分第十名（65分），奖牌总数第七名（3金3银1铜）。

1997年江阴市参加省县级田径赛获前六名成绩一览

表4-127

组　别	运动员（队）	项 目	金	银	铜	四至六名	成　绩
女子 15～16 岁组	沈丽惠	标枪	1				43.64 米
		铅球				六	11.67 米
	沈　燕	100 米			1		12″0
		200 米		1			25″5
女子 13～14 岁组	李　燕	100 米栏				四	16″1
		200 米栏				五	31″6
	薛　莲	800 米	1				75.70 分

续表4-127

组 别	运动员（队）	项 目	金	银	铜	四至六名	成 绩
女子 13～14 岁组	薛 莲	400 米		1			72.50 分
	邹 锡	400 米	1				76.20 分
		200 米		1			67.60 分
	林 丽	100 米栏				五	58.70 分

1997年，江苏省第二届重点高中田径运动会举行，江阴市南菁、长泾、青阳、市中等4所中学共32名运动员参赛。

1998年4月1—4日，江苏省县级田径比赛（第一赛区）在无锡锡山市举行，35个县（市）的270名运动员（其中女运动员133名）参加比赛，江阴市共有9名选手参赛，获团体总分第五名（79分），奖牌总数第三名（5金1银2铜）。

1998年江阴市参加省县级田径赛获前六名成绩一览

表4-128

组 别	运动员（队）	项 目	金	银	铜	四至六名	成 绩
男子 13～14 岁组	李 龙	100 米	1				11″6
		200 米	1				24″4
女子 13～14 岁组	林 丽	100 米		1			12″6
		100 米栏	1				15″4
	张 苗	100 米栏				四	15″9
	张依娜	400 米				六	1′06″5
男子 15～16 岁组	夏 剑	100 米				五	11″6
		200 米			1		23″7
女子 15～16 岁组	严春燕	100 米			1		12″8
	邹 锡	200 米				五	26″4
		200 米栏				五	29″8
	薛 莲	400 米	1				57″9
		800 米	1				2′18″9

1999年4月12—15日，江苏省县级田径赛（第一赛区）在无锡锡山市举行，江阴市共有10名运动员参赛，获团体总分第六名，奖牌总数第八名。李龙打破男子13～14岁组100、200米江苏省纪录，李燕打破女子13～14岁组100米栏江苏省纪录。

1999年江阴市参加省县级田径赛获前六名成绩一览

表4-129

组 别	运动员（队）	项 目	金	银	铜	四至六名	成 绩
男子 13～14 岁组	李 龙	100 米	1				67.20 分
		200 米	1				65.10 分
	程明根	400 米			1		55.10 分

续表4-129

组　别	运动员（队）	项　目	金	银	铜	四至六名	成　绩
男子 13～14 岁组	胡清清	800 米				六	49.50 分
女子 13～14 岁组	李　燕	100 米				五	52.10 分
		100 米栏			1		64.20 分
	蔡　萍	400 米				五	66.50 分
		800 米				四	68.10 分
男子 15～16 岁组	袁士军	100 米				六	11″5
女子 15～16 岁组	邹　锡	200 米				六	27″0
		200 米栏		1			28″9
	严春燕	100 米		1			12″4
	严春燕	200 米			1		25″9
	薛　莲	400 米				四	1′00″3
		800 米		1			2′10″1
	张　茜	跳高		1			1.45 米

1999年8月23—25日，江苏省青少年田径比赛在无锡市举行，江阴市运动员代表无锡队参赛，李龙打破男子13—14岁组200米江苏省纪录，严春燕达女子15—16岁组100米一级运动员标准。

1999年江阴市参加省青少年田径比赛获前六名成绩一览

表4-130

组　别	运动员（队）	项　目	金	银	铜	四至六名	成　绩
男子 13～14 岁组	李　龙	100 米	1				11″2
		200 米	1				22″5
	程明根	400 米				六	53″4
女子 13～14 岁组	李　燕	100 米栏				六	15″1
女子 15～16 岁组	严春燕	100 米	1				11″92
	薛　莲	800 米	1				2′14″8
		400 米				五	59″5
	邹　锡	200 米栏		1			29″1

2000年4月26—28日，江苏省县级田径赛（第一赛区）在无锡锡山市举行，34个县（市）316名运动员参赛，江阴市体校10名选手参赛，获团体总分第九名（99分），奖牌总数第十三名（3金3银3铜）。

2000年江阴市参加省县级田径比赛获前六名成绩一览

表4-131

组　别	运动员（队）	项目	金	银	铜	四至六名	成　绩
男子B组（15岁）	李　龙	100米	1				44.05分
	李　龙	300米	1				43.55分
	程明根	300米			1		41.10分
		600米		1			30.0分
	胡清清	1500米				五	26.50分
女子B组（15岁）	李　燕	100米				六	37.45分
		100米栏		1			40.25分
	徐　洁	300米				五	39.85分
		三级跳远				五	24.95分
	蔡　萍	600米			1		31.0分
		800米			1		31.0分
	堵君兰	三级跳远				四	25.85分
女子C组（13～14岁）	缪小琴	100米				六	37.45分
	胡　丹	100米栏	1				52.75分
		跳远		1			38.55分

2000年8月24—27日，江苏省青少年田径比赛在苏州市举行，13个省辖市577名运动员参赛，江阴市共8名选手代表无锡队参赛，获金牌7枚、银牌3枚、铜牌1枚，李龙打破男子少年甲组100米江苏省纪录。

2000年江阴市参加省青少年田径比赛获前六名成绩一览

表4-132

组　别	运动员（队）	项　目	金	银	铜	四至六名	成　绩
男子少年甲组（15～16岁）	吴　纯	100米		1			11″0
	江阴队	4×100米接力	1				42″9
		4×400米接力		1			3′32″6
	李　龙	100米	1				10″7
		200米	1				22″5
女子少年甲组（15～16岁）	严春燕	100米		1			12″0
		200米			1		25″7
		4×100米接力	1				47″9
		4×400米接力	1				3′58″6
	邹　锡	4×400米接力	1				3′58″6
		200米栏	1				27″7
女子少年乙组（13～14岁）	刘　娜	跳高	1				1.66米
	胡　丹	跳远				四	5.47米

2000年10月26-30日，江苏省青少年田径单项比赛暨青少年竞走比赛在南京体育学院举行，12个省辖市238名运动员参赛，江阴市有7名选手代表无锡队参赛。

2000年江阴市参加省青少年田径单项赛获前六名成绩一览

表4-133

组　别	运动员（队）	项　目	金	银	铜	四至六名	成绩
女子少年甲组	严春燕	100米		1			12″4
	邹　锡	100米				四	12″79
女子少年乙组	胡　丹	跳远			1		5.57米
		100米栏			1		15″6
	刘　娜	跳高	1				1.65米
男子少年甲组	李　龙	100米	1				11″21

2001年5月1-4日，江苏省县级田径赛（第一赛区）在镇江丹阳市举行，江阴市共有8名运动员参赛，获团体总分第五名（119分），奖牌总数第三名（6金1银7铜）。

2001年江阴市参加省县级田径比赛获前六名成绩一览

表4-134

组　别	运动员(队)	项目	金	银	铜	四至六名	成　绩
男子A组（16岁）	李　龙	100米		1			11″61
		200米			1		23″6
	胡清清	400米			1		53″5
		800米			1		2′35″5
女子A组（16岁）	李　燕	100米			1		13″38
		100米栏	1				15″5
	蔡　萍	800米				四	2′24″2
		400米				四	1′02″76
	堵君兰	200米栏	1				30″91
		三级跳远	1				11.72米
女子B组（15岁）	缪小琴	600米	1				41.25分
		800米	1				38.75分
男子C组(13～14岁)	项龙清	600米				四	56.50分
女子C组(13～14岁)	曾喜丹	100米			1		44.50分
		300米			1		52.80分
	胡　丹	100米栏			1		57.75分
		跳远	1				52.05分
	谢奕南	100米栏				四	52.50分

2001年8月26—29日，江苏省青少年田径比赛在苏州市举行，13个省辖市629名运动员参加，江阴市有12名选手代表无锡队参赛，获5枚金牌、4枚银牌、4枚铜牌。

2001年江阴市参加省青少年田径比赛获前六名成绩一览

表4-135

组　别	运动员（队）	项　目	金	银	铜	四至六名	成　绩
男子青年组	夏　建	100米				六	—
		4×100米接力	1				—
女子青年组	严春燕	100米			1		12″49
		4×100米接力		1			—
		4×400米接力		1			—
	邹　锡	100米				四	—
		400米栏	1				59″99
		100米栏			1		14″91
		4×100米接力		1			—
		4×400米接力		1			—
	薛　莲	4×400米接力		1			—
男子少年甲组	李　龙	100米	1				10″84
		200米	1				22″2
		4×100米接力			1		—
	胡清清	4×100米接力			1		—
女子少年甲组	李　燕	100米栏			1		15″57
		4×100米接力				五	—
	堵君兰	200米				六	—
		三级跳远		1			—
		4×400米接力				五	—
	蔡　萍	400米				五	59″58
		4×400米接力				五	—
女子少年乙组	胡　丹	跳远	1				5.79米
	刘　娜	跳高		1			—
男子少年乙组	项龙清	800米				六	2′01″63

2001年11月，江苏省青少年田径单项赛在南京体育学院举行，江阴市运动员代表无锡队参赛，胡丹获女子少年乙组跳远第二名，堵君兰获女子少年甲组三级跳远第二名。

2002年4月3—6日，江苏省县级田径比赛（第一赛区）在镇江丹阳市举行，共有311名运动员参赛，江阴市10名选手参加，获团体总分第八名（104分），奖牌总数第十六名（3金4银5铜）。谢奕南获江苏省县（市）田径比赛优秀苗子称号。

2002年江阴市参加省县级田径赛获前六名成绩一览

表4-136

组　别	运动员（队）	项　　目	金	银	铜	四至六名	成　绩
男子A组（16岁）	曹玉龙	100米			1		12″4
		跳远				四	6.32米
女子A组（16岁）	缪小琴	400米			1		1′01″54
		200米栏		1			31″32
男子B组（15岁）	倪志伟	跳远				四	42.30分
女子B组（15岁）	刘　菁	100米栏				四	39.50分
	刘　娜	100米栏			1		40.75分
		跳高			1		41.50分
	胡　丹	跳远				六	37.70分
		三级跳远		1			38.20分
男子C组（13～14岁）	项龙清	600米		1			60.0分
		1500米		1			43.50分
女子C组（13～14岁）	曾喜丹	100米			1		48.30分
		300米	1				53.30分
	顾莉华	600米				六	47.50分
		100米栏				五	51.50分
	谢奕南	100米栏	1				63.50分
		三级跳远	1				72.25分

2003年8月8—11日，江苏省青少年田径比赛在无锡市体育中心举行，江阴市13名选手代表无锡队参赛，获3枚金牌、7枚银牌、5枚铜牌。

2003年江阴市参加省青少年田径比赛获前六名成绩一览

表4-137

组　别	运动员（队）	项　目	金	银	铜	四至六名	成　绩
女子青年组	李　燕	100米栏		1			14″81
		400米栏			1		1′05″6
男子少年甲组	汤　建	200米				四	22″59
		400米		1			49″17
		4×400米接力		1			3′22″83
	陈　宇	400米				五	50″74
		4×400米接力		1			3′22″83
	周　珊	800米			1		1′56″74
		1500米		1			3′56″33
		4×400米接力		1			3′22″83

续表4-137

组　别	运动员（队）	项　目	金	银	铜	四至六名	成　绩
男子少年甲组	周　峰	三级跳远		1			14.40 米
女子少年甲组	刘　娜	跳高	1				1.64 米
		4×100 米接力				五	50″32
	胡　丹	跳远				四	5.54 米
	魏建芬	五项全能				四	2633 分
		4×100 米接力				五	50″32
男子少年乙组	项龙清	600 米			1		47.25 分
		1500 米		1			4′01″58
		4×400 米接力	1				3′25″71
	缪　金	4×100 米接力	1				43″45
女子少年乙组	虞　婧	300 米			1		49.0 分
		4×400 米接力			1		3′58″24
	承珠凤	300 米				五	47.10 分
		4×400 米接力			1		3′58″24
	顾莉华	4×100 米接力		1			49″68

2004年5月5—7日，“广源杯”省县级田径赛（第一赛区）在镇江句容市体育中心举行，江阴市共有10名运动员参赛，获团体总分第十六名（85分），奖牌总数第十五名（3金1银3铜）。

2004年江阴市参加省县级田径赛获前六名成绩一览

表4-138

组　别	运动员（队）	项　目	金	银	铜	四至六名	成　绩
男子 A 组（16 岁）	项龙清	800 米	1				1′56″34
		1500 米	1				4′05″31
男子 B 组（15 岁）	吴肖刚	600 米				六	40.85 分
	李　翔	跳高			1		43.70 分
		三级跳远				五	39.80 分
女子 B 组（15 岁）	承珠凤	300 米				四	48.60 分
		600 米				六	43.75 分
	顾莉华	100 米栏			1		49.50 分
		跳远				六	41.90 分
	黄　玉	铅球				五	30.60 分
		铁饼			1		36.45 分
男子 C 组（13～14 岁）	周　晶	600 米				五	58.60 分
		1500 米				四	44.80 分

表4-138

组　别	运动员（队）	项　目	金	银	铜	四至六名	成　绩
女子C组（13～14岁）	江冬霞	100米				五	42.20分
		100米栏	1				58.50分
	缪晓丹	100米栏				四	42.35分
		跳高		1			49.05分
	罗敏玉	铅球				五	45.03分

2004年5月9—19日，江苏省第五届农民运动会在淮安市举行，江阴市运动员代表无锡队参赛，其中田径项目获1枚金牌、1枚银牌、2枚铜牌。

2004年8月，江苏省青少年田径比赛举行，江阴市有13名运动员代表无锡队参赛，获4枚金牌、3枚银牌、4枚铜牌。

2004年江阴市参加省青少年田径比赛获前六名成绩一览

表4-139

组　别	运动员（队）	项　目	金	银	铜	四至六名	成　绩
男子少年甲组	汤　健	200米		1			—
		400米		1			—
		4×100米接力			1		—
	项龙清	800米	1				—
		1500米	1				—
		4×100米接力			1		—
	周　珊	1500米		1			—
		5000米	1				—
		4×400米接力			1		—
男子少年乙组	陆培东	600米				五	—
		4×400米接力				五	—
	龚晓峰	300米				四	—
		4×400米接力				五	—
	李　翔	跳高				四	—
女子青年组	李　燕	100米栏				四	—
女子少年甲组	刘　娜	跳高	1				—
	魏建芬	五项全能				四	—
女子少年乙组	樊　倩	跳高				五	—
	谢　楠	三级跳远			1		—
	黄　玉	铁饼				五	—
	许美玲	4×100米接力			1		—
	许美玲	4×400米接力				五	—

2004年11月，江苏省田径单项赛举行，江阴市运动员陈宇、项龙清分别获男子少年甲组400米、600米铜牌。

2005年5月5−7日，江苏省县级田径赛（第一赛区）在淮安市体育运动学校举行，江阴市体校共有10名选手参赛，获团体总分第十二名。

2005年江阴市参加省县级田径赛获前六名成绩一览

表4-140

组　别	运动员（队）	项　目	金	银	铜	四至六名	成　绩
男子 A 组（16 岁）	吴肖刚	400 米				五	50″6
女子 A 组（16 岁）	许美玲	100 米			1		12″33
		200 米		1			25″4
	顾莉华	100 米栏			1		15″64
		200 米栏			1		33″24
男子 C 组（13～14 岁）	陆培东	600 米		1			64.25 分
女子 C 组（13～14 岁）	江冬霞	100 米				五	46.20 分
		100 米栏		1			65.55 分
	缪晓丹	100 米栏				五	52.30 分
		跳高			1		52.65 分
	陈　燕	跳远				六	50.0 分
		三级跳远				五	72.80 分
	罗铭玉	铅球		1			50.80 分
		铁饼		1			47.90 分
	胡梦媛	三项全能				四	1549 分

2005年7月5−8日，江苏省青少年田径比赛在南通市举行，江阴市有8名选手代表无锡队参赛。

2005年江阴市参加省青少年田径比赛获前六名成绩一览

表4-141

组　别	运动员（队）	项　目	金	银	铜	四至六名	成　绩
男子青年组	周　珊	5000 米		1			15′35″76
女子青年组	吴　芳	400 米栏				五	1′07″49
	刘　娜	跳高			1		1.59 米
男子少年甲组	项龙清	800 米			1		1′59″42
		1500 米				六	4′02″14
		4×400 米接力				六	3′33″87
	林　辉	跳远			1		7.23 米
女子少年甲组	许美玲	100 米			1		11″98
		200 米				四	25″22

续表4-141

组　别	运动员（队）	项 目	金	银	铜	四至六名	成　绩
男子少年乙组	徐　昶	五项全能				五	3157 分
		跳远		1			50.60 分
		4×100 米接力				六	44″4
女子少年乙组	谢　楠	三级跳远		1			43.0 分

2005年8月15－19日，江苏省青少年田径单项赛在南通市举行，共548名运动员参加，江阴市运动员代表无锡队参赛，陈龙获男子青年组铁饼第一名（成绩，46.73米），许美玲获女子少年甲组100米第二名（成绩，12″31）。

2006年4月，江苏省田径高水平运动员测试在苏州市举行，江阴市运动员倪志伟获100米第一名（成绩，10″78）。

2006年8月9－12日，“昂立市府花苑杯”省县级田径比赛（第一赛区）在徐州新沂市举行，江阴市共有16名选手参赛，获团体总分第三名（179分），奖牌总数第六名（5金7银3铜），高中组团体总分第六名。

2006年江阴市参加省县级田径比赛获前六名成绩一览

表4-142

组　别	运动员（队）	项　目	金	银	铜	四至六名	成　绩
男子甲组（16～18 岁）	项龙清	800 米	1				1′58″41
		1500 米				五	4′05″33
女子甲组（16～18 岁）	许美玲	100 米	1				11″95
		200 米	1				24″93
	顾莉华	100 米栏		1			15″44
		200 米栏		1			29″6
	谢奕南	跳远				六	5.39 米
		三级跳远				四	12.50 米
女子乙组（13～15 岁）	邢彐艳	100 米		1			54.60 分
		300 米	1				56.0 分
	江东霞	100 米				四	54.20 分
		100 米栏	1				64.50 分
	缪晓丹	100 米栏			1		58.90 分
		跳高		1			52.90 分
	陈　燕	跳远			1		52.30 分
		三级跳远		1			76.50 分
	胡梦媛	三项全能				四	1755 分
	宋海燕	三项全能				六	1657 分

续表4-142

组　别	运动员（队）	项　目	金	银	铜	四至六名	成　绩
男子丙组（11～12岁）	李宇杰	60米		1			18.40分
		100米				五	8.20分
	谢　冬	300米				四	27.50分
		600米			1		38.80分
女子丙组（11～12岁）	翟晓洁	60米				四	27.0分
	宦旦男	跳远		1			27.0分

2007年5月5−7日，“金坛建设杯”省县级田径比赛（第一赛区）在常州金坛市举行，江阴市获团体总分第八名（129.5分），奖牌总数第十八名（1金6银4铜），高中组团体总分第三名（55分）。

2007年江阴市参加省县级田径比赛获前六名成绩一览

表4-143

组　别	运动员（队）	项 目	金	银	铜	四至六名	成　绩
男子甲组（16～18岁）	季　浩	五项全能		1			3178分
女子甲组（16～18岁）	许美玲	100米		1			11″99
		200米			1		24″82
	承珠凤	400米	1				57″45
		200米				四	25″23
	顾莉华	100米栏		1			15″34
		200米栏		1			28″93
男子乙组（13～15岁）	季　敬	1500米				六	4′22″18
	孔　粲	100米				六	11″31
		跳远				四	6.79米
	梅小菠	三项全能				四	1570分
女子乙组（13～15岁）	薛雅虹	100米栏			1		15″47
	徐晓艳	跳高				五	1.45米
	胡梦媛	三项全能				五	1465分
男子丙组（11～12岁）	李宇杰	60米			1		8″6
		跳远			1		5.23米
	严晨旭	400米				六	1′04″55
女子丙组（11～12岁）	谢梦媛	200米		1			28″17
		跳远		1			4.95米

2007年7月14−15日，江苏省第八届中学生田径运动会（苏南）在丹阳高级中学举行，共有35所中学490名选手参赛，江苏省南菁高级中学、江阴市高级中学共35名选手参加，南菁高中获

团体总分第一名，其中高中男子组（97分）、高中女子组（106分）、初中男子组（86分）、初中女子组（131分）均获第一名。南菁高中周施庆、承珠凤获优秀运动员称号。

2007年江阴市参加省第八届中学生田径运动会（苏南）获前六名成绩一览

表4-144

组　别	运动员（队）	项　目	金	银	铜	四至六名	成　绩
初中男子组	殷强立	110米栏				五	16″49
		跳远			1		6.16米
	周施庆	200米	1				22″87
		400米	1				52″7
	梅晓波	跳高	1				1.80米
		铅球				四	10.17米
	季　敬	1500米	1				4′29″78
	孔　粲	跳远	1				6.68米
		100米	1				11″32
初中女子组	徐晓艳	100米				五	13″63
		跳高	1				1.50米
	宋海燕	100米栏	1				15″91
		跳远	1				5.0米
	南菁高中队	4×100米接力	1				51″67
	韩梦娇	100米栏		1			16″26
		跳远		1			4.87米
	邢彐艳	200米	1				25″58
	陈丽莉	200米		1			26″96
	姚　晨	800米		1			2′32″16
		1500米	1				5′12″2
	陈丽萍	400米	1				1′02″48
高中男子组	杭　振	100米			1		11″7
		200米		1			22″2
	翁宇哲	800米				四	2′02″52
	季　浩	400米				五	51″1
		400米栏		1			59″9
	南菁高中队	4×100米接力	1				43″0
	江阴高中队	4×100米接力				五	45″33
	任　晓	3000米		1			9′19″3
		1500米				四	4′16″92
	蒋　伟	跳远			1		6.57米

续表4-144

组　别	运动员（队）	项　目	金	银	铜	四至六名	成　绩
高中男子组	刘春新	跳远				四	6.49 米
	吴　炯	三级跳远		1			14.12 米
高中女子组	缪杏艳	100 米	1				12″ 53
		200 米		1			26″ 15
	承珠凤	200 米	1				25″ 79
		400 米	1				56″ 25
	顾莉华	100 米栏			1		15″ 8
		400 米栏	1				1′ 06″ 4
	周　霞	100 米栏				六	16″ 83
	南菁高中队	4×100 米接力	1				49″ 95
	徐惠琴	跳远				五	5.38 米

2007年8月13–16日，江苏省青少年田径比赛在苏州太仓市举行，江阴市12名选手代表无锡队参赛。

2007年江阴市参加省青少年田径比赛获前六名成绩一览

表4-145

组　别	运动员（队）	项目	金	银	铜	四至六名	成　绩
男子乙组	孔　粲	100 米			1		—
		跳远			1		—
		4×400 米接力				四	—
	戴荣余	4×400 米接力				四	—
女子乙组	薛冰倩	4×400 米接力				四	—
	姚　晨	4×400 米接力				四	—
	王　菲	4×400 米接力				四	—
	宋海燕	五项全能		1			—
男子甲组	张益明	4×100 米接力	1				—
		4×400 米接力				四	—
女子甲组	缪杏艳	400 米		1			—
		200 米		1			—
		4×100 米接力		1			—
		4×400 米接力		1			—
	邢彐艳	200 米			1		—
		100 米		1			—
		4×100 米接力		1			—
		4×400 米接力		1			—

续表4-145

组　别	运动员（队）	项目	金	银	铜	四至六名	成　绩
女子甲组	陈春慧	200米障碍				四	—
	钱　丹	200米障碍				六	—
		4×100米接力		1			—
女子青年组	承珠凤	200米	1				—
		400米		1			—

2007年11月14−17日，江苏省青少年田径单项赛在南通市举行，江阴市运动员代表无锡队参赛，邢彐艳获女子甲组100米第三名、200米第二名，缪杏艳获200米第一名、400米第四名；孔粲获男子乙组100米第二名、跳远第五名。

2008年5月2−5日，“中国体育彩票杯”省县级田径比赛（第一赛区）在常州金坛市举行，江阴市获团体总分第七名（146分），奖牌总数第十名（3金4银4铜），高中团体总分第十八名（39分）。

2008年江阴市参加省县级田径比赛获前六名成绩一览

表4-146

组　别	运动员（队）	项　目	金	银	铜	四至六名	成　绩
男子甲组（16～18岁）	刘春新	100米			1		11″49
		200米				六	23″35
	梅小菠	五项全能		1			2906分
女子甲组（16～18岁）	邢彐艳	100米		1			12″93
	缪杏艳	200米				五	26″36
		400米				六	1′01″24
男子乙组（13～15岁）	孔　粲	100米				六	11″31
		跳远				四	7.05米
	季　敬	400米		1			52″62
		800米				六	2′02″63
女子乙组（13～15岁）	谢梦媛	100米栏			1		16″62
	宦旦男	100米栏				四	16″91
	徐　静	跳远	1				5.39米
		三级跳远			1		11.64米
	谷美玉	铁饼	1				13.35米
		标枪	1				47.72米
	宋海燕	三项全能				四	1704分
男子丙组（11～12岁）	王盛尧	400米				六	1′05″21
女子丙组（11～12岁）	任晗琦	60米			1		8″33
		跳远		1			4.95米

2008年7月18—20日，第九届“金峰杯”省中学生田径运动会（苏南）在镇江溧阳市举行，江阴市高级中学共7名选手参赛，翁宇哲获高中男子400米第六名（成绩，52″9），何君益获高中男子跳远第五名（成绩，6.36米）。

2008年7月23—26日，江苏省青少年田径比赛在常州武进区举行，江阴市运动员代表无锡队参赛。

2008年江阴市参加省青少年田径比赛获前六名成绩一览

表4-147

组　别	运动员(队)	项　目	金	银	铜	四至六名	成　绩
男子乙组（13～15岁）	孔　粲	100米			1		—
		跳远			1		—
		4×100米接力		1			—
女子乙组（13～15岁）	徐　静	跳远				四	—
		三级跳远				四	—
	宋海燕	五项全能		1			—
		4×400米接力				五	—
	谷美玉	铅球		1			—
男子甲组（16～17岁）	戴荣余	3000米障碍		1			—
女子甲组（16～17岁）	钱　丹	2000米障碍				四	—
		4×400米接力				四	—
	胡梦媛	100米栏				四	—
		4×400米接力				四	—
	邢彐艳	100米				四	—
		4×100米接力	1				—
女子青年组（18～19岁）	承珠凤	100米	1				—
		200米	1				—
	顾莉华	400米		1			—
	缪杏艳	200米		1			—
		400米			1		—

2009年4月30日—5月3日，江苏省县级田径比赛（第一赛区）在苏州太仓市举行，江阴市获团体总分第十名，奖牌总数第二十一名，高中团体总分第九名。

2009年江阴市参加省县级田径比赛获前六名成绩一览

表4-148

组别	运动员（队）	项目	金	银	铜	四至六名	成绩
男子甲组(16～18岁)	梅小波	五项全能			1		3215分
女子甲组(16～18岁)	谷美玉	铁饼		1			48.43米
		铅球			1		12.94米
	宋海燕	五项全能		1			3013分
	薛雅虹	100米栏				六	15″99
		200米栏				六	31″35
男子乙组(13～15岁)	施　健	110米栏				六	17″1
女子乙组(13～15岁)	谢梦媛	100米栏	1				15″26
		100米				四	13″27
	翟晓洁	100米			1		13″1
	陈丽莉	100米				六	13″37

2009年5月，江苏省大学生田径比赛在苏州市举行，江阴市运动员倪志伟获100米第三名（成绩，10″68）、4×100米接力第一名（成绩，42″32）。

8月5−8日，省青少年田径比赛在常州市举行，胡梦媛等江阴市运动员代表无锡队参赛，获4枚金牌。11月4−6日，省青少年田径单项赛在徐州市举行，江阴市运动员谢梦媛代表无锡队参赛，获女子少年乙组100米栏第一名。

2010年7月10−12日，“安格卢特杯”省县级田径比赛（第一赛区）在苏州张家港市体育中心举行，江阴市共有16名选手参赛，获团体总分第十四名（104分），奖牌总数第十六名，高中团体总分第六名（47分）。

2010年江阴市参加省县级田径赛获前六名成绩一览

表4-149

组别	运动员（队）	项目	金	银	铜	四至六名	成绩
男子甲组（16～18岁）	季　敬	200米			1		22″4
		400米	1				48″95
	张浩杰	跳远				五	6.78米
	梅小菠	五项全能		1			3379分
女子甲组（16～18岁）	宋海燕	五项全能		1			2786分
男子乙组（13～15岁）	李宇杰	100米				四	11″3
		跳远				六	6.37米
	谭新宇	400米		1			51″92
女子乙组（13～15岁）	谢梦媛	100米栏	1				15″33
	任晗琦	100米栏				六	16″15
男子丙组（11～12岁）	李荣烜	100米				五	12″92
	蒋松江	跳高				四	1.40米
女子丙组（11～12岁）	许志茹	60米		1			8″41
		100米				五	13″89

2010年7月21—22日，江苏省第十一届中学生田径运动会（苏南）在镇江市举行，江苏省南菁高级中学参赛，获2枚银牌、2枚铜牌。

2010年江阴市参加第十一届省中学生田径运动会（苏南）获前六名成绩一览

表4-150

组　别	运动员（队）	项　目	金	银	铜	四至六名	成　绩
男子高中组	孔　粲	跳远		1			—
		100米		1			—
	梅小菠	跳高			1		—
女子高中组	薛雅虹	100米栏				五	—
	宋海燕	跳远			1		—
	胡梦媛	110米栏				六	—
	徐晓燕	跳高				四	—

2011年5月4—7日，江苏省县级田径比赛（第一赛区）在淮安市举行，江阴市获团体总分第八名（125分），奖牌总数第十八名（2金4银4铜），高中团体总分第五名。

2011年江阴市参加省县级田径比赛获前六名成绩一览

表4-151

组　别	运动员（队）	单　项	金	银	铜	四至六名	成　绩
男子甲组（16～18岁）	季　敬	400米	1				48″95
		200米			1		22″1
	施　健	跳高		1			2.0米
	张浩杰	跳远	1				6.92米
女子甲组（16～18岁）	谢梦媛	100米栏		1			14″85
男子乙组（13～15岁）	王盛尧	110米栏		1			16″41
		400米			1		53″42
女子乙组（13～15岁）	周艳兵	100米				四	12″87
	任晗琦	100米栏			1		16″12
男子丙组（11～12岁）	朱霄汉	200米			1		28″45
女子丙组（11～12岁）	宋沈佳	60米		1			8″54

2011年8月9—13日，江苏省青少年田径锦标赛在淮安市举行，江阴市运动员代表无锡队参赛。

2011年江阴市参加省青少年田径锦标赛获前六名成绩一览

表4-152

组　别	运动员（队）	项　目	金	银	铜	四至六名	成　绩
男子甲组（16～18岁）	施　健	跳高		1			2.04米
	孔　粲	跳远	1				7.22米
	谭新宇	200米	1				22″38
		400米	1				49″49
	李宇杰	100米			1		11″18
男子乙组（13～15岁）	严晨旭	800米		1			2′00″72
		400米栏	1				56″5
	徐胜健	400米栏			1		58″63
	王盛尧	400米栏				四	59″6
	黄林凯	3000米障碍		1			10′38″3
	江阴市体校队	4×400米接力	1				3′31″31
女子甲组（16～18岁）	谢梦媛	100米栏	1				15″1
	任晗琦	400米栏				四	1′10″84
	顾佳佳	400米栏			1		1′10″74
		跳远			1		5.48米
	张　丽	100米				四	12″42
		200米				四	25″52
	江阴市体校队	4×100米接力		1			48″78
		4×400米接力		1			4′04″5

2011年8月13–14日，江苏省第十二届中学生田径运动会（苏南）在江阴市举行。

2011年江阴市参加第十二届省中学生田径运动会（苏南）获前六名成绩一览

表4-153

组　别	运动员（队）	项　目	金	银	铜	四至六名	成　绩
男子甲组（16～18岁）	施　健	110米栏		1			—
		跳高		1			—
	张浩杰	三级跳远	1				—
	季　敬	400米	1				—
	仲江山	400米		1			—
		400米栏	1				—
	江阴高中队	4×400米接力	1				—
	江阴体校队	4×400米接力			1		—
女子甲组（16～18岁）	谢梦媛	100米栏	1				—

续表4-153

组　别	运动员（队）	项 目	金	银	铜	四至六名	成　绩
女子甲组（16～18岁）	张　丽	200米	1				—
	姚　晨	1500米		1			—
	陈丽莉	200米			1		—
		400米	1				—
	南菁高中队	4×400米接力			1		—

2011年11月8-11日，省田径锦标赛暨省青少年田径单项赛在南通如皋市举行，江阴市运动员代表无锡队参赛。

2011年江阴市参加省田径锦标赛和单项赛获前六名成绩一览

表4-154

组　别	运动员（队）	项 目	金	银	铜	四至六名	成　绩
男子青年组	孔　粲	跳远			1		6.78米
	张浩杰	跳远				五	6.54米
男子甲组（16～18岁）	谭新宇	400米	1				51″6
		200米			1		23″37
	李宇杰	100米		1			11″12
		200米				五	23″7
	钱振东	100米栏			1		15″82
女子甲组（16～18岁）	谢梦媛	100米栏	1				16″5
	张　丽	100米		1			12″23
		200米			1		25″6
	任晗琦	跳远				四	5.28米
	顾佳佳	跳远				六	5.15米

2012年4月28日-5月2日，江苏省县级田径赛（第一赛区）在宿迁沭阳县体育中心举行，全省35个县（市）554名运动员（其中女运动员281名）参赛，江阴市获团体总分第十六名（105分），奖牌总数第七名（6金1银4铜），高中团体总分第二名。

2012年江阴市参加省县级田径赛获前六名成绩一览

表4-155

组　别	运动员（队）	项 目	金	银	铜	四至六名	成　绩
男子甲组（16～18岁）	李宇杰	100米	1				10″82
		200米			1		22″27
	谭新宇	200米	1				21″98
		400米	1				49″68

续表4-155

组　别	运动员（队）	项　目	金	银	铜	四至六名	成　绩
男子甲组（16～18 岁）	施　健	跳高	1				2.0 米
		跳远			1		7.07 米
女子甲组（16～18 岁）	谢梦媛	100 米栏	1				14″96
		200 米栏			1		29″71
男子乙组（13～15 岁）	张嘉豪	110 米栏				五	15″88
女子乙组（13～15 岁）	汪　丽	100 米栏				六	17″41
男子丙组（11～12 岁）	薛　健	100 米				六	13″84
	薄　鑫	200 米				五	27″73
		400 米			1		1′04″78
	任　磊	200 米				六	27″80
		跳远		1			5.24 米
女子丙组（11～12 岁）	龚　芬	跳高	1				1.41 米

2012年7月8–9日，江苏省小学生田径夏令营在宿迁泗阳县举行，江阴市运动员李加恒获男子儿童乙组跳远第一名，任磊获男子儿童甲组跳远第一名、60米第一名。

2012年7月16–17日，苏南片高中田径赛在常州市举行，江苏省南菁高级中学运动员参加。

2012年江阴市参加苏南片高中田径赛获前六名成绩一览

表4-156

组　别	运动员（队）	项　目	金	银	铜	四至六名	成　绩
男子甲组（16～18 岁）	施　健	跳高	1				—
		跳远	1				—
	严晨旭	400 米栏	1				—
	王盛尧	400 米栏			1		—
		200 米			1		—
		400 米			1		—
	黄林凯	3000 米			1		—
女子甲组（16～18 岁）	谢梦媛	100 米栏	1				—
		三级跳远		1			—
	张　丽	100 米	1				—
		200 米	1				—
		4×100 米接力			1		—
	顾佳佳	400 米栏	1				—
	任晗琦	400 米栏		1			—
		跳远	1				—
	南菁高中队	4×100 米接力	1				—

2012年8月3—8日，江苏省青少年田径锦标赛在徐州市举行，江阴市运动员代表无锡队参赛。

2012年江阴市参加省青少年田径锦标赛获前六名成绩一览

表4-157

组　别	运动员（队）	项目	金	银	铜	四至六名	成绩
男子青年组	谭新宇	200 米			1		—
		400 米			1		—
		4×400 米接力				四	—
	李宇杰	4×100 米接力			1		—
	孔　粲	跳远				四	—
	钱振栋	100 米栏				四	—
		4×400 米接力				四	—
	王　飞	4×100 米接力			1		—
	严晨旭	400 米栏			1		—
		4×100 米接力			1		—
		4×400 米接力				四	—
	施　健	跳高		1			—
		七项全能				四	—
男子甲组	王盛尧	4×100 米接力			1		—
		4×400 米接力				四	—
		400 米	1				—
	杨兴隆	3000 米障碍		1			—
	黄林凯	3000 米障碍			1		—
男子乙组	蒋松江	跳高	1				—
女子青年组	张　丽	100 米		1			—
	谢梦媛	100 米栏		1			—
		4×100 米接力		1			—
女子甲组	周艳兵	100 米	1				—
		200 米	1				—
		4×100 米接力			1		—
	任晗琦	跳远	1				—
	吴静瑀	五项全能			1		—
女子乙组	蒋　童	100 米				四	—
		4×100 米接力			1		—
	殷晓婷	4×100 米接力			1		—
	汪　丽	100 米栏				五	—

2012年11月15—20日，江苏省田径单项赛在连云港市举行，江阴市运动员代表无锡队参赛，李宇杰获男子青年组100米第一名；张丽获女子青年组100米第一名，谢梦媛获100米栏第一名；蒋童获女子乙组100米栏第三名。

2013年5月4—8日，江苏省县级田径赛（第一赛区）在盐城大丰市举行，江阴市获团体总分、高中团体总分第十名，奖牌总数第十三名。

2013年江阴市参加省县级田径赛获前六名成绩一览

表4-158

组　别	运动员（队）	项目	金	银	铜	四至六名	成绩
男子甲组（16～18岁）	李宇杰	100米			1		11″29
女子甲组（16～18岁）	张　丽	100米	1				12″20
		200米		1			25″33
	谢梦媛	100米栏	1				14″56
		200米栏				五	29″55
	任晗琦	跳远				六	5.44米
男子乙组（13～15岁）	蒋松江	跳高			1		1.75米
女子乙组（13～15岁）	汪　丽	100米				六	13″51
		100米栏				四	16″11
	李金玉	100米栏			1		16″2
	龚　芬	跳高			1		1.45米
男子丙组（11～12岁）	张　楚	400米				六	1′03″83
	李加恒	60米		1			8″20
		100米			1		13″12
	钱文泽	跳高				五	1.35米
		跳远				五	4.65米
女子丙组（11～12岁）	薛慧洁	200米				五	29″33
		400米				五	1′05″16

2013年7月21—22日，江苏省小学生田径夏令营在宿迁泗阳县举行，江阴市运动员参加，张恒娇获女子甲组跳远第二名，梅満获100米第二名；李加恒获男子丙组跳远第二名、100米第二名，张楚获200米第二名、400米第二名。

2013年7月20—21日，江苏省第十四届中学生田径运动会（苏南）在常州武进区举行，江苏省南菁高级中学参加。

江阴市参加省第十四届中学生田径运动会（苏南）获前六名成绩一览

表4-159

组 别	运动员（队）	项目	金	银	铜	四至六名	成绩
女子高中组	谢臻佳	100 米				五	11″77
		跳远				四	6.47 米
	缪张晓	跳远				六	6.16 米
	肖 洁	400 米				六	01′11.0
		4×100 米接力				四	54″14
	吴静瑀	铅球				四	9.06 米
		4×100 米接力				四	54″14
	许志茹	4×100 米接力				四	54″14
	张 丽	100 米	1				12″31
		200 米	1				25″03
		4×100 米接力				四	54″14
男子高中组	严晨旭	100 米栏	1				54″36
		400 米栏	1				15″24
		4×100 米接力		1			3′32.5
	李宇杰	100 米		1			11″15
		200 米		1			22″52
		4×100 米接力		1			3′32″5
	黄林凯	3000 米		1			09′27″5
		1500 米				四	04′15″7
		4×100 米接力		1			03′32″5
	张嘉豪	100 米栏				六	16″25
		4×100 米接力		1			03′32″5

2013年7月25—31日，江苏省青少年田径锦标赛在徐州市举行，江阴市运动员代表无锡队参加。

2013年江阴市参加省青少年田径锦标赛获前六名成绩一览

表4-160

组 别	运动员（队）	项目	金	银	铜	四至六名	成绩
男子青年组	谭新宇	4×100 米接力			1		—
		4×400 米接力		1			3′24″78
		200 米				六	22″74
	李宇杰	200 米				四	22″28
		4×100 米接力			1		—

续表4-160

组别	运动员（队）	项目	金	银	铜	四至六名	成绩
男子青年组	王飞	100米				五	11″17
		200米		1			22″14
		4×100米接力			1		—
		4×400米接力		1			3′24″78
	钱振东	110米栏			1		15″21
		4×100米接力			1		—
	严晨旭	400米栏	1				53″22
		200米			1		22″27
		4×400米接力		1			3′24″78
	施健	跳远	1				7.35米
		跳高		1			2.0米
	徐胜健	400米栏			1		55″65
		800米			1		2′01″11
男子甲组	张嘉豪	200米				四	23″21
		110米栏				四	16″1
		4×100米接力			1		—
	蒋松江	跳高			1		1.83米
		4×100米接力			1		—
	金火煌	4×100米接力			1		—
女子青年组	张丽	100米		1			—
		200米		1			—
		4×100米接力	1				—
		4×400米接力	1				—
女子甲组	周艳兵	100米	1				—
		200米	1				—
		4×100米接力	1				—
		4×400米接力	1				—
	任晗琦	4×100米接力	1				—
		4×400米接力	1				—
	蒋童	4×100米接力	1				—
		100米				六	—
	殷晓婷	4×400米接力	1				—
女子乙组	汪丽	100米栏		1			15″91
		4×400米接力	1				—
		100米				六	13″26

续表4-160

组　别	运动员（队）	项目	金	银	铜	四至六名	成绩
女子乙组	李金玉	五项全能	1				2380分
		100米栏			1		16″14
		4×400米接力	1				—
	龚　芬	跳高				五	1.43米
		4×400米接力	1				—

2013年11月12—17日，江苏省田径单项比赛在淮安市举行，江阴市运动员代表无锡队参加，王铭获男子少年乙组跳远第二名，汪丽获女子少年乙组100米、100米栏第三名，杨兴隆获男子青年组10000米第五名。11月，江苏省青少年田径冠军赛在淮安市举行，江阴市运动员王铭代表无锡队参赛，获男子少年乙组跳远第二名，成绩为5.90米。

2014年7月11—16日，江苏省县级田径赛（第一赛区）在盐城大丰市举行，江阴获团体总分第八名。

2014年江阴市参加省县级田径赛获前六名成绩一览

表4-161

组　别	运动员（队）	项目	金	银	铜	四至六名	成绩
男子甲组	张嘉豪	五项全能				五	3136分
	黄林凯	800米				六	2′04″0
	蒋松江	跳高			1		—
男子乙组	王　铭	跳远				六	6.13米
男子丙组	张　楚	400米		1			1′02″1
		200米				六	27″1
女子甲组	周艳兵	100米	1				12″34
		200米	1				25″15
女子乙组	汪　丽	100米栏	1				15″67
		100米				五	12″95
	李金玉	100米栏		1			15″85
	朱　敏	三项全能				五	1529分
女子丙组	吴奕婷	100米				四	13″74
		200米				四	27″91

2014年7月，江苏省第十五届中学生田径运动会（苏南）在苏州张家港市举行，江阴市运动员张嘉豪、蒋松江分别获得男子高中组110米栏第一名、跳高第四名，江阴队获男子高中组4×100米接力第三名。同月，江苏省小学生田径夏令营在苏州吴江区举行，江阴市小运动员参加，盛浩飞获男子少年乙组60米第四名、100米第六名，史云恒获200米第四名、400米第三名；张楚获男子少年丙组200米第六名、400米第三名，张昆获60米第六名、100米第五名。

2015年4月28日—5月3日，江苏省县级田径赛（第一赛区）在南通如皋市举行，江阴市获团体总分第十名。

2015年江阴市参加省县级田径赛获前六名成绩一览

表4-162

组 别	运动员（队）	项目	金	银	铜	四至六名	成绩
男子甲组	张嘉豪	跳远		1			6.92 米
		100 米栏			1		14″66
	史云恒	400 米		1			58″96
		800 米		1			2′19″5
男子乙组	任 磊	三项全能				四	1615 分
男子丙组	段 浪	跳高	1				1.55 米
女子甲组	李金玉	100 米栏				四	15″57
		三级跳远				五	11.33 米
	汪 丽	100 米栏		1			15″2
女子乙组	冯依雯	三级跳远				四	11.23 米
	王 靓	400 米				六	1′03″28
	龚 芬	跳高				五	1.45 米
	巫晓岚	三项全能				六	1360 分
女子丙组	唐文香	60 米		1			8″49
		100 米		1			13″64

2015年7月12—13日，江苏省第十六届中学生田径运动会（苏南）在江苏省常州高级中学举行，江苏省南菁高级中学、江苏省江阴高级中学和江阴市第一中学、青阳中学、华士中学、成化中学参加，江苏省江阴高级中学获普通高中女子组团体总分第二名，李金玉获高中女子组三级跳远第三名、100米栏第三名，林朵获标枪第二名，朱一枝获跳高第三名；黄润韬获高中男子组800米第二名。江苏省南菁高级中学、江苏省江阴高级中学和江阴市华士高级中学代表队获体育道德风尚奖运动队称号，贡婷婷、李金玉、薛铭炜、黄润韬、陶嘉诚获优秀运动员称号。

2015年7月14—16日，江苏省小学生体育传统学校田径夏令营在宿迁泗阳县体育中心举行，江阴市云亭实验小学参加，获团体总分第三名，其中甲组第一名。

2015年江阴市参加省小学生体育传统校田径夏令营获前六名成绩一览

表4-163

组 别	运动员（队）	项目	金	银	铜	四至六名	成绩
男子甲组	史云恒	400 米	1				57″42
		800 米		1			2′20″87
	段 浪	跳高	1				1.60 米
		跳远	1				4.85 米
	云亭实小队	4×100 米接力			1		54″35

续表4-163

组　别	运动员（队）	项目	金	银	铜	四至六名	成绩
女子甲组	朱子婧	60米	1				8″49
		100米		1			13″76
男子乙组	徐镇涛	60米		1			8″65
		100米				四	14″23
	刘利斌	400米		1			1′04″20
		800米	1				2′29″9
女子乙组	谭可欣	60米				六	9″36
	唐文香	400米			1		1′02″95

2015年7月23—30日，江苏省青少年田径锦标赛在南通市举行，江阴市运动员代表无锡队参加。

2015年江阴市参加省青少年田径锦标赛获前六名成绩一览

表4-164

组　别	运动员（队）	项目	金	银	铜	四至六名	成绩
男子甲组	张嘉豪	110米栏			1		15″6
		跳远		1			7.07米
女子甲组	汪　丽	100米	1				12″49
		100米栏	1				14″35
		4×100米接力	1				48″69
		4×400米接力	1				3′59″32
	李金玉	100米栏		1			14″97
	蒋　童	100米		1			12″55
		200米		1			26″39
		4×100米接力	1				48″69
		4×400米接力	1				3′59″32
女子乙组	梅　满	100米栏	1				5.70分

2．游泳

1935年9月12—15日，第四届江苏省运动会在省立镇江公共体育场举行，江阴县运动员张鹿山获男子50米自由泳第二名，成绩为42″1。

1991年8月10—11日，江苏省部分县（市）小学生游泳比赛在苏州太仓市举行，江阴市实验小学代表队参加，获团体总分第十七名。

1992年8月10—11日，江苏省小学生县级游泳比赛在无锡宜兴市举行，江阴市代表队获团体总分第十五名，袁建清获男子10岁以下组50米蛙泳第五名（成绩，1′02″8），司煜安获女子10岁以下组50米蛙泳打腿第六名（成绩，1′04″96）、50米蛙泳第四名（成绩，

1′03″38）。

2015年5月21－24日，江苏省青少年游泳冠军赛在南通如皋市举行，江阴市运动员代表无锡队参加，陈泓帆、龚添亿、冯宁香、刘昱均获11岁以下女子组4×100米自由泳接力第四名（成绩，5′32″70）。

3．足球

1935年9月12－15日，第四届江苏省运动会在省立镇江公共体育场举行，江阴县运动员梁官松、陈瑜、史济康、朱宝光4人代表二区队参赛，获足球冠军。

1951年10月下旬，苏南行署第一届足球选拔赛在无锡市社桥头文教学院举行，无锡、苏州、松江等市县参加，江阴县新联足球队代表常州专区队参赛，获第二名，夏和云、吴林宝、徐剑华、吴振发4名选手入选苏南代表队，李振声为候补队员。

1957年秋，省足球比赛在盐城市举行，江阴县足球队代表苏州地区队参赛，获第二名。

1965年11月4－10日、11月14－20日，省少年足球比赛分别在江阴县和苏州市举行，江阴县少足一队获苏州赛区第三名。

1973年10月31日，江苏省足球二队与江阴县队比赛在江阴县体育场举行。

1978年4月，省基层小学足球比赛在江阴县举行，江阴县实验小学足球队代表苏州地区队参赛，获苏南赛区第二名。6月10－24日，省业余体校足球比赛（苏州赛区）在常熟虞山镇举行，江阴县业余体校足球队代表苏州地区队参赛，获第四名。7月1－11日，第九届省运会足球预赛在徐州市举行，江阴县足球队代表苏州地区队参赛，获第四名。

1980年8月1－3日，省基层小学足球苏南协作区比赛在无锡市举行，江阴县实验小学代表队获预赛第一名，决赛第四名。8月11－20日，省少年乙组足球联赛在江阴县举行，以江阴县选手为主的（其中常熟县3人）苏州地区代表队获第一名。11月15－25日，省足球锦标赛在南通市举行，江阴县足球队代表苏州地区队参赛，获第六名。是年，江阴县代表苏州地区队参加省女子小足球比赛，获第五名。

1981年7月24日－8月5日，省少年足球联赛预、决赛分别在清江市、宝应县举行，江阴县少年足球队代表苏州地区队参赛。8月20－26日，省基层小学足球分区赛（苏南赛区）在江阴县举行，江阴县实验小学足球队代表苏州地区队参赛，获第三名。

1982年6月13－15日，省中学生“三好杯”足球选拔赛在江阴县举行，全省13个市（地区）参赛，江阴县一中足球队代表苏州地区队参赛，获第三名。7月20日－8月1日，省少年足球比赛在江阴县举行，有11个市（地区）参加，江阴县少年足球队代表苏州地区队参赛，获第六名。

1983年5月20－30日，江苏省少年乙组足球比赛在南通市举行，有11个省辖市参加，江阴和无锡市组成混合队参赛，获第一名。8月10－18日，省少年甲组足球比赛在徐州市举行，江阴、无锡混合队参赛，获第三名。8月21－29日，省助足球重点班集训比赛在无锡江阴县举行，江阴县代表队获儿童甲组第三名。

1984年3月，省少年甲组足球赛在无锡江阴县举行，江阴县少年足球队参赛。7月11－20日，省中学生“希望杯”男子足球比赛在无锡江阴县举行，江阴县足球队代表无锡队参赛，获第五名。7月11－22日，省中学生“希望杯”女子足球比赛在徐州市举行，江阴县女足队代表无锡队参赛，获身体素质、基本技术总分第六名，比赛成绩第四名，总名次第五名。7月，省传统校女子足球比赛在无锡市举行，江阴县一中女足队代表无锡队参赛，获第一名。8月19－24日，省小学生“萌芽杯”足球比赛在无锡市举行，江阴县西郊中心小学足球队代表无锡队参赛，获第八名。

1985年2月11日，江苏省体委发文同意江阴县直接参加省少年足球比赛。7月7-13日，省小学生“贝贝杯”足球比赛在苏州市举行，江阴县男队获第十三名，沈新获精神文明运动员称号；女队获第四名，李莉获优秀射手称号，并被评为精神文明运动员。7月13-18日，省小学生“萌芽杯”男子足球赛在建湖县举行，江阴县实验小学代表队获第十一名。7月13-19日，省小学生“萌芽杯”女子足球赛在灌云县举行，江阴县实验小学代表队获第三名，沙静被评为优秀射手。7月20-29日，省“幼苗杯”足球比赛在盱眙县举行，江阴县一中女队获第三名。8月12-21日，省中学生“希望杯”女子足球赛在无锡江阴县举行，江阴县代表队获第二名，并被评为精神文明运动队。

1986年4月3-13日，省纺织系统首届职工运动会足球比赛在江阴县举行，共有14个市（县）参赛，江阴县代表队获第三名，李富祥、承勇、陈东浩被评为精神文明运动员。8月4-10日，省小学生“萌芽杯”女子足球比赛在泰州市举行，江阴县实验小学代表队获第十一名。8月6-12日，省小学生“萌芽杯”男子足球比赛在泰州市举行，江阴县实验小学代表队获第六名，徐晓宇被评为优秀射手，刘勇被评为精神文明运动员。

1987年7月23-29日，江苏省农民“要塞杯”足球比赛在无锡江阴市举行，江阴市绿南队获第二名。7月26日-8月4日、8月10-19日，省中学生“希望杯”女子、男子足球比赛分别在盱眙县和淮阴市清浦区举行，江阴市代表队获女子第七名、男子第六名。

1988年7月，江苏省小学生传统校男子足球比赛在兴化县举行，江阴市代表队获第二名。

1989年7月，省少年乙组男子足球比赛在江阴市举行，共有10支代表队162名运动员参赛，江阴市代表队获第六名。

1990年6月，省青少年足球比赛举行，江阴市一中代表队参加，获少年乙组男子第四名。

1991年1月，省儿童甲组男子足球集训比赛举行，江阴市代表队参加，获第四名。8月11-17日、8月14-21日，省少年甲、乙组男子足球比赛分别在建湖县和张家港市举行，江阴市代表队获甲组第三名、乙组第九名。8月17-21日，省足球协会小学分会第一届夏令营在无锡市广勤路小学举行，江阴市实验小学代表队获男子第四名，周梁被评为优秀营员，诸晓华、杨栋分别获最佳运动员和优秀射手称号。

1992年1月24-29日，省儿童甲组足球比赛在扬州宝应县举行，江阴市体校男队获第五名。7月16-23日，省儿童乙组足球赛在常州市举行，江阴市体校男队获第九名。8月5-12日，省传统校足球比赛在淮阴市举行，江阴市实验小学男队获第七名。8月9-14日，省少年甲组男足比赛在江阴市举行，苏州等6市87名运动员参赛，江阴市体校代表队获第二名。8月20-26日，省传统校足球比赛在苏州常熟市举行，江阴市一中代表队获男子第五名。

1993年7月15-21日，省少年乙组男子足球比赛在无锡江阴市举行，江阴市代表队获第八名。

1994年7月25-30日，省第四届小学生夏令营足球比赛在徐州市举行，江阴市实验小学代表队获男子第三名。

1995年7月18-25日，省“加佳杯”少年甲组男子足球比赛在无锡江阴市举行，江阴市杨栋、诸晓华、任剑、翟文君4名选手代表无锡队参赛，获第三名。7月21-28日，江苏省小学生足球夏令营在连云港市海师附小举行，全省共17支代表队参加身体素质、基本技术和足球比赛，江阴市实验小学男队获比赛第六名、总成绩第七名。8月15-23日，“加佳杯”省少年乙组男子足球比赛在扬州宝应县举行，共7支代表队105名选手参赛，江阴市体校代表队获第四名。

1996年8月21−26日，省少年乙组男子足球比赛在无锡市体育中心举行，共有8支代表队120名运动员参赛，江阴市运动员戴海峰、周梁、陆青山、顾晓华、张静忠5人代表无锡队参赛，获第一名。

1997年7月12−18日，省中小学生足球夏令营在徐州市丰县举行，江阴市实验小学男队获小学组第七名。11月15−20日，省“宝胜杯”女子足球赛在扬州宝应县举行，江阴市一中代表队参赛。是年，江阴、无锡联队在省青少年足球比赛中，获少年甲、乙组男子第四名。

1998年5月29−31日，江苏省少年体校、苏州市、张家港市、江阴市4单位少年男子足球邀请赛在苏州市举行，江阴市代表队获第二名。10月20−29日，第二届江苏省“省长杯”职工足球比赛在南京市举行，江苏省法尔胜集团代表队获第二名。10月，江苏省第八届元老“广源电气杯”足球邀请赛在南通市举行，江阴市代表队获第六名。

1999年7月18−23日，省儿童女子足球比赛在省足球训练基地南京江宁区举行，江阴市二中代表队获第六名。8月7−12日，省少年女子乙组足球赛在南京江宁区举行，江阴市代表队获第七名。8月14−18日，省少年乙组男子足球赛在南京江宁区举行，江阴市体校代表队获第四名和体育道德风尚奖。10月1−5日，省第九届元老足球邀请赛在苏州市举行，江阴市甲、乙两队共28名选手参赛，乙队获第一名，甲队获第二名。

2000年7月19−27日，省第四届“省长杯”中学生足球比赛在淮安市举行，共有13支省传统校代表队参赛，江阴市一中男队获第三名。7月28日−8月1日，省儿童女子足球比赛在徐州沛县举行，江阴市二中代表队获第五名。8月23−29日，省少年乙组男子足球比赛在扬州市举行，江阴与无锡市联合组队参赛，获第五名。是年，江阴市二中代表队参加省女子足球比赛，获第二名。

2001年7月14−18日，江苏省“省长杯”中学生男子足球比赛在南京江宁区举行，江阴市一中代表队获第二名。7月20−24日，省少年男子甲组足球比赛在南京市举行，江阴、无锡联队获第二名。8月7−14日，省少年乙组女子足球比赛在徐州沛县举行，江阴市二中代表队获第五名。8月15−19日，省少年甲组女子足球比赛在徐州沛县举行，江阴市8名选手代表无锡队参赛，获第一名。8月15−21日，省少年乙组男子足球比赛在徐州市举行，江阴、无锡联队获第三名。8月，江苏省“省长杯”小学生足球比赛在南京江宁区举行，江阴市辅延小学代表队获男子第三名。

2002年5月，第六届江苏省“省长杯”少年乙组女子足球比赛在徐州沛县举行，江阴市二中代表队获第二名。12月6−12日，省第三届中学生足球比赛在江阴市一中举行，全省共有8支代表队155名运动员参赛，江阴市一中代表队获男子第二名。

2003年7月，江苏省第七届“省长杯”少年乙、甲组女子足球比赛在南京江宁区举行，江阴市二中代表队获乙组第一名、甲组第五名。8月24−31日，省“世达杯”少年甲组男子足球比赛在南京江宁区举行，江阴市体校代表队获第一名。10月1−7日，省少年甲、乙组女子足球比赛在南京江宁区举行，江阴市二中代表队获甲组第五名。

2004年4月30日−5月7日，省少年甲组男子足球比赛在宿迁泗洪县体育中心举行，江阴市体校代表队获第二名。7月5−11日，江苏省第八届“省长杯”高中女子足球比赛在南京清凉山举行，江阴市二中代表队获第三名。7月23−29日，省少年甲组女子足球比赛在扬州宝应县举行，江阴市二中代表队获第二名。10月1−7日，江苏省第八届“省长杯”初中女子足球比赛在丹阳市举行，江阴市二中代表队获第二名。

2005年5月1–7日，江苏省第九届“省长杯”中学生男子、女子足球比赛分别在镇江句容市体育中心和扬州宝应县职教集团举行，江阴市一中代表队获男子第三名，江阴市二中代表队获女子第二名。8月1–10日，省少年甲组女子足球比赛在江阴市一中举行，江阴市二中代表队获第五名。

2006年5月1–8日，江苏省第十届“省长杯”高中女子、高中男子足球比赛在泰州姜堰市和江阴一中分别举行，江阴市二中女队获第二名，江阴市体校男队获第四名。

2007年5月1–7日、10月16–21日，省少年乙组男子足球第一、二阶段比赛分别在泰州泰兴市和南京江宁区举行 ，江阴市体校代表队参赛，均获第八名。7月19–27日，江苏省第十一届“省长杯”小学女子足球比赛在徐州邳州市举行，江阴市二中代表队获第三名。8月9–16日，江苏省第十一届“省长杯”高中男子足球比赛在徐州沛县举行，江阴市一中代表队获第一名。9月30日–10月6日，省少年乙组女子足球比赛在南京江宁区举行，江阴市二中代表队获第四名。12月1–5日，江苏省第八届中学生足球比赛在连云港海州高级中学举行，全省共13所中学296名选手参赛，江阴市一中男队获第四名。

2008年7月10–15日、7月18–22日，省少年乙组男子、女子足球比赛在扬州宝应县和常州金坛市分别举行，江阴市体校男队获第二名，江阴市二中女队获第三名。7月21–25日，省少年丙组女子足球比赛在宿迁泗洪县举行，江阴市二中代表队获第六名。9月29日–10月5日，江苏省第十二届“省长杯”初、高中男子足球比赛在徐州邳州市和无锡江阴夏港街道分别举行，江阴市一中代表队获初中第一名、高中第三名。10月1–5日，江苏省第十二届“省长杯”小学女子足球比赛在徐州沛县举行，江阴市二中代表队获第四名。

2009年3月22–28日，江苏省第十三届“省长杯”高中男子足球比赛在南通市举行，江阴市一中代表队获第四名。7月8–14日、8月4–10日，江苏省第十三届“省长杯”小学女子、男子足球比赛在徐州市和镇江句容市分别举行，江阴市辅延中心小学女队获第三名，江阴市体校男队获第一名。7月9–14日，第十三届“省长杯”初中女子足球比赛在徐州新沂市举行，江阴市二中代表队获第五名。12月4–9日、12月8–12日，省少年乙组男子、女子足球比赛在徐州市和常州金坛市分别举行，江阴市体校男队获第一名，江阴市二中女队获第四名。12月10–14日，省少年丙组女子足球比赛在盐城市举行，江阴市二中代表队获第五名。

2010年9月29日–10月5日，江苏省第十四届“省长杯”小学男子、女子足球比赛在镇江句容市体育中心举行，江阴市体校男队获第二名，江阴市二中女队获第一名。12月1–5日，江苏省第十四届“省长杯”高中男子足球比赛在无锡江阴市举行，江阴市一中代表队获第三名。

2011年7月20–24日，省少年甲组男子足球比赛在徐州市举行，江阴市体校谢志伟、滕超、朱嘉豪、杨姜源海等运动员代表无锡队参赛，获第一名。8月6–8日、8月23–26日，江苏省第十五届“省长杯”初中男子、初中女子足球比赛分别在徐州市和镇江句容市举行，江阴市一中男队获第三名，江阴市二中女队获第一名。

2012年7月15–20日、8月2–6日，江苏省第十六届“省长杯”暨省第十三届中学生初、高中男子足球比赛分别在南通市第二中学和扬州宝应画川高级中学举行，江阴市一中、江阴市高级中学代表队分获初、高中第五名。7月29日–8月4日，省少年甲组女子足球锦标赛在盐城建湖县职业技术教育中心举行，共有9所学校代表队参赛，江阴市二中代表队获第二名。8月8–11日，江苏省第十六届“省长杯”初中女子足球比赛在连云港海州高级中学举行，江阴二中代表队获第二名。10月1–7日，省少年甲组男子足球锦标赛在南通如东县高级中学举行，有10个省辖市参加，江阴市体校队代表无锡队参赛，获第三名。

2013年7月9−14日，江苏省“省长杯”青少年校园足球阳光联赛暨第十四届省中学生足球比赛在江苏省外国语学校和南通市举行，江阴市第一中学代表队获初中男子组第二名，江阴市第二中学代表队获初中女子组第一名。7月23−27日，江苏省“省长杯”男子高中组足球比赛在徐州市举行，江阴市第一中学足球队获第二名。8月4−10日，江苏省青少年足球锦标赛在连云港赣榆县举行，江阴市体育学校代表队参加，获男子甲组第三名。

2014年7月12−17日、7月18−25日、8月22−26日，江苏省“省长杯”青少年足球比赛女子高中组、男子高中组、男子小学组分别在无锡江阴市第二中学、南通市第二中学和盐城建湖县举行，江阴市第二中学代表队获女子高中组第一名，江阴市第一中学代表队获男子高中组第二名，江阴市青阳实验小学代表队获男子小学组第七名。

2015年7月17−23日，江苏省“省长杯”青少年校园足球联赛总决赛暨省第十六届中学生足球锦标赛（高中男子组）在常州北郊高级中学举行，江阴市第一中学、江苏省江阴高级中学代表队参加，分别获得传统校组第三名和第六名。7月18−25日，江苏省足球锦标赛在常州丹阳市全民健身中心体育场举行，江阴市体育运动学校代表队参加，获男子甲组第二名。7月24−28日，江苏省“省长杯”青少年校园足球赛在淮安泗洪县淮北中学举行，江阴市第二中学代表队参加，获初中女子组第二名。

4．篮球

1985年5月22−27日，江苏省亿元乡首届“致富杯”篮球邀请赛在常州武进县湖塘乡举行，常熟、沙洲、无锡、江阴、武进等县及无锡市郊区12个乡镇参赛，江阴县青阳镇代表队获第一名。

1986年4月24日−5月1日，省亿元乡第二届“致富杯”篮球比赛在无锡江阴县青阳镇举行，常熟、武进、丹阳、无锡、沙洲、江阴等县及常州市郊区共20个乡镇参赛，江阴县周庄、长泾乡代表队分获第三、六名，长泾乡队并被评为精神文明运动队。

1987年4月，江苏省第三届亿元乡“致富杯”篮球比赛在镇江丹阳县举行，江阴县峭岐乡代表队获第一名。5月20−27日，江苏省首届“篮协杯”男子篮球赛在无锡江阴市璜塘乡举行，徐州矿务局等12个单位代表队参赛，江阴市城建队获第六名。

2008年7月9−12日，省少年乙组女子篮球比赛在徐州市举行，江阴市选手刘萍、夏忆彐代表无锡队参赛，获第一名。7月14−19日，省少年丙组女子篮球赛在连云港市举行，江阴市运动员王霁雯代表无锡队参赛，获第四名。

5．排球

1979年7月24−31日，江苏省基层中学排球赛在镇江市举行，江阴县长泾中学排球队代表苏州地区队参赛，获男子第四名、女子第五名。

1980年7月，省中学生排球赛在扬州市举行，江阴县长泾中学男、女排球队代表苏州地区队参赛。

1981年6月15−26日，省基层中学排球选拔赛在镇江市举行，江阴县长泾中学排球队代表苏州地区队参赛。

1994年7月20−26日，“纪念世界排球运动100周年”暨1994年省中专、中技校“江阴工商杯”排球赛在无锡江阴市工商学校举行，江阴市代表队参加。

6．羽毛球

1999年7月20−26日，省少年儿童羽毛球比赛在苏州市举行，江阴市李俊代表无锡队参赛，获少年甲组男子单打第二名。

2005年4月，省体育传统项目学校小学生羽毛球比赛在南京市举行，江阴市华士实验学校代表队获团体总分第五名，孙逊、顾煜涛获1994年组男双第五名，范宇心获1995年组女单第四名，花蔚蔚、李洋洋获1996年组男双第五名，孙文英、于小含获1996年组女双第一名，并分获女单第三、四名。

2006年4月11−15日，江苏省传统校小学生夏令营羽毛球比赛在南通市少儿业余体校举行，江阴市华士实验学校代表队获儿童甲组团体第四名，孙逊、邓彐迪获儿童甲组男双第二名，邓彐迪并获男单第二名，孙文英获儿童乙组女单第三名。

2007年4月27日−5月1日，江苏省传统校小学生羽毛球比赛在南京高淳县举行，江阴市华士实验学校、花园实验小学共22名学生参赛，花园实验小学代表队获儿童乙组女团、男团第三、四名，华士实验学校代表队获儿童乙组女团、男团第四、六名，花园实验小学赵柳雯、陈妞香获儿童乙组女双第三名，常睿和叶怡静分别获男、女单打第六名。7月15−16日，江苏省中学生羽毛球比赛在南京市第十二中学举行，江阴市华士实验学校代表队获初中团体第三名，花蔚蔚、符力成和李洋洋、季世超分获初中男子双打第三、六名。

2008年7月3−7日，省少年儿童羽毛球比赛在镇江市举行，江阴市王朝阳同学代表无锡队参赛，获儿童乙组男双第四名。

2012年7月26−29日，省第八届中学生羽毛球锦标赛在南京市第十二中学举行，江阴市初级中学代表队获初中男团第一名、女团第五名，梁鑫、常睿获男双第一名，梁鑫、陶冶智分获男单第一、二名，陈妞香、叶怡静获女双第五名。陶冶智、陈妞香被评为精神文明运动员，梁鑫、陶冶智、李林飞、常睿4人达国级二级运动员标准。

2013年7月8日，江苏省中学生羽毛球锦标赛在南京市第十二中学举行，江阴市运动员参加，陶冶智获初中组男子单打第一名，并和李林飞、顾博深等获初中组团体第一名。

7. 乒乓球

1985年7月12−16日，江苏省农民“青年文化杯”乒乓球赛在无锡市举行，江阴县代表队参加。

1993年8月，江苏省少年儿童乒乓球赛举行，江阴市月城中学徐云飞获男子少年组单打第一名。

1994年5月，江苏省农民“致富杯”乒乓球比赛在连云港市举行，江阴市月城镇乒乓球队代表无锡队参赛，获女子团体第一名，李红英和郑玲莉分别获女子单打第一、三名。是年，徐云飞获1993−1994学年度江苏省“雏鹰起飞”乒乓球项目小能手称号。

1995年12月，江苏省第三届农民运动会“瘦西湖杯”乒乓球赛在扬州市举行，江阴市月城镇乒乓球队代表无锡队参赛，获女子团体第二名。

1997年5月22−27日，江苏省农民“AB杯”乒乓球比赛在苏州昆山市举行，有12个省辖市16支代表队80余名选手参赛，江阴市月城镇乒乓球队代表无锡队参赛，获女子团体第一名，李红英和郑玲莉分别获女单第一、五名。

1999年5月1−5日，省少年儿童乒乓球比赛在镇江市举行，13个省辖市255名选手参赛，江阴市月城中心小学孙婷代表无锡队参赛，获少年乙组女子单打第五名，达国家二级运动员标准。7月20−23日，省少儿乒乓球团体赛在无锡市举行，13个省辖市149名选手参赛，江阴市月城中心小学孙婷代表无锡队参赛，获少年乙组女子第三名。12月，第五届省农民运动会乒乓球比赛在高邮市举行，江阴市申港镇3名男选手和月城镇3名女选手代表无锡队参赛，获女子团体冠军，男子团体亚军，男单第一名，女单第三名。

2003年6月，江苏省青少年乒乓球比赛举行，江阴市运动员马登月参加，获少年乙组男子双打第六名。

2007年8月21—25日，省传统校小学生乒乓球夏令营在南通海安县举行，共有31所小学参加，江阴市月城实验小学代表队获少年甲组女团第三名，冯洁获女双第四名。

8．棋类

1981年5月16—25日，江苏省棋类比赛在金坛县举行，江阴县棋手代表苏州地区队参赛，闻银良获中国象棋第五名，王坚获围棋第六名。

1982年4月15日，省棋类比赛在南京市举行，江阴县代表队获围棋团体第五名，王坚获个人第六名。

1983年4月25日，省棋类比赛在常州武进县湖塘镇举行，江阴县棋手姚苑茹代表无锡队参赛，获女子成年组国际象棋第四名。

1984年8月21—27日，省棋类比赛在南通市举行，江阴县征存中学学生沈志健代表无锡队参赛，获女子少年组国际象棋第一名。

1985年3月6—7日，省棋类比赛在常州金坛县举行，江阴县有6名棋手代表无锡队参赛，沈志健获女子少年组国际象棋第一名，陆逢镰获男子少年组中国象棋第二名，王炳才获男子成年组围棋第五名。

1986年8月9日，省棋类比赛在常州金坛县招待所举行，江阴县棋手陆逢镰代表无锡队参赛，获中国象棋男子第三名。

1989年7月，省棋类比赛在镇江市举行，江阴市月城中学学生顾上杲代表无锡队参赛，获男子少年乙组中国象棋第二名。

1991年8月5—10日，省少年儿童中国象棋比赛在镇江市举行，11个省辖市和南京少年宫的98名运动员参赛，江阴市月城中学学生代表无锡队参赛，顾上杲获男子少年甲组第一名，姚力获男子少年乙组第二名。

1992年8月22—28日，省少年儿童中国象棋比赛在扬州市举行，江阴市月城中心小学代表无锡队参赛，获女子儿童B组个人第二名。8月，省少年棋类比赛在镇江市举行，江阴市月城中学代表无锡队参赛，顾上杲获男子少年甲组中国象棋第一名，姚力获男子少年乙组中国象棋第二名。

1995年7月18—22日，省少年儿童棋类比赛在淮安市举行，共有11个单位92名棋手参赛，江阴市棋手代表无锡队参赛，黄芳获女子儿童A组中国象棋第二名，朱晔获女子少年B组中国象棋第四名，史姝君获女子少年B组国际象棋第四名，惠梦怡获女子儿童B组国际象棋第五名。

1996年7月31日—8月4日，省少年儿童棋类比赛在常州武进市举行，江阴市棋手黄芳代表无锡队参赛，获女子儿童A组中国象棋第二名。

1997年8月1—6日，省少年儿童棋类比赛在宿迁市举行，江阴市棋手黄芳代表无锡队参赛，获少年女子B组中国象棋第二名。

1999年8月19—24日，省少年儿童中国象棋比赛在宿迁市举行，江阴市棋手代表无锡队参赛，倪文获男子儿童乙组第三名，梅琳获女子第一名；黄芳获女子少年乙组第一名，张虹获女子第五名。8月，省少年儿童国际象棋比赛在淮安市举行，全省共有12个单位163名棋手参赛，江阴市棋手季诞代表无锡队参赛，获男子少年乙组第一名。是月，省少年儿童围棋比赛在扬州市举行，江阴市棋手李系能代表无锡队参赛，获女子儿童乙组第三名。

2000年7月25—30日，省儿童中国象棋、围棋比赛在无锡江阴市举行，全省有15个单位317名棋手参赛，江阴市棋手代表无锡队参赛，李系能获女子儿童甲组围棋第三名，梅琳获女子儿童甲组中国象棋第四名。8月10—15日，省少年儿童国际象棋比赛在淮安市举行，南京等10个省辖市117名棋手参赛，江阴市棋手季诞代表无锡队参赛，获男子少年甲组第一名。9月30日，省首届“天华杯”少儿国际象棋比赛在无锡江阴市举行，江阴市天华艺术学校一队获少年甲组团体第一名，沈阳获女子少年甲组第一名，金双雨获女子少年乙组第一名。

2001年8月，江苏省少年儿童中国象棋比赛在淮安楚州区举行，江阴市棋手梅琳代表无锡队参赛，获女子儿童甲组第三名。

2002年11月8—10日，江苏省“申达杯”暨庆祝江阴市实验小学建校90周年少儿围棋邀请赛在江阴市实验小学举行，共有91名棋手参赛，江阴市代表队获团体第三名。

2003年7月20—25日，省少年儿童中国象棋比赛在连云港市举行 ，江阴市棋手鞠之逸代表无锡队参赛，获男子少年乙组第六名。

2004年7月25—30日，省少年儿童围棋比赛在镇江市委党校举行，江阴市棋手王海青、夏豪获体育道德风尚奖。7月，省少年儿童中国象棋比赛在姜堰市举行，江阴市棋手承瑞丰代表无锡队参赛，获男子儿童乙组第六名。

2005年1月1—3日，“格兰特—小太阳杯”江苏省幼儿棋类比赛在无锡江阴市委党校举行，全省15所小学（幼儿园）207名学生参加。江阴市实验小学等7所小学（幼儿园）参赛，市实验小学获中国象棋A组第四名、B组第二名，城中中心获A、B组第五名，月城中心获B组第六名，城中中心幼儿园获C组第二名；新桥中心获国际象棋A组第三名、B组第五名，虹桥小学获C组第六名；市实验小学、辅延中心分获围棋A、C组第六名。朱言心、季节分获中国象棋女子A组第一、二名，刘嘉扬、缪依珉分获国际象棋男子A组、女子B组第二名，徐洋、薛开悦分获围棋A、B组女子第四、六名。8月，省少年儿童中国象棋比赛在淮安市楚州区举行，江阴市棋手代表无锡队参赛，承瑞丰获男子儿童甲组第五名，朱言心获女子幼儿组第二名。

2006年1月1—3日，省“小太阳杯”幼儿棋类比赛在无锡江阴市委党校举行，全省54所小学（幼儿园）708名学生参赛，江阴市实验小学、城中中心小学参加。

2007年1月1—3日，省“小太阳杯”棋类比赛在宜兴、无锡等市举行，全省69所小学（幼儿园）共699名学生参赛，江阴市新桥中心小学74名学生参加。7月17—21日，省少年儿童中国象棋比赛在淮安楚州区举行，江阴市棋手代表无锡队参赛，倪文获男子少年甲组第三名，梅琳获女子少年甲组第三名，承瑞丰获男子少年乙组第四名，朱言心获女子儿童乙组第三名。12月30日—2008年1月2日，省“小太阳杯”棋类比赛在无锡江阴市举行，全省共有72支运动队811名运动员参赛，江阴市实验小学、月城中心幼儿园分别获中国象棋B组、C组团体第二、三名，张一铭获中国象棋男子C组第一名，龚昊一获围棋男子A组第二名。

2008年10月3—5日，省第五届“月城实验杯”中国象棋定（升）级比赛在无锡江阴市月城实验小学举行，江阴市华士实验小学汪浪获第一名。

2009年1月1—3日，省“小太阳杯”幼儿棋类比赛在无锡江阴市城中实验小学举行，江阴市城中幼儿园获中国象棋C组团体第一名，市实验小学、城中实验小学分获中国象棋B组团体第二、三名，辅延中心小学获围棋A组团体第三名，郁家瑄获中国象棋女子C组第一名，叶子钧获中国象棋男子C组第二名，吕韩获围棋男子A组第五名，顾典获围棋女子A组第五名，郭宇涵获围棋女子B组第四名，朱闻起获国际象棋女子C组第四名，申越获国际象棋女子B组第五名。

2010年4月23—25日，省第七届“红旗杯”少儿棋类公开赛在镇江市举行。江阴市实验小学参加围棋比赛，获儿童乙组、甲组团体第一名，幼儿组团体第一名，陈喻新、吴梦豪分获儿童甲组男子第一、五名，杨宁凝、时晨分获儿童甲组女子第三、四名，缪斯清乾、苏栋分获幼儿甲组男子第一、三名，郭宇涵获幼儿甲组女子第四名，江炜烨、季容博、龚昊一分获儿童乙组男子第一、二、六名，李奕蓉、顾典分获儿童乙组女子第三、五名，薛博予、李卓言分获幼儿乙组男子第四、五名，姚魏紫获幼儿乙组女子第六名，张高远获幼儿丙组女子第三名。江阴市月城实验小学参加中国象棋比赛，获儿童甲组、幼儿甲组团体第五名，陈松霆、徐纯钰分获幼儿甲组男、女第四名，汤静霞获幼儿乙组女子第四名，任柔匀获幼儿丙组女子第一名。6月，省老年体育节棋类大赛在苏州市举行，江阴市青阳镇潘建青代表无锡队参赛，获中国象棋女子第二名。8月21—22日，江苏省首届国际跳棋比赛在无锡江阴市云亭实验小学幼儿园举行，共7个市16支代表队120名棋手参赛。江阴市花园实验小学获B组团体第一名，山观中心幼儿园获C组团体第一名，山观、云亭、夏港中心幼儿园获D组团体前三名。袁强、吴凤韦分获男子成人组第一、二名，殷丽花获女子第一名；戚佳明、刘轶恒、徐毅、孔昱凯分获男子B组第二、三、四、六名；孙铭、黄乙丙、王昱皓、李圣贤分获男子C组第一、二、三、六名，卢晓燕、奚曼格分获女子第一、二名；盛嘉熠、李晓晨、薛伟博、陈烨、周昊天获男子D组前五名，程想、范鋆彦、刘以璇、徐烨分获女子第一、二、四、六名。10月4—6日，第八届省“月城杯”少儿象棋定（升）级赛在江阴月城镇举行，江阴棋手参赛，陆郑一获男子三级组第四名，刘泽巍、符彦恒、陈水昊、陆墨涵分获男子四六级组第三、四、五、六名，陈羽馨获女子四六级组第六名，费炜轩、薛长融、吴鸣飞、刘君瀚、张子健、曾子辉获男子幼儿组前六名，焦昱婷、李翔宇、范彦溪、虞喜文、张岑荻、陈梓涵获女子幼儿组前六名。10月2—5日，省第十届“天华杯”国际象棋公开赛在无锡江阴天华艺术学校举行，江阴市新桥中心小学获儿童甲组团体第六名，江阴市实验小学获幼儿甲组团体第五名，许多获女子个人第三名。

2011年1月1—3日，省“小太阳杯”幼儿棋类比赛在无锡江阴市举行，全省73支代表队707名学生参赛。江阴市实验小学获中国象棋、围棋A组团体第一、三名，花园实验小学幼儿园获国际跳棋A、B组团体第一名，山观幼儿园获国际跳棋C组团体第一名、B组第二名，云亭幼儿园获国际跳棋C组团体第二名、B组第三名。邓俊熹获中国象棋男子A组第三名；李卓言获围棋男子A组第三名；闵强强、庄培弘分获国际跳棋男子A组第二、三名，杨浩颖、李晓晨分获男子B组第一、二名，盛嘉熠、施胜宇、杨凯乐获男子C组前三名，陆陈琳、赵晓楠、吴栋烨获女子A组前三名，刘以璇、徐烨、徐欣然获女子B组前三名，程想、王皓淼分获女子C组第二、三名。4月23—24日，第八届江苏省“红旗杯”少儿围棋公开赛在镇江市举行，江阴市实验小学代表队获三段、五段组团体第一名，四段组第三名，顾凡、江炜烨分获二段、五段组个人第二名。8月，省棋协举办省第二届幼儿国际跳棋比赛，江阴市花园实验小学幼儿园获A、B组团体第一名，个人获3金2银2铜。10月4—6日，第九届江苏省“月城杯”少儿象棋定（升）级赛暨首届省业余棋协大师精英赛在江阴市月城实验小学举行，有18个单位257名小棋手参赛，江阴市华士实验小学陶帅获定（升）级赛第一名，汪浪获棋协大师精英赛第一名，并获中国象棋棋协大师称号。

2012年8月18—19日，省国际跳棋比赛在无锡江阴市华西村举行，共15所学校代表队203名学生参赛。江阴市实验小学、桐岐中心小学分获儿童B组团体第二、六名，花园实验小学获儿童C组团体第一名，花园幼儿园获儿童D组团体第二名，花园幼儿园、山观中心幼儿园、云亭中心幼儿园获儿童F组前第三名。吴凤韦获男子成年组第二名，彭靖源获女子儿童A组第一名，黄乙白、孙铭分获男子儿童B组第二、四名，杨浩颖、项坤分获男子儿童C组第一、二名，陆佳一、陈东娇分获女子儿童C组第五、六名，陈沛宇、符俊哲分获男子儿童D组第三、四名，丁思含、丁思彤、尤淇分获女子儿童D组第一、二、四名，刘添琪、陈立洋、胡梓诺、卢凡获男子儿童E组前四名，吴雨潼、王梓莲、解燮、王馨悦、方怡然分获女子儿童E组第一、三、四、五、六名。

2014年1月19–21日，江苏省“小太阳杯”儿童棋类比赛在无锡江阴市华西村举行，共有460名小棋手参加，江阴市代表队获国际跳棋团体2个第一名、2个第二名和1个第三名，月城实验小学代表队获中国象棋团体A组第二名、B组第三名、C组第二名，朱梓文、张子均分获男子B组、C组第一名，苏家琪、曹芸熙分获女子B组、C组第一、二名。7月25–30日，江苏省象棋锦标赛在扬州仪征市举行，江阴市月城实验小学任柔匀参加，获女子儿童组第二名。8月，江苏省国际跳棋锦标赛在无锡江阴市华西村举行，江阴市棋手获团体4个第一名、2个第二名，个人7个第一名、11个第二名、8个第三名。12月6日，江苏省第二届“连元杯”少儿国际象棋公开赛在无锡市连元街小学举行，江阴市新桥中心小学国际象棋队获团体第一名。

2015年1月1–3日，江苏省“小太阳杯”儿童棋类比赛在无锡江阴市辅延中心小学举行，江阴市华士弈趣棋社获得围棋团体C组第二名，王禹石、赵奕博分别获围棋女子C组第一名、围棋男子B组第五名。12月，第三届江苏省“连元杯”少儿棋类公开赛在无锡连元街小学举行，江阴市新桥中心小学国际象棋队获团体第一名。

9．武术

1973年5月，江苏省武术比赛在徐州沛县举行，江阴县运动员陈惠君代表苏州地区队参加。

1977年4月，省武术比赛在徐州市举行，江阴县运动员代表苏州地区队参赛，获团体第五名，朱志华获太极拳第三名，赵富祥获棍术第五名。

1979年8月21–26日，省武术比赛在苏州市举行，江阴县运动员代表苏州地区队参赛，获团体第五名，黄鸣峰获儿童女子全能第五名、刀术第一名、传统单练第四名，章翊东获儿童男子短兵器第五名。

1980年8月27日–9月1日，省武术比赛在扬州市举行，江阴县有7名运动员代表苏州地区队参赛，获团体第五名。

1981年8月24–29日，省武术比赛在徐州市举行，江阴县有8名运动员代表苏州地区队参赛，获团体第二名，周建玉获少年女子长器械（枪）第五名，黄鸣峰获少年女子传统对练第六名。

1983年2月24日，江苏省武术选拔赛在无锡市举行，江阴县运动员张菊英、姚建忠、周生洪、王峰、马恩、顾凤兴6人参赛。3月16–19日，省武术观摩交流大会在连云港市举行，江阴县运动员周生洪、张菊英等代表无锡队参加。8月2–7日，省武术比赛在连云港市举行，江阴县运动员代表无锡队参赛，获男、女团体第三名，章翊东获少年男子传统对练第二名，黄鸣峰获少年女子全能第六名。

1984年7月20–25日，省少年武术比赛在无锡市举行，江阴县8名运动员代表无锡队参赛，获男团第一名、女团第二名，章翊东获少年男子全能第三名、拳术第二名、短兵器第四名、传统对练三节棍第一名，黄鸣峰获少年女子全能第六名、拳击第四名、短兵器第五名、长兵器第三名、传统对练棍进枪第五名，蒋丽君获儿童女子全能第二名、拳击第二名。11月，江阴市动力机械厂职工吴志俊代表无锡队参加省职工武术比赛，获精神文明奖。是年，举行省业余体校武术年度考核，江阴市体校选手获儿童甲组女子第四名。

1985年2月11—13日，省业余体校武术考核在南京市举行，江阴县运动员张兆惠获优秀级，袁鹰、李晟为及格级。10月5—11日，省武术考核比赛在江阴县举行，江阴县代表队参加，获女子团体第五名。

1997年7月17—19日，省少年儿童武术比赛在徐州市举行，江阴市辅延小学刘冬代表无锡队参赛，获少年男子刀棍全能第六名（成绩，1645分）。

1998年5月30—31日，省武术散手擂台赛暨省首届“散打王”争霸赛在南京航空航天大学体育馆举行，全省共17支代表队78名运动员参赛，江阴市周庄镇代表队获团体第二名，朱文波获56公斤级第四名，吴军、张辉、曹耀忠、杜强、王新华分获60公斤级、65公斤级、70公斤级、75公斤级和75公斤以上级第二名。

2003年，省青少年武术（套路）比赛举行，江阴市运动员代表无锡队参赛，沙雅蓓获少年乙组女子规定拳第六名、太极拳第四名、枪剑全能第五名，张小舟获儿童组男子剑术第一名。

2004年8月25—30日，省“三湖杯”青少年武术（套路）比赛在扬州高邮市体育馆举行，江阴市运动员代表无锡队参赛，刘一鸣获男子少年甲组全能第二名、传统对练第二名、短器械第三名、长器械第三名，沙雅蓓获女子少年乙组剑术第三名、太极拳第六名，张小舟获男子儿童组枪术第三名、剑术第六名，吴振华获男子儿童组规定拳第五名。

2005年8月18—23日，江苏省青少年武术（套路）比赛在徐州市举行，江阴市运动员代表无锡队参赛，张小舟获男子少年乙组太极拳第二名、剑枪全能第三名、剑术第四名、枪术第五名，吴振华获规定拳第二名、剑术第四名、全能第五名；沙雅蓓获女子少年乙组枪术第六名、太极拳第六名、枪剑全能第六名。

2007年8月6—10日，省“网通杯”少年儿童武术（套路）比赛在常州市举行，江阴市运动员代表无锡队参赛，吴振华获男子少年乙组太极拳第三名、传统对练第一名，何梓旭获刀术第二名、棍术第六名、传统对练第四名；陶栋梁获男子儿童组规定拳第六名。

2008年8月26—28日，省少年儿童武术（套路）比赛在常州工学院举行，江阴市运动员代表无锡队参赛，何梓旭获男子少年乙组对练第一名，奚徐娜获女子儿童组剑术第四名，张小舟获男子少年甲组长拳第四名。

2009年8月15—18日，省少年儿童武术（散打）比赛在淮安市举行，江阴市运动员代表无锡队参赛，张利豹、郑震宇分别获男子少年乙组第二、五名。8月25—28日，省少年儿童武术（套路）比赛在宿迁市举行，江阴市运动员吴振华代表无锡队参赛，获男子少年甲组太极拳、剑术第二名。

2010年8月27—29日，省“周市杯”太极拳（剑）比赛在周市举行，江阴市共10名选手参赛，获11枚金牌、7枚银牌、6枚铜牌。

2011年7月30日—8月3日，江苏省青少年武术（套路）锦标赛在徐州邳州市举行，江阴市运动员周舒玥代表无锡队参赛，获女子儿童组第三名（成绩，8.41分）。11月25—27日，第四届省“丹阳九中杯”中学生武术比赛在镇江丹阳市举行，江阴市运动员代表无锡队参赛，何梓旭获男子短器械、南拳第一名，季炜获男子长器械第一名、南拳第二名，盖嘉乐获男子短器械第三名。

2012年11月，第五届省“六合高中杯”中学生武术比赛在南京市举行，江阴市运动员陶栋梁代表无锡队参赛，获男子高中组棍术、拳术一等奖，短器械、长拳、南拳第二名。是年，江阴市要塞实验小学代表队获省少年儿童武术（套路）锦标赛少年组刀术第二名、对练第一名。

10．举重

1991年9月，省青少年举重比赛在苏州市举行，江阴市运动员陶立坚代表无锡队参赛，获男子少年组56公斤级总成绩第二名。

1992年5月，省青少年举重比赛在连云港市举行，江阴市运动员代表无锡队参赛。

1992年江阴市参加省青少年举重比赛获前六名成绩一览

表4-165

组　别	运动员	项　目	金	银	铜	四至六名
男子少年组	刘　达	52 公斤级总得分	1			
		52 公斤级总成绩	1			
	陶立坚	60 公斤级总得分	1			
		60 公斤级总成绩		1		
	秦建虎	52 公斤级总得分		1		
女子少年组	杨小萍	52 公斤级抓举			1	
		52 公斤级挺举			1	
		52 公斤级总成绩			1	

1993年5月，省青少年举重比赛在徐州市举行，江阴市运动员代表无锡队参赛。

1993年江阴市参加省青少年举重比赛获前六名成绩一览

表4-166

组　别	运动员	项　目	金	银	铜	四至六名
男子少年组	居红卫	50 公斤级总成绩			1	
	刘　达	59 公斤级总成绩	1			
	承海鸿	64 公斤级总成绩		1		
	秦建虎	59 公斤级总成绩			1	
	林　慧	70 公斤级总成绩		1		
女子少年组	徐　敏	64 公斤级总成绩				四
	王新艳	70 公斤级总成绩				五

1995年7月，省青少年举重比赛在扬州市举行，江阴市运动员代表无锡队参赛。

1995年江阴市参加省青少年举重比赛获前六名成绩一览

表4-167

组别	运动员	项目	金	银	铜	四至六名
男子青年组	林慧	83公斤级抓举	1			
		83公斤级挺举		1		
		83公斤级总成绩	1			
男子少年甲组	刘达	59公斤级抓举	1			
		59公斤级挺举	1			
		59公斤级总成绩	1			
	薛建刚	54公斤级抓举			1	
		54公斤级挺举			1	
		54公斤级总成绩			1	
女子少年甲组	杨小萍	64公斤级抓举			1	
		64公斤级挺举				四
		64公斤级总成绩			1	
	王新艳	70公斤级抓举				四
		70公斤级挺举				四
		70公斤级总成绩				四
女子少年乙组	徐春凤	64公斤级抓举				四
		64公斤级挺举				四
		64公斤级总成绩				四
男子少年乙组	承海鸿	70公斤级抓举				四

1996年5月，省青少年举重比赛在盐城大丰县举行，江阴市运动员代表无锡队参赛。

1996年江阴市参加省青少年举重比赛获前六名成绩一览

表4-168

组别	运动员	项目	金	银	铜	四至六名
男子青年组	林慧	91公斤级抓举	1			
		91公斤级挺举	1			
		91公斤级总成绩	1			
	刘达	64公斤级抓举	1			
		64公斤级挺举	1			
		64公斤级总成绩	1			
男子少年甲组	承海鸿	76公斤级抓举		1		
		76公斤级挺举		1		
		76公斤级总成绩		1		
	李锋	64公斤级抓举			1	

续表4-168

组　别	运动员	项　　目	金	银	铜	四至六名
男子少年甲组	李　锋	64 公斤级总成绩				六
男子少年乙组	曹正军	54 公斤级抓举		1		
		54 公斤级挺举			1	
		54 公斤级总成绩			1	
	朱振宇	64 公斤级抓举				四
		64 公斤级挺举				四
		64 公斤级总成绩				四
	陈　荣	59 公斤级抓举				六
		59 公斤级挺举				五
		59 公斤级总成绩				五
女子少年甲组	徐春凤	70 公斤级抓举	1			
		70 公斤级挺举		1		
		70 公斤级总成绩	1			
女子青年组	王新艳	76 公斤级抓举	1			
		76 公斤级挺举	1			
		76 公斤级总成绩	1			
	杨小萍	70 公斤级抓举		1		
		70 公斤级挺举		1		
		70 公斤级总成绩		1		

1997年5月，省青少年举重比赛在淮阴市举行，江阴市运动员代表无锡队参赛。

1997年江阴市参加省青少年举重比赛获前六名成绩一览

表4-169

组　别	运动员	项　　目	金	银	铜	四至六名
男子青年组	刘　达	64 公斤级抓举	1			
		64 公斤级挺举	1			
		64 公斤级总成绩	1			
男子少年甲组	承海鸿	76 公斤级抓举	1			
		76 公斤级挺举	1			
		76 公斤级总成绩	1			
	李　锋	76 公斤级抓举		1		
		76 公斤级挺举		1		
		76 公斤级总成绩		1		
男子少年乙组	曹正军	59 公斤级抓举	1			

续表4-169

组　别	运动员	项　　目	金	银	铜	四至六名
男子少年乙组	曹正军	59 公斤级挺举		1		
		59 公斤级总成绩				四
女子青年组	王新艳	76 公斤级抓举		1		
		76 公斤级挺举		1		
		76 公斤级总成绩		1		

1999年5月，省青少年举重比赛在淮阴市举行，江阴市运动员代表无锡队参赛。

1999年江阴市参加省青少年举重比赛获前六名成绩一览

表4-170

组　别	运动员	项　　目	金	银	铜	四至六名
男子少年甲组	曹正军	69 公斤级抓举		1		
		69 公斤级挺举		1		
		69 公斤级总成绩		1		
	陈　荣	77 公斤级抓举		1		
		77 公斤级挺举		1		
		77 公斤级总成绩		1		

2000年4月，省青少年举重比赛在盐城市举行，江阴市运动员代表无锡队参赛。

2000年江阴市参加省青少年举重比赛获前六名成绩一览

表4-171

组　别	运动员	项　　目	金	银	铜	四至六名
男子青年组	陈　荣	77 公斤级抓举		1		
		77 公斤级挺举	1			
		77 公斤级总成绩	1			
男子少年乙组	李　杰	69 公斤级抓举		1		
		69 公斤级挺举	1			
		69 公斤级总成绩	1			
	张志诚	85 公斤级抓举	1			
		85 公斤级挺举		1		
		85 公斤级总成绩	1			
女子少年乙组	韩旻烨	69 公斤级挺举			1	
		69 公斤级总成绩			1	

2001年5月，省青少年举重比赛在盐城市举行，江阴市运动员代表无锡队参赛。

2001年江阴市参加省青少年举重比赛获前六名成绩一览

表4-172

组　别	运动员	项　目	金	银	铜	四至六名
男子青年组	陈　荣	77 公斤级抓举	1			
		77 公斤级挺举	1			
		77 公斤级总成绩	1			
男子少年甲组	张志诚	85 公斤级抓举	1			
		85 公斤级挺举		1		
		85 公斤级总成绩	1			
	臧　伟	77 公斤级总成绩				四
男子少年乙组	江士强	77 公斤级抓举	1			
		77 公斤级挺举	1			
		77 公斤级总成绩	1			
	王文君	85 公斤级抓举		1		
		85 公斤级挺举		1		
		85 公斤级总成绩		1		
女子少年乙组	韩旻烨	69 公斤级抓举	1			
		69 公斤级挺举	1			
		69 公斤级总成绩	1			
	俞　佳	69 公斤级总成绩			1	

2003年5月，省青少年举重比赛在盐城市举行，江阴市运动员代表无锡队参赛。

2003年江阴市参加省青少年举重比赛获前六名成绩一览

表4-173

组　别	运动员	项　目	金	银	铜	四至六名
男子青年组	臧　伟	77 公斤级抓举	1			
		77 公斤级挺举	1			
		77 公斤级总成绩	1			
男子少年甲组	江士强	85 公斤级抓举			1	
		85 公斤级挺举			1	
男子少年乙组	张　煜	69 公斤级抓举				四
		69 公斤级挺举				六
女子少年甲组	韩旻烨	69 公斤级抓举	1			
		69 公斤级挺举	1			
		69 公斤级总成绩	1			

2004年5月，省青少年举重比赛在盐城市举行，江阴市运动员代表无锡队参赛。

2004年江阴市参加省青少年举重比赛获前六名成绩一览

表4-174

组　别	运动员	项　目	金	银	铜	四至六名
男子青年组	臧　伟	85 公斤级抓举	1			
		85 公斤级挺举	1			
		85 公斤级总成绩	1			
女子少年甲组	刘　菁	63 公斤级抓举	1			
		63 公斤级挺举	1			
		63 公斤级总成绩	1			
男子少年乙组	费　棋	52 公斤级挺举	1			

2005年5月，省青少年举重比赛在扬州市举行，江阴市运动员代表无锡队参赛。

2005年江阴市参加省青少年举重比赛获前六名成绩一览

表4-175

组　别	运动员	项目	金	银	铜	四至六名
男子青年组	江士强	85 公斤级抓举		1		
		85 公斤级挺举			1	
		85 公斤级总成绩			1	
男子少年甲组	张　煜	77 公斤级抓举				四
		77 公斤级挺举				四
		77 公斤级总成绩				五
	顾科达	85 公斤级抓举				五
		85 公斤级挺举				五
		85 公斤级总成绩				五
男子少年乙组	费　棋	85 公斤级抓举			1	
		85 公斤级挺举		1		
		85 公斤级总成绩			1	
	夏　吉	52 公斤级抓举				五
		52 公斤级挺举				五
		52 公斤级总成绩				五
	杨益峰	77 公斤级抓举				六
		77 公斤级挺举				五
		77 公斤级总成绩				五

2007年8月，省青少年举重比赛在南通如皋市举行，江阴市运动员代表无锡队参赛。

2007年江阴市参加省青少年举重比赛获前六名成绩一览

表4-176

组　别	运动员	项　　目	金	银	铜	四至六名
男子少年甲组	夏　吉	62公斤级总成绩				四
	费　棋	69公斤级总成绩	1			
男子少年乙组	沈　烨	69公斤级总成绩			1	
	蔡晓猛	77公斤级总成绩				六
女子少年乙组	徐晓蕾	58公斤级总成绩				四

2007年11月，省青少年举重比赛在泰州靖江市举行，江阴市运动员代表无锡队参赛，沈烨获男子少年乙组69公斤级总成绩第三名，费棋获男子少年甲组69公斤级总成绩第二名。

2008年6月，省青少年举重比赛在常州市举行，江阴市运动员代表无锡队参赛。

2008年江阴市参加省青少年举重比赛获前六名成绩一览

表4-177

组　别	运动员	项　　目	金	银	铜	四至六名
男子少年甲组	沈　烨	69公斤级抓举				六
		69公斤级挺举				六
		69公斤级总成绩				六
男子少年乙组	卞亚东	69公斤级挺举				六
	蔡晓猛	77公斤级总成绩				四
女子少年乙组	徐晓蕾	+58公斤级抓举				五

2009年10月，省青少年举重比赛在宿迁市举行，江阴市运动员代表无锡队参赛，费棋、夏吉分别获男子青年组66公斤级总成绩第一、六名，徐晓蕾获女子少年甲组+75公斤级总成绩第一名。

2011年5月，省青少年举重比赛在泰州市举行，江阴市运动员代表无锡队参赛，汤正获男子少年乙组69公斤级抓举第一名、挺举第一名、总成绩第一名，吴越获男子少年乙组85公斤级挺举第三名。

2012年7月，省青少年举重比赛在宿迁市举行，江阴市运动员张海杰代表无锡队参赛，获男子少年乙组69公斤级抓举第一名、挺举第一名、总成绩第一名。

2013年5月7—11日，省青少年举重锦标赛在徐州市举行，江阴市运动员代表无锡队参加。

2013年江阴市参加省青少年举重锦标赛获前六名成绩一览

表4-178

组　别	运动员	项　　目	金	银	铜	四至六名
男子少年乙组	何　淼	62公斤级挺举			1	
男子少年甲组	张海杰	77公斤级抓举		1		
		77公斤级挺举	1			
		77公斤级总成绩		1		

续表4-178

组　别	运动员	项　　目	金	银	铜	四至六名
男子少年甲组	黄　涛	85 公斤级抓举		1		
		85 公斤级挺举			1	
		85 公斤级总成绩			1	
女子青年组	缪佳晨	48 公斤级抓举	1			
		48 公斤级挺举			1	
		48 公斤级总成绩		1		
男子青年组	吴　越	77 公斤级抓举				四
		77 公斤级挺举			1	
		77 公斤级总成绩				四

2013年9月17—21日，省青少年举重冠军赛在盐城射阳县举行，江阴市运动员代表无锡队参加。

2013年江阴市参加省青少年举重冠军赛获前六名成绩一览

表4-179

组　别	运动员	项　　目	金	银	铜	四-六名
男子少年乙组	何　淼	69 公斤级总成绩		1		
	徐春伟	52 公斤级总成绩				六
	梁雨航	44 公斤级总成绩		1		
	周江徽	62 公斤级总成绩				四
男子少年甲组	黄　涛	85 公斤级总成绩		1		
女子青年组	缪佳晨	48 公斤级总成绩		1		

2014年10月18—22日，省青少年举重冠军赛在盐城射阳县少年体育学校举行，江阴市运动员代表无锡队参加，周江徽、梁雨航分别获得男子少年乙组69公斤级、48公斤级总成绩第一名和第三名。

2014年10月，省青少年举重锦标赛在徐州市举行，江阴市运动员代表无锡队参加。

2014年江阴市参加省青少年举重锦标赛获前六名成绩一览

表4-180

组　别	运动员	项　　目	金	银	铜	四-六名
男子少年甲组	张海杰	77 公斤级总成绩	1			
	黄　涛	85 公斤级总成绩		1		
	何　淼	77 公斤级总成绩			1	
男子少年乙组	江海涛	56 公斤级总成绩				六
	周江徽	69 公斤级总成绩				四
	徐俊佳	77 公斤级总成绩				四
男子青年组	吴　越	85 公斤级总成绩				五

2015年5月19—23日，省青少年举重比赛在宿迁泗洪县体育馆举行，江阴市运动员代表无锡队参加，曹洛豪获男子少年乙组52公斤级抓举第一名、挺举第一名、总成绩第一名，梁雨航获男子少年甲组52公斤级抓举第二名、挺举第二名、总成绩第二名。11月3-7日，省青少年举重冠军赛在盐城射阳县举行，江阴市运动员曹洛豪代表无锡队参加，获男子少年乙组56公斤级抓举、挺举、总成绩3项第一名。

11．射击

1996年4月2-5日，省青少年射击个人冠军赛在南京市举行，江阴市运动员陆永峰代表无锡队参赛，获男子少年组10米移动靶第五名（成绩，613.7环）。8月15-19日，省青少年射击比赛在徐州市举行，江阴市运动员陆永峰代表无锡队参赛，获男子少年组10米移动靶第二名（成绩，624.9环）。

1997年8月4-6日，省青少年射击比赛在无锡市举行，江阴市运动员陆永峰代表无锡队参赛，获男子少年组10米靶第四名（成绩，632.8环）。

2000年8月12-14日，省青少年射击锦标赛在常州市举行，江阴市运动员张煜磊代表无锡队参加，获男子少年组步枪3×10第一名（成绩，277环），达国家一级运动员标准。

2003年2月22-27日，省青少年射击比赛在徐州市举行，江阴市运动员张煜磊代表无锡队参赛，获男子青年组气步枪60发团体第一名，60发卧射个人第一名，步枪3×20个人第三名，气步枪60发个人第六名。

2004年5月1-5日，省青少年射击个人冠军赛在常州市举行，江阴市运动员代表无锡队参赛，陈璐获男子少年组步枪3×10第六名，孙璐霞获女子少年组步枪30发卧射第一名。8月，省青少年射击比赛举行，江阴市运动员陈璐获男子少年组气步枪40发团体第一名、个人第一名，孙璐霞获女子少年组气步枪40发个人第四名。

2005年5月4-6日，省青少年射击个人冠军赛在常州市举行，江阴市运动员代表无锡队参赛，孙璐霞获女子少年组气步枪40发第一名（成绩，395环）、30发卧射第四名（成绩，289环）、3×10第六名（成绩，279环），陈璐获男子少年组气步枪40发第五名（成绩，388环）。7月24-28日，江苏省青少年射击锦标赛在徐州市举行，江阴市运动员张煜磊代表无锡队参赛，获男子青年组小口径自选步枪60发卧射第四名（成绩，680.5环），小口径自选步枪3×10第三名（成绩，666.1环）。

2007年5月5-7日，省青少年射击比赛在方山体育训练基地射击场举行，江阴市运动员代表无锡队参赛，杨利军获男子青年组步枪60发第二名、步枪3×20第三名、气步枪60发第五名，孙璐霞获女子青年组步枪60发第六名。7月28日-8月1日，省青少年射击比赛在徐州市举行，江阴市运动员孙璐霞代表无锡队参赛，获女子青年组50米普通步枪3×10第五名（成绩，280环），10米气步枪40发第二名（成绩，392环）。

2008年5月1-5日，省青少年射击个人冠军赛在常州市军体校举行，江阴市运动员杨利军代表无锡队参赛，获男子青年组60发气枪第三名，3×20第五名。7月9-11日，省青少年射击比赛在方山体育训练基地举行，杨利军代表无锡队参赛，获男子青年组50米步枪60发卧射第二名、50米步枪3×20第三名、10米气步枪60发第五名，孙璐霞获女子青年组50米步枪60发卧射第六名。

2009年7月，省青少年射击比赛在常州市举行，江阴市运动员代表无锡队参赛，孙璐霞获女子青年组50米步枪3×20第二名，杨利军获男子青年组50米步枪卧射60发第五名。

12．柔道

1993年10月，江苏省青少年柔道比赛举行，江阴市运动员代表无锡队参赛，陈洁、居春花分获女子少年乙组第五、六名，张海龙、戴卫平分获男子少年乙组第五、六名。

1996年8月7—8日，省青少年柔道比赛在徐州市举行，江阴市运动员任浩峰代表无锡队参赛，获男子少年甲组56公斤级第二名。

1999年7月20—24日，省青少年柔道比赛在泰州市举行，江阴市运动员任兴行代表无锡队参赛，获男子少年乙组52公斤级第二名。

2001年7月3—6日，省青少年柔道比赛在淮安市举行，江阴市运动员代表无锡队参赛，张磊获男子少年乙组80公斤以上级第四名，沈皓岚获女子少年甲组58公斤级第二名。

2003年8月，省青少年柔道比赛举行，江阴市运动员代表无锡队参赛，张磊获男子少年甲组100公斤级第二名，陈洁、秦炀滨分别获女子少年乙组48公斤级、60公斤级第二、五名。

2004年9月，省青少年柔道比赛举行，江阴市运动员代表无锡队参加，王钰获女子少年乙组66公斤级第二名，秦炀滨获女子少年乙组54公斤级第四名。

2005年7月7—8日，省青少年柔道比赛在南通市举行，江阴市运动员秦炀滨代表无锡队参赛，获女子少年甲组63公斤级第三名。

2007年7月19—23日，省青少年柔道比赛在南通如东县举行，江阴市运动员代表无锡队参赛，邱莉获女子少年乙组67公斤级第二名，张辰晨获48公斤级第四名，林丽获57公斤级第五名；过凯获男子少年乙组60公斤级第五名。

2009年7月15—19日，省青少年柔道比赛在泰州市举行，江阴市运动员代表无锡队参赛，张羽获男子少年甲组90公斤级第一名，李克云、顾启亨分别获男子少年乙组55公斤级、90公斤以下级第五名，田楚鑫获女子少年乙组78公斤以下级第三名。

2011年7月20—24日，省青少年柔道锦标赛在泰州市举行，江阴市运动员代表无锡队参赛，林丽、姚蓓分获女子少年甲组60公斤级、56公斤级第一、二名，顾启亨获男子少年甲组100公斤以下级第二名。

2013年7月23—25日，省青少年柔道锦标赛在徐州市举行，江阴市运动员代表无锡队参加，胡晓晖获男子少年甲组71公斤级第五名，朱伟玲获女子少年甲组68公斤级第五名。

2015年7月22—25日，省青少年柔道锦标赛在泰兴市举行，江阴市运动员代表无锡队参加，周宇平获男子少年甲组56公斤级第一名，吴晨浩获60公斤级第三名，蒋森海获61公斤级第二名；缪俊获男子少年乙组60公斤级第二名，唐成杰获60公斤级第三名，俞可涵获66公斤级第三名；朱伟玲获女子少年甲组70公斤级第二名。

13．跆拳道

1999年8月4—7日，省青少年跆拳道集训赛在苏州市举行，江阴市运动员王丽代表无锡队参赛，获女子少年乙组54公斤级第一名。

2001年7月18—21日，省青少年跆拳道比赛在苏州市举行，江阴市运动员代表无锡队参赛，冯侯英获男子少年乙组52公斤级第一名，李敏炫获女子少年甲组54公斤级第五名。

2007年8月20—23日，省青少年跆拳道比赛在泰州姜堰新世纪武艺学校举行，11个省辖市及江阴市共12个单位参赛，江阴市代表队获团体总分第九名（31.5分），仇猛猛获男子少年甲组59公斤级第三名；王亮亮获男子少年乙组45公斤级第一名、任晓天获第五名，沈佳霜获62公斤级第五名；沙纯懿获女子少年乙组54公斤级第二名，陈苏斌获49公斤级第五名。

2008年7月20－21日，省青少年体育俱乐部跆拳道比赛在南京市大厂高中举行，江阴市运动员刘宏伟代表无锡队参赛，获男子少年甲组70公斤级第一名。8月2－6日，省青少年跆拳道比赛在徐州新沂市举行，江阴市运动员代表无锡队参赛，陆媛媛获女子少年甲组52公斤级第一名，陈苏斌获女子少年乙组49公斤级第三名，杨振坤、任晓天分别获男子少年乙组56公斤级、45公斤级第三、五名。

2009年7月15－18日，省青少年跆拳道比赛在苏州吴江区举行，江阴市运动员陈苏斌代表无锡队参赛，获女子少年甲组62公斤级第三名。

2013年8月22－25日，省大众跆拳道锦标赛在苏州吴江体育馆举行，江阴市共有35名运动员参加，共获各项级别的金牌21枚、银牌12枚、铜牌9枚，名列团体总分第一名、奖牌榜第一名。

14．航空（海）模型

1996年7月12－15日，江苏省“光华杯”青少年航空模型比赛在无锡市小桃园举行，江阴市运动员代表无锡队参赛，市一中获中学组弹射机团体冠军，综合团体、直升机团体和杆身机团体一等奖，刘嘉、周华分获弹射机第一、四名，冯江柳获直升机第六名；澄江中心小学获小学组弹射机团体冠军。

1997年7月28－31日，江苏省青少年航空模型比赛在浙江长兴市举行，江阴市运动员代表无锡队参赛，市一中、长泾中学分别获中学组综合团体B组第二、五名，刘嘉、吴晓分获弹射模型飞机第三、五名，刘嘉并获直升模型飞机第五名，吴炯获杆身橡筋动力模型飞机第二名，柳怡获空中斩车模型飞机第三名；澄江中心小学潘雷获小学组弹射模型飞机第一名。

1998年7月20－23日，省青少年航空模型比赛在浙江长兴市举行，江阴市运动员代表无锡队参赛，要塞中学获中学组杆身机团体第一名，李炳、孙建伟分获手掷机和仿真机第一名，张叶君、陈晓伟分获直升机第二、三名，陈晓伟并获杆身机第二名，姚永平、张晓明分获弹射机第二、六名，徐海获火箭模型第六名；澄江中心小学获弹射机团体第一名，陆斌、吕沈萧分获弹射机第二、四名。

1999年7月21－31日，省青少年航空模型比赛在南京市举行，有8个省辖市参赛，江阴市运动员代表无锡队参赛，澄江中心小学获小学组弹射飞机团体第三名；要塞中学获初中组火箭团体第二名，吴黄卫、俞波分获初中组Pc—B、Pc—C初级电动第三名，沈磊获初中组伞降火箭第三名，沈海峰、徐峰分获高中组Pc—B初级橡筋第二、五名，苏鸣获高中组Pc—C初级电动第五名，朱晓天获高中组推进飞机第三名；长泾中学获高中组火箭团体第三、五名，陆一民、王元恒分获高中组伞降火箭第三、六名，仲君柏、李强分获高中组推进飞机第二、五名。

2000年7月21－24日，省青少年航空模型比赛在南京市举行，有9个省辖市367名选手参赛，江阴市运动员代表无锡队参赛，暨阳中学范佳山获初中组伞降火箭模型飞机第二名；要塞中学俞波获初中组带降火箭模型第六名，张震获初中组电动无线电遥控模型飞机第二名，刘红燕获初中组Pc—C电动模型飞机第五名，朱皓获高中组推进模型飞机第六名。

2001年7月23－26日，省青少年航空模型比赛在苏州昆山市举行，有8个省辖市391名选手参赛，江阴市运动员代表无锡队参赛，花园中心小学获小学组空中客车模型团体第一名，杨城、况敬文分获空中客车模型第一、三名；顾山中心小学获小学组空中客车模型团体、杆身模型团体第三、五名，叶成龙、顾锐分获杆身模型第二、六名，顾立邦获空中客车模型第五名；利港中学黄建君、夏灿炜分获高中组S3A伞降第四、五名，樊晓伟、沈公望分获高中组S4A伞降第四、五名；长泾中学潘杰获高中组S4A伞降第二名。

2002年7月26—31日，省青少年航空模型比赛在南京市举行，江阴市运动员代表无锡队参赛，花园中心小学获小学组直升模型、杆身模型三等奖，小力士团体二等奖；新桥中心小学获小学组弹射模型一等奖、手掷模型三等奖、东风小团体和小力士团体一等奖，王春、张燕明、高磊磊分获弹射模型飞机第一、二、四名，高磊磊并获手掷模型飞机第三名，陶锋获东风带降火箭模型第一名、小力士伞降模型第五名，王宇浩获东风带降火箭模型第三名，严志鹏获小力士伞降模型第五名，陈绘艺获S3A第二名、P1E—1第一名，范宇超、徐立分获S6A第一、二名；利港中学张耀华获中学组火箭模型第一名。

2003年8月15日，省青少年航空模型比赛举行，江阴市新桥中心小学运动员代表无锡队参赛，获小学组东风带降模型火箭和小力士伞降模型火箭团体第一名，P1s—0初级手掷模型飞机团体第二名，P1T—1弹射模型飞机团体第三名，S3A伞降模型火箭个人第一名，S6A带降模型火箭个人第三名。

2004年7月，省青少年航空模型竞赛在苏州市举行，江阴市运动员代表无锡队参赛，要塞中学袁文杰获高中组S4A、S6A第三名；新桥中心小学张晓磊、周威、仇晓分获小学组东风带降模型火箭第一、五、六名，高昀皓获神州五号火箭第三名，顾晨阳获S6带降模型火箭第四名。是月，省青少年航海模型竞赛在南京月牙湖举行，江阴市运动员周菁代表无锡队参赛，获高中组FSR—3.5第二名。

2005年8月，江苏省青少年航空模型比赛举行，江阴市新桥中心小学运动员代表无锡队参赛，陶苗获小学组神州五号火箭一等奖、飞豹手掷飞机二等奖，仇晓获神州五号火箭二等奖、飞豹手掷飞机一等奖，郁霞获飞豹手掷飞机一等奖、长征三号火箭三等奖，范宇超获飓风火箭、长征三号火箭二等奖，高昀浩获飓风火箭第三名、小力士火箭第四名，顾晨阳获S3A火箭第六名。

2006年8月，江苏省青少年航空模型竞赛在南京市举行，江阴市运动员代表无锡队参赛，新桥中心小学陈志远、王一凡、范宇超获小学组东风火箭前三名，郁奕纯、陶苗、郁丹分获神州六号火箭第一、三、五名，王一凡、范宇超、陈志远分获霹雳火箭第二、三、五名，郁丹、郁奕纯分获小力士火箭第三、五名；要塞中学徐航获高中组S3A、S6A第四、六名，夏怡龙获高中组S3A第六名。

2007年8月，省青少年航空模型竞赛在南京市举行，江阴市要塞中学运动员代表无锡队参赛，获初中组天鹰、小力士团体第一名，霹雳团体第三名，吴晨、赵立、韩鹏程获初中组天鹰火箭前三名，陈清、胡志刚分获初中组小力士第一、六名，陈清并获霹雳第三名，吴文启、吴佳分获高中组伞降模型火箭S3A/2第一、三名。

2009年8月14日，江苏省青少年航空模型比赛举行，江阴市新桥中心小学运动员代表无锡队参赛，袁李杰、陶浒杰分获小学组小力士火箭第二、三名，郁强、陈涛分获霹雳火箭第二、三名。

2011年7月24—27日，省青少年航空模型比赛在苏州昆山市举行，江阴市运动员代表无锡队参赛，要塞中学获初中组东风伞降模型火箭团体第一名，小力士伞降模型火箭团体第二名，沈志钞、韩志扬获伞降东风模型一等奖，周镔获小力士伞降模型火箭一等奖；新桥中心小学获小学组女子小力士模型火箭和男子东风模型火箭团体第一名，任泽宏、朱娇红分获东风模型火箭伞降、小力士模型火箭伞降第一名，陈芳蕊获东风模型火箭伞降第二名。

2013年8月，江苏省“双良杯”青少年航空模型竞赛举行，江阴市运动员代表无锡队参加，要塞中学获初中组嫦娥一号火箭柔性翼滑翔机团体第二名、东风模型火箭（带降）团体第三名，马琛炜、邢梓恒、韩志扬、徐凯、王旭获二等奖，张嘉辉获一等奖，范安江获高中组S3A/2伞降模型火箭第二名；利港中学获初中组S3A2伞降模型火箭第一名、嫦娥一号火箭柔性翼滑翔机第一名、东风模型火箭（带降）第二名，仇嘉浩、陈音因获一等奖，李伟、周云、周烨、缪彩云等获二等奖。

2014年8月，江苏省青少年航空模型竞赛在苏州昆山石浦中心小学举行，江阴市运动员代表无锡队参加，利港中学获初中组综合团体第二名，庄野、金江燕获小力士伞降一等奖，仇嘉浩获嫦娥一号火箭一等奖；新桥中心小学王江希获小学组东风火箭第二名、嫦娥一号火箭第三名，夏雪获小力士火箭第三名。是年，第十六届“飞向北京——飞向太空”全国青少年航空航天模型教育竞赛（江苏预选赛）举行，江阴市运动员代表无锡队参加，要塞中学获高中组综合团体一等奖，韩志扬获“山猫”橡筋动力模型直升机竞时赛、“中天”橡筋动力伞翼机竞时赛一等奖，戴烨获“翼神”橡筋动力扑翼机竞时赛一等奖；利港中学获初中组东风一号带降模型火箭竞时赛男、女团体第一名，缪文涛、顾湘分获男、女个人第一名；临港实验学校获小学组带降模型火箭竞时赛女子团体第二名、男子团体第三名，伞降模型火箭竞时赛女子团体第二名。

2015年，第十七届“飞向北京——飞向太空”全国青少年航空模型教育竞赛（江苏预选赛）举行，江阴市运动员代表无锡队参加，要塞中学获综合团体二等奖，戚嘉陵、单庆伟、方鑫获个人一等奖；利港中学王文龙等13人获11个一等奖和4个二等奖。

15．皮艇、赛艇

1999年8月12−16日，江苏省青少年赛艇、皮艇比赛在南京市举行，江阴市运动员代表无锡队参赛，刘强获男子少年甲组500米、1000米单人皮艇第二名，顾雪莲获女子少年乙组1000米、500米单人皮艇第二、三名，孔石贤获男子少年乙组2000米赛艇双人双桨轻量级第一名，邓云江获2000米赛艇单人双桨轻量级第二名，并和施铭获2000米赛艇双人双奖轻量级第二名。

2000年8月9−13日，省青少年皮艇、赛艇比赛在徐州市举行，共有4个省辖市115名运动员参赛，江阴市运动员代表无锡队参赛，陈雷获男子少年甲组500米、1000米单人皮艇第四名，顾彐莲获女子少年甲组1000米单人皮艇第二名，江铭获男子少年甲组2000米赛艇双人单桨第一名。

2009年8月9−13日，省青少年赛艇比赛在常州金坛市举行，江阴市运动员代表无锡队参赛，蔡东梅获女子少年乙组W1×4000米第一名，蔡东梅、陆璐获W2×4000米第一名；陈梁成、张楠获男子少年甲组W2×8000米第五名，张新获LM2×2000米、LM2×8000米第一、二名；张瑞明获女子少年甲组W1×2000米第五名，张佩获W1×8000米第四名，张佩、张瑞明获W2×2000米第四名。

16．桥牌

1982年10月，江苏省桥牌比赛在常州市举行，江阴县运动员代表苏州地区队参赛，获团体第七名。

1984年7月，省桥牌比赛在南京市举行，江阴县运动员代表无锡队参赛，获团体第七名。

1986年暑期，上海市举行桥牌比赛，江阴县运动员石卫国、俞敏敏获双人赛第三名。是年，交通部澄西船舶修造厂霍竹虎、黄德琛、郑国定3名运动员参加江苏省国防科工委系统举行的桥牌比赛，获团体第一名。

1989年11月5−12日，省桥牌比赛在江阴市举行，全省共有16支代表队96名运动员参赛，江阴市获团体第六名，陈欣、黄德琛和郝海平、沈越分获单冠军双人赛第一、五名。

1991年8月21—28日，省桥牌比赛在苏州市举行，共有39个单位228人参赛，江阴市获甲级队团体第五名。

1993年10月21—28日，省“医药杯”桥牌比赛在镇江市举行，有江阴等12支代表队90名选手参加。

2008年11月9—13日，省桥牌等级赛在扬州市举行，江阴市法尔胜桥牌俱乐部代表队获甲级队第二名，江阴市桥牌协会代表队获乙级队第五名，并晋升甲级队。

2010年11月6—10日，省桥牌等级赛在宿迁市举行，江阴市扬子江船业桥牌俱乐部队获循环赛第二名、决赛第四名，晋升甲级队。

2012年11月2—6日，江苏省桥牌等级赛在泰州姜堰市溱潼风景区天水雅居度假村举行，有78支代表队近600名运动员参赛，江阴市天水雅居代表队获甲级A组第一名。

2013年11月2—5日，江苏省桥牌等级赛在扬州市举行，江阴市桥牌队获甲级A组第三名。

2014年11月28日—12月1日，省桥牌等级赛在常州市举行，江阴市桥牌队获甲级A组第一名。

17. 拳击

2005年6月25—29日，省青少年拳击比赛在宿迁市举行，共有207名运动员参加，江阴市运动员陈亚刚代表无锡队参赛，获男子少年乙组53公斤级第三名。

2007年8月23—27日，省青少年拳击比赛在无锡市举行，江阴市运动员陈亚刚代表无锡队参加，获男子青年组54公斤级第二名。

2008年7月25—30日，省青少年拳击比赛在常州市举行，江阴市运动员代表无锡队参赛，徐云飞、黄根分别获男子少年组46公斤级、59公斤级第三名。

2009年7月7—12日，省青少年拳击比赛在徐州市举行，江阴市运动员代表无锡队参赛，许加华、马翔分获男子少年组46公斤级、75公斤级第五名。

2011年7月13—17日，省青少年拳击锦标赛在徐州市举行，江阴市运动员许加华代表无锡队参赛，获男子少年组60公斤级第一名。

2012年7月2—6日，省青少年拳击比赛在淮安市举行，江阴市运动员代表无锡队参赛，蒋森海、许加华分获男子少年组55公斤级、59公斤级第二、三名。

2013年7月1—5日，省青少年拳击锦标赛在徐州市举行，江阴市运动员代表无锡队参加，许紫春获女子少年甲组58～62公斤级第一名，蒋森海获男子少年乙组61公斤级第一名，张子阳、周吉成、张雨电分获男子少年乙组55、66、74公斤级第三名，许加华、曹海锋分获男子少年甲组59公斤级、54公斤级第一、三名。

18. 击剑

2007年7月10—15日，省青少年击剑比赛在徐州市举行，江阴市运动员吴彬代表无锡队参赛，获男子少年组团体第一名。

2008年7月22—26日，省青少年击剑比赛在徐州市举行，江阴市运动员徐煜代表无锡队参赛，获男子少年组花剑团体第二名，个人第五名。

2009年7月25—29日，省青少年击剑比赛在南京市举行，江阴市运动员代表无锡队参赛，吴彬、徐煜、周志栋、朱巡获男子少年甲组花剑团体第六名，段奔腾、孙佳伟、朱晓伟、奚吉文获男子少年乙组花剑团体第五名，李文婷获女子少年乙组花剑团体第七名。

2012年7月12—18日，省青少年击剑冠军赛在徐州市举行，江阴市运动员代表无锡队参赛，钱龙、朱春宇获男子儿童组花剑团体冠军，钱龙并获个人第三名，李佳囡获女子儿童组重剑团体冠军。

2013年7月2–8日，省青少年击剑锦标赛在徐州市举行，江阴市运动员代表无锡队参赛，马瑞千、钱龙、闫宇豪、邵宏炎获花剑男子儿童组团体第一名，马瑞千并获重剑男子儿童组团体第一名，钱龙并获花剑男子儿童组个人第二名，于春雨获花剑女子儿童组个人第三名。

2015年8月6–12日，江苏省青少年击剑锦标赛在无锡锡山高级中学举行，江阴市运动员代表无锡队参加，陈思语、邵宏焱、闫宇豪、吴以恒、钱龙获花剑男子少年组团体第一名，吴以恒并获个人第二名，于春雨、郏尘星获花剑女子少年组团体第三名。11月10–15日，江苏省青少年击剑冠军赛在南通如东县实验小学举行，江阴市运动员吴以恒、闫宇豪、邵宏焱获花剑男子少年组团体第一名，吴以恒并获个人第三名。

19．摔跤

1935年9月12–15日，江苏省第四届运动会在省立镇江公共体育场举行，江阴县运动员吴福元代表二区队参加，获男子中量级摔跤第一名。

1999年7月13–17日，省青少年摔跤比赛在苏州市举行，江阴市运动员张春华代表无锡队参赛，获男子少年乙组自由式46公斤级第六名。

2001年7月12–16日，省青少年摔跤比赛在泰州市举行，江阴市运动员邢春代表无锡队参赛，获男子少年甲组古典式58公斤级第六名。

20．跳水

2001年7月18–21日，江苏省“大成房产杯”青少年跳水比赛在常州市体育运动学校举行，有8个省辖市69名运动员参赛，江阴市运动员李淼淼代表无锡队参赛，获女子儿童丙组全能、跳台、跳板3个第二名。

2004年5月，江苏省青少年跳水比赛举行，江阴市运动员李淼淼代表无锡队参加，获女子儿童乙组5米跳台双人第一名，1米板第二名，全能第二名，跳台第三名。

2005年7月19–22日，江苏省青少年跳水比赛在南通市举行，江阴市运动员李淼淼代表无锡队参赛，获女子儿童乙组跳台第一名，5米跳台双人第二名，全能第三名。

2007年7月17–20日，省青少年跳水比赛在常州市举行，江阴市运动员李淼淼代表无锡队参赛，获女子儿童甲组3米板第一名，1米板第二名，跳台第二名，全能第二名，并获道德风尚奖。

21．自行车

2004年10月16–18日，省“叠石桥国际家纺城杯”青少年自行车比赛在南通海门市举行，江阴市运动员华云霞代表无锡队参赛，获女子少年乙组2公里追逐赛第一名，10公里计时赛第三名（成绩，15′47″9），250米计时赛第三名（成绩，21″835），行进间200米第四名（成绩，13″625）。

2005年5月，省青少年自行车比赛在南通市举行，江阴市运动员华云霞代表无锡队参赛，获女子少年甲组3公里追逐赛团体第一名，个人第一名。

2013年8月2–6日，江苏省青少年自行车锦标赛在苏州市举行，江阴市运动员代表无锡队参加，刘铖华获少年乙组女子行进间200米个人计时赛第三名、竞速赛第三名，缪敏莉获少年乙组女子2公里团体追逐赛第四名。

22．垒球、台球、网球

2005年7月11–15日，省青少年垒球比赛在无锡锡山体校举行，江阴市运动员陈佳代表无锡队参赛，获少年组女子第一名。

2007年4月12日—10月6日，省台球联赛在常州市举行，江阴市喜来登台球俱乐部代表无锡队参赛，获团体总冠军，李春获个人第一名。

2008年4月3—6日，江苏省台球联赛（苏州站）在苏州市举行，江阴市运动员李春代表无锡队参赛，获第二名。8月14—17日，省台球联赛（南京站）在南京市举行，江阴市运动员李春代表无锡队参赛，获第二名。

2009年9月21日，“金鹰杯”2009—2010赛季江苏省斯诺克台球联赛决赛在张家港市金鹰台球俱乐部举行，江阴市运动员李春代表无锡队参赛，获第三名。

2011年5月29日，江苏省“荆溪人家杯”友好城市网球比赛在常州市奥体中心网球馆举行，江阴市代表队（唯一的县级队）获团体亚军。

2012年5月26日，长三角城市网球赛在浙江安吉县举行，江阴市代表队获团体冠军。

23．健身操、健美操

2001年11月，江苏省第一届中学生健美操比赛在无锡宜兴市举行，江阴市一中代表队获三等奖。

2002年，省第二届中学生健美操比赛在苏州张家港市举行，江阴市一中代表队获三等奖。

2003年，省第三届中学生健美操比赛举行，江阴市一中代表队获三等奖。

2004年，省第四届“南航附中杯”中学生健身操比赛举行，江阴市一中代表队获高中组团体第五名，初中组团体三等奖。

2005年，省第五届中学生健身健美操比赛举行，江阴市一中代表队获高中组团体三等奖，初中组团体第六名。

2006年，省第六届中学生健身健美操比赛举行，江阴市一中代表队获高中组团体三等奖。

2008年11月28—30日，省第八届中学生“常青藤杯”健美操比赛在张家港市常青藤实验中学举行，江阴市一中代表队获高中组啦啦操一等奖，健身操二等奖，团体总分第八名。

2011年11月18—20日，省第十一届“励实杯”中学生健美操比赛在江阴市举行，江阴市一中代表队获高中组街舞啦啦操团体、啦啦操自编动作团体第一名，江阴市高级中学代表队获自选团体、规定团体第二名。

24．轮滑

2007年10月5—7日，江苏省全民健身运动会社会体育部速度轮滑比赛在中国轮滑协会苏州训练基地举行，江阴市运动员许巍代表无锡队参赛，获女子成年组1000米计时赛第一名，5000米计时赛第一名，5000米淘汰赛第一名，并获体育道德风尚奖。

2011年9月，“米高杯”2011年江苏省少儿速度轮滑锦标赛举行，江阴市澄江中心小学运动员赵英栋代表无锡队参加，获男子儿童组3000米、1000米计时赛第三、五名。

2012年9月，江苏省第六届全民健身运动会速度轮滑比赛举行，江阴市澄江中心小学轮滑队代表无锡队参加，范志超获男子少年甲组500米计时赛、1000米淘汰赛第四、六名，陆瑶冰获女子少年甲组500米计时赛第六名，赵英栋获男子少年乙组500米、1000米计时赛第五名，汪兴凡获男子少年乙组300米计时赛、1000米淘汰赛第三名，吕嘉婧获女子少年乙组500米计时赛、1000米淘汰赛第五名，朱子健获女子少年乙组300米计时赛、1000米淘汰赛第五、六名。

25．跳绳、踢毽、毽球

1935年9月12—15日，民国江苏省第四届运动会在镇江公共体育场举行，江阴县运动员姚楚宝代表二区队参加，获踢毽（拖）第一名，原地跳第二名。

1994年8月30日，江苏省体委、江苏省教委联合给江阴市璜塘中心小学学生计丽华、庄建英、王军伟颁发1993—1994学年度江苏省“雏鹰起飞”小学生体育活动跳绳项目小能手证书。

1996年7月17—21日，江苏省中小学毽球比赛在徐州新沂市举行，江阴市璜塘中心小学7名学生代表无锡队参赛，获小学组团体第四名，陆伟红获个人第六名。

2000年12月，“金达来杯”首届江苏省中小学生跳绳、踢毽比赛在无锡江阴市璜塘镇举行，江阴市璜塘实验小学王烨蛟获小学组男子跳绳踢毽个人总分第一名，顾敏慧、孔静怡分获女子跳绳踢毽个人总分第二、三名，璜塘中学获中学组跳绳踢毽团体总分第二名。

（十六）承办省级体育赛事

1965年11月4—10日，江苏省少年足球对抗赛在江阴县举行。

1973年10月31日，江苏省足球二队与江阴县足球队比赛在江阴县体育场举行。

1978年4月，江苏省基层小学足球比赛在江阴县举行，江阴县实验小学足球队代表苏州地区队参赛。

1979年5月，江苏省少年田径选拔赛在江阴县体育场举行。

1980年8月11—20日，江苏省少年足球乙级组联赛在江阴县体育场举行，共有120名运动员参赛。10月26—29日，镇江、扬州、苏州地区15县市田径运动会在江阴县举行。

1981年8月20—26日，江苏省基层小学足球赛（苏南赛区）在江阴县举行，江阴实验小学足球队代表苏州地区队参赛。

1982年6月13—15日，江苏省中学生“三好杯”足球选拔赛在江阴县举行，全省13个市（地区）参赛。7月20日—8月1日，省少年足球赛在江阴县举行，南京等11个省辖市（地区）192名运动员参赛，江阴实验小学足球队代表苏州地区队参赛，获第六名。

1983年8月21—29日，江苏省省助足球重点班集训比赛在江阴县举行，江阴县代表队获儿童甲组第三名。

1984年3月，省少年甲组足球赛在江阴县举行。7月11—20日，省“希望杯”男子足球比赛在江阴县举行，江阴县足球代表队获测评第六名、比赛第四名、总名次第五名。

1985年5月29—31日，上海杨浦区房地局、中国纺机厂、江阴纺机厂、江阴呐喊队四单位足球邀请赛在江阴县举行。8月12—21日，江苏省“希望杯”女子足球比赛在江阴县举行。10月5—11日，江苏省武术考核比赛在江阴县体育馆举行。

1986年4月3—13日，省纺织系统首届职工运动会足球比赛在江阴县举行。4月24日—5月1日，省农村“致富杯”篮球邀请赛在江阴县青阳镇举行，有20个乡镇参赛，江阴县周庄乡获第四名，长泾乡获第六名。8月7—23日，第十一届省运会职工部足球比赛在江阴县举行，江阴县纺织系统足球队获第三名。

1987年5月20—27日，江苏省首届“篮协杯”男子篮球赛在江阴市璜塘乡举行。7月23—29日，“要塞杯”省农民足球赛在江阴市举行，江阴绿南队获第二名。

1988年7月21—29日，江苏省少年甲、乙组篮球比赛在江阴市举行，共有12支运动队参赛。

1989年7月，江苏省少年乙组足球赛在江阴市举行，有9支运动队162名运动员参赛。11月5—12日，江苏省桥牌比赛（乙级赛区）在江阴市举行，共16支运动队96名运动员参赛。

1990年，全国第三届农民象棋比赛江苏省选拔赛在江阴市举行，有18支运动队54名运动员参赛。

1992年8月9—16日，江苏省少年甲组男子足球赛在江阴市举行，有6支运动队86名运动员参赛。

1993年7月16—22日，江苏省少年乙组男子足球赛在江阴市举行，有8支运动队120名运动员参赛。8月6—12日，江苏省少年甲组男、女排球比赛在江阴市举行，南京等省辖市8支运动队参赛。10月31日—11月2日，江苏省第三届老年足球邀请赛在江阴市举行，有4支运动队76名运动员参赛。

1994年7月20—26日，纪念世界排球运动100周年暨1994年江苏省中专、中技校排球比赛在江阴工商学校举行。8月21—25日，第十三届省运会青少年部男子甲组足球比赛在江阴市举行，11支运动队198名运动员参赛。

1995年7月18—25日，江苏省少年甲组男子足球赛在江阴市举行，南京、无锡、徐州、扬州4支运动队72名运动员参赛。

1997年7月8—14日，江苏省1997年“回归杯”元老足球邀请赛暨江苏省第七届元老足球邀请赛在江阴市举行，有6支运动队156名运动员参赛。是年，第八届省运会巡回省技巧、武术、艺术体操表演在江阴市举行，有3支运动队33名运动员参加。

1998年10月17—18日，江苏省第四届“法尔胜杯”木兰拳比赛在江阴市举行，共有25支运动队240名运动员参赛。是年，江苏省海关系统足球赛在江阴市举行，有6支运动队108名运动员参赛。

2000年7月25—30日，江苏省少年儿童象棋、围棋比赛在江阴市举行，共有15支运动队293名棋手参赛。9月30日—10月5日，江苏省首届“天华杯”少儿国际象棋比赛在江阴市举行，共有14支运动队104名棋手参赛。10月25—27日，江苏省人保系统乒乓球比赛在江阴市体育馆举行，共14支运动队69名运动员参赛。是年，江苏省“金达来杯”中小学生跳绳、踢毽比赛在江阴市璜塘镇举行。

2002年1月1—3日，江苏省“利昌杯”幼儿三棋比赛在江阴凯旋大酒店举行，有29支运动队286名小棋手参赛。11月8—10日，江苏省“申达杯”少儿围棋邀请赛在江阴市举行，有11支运动队91名棋手参赛。12月6—12日，江苏省第三届中学生足球比赛在江阴市举行，共8支运动队155名运动员参赛。

2003年10月2—7日，江苏省第十三届“法尔胜特钢制品杯”元老足球邀请赛在江阴市举行，有6支运动队117名运动员参赛。

2004年10月25—30日，“贝卡尔特杯”长江三角洲老干部乒乓球赛在江阴市举行，共有12支运动队187名运动员参赛。

2005年1月1—3日，江苏省“小太阳杯”幼儿棋类比赛在江阴市举行，共有15支运动队207名小棋手参赛。8月1—10日，“澄星杯”江苏省少年甲组女子足球比赛在江阴一中举行，有9支运动队200名运动员参赛。

2006年1月1—3日，江苏省“小太阳杯”幼儿棋类比赛在江阴市举行，有54支运动队708名小棋手参赛。5月1—8日，江苏省第十届“省长杯”高中男子足球比赛在江阴一中举行，11支运动队248名运动员参赛。6月1—3日，江苏省2005—2006赛季台球联赛在江阴市举行，11支运动队40名运动员参赛。6月21日—7月12日，第二届环太湖地区“华宏杯”篮球联赛在江阴周庄镇举行，6支运动队107名运动员参赛。是年，江苏省电力系统门球比赛在江阴市举行，8支运动队100名运动员参赛。

2007年8月14—16日，第三届江苏省“月城实验杯”少儿象棋定（升）级赛在江阴月城实验小学举行，16支运动队139名棋手参赛。12月30日—2008年1月1日，江苏省“小太阳杯”幼儿棋类比赛在江阴市委党校举行，72支运动队811名运动员参赛。是年，江苏省国检系统羽毛球比赛在江阴市举行，13支运动队90名运动员参赛。

2008年10月1－3日，江苏省第十二届“省长杯”高中男子足球比赛在江阴市夏港街道举行，4支运动队86名运动员参赛。10月3－5日，第五届江苏省“月城实验杯”少儿象棋定（升）级赛在江阴月城实验小学举行，16支运动队180名棋手参赛。10月17－19日，江苏省“省长杯”中老年组足球比赛在江阴市举行。10月22日，江苏省首届“江阴高中杯”武术比赛在江阴高级中学举行，共26支运动队参赛。

2009年1月1－3日，江苏省“小太阳杯”幼儿棋类比赛在江阴城中实验小学举行，73支运动队734名运动员参赛。

2010年6月16日，江苏省“月城杯”龙舟精英赛在江阴市月城镇双泾村雷介泾河举行，9支运动队233名运动员参赛。8月21－22日，江苏省首届国际跳棋比赛在江阴市云亭幼儿园举行，12支运动队112名小棋手参赛。10月2－5日，江苏省“天华杯”国际象棋公开赛在江阴市天华艺校举行，共430名棋手参赛。10月4－6日，第八届江苏省“月城杯”少儿象棋定（升）级赛在江阴月城实验小学举行，15支运动队191名运动员参赛。12月1－5日，江苏省第十四届“省长杯”高中男子足球比赛在江阴一中举行，共5所学校106名运动员参赛。

2011年1月1－3日，江苏省“小太阳杯”棋类比赛在江阴市委党校举行，73支运动队707名小棋手参赛。5月21日，江苏省第六届“沿江体育节”自行车竞赛和家庭健身趣味竞赛在江阴市举行，13支运动队126名运动员参赛。5月，江苏省苏州、无锡等10城市“嘉澜杯”城市乒乓球邀请赛在江阴市举行。8月12－14日，江苏省第二届国际跳棋锦标赛在江阴市委党校举行，12支运动队168名棋手参赛。8月13－14日，江苏省第十二届“富仁杯”中学生田径运动会（苏南）在江苏省南菁高级中学举行，有37支运动队436名运动员参赛。10月4－6日，第九届江苏省“月城杯”少儿象棋定（升）级赛暨首届江苏省业余棋协大师精英赛在江阴市月城实验小学举行，18支运动队257名棋手参赛。11月18－20日，江苏省第十届“励实杯”中学生健美操比赛在江阴一中举行，35支运动队452名选手参赛。是年，江苏省第六届军休干部门球比赛在江阴市举行，有14支运动队参赛。

2012年1月1－3日，江苏省“小太阳杯”儿童棋类比赛在江阴市举行，有49支运动队477名小棋手参赛。8月17－19日，江苏省第三届国际跳棋锦标赛在江阴市华西村举行，有15支运动队232名棋手参赛。

2013年4月，第四届江苏省特色学校国际跳棋比赛在江阴市花园实验小学举行。8月，江苏省国际跳棋锦标赛在江阴市华西村举行。

2014年1月19－21日，江苏省“小太阳杯”儿童棋类赛在江阴市华西村举行，江阴市月城实验小学等学校参加。8月，江苏省国际跳棋锦标赛在江阴市华西村举行，江阴市获儿童组团体4枚金牌和2枚银牌。

2015年1月1－3日，江苏省“小太阳杯”儿童棋类比赛在江阴市辅延中心小学举行，江阴市实验小学、城中实验小学、澄江中心小学、月城实验小学、新桥中心小学等学校参加。

三、参加和承办全国体育比赛

（一）参加第一届全国运动会

1959年9月13日－10月3日，中华人民共和国第一届运动会在北京举行，江阴县运动员颜虎清代表江苏队参赛，获击剑团体总分第三名，男子轻剑（现为花剑）第四名。

（二）参加第二届全国运动会

1965年9月11—28日，中华人民共和国第二届运动会在北京举行，江阴县运动员颜虎清代表江苏队参赛，获男子花剑第四名。

（三）参加第三届全国运动会

1975年9月12—28日，中华人民共和国第三届运动会在北京举行，江阴县运动员颜虎清代表江苏队参赛，获男子花剑团体第一名。

（四）参加第七届全国运动会

1993年9月4—15日，中华人民共和国第七届运动会在北京举行，江阴市运动员朱益红代表江苏队参赛，获女子4×400米接力第四名（成绩，3′30″81）。

（五）参加第八届全国运动会

1997年10月12—24日，中华人民共和国第八届运动会在上海市举行，江阴市运动员代表江苏队参赛，朱益红获女子4×100米接力第三名、4×400米接力第一名，沈震海获篮球男子第八名。

（六）参加第九届全国运动会

2001年11月10—25日，中华人民共和国第九届运动会在广东广州市举行，江阴市运动员代表江苏队参赛，朱益红获女子4×400米接力第三名，承浩获男子200米蛙泳第一名。

（七）参加第十届全国运动会

2005年10月12—23日，中华人民共和国第十届运动会在江苏南京市举行，江阴市（籍）运动员代表江苏队参赛，陆春龙获蹦床男子网上单人第一名、团体第二名，张志诚获举重第五名，翁新芝、翁晓洁、葛洋、吴敏获足球女子第四名，王玲获马拉松女子第八名，徐莉佳获女子帆船欧洲级第二名。

（八）参加第十一届全国运动会

2009年10月16—28日，中华人民共和国第十一届运动会在山东济南市举行，江阴市（籍）运动员代表江苏队参赛，王敏、刘菁、张榕佳获足球青年组女子第一名，翁晓洁、翁新芝、朱佳、葛洋、吴敏、曾莹获足球成年女子第二名，陈佳获垒球女子团体第三名，汤科蓉获自行车青年女子场地计时赛第一名、公路赛第七名，张志诚获举重男子105公斤级总成绩第七名，臧伟获举重男子94公斤级总成绩第八名，徐莉佳获女子帆船帆板激光雷迪尔级第一名。

（九）参加第十二届全国运动会

2013年8月31日—9月12日，中华人民共和国第十二届运动会在辽宁省举行，江阴市（籍）运动员代表江苏队参赛，许美玲获女子4×100米接力第一名，翁新芝、吴敏、曾莹、朱佳、翁晓洁、刘菁获女子足球成年组第一名，唐心怡、吴澄舒、唐梦洁、李江红获女子足球青年组第一名，陈佳获女子垒球团体第一名，刁东亚获男子花剑第二名，汤科蓉获自行车女子公路个人赛第三名、公路个人计时第六名，符浩、陆春龙获男子蹦床网上团体第三名，包英凤获男子马术三项赛个人第三名，并和秦林获团体第四名，张志诚获男子举重105公斤级总成绩第六名，陈梁成获赛艇男子公开级八人单桨有舵手第四名，蔡东梅获赛艇女子轻量级双人双桨第七名。

（十）参加全国城市运动会

1991—2015年，江阴市运动员代表江苏队参加中华人民共和国第五届城市运动会。1991年9月20—28日，第二届全国城市运动会在河北唐山市举行，江阴市作为特邀参赛城市参加。1995年10月22—30日，第三届全国城市运动会在江苏南京市举行，江阴市运动员代表江苏队参赛，朱益红获女子4×100米接力第二名，张卫东获男子柔道第五名。2003年10月19—28日，第五届全国城市运动会在湖南长沙市举行，江阴市运动员张志诚代表江苏队参赛，获举重男子105公斤级总成绩第二名（成绩，362.5公斤）。2007年10月25日-11月4日，第六届全国城市运动会在湖北武汉市举行，江阴市运动员代表江苏队参赛，汤科蓉获女子自行车第三名，曾喜丹、许美玲获女子4×100米接力第五名。2011年10月16-25日，第七届全国城市运动会在江西南昌市举行，江阴市运动员代表江苏队参赛，林丽获柔道女子63公斤级第一名，陈佳获垒球女子第一名，唐梦洁、唐心怡、吴澄舒、薛芯兰、赵叶丽、李江红、龚丽获足球女子少年乙组第一名。

（十一）参加全国单项比赛

1. 田径

1942年7月，汪伪政府举行全国田径选拔赛，江阴县运动员许廷荣代表江苏队参赛，进入决赛。

1989年9月，第二届全国青少年运动会在辽宁沈阳市举行，江阴市运动员朱益红代表江苏队参赛，获女子少年甲组4×100米接力第一名（成绩，48″96）。

1991年5月19-23日，全国青年田径锦标赛在江苏南京市举行，江阴市运动员朱益红代表江苏队参赛，获女子100米第三名（成绩，11″92），200米第三名（成绩，24″25），4×100米接力第五名（成绩，48″43）。8月8-12日，全国少年田径分龄赛在浙江舟山市举行，江阴市运动员沈丽代表江苏队参赛，获女子14岁组100米第三名（成绩，13″2）。10月9-13日，全国田径冠军赛在浙江杭州市举行，江阴市运动员朱益红代表江苏队参赛，获女子200米第七名（成绩，24″26），女子4×100米接力第二名（成绩，45″60）。

1992年5月，全国青年田径锦标赛在浙江杭州市举行，江阴市运动员朱益红代表江苏队参赛，获女子4×100米接力第五名（成绩，45″96），100米第七名（成绩，11″85），200米第五名（成绩，24″11）。8月，全国业余体校田径分龄赛在江苏徐州市举行，江阴市运动员黄春洪代表江苏队参赛，获14岁组男子跳远全能第一名（成绩，192分），跳远第三名（成绩，6.53米）。10月，全国田径冠军赛在湖北武汉市举行，江阴市运动员朱益红代表江苏队参赛，获女子4×100米接力第五名（成绩，46″28）。

1993年8月，华东地区田径协作赛在山东济南市举行，江阴市运动员黄春洪代表江苏队参赛，获少年甲组男子100米第二名（成绩，11″7），跳远第二名（成绩，6.35米）。

1994年6月1-5日，全国田径锦标赛暨亚运会田径选拔赛在北京市举行，江阴市运动员朱益红代表江苏队参赛，获女子4×100米接力第六名。8月27-31日，全国田径冠军赛在河北唐山市举行，江阴市运动员朱益红代表江苏队参赛，获女子200米第四名。

1995年5月，全国田径锦标赛在山西太原市举行，江阴市运动员朱益红代表江苏队参赛，获女子成年组4×100米接力第二名（成绩，44″58），200米第一名（成绩，23″5）。是月，全国体育运动学校少年田径比赛在广西南宁市举行，江阴市运动员周华代表江苏队参赛，获男子16-17岁组4×400米接力第四名（成绩，3′28″20）。7月25-28日，华东六市田径对抗赛在江苏无锡市举行，江阴市运动员徐金莲代表南京队参赛，获女子少年组200米第五名（成绩，26″5），400米第二名（成绩，1′02″0）。8月，全国青少年田径分龄赛在江西吉安市举行，江阴市运动员代表江苏队参赛，徐金莲获女子15岁组短跑全能第一名（成绩，125.67分），200米第一名（成绩，26″5），400米第一名（成绩，59″2）；沈燕获女子14岁组短跑全能第三名（成绩，205分），100米第一名（成绩，12″8），200米第二名（成绩26″4）。

1996年8月，全国少年田径分龄赛在山东青岛市举行，江阴市体校4名运动员代表江苏队参赛。

1996年江阴市参加全国少年田径分龄赛获前八名成绩一览

表4-181

组别	运动员	项　目	金	银	铜	四至八名	成　绩
女子 15 岁组	沈　燕	短跑全能	1				129.70 分
		100 米	1				12″1
		200 米	1				25″6
	沈丽惠	标枪全能			1		109.30 分
		标枪		1			39.10 米
		铁饼			1		27.0 米
男子 14 岁组	顾静伟	跳远全能			1		199 分
		100 米	1				11″5
		跳远		1			6.39 米
女子 13 岁组	严春燕	短跑全能	1				228 分
		100 米		1			12″6

1996年9月，全国田径冠军赛在河北石家庄市举行，江阴市运动员朱益红代表江苏队参赛，获女子200米第四名，4×100米接力第六名。

1997年5月，全国体育运动学校田径赛在辽宁鞍山市举行，江阴市运动员沈燕代表江苏队参赛，获女子少年甲组100米第三名（成绩，76.20分），200米第三名（成绩，77.60分），4×100米接力第一名（成绩，46″1），4×400米接力第一名（成绩，3′49″0）。是月，全国田径锦标赛在四川成都市举行，江阴市运动员朱益红代表江苏队参赛，获女子4×100米接力第四名。

1998年8月，全国少年田径分龄赛在江苏徐州市举行，江阴市运动员代表江苏队参赛，李龙获男子13岁组短跑全能第一名（成绩，204分），100米第一名（成绩，11″3），200米第一名（成绩，23″2）；薛莲获女子15岁组400米第一名（成绩，58″4），800米第一名（成绩，2′13″7）。

1999年6月，全国青少年田径锦标赛暨第四届全国城运会预赛在辽宁沈阳市举行，江阴市运动员沈燕代表江苏队参赛，获女子少年甲组100米第一名（成绩，11″7）。7月，第七届全国中学生田径运动会在广东广州市举行，江阴市运动员李龙代表江苏队参赛，获男子14岁组100米第五名（成绩，11″13），200米第四名（成绩，22″91，平省纪录），4×100米接力第三名。8月，全国少年儿童田径锦标赛在辽宁大连市举行，江阴市运动员李龙代表江苏队参赛，获男子少年组100米第一名（成绩，11″0，破省纪录），跳远第一名（成绩，6.70米，平省纪录），综合素质第一名。10月，全国田径锦标赛在广东惠州市举行，江阴市运动员沈燕代表江苏队参赛，获女子少年甲组4×100米接力第三名。

2000年6月，全国青少年田径锦标赛在四川德阳市举行，江阴市运动员沈燕代表江苏队参赛，获女子少年甲组100米第二名，200米第三名，4×100米接力第一名，4×400米接力第一名。8月3–6日，全国少年田径锦标赛在浙江省玉环县举行，江阴市运动员代表江苏队参赛，李龙获男子15岁组综合考核第一名（成绩，73.55分），100米第三名（成绩，11″1），4×100米接力第四名（成绩，45″1）；李燕获女子14岁组100米栏第五名（成绩，15″3），100米栏综合考核第六名。8月，全国少年田径锦标赛在江西宜春市举行，江阴市运动员蔡萍代表江苏队参赛，获女子14岁组800米综合评定第二名。10月19–22日，全国田径锦标赛在河南漯河市举行，江阴市运动员沈燕代表江苏队参赛，获女子少年甲组4×100米接力第三名。

2001年5月，“万丰奥特杯”全国少年田径锦标赛在浙江新昌市举行，江阴市运动员李龙代表江苏队参赛，获男子16～17岁组100米第一名（成绩，10″62），200米第一名（成绩，21″91）。

2002年8月，第八届全国中学生田径运动会在江苏溧阳市举行，江阴市运动员李龙代表江苏队参赛，获男子4×100米接力第一名（成绩，40″28），平全国纪录。

2005年5月11–16日，全国少年（16～17岁组）田径锦标赛在安徽淮南市举行，共有27队589名运动员参加，江阴市运动员项龙清代表江苏队参赛，获男子800米第七名。

2011年7月16–17日，全国田径冠军赛暨大奖赛总决赛在江西南昌市举行，江阴市运动员许美玲代表江苏队参赛，获女子100米第六名，200米第六名，4×100米接力第二名。7月30–31日，全国田径后备人才基地锦标赛在山东淄博市举行，江阴市运动员谭新宇代表江苏队参赛，获男子少年甲组200米第一名，400米第一名。9月22–25日，全国田径锦标赛暨奥运会达标赛在安徽合肥市举行，江阴市运动员许美玲代表江苏队参赛。10月，全国青少年田径锦标赛举行，江阴市运动员谢梦媛代表江苏队参赛，获女子少年甲组100米栏第五名。

2012年6月23–24日，全国田径冠军赛暨大奖赛总决赛在福建福州市举行，江阴市运动员许美玲代表江苏队参赛，获女子4×100米接力第二名，200米第四名。7月13–15日，全国少年（16～17岁组）田径锦标赛在山东烟台市举行，江阴市运动员代表江苏队参赛，严晨旭获男子400米第三名，李宇杰获男子4×100米接力第一名。9月22–25日，全国田径锦标赛在江苏昆山市举行，江阴市运动员许美玲代表江苏队参赛，获女子4×100米接力第二名，200米第六名。

2013年4月20–22日，全国青年田径锦标赛在浙江嘉兴市举行，江阴市运动员代表江苏队参加，谢梦媛获女子100米栏第三名，李宇杰获男子4×100米接力第三名。5月29日–6月1日，全国田径锦标赛在江苏苏州市举行，江阴市运动员许美玲代表江苏队参加，获女子4×100米接力第一名、100米第八名。6月15–16日，全国田径冠军赛暨大奖赛总决赛在辽宁沈阳市举行，江阴市运动员许美玲代表江苏队参加，获女子4×100米接力第一名、100米第六名。

2014年6月20–22日，全国青年田径锦标赛在浙江丽水市举行，江阴市运动员代表江苏队参加，谢梦媛获女子100米第二名，李宇杰获男子200米第八名、4×100米接力第八名。7月11–13日，全国田径大奖赛总决赛在山东济南市举行，江阴市运动员许美玲代表江苏队参加，获女子4×100米接力第一名、100米第二名。10月9–12日，全国田径锦标赛在江苏苏州市举行，江阴市运动员代表江苏队参加，许美玲获女子成年组4×100米接力第三名，谭新宇获男子成年组4×100米接力第七名。

2015年4月29日–5月2日，全国田径大奖赛（济南站）在山东济南市奥体中心举行，江阴市运动员代表江苏队参加，许美玲获女子成年组100米第二名、200米第三名，周艳兵获女子甲组100米第三名。5月11–13日，全国田径大奖赛（太原站）在山西太原市红灯笼体育场举行，江阴市运动员许美玲代表江苏队参加，获女子成年组100米第一名。6月2–7日，全国田径后备人才基地锦标赛在湖北宜昌市举行，江阴市运动员代表江苏队参加，史云恒获男子少年甲组60米第二名、100米第二名、400米第二名，李加恒获男子少年甲组100米第四名。6月27−29日，全国田径冠军赛在北京国家体育场“鸟巢”举行，江阴市运动员代表江苏队参加，谭新宇、严晨旭分别获得男子成年组4×400米接力第二名、400米栏第七名。7月17−19日，全国少年（14～15岁）田径锦标赛在广东肇庆市举行，江阴市运动员汪丽代表江苏队参加，获女子100米栏第七名。9月14−17日，全国田径锦标赛在江苏苏州市举行，江阴市运动员许美玲代表江苏队参加，获女子成年组4×100米接力第一名。10月18−27日，第一届全国青年运动会（第八届全国城市运动会更名为第一届全国青年运动会）在福建福州海峡奥林匹克体育中心举行，江阴市运动员周艳兵代表江苏队参赛，获女子100米第五名、4×100米接力第三名和4×400米接力第四名。

2．游泳

2015年4月11−12日，“四方杯”全国游泳俱乐部锦标赛在江苏江阴市体育中心游泳馆举行，共有20支代表队630名运动员参加，江阴市运动员王天雨、董天宇分别获得男子25～29岁组100米蛙泳、50米蝶泳第一名，陈菁获得女子55～59岁组50米蝶泳第一名。

3．足球

1983年8月10−15日，首届全国“贝贝杯”小足球比赛在江苏苏州市举行，江阴队是参赛单位中唯一的县级队，获预赛第七名，决赛第十三名。

1986年1月20−27日，全国业余体校足球邀请赛在江西省九江市举行，江阴县业余体校和省运动学校联合组队（以江阴为主）代表江苏队参赛，获第二名。

1991年3月23日，全国足球锦标赛在云南昆明市举行，江阴市运动员翟伟国、陆亿良、赵伟、翟伟忠代表江苏队参赛，获男子第五名。

1994年9月25日−10月5日，全国青年足球联赛决赛在陕西西安市户县举行，江阴市运动员陈凯代表江苏队参赛，获男子第二名。

2000年5月10−20日，2000年U−19全国青年男子足球联赛（江阴赛区）在江苏江阴市举行，江阴市法尔胜代表队获第二名。

2001年6月20−30日，全国青年女子足球锦标赛在河北秦皇岛市举行，江阴市运动员翁新芝、葛洋代表江苏队参赛，获第一名。8月，第十八届全国“贝贝杯”儿童女子足球赛在江苏张家港市举行，江阴市辅延中心小学女足队代表江苏队参赛，获第三名。是月，全国中学生女子足球联赛在四川成都市举行，江阴市二中女足队代表江苏队参赛，获第一名。

2002年7月3日−8月17日，江阴市运动员葛洋代表江苏队参加全国女子足球超级联赛，获第六名。8月15−22日，第八届全国中学生运动会在江苏南京市举行，江阴市二中女足队代表江苏队参赛，获第二名，并获体育道德风尚奖。9月17−27日，2002年U−18全国青年女子足球联赛在江西南昌市举行，江阴市运动员翁新芝、翁晓洁、葛洋、吴敏代表江苏队参赛，获第一名。11月13−24日，全国女子足球锦标赛在广东佛山、花都、南海等地举行，江阴市运动员葛洋代表江苏队参赛，获第八名。

2003年7月6−10日，“广吉杯”U−15全国少年男子足球邀请赛在江苏江阴市举行，江阴市一中代表队获第五名。

2004年8月5−11日，全国初中女子足球邀请赛在上海曹杨第二中学举行，江阴市二中代表队获第四名。

2005年8月22−28日，第九届全国中学生运动会女子足球比赛在河南郑州市举行，江阴市二中女足队代表江苏队参赛，获亚军。

2006年3月24日－9月18日，全国女子足球超级联赛在广东举行，江阴市运动员翁新芝、葛洋、曾莹、翁晓洁4人代表江苏队参赛，获第四名。7月，全国中学生女子足球比赛在河南郑州市举行，江阴市二中女足队代表江苏队参赛，获冠军。是月，华东地区女子足球邀请赛在上海市举行，江阴市二中女足队参赛，获亚军。9月，2006年U－18全国青年女子足球锦标赛在湖北武汉市举行，江阴市运动员翁新芝、王大曼、吴敏、曾莹代表江苏队参赛，获第一名。12月23日－2007年1月3日，全国男子足球U－19“阿迪达斯”足球杯赛在云南昆明市举行，江阴市运动员朱诚、许诚代表江苏队参赛，获第五名。

2007年7月23－30日，全国女子U－16足球联赛在江西吉安市举行，江阴市运动员张榕佳代表江苏队参赛，获第一名。8月16－25日，全国女子足球U－18青年联赛在湖北荆州市举行，翁新芝、王大曼、胡晶晶、张榕佳、朱佳、吴敏、曾莹、许清8名江阴市运动员代表江苏队参赛，获第二名。10月14－23日，全国女子U－16足球锦标赛在河北涿州市举行，江阴市运动员刘菁代表江苏队参赛，获第三名。12月1－10日，全国女子足球超级联赛在广东举行，江阴市运动员翁新芝、翁晓洁、葛洋、胡晶晶、朱佳、吴敏、曾莹代表江苏队参赛，获第六名。

2008年6月27日－7月8日，全国女子足球U－18青年联赛决赛在湖北荆州市举行，江阴市运动员张榕佳、刘菁、朱佳、肖倩倩、王敏、许清等代表江苏队参赛，获第一名。7月1－15日，全国男子足球U－19“阿迪达斯”青年联赛在湖北孝感市举行，江阴市运动员朱诚、许诚代表江苏队参赛，获第三名。9月13－21日，全国女子足球U－18青年锦标赛在湖北荆州市举行，王大曼、肖倩倩、刘菁、张榕佳、王敏5名江阴市运动员代表江苏队参赛，获第二名。9月，2008年U－15全国男子足球比赛（台州赛区）在浙江台州市举行，江阴市运动员钱星宇、王琛磊代表江苏队参赛，获第四名。10月8－18日，全国女子足球锦标赛在浙江义乌市举行，吴敏、葛洋、胡晶晶、曾莹、朱佳、翁晓洁等江阴市运动员代表江苏队参赛，获第一名。10月12－22日，全国U－19“阿迪达斯”优胜者杯足球赛在江苏常州市举行，江阴市运动员许诚代表江苏队参赛，获第一名。11月3－18日，全国女子足球超级联赛决赛在江苏南京市举行，江阴市运动员葛洋、吴敏、胡晶晶、曾莹、朱佳、翁晓洁代表江苏队参赛，获第二名。

2009年3月、8月，全国中学生运动会女子足球预、决赛分别在江苏南京和湖南长沙举行，江阴市二中女足队代表江苏队参赛，获预赛第二名，决赛第一名。

2010年8月，全国青少年夏令营女子足球比赛在山东省青岛市举行，江阴市二中女足队获第四名。

2011年3月8－18日，全国女子足球U－16联赛决赛在四川乐山市举行，江阴市运动员唐心怡、吴澄舒、龚丽、薛芯兰、赵叶丽代表江苏队参赛，获第一名。3月15－17日、8月22－28日，全国女子足球协会杯预赛、决赛分别在云南昆明市、内蒙古呼和浩特市举行，翁新芝、翁晓洁、吴敏、曾莹、朱佳、王敏、刘菁7位江阴市运动员代表江苏华泰女足队参赛，获预赛第六名、决赛第三名。4月8日－10月18日，全国女子足球联赛举行，江阴市运动员翁新芝、吴敏、曾莹、翁晓洁、刘菁、王敏、朱佳代表江苏华泰女足队参赛，获第四名。7月3－15日，“安乐杯”华东地区校园足球夏令营暨第二十四届少年女子足球协作赛在上海市举行，江阴市二中女足队获冠军。7月22－30日，1997－1998组全国少年足球夏令营在广西南宁市举行，江阴市二中代表队获女子第三名。8月5－17日，“体育彩票杯”全国女子足球U—18联赛决赛在湖北宜昌市举行，江阴市运动员薛芯兰代表江苏华泰女足队参赛，获第一名。9月4－13日，全国女子足球

U-18锦标赛在河北秦皇岛市举行，江阴市运动员赵叶丽代表江苏华泰女足队参赛，获第一名。9月11-22日，全国青少年男子足球联赛在湖北武汉市举行，江苏少年男足队和江阴高级中学队（省校联队）参加比赛，获第四名。11月2-10日，全国女子足球U—16锦标赛在广东省广州市清新名将足球训练基地举行，江阴市运动员唐心怡、吴澄舒、唐梦洁、李江红、赵叶丽代表江苏翔宇女足队参赛，获第六名。11月17-28日，中国高中生足球联赛总决赛在江苏南京市举行，江阴市一中代表队获男子冠军。11月22日-12月2日，全国女子足球锦标赛决赛在四川成都市举行，江阴市运动员翁新芝、吴敏、曾莹、朱佳、翁晓洁、刘菁代表江苏华泰女足队参赛，获第六名。

2012年2月3-15日，全国青少年男子足球锦标赛在广西梧州市体育训练基地举行，江苏少年男足队和江阴高级中学队（省校联队）参赛，获第三名。3月14-25日，全国女子足球协会杯比赛在云南昆明市举行，江阴市运动员翁新芝、吴敏、曾莹、朱佳、翁晓洁、刘菁代表江苏华泰女足队参赛，获第二名。4月8日-10月16日，全国女子足球联赛举行，江阴市翁新芝、吴敏、曾莹、朱佳、翁晓洁、刘菁6名运动员代表江苏华泰女足队参赛，获第二名。7月11-19日，全国女子足球U—16联赛决赛在山东青岛市举行，江阴市运动员龚丽、李江红、徐依雯等代表江苏1997-1998女子足球队参赛，获第一名。8月14-27日，全国青少年男子足球联赛在云南昆明市举行，江苏少年男足队和江阴高级中学队（省校联队）参加比赛，获第三名。9月4-15日，全国女子足球U—18联赛决赛在河北秦皇岛市举行，江阴市运动员唐心怡、吴澄舒、唐梦洁、李江红等代表江苏宝应中学女足队参赛，获第三名。9月18-25日，全国女子足球U—16锦标赛决赛在湖北宜昌市举行，江阴市运动员龚丽、李江红、徐依雯代表江苏1997-1998年女足队参赛，获第二名。10月22-30日，全国女子足球U—18锦标赛在四川成都市举行，江阴市运动员唐心怡、吴澄舒、唐梦洁、李江红代表江苏宝应中学女子足球队参赛，获第二名。11月12日-12月2日，全国女子足球锦标赛决赛在四川成都市举行，江阴市运动员翁新芝、吴敏、曾莹、朱佳、翁晓洁、刘菁代表江苏华泰女足队参赛，获第一名。

2013年1月13-30日，全国青少年男子足球锦标赛（少年甲组）在广西梧州体育训练基地举行，江阴高级中学足球队和江苏少年男足队（省校联队）参赛，获第五名。3-10月，全国女子足球联赛举行，江阴市运动员翁新芝、吴敏、曾莹、朱佳、翁晓洁、刘菁代表江苏华泰女足队参赛，获第三名。8月1-10日，全国女子足球U-16联赛决赛在北京大兴区举行，江阴市运动员龚丽、李江红、徐依雯代表江苏1997-1998年女子足球队参赛，获第二名。8月13-24日，全国青少年男子足球联赛（少年甲组）在云南红河州举行，江阴高级中学足球队和江苏少年男足队（省校联队）参赛，获第一名。8月14-26日，全国男子足球U-17总决赛在云南泸西县举行，江阴市运动员吴凡、朱嘉豪、谢志伟、滕超、沈桃林代表江苏队参赛，获第一名。9月25日-10月5日，全国女子足球U-16锦标赛在山东潍坊市举行，江阴市运动员龚丽、李江红、徐依雯代表江苏1997-1998年女子足球队参赛，获第一名。10月25日-11月4日，全国女子足球U-18锦标赛暨联赛在山东滕州体育中心举行，江阴市运动员唐心怡、吴澄舒、唐梦洁、李江红代表江苏宝应中学女子足球队参赛，获第二名。11月3-20日，全国男子足球U-17冠军杯赛在广西柳州市举行，江阴市运动员吴凡、朱嘉豪、谢志伟、滕超、沈桃林代表江苏队参赛，获第二名。11月20-30日，全国女子足球锦标赛在四川成都市举行，江阴市运动员翁新芝、吴敏、曾莹、朱佳、翁晓洁、刘菁代表江苏华泰女足队参赛，获第一名。

2014年6月16-29日，全国女足U-18联赛决赛在河北秦皇岛市举行，江阴市第二中学女子足球队参加，获第二名。7月23日—8月1日，全国中学生运动会足球比赛在上海杨浦区举行，江阴市运动员吴凡、滕超、谢志伟、朱嘉豪代表江苏队参加，获男子组第二名。

2015年7月，全国男子足球U—15联赛在吉林延吉市举行，江苏江阴高级中学足球队参加，获第一名。10月18—27日，第一届全国青运会足球比赛在福建厦门市举行，江阴市运动员代表江苏队参加，吴凡、朱嘉豪、谢志伟、滕超、沈桃林、葛江涛获男子足球U—18第二名，顾华江、张祯业获男子足球U—16第五名。10月30日—11月2日，全国中等城市青少年足球比赛在山东潍坊市体育运动学校举行，江阴市体育运动学校代表队参加，获男子少年组第一名。

4．篮球

1987年4月，首届“致富杯”全国篮球赛在江苏丹阳县举行，江阴峭岐镇农民篮球队代表江苏队参赛，获亚军。

1991年11月5—15日，全国篮球联赛（第二阶段男子赛区）在辽宁沈阳市举行，江阴市运动员沈振海代表江苏队参赛，获第八名。

2006年8月，“贺龙杯”中国业余篮球公开赛举行，江阴市华宏队获第三名。

2007年7月，“迎奥运”全国县级城市篮球邀请赛在四川双流市举行，江阴市代表队获第七名。

2008年12月5—10日，首届小康村男子篮球赛全国总决赛在河南陕县举行，江阴市华宏队获第二名。

2009年8月25—29日，全国CBO石狮市“锦亭杯”男子篮球邀请赛在福建硬石狮市蚶江镇举行，江阴市华宏队获第二名。

2010年6月，第三届全国小康村男子篮球赛在山东烟台市举行，江阴市华宏队获第五名。

2011年11月，“华宏杯”第四届全国小康村男子篮球赛在江苏江阴市举行，江阴市华宏队获第一名。

5．羽毛球

2002年3月24—27日，“凯胜杯”全国少年丙组羽毛球比赛在江苏江阴市举行，江阴市共149名小选手参赛。

2006年8月1—5日，“银城地产杯”全国羽毛球单项校协交流赛在江苏南京市举行，江阴市华士实验学校11名学生代表江苏队参加1996年组比赛，范羽蕊获女单第一名，综合第四名；唐嘉杰获男单第二名，综合第二名；李洋阳获男单第三名，综合第四名。

2007年8月15—16日，“裕祥杯”全国少年乙组羽毛球赛在辽宁大连市第十五中学举行，江阴市华士实验学校队代表江苏队参赛，获1994年组男团第一名、女团第三名，1995年组女团第五名。10月20—25日，全国少年羽毛球精英赛在广东梅州市举行，江阴市华士实验学校队代表江苏队参赛，获1994年组男单第三、四、五名，女双第二名，女单第六名。

2014年7月2—8日，“李宁杯”全国少年甲组羽毛球赛（辽宁朝阳站）在辽宁朝阳市举行，江阴市运动员李林飞参加，获混双第八名。10月22—27日，“李宁杯”全国青少年羽毛球赛（淮北站）在安徽淮北市体育馆举行，江阴市运动员陶冶智参加，获少年A组男子单打第六名。

2015年10月24—25日，尤尼克斯全国羽毛球巡回赛（常州站）在江苏常州市举行，江阴市运动员参加，李希琼、辛佳蒋分别获得少年组女子单打第一、二名。

6．乒乓球

1991年8月，第五届全国少年宫“如意杯”乒乓球比赛在河北举行，江阴市月城中心小学代表队获儿童组男、女团体总分第五名。

1993年8月，第七届全国少年宫乒乓球赛在山东济南市举行，江阴市月城中心小学代表队获女团冠军、男团亚军，黄峰获男单第三名。

1994年7月，第八届“月兔杯”全国少年宫乒乓球比赛在四川成都市举行，江阴市和月城镇2支乒乓球队参赛，获中学组男团第二名、女团第四名，小学组男团第五名、女团第三名。

2015年5月17—18日，全国业余乒乓球比赛在湖南怀化市举行，江阴市运动员邱正强参赛，获男子50岁年龄组团体第二名。

7. 棋类

1992年8月10—16日，全国少年围棋比赛在湖南举行，江阴市华士中心小学邹凯代表江苏队参赛，获第八名。

1997年7月，全国“台商杯”中国象棋比赛在四川成都市举行，江阴市月城中心小学黄芳获女子1986年组第二名。

1998年7月13日，全国少年儿童中国象棋比赛在上海市举行，共有18个省市206名小棋手参赛，江阴市月城中心小学小棋手代表江苏队参赛，黄芳获女子14岁组第三名，并与南京市棋手组队获团体冠军，倪文（8岁）获男子10岁组第五名，梅琳（9岁）获女子10岁组第六名。

1999年8月，全国少年中国象棋比赛在浙江温州市举行，江阴市棋手黄芳代表江苏队参赛，获女子甲组第二名。

2000年2月12—20日，第八届“李成智杯”全国少年儿童国际象棋冠军赛在湖北黄石市举行，江阴市天华艺校有6名学生参赛。7月7—13日，“深源杯”全国少年儿童国际象棋快棋赛在上海市举行，江阴市棋手郑榛代表江苏队参赛，获男子儿童乙组第六名。7月25—31日，第十四届“飞渡泉凌希望杯”全国棋类比赛在重庆市涪陵区举行，江阴市棋手高鹏代表江苏队参赛，获男子A组国际象棋第三名。

2001年1月，第十四届“晚报杯”全国业余围棋锦标赛在上海市举行，江阴市棋手李岱春代表江苏队参赛，获第一名。5月，全国象棋一级棋士冠军赛在北京市举行，江阴市棋手黄芳代表江苏队参赛，获女子少年甲组第一名，并获中国象棋大师称号。7月28日—8月7日，第十五届“希望杯”全国少年宫棋类比赛在浙江嘉兴市举行，江阴市棋手代表江苏队参赛，赵津、陈启新分获女子D组中国象棋第一、五名，徐沂沂获女子F组中国象棋第二名，郑榛获男子F组国际象棋第四名。8月，全国少年象棋锦标赛在上海市举行，江阴市棋手梅琳代表江苏队参赛，获女子12岁组第四名。是月，“斯壮杯”全国业余围棋大赛在广西南宁市举行，江阴市棋手李岱春代表江苏队参赛，获第一名。

2002年1月，第十五届“晚报杯”全国业余围棋锦标赛在广西南宁市举行，江阴市棋手李岱春代表江苏队参赛，获男子成年组第一名。8月2—9日，“百事可乐杯”全国少年象棋锦标赛在福建福州市举行，江阴市棋手梅琳代表江苏队参赛，获女子14岁组第七名。8月，第十六届“希望杯”全国棋类比赛在山西太原市举行，江阴市棋手代表江苏队参加中国象棋比赛，赵津获女子C组第三名，钱嘉辰获男子D组第四名，承瑞丰获男子E组第五名，张峥、孙高分获男子F组第一、四名。

2003年8月9日，全国少年象棋比赛在江苏镇江市举行，江阴市棋手梅琳代表江苏队参赛，获女子少年乙组第一名。

2009年6月28日—7月2日，首届全国儿童象棋比赛在江苏泰州市举行，江阴市少儿培训中心、江阴市花园幼儿园小棋手代表江苏队参赛，获C组团体第一名，D组第二、四名，吕彐获女子A组第四名，顾羽乔获第六名；沈均如获女子B组第三名；叶子钧获男子C组第三名，徐左宣获女子第三名；钱天煜获男子D组第六名，王茹涵、胡欣瑞、徐可悦分获女子第四、七、八名。

2010年8月11－16日，第二届全国儿童象棋比赛在江苏南京市举行，江阴市月城实验小学选手代表江苏队参赛，获D组团体总分第六名，任柔匀获女子C组第二名，李翔宇获男子D组第二名。

2012年8月11－15日，全国儿童象棋比赛在江苏江阴华西村举行，江阴市代表队获男子乙组第一名、男子甲组第二名、女子丙组第二名、女子乙组第三名，皇甫银莹获女子乙组第三名，任柔匀获女子丙组第二名。8月24－26日，2012年七夕“金顾山杯”全国象棋混双赛在江苏江阴顾山镇举行，江阴棋手黄芳获第七名。

2013年7月，全国少年儿童国际跳棋锦标赛在四川成都市举行，江阴市小棋手参加，获儿童组个人1个第一名和1个第二名。8月18－23日，第九届“华源杯”全国象棋公开赛在江苏盐城市举行，江阴市第二实验小学承依婕获业余组女子E组第一名和大赛“孩子王”称号。

2014年7月13日，全国中小学象棋锦标赛暨全国中小学生象棋夏令营在江苏泰州市举行，江阴市月城实验小学5位小选手参加，任柔匀获女子D组第一名，李泽浩获男子D组第七名。7月，全国青少年国际跳棋锦标赛在天津市举行，江阴市棋手参加，获少年组团体1个第一名和1个第二名。

2015年9月，第三届全国智力运动会在山东枣庄市举行，江阴市运动员参加，获少年组国际跳棋个人第三名。10月1－4日，第十一届“华源杯”全国国际象棋公开赛在浙江绍兴市举行，江阴市新桥中心小学国际象棋队获男子C组、D组团体第二名，E组团体第三名。

8．武术

2003年，传统武术演示交流大会暨“国富中心杯”中国武术精英邀请赛在河北沧州市举办，江阴市武术协会心意六合拳分会参赛，获优秀团队奖，鲍惠良、刘维德分获中年、老年级金牌。

2009年5月1－3日，中国武术名家交流新星公开赛在江苏镇江市举行，江阴市代表队参加，获1枚金牌、1枚银牌。

2010年4月，华东区武术交流大会在江苏镇江市举行，来自上海、江苏、浙江的35支武术队400余名选手参赛，江阴市华士镇中意太极拳协会获团体银牌，个人3枚金牌、2枚银牌。

9．举重

1992年8月30日－9月5日，全国青少年举重比赛在广东湛江市举行，江阴市运动员刘达代表江苏队参赛，获男子少年乙组52公斤级总分第一名，抓举第二名，挺举第二名，总成绩第二名。

1997年9月，全国青年举重锦标赛在江西景德镇市举行，江阴市运动员林慧代表江苏队参赛，获男子83公斤级抓举第二名，挺举第一名，总成绩第一名。

1998年4月17日，全国男子举重锦标赛在重庆璧山县举行，江阴市运动员林慧代表江苏队参赛，获青年组85公斤级抓举第四名，总成绩第四名。

2001年7月25日，“彭祖山八寿杯”全国男子举重锦标赛在四川彭山县举行，江阴市运动员张志诚获少年组94公斤级抓举第三名（成绩，125公斤），挺举第二名（成绩，160公斤），总成绩第二名（成绩，285公斤）。7月，全国举重分龄赛在四川成都市举行，江阴市运动员代表江苏队参赛，张志诚获男子少年组94公斤级总成绩第二名，李杰获男子少年组66公斤级总成绩第六名。

2001年10月20—22日，全国高水平后备人才基地男子举重锦标赛在广西南宁市举行，江阴市运动员代表江苏队参赛。

2001年江阴市参加全国高水平基地男子举重锦标赛获前八名成绩一览

表4-182

组　别	运动员	项　　目	金	银	铜	四至八名
少年组	臧　伟	77 公斤级抓举		1		
		77 公斤级挺举			1	
		77 公斤级总成绩		1		
	李　杰	69 公斤级抓举				五
		69 公斤级挺举		1		
		69 公斤级总成绩		1		
	张志诚	94 公斤级抓举	1			
		94 公斤级挺举	1			
		94 公斤级总成绩	1			

2002年7月10—13日，全国青年男子举重锦标赛在湖北孝感市举行，江阴市运动员张志诚代表江苏队参赛，获94公斤级抓举第七名，挺举第六名，总成绩第七名。8月4—7日，全国青少年举重锦标赛在河南开封市举行，江阴市运动员张志诚代表江苏队参赛，获男子青年组94公斤级抓举第一名（成绩，142.5公斤），挺举第一名（成绩，172.5公斤），总成绩第一名（成绩，315公斤）。9月，全国举重锦标赛在江西景德镇市举行，江阴市运动员林慧代表江苏队参赛，获男子青年组抓举第三名，挺举第一名，总成绩第一名。11月，全国高水平后备人才举重选拔赛在四川重庆市举行，江阴市运动员张志诚代表江苏队参赛，获男子青年组抓举第一名，挺举第一名，总成绩第一名，作为备战2008年奥运会的优秀苗子，入选国家青年集训队。

2003年4月26日，全国青年举重锦标赛在湖北黄石市举行，江阴市运动员张志诚代表江苏队参赛，获男子105公斤级抓举第一名（成绩，155公斤），挺举第四名（成绩，187.5公斤），总成绩第三名（成绩，342.5公斤）。

2004年7月，全国青年举重锦标赛在湖北荆门市举行，江阴市运动员张志诚代表江苏队参赛，获男子105公斤级抓举第三名，挺举第一名，总成绩第一名，入选国家集训队。12月，全国举重冠军赛在江苏扬州市举行，江阴市运动员张志诚代表江苏队参赛，获男子青年组105公斤级挺举第三名，总成绩第五名。

2005年4月17—23日，全国举重锦标赛暨十运会预赛在海南海口市举行，江阴市运动员张志诚代表江苏队参赛，获男子青年组105公斤级挺举第七名，总成绩第八名。6月24—26日，全国青年举重锦标赛在广西南宁市举行，江阴市运动员臧伟代表江苏队参赛，获男子85公斤级抓举第二名，挺举第二名，总成绩第二名。

2006年4月13—16日，全国男子举重锦标赛在广西南宁市举行，江阴市运动员代表江苏队参赛。

2006年江阴市参加全国男子举重锦标赛获前八名成绩一览

表4-183

组　别	运动员	项　　目	金	银	铜	四至八名
青年组	臧　伟	94 公斤级抓举				六
		94 公斤级挺举		1		
		94 公斤级总成绩				四
	张志诚	105 公斤级抓举		1		
		105 公斤级挺举				五
		105 公斤级总成绩		1		

2006年10月11—14日，全国男子举重冠军赛在云南文山市举行，江阴市运动员代表江苏队参赛。

2006年江阴市参加全国男子举重冠军赛获前八名成绩一览

表4-184

组　别	运动员	项　　目	金	银	铜	四至八名
青年组	张志诚	105 公斤级抓举			1	
		105 公斤级挺举				七
		105 公斤级总成绩			1	
	臧　伟	94 公斤级抓举				八
		94 公斤级挺举			1	
		94 公斤级总成绩		1		

2007年5月9—13日，全国男子举重锦标赛在福建武夷山举行，江阴市运动员代表江苏队参赛。

2007年江阴市参加全国男子举重锦标赛获前八名成绩一览

表4-185

组　别	运动员	项　　目	金	银	铜	四至八名
青年组	臧　伟	94 公斤级抓举			1	
		94 公斤级挺举		1		
		94 公斤级总成绩	1			
	张志诚	105 公斤级抓举				七
		105 公斤级挺举				四
		105 公斤级总成绩				七

2007年11月5—8日，全国举重冠军赛在重庆市举行，江阴市运动员代表江苏队参赛。

2007年江阴市参加全国举重冠军赛获前八名成绩一览

表4-186

组　别	运动员	项　目	金	银	铜	四至八名
男子青年组	张志诚	105公斤级抓举				五
		105公斤级挺举				四
		105公斤级总成绩				五
	臧　伟	94公斤级抓举		1		
		94公斤级总成绩				七

2008年4月20日－23日，全国举重锦标赛暨北京奥运会选拔赛在福建泉州市举行，江阴市运动员代表江苏队参赛。

2008年江阴市参加全国男子举重锦标赛暨奥运会选拔赛获前八名成绩一览

表4-187

组　别	运动员	项　目	金	银	铜	四至八名
男子青年组	臧　伟	94公斤级抓举		1		
		94公斤级挺举				五
		94公斤级总成绩		1		
	张志诚	105公斤级挺举				五

2008年11月20—27日，全国举重锦标赛在北京举行，江阴市运动员代表江苏队参赛，张志诚获男子青年组105公斤级挺举第三名，臧伟获男子青年组94公斤级抓举第三名。

2009年11月27日－12月1日，全国举重冠军赛在江西新余市举行，江阴市运动员代表江苏队参赛，张志诚获男子青年组105公斤级总成绩第三名，臧伟获男子青年组94公斤级总成绩第三名。

2010年4月28日，全国举重锦标赛在河南郑州市举行，江阴市运动员臧伟代表江苏队参赛，获男子青年组94公斤级抓举第一名，挺举第五名，总成绩第三名。

2010年10月21—24日，全国男子举重冠军赛在火车头体协举行，江阴市运动员代表江苏队参赛。

2010年江阴市参加全国男子举重冠军赛获前八名成绩一览

表4-188

组　别	运动员	项　目	金	银	铜	四至八名
青年组	张志诚	105公斤级抓举				五
		105公斤级挺举	1			
		105公斤级总成绩			1	
	臧　伟	94公斤级抓举		1		
		94公斤级挺举				四
		94公斤级总成绩		1		

2011年5月，全国举重锦标赛在江苏苏州市举行，江阴市运动员代表江苏队参赛。

2011年江阴市参加全国举重锦标赛获前八名成绩一览

表4-189

组　别	运动员	项　目	金	银	铜	四至八名
男子青年组	臧　伟	94 公斤级抓举		1		
		94 公斤级总成绩				四
	张志诚	105 公斤级抓举				五
		105 公斤级挺举				四
		105 公斤级总成绩				五

2011年9月15—19日，全国男子举重冠军赛在新疆石河子市举行，江阴市运动员张志诚代表江苏队参赛，获青年组105公斤级抓举第二名，挺举第一名，总成绩第二名。

2012年4月10—13日，全国举重锦标赛在福建福州市举行，江阴市运动员代表江苏队参赛，臧伟获男子青年组94公斤级抓举第一名，张志诚获男子青年组105公斤级挺举第三名。8月14—19日，全国高水平后备人才基地举重锦标赛在浙江宁波市举行，江阴市运动员黄涛代表江苏队参赛，获男子少年乙组77公斤级抓举第一名，挺举第三名，总成绩第二名。9月24—29日，全国举重冠军赛在广西柳州市举行，江阴市运动员张志诚代表江苏队参赛，获男子青年组105公斤级挺举第八名，总成绩第七名。

2013年3月24—27日，全国男子举重锦标赛在山东淄博市举行，江阴市运动员张志诚代表江苏队参赛，获青年组105公斤级抓举第八名，总成绩第八名。

10．射击、射箭

2005年5月22—29日，全国重点城市射击锦标赛在山西长治市举行，江阴市运动员参加，杨利军获男子少年组运动步枪3×10第一名，陈璐获男子少年组气枪第一名。

2014年27—30日，“体彩杯”全国重点学校射箭锦标赛在上海市青浦区第一中学举行，江阴市祝塘中学代表队获得甲组男子双轮团体第二名，祝塘实验小学代表队获得乙组女子双轮团体第四名，并获赛会体育道德风尚奖。

11．柔道

1991年6月14—16日，全国青年柔道锦标赛在贵州桂林市举行，江阴市运动员张卫东代表江苏队参赛，获男子95公斤以下级第六名。

1992年7月，全国青年男子柔道锦标赛在贵州桂林市举行，江阴市运动员张卫东代表江苏队参赛，获95公斤级第一名。

1994年5月8—11日，全国青年柔道锦标赛在湖南益阳市举行，江阴市运动员张卫东代表江苏队参赛，获男子无差别级第一名，95公斤以上级第三名。

2008年10月11—13日，全国少年女子柔道锦标赛在辽宁大连市举行，江阴市运动员代表江苏队参赛，林丽获57公斤级第二名，田楚鑫获78公斤以下级第三名。

2009年7月11—13日，全国少年女子柔道锦标赛在江西宜春市举行，江阴市张辰晨等3名运动员代表江苏队参赛，获团体第二名。

2012年3月22—24日、9月13—15日，全国女子柔道锦标赛、全国女子柔道冠军赛分别在山东滨州市、湖南衡阳市举行，江阴市运动员林丽代表江苏队参赛。

12．跆拳道

2010年1月30日−2月2日，第五届全国中小学生跆拳道锦标赛在上海体育学院附中举行，江阴市陆桥实验小学代表队参加，获金牌3枚，银牌3枚，铜牌1枚，并获道德风尚奖。7月，“江阴周庄杯”首届华东区中学生跆拳道比赛在江苏江阴市举行，江阴市周庄中学代表队获男子总分第一名，奖牌总数第一名。

13．航空（海）模型

2000年8月，“飞向北京—飞向太空”全国青少年航空航天模型比赛在江苏无锡市举行，江阴市要塞中学运动员代表江苏队参赛，胡立慧获中学组男子长征3号伞降模型火箭第一名，刘红燕获女子东风一号伞降模型火箭第七名。

2003年10月，“希望杯”全国青少年航空航天模型比赛在河南安阳市举行，江阴市要塞中学运动员张强代表江苏队参赛，获中学组男子“东风”模型火箭带降第二名。

2004年8月23−28日，全国青少年航海模型锦标赛在河南郑州市举行，江阴市一中运动员于文倩代表江苏队参赛，获中学组女子F1—E1公斤第四名。8月，“飞向北京—飞向太空”全国青少年航空航天模型比赛在新疆乌鲁木齐市举行，江阴市要塞中学运动员韩鹏筝代表江苏队参赛，获中学组男子“东风”带降模型火箭第三名。

2007年8月，“飞向北京—飞向太空”全国青少年航空航天模型比赛举行，江阴市新桥中心小学运动员代表江苏队参赛，郁程获小学组男子“东风1号”伞降模型火箭第三名，郁奕纯获“小力士”伞降模型火箭第二名，陈涛获霹雳带降模型火箭第四名，陈志远获“神州六号”伞降模型火箭第五名。

2010年8月18日，第十二届全国青少年航空航天模型教育竞赛在山东莱芜市举行，江阴市新桥中心小学运动员代表江苏队参赛，陈芳蕊获小学组女子“东风1号”带降模型火箭第一名，张盼盼获雷鸟橡筋动力竞时赛第一名。

2011年11月26日，“希望杯”全国青少年航空航天模型比赛举行，江阴市新桥中心小学运动员代表江苏队参赛，仇晓、陈燕丹分获小学组“东风”带降模型火箭男、女第三和第二名，张晓雷、冯帆分获小学组“小力士”伞降模型火箭男、女第五名和第七名。

2012年11月，第十四届“飞向北京—飞向太空”全国青少年航空航天模型教育竞赛预赛在南京市举行，江阴市要塞中学运动员代表江苏队参加，获“东风一号”带降模型火箭、“小力士”伞降模型火箭团体第二名，韩子扬、戴烨获“东风一号”带降模型火箭一等奖，陆飞宏、钱汤伟获“小力士”伞降模型火箭一等奖。

2015年8月，第十七届“飞向北京—飞向太空”全国青少年航空航天模型教育竞赛在海南海口市举行，江阴市新桥中心小学航模队获小学组第三名。

14．拳击

2007年7月12−18日，全国青年拳击锦标赛在河南许昌市举行，江阴市运动员陈亚刚代表江苏队参赛，获男子54公斤级第一名。11月8−11日，全国男子拳击冠军赛在浙江宁波市举行，陈亚刚代表江苏队参赛，获青年组54公斤级第五名。

2008年5月，全国拳击华东分区赛在江苏南京市举行，江阴市运动员陈亚刚代表江苏队参赛，获男子青年组54公斤级第二名。

2010年8月18−22日，全国少年拳击锦标赛在江西鹰潭市举行，共有24个省市自治区和新疆生产建设兵团代表队202名运动员参赛，江阴市运动员代表江苏队参赛，许加华获男子46公斤级第一名，马翔获男子80公斤级第一名。

2012年6月16—25日，全国青年拳击锦标赛在江苏南京市举行，江阴市运动员代表江苏队参赛，宋云获男子51公斤级第二名，许加华获男子56公斤级第三名。

2013年6月16—23日，全国青年女子拳击锦标赛在河北秦皇岛市举行，江阴市运动员许紫春代表江苏队参加，获60公斤级第五名。7月3—9日，全国青年男子拳击锦标赛在河北秦皇岛市举行，江阴市运动员许加华代表江苏队参加。

2014年7月28日—8月5日，全国少年拳击比赛在辽宁朝阳市举行，江阴市运动员张雨电参加，获男子乙组74公斤级第一名。

2015年10月18—27日，第一届全国青年运动会在福建长乐市滨海体育中心举行，江阴市运动员许紫春代表江苏队参赛，获拳击女子60公斤级第一名。

15．皮划艇、赛艇

1994年7月31日，全国青年皮划艇锦标赛在江苏南京市举行，江阴市运动员薛凤英代表江苏队参赛，获女子500米双人皮艇第一名，女子500米四人皮艇第一名。

2013年3月28—31日，全国赛艇春季锦标赛在江西南昌市举行，江阴市运动员张楠、陈梁成参加，获男子公开级四人单桨第二名。5月21—26日，全国赛艇锦标赛暨全运会预赛在广东竹料国际划船中心举行，江阴市运动员代表江苏队参加，蔡东梅获女子轻量级双人双桨第四名，陈梁成、张楠获男子公开级八人单桨有舵手第二名。

16．桥牌

2011年11月，第二届全国智力运动会在湖北武汉市举行，江阴市运动员王菊瑜代表江苏队参赛，获桥牌女子青年组双人第六名。

2012年6月22日—7月1日，全国桥牌锦标赛在北京举行，江阴市运动员王菊瑜代表江苏队参赛，获女子青年组双人第二名。

2015年5月，“南方机电杯”全国桥牌锦标赛在浙江杭州市黄龙体育中心举行，来自全国各地的3000余名选手参加，江阴市法尔胜桥牌队获基层团体赛第三名，江阴市桥牌队获快速淘汰赛第四名，单卫东晋升为桥牌终身大师，江明、俞敏敏、张东标晋升为国家大师。

17．击剑

1964年5月19日，全国举重暨八单位击剑锦标赛在上海市举行，江阴县运动员颜虎清代表江苏队参赛，获男子轻剑第一名。

1975年5月，全国击剑冠军赛在江苏南京市举行，江阴县运动员颜虎清代表江苏队参赛，获男子花剑第一名。

2007年7月21—31日，全国少年击剑赛在上海市举行，江阴市运动员吴彬代表江苏队参赛，获男子团体第四名。

2008年11月20—28日，全国青年击剑锦标赛在安徽合肥市举行，江阴市运动员王涟涟代表江苏队参赛，获花剑女子团体第五名。

2009年7月31日—8月8日，全国青年击剑锦标赛在江苏徐州市举行，江阴市运动员王涟涟代表江苏队参赛，获花剑女子第一名。

2010年6月23日—7月1日，全国青年击剑锦标赛在安徽黄山市举行，江阴市运动员代表江苏队参赛，徐煜获男子团体第二名，个人第三名；王涟涟获女子团体第二名，个人第五名。

2012年4月29日—5月1日，2012年“LGTF杯”全国业余击剑联赛（上海站）在上海金融学院、上海君珑国际击剑中心举行，江阴市华士实验小学击剑队参赛。

18. 摔跤

1998年7月28—31日，全国少年摔跤比赛在吉林长春市举行，江阴市运动员徐智超代表江苏队参赛，获男子自由式83公斤级第三名。

2005年6月，全国青年摔跤锦标赛在江西南昌市举行，江阴市运动员吴豪锋代表江苏队参赛，获男子古典式84公斤级第一名。11月，全国古典式摔跤冠军赛在湖北孝感市举行，江阴市运动员吴豪锋代表江苏队参赛，获男子青年组84公斤级第七名。

2007年4月，全国古典式摔跤锦标赛在四川德阳市举行，江阴市运动员徐栋代表江苏队参赛，获男子青年组74公斤级第七名。

19. 跳水

2003年8月，“超声电子杯”全国少年儿童跳水锦标赛在广东汕头市举行，江阴市运动员李淼淼代表江苏队参赛，获儿童组女子跳台第七名，跳板第八名，全能第七名。

2004年1月，“远东杯”全国少年儿童跳水比赛在江西南昌市举行，江阴市运动员李淼淼代表江苏队参赛，获儿童组女子跳台第三名、跳板第二名、双人第一名、全能第二名。8月，“中建五局杯”全国少年儿童跳水锦标赛在湖南长沙市举行，江阴市运动员李淼淼代表江苏队参赛，获女子儿童B组5米跳台第一名（成绩，162.70分）、跳板第六名、全能第三名、双人第五名。

2005年2月，全国少儿跳水分区赛在安徽合肥市举行，江阴市运动员李淼淼代表江苏队参赛，获女子少年乙组跳板第五名、跳台第八名。8月，全国少儿跳水锦标赛在广西南宁市举行，江阴市运动员李淼淼代表江苏队参赛，获女子少年乙组跳台第八名。

2006年1月，全国少年儿童跳水分区赛（南区）在江西南昌市举行，江阴市运动员李淼淼代表江苏队参赛，获女子少年甲组5米台双人第一名（成绩，143.07分）、跳板第三名、跳台第三名。8月，全国少儿跳水锦标赛在广东珠海市举行，江阴市运动员李淼淼代表江苏队参赛，获女子少年甲组双人第二名，5米跳台、1米跳板、全能第三名。

2007年1月，全国少儿跳水冠军赛在上海市举行，江阴市运动员李淼淼代表江苏队参赛，获女子少年甲组1米板、5米台第三名，双人第一名。8月12—15日，全国少年儿童跳水锦标赛在陕西西安市举行，江阴市运动员李淼淼代表江苏队参赛，获女子少年甲组1米板第二名、全能第三名、5米台第三名。

2008年9月20—24日，全国青年跳水锦标赛在陕西西安市举行，江阴市运动员李淼淼代表江苏队参赛，获女子10米双人台第四名。10月18—22日，全国跳水锦标赛在福建福州市举行，江阴市运动员李淼淼代表江苏队参赛，获女子青年组10米双人台第四名。10月，360°全国跳水锦标赛举行，江阴市运动员李淼淼代表江苏队参赛，获女子青年组跳台双人第三名。

20. 自行车

2007年7月21—25日，全国场地自行车锦标赛在北京芦城体校举行，江阴市运动员汤科蓉代表江苏队参赛，获女子成年组500米计分赛第六名。10月10—14日，全国公路自行车锦标赛在安徽肥西市举行，江阴市运动员汤科蓉代表江苏队参赛，获女子成年组团体赛第二名。

2008年10月21—25日，全国场地自行车锦标赛在河南洛阳市举行，江阴市运动员汤科蓉代表江苏队参赛，获女子成年组500米计分赛第六名。11月19—25日，全国公路自行车锦标赛在浙江舟山市举行，江阴市运动员汤科蓉代表江苏队参赛，获女子成年组计时赛第七名。

2009年7月8日，全国公路自行车锦标赛在吉林长春市举行，江阴市运动员汤科蓉代表江苏队参赛，获女子成年组20公里计时赛第二名。

2010年9月，全国场地自行车锦标赛在北京举行，江阴市运动员汤科蓉代表江苏队参赛，获女子成年组计时赛第三名。

2011年7月5–9日，全国公路自行车冠军赛在吉林前郭县举行，江阴市运动员汤科蓉代表江苏队参赛，获女子成年组计时赛团体第六名，个人第一名。9月3–7日，全国场地车锦标赛在北京举行，汤科蓉代表江苏队参赛，获女子成年组计分赛第三名，女子团体追逐赛第五名。

2012年9月26–29日，全国公路自行车锦标赛在湖南长沙市举行，江阴市运动员汤科蓉代表江苏队参赛，获女子成年组计时赛第三名。

2013年5月12–15日，全国公路自行车冠军赛在浙江安吉市举行，江阴市运动员汤科蓉代表江苏队参加，获女子成年组计时赛第一名。

21．垒球

2005年8月18日，全国少年儿童垒球比赛在江苏锡山市举行，江阴市运动员陈佳代表江苏队参赛，获女子少年组团体第一名。

2007年11月26日–12月1日，全国垒球冠军赛在广东顺德市举行，江阴市运动员陈佳代表江苏队参赛，获女子少年组团体第四名。

2009年3月8–14日，全国青年女子垒球锦标赛在四川攀枝花市举行，江阴市运动员陈佳代表江苏队参赛，获团体第三名。

2011年3月17–23日，全国垒球冠军赛在云南西双版纳举行，江阴市运动员陈佳代表江苏队参赛，获女子青年组团体第二名。3月25–29日，全国青年垒球锦标赛在云南西双版纳举行，陈佳代表江苏队参赛，获女子团体第二名。10月18–25日，全国垒球锦标赛在四川成都市举行，江阴市运动员陈佳代表江苏队参赛，获女子青年组团体第一名。

2012年4月1–9日，全国女子垒球冠军赛在云南西双版纳举行，江阴市运动员陈佳代表江苏队参赛，获青年组团体第二名。9月20–28日，全国女子垒球锦标赛在广东广州黄村体育训练基地举行，江阴市运动员陈佳代表江苏队参赛，获青年组团体第一名。

2013年3月1–28日，第十二届全运会女子垒球预赛在云南西双版纳棒垒球竞训基地举行，江阴市运动员陈佳代表江苏队参赛，获团体第二名。6月8–17日，全国女子垒球锦标赛在北京芦城体育运动技术学校举行，江阴市运动员陈佳代表江苏队参赛，获团体第四名。

2015年3月30日–4月8日，全国女子垒球冠军杯赛在云南西双版纳举行，江阴市运动员陈佳代表江苏队参赛，获第一名。9月18–25日，全国女子垒球锦标赛在辽宁大连市举行，江阴市运动员陈佳代表江苏队参赛，获第一名。

22．短式网球

2000年7月25–30日，“维尔胜杯”三省五市少儿短式网球协作赛在湖北武汉市举行，江阴市运动员代表江苏队参赛，周彐镭、陆天辰分获8岁以下组男子单打第一、二名，双打第二名；张俊超、邢一鸣分获8–10岁组男子单打第一、三名，赵俊、蒋宏杰获男子双打第一名，王海伦、包佳薇分获女子单打第一、四名，双打第一名；邢一鸣、缪宁澄获10岁以上组男子双打第一名，刘颖灏获女子全能第一名。

2008年7月18–23日，全国短式网球大赛在江西庐山举行，江阴市运动员代表江苏队参赛，吴涵、夏凡、廖芷瑄获A组女子团体第三名，夏凡并获单打第三名，阎晟彬、蓝光耀获C组男子双打第二名，阎晟彬并获单打第五名。

2009年8月10–15日，全国短式网球大赛在江西新余市举行，江阴市龙鼎少年俱乐部代表江苏队参赛，获男子双打第二名，女子单打第三名，展示活动三等奖。

2012年8月13日，全国少儿短式网球大赛在江西赣州市举行，江阴市要塞实验小学运动员代表江苏队参赛，陈晨、胡欣瑞获女子双打第二名。

2013年7月20–25日，全国少儿短式网球大赛在北京举行，江阴市要塞实验小学代表队参加，获女子团体第八名，胡欣瑞、邢溪雯获女子少年组双打第五名。

2014年8月16日，全国少儿短式网球大赛在江西抚州市举行，江阴市要塞实验小学代表队参加，获团体第二名。

23．蹦床

2005年5月15–20日，全国蹦床锦标赛在浙江绍兴市举行，江阴籍运动员陆春龙代表江苏队参赛，获男子网上单人第六名，团体第七名。

2007年6月7–12日，全国蹦床锦标赛在浙江萧山市举行，江阴籍运动员陆春龙代表江苏队参赛，获男子网上单人第四名，团体第四名。9月17–22日，全国蹦床冠军赛在福建龙岩市举行，江阴籍运动员陆春龙代表江苏队参赛，获男子网上团体第一名。

2008年5月6–12日，全国蹦床锦标赛在上海市举行，江阴籍运动员陆春龙代表江苏队参赛，获男子网上单人第一名，团体第二名。10月，全国蹦床冠军赛在山东青岛市举行，江阴籍运动员陆春龙代表江苏队参赛，获男子网上单人第一名，团体第二名。

2011年6月10–16日，全国蹦床锦标赛在上海市举行，江阴籍运动员陆春龙代表江苏队参赛，获男子网上团体第二名。9月1–7日，全国蹦床冠军赛在福建龙岩市举行，江阴籍运动员陆春龙代表江苏队参赛，获男子网上单人第八名，团体第七名。

2012年4月20–26日，全国蹦床锦标赛在江苏昆山市举行，江阴籍运动员陆春龙代表江苏队参赛，获男子网上单人第一名，团体第三名。

2013年5月13–18日，全国蹦床锦标赛在广东广州市举行，江阴籍运动员陆春龙代表江苏队参加，获网上单人第四名、团体第五名。8月5–8日，全国蹦床冠军赛在浙江安吉市举行，江阴籍运动员陆春龙代表江苏队参加，获网上单人第三名、团体第八名。

24．健身（美）操

2008年9月19–21日，全国健美操锦标赛暨全国健身俱乐部公开赛在江苏昆山市举行，江阴市运动员姚晓刚代表江苏队参赛，获男子第五名。

2009年9月，肯德基全国青少年校园青春健身操大赛在江苏无锡市举行，江阴市运动员代表江苏队参赛，获初中组团体总分第二名，健身操基础套路第一名，啦啦队基础套路第二名。

2010年10月24日，全国青少年校园青春健身操大赛举行，江阴市一中队代表江苏队参加，获啦啦提高套路特等奖、基础套路一等奖、最佳完成动作奖，并和锡山高级中学组队获团体一等奖。

2011年9月16–18日，全国啦啦操锦标赛暨2011年世界啦啦操锦标赛选拔赛在江苏镇江市举行，江阴市一中队代表江苏队参赛，获中学组规定动作街舞啦啦操第一名。

2012年11月18日，全国中学生啦啦操预赛在天津市举行，江阴市一中和江阴市高中代表队分别获得一等奖、二等奖。

2014年12月12日，全国啦啦操冠军赛在江苏无锡市举行，江阴市要塞中学表演的《天使在飞舞》啦啦操获中学甲组街舞课间操示范动作第二名。

2015年11月6—8日，全国啦啦操冠军赛在江苏无锡市举行，江阴市实验小学七彩阳光啦啦队获小学组集体花球自选项目第一名，江阴市第二中学代表队获初中组啦啦操一等奖。

25．轮滑

2012年8月，国家体育总局、社体中心、中国轮滑协会在浙江海宁市联合举办中国速度轮滑公开赛，江阴市澄江中心小学少年轮滑队代表江苏队参赛，吕嘉婧获女子少年乙组500米、300米计时赛第四、五名，范志超获男子少年甲组1000米积分淘汰赛第五名，汪兴凡获男子少年乙组1000米计时赛第五名。

26．龙舟

2000年6月3—4日，中国龙舟协会在江苏无锡市举行“中视股份杯”第十届“屈原杯”龙舟赛，江阴市月城镇双泾龙舟队代表江苏队参赛，获1000米第一名，500米第三名。10月，双泾龙舟队代表江苏队参加在四川双流市举办的全国第四届农民运动会“樊华杯”龙舟赛，获500米第四名，1000米第七名，总成绩第七名。

27．马术

2012年6月9—10日，国际马联（FEI）场地障碍（中国赛区）挑战赛暨全国马术场地障碍冠军赛在北京京城马汇俱乐部举行，江阴市运动员秦林、樊侣、包英凤代表江苏队参赛，获场地障碍120cm级别男子团体第四名，秦林并获个人第五名。8月16日，全国马术三项赛锦标赛在山西右玉举行，江阴市运动员秦林、包英凤、樊侣代表江苏队参赛，获三项赛男子团体第三名。9月22日，中国马术大赛在内蒙古鄂尔多斯市伊金霍洛旗举行，江阴市运动员樊侣、赵太峰、秦林、包英凤代表江苏队参赛，获三项赛男子团体第一名，秦林并获个人第三名。

2013年5月10—12日，全国马术三项赛锦标赛暨全运会资格赛（第一站）在山东济南市举行，江阴市运动员秦林、包英凤代表江苏队参赛，获三项赛团体第五名。6月21—23日，第十二届全运会马术三项赛资格赛（第二站）在山西右玉市举行，江阴市运动员秦林、包英凤、赵太峰代表江苏队参赛，获团体第四名。

（十二）承办全国体育赛事

1982年3月14日—4月4日，第十一届九省区青年足球“友谊杯”协作赛在江阴县举行，湖南、湖北、山东、宁夏、陕西、河南、甘肃、四川、江苏九省（自治区）和重庆、武汉、苏州地区共12支代表队216名运动员参赛。

1985年1月8—12日，上海、河南等7省市青年篮球邀请赛在江阴县举行，共有12支运动队参赛。5月1—3日，4省市女子足球邀请赛在江阴县举行。是年，“咏梅杯”全国男子篮球甲级队锦标赛在江阴县举行。

1986年5月31日—6月18日，全国青年男子足球联赛（预赛）在江阴县举行，有9支代表队参赛。6月，天津市冶金足球队到江阴比赛。10月，上海黄埔五交公司老年足球队到江阴比赛。

1987年6月17日，国家女排访江阴表演赛在江阴市举行。8月27日—9月6日，全国第七届围棋“国手战”暨首届“菊花杯”围棋新秀赛（决赛）在江阴市举行，聂卫平、江铸久、华以刚等25名著名棋手参赛。

1988年4月15—18日，“锅炉杯”全国女排邀请赛在江阴市举行，福建、浙江2队30名运动员参赛。9月8—11日，“太湖杯”全国钓鱼邀请赛在江阴市举行，20队80名选手参赛。10月10—18

日，全国第二届“菊花杯”围棋新秀赛在江阴市举行，8队24名棋手参赛。是年，象棋特级大师胡荣华在江阴市举行表演赛。全国新疆哈蜜2700公里级信鸽超远程大赛在江阴市举行。

1989年，中国少年足球队——江阴铁合金厂、钢绳厂春节邀请赛在江阴市举行，3队60名运动员参赛。

1990年11月1日，国家乒乓球队访江阴表演赛举行，乔红、惠军、马文革、王涛等12名乒坛高手云集江阴。11月19–21日，“双天鹅杯”全国女子甲级篮球赛在江阴市体育馆举行，4队60名运动员参赛。是年，全国男子甲级篮球邀请赛在江阴市申港镇举行，2队30名选手参赛；“周庄三房巷杯”全国男子甲级篮球邀请赛在江阴市周庄镇举行，2队30名选手参赛。

1991年4月14–16日，“小天鹅杯”全国青年足球邀请赛在江阴市举行，中国少年队、江苏青年队、上海青年队、驻南京市某部队队共80名运动员参赛。7月23日，“江鹰杯”全国排球邀请赛在江阴市举行，2队30名选手参赛。是年，“泉江轴承杯”全国第四届信鸽大赛（江苏赛区）在江阴市举行，40支代表队参赛。

1992年4月16–18日，第二届“申港杯”全国甲级男子篮球邀请赛在江阴市申港镇举行，4队60名运动员参赛。10月15–17日，4省市女子甲级篮球邀请赛在江阴市北涸镇举行，4队72名运动员参赛。是年，全国女子篮球邀请赛在江阴市举行，4队60名运动员参赛。

1993年6月14–16日，4省市全国甲级男子篮球邀请赛在江阴市举行，4队43名运动员参赛。是年，全国女子篮球邀请赛在江阴市举行，4队60名运动员参赛。

1994年11月2日，江阴“方元杯”全国男篮邀请赛中国—江苏在江阴市举行，2队38名运动员参赛，江阴运动员沈震海代表江苏队参赛。11月16日，中国男篮—江苏男篮对抗赛在江阴市河塘镇举行，2队38名运动参赛。

1997年6月27日–7月7日，1997年“卡迪拉杯”全国女子足球联赛（第二阶段）在江阴市举行，11队262名运动员参赛。9月16–18日，全国青年女篮邀请赛在江阴市举行，4队48名运动员参赛。是年，“华西杯”全国男篮邀请赛（北京—江苏）在江阴市举行，2队12名运动员参赛。

1998年5月，全国足球乙级联赛（预赛）华东区在江阴市举行，7队201名运动员参赛。11月7–9日，全国甲级男篮四强对抗赛在江阴市举行，4队45名运动员参赛。

1999年，全国足球乙级联赛B区在江阴市举行，江苏法尔胜等5队141名运动员参赛。是年，全国围棋甲级联赛江苏主场在江阴市举行，2队6名棋手参赛。

2000年1月22–23日，全国女子排球联赛（驻南京某部队—辽宁）在江阴市举行，2队24名运动员参赛。5月10–20日，U—19全国青年足球联赛“雪豹日化杯”（江阴赛区）在江阴市举行，8队190名运动员参赛。

2001年6月12日，“金回杯”中国—江苏女篮对抗赛在江阴市举行，2队26名运动员参赛。9月12日，“金税杯”江苏南钢—山东永安男子篮球对抗赛在江阴一中体艺馆举行，2队30名运动员参赛。10月28日，“苏派杯”上海东方—江苏南钢男篮挑战赛在江阴市举行，2队30名运动员参赛。是年，“摩托罗拉杯”中国羽毛球天王挑战赛在江阴市举行，11名运动员参赛。

2002年3月24–27日，“凯胜杯”全国少年丙组羽毛球赛在江阴市华士实验学校举行，8队149名运动员参赛。6月22日，“鲁能杯”中国乒乓球俱乐部超级联赛在江阴市举行，江苏无锡山禾俱乐部、北京横店草业俱乐部11名运动员参赛。

2003年6月14日，“国土杯”全国男篮四强邀请赛在江阴市举行，4队72名运动员参赛。7月6–10日，“广吉杯”U—15全国少年男子足球邀请赛在江阴一中举行，上海申花、上海中远、浙江绿城、江苏舜天、江阴一中5队102名运动员参赛。7月21—26日，“模塑科技杯”全国青年女篮俱乐部联赛在江阴市体育馆举行，八一、辽宁、空军、江苏、黑龙江、广东6队95名运动员参赛，江苏队获第一名。8月5—10日，“嘉鑫杯”全国蹦床锦标赛在江阴市举行，共15队198名运动员参赛。10月28—30日，“江阴周庄杯”全国男篮邀请赛在江阴市周庄镇举行，江苏南钢、吉林东北虎、广东宏远、北京首钢4队77名运动员参赛，北京首钢、江苏南钢分获第一、二名。是年，江阴市获全国青年女篮优秀赛区、全国蹦床最佳赛区称号。

2004年6月10—13日，第一届步步高全国女排大赛在江阴市新体育馆举行，天津、河南、浙江、南京军区、辽宁、成都、江苏、八一8队180名运动员参赛，江苏省体育局授予江阴市“承办全国比赛最佳赛区”荣誉称号。7月21日，全国象棋甲级联赛第十轮江苏主场在江阴市举行，2队4名棋手参赛。7月22日，国内排名第一、二名的广东队吕钦、许银川和江苏队的徐天红、王斌4名象棋特级大师分别在江阴市中山公园书场和月城镇摆擂台，和江阴市40名象棋爱好者进行1对10车轮大赛。9月17—28日，“江阴杯”全国羽毛球锦标赛在江阴市举行，北京、上海、江苏、浙江、辽宁、广东、福建、山东、湖北、湖南、四川、广西、江西、重庆等25队530名运动员参赛。10月2日，雅典奥运举重冠军巡回表演赛在江阴市举行，22名运动员参加。10月12—15日，“美能达彩印杯”全国艺术体操锦标赛在江阴市举行，13队180名运动员参赛。是年，江阴市获全国女排最佳赛区称号。

2005年5月，“肯德基”全国青少年三人篮球冠军挑战赛常规赛在江阴市举行，44队273名运动员参赛。6月25日，“鲁能杯”中国乒乓球俱乐部超级联赛在江阴市举行，四川全兴俱乐部、上海圣雪绒俱乐部2队13名运动员参赛。7月14—17日，第二届步步高全国男排大奖赛在江阴市举行，上海东方、江苏一品梅、浙江利群、河南天冠4队92名运动员参赛。9月24—26日，第十届全国运动会女子篮球比赛在江阴市举行，12队195名运动员参赛。10月18—20日，第十届全国运动会蹦床比赛在江阴市举行，15队291名运动员参赛。是年，江阴市获第二届步步高全国男排大奖赛、第十届全国运动会蹦床比赛全国最佳赛区和第十届全国运动会女子篮球比赛全国优秀赛区称号。

2006年8月15—24日，全国女子篮球联赛第二阶段在江阴市举行，8队140名运动员参赛。9月5—10日，“嘉鑫杯”全国武术散打冠军赛在江阴市举行，39队309名运动员参赛。10月28日—11月25日，“肯德基”全国青少年三人篮球冠军挑战赛常规赛在江阴市举行，65队383名运动员参赛。是年，河南、辽宁男篮俱乐部对抗赛在江阴市举行，2队29名运动员参赛。

2007年5月20日，中国男篮对抗赛在江阴市举行，中国男篮一队、二队25名运动员参赛。7月14日、9月8日，“鲁能杯”中国乒乓球俱乐部超级联赛在江阴市周庄镇体育馆举行（江苏—山东；江苏—辽宁），4队21名运动员参赛。9月22日—11月8日，“肯德基”全国青少年三人篮球冠军挑战赛常规赛在江阴市举行，78队408名运动员参赛。11月12—18日，“圣马杯”全国女篮俱乐部联赛决赛在江阴市体育馆举行，江苏南钢、北京首钢、辽宁衡业等8队102名运动员参赛，江阴市体育馆被评为全国优秀赛区。

2008年1月9—13日，安踏全国女子排球大奖赛在江阴市体育馆举行，江苏、辽宁、山东、河北、南京军区、八一6队141名运动员参赛。4月1—9日，“杨舍杯”全国男子篮球联赛（NBL）第一阶段在江阴市体育馆举行，四川、鞍山、广东、广西、青岛、湖北、东莞、黑龙江、杭州9队参赛。6月6—8日，“华宏杯”中国武术散打擂台争霸赛在江阴市周庄镇体育馆举行，6队72名运动员参赛。10月11日—11月9日，“肯德基”全国青少年三人篮球冠军挑战赛常规赛在江阴市老体育场举行，78队413名运动员参赛。11月6日，“富仁杯”中国男子篮球职业联赛热身赛在江阴市体育馆举行，江苏德玛斯特队、上海西洋队26名运动员参赛。11月，中国男篮职业联赛在江阴市体育馆举行，8队144名运动员参赛。12月8—10日，“霞客杯”全国技巧、啦啦操锦标赛在江阴市体育馆举行，18队参赛。26日，江苏省体育局授于江阴市“承办全国以上体育竞赛优秀赛区”称号。

2009年1月7日—3月8日，中国男子篮球职业联赛（CBA）在江阴市体育馆举行，有9支代表队参赛。4月9—12日，安踏全国女子排球大奖赛在江阴市体育馆举行，江苏、辽宁、上海、八一等4队72名运动员参赛。4月12日，“周庄杯”中国武术搏击擂台争霸赛在江阴市周庄镇体育馆举行，5队40名运动员参赛。5月3日，“迎五运”城市体育舞蹈公开赛、激情探戈、柔美伦巴——全国万人体育舞蹈大赛（江阴赛区）在江阴市体育馆举行，广州艺术学院等44支代表队2352名运动员参赛。6月28日—7月2日，2009年全国首届儿童象棋比赛在江苏泰州市原野大酒店举行，86队565名小棋手参赛。7月29日，361度中国乒乓球俱乐部超级联赛在江阴市体育馆举行，江苏、河北2队10名运动员参赛。10月17日—11月8日，“肯德基”全国青少年三人篮球冠军挑战赛常规赛在江阴市老体育场举行，78队401名运动员参赛。

2010年1—3月，中国男子篮球职业联赛（CBA）在江阴市体育馆举行，江苏、北京等8队112名运动员参赛。4月29日—5月2日，安踏全国男子排球大赛在江阴市举行，江苏、上海等4队72名运动员参赛。5月3日，“天水雅居杯”2010年体育舞蹈全国城市公开赛暨第二届江阴市体育舞蹈锦标赛在江阴市体育馆举行，来自全国的48支代表队参赛。5月15—17日，“江阴国土资源杯”全国男篮挑战赛在江阴市体育馆举行，热火、泰山等4队58名运动员参赛。7月22日，第一届华东区中学生跆拳道比赛在江阴市周庄镇举行，42队580名运动员参赛。周庄队获金牌榜第一名。10月23日—11月7日，“肯德基”全国青少年三人篮球冠军挑战赛常规赛在江阴市体育中心举行，113队565名运动员参赛。是年，江阴市被省体育局评为承办国家级竞赛最佳赛区。

2011年3月20—28日，全国青年篮球联赛（CBA）在江阴市体育馆和江阴市第一中学举行，江苏、浙江、广东、山东、山西、河北等8队113名运动员参赛。5月14日—8月17日，中国足球乙级联赛（江阴赛区）在江阴市体育中心举行，江苏、山东等8队144名运动员参赛。6月3—6日，中华龙舟大赛暨中国龙舟公开赛（江阴·月城站）在江阴月城镇举行，江苏、浙江等12队312名运动员参赛。6月17—20日，“金顾山杯”全国象棋混双邀请赛在江阴顾山镇举行，16名棋手参赛。6月22—24日，“江阴排协杯”全国中老年气排球比赛在江阴一中举行，8队320名运动员参赛。9月12—16日，“四方杯”全国男子水球大奖赛在江阴市水上活动中心举行，上海、湖南等4队74名运动员参赛。9月17日—10月23日，“肯德基”全国青少年三人篮球冠军挑战赛常规赛在江阴市体育中心举行，有473名运动员参赛。10月15日，“德玛斯特杯”全国男子篮球挑战赛（江苏南钢—浙江广厦）在江阴市体育馆举行，2队24名运动员参赛。10月19—26日，全国青少年艺术体操锦标赛在江阴市体育馆举行，江苏、四川等31队208名运动员参赛。11月12—16日，“华宏杯”第四届中国小康村篮球比赛在江阴市周庄镇华宏村举行，8队112名运动员参赛，华宏队获冠军。

2012年4月14日，第七届长三角国际标准舞全国城市公开赛在江阴市体育馆举行，来自北京、广东等省市近2000名运动员参赛。5月17—20日，全国男子排球大奖赛（江阴赛区）在江阴市体育馆举行，4队67名运动员参赛。6月20—23日，2012年中华龙舟大赛暨中国龙舟公开赛（江

阴　月城站）在江阴月城双泾生态园举行，16队432名运动员参赛。7月26日–8月5日，“万达广场杯”全国青少年男子足球联赛少年甲组（15岁以下）北区决赛在江阴高中、江阴市体育中心举行，11队299名运动员参赛。8月2–5日，第十五届全国“江风育苗杯”围棋赛在江阴市实验小学举行，22队338名小棋手参赛。8月11–15日，全国儿童象棋比赛在江阴市华士镇华西村举行，108队718名小棋手参赛。江阴市少儿培训中心获儿童乙组、甲组团体第一、二名。8月24–26日，2012年七夕“顾山杯”全国象棋混双赛在江阴市顾山镇举行，8对象棋大师夫妇参赛。8月28–30日，“伊泰杯”全国象棋甲级联赛在江阴市国家高新区举行，上海金外滩、北京威凯建设2队30名棋手参赛。9月8日–10月28日，“肯德基”全国青少年三人篮球冠军挑战赛常规赛在江阴市体育中心举行，100余队473名运动员参赛。

2013年4月3–7日，“万达广场杯”全国女子足球联赛第二站在江阴体育中心举行，共有4支代表队114名运动员参加。4月4–6日，“华士杯”全国击剑俱乐部联赛（江阴站）在江阴华士实验小学体育馆举行，40支代表队467名运动员参加。5月11–17日，第十二届全国运动会女子足球成年组预赛在江阴体育中心举行，4支代表队136名运动员参加。6月8–12日，中华龙舟大赛（江阴月城站）在江阴月城镇双泾生态园举行，20支代表队536名运动员参加。8月10–13日，“金顾山杯”全国象棋混双比赛在江阴顾山镇举行，8对象棋大师参赛。8月10–14日，全国儿童象棋比赛在江阴市华西村举行，共101支代表队701名棋手参赛。8月31日–10月20日，“肯德基”全国青少年三人篮球冠军挑战赛常规赛在江阴市体育中心举行，100余支代表队501名运动员参加。9月14–15日，第十六届全国成人游泳锦标赛在江阴市体育中心游泳馆举行，61支代表队1266名运动员参加。11月3–7日，“万达广场杯”全国女子足球联赛（第五站）在江阴市体育中心举行，4支代表队117名运动员参加。

2014年3月23–27日、6月17–21日、10月26–30日，“万达广场杯”全国女子足球联赛（江阴站）在江阴市体育中心举行，8支代表队413名运动员参加。5月29日–6月1日，全国女子排球大奖赛（江阴赛区）在江阴市体育馆举行，4队86名运动员参加。12月6–7日，“篮宇杯”第六届全国水中健身操比赛在江阴市民水上活动中心举行，9支代表队129名运动员参加。

2015年3月21–31日、4月20–30日，第一届全国青年运动会足球16岁以下年龄组预赛在江阴市体育中心举行，5队181名运动员参加。4月11–12日，“四方杯”全国游泳俱乐部锦标赛在江阴市体育中心游泳馆举行，20队630名运动员参加。6月17–21日，全国男子排球冠军赛（江阴赛区）在江阴市体育馆举行，6队137名运动员参加。8月7–12日，全国象棋男子甲级联赛在江阴市周庄镇举行，14队117名棋手参加。

四、参加亚洲体育比赛

（一）参加第七届亚洲运动会

1974年9月1–16日，第七届亚洲运动会在伊朗德黑兰阿里亚梅尔体育中心举行，江阴县运动员颜虎清代表中国队参赛，获花剑男子团体第四名。

（二）参加第十四届亚洲运动会

2002年9月29日–10月14日，第十四届亚洲运动会在韩国釜山市举行，江阴籍运动员徐莉佳代表中国队参加，获帆船女子OP级第一名。

（三）参加第十五届亚洲运动会

2006年7月2–15日，第十五届亚洲运动会在卡塔尔首都多哈举行，江阴市（籍）运动员代表中国队参赛，翁新芝获足球女子第三名，陆春龙获蹦床男子第二名。

（四）参加第十六届亚洲运动会

2010年11月14-22日，第十六届亚洲运动会在中国广州市举行，江阴市运动员代表中国队参赛，翁新芝获足球女子第四名，吕博获体操男子团体第一名。

（五）参加第十七届亚洲运动会

2014年9月30日-10月6日，第十七届亚洲运动会在韩国釜山市举行，江阴市运动员代表中国队参赛，陈佳获女子垒球第三名，汤科蓉获女子自行车第七名。

（六）参加亚洲残疾人运动会

2014年10月，亚洲残疾人运动会在韩国仁川市举行，江阴市运动员龚彬代表中国队参赛，获女子坐式排球第一名。

（七）参加亚洲锦标赛

1995年9月，第十一届亚洲田径锦标赛在印度尼西亚首都雅加达市举行，江阴市运动员朱益红代表中国队参赛，获女子成年组4×100米接力第一名、200米第三名。

1999年5月8-16日，亚洲锦标赛OP级帆船赛在中国上海水上运动场外侧淀山湖举行，江阴籍运动员徐莉佳代表中国队参赛，获团体第一名。

2001年10月，亚洲业余围棋锦标赛在韩国江厚道举行，江阴市运动员李岱春代表中国队参赛，获男子个人第一名、团体第二名。

2005年9月26日，亚洲举重锦标赛在阿联酋举行，江阴市运动员臧伟代表中国队参赛，获男子85公斤级抓举第二名、挺举第三名、总成绩第三名。

2009年8月15-17日，亚洲自行车锦标赛在印度尼西亚卡利曼丹岛举行，江阴市运动员汤科蓉代表中国队参赛，获女子20公里公路个人计时赛、女子80公里公路大组赛、女子场地计分赛3项第一名。

2011年9月21-27日，第十届亚洲女子垒球锦标赛在台湾南投县举行，江阴市运动员陈佳代表中国队参赛，获团体第三名。

2014年5月，亚洲残疾人坐式排球锦标赛在伊朗举行，江阴市运动员龚彬代表中国队参赛，获女子第一名。

（八）参加亚洲青年锦标赛

2002年，亚洲青年女子足球锦标赛在印度举行，江阴市运动员葛洋代表中国队参加，获第三名。

2003年10月5-13日，亚洲青年举重锦标赛在印度尼西亚举行，江阴市运动员张志诚代表中国队参加，获男子105公斤级抓举、挺举、总成绩3项第三名。

2004年6月，亚洲青年女子足球锦标赛在中国苏州市举行，江阴市运动员翁晓洁代表中国队参赛，获第二名。

2005年8月20-26日，亚洲青年举重锦标赛在乌兹别克斯坦塔什干举行，江阴市运动员臧伟代表中国队参赛，获男子85公斤级抓举（成绩，151公斤）、挺举（成绩，181公斤）、总成绩（成绩，332公斤）3项第一名。

2007年11月，亚洲青年拳击锦标赛在哈萨克斯坦举行，江阴市运动员陈亚刚代表中国队参赛。

2012年10月18-25日，第四十届亚洲U-18中学生足球锦标赛在伊朗德黑兰举行，江阴市第一中学足球队代表中国队参赛，获男子第四名。

（九）参加亚洲杯赛

2006年7月16—30日，女足亚洲杯赛在澳大利亚阿德莱德市举行，江阴市运动员翁新芝、翁晓洁代表中国队参赛，获第一名。

2008年5月28日—6月8日，女足亚洲杯赛在越南举行，江阴市运动员翁新芝、翁晓洁代表中国队参赛，获第二名。

五、参加和承办国际体育赛事

（一）参加奥林匹克运动会

2008年8月8—24日，第二十九届奥林匹克运动会在中国北京举行，江阴市(籍)运动员代表中国队参赛，陆春龙获蹦床男子网上单人第一名，翁新芝、翁晓洁获足球女子第五名，徐佳莉获单人艇—激光雷迪尔级女子第三名。

2012年8月，第三十届奥林匹克运动会在英国伦敦举行，江阴籍运动员代表中国队参赛，陆春龙获蹦床男子网上单人第三名，徐莉佳获帆船激光雷迪尔级女子单人第一名。

（二）参加残疾人奥林匹克运动会

2004年9月，第十二届残疾人奥林匹克运动会在希腊雅典举行，江阴市运动员龚彬代表中国队参赛，获坐式女子排球第一名。

（三）参加世界锦标赛

1974年7月，第三十一届世界击剑锦标赛在法国蒙纳勒布尔举行，江阴县运动员颜虎清代表中国队参赛。

1975年7月，第三十二届世界击剑锦标赛在匈牙利布达佩斯举行，江阴县运动员颜虎清代表中国队参赛。

2001年6月9—14日，第二十三届世界业余围棋锦标赛在日本宫崎县日向市举行，江阴市运动员李岱春代表中国队参赛，获男子成年组第一名。7月13—22日，世界锦标赛0P级帆船锦标赛在中国山东青岛市举行，江阴籍运动员徐莉佳代表中国队参赛，获女子第一名。

2002年7月3—6日，世界帆船锦标赛0P级帆船赛在美国德克萨斯举行，共有46个国家和地区的208名运动员参加，江阴籍运动员徐莉佳代表中国队参赛，获女子第一名。

2005年9月3—9日，世界帆船锦标赛在中国山东日照市举行，江阴籍运动员徐莉佳代表中国队参加，获女子雷迪尔第二名。

2006年7月13—17日，环太平洋举重锦标赛在萨摩亚独立国阿皮亚举行，江阴市运动员张志诚代表中国队参赛，获男子105公斤级抓举（成绩，160公斤）、挺举（成绩，200公斤）、总成绩（成绩，360公斤）3项第一名。是年，激光级世界帆船锦标赛在美国加州举行，江阴籍运动员徐莉佳代表中国队参赛，获女子激光雷迪尔第一名。

2007年11月，第二十七届世界蹦床锦标赛在加拿大举行，江阴籍运动员陆春龙代表中国队参赛，获男子网上团体第一名。

2011年11月17—20日，第二十八届世界蹦床锦标赛在英国伯明翰举行，江阴籍运动员陆春龙代表中国队参赛，获男子网上单人第一名，团体第二名。

2012年7月11—24日，世界垒球锦标赛在加拿大举行，江阴市运动员陈佳代表中国队参赛，获女子第六名。

2014年6月，世界残疾人坐式排球锦标赛在波兰举行，江阴市运动员龚彬代表中国队参赛，获女子第一名。

（四）参加世界杯赛

2007年9月12—30日，女足世界杯赛在中国上海市举行，江阴市运动员翁新芝代表中国队参赛，获第五名。是年，江阴籍运动员陆春龙代表中国队参加蹦床世界杯赛，获波兰站、俄罗斯站男子网上单人第一名，中国站第二名，加拿大和美国站第七名。

2008年，蹦床世界杯赛在日本举行，江阴籍运动员陆春龙代表中国队参加，获男子网上单人第一名。

（五）参加世界青少年锦标赛

2001年7月，世界少年田径锦标赛在匈牙利布达佩斯举行，江阴市体育学校学生李龙代表中国队参赛（成绩：100米，10″84 ；200米，21″91）。

2004年5月，世界青年举重锦标赛在白俄罗斯举行，江阴市运动员张志诚代表中国队参赛，获男子105公斤级挺举第四名，总成绩第五名。

11月，世界青年足球锦标赛在泰国举行，江阴市运动员翁新芝、翁晓洁、葛洋3人代表中国队参赛，获女子第二名。

2005年4月，第十九届世界中学生足球锦标赛在丹麦举行，江阴市第二中学女足队代表中国队参赛，获第二名。5月15—25日，世界青年举重锦标赛在韩国釜山市举行，江阴市运动员代表中国队参赛，张志诚获男子105公斤级挺举第六名，总成绩第五名；臧伟获男子85公斤级抓举第四名，挺举第八名，总成绩第六名。

2007年4月15—21日，第二十届世界中学生足球锦标赛在智利首都圣地亚哥举行，江阴市第二中学女子足球队代表中国队参赛，获第一名。

2010年5月，世界青少年击剑锦标赛在阿塞拜疆巴库举行，江阴市运动员王涟涟代表中国队参赛，获女子青年组第三名。

（六）参加世界大学生运动会

2011年8月12—23日，第二十六届世界大学生运动会在中国广东深圳市举行，江阴市运动员代表中国队参赛，张志诚获举重男子105公斤级总成绩第四名，臧伟获举重男子94公斤级总成绩第八名。

（七）参加国际武术比赛

2003年2月21—25日，“思源杯”国际武术节邀请赛在中国香港举行，来自世界19个国家180余支代表队1470名运动员参加，江阴市运动员参赛，周生洪获男子M12组拳击第一名，剑术第一名；李文昌获男子M8组枪术第一名，太极拳第一名，意形八卦第三名，八极第三名；顾凤兴获男子M11组男子少林拳第二名，器械第三名；蒋耀铭获男子陈式太极拳、尘世太极剑第一名。

2009年3月6—10日，第七届国际武术节邀请赛在中国香港举行，江阴市运动员参赛，黄耀仁获男子36式吴式太极拳（自创）、太极推手第一名，徐建春获男子陈式太极拳、太极推手第一、五名，蒋耀铭获男子陈式太极拳、陈式太极剑、太极推手第二名。

2010年3月，第八届国际武术节邀请赛在中国香港举行，江阴市运动员参赛，蒋耀铭获男子陈式混元太极拳第一名、太极剑第三名，胡佩仪获女子42式太极拳第一名、太极刀第二名，刘秀燕获女子吴式36式太极拳第二名。

2012年3月，“感恩杯”第十届国际武术节武术套路大奖赛在中国香港亚洲国际展览馆举行，来自世界50多个国家及港澳台地区的9000余名运动员参赛，江阴市运动员董德霖参赛，获男子M17刀术（短）第一名，拳术第二名，长拳第二名。

（八）承办国际体育赛事

1985年8月5日，日本相模原市少年足球队和江阴县少年足球队友谊赛在江阴县体育场举行，江阴县少年足球队2∶1胜。

1987年8月13日，西日本少年足球队、江阴市少年足球队比赛在江阴市举行，1∶1平。

1988年5月16日，“蟠龙杯”国际女排友谊赛在江阴市体育馆举行，日本大阪、福建、浙江、驻南京市某部队4支女子排球队参赛。

1989年9月4日，巴基斯坦国家男子篮球队访江阴友谊赛在江阴市申港镇举行，2队40名运动员参赛。

1990年12月13日，苏联乌克兰加盟共和国第聂伯尔奥林匹克队与江苏加佳队访江阴“利用杯”国际足球赛在江阴市举行，2队40名运动员参赛，1∶1平。

1993年5月24日，中国江阴“菊花空调杯”国际男排邀请赛在江阴市举行，日本大阪、中国上海男排28名运动员参赛，上海队胜。

1994年3月31日—4月2日，江阴国际足球友谊赛在江阴市体育场举行，德国不伦瑞克队、江阴钻石楼队、江阴体校队3队70名运动员参赛。4月19日，江阴“京江杯”国际男排邀请赛在江阴市举行，江苏队、澳大利亚队共40名运动员参赛。

1996年，美国加州大学—江苏南钢男篮对抗赛在江阴市举行，2队40名运动员参赛。

1998年6月9日，“双良杯”美国篮球明星争霸赛在江阴市体育馆举行，美国明星队NBA、CBA共40名运动员参赛。9月4日，“雪豹日化杯”国际男排对抗赛日本大阪—江苏在江阴市举行，2队60名运动员参赛。10月29日，“雪豹日化杯”美洲风暴队—江苏南钢队男篮挑战赛在江阴市举行，2队62名运动员参赛。美洲风暴队141∶111胜。

1999年5月6日，“爱立信杯”国际乒乓球挑战赛在江阴市举行，8队32名运动员参赛。8月21—22日，中国江阴—日本藤冈市少年男子足球友谊赛在江阴市举行，2队42名运动员参赛。

2000年5月13—15日，首届“法尔胜杯”世界女子乒乓球俱乐部锦标赛在江阴市体育馆举行，9队33名运动员参赛。

2001年4月11日，“协统杯”美国NBA—CBA篮球明星争霸赛在江阴市第一中学体艺馆举行，30名运动员参赛。

2002年9月7日，“企明体育杯”中国—古巴国际女篮对抗赛在江阴一中举行，40名运动员参赛。11月3日，“长电杯”美俄男子篮球明星争霸赛在江阴市体育馆举行，俄罗斯莫斯科红星男子篮球队、美国筑梦者男子篮球队共28名运动员参赛。

2003年10月9—12日，“法尔胜杯”第24届男子世界乒乓球赛在江阴市体育馆举行，波尔、施拉格、王励勤、马琳、王皓、格林卡、塞弗、朱世赫、庄智渊、普里莫拉茨、蒋澎龙、斯米尔诺夫、沃西克、黄文冠等世界顶尖高手参赛。

2004年6月24日，南斯拉夫贝尔格莱德OKK队—美国快时特队篮球赛在江阴市举行，2队31名运动员参赛。

2005年7月2日，美国、塞黑共和国职业男子篮球来访比赛在江阴市新体育馆举行，2队32名运动员参赛。11月6日，“周庄杯”中美男子篮球对抗赛在江阴市周庄镇举行，美国“体育使者”队、江苏南钢队34名运动员参赛。

2006年9月2日，江苏南钢—斯洛文尼亚男篮俱乐部对抗赛在江阴周庄镇举行，29名运动员参赛。11月22日，中国—澳大利亚丹依女篮对抗赛在江阴市举行，30名运动员参赛。11月28日，江苏南钢—澳大利亚维多利亚澳洲虎队男子篮球对抗赛在江阴市举行，40名运动员参赛。

2007年5月25—27日，“千里马杯”中国国际女排精英赛在江阴市举行，中国、古巴、荷兰、多米尼加4国75名运动员参赛。

2008年4月5日，“华宏杯”中美男子篮球对抗赛在江阴市周庄镇体育馆举行，中国上海西洋队、美国快车队26名运动员参赛。7月18日，“德玛斯特杯”中加女子篮球挑战赛在江阴市举行，中国国家女篮、加拿大国家女篮32名运动员参赛。9月23日，韩国蔚山市少年足球队访江阴比赛举行。

2009年10月25日，首届国际华西山地车赛在江阴市华士镇华西世界公园举行，来自韩国、日本、意大利和中国的200余名运动员参赛。11月16日，中澳男子篮球对抗赛在江阴市举行，江苏德玛斯特队、澳大利亚澳洲虎队36名运动员参赛。

2010年5月19—20日，“徐霞客杯”中德国际足球赛在江阴市举行，中国男子足球队、中国足球明星队、德国勒沃库森队、德国足球明星队4队60名运动员参赛。11月2—3日，中国徐霞客国际攀岩大师赛在江阴市徐霞客镇户外攀岩体验中心举行，俄罗斯、捷克、伊朗、波兰、韩国、斯洛文尼亚、日本、中国及中国香港地区共36名运动员参赛。

2011年5月21—22日，中国江阴敔山湾国际自行车比赛在江阴市敔山湾新城举行，共有26个国家和地区的298名运动员参赛。10月15—16日，第二届中国徐霞客国际攀岩大师赛在江阴市徐霞客镇举行，来自中国、捷克、韩国、俄罗斯、波兰等16个国家和地区50余名，包括世界排名前8位的运动员参赛。11月4日，环太湖国际公路自行车赛（第四赛段）在江阴市—常州武进区举行，11个国家和地区的126名运动员参赛。

2012年2月24—25日，“东风悦达起亚K5杯”中韩女子足球俱乐部国际邀请赛在江阴市举行，江苏华泰女足、韩国大教女足40名运动员参赛，华泰4：1胜，江阴市翁晓洁、刘菁、曾莹3名运动员代表江苏华泰队参赛。7月11—16日，第十八届“璜土葡萄杯”亚洲青少年乒乓球锦标赛在江阴市体育馆举行，共有18个国家和地区的190名运动员参赛。

2013年6月23日，中国和乌克兰男子篮球挑战赛在江阴体育馆举行，2队24名运动员参加。

2014年6月17—19日，“江阴农商行杯”洲际男篮巅峰争霸赛在江阴体育馆举行，中国、美国、加拿大和澳大利亚4队56名运动员参加。7月19日，“名扬博击杯”首届国际拳王争霸赛（江阴站）在江阴市体育馆举行，中国拳手以全胜的战绩夺得冠军。

2015年5月25—29日，“江阴农商行杯”洲际男篮巅峰争霸赛在江阴体育馆举行，中国、美国、加拿大和澳大利亚4支球队共进行6场对决。

第五节　人才培养、输送

江阴市历来注重人才培养，高水平运动员、裁判员、教练员辈出，至2015年，有国际级运动健将1名、健将级运动员32名、国家级裁判员3名、A级教练员3名、高级教练员4名，并向市、省、国家输送了大批优秀运动员。

一、人才培养

（一）国际级运动健将

蹦　床：陆春龙

足球：翁新芝

（二）健将级运动员

田　径：朱益红　薛　莲　沈　燕　邹　锡　许美玲

足　球：赵　伟　陆亿良　姜屹峰　翟伟忠　翟伟国　葛　洋　翁新芝　翁晓洁　曾　莹　唐心怡　胡晶晶　王　敏　吴　敏　王大曼　张榕佳　刘　菁　吴澄舒　朱　佳　吴　凡

棋　类：黄　芳（中国象棋）　季　涎（国际象棋）

举　重：张志诚　臧　伟

自行车：汤科蓉

跳　水：李淼淼

帆　船：徐莉佳

垒　球：陈　佳

（三）一级运动员

田　径：殷　芳　王晓东　薛　彪　李　敏　华　燕　严春燕　沈　丽　杨珊红　李　龙　周　华　胡　丹　谭新宇　李宇杰　施　健　季　敬　项龙清　张　丽　倪志伟　黄春洪　严晨旭　王盛尧　谢梦媛

足　球：李振兴　张　丹　李心怡　徐　卓　赵叶丽　居梦佳　李江红　龚　丽　姚远雯　陆国尧　李　帆　沈桃林　朱嘉豪　滕　超　谢志伟　葛江涛　邓　超　堵敏超　包　涵　汤熙彦　周冬凯　王　祎　徐　卓　程　琳　唐梦洁　杨　洋　焦琪琪　刘敬娜　徐依雯　张海楠　陈吉斓　蒋星靓　张雨欣　包欢华　刘　佳　谈钰旖　夏秋萍　周　琳　吕谢玲　顾华江　张祯业

乒乓球：薛绪初　薛伟初

棋　类：刘国权　梅　琳　陆逢镰

举　重：曾立红　曹正军　刘　达　林　慧　承海鸿　秦建虎　李　峰　陈　荣　费　棋　夏　吉　李　达

射　击：孙璐霞　陈　璐　张煜磊

柔　道：张卫东　张　磊

（四）二级运动员

田　径：吴　煜　王　琴　沈一斌　孔静亚　陈红梅　蒋明华　蔡永忠　刘君芬　居惠凤　陈正清　张　静　徐金莲　吴　琦　姚建伟　张　军　张卫丰　顾静伟　夏　剑　李　燕　袁士军　沈丽惠　姚斌伟　姜黎黎　薛志华　王　琰　刘　丽　陶　军　王一之　缪晓冬　包　烨　费燕燕　王　飞　堵君兰　宋　滨　顾伟荣　何丽芳　陈　杰　成吴燕　侍丽娜　陈天华　程明根　孔敏军　何　剑　殷永峰　贡徐东　吴小连　刘　蛟　肖铭溢　张秋霞　徐镇其　戴柏军　金晓磊　周　丽　唐　浩　黄海峰　郭　伟　徐　飞　唐费凯　陆天麟　张　璞　张秋刚　吴　邦　戴益斌

马栋斌　陶均清　翁宇哲　蒋　伟　刘文飞　赵　峰　郭　滢　顾莉华　许华敏
徐　超　何益君　刘春新　季　浩　陆　鼎　刘　菁　孔秋虎　栾佳媛　俞浩可
蒋晓炜　梅小菠　吴政昊　陈丽莉　姚　晨　孙　列　张　煜　梁　晨　仲江山
项梦超　张嘉豪　龚　丽　蒋松江　金之煌　陆伟一

足　球：徐　丰　毛韶亮　於广益　王　斐　周黎明　杜　根　何　波　张静忠　周　梁
戴海丰　周　彬　傅　杰　李墨书　耿　武　杨　峰　柳晓波　吴建东　黄海芬
解梦超　何建婷　黄　蓉　孙嘉妮　姜黎黎　许　冰　李　雅　封丽洁　张　慧
李　娃　顾　琳　徐晓维　夏燕青　殷科江　高　虹　陈　磊　戴　健　赵　斌
庞惠程　成　磊　徐　刚　许　力　解　元　李晓虎　李　雅　肖倩倩　吴　丹
王　东　蒋丽娟　翟秋莹　陈晓兰　谢丹华　吴　薇　袁婷婷　许　倩　华　棋
沙晓燕　刘　霞　缪安妮　巫婷婷　王仲玉　毛晓蕾　程建华　周荣虎　缪礼瑾
张　琪　吉　昊　薛　涛　王晓伟　方　可　苏　雷　居皇澄　居志强　邵　远
杭　涛　唐宇峰　童超伟　林嘉伟　戴超杰　严碧川　计玉龙　高逸阳　符　建
李　磊　夏伟君　叶　龙　渠　率　林澄凯　谢　垚　朱海鑫　谢　涛　袁雨松
朱　诚　佘　奕　袁　泉　刘　耀　施　磊　宗　诚　李　冰　韩　蒙　马建均
徐　加　孙　彬　吕　杰　管文辉　吴宇波　徐　鹏　王子腾　陆梓豪

篮　球：赵乃苏

乒乓球：孙　婷　许烨君

羽毛球：李　俊　梁　鑫　陶冶智　李林飞　常　睿

棋　类：谢　剑　周光辉　周光宇　张晓韬　张圣贤　吴嘉栋　吴　邦　陈乃馨　倪　文
龚昊一　承瑞丰　朱言心　蒋沁延　俞锴水　卞菁菁

举　重：华　娣　徐春凤

皮　艇：刘　强　薛　飞

航空（海）模型：王海平　沈　涛　于文清

健美操：解　骏　陈海骏　陈　红　钱　晟

（五）国家级裁判员

乒乓球：傅金才

棋　类：姚彐景（国际象棋）　　尤国耀（中国象棋）

（六）一级裁判员

田　径：仲正裕　朱东卫　鲍应麟　潘红霞　沈寿华　王世贤　张如皋　王佩兰　张　健
周　峰　蒋建军　肖　建　袁晓云　章伟明　刘　慧　骆方昌　梅贤军　程　武
常爱永　宋　滨　何建峰　刘　锋　张　申　顾勇峰　庄志杰　石国宝　朱霜双
姚晓华　陆秀梅　秦　伟　束红卫　陶　军　万士选　章育莹

足　球：沈寿华　马林兴　端木水根　苏一鸣　许薛强　郭　伟　江　涛

篮　球：封　伟　沈建华　陈　俊　毛建军　陈文杰　邓国庆　张立军　蔡海春　黄　平
吴江涛　胡新永　章伟明　徐　涛　石国宝　张　超　何建峰　吴克勇　束红卫
黄　平　毛建军　张才兴

排　球：姜　莉　季金桃　金　耀

乒乓球：蒋俊生　陈　义　陶　军　姜兆友　孙仁杰　李金山　张玲艳　顾铁林

羽毛球：郁光宙
网　球：刘学锋
棋　类：刘国权　陆逢镰
武　术：李　春　刘培龙　赵德金　王建伟　申福君
柔　道：任浩峰
摔　跤：任浩峰
举　重：刘　达
健美操：刘　慧　张玲艳　赵海燕　陆秀梅
信　鸽：陈济生　王建华　顾纪兴　李洪良　宋志华　徐一彪
健身气功：李　春

（七）二级裁判员

田　径：薛正兴　赵成基　李伯安　张文军　朱毅成　赵富祥　陶云峰　柴大林　陆　军
邱国兴　廉瑞利　蒋晓云　殷　男　周志平　吴　珏　谭小平　赵海英　王燕娟
陆美芳　黄正军　高国琪　张玉伟　鞠晓雷　何　军　郁　晓　朱　文　汤　菊
贾建江　黄明钢　薛　礼　姜玉熙　周耀良　秦甲炳　马林兴　陆茂南　叶奕林
李其昌　沈禹九　宋子清　华国良　朱晓岚　虞松影　倪忠良　惠　萍　周筱棣
王仁芳　吴俊荣　徐可定　堵金标　陆国昌　胡玉芬　胡明焱　李国良　姚春平
王永成　陈　敏　季纪明　肖　健　李　兵　蔡　燕　方红霞　郁　锋　吴静忠
许鸿丰　李金洪　程必梅　徐海珠　王晓忠　高　运　陈　龙　崔怀萍　范一军
王健荣　陈　义　孔敏霞　侍莉娜　王文亚　张　兵　王燕娟　周　乾　张彩芳
俞　晖　宋　滨
足　球：李振兴　姜　莉　夏纪志　张玉南　王兴德　季江宁　张仪华　林　海　李富祥
宋　滨　周　乾　徐福民　李　兵　许　俊　汤凤霞　袁晓云　钱　亮　王　浩
沈　刚　吴　柳　陈　羽　章　伟　朱克雷　杭江锋　刘嗣清　诸晓华　裴小磊
金　涛　陈　夷　刘　勇　庄煜龙
篮　球：石卫国　张吉生　卞纯荃　沈永和　张连生　仲正裕　张如皋　张振军　曾　吉
曹海洋　徐建明　薛　礼　吴　珏　龚　叶　王建伟　宦晓明　惠　萍　季晓强
蒋泽宇　夏鸣鹤　沈　洪　徐良洪　汤协清　沈小锋　连卫国　李俊伟　刘晓白
张叙军　章翊东　朱新伟　金　峰　王立群　余洪兴　高国琪　张彩芳　余　晖
李　强　陶　军　徐　伟　何建峰　孔人豪　华亚明　夏庆仪　柳江云　焦　阳
沈　彬　陈春华　计　峰　孔敏霞　陈　薇　陈　杰　谭振帮　林玉生　孔云良
陈　龙　秦　伟　顾勇丰　高　云　吴江涛　陈文杰　章伟明　蔡海春
排　球：王伯溪　周　彬　俞　晖　柴大林　王文亚　李　敏　沈海霞　管振华　胡　瀚
陈志强　沈韩龙　吴公元　方红霞　陈国富　孔人豪　金　涵
乒乓球：张　鸣　高　运　顾勇峰　秦　伟　曹　钧
羽毛球：顾喜刚
棋　类：章武曾　季祝童　梁殿洪　张小荣　周小烨　尤华生　姚苑茹　莫昌华　郑荣灿
刘　勤　李春红　赵国新　黄建明　吴　泱　黄根才　刘　刚　薛茂洪　黄法良
王平华　章佐新　夏兴南　姚　坚　高　铭　陈敏峰　刘瑞林　蒋网度　卢意坚

韩创华　徐良露　叶建清　顾耀明　赵　杰　华天奇　吴　珉　殷丽花　刘　萍
潘雅娴　袁　强　吴凤伟　杨　涛　顾海民　马晓斌

武　术：贺圣彐　陈惠君　俞　晖　李　明　张　亮

跆拳道：张　亮

举　重：阚志伟

射　击：程　强　张叙军　闫宏昊

体　操：仲正裕　姜象芬

健美操：倪绍全　耿裕庭　孙玉清　许震海　章玉莹

航空模型：李笔锋　刘庆源　赵　丰　吴方群　钱　伟　顾智浩　何海华　俞亚峰
胡学峰　陆　忠　朱志国　胡建军　张启钧　王俊峰

信　鸽：庞士亮　洪刚琪　吴艳良　马新民　谭国建　何忠平　陈炳忠　刘　君　刘兴成
彭炳加　祝君国　徐国伟　沈云达　包兴才　薄志龙　袁建国　诸立军　任黎明
黄寿虎

门　球：章仁权　钱万青　李维浩　潘龙宝　刘国章　缪秋华　宋汝荣　黄素萍　杨经良
梅祖荣　汤玉兴　朱菊良　朱清才　刘阿锡　杨菊娣　龚金坤　徐凤葆　张耀成
吴志丹　徐玲宝　吴乾元　陆阿洪　许荣昌　李寿云　黄兴甫　刘惠兴　俞耀祥
徐文贤　张祖兴　曹敬忠　高仕南　唐忠义　梁大奎　刘　银　江国荣　范树南

风　筝：郁兆功　吴文瑜　丁亚明　朱念平　陈　延

龙　舟：刘学东　刘志刚　王龙彬

健　美：余　雷　王　俊　李燕军

轮　滑：王　玉　陆新美　刘　芬

（八）A级教练员

足　球：陆亿良　翟伟忠　翟伟国

（九）高级教练员

田　径：张如皋　张　健

足　球：端木水根

乒乓球：薛伟初

（十）一级教练员

田径：张玉南　吴　琦　周　华　沈　燕　朱银昌

足球：季江宁　苏一鸣　马　杰　姜屹峰

排球：姜　莉

柔道：赵晓辉　管建光　张卫东

体操：姜象芬

举重：冯中华

二、人才输送

（一）江阴市（县）向无锡市输送运动员一览

表1-190

项　目	运　动　员				市级单位
田　径	王文亚（女）	吴艳红（女）	蔡亦新（女）	杜丽芳（女）	市运动学校 市体育场 梁溪中学 市体工队
	方红霞（女）	张彤琛（女）	张卫丰	张　军	
	章丽敏（女）	虞艳玉（女）	黄春洪	沈　丽（女）	
	华　燕（女）	李英艳（女）	邹　锡（女）	费燕燕（女）	
	吴　芳（女）	汤科蓉（女）	胡清清（女）	姚　晨（女）	
	谷美玉（女）	黄妙丞	赵越艳（女）	钱振栋	
	唐余彐（女）	张　卿	董泽华	胡小慧（女）	
	吴　非	王盛尧	费彐娇（女）	李　苗（女）	
	任晗琦（女）	顾佳佳（女）	董　洋	徐金莲（女）	
	陆和芬（女）	殳　洁（女）	徐茂珠（女）	蒋建军	
	许晓刚	薛宗韵	朱霄汉	谭新宇	
	李宇杰	陆　伟	张子谚	王楚涵	
	王　铭	姚　阳	张　树	程苏豫	
	李百荷（女）	李子豪	刘　宇		
足　球	戴　军	袁　军	沈志峰	丁勇培	市运动学校 梁溪中学 市体育中心金匮 路体校市体校
	谭振华	翟文军	顾晓华	陆青山	
	徐海峰	蒋琪俊	谢岳飞	薛　虎	
	孙　龙	胡余怀	杨金鑫	戴海峰	
	许冯钢	刘桃玉（女）	黄　柳（女）	叶芳丽（女）	
	丞丽敏（女）	吴逸君（女）	姜燕燕（女）	陶　羽（女）	
	陈　芳（女）	魏凌云（女）	蒋　晨（女）	汤晓洁（女）	
	王超君（女）	王　芳（女）	陆　丹（女）	李晓虎	
	陆江峰	张祯业	陈　恒	刘星雨	
	耿海华	褚子鸣	冯煜晗	谢乃炯	
	陈华江	夏　舟（女）	黄飞越（女）	徐　婷（女）	
	戴　诚	陈　磊	吴建东	夏燕青	
	杨　峰	殷科刚	耿　武	包子良	
	赵　斌	周荣虎	梁　森	徐　刚	
	蔡正余	王晓伟	钱　冬	陈　健	
	居　澄	臧敏华	薛　涛	解　元	
	谢　雳	叶　龙	许玉龙	戚　铭	
	缪礼谨	黄　东	严碧川	戴超杰	
	蔡明哲	童超伟	高　旭	唐宇峰	
	李　磊	王晓伟	朱海鑫	符　建	
	周之聪	施　磊	佘　奕	高逸阳	
	沈　超	陆佃铭（女）	姚凯辰（女）	陶奕伶	
	白舒娇（女）	杨　婉（女）	杨冰羽（女）	吕　镃（女）	
	谭小雅（女）	黄沁怡（女）	谢瑜柔（女）	杨瑶佳（女）	
	张　芮（女）	罗思怡（女）	堵　莺（女）	谈钰旖（女）	
	周　琳（女）	刘　佳（女）	刘敬娜（女）	姚达雯（女）	
	张雨欣（女）	黄媛媛（女）	唐心怡（女）	唐梦洁（女）	
	杨　栋	周子凤（女）	计玉龙	吴　萍（女）	
	吴　凡	邓　超	戈　晨	葛江涛	
	沈　林	周冬凯	汤熙彦	张　顺	
	包　涵	胡　敏	房　圳	堵敏超	

续表1-190

项目	运动员	市级单位
足球	朱嘉豪　滕超　杨姜源海　庄鹏 蒋函　周琦皓　谢志伟　张祯业 顾年江　丁诺贤　马晓超　陈智龙 诸子鸣　陈恒　刘星雨　耿海华 陈志铭　陈江峰　陈晨　张顺 谢乃炯　陈祥煜　叶朝阳　许炯旻 郝永　张昊　吴铭聪　周彬彬 唐晨曦　俞淼　朱溢淳　费叶鹏 王明宇　刘恩　于子洋　叶崧津 李海涛　李海江　丁文韬　胡凯 黄千城　刘宸佳　沈鸟翔　徐喆 金大全　吕卓远　卢则灵　李定彦 苏俊杰　鲍驿州　陈建文　张宇豪 柳迎元　赵江南　张廷苏　蒋政浩 周洲　刘涛　冯子轩　陈嘉宇 王丹	市运动学校 梁溪中学 市体育中心金匮路体校市体校
篮球	王荷芬（女）　汤澄霞（女）　居丽飞（女）　吴磊（女）	市体校
羽毛球	李俊　张钿（女）　邹微（女）　谭强 梁鑫	市体校
乒乓球	严玲霞（女）　徐英（女）　苏澄均　赵云伟 孙婷（女）　陆婷（女）	市体校
棋类	顾尚杲　姚力　谢剑　邹哲 唐菲（女）	市体校
举重	曾立红　朱冠军　徐春凤（女）　刘达 林慧　朱洪伟　杨小萍（女）　雷一峰 张志诚　陈勇　江士强　李杰（大） 吴越　蔡晓猛　许杨雯（女）　徐洁（女） 陈磊　徐晓蕾（女）　沈烨　卞亚栋 张梦（女）　张莹（女）　缪佳晨（女）　浦晓耘 汤正　张益智　陈鑫域　黄涛 何淼　张海杰　沈波　黄铁龙 顾阳（女）　夏吉　费棋　俞佳（女） 陈婷（女）　韩旻烨（女）　张晓璐（女）　薛建刚 黄鸣（女）　王文君　陈荣　李杰（小） 臧伟　朱春霞（女）　沈波　徐俊 刘峰　周江徽　徐春伟　梁雨航 江海涛	市少体校 梁溪中学 市运动学校 市体工队 金匮路体校
柔道	陈浩（女）　刘娟（女）　戴卫平　任新行 潘菲（女）　张君（女）　於广益　吴静（女） 沈浩岚　任浩峰　程明根　王科 黄兰（女）　丁敏（女）　殷娟（女）　包丹（女） 邓佳佳　蔡丹　张波　张华 王春（女）　杨萍（女）　缪燕春　张敏 张伟　张磊　张玉龙　李克云 刘晓庆　张羽　过凯　张辰晨（女） 邱莉（女）　丁玉春　李玉坤　姚蓓（女） 黄菲菲（女）　林丽（女）　田楚鑫（女）　顾启亨 吴琰杰　袁伟鸿　顾玉龙　陆伟 沈瑞　王杨杨　计鹏（女）　俞可涵	市运动学校 市体育中心

续表1-190

项　目	运动员				市级单位
柔　道	缪　峻	唐澄杰	江玉锐	李　倩（女）	市运动学校 市体育中心
	陈梦莲（女）	张玲玲（女）	沈冬溢	杨成鹏	
	徐　聪	蒋　瑜	王　力	钱晓芸（女）	
	吴晓峰	王江南	周宇平	袁玮鸿	
	吴晨浩	蒋森海	陈小峰	朱伟玲（女）	
拳　击	曹　桧	徐　斌	姜学术	沈卫军	市体育中心 市运动学校
	陈明玉	曹日怀	叶枫峰	何　力	
	蒋　涛	何　君	冯叶军	杨明峰	
	许晓明	王　彬	马　翔	吴　飞	
	黄　根	费力豪	宋　方	仲　磊	
	徐昱祥	周松鹤	周　明		
跆拳道	冯程英（女）	李　萍（女）	刘春艳（女）	任静华（女）	金匮路体校
	吴君华（女）	赵　莉（女）	邵鹏飞	张　蓉（女）	
	王一鸣（女）	张　杰	徐　佳	张　烨	
	李敏炫	汤　健	周　洁	缪燕华（女）	
	夏　芳（女）	杨敏柳（女）	张　丽（女）	顾蒲烨（女）	
	王　丽（女）	陈　静（女）	张　怡（女）	孙海鑫	
摔　跤	王士明	蒋　军	沈　悦	王元根	金匮路体校 市体育中心 市运动学校
	徐志超	臧　磊	朱建雄	恽　刚	
	徐晓明	朱伟其	缪正伟	徐　庆	
	宋刚峰	汤伟波	曹　兴	黄　科	
	邵姜东	周彐春	周　琦	王　强	
	张春华	汤程磊	闻　阳	何东强	
	谭冬晓	顾喜峰	章彬彬	邬　清	
	陈　勇	张晓峰	徐　栋	陈　涛	
	张学良	赵鹏飞	张晓峰	吴豪峰	
	胡忠伟	章晓杰	顾玉龙	邢　春	
皮划艇	沈晓波（女）	李庆华	薛　飞（女）	贾文霞（女）	市运动学校 市射航校
	高　平	朱锦华	刘　强	徐海强	
赛　艇	顾彐莲（女）	黄　维（女）	倪振东	江　铭	市水上运动学校 市运动学校 市体校
	朱凯峰	陈　雷	胡　丹	陈梁成	
	刘　伟	朱　齐	赵琪峰	孙　仪	
	张怀庄	张　佩（女）	张瑞明（女）	冯莉媛（女）	
	陆　璐（女）	李　洁（女）	任冰倩（女）	唐怀庄	
	蔡冬梅（女）	孔石贤	施　铭	范　瑜	
	邓云江	奚丽丽（女）	张　楠	张大丰	
	蔡海锋				
自行车	朱　军	王　强	孙　良	丁文杰	市运动学校 市体工队
	吴海刚	施振刚	孙　淏	唐凯君（女）	
	刘铖烨（女）	缪敏莉（女）	殷建冬（女）		
射　击	孙璐霞（女）	杨利军			市射航校
击　剑	王涟涟（女）	周志栋	李文婷（女）	吴　彬	市运动学校 市射击场体校
武术　散打	周　默	吉贝贝	郑震宇	刘　鹏	市运动学校
	邵　帅	李俊龙	张鲁鲁	张利豹	
	孟庆鹏				
武术　套路	何梓旭	吴振华	张小舟	益嘉东	
	张祺祺	李子凡			

续表1-190

项　目	运　动　员	市级单位
马　术	包英凤（女）　秦　林	—
其　他	李建英（女）　许湘琴（女）　周巍伟　许留峰 翟高荣　周春芳（女）　巫　东　顾喜刚 费　丹（女）　唐春霞（女）　杨丽清（女）　周　华（女） 汤春燕（女）　冯敖娴（女）　吴伟峰（女）　陆青根 徐　刚　王金艳（女）　金海峰　王晓忠 高云海　汤丽芬（女）　陈志强　徐　丰 黄　琴（女）　费琰蓉（女）　梅彐伶（女）　汪春延 陆　星　陆　群　费　芳（女）　魏　伟 徐　庆　徐　碧　曹　伟　徐亚敏（女）　赵　静（女） 李　峰　曹正年　张　琦 王晓东　周　庆	市运动学校

（二）江阴市（县）向江苏省输送运动员一览

表1-191

项　目	运动员	性　别	省级单位	输送时间
足　球	李振兴	男	省体干班教练班	1955 年 8 月
足　球	李振宏	男	省体干班教练班	1955 年 8 月
足　球	张树松	男	省体干班教练班	1955 年 8 月
足　球	张国露	男	省足球队	1957 年 6 月
足　球	沈勤良	男	省足球队	1957 年 6 月
排　球	张秀凤	女	南京体育运动学校	1958 年
排　球	谢玲娣	女	南京体育运动学校	1958 年
击　剑	颜虎清	男	省体工队	1959 年 2 月
排　球	朱惠娥	女	省体工队	1959 年 2 月
体　操	缪建新	男	省体工队	1960 年 9 月
自行车	符金妹	女	南京体育运动学校	1960 年
足　球	马　杰	男	省少体校	1978 年 2 月
足　球	邓君平	男	省少体校	1978 年 9 月
足　球	黄　铭	男	省少体校	1980 年
足　球	夏红兵	男	省少体校	1982 年 9 月
足　球	凌振平	男	省少体校	1982 年 9 月
足　球	叶　青	男	省少体校	1982 年 9 月
足　球	张　军	男	省少体校	1982 年 9 月
足　球	赵　伟	男	省少体校	1982 年 9 月
足　球	姜屹峰	男	省少体校	1982 年 9 月
足　球	汤永红	男	省少体校	1982 年 9 月

续表1-191

项 目	运动员	性 别	省级单位	输送时间
足 球	陈 胜	男	省少体校	1983 年 9 月
足 球	翟伟忠	男	省少体校	1983 年
武 术	蒋丽君	女	省集训队	1984 年 9 月
帆 船	奚东标	男	省帆船队	1984 年
帆 船	陈红梅	女	省帆船队	1984 年
帆 船	吴燕红	女	省帆船队	1984 年
篮 球	孙 莉	女	省少体校	1984 年
足 球	张 军	男	南京体育运动学校江阴教学班	1984 年 11 月
足 球	陆亿良	男	南京体育运动学校江阴教学班	1984 年 11 月
足 球	许 良	男	南京体育运动学校江阴教学班	1985 年
足 球	翟伟国	男	南京体育运动学校江阴教学班	1985 年
足 球	姚 兵	男	南京体育运动学校江阴教学班	1985 年
足 球	徐 颉	男	省青年队	1986 年 2 月
足 球	陆亿良	男	省青年队	1986 年 10 月
足 球	翟伟国	男	省青年队	1986 年 10 月
足 球	姜屹峰	男	省青年队	1986 年 10 月
足 球	黄建军	男	省青年队	1986 年 10 月
足 球	高 军	男	省青年队	1986 年 10 月
足 球	袁家荣	男	省青年队	1987 年 2 月
足 球	刘晓东	男	省青年队	1987 年 2 月
田 径	朱益红	女	省少体校	1987 年 9 月
柔 道	张卫东	男	省体工队	1988 年
篮 球	沈震海	男	省体工队	1988 年
田 径	朱益红	女	省体工队	1989 年
足 球	张 勇	男	省少体校	1990 年 9 月
田 径	沈 丽	女	省少体校	1990 年 9 月
排 球	陈晓雷	男	省少体校	1990 年
乒乓球	郑玲莉	女	省少体校	1990 年 9 月
足 球	杨 栋	男	省少体校	1991 年 9 月
击 剑	许 醒	男	省少体校	1991 年
乒乓球	黄 峰	男	省少体校	1991 年
足 球	陈 凯	男	省体工队	1992 年 9 月
足 球	诸晓华	男	省少体校	1992 年 9 月
乒乓球	徐云飞	男	省少体校	1992 年 9 月
田 径	周 华	男	省少体校	1993 年 2 月

续表1-191

项　目	运动员	性　别	省级单位	输送时间
足　球	任　剑	男	省少体校	1993 年 2 月
足　球	周　梁	男	省少体校	1993 年 9 月
乒乓球	俞　洁	女	省体工队	1994 年 9 月
乒乓球	徐云飞	男	省体工队	1994 年 9 月
田　径	沈　燕	女	省少体校	1995 年 9 月
田　径	周　华	男	省体工队	1995 年 9 月
足　球	张静忠	男	省少体校	1995 年 10 月
田　径	薛　莲	女	省少体校	1998 年 8 月
田　径	李　龙	男	省少体校	1998 年 8 月
乒乓球	孙　婷	女	省少体校	1998 年 8 月
足　球	吴建东	男	省少体校	1998 年 8 月
田　径	李　燕	女	省少体校	1999 年 8 月
田　径	蔡　萍	女	省少体校	1999 年 8 月
举　重	张志诚	男	省少体校	1999 年 8 月
举　重	曹正军	男	省体工队	1999 年 8 月
田　径	薛　莲	女	省体工队	1999 年 8 月
中国象棋	黄　芳	女	省体工队	1999 年 8 月
足　球	葛　洋	女	省体工队	1999 年 8 月
摔　跤	徐智超	男	省体工队	1999 年 8 月
足　球	陆全楠	男	省少体校	2000 年 2 月
田　径	徐　凯	男	省少体校	2000 年 8 月
足　球	吴　敏	女	省体工队	2000 年 8 月
足　球	翁新芝	女	省体工队	2000 年 8 月
足　球	翁晓洁	女	省体工队	2000 年 8 月
足　球	巫敏敏	女	省少体校	2001 年 1 月
足　球	徐　静	女	省少体校	2001 年 1 月
足　球	黄　莉	女	省少体校	2001 年 1 月
足　球	钟建平	女	省少体校	2001 年 1 月
足　球	黄　蓉	女	省少体校	2001 年 1 月
举　重	张志诚	男	省体工队	2001 年 2 月
足　球	陆国尧	男	省体工队	2001 年 5 月
篮　球	赵乃苏	男	省少体校	2001 年 8 月
跳　水	李淼淼	女	省少体校	2001 年 8 月
举　重	陈　荣	男	省少体校	2001 年 8 月
举　重	臧　伟	男	省少体校	2002 年 8 月

续表1-191

项 目	运动员	性 别	省级单位	输送时间
篮 球	孙 婷	女	省少体校	2002 年
田 径	徐 开	男	省少体校	2002 年
田 径	李 燕	女	省少体校	2002 年
田 径	项龙清	男	省少体校	2003 年 2 月
田 径	谢奕南	女	省少体校	2003 年 2 月
田 径	曾喜丹	女	省少体校	2003 年 2 月
足 球	刘 霞	女	省少体校	2003 年 7 月
足 球	许 清	女	省少体校	2003 年 7 月
足 球	华 琪	女	省少体校	2003 年 7 月
足 球	巫婷婷	女	省少体校	2003 年 7 月
足 球	毛晓蕾	女	省少体校	2003 年 7 月
举 重	吴士良	男	省少体校	2003 年
举 重	臧 伟	男	省体工队	2004 年 8 月
田 径	曾喜丹	女	省体工队	2004 年 8 月
摔 跤	吴豪锋	男	省体工队	2004 年 8 月
足 球	王琛磊	男	省少体校	2005 年 2 月
足 球	钱星宇	男	省少体校	2005 年 2 月
足 球	陆佃铭	男	省少体校	2005 年 2 月
足 球	王 敏	女	省少体校	2005 年 8 月
足 球	肖倩倩	女	省少体校	2005 年 8 月
足 球	刘 菁	女	省少体校	2005 年 8 月
足 球	朱 诚	男	省体工队	2005 年 9 月
足 球	许 诚	男	省体工队	2005 年 9 月
足 球	胡晶晶	女	省体工队	2005 年
足 球	王大曼	女	省体工队	2005 年
足 球	张榕佳	女	省体工队	2005 年
拳 击	周 鎏	男	省体工队	2005 年
跳 水	李淼淼	女	省体工队	2005 年
田 径	项龙清	男	省体工队	2005 年
篮 球	黄金标	男	省少体校	2006 年 2 月
足 球	王仲玉	女	省少体校	2006 年 9 月
足 球	许 清	女	省少体校	2006 年 9 月
田 径	许美玲	女	省体工队	2007 年 2 月
田 径	季 敬	男	省少体校	2007 年 8 月
自行车	汤科蓉	女	省少体校	2007 年 8 月

续表1-191

项目	运动员	性别	省级单位	输送时间
拳击	陈亚刚	男	省体工队	2007年
垒球	陈佳	女	省体工队	2007年
田径	徐琴	女	省少体校	2008年2月
足球	钱星宇	男	省体工队	2008年2月
足球	王琛磊	男	省体工队	2008年2月
足球	王婧闻	女	省体工队	2008年6月
足球	李心怡	女	省体工队	2008年6月
击剑	徐煜	男	省少体校	2008年
柔道	田楚鑫	女	省少体校	2008年
其他	单名扬	男	省少体校	2008年
其他	沈振峰	男	省少体校	2008年
足球	张洪亮	男	省少体校	2008年
其他	奚宇希	男	省少体校	2008年
其他	陈华烽	男	省少体校	2008年
足球	陈吴钰	女	省少体校	2008年
足球	李帆	女	省少体校	2008年
击剑	汪涟涟	女	省体工队	2008年
自行车	汤科蓉	女	省体工队	2008年
足球	肖钦钦	男	省体工队	2009年
击剑	徐煜	男	省体工队	2009年
赛艇	张楠	男	省少体校	2009年
赛艇	陈梁成	男	省少体校	2009年
赛艇	张佩	女	省少体校	2009年
赛艇	张瑞明	女	省少体校	2009年
赛艇	陆璐	女	省少体校	2009年
田径	谢梦媛	女	省少体校	2009年
田径	谷美玉	女	省少体校	2009年
柔道	林丽	女	省少体校	2009年
其他	符浩	男	省体工队	2010年
赛艇	张楠	男	省体工队	2010年
赛艇	陈梁成	男	省体工队	2010年
其他	张新	男	省体工队	2010年
柔道	林丽	女	省体工队	2010年
赛艇	陆璐	女	省体工队	2010年
田径	费棋	女	省少体校	2010年

续表1-191

项　目	运动员	性　别	省级单位	输送时间
田　径	刘　佳	女	省少体校	2010年
田　径	吴婧瑀	女	省少体校	2010年
田　径	徐晓艳	女	省少体校	2011年
田　径	施　健	男	省少体校	2011年
田　径	李宇杰	男	省少体校	2011年
足　球	谢志伟	男	省少体校	2011年
足　球	朱嘉豪	男	省少体校	2011年
足　球	吴　凡	男	省少体校	2011年
足　球	杨姜源海	男	省少体校	2011年
足　球	滕　超	男	省少体校	2011年
足　球	李江红	女	省少体校	2011年
足　球	龚　丽	女	省少体校	2011年
足　球	吴澄舒	女	省少体校	2011年
足　球	薛芯兰	女	省少体校	2011年
足　球	赵叶丽	女	省少体校	2011年
赛　艇	任冰清	女	省体工队	2011年
足　球	唐心怡	女	省体工队	2011年
足　球	唐梦洁	女	省体工队	2011年
赛　艇	蔡东梅	女	省体工队	2011年
马　术	包英凤	男	省体工队	2011年
马　术	秦　林	男	省体工队	2011年
举　重	吴　越	男	省少体校	2012年
柔　道	姚　蓓	女	省少体校	2012年
足　球	徐依雯	女	省少体校	2012年
田　径	谢梦媛	女	省体工队	2012年
足　球	吴澄舒	女	省体工队	2012年
马　术	赵太峰	男	省体工队	2012年
马　术	樊　侣	男	省体工队	2012年
赛　艇	刘　伟	男	省体工队	2012年
赛　艇	柏　万	男	省体工队	2012年
赛　艇	陆　璐	女	省体工队	2012年
田　径	严晨旭	男	省田径队	2013年7月
田　径	谭新宇	男	省田径队	2013年7月
拳　击	宋　芳	女	省拳击队	2013年
足　球	谢志伟	男	省少体校	2013年

续表1-191

项　目	运动员	性　别	省级单位	输送时间
足　球	沈桃林	男	省少体校	2013 年
足　球	葛江寿	男	省少体校	2013 年
田　径	李金玉	女	省田径二队	2014 年 3 月
田　径	汪　丽	女	省田径二队	2014 年 7 月
田　径	李宇杰	男	省田径队	2014 年
拳　击	许紫春	女	省拳击队	2014 年
足　球	顾华江	男	省少体校	2014 年
足　球	张祯业	男	省少体校	2014 年
足　球	吴　凡	男	省体工队	2015 年
足　球	朱嘉豪	男	省体工队	2015 年
足　球	滕　超	男	省体工队	2015 年
举　重	黄　涛	男	省少体校	2015 年
田　径	金之煌	男	省少体校	2015 年

（三）江阴市（县）向国家队输送运动员一览

表1-192

项　目	运动员	性别	国家队名	输送时间	成绩（荣誉）
乒乓球	薛绪初	男	国家乒乓球集训队	1952 年	乒坛史上“直拍两面快攻”打法创世人
体　操	张同川	男	国家体操队	1960 年	—
乒乓球	薛伟初	男	国家乒乓球队	1960 年	—
击　剑	颜虎清	男	国家击剑队	1973 年	1974 年后任国家击剑队长
足　球	翟伟忠	男	国家少年足球队	1983 年	江苏少年男足主教练
田　径	朱益红	女	国家田径队	1995 年	获 1995 年亚洲田径锦标赛女子 4×100 米金牌、200 米铜牌
帆　船	徐莉佳	女	国家帆船队	1997 年	获 2012 年伦敦第三十届奥林匹克运动会女子帆船单人赛金牌
足　球	赵　伟	男	国家奥林匹克足球队	2000 年	—
足　球	翁新芝	女	国家少年足球队 国家青年足球队 国家足球队	2002 年 2003 年 2004 年	所在队获 2004 年女子亚洲青年足球锦标赛、2006 年亚洲杯女足冠军、世界女子青年足球锦标赛亚军、多哈亚运会女足季军
足　球	翁晓洁	女	国家少年足球队 国家青年足球队 国家足球队	2002 年 2003 年 2004 年	所在队获 2004 年女子亚洲青年足球锦标赛亚军
举　重	张志诚	男	国家青年举重集训队 国家举重队	2003 年 2004 年	获 2006 年环太平洋举重锦标赛 105 公斤级抓举、挺举、总成绩 3 枚金牌
坐式排球	龚　彬	女	国家排球队	2004 年	获 2004 年雅典第十二届残疾人奥林匹克运动会坐式女排冠军

续表1-192

项　目	运动员	性别	国家队名	输送时间	成绩（荣誉）
足　球	吴　敏	女	国家少年足球队 国家足球队	2004 年 2009 年	2008-2009 年代表江苏获女子全国足球锦标赛、全国女超联赛 2 项冠军
足　球	曾　莹	女	国家青年足球队 国家足球队	2004 年 2012 年	2008-2009 年代表江苏获女子全国足球锦标赛、全国女超联赛 2 项冠军
足　球	葛　洋	女	国家足球队	2005 年	2004 年代表中国获女子世界青年足球锦标赛亚军
足　球	王大曼	女	国家少年足球队 国家足球队	2005 年 2011 年	获 2006 年武汉 U-18 全国女子足球锦标赛冠军
举　重	臧　伟	男	国家青年举重队	2005 年	获 2005 年亚洲青年举重锦标赛 85 公斤级抓举、挺举、总成绩 3 项冠军
足　球	王　敏	女	国家少年足球队	2006 年	获 2006 年武汉 U-18 全国女子足球锦标赛冠军
垒　球	陈　佳	女	国家垒球队	2008 年	获 2011 年第十届亚洲女子垒球锦标赛团体第三名
自行车	汤科蓉	女	国家自行车队	2011 年	获 2009 年亚洲自行车锦标赛女子 20 公里公路个人计时赛、80 公里公路大组赛、场地计分赛 3 枚金牌
蹦　床	陆春龙	男	国家蹦床队	2011 年	获 2008 年北京第二十九届奥林匹克运动会男子蹦床冠军
击　剑	徐　煜	男	国家击剑队	2011 年	—
足　球	姚远雯	女	国家少年足球队	2012 年	—
足　球	吴　凡	男	国家少年足球队	2012 年	获第四十届亚洲 U-18 中学生足球锦标赛第四名
足　球	朱嘉豪	男	国家少年足球队	2012 年	获第四十届亚洲 U-18 中学生足球锦标赛第四名
足　球	李铮	男	国家少年足球队	2012 年	获第四十届亚洲 U-18 中学生足球锦标赛第四名
足　球	谢小凡	男	国家少年足球队	2012 年	获第四十届亚洲 U-18 中学生足球锦标赛第四名
足　球	龚　丽	女	国家少年足球队	2013 年 8 月	获 2012 年全国女子足球 U-16 联赛冠军
足　球	李江红	女	国家少年足球队	2013 年 8 月	获第十二届全运会足球女子青年组冠军
足　球	吴澄舒	女	国家青年足球队 国家足球队	2013 年 2015 年	— —
足　球	谢志伟	男	国家少年足球队	2014 年	参加亚洲少年锦标赛预赛及决赛
足　球	黄媛媛	女	国家少年足球队	2015 年 4 月	—
足　球	黄沁怡	女	国家少年足球队	2015 年 4 月	获第十二届全运会足球女子青年组冠军
足　球	罗思怡	女	国家少年足球队	2015 年 4 月	—
足　球	徐　婷	女	国家少年足球队	2015 年 4 月	—
足　球	谭小维	女	国家少年足球队	2015 年 4 月	—
足　球	齐雨熙	男	国家少年足球队	2015 年	获 2015 年 U-15 全国联赛冠军
足　球	汤启恒	男	国家少年足球队	2015 年	获 2015 年 U-15 全国联赛冠军

续表1-192

项　目	运动员	性别	国家队名	输送时间	成绩（荣誉）
足　球	刘煜磊	男	国家少年足球队	2015 年	获 2015 年 U-15 全国联赛冠军
足　球	王楚淇	男	国家少年足球队	2015 年	获 2015 年 U-15 全国联赛冠军
足　球	孟祖航	男	国家少年足球队	2015 年	获 2015 年 U-15 全国联赛冠军
足　球	刘心想	男	国家少年足球队	2015 年	获 2015 年 U-15 全国联赛冠军
足　球	黄　聪	男	国家少年足球队	2015 年	获 2015 年 U-15 全国联赛冠军
足　球	孟　振	男	国家少年足球队	2015 年	获 2015 年 U-15 全国联赛冠军
足　球	朱振衔	男	国家少年足球队	2015 年	获 2015 年 U-15 全国联赛冠军
足　球	倪　寅	男	国家少年足球队	2015 年	获 2015 年 U-15 全国联赛冠军
羽毛球	陶冶智	男	国家青年羽毛球队	2015 年	—
羽毛球	李林飞	男	国家青年羽毛球队	2015 年	—

附　录

一、江阴市运动员破（平）全国纪录一览

表1-193

运动员（队）	项　目	成　绩	破（平）	比赛名称	时　间
林　慧	男子少年甲组 83 公斤级抓举	128 公斤	破	第十三届江苏省运动会	1994 年 3 月
	男子少年甲组 83 公斤级挺举	157.5 公斤	破		
	男子少年甲组 83 公斤级总成绩	285.5 公斤	破		
胡敏慧	女子残肢 F42 级跳远	5.09 米	破	第五届江苏省残运会	1999 年 9 月
李　龙	男子少年甲组 4×100 米接力	40″28	平	第八届全国中学生运动会	2002 年 8 月
张志诚	男子青年组 105 公斤级挺举	210 公斤	破	第十届全国运动会	2005 年 10 月

二、江阴市（县）运动员破（平）江苏省纪录一览

表1-194

运动员（队）	项　目	成　绩	破（平）	比赛名称	时　间
杨东海	男子 400 米	55″8	破	民国第四届江苏省运动会二区选拔比赛	1935 年 9 月
黄德成	男子 110 米高栏	18″3	破	江苏省田径比赛	1940 年 9 月
包洪刚	男子青年组 10 公里竞走	51′44″9	破	江苏省秋季竞走、马拉松比赛	1985 年 11 月
朱益红　蔡亦新	女子少年乙组 4×100 米接力	1′03″0	破	江苏省青少年田径比赛	1987 年 5 月
朱益红	女子中专组 4×100 米接力	48″6	破	江苏省第十二届运动会	1990 年 9 月

续表1-194

运动员（队）	项　目	成　绩	破（平）	比赛名称	时　间
林　慧	男子少年乙组 40 公斤级抓举、挺举、总成绩	69.07 分	破	江苏省第十二届运动会	1990 年 9 月
杜丽芳　沈　丽	女子少年甲组 4×100 米接力	48″4	破	江苏省青少年田径赛	1991 年 7 月
黄春洪	男子少年乙组跳远	6.65 米	破	江苏省县级田径赛	1992 年 5 月
沈　丽	女子少年甲组 4×100 接力	47″2	破	江苏省第十三届运动会	1994 年 3 月
胡敏慧	女子站立 F10（11）跳高	1.5 米	破	江苏省第一届残疾人运动会	1998 年 5 月
沈　燕	女子少年甲组 100 米	11″99	破	江苏省第十四届运动会	1998 年 9 月
李　龙	男子 13～14 组 100 米	11″0	破	江苏省县级田径赛	1999 年 4 月
	男子 13～14 组 200 米	21″93	破		
李　燕	女子 13～14 岁组 100 米栏	64.2 分	破	江苏省县级田径赛	1999 年 4 月
李　龙	男子 13～14 岁组 200 米	22″91	平	第七届全国中学生田径运动会	1999 年 7 月
	男子 13～14 岁组 100 米	11″0	破	全国少年儿童田径锦标赛	1999 年 8 月
	男子 13～14 岁组跳远	6.7 米	平		
	男子 13～14 岁组 200 米	22″5	破	江苏省青少年田径比赛	1999 年 8 月
	男子少年甲组 100 米	10″7	破	江苏省少年田径比赛	2000 年 8 月
	男子少年甲组 200 米	22″5	平		
张志诚	男子青年组 85 公斤挺举	168 公斤	破	江苏省第十五届运动会	2002 年 10 月
邹　锡	女子青年组 400 米栏	1′00″4	破	江苏省第十五届运动会	2002 年 10 月
许美玲　承珠凤	女子少年甲组 4×100 米接力	46″85	破	江苏省第十六届运动会	2006 年 10 月

三、江阴市（县）运动员破市地级纪录一览

表1-195

运动员（队）	项　目	成　绩	比　赛　名　称	时　间
谢正球	男子成年组 800 米	2′11″35	第四届苏州地区田径运动会	1974 年 7 月
	男子成年组 1500 米	4′34″2		
张宝洪	男子少年组 200 米	25″64	第四届苏州地区田径运动会	1974 年 7 月
	男子少年组 400 米	55″4		
瞿满兴	男子少年组 1500 米	4′36″0	第四届苏州地区田径运动会	1974 年 7 月
邓君平	男子初中组跳高	1.45 米	江阴县中学生田径运动会	1978 年 4 月
黄霞云	中学女子乙组铁饼	22.82 米	苏州地区中小学生田径运动会	1981 年 10 月
潘曼平	男子小学组 400 米	1′09″9	苏州地区中小学生田径运动会	1981 年 10 月
马　凡	男子少年甲组 110 米栏	16″6	苏州地区中小学生田径运动会	1982 年 4 月
蔡永忠	男子少年乙组铁饼	35.06 米	苏州地区中小学生田径运动会	1982 年 4 月
孙　瑛	女子少年乙组铁鉼	23.8 米	苏州地区中小学生田径运动会	1982 年 4 月
殷　芳	女子小学组 100 米	14″3	苏州地区中小学生田径运动会	1982 年 4 月

续表1-195

运动员（队）	项　目	成　绩	比　赛　名　称	时　间
殷　芳	女子小学组200米	29″9	苏州地区中小学生田径运动会	1982年4月
陈　胜	男子少年甲组400米	1′02″0	无锡市小学生田径运动会	1983年4月
黄霞云	女子初中组铁饼	—	第二十三届无锡市中学生田径运动会	1983年4月
朱益红	女子少年甲组200米	28″2	无锡市中小学生田径运动会	1985年10月
谢彐菲	女子少年乙组50米	7″5	无锡市中小学生田径运动会	1985年10月
江阴队	男子少年乙组4×100米接力	48″4	无锡市中小学生田径运动会	1986年11月
朱益红	女子少年乙组200米	27″3（预）	无锡市中小学生田径运动会	1986年11月
唐仁兴	男子少年乙组铁饼	42.18米	无锡市中小学生田径运动会	1986年11月
朱益红	女子少年甲组100米	12″9	无锡市中小学生田径运动会	1987年10月
	女子少年甲组200米	26″5		
陈正清	女子少年甲组跳远	5.43米	无锡市中小学生田径运动会	1988年10月
殷晓军	男子少年乙组铁饼	43.2米	无锡市中小学生田径运动会	1988年10月
朱益红	女子少年甲组200米	26″4	无锡市中小学生田径运动会	1988年10月
张卫东	男子中学C组铁饼	41.68米	无锡市中小学生田径运动会	1989年10月
陆玲妹	女子少年甲组铅球	11.95米	第四届江阴市中学生田径运动会	1990年10月
杨小萍	女子青年组70公斤挺举	105公斤	无锡市青少年举重比赛	1997年3月
	女子青年组70公斤总成绩	185公斤		
胡　丹	女子儿童丙组400米	1′07″8（预）	无锡市小学生田径运动会	1997年11月
	女子儿童丙组400米	1′07″4（决）		
	女子儿童丙组跳远	4.16米		
缪小琴	女子儿童丙组200米	29″3	无锡市小学生田径运动会	1997年11月
胡涛涛	男子儿童甲组800米	2′22″74	第十二届江阴市小学生田径运动会	1998年9月
胡　丹	女子少年甲组跳远	5.38米	无锡市小学生田径比赛	1999年9月
薛晓尧	男子技校组三级跳远	13.25米	第八届无锡市运动会	2000年4-9月
李　杰（大）	男子青年组77公斤级抓举	110公斤	无锡市青少年举重比赛	2001年3月
	男子青年组77公斤级挺举	142.5公斤		
	男子青年组77公斤级总成绩	252.5公斤		
陈　荣	男子青年组77公斤级抓举	135公斤	无锡市青少年举重比赛	2001年3月
	男子青年组77公斤级挺举	172.5公斤		
	男子青年组77公斤级总成绩	307.5公斤		
许美玲	女子少年甲组100米	12″8	无锡市小学生田径比赛	2001年5月
江士强	男子少年甲组85公斤级抓举	105公斤	无锡市青少年举重比赛	2002年4月
	男子少年甲组85公斤级挺举	147.5公斤		
	男子少年甲组85公斤级总成绩	252.5公斤		

续表1-195

运动员（队）	项　目	成　绩	比　赛　名　称	时　间
臧　伟	男子少年甲组 85 公斤级抓举	137.5 公斤	无锡市青少年举重比赛	2002 年 4 月
	男子少年甲组 85 公斤级挺举	172.5 公斤		
	男子少年甲组 85 公斤级总成绩	310 公斤		
顾舒怡	女子少年乙组跳远	4.73 米	无锡市小学生田径比赛	2003 年 7 月
孙璐霞	女子普通气步枪 5+20 立射	178 环	无锡市小学生射击比赛	2003 年 7 月
刘芝凝	女子少年甲组 200 米	26″2	无锡市小学生田径比赛	2003 年 7 月
	女子少年甲组 400 米	58″5		
江阴市大桥小学射击队	男子普通气步枪 5+20 坐射	510 环	无锡市小学生射击比赛	2003 年 7 月
	女子普通气步枪 5+20 坐射	510 环		
	男子普通气步枪 5+20 立射	486 环		
	女子普通气步枪 5+20 立射	511 环		
曹　烨	女子少年乙组 400 米（预）	1′06″2	第九届无锡市运动会	2004 年 4-10 月
张　燮	女子少年乙组跳远	4.53 米	第九届无锡市运动会	2004 年 4-10 月
江阴市大桥小学射击队	男子普通气步枪 5+20 立射	494 环	第九届无锡市运动会	2004 年 4-10 月
	男子普通气步枪 5+20 坐射	523 环		
杨利军	男子普通气步枪 5+20 立射	176 环	第九届无锡市运动会	2004 年 4-10 月
王　飞	男子职高组跳远	—	第十届无锡市运动会	2009 年 4-10 月

四、江阴市中小学生田径最高纪录一览

（截至2015年12月31日）

田径赛项目纪录已换算成电子计时标准

（一）高中男子（15～17岁）

表4-196

创造者	项目	成绩	运动会名称	比赛时间	比赛地点
李宇杰	100 米	10″61	江阴市中小学生田径运动会	2012.09	江阴
谭新宇	200 米	21″91	江阴市中小学生田径运动会	2012.09	江阴
谭新宇	400 米	49″20	江阴市中小学生田径运动会	2012.09	江阴
项龙清	800 米	1′57″2	江阴市中小学生田径运动会	2003.10	江阴
项龙清	1500 米	4′00″40	江阴市中小学生田径运动会	2005.9	江阴
王拥军	5000 米	18′19″6	县冬季长跑比赛	1980.12	江阴
谭新宇　杨　洋　王　飞　殷宇航	4×100 米	43″68	江阴市中小学生田径运动会	2011.09	江阴
殷强立	110 米栏	15″89	江阴市第五届运动会（起点至第一栏 13.72，栏高 1 米，栏距 8.9 米）	2009.10	江阴
施　健	跳高	2.01 米	江阴市中小学生田径运动会	2011.09	江阴

续表4-196

创造者	项目	成绩	运动会名称	比赛时间	比赛地点
王振东	跳远	6.73 米	江阴市中小学生田径运动会	2005.09	江阴
张卫丰	铅球（6 千克）	13.73 米	无锡市中学生春季田径运动会	1992.04	无锡
徐　开	铁饼（1.5 千克）	44.92 米	江阴市中小学生田径运动会	2003.10	江阴
李益帆	标枪（700 克）	58.80 米	江阴市中小学生田径运动会	2014.09	江阴
徐　海	三级跳远	14.12 米	江阴市中小学生田径运动会	2005.09	江阴
施　健	五项全能	3210 分	江阴市中小学生田径运动会	2011.09	江阴
张　虹	撑竿跳高	2.90 米	江阴县中小学生田径运动会	1983.04	江阴
蒋建军	五公里竞走	25′30″0	省县级田径比赛	1988.07	东海
蒋建军	十公里竞走	50′42″0	省竞走比赛	1986.10	常熟

（二）高中女子（15～17岁）

表4-197

创造者	项目	成绩	运动会名称	比赛时间	比赛地点
沈　燕	100 米	12″24	江苏省县级田径比赛	1997.05	江都
沈　燕	200 米	25″24	无锡市第七届运动会	1996.10	无锡
徐金莲	400 米	59″54	江苏省县级田径比赛	1995.05	新沂
钱　丹	800 米	2′22″0	江阴市中小学生田径运动会	2006.10	江阴
钱　丹	1500 米	5′02″7	江阴市中小学生田径运动会	2006.10	江阴
吴玉萍	3000 米	12′04″9	苏州地区中学生田径运动会	1981.10	江阴
邢雪艳　徐晓艳 宋海燕　薛雅虹	4×100 米	50″74	江阴市中小学生田径运动会	2008.10	江阴
谢梦媛	110 米栏	14″73	江阴市第五届运动会 （起点至第一栏 13 米， 栏高 84 厘米，栏间距 8.5 米）	2012.09	江阴
方红霞	100 米栏	15″54	江苏省十二届运动会 （栏高 76.2 厘米，栏间距 8 米）	1990.09	南京
李　燕	100 米栏	16″34	江苏省县级田径比赛 （起点至第一栏 13 米， 栏高 84 厘米，栏间距 8 米）	1999.04	锡山
堵君兰	200 米栏	31″15	江苏省县级田径比赛 （栏高 76.2 厘米，栏间距 19 米）	2001.05	丹阳
刘　娜	跳高	1.58 米	江阴市中小学生田径运动会	2003.10	江阴
任晗琦	跳远	5.63 米	江阴市第六届运动会	2013.10	无锡
陆玲妹	铅球（4 千克）	11.95 米	江阴市中小学生田径运动会	1990.10	江阴
张秋霞	铁饼（1 千克）	36.20 米	江阴市中小学生田径运动会	1994.09	江阴
沈丽惠	标枪（600 克）	43.64 米	省县级田径比赛	1997.05	江都
谢奕南	三级跳远	12.06 米	江阴市中小学生田径运动会	2005.09	江阴
张文君	五项全能	2775 分	省十二届运动会	1990.09	南京
宋海燕	五项全能	2761 分	江阴市中小学生田径运动会	2008.10	江阴
居惠凤	三公里竞走	19′07″0	江阴市中小学生田径运动会	1984.10	江阴
张　燕	五公里竞走	28′02″0	省竞走比赛	1986.10	常熟

（三）初中男子（13～14岁）

表4-198

创造者	项目	成绩	运动会名称	比赛时间	比赛地点
王志宏	60米	8″64	江阴市中小学生田径运动会	1979.4	江阴
李　龙	100米	11″34	省县级田径比赛	1999.04	锡山
李　龙	200米	23″14	省县级田径比赛	1999.04	锡山
翁宇哲	400米	53″64	江阴市中小学生田径运动会	2004.09	江阴
项龙清	800米	2′05″70	江阴市中小学生田径运动会	2001.09	江阴
徐宇峰	1500米	4′21″2	江阴市中小学生田径运动会	2004.09	江阴
姚　兵	3000米	10′31″0	县冬季长跑比赛	1983.12	江阴
吴国荣　刘　斌 沈一斌　徐　乾	4×100米	48″54	无锡市中小学生田径运动会	1986.11	无锡
居宇豪	110米栏	14″4	江阴市中小学生田径运动会（起点至第一栏距离为13米，栏距8.5米，栏高84厘米）	2007.10	江阴
施　健	跳高	1.76米	江阴市中小学生田径运动会	2008.10	江阴
王滕龙	跳远	6.67米	江阴市中小学生田径运动会	2006.10	江阴
殷宇航	铅球（5公斤）	12.71米	江阴市中小学生田径运动会	2010.09	江阴
许晓刚	铁饼（1公斤）	45.26米	江阴市中小学生田径运动会	1993.10	江阴
高　健	标枪（600克）	52.98米	江阴市中小学生田径运动会	2003.10	江阴
徐　海	三级跳远	13.04米	江阴市中小学生田径运动会	2008.10	江阴
唐文青	五公里竞走	27′52″0	江苏省青运会竞走选拔赛	1985.03	镇江
殷宇航	小全能	1676分	江阴市中小学生田径运动会	2010.09	江阴

（四）初中女子（13～14岁）

表4-199

创造者	项目	成绩	运动会名称	比赛时间	比赛地点
祝佩芳	60米	8″84	江阴县中小学生田径运动会	1972.02	江阴
邹　锡	100米	12″44	无锡市第二届“体育场杯”田径比赛	1997.05	无锡
邹　锡	200米	25″84	江苏省县级田径比赛	1997.05	江都
薛　莲	400米	57″24	江苏省青少年田径比赛	1997.08	徐州
薛　莲	800米	2′14″2	江苏省青少年田径比赛	1997.08	徐州
李　苗	1500米	5′03″5	江阴市中小学生田径运动会	2012.09	江阴
龚　丽　徐依雯 张雨欣　姚远雯	4×100米	52″54	江阴市中小学生田径运动会	2011.09	江阴
王海燕	80米栏	13″14	江苏省田径传统校比赛	1991.07	淮阴
王海燕	100米栏	16″64	江阴市中小学生田径运动会	1992.10	江阴
胡　丹	100米栏	15″44	省县级田径比赛（起点至第一栏13米，栏高76.2厘米，栏间距8米）	2000.04	锡山

续表4-199

创造者	项目	成绩	运动会名称	比赛时间	比赛地点
顾丽华	100 米栏	15″74	江阴市中小学生田径运动会（起点至第一栏 12 米，栏高 76 厘米，栏间距 7.5 米）	2003.10	江阴
刘　娜	跳高	1.53 米	江阴市中小学生田径运动会	2000.09	江阴
胡　丹	跳远	5.34 米	无锡市中小学生田径运动会	2000.09	江阴
黄　玉	铅球（3 公斤）	12.82 米	江阴市中小学生田径运动会	2004.09	江阴
张秋霞	铁饼（1 公斤）	32.10 米	江阴市中小学生田径运动会	1991.10	江阴
张　静	标枪（600 克）	34.42 米	江阴市中小学生田径运动会	1992.10	江阴
谢梦媛	三级跳远	11.20 米	江阴市第五届运动会	2009.10	江阴
刘君芬	三公里竞走	16′55″6	江苏省青运会竞走选拔赛	1985.03	镇江
刘君芬	五公里竞走	28′53″8	江苏省青运会竞走选拔赛	1985.11	常熟
胡梦媛	小全能	1482 分	江阴市中小学生田径运动会	2005.09	江阴

（五）小学男子甲组（11岁）

表4-200

创造者	项目	成绩	运动会名称	比赛时间	比赛地点
钱晓泽	50 米	7″44	江阴市中小学生田径运动会	1999.09	江阴
濮建刚	60 米	10″24	江阴市中小学生田径运动会	1984.10	江阴
李加恒	100 米	13″18	江阴市中小学生田径运动会	2012.09	江阴
谭新宇	200 米	27″34	江阴市中小学生田径运动会	2006.10	江阴
李宇东	400 米	1′01″24	江阴市中小学生田径运动会	2005.09	江阴
刘利斌	800 米	2′28″6	江阴市中小学生田径运动会	2015.10	江阴
李宇杰	100 米栏	16″34	江阴市中小学生田径运动会（起点至第一栏 12 米，栏高 70 厘米，栏间距 6.5 米）	2006.10	江阴
高　坚　吴志晓 谢晓阳　孙诗渊	4×100 米	56″64	江阴市中小学生田径运动会	2003.10	江阴
林清润	跳高	1.54 米	江阴市中小学生田径运动会	2015.10	江阴
林清润	跳远	5.12 米	江阴市中小学生田径运动会	2015.10	江阴
钱云超	垒球	53.78 米	江阴市中小学生田径运动会	2014.09	江阴
王　彬	铅球（3 千克）	11.94 米	江阴市中小学生田径运动会	1999.09	江阴

（六）小学男子乙组（10岁）

表4-201

创造者	项目	成绩	运动会名称	比赛时间	比赛地点
李宇杰	50 米	7″ 24	江阴市中小学生田径运动会	2005.09	江阴
李宇杰	100 米	13″ 64	江阴市中小学生田径运动会	2005.09	江阴
史云恒	200 米	28″ 11	江阴市第六届运动会	2013.10	江阴
李宇东	400 米	1′ 05″ 64	江阴市中小学生田径运动会	2003.10	江阴
段　浪	跳高	1.38 米	江阴市第六届运动会	2013.10	江阴
陆晨曦	跳远	4.47 米	江阴市中小学生田径运动会	2011.09	江阴
藏文杰	垒球	53.98 米	江阴市中小学生田径运动会	2005.09	江阴
傅宇翔	铅球（3 千克）	10.23 米	江阴市中小学生田径运动会	2008.10	江阴

（七）小学女子甲组（11岁）

表4-202

创造者	项目	成绩	运动会名称	比赛时间	比赛地点
严春燕	50 米	7″ 44	江阴市中小学生田径运动会	1994.09	江阴
谢雪菲	60 米	10″ 14	江阴市中小学生田径运动会	1984.10	江阴
沈　丽	100 米	13″ 94	无锡市中小学生田径运动会	1988.10	无锡
唐文香	200 米	28″ 7	江阴市中小学生田径运动会	2014.09	江阴
唐文香	400 米	1′ 03″ 3	江阴市中小学生田径运动会	2014.09	江阴
程　佳	800 米	2′ 31″ 1	江阴市中小学生田径运动会	2004.09	江阴
唐　琼	100 米栏	17′ 04″ 0	江阴市中小学生田径运动会（起点至第一栏 12 米，栏高 70 厘米，栏间距 6.5 米）	—	江阴
龚　芬　龚渝婷 华千禧　费雪娇	4×100 米	58″ 6	江阴市第五届运动会	2009.10	江阴
钱怡杰	跳高	1.33 米	江阴市中小学生田径运动会	2014.09	江阴
钱　丹	跳远	4.53 米	江阴市中小学生田径运动会	2002.10	江阴
江佳敏	垒球	49.50 米	江阴市中小学生田径运动会	2010.09	江阴
王萍萍	铅球（3 千克）	9.27 米	江阴市中小学生田径运动会	2005.09	江阴

（八）小学女子乙组（10岁）

表4-203

创造者	项目	成绩	运动会名称	比赛时间	比赛地点
朱一枝	50 米	7″ 54	江阴市中小学生田径运动会	2007.10	江阴
周　霞	100 米	14″ 44	无锡市中小学生田径运动会	2000.05	无锡
唐文香	200 米	29″ 5	江阴市第六届运动会	2013.10	江阴
唐文香	400 米	1′ 06″ 1	江阴市第六届运动会	2013.10	江阴
龚　芬	跳高	1.22 米	江阴市中小学生田径运动会	2010.09	江阴
王　莉	跳远	4.16 米	江阴市中小学生田径运动会	2006.10	江阴
江佳敏	垒球	48.31 米	江阴市第五届运动会	2009.10	江阴
丁许诺	铅球（3 千克）	7.42 米	江阴市中小学生田径运动会	2012.09	江阴

（九）小学男子丙组（9岁）

表4-204

创造者	项目	成绩	运动会名称	比赛时间	比赛地点
费晓灵	50 米	7″84	江阴市中小学生田径运动会	1999.09	江阴
高泽岩	100 米	14″36	江阴市第五届运动会	2009.10	江阴
李吴健	200 米	29″54	江阴市中小学生田径运动会	2008.10	江阴
吴洪凯	跳远	3.95 米	江阴市中小学生田径运动会	1999.09	江阴
陶阳洋	垒球	46.85 米	江阴市中小学生田径运动会	2000.09	江阴
谭新宇	小全能	76.50 分	江阴市中小学生田径运动会	2004.09	江阴

（十）小学女子丙组（9岁）

表4-205

创造者	项目	成绩	运动会名称	比赛时间	比赛地点
周　霞	50 米	7″79	无锡市中小学生田径运动会	1999.03	无锡
朱一枝	100 米	14″74	江阴市中小学生田径运动会	2006.10	无锡
华千禧	200 米	30″15	江阴市第五届运动会	2009.10	江阴
葛　静	跳远	3.76 米	江阴市中小学生田径运动会	2000.09	江阴
江佳敏	垒球	39.25 米	江阴市中小学生田径运动会	2008.10	江阴
杜　静	小全能	87.25 分	江阴市中小学生田径运动会	2005.09	江阴

（十一）小学男子丁组（8岁）

表4-206

创造者	项目	成绩	运动会名称	比赛时间	比赛地点
刘　恩	100 米	14″93	江阴市第六届运动会	2013.10	江阴
何　淼	200 米	31″74	江阴市中小学生田径运动会	2006.10	江阴
李宇轩	垒球	42.12 米	江阴市中小学生田径运动会	2015.10	江阴
金之煌	小全能	64 分	江阴市中小学生田径运动会	2006.10	江阴

（十二）小学女子丁组（8岁）

表4-207

创造者	项目	成绩	运动会名称	比赛时间	比赛地点
朱一枝	100 米	15″64	江阴市中小学生田径运动会	2005.09	江阴
薛慧洁	200 米	32″28	江阴市第五届运动会	2009.10	江阴
周郁恬	垒球	33.18 米	江阴市中小学生田径运动会	2007.10	江阴
华千禧	小全能	71 分	江阴市中小学生田径运动会	2008.10	江阴

第五章　体育产业

第一节　体育产业概述

江阴市的体育产业起步于1988年，域内有体育产业经营单位7家，总产值158万元。1997年3月设立体育产业科，全市体育产业经营户稳步增加，至2007年达422户，范围包括健身房、游泳馆、溜冰场、跆拳道馆、羽毛球场、乒乓球馆、桌球室、保龄球馆、棋牌室，体育经纪公司、体育产品生产企业、体育用品商店、彩票销售等。2007年全市体育产业总产值3.6亿元，占全市地区生产总值的0.3%。2015年全市体育产业经营单位累积近3000家（涵盖体育用品生产与销售、体育健身与培训、竞赛表演、彩票销售、体育休闲旅游、体育场馆服务、体育创意等业态），实现体育产业增加值超43.1亿元，体育产业从业人员超1.6万人，各项指标、业绩实现飞速增长。2011年，江阴市被江苏省体育局命名为江苏省综合类体育产业基地，2013年江阴市被国家体育总局命名为苏南（县域）国家体育产业基地。

一、产业机构

1997年3月，市体委设体育产业科。2004年，体育市场监管职能由市文化局划归体育局管理，增加行政编制1名，在办公室增挂“体育产业科”牌子，体育产业科的主要职责是负责全市体育市场的监督管理（澄编[2004]41号）。2010年，根据市政府机构改革实施意见，体育局内设机构进行调整，体育产业科由办公室脱离单设，挂“体育经济科”牌子（澄政办发〔2010〕105号），其职能为编制全（江阴）市体育产业中长期发展规划，编制政府购买体育公共服务预决算草案。参与制度、监督公共体育设施规划，参与体育行政复议、行政诉讼的相关工作。承担体育统计、体育市场的开发和培育职责，承担部门行政许可服务职责。2012年增挂“行政许可服务科”牌子，负责监督和管理江阴市体育彩票销售网点的布局，调整与协调销售发行工作；负责直属单位国有资产的监督管理，直属单位的公共服务经营责任以及工作任务的指标拟订、检查及考核工作；负责全（江阴）市体育事业发展调查研究工作。组织开展体育法律、法规的宣传教育及培训工作。指导、监督体育法律、法规在全（江阴）市的贯彻实施。

二、管理服务与市场开发

（一）体育产业基地建设

1．江苏省体育产业基地

2009年来，随着经济的飞速发展，江阴体育产业呈现出鲜明特色，产业门类越来越齐全，体育产业发展集聚效应日趋明显，体育产业增加值占GDP比重逐年增高，体育产业发展优势日益显现。各项条件具备后，江阴市开始推进江苏省体育产业基地建设。该项工作是江苏省体育局推动体育产业建设的重要抓手，是申报国家体育产业基地的重要依据。自工作推动以来，江阴市积极组织域内产业单位申报，2009年，江阴市体育中心获评体育产业示范单位；2011年，江阴市获评体育产业综合类示范基地；2013年，江苏海澜国际马术俱乐部有限公司获评体育产业示范单位。

2.国家体育产业基地

2010年，江阴市有体育用品生产企业25家，健身服务及体育经纪公司32多家，单位兼营销售、个体经营994家。3月，国务院办公厅出台《关于加快发展体育产业的指导意见》，体育产业发展在全社会各领域引起空前重视。江阴紧抓这一契机，加快研究符合本地实际的产业政策，是年，江阴市新增规模以上体育产业经营单位21家，体育彩票销量实现全省五连冠，“海澜国际马术表演盛典”在社会上引起强烈反响，徐霞客国际攀岩大师赛、江苏省“月城杯”龙舟精英赛等一批有影响力的赛事纷纷举办，多元化体育市场体系逐步形成。

2011年，江阴市人民政府出台《关于加快发展体育产业的实施意见》，提出创建“国家体育产业基地”目标，全面推进具有江阴特色的“中国体育休闲旅游城市”建设，着力打造中国马术产业基地、区域竞赛表演中心和体育休闲旅游地区“三大体育产业基地”，积极扶持、培育体育彩票销售华夏第一县（市）、马术产业中国第一镇、游泳设备国内第一品牌“三大体育产业品牌”，形成具有一定规模优势的体育产业集聚区，打造一批有国内国际影响力的体育产业品牌，建成规范有序、繁荣发展的体育市场，促进体育相关产业发展，实现体育产业增加值占全市生产总值的1.5%以上，体育彩票销量实现全省六连冠。成立创建国家体育产业基地工作领导小组，由市长任组长，分管副市长任副组长，相关职能部门、各镇（街道办事处）为成员。

2012年3月，由南京师范大学体育科学学院编制的《江阴国家体育产业基地建设与发展规划》历经一年研修最终定稿，该规划是江阴市创建国家体育产业基地的行动纲领，也是江阴国家体育产业基地建设与发展的总纲领。同月，市体育局向省体育局提交了创建国家体育产业基地的申报申请，并经省局上报省人民政府，获省政府推荐上报国家体育总局。

2013年4月，市局在省局召开的国家体育产业基地创建汇报会上对江阴市体育产业及创建国家产业基地工作进行专题汇报。7月22日，国家体育总局复函，批准同意江阴市、昆山市、溧阳市等共同建立国家体育产业基地，命名为“苏南（县域）国家体育产业基地”。8月26日，在江苏省苏南国家体育产业基地建设工作研讨会上，国家体育总局为江阴市挂牌。10月22日，江阴市苏南（县域）国家体育产业基地正式在江阴市体育中心揭牌，副市长龚振东出席揭牌仪式并为基地揭牌，江阴市体育产业工作进入新的里程碑。

苏南（县域）国家体育产业基地挂牌以来，江阴市按照“两片两带”的总体产业布局，不断完善建设规划，落实产业政策，营造发展氛围，实现体育产业综合实力大提升。积极扶持四方游泳设备有限公司“新三板”挂牌上市；引导江阴四方游泳、文明塑胶、道勃尔、人人达科技等多家企业跻身中国国际体育用品博览会，打响了江阴体育用品制造品牌；海澜马文化旅游景区连年入选全国体育旅游“十佳”精品项目；阳光、海澜、华西、法尔胜和天华等多家上市公司以及民营企业积极投入大型体育健身场馆建设。2015年，体育产业增加值43.1亿元，占全市GDP的1.44%，体育产业经营实体近3000家，体育服务业增加值占全市服务业增加值比重2.5%，体育产业从业人员超1.61万人，同比增加12%。2015年体育彩票销售额达5.39亿元，继续保持全国县级体彩销量的领先水平。

（二）高危项目管理审批和场馆建设服务

1.高危项目管理审批

根据《全民健身条例》《经营高危险性体育项目许可管理办法》和《第一批高危险性体育

项目目录公告》，游泳、滑雪（高山滑雪、自由式滑雪、单板滑雪）、潜水、攀岩等高危险性体育项目需进行管理和审批。该职能由体育产业科（2010年更名为体育经济科）承担，负责对全市游泳池馆的审批、监管和执法。

2.游泳场馆建设服务

随着体育基本现代化步伐加快，游泳健身活动日益普及，江阴市于2009年首次提出了“镇镇游泳池”建设，并作为“市委、市政府为民办实事”工程加以推进，首次提出创建全国游泳之乡，出台《关于推进镇（街道）游泳池馆建设的意见》实施以奖代补，当年就有澄江街道、徐霞客镇、华士镇等10个镇街完成游泳池馆建设验收，获政府奖励170万元。截至2015年，全市15个乡镇（街道）均实现每镇至少一个游泳池（馆）的目标，政府共计投入奖励经费280万元。江阴市利港迪卡游泳俱乐部、新东方酒店游泳俱乐部、昊柏酒店管理有限公司被江苏省体育局表彰为2010～2011年度江苏省先进游泳（池、馆）。

随着江阴游泳池馆和游泳人群的逐年增长，江阴泳馆消费市场得到迅猛发展，创建全国游泳之乡条件逐步成熟。2014年6月16日，中国游泳协会在北京召开第五届代表大会，在随后召开的全国游泳工作交流会上，江阴体育局局长顾洪伟做了《顺全民之意，建设镇镇游泳池馆；举全市之力，争创全国游泳之乡》的经验交流，这是全国游泳工作交流会议有史以来第一次特邀县市级参加。国家体育总局副局长蔡振华出席本次会议，对江阴市利用拆装式泳池推进镇街游泳池馆建设举措和积极推进“全国游泳之乡”创建工作成效给予高度肯定。

2014年12月12日，由中国游泳协会、中国救生协会开展的2009−2013年度“全国游泳之乡”和“全国群众游泳健身活动模范池馆”评审活动，评审命名10个单位为全国“游泳之乡”、132个单位为全国“群众游泳健身活动模范池馆”。江阴市获“全国游泳之乡”命名，江阴市体育中心游泳馆获“全国群众游泳健身活动模范池馆”命名。2015年1月5−8日，中国游泳协会场馆装备委员会会议在江阴召开，江阴市获“全国游泳之乡”、市体育中心游泳馆获“全国群众游泳健身活动模范池馆”授牌表彰，会议授予江阴市四方游泳设备有限公司为中国救生协会、中国游泳协会全民健身委员会合作伙伴。1月7日下午，江阴市举行“全国游泳之乡”和“全国群众游泳健身活动模范池馆”揭牌仪式，国家体育总局游泳运动管理中心主任王路生、江阴市副市长龚振东参加揭牌。

至2015年，全市办理高危体育项目经营许可证并向社会开放的游泳池馆达46家，实现多年安全运行无事故。

3.江阴市健身房星级评定

2013年12月，江阴市体育局会同江阴市物价局，制定下发《江阴市健身房星级评定办法（试行）》，并联合开展江阴市健身房星级评定活动。在江阴市范围内，经注册登记正式营业的健身房均可参评，评定机构为市体育局、物价局，评审小组成员由体育、物价部门及相关人员组成。评审小组根据各健身房申报的星级，按照《健身房星级评定标准》进行现场评审。2014年年初，江阴市金领健身乐园、江阴市阳光青少年体育俱乐部、江阴市星光壹佰健身服务有限公司、江阴市尚美健身房、江阴市广庭健身会所、江阴市环球阳光健身会所等健身房被评定为星级健身房，进行了江阴市星级健身房授牌。

（三）落实省级体育产业发展引导资金

随着《国务院办公厅关于加快发展体育产业的指导意见》（国办发〔2010〕22号）实施，2011年江苏省设立体育产业发展引导资金，以培育体育消费市场、扩大体育公共服务供给、壮大体育产业规模、优化体育产业结构、促进产业集聚为重点，集中力量推进一批体育服务质量优、市场发展空间大、行业带动能力强、产业规模优势显著的重大项目。根据《江苏省体育局 江苏省财政厅关于组织申报省级体育产业发展引导资金项目的通知》和《江苏省体育产业发展引导资金使用管理暂行办法》（苏财规〔2010〕42号），江阴市每年积极组织相关产业单位申报，取得较好的成效。2011年以来，江阴市共有江苏海澜集团有限公司、江苏法尔胜泓昇集团有限公司、江苏天华纱业有限公司、江阴市四方游泳设备有限公司等18个单位29个项目获省级体育产业发展引导资金资助，其中资助类项目23个、奖励类项目6个，年年在获资助单位数及金额数上位列全省第一，五年来江阴市共获省级体育产业发展引导资金资助达2070万元，得到了省、市领导的一致肯定。2015年9月22日，在江苏省体育产业发展引导资金2015年度资助项目签约仪式上，市体育局副局长张海就省级体育产业发展引导资金工作代表江阴市做了经验交流。

2011-2015年度江阴市省级体育产业发展引导资金资助情况一览

表5-1

序号	乡镇	企业名称	项目名称	资助类型	资助额	备　注
1	市属	江阴暨阳体育产业发展有限公司	健身休闲基地打造项目	资助	100 万元	2011 年度
2	徐霞客镇	江阴徐霞客旅游区发展有限公司	中国徐霞客国际攀岩大师赛	资助	50 万元	2011 年度
3	华士镇	江阴道勃尔体育用品有限公司	华士羽毛球拍品牌打造推广项目	资助	50 万元	2011 年度
4	临港新城	江苏金一文化有限公司	体育赛事特许产品创意开发项目	资助	50 万元	2011 年度
5	新桥镇	江苏海澜国际马术俱乐部有限公司	马术产业基地打造项目	资助	100 万元	2011 年度
6	澄江街道	江阴四方游泳设备有限公司	拆装式游泳池开发项目	资助	50 万元	2011 年度
7		江阴灵格羽毛球馆	利用闲置厂房打造灵格健身乐园项目	资助	30 万元	2012 年度
8	新桥镇	江苏海澜国际马术俱乐部有限公司	马术培训及马术交流推广项目	资助	100 万元	2012 年度
9	长泾镇	江阴市文明体育塑胶有限公司	环保型运动场地铺装材料新厂区建设及产能提升项目	资助	50 万元	2012 年度
10	月城镇	江阴市月城镇农业开发投资有限公司	中国龙舟大赛暨中国龙舟休闲体育基地拓展改造项目	资助	80 万元	2012 年度
11	市属	江阴暨阳体育产业发展有限公司	区域性体育培训及表演服务中心	资助	100 万元	2013 年度
12		江苏法尔胜泓昇集团有限公司	利用闲置设施打造体育俱乐部	奖励	30 万元	2013 年度
13	澄江街道	江阴四方游泳设备有限公司	系列游泳救生装备研发与生产项目	资助	50 万元	2013 年度
14	周庄镇	江阴江东集团公司	利用废弃石宕和闲置厂房健身设施项目	奖励	50 万元	2013 年度
15	临港新城	江苏金一文化有限公司	南京 2014 青奥会特许商品创意开发项目	资助	50 万元	2013 年度
16	新桥镇	江苏海澜国际马术俱乐部有限公司	马术运动展示馆及马匹康复中心建设项目	资助	100 万元	2013 年度
17	市属	兴澄特种钢铁有限公司	利用自有厂房和土地打造体育俱乐部	奖励	50 万元	2014 年度

续表5-1

序号	乡镇	企业名称	项目名称	资助类型	资助额	备　注
18	市属	江苏法尔胜泓昇集团有限公司	利用企业自有土地建设足球训练基地	奖励	30 万元	2014 年度
19	澄江街道	江阴四方游泳设备有限公司	全民健身拆装泳池建设、运营管理和培训一体化推进	资助	50 万元	2014 年度
20	新桥镇	江苏海澜国际马术俱乐部有限公司	马术旅游景区打造项目	资助	100 万元	2014 年度
21	华士镇	江阴市天华纱业有限公司	社会化力量投资天华体育馆建设与运营项目	资助	100 万元	2014 年度
22	临港新城	江苏金一黄金珠宝有限公司	重大体育赛事模具博物馆项目及体育贵金属衍生品开发项目	资助	50 万元	2014 年度
23	华士镇	江苏华西集团公司	华西农民健身中心建设运营项目	资助	200 万元	2015 年度
24	市属	江苏法尔胜泓昇集团有限公司	新型健身钢丝绳研发及产业化	资助	100 万元	2015 年度
25	新桥镇	海澜集团有限公司	马术旅游拓展建设项目	资助	100 万元	2015 年度
26	华士镇	江阴市天华纱业有限公司	民营企业建设运营天华体育中心二期项目	资助	100 万元	2015 年度
27	澄江街道	江阴市四方游泳设备有限公司	多功能水中运动训练康复系统的研发与制造	资助	50 万元	2015 年度
28	新桥镇	江阴鑫辉太阳能有限公司	利用自有厂房打造 12700 平方米大众健身体育俱乐部	奖励	50 万元	2015 年度
29	周庄镇	江阴海纳投资有限公司	社会化力量投资打造公益性健身体育俱乐部	奖励	50 万元	2015 年度

（四）体博会参展

1．中国体育文化·体育旅游博览会

2013年11月1–3日，2013中国体育文化·体育旅游博览会在安徽省芜湖国际会展中心举行。该次展会江苏展区以苏南（县域）国家体育产业基地为主题，集中展示昆山、江阴、溧阳三地体育产业优势和特色体育旅游项目，有效凸显三市共同建立苏南（县域）国家体育产业基地的基础和优势。江阴展区分江阴体育产业总体情况介绍、风格独具的体育休闲旅游基地、风情浓郁的民俗体育赛事、健康幸福的华西体育文化、精彩纷呈的马术盛宴等五个版块进行集中展示。江阴市体育局组织有关镇（街道）体育干部、体育产业相关单位人员观摩，并实地考察当地特色体育旅游项目。2013–2015年，“江阴海澜马文化主题旅游景区”项目连年入选全国“十佳”体育旅游景区项目。2015年，“江阴芙蓉湖体育休闲风景区”项目被评为全国体育旅游精品项目；获奖项目均在当年度体育文化　体育旅游博览会上进行了项目推荐并进行现场颁奖。

2．中国国际体育用品博览会

2015年5月7—11日，由中国体育用品业联合会主办的“2015年中国国际体育用品博览会”及“2015年中国体育用品业高峰论坛”在福建福州海峡国际会展中心成功举办。江阴市作为国家（县域）体育产业基地，应大会组委会邀请，特组织体育系统干部和体育企业代表一行17人，观摩本次体博会及高峰论坛。本次体博会共有江阴市四方游泳设备有限公司、江阴文明橡塑科技有限公司、无锡绿舒人造草坪有限公司、江阴同创体育机械有限公司4家江阴明星体育用品企业参展。国家体育总局在体博会现场召开拆装式游泳池试点工作座谈会，江阴市体育局局长顾洪伟就推广拆装式游泳池的情况进行经验交流。作为全国拆装式游泳池的行业标杆——江阴市四方游泳设备有限公司，在体博会现场搭建了拆装式游泳池展位。体博会期间，国家体育总局局长、中国奥会会主席刘鹏，国家体育总局副局长冯建中、总局游泳中心主任王路生、总局装备中心主任李桦、拆装式游泳池试点工作座谈会参会代表等纷纷到展台，进行观摩指导。

（五）江阴市体育产业联合会成立

近年，江阴市体育产业呈现出以本体产业为核心、相关产业配套发展的良好态势。为加快和规范行业健康运行，为全市产业单位沟通合作提供良好的交流平台，经过为期半年的筹备，2015年11月20日上午，江阴市体育产业联合会成立大会在江阴天华体育中心隆重举行，会员单位共55个。江苏省体育局副局长王志光、江阴市人民政府副市长龚振东、江苏省体育局经济处处长邹亚鸣、无锡市体育局副局长汪克强应邀出席大会。会议审议通过《江阴市体育产业联合会章程（草案）》《江阴市体育产业联合会经费管理暂行办法（草案）》选举产生了江阴市体育产业联合会第一届理事会、常务理事及正副会长和正副秘书长。会上，市体育产业联合会与无锡智慧体育产业园签订了合作协议，省体育局副局长王志光、江阴市副市长龚振东共同为江阴市体育产业联合会、体育产业创新示范合作基地揭牌。

2015年江阴市体育产业市场一览

表5-2

产业项目	健身房（场）	游泳场（池馆）	溜冰场	跆拳道馆	羽毛球球（房）	乒乓球室（场）	网球场	桌球室	保龄球馆	棋牌室	经纪公司	体育企业	体育经销
产业数量	151（片）	46（座）	8（片）	11（座）	69（座）	889（片）	37（片）	71（个）	6（座）	525（个）	11（个）	265（家）	3212（万元）

第二节　产业单位

一、市属体育产业

1988年，市体委在体育馆举办营业性舞会，开设桌球房，对外承包经营部、食堂、招待所，出租足球场西看台空房，全年营业收入20万元。1993年起，市体委开办公司、工厂、酒家、浴室、面包房等企业，盈利加房租所得收入超过市体育财政拨款数额。1995年，根据上级要求，清理审计18个直属企业，并作脱钩处理。其后，市体委加强对体育产业的服务指导和监督管理，以体育馆和游泳池为经营载体，搞活产业经营，吸引群众消费。1997年成立体育产业科负责体育产业和体育市场的管理。

（一）江阴市体育彩票管理中心

为加快推进体育事业的发展，根据上级的要求和统一部署，1998年，江阴市体委产业科负责承担体育彩票的销售工作。江阴体彩销售起步阶段充满困难曲折，时任产业科副科长周新元带领工作人员，经过三个多月的宣传，精心布设了6个体彩销售点，初步打开了体彩销售的局面，江阴体彩稳步踏入良性发展轨道。

2000年，彩票兑奖取消实物，以人民币现金形式兑付奖金。

2001年，中国足球彩票上市发行。《国务院关于进一步规范彩票管理的通知》出台，明确收支两条线管理原则，将彩票公益金、发行费纳入财政专户管理。

2002年，江阴体育彩票管理中心正式成立，为全民事业单位，编制3名，人员经费实行自收自支（澄编〔2002〕36号）。财政部颁发《彩票发行与销售管理暂行规定》。

2004年，体彩排列3、排列5玩法上市。

2007年5月，体彩超级大乐透上市。同年，江阴体彩率先在全省县级市体彩销售中突破1亿元大关。

2008年，中国体育彩票新型即开型玩法“顶呱刮”上市，它即买即开，返奖率65%。

2009年8月，首家江阴竞彩网点（试点）开设。竞彩游戏的特点是返奖率高（73%）、玩法简单、娱乐性强、中奖率高、奖金透明。同年，温家宝签署第554号国务院令，公布《彩票管理条例》。

2010年，江阴体彩年销售首次突破3亿元大关。

2011年，江苏体彩新玩法11选5上市，玩法投注方式灵活，开奖频次高，全面满足不同彩民的投注需要。

2012年，竞彩混串过关游戏上市，江阴体彩年销售突破5亿元大关，名列江苏省县（市）区体彩销售第一，获江苏省县（市）级体彩销售冠军称号。同年，财政部、民政部、国家体育总局联合发布《彩票管理条例实施细则》

2013年，江苏体彩新游戏“e球彩”上市，以电子足球赛事为竞猜对象，返奖高，中奖容易，趣味性强。

2014年，开展“公益体彩进社区”“体彩送健康 体检公益行”等活动。围绕“巴西世界杯”开展“加体彩微信，乐透世界杯”“免费送啤酒，激情畅饮世界杯”等营销活动成效显著。

2015年，开展超级竞彩季暨五大联赛营销活动。江阴首批16家优秀网点获评“体彩爱心站”。

江阴市体育彩票管理中心运行情况一览

表5-3

年份	网点数	销售额	专管员人数	年份	网点数	销售额	专管员人数
1998	6	70 万元	1	2007	104	13300 万元	4
1999	7	2150 万元	2	2008	126	18300 万元	4
2000	30	6800 万元	2	2009	142	22600 万元	4
2001	37	5160 万元	2	2010	233	32300 万元	4
2002	37	5230 万元	2	2011	275	48700 万元	5
2003	37	4300 万元	2	2012	289	50000 万元	6
2004	51	3540 万元	3	2013	291	52000 万元	7
2005	75	5060 万元	3	2014	286	49000 万元	7
2006	86	9960 万元	4	2015	284	53900 万元	7

江阴市体育彩票管理中心荣誉一览

表5-4

序数	获 奖 名 称	颁奖单位
1	2000 年中国体育彩票操作技能奖（赛）优胜奖	江苏省体育彩票管理中心
2	2003 年电脑型体育彩票销量进入苏南或苏北地区前十名	江苏省体育彩票管理中心
3	2005 年度江苏省体育彩票工作先进单位	江苏省体育局
4	2007 年度江苏省体育彩票工作先进单位	江苏省体育局
5	2008 年度江苏省体育彩票工作先进单位	江苏省体育局
6	2009 年度江苏省体育彩票工作突出贡献奖	江苏省体育局
7	2009 年江苏省体育彩票销量业绩突出贡献奖	江苏省体育彩票管理中心
8	2009 年度江苏省体育彩票工作先进单位	江苏省体育局
9	2009 年无锡市体育彩票销售突破 10 亿元销售业绩奖	无锡市体育场馆和训练管理中心
10	2006—2010 年度江苏省体育彩票销售“五连冠”突出贡献奖	江苏省体育局
11	2010 年度江苏省体育彩票工作先进单位	江苏省体育局
12	2010 年体育彩票销售突破 3 亿元	江苏省体育局
13	2011 年度体育彩票工作先进单位	江苏省体育局
14	体育彩票年销售超过亿元县级单位	国家体育总局和国家体育彩票管理中心
15	2012 年度体育彩票工作先进单位	江苏省体育局
16	2012 年度体育彩票销售贡献奖	江苏省体育局
17	2012 年体育彩票销售突破奖	江苏省体育局
18	2013 年度体育彩票工作先进单位	江苏省体彩中心
19	2013 年度体育彩票销售贡献奖	江苏省体彩中心
20	2014 年度体育彩票工作先进单位	江苏省体彩中心
21	2014 年度体育彩票销售贡献奖	江苏省体彩中心
22	2014 年度江阴市青年文明号单位	共青团无锡市委员会
23	2015 年度体育彩票工作先进单位	江苏省体彩中心
24	2015 年度体育彩票销售贡献奖	江苏省体彩中心
25	2015 年度江阴市青年文明号单位	共青团无锡市委员会

江阴体彩百万以上中奖一览

表5-5

序列号	玩法	中奖期数	奖级	网点号	奖项（万元）	中奖日期	年份
1	7 位数	01093	特等奖 1 注	02705	500	11 月 13 日	2001
2	7 位数	02142	特等奖 1 注	02727	500	11 月 5 日	2002
3	7 位数	04179	特等奖 1 注	02719	500	11 月 16 日	2004
4	7 位数	05069	特等奖 1 注	02706	500	5 月 8 日	2005
5	7 位数	05129	特等奖 1 注	02713	500	8 月 21 日	

续表5-5

序列号	玩法	中奖期数	奖级	网点号	奖项（万元）	中奖日期	年份
6	7 位数	05171	特等奖 1 注	02716	500	11 月 2 日	2005
7	7 位数	05179	特等奖 1 注	02702	500	11 月 16 日	
8	7 位数	06014	特等奖 1 注	02743	500	1 月 24 日	2006
9	7 位数	06024	特等奖 1 注	02765	500	2 月 17 日	
10	7 位数	06149	特等奖 1 注	02715	500	9 月 24 日	
11	7 位数	06176	特等奖 2 注	02759	1000	11 月 10 日	
12	7 位数	07145	特等奖 1 注	52703	500	9 月 18 日	2007
13	7 位数	07191	特等奖 1 注	52707	500	12 月 7 日	
14	7 位数	08064	特等奖 1 注	02756	500	4 月 27 日	2008
15	7 位数	08190	特等奖 1 注	02742	500	12 月 3 日	
16	7 位数	09153	特等奖 1 注	02722	500	4 月 18 日	2009
17	即开冲向顶峰		一等奖 1 注	02746	100	6 月 6 日	
18	超级大乐透	09122	一等奖 1 注	02812	650	9 月 12 日	
19	7 位数	10008	特等奖 1 注	02822	500	1 月 14 日	2010
20	7 位数	10011	特等奖 1 注	02823	500	1 月 19 日	
21	超级大乐透	10030	一等奖 1 注	02782	197	3 月 17 日	
22	即开财神到		一等奖 1 注	02763	100	4 月 2 日	
23	7 位数	10053	特等奖 1 注	02727	500	4 月 9 日	
24	超级大乐透	10040	一等奖 1 注	2776	500	4 月 10 日	
25	即开超值现金		一等奖 1 注	2824	100	4 月 26 日	
26	7 位数	10118	特等奖 1 注	2733	187	8 月 1 日	
27	超级大乐透	10151	一等奖 1 注	2880	528	12 月 25 日	
28	即开大满贯		一等奖 1 注	322151078	100	2 月 11 日	2011
29	即开金银生辉		一等奖 1 注	02856	100	2 月 28 日	
30	超级大乐透	11048	一等奖 1 注	02748	500	4 月 27 日	
31	超级大乐透	11049	一等奖 1 注	02777	1161	4 月 30 日	
32	超级大乐透	11065	一等奖 1 注	02815	1400	6 月 6 日	
33	即开闪耀宝石 9		一等奖 1 注	02772	100	7 月 5 日	
34	超级大乐透	11085	一等奖 1 注	52704	607	7 月 23 日	
35	7 位数	11117	特等奖 2 注	02781	500	7 月 31 日	
36	7 位数	11147	特等奖 1 注	02819	500	9 月 22 日	
37	中国足球彩票“胜负游戏”	12004	一等奖 1 注	52717	134	1 月 16 日	2012
38	即开点石成金		一等奖 1 注	02836	100	6 月 25 日	

续表5-5

序列号	玩法	中奖期数	奖级	网点号	奖项（万元）	中奖日期	年份
39	竞彩足球			02841	154	6月28日	2012
40	排列5	12324	一等奖10注	52790	100	11月26日	
41	超级大乐透	13032	一等奖1注	02812	1000	3月23日	2013
42	7位数	13046	特等奖1注	52701	500	3月28日	
43	超级大乐透	13060	一等奖1注	02869	547	5月27日	
44	7位数	13082	特等奖1注	02823	500	5月30日	
45	超级大乐透	13072	一等奖1注	02723	974	6月24日	
46	7位数	13119	特等奖2注	02823	1000	8月2日	
47	7位数	13170	特等奖1注	02760	349	10月31日	
48	7位数	14201	特等奖3注	02729	1500	12月26日	2014
49	7位数	15027	特等奖1注	52704	500	2月15日	2015
50	足球胜平负	15057	一等奖1注，二等奖10注	02762	109	4月18日	
51	即开中国红		一等奖1注	02748	100	5月3日	
52	即开好彩头		一等奖1注	52744	100	5月15日	
53	7位数	15121	特等奖2注	02757	1000	8月6日	

（二）江阴暨阳体育产业发展有限公司

江阴暨阳体育产业发展有限公司，是为推进体育事业机制体制改革，在原体育中心的基础上，于2009年7月28日，由国资办出资500万注册成立的市属国资一级公司，对总资产13亿元(其中体育场总投资6.5亿元，体育馆总投资1.2亿元，游泳馆总投资5.3亿元)的市级体育场馆实行企业化操作、市场化运营。公司全面承担起江阴市体育中心的日常运营管理工作，主要经营范围为：从事健身、群众文化活动、体育比赛、体育训练；保健按摩服务；会议及展览服务；提供营业性演出场所，年均接待各类观众及健身群众超过80万人次。长期以来，公司紧紧围绕市委市政府以及市国资办的中心工作，充分利用现有体育场馆设施，立足“以体为本，自主经营，多元发展”的模式，积极引入体育赛事、文体表演及展览展销等商业活动，实现国有资产的保值增值，同时保障市民基本健身需求，打造人民满意的全民健身主阵地。

2009年，累计承办10项20余场次的大型文体活动，完成开票销售1100.99万元，接待观众及健身群众50余万人次，超额完成上级下达的年度目标任务11.77%。

2010年，举办大型群众体育赛事10项39场次，大型综艺演出6场次。全年实现开票销售1400余万元。

2011年，年内成功举办国家级赛事4项83场次；省级赛事1项次；承办或协办各类全市性的群众体育赛事4项100场次；大型综艺演出10场次。全年实现开票销售1682万元。

2012年，先后成功承办国际性赛事2项次、国家级比赛2项10场次、全市性群众体育赛事6项80余场次，以及大型综艺演出3场次。全年完成销售2918万元。

2013年，承办国家级以上赛事4项25场次，组织开展全市性群体赛事共计7项80余场次。实现开票销售2800万元。

2014年，承办国际性赛事2项7场次、国家级比赛3项26场次、全市性群众体育赛事14项150余场次。全年完成开票销售3108.92万元。

2015年，国家级以上赛事4项43场次。组织开展各级各类群众性体育赛事活动11项120余场次。全年完成开票销售2946.98万元。

公司在实现经济盈利的同时，坚持体育场馆惠民服务不放松，确保群众走得进、留得住。一是有计划地逐步扩大免费健身休闲区域。体育中心的室外灯光塑胶篮球场、室外健身路径和健步道、训练场、网球场、排球场均对外免费开放，并提供照明服务。二是收费项目均以最优惠的价格回馈广大百姓。包括乒乓球馆、羽毛球馆以及夏季游泳池的开放价格均低于周边县市50%以上。推出晨练低价服务项目、儿童优惠政策。三是积极创新举措不断深化惠民利民。在全年13个特定节日，水上活动中心和全民健身中心向特定人群免费开放；在窗口增加免费市民体质监测服务；推行"暨阳运动一卡通"系统，有效整合中心的各类资源优势，建设体育服务综合体。

江阴暨阳体育产业发展有限公司管理下的江阴市体育中心历年所获荣誉：2009年被国家场馆协会评为"场馆运营管理优秀奖"；2010年被国家体育总局授予国家级全民健身中心；2011被授予全国男子篮球青年联赛"优秀赛区"；2012年被授予全国性乒乓球比赛"最佳赛区"和全国青少年男子足球联赛"优秀赛区奖"；2014年，江阴市民水上活动中心被授予全国群众游泳健身活动模范池馆称号；2015年江阴市民水上活动中心被评为"全国冬泳先进单位"，江阴市体育中心被评为江苏省十佳体育中心。

二、重点产业单位介绍

江阴的体育产业发展较快，产业领域不断扩展、发展规模不断扩大，产品质量有所提高，经营效益明显增高。至2015年，体育产业经营单位累积近3000家，以下简要介绍10个重点体育产业单位。

（一）江阴市四方游泳设备有限公司

江阴市四方游泳设备有限公司位于市城东外环路新华工业园区，占地2公顷，是中国游泳协会装备委员会常委单位。公司前身是1992年8月创办的江阴市第一中学校办厂江阴市四方塑料厂。1996年企业改制成民营企业，2003年专业生产游泳场馆设备，改名江阴市四方游泳设备有限公司，2005年获无锡市A级"重合同、守信誉"单位。

该公司生产五大产品系列：一、泳池开放装备；二、拆装式游泳池；三、更衣室产品系列；四、游泳救生产品系列；五、游泳竞赛产品系列。拥有5条全自动专业生产线，具备年产100个各种型号游泳池及其全部配件的生产能力，是具备全系列游泳池装备研发、制造、销售、售后一条龙服务的专业游泳设备制造商，为新老用户提供优质产品和良好的售后服务。其中的拆装式游泳池和游泳池垫层，经中国游泳协会装备委员会审定，成为同类产品中率先通过北京华安联合认证中心权威认证的行业标杆，江阴"四方"作为（《拆装式游泳池》GB/T28935—2012）和（《游泳池拆装式垫层》GB/T28939—2012）两项国家标准的主要起草单位，拥有27项游泳装备制造专利技术。

近年来，该公司产品广泛应用于国内的水立方、亚运场馆、深圳世界大学生运动会场馆、上海世界游泳锦标赛、全运会等大型比赛场馆以及江阴市镇两级游泳场馆中，四方成为行业内深受用户信赖和好评的民族品牌。在2014年、2015年的第32届、33届中国国际体育用品博览会上，江阴市有四方游泳设备有限公司等4家体育装备企业受大会邀请赴会布展，国家体育总局局长刘鹏、总局副局长冯建中、总局游泳中心主任王路生、总局装备中心主任李桦等领导到展台观摩指导，给予赞评。

（二）江苏海澜国际马术俱乐部有限公司

江苏海澜国际马术俱乐部有限公司于2009年8月签约筹建，位于江阴市新桥镇南首，占地约33.33顷，建筑面积约12万平米，是国内首家集马术训练、表演、比赛、健身、休闲、度假为一体的省队市办的标准型、国际化的综合性马术运动基地，是海澜集团企业转型发展的一个马术产业。该公司现聘请外籍资深教练12名，国内马术训练师48名，马术队表演队员100多名，先后从德国、荷兰、西班牙、葡萄牙、美国等国家和地区引进汉诺威、弗里斯兰、卢西塔尼亚、夸特、安达卢西亚等世界优质名马240多匹。场内设有马术训练区、表演区、比赛区、马匹休闲活动区、马匹健康管理中心等设施。每周六晚的“海澜国际马术表演盛典”自2010年对外开放以来，在社会上引起强烈反响。海澜国际马术俱乐部已成为省内的亮点，江阴、无锡的旅游热点，被国家体育总局、国家旅游局列为中国体育旅游精品推荐项目。2012年海澜国际马术俱乐部以56位骑手和56匹马，创造了最大规模的团体盛装舞步吉尼斯世界纪录；2013年获评省级体育产业示范单位；2013—2015年，“江阴海澜马文化主题旅游景区”项目连年入选全国“十佳”体育旅游景区项目。

此后，与马术相配套的客房、餐饮、娱乐等项目相继建造，把以马术产业为龙头的相关产业将打造成一个全球独一的马文化主题公园。这些设施的打造，一方面在中国江南小镇建设一座别具一格的欧州式新城外，另一方面将再一次为海澜的转型发展注入新鲜血液，孕育无限的商机成为海澜发展的未来。

（三）江阴市文明体育塑胶有限公司

江阴市文明体育塑胶有限公司位于江阴市长泾镇西街，公司成立于2000年，是生产塑胶跑道系列材料和国家一级资质建造体育场地的综合性规模企业，注册资金2080万元，年产值2亿元。该公司先后建成3.8万平米标准化和4万平米欧式厂房两座，是国内生产铺装系列材料的大型专业性实体企业之一，2012年获评为无锡市高新技术企业。

公司产品主要分为塑胶硅PU、人造草坪、橡胶卷材、橡胶颗粒、跑道机械和跑道工程六大系列。产品均已通过国内和国际田联IAAT检测合格认证、国际十环认证及ISO9001、ISO14001、OHSAS18001等相关体系认证。尤其“塑胶地垫用环保聚氨酯胶粘剂”“复合型硅PU塑胶跑道”产品，被江苏省科学技术厅认定为高新技术产品。公司产品远销东南亚及欧美国家，产品销售网络已遍布国内每个区域，在国内每年有超过30万平方米工程的业绩，在同行业中享有着优质的口碑。

公司在建立多个品牌共营的基础上进行产品研发，不断探索和创新，形成研发、生产、销售环节上的专一、专业、专注状态的企业。现拥有国家发明专利30项，实用新型专利54项，已取得中国体育用品联合会、中国篮球协会、中国田径协会等单位认同，并顺利打入欧美市场。

（四）江阴科强塑胶科技有限公司

江阴科强塑胶科技有限公司成立于2010年06月，注册资本1500万元，2015年加入江阴市体育产业联合会，成为理事成员单位，现有厂房面积3万平方米，职工总数116人，引进教授专家3人，高级工程师3人，工程师6人，大专以上学历科技人员占职工总的20%以上。主要产品包括室内、室外运动地板、专业场馆运动地板、商用系列地板，广泛用于羽毛球场地、乒乓球场地、篮球场地、网球场地、排球场地、健身中心、舞蹈中心、教育机构、医疗机构等领域。

公司拥有3个授权实用新型专利；起草了硅橡板、耐高温硅胶缓冲垫两个行业标准，参与塑胶地板国家标准的修订；取得体育设施设备施工一级资质证书、被认定为中国弹性地板行业十大生产基地、中国建筑装饰装修材料协会弹性地板专业委员会理事单位、全国橡塑机械信息中心理事单位，获得国际羽联认定颁发的产品供应商证书，是国内唯一一家通过欧洲国际质量标准及环保标准的企业。

该公司产品各项技术性能及质量已达到国内领先、国际先进水平，“博克”“GSD”已注册商标，“博克”商标已获得无锡市知名商标证书，产品可填补国内空白，实现替代进口产品，科强牌运动地板已被认定为中国著名品牌。2015年公司营业收入6327万元，入库税金125万元。

（五）江阴市人人达科技有限公司

江阴市人人达科技有限公司，为江阴市青阳镇一大民营企业。公司始建于1991年4月，经过20余年来的校企联盟、产品开发，已建立包括产品的研制开发、生产、营销、施工安装为一体的现代企业管理体系。该公司于2002年通过了ISO9001—2000国家产品质量认证，是中国橡胶工业协会成员单位，江苏省民营科技企业，无锡市高新技术企业。“人人达”产品是无锡市名牌产品，“人人达”商标是无锡市知名商标。2011年，该公司被无锡市政府评为无锡市AAA级重合同守信用企业。时任中国科协党组书记邓楠曾经考察过该公司。

公司主要生产生态型塑胶系列产品：有塑胶地砖、健身场塑胶面等产品。公司所有产品都拥有自主知识产权，共获得43项国家专利。产品的国家行业标准《健身场地用塑胶面》的主要起草人就是该公司法人代表陆洪兴。

公司产品2008年参与北京奥运会工程，产品被列为江苏省社会发展科技计划项目，住建部科技成果推广项目和国家级“星火”计划项目。2011年绿色环保型塑胶植草砖被评为江苏省高新技术产品。2012年，该公司被评为江苏省科技型企业，该公司产品广泛用于南京十运会、北京奥运会、上海世博会、广州亚运会、常州省运会、沈阳全运会等政府重建工程和亮点工程。同时社会上的幼儿园、公园、社区普遍使用该公司产品，业务遍布全国，部分产品出口国外。

（六）江阴道勃尔塑胶有限公司

江阴道勃尔塑胶有限公司前身为华士镇华士村赛璐珞厂，主要生产眼镜赛璐珞原料，20世纪90年代初转乒乓球原料。1997年与上海红双喜冠都体育用品有限公司联营，改称上海红双喜江阴华士体育用品有限公司，并作为定点基地为国家乒乓球队提供专业产品。翌年开始生产足、篮、排三大球，1997年起生产相关健身器材。2003年6月，由江苏华士集团公司和江阴市华士镇华士村村民委员会共同出资组建成江阴道勃尔塑胶有限公司，注册资本500万元，生产经营地址在江阴市华士镇华东路18号，法定代表人赵永林。该公司占地面积1.67公顷，建筑面积12000平方米，员工143人，其中科研人员15人。该公司主要生产赛璐珞片料、乒乓球、羽毛拍、羽毛球、篮球、排球、足球、PVC健身健美球、塑料包装箱板材等产品，拥有“华士牌”注册商标。

公司与江南大学和上海红双喜研究所联手，组建高科技人才队伍，形成产学研基地。2004年开始研发羽毛拍、羽毛球，通过引进生产设备，再自行技术改造，性能上独特化，生产上程序化，质量上数控化，更显示它的垄断性，技术填补了国内空白。上海红双喜股份有限公司制作的世界著名的“红双喜”乒乓球的赛璐珞园片料就是该公司独家专供的。HS黄赛片获国家科技进步三等奖和世界华人重大科学技术成果奖。制作乒乓球用的赛片料，在2006年8月获国家发明专利，专利号ZL03132251.4。乒乓球用赛璐珞片料的制作方法，在2011年7月获国家发明专利，专利号ZL200910185339.2。

（七）中国龙舟休闲体育基地

中国龙舟休闲体育基地位于江阴市月城镇。月城镇是一个美丽富饶的鱼米乡镇，地处江阴市西南部，东临张家港、南靠无锡、西接常州、北枕长江，面积38.54平方千米，其中水域面积占全镇总面积的30%以上，人口4.3万人，下辖9个行政村、1个居委分。

月城镇借助良好的水生态、水文化的优势，在2010年成功举办首届江苏省“月城杯”龙舟精美赛的基础上，斥资3200万元于2011年在双泾生态园南部建成长850米、宽110米、深3.5米以上500米国际标准龙舟直道赛道的龙舟休闲体育基地，并成功举办了中华龙舟大赛（江阴　月城站）。是年6月6日，国家体育总局授牌，被命名为中国龙舟休闲体育基地。可以承办大型国际级龙舟赛事，同时还可以作为皮划艇、游艇、赛艇等水上运动训练以及观光休闲，生态水利等综合性功能体。

2012年，为进一步提升龙舟休闲体育基地，扩大以龙舟赛事为主的水上运动场所特色，月城镇启动“中国龙舟休闲体育基地”扩建项目，将主要赛道向东延伸，形成总长1300米，宽110米，深3.5米的赛道，可全面满足包括1000米竞速比赛在内的国际国内各种龙舟顶级比赛项目的需求。对周边设施进行改造升级，将建设阳光生态沙滩戏水场、水上高尔夫练习场、自行车绿道以及道路、景观、看台、停车场等附属设施。与国家体育总局、中央电视台体育频道就承办中华龙舟大赛达成五年合作协议，将努力把中华龙舟大赛（月城站）办成组织最优、服务最好、水平最高的龙舟赛事。

（八）江阴市天华纱业有限公司

江阴市天华纱业有限公司成立于1998年1月，有2300多名员工，总资产达20亿元，2014年销售18亿元、利税1.8亿元。

2008年，天华公司耗资3亿元建成天华生态园，内有大酒店、养殖基地、垂钓中心、博物馆、健身设施等设备。2013年，集团公司投资5000万元，建成天华体育中心。体育中心包括3个游泳池、儿童嬉水专区、健身房、乒乓球馆、羽毛球馆、桌球馆、3个篮球场，100米真草七人制足球场、50米真草足球场、2个标准笼式足球场、体育文艺广场、3套健身路径和卡丁车俱乐部等设施，是无锡地区民营企业投资最大、规模最大的体育场馆，是市级体育产业创新示范合作基地。

（九）江阴市尚美体育产业发展有限公司

江阴市尚美体育产业发展有限公司成立于2009年，注册资本200万元，是江阴市规模最大的连锁健身会所，拥有直营店4家，分别是城西浮桥店，城北新百业店，城中步行街店，城东希望广场店，东方广场店，来福岛店和五星路店。营业面积近2万平方米，从业人员150人，有各类健身教练50人，2014年被评为三星级健身俱乐部。

会所采用美国乔山品牌进口器械，各个会所都设有器械训练区、有氧训练区、力量训练区、舞蹈区、高温瑜珈房、桑拿沐浴区、体能测试中心、休闲商务中心、水吧等，是集运动、休息、娱乐为一体的综合性健身健美场所。每周推出超过60小时的群体活动课程：瑜伽、踏板、有氧拉丁、爵士舞、形体芭蕾、肚皮舞、街舞、球操、游泳健身私教等。尚美健身和亚洲形体学院达成长期合作，每年学院定期向会所输送多功能型资深教练，深受会员们的喜欢。至2015年，服务会员达到3万人。

（十）江阴市金领健身管理有限公司

江阴市金领健身管理有限公司成立于2005年，是江阴较早成立的品牌连锁健身场所，拥有连锁经营店3家，营业面积6500平方米，从业人员72人，专业教练38人。

金领健身自成立之初花费巨资购置国际先进健身设备，2007年自主引进台湾麦杰能会所管理公司国际管理理念，2008年首家代理新西兰LES MILLS团体课程体系，2012年被评为江苏省体育产业基地，2014年被评为三星级健身俱乐部。金领健身多年来致力健身课程的开拓创新，开设有为亚健康人士开设的矫形康复课、脊柱松动术、糖尿病与运动论等特色课程。所有私人教练均通过全球教练认证体系(NSCACPT)认证。11年以来累计会员超4万人。金领健身多年来一直关注健身公益，节假日所有门店均免费向市民开放，每月会定期到小区、敬老院、工厂等为大众提供免费体检，并举办营养知识讲座，普及全民健身。

第六章　体育经费与设施

江阴为军事要塞重镇，宋时的体育设施大校场、小校场供阅兵、练兵之用。民间练功习武的设施均为自办、自筹，散藏于各自然村民间、庵庙、祠堂等公共场所。创办新学后，体育活动新增了西方传入的项目，光绪三十年（1904）建设的县立公共体育场，与此时发展的体育新项目相适应。至民国时期，国民政府置备了一些体育器材及附属设施，日本侵华时毁损几尽。1945年第二次世界大战结束，反法西斯战争取得胜利，日本无条件投降后，国民政府又进行了体育器材的购置、整顿，但仅有足球、篮球架及其他少些器材，办公用房数间。

江阴城解放后，人民政府重视人民的身体健康，于1954年新辟人民体育场，之后陆续兴建了体育馆、足球场、灯光球场、游泳池等体育设施，购置各种配套设备。改革开放后，江阴的体育事业与经济发展同步齐飞。为适应江阴的体育发展，能承办省级、全国和国际性的大型体育比赛和体育活动，21世纪初，江阴市人民政府连续投入十余亿元巨资，完成江阴体育馆、江阴体育中心、市民水上活动中心等大型体育设施，成为全市的体育活动中心。

人民政府对体育事业经费的支出，除大力支持各项基本建设的费用外，事业费亦逐年递增。

第一节　体育经费

1947—1987年江阴体育经费支出一览

表6-1

年　份	事　业　费	基　建　费	备　注
1947.5		2566800元	体育场围墙修砌费
1956		55000元	初建县人民体育场
1963.2		2000元	省拨体操房维修费
1964	8000元	4000元	办业余体校
1966	12190.72元		执行数
1967	9433.27元		执行数
1968	10803.97元		执行数
1969	6514.22元		执行数
1970	12851.42元		执行数
1971	16161.27元		执行数
1972	23920.59元		地区增拨指标2000元
1973	28297.60元		执行数
1974	25000元		执行数
1975	50000元		地区增拨指标4000元

续表6-1

年　份	事　业　费	基　建　费	备　注
1977		10000 元	补助 1 万元、维修体育场
1979		90000 元	新建训练房 5 万元、扩建足球场 4 万元，省助足球重点班 6000 元
1980	27000 元		超支 10087.53 元，由县文教局、财政局解决
1981	26100 元		输送运动员、重点班、学校传统项目补助 8100 元
1983	拨 38000 元		支出 60622.57 元
1984	拨 93479.32 元	306927.18 元	建成体育馆 60 万元
1985	207192.42 元	557211.58 元	附注：1979-1986 年间，建足球场 13 万元；旱冰场 3 万元；小足球场 4 万元；运动员浴室 20 万元；游泳池 103 万元。
1986	204574 元	60000 元	
1987	185000 元	342000 元	

注：1947年5月国民政府通用关金券、金元圆等货币。

1988—2015年江阴体育经费支出一览

表6-2

年份	经费（万元）	年份	经费（万元）
1988	43.4	2002	131
1989	47.8	2003	215
1990	74.5	2004	509
1991	39.6	2005	583
1992	45	2006	462
1993	92	2007	/
1994	63	2008	/
1995	124	2009	1148.67
1996	195	2010	1098.63
1997	142	2011	1862.10
1998	149	2012	1391.99
1999	134	2013	2619.41
2000	237	2014	1938.16
2001	103	2015	2835.76

第二节　（县）市级公共体育设施

一、解放前的体育设施

解放前的体育设施，由于江阴古邑地处军事要塞和江苏学政衙署驻节江阴，比邻县相对较多，但无法与近代相提并论。其中分农村乡镇和县级两方面。乡镇农村民间习武盛行，拳场遍布各乡镇和自然村落。因历史上未加详实记载，本文不作详述。县级体育设施始于宋代，有水军教场、内教场（俗称小教场）等。至明代创辟君山教场，为武员大阅、习武、学政考武童之地。清代及民国时相继建立体育场。

水军教场：宋水军统制陈俊创辟，地址在县治东南，至清光绪时，原址已不详。

内教场（小教场）：位于旧县治（今初解放时江阴县公安局看守所）东。宋为军教场，清称小教场，筑有将台，武员操阅于此。1917年县立乙种农业学校，报买小教场基地为校外农场。现部分原址已建成自行车鞍座手闸厂。

君山教场（大教场）：明正德元年（1506）推官伍文定创辟，面积17274平方米，位于君山西北，为明、清操演民壮，武臣大阅及习武功、考武童的地方。日本侵华江阴沦陷期间，由附近农民张志宝等11户佃户垦种庄稼，计二十五亩九分一厘。1946年10月，由江阴县长方骥龄等9人发起建成中正体育场，有司令台、篮球架、足球架、排球架各一副，并于是月30日举行"中正杯"庆祝球赛，有江阴县中、南菁中学、澄江中学、春申中学等校参加。平时归春申初级中学使用管理。1956年，春申初级中学收归公办，更名为江阴县第三初级中学，后学校迁至河西新街上，中正体育场原址现建成江阴起重机械厂。

江阴县立公共体育场：清光绪三十年（1904年）间，由县学士陈砚香发起建立江阴县立公共体育场，地址在城内观音寺巷（民运巷）底（即今中山公园儿童乐园处），面积近4000平方米。后由劝学所长祝丹卿筹集经费、建筑场地，充实设备，建有田径场、篮球场、足球场和办公用房。至1937年冬江阴沦陷，场上房屋、设备遭日本侵略军摧毁殆尽。抗日战争胜利后，恢复县立公共体育场，当时县政府从事整理，建筑各种球场，装置球架，购办运动器械，建成篮球场、足球场、排球场、网球场；挑去乱砖碎瓦，辟有200米跑道和器械区，并配有篮球架、足球架、排球架、网球架及乒乓球台；另有粉线筒、喷水壶、皮带尺、秒表、记录板等用品。拆中山公园中已被破坏、有倾倒之虑的中山堂，移建体育场办公室、活动室。解放后县公立体育场继续使用，建成一片小足球场，两片泥地篮球场，添置了一副联合器械，一副双杠、两副单杠、两副吊环，一只跳箱、一副乒乓台等设备，开展群众体育活动。至1954年新辟司马街62号新的人民体育场后，老体育场遂部分建成儿童乐园，部分成为中山公园场地。

二、解放后的县（市）体育设施

江阴县人民体育场：1954年6月，中共江阴县委指示县人民政府建设科，勘探设计新辟人民体育场。地址选择在北城墙脚（司马街62号），地势北高南低，中间有池塘、乱砖乱瓦、坑坑洼洼。县政府发动全县城各界群众一万余人次参加义务劳动，挑城墙脚土，填平池塘。由常州建筑队建成6条400米中心跑道，其中足球场宽64米，长100米。至1957年6月，新人民体育场竣工，占地46690平方米。1957年元旦举行体育场落成典礼之日，邀请无锡、常州、戚墅堰等外地球队来场进行友谊比赛。1966年，于体育场南端建司令台，南北进深14.5米，东西宽16.5米，面积239.3平方米（1986年因工人文化宫扩建活动室、司令台拆除）。1980年扩建成400米中心跑道8条，中含标准足球场（100米×64米），称东足球场。两边建有240平方米五级看台，1986年又在东边场地修建可容纳1500名观众的四级看台，北边装备电子计分器。东西看台可容观众3000人，当年承担全国青年足球锦标赛。1995年4月，为迎接第十三届省运会的召开，对老体育场进行翻修，7月竣工，8月交付使用。1997年再次进行体育场改造工程。

体育馆：1976年至1977年7月，于体育场西南部建成灯光球场，占地面积1600平方米，可供篮球、排球比赛和其他体育表演。1983年7月，投资60万元，将灯光球场加盖轻型屋顶，改建成体育馆。顶高14米，赛场长31米、宽18米。馆内铺设柳桉木地板，并备运动地毯。设有运动员休息室4间。周围看台分区设座，可容观众2500人。北区上方有电子计时、计分器，1984年9月25日竣工。由江阴县基建局设计室承接设计任务，共动用资金近30万元。新落成的体育馆在当年国庆节活动中开放使用，成为比赛、训练、开会、放电影、体操、武术、棋类等多项目，一馆多用的群众体育活动场所。1993年，翻修屋顶、天花板、地板、门厅。1995年，投资70万元重铺地板，更换玻璃钢航空座椅。2006年，进行内部改造，室内比赛场宽度增至24米，可同时进行10场羽毛球赛。容纳观众1500人。同年7月1日，改造工程竣工。现改为群众休闲活动的跳舞厅。

另有一体育馆，为九五部队所建，设施完备。两个体育馆，相距千米左右，体育活动时，军、地两体育馆可互相配合使用。

西足球场：1978年冬，疏浚东横河，运泥填平体育场西边一个长方型池塘，建成90米×64米西足球场。1985年，姜琍在县政协七届二次会议上提出，将西足球场已倾斜的西围墙改建成上面是足球场看台，外下是商业店铺的两用建筑建议，被县政府采纳。1985年11月，由自行车鞍座手闸厂、供电局、纺织机械厂、港务处、集装箱厂、铁合金厂等20多个单位赞助1万余元，王国良个人赞助1000元，为足球场铺植新草坪。翌年3月如期承担全国青年足球锦标赛。

体操房：1979年9月27日，位于北围墙中部，建成檐高8米，面积457.73平方米的体操房一座。内有篮球架、双杠、单杠等设施，既可雨天集训，又可与体育馆同时开展比赛活动。

旱冰场：1986年11月，于西足球场南端，建成面积700平方米的旱冰场，有波浪滑道、辅助房面积457平方米等设施。

群众活动场地：在田径场与西足球之间，体育馆之北及东侧，设有1个儿童足球场、2个篮球场、4副双杠、4副单杠、小型举重房1间。

生活设施：1978年10月6日拆除体校原办公、生活、仓库等危房，翻建成620平方米的三层楼房作招待所（包括食堂）计有150余个床位。1982年又新建二层楼一幢、72个床位。

1981年10月29日，建造运动员宿舍210平方米。

1982年，建活动室三间二层楼房，添置锅炉1台，新建男、女浴室各1个，运动员食堂5间，可容纳300人用餐，承担250人的竞赛、集训的用餐所需。

游泳池：自1981年第六届政协和第八届人大代表们提出兴建游泳池建议后，县政府立案兴建游泳池。1985年年底破土动工，于虹桥新区，九五部队驻地之南、君巫路以北征地1公顷，至1987年7月5日基本建成，对外开放。游泳池征地及基建总投资156万元、占地15334平方米。池宽21米、长50米，东西两侧设6级看台，有更衣、寄存、淋浴、办公、会议、医务、运动员休息室等完整设施。1999年新建儿童嬉水池，月亮湾冲浪池和专供少儿培训用的太阳池等。2006年将儿童嬉水池和月亮池建成长17米、宽11米的少儿培训池。2007年11月被江苏省体育局表彰为优秀游泳池。至年末游泳池拥有水域面积1050平方米，至2012年年底，游泳池运行情况良好。

江阴体校：1996年，因体校校舍陈旧和不能适应发展需要，决定从老体育场旧址拆除（改建成体委办公楼），移址至体育场西南（体育馆西首）新建5层式新校舍，建筑面积2200平方米，1997年9月1日投入使用。

门球场：1990年建成二片门球场，因布局需要，1997年在市老体育场改造工程中，移地重建二片门球场，当年秋竣工，投入运行。2008年年初，二片门球场被大雪压垮倒塌后，重建扩建成四片标准式钢架结构门球场，面积共2012平方米，总投资298.56万元，时年5月竣工，交付使用。

老体育场改造工程：随着江阴体育事业飞跃发展和一些设施的陈旧，从2014年起进行老体育场改造工程。拆除老体育馆东侧的已有30余年的危房，建成体校的食堂和训练用房。接着对办公大楼前面的场地彻底改造成新型钢架薄膜结构的停车棚，于南门球场东侧建成3个高规格的灯光篮球场。同时对东足球场进行彻底改造，既将球场真草草坪改造成现代化高级人工草坪，又重新更换全部跑道上的塑胶，并修缮了球场南端的举重房、厕所（老体育馆改造工程于2016年年底进行）。

改造工程使老体育场面貌焕然一新，又物尽其用，为江阴市的体育繁荣做出贡献。改造工程总投资8622235元，2015年竣工，交付使用。

三、新世纪新建的三大体育设施

江阴市体育中心位于江阴城东新区、澄江路以北，滨江路以南、西与市政府大楼毗邻。江阴新建的三大体育设施总体北靠黄山、南邻天华艺术中心，与长江大桥遥相呼应，地理位置十分优越、是江阴市规模最大、标准最高、功能最全的大型现代化体育文化设施。

（一）新体育馆

为江阴体育中心一期工程，于2002年动工，2003年6月竣工投运，总投资1.05亿元，建设用地4.67公顷，建筑面积12436平方米。整体建筑共分三层，其中一层为比赛场地和内场功能用房，二层为观众看台及休息厅，三层为技术用房，共设观众席3338座。主赛场面积1230平方米，高度25米，地下训练房面积655平方米。屋顶采用两侧轻钢屋面与中部膜结构相结合方式，有利于获得柔和的自然采光。

（二）新体育场

为江阴体育中心二期工程，于2007年6月28日启动，2009年9月底竣工。工程总投资6.35亿元，总用地面积15.8公顷。拥有2片国际标准的足球场；2片400米标准跑道田径场；6片室外灯光塑胶篮球场；10片室外网球场；65片羽毛球场；40张乒乓球桌；14000平方米室外健身场地、健步道；拥有28608平方米地下停车场，设有停车位1019个，非机动车停车面积7200平方米。

中心主体育场建筑面积为41200平方米，看台屋面安装286块薄膜结构，设有31888个座位，共四层，高度为47.5米。一层为设备机房、运动员及贵宾用房、新闻发布厅、乒乓球馆、开发用房。二层、三层为看台、贵宾包间。四层为看台。显示屏系统高度为2.7米，面积约为200平方米，具有软件时钟功能及计时分功能。场地照明系统中，赛场照明采用光带式布灯方式，共安装有2000瓦灯具352套，观众席照明400瓦236套，应急照明1500瓦52套，场地照明均采用原装进口2000瓦体育照明专用大功率金卤投光灯具。场地音响扩声系统设置了与消防中心联动的中继器组，紧急情况下可转入消防应急广播系统。弱电系统包括：综合布线系统、计算机系统、楼宇自控系统、有线电视系统、通讯对讲系统、公共广播及背景音乐系统、综合安保系统闭路电视（巡更门禁及报警）火灾自动报警及联动系统、多功能会议系统、现场影像采集与回放系统，售验票系统、子母钟系统、升旗系统、综合管路系统、系统集成系统、机房工程系统、室外监控系统及广播系统。系统具有先进性、开放性、可靠性、安全性、适用性。

全民健身中心：设于新建体育场内，共二层，总面积为16210平方米。一楼高度为6.3米，面积11200平方米，设置健身房设施，约占地3000平方米左右。二楼高度6～10米，面积5010平方米。该中心采用钢桁架膜组合结构，共有104片膜组成。建有专业标识导向系统、自来水系统、残疾人无障碍通道等设施。中心内设羽毛球场65片，乒乓球桌80张，以及壁球、瑜伽、水疗吧、有氧训练、动感单车等项目。外设太极拳、木兰扇、健身操等项目活动、健身区6000余平方米。底层内环道及疏散平台使用了水自然石，覆盖面积达3.6万平方米。

2009年11月8日，中国田径协会对该田径场进行专业检测，取得了可举办全国各种级别和所有田径项目田径比赛的合格证书。

（三）市民水上活动中心

为江阴体育中心三期工程，于2009年12月开工，2011年9月建成投运。工程总投资4.5亿元，占地面积4.3公顷，总建筑面积28675平方米，共有观众席约3159座，可举办全国性和单项国际水上体育项目比赛。场馆内设25米×25米跳水池一座；50米×25米游泳池一座；50米×15米热身池一座。同时室内设有温水池、儿童游泳池、幼儿戏水池各一座。室外设有造浪池、游泳池各一座。共设有121个机动车位、876个非机动车位。

2015年江阴市体育场情况一览

表6-3

名　　称	建成时间	投入经费（万元）	400米塑胶跑道（条）	固定看台座位数	备　注
江阴市体育场	1954.6	297	8	3000	含足球场
祝塘中学体育场	2001	160	8	200	含足球场
第一中学体育场	2002.9	312	8	800	含足球场
第二中学体育场	2002.10	1600	8	500	含足球场
月城中学体育场	2003.1	256	6	500	含足球场
江阴体育馆体育场	2003.6		8	3338	含足球场
市第三实验小学体育场	2003.9	380	6	630	含足球场
华士高级中学体育场	2003.12	345	8	500	含足球场
长泾中学体育场	2005	300	8	200	含足球场
澄西中学体育场	2005.6	360	8	350	含足球场
璜土中学体育场	2005.7	250	6	300	含足球场
临港新城实验小学体育场	2006.6	450	8	300	含足球场
祝塘中心小学体育场	2007.4	400	6	400	含足球场
夏港体育中心体育场	2007.10	1800	8	600	含足球场
徐霞客中学体育场	2007.12	250	8	600	含足球场
南菁中学初中部体育场			6	200	含足球场
南菁中学高中部体育场	2009	1400	8	600	含足球场
英桥国际学校体育场	2009		6	200	含足球场
江阴职大体育场	2009		8	400	含足球场
江阴高中体育场	2009		8	600	含足球场
市中初中部体育场			8	600	含足球场
山观中学体育场					含足球场
江阴市体育中心体育场	2009.8	63000	8	38888	含足球场
新桥镇体育中心体育场	2011.5		8	1200	含足球场
云亭中学体育场	2011.12	1100	8	1200	含足球场

第三节　镇（街道）体育设施

历史上农村的体育设备，以石担、石锁、马鞍石、皮砂袋、刀、枪、棍、棒、剑、戟等传统武术体育器具为主，而且历史十分悠久，可上溯至古代，部分现在尚在使用、练习。这些设施和器材，散置于各自然村、农家或庙宇、祠堂等公共场所。晚上或农闲时节，群众都自动参加各自喜爱的体育活动，使用相关的体育器械和设备。至今，尚有一些器械设备留存民间继续在使用。至于踢毽、跳绳、拔河、放风筝、爬山、钓鱼等农村民间体育活动，名目繁多，有数十种，因老少皆宜，活动富有趣味性，且设备简单，开展十分方便，至今长盛不衰。

解放后，农村实行集体化，1958年提倡大跃进，人民公社化，体育运动进入一个新的历史环境。随着农村集体经济的发展，各公社、大队相继兴建体育设施。璜塘公社于1965年至1968年3年间，18个大队拥有111片篮球场，并于1985年建成能容纳千余观众的灯光球场。青阳镇原有足球场和田径场1片，篮球场23片、乒乓球桌69张，1986年上半年新建灯光球场4片。长泾镇于1987年7月集资45万元，集成2255平方米的体育场地，有标准篮球架、双杠、单杠、乒乓、桌球、棋类及音响、照明等器材设备，活动室分布四周，成为该镇的体育中心。据1987年年底全市统计，30个乡（镇）有灯光篮球场33片，水泥篮球场102片，泥沙质篮球场83片，田径场（含200～400米跑道）39片，旱冰场9片，简易乒乓球室428个。同时，大队（村）办，个人办体育设施的势头，方兴未艾。1984年年底，利港乡徐市村联队办起了800平方米的水泥溜冰场，有溜冰鞋300双。1985年璜塘乡政府投资15000元，建成全县农村第一片能容纳500人的灯光球场。

1985年5月8日，要塞乡先锋村农民、运输专业户王金龙，耗资10万元，建成一片1300平方米、设备齐全的溜冰场。配置溜冰鞋600双。

1986年3月，文林乡茂墅村，建成全江阴市第一个村一级的灯光球场。青阳镇西庄村薛凤清，独资建造了一片灯光球场。上半年，青阳镇建造了有1600个座位的四片灯光球场。6月，华士镇投资10万元，新建1片灯光、溜冰两用球场，可容纳观众800人，看台两边设有棋类、乒乓球、康乐球等活动室和3片一般的灯光球场。

1987年7月，长泾镇集资45万元，建造了占地2255平方米的多功能体育场、增设了玻璃篮球架、乒乓球、桌球、棋类等设备，并设有音响、照明等功能，成为该镇的体育活动中心。9月，周庄镇三房巷在灯光球场的基础上，又建造了看台，能容纳观众2000余人。看台下设有乒乓、棋室、康乐球等活动室。

1996年3月，全国第四次体育场普查结果显示，域内乡镇体育设施有体育馆1座、标准室外游泳池2个、带看台灯光篮球场5片、乒乓球房6房、篮球场99片。非标准综合活动室70个、乒乓球室213个、棋室115个、台球房18座、游泳池2个。

2000年，全市开展全民健身工程及健身路径（单项健身器材组合）建设。是年9月，在澄江镇城北街道办事处建成市内首个全民健身工程，在朝阳公园建成首套健身路径。翌年在中山公园、月城明园等处建成全民健身路径6套，后又建成全民健身工程5个和健身路径68套。

2004年3月全国第五次体育场地普查结果显示，域内乡镇主要体育设施有室外游泳池2个、固定看台灯光球场2片、篮球房馆2座、乒乓球房馆9座、健身房馆11座、篮球场141片、门球场15片、健身路径24套和健身工程1个，另有不规则运动场地17片。

2005年将健身器材优先安排到合并乡镇和中心村，当年建全民健身工程1个、全民健身路径30套，实现城市社区全覆盖。

2005年1000个健身点规范整治补贴标准。

2006年9月启动“村村体育健身工程”建设，在已有46个行政村建有体育健身设施的基础上，扶持174个村，在村内各建一片篮球场、2张乒乓球台及1个30平方米以上的棋类活动室。由市体育局进行具体指导，并动用体育彩票公益金760万元，捐赠乡镇篮球架174副、健身路径61套、乒乓球台348张。是年，市体育局被评为江苏省实施“万村体育健身工程”工作先进单位。

2007年4月，为率先实现江苏省体育强市目标，各镇均兴建体育健身活动中心。基本标准是：室外建有健身路径1套、乒乓球台2张、运动场地3片（水泥篮球场、门球场、羽毛球场），室内建有80平方米左右的健身房1座、40平方米左右的乒乓球室1个、40平方米左右的棋类活动室1个等。同时可以从实际出发，增加体育设施数量，增建其他型的体育场地。11月，市内15个镇、1个街道办事处全部建成体育活动中心。是年，市体育局又向镇、村赠送篮球架105副、乒乓球台210张、健身路径71套、小篮板180个、国民体质测试器15套。至2015年年末，财政投入近3千万元，全市各镇（街道）室外体育设施，有全民健身工程及健身路径1327套、篮球场306片、健身广场226片、门球场53片、乒乓球架1037副、羽毛球场35片、网球场9片、游泳池4个、高尔夫球场1个。室内设施有棋牌室447个、乒乓球室434个、桌球室68个、健身房102座、体质测试室22个。

2009年镇镇游泳池现场会制定政府补贴标准。体育馆补贴标准文件《江阴市镇级体育馆建设补助专项资金管理办法》澄财规〔2013〕79号文件。

江苏省级补助

表6-4

序号	年　份	项　目	数量	地　点	经费（万元）
1	2015	笼式足球	1	青阳镇	20
2		多功能运动场	1	青阳镇	6.6
3			1	顾山镇	6.6
4			1	新桥镇	6.6
5		装拆式泳池	1	璜土镇游泳池	30
6			1	澄江街道立新小学游泳池	30
7			1	华士镇鹏程农业游泳池	30
5	合计				129.8

江阴市全民健身设施捐赠清单

表6-5

序号	年份	篮球架（副）	路径 10 件（套）	铝木 15 件（套）	乒乓台（张）
1	2000		2		
2	2001		6		
3	2002		18		
4	2003		25		
5	2004		30		
6	2005		31		
7	2006	178	61		348
8	2007	105	71		210
9	2008	40	180		120
10	2009	54	48		4
11	2010	60	137		55
12	2011				
13	2012	108	208		200
14	2013	78	165		
15	2014	60	130	5	50
16	2015	100	200	10	50
17	合计	783	1312	15	1037

近年来，市、镇、村新四个一工程建设，镇镇游泳池建设全面展开，一些乡镇发掘地方优势，拓建创意一流的体育设施。徐霞客镇拓建“霞客岛体育拓展公园”，主营青少年童子军训练、体育类设施有：皮划艇、扎竹筏、水山步行球、垂钓、射箭、足球、羽毛球、乒乓球、台球、沙滩排球等综合项目的体育设施，配以休闲设施和可容纳300人就餐的农家饭店，及500人烧烤的亭廊，1000人野外露营的木屋住宿，将国内外文化融合其中。公园设置与徐霞客博览园隔湖相望，陆地占地7公顷，水面50余公顷，投资1000万元，2012年5月筹建启动，在未来3年内打造成一个四星级体育旅游渡假基地。

周庄镇卧龙湖健身服务会所，占地8000平方米、投资2000万元。该会所集会议中心、游泳馆、网球场、足球场、篮球场、桌球、乒乓球、器械等公共娱乐设施。可同时容纳500人参与体育锻炼，承办各类小型体育比赛。2011年3月已交付使用，免费向社会开放，收到了预期的服务民众的效果。这个服务会所利用废弃石宕和砖瓦厂等关停企业空闲用地。江阴江东集团斥巨资建造这个非盈利性的体育健身会所，带动了周庄的体育文化发展，也推动了企业文化的发展。

月城镇累计投资3200余万元，建成中国龙舟休闲体育基地和水上高尔夫球练习场等大型体育设施，连续承办国家龙舟大赛，吸引了大量观光游客。2011年游客突破50万人次，带动了三产行业的发展，提升了江阴市和月城镇的体育知名度。

江阴部分乡镇新建体育馆一览

表6-6

序号	名　称	经费（万）	序号	名　称	经费（万）
1	青阳镇	100	5	南闸镇	100
2	新桥镇	100	6	云亭街道	100
3	璜土镇	100	7	华士镇	100
4	顾山镇	100			

第四节　学校体育设施

解放前的学校体育设施，一般只有上体育课的操场，场地面积一般较小，泥质为主，部分为野草场地，杂草封面，雨后也能使用。农村大部分学校利用空弃的寺庙庵堂、祠堂、公屋作校舍，使用这些寺庙庵祠原有场地作操场，设施十分简陋。这种状态延续到解放初一段时期内。江阴区域内，1912年，公立南菁中学填平学校南面0.4公顷土地作为学校操场，建有篮球架、排球架、乒乓球台、跳高架和沙坑等一些简单设施。

学校体育设施，自中共十一届三中全会以后，得到政府进一步重视，全县各学校由县教育局统一筹划，地方政府经费逐年增加，添置体育设施，据山观乡统计：完中有篮球架3副、足球架1副、跳高架3副、跳远沙坑2只、跳箱3个、乒乓球台6副、跳垫4副。增设200米跑道和羽毛球拍、网球拍、攀登架、单、双杠等设备。初级中学均有：篮球架1副、乒乓球台1副、县下发的跳箱、跳垫等体育设备。小学分为三级：中心校有乒乓桌3副、跳高架2副、跳远沙坑1个、跳箱2只、跳垫3副、羽毛球拍等齐全。完小仅少量沙坑和跳箱。初小有羽毛球拍和小皮球等类。

至20世纪70年代，江苏省南菁中学、江阴县第一中学、江阴县澄西中学、江阴县西郊中学等一些中学建有足球场。80年代逐渐增多，有江阴县县中、江阴县青旸中学、江阴县祝塘中学等学校陆续新建足球场。据1983年统计，江阴县全县中小学有篮球场146片、排球场41片、小运动场12片、棋类房2所。1985年，江阴县云亭中学新辟1.8公顷地建成运动场，长山石牌中学新辟2公顷地迁校，建有运动场。江阴县第一中学新建成本市中学第一所体育楼，并整修了运动场地。1985年对13所中学进行统计，共扩大体育场地128亩。全江阴县统计共有篮球场155片，比1983年增加9片，运动场103片、排球场54片、足球场7片、乒乓室249个。

改革开放后，江阴市政府对学校体育的高度重视，下拨资金增加，学校一度普遍兴办校办厂，有相当的资金对体育设施的大量的投入，特别是新世纪以来的农村学校撤并，新建的学校规模、档次都上了一个新台阶，体育设施作为新建学校的重要设施同步上规模，上档次，走向现代化。以璜塘镇中心学校为例，璜塘中心小学，1991年移地新建，同时建成5000平方米并铺上草坪的操场，有250米的环型跑道，浇制水泥混凝土成人篮球场2片、儿童篮球场1片、排球场、羽毛球场各1片。设有11副水泥乒乓球台和8副木质乒乓球台，跳箱、垫子、小山羊、健身走廊、绳、毽子、毽球、跨栏等一应俱全，并配有现代健身测试仪一套。2000年5月，镇政府投资150万元，在璜塘中心小学建成长50米、宽21米8个泳道的游泳池。内设冲洗室、更衣室，并配有救生员。乡村各小学的体育设施也按九年制义务教育的要求相应大幅度增加。璜塘中学

2000年在校内操场建有400米标准跑道和标准足球场一片、水泥混凝土篮球场3片、单杠4副、双杠6副。专设体育器具房4间，藏有跳马、鞍马、跳箱、篮球、足球、排球等体育器材，体育设施基本配齐。全市各乡镇街道，基本上与璜塘镇中、小学的体育设施相等，个别乡镇的体育设施有一些超过璜塘中、小学的规模。

进入21世纪，江阴经济的腾飞式发展，农村城市化拆迁和人口出生减缓，学生生员不足，江阴各乡、镇农村基层中学、小学，相继由农村向镇区合并，建设新的中学和中心小学。其新建学校规模、档次按照现代化标准建造，体育设施同步具有时代性、前瞻性，既可成为镇级体育中心，又可为江阴市承办市、省、国家、国际体育竞赛的某一项目赛区的比赛场馆，以具有代表性的云亭中学为例：2011年年底，云亭中学全校搬迁至镇区西侧长山大道旁的新校内，占地7.3公顷，投资14500余万元。校区教室与体育设施分开，中间用两座天桥相连，体育运动不影响学生上课。其中学校东区体育中心占地36297平方米（54.5亩），建有400米标准塑胶跑道运动场；4580平方米体育馆，内设50米标准游泳池、篮球场、排球场、乒乓球场等体育设施。该体育运动场投入资金2800余万元，其中体育设施1100余万元，为街道政府与学校共建共享项目，利用非教学时间向社会开放，成为云亭街道的体育中心。至2015年年底，全市中小学校有体育馆32座。

1994—2015年江阴市学校体育馆一览

表6-7

校　　名	建成年份	投入经费（万元）	建筑面积（平方米）	座位
小学系统：				
华士国际实验学校	1994	163	1388	
峭岐实验小学	1999	55	600	
大桥小学	2001	50	315	
顾山实验小学	2002	46	705	
华士国际学校	2003	196	1975	
长泾实验小学	2003	104	1300	
市第三实验小学	2003	340	2597	658 座
利港实验小学	2003	250	2500	
璜土实验小学	2003	50	1000	
陆桥实验小学	2003	150	1600	
长山中心小学	2004	300	2200	
云亭实验小学	2004	272	1374	
城中（东区）实验小学	2005	—	4686	连地下室
临港新城实验小学	2006	363	1904	
文林中心小学	2007	98	1000	
河塘中心小学	2007	161	2070	
北涸中心小学	2007	420	1600	

续表6-7

校　　名	建成年份	投入经费（万元）	建筑面积（平方米）	座位
中学系统：				
市高级中学	1995	600	5800	1200座
青阳中学	1996	200	1650	
利港中学	1996	46	755	
南菁高级中学	1997	700	3900	1700座
市一中	1999	679	7399	1845座
长泾中学	1999	298	4800	1292座
华士高级中学	2000	675	4328	
山观中学	2001	170	1310	
祝塘中学	2003	318	1568	600座
成化高中	2003	1500	4320	
南菁高级中学（新）	2009	2800	9817	
云亭中学	2011	1700	4186	
新市中	2012	2000	3000	
职业学校系统：				
新桥轻工职业学校	2006	800	1206	300座
职业技术学院	2007	390	3700	

1989—2015年江阴市学校田径场一览

表6-8

校名	建成年份	投入经费（万元）	跑道长（米）	质地
小学系统：				
西石桥中心小学	1989	10	180	煤屑
申港中心小学	1990	47	250	煤屑
南闸曹桥小学	1990	25	200	煤屑
山观实验小学	1992 2005	12 7	200	煤屑 塑胶
虹桥小学	1993	18	70	煤屑
夏港普惠小学	1993	70	200	煤屑
河塘中心小学	1994 2005	3 31	200	煤屑 塑胶
南闸中心小学	1995 2005	20 700	200 300	煤屑 塑胶
璜塘实验小学	1995 2006	30 125	300 200	煤屑 塑胶
桐岐中心小学	1996 2006	40 80	250 200	煤屑 塑胶
月城实验小学	1996 2005	10 130	250	煤屑 塑胶

续表6-8

校名	建成年份	投入经费（万元）	跑道长（米）	质地
璜土汇南小学	1997	10	200	煤屑
璜土小湖小学	1998	12	400	煤屑
周庄实验小学	1998 2004	150 145	250	煤屑 塑胶
长寿实验小学	1998 2004	125 140	250	煤屑 塑胶
市实验小学	1998 2006	120 650	200	塑胶
北涸中心小学	1999	200	250	煤屑
城中实验小学（西区）	2000	161	200	塑胶
城南小学	2000	6	120	煤屑
华士国际学校实验小学	2000	39	200	塑胶
聋哑学校	2000	50	200	煤屑
祝塘中心小学	2000 2007	15 400	250 400	塑胶
璜土实验小学	2001	60	200	塑胶
华士曙光小学	2001	30	200	煤屑
陆桥实验小学	2001	108	250	塑胶
青阳实验小学	2002	100	200	塑胶
长山中心小学	2002	10	250	煤屑
文定小学	2002	28	200	煤屑
西郊实验小学	2002	180	250	塑胶
顾山实验小学（一区）	2002	21	200	塑胶
环南路小学	2002	96	160	塑胶
花园实验小学	2003	110	200	塑胶
华士国际学校	2003	193	300	塑胶
长泾实验小学	2003	1110	300	塑胶
顾山实验小学（二区）	2003	76	200	塑胶
峭岐实验小学	2003	100	200	塑胶
大桥小学	2003	35	200	煤屑
市第三实验小学	2003	187	200	塑胶
市第二实验小学	2003	129	250	塑胶
利港实验小学	2003	180	250	塑胶
新桥中心小学	2004	248	250	塑胶
要塞实验小学	2004	140	250	塑胶
华士国际学校实验初中	2004	59	200	塑胶
城中实验小学（东区）	2005	—	250	塑胶
临港新城实验小学	2006	450	400	塑胶

续表6-8

校名	建成年份	投入经费（万元）	跑道长（米）	质地
云亭实验小学	2006	147	250	塑胶
徐霞客实验小学	2006	130	250	塑胶
文林中心小学	2007	70	250	塑胶
夏港实验小学	2007	1800	400	塑胶
中学系统：				
陆桥中学	1988 2007	20 300	300	煤屑 塑胶
南闸中学	1991 2007	20 300	400 300	煤屑 塑胶
新桥中学	1991 2004	8 420	300	煤屑 塑胶
桐岐中学	1992	6	250	煤屑
山观中学	1992 2005	60 186	300	煤屑 塑胶
要塞中学	1993	12	250	煤屑
江阴高级中学初中部	1995	21	400	煤屑
江阴高级中学实验学校	1995	210	300	煤屑
峭岐二中	1995	83	300	煤屑
长泾中学	1995 2005	50 300	400	煤屑 塑胶
长寿中学	1996 2007	14 180	300	煤屑 塑胶
文林中学	1996	15	300	煤屑
利港中学	1996	20	400	煤屑
峭岐中学	1997	118	400	煤屑
顾山中学	1997 2004	50 200	400	煤屑 塑胶
北涸中学	1997 2006	8 170	300	煤屑 塑胶
江阴高级中学	1998 2001	350 500	300 300	煤屑 塑胶
徐霞客中学	1998 2007	21 250	400	煤屑 塑胶
青阳中学	2003	250	300	塑胶
华士高级中学	2003	345	400	塑胶
云亭中学	2005	150	400	塑胶
璜塘实验学校（初中部）	2006	199	300	塑胶
河塘中学	2006	90	300	塑胶
夏港中学	2007	800	400	塑胶
澄西中学	1998 2005	30 360	400	煤屑 塑胶
成化高中	1998 2005	45 260	400	煤屑 塑胶

续表6-8

校名	建成年份	投入经费（万元）	跑道长（米）	质地
石庄中学	1999 2007	60 350	300	煤屑 塑胶
申港中学	1999 2007	120 489	400	煤屑 塑胶
暨阳中学	1999	150	200	塑胶
南菁东校区	2000	—	400	煤屑
祝塘中学	2001	160	400	塑胶
长山中学	2001	198	250	塑胶
征存中学	2001	19	250	煤屑
市一中	2002	312	400	塑胶
璜土中学	2002 2005	54 250	400	煤屑 塑胶
南菁高级中学	2002	1600	400	塑胶
月城中学	2003	256	400	塑胶
云亭中学（新）	2011	—	400	塑胶
新市中	2012	—	400	塑胶
职业学校系统：				
职业技术教育中心	1993 2005	100 367	400	煤屑 塑胶
周庄职业高级中学	1993	11	250	煤屑
职业技术学院	1994 2000	55 150	300 400	煤屑
卫生中等专业学校	1996	10	200	煤屑
璜塘综合高级中学	1997 2004	11 24	320 300	煤屑
教师进修学校	1998	14	200	煤屑
华姿职业学校	1998	29	300	煤屑
商业职业高级中学	2003	90	250	塑胶
南华职业高级中学	2004	350	300	煤屑
新桥轻工职业学校	2006	300	250	煤屑

第五节　企事业单位体育设施

解放前企事业单位体育设施工厂、企业少，资本家不重视增强职工体质，谈不上体育设施。1929年，开滦煤矿公司江阴办事处和江阴华昌公司职工自发组成“工余足球队”，梁官松和李惠堂二位足球名将任队长及教练，实力坚强，曾代表江阴参加全省运动会，远征大江南北，战果辉煌，驰誉一时。但为个例，体育设施稀缺，制约了球队的发展。

解放初的50年代，职工体育由县总工会负责，以办好职工俱乐部为主。县级有工人俱乐部

1个、300人以上的单位建立基层工人俱乐部，不足300人的企业建立俱乐室，在工人较集中的地区建立基层联合俱乐部。通过1955年举行工人体育运动大会，普及广播操，200人以上的厂和澄江镇、青阳镇、华士镇、长泾镇四大镇建立小型运动场，修理场地和篮球架，配有单杠、双杠、跳高、跳远等小型体育设备。至1956年，全县有基层俱乐部25个，百人以上的工厂、企业建有乒乓球、羽毛球、象棋、扑克等小型活动设备和篮球架简易设施。

80年代初，职工体育蓬勃发展、体育设施设备相应增加和完善。澄西船厂在厂的基建中，逐步建成4个篮球场（其中1个灯光球场）、2个排球场、足球爱好者建成1个小型足球场，利用原俱乐部开辟2个羽毛球场、1个乒乓球室。在新俱乐部内开辟1个综合活动室，内设乒乓球、棋类、牌类、康乐球类等器材。各部门积极想办法建立小型活动室，澄西船厂的体育设施设备在江阴县企事业单位中，起到了“龙头”作用。江阴钢绳厂、五一棉纺厂、江阴纺织器材厂等县属工厂企业单位，不同程度加强了体育设施的投入。江阴钢绳厂则别开生面建成屋顶灯光球场，解决了厂内场地紧张的困难。至1986年对全县59个县属单位统计：有篮球场35片，其中灯光球场5片，排球场22片，羽毛球场50片，溜冰场5片。乒乓室3487平方米，乒乓桌117副，棋室1556平方米，康乐球室105平方米，桥牌室25平方米，射击室80平方米。乡镇企业单位则少量企业设置球场，一般设有乒乓球室、棋室、桥牌、康乐球等活动设施，少量规模较大的乡镇企业设置篮球场等体育设施，为职工服务

20世纪末，企业统一实行转资，民营企业的大跨步发展，占地面积大的体育设施场地被移作企业生产用地。21世纪初。农村城镇化大拆迁，规模性建设，镇村企业归并进入工业园区集中经营，企业体育设施由此进入一个历史变迁新时期，一部分旧的体育设施消失，代之而设的新颖现代化体育设施项目多样，品种齐全以适应工人业余时间对体育的需求。

江阴市部分企事业单位体育设施一览

表6-9

单位名称	投用时间（年）	面积（平方米）			设施名称	数量（片）	使用性质
		占地	建筑	场地			
法尔胜集团公司	1988	448	—	448	篮球场	1	内部
	1997	4050	—	4050	足球场	1	
	2000	400	300	205	乒乓球室	1	
兴澄特种钢铁有限公司	1993	540	—	540	篮球场	1	内部
	1993	50	50	50	乒乓球室	1	
	1993	50	50	50	桌球室	1	
	1993	100	100	80	健身房	1	
阳光集团有限公司	1994	80	168	153.9	保龄球馆	1	内部
	1994	80	80	80	健身房	1	
	1994	50	80	24	棋牌室	1	
	1994	97	100	97.6	台球房	1	
	2007	8000	—	640	塑胶篮球场		
	2007	—	—	700	塑胶网球场	2	

续表6-9

单位名称	投用时间（年）	面积（平方米）			设施名称	数量（片）	使用性质
		占地	建筑	场地			
国税局	1994	100	100	100	乒乓球室	2	内部
	1994	60	60	45	桌球室	1	
	1994	25	25	25	棋牌室	1	
	2001	420	—	420	篮球场	1	
暨阳山庄	1995	2000	1600	450	保龄球馆	1	对外
	1995	1000	800	600	网球场	1	
	1995	2000	1600	45	健身房	1	
	1999	2000	1600	450	游泳池	1	
双良集团有限公司	1995	200	—	200	乒乓球室	1	内部
	1998	1800	—	1800	足球场	1	
	1998	500	—	500	网球场	1	
	2005	850	—	850	篮球场	1	
	2005	2500	—	2500	健身场地	1	
	2006	300	—	300	羽毛球场	3	
兴澄大酒店有限公司	1996	1350	1200	110	室内游泳池	1	对外
	1996	1350	1200	1100	保龄球馆	1	
	1999—2001	2650	2650	2650	卡丁车	1	
地税局	2001	150	150	107	乒乓球台	4	对外
	2001	50	50	50	棋牌室	5	
	2005	1550	1550	1550	羽毛球场	10	
市人民医院	2002	1000	—	400	篮球场	1	内部
	2002	150	150	150	乒乓球室	1	
	2002	120	120	120	跳操房	1	
	2002	100	100	100	健身房	1	
	2002	100	100	100	棋牌室	1	
市检察院	2002	364	—	364	篮球场	1	内部
	2002	70	70	70	健身房	1	
	2002	70	70	70	乒乓球室	1	
	2002	35	35	35	桌球室	1	
来富岛大酒店	2003	600	506	152	游泳馆	1	对外
	2003	230	260	128	羽毛球馆	1	
	2003	500	507	413.3	网球场	1	
	2003	68.6	68.6	68.6	台球房	1	
	2003	230	215	88.6	乒乓球室	1	
	2003	100	92	75.6	健身房	1	

续表6-9

单位名称	投用时间（年）	面积（平方米）			设施名称	数量（片）	使用性质
		占地	建筑	场地			
市级机关事务局	2003	559	—	540	篮球场	1	内部
	2003	1399	—	1140	塑胶网球场	1	
	2003	169	—	169	健康路径	1	
	2003	80	80	76	乒乓球室	1	
	2003	58	58	56	健身房	1	
	2003	45	45	45	棋牌室	1	
安利达服装集团有限公司	2004	1000	1000	1000	网球场	1	内部
					羽毛球场	6	
法尔胜特钢制品有限公司	2007	800	800	800	室内五人制足球场	1	内部
	2007	420	—	420	塑胶篮球场	1	
	2007	250	—	250	羽毛球场	2	
	2007	100	100	100	乒乓球台	2	
市天华体育中心	2015		7000		游泳池、健身房、乒乓球馆、羽毛球馆、桌球馆、篮球场、足球场、卡丁车场、健身路径、体育文艺广场等设施		免费对外服务
注：由江阴市天华纱业集团有限公司投资5000万元建成							

至2015年统计，江阴市企事业单位室外体育设施共有篮球场144片、羽毛球场14片、乒乓球台38张、网球场16片、游泳池3个、排球场5片、小运动场2片、体育场2片。室内体育设施共有乒乓球室238个、综合馆2座、室内溜冰场7片，桌球室41个、棋牌室78个，健身房81座。

第六节 全国体育场地普查工作

一、第一次全国体育场普查工作

全国性体育场地普查工作，是新中国建国以来在全国范围内首次对体育场地进行全面性的普查。普查工作以县（市）为基层单位，于1974年冬展开，是年11月15日完成向上呈报。

普查内容指标：

体育场：指有400米跑道（中心含足球场），并带固定看台的田径场，看台能容纳观众25000人以上为甲级，5000人～25000人的为乙级，5000人以下的丙级。

体育馆：指带固定看台和篮球、排球、体操等项目活动用的室内场地，看台容纳观众4000人以上的为甲级，2000人～4000人的为乙级，2000人以下的为丙级。

游泳池：指用钢筋混凝土或砖石建造池身并使用人工引水的室内外游泳池。包括设有看台和不设看台的两种。

灯光球场：指有固定灯光设备和篮球架的篮、排球场，其中有固定看台的要填报基层登记表。

篮、排球房：指有篮、排球设施，面积长32米以上，宽20米以上，高7米以上的室内训练房。

体操房：指有自由体操、跳马、吊环等设施，面积长30米以上，宽16米以上，高7米以上的室内场地。

射击场：指建有靶沟、档靶篷设施的射击靶场。

乒乓球房：指长28米，宽14米，高4米以上，专供乒乓球活动用的室内场地。

运动场：指有400米煤渣和固定跑道（中心含足球场），或有333米以上跑道（必须有100米直道），但设有固定看台或仅有活动看台的田径场。

简易运动场：指有333米以下跑道的田径场。

足球场：指球场面积为长90～120米，宽45～90米，并设有固定球门。

田径房：指至少有150米跑道设施的室内运动场。

游泳场：指在自然水源中有人工围栏设施及有沐浴更衣设备者为游泳场。

经普查，江阴县有运动场1片，为体委系统体育场内的灯光球场，1967年4月建成，占地面积1560平方米，比赛场长24米、宽16米，看台为水泥砖混合结构，看台建筑面积962平方米，观众席位1000人，附属房屋建筑面积40平方米，内设篮球场、排球场、足球场。简易运动场9片，均在学校系统，分别为南菁中学、江阴县中、江阴一中、澄西中学、青阳中学、祝塘中学、华士中学、观山中学、月城中学。足球场共7片，其中3片在体育系统，4片在学校系统，分别为南菁中学、江阴一中、澄西中学和西郊中学。

二、第二次全国体育场普查

第二次全国体育场地普查工作，江阴县作为市级试点经验单位，先行一步，于1983年9月2日至9月13日全面实施普查。其中周庄乡、澄江镇、青阳镇和澄西船厂为试点单位中的重点普查单位。

普查结果，江阴县有体育场1片；有固定看台灯光球场2片；武术房1个；棋类房24个（其中8个分布于工矿系统、12个分布于农村人民公社、4个分布于其他系统）；小运动场12片；足球场1片；篮球场193片（其中体委系统2片、工矿系统19片、有灯光设备的4片、农村人民公社14片、中学86片、小学60片、其他系统12片）。排球场41片（其中中学28片、小学13片）。

1983年江阴县篮球场一览

表6-10

名　称	所在地址	建成年份	长（米）	宽（米）	名　称	所在地址	建成年份	长（米）	宽（米）
工矿系统（19片）					农村人民公社（14片）				
澄西船舶修造厂	黄田港西侧	1978	30	18	塔南大队		1978	32	20
		1978	26	14	江阴工具厂		1980	35	20
澄西船舶技工学校	江阴县东门	1977	28	18	针织服装厂		1982	35	17
		1977	28	18	史村		1980	26	14

续表6-10

名　　称	所在地址	建成年份	长（米）	宽（米）	名　　称	所在地址	建成年份	长（米）	宽（米）
印染厂	南门忠义街	1975	35	40	矿山机械厂		1981	29	15
针织厂	华士镇	1980	28	20	染织七厂		1966	30	20
化肥厂	锡澄路	1980	30	16	长寿砖瓦厂		1981	28	18
	周庄镇	1982	46	24	桐岐文化站		1962	30	20
磷肥厂	绮山南麓	1981	28	16	机械二厂		1978	40	16
农药厂	青阳镇	1978	31	18	沈家冲大队		1982	34	22
		1982	31	19	新南大队		1978	32	20
瓷厂	君山路	1978	26	14	建新大队		1980	26	14
晶体管厂	南街95路	1979	28	16	景贤大队		1978	26	14
马铁件厂	周庄镇	1965	34	20	面砖厂		1968	28	16
动力机厂	华士镇	1977	34	17					
江阴船厂	鹅鼻嘴	1981	30	18					
交通工程机械厂	南门	1979	30	20	中学系统（86片）				
油脂化工厂	西郊公社	1978	30	20	小学系统（60片）				
棉纺织厂子弟小学	北仓湾	1974	26	14	合计193片（其中灯光球场4片）				
其他系统（卫生、公安、商业等单位12片）									
体委系统（2片）									

1983年江阴县排球场一览

表6-11

名　　称	所在地址	建成年份	长（米）	宽（米）	名　　称	所在地址	建成年份	长（米）	宽（米）
南菁中学	中街69号	1953	20	11	桐岐中学	桐岐公社	1982	18	10
		1953	20	11			1982	18	10
		1953	20	11	朝阳中学	璜塘七大队	1970	18	9
城北中学	君山弄	1978	18	9	长丰中学	申港公社	1979	18	9
		1978	18	9	澄西中学	西石桥东街	1964	18	9
解放中学	童梓巷1号	1980	45	40					
长山中学	长山公社	1976	25	22	山观小学	山观公社	1981	22	15
		1976	22	15	外河村小学	云亭农风大队	1977	18	9
要塞中学	要塞公社	1980	24	12	治安小学	云亭治安大队	1977	128	24
山观中学	山观公社	1982	18	9	胜利小学	云亭胜利大队	1973	20	11
云亭中学	云亭公社	1973	24	13	长泾小学	长泾公社	1975	50	20
蔡村中学	云亭蔡村大队	1978	20	15	华士小学	华士镇	1979	30	20
河塘中学	河塘公社	1975	42	40	长寿小学	长寿公社	1982	18	9

续表6-11

名　　称	所在地址	建成年份	长（米）	宽（米）	名　　称	所在地址	建成年份	长（米）	宽（米）
北涠中学	北澗公社	1970	20	10	月城小学	月城公社	1982	30	20
		1970	20	10	双桥小学	月城双桥大队	1980	60	40
顾山中学	顾山公社	1960	20	12	申港小学	申港中街	1978	28	20
长泾中学	长泾公社	1975	22	13	璜土小学	璜土镇	1977	22	15
陆桥中学	陆桥公社	1982	20	12	卞家桥小学	璜土卞家桥大队	1972	32	12
		1980	51	16	立埭小学	璜土立埭大队	1980	20	12
周庄中学	周庄公社	1979	28	13					
曙光中学	华士曙光大队	1975	28	12					
马桥中学	华士 马桥大队	1982	28	17					
		1982	28	17	合计：41 片				

1983年江阴县被占体育场地一览

表6-12

被占场地名称	占用场地单位	占用时间	占作用途	被占土地面积（平方米）	归还面积
第一织布厂篮球场	本厂	1979	堆基建材料	364	未归还
立新布厂篮球场	本厂	1982	堆基建材料	576	未归还
棉纺织厂子弟小学篮球场	本厂	1979	堆基建材料	245	47（平方米）
铁合金厂篮球场	本厂	1978	堆基建材料	364	未归还
标准件厂篮球场	本厂	1972	新建厂房	400	未归还
铸造机械厂篮球场	本厂	1971	新建厂房	364	未归还
周庄乡机关篮球场	周庄镇合作商店	1979	新建书场	748	未归还
华士人民篮球场	华士镇建设办公室	1979	建造民房	1200	未归还
北大街小学足球场	西郊公社曙光大队	1968～1978	建造民房	2141	未归还
西郊公社文富小学操场	西郊公社文富三队	1968	建房做堆场	100	未归还
长山公社申家埭小学操场	私人强占	1979	造私房、自留地	60	未归还
长山中学排球场	长山大队二十队	1975	建造集体猪舍	54	未归还
祝塘中学操场	祝塘公社	1982	筑路	968	未归还
祝塘中学操场	祝塘供销社	1970	建氨水池	338	未归还
北涠中学操场	北涠五金厂 北涠校办厂	1972 1974	建厂房	744	未归还
璜塘公社须毛小学操场	璜塘公社新南大队	1970	筑公路	122	未归还
夏港中学小运动场	本校（临近社员）	1980	建仓库堆基建材料	2674	未归还
申港中学小运动场	临近社员	1978	堆放石子、石料	350	未归还
申港公社徐村小学篮球场	临近社员	1978	私人堆建房材料	600	未归还

续表6-12

被占场地名称	占用场地单位	占用时间	占作用途	被占土地面积（平方米）	归还面积
石庄中学篮球场	石庄大队一小队	1980	建造民房	280	未归还
璜土中学篮球场	本校	1982	建学校门面、走道	540	未归还
县人民政府篮球场	本机关	1981	建造花坛	405	未归还
木材建材公司篮球场	本单位	1978	暂做材料仓库	300	未归还

三、第三次全国体育场地普查工作

全国1983年至1988年新建体育场地普查工作至1988年12月30日结束。普查结果，新增小运动场18片，篮球场184片，且质量有提高，灯光篮球场由前5年的4片急增至29片，其中工矿系统4片、农业系统占了25片。在184片篮球场中，工矿系统26片，农业系统81片，中学50片，小学27片。其间新增体育馆1座，室外滑场2片，游泳池一座，棋类房15座。

1983–1988年江阴县（市）棋类房一览

表6-13

所在地址	主管单位	建成年份	建筑面积（平方米）	长（米）	宽（米）	备注
西石桥镇	文化站	1984	128	16	8	
益健路 13 号	制药厂	1984	136	13.60	10	华士镇
青阳镇陆家场	文化站	1985	80	10	8	
北涸镇	化工机械厂	1985	88.92	11.40	7.8	
璜土镇	文化站	1985	56	7	8	
祝塘镇东街	文化站	1986	75.60	10.8	7	
祝塘镇中街	文化站	1986	28.80	8	3.6	
长泾镇	砖瓦厂	1986	120	15	8	
山观镇	成教中心	1986	92.88	10.80	8.60	
峭岐乡	文化站	1986	20.40	6	3.40	
马镇乡	乡政府	1987	34	10	3.40	
璜塘镇	文化站	1988	144	18	8	
河塘乡	文化站	1988	52.5	7.5	7	
北涸镇	镇政府	1988	59.28	7.80	7.60	
夏港镇新街	文化站	1988	128	16	8	

1983年–1988年江阴县（市）小运动场一览

表6-14

所在地址	建成年份	建筑面积（平方米）	跑道周长（米）	跑道条数（条）	跑道面层结构	长（米）	宽（米）
月城中学	1984	4300	200	3	煤渣	45.10	34.80
山观中学	1984	4500	200	4	泥	55.8	30
澄西中学	1984	6900	250	6	煤渣	101.33	40
云亭中学	1985	10147	300	6	泥	119	53
澄西船厂子弟学校	1985	7500	250	4	煤渣	60	42
陆桥中学	1986	8576	300	6	泥	73	48.4
征存中学	1986	6442	250	6	煤渣	83.24	43.12
申港中学	1986	7200	250	6	泥	101.23	40
南闸曹桥小学	1986	4410	200	6	煤渣	55	34
华士中心	1986	5500	200	4	煤渣	60	35
西效中心	1986	5880	250	6	煤渣	70	35
利港中学	1983	5500	200	3	泥	65	30
璜土中学	1983	4950	250	4	泥	90	38
华士中学	1983	5000	200	4	石砂	76	40
峭岐中学	1987	4092	250	6	泥	98.94	44
北涸中学	1987	5000	200	6	泥	82	30
青阳中学	1987	14036	300	6	煤渣	122	25
江阴职大	1987	24000	400	6	煤渣	105	72

四、第四次全国体育场地普查工作

为了贯彻国家体委〔1995〕432号和江苏省体委〔1995〕69号文件精神，对全市范围内体育场地开展第四次普查工作，要求全市于1996年3月20日完成这项工作。组成普查工作领导小组和工作办公室，参加单位：市体委、市统计局、市教委、市总工会、市农业局，由体委副主任许兴伟任组长。

普查内容：各系统、各行业、各种所有制形式的单位、党政机关、社会团体、民间组织、军队以及个人建有的体育场地（未完成的不登记）。

1996年第四次全国体育场地普查汇总一览

表6-15

场地 类别系统	体育场丙	体育馆		室内游泳池	室外游泳池	有固定看台灯光球场	篮球房	体操房	乒乓球房	健身房	棋类房	保龄球房	台球房
		丙	丁										
体委系统	1	1		1	1		1						
工矿系统				3			1		63	3	25	1	9

续表6-15

场地 类别系统	体育场丙	体育馆		室内游泳池	室外游泳池	有固定看台灯光球场	篮球房	体操房	乒乓球房	健身房	棋类房	保龄球房	台球房
		丙	丁										
农业系统					2	5			6	8	20	2	6
学校系统			1					1		1			
其中：大学													
中专										1			
中学								1					
小学													
合计：	1	1	1	4	3	5	2	1	69	12	45	3	15

场地 类别系统	其他训练房	运动场	小运动场	足球场	射击场		轮滑场		篮球场	排球场	门球场	室外网球场	举重房
					室内	室外	室内	室外					
体委系统									2		2		1
工矿系统	1						2	1	30	8		1	
农业系统									99	4			
学校系统	10	5	58						143	38	1		
其中：大学		1							4				
中专		4							3	1			
中学	3		35						102	35	1		
小学	7		23						34	2			
合计：	11	5	58				2	1	274	50	3	1	1
备注	澄西船厂：灯光球场1片、篮球场3片、溜冰场1片、游泳池1座。												

表6-16　非标准场地一览

	综合活动室	乒乓室	棋室	台球房	游泳池	桥牌室	羽毛球房	排球房
农业系统	70	213	115	18	1	—	—	—
学校系统	2	2	—	—	—	—	—	—
工矿系统	45	—	—	—	—	1	3	1
合　计	117	215	115	18	1	1	3	1

五、第五次全国体育场地普查工作

随着社会主义市场经济的发展，原有的体育场地发生了很大的变化，新建的体育场地也不断增加，根据国家九部（委、局）联合通知和省、市政府有关要求，成立江阴市体育场地普查工作领导小组，由分管副市长任组长，市体育局、政府办、统计局、财政局、教育局、文化局、工商局、园林旅游局、总工会、机关事务局等部门领导为成员，对全市10个部门、16个镇和1个开发区进行条、块结合式的体育场地普查。2004年8月10日至8月21日为动员、培训阶段，

8月21日至8月31日为普查实施阶段，9月5日前数据汇总上报。

2004年江阴市第五次全国体育场地普查一览

表6-17

场地类别 系统	健身房馆	棋牌房馆	单杠房馆	保龄球房馆	台球房馆	非标准体育场	小运动场	非标准足球场	体育馆外广场	室外网球场馆	游泳池馆	室外乒乓球馆	室外乒乓球场	室外射击场	健身路径	健身工程	摩托车赛车场	职工俱乐部	体操房
体育系统										1									
工矿系统	14	5			9		2	1			2							1	1
农业系统	1						4		1		1					1			
教育系统	1	2	10		1	28	55	6		2	1	13	2		3				
高等院校																			
中专中技			1									1							
中 小 学	1	1	9					6		2	1	12	2		3				
其　　他		1			1														
其他系统	11	9		5	11	1		1		6				1	21		1		
合　　计	27	16	10	5	21	29	61	8	1	9	4	13	2	1	24	1	1	1	1

场地类别 系统	器材场地	室内活动场	室空轮滑场	篮球场	排球场	门球场	体育场	体育馆	室外游泳池	室内跳水池	有固定看台灯光球场	综合房馆	田径房馆	篮球房馆	排球房馆	羽毛球房馆	乒乓球房馆	武术房馆	举重房馆
体育系统				3		3	1	1	1				1						1
工矿系统				8	1	1		1	1			1		2		1	9		
农业系统				8							2								
教育系统	4	1		84	24	3	1	7		1	3	5		1	1	1	4	1	
高等院校																			
中专中技	1				1														
中 小 学	3	1			23					1		4			1		4	1	
其　　他												1							
其他系统			1	38		8		1	1		2	1		2		1	9		
合　　计	4	1	1	141	25	15	2	10	3	1	7	7	1	5	1	3	22	1	1

六、第六次全国体育场地普查

江阴市第六次全国体育场地普查工作于2013年12月开展筹备工作，2014年2月17日至18日参加在无锡市体育局组织的培训工作。江阴市体育局设立由局长负总责，分管领导主抓的普查工作领导小组和普查办公室，明确由经济科扎口、协同社体中心共同实施。各镇（街道）相应成立普查机构，选调和组成一批政治素质高，责任心强，懂业务的196人普查队伍。江阴体育局先后举办市级和镇（街道）两级普查培训班。

本次普查工作历时半年，分前期准备、普查实施、经验总结三个阶段。至2014年8月初上交登记表格，8月20日前完成数据录入工作。

2014年江阴市第六次全国体育场地普查汇总一览（前表）

表6-18

单位名称	甲表	乙表01		乙表02	乙表03		乙表04																	乙表05											
		体育场	田径场	小运动场	体育馆	游泳馆	游泳池	羽毛球房	乒乓球室	棋牌室	台球房	健身房	综合房	室内轮滑	室内马术	排球房	壁球房	沙狐球房	举重房	篮球房	跆拳道空手道馆	击剑房	武术房	体操房	室内射箭场	篮球场	三人制篮球场	门球场	羽毛球场	排球场	乒乓球场	网球场	室外滑轮	足球场	掷球场	五人制足球场
澄江街道	106	3	1	18	3	2	3	7	8	41	5	34	8							2	3		1		1	38	4	4	7	2	13	7	1			1
徐霞客镇	36	1	2	5			3		3	61	11	10								1				2		59	4	2	3	5	6			1	6	
城东街道	35	1		6	1	2		4	17	6	10	14								2						18		9	2	3	3	1				
周 庄 镇	46		1	5	1		2	3	21	21	2	17	2			2				3			1			44		2	3	2	2	2		1		1
南闸街道	21			2			2			10	2	7												1		36	7		2	1	2	1				
月 城 镇	31		1	1					2	30	3	1														30	1	1		1						
祝 塘 镇	26	1	1	2	1		1		6	26	4	6								1	1		1			29	1		2		3	1				
云亭街道	21	2		1	2	4	3			14	4	9	2													22	1	1	3	2	4	3				1
璜 土 镇	47	1		4	2			1	5	15	8	3		1							3			5		42	8	5	3		7	1				
新 桥 镇	22	1		1	2	1		1	4	15	7	11			3					1						17	6	1	4	1	1	4				
长 泾 镇	28		1	4	1		2	1	2	24	3	4	2							4						20	1	1	1	1	7	2				
顾 山 镇	24	1	1	3	1	1		1	6	42	4	8				1	1			3						27	3	1	4	2	7					
青 阳 镇	39			8	1		1		1	13		1								1						41	5	1	2	1	3					
华 士 镇	65	2		5	2		4	2	3	39		2	7							1		1		2		31	5	1		1	3	3				
临港街道	101	7	1	1	1	2	1	5	7	31	10	22		2		1				1	3			8		87	19	5	7	5	5	10		5		
市局	18	2	1		2	3	1	1	1	1	2	2	1					1	1		1					5		2		1		2				2
合计	666	22	10	66	20	15	23	26	86	389	75	151	22	3	3	4	1	1	1	20	11	1	3	18	1	546	65	36	43	28	66	37	1	7	6	5

续表6-18

单位名称	乙表06	乙表08	乙表12	乙表13	乙表14	乙表15			乙表16																		乙表11	场地面积（平方米）	用地面积（平方米）	乙表数
	室外马术场	水上运动场	攀岩场	健身步道	健身路径	垂钓中心	自行车绿道	户外活动营地	乒乓室	活动广场	篮球场	足球场	台球房	游泳馆	羽毛球场	健身房	联合器械	跳远	跳高	小田径场	网球馆	单杠场地	双杠场地	石锁	极限运动场	桌上足球房	高尔夫球场			
澄江街道			1	67	181	1		1	47	74	32	1	1	8	1	1	5	5		1	1	1	1			1	1	806609	883968	649
徐霞客镇				19	98	18	8	3	80	38	11					1	9	8	2									230529	296960	480
城东街道				60	50	2			5	36	15				1		4							4				326437	456839	276
周 庄 镇				29	69	3		1	6	25	8				2		3	1				4						254460	417476	289
南闸街道				14	62			20	44	5							3	1						1				96061.36	151548.86	223
月 城 镇		1		26	53	5	2		23	14	4					2	4			1							1	203694	311523	207
祝 塘 镇				52	50	22			20	3	2						4											160870.62	215305.6	240
云亭街道				9	78	3	1		10	30	29						1											214568	294175	239
璜 土 镇				16	65	13	7		23	19	15		1		2	4	5	1										174175.2	246042.9	285
新 桥 镇	2			10	27			3	11	10			1			1	4	1										153623.85	246400.74	151
长 泾 镇				22	52	16			16	29	17					4												141708	237952	237
顾 山 镇				18	73	6		1	33	40	6		2			2												170800	239695	298
青 阳 镇				3	64	1	3		15	4	13						5	2										130171	184291	189
华 士 镇				26	79	8			37	32	20						7											259942	349167	323
临港街道				93	112	9			59	27	6	1	4			1		1					8					725675	1075802	567
市局		1		9	11				1	14														1	1			258333	444961	70
合计	2	2	1	473	1124	107	21	29	430	400	178	2	9	8	6	16	54	20	2	2	1	5	9	6	1	1	2	4307657.03	6052107.1	4723

第七章　宣传　交流　科研

第一节　体育宣传

一、创办内部刊物《江阴体坛》

1994年，江苏省第十三届运动会在无锡市举行，江阴作为无锡市的一个赛区。为了及时、准确让广大群众和有关部门了解这次运动会比赛情况，江阴赛区宣传组决定创办内部刊物《江阴体坛》。从是年7月28日至8月25日发行了6期刊物。比赛结束后，体委分管竞赛训练的副主任和办公室主任商量，鉴于国家对体育高度重视和江阴体育正处于迅速发展时期，认为加强对江阴体育的宣传力度很有必要，应将《江阴体坛》继续办下去。经体委领导班子研究同意，是年11月《江阴体坛》改为月刊，由江阴市体委（体育局）主办，姜琍任执行主编，重点报道领导重视、群众体育、竞赛训练、健身保健、参赛情况等内容，用18开书写纸单面打印，发行至市四套班子领导、机关各部门、各镇人民政府、市单项体育协会。至2006年4月发行125期。2006年5月至2009年4月，改版为8开双面红黑两色铜版纸。2009年5月，为策应江阴市第五届运动会，出刊了《江阴体坛五运专刊》1－6期（总161－166期），开始采用8开双面彩色铜版纸。2005年至2012年，执行主编由体育局办公室主任兼任，责任编辑先后为何婉英、唐晓雯、李忠耘、沈卫平、周玲。2012年5月，因江阴市委办公室、江阴市政府办公室下发关于开展规范简报工作的通知而停办。《江阴体坛》从1994年7月28日始发，至2012年5月停刊，历经19年，总发行188期。《江阴体坛》作为江阴体育系统对外的宣传窗口，对推动江阴全民健身，弘扬中华体育精神，展示江阴体育风采，营造了良好的舆论氛围，做出了重要贡献。

附：2012年5月2日出版的（总第188期）《江阴体坛》内容，这是最后一版的《江阴体坛》，原版刊登，以保留其面目风彩。

江阴市5个群众体育团体和个人获无锡市“十佳”

4月1日，在无锡市体育工作暨全国健身示范城市动员大会上，本市周竹园、许美丽和徐玉芬3人和市太极拳队、青阳镇老年人健身队2个团队高票荣获“十佳”殊荣。

国家体育总局领导视察江阴体育工作

4月21日下午，国家体育总局副局长肖天一行到本市参观考察，省体育局局长殷宝林、副市长龚振东陪同考察。

在参观了新桥中学体育设施以及新桥绿园社区后，肖天认为，江阴城乡面貌亮丽、环境优美，体育配套设施齐全，非常适宜人居。在海澜国际马术俱乐部，肖天一行详细了解了这个以马术运动为核心，集体育用品生产、马术训练表演、企业文化旅游于一体的基地运营情况。肖天对江阴体育产业的发展给予了高度评价，他认为江阴着力加强体育品牌创建，放大产业优势，为全国同类城市发展体育产业作出了典范。

江阴市召开群众体育分片座谈会，落实体育基本现代化推进工作

近日，市体育局在各片区召开了群众体育工作座谈会，重点围绕城乡“十分钟体育健身圈”和镇、村“新四个一工程”建设部署今年群众体育工作，深入推进江阴市体育基本现代化。

城乡“十分钟体育健身圈”就是在城乡居民居住区步行10分钟路程范围内（直线距离800–1000米），有一处可供开展健身活动的场馆（地）或设施，同时提供健身指导、健身知识、健身咨询等服务。本市十分重视城乡“十分钟体育健身圈”建设，已把它纳入到了2012年江阴市委、市政府为民办十件实事之中，今年将进一步加大公共体育设施投入力度，公共健身场地和设施建设向自然村覆盖延伸，年底全市十分钟体育健身圈覆盖率完成50%，至2014年实现全覆盖。

江阴市群众体育实现了三次跨越式发展，2006年在全省率先完成“村村体育健身工程”（指全市各行政村都建有篮球场、健身路径、乒乓球室、棋牌室等健身设施），2007年率先成功创建江苏省体育强镇、体育强市，2008年成为江苏省首批体育基本现代化建设试点县级市，推进市、镇、村“新四个一工程”。经过三年的建设，本市体育设施提档升级实现城乡一体，市级建成了有4000个座位的体育馆、有31888座位的体育场、2万平方米全民健身活动中心、2500座市民水上活动中心“四个一工程”。镇级体育设施快速推进，所有镇（街道）建有标准游泳池、400米塑胶田径场、2000平方米全民健身活动中心，70%的镇（街道）拥有体育馆。行政村（社区）体育设施在实现“村村体育健身工程”的基础上继续完善提升，并向自然村延伸。

体育局在推进十分钟体育健身圈中本着普惠、普及的原则，要求各乡镇（街道）高度重视，创新思路，将它与村庄整治相结合、与新农村建设相结合、与城乡一体化推进相结合、与乡镇重点工程建设相结合。会议同时对全民健身活动、国民体质测试、社会体育指导员培训等常规工作进行了布置安排。

通过座谈交流，了解到本市镇级“新四个一工程”有望年内实现新突破，有四个镇（街）年内规划启动新建体育馆，届时有望实现镇镇都有体育馆目标，周庄等镇一河两岸环境整治融入体育元素，将在新建景观带中建设门球场、羽毛球馆和小篮球馆。申港街道、夏港街道、青阳镇等镇（街道）创新工作思路，将镇（街道）国民体质测试站与社区卫生服务中心、文化中心结合在一起，便于服务群众、指导科学健身。徐霞客镇、月城镇、顾山镇等继续发挥传统优势，打造“一镇一品”全民健身活动，承办国际攀岩大师赛、中华龙舟赛、全国男女混双象棋比赛，将体育与旅游、休闲、文化结合，彰显江阴体育特色。

江阴第七届市级机关“浦发杯”羽毛球赛开赛

传递友谊、显现快乐、收获健康。为努力建设现代化滨江花园城市，广泛开展全民健身运动，积极营造市级机关浓厚的群众性体育活动氛围，4月7日，江阴第七届市级机关“浦发杯”羽毛球赛正式开赛。

本届羽毛球赛设置男子双打、女子双打、混合双打3个项目，全市有27个机关部门（单位）组队参加，参赛运动员共136名。经比赛组委会的精心编排，37对男双选手将进行41场角逐，最后取前8名；9对女双选手将进行9场对阵，最后取前3名；22对混双选手将进行25场比赛，最后取前6名。市级机关羽毛球赛充分展示了市级机关蓬勃向上的生机与活力，展示了各参赛队的凝聚力和战斗力。

江阴市门球赛圆满结束

经过两天的激烈角逐，江阴市第二届“欧嘉杯”门球赛于4月17日下午圆满结束。市退教协会代表队团结一致、发挥出色，最终在20支队伍中脱颖而出，捧得冠军奖牌；供电公司代表队实力不菲，但是由于没有抓住机会屈居亚军；澄江街道、新桥镇、璜土镇、法尔胜、农林局、江阴石化等代表队分获三至八名。

此次门球比赛开赛暨2012年江苏省老年人体育节江阴分会场启动仪式，市涉老涉体部门领导及老年体协的领导参加了启动仪式，市体育局副局长喻伟力发表重要讲话，市老领导翟怀新宣布活动启动。（照片）

简 讯

▲申港街道举行首届“南庄佳苑”杯老年门球友谊赛 4月9日，申港街道举行首届“南庄佳苑”老年门球友谊赛，来自全市的9支代表队进行紧张而又愉快的角逐，最终市农林局代表队获得比赛冠军，夏港和申港代表队分别获得亚军和季军。

▲云亭街道、华士镇纷纷举办健身球操、柔力球培训班 为推动全民健身运动，提高老年人的身体素质，4月19日至21日云亭街道举行健身球操的培训，来自6个村2个社区共20名学员参加培训。华士镇老年协会于4月9日至11日举办老年人健身球九套培训班，全镇各村、社区代表51人参加培训， 4月21日至22日华士镇又举办柔力球飞龙二套培训班，共50人参加培训。培训结束后，骨干们回村、社区进行传、帮、带，再举办村级培训班，以滚雪球的方法全面、继续推广，一个全民特别是老年人的健身热潮已在全镇掀起。

▲璜土镇举行2012年“生态杯”门球比赛 3月27日，璜土镇在璜土生态公园门球场举办“生态杯”门球比赛，参加此次比赛的有璜土村队、北湖西1队、利城村队、璜土退教、石庄退教等6支队伍。经过12场激烈的角逐，璜土村队、璜土退教队、北湖西2对分别获一、二、三名。

▲利港镇举行2012年“华平杯”羽毛球比赛 4月25日，利港镇2012年“华平杯”羽毛球比赛在利港实验小学体育馆隆重举行。本次比赛分男子单打和女子单打，共有46名选手参加。经过激烈的角逐，孙晔和吕小英分别获得男女单打的冠军。

▲利港镇举行“庆五一”职工拔河比赛 4月26日，利港镇体育委员会联合利港镇总工会，在利港实验小学体育场举行了利港镇“庆五一”职工拔河比赛，共有各村（社区）和企事业单位组织的25支队伍进行角逐，参赛人员、啦啦队、观众等将近1000人。经过一番激烈的拼搏后，耀坤机械代表队获得了此次比赛的冠军。

▲华士实验中学举行第四届春季运动会 4月1日，华士实验中学第四届春季运动会开幕，全校44个班级全部组队参赛、三百多名学生运动员参加了田径项目的角逐。运动员们发扬“更高、更快、更强”的奥林匹克精神，顽强拼搏，赛出了好成绩和好作风。

2012年江阴市全民健身活动计划

表7-1

序号	时 间	项 目	主办单位	承办单位	地 点
1	1月1日	2012年全民健身活动启动仪式暨元旦长跑活动	全民健身工作指导委员会	体育局	体育中心
2	1月1—3日	2012年元旦全民健身系列活动	体育局、各镇、街		
3	1月1—3日	江苏省“小太阳杯”少儿棋类比赛	省棋类协会	棋类协会	城中实验（东区）
4	1月16日	“三下”乡活动	宣传部	体育局等	璜土镇
5	1月	2012年春节全民健身系列活动	体育总会、各镇、街	各单项协会	体育场

表7-1

序号	时 间	项 目	主办单位	承办单位	地 点
6	2月	江阴市三级社会体育指导员培训	体育局	社指协会、老年体协	澄江服务中心
7	4月	江阴市第二届登楼王比赛	体育总会、江阴报社		
8	4月	江阴市全民健身志愿服务（国民体质测试）	体育局		环西社区
9	4—10月	2012年江阴市足球俱乐部联赛	体育总会	足球协会	体育中心
10	4月	江阴市全民健身志愿服务启动仪式暨体育志愿服务队成立（健身设施维修人员业务培训）	体育局	社指协会	
11	4月	江阴市健身气功培训班 2 期（健身志愿服务）	体育局		
12	4月	江阴市全民健身知识大讲坛（健身志愿服务）	体育局		
13	5月	迎五一广场全民健身系列活动家庭健身趣味赛	全民健身工作指导委员会	体育局、教育局	学院场
14	5月	江阴市桥牌团体赛	社体中心、体育总会	桥牌协会	职业技术学院
15	5月26日	全国城市体育舞蹈公开赛	中国体育舞蹈协会	体育总会、体育舞蹈协会	体育馆
16	5月-6月	江阴市男子篮球联赛	社体中心、体育总会	篮球协会	各镇、街
17	6月	无锡市二级社会体育指导员培训班（广播操、排舞）	无锡市体育局	社体中心、社指协会	
18	7月	2012年江阴市游泳比赛	社体中心、体育总会	游泳协会	水上活动中心
19	8月	全民健身节启动仪式全民健身日系列活动	全民健身工作指导委员会	体育局	
20	8月	2012年江阴市健身秧歌比赛（第五套）	社体中心、体育总会	木兰拳协会	
21	8月	2012年江阴市广播操比赛（第九套）	社体中心、体育总会		
22	8月	2012年“金顾山杯”全国象棋混双邀请赛	国家棋牌中心	体育局、顾山镇	顾山镇
23	9月	2012年江阴市棋类比赛	社体中心、体育总会	棋类协会、青阳镇	青阳镇
24	9月	江阴市三级社会体育指导员培训	体育局	社指协会	
25	10月	无锡市健身气功巡回教学志愿服务（2期）	无锡市体育局	体育局、社指协会	
26	10月	庆国庆全民健身系列活动	体育局、镇、街	各镇、街、协会	
27	10月	庆“十八大”省老年人体育节江阴分会场闭幕式 暨老年人健身项目展示大会	市涉老涉体部门	市老年体协	各镇、街
28	10月	2012年江阴市拔河比赛	体育局、体总	社指协会	
29	11月	2012年江阴市乒乓球比赛	社体中心、体育总会	乒乓球协会	体育中心
30	11月	2012年羽毛球大联盟比赛	社体中心、体育总会	羽毛球协会	各羽毛球馆
31	12月	2012年“五送一助”活动	市政协	体育局等	
32	1—12月	夜晚文化周末体育健身志愿服务	体育局	各协会	体育中心等老体育场

2012年江阴市学校体育竞赛计划

表7-2

序号	竞赛项目	比赛时间、地点	参　赛　规　定
1	小学生足球	4 月 26—30 日 江阴市体育中心	男、女运动员各 12 名，限 2000 年 1 月 1 日以后出生。
2	小学生棋类	5 月 11—13 日 城中实小	各棋种男、女运动员人数不限，儿童甲组：2001 年 8 月 31 日以前出生者；儿童乙组：2001 年 9 月 1 日-2003 年 8 月 31 日出生者； 儿童丙组：2003 年 9 月 1 日—2004 年 8 月 31 日出生者； 儿童丁组：2004 年 9 月 1 日—2005 年 8 月 31 日出生者；
3	小学生篮球	6 月 6—10 日 北涸实小	男、女运动员各 12 名，限 2000 年 1 月 1 日以后出生。
4	小学生乒乓球	6 月 21—24 日 市体育中心	运动员甲组男、女各 2 人，乙、丙组男、女各 4 人。 儿童甲组：限 2000—2001 年出生者，男、女单打。 儿童乙组：限 2002—2003 年出生者，男、女单打、团体。 儿童丙组：限 2004.1.1 以后出生者，男、女单打、团体。
5	中学生乒乓球	6 月 21—24 日 市体育中心	初中、高中组男、女单打和团体，每组可报 4 男 4 女。
6	中学生足球	7 月 9—12 日 江阴高中	初中、高中男子，每队运动员 18 人。
7	中学生篮球	7 月 23—27 日江阴一中、市中初中部	初中、高中组男、女，每队运动员 12 人。
8	小学生游泳	8 月 10 日 市体育中心游泳馆	每组男、女各 6 名甲组 2000 年-2001 年；乙组 2002 年-2003 年；丙组 2004 年 1 月 1 日以后出生者。
9	中、小学生田径	9 月 27—30 日 市体育中心	小学组：甲组（2001 年生）各 3 人；乙组（2002 年生）各 3 人；丙组（2003 年生）各 2 人；丁组（2004 年生）各 2 人。初中组：各 8 人；高中组：各 8 人。
10	小学生阳光伙伴	10 月 11—12 日 地点待定	运动员 16 人（男、女各 8 人），替补运动员 4 人（男、女各 2 人）。
11	小学生排球	11 月 1—4 日 周庄实小	男、女运动员各 6 名，限 2000 年 1 月 1 日以后出生。
12	中学生健美操	11 月 16—17 日地点待定	初中、高中组。

注：参赛规定详见各项目竞赛规程。

二、重大体育赛事宣传报道

2005年始，江阴市体育局对重大体育赛事进行多渠道、全方位的宣传报导，促进了体育的全面发展。据体育局的《业余训练》挡案收集资料统计汇总；

2005年度，在《新华日报》刊登2篇，《无锡日报》刊登信息24条；《江阴日报》刊登91篇。

2006年度，在中央媒体刊物上刊登8篇；在省级媒体刊物上刊登9篇；市级以下媒体刊物上刊登62篇。《江苏体育信息》正文录用9篇；江苏体育网录用36篇；《扬子体育报》录用7篇。发表论文1篇；在省的会议上发表有价值的调研报告6篇。

2007年度，在中央媒体上刊登12篇；省级媒体上刊登8篇；市级以下媒体上刊登95篇。在《江苏体育信息》正文录用2篇；江苏体育网录用117篇；《扬子体育报》录用6篇。在2008年《科技信息》第32期和2008年《体育文化导刊》第3期各刊登论文一篇；在省的会议上发表有价值的调研报告3篇。

2008年度，在中央媒体《中国体育报》刊登8篇；在省级媒体上刊登3篇；市级以下媒体上刊登84篇；图片69幅。在《江苏体育信息》上正文录用5篇；江苏体育网录用132篇；《扬子体育报》录用18篇。

2009年度，在中央媒体刊登江阴市体育宣传稿件19篇；在省级媒体上刊登9篇；市级媒体刊登16篇。在《江苏体育信息》上正文录用稿件5篇；在江苏体育网上录用稿件368条。

2009年《南京体育学院学报》第3期、2009年《湖州师范学校学报》第2期、2009年《皖西学院学报》第五期、2009年《内江师范学院学报》第8期各刊登论文一篇。在省的会议上发表大会交流报告3篇。

2010年度，在中央媒体刊登体育宣传稿件15篇；在省级媒体上刊登宣传稿件7篇；在市级媒体刊登宣传稿件7篇。《江苏体育信息》正文录用稿件6篇；江苏体育网录用稿件54条。

2011年度，在中央媒体刊登宣传稿件14篇；省级媒体上刊登宣传稿件6篇；市级媒体刊登宣传稿年11篇。《江苏体育信息》正文录用稿件2篇；江苏体育网录用稿件80条。

2012年度，在中央媒体刊登体育宣传稿件14篇；在省级媒体上刊登宣传稿件14篇；市级媒体刊登宣传稿件11篇。《江苏体育信息》正文录用稿件3篇；江苏体育网录用稿件83条。

2013年度，在中共媒体刊登宣传稿件14篇；省级媒体上刊登宣传稿件15篇；无锡市级媒体上刊登12篇；《江苏省体育信息》录用稿件4篇；江苏体育网录用稿件81条；相关杂志、报刊刊登江阴市体育新闻稿144篇。

2014年度，在中央媒体上刊登宣传稿件8篇；省级媒体上刊登宣传稿件10篇；无锡市级媒体上刊登3篇；《江苏省体育信息》录用2篇；江苏体育网录用稿件62条；相关杂志、报刊刊登江阴市体育新闻稿239篇。

2015年度，在中央媒体上刊登宣传稿件10篇；省级媒体上刊登宣传稿件12篇；无锡市级媒体上刊登宣传稿件8篇；《江苏省体育信息》录用稿件2篇；江苏体育网录用稿件71条；相关杂志、报刊刊登江阴市体育新闻稿312篇。

第二节　体育交流

江阴县（市）的体育对外交流活动，自改革开放后始启动，20多年来与周边国家和地区的体育团体展开友谊交流和参观活动，提高了技艺，增进了友谊，促进了体育事业的发展。

一、来访

1985年7月21日，日本国家乒乓球队男、女队员13人，由八木乡善次郎团长带领到江阴，参观华西大队，在村的乒乓室里，一位日本曾获得过二十九届女子单打冠军的老运动员，同江阴县体委主任吴应鸣即兴挥拍。午后返城，参观体育场、馆和训练房等体育设施。这是江阴体委接待的第一批外国体育来宾。

1985年8月5日，应中日友好协会无锡分会邀请，以田中仁为团长的日本相横原市少年海外体育交流事业访华团（足球）一行27人，在江阴体育场与本县少年足球队举行友谊比赛。江阴少年足球队以2：1胜相模原市少年足球队，这是外国球队到江阴的首次交流比赛。

1985年9月23日，由朝鲜体育运动指导委员会副委员长率领的朝鲜体育代表团到江阴，参观江阴华西大队。

1986年7月20日，日本体育教育研修团一行21人，应中国国际体育旅游公司的邀请，由无锡到江阴参观华西大队，晚上住华西大队宾馆。

1987年4月14日，应国家体委邀请，由伊朗教育和体育研究室主任阿巴斯·巴赫拉姆率领的体育专家考察团一行5人，由无锡到江阴参观青阳镇农村体育、江阴县体委体育设施。

1987年8月14日，西日本少年选拔足球访澄友谊比赛，与江阴市少年足球队踢成1∶1，握手言和。

1988年5月16日，应江阴市政府、江阴市排球协会邀请，日本大阪女子排球队访华团，在大阪府排球协会副会长鸣以六司率领下，与南京部队女排在江阴体育馆举行“蟠龙杯”国际女排友好邀请赛。

1989年9月4日，应江阴市政府、申港镇政府邀请，巴基斯坦国家男子篮球队，在该国篮协主席阿夫扎尔·罕带领下，与江苏男篮在申港镇灯光球场，举行一场邀请赛。

1990年9月13日，应邀到江苏访问的苏联乌克兰加盟共和国第聂伯尔奥林匹克足球队与江苏加佳队，在江阴举行“利用杯”国际足球比赛。两队在上、下场分别各进一球，最后加佳队抽签得胜，捧走“利用杯”赛的冠军奖杯。

1993年5月24日，应江阴市政府、市排球协会的邀请，日本松电电器队团长川琦安夫一行，与上海男子排球队，在江阴体育馆举行“菊花空调杯”国际男排邀请赛。

1994年3月31日，应江阴市政府邀请，德意志联邦共和国下萨克森川沃尔芬比特市市长海因茨·迪特尔·埃斯姆，率经贸访问团到江阴市访问，并举行“94江阴国际足球友谊赛”。

1994年4月3—4日，为促进中德两国经济交流，江阴市与德国沃尔芬比特市结成友好城市，市政府邀请该团不伦瑞克足球队与江阴钻石队、江阴少年队进行两场比赛。副市长徐海峰主持友谊赛开幕式，市委副书记吴振法致欢迎词，市长贡培兴为比赛开球，市委书记翟怀新参加开幕式。

1994年4月19日，澳大利亚国家男子排球队，受邀到中国参加男排四国邀请赛，赛前到江阴与江苏男排进行一场“94江阴‘京江杯’国际男子排球邀请赛”。

1996年8月17日，应江阴市政府、市体育馆邀请，美国加州大学生篮球队和江苏男子篮球队在江阴体育馆举行友谊赛。

1998年9月4日，日本大阪男子排球队一行25人，在前大阪知事中川和雄带领下抵达江阴，晚上与江苏省男排举行友谊赛。江苏雪豹日化公司、兴澄大饭店提供赞助。副市长陈捷元会见和宴请日本客人，颁发“雪豹日化杯”。

1999年8月21—22日，日本藤冈市少年足球队为主组成的友好访问团一行34人，在市体育场与市少年足球队、举行4场友谊比赛。

2002年9月6日，世界劲旅古巴女子篮球队首次赴澄，7日晚在市一中体艺馆与中国女子篮球队举行友谊赛。

2008年9月23日，韩国蔚山市少年足球队代表团一行27人到江阴，与市少年足球队举行一场友谊赛。

二、出访

2001年8月22日至29日，江阴市实验小学周光辉、周光宇、张晓韬、张圣贤4名学生，随江苏省青少年围棋代表团，赴日本爱知县访问、比赛。江阴市棋院副院长章逸随团出访。

2001年，江阴3名围棋运动员，随江苏省棋院出访日本名古屋，进行围棋交流。

2003年4月，应日本藤冈市的邀请，江阴市棋类协会、围棋联谊会、组成以周筱晔为团长，由章逸、喻伟力等人组成的围棋代表团，出访日本藤冈。

2006年2月7—12日，应新加坡象棋总会的邀请，江阴市棋院一行8人赴新加坡进行象棋文化交流、象棋大师戴荣光随队前往。

2006年3月30日，江苏省女足，江阴籍运动员吴敏、曾莹、王大曼等去美国比赛、交流15天。

2008年8月11—17日，应日本藤冈市市长本昭次的邀请，市委常委、宣传部部长姜宪，率领市少年足球友好代表团一行27人，赴日本藤冈市进行友好访问。12—13日，市少年足球队参加藤冈市“狮子杯”少年足球赛。在江阴市与藤冈市结为友好城市的基础上，加深江阴与藤冈的友谊与合作。

2009年8月12日，应台湾象棋协会邀请，江阴棋协章逸、尤国耀率4名象棋小选手随江苏省象棋代表团赴台湾进行棋类交流活动。

2010年5月29日至6月3日，应柬埔寨棋联总会邀请，江阴棋院院长周筱晔率团随江苏省象棋代表团访问柬埔寨棋联总会。

2014年8月21日至29日，应日本爱知县、福冈县的邀请，由江阴棋院章逸任团长的江苏省青少年围棋代表团，率江阴5名围棋小选手，与泰州、宜兴3名棋界同仁一行13人赴日对口交流棋艺，受到福冈县知事小川的热情接待和会见。

第三节　体育科研

一、体育教学研究

学校体育教学研究是从1977年以后才正式开始的。“文化大革命”后学校体育趋向正常，为提高体育课堂教学质量，将学校体育引向深入，江阴县文教局开始设体育教研员，具体抓好学校体育教学研究和体育教师培训工作。

1978年，教育部颁发《学校体育教学大纲》（试行草案），对学校体育教学、卫生工作有了明确的目标和要求，学校成立体卫领导小组，每个体育教师都有备课本、听课本。

1979年，教育部颁发《中小学体育工作暂行规定》。是年寒假，县文教局、体委举办体育教师学习班，聘请有多年体育教学经验的教师仲正裕、尤一鸣、马林兴、胡明甫、沈禹九、姚春平、姜玉熙、季凤英、王世贤等主讲各年级体育备课、教学经验。参加培训学习的教师都要编写好自己所任年级的体育教学进度和备课教案。

1980年，教育部颁发高等学校体育教师培训计划，使三分之一的在职体育教师接受三个月至一年的培训，提高了在职体育教师的业务水平。江阴实验小学一年对外开两项体育公开课：一次是对全县中心小学开的，一次是对地区各县的实验小学开的。

1981年，中央两个“暂行规定”（《中小学体育工作暂行规定》《中小学卫生工作暂行规定》，简称两个“暂行规定”）指明了学校体育的目标方向。江阴县建立中学、小学中心教研组，各公社建立体育教研组，江阴县设县中心教研组，各片成立片中学、片中心小学教研组，并且规定各研究活动的时间和次数。是年10月，县体育中心教研组举办五个专题讲座，聘请江苏师院体育系教师到县讲课，各完中、中心小学及部分体育教师参加听课。

1982年，县文教局、县体委召开为期三天的全县中小学体育教研组长会议，研究安排中小学各年年级体育教学计划、施行新的《国家体育锻炼标准》和培训第六套儿童广播体操。

1983年，大多数公社中小学做到教学有计划、备课有笔记，上课有常规。

1985年，从下到上各类学校开展人人上好一堂体育公开课的教学活动，由各校推送到片、再由片推行到县，全面交流学校体育教学改革的经验，提高了体育教师的素质和体育正课的教学质量。澄江中心杨静华、长泾中心王伯溪及一中教师浦静芬参加无锡市和江苏省优秀体育课的评选。大面积提高了体育课的教学质量。

1986年，学校体育紧紧围绕上好每一堂课，提高课堂教学质量，全县开展以片为单位的青年体育教师评课活动，各片推选出来后再到全县评比。

1987年，江阴市教育局、体委邀请国家体委研究员徐福生到江阴进行为期10天的示范训练指导，世乒赛冠军惠钧、李惠芬和以孙晋芳为首的妈妈排球队到江阴作辅导表演。

1988年，市、片、乡的体育教研组坚持定期开展教研活动。全市各校开展优秀体育课评比活动，南菁中学教师王佩兰所教的课被评为江苏省农村中学优秀体育课。

1989年，执行《九年制义务教育全日制教学大纲（初审稿）》，开展各级体育优秀课评比活动，长寿中心小学的教师蔡建英在无锡市体育优秀课评比中获一等奖。

1990年，市体委与教委联合举办为期五天的各乡镇中心小学体育教师培训班，重点讲授了选材理论与训练规范等内容。是年8月，澄西中学教师姚春平撰写的《学生骨干教学演示在体育教学中作用》一文在《中国体育报》上刊登。

1991年5月，《江阴市学校体育工作经验汇编》和《江阴市农村优秀体育课教师经验汇编》出版，南菁高级中学、职业中学、职工大学的体育教学改革被推广交流。

1994年，青阳实验小学教师许建明在江苏省中青年体育教师基本功比赛中获小学组一等奖。在江阴市体育教学能手评选中，南菁中学邹炫、峭岐二中封伟、澄江中心小学杨静华三位教师被评为江阴市第一批教学能手。

1995年，澄西中学的教师姚春平被评为首批江阴市中学体育学科带头人。江阴市体委对教练员实行聘任制和工作目标风险抵押承包，打破铁饭碗和终身制。是年8月29日，第八届全国人民代表大会常委会第十五次会议审议并通过了《中华人民共和国体育法》。为促进教研功能网络化管理，江阴市教研室聘请学科骨干教师担任江阴市中小学教学研究中小学科中心组成员，并发聘书，任期三年，每三年聘一次。

1996年，江阴市第一届中小学体育青年教师教学大比武分别在山观中学和澄江中心小学举行。澄西中学的教师殷坚和文林中学的教师黄志良获中学组一等奖；祝塘中心小学的林玉生和澄江中心小学的林海获小学组一等奖。澄西中学的殷坚被评为江阴市中学体育学科教学能手。是年，青阳中学的“高中体育类别教学模式研究”被列为江苏省教育科研“九五规划”立项课题，成立全市首项省级体育教学专项课题。

1997年，首次小学体育教师运用现代化教学手段室内理论课评比活动在澄江中心小学举行。这标志着江阴体育教学进入现代信息技术时代。是年，全市80篇体育教学科研论文在国家刊物上发表。

1998年，澄西中学教师姚春平、澄江中心小学教师林海当选为无锡市第一批体育学科带头人。

1999年，青阳中学的江苏省教育科研“九五”规划立项课题“中学体育类别教学的研究”顺利结题。

2001年，澄西中学教师张小明在江苏省第二届中小学体育教师教学能手比赛中获中学农村组一等奖，江阴高中的健美操获省个人第一，集体第三。

2002年，江阴市教育局教研室编辑出版《中小学体育实验教材教学案例集》。

2003年，江阴实验小学教师夏兴南被评为无锡市小学体育学科带头人、第二实验小学汤菊被评为江阴市小学体育学科带头人。是年，江阴市教育局出台《江阴市“九年义务教育”体育与健康“课程标准实验”课堂教学评价表》。

2004年，由教研室沈菁主持，江阴高中初中部体育教研组承担的中央教科所“十五”学校体育卫生科研重点规划课题TWB1013“现代信息技术在中小学体育与健康教育中的运用实验研究子课题”——“初中体育与健康课程单元教材信息资源的开发与运用”立项实验并取得阶段性成果。是年，由两所学校参加的中国体育学科学会立项的全国重点课题“21世纪中国学校体育发展研究”子课题实验研究结题，并被评为二等奖。

2005年，江阴市中小学体育教研网站于2005年9月1日开通。

2006年，江阴市举行首届教研室校领导体育教学大比武，体育学科中学6名、小学7名校级的领导参加比赛，5人获二等奖。是年，江阴高级中学教师王建伟执教的武术课《棍术》获江苏省体育优秀课评比一等奖，代表江苏省参加“第二届全国中小学体育教学优秀课评比”获一等奖，并作为全国一等奖得者的代表在“第二届全国中小学体育教学观摩展示活动”的开幕式上执教初二年级的武术课《棍术》，受到与会专家与观摩者的一致好评。

2007年，4位教师的论文在第四届中国学校体育科学大会论文评比中获二等奖。

2011年，江阴高中教师孔敏亚撰写的论文获“中华人民共和国第十一届中学生运动会科学论文报告会暨第六届中国学校体育科学报告会”论文奖，并获得省教育厅“五一劳动奖章”。2014年，江阴实验小学曹建英撰写的体育研究论文，获全国教学设计评比一等奖。自2008年起，江阴市体育界的广大教职员工参加体育教学研究、体育科研活动呈普遍性状态，得到国家级、江苏省无锡市级和江阴市级的获奖论文呈逐年递增态势，推动着江阴市向体育强市发展的进程。

（一）体育研究学术论文（部分）

编者按：江阴市对体育方面的研究，在市教委、教育局，市体委、体育局的共同关心和组织下展开，研究内容广泛，涉及体育工作的诸多领域。除了学校的体育专职教师进行研究外，也有相关单位（协会）等领导，研究人员对实践工作的总结、探索，如市信鸽协会原会长陈济生，对在经济大潮新形势下，经济这个杠杆作用对赛鸽活动的重大影响和拉动信鸽运动的发展，进行了深刻的剖析，谈了他的实践经验与真知灼见，对其他体育协会同行有一定的借鉴作用，同时亦起到一定的宣传作用。江阴职大体育部的体育教师和江阴体校的体育教师、职业教练，站在全局的高度和专业性的视角，高瞻远瞩地对现代体育发表许多建设性的论述，深化江阴体育科研的内涵，推进江阴体育科研的发展进程，形成江阴体育科研百花齐放的喜人局面，现择部分较优秀的体育研究论文收入本节中。

试述新课标下体育教学内容更新不能忽视的几个问题

长泾中学　李　春

随着我国学校体育改革的不断深入和体育工作者的不断探索和研究，以“健康第一”为指导思想的新课标就应运而生了。国家中小学《体育与健康课程标准》经过分期、分批地慎重有序地推广实施，目前在全国范围内已经有半数以上的地区进行了实验，由丁其确认的课程改革方向的正确性和课程标准的可行性，得到了体育教育同仁的一致赞同。

体育教学内容的更新与选择，本人认为既要继承也要发展，既不能墨守成规，也不能全盘否定，既要考虑时效、时令，也要考虑地区的差异。下面就此发表一些观点，旨在与各位同仁切磋与提高。

新的课程标准即将实施，如何正确理解和贯彻落实新课标中提出的一些新思想、新理念的问题，就摆在了一线体育教师的面前。由于我国当前中小学体育课程教材体系相对落后，体育教学内容相对陈旧，因而已不能适应新课程标准，新课程、新理念下新的体育教学体系也就应当随之产生，新课标里没有象过去体育教学大纲中，给体育教师规定了很具体的教学内容，在“放开”和“开放”的指导下，我们可以放开手脚去选择那些适应学生身心发展需要的体育教学内容。但是根据什么去选择新的教学内容；根据什么去删除旧的教学内容？为此本文对新课标下体育教学内容的更新不能忽视的几个问题拟作粗浅地探讨。

一、体育教师应先转变观念，走进新课程

学校体育工作主要依靠体育教师去进行，体育教学内容的实施者是体育教师。因此体育教学内容的更新、实施只有靠一线体育教师，只有体育教师先走进新课程，体育教学内容的更新才能具体实施。体育课程标准不确定教学内容，这一变化，决定了教师必须改变。

（1）角色政变。新课程强调，教师是学生学习的合作者、引导者、参与者，教学过程不只是忠实地执行课程计划的过程，而是师生共同开发课程、丰富课程的过程。课程变成一种动态的、发展的，教学真正成为师生富有个性化的过程。按照新课程的要求，教师应当帮助学生制定适当的学习目标，并确定和协调达到目标的最佳途径；指导学生形成良好的学习习惯，掌握学习策略。因此，教师应由学习的传授者转化为促进者，学生的管理者转化为引导者。这样才能有目的选择适合学生实际的教学内容。

（2）教学方式改变。在新课标下，教师在教学方式上，将更多采取“非结构”“开放式”的控制方式，特别注意学生的情感体验和创新品质的培养；而不是传统课堂教学中的“结构化”“封闭式”课堂教学的控制方式，强调学生对运动技能的掌握，强调运动技能形成的规律。教师对学生进行教学，应参与学生开放式的活动中，而不是固定的讲解、示范、指挥，而是在操场上和学生一起感受运动的喜悦。此外，还可合理开发利用现有体育设施，发挥体育器材的多种功能。比如，跨栏的栏架可用作投射门。教学方式的改变，教师可根据课堂需要选择利于学生开放式的教学内容，使学生真正成为课堂的主人。

（3）教师形象改变。传道之人，必须闻道在先。塑造他人灵魂，首先自己要有高尚的品德。一个合格的体育教师除了具有高尚的道德品质外，还必须善于运用自己所学的知识在教学中果断恰当地判断问题，有效地解决运动中的问题：必须具有比较渊博的知识及较强的教学和科研能

力，必须具有较强的亲和力和语言感染力。这样体育教学内容的更新才能具体实施。总之，治标必须治本，新课标下体育教学内容的更新，体育教师应首当其冲转变旧观念，执行新课标。

二、坚持原则、明确目标

两大《标准》的颁布与试行，就是要求我们在安排教学内容时，应依据《标准》的课程理念和《标准》的测试内容，精选与学生身心健康紧密相关的内容。新课标只是规定了各阶段课程目标，但对完成课程目标所必需的内容和方法，只提出了一个大体范围，各地区、学校、教师和学生都有相当大的选择余地。另外，体育教学升学目标的压力也不大，这都为体育教学内容的选择和体育课改提供了更大的自由空间和舞台。体育教学内容的更新选择，要根据新课标的目标、学生特点和条件，从体育内容和其他有关方面选取的素材中，选取适用的教材，学生在教学中通过掌握这些材料，转化成教学和教育成果，实现体育教学的目标和任务。

为了更好地从大量的体育内容中选择教材，首先应确定选编教材的原则。选编教材的原则是根据社会需要、体育教学的指导思想和目标、教学对象的特点，结合实施教学的具体条件制定的。我们所选编的教材，必须符合教育性原则，健康性原则、科学性原则、发展性原则。对体育教师来讲，最重要的一点就是要贯彻“健康第一”的指导思想，一切从学生的健康成长出发。一是完成体育知识、技能的教与学；二是引导学生安全、有序的开展各项活动或竞赛。达到这个要求，就能实现新课标的学习领域及学习水平各项目标并能使学生达到《学生体质健康标准》的要求。

三、面向全体学生

我国学校体育的目标，是按照“面向现代化，面向世界，面向未来”的战略方向，使学生成为德、智、体、美、劳全面发展的社会主义新人，这是我国培养人才的质量标准。体育教学面对的是全体学生，而其内容的选择就应适合全体学生。任何一个科目都不能通过一般的教学课，在课堂上直接培养出专业人才。由于体育的特殊性，体育尖子更不能通过课堂直接培养。而是通过课堂打基础，让每一个学生都积极参与，都得到全面发展。

目前，我国学生体质健康状况不容乐观，教育部于日前向全社会发《2002年学生体质健康监测结果公告》，公布发布的数据表明，我国学生体质健康状况总体上升，部分指标水平呈下降趋势。《公告》发布了学生身体素质健康存在的主要问题。与2000年相比，除反映速度素质的50米跑成绩下降幅度较小外，2002年我国学生的爆发力、力量等素质继续下降，且下降幅度明显。反映下肢爆发力的立定跳运水平，与2000年相比有75%的年龄组呈下降趋势。反映女生腰腹肌力量的仰卧起坐水平与2000年相比亦有所下降。反映肺功能的肺活量在2000年比1995年下降的基础上继续下降。从《公告》公布的数据来看，我国学生体质方面仍然存在的问题“不容忽视”，这些问题应引起我们一线教师的高度重视。体育教学的目的是使学生的身心都得到健康持续发展，我们面对的是全体学生，因此，我们选择内容时要面向全体学生，面向未来，不但要使学生的体质健康得到提高，而且要为学生的终身体育打下坚实的基础。

四、统一性与灵活性相结合

新《课程标准》给予我们较大的选择空间，并不是让我们随意选择内容，而是要根据课程的学习目标，从本地、本校的实际情况出发，按照内容标准中相应的水平目标的规定，依据学校各方面的条件和地方特点，灵活的选择教学内容。

我国幅员广大，各地区自然地理和气候条件差别很大，经济文化和学校体育发展很不平衡，学生也有较大的差异，为了从实际情况出发使教学内容切实可行。这就要求既要有统一性又要有较大的灵活性。

以“健康第一”为指导思想，全面促进学生身心健康发展。中小学体育教材可分为三个层次结构，第一层：基本教材，由国家规定、控制，可占30%。这一层突出一个“严”字，体现基础性和统一性，全国各地都必须教学的教材。它以身体基本活动技能为主，结合部分竞技运动项目。第二层：选用教材，由省市控制，约占30%。这一层突出一个“宽”字，体现拓展性和实用性。各地从客观实际出发，因地制宜选择教材，这部分教材就地位而言，也是学生必修的教材。目的是为了提高学生对体育的认识，培养学生终身体育的习惯。第三层：自选教材，由学校控制，占40%。这一层突出一个“活”字，体现娱乐性和扬长性，即教师根据学生要求及学校客观条件选择内容，选用这类教材的目的是为了使学生充分体验体育的乐趣，提高学生的积极性、主动性，使学生享受到体育的快乐。另外，也可充分照顾学生的个体差异，满足学生的不同兴趣爱好，发展他们某一方面的特长和才能，它将为学生的全面发展提供一个丰富多彩的舞台。

五、反映民族和地方特色

我国幅员辽阔，民族众多，各民族各地方都有自己传统的丰富多彩的体育文化活动。体育教材内容的选择应体现民族性或地域性特点，国家的有关的职能部门和体育教育界对此已达成共识。

我国各族人民，特别是乡村在日常生活中根据当地的特点，创造了许多为群众喜爱、简单易行的身体活动内容。如壮族的踩风车、打滚石等；瑶族的鸡毛球、跳竹竿等；各民族各地区都有自己的特色。这些活动都是就地取材，设备简单，对场地要求不高，其中有些能够有效地锻炼人的身体，发展人的身体素质和基本活动能力，培养人的进取精神和集体主义情感，且在民族地区中广为流传，具有广泛的群众基础，各地方教师应根据实际情况选择内容，融入体育课堂教学中。体育教学的内容选择，尊重各民族及地方特色，不仅有利于体育活动在各民族各地方的开展，挖掘地方特长，又可以继承和弘扬民族传统体育文化，对丰富体育教材的内容，建设有特色的体育教材体系有积极意义。

以经济为杠杆，拉动信鸽运动的发展

——论赛鸽与经济

原信鸽协会会长 陈济生

一、信鸽经济是市场经济的产物，现今的赛鸽是有赛必奖

在市场经济大潮的推动下，作为群众性社会体育团体的信鸽协会，不可能游离在市场经济大潮之外，必然会受到市场经济大潮的影响。随着国内外信鸽市场的走势，信鸽竞赛也就是我们所说的赛鸽运动，所涉及的经济领域越来越宽广而深入。现今的各级信鸽协会可说是有赛必奖，并趋向于重奖且赛项频繁。有如250-500公里的普通赛项，700公里的国家奖，1000公里的省际联赛，特比环赛也称专双赛（每环售价在几百元到几千元不等），他可渗透到每个比赛项目，幼鸽大奖赛，指定鸽赛，团体赛奖项，各个级别设立的鸽王赛跨地区的邀请赛（如苏锡常的环太湖大奖赛已连续举办了九届），本地区、本协会的年终总决赛大奖等，还有戏称“一把抓”、“二龙分珠”指定鸽奖（比赛当天指定，当天发奖结束）等名目繁多的奖项均应运而生，以适应赛鸽运动的发展形式和广大会员的参赛兴趣和要求。

还有设立各种奖项的赛鸽俱乐部和设立春秋两季比赛的赛鸽公棚，以及各种类型的种鸽棚，国外种鸽代理商等，在经历了几年乃至一二十年的练历之后，能够健康生存下来的，公信度较好，已基本走上良性发展的轨道，使之逐步稳定和巩固，能受到广大会员的认可。这和20世纪70、80年代的信鸽比赛不同，与那时的信鸽比赛仅以精神鼓励为主，形成鲜明的对照。社会在前进，事物总在不断的发展，这是一种必然的趋向（经济走向），这也是在市场经济的大环境下，促进赛鸽运动健康发展的必然规律。

二、形式多元化的赛鸽经济，需要做好保障协调工作，才能健康发展

由于赛鸽形式的多元化，赛鸽经济项目也在不断变化，以适应奖励项目的多元化。我们从赛鸽公棚的经营，可以窥见赛鸽经济一斑。近二十年来随着赛鸽公棚的兴起，设立几百万元甚至上千万元的公棚不在少数，上海市的个别赛鸽公棚还用欧元作为结算单位的，这是赛鸽经济的一个方面。另一方面，我们基层协会的多数普通奖项一般也达到或超过六位数（几十万元以上），而赛鸽公棚前名次鸽和外籍鸽拍卖价一直在六位数高价位上徘徊或者居高不下，这些都是赛鸽经济和信鸽市场发展过程中的一种必然现象。逐步由卖方市场向买方市场扭转，也符合市场经济的客观规律，可说是市场经济框架内的可喜现象，这也给我们各级协会引发了经济管理方面新的话题。

为了适应赛鸽经济的发展，跟上时代步伐，积极引导广大会员来参与各种信鸽竞赛活动，还必须在基层各级协会的职责范围框架内，做好各项与赛鸽经济有关的经济保障和协调管理的基础工作。具体工作必须有人去管理，有人去做。根据市场经济的规律，促使赛鸽运动和赛鸽经济走上健康发展的轨道，不致失控造成人为的不必要的损失。在这里也要提请有权有责任监管、监赛各公棚的相关基层协会和上级领导协会，应当切实负起监管监赛责任。根据中国信鸽协会下发的公棚管理条例，切实做好监赛和经济监管工作，兑现收鸽合同的各项承诺，提高透明度和公信度，力争不使赛事变味，能达到甲、乙双方满意。所以在目前的大好形势下，作为各级信鸽协会，如何做好以经济这个杠杆，来拉动信鸽运动的可持续发展，这也是在市场经济新的形势下，值得各级信鸽协会认真考虑的话题。

三、信鸽作为一种商品，其价格、价值，应按一定的经济规律来体现

改革开放以来我国信鸽界在与国际的交往中，一方面促进和提高了我国信鸽的种、养、训、赛的水平，潜在地改变着我国原有的固定竞赛模式，另一方面在经济上对我国信鸽在价格、价值方面起到推波助澜的作用。有的已经超出了信鸽作为商品经济的价格、价值规律。现阶段和长远发展来看待赛鸽经济，应当是一种可持续发展的良性经济。从现阶段来看，我们的会员从种、养、训、赛的几个环节均有点投入心切，且所投入的经济额度不在少数，而广大会员乐此不疲。分析其原因除个人爱好的原因外，无外是对投入想有所回报，有所产出。特别对自己鸽舍中的种鸽，不管是重金引进也好，自己培养的也好，积极参加比赛，既可检查自己种鸽的优劣，又对自己的投入，包括管理的功夫心血和重金经济投入，有所产出。说白了无外是各种级别的重奖吸引了鸽主的眼球，就看鸽主的心态是否平衡，因为任何比赛的名次前后总是和奖金的多少挂钩的，也包括赛鸽。

现在各级协会组织的特比环赛（专环赛）就是一种有益的口尝试，并取得了会员的认可和组织的成功，也受到会员的欢迎。特比环赛设几个销售收费档次，每枚特比环售价从几百元到几千元不等，鸽主可根据自己鸽舍内的种鸽档次量鸽使赛，这也是在赛鸽经济中摸索出来的必然规律，也是推动我国赛鸽运动可持续发展的良法。既提升了赛鸽水准，又搞活了赛鸽经济，也推动和稳定种鸽与赛鸽在价格、价值方面的良性经济循环，称之为优质优价，优胜劣汰。当然各级协会可因地制宜，各寻蹊径，广开赛路，从而提升赛事的档次与奖励，以体现种鸽、赛鸽的实际价值。

四、信鸽经济的投入，不亚于三大球职业俱乐部的投入

这个话题看起来比较笼统，但随着赛鸽运动的蓬勃开展，赛鸽经济投入的力度也在逐赛季、逐年的加大，广大会员均有深切感受，谈到了从信鸽的种、养、训、赛的经济投入，不亚于三大球俱乐部的投入。三大球的投入是显性，而赛鸽经济是隐性，三大球的投入是整体而赛鸽经济是个体分散操作，赛鸽没有三大球的轰动效应也没有票房收入。有关媒体曾报导大连万达俱乐部董事长王健林，赞助国家足球队2.5亿元，其数字可观。但广大鸽友在赛鸽经济上的投入上也可圈可点，仅举一例说明，苏南某地一赛鸽公棚，每羽赛鸽2千元，到比赛前查棚，存棚羽数超过5000羽，共收取饲养管理费和参赛费1000多万元，加上拍卖收入300万左右，指定鸽赛收费约80万左右，合计共收取经费达1500万元，这仅是一个中小型公棚的经营额。在上海有收取一万元一羽赛鸽的公棚，以前对全国公棚无统计数字，仅以50个为例计算，约收取参赛鸽费用7.5亿元。中国信鸽协会副主席谢炳有个讲话摘录供参考，2001年北京市有赛鸽公棚41家，共收鸽19万羽，设奖2个多亿。河北省当年有赛鸽公棚49家，收鸽17万羽，天津市公棚收鸽50万羽，整个欧洲的赛鸽没有我国的一个地区多。（摘自《翱翔》杂志2009年4期谢炳《纵论中国信鸽运动的发展趋势》一文。）这可以对我国的一个地区的赛鸽公棚经济有个初步了解。全国除西藏等几个少数省、自治区外各地均有赛鸽公棚的建立，本省无锡地区曾出现9个赛鸽公棚，江阴市在2008年曾有参赛鸽1.5万羽。

其次，会员的种鸽交易，《翱翔》杂志曾报导，某鸽友曾以26万元从欧洲引进一羽种鸽（摘自《江城春翔亦风流》一文），近年据可靠消息称，浙江某公棚负责人以26万欧元从欧洲引进种鸽，无锡市也有以200万元引进种鸽，江阴市也有以6万元引进种鸽的实例。在全国有以营利为目的种鸽舍，种鸽代理商，展销拍卖会，以及从国外引进，鸽友之间的种鸽交往等。这些虽没有具体数字记载，但根据鸽友们的保守估计，我国每年各类种鸽的交易金额也要超过3亿元。

再则，作为赛鸽经济的另一类投入是我们各级协会的普通赛项奖和特比环奖项，如江阴市信鸽协会在10年前就举办过10万元棚号环大奖赛，以后在2011年又成功举办27万元特比环大奖赛。作为赛鸽经济参与的广泛性，以江阴市信鸽协会青阳分会为例，分会有会员40多人，除参加协会的400、500、700、1000公里和环太湖特比环等多个奖项比赛外，分会自身还设立650公里左右的特比环比赛，销售特比环500枚，每枚100元，奖金设为5万元，加上分会参加协会和无锡地区的各种赛项总投入费用超过12万元，这是仅一个分支机构为例。以小看大，江阴市信鸽协会有分支机构16个，青阳分会居中（不大也不小）其赛鸽经济的投入可见一斑。如再从种、养、训、赛和全年春、秋两季十几个比赛项目来看，赛鸽经济不容小觑。

五、从赛鸽经济的发展，证实了改革开放初期的名言：不给钱，可以给政策

赛鸽经济的普及与蓬勃发展，会员对赛鸽经济的投入，这就确实在拉动着我国赛鸽运动的发展，证实了我国改革开放初期，建立经济特区的一句名言，叫做不给钱，可以给政策。政策对头了，政策完善了那就能惠及百业，惠及万民，惠及国计民生也包括蓬勃发展的信鸽运动。好多的体育运动项目提倡从娃娃抓起，一般家长不希望饲养信鸽从娃娃抓起，但是参与信鸽比赛和赛鸽运动的后继却不乏其人，这就是赛鸽运动的魅力所在。随着我国市场经济的深入发展和逐步完善，可以肯定必然会带动我国信鸽运动和信鸽产业链的欣欣向荣，从而进一步拉动我国的信鸽事业大发展大繁荣。

（二）2008—2015年江阴市体育学科部分获奖论文一览

表7-3

学　　校	姓名	论　题　名　称	奖　项　名　称
顾山实验小学	唐春霞	《体育教学中小组合作学习的思考与实践》	2008 年中国教育系统优秀教案（论文）全国评选二等奖
祝塘实验小学	浦继红	《体育课堂中情感调控策略研究》	省教育学会二等奖
长寿中学	张赣生		省教育学会二等奖
长寿中学	唐卫刚	《体育课堂中欺负干扰策略研究》	省教育学会二等奖
长寿实验小学	李　锋	《体育课程改革中的体育教师反思》	省教育学会三等奖
云亭实验小学	徐　敏	《构建激励机制，优化体育课程教学的探索与研究》	省教育学会三等奖
云亭实验小学	杨小萍	《关注课堂纪律，打造有效课堂》	省教育学会三等奖
北漍中学	姚晓华	《浅谈中学体育教学伤害事故的产生原因及防治措施》	省优秀教育论文三等奖
北漍中学	邵新华	《有效调控学生情绪对体能锻炼的影响》	省优秀教育论文三等奖
青阳实验小学	万仕选　许建明	《农村小学优化兼职体育教师任课质量的策略研究》	省优秀体育课评选三等奖
山观中学	程　武	《新课程标实施后中学体育舞蹈教学开展情况的调查研究》	省优秀教育论文三等奖
山观中学	孟兰云	《健美操第一模块教学方案》	省普通高中新课程教学创新设计评比二等奖
业余体校	姜屹峰	《快速反击战术在现代足球比赛中的运用》	无锡市体育论文评审三等奖
业余体校	姜屹峰	《论少年足球基本技术的教学与训练》	无锡市体育论文评审三等奖
教研室	沈　菁	《江阴市小学生体育课学习情况调查与研究》	无锡市体育与卫生专业委员一等奖
澄西中学	姚春平　刘　锋	《农村中学生体育自主学习的策略研究 ——澄西中学高中学生体育自主学习现状调查》	无锡市教育科研论文三等奖
山观中学	程　武	《对背越式跳高教学中学生心理障碍克服的研究》	无锡市学校体育论文评选一等奖
山观中学	孟兰云	《对山观中学中学生长跑教学现状的调查与分析》	无锡市学校体育论文评选二等奖
山观中学	孟兰云	《健美操模块教学方案》	无锡市高中体育与健康模块教学评比一等奖
	吴俊峰	《科学评估在探究中学会探究》	2008 年度无锡市教学论文评比二等奖
业余体校	吴　琦	《对影响江阴市城镇居民体育行为的若干因素分析》	无锡市体育论文三等奖
业余体校	吴　琦	《对学校体育工作中安全事故的若干分析》	无锡市体育论文三等奖

续表7-3

学　　校	姓名	论　题　名　称	奖　项　名　称
市教研室	沈　菁　蒋国荣	《小学兼课体育教师的现状调研及对策》	第五届中国学校体育科学大会三等奖
周庄中学	季金桃　梁修陆	《初中女生参与篮球运动动机的跟踪调查与分析》	第五届中国学校体育科学大会三等奖
江阴第二中学	顾红梅　章育莹	《体育教学与目标定向理论》	第五届中国学校体育科学大会三等奖
北漍中学	姚晓华	《再议体育教学中的技术教学》	全国中小新课程优秀教学设计三等奖
澄西中学	姚春平　刘　锋	《体育教学与目标定向理论》	江苏省教育学会一等奖
江阴高级中学	孔敏亚　周　峰	《体育教学与目标定向理论》	江苏省教育学会一等奖
市教研室	沈　菁	《江阴市小学生体育课学习情况的调查与研究》	江苏省教育学会一等奖
周庄中学	梁修陆　张　军	《中学体育教学中运用导学式教育模式的实验研究》	江苏省教育学会一等奖
周庄中学	季金桃　梁修陆	《初中女生参与篮球运动动机的跟踪调查与分析》	江苏省教育学会一等奖
江阴高级中学	孔敏亚　周　锋	《江阴高级中学体育教研组建设的实践与思考》	江苏省教育学会二等奖
新桥实验小学	王利新	《阳光体育运动在农村小学推行普及的策略研究》	江苏省教育学会二等奖
青阳中学	赵德金	《广播操精细化管理的实践与研究》	江苏省教育学会二等奖
虹桥小学	张琦娟	《小学体育实践课教案设计与实践的研究》	江苏省教育学会二等奖
城中实验小学	赵　芳	《特体生自卑心理产生因素和教学对策》	江苏省教育学会二等奖
云亭实验小学	徐　敏	《谈低年级体育课堂情感培养的研究策略》	江苏省教育学会三等奖
祝塘实验小学	林玉生	《构建有效的体育教师专业发展支撑体系之我见》	江苏省教育学会三等奖
青阳实验小学	万仕选　许建明	《农村小学优化兼职体育教师任课质量的策略研究》	江苏省教育学会三等奖
北漍中学	姚晓华	《提高体育课堂教学有效性初探》	江苏省优秀教育论文三等奖
第三实验小学	程必梅	《批评，应彰显语言魅力》	无锡市体育专业委员会一等奖
山观中学	程　武	《对体育教学中学生的“惰性”心态及学习兴趣培养的研究》	无锡市体育专业委员会一等奖
江阴高级中学	孔敏亚	《大班额条件下体育分层教学存在的问题及对策》	无锡市体育专业委员会二等奖
华士实验小学	缪海青	《让低年级体育课焕发“活力”》	无锡市体育专业委员会二等奖
山观中学	张　申	《对中学生体育课堂心理状态的分析与研究》	无锡市体育专业委员会二等奖
江阴第一中学	吴江涛	《对环境美在体育教学中的作用与地位的研究》	无锡市体育专业委员会二等奖
要塞实验小学	刘培龙	《小学武术教学之我见》	无锡市体育专业委员会二等奖

续表7-3

学　　校	姓名	论　题　名　称	奖　项　名　称
新桥实验小学	王利新	《观评优比赛，谈自主发展》	无锡市体育专业委员会二等奖
江阴实验小学	曹建英	实施《国家学生体质健康标准》 ——提高小学高年级学生身体素质有效策略研究	无锡市体育专业委员会三等奖
晨光实验小学	袁　军	《合作有“道”提高效率》	无锡市体育专业委员会三等奖
第三实验小学	贾文华	《浅谈中小学生体育兴趣的培养》	无锡市体育专业委员会三等奖
临港实验小学	曹　阳	《体育锻炼对中学生心理健康状态的影响》	无锡市体育专业委员会三等奖
花园小学	许晓刚	《体育课堂教学分析与建议》	无锡市体育专业委员会三等奖
江阴第一中学	顾勇峰	《完善初三体育升学考试机制》	无锡市体育专业委员会三等奖
新桥实验小学	王利新	《体育课堂中老师不良提问观及其改善策略》	无锡市体育专业委员会三等奖
江阴第二中学	顾红梅	《如何提高健美操训练、教学的质量》	无锡市体育专业委员会三等奖
周庄中学	张　军	《浅析体育课堂教学中问题的创设》	无锡市体育专业委员会三等奖
澄西中学	朱国东	《新课程标准下兴趣体育实施初探》	无锡市体育专业委员会三等奖
月城实验小学	汤丽芬	《不要让“完全”成为体育课堂上的绊脚石》	无锡市体育专业委员会三等奖
长泾实验小学	沈海亚	《如何让低年级的学生爱上体育课》	无锡市体育专业委员会三等奖
利港实验小学	戚永朝	《自评与他评相结合评价大课间的方法初探》	无锡市体育专业委员会三等奖
青阳中学	张晓东	《享受“中长跑测试”》	无锡市体育专业委员会三等奖
城中实验小学	任　剑	《浅谈小场地中如何有效的上体育课》	无锡市体育专业委员会三等奖
北涸中学	朱齐丰	《中学体育课分层教学的实验研究》	无锡市体育专业委员会三等奖
业余体校	朱银昌	《对少年竞技400米跑训练的研究》	无锡市体育论文三等奖
澄西中学	钱爱军	《俱乐部式的课外体育活动模式对学生锻炼价值的探讨》	中国教育学会2010新课程教育教学论文评比二等奖
长泾中学	李　春	《试述新课标下体育教学内容更新不能忽视的几个问题》	全国第五届“园丁杯”一等奖
周庄中学	张　军	《浅析“终身体育意识”在体育教学中的培养》	省教研室三等奖
澄西中学	花　荣	《对阳光体育运动开展的思考》	2010江苏省第二届“行知杯”论文评比三等奖
澄江中心小学	杨静华	《对体育课中学生自信心培养的研究》	江苏省教育学会三等奖
陆桥中学	严治国	《江阴市乡镇学校体育教学工作存在的问题调查及对策研究》	江苏省第二届“行知杯”论文评比二等奖

续表7-3

学　　校	姓名	论　题　名　称	奖　项　名　称
璜土实验小学	赵　静	《让“童真童趣”充溢课堂》	江苏省第二届“行知杯”论文评比三等奖
花园实验小学	张文军	《终身体育在小学体育教学中的尝试》	江苏省第二届“行知杯”论文评比二等奖
花园实验小学	许晓刚	《小学体育教师课堂教学的问题分析与建议》	江苏省第二届“行知杯”论文评比三等奖
花园实验小学	朱　文	《体育教学中如何培养学生非智力因素的调查研究》	江苏省第二届“行知杯”论文评比三等奖
新桥实验小学	陆　琼	《把快乐融入体育教学》	江苏省陶行知研究会三等奖
北漍中学	邵新华	《中学体育课“菜单求购式”教学模式研究》	江苏省第十一届“五四”杯青年教师论文竞赛三等奖
华士高中	贾建红	《初探拓展训练对高中生心理品质的影响》	江苏省“行知杯”论文评比三等奖
峭岐中学	张　超	《对中学生开展阳光体育对策与分析》	江苏教学会三等奖
市教研室	沈　菁	《对体育与健康课程目标具体化实施的思考》	江苏省优秀论文评比一等奖
虹桥小学	张琦娟	《动作发展视角下跳跃技能单元教学设计研究》	江苏省优秀论文评比一等奖
澄西中学	刘　锋	《过程性评价在中学体育课堂教学中的运用研究》	江苏省优秀论文评比一等奖
陆桥中学	严治国	《从动作发展的视角践行“体育与健康课程标准”》	江苏省优秀论文评比二等奖
第一中学	顾勇峰	《高中乒乓球选项教学如何“因材施教”》	江苏省“行知杯”论文三等奖
河塘中学	钱　琳	《新视域下体育教学质量观之探析》	2013年省“行知杯”论文三等奖
长寿中学	顾正东	《优化初中体育课堂教学结构的策略与思考》	2013年省“行知杯”论文三等奖
长寿中学	朱霜双	《在中学体育课中创设教学情境，让学生在“做中学生”》	2013年省“行知杯”论文三等奖
成化高级中学	刘　慧	《江阴市高中生课余体育锻炼情况的调查分析》	无锡市教育学会2013年一等奖
峭岐中学	张　超	《立足课堂分层教学如何提高质量》	无锡市教育学会2013年二等奖
市教研室	沈　菁	《县域“校园足球课程”开发与构建 ——以江阴市“校园足球课程”开发为例》	江苏省“五四”杯论文及评比一等奖
澄西中学	刘　锋	《对“引导体验型”课的解读及案例研析 —“体育学科”课型研究微探》	江苏省“五四”杯论文及评比三等奖
江阴高中	孔敏亚	《高中武术教学内容的构建及实证研究》	第十二届全国学生运动会科学论文报告会三等奖
市实验小学	曹建英	《巧妙运用游戏教一年级立定跳远》	全国教学设计评比一等奖

续表7-3

学　校	姓名	论　题　名　称	奖　项　名　称
市教研室	沈　菁	《动作发展视角下的跳跃类技能教学设计研究》	第十二届全国学生运动会科学论文报告会二等奖
华士实验学校	陆素根	《对常态体育课中“反常现象”应对技艺的探讨》	江苏省论文评比一等奖
江阴高中	杨文彪	《中学体育隐蔽课程开发刍议》	江苏省师陶杯论文评比二等奖
璜土实小	翟高荣	《小学体育学习评价的可操作性设计》	无锡市体育教学专业委员会二等奖
花完小学	朱　文	《教学方法的选择与运用》	无锡市体育教学专业委员会二等奖
徐霞客实小	陈　波	《开发地方资源，在霞客故事中成长》	无锡市体育教学专业委员会二等奖
周庄实小	黄　英	《优化体育课堂教学　引导学生自主创新》	无锡市体育教学专业委员会三等奖
要塞实小	冯静娴	《浅谈差异教学在一年级跳绳中的运用》	无锡市体育教学专业委员会三等奖
要塞实小	何菊芳	《体育课堂中如何善用游戏化教学》	无锡市体育教学专业委员会二等奖
长泾中学	李　春	《“问题情境”在高中体育课中运用的策略研究》	无锡市体育教学专业委员会三等奖
周庄中学	沈韩龙	《中学体育课堂教学的三个境界》	无锡市体育教学专业委员会三等奖
周庄中学	张　军　沈　菁	《以“动作结构”为基础的类教学内容的构建》	无锡市体育教学专业委员会一等奖
华西实验	朱亚峰	《论提高初中体育课堂学生主动性的策略》	无锡市体育教学专业委员会三等奖
教研室	沈　菁　周　君	《对江阴市中小学跳跃类技能教学现状的分析研究》	无锡市体育教学专业委员会一等奖
青阳实小	杜丽芳	《论小学体育教学中游戏的运用》	无锡市体育教学专业委员会二等奖
青阳实小	徐金莲	《在体育教学中实践学生的合作学习》	无锡市体育教学专业委员会二等奖
顾山实小	苏　芸	《浅谈小学体育教学中的德育渗透》	无锡市体育教学专业委员会二等奖
第三实小	贾文华	《让体育课堂在开放中更具内涵》	无锡市体育教学专业委员会二等奖
祝塘实小	浦继红	《论体育老师的生气艺术》	无锡市体育教学专业委员会二等奖
璜土实小	赵　静	《探索教学模式　激活体育课堂》	无锡市体育教学专业委员会三等奖
要塞实小	刘培龙	《浅谈小学低年级体育教学中角色扮演的操作运用》	无锡市体育教学专业委员会三等奖
祝塘中学	黄　华	《浅谈中学生篮球队的精细化管理的有效实施》	无锡市体育教学专业委员会二等奖
祝塘中学	蒋一军	《“错误辨识”营造体育课堂之精彩》	无锡市体育教学专业委员会三等奖
长山中学	徐　芹	《让主动参与成为体育课堂上主旋律》	无锡市体育教学专业委员会三等奖
云亭实小	高国琪	《让赞美给孩子插上成功的翅膀》	无锡市体育教学专业委员会三等奖

续表7-3

学校	姓名	论题名称	奖项名称
江阴初中	蒋利民 刘锋	《中学跳跃类技能教学现状的调查研究》	无锡市体育教学专业委员会二等奖
北大街小学	仲海艳	《体育教学中集体教育现状调查分析》	无锡市体育教学专业委员会二等奖
江阴二中	张兵	《“以人为本”竞赛模式浅探》	无锡市体育教学专业委员会三等奖
江阴初高	恽静松	《基于目标引领的体育教学方法》	无锡市体育教学专业委员会三等奖
江阴二中	苗清	《浅析体育课堂中的合作学习》	无锡市体育教学专业委员会三等奖
江阴二中	顾亚华	《浅谈提高中学生头顶球技术的方法》	无锡市体育教学专业委员会三等奖
江阴二中	袁晓云	《从教学细节入手，提高体育课堂执行力》	无锡市体育教学专业委员会三等奖
云亭实小	金晓磊	《浅谈小学体育教学中的合作教学》	无锡市体育教学专业委员会三等奖
云亭实小	陆亚平	《简述如何在短期内教会大众游泳》	无锡市体育教学专业委员会二等奖
南闸中学	宋滨	《“花式跑步”在体育中考长跑项目教学中的实施与研究》	无锡市体育教学专业委员会二等奖
河塘中心	张旖	《小学体育教学中有效引导学生探究思维的研究策略》	无锡市体育教学专业委员会三等奖
徐霞客实小	曹海峰	《体育课堂中如何进行趣味教学》	无锡市体育教学专业委员会三等奖
特教中心	蔡建英	《体验的奇妙——低年级体育课堂教学过程的优化》	无锡市体育教学专业委员会二等奖
特教中心	华孝明	《体育锻炼对聋哑生心理健康发展的探索研究》	无锡市体育教学专业委员会二等奖
周庄中学	季金桃	《动作发展视角下的跳跃类技能教材的整合》	无锡市体育教学专业委员会二等奖
陆桥中学	严治国	《对动作发展视角与体育教学大纲、体育课程标准下的体育教学比较研究》	无锡市体育教学专业委员会二等奖
澄西中学	郁莉	《体育教学中体育后进生转化的策略初探》	无锡市优秀陶研论文评选二等奖
澄西中学	花荣	《对阳光体育运动开展的思考》	无锡教育学会优秀教育论文评比三等奖
花园实验小学	许晓刚	《再谈学校体育工作中的安全事故》	无锡市教育学会三等奖
青阳中学	赵德金	《高中体育与健康课程资源的开发》	无锡市教育学会优秀论文评比一等奖
青阳中学	章伟明	《新课标下小学体育课堂有效教学的研究》	无锡市教育学会优秀论文评比二等奖
青阳中学	章伟明	《技巧前滚翻单元教材高等与研究》	无锡市教育学会优秀论文评比三等奖
业余体校	朱银昌	《跳远技术训练手段的研究》	无锡市体育论文二等奖
业余体校	沈燕	《浅析运动员赛前心理焦虑的形成及其对策》	无锡市体育论文三等奖

续表7-3

学　　校	姓名	论　题　名　称	奖　项　名　称
业余体校	沈　燕	《对影响短跑运动员速度因素的分析》	无锡市体育论文三等奖
江阴高级中学	孔敏亚	《普通高中篮球模块教学中分层教学的策略研究》	中华人民共和国第十一届中学生运动会科学论文报告会（暨）第六届中国学校体育科学大会上报告论文奖
周庄中学	季金桃	《体育学习对中学生文化成绩及将来工作发展的调查研究》	中华人民共和国第十一届中学生运动会科学论文报告会（暨）第六届中国学校体育科学大会上报告论文奖
陆桥中学	严治国	《探究跳跃类技能的有效课堂策略》	江苏省教育科学研究院论文评比二等奖
	徐　娜	《教师在综合实践活动中的有效指导的思考》	2011 年无锡市小学综合实践活动论文评审一等奖
	徐　娜	《“赞”出来的精彩》	2011 年江苏省优秀教育论文评比二等奖
市教研室	沈　菁	《对体育与健康课程目标具体化实施的思考》	江苏省优秀论文评比一等奖
虹桥小学	张琦娟	《动作发展视角下跳跃技能单元教学设计研究》	江苏省优秀论文评比一等奖
澄西中学	刘　锋	《过程性评价在中学体育课堂教学中的运用研究》	江苏省优秀论文评比一等奖
陆桥中学	严治国	《动作发展的视角践行“体育与健康课程标准”》	江苏省优秀论文评比二等奖
江阴第一中学	陆秀梅	《啦啦操对完善高中生性格的促进作用》	江苏省第四届“行知杯”论文评比三等奖
江阴第一中学	顾勇峰	《高中乒乓选项班直拍技术教学顺序探讨》	江苏省第四届“行知杯”论文评比三等奖
虹桥小学	张琦娟	《动作发展视角下跳跃技能单元教学设计研究》	无锡市教育学会体育卫生与业委员会论文评比一等奖
陆桥中学	严治国	《动作发展的视角践行“体育与健康课程标准”》	无锡市教育学会体育卫生与业委员会论文评比二等奖
	汤丽芬	《运用环境与任务约束实施跟踪类技能教学的个案研究》	无锡市论文评比二等奖
利港中学	郭　伟	《中学生体育课缺乏兴趣原因分析与对策》	无锡市教育学会一等奖
	徐　娜	《从“最近发展区”理论在小学立定跳远教学应用的研究》	无锡市学校体育论文评选一等奖
江阴职大	沈　震	《五年间苏南地区成年人身体机能指标动态变化研究》	江苏省高校第 28 届体育科学论文三等奖
江阴职大	谭震皖	《体育课堂教学的社会学比照》	江苏省高校第 28 届体育科学论文二等奖
江阴职大	许晓琴	《论太极拳理论对大学生正确人生观的影响》	江苏省高校第 28 届体育科学论文三等奖
江阴职大	张燕红	《论高职体育“先导后教”教学模式》	江苏省高校第 28 届体育科学论文三等奖

二、国民体质监测

城内开展成人体质监测和测试工作，起始于1993年。根据国家《中国成年人体质测试标准》和省市各级部署，测试内容为人体身高、体重、肺活量、臂力以及身体柔韧性等10余项。是年3月，市体委举办成人体质监测人员培训班，学习掌握测试标准、规则、程序和方法。1997年，江阴市加入江苏省、无锡市成年人体质监测网络，同时进行成年人体质监测试点，市成立成年人体质监测领导小组和监测站。9月，完成首批璜土镇、北涸砖瓦厂等22个单位930人的体质监测样本。1999年，各镇建立成年人体质监测站，有12个镇购置测试器材，累计2440人参加首次测试。2000年10月，市内开展市民体质抽样监测，首批要塞、西郊等10镇测试624人，其中优秀22.84%、良好34.3%、合格37.9%、不合格4.96%，为政府和体育部门掌握市民体质状况，指导科学健身提供了第一手资料。2001年，全市建立国民体质监测网络。翌年3月起，在江阴职工大学设体质测试中心，为职大师生开展体育运动提供科学指导，并首次在君山等5个城区社区，对市民进行科学健身体质监测。2004年，市监测站为新城东办事处居民提供体质监测服务，多次举行科学健身知识专题讲座。2005年4—5月，在华士、利港等8镇（办事处），对农村老人、幼儿和成人进行义务体质测试。是年，顾山镇被评为江苏省国民体质监测工作先进单位。2006年，全市添置四型体质测试器材，10月2日，市监测站在中山公园设点为流动人员测试体质。2007年先后对第十届老年人运动会参赛运动员和新桥、华士2镇在幼儿园进行体质测试。至是年末，累计义务测试市民体质万余人次。

经十余年对域内人员的体质测试，由于域内经济社会持续快速发展，人民生活日益富裕，因工作和生活节奏加快，营养过剩、运动不足、环境污染等引发的非传染性疾病发病率呈逐渐提高上升趋势，处于“亚健康”状态的人群不断扩大。2007年，市体育局根据上级要求，对城乡幼儿、成年人、老年人总样本量3337人进行体质抽样监测，内容包括身体形态（身高、体重、胸围、臀围等），身体机能（心率、血压、肺活量等）、身体素质（背力、纵跳、握力、仰卧起坐、立定跳远等）。监测结果：（一）幼儿的身高、体重和胸围等形态指标与无锡市持平，身体脂肪含量略高于无锡市指标。女性的身体脂肪含量指标明显高于男性，且增长幅度大于男性。老年男女脂肪含量有逐步上升的趋势，多数年龄段男女的皮褶和指数、腰臀比指数高于无锡市平均值。城镇人口身体脂肪含量普遍高于农民。（二）40岁以上人口身体机能明显下降，具体表现为肺活量下降、血压升高、心血管系统机能减弱；肺活量略低于无锡市平均值。农民心脏承受负荷运动的能力和肺功能低于城镇体力和非体力劳动者。（三）在城乡居民身体素质质量呈逐步上升趋势下，城镇劳动者身体素质总体上好于农民，30岁以上人口的各项素质指标逐步下降，45岁后加速下降，其中反应能力下降尤为明显，衰老明显加速。

2007年江阴市幼儿体质监测指标对比一览

表7-4

监测指标	男		女		监测指标	男		女	
	城市	农村	城市	农村		城市	农村	城市	农村
身高（厘米）	116.20	114.40	118.30	116.30	立定跳远（厘米）	105.40	99.80	102.20	99.10
坐高（厘米）	59.40	60.90	63.10	62.90	网球掷远（米）	7.80	6.90	6.90	6.70
坐高/身高	0.52	0.53	0.54	0.54	体前屈（厘米）	11.50	9.40	12.30	11.90

续表7-4

监测指标	男		女		监测指标	男		女	
	城市	农村	城市	农村		城市	农村	城市	农村
体重（千克）	20.90	22.10	23.80	23.20	折返跑（秒）	7.40	8.30	8.00	8.80
胸围（厘米）	54.60	56.10	57.10	56.40	走平衡木（秒）	7.60	9.40	7.20	7.40
皮褶和（毫米）	31.00	29.60	37.50	33.60	双脚连续跳（秒）	8.90	6.70	8.10	6.90
安静脉搏（次/分）	92.10	89.00	90.20	88.30	—	—	—	—	—

2007年江阴市成年人（男）体质监测指标对比一览

表7-5

监 测 指 标	成年甲组（20~39 岁）			成年乙组（40~59 岁）			老年甲组（60~64 岁）		老年乙组（65~69 岁）	
	城体	城非体	乡村	城体	城非体	乡村	城市	乡村	城市	乡村
身高（厘米）	169.70	171.10	168.70	169.50	169.50	167.40	167.00	167.50	166.50	167.00
体重（千克）	63.60	68.20	65.50	69.30	70.30	67.80	68.60	68.40	66.30	67.20
胸围（厘米）	89.70	87.80	88.00	92.10	91.10	91.00	91.00	94.00	88.90	91.70
腰围（厘米）	77.00	80.80	79.00	81.80	82.70	79.80	85.70	82.90	82.70	82.00
臀围（厘米）	92.10	90.40	91.10	94.20	96.60	94.30	94.30	94.10	92.40	96.10
皮褶和（毫米）	46.20	50.20	48.60	58.10	63.20	62.20	57.40	58.80	57.20	56.70
身体质量指数	22.50	23.30	23.20	23.90	24.30	24.30	24.60	24.50	24.10	23.80
腰臀比×100	83.60	89.30	86.70	86.80	85.60	84.60	90.80	88.10	89.50	85.30
安静脉搏（次/分）	76.60	78.10	78.40	76.00	77.20	79.30	79.20	80.30	80.70	80.50
收缩压（毫米汞柱）	123.80	125.10	120.40	125.47	129.30	127.20	129.90	129.40	135.60	132.30
舒张压（毫米汞柱）	78.90	80.90	80.60	82.00	82.70	81.10	82.70	83.10	85.10	84.50
肺活量（毫升）	3650	3759	3433	3246	3314	3012	2974	2746	2846	2613
台阶指数	49.20	51.00	48.80	52.60	52.00	49.40	—	—	—	—
体前屈（厘米）	10.70	9.06	10.70	8.20	7.40	6.10	6.40	5.80	3.30	3.80
握力（千克）	47.30	47.10	46.80	45.70	44.90	44.10	42.70	41.90	41.60	38.30
闭眼单脚（秒）	39.80	41.20	38.40	39.10	38.50	36.50	20.30	18.10	13.30	15.20
反应时（秒）	0.43	0.43	0.41	0.51	0.49	0.54	0.62	0.63	0.69	0.67
背力（千克）	97.20	100.20	103.00	—	—	—	—	—	—	—
纵跳（厘米）	26.40	27.10	24.10	—	—	—	—	—	—	—
俯卧撑（次）	17	18	19	—	—	—	—	—	—	—

说明：表中成年甲组、乙组中的城体指城镇体力劳动者；城非体指城镇非体力劳动者。

2007年江阴市成年人（女）体质监测指标对比一览

表7-6

监测指标	成年甲组（20~39岁）			成年乙组（40~59岁）			老年甲组（60~64岁）		老年乙组（65~69岁）	
	城体	城非体	乡村	城体	城非体	乡村	城市	乡村	城市	乡村
身高（厘米）	163.00	162.80	161.50	160.70	159.80	159.20	157.20	156.70	155.30	154.80
体重（千克）	58.10	58.60	57.14	59.10	57.80	57.40	59.80	59.80	58.90	57.20
胸围（厘米）	86.30	82.30	84.40	89.00	88.50	89.40	89.50	90.60	86.40	84.50
腰围（厘米）	77.20	74.60	75.60	79.80	80.10	78.90	82.30	83.40	77.50	75.70
臀围（厘米）	89.80	88.70	86.80	92.50	90.10	93.80	95.20	94.60	93.30	92.30
皮褶和（毫米）	58.50	55.80	51.90	65.80	61.40	55.80	59.20	57.30	55.40	53.00
身体质量指数	22.80	22.50	22.40	23.10	22.60	22.90	24.20	24.50	24.30	24.10
腰臀比×100	86.00	84.10	87.10	86.30	88.90	84.10	86.40	88.10	83.10	82.30
安静脉搏（次/分）	77.00	73.90	72.00	73.90	72.10	75.10	74.80	76.10	75.80	76.50
收缩压（毫米汞柱）	118.60	115.80	115.70	126.10	119.60	125.10	126.30	127.00	133.50	131.40
舒张压（毫米汞柱）	77.50	73.60	75.60	80.40	79.90	82.90	80.60	80.20	83.60	82.90
肺活量（毫升）	2825	2596	2877	2361	2544	2499	2014	1911	1987	1855
台阶指数	51.70	50.00	47.40	53.10	52.90	50.60	—	—	—	—
体前屈（厘米）	14.60	9.20	11.60	10.60	11.80	10.60	7.30	6.50	4.20	3.64
握力（千克）	35.30	28.40	37.30	28.60	26.80	30.40	23.90	26.58	22.30	23.00
闭眼单脚（秒）	50.50	51.40	58.00	29.70	32.10	36.10	14.70	18.70	18.00	15.70
反应时（秒）	0.54	0.46	0.57	0.50	0.48	0.61	0.85	0.78	0.79	0.72
背力（千克）	98.60	79.80	101.90	—	—	—	—	—	—	—
纵跳（厘米）	28.30	25.30	32.00	—	—	—	—	—	—	—
俯卧撑（次）	24	25	24	—	—	—	—	—	—	—

说明：表中成年甲组、乙组中的城体指城镇体力劳动者；城非体指城镇非体力劳动者。

2008年，在澄江街道、夏港街道、申港街道、南闸镇、新桥镇、璜土镇、霞客镇、月城镇、周庄镇、华士镇、青阳镇等（街道）镇的测试点上，分别对城镇体力劳动者、城镇非体力劳动者、城镇老年人、城镇幼儿、农民、农村老人、农村幼儿进行国民体质测试。测试项目为形态、机能、素质三个方面18项项目，受测者1000余人。

2009年，利用社会体育指导员，完成国民体质测试2500人，帮助市民监测自己身体体质变化，让市民有针对性地选择锻炼方法和锻炼计划。

中国国民体质测试，分测试和监测，体质测试每年举行一次，体质监测每5年组织一次。2010年为确保工作顺利圆满进行，群体科特制定工作方案，组织人员参加省、无锡市国民体质监测方面的技术培训、召开相关乡镇、街道体育干部工作会议，具体落实检测时间、地点、监测对象。分别在申港、华士等8个乡镇、街道对912名少儿、成年、老年进行测试，完成了体质监测任务。城东街道和夏港街道被评为无锡市国民体质监测先进单位，3名乡镇体育干部获得国民体质监测无锡市先进个人称号。2011年为群众测试3000余人次。

2012年5—6月，市体育局国民体质测试工作队深入学校、企业、社区等基层，分别为青阳镇、南闸街道、澄江街道、云亭街道、周庄镇、新桥镇、祝塘镇、长泾镇8个镇（街道）的工人、农民、干部、幼儿园小朋友近1000人进行国民体质测试。通过对身体形态、身体机能、身体素质三大类近20项指标的测试。

总体监测结果如下：

体质总评分结果

江阴市2012年体质综合评分，男性为99.0分，比无锡市均值低1.8分；女性为102.0分，比无锡市均值提高0.6分；总体为100.5分，比无锡市均值低0.5分。

（一）幼儿

1．幼儿体质总评分结果：男性出现“W”形变化曲线，不同年龄间存在显著差异；女性随着年龄的增长逐年降低，不同年龄间存在显著差异；总体出现“V”形变化曲线，不同年龄间存在显著差异。

2．幼儿总体达标率：男性的优秀率为26.3%，良好率为28.2%，合格率为38.9%，不合格率为6.6%，达标率为93.4%；女性的优秀率为25.1%，良好率为26.2%，合格率为42.5%，不合格率为6.2%，达标率为93.8%；总体的优秀率为25.7%，良好率为27.2%，合格率为40.7%，不合格率为6.4%，达标率为93.6%。

3．幼儿城乡达标率比较：农村的优秀率为26.5%，良好率为23.8%，合格率为42.5%，不合格率为7.2%，达标率为92.8%；城镇的优秀率为25.1%，良好率为30.8%，合格率为38.5%，不合格率为5.6%，达标率为94.4%。

（二）成年人

1．成年人体质总评分结果：农村出现“W”形变化曲线，不同年龄间存在显著差异；城体出现“M”形变化曲线，不同年龄间不存在显著差异；城非体出现“W”形变化曲线，不同年龄间不存在显著差异。

2．成年人体质总评分结果：男性为27.0分，比2011年均值下降0.1分；女性为27.4分，比2011年均值下降0.9分；总体为27.2分，比2011年均值下降0.5分。

3．成年人总体达标率：男性的优秀率为26.5%，良好率为29.8%，合格率为37.7%，不合格率为6.0%，达标率为94.0%；女性的优秀率为24.6%，良好率为35.1%，合格率为37.0%，不合格率为3.3%，达标率为96.7%；总体的优秀率为25.6%，良好率为32.4%，合格率为37.3%，不合格率为4.7%，达标率为95.3%。

4．成年人城乡达标率：农村的优秀率为20.4%，良好率为34.6%，合格率为39.5%，不合格率5.6%，达标率为94.4%；城体的优秀率为29.8%，良好率为29.0%，合格率为38.2%，不合格率为3.1%，达标率为96.9%；城非体的优秀率为27.8%，良好率为33.1%，合格率为33.8%，不合格率为5.3%，达标率为94.7%。

（三）老年人

1．老年人体质总评分结果：男性随着年龄的增长逐年增高，不同年龄间存在显著差异；女性随着年龄的增长逐年增高，不同年龄间存在显著差异；总体随着年龄的增长逐年增高，不同年龄段间存在显著差异。

2．老年人体质总评分的年度结果：农村随着年龄的增长逐年升高，不同年龄间存在显著差异；城镇随着年龄的增长逐年升高，不同年龄间存在显著差异。

3．老年人总体达标率：男性的优秀率为10.8%，良好率为29.7%，合格率为45.9%，不合格率为13.5%，达标率为86.5%；女性的优秀率为25.0%，良好率为33.3%，合格率为41.7%，不合格率为0.0%，达标率为100%；总体的优秀率为17.8%，良好率为31.5%，合格率为43.8%，不合格率为6.8%，达标率为93.2%。

4．老年人达标率的城乡间结果；农村的优秀率为14.6%，良好率为24.4%，合格率为53.7%，不合格率为7.3%，达标率为93.7%；城镇的优秀率为21.9%，良好率为40.6%，合格率为31.3%，不合格率为6.3%，达标率为93.7%。

5．老年人总体达标率的年度结果；2012年优秀率为17.8%，比2011年均值下降1.0%，良好率为31.5%，比2011年均值下降6.2%，合格率为43.8%，比2011年均值提高9.0%，不合格率为6.8%，比无锡市均值下降1.9%，达标率为93.2%，比无锡市均值提高1.9%。

2015年江阴市男性幼儿各项指标均值与无锡市指标均值比较一览

表7-7

指标		3 岁		4 岁		5 岁		6 岁	
		江阴	无锡	江阴	无锡	江阴	无锡	江阴	无锡
形态	身高（厘米）	98.5	101.9	106.0	105.2	111.1	111.4	120.8	120.4
	坐高（厘米）	55.1	58.4	58.7	60.0	62.6	63.1	66.7	66.8
	体重（千克）	15.2	17.7	17.6	19.6	19.2	20.8	22.8	26.0
	胸围（厘米）	52.0	52.4	53.0	54.0	54.2	55.0	56.5	56.9
	皮褶之和（毫米）	21.4	21.9	19.5	24.8	22.2	23.6	23.6	25.8
机能	安静脉搏（次/分）	105.0	102.3	99.0	92.5	93.4	93.8	92.9	93.3
素质	立定跳远（厘米）	73.0	61.0	79.5	72.7	98.6	103.8	119.8	117.5
	网球掷远（米）	3.0	3.6	3.7	5.8	5.1	5.7	7.5	7.9
	坐位体前屈（厘米）	10.7	12.1	9.4	11.6	10.5	10.2	10.7	10.1
	10 米折返跑（秒）	7.9	9.0	7.5	9.2	6.8	6.9	6.4	6.5
	走平衡木（秒）	20.3	27.2	16.5	15.7	14.3	9.0	6.9	5.7
	连续跳（秒）	14.3	10.9	8.6	8.5	5.7	6.1	4.7	5.0

2015年江阴市女性幼儿各项指标均值与无锡市指标均值比较一览

表7-8

指标		3 岁		4 岁		5 岁		6 岁	
		江阴	无锡	江阴	无锡	江阴	无锡	江阴	无锡
形态	身高（厘米）	99.1	100.7	103.2	104.7	111.9	112.1	117.7	117.3
	坐高（厘米）	55.6	56.3	57.9	58.8	60.9	62.6	64.8	65.0
	体重（千克）	16.6	16.3	17.1	19.4	19.4	20.4	21.9	23.4
	胸围（厘米）	51.0	50.3	52.7	52.2	53.2	54.4	53.7	54.5

续表7-8

指标		3岁		4岁		5岁		6岁	
		江阴	无锡	江阴	无锡	江阴	无锡	江阴	无锡
形态	皮褶之和（毫米）	24.1	22.8	24.7	25.5	26.0	25.9	23.3	25.2
机能	安静脉搏（次/分）	107.5	105.1	99.8	92.9	93.2	94.2	91.8	93.7
素质	立定跳远（厘米）	71.8	57.3	67.6	68.9	101.7	96.6	107.7	110.2
	网球掷远（米）	3.3	3.1	2.8	4.6	4.9	5.5	5.6	5.8
	坐位体前屈（厘米）	9.9	11.2	11.4	11.1	12.0	12.3	13.0	11.5
	10米折返跑（秒）	7.9	8.9	8.4	9.3	7.0	7.1	6.6	6.9
	走平衡木（秒）	20.4	20.3	23.2	19.2	9.9	8.0	6.3	5.7
	连续跳（秒）	8.8	11.1	12.9	11.2	5.3	5.0	4.7	5.1

2015年江阴市男性成年人与老年人各项指标均值与无锡市指标均值比较一览

表7-9

指标		20~24岁		25~29岁		30~34岁		35~39岁		40~44岁	
		江阴	无锡	江阴	无锡	江阴	无锡	江阴	无锡	江阴	无锡
形态	身高（厘米）	174.2	172.3	173.8	173.3	171.5	170.3	173.4	170.9	171.1	170.3
	体重（千克）	70.0	68.3	72.3	69.5	71.5	70.8	73.9	71.2	72.4	71.5
	腰臀比	0.8	0.86	0.8	0.87	0.8	0.88	0.8	0.89	0.8	0.91
	皮褶之和（毫米）	34.9	51.8	44.4	51.7	47.2	53.5	43.3	55.1	52.1	54.6
机能	安静脉搏（毫米）	81.1	78.5	86.7	81.1	80.2	78.6	79.6	80.0	75.8	77.4
	肺活量（毫升）	3804	3729	3558	3763	3585	3643	3758	3637	3416	3469
	台阶指数	60.2	55.6	60.1	55.6	57.8	55.8	62.6	55.5	60.5	57.4
素质	坐位体前屈(厘米)	10.5	9.2	6.4	9.0	7.2	7.4	10.1	9.6	8.1	7.6
	握力（千克）	49.7	43.8	50.6	45.9	47.7	44.9	51.2	47.5	49.3	45.6
	背力（千克）	127.0	103.5	131.8	104.8	135.9	107.4	146.2	112.8	—	—
	纵跳（厘米）	39.4	39.2	37.4	38.0	37.3	36.5	38.3	35.9	—	—
	闭眼单足站（秒）	54.0	39.8	52.7	43.0	52.8	47.3	43.6	33.3	23.9	21.8
	俯卧撑（次）	32.9	27.8	25.8	27.4	30.9	26.1	30.3	27.8	—	—
	反应时（秒）	0.4	0.44	0.4	0.45	0.4	0.44	0.4	0.44	0.4	0.49
指标		45~49岁		50~54岁		55~59岁		60~64岁		65~69岁	
		江阴	无锡	江阴	无锡	江阴	无锡	江阴	无锡	江阴	无锡
形态	身高（厘米）	168.6	167.4	167.5	165.9	170.2	166.8	167.9	167.6	168.4	167.4
	体重（千克）	72.0	70.1	70.8	69.3	73.5	68.8	68.5	71.1	71.7	69.4
	腰臀比	0.9	0.91	0.9	0.91	0.9	0.92	0.9	0.89	0.8	0.90
	皮褶之和（毫米）	48.5	52.2	47.1	49.5	46.8	48.9	39.2	46.2	40.1	47.4

续表7-9

机能	安静脉搏（毫米）	78.7	78.8	78.2	80.0	77.1	79.6	71.9	75.5	74.5	77.5
	肺活量（毫升）	3348	3140	3170	3106	2973	3033	2304	2789	2761	2633
	台阶指数	59.9	61.3	64.1	59.8	58.9	59.8	—	—	—	—
素质	坐位体前屈(厘米)	7.9	8.8	3.5	7.7	4.9	6.5	3.1	3.15	1.0	2.05
	握力（千克）	47.3	43.4	48.0	42.4	46.2	42.0	40.3	41.8	42.2	40.0
	背力（千克）	—	—	—	—	—	—	—	—	—	—
	纵跳（厘米）	—	—	—	—	—	—	—	—	—	—
	闭眼单足站（秒）	14.2	20.0	17.9	20.1	10.1	15.1	10.0	13.9	9.5	13.4
	俯卧撑（次）	—	—	—	—	—	—	—	—	—	—
	反应时（秒）	0.4	0.51	0.5	0.54	0.5	0.57	0.6	0.56	0.5	0.62

2015年江阴市男性成年人与老年人各项指标均值与无锡市指标均值比较一览

表7-10

指　标		20~24 岁		25~29 岁		30~34 岁		35~39 岁		40~44 岁	
		江阴	无锡	江阴	无锡	江阴	无锡	江阴	无锡	江阴	无锡
形态	身高（厘米）	159.1	162.1	159.4	162.1	160.2	160.7	159.1	160.7	159.6	160.6
	体重（千克）	56.1	55.8	54.5	57.3	56.8	57.2	57.6	59.3	59.4	59.5
	腰臀比	0.8	0.80	0.8	0.80	0.8	0.83	0.8	0.82	0.8	0.85
	皮褶之和（毫米）	67.5	55.4	58.4	52.5	66.6	58.8	69.2	60.8	71.6	62.1
机能	安静脉搏（毫米）	86.8	82.1	81.0	79.3	78.9	78.8	77.0	79.0	77.8	77.8
	肺活量（毫升）	2541	2718	2552	2745	2448	2711	2239	2473	2345	2534
	台阶指数	58.7	56.7	59.8	56.0	59.8	57.2	63.7	57.4	62.0	57.5
素质	坐位体前屈(厘米)	9.1	11.7	8.8	11.6	9.4	11.0	10.1	12.0	9.8	10.9
	握力（千克）	29.0	29.7	29.4	30.3	28.5	30.2	30.0	29.9	29.6	30.7
	背力（千克）	65.0	63.8	69.9	66.8	67.2	67.7	74.1	69.2	—	—
	纵跳（厘米）	23.4	26.9	22.8	26.5	24.1	28.0	22.0	26.7	—	—
	闭眼单足站（秒）	30.7	39.3	39.6	39.8	54.4	41.4	49.8	38.4	39.3	26.7
	仰卧起坐（次）	29.8	28.0	22.8	23.9	24.6	23.9	26.0	23.0	—	—
	反应时（秒）	0.4	0.50	0.5	0.47	0.4	0.49	0.4	0.48	0.5	0.49
指　标		45~49 岁		50~54 岁		55~59 岁		60~64 岁		65~69 岁	
		江阴	无锡	江阴	无锡	江阴	无锡	江阴	无锡	江阴	无锡
形态	身高（厘米）	159.1	161.1	158.9	160.0	159.7	160.0	157.8	157.3	155.2	155.7
	体重（千克）	59.0	62.4	60.7	62.5	62.5	60.5	67.8	63.4	58.6	63.3
	腰臀比	0.80	0.90	0.8	0.87	0.8	0.88	0.8	0.87	0.9	0.90
	皮褶之和（毫米）	71.9	62.6	68.3	62.8	72.1	60.3	70.4	62.9	76.3	64.0

续表7-10

指 标		20~24 岁		25~29 岁		30~34 岁		35~39 岁		40~44 岁	
		江阴	无锡	江阴	无锡	江阴	无锡	江阴	无锡	江阴	无锡
机能	安静脉搏（毫米）	81.3	78.0	74.2	76.9	74.6	77.2	73.3	75.5	75.8	77.3
	肺活量（毫升）	2150	2449	2064	2344	2065	2302	1883	1814	1814	1786
	台阶指数	61.0	61.0	61.9	59.3	64.1	62.2	—	—	—	—
素质	坐位体前屈(厘米)	9.7	9.2	11.0	9.5	7.6	7.5	10.4	7.41	10.4	6.92
	握力（千克）	28.6	29.8	27.5	28.8	29.3	29.6	28.2	26.3	25.5	26.0
	背力（千克）	—	—	—	—	—	—	—	—	—	—
	纵跳（厘米）	—	—	—	—	—	—	—	—	—	—
	闭眼单足站（秒）	25.6	25.6	11.1	19.0	9.4	16.7	6.0	11.3	7.4	11.0
	仰卧起坐（次）	—	—	—	—	—	—	—	—	—	—
	反应时（秒）	0.5	0.51	0.5	0.52	0.5	0.57	0.6	0.57	0.5	0.56

第八章　人　物

第一节　体育人物传略

该节列明、清武进士（以中举时间为序）：戴俨如、陈震亨、陆龙、陆鳌、赵志、缪玙、马逢元、吴位思、朱缨、殷琏、贡炜、钟维岳、赵嵘、章杞14人。武举人、武秀才（部分）：陆汝珍、徐世昌、贡廷谟、殷维宁、殷起凤、陶廷梅、孙韬、贡钰、陶飞熊、陶兆麟、孙彪、赵有发、蒋国池、周乐彪、赵赞廷、陶飞鹏、周卫若、陈缫廷、王绍麟、徐尚庆、陈明章、周斌、徐信、陈宝、王灿、陈维贤、陈雅甫、谢鹤峰、勇耕29人。已故体育界知名人士：徐霞客、许太和、吴蕴瑞、吴澄、薛绪初、贡仲祥6人。

一、武进士、武举人、武秀才

（一）武进士

戴俨如（生卒年不详），字冠玉，江阴人。明天启二年（1622）中武进士，官湖广副将（正五品）。

陈震亨（生卒年不详），字百里，江阴人。明天启五年（1625）中武进士，官浙江都司（正四品），守泗州死事。

陆龙（生卒年不详），字云车，江阴人。清顺治九年（1652）中武进士，官两广督标中营都司（正四品）。

陆鳌（生卒年不详），字云涛，江阴人。清顺治九年（1652）中武进士，官甘肃永昌守备（正五品）。

赵志（生卒年不详），字不详，江阴人。顺治十二年（1655）中武进士，官甘肃大靖营守备（正五品）。

缪玙（生卒年不详），字瑶石，江阴人。顺治十七年（1660）中武进士，官职不详。

马逢元（生卒年不详），字天锦，祖籍崇明，居江阴。顺治十七年（1660）中武进士，官陕西白土关参将（正三品）。

吴位思（生卒年不详），字文昭、江阴人。康熙三年（1664）中武进士，官广西上思营参将（正三品）。

朱缨（生卒年不详），字子舄，江阴人。康熙三年（1664）中武进士，官淮安卫守备（正五品）。

殷琏（1639—1707），字介荣，号玉湘，别号洁庵，江阴华士人。康熙初应童子试，康熙五年（1666）中举人，康熙六年（1667）联捷武进士，诰封明威将军（正四品）。初任江南江淮道守备，整治漕弊、优恤军属，深得军民拥护。居官13载，历摄兴武、镇海、仪真、镇江、泗州诸卫篆，俱以兴利除弊为己任、官声甚佳。泗州缺守时、督抚以其勤勉有政绩，委以署州事，到任后锄强诛匪、声名更重。一生轻财尚义，谦虚谨慎，事亲至孝，时人皆称孝子。亲朋有事求助，无不尽力周济。文武两闱，凡江阴、无锡两邑应举者，皆出资辅助，士林钦佩其德。后因义母年老、乞归侍奉，军民数千人遮道相送。

贡炜（1650—1688），字介熙，江阴人。清康熙八年（1669）己酉科武举人，康熙九年（1670）庚戌科武进士。山西代州扬方口守备（正五品），例授武德将军（正五品）。

钟维岳（1669—1729），字鲁锋，号泰岩，江阴今西石桥镇东维常村人。

钟维岳幼时家贫，父亲早亡，但他身壮能力挽惊马，好习武术。清康熙四十一年（1702），考中武举人，康熙四十五年考中武进士。康熙五十一年去户部侯选、康熙见他武艺超群，惊呼“壮士”，赏戴花翎，擢镶黄旗侍卫，任四川遵义协左营游击。雍正元年（1723）升授广西新泰营参将。后历任督标前营参将兼署肇庆协城守副将；广东黄岗协副将，委署口石南澳两镇总兵官。后受人排挤、中伤，调直隶督标中军副将。大将军岳钟琪平叛，知维岳勇猛善战，任命他为固原城守参将、领兵进剿，大胜。后病殁于军营，家人扶柩归葬。

赵嵘（生卒年不详），字闻巍，江阴人。清康熙四十四年（1705）乙酉科武举人，四十六年（1707）丙戌科武进士。湖北武昌府守备（正五品），未到任，卒于京。

章杞（1771—1824），字季高，号午桥，江阴　山章氏第29世孙。章杞于乾隆五十九年（1794）中武举人，嘉庆四年（1799）会试中武进士，钦点御前侍卫。嘉庆九年（1804）选授浙江衢州标中营游击。未三月以贤能檄署广西太平、镇海参将。嘉庆十六年（1811）升任浙江绍兴、嘉兴、杭州副将（协台）。复授直隶三屯协副将。道光元年（1821）宣宗登位，即擢章杞为广东南（雄）韶（关）连（州）镇总兵（武将二品官阶），统辖三江、靖远、佛岗等处地方控制　夷。道光三年（1823）诰授武显将军，晋振威将军。

章杞平时起居俭约，整肃军纪、确保境内安宁，得百姓拥戴。道光四年，因患水肿、卒于军营。自韶州至武陵，民哭送丧，葬江阴谢园镇马泾桥。章杞工楷书，好吟诗，有儒将之风，著有《寒翠山庄》诗3卷留世。

（二）武举人、武秀才（部分）

陆汝珍（生卒不详），字席子，号六养素，江阴人。明天启四年（1624）甲子科应天府武魁。授宜兴守备，迁江苏标营中军（正三品）。

徐世昌（生卒不详），字凤阳，江阴人。明万历间（1573—1620）应天府武举人。官冷嘴关千总。

贡廷谟（1642—1696），字希上，号素庵，江阴人。康熙五年（1666）武举人，官职不详。

殷维宁（1669—1726），字树勋，号翼亭，江阴人。康熙二十九年（1690）武举人。初任广东韶州守御所千总，诰授武略将军。雍正三年（1725），升任陕西大通卫守备。当时的大通，是新开的边地，管辖周围500余里。殷为首任守备，百业待兴、人手缺少，亲自督工开浚河道，建造营房、官署，即使抱病也策马奔驰崇山峻岭间，冒风雪严寒而不顾。殷任守备一年多、清正自律、除恶锄奸，因事必躬亲，操劳过度，有疾而终。殁后百姓老幼烧香泣拜祭奠。过兰州800里，犹有百姓祭拜。

殷起凤（1690—1724），字羽长，江阴人。官广东昭南左都督左标随征千总，例赠武信骑尉。

陶廷梅（1739—1806），字鼎夔，江阴人。乾隆三十三年（1768）戊子科武举人，官职不详。

孙韬（生卒不详），字步青，江阴人。乾隆五十三年（1788）戊申科武举人，官职不详。

贡钰（生卒不详），字其相，江阴人。乾隆五十七年（1792）壬子科武举人，官泰州营千总。

陶飞熊（1768—1844），原名陶涵，字苍培，号筠圃，江阴人。陶臂力过人，能开500弓，矢无虚发。嘉庆九年（1804）由江苏抚标千总荐举，升淮安漕标守备，擢升都司。嘉庆十六年（1811）冬，漕帅李鸿宾保荐升湖北右营游击，调补汉阳游击。道光五年（1825），擢升广西宾州营参将。道光十一年（1831）任湖北勋阳镇总兵。道光十六年（1836）五月，授福建汀州镇总兵。道光二十年（1840）八月，钦命署理泉州提督（从一品），诰授镇威将军。

陶兆麟（1815—1847），字振之，号瑞征，江阴人。随营考授湖广督标中营把总，实授湖北把总，后授千总。调广东军营，有功升襄阳城守备（正五品）。捐输军需议叙都司，授四品封典。

孙彪（生卒不详），字肇基，江阴人。同治九年（1870）庚午科武举人，官职不详。

赵有发（生卒不详），字骏卿，江阴人。同治十二年（1873）癸酉科武举人，官职不详。

蒋国池（生卒不详），字镜清，江阴人。光绪元年（1875）乙亥科武举人。大挑二等，以千总用。

周乐彪（生卒不详），字虎臣，江阴人。光绪二年（1876）丙子科武举人。官职不详。

赵赞廷（生卒不详）字襄臣，江阴人。光绪十五年（1889）乙丑科武举人，镇江营东关汛把总，提标江阴营、平望营。

陶飞鹏（生卒不详）原名陶沛，字苞霖，号鲲庄，江阴人。江苏抚标城守把总，赐封武翼都尉（从三品）。

周卫若，顾山周东庄人，清代武举人（余不详）。

周　斌，顾山周东庄人，清雍正癸卯（1723年）武举人，任瓜州守备。

陈缫廷，顾山西陈巷人，清代武举人（余不详）。

徐　信，北涸黄巷人，清乾隆乙卯（1785年）武举人，（余不详）。

王绍麟，顾山镇东街人，清代武举人任浏河营把总，上海守备，福山游击。

陈　宝，顾山西陈巷人，清嘉庆壬戌（1800年）武举人（余不详）。

徐尚庆，青阳镇莳介圩人，清代武举人（余不详）。

王　灿，北涸王家湾人，清同治癸酉（1873年）武举人（余不详）。

陈明章，顾山西陈巷人，清代武秀才（余不详）。

陈雅甫，顾山西陈巷人，清代武秀才（余不详）。

谢鹤峰，青阳南河沿人，清代武秀才（余不详）。

陈维贤，顾山西陈巷人，民国时被聘为上海精武体育会教练（余不详）。

勇　耕，毛弄人，民国时曾任中央大学武术教练（余不详）。

二、已故体育界知名人士

徐霞客（1586–1641），名弘祖，字振之，号霞客。江阴人。明代地理学家、登山旅行家。

徐霞客自幼好学，博览图经地志。因见明末政治黑暗，不愿入仕，22岁时即弃科举，专心从事游历，开始了考察祖国山岳的登山旅游活动。他问奇探胜于名山大川，足迹遍及祖国19个省、市、自治区。其中重大的登山活动有：万历三十七年（1609）登泰山；四十一年登天台山、雁荡山、珞迦山；四十六年登黄山、庐山；天启三年（1623）登嵩山、华山；崇祯元年（1628）登罗浮山；二年登盘山；六年登五台山、恒山；十年登衡山。最后，他以54岁的高龄奋然进行万里遐征，历登贵州、云南之名山，结束了他前后长达30余年的科学探险生涯，成为一位前无古人的登山旅行家。

从20岁起，他大半时间都在外跋涉，一般回家休整均不过一年左右。为了考察得更细致，他靠双脚壮游万里。肚子饿了，就“食草木之实”；困了，就“寝树石之间”；晚间，即使寄身草莽之中，也要燃草照明记事，从而为后世留下了60余万字的第一手考察资料。他深知考察之要务在于发现新的事实，因此特别喜欢到道路艰险、人迹罕至之处。他登中岳嵩山时，到了太室山绝顶，向一位打柴人打听到西沟的险道直通山脚，便决定冒险由西沟下山。但是沟壁极陡在石峡之中悬溜而下，不能停止，一直溜了十来里路才达峡口平旷之处。果然，功夫不负苦心人，他在人们认为平淡无奇的少室山发现了夹崖刺天的奇景。他的攀高越险的求索精神，使他见到了真貌，获得了真知。

徐霞客毕其一生所做的贡献是多方面的，在登山旅行的过程中，他首创系统考察、记述岩溶地貌的“世界纪录”，取得了大量科研成果，在中国乃至世界文化史、地理史和体育史上均有重要的地位。他从万历四十一年（1613）开始写作游记至崇祯十三年（1640）在云南鸡足山修《山志》期间，写了大量第一手资料，如流传至今的《江源考》《盘山考》等，纠正了前人的不少错误，具有重要的科学价值。他在登山技术装备上有不少发明创造，如“长钩”“钉抓”，与现代登山工具中的冰镐、铁爪相类似。他还善于使用各种绳索进行攀登和下降。

徐霞客的旅行日记在其死后由其家庭教师季会明和自己庶子李寄等整理成《徐霞客游记》流传于世。1992年，江苏省体委编辑出版《江苏省体育今古录》，在第一编体育人物中，将徐霞客这个明代地理学家、登山旅行家列入。北京中华世纪坛矗立的40位中国历史文化名人塑像，徐霞客铜像列其中。

许太和（1877—1938），江阴县北涸乡（现属顾山镇）许巷人。一生精于南拳（属少林拳术的“仁和派”）。

许太和幼年时代正值清王朝末期，列强入侵，内忧外患，江阴位于军事重镇，民间习武强身之风甚浓。许太和因家贫缘故，小小年纪就无奈辍学，将兴趣投向武术上，开明的父母帮他选了一个武艺高强的卖拳人，正式拜师学艺。许太和极有慧根禀赋，加上他的勤奋、笃学强记，武艺精进速度胜过常人无数倍。时隔不久，他的名声就响彻北涸小镇，引吸常熟、无锡等地武术爱好者前来切磋探讨、比武求艺。当时的《常熟民报》在报道“常熟元旦庆祝盛况”时不吝赞辞，说“许太和之拳术为最佳”，“许太和之走步基本法、铁拐李，均异常出色，博得彩声不少”。他“南拳之王”的美名，由此远播。

1909年，武术家霍元甲到上海与英国大力士奥比音比武后，成立“精武体育会”。江阴受其影响，20年代起相继成立武术体育组织，许太和成为各地方武术组织争聘的拳师之一。

民国初年，许太和先后在文林二校、长泾一校、上海东亚体校、苏州中华体校、无锡辅仁中学、常熟第三高中、吴江中学等学校任教，并担任江阴澄江公共体育场技击部主任，孕育桃李满园，足迹遍布苏南一带，为当地的武术传承和弘扬起到了举足轻重的作用。

1923年春，许太和代表无锡出席上海市第一次全国武术大会，当时曾任国民党海陆空三军副总司令的张学良，对许太和表演的少林拳赞誉有加，同他一起摄影留念并为他题辞祝贺。在南京召开的全国“双十节”武术大会上，许太和被聘为大会评判员。同年无锡成立“国粹体育会”，许太和被聘任为教练。1924年3月9日，在无锡西门外公共体育场举行大会，会后许登台表演，博得全场喝彩。

1926年5月，许太和著成一部《南拳入门》问世。民国27年农历八月初三（1938年9月26日），许太和因病溘然长逝，终年62岁。许太和一生为我国武术献身，门徒遍布苏南各地，他的武功才学和精神，可烛照千古，彪炳史册。

吴蕴瑞（1892～1976），江阴峭岐镇人。1915年至1918年，先后毕业于江苏师范学堂、南京高等师范学校体育专修科。1919年至1924年，先后于南京高等师范学校、东南大学体育系任教。1925年至1927年，官费留学美国芝加哥大学医学院和哥伦比亚大学师范学院体育系，获硕士学位。1927年赴英、法、德三国考察。回国后相继任东北大学、北京师范大学、中央大学体育系教授兼主任，是“国民体育委员会”委员。曾任1928年4月在南京省立体育场举行的江苏大学区第一届中等学校联合运动会的筹备委员会、评判委员会委员，任总裁判。1929年5月4—6日，在南京省立体育场举行第二届中等学校联合运动会，任运动委员会委员，大会裁判部主任、任总裁判。

1930年夏，张学良主持东北大学，聘吴蕴瑞为东北大学体育科教授，担任《体机动学》《体育建筑与设备》以及体操等课程的教学工作。1931年任北京师范大学教授，1933年夏再回南京任国立中央大学体育系教授兼主任。在此期间，他还担任过中华全国体育协进会常务理事，教育部国民体育委员会常委等职。吴蕴瑞在旧中国以精勤奋励、治学严谨，学术渊博而闻名，培养了一大批体育专业人才。

抗日战争爆发，吴蕴瑞随中大迁居重庆，与中大艺术系徐悲鸿教授成莫逆之交。解放前夕，吴作为护校领导人之一，组成中大护校委员会，拒绝去台湾。解放后任南京大学体育系教授兼主任。1952年当选为中华全国体育总会副主席、中华人民共和国体育运动委员会委员、中国体操协会主席等职。筹建华东体育学院（1956年改名上海体育学院），任筹备组组长和第一任校长。

吴蕴瑞一生从事体育教学工作，长于技巧运动和体育原理。他从事体育工作58年，对我国近代、现代体育的发展具有较大的影响，是我国著名体育家，著有《人体机动学》《运动学》《体育教学法》《体育原理》（与袁敦礼合著）和《田径运动》《体育建筑与设备》等著作。他治学严谨，并担任许多体育机构的负责人，对中国体育事业做出重大贡献，为体育界同仁所推重。1976年4月10日病逝于杭州、终年84岁。

吴澂（澄）（1896～1974），字仲欧，江苏省江阴县人。体育教授。1918年毕业于南京高等师范体育学校第一届体育科，毕业后，留校担任体育教学工作。1918年8月出任南京高等师范学校附属中学体育科主任。1921年8月调往南京高等师范学校任体育科助教，1923年起任国立东南大学体育系助教。在任职期间，修完了大学学业，于1926年7月获国立东南大学教育学学士学位。1927年8月，转入国立南京中央大学体育系任讲师。1929年8月自费赴德留学，就读于德国柏林国立体育大学，他是我国最早留德研究体育的学者之一，于1932年7月毕业，获硕士学位。毕业后得到江苏省教育厅津贴，又在德国普鲁士省省立体育大学研究小学体育。1933年8月回国，以后一直执教于国立中央大学，历任中央大学体育教授、系主任、体育专修科主任等职。1936年7月，吴澄作为中国体育考察团副领队率队赴德国柏林，除观察奥运会比赛外，还参观了当地体育夏令营，并考察了丹麦、瑞典、德国、捷克斯洛伐克、奥地利、匈牙利、意大利等国的体育。1938年10月，出任教育部国民体育委员会委员（前后三期）和中华体育学会会员等职。1945年12月至1947年4月，他担任上海市立体专筹备主任，以后又出任江苏省教育厅督学兼国立镇江体育场场长，经常考察各地体育情况，并主持体育场的行政工作。

解放后，吴澄历任南京大学教授、上海体育学院教授兼专修科主任、华东体育学院二部主任，为创建和发展新中国体育教育事业做出了贡献。

吴澄一生从事体育教学，曾先后担任过体操、田径、游泳、手球、运动裁判法、技巧运动、人体测量学、西洋体育史、按摩学等课程的教学工作，尤擅长于讲授体操和手球。在教学中积极引进手球等新兴运动项目，并添置了部分器械体操设备，得到体育界同仁和学生们的普遍欢迎。

吴澄在体育学术上有一定的造诣，曾先后编著出版《小学徒手体操》《德式手球规则》与《早操教材》等书。江苏省体育运动委员会于1992年6月出版的《江苏体育今古录》体育专著的第二章“十人传略”中于吴蕴瑞、恽代英后收录，列第八位。

薛绪初（1922—2008）江阴人，中国香港已故乒乓球运动员，为直板两面攻打法的创始人，港人称其为“港乒球王”。

1939年，18岁的薛绪初夺得上海乒乓球锦标赛男单冠军。当时精武体育会主办的“精武杯”乒乓个人名位赛被公认为权威的乒乓个人赛，薛绪初创新使用直板两面攻打法，在上海乒坛横空出世，技惊四座，力压群雄，几乎战无不胜、攻无不克、所向无敌。解放前，他与傅其芳代表香港参加在新加坡举行的第一届亚洲乒乓球赛，荣获男子单打和男子双打两项冠军。1951年，前世乒赛冠军李奇和伯格曼访问香港和亚洲，但两人均败于薛绪初手下。他曾代表香港队两次参加世乒赛，四次参加亚乒赛，夺得一次男单冠军、一次男双冠军、两次男团冠军、两次混双冠军和一次亚军。在薛绪初的影响下，小他10岁的胞弟薛伟初与杨瑞华、徐寅生、李富荣、张燮林五位老上海队主力成为解放初期组建的国家男子乒乓球队核心人物（薛伟初后来担任国家男队教练四十年）。

解放初期，随着队友傅其芳、姜永宁和容国团等名将返回大陆，薛绪初逐渐淡出乒坛，定居香港。薛绪初人居香港、心系祖国的乒乓事业。第26届世乒赛前夕，他得到到邻国日本乒乓球队“秘密武器”后，帮助其弟弟薛伟初所在的中国乒乓球队对付日本乒乓球队“秘密武器”——弧圈形上旋球，为1961年新中国第一次举办的第26届世乒赛（北京）胜利作出了贡献。

解放初期，尚属雏形的中国乒乓球队还未在国际上露面，薛绪初可以说是第一位扬威国际乒坛的中国人。

1980年，薛绪初退休并移居加拿大，2008年2月23日病逝，享年86岁。

贡仲祥（1924—2014），江阴市华士镇人。自幼喜爱武术，年青时到上海就业，拜曾任孙传芳保镖、保定军官学校和国民政府总统府教官、河北任丘人褚桂亭为师，学形意、太极、八卦掌和刀剑器械。此后，又拜山东烟台王壮飞，学宫廷八卦掌及三合刀、六合剑、太极剑、武当双剑、八卦龙形剑等长短兵器。后应聘任上海市武术协会教练，武术队队长。同济大学闻其名，也聘他任顾问兼教练，并在武术馆和上海市体育俱乐部招生授徒。

1988年到美国洛杉矶，在圣华艺术学苑传授武艺和气功，受到当地行政长官、行家、侨胞及武术爱好者的高度评价。受邀在纽约东方武术研究院等诸多地方表演，《世界日报》和纽约电视台记者随同录像、发新闻，声誉日隆。

在多届世界杯国际武术锦标大赛上，贡仲祥连续获得内家拳术、器械最佳冠军金杯奖，最高荣誉金杯奖、最高贡献奖、世界十大杰出功夫金牌奖、全球武术领袖楷模终身成就奖等荣誉。在第一、二届“海华杯”中华国术邀请赛中夺得表演赛冠军金标奖。1993年赴旧金山参加世界名师表演赛获得冠军，被誉为最突出的一位武术大师。1994年3月，应邀出席在法国巴黎举行的第一届“欧洲杯”和第六届“巴黎市长杯”中国武术锦标大赛，担任大会裁判长。表演了形意拳、太极推手、八卦乌龙拳、活步六十四掌和刀剑等武艺，荣获中国杰出功夫奖和最高荣誉金杯奖。在法国期间得到大会名誉主席，总理希拉克、体育部长、法国中华武术总会会长等人热情接待，并合影留念。1997年3月，他应邀赴华盛顿参加世界和平武术联合会开幕大典，莅会者有130多个国家不同门派的武术代表、贡仲祥获世界级武术大师奖牌，并在大会上发了言，深刻阐述了武术的价值，武术与武德之间的关系，引起与会者们的共鸣。在1997年10月举行的第六届世界杯国际武术锦标大赛中，获克林顿总统和前总统布什联合签发的全球唯一的杰出武术领袖楷模终身成就奖。在国际上产生重要影响。

贡仲祥事亲至孝，尊师重道，注重伦理道德，提倡武术的重要功能，可以作为重建人格的教育工具，对自己，对学生强调武德，坚持谦虚谨慎。他不仅酷爱武术、同时喜欢书法，拜名家为师，从楷书入手，后专攻汉隶，取得较高成就。在1997—2002年北京举办的世界华人书画展上荣获优秀奖。赴美后多次参加书画展览而屡得奖彰，任美国中华艺术学会理事，成为武术文墨、相得益彰的突出人物。贡仲祥于2014年6月19日于美国旧金山逝世，享年91岁。

第二节　体育人物简介

该节列奥运会冠军获得者龚彬、陆春龙、徐莉佳，世界（地区）比赛冠军获得者李岱春、周生洪5人。

一、奥运冠军简介

龚彬，女，1981年2月生，华士镇陆桥村人，高中文化，下肢残疾（肢体四级）

2002年3月，为无锡市残疾人女子坐式排球队队员。入队5个月任队长。2003年10月，入选国家队成为主力队员，在日本获亚太地区女子坐式排球锦标赛及残奥会资格赛冠军。2004年9月，在雅典获第十二届残奥会女子坐式排球比赛冠军。同日，被国家体育总局授予“第十二届残奥会中国体育代表团优秀运动员”称号；被团中央授予“中国青年‘五四’杰出贡献奖章”；被全国妇联授予‘三八’红旗手集体荣誉称号；被中华全国总工会授予“全国‘五一’劳动”奖章。9月被共青团江苏省委评为江苏省新长征突击手标兵；10月被江苏省政府评为江苏省劳动模范。入选2004年度江阴市精神文明建设十佳新人新事。2006年4月，她与队友获全国第七届残疾人运动会女子坐式排球赛第一名；9月获江苏省第七届残疾人运动会女子坐式排球第一名；12月被评为江阴市十佳自强模范。是年她入选江阴市时代先锋。2008年12月，被江阴市评为江阴市改革开放30年30事30人之一。2011年10月，在全国第八届残运会上，她带领江苏队七战七捷，摘得桂冠，江苏坐式女排队在全国残运比赛中实现“三连冠”。同年11月，她被市政府评为江阴市“十一五”残疾人自强模范。

陆春龙，男，1989年4月8日生于南闸街道观西村东芦岐村。因父母在常州搞建筑工程，1993年常州户籍开放，陆春龙随父母迁入常州市，进入常州市北环幼儿园。常州市体校洪教练到幼儿园挑选运动员，陆春龙进入常州市体校练习体操，1994年获江苏省第十组鞍马亚军。1997年，陆春龙进入南京市体育学院练习体操，1998年改练蹦床，2000年获全国蹦床大赛最小年龄组冠军。2004年进入国家蹦床队，2005年获第十届全国运动会蹦床冠军、团体亚军。同年，获国家级运动健将称号。2008年获全国蹦床锦标赛冠军。世界杯日本站个人冠军；同年8月，获第29届北京奥运会蹦床冠军。2012年获第30届伦敦奥运会季军。

徐莉佳，女，1987年8月30日生于上海，籍贯为江阴市青阳镇普照村徐家湾，中国女子帆船运动员。徐莉佳10岁时进入上海长宁区体校游泳队改行学OP级帆船，师从教练张静。1999年已获得亚锦赛OP级帆船团体冠军。年仅15岁和16岁便连续两年夺取世界锦标赛OP级帆船比赛的女子冠军。2001年获世锦赛OP级帆船比赛女子冠军。2002年又获世锦赛OP级帆船比赛女子冠军。2002年获亚运会帆船OP级冠军。2006年获激光雷迪尔世界锦标赛第一名。2008年8月19日，获北京奥运会女子单人艇激光雷迪尔级铜牌。2009年第十一届全运会上，获帆船帆板激光雷迪尔级冠军。

多年来，帆船帆板项目一直是欧美选手垄断的。2012年8月6日，在第30届伦敦奥运会帆船比赛中，徐莉佳一路遥遥领先，以30分19秒最好成绩，以35分的净得分取了该项目金牌。

2012年8月13日，徐莉佳成为伦敦奥运会闭幕式中国代表团旗手。2013年1月19日，徐莉佳荣获“2012年CCTV体坛风云人物”年度特别贡献奖。

二、世界（地区）冠军简介

李岱春，男，1977年12月生于南通市。2000年调入江阴市红心集团工作。

李岱春1987年正式学习围棋。因天赋聪明，1989年、1991年即连续获得两届江苏省少年儿童围棋比赛儿童男子组、少年男子组冠军。1998年获全国职工围棋赛冠军、“黄河杯”全国业余围棋锦标赛冠军。2000年至江阴工作后，参加江阴市棋院的棋类活动，推动江阴市围棋事业的发展。2001年参加第十四届“晚报杯”全国业余围棋锦标赛，获冠军。是年，获得第三届亚洲业余围棋锦标赛冠军、第二十三届世界业余围棋锦标赛冠军，是中国当年唯一一名获得世界锦标赛资格的运动员。江阴市人民政府、江阴市红星集团先后召开庆功表彰大会，表彰李岱春为江阴人民争得了荣誉。

李岱春为围棋业余7段运动员、2002年至2003年先后获得第十五届全国业余围棋锦标赛、首届国际城市围棋邀请赛和华山围棋大会棋王赛比赛冠军。李岱春在国际赛事上屡有建树。现今从事围棋教学工作，为培养无锡市、江阴市地区的围棋新手做出奉献。

周生洪，男，1928年生于山观镇，自幼热爱武术，14岁拜原江苏省国术馆馆长金佳福之高足浦仁习少林甘派拳械硬气功。19岁拜镇江著名武术家赵宝棣习石头拳戳脚、燕青西凉绵掌及正骨伤科等。21岁拜镇江王永年习形意、八卦、太极之内家精髓。30岁时又拜97岁的杨希圣为师，得乾坤八卦、乾坤铜钟功、阴阳气功、内家秘功及气功推拿。后又仰江南名医陈健侯大名，专诚造谒，虚心清教，又得孙式太极拳、八卦运行掌和医道。

周生洪习武刻苦，注重武德，牢记师训“慈、孝、敬、坚、贞、恒、平、直、园”九字诀，习武的宗旨是为了弘扬中华国粹，强身健体。自1956年起多次参加省、地区及市武术比赛和各种武术活动，曾多次荣获江苏省、华东地区武术比赛佳绩和荣誉。2001年3月，参加海南三亚举行的首届世界太极拳大赛荣获一等奖，时年10月参加湖北省武当拳国际交流会传统拳术荣获金牌、传统器械八卦龙形剑银牌。2002年6月，在江苏省武术邀请赛上获太极拳、八卦龙形掌两枚金牌。2003年参加“香港第一届国际武术大赛”获拳术金牌、剑术金牌、国际内家拳武术比赛冠军。2004年、2005年参加国内武术比赛屡得金牌，2005年经华东精英争霸赛组委会考核，评为“中国传统武术特级大师”及“华东武馆十佳教练”。

周生洪武术7段一生为弘扬国粹、传统武术奋斗着，在70余年武术教学中培养了数以千计的学生，他们遍布全国各地，为祖国的武术事业和全民健身事业发展做出了贡献。

第三节　体育人物名录

该节以表式记述，列近代江阴体育界，一、从事体育研究、执教业绩显著和获全国性荣誉者；二、获国家级以上运动健将和大师称号者；三、获全国及以上比赛金牌和资助体育事业突出者等方面人物共93人（列入该表以授奖、参赛之时间先后为序）。

一、从事体育研究、执教业绩显著者一览

表8-1

姓 名	性别	籍贯	出生年月	主 要 事 迹	备注
吴文汇	男	江阴市	——	一生从事体育教学与研究	南京中央大学体育教授 上海体育学院体育系主任教授
徐恕忠	男	江阴市	——	1928年参加江苏省大学区第一届中等学校联合运动会（南菁学生），获个人总分第一名	南京药学院体育教研室主任
杨纯福（又名东海）	男	江阴市	——	1935年参加江苏省第四届运动会代表二区获五项全能第二名，被选为南京市代表（南菁学生）	东北师范大学体育系田径教研室主任、教授
沈寿华	男	江阴市	1914年9月	历任江苏省篮、排、足球，田径等级赛总裁判、总裁判长等职	曾任中学体育教师、教研组长、体育场教练
薛伟初	男	江阴市	1932年	1960年与徐寅生、李富荣、张燮林、杨瑞华队友同时成为国家队主力队员，1961年后任国家队教练40年，后组织分配至前南斯扶夫培养乒乓球国手5年，为国家培养了大批乒乓尖子人才	
陆仲熹	男	江阴市	——	南京工学院体育教研室主任、江苏省田径协会负责人、裁判委员会主任	
陈 觉	男	江阴市	——	1964年原台湾参加东京“奥运会”体育考察团团员，第一批由台湾返回祖国大陆的体育人员之一	
孙民治	男	江阴市	1938年9月	1959年从事篮球教学、训练、研究工作。至今出版专著、教材32部，论文近百篇，曾获教育部优秀教材一等奖，哲学社会科学二等奖等荣誉。	曾任首都体育学院院长，北京市体委副主任等近10项体育领导职务
姚雪景	男	江阴市	——	1988年批准为国际象棋国家级裁判员	
尤国耀	男	江阴市	1966年7月	2007年被批准为中国象棋国家级裁判员	
张 健	男	江阴市	1970年10月	2007年被批准为田径高级教练员	
傅金才	男	江阴市		2012年12月被批准为乒乓球国家级裁判员	

二、获国家级以上运动健将和大师称号者一览

表8-2

姓　名	性别	籍贯	出生年月	主　要　事　迹	备注
朱益红	女	江阴市	1973 年 3 月	1991 年获田径国家级运动健将称号	
赵　伟	男	江阴市	1971 年	1992 年获足球国家级运动健将称号	
陆亿良	男	江阴市	1971 年 1 月	1992 年获足球国家级运动健将称号	曾执教于国家少年女足 U15 队主教练
翟伟国	男	江阴市	1971 年 1 月 18 日	1992 年获足球国家级运动健将称号	现执教于江苏省男足
姜屹峰	男	江阴市	1971 年	1993 年获足球国家级运动健将称号	现任江阴体校校长
翟伟忠	男	江阴市	1969 年 8 月	1993 年获足球国家级运动健将称号	现执教于江苏省男足
薛　莲	女	江阴市	1982 年	1998 年获田径国家级运动健将称号	
沈　燕	女	江阴市	1981 年	1999 年获田径国家级运动健将称号	
黄　芳	女	江阴市	1984 年 6 月	2001 年获中国象棋大师称号	
邹　锡	女	江阴市	1983 年	2002 年获田径国家级运动健将称号	
葛　洋	女	江阴市	1985 年 5 月	2002 年获足球国家级运动健将称号	
翁新芝	女	江阴市	1987 年 6 月	2005 年获足球国家级运动健将称号；2009 年获国际级运动健将称号	
翁晓洁	女	江阴市	1987 年 7 月	2005 年获足球国家级运动健将称号	
张志诚	男	江阴市	1985 年	2006 年获举重国家级运动健将称号	
吴　敏	女	江阴市	1987 年 10 月	2007 年获足球国家级运动健将称号	
曾　莹	女	四川省	1987 年 9 月	2007 年获足球国家级运动健将称号	
臧　伟	男	江阴市	1985 年	2008 年获举重国家级运动健将称号	
李淼淼	女	江阴市	1995 年 1 月	2008 年获跳水国家级运动健将称号	
季　诞	男	江阴市	1984 年 10 月 1 日	2009 年获国际象棋大师称号	
陈　佳	女	江阴市	1990 年	2009 年获垒球国家级运动健将称号	
胡晶晶	女	江阴市	1987 年	2009 年获足球国家级运动健将称号	
朱　佳	女	南京市	1990 年	2009 年获足球国家级运动健将称号	
王　敏	女	徐州市	1991 年	2010 年获足球国家级运动健将称号	
刘　菁	女	南京市	1991 年	2010 年获足球国家级运动健将称号	
王大曼	女	河北邯郸	1989 年	2011 年获足球国家级运动健将称号	
张榕佳	女	锡山市	1991 年	2011 年获足球国家级运动健将称号	
汤科蓉	女	江阴市	1988 年	2011 年获自行车国家级运动健将称号	
吴澄舒	女	江阴市	1996 年	2012 年获足球国家级运动健将称号	
唐心怡	女	江阴市	1995 年 2 月	2012 年获足球国家级运动健将称号	
许美玲	女	江阴市	1989 年	2012 年获田径国家级运动健将称号	
吴　凡	男	江阴市	1997 年	2015 年获足球国家级运动健将称号	

三、获全国以上比赛金牌和资助体育事业突出者一览

表8-3

姓 名	性别	籍贯	出生年月	主 要 事 迹	备注
颜虎清	男	江阴市	1937年	1965年5月在上海全国举重暨八单位击剑锦标赛上获男子轻剑第一名，1975年5月在南京全国击剑冠军赛上获男子花剑第一名，为中国击剑队元老级人物	曾任江苏省击剑队，国家击剑队队长
张卫东	男	江阴市	1973年	1992年7月在桂林全国少年男子柔道锦标赛上获95公斤级第一名	
刘 达	男	江阴市	1978年	1992年9月在湛江全国青少年举重比赛上获56公斤级总分第一名	
黄春洪	男	江阴市	1977年3月	1992年获全国业余体校田径赛跳远综合全能金牌，	江阴市业余体校第一枚全国田径比赛金牌
薛凤英	女	江阴市	1977年	1994年7月在南京全国青年皮划艇锦标赛上获女子500米双人、四人第一名	
徐金莲	女	江阴市	1980年5月	1995年8月在吉安全国青少年田径分龄赛上获15岁女子短跑全能、200米、400米3个第一名	
顾静伟	男	江阴市	1981年3月	1996年8月在青岛全国少年田径分龄赛上获14岁组男子100米第一名	
严春燕	女	江阴市	1983年2月	1996年8月在青岛全国少年田径分龄赛上获13岁组女子短跑全能第一名	
林 慧	男	江阴市	1977年	1997年9月在景德镇全国青年举重锦标赛上获83公斤级挺举、总成绩2个第一名	
李 龙	男	江阴市	1986年	自1998年至2002年，曾获得全国少年田径锦标赛10枚金牌，江苏省田径赛13枚金牌，2001年7月代表国家队参加布达佩斯世界少年田径锦标赛	
赵 津	女	江阴市	1991年	2001年1月在嘉兴第十五届“希望杯”全国少年宫棋类比赛上获D组女子中国象棋第一名	
张 峥	男	江阴市	1995年	2002年8月在太原第十六届“希望杯”全国棋类大赛上获F组男子中国象棋第一名	
梅 琳	女	江阴市	1989年	2003年8月在镇江全国少年象棋比赛上获少年乙组女子象棋第一名	
李文昌	男	江阴市	1967年	2003年获首届香港国际武术邀请赛获男子M8组抢术第一名，四合一太极拳第一名	
杨利军	男	江阴市	1992年4月	2005年5月在长治全国重点城市射击锦标赛上获少年组男子运动步枪3×10第一名	
陈 璐	男	江阴市	1990年10月	2005年5月在长治全国重点城市射击锦标赛上获少年组男子汽枪第一名	
吴豪峰	男	江阴市	1993年	2005年6月在南昌全国青年摔跤锦标赛上获男子84公斤级古典式第一名	
范羽蕊	女	江阴市	1996年	2006年8月在南京全国羽毛球单项交流赛上获女子单打第一名	
陈亚刚	男	江阴市	1990年	2007年7月在许昌全国青年拳击锦标赛上获男子54公斤级第一名	
肖倩倩	女	江阴市	1991年5月	2008年6月在全国女子足球U－18青年联赛决赛上获第一名	

续表8-3

姓　名	性别	籍贯	出生年月	主　要　事　迹	备注
许　清	女	金坛市	1991 年 1 月	2008 年 6 月在全国女子足球 U－18 青年联赛决赛上获第一名	
许　诚	男	江阴市	1990 年	2008 年 10 月在常州全国男子足球 U－19“阿迪达斯优胜者杯”赛上获第一名	
王涟涟	女	灌南县	1993 年 8 月	2009 年在全国少年击剑锦标赛上获女子花剑第一名	
蒋耀铭	男	江阴市	1966 年 6 月	2009 年在香港第七届国际武术邀请赛上获陈式太级剑第一名，陈式太极拳第一名，2010 年在香港第八届国际武术邀请赛上获陈式混元太极拳第一名	
黄耀仁	男	江阴市	1935 年 9 月	2009 年在香港第七届国际武术邀请赛上获吴式大极拳(自创)第一名，太极推手第一名	
徐建春	男	江阴市	1965 年 2 月	2009 年在香港第七届国际武术邀请赛上获男子太极推手第一名	
胡佩仪	女	江阴市	1957 年 4 月	2010 年在香港第八届国际武术邀请赛上获女子 42 式太极拳第一名	
许加华	男	江阴市	1993 年	2010 年 8 月在鹰潭全国少年拳击锦标赛上获男子 46 公斤级第一名	
马　翔	男	江阴市	1993 年	2010 年 8 月在鹰潭全国少年拳击锦标赛上获男子 80 公斤级第一名	
吕　博	男		1992 年	2010 年在广州第十六届亚州运动会上获男子体操团体第一名	
谭新宇	男	江阴市	1995 年 2 月	2011 年 7 月在淄博全国田径后备人才基地锦标赛上获男子 200 米、400 米 2 项第一名	
林　丽	女	江阴市	1993 年	2011 年 10 月在第七届全国城市运动会上获女子柔道 63 公斤级第一名	
唐梦洁	女	江阴市	1995 年 2 月	2011 年 10 月在第七届全国城市运动会上获女子少年足球第一名	
龚　丽	女	江阴市	1997 年 7 月	2011 年在乐山全国女子足球 U－16 联赛决赛上获第一名	
薛芯兰	女	江阴市	1995 年 8 月	2011 年在乐山全国女子足球 U－16 联赛决赛上获第一名	
赵叶丽	女	江阴市	1995 年 2 月	2011 年在乐山全国女子足球 U－16 联赛决赛上获第一名	
李江红	女	重庆	1997 年 5 月	2012 年 7 月在青岛全国女子足球 U－16 联赛决赛上获第一名	
徐依雯	女	江阴市	1997 年 8 月	2012 年 7 月在青岛全国女子足球 U－16 联赛决赛上获第一名	
姚远雯	女	丹阳	1997 年 5 月	2012 年 7 月在青岛全国女子足球 U－16 联赛决赛上获第一名	
李宇杰	男	江阴市	1995 年	2012 年 7 月在烟台全国少年 16～17 岁田径锦标赛上获少年男组男子 4×100 米接力第一名	
黄　涛	男	江阴市	1997 年	2012 年 8 月在全国高水平后备人才基地举重锦标赛上获抓举第一名	
董德霖	男	江阴市	——	2012 年在香港第十届国际武术套路大奖赛上获男子刀术、长拳第一名	

续表8-3

姓　名	性别	籍贯	出生年月	主　要　事　迹	备注
王菊瑜	女	江阴市	1986 年 9 月	2013 年在上海全国桥牌协会锦标赛上获女子甲级冠军	
李　兴	男	江阴市	1953 年 8 月	江阴澄星实业集团有限公司董事局主席，江阴二中女足体育活动资助者、队名冠名者	
周建平	男	江阴市	——	江苏海澜集团有限公司董事局主席，江苏省马术协会会长，国际马术中心资助者	
周建松	男	江阴市	1946 年	原江苏法尔胜泓昇集团有限公司董事局主席，足球俱乐部资助者	
吴士勇	男	江阴市	1949 年 8 月	江阴华宏实业集团有限公司董事长、江阴市篮球协会会长、市篮球活动资助者	
张炳华	男	江阴市	1950 年 9 月	原江阴市基础工程公司经理、原江阴市篮球协会会长、市篮球活动资助者	
郁光宙	男	江阴市	1957 年 10 月	江苏利安达集团有限公司董事长，江阴市羽毛球协会会长，羽毛球活动资助者	
顾雪兴	男	江阴市	1936 年	原江阴市月城水泥厂厂长，月城乒乓球活动资助者	

第四节　先进个人

本目收录获国家级、江苏省级和苏州、无锡地市级的个人荣誉，以一览表的方式进行表述。排列顺序以授奖时间先后为序。

1982—2015年获国家级个人荣誉一览

表8-4

获奖者姓名	获奖名称	授奖单位	授奖时间
王世贤	全国优秀体育园丁	国家体委	1982 年
贺雪圣	全国优秀武术教练员	国家体委	1983 年
汪坤洁	全国业余训练先进工作者	国家体委	1983 年
汪坤洁	1986—1987 年度全国体育传统学校优秀工作者	国家体委	1987 年
孙德生	全国农村体育工作积极分子	国家体委	1988 年 10 月
沈岳欣	全国农村体育工作积极分子	国家体委	1988 年 10 月
陈为铭	全国农村体育工作积极分子	国家体委	1988 年 10 月
沈永和	全国农村优秀体育教师	国家体委、国家教委	1990 年 10 月
叶洪祥	全国农村体育工作积极分子	国家体委	1992 年 9 月
计丽华	1993—1994 学年度全国“雏鹰起飞”小学生体育活动跳绳项目小能手	国家体委、国家教委、共青团中央	1994 年
庄建英	1993—1994 学年度全国“雏鹰起飞”小学生体育活动跳绳项目小能手	国家体委、国家教委、共青团中央	1994 年
张如皋	全国业余体校训练先进工作者	国家体委	1996 年
张如皋	全国群众体育先进个人	国家体委	1997 年 11 月
顾文才	1997 年度全国体育传统项目学校先进工作者	国家体委、国家教委	1997 年
李仕忠	全国县（市、区）体育先进个人	国家体育总局	2000 年 8 月
尤国耀	第十六届“希望杯”棋类比赛优秀教练员	全国青少年宫棋类协会全国“希望杯”棋赛组委会	2002 年 8 月
李国良	全国优秀社会体育指导员	国家体育总局	2003 年
龚　彬	第十二届残奥会中国体育代表团优秀运动员	中国残联会、国家体育总局	2004 年 9 月
龚　彬	全国“五一”劳动奖章	全国总工会	2004 年
龚　彬	中国青年五四杰出贡献奖章	共青团中央、全国青联	2004 年
龚　彬	全国“三八”红旗手	全国妇联	2004 年
谢彩坤	全国残疾人体育工作先进个人	中国残联、国家体育总局	2007 年
缪兴坤	全国群众体育先进个人	国家体育总局	2009 年 10 月
肖国衡	第七届全国健康老人	中国老年人体协、老龄协会、中华全国妇联会	2009 年
胡小昌	“全民健身与奥运同行全国亿万老年人健步走向北京奥运会活动”先进个人	中国老年人体协、老龄协会	2009 年
张金妹	“全民健身与奥运同行全国亿万老年人健步走向北京奥运会活动”先进个人	中国老年人体协、老龄协会	2009 年
李　宁	2008—2009 年度全国无偿献血奉献奖金奖	卫生部、解放军总后勤部卫生部、中国红十字总会	2010 年 12 月
张　海	全国体育事业突出贡献奖	国家体育总局	2014 年 12 月

1960年至2015年获江苏省级个人荣誉一览

表8-5

获奖者姓名	获奖名称	授奖单位	授奖时间
顾仁淦	江苏省文体卫群英会先进工作者	江苏省人民政府	1960年
端木水根	江苏省优秀教练员	江苏省体委	1981年
刘启朴	江苏省业余训练先进工作者	江苏省人民政府	1983年
汪坤洁	1986—1987年学年度江苏省体育传统学校先进工作者	江苏省体委	1987年
陈惠君	1986江苏省拳操气功优秀指导员	江苏省体委	1986年
端木水根	江苏省优秀教练员	江苏省体委	1988年
沈明昌	省农村体育工作积极分子	江苏省体委	1988年
赵材成	省农村体育工作积极分子	江苏省体委	1988年
王剑忠	江苏省优秀农村体育教师	江苏省体委	1990年
雷伟吉	省第十二届运动会群众先代会代表	江苏省体委	1990年
张明福	省农村体育工作积极分子	江苏省体委	1992年5月
陈建龙	省农村体育工作积极分子	江苏省体委	1992年5月
胡杏珍	省农村体育工作积极分子	江苏省体委	1992年5月
苏一鸣	省业余体校训练先进工作者	江苏省体委	1992年5月
王军伟	1993—1994学年度江苏省“雏鹰起飞”小学生体育运动跳绳项目小能手	江苏省体委、教委	1994年8月
徐云飞	1993—1994学年度江苏省“雏鹰起飞”小学生体育运动乒乓球项目小能手	江苏省体委、教委	1994年8月
计丽华	1993—1994学年度江苏省“雏鹰起飞”小学生体育运动跳绳项目小能手	江苏省体委、教委	1994年8月
庄建英	1993—1994学年度江苏省“雏鹰起飞”小学生体育运动跳绳项目小能手	江苏省体委、教委	1994年8月
朱银昌	省业余体校训练先进工作者	江苏省体委	1996年12月
徐加福	省施行《国家体育锻炼标准》先进工作者	江苏省体委	1997年
秦浩明	1997年江苏省成年人体质监测工作先进个人	江苏省体委	1998年11月
许耀伦	江苏省1998年先进工作者	江苏省体委、教委	1999年
胡杏珍	江苏省1998年先进工作者	江苏省体委、教委	1999年
许瑞芬	江苏省1998年先进工作者	江苏省体委、教委	1999年
李　萍	江苏省1998年先进工作者	江苏省体委、教委	1999年
陆伟达	江苏省1998年先进工作者	江苏省体委、教委	1999年
张洪霞	江苏省1998年先进工作者	江苏省体委、教委	1999年
唐中伟	江苏省1998年先进工作者	江苏省体委、教委	1999年
薛礼才	江苏省1998年先进工作者	江苏省体委、教委	1999年
陈汝生	江苏省老年体育工作先进工作者	江苏省体委	1999年
张震华	江苏省老年体育工作先进工作者	江苏省体委	1999年
张　健	2001—2004年度江苏省业余训练先进个人	江苏省体育局	2002年1月

续表8-5

获奖者姓名	获奖名称	授奖单位	授奖时间
顾亚华	2001—2004年度江苏省业余训练先进个人	江苏省体育局	2002年1月
龚　彬	江苏省劳动模范	江苏省人民政府	2004年
龚　彬	江苏省新长征突击手标兵	共青团江苏省委	2004年
许耀伦	江苏省群众体育先进个人	江苏省体育局	2004年
周　乾	江苏省第五次全国体育场地普查先进个人	江苏省体育场地普查小组	2004年
王建伟	江苏省体育优秀课评比一等奖	江苏省教育厅、体育局	2006年
李信华	江苏省2007年度“健身家庭”	省体育局、省妇联	2007年8月
刘兴珍	江苏省2007年度“健身家庭”	省体育局、省妇联	2007年8月
吴　洪	江苏省2007年度“健身家庭”	省体育局、省妇联	2007年8月
陆振强	江苏省2007年度“健身家庭”	省体育局、省妇联	2007年8月
张静华	江苏省2007年度“健身家庭”	省体育局、省妇联	2007年8月
顾建刚	江苏省2007年度“健身家庭”	省体育局、省妇联	2007年8月
夏凤珍	江苏省2007年度“健身家庭”	省体育局、省妇联	2007年8月
缪锦源	江苏省2007年度“健身家庭”	省体育局、省妇联	2007年8月
吴伟才	江苏省2007年度“健身家庭”	省体育局、省妇联	2007年8月
张明昌	江苏省2007年度“健身家庭”	省体育局、省妇联	2007年8月
潘一新	江苏省2007年度“健身家庭”	省体育局、省妇联	2007年8月
陈丽蓉	江苏省2007年度“健身家庭”	省体育局、省妇联	2007年8月
任菊凤	江苏省2007年度“健身家庭”	省体育局、省妇联	2007年8月
姚　敏	江苏省2007年度“健身家庭”	省体育局、省妇联	2007年8月
吕　平	江苏省2007年度“健身家庭”	省体育局、省妇联	2007年8月
姚玉平	江苏省2007年度“健身家庭”	省体育局、省妇联	2007年8月
徐雪荣	江苏省2007年度“健身家庭”	省体育局、省妇联	2007年8月
戴　荣	江苏省2007年度“健身家庭”	省体育局、省妇联	2007年8月
陈正芳	江苏省2007年度“健身家庭”	省体育局、省妇联	2007年8月
黄炳镇	江苏省2007年度“健身家庭”	省体育局、省妇联	2007年8月
吴正芳	江苏省2007年度“健身家庭”	省体育局、省妇联	2007年8月
夏德正	江苏省2007年度“健身家庭”	省体育局、省妇联	2007年8月
聂正亮	江苏省2007年度“健身家庭”	省体育局、省妇联	2007年8月
石顺芳	江苏省2007年度“健身家庭”	省体育局、省妇联	2007年8月
徐建锋	江苏省2007年度“健身家庭”	省体育局、省妇联	2007年8月
季三宝	江苏省2007年度“健身家庭”	省体育局、省妇联	2007年8月
陈石劲	江苏省2007年度“健身家庭”	省体育局、省妇联	2007年8月
宣金洪	江苏省2007年度“健身家庭”	省体育局、省妇联	2007年8月

续表8-5

获奖者姓名	获奖名称	授奖单位	授奖时间
王国民	江苏省2007年度“健身家庭”	省体育局、省妇联	2007年8月
肖国衡	“乐天”健康老人	省体育局、老龄会、省发展基金会、老协	2007年9月
王志海	“乐天”健康老人	省体育局、老龄会、省发展基金会、老协	2007年9月
张震华	“乐天”健康老人	省体育局、老龄会、省发展基金会、老协	2007年9月
李隆学	“乐天”健康老人	省体育局、老龄会、省发展基金会、老协	2007年9月
尹民斋	“乐天”健康老人	省体育局、老龄会、省发展基金会、老协	2007年9月
江培林	“乐天”健康老人	省体育局、老龄会、省发展基金会、老协	2007年9月
蒋玉军	江苏省优秀社会体育指导员	江苏省体育局	2009年
胡玉昌	江苏省优秀社会体育指导员	江苏省体育局	2009年
张金妹	江苏省优秀社会体育指导员	江苏省体育局	2009年
汤雪洪	江苏省优秀社会体育指导员	江苏省体育局	2009年
陈兴祥	江苏省优秀社会体育指导员	江苏省体育局	2009年
徐成云	江苏省优秀社会体育指导员	江苏省体育局	2009年
黄湘兆	江苏省优秀社会体育指导员	江苏省体育局	2009年
谭振亚	2009年度江苏省体育彩票优秀专管员	江苏省体育彩票管理中心	2009年
喻伟力	江苏省群众体育先进个人	江苏省体育局	2010年
季江宁	2006-2009全省竞赛先进工作者	江苏省体育局	2010年
解　克	2010年度江苏省体育彩票优秀专管员	江苏省体育彩票管理中心	2010年
谭振亚	2011年度江苏省体育彩票优秀专管员	江苏省体育彩票管理中心	2011年
缪兴坤	记个人二等功	江苏省体育局	2011年
赵　斌	2012年度江苏省体育彩票优秀专管员	江苏省体育彩票管理中心	2012年
何婉英	江苏省第六次全国体育场地普查先进个人	江苏省第六次全国体育场地普查领导小组	2015年

1978—2015年获苏州地委、无锡市级个人荣誉一览

表8-6

获奖者姓名	获奖名称	授奖单位	授奖时间
端木水根	群众体育先进个人	苏州地委	1978 年
陈惠君	群众体育先进个人	苏州地委	1978 年
姜象芬	江苏省苏州地区优秀教练员	苏州地委体委	1981 年
沙际泰	苏州地区优秀体育园丁	苏州地委体委、教委	1981 年
王世贤	群众体育先进个人	苏州地委	1982 年 9 月
王伯溪	群众体育先进个人	苏州地委	1982 年 9 月
蔡建英	无锡市体育优秀课评比一等奖	无锡市体委、教委	1983 年 9 月
姚春平	无锡市农村学校优秀体育教师	无锡市体委、教委	1990 年 12 月
王伯溪	无锡市农村学校优秀体育教师	无锡市体委、教委	1990 年 12 月
王永成	无锡市农村学校优秀体育教师	无锡市体委、教委	1990 年 12 月
许建明	无锡市农村学校优秀体育教师	无锡市体委、教委	1990 年 12 月
鲍应麟	无锡市优秀裁判员	无锡市体委	1992 年 3 月
蒋俊森	无锡市优秀裁判员	无锡市体委	1992 年 3 月
季江宁	无锡市优秀裁判员	无锡市体委	1992 年 3 月
姜　琍	无锡市优秀裁判员	无锡市体委	1992 年 3 月
杨才龙	无锡市优秀裁判员	无锡市体委	1992 年 3 月
张炳华	1994—1995 年度优秀社团工作者	无锡市民政局、人事局	1995 年
李鸣益	无锡市群众体育工作先进工作者	无锡市体委、教委	1996 年
王曼虎	无锡市群众体育工作先进工作者	无锡市体委、教委	1996 年
刘　达	无锡市“十佳”业余体校运动员	无锡市体委、人事局	1997 年 7 月
黄正军	无锡市“十佳”体育传统校体育教师	无锡市体委、人事局	1997 年 7 月
徐德法	无锡市“十佳”体育传统校体育教师	无锡市体委、人事局	1997 年 7 月
胡杏珍	无锡市“十佳”乡镇社区体育工作者	无锡市体委、人事局	1997 年 7 月
许瑞芬	无锡市“十佳”体育传统校体育教师	无锡市体委、人事局	1997 年 7 月
唐雪江	无锡市“十佳”乡镇社区体育工作者	无锡市体委、人事局	1997 年 7 月
张宗法	无锡市施行《国家体育锻炼标准施行办法》先进工作者	无锡市体委、教委	1997 年
龚永明	无锡市施行《国家体育锻炼标准施行办法》先进工作者	无锡市体委、教委	1997 年
林　海	无锡市施行《国家体育锻炼标准施行办法》先进工作者	无锡市体委、教委	1997 年
王利新	无锡市施行《国家体育锻炼标准施行办法》先进工作者	无锡市体委、教委	1997 年
林玉生	无锡市施行《国家体育锻炼标准施行办法》先进工作者	无锡市体委、教委	1997 年
吴卫列	无锡市施行《国家体育锻炼标准施行办法》先进工作者	无锡市体委、教委	1997 年

续表8-6

获奖者姓名	获奖名称	授奖单位	授奖时间
薛　礼	无锡市施行《国家体育锻炼标准施行办法》先进工作者	无锡市体委、教委	1997 年
陈荣达	1996 年无锡市第七届运动会群众体育工作先进工作者	无锡市体委	1997 年
唐雪江	1996 年无锡市第七届运动会群众体育工作先进工作者	无锡市体委	1997 年
王新宇	1996—1997 无锡市体育系统优秀教师	无锡市体委、教委	1997 年
黄　晓	1996—1997 无锡市体育系统优秀教师	无锡市体委、教委	1997 年
窦金娣	无锡市先进教育工作者	无锡市体委、教委	1997 年
姚春平	无锡市第一批体育学科带头人	无锡市体委、教委	1998 年
林　海	无锡市第一批体育学科带头人	无锡市体委、教委	1998 年
李仕忠	无锡市 2000 年体育彩票管理先进工作者	无锡市体彩管理中心	2000 年
周新元	无锡市 2000 年体育彩票管理先进工作者	无锡市体彩管理中心	2000 年
许瑞芬	无锡市群众体育先进工作者	无锡市体委	2000 年
顾希良	无锡市群众体育先进工作者	无锡市体委	2000 年
李　萍	无锡市群众体育先进工作者	无锡市体委	2000 年
周文平	无锡市群众体育先进工作者	无锡市体委	2000 年
惠　萍	无锡市群众体育先进工作者	无锡市体委	2000 年
夏鸣鹤	无锡市群众体育先进工作者	无锡市体委	2000 年
龚永明	无锡市群众体育先进工作者	无锡市体委	2000 年
张炳华	无锡市群众体育先进工作者	无锡市体委	2000 年
杨瑞华	无锡市群众体育先进工作者	无锡市体委	2000 年
李俊伟	1998—2000 年无锡市优秀社会体育指导员	无锡市体委	2001 年 3 月
姜　琍	1998—2000 年无锡市优秀社会体育指导员	无锡市体委	2001 年 3 月
陆国昌	1998—2000 年无锡市优秀社会体育指导员	无锡市体委	2001 年 3 月
何旭旦	1998—2000 年无锡市优秀社会体育指导员	无锡市体委	2001 年 3 月
章　逸	1998—2000 年无锡市优秀社会体育指导员	无锡市体委	2001 年 3 月
翁新芝	立一等功运动员	无锡市体育局、教育局	2002 年
翁晓洁	立一等功运动员	无锡市体育局、教育局	2002 年
汪坤洁	立一等功教练员	无锡市体育局、教育局	2002 年
夏兴南	无锡市小学体育学科带头人	无锡市体育局、教育局	2003 年
陈汝生	无锡市第九届运动会先进个人	无锡市体育局	2004 年
胡小昌	无锡市第九届运动会先进个人	无锡市体育局	2004 年
赵　斌	无锡市第九届运动会先进个人	无锡市体育局	2004 年
钱　红	无锡市第九届运动会先进个人	无锡市体育局	2004 年
谢彩坤	无锡市第九届运动会先进个人	无锡市体育局	2004 年
唐永明	无锡市第九届运动会先进个人	无锡市体育局	2004 年

续表8-6

获奖者姓名	获奖名称	授奖单位	授奖时间
王　涛	无锡市第九届运动会先进个人	无锡市体育局	2004 年
高松贤	无锡市第九届运动会先进个人	无锡市体育局	2004 年
张如皋	无锡市第九届运动会先进个人	无锡市体育局	2004 年
徐福明	无锡市第九届运动会先进个人	无锡市体育局	2004 年
黄镇元	无锡市第九届运动会先进个人	无锡市体育局	2004 年
姚春平	无锡市先进教研组长	无锡市教育局、体育局	2005 年
李淼淼	无锡市“三八”红旗手	无锡市妇联	2006 年
许美玲	无锡市“三八”红旗手	无锡市妇联	2006 年
季江宁	立二等功教练员	无锡市体育局	2006 年
汪坤洁	立二等功教练员	无锡市体育局	2006 年
姜屹峰	立三等功教练员	无锡市体育局	2006 年
陈　佳	立功优秀运动员	无锡市体育局	2006 年
王大曼	立功优秀运动员	无锡市体育局	2006 年
王　敏	立功优秀运动员	无锡市体育局	2006 年
王　乐	立功优秀运动员	无锡市体育局	2006 年
王中玉	立功优秀运动员	无锡市体育局	2006 年
毛晓蕾	立功优秀运动员	无锡市体育局	2006 年
徐梦婷	立功优秀运动员	无锡市体育局	2006 年
李淼淼	立功优秀运动员	无锡市体育局	2006 年
陈晓兰	立功优秀运动员	无锡市体育局	2006 年
蒋玉军	无锡市国民体质监测先进个人	无锡市体育局	2007 年
陈志强	无锡市国民体质监测先进个人	无锡市体育局	2007 年
吴卫列	无锡市国民体质监测先进个人	无锡市体育局	2007 年
吴梅花	2006 年度体育彩票优秀销售员	无锡市体彩管理中心	2007 年
陆亚仙	2006 年度体育彩票优秀销售员	无锡市体彩管理中心	2007 年
张忠泽	2006 年度体育彩票优秀销售员	无锡市体彩管理中心	2007 年
郭红亚	2006 年度体育彩票优秀销售员	无锡市体彩管理中心	2007 年
王丽萍	2006 年度体育彩票优秀销售员	无锡市体彩管理中心	2007 年
何婉英	无锡市群众体育现状和体育设施现状调查工作先进个人	无锡市体育局	2008 年
孔玉娟	无锡市群众体育现状和体育设施现状调查工作先进个人	无锡市体育局	2008 年
曹其龙	无锡市群众体育现状和体育设施现状调查工作先进个人	无锡市体育局	2008 年
汪坤洁	2007 感动无锡教育年度人物	无锡市体育局、教育局	2008 年
许瑞芬	无锡市十佳农村体育工作者	无锡市体育局	2008 年

续表8-6

获奖者姓名	获奖名称	授奖单位	授奖时间
张霞萍	无锡市十佳农村体育工作者	无锡市体育局	2008 年
孔玉娟	无锡市十佳社区体育工作者	无锡市体育局	2008 年
戴建明	无锡市十佳企业体育工作者	无锡市体育局	2008 年
吴伟清	无锡市阳光体育活动开展十佳个人	无锡市体育局	2008 年
庄玲玲	无锡市十佳社会体育指导员	无锡市体育局	2008 年
喻伟力	无锡市体育系统十佳体育工作者	无锡市体育局	2008 年
何驰娟	无锡市十佳体育宣传工作者	无锡市体育局	2008 年
蒋瑞娟	2008 年度无锡市体育彩票优秀销售员	无锡市体育彩票管理中心	2009 年 3 月
郁　琼	2008 年度无锡市体育彩票优秀销售员	无锡市体育彩票管理中心	2009 年 3 月
贡　磊	十佳体彩工作者	无锡市体育场馆和训练管理中心	2009 年 11 月
吴才平	十佳体彩工作者	无锡市体育场馆和训练管理中心	2009 年 11 月
吴桂芳	十佳体彩工作者	无锡市体育场馆和训练管理中心	2009 年 11 月
吴梅花	十佳体彩工作者	无锡市体育场馆和训练管理中心	2009 年 11 月
张彩琴	十佳体彩工作者	无锡市体育场馆和训练管理中心	2009 年 11 月
陈亚仙	十佳体彩工作者	无锡市体育场馆和训练管理中心	2009 年 11 月
陈　芗	十佳体彩工作者	无锡市体育场馆和训练管理中心	2009 年 11 月
解　克	十佳体彩工作者	无锡市体育场馆和训练管理中心	2009 年 11 月
蒋晓慧	十佳体彩工作者	无锡市体育场馆和训练管理中心	2009 年 11 月
谭振亚	十佳体彩工作者	无锡市体育场馆和训练管理中心	2009 年 11 月
缪兴坤	无锡市体育彩票销售工作先进个人	无锡市人民政府	2010 年
沈卫平	无锡市体育彩票销售工作先进个人	无锡市人民政府	2010 年
张华英	体育彩票优秀销售标兵	无锡市体育场馆和训练管理中心	2010 年
陈亚仙	体育彩票优秀销售标兵	无锡市体育场馆和训练管理中心	2010 年
张美凤	体育彩票优秀销售标兵	无锡市体育场馆和训练管理中心	2010 年
杜银虎	体育彩票优秀销售标兵	无锡市体育场馆和训练管理中心	2010 年
吴海萍	体育彩票优秀销售标兵	无锡市体育场馆和训练管理中心	2010 年
黄玉英	体育彩票优秀销售标兵	无锡市体育场馆和训练管理中心	2010 年
孔建芬	体育彩票优秀销售标兵	无锡市体育场馆和训练管理中心	2010 年
钱明珠	体育彩票优秀销售标兵	无锡市体育场馆和训练管理中心	2010 年
刘惠芳	体育彩票优秀销售标兵	无锡市体育场馆和训练管理中心	2010 年
包浩强	体育彩票优秀销售标兵	无锡市体育场馆和训练管理中心	2010 年
王国琪	体育彩票优秀销售标兵	无锡市体育场馆和训练管理中心	2010 年
钱　萌	体育彩票优秀销售标兵	无锡市体育场馆和训练管理中心	2010 年
陈　静	体育彩票优秀销售标兵	无锡市体育场馆和训练管理中心	2010 年
李　英	体育彩票优秀销售标兵	无锡市体育场馆和训练管理中心	2010 年

续表8-6

获奖者姓名	获奖名称	授奖单位	授奖时间
薛红萍	体育彩票优秀销售标兵	无锡市体育场馆和训练管理中心	2010 年
高雅萍	2010 年无锡市优秀社会指导员	无锡市体育局	2010 年
何　英	2010 年无锡市优秀社会指导员	无锡市体育局	2010 年
袁胜芳	2010 年无锡市优秀社会指导员	无锡市体育局	2010 年
计鹏聪	2010 年无锡市优秀社会指导员	无锡市体育局	2010 年
周建峰	2010 年无锡市优秀社会指导员	无锡市体育局	2010 年
刘红良	2010 年无锡市优秀社会指导员	无锡市体育局	2010 年
周金春	2010 年无锡市优秀社会指导员	无锡市体育局	2010 年
罗才娣	2010 年无锡市优秀社会指导员	无锡市体育局	2010 年
沈言石	2010 年无锡市优秀社会指导员	无锡市体育局	2010 年
牟宪民	2010 年无锡市优秀社会指导员	无锡市体育局	2010 年
张霞萍	2010 年无锡市国民体质监测先进个人	无锡市体育局	2010 年
殷生金	2010 年无锡市国民体质监测先进个人	无锡市体育局	2010 年
许瑞芬	2010 年无锡市国民体质监测先进个人	无锡市体育局	2010 年
谭振亚	2009 年无锡先进工作者	无锡市体育场馆和训练管理中心	2010 年 12 月
解　克	2009 年无锡先进工作者	无锡市体育场馆和训练管理中心	2010 年 12 月
贡　磊	2009 年无锡先进工作者	无锡市体育场馆和训练管理中心	2010 年 12 月
李　宁	2010 年体育信息工作先进个人	无锡市体育局	2011 年 2 月
段海峰	2012 年无锡市国民体质测试（监测）先进个人	无锡市体育局	2012 年 11 月
陈志强	2012 年无锡市国民体质测试（监测）先进个人	无锡市体育局	2012 年 11 月
赵志浩	2012 年无锡市国民体质测试（监测）先进个人	无锡市体育局	2012 年 11 月
周竹园	无锡市十佳社会体育指导员	无锡市体育局	2012 年 11 月
徐玉秀	无锡市十佳社会体育指导员	无锡市体育局	2012 年 11 月
许美丽	无锡市十佳社会体育指导员	无锡市体育局	2012 年 11 月
孔玉娟	2009—2012 年度无锡市群众体育工作先进（十佳乡镇体育工作者）	无锡市全民健身工作指导委员会	2013 年 9 月
陈剑雄	2009—2012 年度无锡市群众体育工作先进（十佳乡镇体育工作者）	无锡市全民健身工作指导委员会	2013 年 9 月
顾立刚	2009—2012 年度无锡市群众体育工作先进（十佳社区体育工作者）	无锡市全民健身工作指导委员会	2013 年 9 月
张　微	2009—2012 年度无锡市群众体育工作先进（十佳社区体育工作者）	无锡市全民健身工作指导委员会	2013 年 9 月
胡冬明	2009—2012 年度无锡市群众体育工作先进（十佳企业体育工作者）	无锡市全民健身工作指导委员会	2013 年 9 月
刘宏伟	2009—2012 年度无锡市群众体育工作先进（十佳行政单位体育工作者）	无锡市全民健身工作指导委员会	2013 年 9 月
郁光宙	2009—2012 年度无锡市群众体育工作先进（十佳社团（民非）体育工作者）	无锡市全民健身工作指导委员会	2013 年 9 月

续表8-6

获奖者姓名	获奖名称	授奖单位	授奖时间
沈言石	2009—2012 年度无锡市群众体育工作先进（十佳社会体育指导员）	无锡市全民健身工作指导委员会	2013 年 9 月
朱贻军	2009—2012 年度无锡市群众体育工作先进（十佳体育宣传工作者）	无锡市全民健身工作指导委员会	2013 年 9 月
蒋建军	2009—2012 年度无锡市群众体育工作先进（十佳学校体育工作者）	无锡市全民健身工作指导委员会	2013 年 9 月
万小溪	2009—2012 年度无锡市群众体育工作先进（优秀体育工作者）	无锡市全民健身工作指导委员会	2013 年 9 月
张　海	2009—2012 年度无锡市群众体育工作先进（优秀体育工作者）	无锡市全民健身工作指导委员会	2013 年 9 月
顾　健	2009—2012 年度无锡市群众体育工作先进（优秀体育工作者）	无锡市全民健身工作指导委员会	2013 年 9 月
周　乾	2009—2012 年度无锡市群众体育工作先进（优秀体育工作者）	无锡市全民健身工作指导委员会	2013 年 9 月
刘　强	2009—2012 年度无锡市群众体育工作先进（优秀体育工作者）	无锡市全民健身工作指导委员会	2013 年 9 月
朱柳红	2009—2012 年度无锡市群众体育工作先进（优秀体育工作者）	无锡市全民健身工作指导委员会	2013 年 9 月
孔敏亚	2009—2012 年度无锡市群众体育工作先进（优秀体育工作者）	无锡市全民健身工作指导委员会	2013 年 9 月
赵　东	2009—2012 年度无锡市群众体育工作先进（优秀社区、村干部社会体育指导员）	无锡市全民健身工作指导委员会	2013 年 9 月

志　余

一、先进集体

本目先进集体收录获国家级，江苏省级和苏州地区、无锡市级的集体荣誉，设三个栏目，以一览表的方式进行表述，排列顺序以授奖时间先后为序。

（一）1985年至2015年获国家级集体荣誉一览

表1

获奖单位	获奖名称	授奖单位	授奖时间
江阴县实验小学	自1980—1984年蝉联“全国市、县小学生基层代表队小足球比赛”四年冠军省先进集体	国家体委	1985年
华士乡	全国体育先进乡	国家体委	1986年9月
江阴市	全国体育先进县（市）	国家体委	1988年9月
江阴市	全国群众体育先进单位	国家体委	1988年9月
月城镇	全国群众体育先进单位	国家体委	1988年
江阴市	全国体育先进县（市）	国家体委	1992年9月
月城镇	全国第七届运动会群众体育先进单位	国家体委	1993年
江阴市信鸽协会	中国信鸽协会先进集体	中国信鸽协会	1994年12月
月城镇	亿万农民健身活动先进乡镇	农业部、国家体委、中国农民协会	1997年7月
澄江镇	全国群众体育工作先进单位	国家体委	1997年10月
月城中心小学	全国群众体育先进集体	国家体委、国家教委	1997年11月
璜土镇	全国1997年全民健身宣传活动周先进单位	国家体委	1997年
祝塘中心小学	推行《国家体育锻炼标准》全国先进集体	国家体委、国家教委	1997年
陆桥中心小学	施行《国家体育锻炼标准》全国先进集体	国家体育总局、教育部	1999年1月
江阴市	1996—2000年度全国群众体育先进单位	国家体育总局	2001年11月
澄西船舶修造厂	全国群众体育先进单位	国家体育总局	2001年11月
江阴市	全国全民健身与奥运同行先进单位	国家体育总局	2002年
要塞中学	全国航空（航天）模型活动重点单位	国家体育总局	2002年
江阴市	承办全国体育竞赛最佳赛区	国家体育总局	2002年
江阴市	2003年全国篮球竞赛优秀赛区	国家体育总局篮球管理中心	2003年
利港中学	全国航空（航天）模型活动单位	国家体育总局	2003年10月
江阴市	第一届步步高全国女子排球大奖赛江阴赛区最佳赛区	国家体育总局大奖赛组委会	2004年7月
江阴市	2004年全民健身周先进单位	国家体育总局	2004年12月

续表1

获奖单位	获奖名称	授奖单位	授奖时间
江阴市体育局	2003 年全民健身周先进单位	国家体育总局	2004 年
江阴市	2001–2004 年度全国群众体育先进单位	国家体育总局	2005 年 10 月
江阴市体育局	全国群众体育先进单位	国家体育总局	2005 年 11 月
新桥中心小学	全国航空（航天）模型活动重点单位	国家体育总局	2005 年 11 月
江阴市	第 2 届步步高全国男子排球大奖赛最佳赛区	国家体育总局大奖赛组委会	2005 年
江阴市体育局	承办十运会(蹦床)最佳赛区(女篮)优秀赛区	第十届全国运动会组委会江苏省体育局	2005 年
江阴市	2005 年全民健身周先进单位	国家体育总局	2005 年
江阴市第二中学	全国群众体育先进单位	国家体育总局	2005 年
江阴市	全民健身活动周活动先进单位	国家体育总局	2005 年
徐霞客镇	第八批全国亿万农民健身活动先进乡镇	国家体育总局、农业部、中国农协	2006 年
江阴市	2007 年全国篮球竞赛优秀赛区	国家体育总局	2007 年 12 月
江阴市体育局	2007 年度全民健身与奥运同行活动先进单位	国家体育总局	2007 年
江阴市	2008 年全民健身活动优秀组织奖	国家体育总局	2008 年
江阴市体育局	第三次全国群众体育现状调查工作先进单位	国家体育总局	2008 年
江阴市体育局	全国全民健身活动优秀组织奖	国家体育总局	2008 年
临港新城实验学校	全国航空（航天）模型活动重点单位	国家体育总局	2008 年
市体育中心体育馆	中国体育场馆运行管理优秀奖	中国体育场馆协会	2008 年
江阴市第二中学	国家级体育传统项目学校	国家体育总局办公厅、教育部办公厅	2008 年
江阴市	2005–2008 年度全国群众体育先进单位	国家体育总局	2009 年 10 月
江阴市	2009 年全民健身活动先进单位	国家体育总局	2009 年 12 月
江阴市阳光青少年体育俱乐部	2009 年国家级青少年体育俱乐部	国家体育总局	2009 年
江阴市	全国农村体育健身工程先进县（市）	国家体育总局	2009 年
江阴市	全民健身与奥运同行活动优秀组织奖	国家体育总局	2009 年
华士镇	全国群众体育先进单位	国家体育总局	2009 年
江阴市	2009 年全国体育竞赛优秀赛区	国家体育总局	2010 年 1 月
江阴市体育局	2010 年全民健身活动先进单位	国家体育总局	2010 年
江阴市全民健身活动中心	2009 年全国体育全民健身活动中心	国家体育总局	2010 年
江苏海澜国际马术俱乐部	2011 年度中国体育旅游精品推荐项目	2011 中国体育旅游博览会组织委员会	2011 年 11 月
江阴市	体育彩票年销量超过亿元县级单位	国家体育总局	2011 年 12 月
江阴少儿棋类培训中心	全国国际跳棋后备人才基地	中国国际跳棋协会	2011 年

续表1

获奖单位	获奖名称	授奖单位	授奖时间
江阴市体育局	2011 年度全民健身活动优秀组织奖	国家体育总局	2011 年
江阴市体育局	2011 年攀岩竞赛优秀赛区	国家体育总局登山运动管理中心	2011 年
江阴市体育局	2011 年全国篮球竞赛优秀赛区	国家体育总局篮球运动管理中心	2011 年
江阴市体育局	2010 年度全国体育竞赛优秀赛区	国家体育总局	2011 年
澄江中心小学	中国轮滑运动示范学校	国家体育总局社体中心、中国轮滑协会	2012 年 9 月
江阴市体育局	2011 年全国体育竞赛最佳赛区	国家体育总局	2012 年
江阴市体育局	2011 年全国体育竞赛优秀赛区	国家体育总局	2012 年
江阴市	2009–2012 年度全国群众体育先进单位	国家体育总局	2012 年
新桥中心小学	2012–2015 全国科技体育传统校	国家体育总局、教育部、科技部	2012 年
江阴市	苏南（县域）国家体育产业基地	国家体育总局	2013 年 7 月
江阴市	2013 年万达广场全国女子足球联赛最佳赛区	中国足球协会	2013 年 7 月
江阴市	2009—2012 年度全国群众体育先进单位	国家体育总局	2013 年 8 月
江阴市	“2009—2013 年度全国游泳之乡”称号	中国游泳协会	2015 年 8 月
江阴市	全国青少年校园足球试点县（区）	教育部	2015 年 9 月
市城中实验小学	全国青少年校园足球特色学校	教育部	2015 年 9 月
市花园实验小学	全国青少年校园足球特色学校	教育部	2015 年 9 月
市夏港实验小学	全国青少年校园足球特色学校	教育部	2015 年 9 月
市第一初级中学	全国青少年校园足球特色学校	教育部	2015 年 9 月
江阴市高级中学	全国青少年校园足球特色学校	教育部	2015 年 9 月
市第一中学	全国青少年校园足球特色学校	教育部	2015 年 9 月
市第二中学	全国青少年校园足球特色学校	教育部	2015 年 9 月

（二）1978年至2015年获江苏省级集体荣誉一览

表2

获奖单位	获奖名称	授奖单位	授奖时间
华士公社华西大队	江苏省群众体育工作先进单位	江苏省体委	1978 年
江阴县实验小学	江苏省体育传统项目学校	江苏省体委	1982 年 3 月
江阴县一中	江苏省足球传统项目学校	江苏省体委	1985 年 7 月
江阴县	江苏省体育先进县（市）	江苏省体委	1986 年 9 月
江阴县	江苏省第十一届运动会群众体育先进集体	江苏省体委	1986 年
华士乡	1986 江苏省农村体育先进集体	江苏省体委	1986 年
华士乡气功辅导站	1986 江苏省拳操气功辅导站	江苏省体委	1986 年

续表2

获奖单位	获奖名称	授奖单位	授奖时间
江阴县室外游泳池	1985−1987 全省新建公共体育场地评比三等奖	江苏省体委	1987 年
长泾乡	江苏省体育先进乡镇	江苏省体委	1988 年 9 月
璜塘镇	江苏省体育先进乡镇	江苏省体委	1988 年 9 月
周庄镇	江苏省第三批体育先进乡镇	江苏省体委	1990 年 12 月
月城乡	江苏省第三批体育先进乡镇	江苏省体委	1990 年 12 月
澄江镇	江苏省第三批体育先进乡镇	江苏省体委	1990 年 12 月
申港乡	江苏省第三批体育先进乡镇	江苏省体委	1990 年 12 月
月城幼儿园	江苏省“南化杯”幼儿体育先进集体	江苏省体委	1990 年 12 月
月城乡	江苏省第十二届运动会群众体育先进集体	江苏省体委	1990 年
华士乡	江苏省级体育先进乡镇	江苏省体委	1992 年
璜塘镇	江苏省级体育先进乡镇	江苏省体委	1992 年
长泾乡	江苏省级体育先进乡镇	江苏省体委	1992 年
周庄镇	江苏省级体育先进乡镇	江苏省体委	1992 年
月城乡	江苏省级体育先进乡镇	江苏省体委	1992 年
申港乡	江苏省级体育先进乡镇	江苏省体委	1992 年
澄江镇	江苏省级体育先进乡镇	江苏省体委	1992 年
江阴市体委	输送体育后备人才先进单位	江苏省体委	1995 年 5 月
月城乡	江苏省首批体育示范乡镇	江苏省体委	1996 年 12 月
江阴市业余体校	1996 年江苏省先进业余体校	江苏省体委	1996 年
顾山镇	江苏省第六批体育先进乡镇	江苏省体委	1997 年 12 月
璜土镇	江苏省第六批体育先进乡镇	江苏省体委	1997 年 12 月
祝塘镇	江苏省第六批体育先进乡镇	江苏省体委	1997 年 12 月
西石桥乡	江苏省农民木兰拳比赛二等奖	江苏省体委	1997 年
江阴市工商学校	江苏省排球运动先进单位	江苏省排协中小学中专分会	1997 年
江阴市	1996−1997 年度江苏省业余训练先进县（市）	江苏省体委	1997 年
月城镇	江苏省十大体育名镇	江苏省体委	1997 年
澄西中学	江苏省百日冬锻先进集体	江苏省体委	1997 年
璜土镇	第四批江苏省“亿万农民健身活动”先进乡镇	省农村工作部、省体委、农林厅、农协	1998 年 6 月
顾山镇	第四批江苏省“亿万农民健身活动”先进乡镇	江苏省体委	1998 年 6 月
璜土镇	第二批江苏省体育示范乡镇	江苏省体委	1998 年 6 月
璜塘中心小学	江苏省十四届运动会群众体育先进集体	江苏省体委	1998 年
江阴市	1998 年度业余训练先进县市	江苏省体委	1998 年
北国镇	江苏省第十四届运动会群众体育先进集体	江苏省体委	1998 年
璜土镇	1998 年度体育工作作出显著成绩先进集体	江苏省体委	1998 年

续表2

获奖单位	获奖名称	授奖单位	授奖时间
月城镇	1998年度体育工作作出显著成绩先进集体	江苏省体委	1998年
北漍镇	1998年度体育工作作出显著成绩先进集体	江苏省体委	1998年
顾山镇	1998年度体育工作作出显著成绩先进集体	江苏省体委	1998年
祝塘镇	1998年度体育工作作出显著成绩先进集体	江苏省体委	1998年
璜塘镇	1998年度体育工作作出显著成绩先进集体	江苏省体委	1998年
周庄镇	1998年度体育工作作出显著成绩先进集体	江苏省体委	1998年
夏港镇	第七批江苏省体育先进乡镇	江苏省体委	1998年
利港镇	第七批江苏省体育先进乡镇	江苏省体委	1998年
青阳镇	第七批江苏省体育先进乡镇	江苏省体委	1998年
云亭镇	第七批江苏省体育先进乡镇	江苏省体委	1998年
峭岐镇	第七批江苏省体育先进乡镇	江苏省体委	1998年
陆桥镇	第七批江苏省体育先进乡镇	江苏省体委	1998年
石庄镇	第七批江苏省体育先进乡镇	江苏省体委	1998年
文林镇	第七批江苏省体育先进乡镇	江苏省体委	1998年
西石桥镇	第七批江苏省体育先进乡镇	江苏省体委	1998年
南闸镇	第七批江苏省体育先进乡镇	江苏省体委	1998年
桐岐镇	第七批江苏省体育先进乡镇	江苏省体委	1998年
河塘镇	第七批江苏省体育先进乡镇	江苏省体委	1998年
江阴市	江苏省十佳体育先进县（市）	江苏省体委	1999年3月
江阴市	江苏省体育系统先进集体	江苏省体委、人事厅	1999年10月
江阴市	1999年全民健身宣传周活动先进单位	江苏省体委	1999年12月
江阴市体委	1999年全民健身宣传周江苏省优秀组织奖	江苏省体委	1999年
江阴市体委	江苏省全民健身宣传周（月）先进单位	江苏省体委	1999年
江阴市体委	感谢承办江苏省首届“金达来杯”中小学跳绳、踢毽比赛共育体育新人	江苏省教育厅	2000年12月
江阴市	2000年江苏省全民健身宣传周活动先进单位	江苏省体育局	2000年12月
江阴市	1998—1999年度江苏省业余训练先进县（市）	江苏省体委	2000年
江阴市	2000年中国体育彩票操作技能奖（赛）优胜奖	江苏省体育彩票管理中心	2000年
江阴市	2000—2001年江苏省业余训练先进县（市、区）	江苏省体育局、无锡市政府	2002年4月
江阴市	2002年“环太湖体育圈”暨江苏省全民健身活动周启动式无锡市第四届全民健身开幕式优秀组织奖	江苏省体育局、无锡市政府	2002年6月
江阴市	2002年江苏省全民健身周活动优秀组织奖	江苏省体育局	2002年9月
江阴市	江苏省第十五届运动会青少年部县（市）输送奖第十一名	江苏省第十五届运动会组委会	2002年10月
江阴市	江苏省第十五届运动会青少年部县（市）团体总分第七名	江苏省第十五届运动会组委会	2002年10月

续表2

获奖单位	获奖名称	授奖单位	授奖时间
山观镇	江苏省第六批亿万农民健身活动先进乡镇	省农林厅、省体育局、省农民协会	2002 年
江阴市	2003 江苏省承办全国体育竞赛“最佳赛区”	江苏省体育局	2003 年
江阴市	2003 年度电脑型体育彩票销量进入苏南或苏北地区前十名	江苏省体育彩票管理中心	2004 年 3 月
江阴市	2004 年江苏省县（市）级体育工作先进单位	江苏省体育局	2004 年
江阴市	2004 年全国女排大奖赛“最佳赛区”	江苏省体育竞赛管理中心	2004 年
江阴市	2004 年度承办全国体育竞赛“最佳赛区”“优秀赛区”	江苏省体育局	2004 年
江阴市	2004 年江苏省“迎十运体育下乡”活动先进单位	江苏省体育局	2005 年 1 月
江阴市体育局	2004 年度体育信息工作三等奖	江苏省体育局	2005 年 2 月
江阴市	2004 年度江苏省承办全国体育竞赛“最佳赛区”“优秀赛区”	江苏省体育局	2005 年 2 月
江阴市体育馆	全省“铸诚信迎十运满意在窗口”优质服务百日竞赛优胜单位	江苏省精神文明建设指导委员会	2005 年 12 月
江阴市	江苏省体育工作先进单位	江苏省体育局	2005 年
江阴市体育局	体育彩票先进单位	江苏省体育局	2005 年
江阴市体育局	十运会场馆建设先进集体	江苏省体育局	2005 年
顾山镇	2005 年江苏省国民体质监测先进单位	江苏省体育局	2005 年
江阴市	2005 年度承办全国体育竞赛最佳赛区	江苏省体育局	2006 年 2 月
江阴市	江苏省业余训练先进县（市）	江苏省体育局	2006 年 2 月
江阴市	江苏省体育彩票工作先进单位	江苏省体育局	2006 年 2 月
江阴市体校	江苏省第三批高水平体育后备人才单项训练基地	江苏省体育局	2006 年 2 月
江阴市	2005 年县级体育工作先进单位	江苏省体育局	2006 年 2 月
江阴市	2005 年度江苏省体育彩票工作先进单位	江苏省体育局	2006 年 2 月
江阴市体育局	2005 年体育信息工作中成绩显著被评为优秀单位	江苏省体育局	2006 年 3 月
江阴市	江苏省第十六届运动会青少年部输送奖第五名	江苏省体育局	2006 年 10 月
江阴市	江苏省第十六届运动会青少年部县市金牌总数第十名	江苏省第十六届运动委员会	2006 年 10 月
江阴市	江苏省第十六届运动会青少年部总分第十名	江苏省第十六届运动委员会	2006 年 10 月
江阴市	2006 年度全国体育竞赛优秀赛区	江苏省体育局	2006 年 12 月
月城镇	2006 年江苏省群众体育先进单位	江苏省体育局	2006 年
江阴市	江苏省县级体育工作先进单位	江苏省体育局	2006 年
江阴市	江苏省 2006—2007 年赛季台球联赛冠军	江苏省体育局	2007 年
江阴市	江苏省县级业余训练工作先进单位	江苏省体育局	2007 年
江阴市	资助江苏省体育公益事业先进单位	江苏省体育局	2007 年

续表2

获奖单位	获奖名称	授奖单位	授奖时间
江阴市	江苏省首批体育强市	江苏省体育局	2007 年
江阴市	江苏省体育系统先进集体	江苏省体育局	2007 年
江阴市	“万村体育工程”先进单位	江苏省体育局	2007 年
江阴市	2007 年度体育彩票工作先进单位	江苏省体育局	2007 年
江阴游泳池	2007 年度先进游泳池馆	江苏省体育局	2007 年
江阴市	2007 年承办全国以上赛区优秀赛区	江苏省体育局	2007 年
江阴市	2006 年江苏省县级体育工作先进单位	江苏省体育局	2007 年
江阴市	江苏省体育强县（市）	江苏省体育局	2007 年
二中女足	江苏省三八红旗集体	江苏省体育局、省妇联	2007 年
璜土镇	江苏省首批体育强镇（乡）	江苏省体育局	2007 年
周庄镇	江苏省首批体育强镇（乡）	江苏省体育局	2007 年
利港镇	江苏省首批体育强镇（乡）	江苏省体育局	2007 年
申港镇	江苏省首批体育强镇（乡）	江苏省体育局	2007 年
夏港镇	江苏省首批体育强镇（乡）	江苏省体育局	2007 年
南闸镇	江苏省首批体育强镇（乡）	江苏省体育局	2007 年
月城镇	江苏省首批体育强镇（乡）	江苏省体育局	2007 年
青阳镇	江苏省首批体育强镇（乡）	江苏省体育局	2007 年
霞客镇	江苏省首批体育强镇（乡）	江苏省体育局	2007 年
云亭镇	江苏省首批体育强镇（乡）	江苏省体育局	2007 年
祝塘镇	江苏省首批体育强镇（乡）	江苏省体育局	2007 年
华士镇	江苏省首批体育强镇（乡）	江苏省体育局	2007 年
新桥镇	江苏省首批体育强镇（乡）	江苏省体育局	2007 年
顾山镇	江苏省首批体育强镇（乡）	江苏省体育局	2007 年
澄江街道	江苏省首批体育强镇（乡）	江苏省体育局	2007 年
江阴市体育局	2007 年度体育彩票工作先进单位	江苏省体育局	2008 年 1 月
月城镇	江苏省全民健身体系“八个一工程”先进单位	江苏省体育局	2008 年
徐霞客镇	江苏省全民健身体系“八个一工程”先进单位	江苏省体育局	2008 年
江阴市业余体校	江苏省三星级业余体校	江苏省体育局、教育厅	2008 年
江阴市体育局	2008 年度江苏省体育彩票工作先进单位	江苏省体育局、江苏省体育彩票管	2008 年
江阴市体育局	2008 年江苏省县级体育工作先进集体	江苏省体育局	2008 年
江阴市	承办全国以上体育竞赛优秀赛区	江苏省体育局	2008 年
新桥镇社区体育健身俱乐部	江苏省级社区体育健身俱乐部	江苏省体育局	2008 年
云亭实验小学	2007—2008 学年度开展“冬季三项”锻炼活动先进学校	江苏省体育局	2008 年

续表2

获奖单位	获奖名称	授奖单位	授奖时间
华士实验小学	江苏省青少年奥林匹克体育俱乐部	江苏省体育局	2008 年
江阴市	迎奥运老年人健步走向北京活动先进地区	江苏省体育局	2008 年
江阴市	2007 年江苏省县级体育工作先进单位	江苏省体育局	2008 年
江阴市足球协会	江苏省足球运动协会 50 周年突出贡献奖	江苏省足球协会	2008 年
喜来登台球俱乐部	2008 年赛季年度最佳贡献奖	江苏省台球协会	2008 年
江阴市	2008 年江苏省县级体育工作先进单位	江苏省体育局	2009 年 2 月
江阴二中	2009–2012 年度江苏省体育传统项目学校	江苏省体育局、教育局	2009 年
江阴一中	2009–2012 年度江苏省体育传统项目学校	江苏省体育局、教育局	2009 年
云亭实验小学	2009–2012 年度江苏省体育传统项目学校	江苏省体育局、教育局	2009 年
江阴市体育局	2009 年体育彩票工作突出贡献奖	江苏省体育局	2009 年
市体育彩票管理中心	2009 年体育彩票销售业绩突出贡献奖	江苏省体育彩票管理中心	2009 年
江阴市体育中心	江苏省体育产业示范基地	江苏省体育局、江苏省体育产业管理中心	2009 年
第一中学励实青少年奥林匹克俱乐部	第四批江苏省青少年奥林匹克体育俱乐部	江苏省体育局	2009 年
暨阳路社区百业广场健身指导站	2009 年全省优秀群众健身活动站（点）	江苏省体育局	2009 年
周庄倪家巷健身指导站	2009 年全省优秀群众健身活动站（点）	江苏省体育局	2009 年
中山公园广场健身指导站	2009 年全省优秀群众健身活动站（点）	江苏省体育局	2009 年
申港春申公园健身指导站	2009 年全省优秀群众健身活动站（点）	江苏省体育局	2009 年
华士镇健身指导站	2009 年全省优秀群众健身活动站（点）	江苏省体育局	2009 年
夏港长江村健身指导站	2009 年全省优秀群众健身活动站（点）	江苏省体育局	2009 年
周庄镇	江苏省农民体育先进镇	江苏省体育局	2009 年
澄江街道革新村	省第二届农民体育运动会上体育项目展示一等奖	江苏省体育局	2009 年
江阴市	2009 年江苏省县级体育工作先进单位	江苏省体育局	2010 年 1 月
江阴市体育局	2009 年体育彩票工作先进单位	江苏省体育局	2010 年 1 月
江阴市	2009 年度承办全国体育赛事优秀赛区	江苏省体育局	2010 年 1 月
江阴市业余体校	江苏省四星级业余体校	江苏省体育局、教育厅	2010 年
江阴市	2010 年江苏省体育工作先进单位	江苏省体育局	2010 年
江阴市	2010 年度承办全国体育赛事最佳赛区	江苏省体育局	2010 年

续表2

获奖单位	获奖名称	授奖单位	授奖时间
新桥镇	江苏省群众体育先进单位	江苏省体育局	2010年
月城镇	江苏省群众体育先进单位	江苏省体育局	2010年
江阴市体育局	2006—2010年度江苏省体育彩票销售“五连冠”突出贡献奖	江苏省体育局、省彩票管理中心	2010年
利港迪卡游泳池	2010—2011年度江苏省先进游泳池馆	江苏省体育局	2011年
新东方酒店游泳池	2010—2011年度江苏省先进游泳池馆	江苏省体育局	2011年
昊柏酒店游泳俱乐部	2010—2011年度江苏省先进游泳池馆	江苏省体育局	2011年
江阴市	2010年度承办全国以上体育竞赛最佳赛区	江苏省体育局	2011年
江阴市体育局	2008—2010年度全省体育及相关产业专项调查先进集体	江苏省体育局、江苏省统计局	2011年
江阴市体育局	2010年度体育彩票工作先进单位	江苏省体育局	2011年
江阴市	全省推进体育基本现代化试点工作先进单位	江苏省体育局	2011年
江阴市体育局	2010年体育彩票销售突破3亿元	江苏省体育局	2011年
江阴市	2011年江苏省县级体育工作先进单位	江苏省体育局	2012年1月
江阴市体育局	2011年度体育彩票工作先进单位	江苏省体育局	2012年
江阴市	2011年度江苏省体育产业基地	江苏省体育局	2012年
江阴市	2011年度综合类体育产业基地	江苏省体育局	2012年
江阴市体育局	2012年体育彩票工作先进单位	江苏省体育局	2013年
江阴市体育局	2012年体育彩票销售突破奖	江苏省体育局	2013年
江阴市体育局	2012年体育彩票工作销售贡献奖	江苏省体育局	2013年
江阴市	2012年江苏省全民健身工作突出成绩奖	江苏省体育局	2013年
江阴市	2012年江苏省县级体育工作先进单位	江苏省体育局	2013年
江阴市	2012年江苏省全民健身活动先进单位	江苏省体育局	2013年
江阴市体育局	江苏省县级体育总会工作先进单位	江苏省体育总会	2014年3月
江阴市	2013年度承办全国以上体育竞赛优秀组织奖	江苏省体育竞赛管理中心	2014年
江阴市	2013年度承办全国以上体育竞赛最佳组织奖	江苏省体育竞赛管理中心	2014年
江阴市体育局	2013年度体育彩票工作先进单位	江苏省体彩管理中心	2014年
江阴市体育局	2013年度体育彩票工作销售贡献奖	江苏省体彩管理中心	2014年
江阴市体育局	承办全国以上体育竞赛最佳赛区	江苏省体育局	2014年
江阴市体育局	承办全国以上体育竞赛优秀赛区	江苏省体育局	2014年
江阴市体育局	2014年度体育彩票工作先进单位	江苏省体彩管理中心	2015年
江阴市体育局	2014年度体育彩票工作销售贡献奖	江苏省体彩管理中心	2015年
江阴市体育局	2014年度体育彩票工作销售突破奖	江苏省体彩管理中心	2015年
江阴市体育局	江苏省公共体育服务体系示范区	江苏省体育局	2015年

（三）1978年至2015年获苏州地委、无锡市级集体荣誉一览

表3

获奖单位	获奖名称	授奖单位	授奖时间
纺织器材厂	群众体育先进基层单位	苏州地委	1978 年
港务管理局	群众体育先进基层单位	苏州地委	1978 年
食品公司	群众体育先进基层单位	苏州地委	1978 年
钢丝绳厂	群众体育先进基层单位	苏州地委	1978 年
五一棉纺厂	群众体育先进基层单位	苏州地委	1978 年
纺织塑料厂	群众体育先进基层单位	苏州地委	1978 年
长江农机厂	群众体育先进基层单位	苏州地委	1978 年
江阴林场	群众体育先进基层单位	苏州地委	1978 年
商业局工会	群众体育先进基层单位	苏州地委	1978 年
澄江镇工会	群众体育先进基层单位	苏州地委	1978 年
青阳镇体委	群众体育先进基层单位	苏州地委	1978 年
长泾小学	群众体育先进基层单位	苏州地委	1978 年
人民小学	群众体育先进基层单位	苏州地委	1978 年
江阴县中	群众体育先进基层单位	苏州地委	1978 年
澄西中学	群众体育先进基层单位	苏州地委	1978 年
长泾中学	群众体育先进基层单位	苏州地委	1978 年
东方红小学	群众体育先进基层单位	苏州地委	1978 年
澄西船厂	群众体育先进基层单位	苏州地委	1978 年
南菁中学	群众体育先进基层单位	苏州地委	1978 年
城北中学	群众体育先进基层单位	苏州地委	1978 年
城北小学	群众体育先进基层单位	苏州地委	1978 年
长寿公社六大队	群众体育先进基层单位	苏州地委	1978 年
顾山公社红农大队	群众体育先进基层单位	苏州地委	1978 年
华士公社华西大队	群众体育先进基层单位	苏州地委	1978 年
南菁中学	群众体育先进集体	苏州地委	1982 年 9 月
江阴县中	群众体育先进集体	苏州地委	1982 年 9 月
长泾中学	群众体育先进集体	苏州地委	1982 年 9 月
县实验小学	群众体育先进集体	苏州地委	1982 年 9 月
澄西船厂	群众体育先进集体	苏州地委	1982 年 9 月
江阴县	无锡市基层职工自办体育竞赛活动优胜单位	无锡市体委	1983 年
青阳镇	无锡市体育先进乡镇	无锡市体委	1988 年 9 月
月城乡	无锡市体育先进乡镇	无锡市体委	1988 年 9 月
申港乡	无锡市体育先进乡镇	无锡市体委	1988 年 9 月
峭岐镇	无锡市体育先进乡镇	无锡市体委	1988 年 9 月

续表3

获奖单位	获奖名称	授奖单位	授奖时间
文林乡	无锡市体育先进乡镇	无锡市体委	1988 年 9 月
澄江镇	无锡市第三批体育先进乡镇	无锡市体委	1990 年 12 月
周庄镇	无锡市第三批体育先进乡镇	无锡市体委	1990 年 12 月
长寿乡	无锡市第三批体育先进乡镇	无锡市体委	1990 年 12 月
北涸镇	无锡市第三批体育先进乡镇	无锡市体委	1990 年 12 月
马镇乡	无锡市第四批体育先进乡镇	无锡市体委	1991 年
山观乡	无锡市第四批体育先进乡镇	无锡市体委	1991 年
新桥乡	无锡市第四批体育先进乡镇	无锡市体委	1991 年
西郊乡	无锡市第四批体育先进乡镇	无锡市体委	1991 年
河塘乡	无锡市第四批体育先进乡镇	无锡市体委	1991 年
利港乡	无锡市级体育先进镇	无锡市体委	1992 年
峭岐镇	无锡市级体育先进镇	无锡市体委	1992 年
青阳镇	无锡市级体育先进镇	无锡市体委	1992 年
文林乡	无锡市级体育先进镇	无锡市体委	1992 年
河塘乡	无锡市级体育先进镇	无锡市体委	1992 年
澄江镇五星村	1996 年无锡市第七届群众体育先进集体	无锡市体委	1996 年
利用(集团)公司	1996 年无锡市第七届群众体育先进集体	无锡市体委	1996 年
璜塘中心小学	1996 年无锡市第七届群众体育先进集体	无锡市体委	1996 年
月城中心小学	1996 年无锡市第七届群众体育先进集体	无锡市体委	1996 年
市业余体校	1996 年无锡市第七届群众体育先进集体	无锡市体委	1996 年
钢绳(集团)公司	1996 年无锡市第七届群众体育先进集体	无锡市体委	1996 年
供电局工会	1996 年无锡市第七届群众体育先进集体	无锡市体委	1996 年
江阴一中	1996 年无锡市第七届群众体育先进集体	无锡市体委	1996 年
市委直属机关	1996 年无锡市第七届群众体育先进集体	无锡市体委	1996 年
市实验小学	1996 年无锡市第七届群众体育先进集体	无锡市体委	1996 年
顾山省渡桥小学	1996 年无锡市第七届群众体育先进集体	无锡市体委	1996 年
澄江中心小学	1996 年无锡市第七届群众体育先进集体	无锡市体委	1996 年
月城镇政府	1996 年无锡市第七届群众体育先进集体	无锡市体委	1996 年
市木兰拳协会	1996 年无锡市第七届群众体育先进集体	无锡市体委	1996 年
璜塘中心小学	无锡市群众体育先进集体	无锡市体委、教委	1996 年
月城中心小学	无锡市群众体育先进集体	无锡市体委、教委	1996 年
江阴市体校	无锡市群众体育先进集体	无锡市体委、教委	1996 年
市一中	无锡市群众体育先进集体	无锡市体委、教委	1996 年
市实验小学	无锡市群众体育先进集体	无锡市体委、教委	1996 年
顾山省渡桥小学	无锡市群众体育先进集体	无锡市体委、教委	1996 年
澄江中心小学	无锡市群众体育先进集体	无锡市体委、教委	1996 年

续表3

获奖单位	获奖名称	授奖单位	授奖时间
桐岐镇	1996 年度无锡市体育先进乡镇	无锡市体委	1996 年
顾山镇	1996 年度无锡市体育先进乡镇	无锡市体委	1996 年
石庄镇	1996 年度无锡市体育先进乡镇	无锡市体委	1996 年
南闸镇	1996 年度无锡市体育先进乡镇	无锡市体委	1996 年
澄西中学	无锡市百日冬锻先进集体	无锡市体委	1997 年
石庄中学	无锡市百日冬锻先进集体	无锡市体委	1997 年
云亭中学	无锡市百日冬锻先进集体	无锡市体委	1997 年
周庄中心小学	无锡市百日冬锻先进集体	无锡市体委	1997 年
马镇中心小学	无锡市百日冬锻先进集体	无锡市体委	1997 年
祝塘中心小学	无锡市百日冬锻先进集体	无锡市体委	1997 年
璜土镇	无锡市体育先进乡镇	无锡市体委	1997 年
市供电局	无锡市“十佳”体育先进企业	无锡市体委	1997 年
陆桥镇	无锡市体育先进镇	无锡市体委	1998 年 10 月
云亭镇	无锡市体育先进镇	无锡市体委	1998 年 10 月
夏港镇	无锡市体育先进镇	无锡市体委	1998 年 10 月
西石桥镇	无锡市体育先进镇	无锡市体委	1998 年 10 月
陆桥中心小学	无锡市施行《国家体育锻炼标准施行办法》先进集体	无锡市体委、教委	1998 年
月城中学	无锡市施行《国家体育锻炼标准施行办法》先进集体	无锡市体委、教委	1998 年
河塘中心小学	无锡市施行《国家体育锻炼标准施行办法》先进集体	无锡市体委、教委	1998 年
顾山中学	无锡市施行《国家体育锻炼标准施行办法》先进集体	无锡市体委、教委	1998 年
澄西中学	无锡市 1998 年“百日冬季体育锻炼活动”先进集体	无锡市体委、教委	1998 年
长泾中学	无锡市 1998 年“百日冬季体育锻炼活动”先进集体	无锡市体委、教委	1998 年
职业高中	无锡市 1998 年“百日冬季体育锻炼活动”先进集体	无锡市体委、教委	1998 年
璜塘中心小学	无锡市 1998 年“百日冬季体育锻炼活动”先进集体	无锡市体委、教委	1998 年
祝塘中心小学	无锡市 1998 年“百日冬季体育锻炼活动”先进集体	无锡市体委、教委	1998 年
长山中心小学	无锡市 1998 年“百日冬季体育锻炼活动”先进集体	无锡市体委、教委	1998 年
江阴市	参加省十四届运动会先进单位	无锡市人民政府	1998 年
江阴市体委	参加省十四届运动会先进单位	无锡市体委	1998 年
璜土镇	无锡市亿万农民健身活动先进乡镇	无锡市体委、农工部、农林局、农民协会	1998 年
璜塘镇	无锡市亿万农民健身活动先进乡镇	无锡市体委、农工部、农林局、农民协会	1998 年
顾山镇	无锡市亿万农民健身活动先进乡镇	无锡市体委、农工部、农林局、农民协会	1998 年
江阴市	江苏省暨无锡市奔向 21 世纪百万人元旦健身长跑活动最佳组织奖	无锡市体委	1999 年元旦
江阴市体委	无锡市第八届老年运动会团体总分第四名	无锡市第八届老年运动会组委会	1999 年 9 月

续表3

获奖单位	获奖名称	授奖单位	授奖时间
江阴市老年代表队	优秀组织奖	无锡市第八届老年运动会组委会	1999 年
江阴市	“中视股份杯”全国第十届屈原杯龙舟赛男子组500 米碟赛第三名	无锡市体委	2000 年 6 月
江阴市	“中视股份杯”全国第十届屈原杯龙舟赛男子组1000 米碟赛第一名	无锡市体委	2000 年 6 月
江阴市	无锡市第八届运动会中小学部小学组输送奖	无锡市第八届运动会组委会	2000 年 9 月
江阴市	无锡市第八届运动会中小学部小学组贡献奖	无锡市第八届运动会组委会	2000 年 9 月
江阴市	无锡市第八届运动会中小学部小学组体育道德风尚奖	无锡市第八届运动会组委会	2000 年 9 月
江阴市	无锡市第八届运动会中小学部小学组总分第五名	无锡市第八届运动会组委会	2000 年 9 月
江阴市	无锡市第八届运动会中小学部小学组金牌总数第二名	无锡市第八届运动会组委会	2000 年 9 月
江阴市	2000 年无锡市小学生体育竞赛综合评比第二名	无锡市体委、教委	2000年12月
月城镇	2000 年无锡市全民健身宣传周活动先进单位	无锡市体委	2000 年
澄江镇	2000 年无锡市全民健身宣传周活动先进单位	无锡市体委	2000 年
山观镇	2000 年无锡市全民健身宣传周活动先进单位	无锡市体委	2000 年
新桥中学	无锡市冬锻先进集体	无锡市体委、教委	2000 年
长泾中学	无锡市冬锻先进集体	无锡市体委、教委	2000 年
市一中	无锡市冬锻先进集体	无锡市体委、教委	2000 年
长山中心小学	无锡市冬锻先进集体	无锡市体委、教委	2000 年
璜塘中心小学	无锡市冬锻先进集体	无锡市体委、教委	2000 年
陆桥中心小学	无锡市冬锻先进集体	无锡市体委、教委	2000 年
江阴市体委	1999 无锡市中小学生体育竞赛综合评比第一名	无锡市体委、教委	2000 年
澄江镇	无锡市群众体育先进集体	无锡市体委、无锡市八运会组委会	2000 年
月城镇	无锡市群众体育先进集体	无锡市体委、无锡市八运会组委会	2000 年
璜塘镇	无锡市群众体育先进集体	无锡市体委、无锡市八运会组委会	2000 年
顾山镇	无锡市群众体育先进集体	无锡市体委、无锡市八运会组委会	2000 年
璜土镇	无锡市群众体育先进集体	无锡市体委、无锡市八运会组委会	2000 年
利港镇	无锡市群众体育先进集体	无锡市体委、无锡市八运会组委会	2000 年
周庄镇	无锡市群众体育先进集体	无锡市体委、无锡市八运会组委会	2000 年
江阴二中	无锡市群众体育先进集体	无锡市体委、无锡市八运会组委会	2000 年
南闸中学	无锡市群众体育先进集体	无锡市体委、无锡市八运会组委会	2000 年

续表3

获奖单位	获奖名称	授奖单位	授奖时间
月城中心小学	无锡市群众体育先进集体	无锡市体委、无锡市八运会组委会	2000 年
璜塘中心小学	无锡市群众体育先进集体	无锡市体委、无锡市八运会组委会	2000 年
顾山中心小学	无锡市群众体育先进集体	无锡市体委、无锡市八运会组委会	2000 年
长泾中心小学	无锡市群众体育先进集体	无锡市体委、无锡市八运会组委会	2000 年
申港中心小学	无锡市群众体育先进集体	无锡市体委、无锡市八运会组委会	2000 年
华士实验学校	无锡市群众体育先进集体	无锡市体委、无锡市八运会组委会	2000 年
市信鸽协会	无锡市群众体育先进集体	无锡市体委、无锡市八运会组委会	2000 年
市棋院	无锡市群众体育先进集体	无锡市体委、无锡市八运会组委会	2000 年
法尔胜集团	无锡市群众体育先进集体	无锡市体委、无锡市八运会组委会	2000 年
九华集团	无锡市群众体育先进集体	无锡市体委、无锡市八运会组委会	2000 年
自来水总公司	无锡市群众体育先进集体	无锡市体委、无锡市八运会组委会	2000 年
市老年健身操队	优秀表演奖、优秀组织奖	无锡市体育局	2001 年
江阴市体育局	2002 年无锡市迎新春元旦长跑暨全民健身启动式组织奖	无锡市体育局	2002 年 4 月
二中女子足球队	无锡市参加十五届运动会先进集体	无锡市人民政府	2002 年
二中女子足球队	无锡市“三八”红旗集体	无锡市妇女联合会	2002 年
二中女子足球队	无锡市新长征突击队	共青团无锡市委员会	2002 年
二中女子足球队	无锡市先进集体	无锡市体育局、教育局	2002 年
二中女子足球队	无锡市优秀运动队	无锡市体育局、教育局	2002 年
江阴市体育局	参加江苏省十五届运动会贡献奖	无锡市体育局、教育局	2002 年
江阴市	无锡市首批全民健身点管理优秀奖	无锡市体育局	2003 年元月
江阴市	2001—2002 年度无锡市先进体育社团	无锡市体育局	2003 年 3 月
江阴市体育局	无锡市二级“先进机关档案室”	无锡市档案局	2003 年 12 月
江阴市体育局	2003 年度无锡市全民健身优秀组织奖	无锡市体育局	2003 年
江阴市体育局	无锡市全民健身体系八个一工程优秀组织奖	无锡市体育局	2003 年
澄江镇	无锡市全民健身体系八个一工程十佳单位	无锡市体育局	2003 年
华士镇	无锡市全民健身体系八个一工程先进单位	无锡市体育局	2003 年
璜塘镇	无锡市全民健身体系八个一工程先进单位	无锡市体育局	2003 年
璜土镇	无锡市全民健身体系八个一工程先进单位	无锡市体育局	2003 年

续表3

获奖单位	获奖名称	授奖单位	授奖时间
江阴市体育局	无锡市第九届运动会优秀组织奖	无锡市体育局	2004 年
江阴市教育局	无锡市第九届运动会优秀组织奖	无锡市体育局	2004 年
江阴市民政局	无锡市第九届运动会优秀组织奖	无锡市体育局	2004 年
江阴市老干部局	无锡市第九届运动会优秀组织奖	无锡市体育局	2004 年
江阴市残疾人联合会	无锡市第九届运动会优秀组织奖	无锡市体育局	2004 年
江阴市职业技术学院	无锡市第九届运动会优秀组织奖	无锡市体育局	2004 年
江阴市体育局	无锡市九运会残疾人部优秀组织奖	无锡市体育局	2004 年
江阴市体育局	2003 年度第五届全民健身节暨第八届全民健身活动周活动“优秀组织奖”	无锡市体育局	2004 年
江阴市体育局	在无锡市第九届运动会老年部九项比赛中荣获金牌、团体总分第二名、优秀组织奖	无锡市第九届运动会组委会	2004 年
江阴市体育局	2004 年度无锡市体育工作综合考核嘉奖单位	无锡市体育局	2005 年 2 月
澄西中学体育教研组	无锡市首批先进教研组	无锡市教育局、无锡市体育局	2005 年
江阴第二中学	无锡市先进单位	无锡市体育局	2006 年
二中女子足球队	无锡市优秀运动队	无锡市体育局	2006 年
新桥镇	2006 年无锡市全民健身月先进集体	无锡市体育局	2006 年
华士镇	2006 年无锡市全民健身月先进集体	无锡市体育局	2006 年
申港镇	2006 年无锡市全民健身月先进集体	无锡市体育局	2006 年
璜土镇	2006 年无锡市全民健身月先进集体	无锡市体育局	2006 年
祝塘镇	2006 年无锡市全民健身月先进集体	无锡市体育局	2006 年
月城镇	2007 年无锡市全民健身月先进集体	无锡市体育局	2007 年
璜土镇	2007 年无锡市全民健身月先进集体	无锡市体育局	2007 年
新桥镇	2007 年无锡市全民健身月先进集体	无锡市体育局	2007 年
夏港镇	2007 年无锡市全民健身月先进集体	无锡市体育局	2007 年
华士镇	2007 年无锡市全民健身月先进集体	无锡市体育局	2007 年
新桥镇	无锡市国民体质监测先进单位	无锡市体育局	2007 年
职业技术学院	无锡市国民体质监测先进单位	无锡市体育局	2007 年
新桥社区体育健身俱乐部	无锡市首批城乡社区体育健身俱乐部	无锡市体育局	2007 年
申港江南社区	无锡市首批城乡社区体育健身俱乐部	无锡市体育局	2007 年
江阴市体育局	无锡市体制改革创新工作先进单位年鉴工作先进单位	无锡市体育局	2007 年
江阴市体育局	2007 年度无锡市体育彩票工作先进单位	无锡市体育局	2008 年元月
江阴市	无锡市小学生体育竞赛优胜奖	无锡市体育局	2008 年
夏港街道	2008 年无锡市全民健身月先进单位	无锡市体育局	2008 年
华士镇	2008 年无锡市全民健身月先进单位	无锡市体育局	2008 年

续表3

获奖单位	获奖名称	授奖单位	授奖时间
顾山镇	2008 年无锡市全民健身月先进单位	无锡市体育局	2008 年
祝塘镇	2008 年无锡市全民健身月先进单位	无锡市体育局	2008 年
青阳镇	2008 年无锡市全民健身月先进单位	无锡市体育局	2008 年
市老年体协	无锡市老龄工作先进集体	无锡市老龄委	2008 年
南闸镇	无锡市群众体育现状和体育设施现状调查工作先进单位	无锡市体育局	2008 年
青阳镇	无锡市群众体育现状和体育设施现状调查工作先进单位	无锡市体育局	2008 年
北涸中心小学	2007—2008 学年度无锡市开展“冬季三项”锻炼活动先进学校	无锡市体育局、教育局	2008 年
华士实验学校	2007—2008 学年度无锡市开展“冬季三项”锻炼活动先进学校	无锡市体育局、教育局	2008 年
花园实验小学	2007—2008 学年度无锡市开展“冬季三项”锻炼活动先进学校	无锡市体育局、教育局	2008 年
璜塘实验小学	2007—2008 学年度无锡市开展“冬季三项”锻炼活动先进学校	无锡市体育局、教育局	2008 年
夏港实验小学	2007—2008 学年度无锡市开展“冬季三项”锻炼活动先进学校	无锡市体育局、教育局	2008 年
澄西中学	2007—2008 学年度无锡市开展“冬季三项”锻炼活动先进学校	无锡市体育局、教育局	2008 年
陆桥中学	2007—2008 学年度无锡市开展“冬季三项”锻炼活动先进学校	无锡市体育局、教育局	2008 年
月城实验小学	2007—2008 学年度无锡市开展“冬季三项”锻炼活动先进学校	无锡市体育局、教育局	2008 年
江阴市体育局	体育服务业统计工作先进单位	无锡市体育局	2009 年
新城东办事处	2009 年无锡市全民健身活动先进单位	无锡市全民健身工作指导委员会	2009 年
顾山镇	2009 年无锡市全民健身活动先进单位	无锡市全民健身工作指导委员会	2009 年
云亭镇	2009 年无锡市全民健身活动先进单位	无锡市全民健身工作指导委员会	2009 年
长泾镇	2009 年无锡市全民健身活动先进单位	无锡市全民健身工作指导委员会	2009 年
青阳镇	2009 年无锡市全民健身活动先进单位	无锡市全民健身工作指导委员会	2009 年
江阴市	无锡市全民健身新特优项目展示比赛优秀表演二等奖	无锡市全民健身工作指导委员会	2009 年
江阴市	2009 年无锡市体育彩票销售突破 10 亿元销售业绩奖	无锡市体育场馆和训练管理中心	2009 年
夏港镇	无锡市群众体育工作“十佳乡镇”	无锡市全民健身工作指导委员会	2009 年
澄江镇	无锡市群众体育工作“十佳乡镇”	无锡市全民健身工作指导委员会	2009 年
徐霞客镇	无锡市群众体育工作“十佳乡镇”	无锡市全民健身工作指导委员会	2009 年

续表3

获奖单位	获奖名称	授奖单位	授奖时间
新桥镇	无锡市群众体育工作“十佳乡镇”	无锡市全民健身工作指导委员会	2009年
羽毛球协会	无锡市群众体育十佳社团	无锡市全民健身工作指导委员会	2009年
要塞实验小学	无锡市群众体育十佳学校	无锡市全民健身工作指导委员会	2009年
喜来登桌球中心	无锡市群众体育十佳体育经营场所	无锡市全民健身工作指导委员会	2009年
祝塘社区体育俱乐部	无锡市十佳社区体育俱乐部	无锡市全民健身工作指导委员会	2009年
新桥绿园社区全民体育健身中心	无锡市十佳全民体育健身中心	无锡市全民健身工作指导委员会	2009年
璜土体育健身景观	无锡市十佳全民健身景观	无锡市全民健身工作指导委员会	2009年
江阴市	2010年全民健身节优秀组织奖	无锡市全民健身工作指导委员会	2010年11月
江阴市	2010年无锡市全民健身节优秀组织二等奖	无锡市	2010年
顾山镇	2010年无锡市全民健身节活动优秀乡镇	无锡市	2010年
澄江街道	2010年无锡市全民健身节活动优秀街道	无锡市	2010年
江阴市体育局	无锡市体育彩票销售工作先进单位	无锡市人民政府	2010年
江阴市体育彩票管理中心	无锡市体育彩票年销售量突破15亿元先进集体	无锡市体育场馆、无锡市训练管理中心	2010年
城东街道	2010年无锡市体质监测先进单位	无锡市体育局	2010年
夏港街道	2010年无锡市体质监测先进单位	无锡市体育局	2010年
江阴市体育局	2010年体育信息工作先进单位	无锡市体育局	2011年2月
临港经济开发区东支村	2009—2012年度无锡市群众体育工作先进集体（十佳社区、村）	无锡市全民健身工作指导委员会	2013年9月
新桥镇人民政府	2009—2012年度无锡市群众体育工作先进集体（十佳街道、乡镇）	无锡市全民健身工作指导委员会	2013年9月
江阴市第二中学	2009—2012年度无锡市群众体育工作先进集体（十佳学校）	无锡市全民健身工作指导委员会	2013年9月
法尔胜泓昇集团有限公司	2009—2012年度无锡市群众体育工作先进集体（十佳企业）	无锡市全民健身工作指导委员会	2013年9月
市老年体育协会	2009—2012年度无锡市群众体育工作先进集体（十佳社团）	无锡市全民健身工作指导委员会	2013年9月
江阴暨阳体育产业发展有限公司	2009—2012年度无锡市群众体育工作先进集体（十佳体育经营场所）	无锡市全民健身工作指导委员会	2013年9月
璜土镇小湖健身广场健身点	2009—2012年度无锡市群众体育工作先进集体（十佳群众健身活动站点）	无锡市全民健身工作指导委员会	2013年9月
游泳协会冬泳队	2009—2012年度无锡市群众体育工作先进集体（十佳体育健身团队）	无锡市全民健身工作指导委员会	2013年9月
江阴市体育局	无锡市第十一届运动会优秀组织奖	无锡市第十一届运动会组织委员会	2013年9月
江阴市体育局团支部	江阴市青年文明号单位	共青团无锡市委员会	2014年

二、趣闻轶事

吴瑶田

我们江阴人，如果谈到技击，必要提起吴瑶田。吴瑶田是东外人，名鸿璧。据说现在杨介章所住的宅子，即是他的故第。吴瑶田的技击本领，可谓出神入化，不可限量。吴本文秀才，为前清嘉庆时人，与礼延书院（原名暨阳书院）李申耆先生为友。某年吴结伴赴南京乡试，当时官厅售卖试卷，积弊很深。试卷定价每本大钱千文。卖卷场所在三山街，用木栅隔成内外，卖卷的在木栅之内收钱付卷。卷纸如有破碎当场看出，还可掉换，否则，便须另买。买卷时的百般刁难，尤非笔墨所能形容，士子们痛苦不堪。吴瑶田既抵南京后，因同县士人的怂恿，便去找他们的晦气。是日吴亦籍买卷为名，付钱后卖卷者交试卷与吴。吴在两指略用易筋经功夫，在接卷时轻轻一捻，试卷除底面两页完好外，中间数页皆成小孔，瑶田便叫卷破要换。连换数本，皆是如此。卖笔者依仗官势，不予掉换，遂起争执。瑶田乘其不备，伸手入栅，将卖卷者一把扯住用力往栅外一拉。栅隙甚狭，难容人体，栅木又皆用整木做成，坚实异常。卖卷者竟被拉入栅隙之中，被栅木夹毙，顿时闹了人命。即有守栅兵丁，意欲捕吴，又被打倒几人。无如捕吴之人，愈聚愈众，吴瑶田且打且走，退至某处桥上，适与驻宁将军相遇。将军亦系闻惊而来者。吴瑶田事在危急，飞去一拳，将军翻身落水，竟尔淹毙。吴又打死多人，拔脚奔逃。其时十三城门，均已锁闭，下令大索。吴即跳城而出。吴本是飞毛腿，从南京逃出后，日犹未落，已到常州。瑶田进酒肆沽饮休息，酒暨解渴，一言不合，即将酒肆捣毁。临走时，吴特索笔留名，起身再走。奔到江阴，不过二更左近。瑶田进了西门，走至大街，适逢江阴县正堂老爷正在巡街。吴瑶田装成醉汉，上前闯道，与知县言语冲突。知县怒不可遏。追问明姓名，因是入学生员，即发交学老师训诫。吴瑶田至此毫不倔强，规规矩矩的跟了差人到学中领罪。原来这多是吴瑶田的绝妙好计。不多几天，南京某月某日，淹死将军，三山街打死人命行文缉拿江阴吴瑶田。常州茅县，亦于某月某日，打毁酒店，行文也要捉拿江阴吴瑶田。本邑知县，亦于某月某日也有一个吴瑶田闯道发学惩办。路隔数百里，三处案件，同在一日发生。便断定南京闹人命的吴瑶田、常州打酒店的吴瑶田，若非另有其人，必系冒名行凶，与江阴吴瑶田无涉。一件惊天动地的巨案，竟以疑案终止，吴瑶田依然无恙。

南京有一屠户，力大如牛，乃一有名恶霸。每届乡试，他必霸占屠宰之利。各屠户非馈送陋规，经其特许，不能营业。阖城诸屠，恨之刺骨，但又力所不敌，敢怒而不敢言。那年吴瑶田又往南京乡试，各屠户均经预先约定，待吴船到埠，群集一百余人，执香在岸跪接。吴瑶田问明来意，原来多为求他报仇。吴颇致不平，即允其请。翌日清晨，由屠户领至恶霸肉店门前，果见生意忙碌，雇了许多伙伴，应付买客。中间另有一桌，供奉一把特制宰肉大屠刀，约有百余斤重。瑶田料想即是恶霸吓人家伙。又见一众买客，伙计卖肉，并不用秤计算斤量，只凭一刀宰下便算；即使斤量不足，也不敢争多论寡，只能忍气而去。瑶田见此情形，更为忿怒，趁一个空，也进去买肉。当把功夫用在指上向肉一指道：“我要买这一块。”待伙计用刀宰下，递与吴瑶田。吴即曰：“此肉已腐，何能卖钱？”说时，把肉提在手里，略一抖动，肉已腐烂如泥，纷纷坠在桌上。伙计大奇，再换宰一块，亦然如此。一连三四次皆然。伙计已知此人来意不好，遂入内报告恶霸，谓猪子皆今晨所宰，万无烂理，惟一到彼手，肉已真烂，不知何故，显系生事到此。恶霸听言亦怒，当随伙计昂然大步而出。行至店中，手取百余斤大屠刀，强笑谓瑶田曰：“客人要买鲜肉，请到这里来。”瑶田隔桌立于恶霸对面。见恶霸运刀，毫不费力，暗服其蛮力甚大。见恶霸擎刀过顶，下落砍肉，瑶田即以右臂当刀刃。刀着瑶田之臂，如砍钢铁，瑶田顺势用臂向上一抬，恶霸大屠刀，因弹力关系，仍向上飞回。因屠刀分量太重，恶霸一臂已经脱骱，刀从背后脱手落地，手则高举难动，观者尽皆失色。吴瑶田此时即历数恶霸之罪，恶霸亦哀辞求告，自愿让各屠户自由营业。吴见恶霸业已服输，代彼接好手骱，出肉店回船而去。恶霸因无颜开店，随将肉店闭歇，南京城内各屠户，无不感德。

孔天锡

长寿乡之南，祝塘乡之北，有孔西庄焉。邻近姓孔者极多，确皆孔子后裔，称孔林南支。宋代有孔子二十四世孙孔皇，服官江阴，遂占籍焉。前清嘉庆、道光间，其族有孔天锡者，祝塘东街人也。武艺超群，为祝塘四杰之一。同时祝塘有金二黄子等三人（其余二人，传者已忘其姓名），均号无敌。祝塘四杰，常为人排难解纷，嫉恶如仇。匪徒恶少，畏之如虎。良民蒙其卵翼，人咸德之。倘有淫僧恶道，占据山林，若小说中之白雀寺、能仁寺等，四杰若有所闻，必并力翦除之。虽走数百里外，必裹粮以往，杀之即返。实有侠客甘凤池等之遗风。某年值孔氏修谱，族议欲得一人赴山东曲阜谒衍圣公，征集文宪。惟以道路梗塞，苏鲁之交，绿林豪客、响马好汉不可数计，迄无敢应者。孔天锡则锐身自任，背负包裹，中藏谱牒，由澄徒步北发。过清江浦，渡黄河，地渐荒凉。复行数日，沿途所见仇杀斗殴之事无算，大足表示北方强悍风气。某日，在一小市集打尖，睹一肥胖恶僧，以铁练悬百余斤之铁木鱼于胸前，趺坐当街，强欲募化。往来行人及负物牲畜，皆必让道，恶僧昂然不顾。孔天锡见而恶之，但以单身过客，未便过问。正犹豫间，陡见一十二三岁之孩童，怒目而前，俯身以两手捧恶僧臂部掷之，连僧带鱼，跌出数丈。恶僧经此重创，翻身起立，遥向童子合什，匆匆而去，一市皆笑。孔天锡不禁咋舌惊叹，十余岁之童子，即具此艺，足见北方异人之多。自此益加谨慎，不敢稍露锋芒，安危抵曲阜衍圣公邸。事毕，取故道回澄，往返适为二个月（足见彼时交通不便。若在目前，乘津浦火车，往返至多五日耳）。孔天锡至晚年，祝塘当铺中，亦来一化缘少年和尚。声言须向典当化钱一千千文，否则若能代请孔天锡一命，则分文不取。纠缠数日不去。不得已，当中管事者，乃与孔天锡商恳，天锡允之，约次日相晤。盖天锡自知壮年与僧道结怨不浅，此必漏网恶僧之徒，特来报复者也。前一日，天锡已测知恶僧擅长内功，非可轻敌。故即搜得旧账簿数十本，次日缚于身上，胸部尤厚，以保护胸胁腰腹及肩背，若甲胄然。一面由地方董事、典当经理偕孔与恶僧会面。僧晤孔后，亦无他言，即以木鱼槌孔天锡胸部一下即已，孔亦仰体承之。槌已，僧即收拾一切，果不索一文，立即他去。孔天锡袒胸出账簿视之，则表面一二本，已毁烂如泥，贴肉者，幸尚完好。以天锡之体力，故未受伤。孔氏谱中，孔天锡有传，传中亦言其武艺绝伦。

祝塘沈福山

清道光时，祝塘北街有沈福山者，家产豪富，为人仗义，广交好友。好拳术，少时尝练易筋经内功，年至耄耋，精神矍铄，犹若壮夫。地痞恶棍匪徒流氓，莫不畏之。其时该镇有一理发店，伙友赵某，手有四百斤骁力，一班青年好勇，相与较力，皆非赵敌，莫敢与争。角负者后以告沈，沈哂而不答。明日，随至该店理发。店主已窥知其来意，殷勤招待，沈谓店主曰：“久慕此间赵师大名，今特来请其代我理发。”店主呼赵至。沈语赵曰：“请以沸水洗吾发。”赵诺之。洗毕，赵以刀剃沈发，讵知刀剃而发不落，谤视之刀已损口。如是者三易其刀，而未损毫发。店主见状，即代赵稽首请罪。沈曰：“赵司之本领不过如此。”使复剃，则发即簌簌而下。剃毕径去。道经一杂货店，有店友手持银元一枚适在翻复瞻观，忽脱手不见，偏寻不得。沈笑曰：“汝之银元，已在余脐上。”取而还之。盖沈吸劲所致，众皆称异。临死，全身疼痛，命其子以棒日槌其身，功脱然后气绝。凡练易筋经内外功者，其死皆然。

东外龚闻海

我邑地居江滨，自前明倭寇作乱，民间大受蹂躏之后，有心人即提倡武术，藉以自卫，迄今历数百年。四乡村庄于农隙时，尚多团拳场、学拳棒及打砂袋马鞍石，以练习武功者。我邑民间，惟其习武之勤，是以名手辈出。虽文弱书生，多有绝精之技，不可轻侮。身怀绝技，故老传为美谈，已载在第一集中。今请再述吴瑶田之师龚闻海。龚闻海名升第，亦文人而精武艺者。人极和平，家在东外河北街，向不与人龃龉，人亦不知其技。某年，闻海为首倡捐，重修东外河北街道。工竣之日，顿成坦途。惟东外日有载重小车，或豆饼，或米谷，在街上经过，街道多被损坏，闻海无可如何。遂诰诫车夫：“一切重车，须由河南街绕道，不准再在河北街通过。”讵知言者谆谆，听者藐藐，龚乃不得不出而干涉。一日，有雄壮乡民数人，各推重车鱼贯而来，如一字长蛇。每车载重均在三四百斤。自恃蛮力，不听龚言。龚于此时，知非一显身手，不足以退乡民。遂捋袖伸右臂，谓乡民曰：“余置此臂于地，能推车越吾臂者，准尔通过。否则，仍请回车绕道。”乡民惊异之下，皆诺龚言。龚乃侧身伸臂置道上，乡民自择矫健绝伦者一人，起车倒退十数步，作势疾驰。将及龚臂，用力益猛。不谓车轮甫及臂，载重车陡然跃起尺余，倒退数尺，竟不能过。乡人皆失色，而龚臂则如常。见龚悠然起立，笼臂入袖，笑谓乡民曰：“请勿食言，务乞绕道。”乡民始谢龚，贴然回车。龚凡在世之日，东外街上，不见车辙，不闻车声。龚以一臂而当重车之轮，虽有千斤之力，亦必压成赍粉，是殆邃于易筋经内功者也。今人若有龚氏之功，尽可横行海上，不仅汽车不足畏，或将汽车反畏之也，龚氏之艺，邑乘亦有记载。谓有镇洋张力士，来澄求与龚角技，谢之不获，送到广福寺大殿（即今观音寺）卸却长衫以足踢殿柱，柱移尺许，纳衣柱下，镇洋人始慑服而去。吴瑶田初无武艺，而有蛮力，初与龚闻海不睦，然知其艺，不敢与较。某年夏日，瑶田偶从河北街过，经龚氏之门。见龚布榻门前树荫下，仰卧榻上纳凉，酣声如雷，已入睡乡。瑶田以为泄仇机会至矣，乃运其全力，奋击闻海之腹，所谓攻其无备，必可得手。不谓一拳打去，着龚腹如击棉絮，拳已被腹吸牢，力拔不得脱，而龚已睡醒。伪问瑶田何为若此，瑶田惭愧无地，哀龚释放，愿为弟子。龚笑应之，并命留意。待龚腹骤放，吴已跌出丈许外矣。自是瑶田即拜投闻海门下，前嫌尽释。卒亦练成绝技，冠绝一时。

铁脚王高

除东外龚闻海外，同时北外尚有陆某父女，及闸夫铁脚王高焉。陆某，闻即北外故绅陆宸卿之上祖，精通武艺，为众所服。其女绿云丫头，年只十七八，但其裙里腿功夫尤深。某年有恶僧，操北方口音，以胡桃大铁练，系极大铁木鱼一个，重约三四百斤，悬之胸前，在北外各店铺化缘。信口讨价五十千、一百千不等。以铁木鱼置阶前或柜上，缠绕不休，市人无不苦之。三数日后，虽居户，亦欲上门恶化，咸无如之何。北外人士，素知陆某之能，乃引僧之陆某家，意将激怒陆某驱此恶僧也。恶僧登门后，欲化三十千。先在大门内以铁锥敲鱼募化，无应者，乃携鱼登堂再化。陆某先就隐处窥僧，知非寻常之辈，遂匿居不出，命绿云丫头出外应付。谓僧曰："家父远出，乏人作主，化缘功德，请俟异日。"讵僧置若罔闻，朗声诵佛号，鱼声震梁屋，喧扰如故。绿云丫头以僧傲慢无礼，遂数其过失，施展其裙里腿绝技，以三寸凌波，蹴数百斤铁鱼，有如疾风扫残叶，掷至墙隅，铁练亦断。僧乃起立，合什为礼，拾其铁鱼，甚赞姑娘腿法，恭身告退。陆某事后颇咎其女之孟浪，恐恶僧之报复，但僧始终并无恶意。盖此僧来江，乃有为而至，将与吴瑶田寻仇，是以故作恶态，欲激吴怒，其他概非所计，何况一小女子也。嗣僧又至闸桥堍某店募化，其价为一百千文，地点即在今老谢德和药店左右，缺一不可。扰扰终日，不能解决，市人无不切齿。时有闸桥河下职司启闭闸板之闸夫，浑名铁脚王高者，王高脚力绝健，闸口潮汐往来，水行如驶。逆水行舟者，必用绞关。王高能以一脚作绞关之心，十数健儿，用巨索绕其脚上，尽力盘绞，舟过而脚不移，脚劲之大，殊为可惊。某日，学使坐船，通过闸口，以逆水难上，王高亦用脚绞之。学使惊其技，询得姓名，乃叹曰："是可谓铁脚王高矣。"于是铁脚王高之名乃著。旁观者，因痛恨恶僧之横，彼时又无警察干涉，乃相约请王高，乘其不备。若能一脚踢死，则为地方除害。王高欣然而至，睹恶僧状，怒不可遏，遂猛飞一脚，着僧背部。僧体顿向前倾，口称："尔竟来了，果然不差"。回视王高，一脚着僧后，僧背若有弹力，反跌出丈许外。跌着店家牌门，牌门折断，王高面色灰败若死，竟无气息。于是一市哗然，皆谓铁脚王高死矣！僧若甚惊异者，询人曰："踢我者非吴瑶田乎？彼能使我折腰，亦奇人也！但不可枉害无辜"。僧遂反为王高医治，竟得更苏。自是人皆知僧为吴瑶田而来。瑶田闻之，益为戒备，足不出户。但僧安肯甘休，卒被探悉吴瑶田住宅，上门求见。吴瑶田设计赚僧去，始得无事。

吴瑶田设计退敌

恶憎治愈铁脚王高之伤，探悉吴瑶田住处，乃至东外吴宅求见。瑶田伪充田伙，出与周旋。僧实不识瑶田，合什问吴居士是否在家？吴以瑶田外出对。僧问吴踪迹及归期，则谓天南地北，漫天定迹，亦无归期，僧甚怅怅失望。吴又谓，敝东虽外出，当略备清茶，以奉和尚。僧乃举步入门，肃至客堂。僧置铁鱼就坐。见屋隅有茶具风炉，旁置毛竹根一小堆，田伙以炊壶盛水置炉上。僧熟视其烹茶。睹伙生火后，先以零星竹片，引火使炽，继取毛竹根，以两掌缓缓搓之，即粉碎成丝。约燃竹根数枚，壶水已沸，遂取叶泡茶奉僧。僧颇惊愕，接茶时，笑问田伙曰："君知艺乎？"伙曰："不知。但随敝东略习之，其实百无一能也。"僧曰："适见以掌搓竹根，殊非易易。"伙曰："是已成习惯，不足道也，不虑为师父所见，殊增惭愧。"僧点首者再。茶毕，起立告辞，只请转达贵东，但谓有和尚来访。不言所事，不订后期，匆匆携铁鱼而去。嗣后澄江市上，不复有僧踪迹，盖已悄然离澄，不敢再与吴氏为难矣。

乾元和尚

乾元和尚，本邑南乡壮士也，尝为余乡西隆庵住持，武艺绝伦，人称无敌。乡先辈知其事迹甚详，茶余酒后，资为谈助，惜无传者，爰作乾元僧事略。

僧初得名师，习拳术武艺，技日有成，将欲出而问世，其师谓之日："汝能敌得弱息，庶可涉足社会也。"其女者，家学渊源，钗裙而须眉者也，闻父言，立袒其胸，乳峰毕现，肌腻脂香，鸡头新剥，当谓乾元日："尔能坚握余乳，始终不释者，方臻上乘。"言时昂然若丈夫，绝不作女儿态。乾元见状反却，女叱日："何忸怩而怯耶?"乾元无已，勉如其言。于是女乃屏息运气，乳陡坚如铁石。乾元亦运功于指，五指胜于钢箝，不谓用力一握，乳弹僧及椽际而坠，坠则乾元独足着地，安若平素。师日："方乾元之弹出也，腕力少逊，及其坠而不颠，由于足力矫健，虽非无双，亦足惊人矣。"遂允僧他适。

方其栖止西隆庵也，有弄猴者过舍旁，乾元速之入，令释猴羁勒，欲与猴竞技。弄猴者初有难色，嗣乾元告以脱有不幸，决不尔咎，遂颔之。讵猴体矫捷便于奔跃，乾元初尚能敌，继而步趋渐乱，势将不支，弄猴者旁观，亦为焦急。乾元忽然触机，乃掬尘盈握，向猴睛疾掷之，猴目迷不能启，僧乘机击其顶，中要害，猴遂毙。自是僧益勤于艺，不敢少息，而艺亦益进。旋乾元转辗至震泽洞庭山某寺，山固多盗，商旅裹足，视为畏途，乡民卧不安枕。某夕盗至，村民鸣钲群集御盗。时乾元已入睡乡，钲急，惊醒，知有变，亟挟床头刀，奋臂直出。群盗汹汹，月下刀光，闪闪逼人。乾元不稍怯，以为度人度己，佛门要旨，此其时矣，于是鼓勇冲杀，群盗披靡，刀光飞处，血花四溅，盗首粉坠如连珠，尸横遍野矣。盗知不可敌，皆退至湖滨，驾小舟遁去。僧亦返寺，察其衣，则血迹斑斑矣，但亦疲甚，仰卧禅榻小憩。刀犹在手未弃也。乡勇来寺探僧，见状，试取其刀，刀不能拔，由是一乡服其勇，盗亦畏不敢犯。盗警乃绝，四乡称庆，颂乾元之德不衰云。

技击家刘生大

前集中曾记铁脚王高事，但与王高同时，尚有刘生大查一峰等，以技击鸣于世。刘生大，南外刘方村人，通内功，为一时泰斗，时有驻澄游击白某者，以武进士起家，亦精技击，夙仰刘生大之名，而未修通候礼。白游击常喜摈除随从，入市遨游，路见不平，往往拔刀相助，有义侠气，人不知其为三品大员，游府大人也。某日，白游击至北外定波桥观潮，桥上有卖窑货者，陈货当路，阻碍交通，白乃向卖窑货者劝告，促其收拾桥中的货物，于旁侧售卖，一再言之，而卖窑者斜睨冷笑，置若罔闻。白游击大怒，即捧巨缸一套，大小相叠约五六口，行至桥顶，掷于洪涛之中，讵巨缸甫脱下垂，彼卖窑者，翻身一跃，如燕子穿帘，疾如闪电，缸未抵水，已被卖窑货者捧于怀中，踏波而起，缸未沾水，至彼岸登陆，游击睹状大惊，俟其上桥，即长揖道歉，自通姓名，卖窑货者亦无愠色，约于三日后，请白登舟赴宴，泊永定坝只候光顾，拱手言别，白去，卖者亦收货回船。白游击回衙后，寻思此人技艺不凡，彼若寻仇，决非其敌，三日后之宴，殊多危险，非邀人相助不可。因忆及刘生大，大可资以为援。乃于次日，备厚礼，亲往刘方村谒生大，告以来意，刘生大为皤然一老叟，见白来意甚诚，遂相结纳，即日随白上城，下榻游击署；再由刘生大介见查一峰，生死交。及期，白游击挈刘查二人，同赴卖窑货者之约，即抵永定坝，卖窑货者已在彼迎迓，相将登舟，互通姓名，船中甚宽敞，陈设雅洁并非窑货船，盖此为彼之坐船，载货则另有货船，卖窑货者不过藉此访寻师友，并非真业此者。未几，船舱中罗列酒浆，不用竹箸而用刀叉，如今之吃西餐然，所上肴馔，大都燻猪炙鸭，无用箸必要，白等颇滋疑窦，席间主人劝酒，殷勤致景慕意，众则谦逊不遑。咸谓闻白大人述足下神技，故来瞻仰丰采云云。酒至半酣，卖窑货者以刀头刺肉，送至刘生大口畔，以表敬意，刘生大以口接之，略施齿功，已连刀头啮下，吞肉吐铁，如去骨，相与大笑。欢饮终席，四人结友而散。白游击大悦，自是互相往还，与刘生大相交尤密。未几，白游击任满他去，查一峰远游在外，卖窑货者亦久不至。适青阳集场，刘生大前往购物，行经中心桥上，见桥有卖火石者，身体魁梧，乡民围观者如堵，啧啧咸赞其指力伟大。刘生大排众入内。见卖火石者，售卖火石，临时以两大块火石上剥取之，或大或小，各凭运气，有出多钱而得小块者，有少出钱而得大块者，若致争论，则曰："汝自取之。"乡民见火石坚硬，非斧凿而不碎无从争取，又以卖火石者剥石如捻酥，奇而驻足不肯走。刘生大睹状，一时好奇心起，亦出钱买火石，卖火石者，剥得一小块给刘，刘嫌其少，卖火石者仍日："汝嫌少，可自取之，"刘生大日："真乎，勿后悔。"即伸两手捧斗大火石块摇之，石顿粉碎，围观者无不鼓掌称快。卖火石者愕然，叩问姓名，刘生大以实对。讵彼卖火石者，即为访刘而来，昔刘与人结怨，此即寻仇人也。刘生大当与卖火石者约至南弄啜茗，先往相候，卖火石者即收拾火石摊，允即赴约。刘生大至茶馆呼茗独酌，久候不至，心窃疑之，既而欲小便，觅厕所溺之，讵溺甫半，觉身后风至，急回顾，见卖火石者杀气满面，伸两手突人生大腰际，躲闪不及，已被击中，生大当运两指，反手点卖火石者肩际曲盆穴，当语之曰："乘人不备，狙击伤要害，非大丈夫。我为汝算，亦命也，但我死不过月，君死亦不逾年也。"生大立即回家，嘱备棺衾，至月累殁。卖火石者山东籍，及期亦毙。此所谓罐瓦不离井上破，将军难免阵前亡也。闻传者云，刘方村现尚保存刘生大生时练功武器。刘生大后，犹人才辈出，特皆无名英雄耳。

祝塘高家将

祝塘乡，高家住基，元末明初时，有高家将者（传者已忘其名。缘其武艺过人。均以高家将呼之），以农为业，家无恒产，自幼失怙，其母以纺织度日，侍母甚孝。深通刀枪，蛮力甚大，好武青年，俱畏服之。所种之田，皆大宅徐氏租田，每届稻麦成熟，即偿还其租。某年，稻已成熟，辗成白米五担，肩挑而还之，适子锢（人名）自京都返里，见高状，惊异日："不意吾乡有如此力士，他日荐于朝廷，为国效力，定有安邦之能，为故乡生色也。"乃设宴款待，并赠以金帛，所还租米，亦命挑回，高叩谢而归，高家住基距大宅里，约半里许，中间有木桥一座（后改为石桥，至今犹存）。高行至该处，见桥板已不翼而飞，徊徘久之，随负担一跃，而登彼岸。归后腹中微痛，越三日，痛不可忍，缠绵在床，母忧之，延医服药，医云："受伤过重，大肠寸段，病入膏肓，命在旦夕。"高方觉悟挑米跃河所致，悔之莫及，服药无效，不旬日，一命呜呼，良为可惜。其母号啕终日，子锢闻之，恸日："吾害之矣，吾爱其勇，戏以桥板抽去，以试其艺，致戕其身，余之咎也。"爰厚葬之，并奉养高母，终其天年。

祝塘徐癞子

祝塘乡之前，有徐巷上焉，居户约四五十家。前清道光时，有徐癞子者（已忘其名，因首患癞疮，故以癞子名之），家道小康，好杯中物，每饮必尽酒数升，两膀各具五百斤大力，精轻身法，一跃数丈，飞檐走壁，如履平地，素戆直，喜抱不平，常与孔天锡、沈福山、金二黄子等为友（前集中之祝塘四杰，即此四人）。一日，族人某甲，造屋数十间，所用木料，皆数围之巨材，数十工人，蚁运巨木，被徐癞子所见，谓匠日："汝等无用之辈，待余为尔等运之。"言已，手抱两株，肩荷两株，仍若无事，见者无不惊骇。三月廿七、廿八日，为祝塘集场，某年有某戏班来祝演戏，价值几何，早已说妥，午后开演。有一童子，上台游玩，伶人命其下台，失足堕地，全场喧哗，俱奔告其家长，后诉于徐癞子。徐出为排解，与戏班头接洽，徐曰："今童子跌伤，势将殒命，将何以善后，应将戏金罚充医药费，以了事，"讵该班头非惟不允，反致诟詈。徐癞子怒曰："戏金吾已罚作医药费，若果欲戏金，向余面领可也。"班头出言不逊，自言明日必向尔取款，不虑短少分文也。及期，约同武艺超群之伶人二名，闯至徐宅，徐已有备。班头不待开言，遽尔喝打，二伶人四拳猛进，疾若猿猴，约数十合，二人知非徐敌，都乘机逃脱，班头亦霄遁，不敢再言戏金。某年，忽来盗匪数十人，希图劫掠徐巷上，徐得讯，急出拒敌，奋勇直前，以一人力敌数十人，盗匪不支，负伤逸去。地方赖之，未有秋毫之损，徐癞子之名，庸是益著，乡人咸仰之。

祝塘金二黄子

祝塘四杰中之金二黄子，其武功且在孔天锡之上。盖金二擅长内功，精擒拿点穴之法，为武功之上乘功夫。相传祝塘节场，百货场中有卖箬帽者，体格魁梧而面貌凶恶，一望而知其非善类，其售箬帽也，模暴不可理喻。箬帽并无一定价格，随意乱道，买客若嫌其价值太昂，偶然还价，必遭掌颊；或反帽不买，亦不免一记巴掌。一日之间打者不知若干人，众人无不愤愤，然视其体力，恐非其敌，蓄怒皆不敢发。卖箬帽者，则仍意气扬扬，旁若无人。群众中，有主张公请金二黄子复仇者，一倡百和、相率造金二之庐，详告受辱之由，并述修怨之意。金二黄子恶其无理，立允惩之，众乃雀跃而去。翌日，群众迟金二于市见金蹒跚而至，阴导至卖箬帽处，人皆堵之观变。金二伪为买客，取帽询价后，金曰："君价太昂，减若干乎？"卖箬帽者，果施其故技。金二减值之言甫毕，左颊已着一掌。金二笑曰："金之右颊，亦请赏光。"卖者果再击其右颊，金二乃狂笑，群情更愤懑，且咎金之示弱。不谓卖箬帽者，已两臂如缚，遍体酥麻，额汗涔涔，两眶流泪，颓然跪倒金二足前，哀告乞命。观众又以为异。金二历数其罪，以二指提其耳。始叩头称谢，担其箬帽，鼠窜而去。一市无不大笑，且服金二黄子之能云。

注：上述11篇体育界趣闻轶事，摘自民国间江阴先哲徐再思著《澄江旧话》一书中的部分片断（编者注）。

斗牛勇士胡丕显

（编者按）：1998年12月出版的《江苏省志·体育志》第四章"民间体育"第二节"民间武术"中有"掌断牛颈的江阴胡丕显"一语。编者为此寻觅该语之详文，数年后终得如愿以偿。2015年9月觅得江苏省体育运动委员会于1992年8月出版的《江苏体育今古录》，该书第三编"体育趣话"中第一章"技勇"中第24篇载"斗牛勇士胡丕显"一文。该文一千一百余字，述说江阴勇士胡丕显由武通文的奇异生涯，跃然纸上。特别是文首数语，点评江阴技勇历史，这在该章共41篇描写江苏省内各地技勇之文内是唯一的，其点评文曰："拳勇，江阴人最好习。乃风气使然。故有'逢着江阴人莫动手'之话"。此点评之语与江阴人抗清81天，城破宁愿战死无一人肯降的历史是确切吻合的，也道出江阴这个"控江扼海"之军事重地的芸芸众生，为保家卫乡，浓浓的民间习武体育史话实情。现原文转载于此，供读者赏析。

拳勇，江阴人最好习。乃风气使然。故有"逢着江阴莫动手"之话。乾隆间，江阴有两教师：一、王朝选，二、左绍期。皆号万人敌。王之邻，有胡生者，世业儒。父兄皆明经。胡从父受业。年十二，私请于王曰："如何便增长气力？"王曰："每日五更时，向空中击数十拳，则力大矣。"胡于是日始，每鸡鸣，即下床，以两手空中奋击数千下，至日出乃已。性聪颖。十五岁，已熟读五经左史诸书。而不好举业。作时文，多不过二百字，已意尽。父屡挞之，如故也。好吟诗。有斋中即事云"鱼行水面吹成雨，鸟坐枝头动作风"之句。父见之曰："此子不能成名。诗，大可教也。"乃授以昌黎少陵诗集，按日督课。然其胸中所必要于成者，则惟拳。父偶他出，辄赴王叩以法。归而演习之。如是者凡十年。其左手一直臂，重可八百斤。右手倍之。非特家人未知之，即王亦不知其已有成也。年二十二，父故，家渐落。有父执某，居于乡，哀其贫也，延以教幼子。日课之外，必挑灯夜读。率以为常。后夜忽辍。胡怪问之。主人不能隐，乃实告曰："前村昨延左先生，教习拳法。予乡居，欲令子弟稍习此技，以保卫家室耳。"胡固耳左名，乃向主人曰："吾亦有心愿学，而苦无师。曷不令左先生来，俾吾与诸徒同受业耶？"主人大喜。是晚即延左至。左家离城四十里，囿于乡，绝不解作寒暄语。甫入坐，即喃喃讲授。胡技痒，谓左曰："我年长，恐不能学，请先挥数拳，与先生观，不识可以受教否？"左唯唯。胡即极平生力向左扑，势如风雨。左略格数手，即跃去丈余，呼曰："且住！尔莫非王朝选弟子乎？"胡曰："然。"左曰："可惜一副美锦，犹未裁剪成衣也！予一生授徒，不下数千，迄无一成者。今得子，吾道有传矣！"胡喜甚，拜左为师。至岁暮，辞主人，随左去。左先授以拳法，继及枪法、剑法。胡精思敏悟，一一领会入神。计在左家，历三载，未尝与妻奴通问讯也。左谓胡曰："尔入手太刚，刚必折。自今以往，遇不如尔者，以刚制之；遇胜于尔者，以柔接之。如此可以胜行天下矣。"胡尝入市，适有牛逸出，尾直竖如虎奋迅奔。市中见者皆惊走。胡略闪路旁，俟其过。急掣其尾，倒行十余步。牛不能动。怒，回身以角触胡。胡一手握角，一手以掌向牛颈一斫。应手而倒。盖颈骨已断，惟余皮连络耳。群哗曰："此必左绍期先生也。"趋视，始知是胡。由是大江以南，胡先生之名大噪。

胡幼未学书。三十外得柳城悬元秘塔帖，朝夕临摹，数月而书成。笔法离奇，劲可屈铁。尝告人曰："昔人观公孙大娘舞剑而悟书法，吾得左先生拳法而知书法也。"七古学昌黎，七绝似屈翁山，五言则全宗少陵。辑其平生诗为四卷，号《桐花集》。盖其庭中有一大梧桐故也。自题诗集后云："谁为后来者？江上问桐花。"其心亦可悲矣！胡名丕显，字学周，号拙庵。年未五十，以布衣终。

三、重要文献辑存

江阴市人民政府关于推进体育基本现代化建设的意见

体育是社会发展与人类文明进步的重要标志。大力发展体育事业，对于增强人民体质、促进现代化建设，加快构建和谐社会，都具有十分重要的意义。近年来，市委、市政府高度重视和支持体育工作，取得了显著成绩。2007年率先成为江苏省首批体育强市（县），2008年成为江苏省体育基本现代化三个试点县市之一。为进一步落实省、无锡市关于体育工作精神，不断完善体育公共服务体系建设，推进我市体育事业全面协调可持续发展，力争在全省率先实现体育基本现代化，现提出如下意见：

一、指导思想

坚持以邓小平理论、"三个代表"重要思想和十七大精神为指导，深入贯彻科学发展观，紧紧围绕率先基本实现现代化，建设幸福江阴的总目标，进一步解放思想，按照新时期我市社会建设的总体要求，确立先进的体育发展理念和模式，创新体育工作体制机制，丰富体育内涵，拓展体育功能，努力构建政府主导、社会参与、城乡一体的体育公共服务体系，实现竞技体育与群众体育、体育事业与体育产业协调发展，不断满足人民群众日益增长的体育文化需求，积极探索一条与经济社会发展相适应，具有江阴特色体育现代化的可持续发展之路。

二、目标任务

总体目标：围绕“幸福江阴——人人都有好身体”的目标，坚持以人为本、城乡统筹、均衡普惠、共建共享的原则，整合各方资源，大力推进城乡公共体育设施建设，着力构筑城乡一体化的公共服务体系和科学规范的竞赛训练机制，确立与经济社会发展相适应的现代体育文化发展理念，推动体育运动社会化、市场化、全民化。到2012年，力争在全省率先实现体育基本现代化，确保全市体育事业全省领先、全国一流，并为全市体育向更高层次的现代化迈进奠定理论和实践基础。具体目标任务是：

——群众体育工作达到新水平。惠民、便民、利民的全民健身服务体系基本形成，体育健身人群不断增加，体育人口占全市总人口的50%以上，《国民体质测试标准》合格人数达90%。

——竞技体育工作再创新业绩。加强竞技体育后备人才培养，加大对优势项目投入力度，增强我市竞技体育实力，确保输送贡献奖名列全省前茅，要在1—2个项目上培养出全国冠军，力争产生江阴籍世界冠军。

——体育设施建设提升新层次。围绕城乡一体，突出规划，提升标准，制定中长远规划，大力推进市、镇（街道）、村（社区）新“四个一工程”建设，努力实现城镇居民出行500米之内即有体育健身场地和设施的目标，确保人均体育场地面积达3平方米。

——体育产业规模再上新台阶。体育产业纳入文化产业和服务业范畴，体育产业销售占GDP比例在0.8%以上，体育产业年增加值不低于 10%。体育彩票确保年销售超 2 亿元，到2012 年力争突破3亿元，保持在全省同类城市前列。

——体育科教水平实现新跨越。建设一支结构合理、素质优良、流动有序、充满活力的体育人才队伍，各类体育人才的数量和质量位居全国同类城市前列；以服务群众、指导市民科学健身为宗旨，建立健全国民体质监测制度，构建科学化国民体质监测服务体系。

三、工作要求

围绕总体目标和任务要求，具体在以下六个方面实现基本现代化：

（一）体育文化和发展理念

体育不仅被赋予为国争光的重要使命，而且是对于增强人民体质、提高全民整体素质，改善区域人口质量，都具有重大意义。体育关系国计民生，关系发展大局。全面认识新时期体育的内涵和功能，将体育工作纳入江阴市国民经济发展总体规划，通过宣传引导、学习培训、组织群体活动等多种途径，树立“我锻炼我健康我幸福”的健身理念，增强全民体育健身意识、终身锻炼意识和体育消费意识，努力使全市体育人口城乡均衡、稳步提升；深入挖掘体育内涵，将江阴精神与体育文化建设有机融合，重视挖掘、整理、推广具有江阴地方特色的体育传统项目，展示江阴体育人本文化；积极倡导绿色体育的理念，营造健康的发展环境，充分发挥体育促转型、促和谐的社会管理职能；将体育作为文化发展和交流的重要内容，积极开展体育交流与合作，学习借鉴国内外发展体育事业的先进经验，打造体育的城市品牌和名片。

（二）体育设施建管

1．制订体育设施建设规划。制订《江阴市体育设施 2010—2020 详细规划》，并纳入江阴城镇建设总体规划，各镇（街道）也要将公共体育设施纳入当地经济和社会发展规划。按照建设标准和要求，大力推进市、镇（街道）、村（社区）新“四个一工程”。新建居民住宅小区规划时，必须有相应面积体育设施场地并严格按规划设计要求建设到位，体育部门参与对新建住宅小区体育设施建设的验收。旧小区改造要挤出空间安排体育场地设施，努力实现体育场地设施多样化和城乡社区全覆盖。同时因地制宜，建设群众喜爱的体育公园、广场等晨晚练点，全市晨晚练点数达 8 个/万人以上。

2．学校体育设施对外开放。学校体育设施在达到省教育基本现代化标准的基础上，要坚持共建共享的理念，充分发挥学校体育资源对青少年健康成长和推进全民健身运动的重要促进作用，因地制宜对外开放学校体育设施，有效整合社会公共体育资源；对外开放要做到确保教学、注重安全、健全制度、长效管理。

3．公共体育设施的使用和管护。建立公共体育设施管理制度，明确体育部门与各级建设单位共建共管的职责，充分发挥社会各界与体育志愿者作用，确保市、镇（街道）、村（社区）的公共体育设施的覆盖率、完好率、使用率、管护到位率达100%。

（三）*群众体育活动*

1．健全完善组织网络。完善市、镇（街道）、村（社区）三级政府组织网络，积极推进社会化体育组织网络建设，提高全民健身组织化程度。要充分发挥体育总会的作用，引导更多的体育项目建立单项体育运动协会，到 2012 年市级体育单项协会达到20个以上；要大力推进协会组织网络化和实体化，70%的协会要有活动阵地，并实现镇（街道）、村（社区）全覆盖，各镇（街道）要有8个项目以上建立分会；积极创建体育健身俱乐部，实现社区健身俱乐部全覆盖，争创2—3个省级以上社区俱乐部；要发挥我市集团企业优势，倡导企业组建特色俱乐部和民办体育非企业俱乐部，加强体育交流，提升企业体育文化内涵，争取2—3个企业体育特色俱乐部在省内具有一定的影响，并形成特色品牌。

2．开展全民健身活动。落实《全民健身计划纲要》，坚持政府主导、社会举办、群众参与的原则，推进群众体育生活化、社会化、常态化。要充分发挥社会团体、体育单项协会、社区、企业健身俱乐部的作用，大力开展群体活动，市、镇（街道）每四年举办一次运动会；以全民健身月和全民健身日活动为抓手，组织好日常体育、假日体育、休闲体育和特色体育活动，每年举行市级群体比赛、活动20项以上；积极倡导群众性体育俱乐部联赛，着力打造2—3项群众体育品牌赛事（俱乐部联赛）；大力开展阳光体育活动，实现阳光体育活动全市学校全覆盖，每年举办中小学生运动会；重视老年体育工作开展，确保组织、场地、活动、经费的落实；加强农村体育活动的组织，引导各镇（街道）、村（社区）充分利用体育设施，因地制宜开展各种特色活动，镇（街道）每年举行不少于8项以上大型群体活动，形成群众体育城乡联动、部门互动的生动局面。

3．构建健身培训体系。建立体育健身培训网络。建设市级全民健身培训中心和镇体育健身指导站；充分发挥体育协会、社团以及健身俱乐部的作用，积极开展夜晚健身体育大培训以及进社区活动；积极推进社会体育指导员（体育志愿者）培训工程，通过自愿申报、培训提高、持证上岗、规范管理以及奖励鼓励等措施，培养更多的社会体育指导员成为全民健身的骨干和推动者。至2012年，我市社会体育指导员数达25名/万人。成立社会体育指导员协会，创新社会体育指导员培训培养机制，开展专项社会体育指导员培训，规范社会体育指导员活动制度。加强裁判员队伍的建设，培育一支以高素质裁判员队伍。

4．完善国民体质监测。设立市国民体质监测中心，配备测试室（不低于100平方米）以及先进监测器材，各镇（街道）全部建立测试站，行政村及大型居民集聚点逐步建立测试点；加强对不同人群的市民体质监测，并开具健身处方，指导群众科学健身。各监测站每年监测不低于800人次，在此基础上，逐步建立市民体质档案和信息平台，并与新农合信息网络进行互联整合，实现信息资源共建共享。

（四）竞技体育工作

1．建立和完善体育竞技管理制度。加强体教结合，建立以市业余体校为龙头，以传统项目学校为支柱和以布局校、网点校为补充的体育业余竞技训练体系，实现传统优势项目从小学到高中无缝对接。积极倡导体企结合，鼓励更多的学校、企业建设特色体育基地，争创1—2个国家级、省级运动训练基地。

2．建设现代化业余体校。规划建设集文化教学、训练、科医于一体的现代化业余体校，在田径、举重、男足、柔道四个传统项目的基础上，培育女足、网球、羽毛球、射击等项目，力争达到6–8个优势项目，争创省四星级体校。

3．推进体育后备人才基地建设。积极创建青少年阳光体育俱乐部，开展体育传统项目学校“一镇一特”活动，在促进青少年身体素质不断提高的同时，发现和培养更多的体育后备人才，到2012年，要创成1所以上国家级体育传统项目学校或国家级高水平体育后备人才基地，3所以上国家级青少年奥林匹克体育俱乐部，1所以上省级高水平体育后备人才单项训练基地，3所以上省级青少年奥林匹克体育俱乐部，每镇均有1所以上特色体育传统项目学校。

（五）体育产业发展

1．完善体育产业政策。根据国家相关体育产业的要求，结合我市体育产业发展现状，加大对体育产业的政策研究和市场调研，制定体育产业发展规划，制定支持和促进体育产业健康、快速发展的相关政策，积极鼓励社会资本参与体育市场，兴办体育产业。对符合规划布局并由体育部门备案报批的体育产业实行零准入，并享受园区服务业同样优惠政策。

2．培育壮大体育市场。利用各类现代化体育场馆设施，大力拓展体育健身、体育竞赛表演、体育中介服务等市场，积极培育体育企业集团，进一步完善体育市场体系，促进体育产业化。要坚持“内树品牌，外塑形象”，打造地方体育品牌赛事，同时，通过举办或承办各类国内外大型赛事，有计划引进系列精品赛事，形成1—2项固定的国际、国内品牌赛事，扩大江阴知名度和美誉度。

3．大力发展体育彩票业。加快推进体育彩票工作基础建设，完善彩票销售网络，不断拓宽发行渠道，创新营销方式，提高服务质量，扩大销售规模。

4．加强体育市场管理。坚持“依法行政、以法治体”，建立完善体育市场管理制度，依法加强对全市体育产业、体育市场以及体育经营活动从业人员的监督、管理，加强体育行业国家职业资格培训，实现管理与服务的双重功能，使体育产业发展和体育市场更加规范有序。

（六）体育管理和体育科教

1．建立体育信息化工作平台。建立体育信息发布平台，畅通信息发布渠道，实行体育政务网上公开。逐步建设公共体育设施信息库、社会体育指导员、裁判员和运动员信息库、体育竞赛档案管理信息库以及体育锻炼人群健身档案信息库、体育社团组织和人才信息库等信息化管理系统；完善体育OA系统，体育场馆健身实现市民卡一卡通，以现代化办公系统、信息化管理系统全面提升体育工作的绩效。

2．提升体育工作者队伍素质。不断创新机制，优化人员配置，不断引进和培养高水平体育运动和管理人才，打造一支高素质专业体育队伍，到2012年体育系统具有大专以上学历人员比例达90%以上。各镇体育中心、村文体站配备专人负责体育工作，培训、培养一批懂业务会指导的体育骨干分子。

3．优化配置体育教育资源。坚持科教兴体，重视体育科教工作，加强体育、教育部门的协调与沟通，密切体育与教育的合作，开展体育调研，每年有2—3篇有质量的调研报告，发表一批体育科研论文，体育科教水平列全省同类城市前茅。

四、措施保障

（一）强化组织领导

体育基本现代化建设是我市落实科学发展观，实现“两个率先”的重要组成部分，各镇（街道）要高度重视，摆上重要位置，列入政府任期目标，纳入经济社会发展总体规划，切实加强组织和领导。各相关部门要密切配合，统筹协调，形成层层负责、层层抓落实的良好工作机制，确保体育基本现代化建设的目标任务和措施落到实处，确保体育基本现代化建设的各项工作顺利推进。

（二）加强政策引导

遵循《体育法》《全民健身计划纲要》和《全民健身条例》等相关法律法规，结合江阴市经济社会发展需求和体育基本现代化建设目标，制定和完善具有前瞻性、可行性的体育发展规划及地方政策，进一步规范体育管理，为广大群众创造良好的体育活动法制环境。年内制定和完善《江阴市体育设施2010—2020年详细规划》，出台《全民健身设施建设和管理办法》《学校体育场馆对外开放办法》等制度文件。

（三）加大资金投入

加大对体育事业经费的投入，在确保新“四个一工程”全面达标的基础上，体育事业经费同步提高，达到人均18元的标准。体育彩票公益金全部用于体育事业。积极探索体育产业社会化、集团化新路子，鼓励和支持社会力量投入体育产业，制定社会化办体育的投融资机制。

（四）严格绩效考核

建立健全工作责任制，强化督查考核，加大对体育工作的考核力度，对推进的重点工作实行补贴或以奖代补的形式，确保各项工作高效开展。市政府出台建立体育设施建设奖励办法，对镇（街道）、村（社区）新“四个一工程”建设给予扶持和奖励，特别对镇级体育馆、游泳池（馆）的建设予以重奖。设立体教结合专项资金和体育工作奖励配套资金，用于对建设大型体育设施和体育工作成绩突出的单位、个人以及为我市争光的运动员、教练员实施奖励。

附件：江阴市体育基本现代化考核指标（2010—2012）

二〇一〇年五月二十五日

江阴市体育基本现代化考核指标（2010—2012）

表4

一级指标	分值	二级指标	三级指标	分值	责任部门
体育文化和发展理念基本现代化	8分	健身意识	体育工作写入政府工作报告，纳入国民经济发展规划目标；	0.8分	政府办、发改委、各镇（街道）
			全社会确立“幸福江阴、人人都有好身体”目标；倡导“我锻炼、我健康、我幸福”理念，每年举行主题活动和宣传；	0.8分	宣传部、文广新局、体育局
			体育健身人群不断增加，体育人口占总人口50%。 《国民体质测试标准》合格人数达90%；《学生体质健康标准》合格人数达98%；	3.6分	教育局、统计局、体育局
		体育推广	通过体育门户网站进行宣传，政府网站中有体育内容；	0.8分	宣传部、体育局、信息办
			江阴日报开辟体育版面，广电等平面媒体定期开设体育专栏；	0.8分	宣传部、文广新局
			户外公益广告定期有体育专栏宣传；定期出版体育专刊和健身指导手册；	0.4分	城管局、体育局
			挖掘整理推广2～3项具有地方特色的健身传统项目；	0.4分	文广新局、体育局、各镇（街道）
			每年开展2～3次体育文化对外交流；	0.4分	外事办、体育局、体育总会
体育设施基本现代化	12分	市、镇、村新“四个一工程”城乡全覆盖	市级“四个一工程”标准：一个6000座左右的体育馆（内含一片标准赛前训练场地）；一个3万座以上的标准体育场；一个3000座以上的标准室内跳水游泳馆；一个10000㎡以上的全民健身活动中心； 镇级“四个一工程”标准：一座体育馆（1500㎡左右）；一片塑胶田径场[300m以上]；一个游泳池（馆）[25m×15m及以上]；一个达省级标准的镇全民健身中心[建有篮球场、门球场等室外场地三片以上，以及棋牌、乒乓、健身活动室、国民体质测试站]； 注：按照江阴市一城四片区的规划，对片区的中心镇体育馆的建设要求座位在1000座以上； 村级“四个一工程”标准：一片灯光篮球场；一套体育健身路径；一个室内乒乓球活动室；一个30㎡以上的棋牌活动室； 社区“四个一工程”标准：一片球场（篮球场、网球场、羽毛球场等）；一条以上健身路径；一个棋牌活动室；一个乒乓球室或健身房；	4.8分	农工办、发改委、财政局、建设局、规划局、国土局、体育局、各镇（街道）
体育设施基本现代化	33分	体育设施建设规划	制定《江阴市体育设施2010-2020详细规划》并纳入江阴市城镇建设总体规划；	0.96分	规划局、体育局
			新建住宅小区规划相应面积体育场地设施；	0.48分	
		学校体育设施建设与开放	学校体育场地设施建设覆盖率100%，并全部达省教育现代化标准；每镇（街道） 确保一所学校对外开放，城区学校开放率达80%。	1.8分	教育局、财政局、体育局

续表4

一级指标	分值	二级指标	三级指标	分值	责任部门
		城镇出行500m建有体育设施	城镇公园体育设施覆盖率达100%；	0.72分	建设局、规划局、住保房管局、园林旅游局、体育局
			晨晚练点每万人8个；	0.72分	
			新建小区体育场地设施覆盖率100%；	0.72分	
			体育场地设施人均面积3.0㎡；	1.8分	
群众体育基本现代化	24分	健全完善组织网络	市、镇（街道）全民健身工作领导小组建有率达100%，各镇成立体育中心，有分管领导，配备专业干部；各行政村建有文体站，有专人负责；	0.96分	各镇（街道）
			市体育总会配备专业人员，各镇建有分会，市级体育单项协会数超20个；	0.96分	市编办、民政局、体育总会
			体育单项协会结构合理，制度规范，70%协会有专门办事或活动场所；	1.44分	民政局、体育总会、各单项协会
			各镇（街道）建有8个以上单项体育协会分会； 镇（街道）、村（社区）建有特色健身团队，每镇不少于10个，每村不少于3个；	1.44分	体育总会、各镇（街道）
			社区健身俱乐部镇（街道）、村（社区）全覆盖；	0.96分	体育局、各镇（街道）
			成立职工体育协会，建有企业特色俱乐部，争创2～3个品牌特色项目；	0.96分	民政局、体育局、总工会
		深入开展全民健身活动	市、镇（街道）四年举办综合运动会（或全民健身运动会）；	1.44分	机关党工委、老干部局、民政局、人保局、教育局、体育局、总工会、团市委、妇联、残联、体育总会、老年体协、各镇（街道）
			市、镇（街道）每年举办中小学生运动会，开展阳光体育活动学校达100%；	1.44分	
			市镇联动每年举行老年体育节活动，老年体协全年举行市级老年活动比赛15项次以上；	0.96分	
			市、镇（街道）每年举办全民健身月、全民健身日系列活动和节假日活动；	0.48分	
			全市每年举办市级比赛活动20项以上，各镇（街道）举办比赛活动8项次以上；	0.96分	
			举办夜晚体育文化活动，每周末开展健身展示，培训等活动，培养一批特色团队和项目；	0.72分	宣传部、文广新局、体育局、体育总会
深入开展全民健身活动		深入开展全民健身活动	单项协会每年举办、承办群体市级比赛一项以上；	0.72分	体育局、体育总会
			开展群众性俱乐部联赛，打造2～3项群众体育品牌赛事；	1.92分	体育总会、篮球协会、羽毛球协会、足球协会
群众体育基本现代化	24分	构建健身培训体系	社会体育指导员25名/万人（二级以上占16%），每镇（街道）至少一名一级社会体育指导员，每行政村至少三名社会体育指导员；	1.44分	体育局、体育总会、各镇（街道）
			成立社会体育指导员协会，各镇（街道）均成立分会；	0.96分	
			成立社会体育指导员讲师队，每年举行社会体育指导员专项培训4次以上；	0.48分	

续表4

一级指标	分值	二级指标	三级指标	分值	责任部门
			为晨晚练点命名挂牌，每个晨晚练点有一名以上社会体育指导员，持证指导；	0.48 分	
			建立一个体育健身培训基地，各镇（街道）建立体育健身指导站；	0.96 分	宣传部、体育总会、各镇(街道)
			举办夜晚文化（体育）大培训，每月举行体育进村（社区）活动；	0.96 分	
			每年举办 4 次以上裁判员培训班，举办体育行业国家职业证书培训；	0.48 分	
		完善国民体质监测	成立全市国民体质中心，配备测试室（不低于 100 m²）；	0.96 分	教育局、卫生局、体育局、各镇（街道）
			各镇（街道）全部建立测试站并配备测试器材；	0.96 分	
			建立市民体质信息化档案，各测试点每年测试不低于 800 人；	0.96 分	
竞技体育基本现代化	22 分	建设一所现代化业余体校	创建省四星级业余体校，常年开展业余训练项目 6～8 个；	4.4 分	教育局、体育局
			业余训练网络完备，形成从小学到高中一条龙训练机制，常年参加业余训练的运动员超过 300 人；	2.2 分	
			参加江苏省县级田径比赛名列前茅，确保前 10 名；	2.2 分	教育局、体育局
		建立一批业余训练基地	创建 1 所以上省高水平体育后备人才单项训练基地，创建 1 所国家体育传统项目学校或国家级高水平体育后备人才基地；创建 3 所以上国家青少年奥林匹克体育俱乐部，3 所以上省奥林匹克体育俱乐部；	2.2 分	
			建立一个省级单项训练基地，承接一个以上省队市（县）办项目；	2.64 分	体育局
			各镇中小学至少有一所体育传统学校，有一项体育特色项目；	2.64 分	教育局、体育局、各镇（街道）
			篮球、足球、羽毛球等传统项目实行从小学到高中的无缝对接；	1.32 分	
竞技体育基本现代化	22 分	培养一批体育竞技人才	每年向上级输送体育后备人才列全省前列，省输入排名确保前 10 位；	2.64 分	体育局
			输送的人才培养出 1～2 个全国（含以上）冠军；	1.76 分	
体育产业基本现代化	16 分	大力发展体育产业	体育产业纳入文化产业和服务业范畴，体育产业占 GDP 比例在 0.8%以上；体育产业每年增速不低于 10%；	2.24 分	宣传部、经信委、体育局、工商局
			每年新增一定规模体育产业 3 家；	0.96 分	
			体育彩票年销售超 3 亿元，确保全省前列；	2.24 分	体育局
		培育体育市场	打造 1～2 项固定国际、国内品牌赛事；	5.76 分	体育局
			人均体育消费占家庭支出的比例不断提高，参与体育消费人群比例有大幅提高；	1.6 分	统计局
		规范体育市场管理	体育部门成立体育产业管理科室，每年进行体育市场监管及检查，对高危项目检查覆盖率 100%；	1.6 分	卫生局、体育局、工商局
			制定和完善体育产业发展相关政策；	1.6 分	发改委、体育局

续表4

一级指标	分值	二级指标	三级指标	分值	责任部门
体育管理和体育科教基本现代化	18分	体育信息发布	建立一个体育门户网站，各镇（街道）、协会建立体育网页；	0.45分	信息办、体育局、体育总会、各镇（街道）
			体育政务网上公开；	0.45分	
		体育信息化管理平台	建立公共体育设施数据库； 社会体育指导员、裁判员、运动员数据库； 体育竞赛管理数据库； 体育锻炼人群健身档案信息库； 体育社团组织和人才信息库；	1.62分	体育局
			建设现代化体育OA系统，逐步实现无纸化办公；	1.08分	
		体育人才	市体育部门机构设置合理完备，建有一支高素质队伍，人员大专以上学历90%；	2.25分	人保局、市编办、体育局
			制定引进体育人才的优惠政策；	1.8分	
		体育科教	体育科研居全省同类城市前列，每年有2～3篇全市的体育发展调研报告，发表一批体育科研论文；	0.63分	教育局、体育局
			合理优化配置体育教育资源，学校体育师资合格率100%；	0.72分	教育局、体育局
体育管理和体育科教基本现代化	18分	经费保障	确保全市体育经费财政预算内投入人均18元；	3.15分	财政局、各镇（街道）
		经费保障	体育彩票公益金全部用于体育事业；	1.8分	财政局、体育局
		政策保障	制定完善一系列政策法规；	0.9分	发改局、体育局
			体育工作（体育基本现代化）列入全市精神文明考核，各镇（街道）列入对行政村（社区）的考核；	1.8分	农工办、文明办、体育局、各镇（街道）
			设立体育工作奖励配套资金和体教结合专项资金；	1.35分	财政局、教育局、体育局

江阴市人民政府关于贯彻落实《全民健身条例》的实施意见

《全民健身条例》（以下简称《条例》）是我国第一部专门针对全民健身系统全面的立法。《条例》从计划实施、组织保障和法律责任等层面，对深入推进全民健身活动的开展给予了全面系统的规范，为促进全民健身活动的开展和保障公民参加健身锻炼的合法权益，整体提高公民身体素质，提供了科学合理的法律保障。为积极贯彻落实《条例》，扎实做好幸福江阴全民健身工作的深入开展，现结合我市实际，提出如下实施意见：

一、高度重视，深刻认识贯彻实施《条例》的重要意义

颁布实施《条例》是全民健身事业法制化、规范化的重要标志，是加快全民健身事业科学发展、建立全民健身长效化机制的重要举措，是满足人民群众体育健身需求、促进体育事业协调发展的重要保障。《条例》明确要求各级政府将全民健身事业纳入国民经济和社会发展规划，将全民健身工作经费列入财政预算，有计划地建设公共体育设施，定期开展公民体质监测和全民健身活动状况调查，制定、调整全民健身计划并组织、协调落实，定期举办群众性体育比赛活动。同时，明确了国家机关、社会团体、企业事业单位、基层组织、新闻媒体等各个方面发展全民健身事业的义务。突出了各级政府对发展全民健身事业的责任，充分反映了党和政府关注民意、改善民生、对提高中华民族健康素质和人民群众生活质量的高度重视，体现了以人为本的执政理念和全心全意为人民服务的宗旨。

全市各级各部门要从深入学习实践科学发展观、构建社会主义和谐社会和建设“幸福江阴”大局的高度，深刻领会贯彻落实《条例》的重要意义，充分认识《条例》对推进全民健身事业全面发展的积极作用，以贯彻落实《条例》为主线，突出以人为本、改善民生，以完善全民健身服务体系为目标，以实施全民健身工程五大体系为重点，自觉把贯彻落实《条例》作为各级政府和有关部门认真履行政府公共服务职能的重要手段，切实增强贯彻落实《条例》的责任感和使命感，通过建立全民健身长效化机制，努力实现全民健身工作的新发展、新突破、新跨越，确保《条例》全面顺利实施，为推动幸福江阴和谐社会建设作出积极贡献。

二、群策群力，全力以赴做好当前重点工作

全市各级各部门要认真贯彻落实《条例》各项规定，突出重点环节，落实关键措施，以推进我市体育基本现代化建设为抓手，加快构建城乡一体的体育公共服务体系，不断兴起全民健身的新热潮，努力将法律条文转化为普及全民健身工作的实际行动。当前和今后一段时期，要重点抓好以下几个方面：

*（一）大力做好贯彻《条例》的宣传发动。*贯彻落实《条例》的首要任务是抓好宣传普及工作，全市各级各部门要把学习和宣传《条例》作为今后一段时期普法工作的重要内容，结合本单位实际，有计划、有步骤地抓好落实，准确把握《条例》的精神实质和基本内容。同时，要以《条例》的颁布实施为契机，组织好面向社会的宣传教育，充分利用报纸、广播、电视、网络等新闻媒体，全方位开展贯彻《条例》的普及发动，提高全民健身活动开展的社会影响力和参与度，营造崇尚科学健身的良好社会风气，相互配合推进全民健身工作的深入开展。

*（二）着力落实全民健身工作的“三纳入”。*市镇两级要把全民健身事业纳入国民经济和社会发展规划，纳入政府工作报告，将全民健身工作经费特别是公共体育设施建设经费、农村和社区基层体育设施建设经费、学校场馆向公众开放补助经费、社会体育指导员培训经费、大型全民健身活动经费等列入同级财政预算，并随着国民经济的发展逐步增加对全民健身的投入。

（三）认真制定“十二五”全民健身工作规划制订。根据我市经济社会发展的阶段性特征，超前谋划和精心编制适应形势变化、具有时代特征、符合江阴实际的“十二五”全民健身工作规划，使规划更具科学性、前瞻性和操作性。规划的重点是发展目标要从健身设施明显增加、健身组织健全完善、健身活动蓬勃发展、骨干队伍日益壮大、健身指导科学有效、健身服务规范有序、政策法规保障有力、评比表彰形成机制等方面入手，着力形成放眼长远、科学完备、便于操作、收效显著的群众体育发展规划。

（四）深入开展全民健身活动。每四年举办一次市运动会；以组织“全民健身日”“全民健身月”活动为重点，努力打造一批有影响的群众体育品牌活动，一镇一特色；因地制宜开展多种形式的全民健身活动，带动职工体育、学校体育和社区体育的全面发展。各单项体育协会要充分发挥作用，做好各项目的普及和提高工作。要高度重视青少年阳光体育运动，促进青少年健康成长。

（五）加快完善全民健身场地设施。要加强对城乡公共体育设施的规划，启动新一轮城乡公共体育设施建设，合理规划体育公共设施布局。加强城乡基层体育设施管理，建立健全体育设施安全管理制度，保证公共体育设施的完好和使用安全。加快学校体育设施向社会开放的步伐，在公办学校积极创造条件向公众开放体育设施的同时，鼓励民办学校开放体育设施。

（六）继续抓好社会体育指导员队伍建设。要加大社会体育指导员培训力度，建立体育志愿者档案，固定志愿服务项目，制定完善活动计划，记录志愿活动内容，以规范有效的管理，逐步形成社会体育志愿服务长效机制。要继续加强有偿体育指导人员职业资格证书制度，特别是要加强对高危险性体育项目职业体育指导人员的管理，同时加大对大学生村官社会体育指导员的培训力度。

三、措施到位，确保贯彻落实《条例》工作的长效可持续

（一）加强领导，健全工作机制。全市各级各部门要高度重视，自觉把发展全民健身事业摆上突出位置，按照《条例》要求和职责分工，制定切实可行的工作计划，进一步分解任务，有组织、有步骤地推进《条例》的贯彻实施。

（二）健全组织，完善服务体系。坚持政府统一领导、部门各负其责、社会大力支持、全民积极参与，充分发挥市全民健身工作指导委员会的作用，建立工作会议制度，定期研究、部署全民健身工作，督促、检查全民健身工作开展的执行情况。完善各级体育工作机构，明确履行全民健身工作的职责；健全体育总会、单项协会及各类体育健身俱乐部的组织建设，继续深化体育社团实体化改革，建立完善的体育社团考核评估体系，充分发挥其在体育事业中的桥梁纽带、组织发动、行业监管和社会服务等作用。

（三）明确职责，任务分解落实。全市各级各有关部门要认真按照《江阴市贯彻落实<全民健身条例>任务分解表》内容（详见附件），各司其职，密切配合，形成合力，确保《条例》的全面贯彻实施。

（四）强化督导，确保全面推进。为全面推进《条例》的贯彻落实，市政府将适时组织开展对《条例》执行情况的监督检查。全市各级各部门要按照责任分解，结合全民健身工作发展实际，明确目标，使各项工作有部署、有检查、有考核、有落实，通过强化监督激励机制，抓好工作落实，确保《条例》有效实施。

（五）绩效考核，实施激励机制。对贯彻落实《全民健身条例》的重点工作进行补贴或以奖代补；对涉及任务分解的各级各部门进行考核，考核优秀的单位、个人进行表彰。

附件：

江阴市贯彻落实《全民健身条例》任务分解表

表5

责任部门	工 作 任 务
各镇人民政府，各街道办事处，开发区管委会，临港新城管委会	按照《条例》的要求，加强对本辖区全民健身工作的领导，组织制定实施本地区全民健身的工作计划；将全民健身事业纳入本级国民经济和社会发展规划，将全民健身工作的有关经费列入本级财政预算。
农工办	指导开展农民健身活动，举办全市农民体育竞赛活动；配合相关部门培训农村体育骨干，发掘、整理和开展（传承）农村民间传统体育项目；督促做好农村基层体育设施建设和健身器材的管理、维护工作。
宣传部	将全市全民健身工作宣传纳入全市年度宣传工作计划，组织指导全市全民健身的宣传工作，安排全民健身重大活动的宣传报道；将全民健身工作纳入全市精神文明建设规划，把全民健身的工作情况纳入文明行业、文明单位、文明镇、文明村、文明社区考核内容；组织开展全民健身志愿者工作。
民宗局	依法保障少数民族市民参加全民健身的权利，负责少数民族市民的全民健身工作。
机关党工委	指导并组织市级机关干部因地制宜开展形式多样的体育健身及培训活动；积极举办市级机关体育竞赛；建设、完善市级机关全民健身阵地。
发改委	将全民健身计划、城乡体育设施建设、体育产业发展、提高市民健康水平等纳入全市国民经济和社会发展规划。
教育局	按照中共中央、国务院《关于加强青少年体育增强青少年体质的意见》，组织实施体育课教学，大力开展大课间体育活动和丰富多彩的课外体育活动，指导学生的体育锻炼，提高学生的身体素质；保证学生在校期间每天参加 1 小时的体育活动；全市每年举行一届中小学生田径运动会，各校每年举行一次综合性运动会；学校体育设施在课余时间和节假日向学生开放；各级学校应积极创造条件向公众开放体育设施；鼓励各级各类学校创建市队校办运动队、体育特色学校（幼儿园）。
科技局	积极发展体育科研工作，倡导有关科技人员参于体育科研项目；安排科研经费，及时推广体育科研成果。
人保局	对以健身指导为职业的社会体育指导人员实行职业资格证书制度；加强高危险性体育项目为职业的社会体育指导人员的培训和管理；督促全市技工类学校开展体育工作。
财政局	将全民健身工作经费特别是公共体育设施建设经费、农村和社区基层体育设施建设补助经费、学校场馆向公众开放补助经费、社会体育指导员培训经费、大型全民健身活动经费等列入财政预算，并随着国民经济发展逐年增加。
公安局	依法保护市民参加全民健身的合法权益，维护大型全民健身活动安全，依法对健身、培训场所实施治安、消防管理。
民政局	推动基层体育组织建设，鼓励体育类社会团体、体育类民办非企业单位等群众性体育组织开展全民健身活动；督促基层体育组织、居民委员会和村民委员会组织群众开展全民健身活动，宣传科学健身知识；依法保障老年人参加全民健身的权利，积极组织两年一次老年人运动会；鼓励对全民健身事业提供捐赠和赞助。
国土局	将城乡公共体育设施建设用地纳入土地利用总体规划，按照统一规划，以近期为主，适当考虑远期发展的原则，按系统分期配套建设，并与城乡建设协调发展。严格管理城乡社区体育设施建设用地，根据规划要求，按照国家、省建设用地定额指标，依照法定程序审批安排，依据供地政策实施项目供地。
建设局	督促新建住宅小区按规划配建公共体育设施，并吸纳体育行政部门参与住宅小区竣工交付使用验收工作。

续表5

责任部门	工 作 任 务
文广新局	积极利用文化活动和文化阵地普及科学健身知识，增强公民健身意识；保障所有公共文化设施内的文化体育设施向广大市民开放，为广大市民开展体育活动提供便利；协助做好农村民间传统体育项目的发掘、整理和传承。
卫生局	开展健身康复和健身医疗并实施监督；组织宣传健身康复、体育医疗知识，开展健康咨询、预防健身创伤等工作；对大型活动（赛事）实施卫生保障。
体育局	负责全市全民健身工作，协调和会同有关部门组织实施全民健身计划，并对实施情况进行评估，将评估结果向市政府报告；承担和协调国家体育锻炼标准实施，推行国民体质监测制度；指导镇（街道）、村（社区）、体育类社团、民办非企业单位等群众体育组织，广泛开展全民健身活动；牵头组织好每四年一次的全市运动会；开展全民健身宣传、科学健身指导等活动，培训社会体育指导员；审批、督查高危险性体育经营项目和活动；对全市公共体育设施建设进行指导和支持。
规划局	组织全市公共体育设施规划编制工作，使公共体育设施规划与经济发展水平相适应，在新建、改建、扩建的居民住宅区、商业区、城市公园的规划中要安排体育健身活动场地，农村地区公共体育设施的规划应考虑农村生产劳动和文化生活习惯，方便群众就近参加健身活动。吸纳体育行政部门参与配建、增建公共体育设施项目规划的审查论证。
统计局	指导开展全民健身和体育及相关产业统计抽样调查。
城管局	将公园、绿地、小区的体育设施纳入全市数字化城市长效综合管理体系，明确管理职责；支持全民健身活动公益广告、公益性体育彩票广告审批，维护户外大型全民健身活动环境。
住保房管局	积极配合所在街道做好改扩建的老小区公共体育设施的建设工作；鼓励居民住宅区内体育设施对外开放。
园林旅游局	在新建或改造公园、旅游景点、公共绿地等场所时，应结合自身条件和环境，规划、建设适合多种人群锻炼的全民健身场地及设施；督促管理单位做好场地及设施的管理和维护工作。
旅游文化产业公司	负责好本区域健身场地及设施的日常管理和维护工作
总工会	动员全市职工积极参与体育健身活动，经常举行形式多样、内容丰富的体育竞赛。
团市委	动员全市团员青年积极参与体育健身活动，经常举行形式多样、内容丰富的体育竞赛；组织开展团员青年全民健身志愿者的工作。
妇　联	动员全市妇女积极参与体育健身活动，经常举行形式多样、内容丰富的体育竞赛。
科　协	开展全民健身科普活动，宣传科学健身知识。
残　联	组织指导残疾人开展健身康复活动，经常举办全市残疾人体育竞赛，选拔培养残疾人体育人才，参加各级残疾人体育比赛；每年举办一次残疾人单项体育比赛，五年举办一次残疾人综合性体育比赛。
工商局	对申请从事经营高危体育项目活动的单位和个人，工商行政管理部门凭体育管理部门的批准文件审核登记。
暨阳体育产业公司	充分利用好大型公共体育设施资源，引进高水平体育赛事，主动承办市级大型群众体育活动，积极开展各类健身培训，确保公共体育设施的对外开放，为群众提供高质量的服务保障。

江阴市人民政府关于加快发展体育产业的实施意见

为贯彻落实《国务院办公厅关于加快发展体育产业的指导意见》（国办发〔2010〕22号）和《江苏省人民政府关于加快发展体育产业的实施意见》（苏政发〔2010〕110号），统筹规划全市体育产业发展，优化产业布局，创新产业机制，打造产业品牌，开发产业市场，壮大产业规模，做强做大体育产业，推动体育事业协调可持续发展。现结合我市实际，制定如下实施意见：

一、总体要求和工作目标

（一）*总体要求*。深入贯彻落实科学发展观，以满足广大人民群众日益增长的多元化、多层次体育需求为目标，建立健全体育产业健康发展的体制机制和市场环境，抓住转变经济发展方式的良好机遇，推动全市体育产业又好又快发展，将体育产业培育成国民经济的新增长点，为率先实现体育基本现代化，深化幸福江阴建设做出应有贡献。

（二）*总体目标*。至2015年，在加快发展全市体育事业、提供广覆盖的优质体育公共服务的同时，积极推动体育产业发展，初步建立起以体育竞赛表演、体育用品生产、体育休闲旅游为主的符合现代体育发展规律，门类多样，结构优化，运作规范，具有一定产业竞争力和影响力的体育产业体系。紧紧围绕创建“国家体育产业基地”目标，全面推进具有江阴特色的“中国区域性体育产业综合示范基地”建设，着力打造中国马术产业基地、区域竞赛表演中心和体育休闲旅游地区“三大体育产业基地”，积极扶持、培育体育彩票销售华夏第一县（市）、马术产业中国第一镇、游泳设备国内第一品牌“三大体育产业品牌”，形成具有一定规模优势的体育产业集聚区，打造一批有国际国内影响力的体育产业品牌，建成规范有序、繁荣发展的体育市场，促进体育相关产业发展，实现体育产业增加值占全市地区生产总值的1.5%以上，体育彩票发行量在全国同类城市保持领先。

二、主要任务

（三）*大力兴办体育竞赛表演业*。以市体育中心为龙头，建立体育赛事合作开发平台，完善政策扶持、协会监管、企业主导、市场运作的体育赛事开发模式。鼓励社会力量举办商业性体育赛事，积极引进国际知名的体育赛事，努力打造有影响、有特色的赛事品牌。积极申办国际国内赛事，组织大型体育赛事和体育表演活动。每年举办省级以上大型赛事8项次以上，确保国家级以上大型赛事5项次以上。

（四）*重点扶持体育用品生产业*。支持技术改造和科技创新，引导拥有自主知识产权的体育产业企业扩展生产规模，大力发展体育服饰、水上运动项目设备、健身设施、体育赛事特许商品等产品的生产经营，以积极打造“四方”游泳设备国内第一品牌为带动，加大科技创新、管理创新和营销创新，不断推动体育产业品牌建设，以品牌优势带动体育产业发展，培育2—3个国内驰名体育用品生产企业。同时，积极推进体育用品生产认证工作，鼓励企业参与国家标准和行业标准制定，增强自主品牌的市场竞争力。

（五）*积极拓展体育休闲健身业*。积极培育体育健身市场，培育群众体育健身意识，引导大众体育消费。加强业务指导和依法监管，鼓励创建各类体育单项协会、体育俱乐部，提升对扩大体育人口的指导和引领作用，力争每年新增单项体育协会1个以上、体育俱乐部10个以上。鼓励社会力量兴办体育，大力引进适合市场运作的新兴体育运动经营项目，每年新增规模以上体育类经营场所5家以上。通过开展服务信誉评比，鼓励有资质、重信誉、讲品牌、上规模的体育培训机构开展连锁经营，各镇（街道）拥有规模以上专业健身场所2家以上。

（六）创新培育体育训练基地培训业。充分利用丰富的体育教育资源和特有的区域优势，大力发展各级各类青少年体育俱乐部、军体训练基地，丰富训练经营模式。同时，积极争取上级支持，建立一批省级和国家级体育项目培训基地，提升社会效益和经济效益。以徐霞客国家级攀岩训练基地、月城中国龙舟休闲体育基地、海澜马术省队市办基地、二中女足训练基地为引领，积极推动自行车、游泳项目训练基地创建，力争省级以上训练基地保有率在6家以上。

（七）着力提升体育场馆设施管理服务业。认真做好公共体育设施及其配套设施的监管工作，提高综合利用率。深化“管办分离”机制，进一步提高暨阳体育产业发展有限公司市场化运营水平；积极吸引社会资本的投入，引入竞争机制，提升体育场馆设施市场化运营水平。着力培育1—2家体育产业公司开展连锁经营，大力开发场馆服务、竞赛表演、健身休闲、培训指导等业务，推进场馆设施城市功能区建设。

（八）联动开发体育体验旅游业。增强与文化、旅游等相关产业的互补，以市镇体育中心、国际马术表演、龙舟训练、自行车赛道、高尔夫练习场、国际攀岩设施、户外拓展训练等体育元素丰富内涵，以独具特色的群众体育活动和大型赛事提升其品位，构建具有江南特色的“体育休闲旅游基地”。以新长江集团联姻国家手球队和徐霞客镇冠名省体操队、艺术体操队、蹦床队、技巧知名体育团体，丰富体育体验旅游资源。

（九）稳步推进体育彩票业。着力推进体育彩票的销售系统、管理队伍和品牌建设。抓稳概率、即开和竞猜三条主线，抓牢新品上市，抢占市场份额，进一步拓展体育彩票销售市场，同时，严格操作规程，推行标准化销售服务，确保体彩销售省内领先地位。抓实专管员和销售员两支队伍建设，进一步提升体彩销售的服务能力和管理水平，确保体彩销售市场的安全有序。规范体彩公益金支出和使用管理，提高社会效益，提升公益形象，打造“体育彩票华夏第一县（市）”。

（十）优先发展新兴体育产业。以引进省马术队为平台，依托海澜集团，完善设施建设，打造国际化综合马术表演运动基地，推广马术运动。实施跨国合作，启动“中国威尔顿马术小镇”二期工程，配套完善高档服务设施，开发集马术竞赛表演、马术俱乐部、马术训练学校、马术文化、体育健身旅游休闲于一体的马术产业链，做强“马术产业中国第一镇”。推进体育动漫、电子竞技等体育创意产业加快发展，加强体育传媒、体育会展等新兴业态的联合开发，延伸体育产业链，提升附加值。加强体育无形资产的开发，鼓励和支持各类体育组织、个人注册专有名称、标识，依法保护所有者的合法权益。

（十一）规范助推体育用品销售业。加强对现有体育用品销售市场的监督管理，切实保障消费者合法权益。整合现有商业资源，依托江阴交通便利、经济发达的区域优势，着力推进体育用品集聚市场开发，助推规模化经营，重点建设寿山路“体育用品销售一条街”和“体育品牌销售集散市场”。

三、保障措施

（十二）完善体育产业扶持政策。

1．设立配套经费。从2011年起，设立体育产业发展引导资金，通过开展体育产业示范单位创评活动，以资助、贴息等方式给予扶持，培育具有影响力的体育经营自主品牌。体育产业发展引导资金使用管理办法由市体育局和财政局共同研究制定，加强对资金投入产出效益的评估、监测和考核。

2．拓展融资渠道。坚持“谁投资、谁受益”的原则，鼓励个人、企业、社会团体投资兴办国家政策允许的各类体育经营活动。鼓励金融机构对符合信贷条件的体育企业，在国家允许的贷款利率浮动幅度内，给予一定的利率优惠或适当延长贷款期限。积极推进银体合作，探索开发适应体育产业发展需要的金融产品，增强银行卡的体育消费服务功能。完善融资担保体系，鼓励担保机构为体育产业提供贷款担保服务。鼓励和支持有条件的体育企业进入资本市场融资，筹措发展资金。

3．优惠税费政策。体育产业是现代服务业的重要组成部分，享受国家和省有关扶持服务业发展的各项政策。符合条件的体育类非营利组织的收入，可按税法有关规定，享受企业所得税相关优惠政策。企业发生的体育冠名、广告性赞助、公益性广告费等支出，可按规定享受税前扣除政策。对财政部门拨付事业经费的体育场馆、体育学校自用的房产免征房产税。企业、个人和其他社会力量通过公益性社会团体或者县级以上人民政府及其部门向体育赛事活动、优秀运动队、公益性体育设施等捐赠，符合税法有关规定的，准予在计算应纳税所得额时扣除。体育学校用水用电用气价格按居民使用价格执行。排放污染物达到接管标准并进入城市污水处理管网的体育企业，缴纳污水处理费后免征排污费。

4．给予用地支持。合理安排公共体育设施和体育产业发展用地供应，居住区在规划建设时应按国家相关规定和标准配套体育健身设施用地，对公共体育设施、重点体育产业项目建设用地给予优先支持。对因城乡建设确需拆除或改变其功能、用途的体育场（馆）等设施，必须按照国家有关规定报批。经批准拆除或者改变其功能、用途的，应按照规划要求择地重建，一般不得小于原有规模。迁建工作应坚持先建设后拆除或建设拆除同步进行的原则。迁建所需费用由造成迁建的单位承担。社会力量兴办体育场（馆）等，在用地方面给予支持，在国家政策许可范围内，依法简化体育企业用地的审批程序。

（十三）提升体制机制创新功效。坚持政企分开、政事分开、营利性与公益性分开原则，深化体制改革，转变运行机制，加强业务指导，规范依法监管。实施“管办分离”，进一步深化体育场馆市场化管理；充分发挥社会体育组织的服务功效，充实体育协会业务职能，提高其自我发展、自律规范的能力；规范体育彩票经营市场管理，完善销售管理监督机制。

（十四）规范体育产业经营管理。依法完善监督管理机制，规范体育市场主体行为，促进体育市场健康发展。对于高危险性体育项目经营活动，依法确定严格、规范、公开、透明的准入开放条件、技术要求和服务规程，加强技术指导和安全保护。推行体育服务质量认证制度，加强对体育广告赞助、体育中介等经营活动的管理，建立和完善服务规范，促进体育市场健康有序发展。

（十五）大力实施人才强体战略。加强与高等体育专业院校交流互动，深化对体育从业人员的在职培训。强化体育经纪人队伍建设，鼓励单位和个人通过国家级资质认证。加强体育产业高层次管理人才队伍建设，吸引和鼓励体育产业的优秀和特殊人才、体育名人来我市创业和工作，并可参照享受《关于加快文化产业发展的若干政策意见（试行）》（澄委发〔2010〕33号）的人才政策。

四、加强统筹协调

（十六）强化组织领导。成立创建国家体育产业基地工作领导小组，由市长任组长，分管副市长任副组长，相关职能部门、各镇（街道）为成员，负责对体育产业发展的宏观指导和统筹协调，营造良好的政策环境、法制环境和社会氛围。

（十七）强化设施监管。加大体育设施建设投入，采取政府主导、社会力量积极参与的建设模式，积极推进镇镇体育馆、村村灯光球场建设。严格按照《江阴市全民健身设施建设和管理暂行办法》，加强设施建管，公共体育设施建设、维修、管理资金列入财政预算，对体育健身设施的运行维护单位给予经费补助，对免费开放体育设施的学校按有关规定给予补助。积极引导机关、企事业单位的体育设施创造条件向社会开放，实现体育资源社会共享。公共体育设施在全民健身日实行免费开放。

（十八）强化统计引导。健全体育产业统计制度，促进体育产业统计工作常态开展。进一步强化质量意识，按照业态归属，分别从经营项目、经营面积、从业人员、财务状况、单位荣誉等方面进行汇总，确保数据真实准确。工商行政部门要主动配合体育主管部门，做好体育经营活动备案登记工作。

二〇一一年九月一日

江阴市全民健身实施计划（2011—2015）

全民健身事业关系到人民群众身体健康和生活幸福，是保障民生的基本内容，是建设更高水平小康社会和社会主义现代化的重要组成部分。全民健身事业发展规模和水平反映社会文明进步的程度。为进一步发展全民健身事业，深化幸福江阴建设，根据国务院颁布的《全民健身条例》和国家、江苏省《全民健身计划（2011—2015）》，制定本实施计划。

一、指导思想

坚持以邓小平理论和“三个代表”重要思想为指导，深入贯彻落实科学发展观，把发展全民健身事业作为着力保障和改善民生、促进社会和谐稳定的重要内容，按照新时期我市社会建设的总体要求，确立先进的体育发展理念和模式，创新全民健身工作体制机制，着力完善覆盖城乡、功能完备的全民健身公共服务体系，不断提高广大市民的身体素质、生活质量和幸福指数，满足人民群众日益增长的多元化体育健身需求，全面建设更高水平的全民健身事业，促进竞技体育与全民健身协调发展，为我市率先实现体育基本现代化作出积极贡献。

二、总体目标

到2015年，全市全民健身事业的总体目标是：城乡居民体育健身意识进一步增强，经常参加体育锻炼人数显著增加，市民健康素质明显提高；全民健身公共服务能力和服务水平普遍提高，体育公共服务城乡一体化水平不断提升，体育公共服务均等化基本实现，全民健身服务体系全面形成，在全省率先实现体育基本现代化。具体目标是：

（一）居民身体素质显著增强。符合《国民体质测定标准》合格标准的城乡居民（不含在校学生）人数比例达到96%以上，符合优秀标准的人数比例达到20%以上。在校学生普遍达到《国家学生体质健康标准》的及格标准，符合优秀标准的人数比例达到30%以上，学生的耐力、力量、速度等体能素质明显提高。

（二）经常参加体育锻炼人数明显增加。城乡居民体育健身意识和科学健身素养普遍增强，体育健身成为广大市民的基本生活方式。全市经常参加体育锻炼人数比例达到55%以上。在校学生每天至少参加1小时的体育锻炼活动，人人学会游泳。老年人、残疾人参加体育锻炼人数比例有显著提高。

（三）**全民健身设施实现全覆盖**。建设城乡一体的现代化体育设施，实现市、镇（街道）、村（社区）“新四个一”体育设施全覆盖；提高学校体育设施建设标准，学校体育场地总体开放率达到100%；每万人拥有晨（晚）练健身站（点）的数量达到10个以上，努力实现城镇居民出行10分钟内即有体育健身场地和设施的目标，确保人均体育健身场地面积达3.5平方米。

（四）**全民健身组织网络城乡全覆盖**。市、镇两级均成立全民健身指导委员会，镇（街道）成立文体中心（站）；市体育总会、市级单项体育协会等体育社团组织向镇村延伸，各镇（街道）成立体育总会，单项体育协会（分会）不少于8个。每个行政村（社区）建有3个以上体育健身组织。鼓励协会成立二级俱乐部，社区体育健身俱乐部和青少年体育健身俱乐部在行政村（社区）和学校实现全覆盖。

（五）**全民健身培训指导网络基本形成**。各镇（街道）成立健身指导站；推进社会体育指导员（体育志愿者）培训工程，每万人拥有社会体育指导员35人以上，每镇都有一级社会体育指导员；每个行政村（社区）、社区体育健身俱乐部配备3名以上社会体育指导员，形成组织落实、结构合理、遍布城乡、服务到位的全民健身志愿服务网络。

（六）**健身产业发展壮大，体育消费显著提高**。初步形成体育健身、运动休闲、体育表演、体育康复、场馆服务、体育培训、健身用品等健身产业群；社会出资开办的职业体育俱乐部和营利性体育健身俱乐部不断涌现，健身产业从业人员数量明显增加，城乡居民体育消费意识和水平显著提高。

三、主要任务

（一）**推进体育健身城乡一体化发展**。推进全市城乡全民健身事业发展规划一体化、公共体育健身设施建设一体化和基本体育公共服务供给一体化。加大对农村体育的投入，推动公共体育资源在城乡之间的均衡配置，使城乡居民享受同等的基本体育公共服务，逐步形成城乡一体化的全民健身服务体系。加快推进城乡公共体育健身设施“新四个一”建设，确保城乡行政村（社区）“有体育设施、有健身组织、有社会体育指导员、有健身活动”，努力打造“10分钟体育健身圈”。充分发挥基层行政机构的组织协调作用，整合镇（街道）辖区机关、学校、工厂等企事业单位的体育设施和体育人才资源，大力开展社区体育活动，促进社会体育和单位体育协调发展。

（二）**切实加强学生体育**。牢固树立“健康第一”的指导思想，各级各类学校必须确保学生在校每天参加1小时体育锻炼的时间。全面实施《国家学生体质健康标准》，积极开展“阳光体育运动”，每年进行一次身体健康检查和体质测试。进一步加强初中毕业升学体育考试工作。探索建立学校体育督导制度和监测评估体系。积极开展课余体育训练活动，办好各级各类体育学校、体育传统项目学校和体育特色学校。普及学校青少年体育俱乐部，倡导每个在校学生加入一个以上健身组织和团队，大力开展游泳技能培训，人人学会游泳。要逐步建立校外体育活动中心，有条件的乡镇、街道可以建设青少年户外体育活动营地。建立健全学校、社区、家庭相结合的青少年体育网络和联动机制。

（三）**加快发展职工体育**。充分发挥各级和机关企事业单位工会、职工体育协会作用，普遍建立职工体育俱乐部和体育健身团队，有条件的成立行业体协。开展符合行业、单位生产工作特点、职工喜闻乐见的体育健身和竞赛活动。积极倡导机关、企事业单位开展工间（前）

操。鼓励有条件的单位定期开展体质测试活动，支持建设职工体育健身设施。积极开展新市民体育活动，关注、增强新市民体质。鼓励企事业单位举办各种形式的运动会，组织好市运会职工组的比赛。创新职工体育发展模式和基层职工体育组织形式、活动方式，完善社区体育与职工体育互补机制，形成职工体育工作新局面。

（四）支持和提升老年人体育。积极扶持各级老年人体育协会、体育健身俱乐部、体育健身团队的规范化建设，推动各镇（街道）老年人体育协会组织向行政村延伸，充分发挥老年人体育组织在开展老年人体育活动的主导作用，推进各镇（街道）老年人体育工作创优活动，着力培养为老年人服务的社会体育指导员，为老年人参加体育活动提供便利。研究创新适合老年人特点的体育健身方法。老年人教育机构开设体育课程，老年人活动中心设置适合老年人体育活动的设施。城乡社区服务兼顾老年人体育健身。鼓励、支持社会组织和个人兴办老年人体育服务机构和健身设施。

（五）重视残疾人体育。建立体育部门、民政部门和残联共同发展残疾人体育的协作机制，建立残疾人体育组织，充分发挥残疾人体育组织在开展残疾人体育活动中的主导作用。全市运动会设置残疾人组。加快培养为残疾人体育服务的体育教师和社会体育指导员。实施“助残健身工程”，为残疾人建设就近方便的体育健身设施。公共体育设施要有方便残疾人参加体育活动的道路、场地和设施等配置。研究开发适合残疾人身心特点的体育健身康复手段。各级各类学校要重视做好残疾学生的体育工作，提供适合残疾学生特点的体育健身与康复项目。

四、工作措施

（一）广泛开展全民健身运动。坚持全民健身活动政府主导、社会举办、群众参与的原则，推进群众体育生活化、社会化、常态化，充分发挥社会团体、体育单项协会、社区、企业健身俱乐部的作用，大力开展群体活动；重视研究推出新的体育健身方法，积极稳妥开展户外运动等新兴运动，促进体育与文化、卫生、旅游等的融合。积极开展全民健身月和全民健身日活动，抓好日常体育、假日体育、休闲体育和特色体育活动的开展，每年举行市级群体比赛、活动25项以上；市、镇（街道）每四年举办一次综合性运动会，每年举办中小学生以田径为主的运动会；积极倡导群众性体育俱乐部联赛，着力打造3—4项群众体育品牌赛事（俱乐部联赛）；加强农村体育活动的组织，引导各镇（街道）、村（社区）充分利用体育设施因地制宜开展各种特色体育活动，镇（街道）每年举行不少于8项以上大型群体活动，实现群众体育城乡联动、部门互动的良好局面。

（二）完善覆盖城乡的全民健身公共服务体系。全民健身公共服务体系是全民健身体系的主体，建设覆盖城乡的全民健身公共服务体系，是维护公民体育健身权益、增强人民体质的根本措施，是向人民群众提供基本体育公共服务的重要途径。各镇（街道）要将全民健身公共服务体系建设纳入经济社会发展规划，在政策、资金、土地、机构、人员等方面给予支持、保障。体育部门要强化全民健身公共服务体系建设意识，规划好、建设好全民健身公共服务体系，要研究制定基本体育公共服务的内容标准、建设保障、建成评价等制度。积极推进体育与教育、文化、卫生、农林、民政等部门的合作，共同构建全民健身公共服务体系。

（三）推进城乡公共体育健身设施“新四个一”建设。公共体育健身设施是开展全民健身运动的基础条件。要按照国家有关公共体育设施用地定额指标规定，将建设城乡社区公共体育健身设施纳入城乡建设规划和土地利用总体规划，保证城乡公共体育健身设施建设用地，显著改善城乡居民体育健身场地条件。城乡新建居住区要按照国家有关居住区规划设计规范标准，设计建设体育健身设施。推进市、镇、村级“新四个一”建设，鼓励有条件的镇（街道）建设全民健身广场或体育公园、体育长廊、社区多功能运动场、健身步道、登山道等户外运动设施场地。推动各类特色全民健身活动中心建设，积极打造国内一流的全民健身休闲示范基地。

（四）推动学校、机关、企事业单位体育设施向公众开放。各级体育系统的体育场地设施要率先实现全部向公众开放。充分发挥学校体育资源对青少年健康成长和推进全民健身运动的重要促进作用，因地制宜开放学校体育设施，开放要做到确保教学、注重安全、健全制度、长效管理。要有效整合社会公共资源，积极创造条件将机关、企事业单位的体育设施向社会开放。公共体育设施管理单位要建立岗位责任制和工作目标管理责任制，加强对体育设施的维护更新，完善综合服务功能，提高使用效率。防止公共体育设施闲置浪费或被挤占、挪用。

（五）积极发挥各级各类体育社团组织作用。在完善市、镇（街道）、村（社区）三级体育行政组织网络的同时，积极推进社会化体育组织网络建设，提高全民健身组织化程度；加强体育总会、单项体育协会、行业体育协会和青少年体育俱乐部、社区体育健身俱乐部、晨（晚）练健身站（点）建设，使更多城乡居民在体育组织指导下进行科学体育锻炼，扩大有组织体育锻炼人群规模。引导更多的体育项目建立单项体育运动协会，到2015年市级体育单项协会达到30个以上；大力推进协会实体化、组织网络化，协会要建有活动阵地，组织延伸到镇（街道）、村（社区）。要积极创建体育健身俱乐部，实现社区健身俱乐部全覆盖。机关、企事业单位工会要支持建立职工体育组织，积极开展体育健身活动，要积极倡导企业特色俱乐部建设，鼓励支持社会力量兴办体育类民办非企业单位。民政、体育部门要在注册登记、工作指导等方面提供支持和保障。

（六）加强社会体育指导员队伍建设。建立实体化市级社会体育指导员协会。充分发挥各级社会体育指导员协会在对社会体育指导员进行日常管理服务等方面的作用。要形成完善的社会体育指导员培训体系，做好社会体育指导员的在岗培训，创新培训方式，提供培训经费，提高培训质量。要积极倡导体育工作者参加全民健身志愿服务活动，形成以社会体育指导员为主体，包括优秀运动员、教练员、体育科技工作者、体育教师、体育专业学生和社会热心人士参加的全民健身志愿服务队伍。开展全民健身志愿活动进社区、进农村、进校园活动。不断提高全民健身志愿服务队伍的专业化水平和服务质量，形成全民健身志愿服务长效机制。积极发展职业社会体育指导员，严格开展职业技能培训和鉴定工作。在营利性体育健身场所和高危体育项目从事指导的人员，必须获得相应社会体育指导员职业资格证书，持证上岗。

（七）鼓励、扶持社会兴办全民健身事业。充分调动全社会兴办全民健身事业的积极性，扩大社会资源进入全民健身事业的途径，多渠道增加全民健身投入。完善财政、税收、金融和土地等优惠政策，引导社会力量捐资、出资兴办全民健身事业，开办全民健身产业。鼓励社会、民营资本支持公共体育设施建设，兴办群众性体育健身俱乐部。制定《江阴市体育产业发展规划》，加快发展体育旅游、体育健身、运动休闲、体育表演、体育康复、场馆服务、体育培训、健身用品等体育健身产业。探索开发社区居民体育健身指导服务业。体育部门要加强对经营性体育健身场所的监管，建立和完善体育健身服务规范。

（八）加大全民健身事业财政投入。各级政府部门要重视加大全民健身事业的投入力度，不断提高全民健身事业经费在体育事业经费中的比例，确保全民健身事业经费增长幅度不低于体育事业经费增长幅度。要建立全民健身发展的经费保障激励机制，每年财政拨专款对重大全民健身活动进行补贴或以奖代补，确保各项工作高效开展。

（九）**加快全民健身公共信息服务网络建设。**建设以全民健身数字信息为基本内容的市、镇、村三级全民健身公共信息网络，提高公众享有全民健身公共信息服务水平。建立体育健身工作的信息发布平台和信息化管理平台，逐步建设公共体育设施信息库、社会体育指导员、裁判员和运动员信息库、体育竞赛档案管理信息库以及体育锻炼人群健身档案信息库、体育社团组织和人才信息库等信息化系统。建设全民健身公共信息服务中心，在各镇（街道）、行政村（社区）建设信息服务点。

（十）**开展全民健身社会宣传与科技服务工作。**充分发挥广播电视、平面媒体、互联网、新媒体等传媒优势，开办全民健身专栏，播发公益广告、宣传片，出版宣传画、科普图书和音像制品。要通过宣传、培训增强全社会体育健身意识、终身锻炼意识和体育消费意识。确立以民强为重，力争人人都有好身体的目标，树立“我锻炼、我健康、我幸福”的健身理念。要普遍建立城乡基层国民体质监测服务网络，实现各镇（街道）国民体质测试站全覆盖并在4000人以上行政村和学校逐步建立体质测试站；开展城乡居民日常体质测试和科学健身指导，推广科学健身方法，倡导健康生活方式，逐步建立市民健身档案。要建立健全全民健身人才培养机制，加强全民健身人才队伍建设，做好全民健身讲师团队伍建设，定期开展“全民健身大讲堂”等科学健身讲座。

五、组织实施

（一）**组织领导。**要建立“政府统一领导、体育部门牵头、相关部门和群团组织各负其责、全社会共同参与”的领导体制和工作机制，动员和整合各方面资源，形成推动全民健身工作的合力。体育部门要会同有关部门组织实施，发改、教育、民政、财政、人力资源和社会保障、国土资源、住房和城乡建设、规划、农林、文化、卫生、广电、园林旅游、工商、质监等部门要结合各自业务工作，工会、共青团、妇联、残联等群众团体要发挥自身优势，共同做好贯彻落实工作。各部门、各行业也要依照本计划，制定本部门、本行业的年度全民健身工作计划并认真组织实施。

（二）**实施评估。**要将全民健身工作纳入江阴市国民经济发展总体规划。体育部门要会同有关部门对全民健身实施计划的实施情况进行检查指导，要制定计划实施的评估考核细则，在2012年进行中期评估，在2015年进行全面评估，并将评估报告报市人民政府。对为全民健身事业做出突出贡献单位和个人进行表彰奖励。

四、重要文章选辑

在全国体育彩票工作会议上发言材料

转变发展方式　创新销售模式 不断实现体育彩票发行的新跨越

江阴市体育局　缪兴坤

（2010年1月13日）

江阴市体育彩票发行工作在各级领导的关心支持下，在全体体彩工作者的共同努力下，全市体彩销量实现裂变式增长，由1998年的72万元发展到2009年的2.26亿元，创下了江苏省内县级市体育彩票发行以来的最好销售成绩。特别是2009年，克服金融危机给体彩销售带来的不利影响，紧紧围绕全市经济社会发展大局，积极培育新的体育消费热点，全面提升体彩营销水平，销量一举突破2亿元，成为全国首个体育彩票年销售量超过2亿元的县级市。江阴体彩的良性快速发展为全市体育事业的发展提供了强有力的经济支撑，江阴在率先建成省内首批体育强市的基础上，2009年成为省内首批体育基本现代化试点之一。江阴市级大型体育设施总投资超10亿元，群众体育连续5年获全国全民健身活动先进单位和优秀组织奖，江阴籍运动员在第十一届全运会上获得了三金两银一铜的好成绩。总结我市体彩发展的成功经验，关键是转变发展方式，创新销售模式，努力实现体育彩票销售新跨越，具体情况汇报如下：

一、科学布点，是体育彩票持续发展的基础

根据“方便彩民、科学布点、改善结构、完善网络”的原则，江阴体彩合理规划网点布局，逐年有计划地扩充销售站点，全市体育彩票销售站从1998年的6个发展到2002年的36个，再到2009年的141个，覆盖了城区及所有乡镇，做到了城区购彩不出社区，农村购彩不出乡镇，极大的方便了彩民购彩。为了做强每一个销售站点，切实做到“让每个站点都有良好业绩，让每位业主都有较好收益”，我们在科学布点时重点把握好三大原则：一是“准”。在布点区域的选择上，重点考虑人口密集、人流量大、人气旺的商业集中区或居民密集区。二是“广”。市、镇、村三级统一布点，做到布点区域广覆盖，使彩民购彩方便。三是“严”。对所有新增网点实行准入制度，严把业主的选择关。业主必须直接参与经营，不仅要有较好的文化素质，还要热爱体彩事业，还有较好的业务水平和营销能力，坚持下岗失业人员优先准入的原则，得到了广大市民的认同。2009年我市人均购彩达190元，单个站点平均销售达161万元。

二、品牌建设，是体育彩票裂变发展的关键

江阴的体育彩票销售早期存在着体彩与福彩混合销售，体彩与商品混合销售的兼营现象，但自2005年以来，我们开始逐步要求各站点进行专营销售，通过不断加强体育彩票品牌建设，进一步做大做强各体育彩票销售站点。目前，我市体育彩票销售站点统一按照体彩专营店的标准进行形象包装，具体包括营业面积不少于13平方，有统一的门头标识、走势图、背景墙和销售台，店内有坐椅、沙发、饮水机、电脑等设备，备有各种数据参考资料，及时公布中奖信息。现在我市所有站点都已经达到专营店标准，并且已有40%以上的站点配备了电脑、开辟了专区，方便彩民查寻资料、商谈彩情。我们加强品牌建设，进行专营销售的经验是：一有利于做“专”。业主可以更加集中精力抓体彩销售。二有利于做“优”。通过优化体彩投注环境，更好地吸引和集聚彩民群体。三有利于做“强”。通过更加专业、规范的管理，有力地推动了体彩销量的增长和市场占有率的增加。近两年尽管福利彩票销售增长迅猛，但在我市所占彩票市场份额始终低于体育彩票，这其中很大部分得益于对体彩品牌的精心打造和始终坚持。

三、扩大宣传，是体育彩票健康发展的保障

江阴的体彩工作一贯立足以形象优势赢得彩票市场。为了打造讲诚信、有广泛社会认同感的体育彩票，我们在工作中注重多渠道、全方位强化舆论宣传，重点做了以下四点：一是加强舆论引导。密切联系新闻单位，利用广播、电视、报社等新闻媒体大力宣传“购买体育彩票、支持体育事业”“开心玩体彩，体彩为生活添精彩”等健康消费理念以及相关体彩知识，树立体育彩票健康形象。二是扩大合作平台。通过与移动、电信、中石化、邮政、银行等机构进行多种形式的合作，依托其广大的受众平台，不断培育新的消费群体。三是注重公益宣传。在全市各健身点及“村村体育健身工程”的健身器械上都标识 “中国体育彩票”捐赠的字样，让群众看得见，摸得着，切身体会到体彩为群众带来的好处。四是做好业务宣传。在《江阴体坛》开辟专栏介绍体育彩票的新玩法，及时宣传中奖信息以及相关体彩知识；利用各销售点板报、橱窗进行中奖信息、走势图表的日常宣传，方便彩民日常购彩。 特别是实施了全市站点联动，一家中奖全市各网点联动宣传，扩大体彩销售声势和影响。我市体彩在宣传上一贯强调体彩“取之于民、用之于民、造福社会、惠及大众”，引导更广泛的民众参与到体育公益事业中来。体彩健康的公益形象促使了彩民的增加，提升了市场购买力，近几年我市体彩销售平均年增幅达26%以上，促进了体彩的可持续发展。

四、制度创新，是体育彩票跨越发展的前提

随着我市体彩终端机的增加和销量的增长，彩票发展的现实对全市体彩管理队伍以及站点的销售员提出越来越高的要求。为此，我们重点在科学管理和制度创新上下功夫。一是推进精细化管理。我们在省内率先实施了专管员、协管员制度，并建立健全了《江阴市体育彩票布点细则》《体育彩票销售员工作规则》《站点形象包装细则》《专管员岗位职责及考核制度》《协管员岗位职责》《站点领票制度》《站点兑奖制度》等各项工作制度，确保每一项具体工作都有制度、每一个管理环节都有规范。二是推出“以奖促销”激励措施。实行专管员岗位工资与绩效工资相结合，强化对专管员的量化考核，奖金与考核业绩直接挂钩。三是推行“末位淘汰制”。我们与销售站点签订责任状，将每月3万元作为最低月销售额与中心签定协议，不能完成的实行淘汰。2009年我市体彩销售超额完成目标任务，共发放奖金30余万元，制度的保障和激励机制的兑现有效保护和推动了销售工作的积极性，江阴体彩进入制度化、规范化、程序化的运行轨道。

五、优质服务，是体育彩票稳定发展的根本

“有序管理、规范操作、悉心服务、取信于民”是江阴体彩销售的工作准则。2009年是我们落实体育彩票发展“三年纲要”的关键一年，也是江阴体彩的“优质服务年”，围绕宗旨和目标，我们努力把市体彩管理中心打造成全市体彩销售站点的服务保障中心和信息平台。一是强化业务培训。采取“点面结合，上下联通”的方式，一方面邀请专家授课，为彩民分析号码走势，传授投注方法，帮助他们掌握技巧；另一方面，强化销售员业务培训，有效提高销售员的业务能力和综合素质。二是提升服务质量。设立兑奖大厅，兑奖数额第一时间迅速落实；开设咨询窗口，方便业主和彩民查询各类信息；专管员定期到各站点巡查，送票送资料下站点；接到机器故障电话，城区半小时、乡镇一小时内确保到达，及时维修；各镇集场期间开设专点销售，服务下基层。销售员服务质量不断提高，拾金不昧事件时有发生。三是坚持安全运行。我们狠抓销售安全，设立了预警机制和紧急预案，密切关注彩民的购彩动态，对单笔大资金购入彩票设立预警机制，一经发现彩民有大资金非理性的购买，就会及时加以劝导，提醒购彩风险。同时我们对投注资金、销售资金、售后资金都严格管理，确保资金安全，各基层站点加强防火防盗教育和宣传。十多年来，我市体彩工作从未发生一起安全事故，确保了销售的安全、健康运行。

总结2009年的体彩工作，我们有以下几点体会：

一是始终坚持科学发展的正确理念，使体彩发展长期保持了稳中有升；

二是始终坚持改革创新的发展方式，使体彩发展具有不竭的发展动力；

三是始终坚持公益体彩的品牌塑造，使体彩发展拥有深厚的群众基础；

四是始终坚持科学管理的工作方法，使体彩发展实现了高效安全运行。

总结我市体彩工作，在激烈竞争中抢得了先机、经受住了考验、取得了一点成绩。体彩的发展和壮大为我市体育事业的发展提供有力保障，为幸福江阴建设作出了突出的贡献。成绩属于过去，今后我市的体彩工作将在总结今年工作的基础上继续放宽眼界向全国各兄弟县市学习，开拓创新，做好基础建设，强化服务意识，争取更大的成绩。最后，我代表江阴市政府向长期以来关心支持我市体育彩票工作的各级领导表示衷心的感谢，并预祝2010年全国体育彩票工作取得更加辉煌的成绩。

扎实推进国家产业基地建设　不断提升体育产业发展水平

江阴市体育局局长　顾洪伟

（2016年5月在国家体育产业基地工作会议上的发言）

近年来，江阴得益于经济社会发展的强大支撑，始终坚持“体育为城市发展添光彩，为百姓健康谋福利”的发展理念，继续保持体育事业又好又快发展。自苏南（县域）国家体育产业基地挂牌以来，我们围绕以优化布局为引领、以政策推动为导向、以品牌建设为重点、以扩大消费为目标，着力在大项目带动、大企业培育、社会力量参与、公共服务平台打造上下功夫，全力推进国家体育产业基地建设。全市体育产业增加值稳步递增，2015年江阴体育产业增加值43.1亿元，占全市GDP比重1.44%，体育产业经营实体近3000家，体育产业从业人员超2万人，人均公共体育设施面积2.74　，体育人口占51%。

一、突出规划引领，着力推动产业综合发展

结合城市总体发展规划和江阴体育产业优势，2011年市政府出台了《关于加快体育产业发展的实施意见》，通过科学规划、政策制定、专项扶持、引导培育，激发了我市体育产业的发展潜能，拉动了经济增长“新起点”、推动了经济转型的“新引擎”。（一）基地建设成效显著。在制定《江阴国家体育产业基地建设与发展规划》的基础上，规范有序推进体育产业创新发展。依托本土经济实力，引导培育一大批高端特色品牌，带动了产业基地的建设进程。（二）产业结构均衡发展。结合省体育产业"三带两圈"产业布局，立足全市体育产业的现有基础、区位条件和资源禀赋，按照合理布局、错位发展、特色集聚的原则，以"两片两带"（即：滨江体育产业片、体育用品制造产业片、沿江高速体育旅游产业带、沿锡澄运河水上体育产业带）空间布局为重点，形成体育资源富集和体育产业发达的重点区域，带动了全局的发展态势。（三）政策扶持助推有力。积极贯彻落实国家46号、省66号文件精神，2011年以来我市29个项目获得省体育产业发展引导资金资助累计2070万元。设立市级体育产业发展引导资金和专项资金，重点在镇镇体育馆建设、镇镇游泳池工程、全民健身设施、笼式足球推广等方面倾斜；2015年新制定实施的《"人人学会游泳"三年行动计划》，特设每年800万元专项资金，较好地培育和扶持了全市场馆健康运行，全力助推了江阴体育产业的繁荣发展。

二、突出重点业态，着力增创产业先发优势

充分发挥江阴自有产业基础优势，在综合类国家体育产业基地上注入新的内容。（一）全力扶持体育用品制造业。经过多年培育，我市涌现出一批知名企业和知名品牌，依靠技术改造和科技创新不断做大做强，已形成明显集聚效应。引导四方游泳设备、文明塑胶、人人达等拥有自主知识产权的企业扩展生产规模，大力扶持祝塘镇体育运动服饰加工、青阳镇球类生产、月城镇制艇、长泾镇运动器材建造、华士镇乒羽制造，以及科强塑胶科技、同创体育机械、迈克制球等体育企业。以服务新三版上市为主，培育体育企业上规模、上档次，鼓励企业参与国家标准和行业标准制定，增强自主品牌的市场竞争力。近年来，四方游泳、文明塑胶、绿舒坦、凯路威、奥斯顿等多家企业纷纷跻身中国国际体育用品博览会。（二）大力开发体育场馆服务业（健身休闲业）。2013年，无锡地区首家建设规模最大、投资金额最多、涉及项目最广的我市民营企业天华纱业有限公司，总投资5000万元建设天华体育中心已正式落成。2016年继续投资1200万建设全省首个体育博物馆，为我市培育多元主体，投入体育产业打下了坚实基础，同时涌现了华宏、鑫辉、海纳等民营企业和阳光、海澜、华西、法尔胜、澄星、长电多家上市企业积极投资建设体育场馆。目前，华西投资2.2亿元的华西农民健身中心即将开馆营业、澄星集团投资7000多万元的澄星体育中心今年9月投入运营、华宏集团投资6000万元的华宏文体中心明年5月建成运行。（三）着力整合体育旅游业。以徐霞客文化旅游古镇、月城渔米农庄水乡、南闸秦望山生态改造、新桥海澜马文化体验、华西特色新农村五个特色乡镇为典型，开发具有江南特色的"体育休闲旅游基地"，发展体育特色体验休闲旅游项目。徐霞客文化旅游休闲中心、户外亲子拓展基地、攀岩基地、徐霞客故居、徐霞客博物馆融合一体，形成四星级休闲旅游度假基地；月城龙舟基地、橄榄岛、云外水庄国际赛鸽俱乐部、芙蓉湖体育休闲风景区贯穿其中，形成水上运动基地。同时，南闸秦望山体育运动休闲基地、云亭 山湾户外拓展运动基地、新桥海澜马文化特色体验旅游基地成为多项户外拓展体育运动大营地。以获评"全国十佳景区"和"中国体育旅游精品项目"的海澜、芙蓉湖为优势，放大产业效应，带动更多企业开发体育旅游资源。阳光集团将耗资3000万打造以旅游观光、健身休闲为一体的阳光体育休闲公园；华西集团将投资建设华西生态体育旅游观光带；华士镇将建设鹏程农业体育运动休闲园，形成了较好的体育旅游新局面。（四）努力发展体育彩票业。体育彩票是体育事业的生命线，我们本着"公平、公正、公开"的发展原则，积极创新，狠抓两支队伍建设，突出形象建设，注重渠道建设，加大宣传力度，提升服务水平，舍得市场投入，稳步保持了销量递增。

2015年总销量为5.39亿元，市场份额51%，有效地发挥了为体育事业发展的保障作用。

三、突出品牌建设，着力抢占产业高端领域

近年来，我市实施体育产业品牌战略，加强体育品牌建设的培育和指导，不断推进体育产品和服务标准化建设。（一）建设品牌基地。海澜集团是江苏省体育产业基地，近年来一直在“马”字上做文章，启动总投资达100亿元建设“中国威尔顿马术小镇”，配套高档服务设施，形成以马术运动为核心，开发飞马水城自驾游基地、马术训练表演、马术竞赛医疗、马术骑乘体验、马具用品生产、马文化博物馆展示、健身休闲度假于一体的中国马术产业基地，其中马术表演荣获世界吉尼斯纪录。（二）培育品牌用品。上市公司法尔胜新型健身钢丝绳、四方康复水疗池、金一健康智能手表、健康戒指等新研发产品等已向市场推广销售。利用我市在装备制造、纺织材料等方面的优势，提升体育产品整体档次，大力发展游泳康复设备、健身器材、运动服装、球具、马具等特色地区品牌。四方游泳被中国游泳协会、中国救生协会指定为战略合作伙伴，带动了我市体育产业链的发展；金一文化扩大体育创意经营规模，拓展发展空间，建成了金一体育创意产业园区。（三）打造品牌赛事。坚持一切为了群众，为了群众的一切，突出服务于群众性，推行半程马拉松、公益徒步大会两大群众性精品赛事；举办足球联盟杯赛、羽毛球积分排名赛、乒乓球团体积分赛、校园足球联赛、篮球五大联赛；承办“国际青年足球锦标赛、游泳俱乐部锦标赛、全国象棋业余棋王赛”等九大全国性赛事，满足百姓需求。

四、突出创新发展，着力提升产业竞争能力

我们始终坚持创新理念，强化项目建设和业态更新，推进体育产业差异化发展，形成产业的持续竞争优势。（一）完善体育产业新体系。市级专门成立了国家体育产业基地管理委员会，建立市级体育产业工作协调机制的考评机制，任务传递，相互推进，完善三级考核制度，定期召开产业推进会；成立市级体育产业联合会，引导行业秩序，塑造行业自觉，加强交流与合作，发挥行业规模优势。（二）发展体育产业新优势。对接“互联网+”行动计划，加快发展智慧体育、体育电商。积极培育连锁经营、网络销售等新兴商业形态，发展迪卡侬等世界知名体育连锁超市，丰富体育消费市场。引导部分企业利用自身优势，发展体育服务企业多渠道融资，塑造具有江阴特色体育文化产业标杆。凯路威电子科技有限公司将打造“一站式智慧体育服务平台”，争取在2 年内让3000 家场馆+100 万人次运动爱好者从中获益；江阴新蜂足球成功挂牌江苏股交中心，成为江苏股交所历史上第一支足球概念类挂牌企业；江苏华兰药用新材料股份有限公司投资1600万元，成立苏锡常地区首支全国职业篮球队—华兰男子职业篮球俱乐部，准备打造一支国内一流水平的职业篮球队伍。（三）拓展体育消费新载体。我们秉持“以体为本、多元发展、多业并举”的方针，深化体育场馆管理体制改革，推进公共体育设施向社会开放，不断提升场馆运营综合效益。以江阴市体育中心为龙头的大型体育场馆一直致力于“免费低收费开放”的原则，实行市场化运作，近年来实现了年销售额超3000万元，积极推进“一卡通”消费系统，推出免费开放惠民便民新举措，不断推动“医保卡”用于运动健身消费，有效带动全民健身氛围。尚美、金领连锁健身俱乐部，实行创新模式，为广大市民提供各类体育健身、培训、体验等服务，形成了各具特色的服务品牌。天华体育馆、华西健身中心不断拓展自身优势，建设乡镇特色体育馆，拉动了场馆服务业发展。

推进国家产业基地建设，任务艰巨，责任重大，下步我们将在加大政策扶持、强化服务管理、扩大社会投资、优化发展环境、促进融合发展上下功夫做文章，不断搭建公共体育服务新平台，为推动江阴体育事业发展，为江苏体育产业发展作出应有的贡献。

强基挖潜 创新升级 不断推动体彩销售新跨越

江阴市体育局局长 顾洪伟

（2017年江苏省体彩会议）

一直以来，江阴体彩销售紧紧围绕“强基础、挖潜力、促销量”的主线，连续实现跨越式发展。2017年，江阴体彩销量突破7.1亿元，增幅为17.80%，创历史新高。体福份额为54.4%。留存地方偶得税363万元。创全国县区销量第一名，并荣获“全国区县体彩工作先进单位”称号。下一阶段，对于江阴体彩的销售管理工作，最关键的还是要固本强基稳市场、创新聚力拓市场以及孕育活力强市场。具体要做以下几方面工作：

一、务实求新抓效能，着力强化体彩管理一盘棋建设。

一是强化责任分解。结合年度目标任务和往年销售实际，制定目标，层层签订责任书，责任层层传递到每个专管员、每个网点。每周、每月实时统计并反馈任务进展情况。二是强化绩效管理。进一步完善内控绩效机制，公平科学考核，充分调动专管员能动性。把网点的绩效表现与评星评优、政策扶持直接挂钩，将资源向优秀网点适当倾斜。三是强化交流学习。搭建平台，定期组织开展片区交流会，促进网点间分享经验、启迪思维，推动网点共同进步。坚持组织业主、销售员、专管员赴外省市考察学习，不断开阔视野，借鉴提高。四是强化功能提升。着力规范形象包装，积极推动站点升级。各网点增加玩法电子走势图和相关服务设施，方便彩民购彩，提升综合服务能力。五是强化权益保障。建立销售员激励保障机制，将销售员权益保障列入站点绩效考核的重要内容，定期督查各网点销售员的正当利益落实情况。同时，为全市体彩销售员办理住院医疗保险，组织满8年的销售员体检，不断增强销售员的归属感。

二、与时俱进抓拓展，着力创新思路稳步提量扩规模。

一是稳健推进网点的布局优化。不急于求成，不盲目跟进，稳步推广竞彩升级店。确保把年轻懂球、有圈子会交流的业主吸引到竞彩销售队伍中来，把竞彩升级店打造成区域亮点，营造鲜明的竞彩氛围。通过积极开展行业合作、优化区位定点招募等措施，主动顺应渠道建设的发展方向，稳步扩展销售渠道。积极拓展兼营店数量，与专营店逐步形成了良性互补、各展所长的良好局面。二是创新载体持续扩大彩民群体。积极组织开展彩民喜闻乐参的竞彩活动，在全市范围营造浓厚的竞彩氛围。通过开展各类自主创新的活动，加强对销售员、彩民投注理念的引导，有助于显著扩大彩民群体，发掘竞彩 “民间高手”，对体彩的进一步普及起到积极作用。三是丰富形式强化业务培训实效。一方面要坚持定期邀请专家开展面向网点业主、销售员和部分彩民的专题培训会；另一方面也要积极开拓思路，创新形式，组织开展乡镇巡回培训会，着力推动体彩在民间的深入传播。四是科学引导大力倡导理性投注氛围。充分利用培训、交流、比赛、促销等契机，积极引导销售员和彩民群体逐步形成理性的投注心态，引导倡导稳健投注、容错投注思维。同时，积极开展一系列的促销活动，培育养成良好的投注习惯。开展分级奖励机制，网点组织参加活动的彩民越多，网点销售员得到的奖励也越多。五是积极鼓励开拓新型营销模式。鼓励网点充分利用微信群、QQ群等社交媒体进行营销，组建相对稳定的彩民团队，持续拓展新彩民群体。

三、多措并举抓品牌，着力做强体彩文化提升辐射力。

一是着力拓展宣传渠道，营造体彩浓厚氛围。要坚持将体彩公益形象宣传贯穿体彩工作的始终。在《江阴日报》开设每周体彩专版，在江阴主流网站设立体彩沙龙版块，充分利用“江阴体育大汇”网站、微信平台，以及各网点显示屏、户外过街大屏、电梯广告、出租车显示屏等群众身边的公共媒体广泛宣传体彩公益形象。同时，积极参与各类赛事、活动的承办工作，借助赛事有力地扩展宣传。

二是积极开拓宣传空间，充分展现体彩人风貌。积极组队参加市级各类赛事活动，以良好的精神面貌展现在全市人民面前。继续组织体彩系统人员参加市义务献血活动。在宣传体彩良好形象的同时不断增强“体彩人”的凝聚力。三是主动搭建交流平台积极培育体彩文化。组织开展多层次的交流活动，逐步形成体彩人自己的互动平台。努力加强网点与网点、中心与网点、本市与外省市之间的多层次交流。定期召开交流会，邀请专家现场讲解营销技巧，鼓励优秀业主上台分享成功经验。请进来，走出去，每年组织与外省市体彩中心互动交流，相互学习，相互促进。四是充分发挥网点功能展示体彩公益形象。引导鼓励网点利用各类设施实时宣传体彩动态，加强公益宣传，营造健康理性的体彩文化。

近年来，江阴体彩在巨大的压力面前经受住了考验，很好地保持销量的持续增长，2017年创造了历史新高。但依然还存在一些明显的不足，如：销售网点发展很不均衡，即开型销售情况不理想，团队建设和文化建设仍需继续努力等等。今后，我们将进一步加大营销培训的力度，尤其要抓住世界杯等大型赛事的良好契机。其次是要加强研究和探索，继续拓展渠道建设。第三是创新思路，不断提升活动成效，大力开展全方位、立体式的体彩公益宣传，努力形成有地域特色的体彩文化。面对新起点、新目标，抓好基础建设，强化服务意识，开拓创新，锐意进取，不断谱写江阴体彩高质量发展的新篇章。

在江苏省苏南国家体育产业
基地建设工作研讨会上发言材料

率先发展服务滨江花园城市　抢抓机遇争创国家产业基地

江阴市体育局　顾洪伟

江阴市创建国家体育产业基地工作在上级体育部门的正确领导和关心支持下，稳步推进，有序开展，主要在以下三个方面做了积极的努力，现将相关工作汇报如下，不到之处敬请批评指正。

江阴位于长江三角洲的几何中心，素有“江海门户”“锁航要塞”之称，经济发展连续多年领跑中国县域经济，曾荣获国家卫生城市、国家生态市、中国优秀旅游城市、中国最佳经济活力魅力城市等100多项全国性荣誉称号，2008年被中央确定为改革开放30年全国18个典型地区之一，被誉为“科学发展的先行者”。得益于江阴经济社会发展的强大支撑，近年来江阴体育积极转变政府职能，强服务重引导，全面唱响“体育为城市发展添光彩，为百姓健康谋福利”

主旋律，保持了体育事业又好又快发展，促动了体育产业的协调共进。在全省县级体育工作考核中，我市以满分成绩实现“三连冠”，市体育局连续9年获全国全民健身活动先进表彰。2011年我市成功创建为江苏省体育产业基地，国家级体育产业基地创建工作持续推进。

一、主动培育，强组织重投入，厚积基地创建动力

市政府先后出台了《关于贯彻落实全民健身条例的实施意见》《关于镇镇游泳池建设的意见》《关于推进体育基本现代化建设的意见》等指导性文件，凝聚合力促体育事业发展，营造氛围开拓体育产业市场。体育产业规模不断壮大，产业门类更加丰富，体育服务水平显著提升，在发展经济、服务社会、改善民生中的作用日益突显。

一是强化创新理念，市场“质”“量”并举。经过多年的培育，我市涌现出数量众多的知名企业和知名品牌，依靠技术创新不断做大做强，已形成明显的聚集效应：祝塘镇运动服饰加工、青阳镇球类生产、月城镇制艇、长泾镇运动器材及场地建造、华士镇羽毛球拍等，均已形成数量规模可观的企业阵营。尤其是江阴四方游泳设备有限公司、江阴人人达科技有限公司等体育企业，已成为国家行业标准的制定者。通过整合资源、培育打造，寿山路体育用品一条街已显现规模，入驻经营户达50余家。文明塑胶、四方游泳等多家企业，纷纷跻身中国国际体育用品博览会，并各有斩获；海澜马术盛装舞步创“最大规模的团体盛装舞步表演”的吉尼斯世界纪录，被总局列为中国体育旅游精品推荐项目；广州亚运会会徽、第三届亚洲沙滩运动会火炬奖牌均出自我市“金一文化”。我市体育产业市场主体的“质”“量”并举，为加快培育和繁荣体育市场奠定了坚实的基础。

二是注重载体建设，服务配套提升。体育设施实现广覆盖。政府投资20多亿元，完成市级“新四个一工程”。采取以奖代补的方式，实现了镇镇建有标准游泳池，70%的镇街拥有体育馆，体育公园建设纳入各镇开发范畴。同时，全市累计利用体育彩票公益金3000多万元，引导社会各界投入超过5亿元，在全省率先实现“村村体育健身工程”，高标准创建江苏省首批“体育强市”。2012年，市委、市政府为民办十件实事“10分钟体育健身圈”建设，延伸覆盖至自然村，今年实现全覆盖。目前全市人均体育设施面积达3.55m^2，基本形成了普及城乡的公共体育设施体系。健身服务体系日益完善。建成市、镇、村（社区）三级体育组织网络基础，全市体育单项协会增至23个，各级各类体育俱乐部达400多家；拥有社会体育指导员3190名，每万人拥有量达26名；总计18个体质测试站，每年完成3000余人次国民体质测试，逐步建立市民健康档案。体育基本现代建设强力推进。将体育基本现代化试点工作分解成7大项69小项，责任到乡镇（街道）、部门和社团，纳入对各镇（街道）精神文明考核内容，确保各项试点工作高效开展，目前指标完成率在95%以上。

三是产业规模壮大，发展成效显著。近年来，全市体育产业增加值以年均30%以上的速度增长。至2012年，全市拥有各类体育产业经营实体3000余家，体育产业实现年增加值超34亿元，占当年全市GDP的1.45%，体育服务业增加值占全市服务业增加值比重2.5%，体育产业从业人员超1.5万人；全市体育设施建设全面提速，新增场馆120多万平方米，人均公共体育设施面积达3.5平方米，实现城乡体育设施全覆盖，全市体育人口率达51%；承办国家级以上体育赛事56项次，获得省级以上最佳和优秀赛区14次。2012年体育彩票销售额超5亿元，连续7年保持全国县级体彩销售领先水平。

二、政策扶持，明方向促转型，激发基地创建活力

江阴区位条件优越，经济社会发达，具有大力发展体育产业的显著优势和无可取代的区域地位。2011年，对照《国家体育产业基地管理办法》（试行）的要求，市委市政府明确提出创建国家综合类体育产业基地的目标，专门成立创建国家体育产业基地工作领导小组，由分管副市长担任组长，市相关12个职能部门、各镇（街道）为成员，负责对体育产业发展的宏观指导和统筹协调。

一是高效率出台实施意见。依据国家和省市加快体育产业发展指导政策，结合我市体育产业发展现状，经反复修改完善，完成了《江阴市人民政府关于加快体育产业发展的实施意见（初稿）》的起草工作，并发函至相关职能部门，进行修改意见征询，市政府办组织财政局、发改委、经信委等12个单位进行座谈，对实施意见初稿提出具体修改意见。经市政府第72次常务会议讨论通过，2011年9月份，我市正式出台《江阴市人民政府关于加快发展体育产业的实施意见》。作为市级规范性文件，《实施意见》的出台，对我市加快体育产业发展起到极大的推动作用。

二是高标准制定创建规划。在逐步完善相关基础性工作的同时，历时6个月，委托南师大体育科学学院编制《江阴国家体育产业基地建设与发展规划》，并及时向各有关部门征求了修改意见。2012年3月，在政府决策中心组织召开《江阴国家体育产业基地建设与发展规划》专家论证会，邀请国家体育总局、上海体院、南京体院等专家进行评审。省局和无锡市体育局有关领导出席了本次评审会，我市各镇街、政府各有关部门分管领导均列席参加。《规划》专家论证会的圆满成功，标明了我市创建国家体育产业基地工作进入实质性阶段，标志着我市体育产业发展进入了又一个新征程。3月底，我市正式向省体育局提交了申报申请。

三是高质量创新机制举措。赛事组织系统化。每年承办国家级以上赛事至少在5项次以上，比如中德足球邀请赛、CBA联赛等顶尖赛事，市政府相关部门有机协作、指导监管，形成了规范有序、运作迅速的办赛体系。月城镇举办的端午节中华龙舟大赛、顾山镇举办的七夕“金顾山杯”全国象棋混双赛等已打造为江阴自主品牌赛事，中央电视台1套、5套对2012年中华龙舟大赛进行了并机直播。同时，美联社、路透社、人民日报、新浪、搜狐等40多家平面媒体和35家网络媒体进行了报道，大大提升了江阴的知名度和影响力。活动举办基层化。社会化办赛日趋常态，企业、协会、俱乐部成为办赛主体。FJBA篮球联赛、业余足球俱乐部联赛、网球俱乐部联赛等赛事都由协会组织承办，成为江阴的传统赛事。全市每年组织市级群体赛事30余项次，开展各级各类群体活动500余项次，直接参与人数超30万人次，形成了颇具规模的体育消费市场。场馆运营企业化。市体育中心实行企业化运作，组建成立国资公司，相继推出了一系列惠民利民新举措，积极建设“暨阳运动一卡通”消费系统，在特定节假日向特定人群免费开放等，每年接待体育锻炼人数90多万人次，招商入驻商户30余家，2012年开票销售近3000万元，在全省县级市场馆运营中保持领先。市体育馆作为唯一入选的县级市场馆，被国家场馆协会评为“场馆运营管理优秀奖”。今年，市民水上活动中心正积极组织申报“全国先进游泳池（馆）”。兴办体育多样化。新长江集团、徐霞客镇、海澜集团等分别以冠名、联办等方式，支持国家女子手球队、省体操队和省马术队的发展。各级各类社会实体纷纷投资游泳池、健身场所，向市民提供健身服务。

四是高要求提升综合实力。三大基地建设成效显著。“城市客厅”体育产业示范区人气汇聚，以月城、青阳、徐霞客体育休闲旅游园区建设为重点的城南体育休闲旅游区，形成遍布城乡的体育休闲旅游资源；海澜国际马术俱乐部自2010年正式运行以来，每周六的“盛装舞步”场场爆满，观众遍及长三角地区，现又启动马术运动展示馆和马匹康复中心建设，一个以马术运动为核心、集体育用品生产、马术训练表演、企业文化旅游于一体的中国马术产业基地正在形成；以市体育中心为主，各镇（街道）体育场馆为辅的区域竞赛表演中心，每年承办国内外体育精品赛事和演艺活动10项次以上。2011、2012年度，我市有10个单位获引导资金资助，资助金额总计660万元，金额和项目数量居全省县级市首位。

三、全面发动，定目标聚合力，增强基地建设后劲

面对体育产业发展的新形势、新任务、新要求，我们坚持以新理念、新思路、新举措来谋划体育产业发展，先后专程赴成都、晋江等已挂牌国家体育产业基地学习先进经验，并专题召开全市体育产业工作会议，签订创建目标责任状，围绕创建规划中“两片两带”总体布局（即：滨江体育产业片、体育用品制造产业片、沿江高速体育旅游产业带、沿锡澄运河水上体育产业带），在制定发展规划和工作计划过程中，预留充足的体育产业发展空间，着力在大项目带动、大企业培育、集聚区建设、公共服务平台打造上下工夫，整体谋划、统筹推进体育产业相关工作。

一是强化政府责任形成整体新格局。把加快体育产业发展作为一项重要任务，建立健全领导体制和工作机制，将体育产业发展纳入地区经济和社会发展总体规划，纳入各镇（街道）目标考核内容。切实加强对体育产业发展的统筹规划和协调沟通，实施目标管理责任制，明确职责分工，体育局单设体育经济科，确保体育产业目标任务落实到位。通过全市各级、各部门的工作联动和密切配合，形成推动体育产业发展和国家体育产业基地创建工作的整体合力。

二是努力构建现代体育产业新体系。将体育产业作为加快第三产业发展、培育新的经济增长点的重要工作来抓，站在全市产业优化的高度，科学规划体育产业发展，不断优化全市体育产业布局，加快形成现代体育产业新体系。建立体育赛事合作开发平台，支持企业技术创新，培育群众体育健身意识，推进场馆设施城市功能区建设，联动开发体育特色体验休闲旅游业，稳步推进体育彩票业，大力发展体育用品销售业。

三是加快培育体育产业发展新优势。以市场为导向，大力培育体育用品品牌。鼓励体育用品企业参与国家标准和行业标准制定，力争培育2—3家国内外驰名体育用品生产企业。以公共体育设施为依托，积极引进培育品牌赛事。常年举办中华龙舟大赛、全国象棋混双赛等国家级以上品牌赛事。不断发展壮大江阴男子篮球甲级联赛、羽毛球大联盟公开赛等地方品牌赛事，力争形成省级以上品牌赛事5项以上、地方品牌赛事10项以上。以省队市办为契机，着力打造品牌基地。支持海澜集团打造以马术运动为核心、集马术训练表演、企业文化旅游于一体的中国马术产业基地，加快推进二中女足训练基地、月城龙舟基地、国家青少年游泳基地等创建工作，力争省级以上体育训练基地6家以上。

四是着力拓展体育消费新载体。遵循体育市场自身发展规律，拓宽市场领域，优化市场结构，激发体育消费需求，扩大体育消费群体，做大体育消费总量。保持体育彩票销售全省领先，2013年全市体彩销售力争完成5.6亿元；壮大体育用品产销市场，力争全市体育用品生产、经销实体突破3500家；大力开展体育健身培训，各镇（街道）拥有规模以上专业健身场所2个以上，力争各类健身培训总量保持在每年10000人次以上；鼓励引导创办各类体育单项协会和俱乐部，每年新增体育协会1个以上，为拓展体育消费市场提供强力支撑。

五是积极打造体育产业发展新高地。培育“三带两圈”地标性项目，为推进全省乃至全国体育产业发展做贡献。加大产业招商力度。切实转变工作理念和方式，以抓经济的思路和方法来抓体育产业发展，充分利用我市的产业优势和政策优势，加大招商引资力度，吸引国内外著名体育产业企业落户江阴；鼓励企业和社会各界参与体育设施建设、体育场馆经营、体育赛事推广等。对取得重大突破的单位给予突出贡献奖励。加大产业扶持力度。设立本级体育产业发展引导资金800万元，积极争取上级政策扶持，发挥各级体育产业政策的杠杆作用，激励江阴骨干企业在转型中投资兴办体育企业，培育壮大一批骨干体育企业。加大人才培养力度。大力实施人才强体战略，积极引进和培养一批高水平的体育经营管理人才和经纪人队伍，为体育产业发展提供人力支撑；通过脱产培训、进修学习、挂职锻炼等多种形式，提高体育产业管理队伍的综合业务能力；加强对体育产业经营人员的在岗培训，不断提升体育产业从业人员的素质和专业水平。

各位考察组专家、各位领导，争创国家体育产业基地是江阴市委、市政府推动体育产业发展的重大战略举措，是提升我市体育公共服务能力的有效手段，是建设现代化滨江花园城市的重要内容。我们将以此次迎检为契机，进一步解放思想，创先争优，扎实工作，克难奋进，不断推动江阴体育产业跨越发展，在产业规模上出“彩”，促进规模提升；在特色经营上出“彩”，促进市场竞争；在体彩销售上出“彩”，促进管理创新；在场馆经营上出“彩”，促进多元发展，为加快江苏体育产业发展做贡献，为推动全国体育产业大繁荣做出积极的努力！

争创全国体育先进县过程纪实

吴应鸣口述　姜琍整理

1988年10月12日，我市市委常委王伟成出席了在国务院小礼堂举行的全国农村体育工作先进集体、先进个人表彰会议，国务院副总理田纪云把一块亮闪闪的“江阴市全国体育先进县（市）”铜匾授给了他，并勉励说：“你们江阴不差嘛！”喜讯传来，江阴人民无不欢欣鼓舞。追忆往事，难忘的争创过程历历在目，心潮难平。

1984年7月，中国体育代表团在新中国成立后首次出征奥运会，金牌数高居第四位，轰动了全世界，也给中国体育事业带来了发展的大好时机。是年10月，中共中央向全党全国人民发出了《关于进一步发展体育运动的通知》，要求争取在本世纪内把我国建成体育强国。翌年，国家体委根据《通知》精神，在全国范围内组织开展了争创全国体育先进县的活动。

1985年年初，我去无锡市参加了一市三县体委负责人会议，听取了中共中央20号文件、国家体委关于中国代表团参加第23届奥运会情况的汇报以及争创全国体育先进县精神的传达。会议要求争取全党、全社会对体育工作的重视和支持，加快落实争创全国体育先进县的工作。

当时我县是一个有着102.6512万人口的大县，工农业总产值41.7517亿元。老百姓随着改革开放的眼界扩大，对发展体育运动越来越有了更高要求。全国开展争创体育先进县的活动，完全顺乎我县党心民心。我自己备感争创活动任务艰巨、责任重大、使命光荣。回县后，我与体委全体工作人员一起，分析形势，找出差距，明确要求，量化指标，提出了“加强农村体育，扩大体育人口，建设足球基地，争创全国先进”的口号。

经过群策群力，调研排查摸底，1985年4月，我委向县委、县政府连续递呈了两篇《对我县争创体育先进县的形势分析》等汇报材料。5月5日，在县长办公会议上，我将上级要求、我县争创形势和《江阴争创体育先进县的10条措施》作了汇报，得到了县领导的赞同和支持。对照国家体委提出的“争创”8条32款细则，在硬件上，县级公共体育设施标准应有二场（体育场、带看台灯光球场）一房（训练房）一池（游泳池），而江阴还缺游泳池；乡镇要有一场（篮、排球场，其中半数以上有灯光设备）一室（训练房或乒乓球室），而全县乡镇无一片灯光球场，镇和行政村、学校体育场地也普遍简陋。在软件上，我县经济发展水平和人民群众对体育的需求还很不适应，体育事业投入不足，体育经费离标准人均一角钱以上的要求还有差距；农村体育机构还不健全；体育师资奇缺，全县17余万学生缺体育教师332名；各项运动基础的田径项目相当薄弱，足球优势项目主要在澄江镇开展，离足球之乡还要花很大力气。体育人口只达全县总人口的30%左右，与指标35%相比，尚需继续努力。

有压力，更有动力。在县委、县政府的领导下，县体委、总工会、教育局、文化局、经委、团县委和各乡镇、各系统以至全社会为争创全国体育先进县而奋勇进取。

县委、县政府领导带头落实和支持体育事业。1985年一年中先后召开了4次县委常委和县长办公会议、县委联席会，研究体育工作，解决实际问题。原则同意体委“争创”的10条措施，确定4月21日为县体育日，以促进广泛开展群众性体育活动，为完善体育设施，抓好足球重点项目，进一步办好省足球“小三队”，扩大体育人口，争创全国体育先进县造成必要的声势。在分管领导县委常委、宣传部长李德忠和副县长张怀西的主持指导下，先后召开了3次农村体育工作会议，着重解决了调整、充实各乡镇体育领导小组，开展“有组织、有场地、有队伍、有活动”四有活动和争创省、市先进体育乡镇中存在的问题，为进一步发展农村体育工作奠定了基础。10月15日，县委书记成强在县委工作会议上，提出了春节前要有一半乡镇办起灯光球场，明年乡乡办起灯光球场的要求，对争创工作一再鼓劲。县财政各条线在紧缩开支的情况下，对体育破例增加经费，事业费从1984年实支拨款9.3479万元，人均达0.091元，到1985年增加到20.7万元，人均近0.203元，大大超过了体育先进县规定的人均0.10元以上的标准。

当时县的体育设施，在体育场里有400米×8道的田径场、2500座位的体育馆、457平方米的室内训练房，加上两片足球场及旱冰场、招待所、运动员浴室，在周边县还是很响当当的，就是没有游泳池，而游泳池恰恰是申报全国体育先进县的必备条件。当时在定点上，内部有两种意见：一种意见是资金少，造在体育场内可减少投资，还可立即上马；另一种意见是，体育场本身场地紧张，再建游泳池势必造成拥挤混乱。问题的焦点在经费上，我们把争论的情况向县领导汇报后，县领导决策：游泳池不能在体育场内建造，经费不足可以拨给。县领导的指示如春风雨露，滋润了我们的心。在部长李德忠和副县长张怀西的亲自带领下，游泳池顺利选址在虹桥新区君巫路。随即，在1985年至1987年，县财政连续拨款共计112.8万元，征地24.189亩。同时，在省体委计财处的介绍下，我们组织江阴设计院及供电局、县建筑公司等有关单位，去苏州市参观了室外游泳池，感觉到他们的设计比较先进。在和苏州市体委商量后，我们用3600元买下了他们的游泳池和泵房全套图纸。回来打桩钻探后，江阴设计院马上配齐基础图纸，加快了游泳池开工进度。当时对游泳池的灯光照明要求较高，而设计的一只屋顶灯塔高达12米。我和体委搞基建的同志，多次找供电局领导商量，在供电局资助了6万元器材的支持下，圆满完成了装灯塔的任务，使游泳池照明度达22400支光。申港电器控制设备厂赞助3000多元，装好了游泳池的配电箱；标准件厂以每吨800元的钢材调拨给了游泳池。在全社会的关注和支持下，1986年8月，50米×21米的8道标准游泳池落成剪彩。1987年7月，11间3层1135平方米的综合大楼顺利完工。在那个年代，走进游泳池大门，迎面耸立的3层综合大楼引人瞩目，蔚为壮观，奶黄色的墙面、银白色的铝合金门窗、宽敞的大厅、整洁的更衣室、碧绿的池水，绚丽的华灯，吸引了成千上万的游泳爱好者。在日新月异的城市建设中，游泳池还成为了江阴当时的十大建筑之一。

在乡镇建设灯光球场中，璜塘乡打响了第一炮。璜塘乡是江阴县的篮球之乡，全乡球队、球场、球架曾经三个“超一百”。“满天飞”篮球队在20世纪五六十年代就驰名县内外。十年动乱期间，乡里体育设施遭到严重破坏。1985年7月，乡党委书记王忠义参加了县委、县政府有关争创全国体育先进县和省、市体育先进乡镇的部署会议，回去后开了乡党委会，决定顺应形势和民情，建造灯光球场。会后随即行动了起来，成立了班子，开展规划设计；发动全乡企事业单位，有钱出钱，有物出物，有人出人。王书记亲临现场指挥，带领团员、青年填泥土，搬材料，组织义务劳动。乡长王士良亲自帮助筹集经费，组织材料。从开工到竣工，投资1.5万元，花了短短10多天时间，建起了全县农村第一片带2000座位看台的灯光球场。9月21日，该乡组织了第二届“金凤杯”篮球锦标赛，书记、乡长等党政领导带头上场比赛。全乡14支篮球队，赛程7天36场，观众场场爆满，总数达5万多人次。

1986年元旦前夕，我们抓住这个典型，在璜塘乡灯光球场举行了县第二届“丰收杯”篮球比赛，邀请了县四套班子负责人和各乡镇领导参加，部长李德忠和书记成强到场兴致勃勃讲了话，号召各乡为争创体育先进县，为促进两个文明建设作贡献。会后，县体委分组下基层，具体落实场地设施建设，收到了良好的效果。青阳镇造起了有1600座位的4片灯光球场；华士镇投资了10万元，新建了灯光、溜冰两用球场；长泾镇更是后来居上，集资23万元，建造了占地面积2255平方米、可容纳观众近4000人的多功能灯光球场，而且还将乒乓、桌球、棋类各种活动室分布在球场周围，成为镇体育活动中心。好多工厂、村和个人也动员了起来，出现了你追我赶的生动局面：华士镇上的江阴动力厂和江阴水泥厂，青阳电缆厂和电扇厂纷纷新建灯光球场，江阴钢绳厂克服厂内场地困难，别开生面地建成了屋顶灯光球场；文林乡茂墅利村建成了全市第一个村一级的灯光球场；青阳镇西庄村薛凤清花7000多元，独资建造了一个灯光球场。截至1987年12月底，我县共扩大了体育场地面积489.8亩，全市30个乡镇计有篮球场218片（其中灯光球场33片、水泥球场102片、一般球场83片），田径场（含400米、300米、200米）39片，乒乓室428个，旱冰场9片。

在争创工作中，我们还创新模式，健全乡镇体育机构。当时，我委行政编制6名、事业编制23名，其中体委秘书1名，群体、竞训干部各2名。事业单位下设体育场、体育馆、业余体校和招待所，但一到乡镇就断了线。体育馆馆长陶德贤从锡剧团调来不久，对基层工作很熟悉，他建议各乡镇设立一个专职的体育干部，我们感到这是一个解决基层体育工作具体问题的好办法。我和陶德贤等一起向副县长张怀西作了汇报，建议各乡镇配备一个专职体育干部，他们的补贴费可从县体育事业费中提出1万元，从而对专职体育干部每月补贴30元，不足部分由乡镇支付。张怀西很支持，同意采取“民办公助，乡镇自愿”的原则，设乡镇专职体育干部一人，明确由县体委发文聘用，将他们充实到乡镇体育领导小组中去，并要求对他们进行培训，提高他们的专业知识和组织活动能力，以发挥好他们的作用，由此，25个乡镇配有一名专职体育干部，5个乡镇明确了兼职人员。这一创举夯实了县体委在基层的“脚子”，在江苏省也是第一家。

对于体育教师不足的问题，教育局也是想方设法。除了争取大中专体育师范毕业生回江阴工作外，在祝塘中学附设了二年制的体育师资班，招收高考落榜的体育尖子，每人每月补贴伙食费10元。1986年9月，首批40人签约为合同体育教师，同时积极培养和调整专职体育教师队伍。在中学、集镇完小、乡中心校基本上配齐了专职体育教师，589所村小配备了兼职体育教师。经省、市、县对7中7小抽查的结果，达到了《中小学体育暂行规定》的合格标准。

在争创工作软指标方面，我们也是想方设法，扩大体育人口。首先大造舆论声势，在全社会宣传体育知识和推广体育技术。1985年，报刊、画廊、广播、电视宣传达152次，体育知识普及和咨询45次，下基层辅导118人次，培训有关项目基层体育骨干74期815人，拳功操培训骨干2100人。就这样通过滚雪球的办法，推动了群众健身活动的蓬勃开展。其次，推进城乡群体活动蓬勃开展。1985年，全县30个乡镇调整充实体育领导小组，559个行政村有312个建立了“青年之家”，乡镇企业中还建有278个俱乐部。各乡镇普遍建立了5支以上的运动队，做到了活动有安排，运动队有训练，节日农闲有比赛，而且竞赛的项目、形式、数量繁多，很为群众喜闻乐见，大大提高了他们踊跃参加的积极性，他们称这些设施和活动是自己家门口的“奥运会”“大世界”“游乐园”。青阳镇篮球队还获得省“致富杯”农民篮球赛第一名。学校体育中，1985年全县中小学开展《国家体育锻炼标准》施行面98.7%，达标率90.83%，名列全省先进行列。全县建有两个校代表队的学校有525所，3个以上校代表队的学校有73所；学校举行各种运动会463次。尤其促进了足球重点项目的普及，使其形成制度化。1985年，围绕突出足球重点项目，在城区小学校长与体育教师会议上，我传达县委常委会会议对足球运动的开展和要求，进行发动和组织工作。规定凡小学参加足球比赛必须报男女各一队，使“宝宝杯”“贝贝杯”“萌芽杯”参赛队有46个，共赛了130场次。加上中学组足球“幼苗杯”“希望杯”的比赛，有力地推动了足球活动的普及和提高，也促进了农村足球运动的开展。西郊、要塞、山观等乡镇都建队并参赛。

江阴足球水平的技高一筹和氛围的浓厚，引起了上级的重视。1985年3月，省体委专此发苏体竞6号文件，同意我县“贝贝杯”“萌芽杯”“幼苗杯”“希望杯”足球队，都可以直接参加省举办的竞赛。我县的少儿足球运动员也十分争气，在同年参加省“贝贝”“萌芽”“幼苗”“希望”杯赛中，女足队员不畏强手，打败了许多地级市队，分获第四、三、三、二名。省队县办在江阴的足球“小三队”，两胜西日本队和日本相模原市两支少年足球队。1986年初，我县的少儿足球队参加全国业余体校少年乙组赛，获得第二名，受到了省体委的表扬。基础田径项目也开始实行全县招生，集中食宿和学习。1985年，在无锡市中小学田径运动会上，获初中团体第二、高中团体第三。职工体育运动也广泛开展。全县国营大集体、机关、厂矿、企业有9.1万职工，其中有4.1万多人经常参加各种体育活动。根据总工会对全县59个国营和大集体企业的调查，有足、篮、排、羽，乒乓球队和棋类、桥牌、武术、田径运动队1097个，经常参加体育活动的人数有18072人，占总人数44088人的41.4%；在本单位内举办比赛406次，参加外单位邀请赛和县比赛共357次。江阴队参加省冶金、交通系统男足赛双双获得冠军；省国防系统运动会乒乓赛，获团体第一；省冶金系统五千、万米长跑赛，获第一、马拉松赛，获第二；省建筑、冶金系统围棋赛，均获第二。再则，促进体育社会化向广度和深度发展。体育由过去的体委“独家办”转化为社会办、个人办，加强了与总工会、教育局、共青团、老干部局等有关部门和企事业单位的联系。我们在人力、器材、场地上多出力，对方在经费等方面加以配合。1985年，共举办县以上比赛11项53次，参赛的有596支运动队、8255个运动员，比上年增长了12.29%，共赛了1141个场次，观众145500人，比上年增长了25.49%。同时，促进有关局和建筑、纺织等12个部门建立了体育领导机构。与此同时，注重发挥县11个单项体育协会的积极作用，使他们筹经费、办比赛、搞活动，都有声有色。武术协会承办了省的考核赛；足球协会承办了四省女子足球邀请赛和上海、苏州元老足球邀请赛；棋协、羽协、鸽协参加省、市比赛都获得了好成绩，鸽协还承办了省比赛和省会议。尤其是县篮球协会承办的全国“咏梅杯”甲级队篮球赛，当时体委的精力主要在搞争创工作以及整党工作，只派了两人配合，但篮协在完成5天10场比赛和吃、住、行的后勤接待中，不仅得到了运动队，省、市体委和广大观众的一致赞扬，而且还盈利了2000多元。青阳镇人造革厂篮球队开展的篮球外交促经济的事迹，《解放日报》和《无锡日报》相继作了报道。1985年8月23—27日，由省体委主持在江阴召开的江苏省农村社会办体育经验交流会，肯定了江阴的做法。江阴在大会上作了《坚定走社会化体育之路，必将获体育社会化之果》的发言。参加会议的一行60多人在参观乡镇企业兴办体育事业先进典型时，国家体委和省体委领导欣然提笔为璜塘乡作了“江南之秀，体育之光”等题词。会议后，我们又借东风，扩大全社会参与体育的影响，为争创工作掀起新高潮。通过全社会的共同努力，1985年，全县经常参加体育活动的人口已达37.6万人，占县总人口102万的36.6%，其中学校系统20.79万人（含幼儿园），职工系统4.1万人，农民13.5万人，其他0.73万人，达到了争创的规定要求。

在争创的日子里，我至今还很难忘记老部长李德忠和副县长张怀西的不懈努力和鼎力支持。记得在1985年4月19日夜，县委常委决定4月21日为县的体育日，并同意县体委在4月21日举行江阴县首届“宝宝杯”足球比赛的请求。在时间紧、任务重的情况下，李部长第二天一早就亲自跑到体委来传达，一起商量邀请上级领导和新闻单位和接待、比赛中的具体细节，并利用他自己在宣传系统的优势，急事急办，帮助联系落实。这是一场隆重、有特色的娃娃足球赛。组委会是县的四套班子领导：主任是书记成强和县长田庆白；副主任是刘立荣、刘玉兴、翟怀新、李德忠、张怀西。参加比赛共男女各9队，赛事8天、72场。中国足协、团省委、省妇联拍来贺电，省总工会写来贺信；省体委、省教育厅、中华全国体育总会江苏分会、省足协、无锡市和无锡、宜兴、沙洲县（今张家港市）体委的有关领导，专程赶来参加了开幕式。参加开幕式的新闻单位有省电视台、省人民广播电台、江苏体育《拼搏报》、无锡和江阴的两台一报。在开幕典礼上，田县长代表县委、县政府宣布：4月21日为江阴体育日；无锡市体委副主任潘多讲了话；书记成强和县人大主任刘立荣为首场男女队比赛开球。现场观众近5000人。江苏电视台录制了有关比赛实况，并在29—30日晚上7时半播放。会后我们还写信向邓小平汇报了比赛情况。此次比赛，意味着“宝宝”“贝贝”“萌芽”“幼苗”“希望”8—17岁5个年龄组衔接梯队配套成龙，标志着江阴足球迅速发展的新阶段。开幕式的大张旗鼓、大造声势、大得人心，李德忠功不可没。李德忠和张怀西在比赛队出征和回归时，经常到体委对运动员作思想动员或表彰鼓励，要求他们平时要刻苦训练，赛时要敢于取胜。张怀西副县长还曾多次出面协调体委与教育局、总工会等部门的关系，以解决双方在体育业务分工和经费、材料分担等体委难于解决的问题，点点滴滴温暖了我们的心。

全县上下开展的争创全国体育先进县活动，使江阴体育事业得到了大发展、大推动，争创工作只等验收这股东风。根据省体委作出的各县在申报体育先进县之前，市进行自检自验的要求，1986年3月31日至4月4日，由副县长张怀西接待，会同无锡市体委群体科长、农村体育干部以及县体委、总工会、教育局负责人共8人，组成江阴县争创体育先进县联合检查验收组。按照国家体委争创体育先进县细则条例，采取听、查、问、看、记、议六个步骤，随机抽样，检查验收了华士乡、青阳镇、江阴县中、实验小学、江阴铸造机械厂、江阴动力机厂。检查后认为“江阴县已基本上达到体育先进县的标准，向省申报，请省验收”。

在省和国家体委验收团到来之前，5月9日上午，召开了为评选江苏省和全国体育先进县验收工作为主题的县体育工作会议。副县长张怀西在会上要求各乡镇人民政府和学校、工厂等单位，继续加强体育工作，同时做好有关资料和口头汇报材料的准备，做好迎检工作。教育局和总工会相继发文，要求各单位做好迎检准备。5月20日，总工会和体委还在铁合金厂召开了职工体育现场会。

5月28日至31日，江阴县接待了由省组成的10人检查验收组。抽签中，乡镇方面除澄江镇为必查镇外，抽到华士、周庄两乡镇。500人以上工厂抽到了澄西船厂、江阴农药厂、江阴机械厂，500人以下工厂抽到了江阴化工一厂、长江农机修造厂，百人以上机关抽到了工商银行。学校方面，根据上级规定，随乡镇组检查，共查了南菁中学、实验小学、华士中学、华士中心小学、周庄中学、周庄中心小学。乡镇除查乡镇的文化中心（站）外，还抽查一个乡镇办厂和一个村，共查了澄江镇的铸造机械厂、塔南村，华士镇的矿山机械厂、华西村，周庄镇的汽车运输公司和杜家巷村。

由于江阴迎检准备工作做得细，检查组听取了副县长张怀西和我分别代表县政府、体委作的我县“争创”工作汇报后，在随后分乡镇、学校、工厂、机关3个组3天检查中都比较满意，评价为江阴县的体育工作很有特色，基本上符合先进县的标准，好多方面超过了上级的要求，建议向国家体委申报。在此期间，张怀西和我以及总工会、经委、教育局负责人和有关人员，自始至终陪同参加。

7月5日至6日，中国记者协会、省体委、省体育记者协会，无锡市、苏州市体委，组织中央和部分省市新闻单位51名体育记者，联合举办的苏南农村体育采访活动到江阴县采访。张怀西亲自组织并陪同采访了华士镇文化中心、动力厂、华西村，要塞体育专业户王金龙办的溜冰场，钢绳厂、县体育场、青阳镇和马镇徐霞客故居等。县委副书记翟怀新进行了接见。记者们参观后一致认为江阴的领导重视体育，江阴的体育有特色、有看头、抓得很实，给他们留下了很深很好的印象，扩大了江阴体育的影响。

10月中旬，副县长张怀西和我一起出席了在徐州召开的省十一届运动会暨群众体育先进代表大会。会上，江阴县被命名为江苏省体育先进县，给我们争创工作鼓了劲，加了油。

根据省、市检查验收组的意见，结合江阴县的实际，我们又提出了四条措施，高标准、严要求、迎接全国“争创工作”检查团的验收。体委还派刘初宝和王学飞专程去丹阳进行了取经。11月16日，国家体委验收组到江阴县抽查了乡、镇、村、学校、工厂的体育工作，查阅了有关资料，察看了体育设施等，认为我县的体育工作“领导很重视，群众有要求，工作发展快，潜力非常大”“卧龙伏虎、腾飞有望”。事后，由于种种原因，到1988年9月3日，国家体委下发了体群字1988年89号文件，正式评定江阴市为“全国体育先进县”。争创工作历经三年多，终于画上了圆满的句号。

省足球小三队江阴办班始末

端木水根

足球运动在江阴有着深厚的群众基础，是江阴广大群众业余文化生活中不可缺少的一项体育运动。江阴青少年在省、市级足球竞赛中，历年来都取得了好成绩，为省输送了足球后备人才。1979年7月，江阴被省体委确定为全省九市、县开展足球运动的重点地区之一后，足球运动得到了更快发展。澄江镇从小学到高中，建立了男女各四个年龄组的梯队训练，即9−10岁的

“贝贝班”、11−12岁的“萌芽班”、13−15岁的“幼苗班”、16−17岁的“希望班”，环环相扣，层层衔接，校队、班队层出不穷。城区厂矿、街村有40多支成年足球队，每年进行的升降级比赛形成制度。同时，广泛辅导青少年，每个职工足球队，负责辅导一个青少年队，比赛时须一同参加比赛和评分；社会阶层足球精英组成的市“呐喊”足球队、市中年足球队也相继成立，形成了良好的足球开展活动氛围。

1983年4月4日，省体委向全省转发关于足球座谈会纪要，强调了打好足球翻身仗的几项战略措施：1．召开江苏省足球工作会议暨江苏省足球协会全体委员会议；2．重新组建全省足球训练网；3．省设一队和二队两个队。江阴、徐州两地建立两个足球小三队，作为省运动学校的分班，中专编制。8月17−21日，江苏省足球工作会议在江阴举行。省体委主任吴镇、副主任兼南京体院院长张海涛、副主任杨静仪、竞赛处长汪华、省足球协会主席张凤扬以及各地市、县足协有关人员共71人参加会议。其中，江阴由体委副主任赵舞翔、县业余体校负责人兼足球教练的我和县业余体校足球教练刘启朴参加。

鉴于江阴足球运动的蓬勃发展，以及落实1983年在江阴召开的全省足球工作会议的纪要精神，1984年年初，我多次派人赴省体委有关部门汇报，意在江阴为尽快落实省足球工作会议精神，拟定办一个隶属于省体校编制的足球教学班（中专性质），这样一可向省输送更多的足球后备人才，为改变江苏省足球运动落后面貌出力；二可在一定程度上解决足球运动员的后顾之忧，以吸引更多喜爱足球的青少年参与该项运动，同时又可为江阴基层培养足球师资力量，弥补体育教师的不足；三可进一步促进江阴县足球运动的开展，有利于体育事业的发展。在工作取得进展的同时，由县体委出面，以县政府的名义向省体委提出申办省足球教学班的报告。省体委认为：一、江阴县领导重视，基层单位有信心；二、江阴有良好的训练设施和执教文化教学的老师；三、有办省助足球重点班的经验和符合年龄结构的运动员；四、有执教青少年足球训练的教练员队伍，完全有能力办好这个班。5月，省体委同意在江阴筹建名为“南京体育运动学校江阴足球教学班”（1986年更名为“江苏省体育运动学校江阴足球教学班”，简称为省足小三队），中专性质，定15名中专编制和5名省体校编制，经费按中专编制每生每年1000元、省体校编制每人每年800元包干，其余经费由地方负责。随后，我委与县教育局多次商讨落实建班的学校以及建班后运动员的学习、训练、生活、经费等方面的有关问题，确定在江阴县一中（现江阴市第二中学）单独设班。紧接着按省体委训练处的要求，派出教练员分别赴苏州、无锡两市的有关县，利用一个月时间对各地推荐的符合年龄结构（1969年、1970年、1971年出生）的44名运动员进行身体形态、技术、素质、文化等方面的测试，并将测试的名单、成绩以及建班的机构一并上报省体委训练处。经省体委训练处和省体工队的复核、审定，1984年9月，省体委以苏体训〔1984〕第105号文件批复确定，并对该班的性质、培养目标、招生区域、招生办法、队伍编制、教学、训练均做出了明确规定。文件下达后，班子搭建由教育局潘嗣玉任班主任，负责组织实施文化教育；县体委刘初宝任领队，负责组织实施思想教育和行政管理；主教练刘启璞和我担任教练，负责日常训练、生活等工作。运动员18人（苏州市：徐喆、朱学军、王建军、刘晓东；常熟市：瞿栋良、管亿民、钱宇亭；无锡市：何铭、高军、袁家荣；江阴：陆亿良、赵伟、翟卫国、姜屹峰、张军、许良、姚兵、汤永红）。授课形式：实行半天训练、半天学习（星期一、四下午各上一节课），运动员分初二、初三，单独设班上课；课程设置：语文、数学、理化、外语、政治。学生初三毕业时考试，按省运动学校的要求，由省运动学校派人监考，合格者升入中专编制。在中专毕业时，如未能进省体工队，则集中到省运动学校学习一年，取得毕业证书，按规定回原市、县分配工作，作为师资力量。

1984年11月，县教育局与县体委在关于“省足小三队”文化和技术训练分工协议书上签字，一式5份（县人民政府、县教育局、县体委、江阴县第一中学、省足小三队各一份）。签证机关：江阴县人民政府。12月20日召开建队大会，县委常委李德忠、副县长张怀西、共青团江阴县团委以及县教育局、县体委领导、县第一中学领导出席了会议，李德忠代表县委授队旗，副县长张怀西代表县政府赠送了“为国争光，走向世界”的锦旗，江阴县团委赠送镜框一个，县体委赠送了17寸电视机一台，作为教学训练使用。

根据江苏省足球运动的现状和当时足球运动的发展趋向，在训练中制定了“严格训练、严格要求、严格管理”的方针。在抓好全面基础训练的同时，重点突出了基本技术规格化和在运动中的技术合理运用；将个人特点、竞技战术、作风、意识揉入与全队整体配合之中的训练要求。在训练的同时，针对我队的现状制定了文化学习、训练比赛、生活纪律等方面的有关规章制度，建立了教练员值班制和开展谈心、家访、批评与自我批评，利用黑板报表扬好人好事等形式，耐心细致地做好运动员的思想工作等。经过近3年的努力，到1986年3月，共有14人批准为中专生（陆亿良、赵伟、翟卫国、张军、姜屹峰、瞿栋良、袁家荣、钱宇亭、姚兵、朱学军、王建军、高军、汤永红、管亿民）。到1986年年底，有7人进入省足青年队（徐　、陆亿良、赵伟、翟卫国、姜屹峰、张军、高军，1987年又有3人进入省青年足球队（袁家荣、刘晓东、钱宇亭）。据不完全统计，从建队到1986年年底，　共训练1827个小时，并先后与不同年龄、级别的队伍进行了77场比赛，取得了胜64场、平8场、负5场的良好成绩，尤其是二战二胜日本相模原市和西日本少年队，为国、省赢得了荣誉。1986年1月，以我队为主组成的省少年队，参加了在江西省九江市赛区的全国业余体校少年乙组足球赛中，力克强队，荣获亚军，为省参加下一年度的全国业余体校少年乙组的足球赛打下了良好的基础。

由于一些客观因素，江阴足球教学班（省足小三队）于1987年9月在送走最后一批队员后就中止，结束了其历史使命，而送去省体工队的这批队员，后来成为当时省足的主力队员，加上先前江阴输送到省足球队的黄铭、翟伟忠等，在最多的一届省队中，江阴输送的队员曾占到12名。场上主力队员占据“半壁江山”，成为了当时的江苏省足球佳话。

江苏法尔胜足球俱乐部成立及参赛始末

曹士洪口述　姜琍整理

1996年，我在法尔胜足球俱乐部任副总，1999年总经理朱伟调动工作，由我担任总经理。前前后后，我见证了江苏法尔胜足球俱乐部成立以及参赛始末。

江苏法尔胜集团在风风雨雨几十年的发展中不断壮大。1964年起家于澄江制绳生产合作社，1971年更名为江阴钢绳厂。1993年列为省级企业集团，更名为江苏钢绳集团。1998年经国家工商总局批准，更名为法尔胜集团。尤为可贵的是工厂始终把建设和创新企业文化载体，积极开展丰富多彩、健康有益的群众文化艺术体育娱乐活动放到了重要位置。1996年年底，法尔胜还被称为江苏钢绳集团的时候，为了增添原有足球队的新鲜血液，集团公司专门成立了业余的“雄鹰足球俱乐部”，在社会上招了一批足球骨干，并请江阴市体委教练马杰担任指导，下班后直接到原来的老职工大学足球场上去训练。1997年，在江阴市第四届运动会上，雄鹰足球俱乐部队代表钢绳集团夺得了职工组冠军。其后一鼓作气，10月在首次举行的“省长杯”大型企业职工足球赛上获得亚军。

集团公司董事长周建松喜欢足球，并且有计划以雄鹰足球俱乐部作为企业文化名片，向全国有业务关系的大型企业展示法尔胜集团的文化内涵。此后，以雄鹰俱乐部部分队员为班底，从山东青岛、上海等地招收部分青年队员，并引进部分职业优秀队员，组成了一支以年轻队员为主、有一定战斗力的足球队。为注重青少年培训、输送优秀人才，还出资买断了无锡市少年足球队作为法尔胜俱乐部的二线队伍。俱乐部聘请了曾执教过江苏加佳队、上海二纺机俱乐部的高级教练卢伟森出任主教练，无锡市体育中心高级教练刘启璞任总教练，在上海 冠俱乐部任教过的陆殿明担任助理教练。

1998年年初，江苏钢绳集团公司注册的江苏法尔胜足球俱乐部，经江苏省足球协会、中国足球协会注册获得批准。3月28日，在法尔胜大酒店中心会议室宣告成立，同时举行了新闻发布会。市人大副主任薛泉根、周建松，江阴市政府副市长陈捷元，江苏省体委足球管理中心主任吕卫东，无锡市体委副主任王志明，江阴市体委主任李仕忠，法尔胜集团等有关单位领导与到澄记者、球迷们一起出席了会议。

法尔胜足球俱乐部作为全国唯一的县级市足球职业俱乐部成立后不久，接到中国足球协会通知，1998年全国足球乙级联赛第一阶段预赛将于5月2日至8月8日分别在东北、华北、华东、中南四区举行，江苏法尔胜足球队将参加华东区主客场的全部比赛。其中以主场身份，将在江阴体育场，与上海宝钢、安徽乐普生、山东青岛、福建厦门、浙江宁波等足球队进行了5场主场制比赛。接到比赛任务后，从俱乐部领导到教练、队员，既兴奋又感到有压力。第一次在家门口比赛，是亮相也是考验。我们虽然组队时间短，但是一定要为家乡人民争光。大家训练都十分刻苦，心往一处想，劲往一处使，每天都是汗水淋漓，泥土满面。到后阶段，我们还组织了队伍到青岛、济南，与高水平球队进行热身比赛。

与此同时，法尔胜足球俱乐部的成立，给江阴老百姓带来了直接观摩的好机会。足球是江阴的体育传统项目，球迷多，影响大，江阴承办此次足球大赛，级别之高，时间之长，在江阴市历史上还尚属首次。市政府副市长陈捷元亲自挂帅，他一方面鼓励我们法尔胜俱乐部要踢出江阴人敢于拼搏的风格，踢出水平；另一方面组织卫生局、公安局等各有关部门积极参与，全力以赴，当好东道主，确保法尔胜足球队主场万无一失。省体委副主任冯洪宝专程到会检查准备工作，对江阴组织本次比赛的领导重视、宣传布置、竞赛协调、场地措施、后勤接待、安全保卫等工作表示满意。

5月2日下午15时，全国足球乙级队联赛华东江阴赛区第一场，江苏法尔胜俱乐部申达队对阵上海宝钢队的比赛，在江阴体育场打响了。3000余名球迷，前往现场观看了比赛。东西看台人头攒动，四周的围墙上、树上、房屋平台上、窗口都挤满了人。球迷之多，盛况空前。无锡市委副书记王家骏专程赶到赛场观看比赛，副市长陈捷元开赛前致了欢迎词。

当时情况，江苏法尔胜申达队是个组建才三个多月的县级足球俱乐部队，队员年轻，缺少配合，没有大赛的临战经验。而对手上海宝钢队则是一支足坛劲旅，技术全面，配合娴熟，能征惯战，整体素质较好，是叩响甲B大门的“硬队”。主客队实力强弱是明摆着的，欲以弱胜强，拼杀之激烈是可想而知的，我们都有一种豁出去的感觉。

开赛时，法尔胜申达队就采用了“442”的防守反击阵形。针对上海宝钢队中场拼抢凶猛，渗透快速的凌厉攻势，法尔胜申达队大部分队员退到后场进行密集型防守，并通过长传吊打，快速反击。这时旗鼓相当，险象环生，双方厮杀得难解难分。下半场双方易地后，上海宝钢队改变了密集中场的战略，改为长传冲吊，两翼齐飞，一度攻势旺盛，势如重兵压境，席卷全场。法尔胜申达队后卫靠着积极的拼抢，以背水一战之势，凶猛铲断和顽强拼搏，几乎使上海宝钢队没有射门的机会。而中场队员则大胆压上，瞅正机会，频频射门。下半场进行到44分时，宝钢队求胜心切，全部压上，但球在中场被截留。法尔胜申达队抓住机遇，快速传球至前场，3名队员也快上快攻，与宝钢队守门员形成三打一的局面。面对风云剧变，宝钢队守门员飞身扑出，但因手与球失之交臂，被我队18号队员轻易地将球射进球门。顿时，全场欢声雷动，鼓乐震天，观众情绪似烧开了的水。副市长曹建华也激动得从座位上跳了起来。当天江阴电视台、无锡电视台进行了实况转播和新闻联播，江阴有线电视台、江阴广播电台、《江阴日报》社等新闻单位作了报道。约有30余万人观看了这场比赛。江阴法尔胜申达足球队首场旗开得胜，街头巷尾人们奔走相告，恬静美丽的暨阳城乡处处洋溢着喜庆的欢歌笑语。

最后，江阴法尔胜申达足球队在江阴比赛的战况为一胜一平三负。

值得一提的是，1998年，法尔胜足球俱乐部组队参加全国足球乙级联赛，这是对外的盛举，我们对内也积极推动集团公司开展体育活动。在厂内以各分公司独立法人为主，组成了16支足球队，分别用"以人为本，科技立厂，管理求实，优质取胜"治厂方针命名。这16支"以胜队、人胜队、为胜队、本胜队、科胜队、技胜队、立胜队、厂胜队、管胜队、理胜队、求胜队、实胜队、优胜队、质胜队、取胜队、胜胜队"，从是年8月下旬开始，在市体育场历时半月，举办了1998年"江苏法尔胜集团足球比赛"。大家在绿茵场上，同心协力，顽强拼搏，展示了法尔胜集团良好的企业文化风貌，展示了企业雄厚强劲的实力和奋发向上的斗志，展示了江阴工人贯彻全国全民健身工程和强健身体素质的形象。

同样在1998年，法尔胜俱乐部成立了足球青年队，形成了梯队建设。2000年U－19全国青年足球联赛华东赛区，5月10日至20日在江阴市举行。法尔胜俱乐部队再次在江阴家门口迎战，新闻媒体称之为绿茵场上卷起的又一股足球旋风。参加本赛区联赛的有浙江绿城、天津体校、江苏法尔胜、广州太阳神、火车头郑州裕达国贸、广州松日、长春亚泰、八一8支队伍。经过七轮28场激烈拼搏，广州太阳神六胜一平，积19分列第一；江苏法尔胜六胜一负，积18分列第二；天津体校五胜二负，积15分列第三；浙江绿城四胜一平二负，积13分列第四；火车头郑州裕达国贸一胜二平四负，积5分列第五；长春亚泰一胜二平四负，积5分列第六；八一三平四负，积3分列第七；广州松日一平六负，积1分列第八。广州太阳神、江苏法尔胜取得角逐全国1－8名的决赛资格。最后在上海举行的决赛中，经过大家齐心协力拼搏，江苏法尔胜夺得了全国第6名的好成绩。这是我们足球俱乐部成立以来的最佳成绩，也创下了江阴体育的历史纪录。

江阴市少年足球代表团访问日本纪实

季江宁、苏一鸣口述　陆鼎整理

2000年8月11日早晨，江阴市少年足球代表团一行28人，怀着无比激动的心情和崇高的使命感，带着114万江阴市人民对藤冈人民的深厚友谊，从上海虹桥机场坐上了东航MU523飞往日本的航班，来到日本藤冈市。我们也有幸参加了这次出访。

1988年，江阴市与日本藤冈市首次友好交流后，至20世纪90年代末期，两市之间的友好关系不断发展，两市领导互相访问、市民交往频繁，特别是青少年之间的交流逐步增多，呈现出多领域发展的良好势头。1999年，除进行学生书画作品交流等外，同年8月21日，日本藤冈市足球协会组织该市少年足球队访问江阴，与江阴少年足球队在市体育场进行了友好交流比赛。2000年4月28日，江阴市与藤冈市正式结为友好城市，藤冈市市长塚本昭次发出邀请，邀请江阴市少年足球代表团，参加该市8月中旬举行的“狮子杯”少年足球比赛。

5月份，市体委接到江阴市外事办的通知，得知藤冈市邀请江阴少年足球队访问藤冈的消息，大家感到非常高兴，也感到日本朋友非常讲诚信。记得1999年藤冈市足球协会会长神子田遥率领市少年足球队在江阴访问期间，曾口头邀请江阴少年足球队访问藤冈。当时，我们只想到是友好的象征，没想到承诺变为现实。这不仅是江阴市与藤冈市结为友好城市后的第一个出访代表团，也是江阴足球队首次走出国门。时间紧、任务重，我们随即着手准备。市体委首先在市业余体校三至六年级的足球队员中，进行了动员选拔。学生们报名十分踊跃，几乎所有的孩子都由家长陪着报名。家长都感到孩子能出国见世面，为中日友谊的发展作出努力，机会实在难得。但由于人数有限，有些孩子遗憾地未能参加代表团。随后，代表队成员的组成、足球队员的训练、外事教育、学唱日本歌、办理护照、签证材料等各项工作，都在紧锣密鼓地准备。周围的同事，也都为我们县级市体校足球队能够出国交流感到无比光荣。办理好一系列手续，经省政府批准，代表团共由28人组成，市委常委、宣传部部长姜宪任团长，市体委主任、足协秘书长李仕忠任副团长，团员包括市体委副主任、足球顾问季江宁，市电视台台长赵叶，市外办副主任江鸣波，辅延小学校长陶宗华，业余体校教练员苏一鸣，以及翻译杨立群（无锡市外办干部、日本岛根县道町国际交流员）和蒋志鹏等20名学生。

8月10日晚上6点，代表团在市体育场集合，一起坐大巴到了上海，入住江苏饭店。夜幕低垂，到了该休息的时候，大家都心情激动，难以入眠。尤其是小队员们，个个精力旺盛，不停地讨论着日本这个国家，讨论着在异地的比赛。我们去房间检查了好几次，再三督促，小队员们才慢慢入眠了。

8月11日早上6点，城市中的人们还在甜蜜地睡着，我们足球代表团的成员们却已在吃早饭了。6点30分，大巴准时出发去机场。7点整，大家到了虹桥机场办理出境和登机手续，然后登上了MU523次飞往日本东京的航班。9点10分，飞机准时起飞。小队员们都是第一次坐飞机，唧唧喳喳开心得不得了。随着飞离国土，也有的队员开始显得紧张，怕到了日本与日本朋友交流时，把老师教的十几个常用日语都忘了，会丢了祖国的脸。姜团长看出了小队员们的想法，就和我们几个人一起耐心劝导紧张的小队员。没一会儿，小队员们都打起了精神，看着窗外的朵朵白云像一块块的棉花糖，高楼大厦都成了小芝麻，心情别提多高兴了。

中午12点15分，经过近3个小时的飞行，我们终于到达了东京成田机场。办理完入境手续，走出大厅，早已等候在机场的藤冈市市政府的官员热情地迎了上来，引导我们坐上大巴，赶往此行的目的地——藤冈市。又在高速公路上行驶了3个小时，大巴直接开到了藤冈市市政府。下车后我们受到了藤冈市民的热烈欢迎。市长塚本昭次早已等候在欢迎会场。会场挂着中日两国国旗，中间写着“友好”两个大字，横幅上写着“少年足球代表团交流大会”。在主席台就座的有藤冈市的领导和日本足球小队员的家长们。会上，藤冈市领导和团长姜宪先后作了热情洋溢的讲话，表达了两国人民的友好之情。在我方代表团与藤冈市领导交换了礼物后，市长热情地宴请了我们。晚上，代表团入住芦田乃庄休息，睡的是榻榻米，让大家初步感受了日本文化。

8月12日至13日，我市20名三至六年级的小学生参加了藤冈市“狮子杯”少年足球比赛四年级以上组的比赛。队员们克服了高温、阴雨、时差等不良影响，发扬团结拼搏的精神，参加了4场正式赛，1场友谊赛，取得了第四名的成绩。在小组赛中，队员们以两战全胜的战绩获小组第一。在交叉赛中，我队与向阳FC队争夺决赛权。双方在比赛中，都打出了较高的水平，并互有得分机会，双方最终以互罚点球争夺决赛权。在点球决胜中，我方小队员负于对方，失去了与藤冈第一A队争夺冠军的机会。从这次比赛来看，日本少年足球运动员技术比较全面，具有个性和特点，控球和突破能力很突出，因此整体实力较高。赛制上，日本少年足球从小就实施11人制，有利于培养孩子建立足球整体布阵和战术的多样性意识。从比赛战术看，边路插上助攻、转移进攻、交叉换位等战术组合发挥较好，展示了日本少年足球的功底。

8月14日至17日，队员们完成了预定的比赛后，开始参观日本这个发达国家。14日上午，在群马县内参观，去了日本有名的浅间山。下午，小队员们与藤冈市的少年朋友进行了文艺联欢。小朋友们还在一起玩了猜拳游戏，输的人就要挨一记塑料榔头，大家玩得不亦乐乎，双方感情更加深厚了。15日，代表团乘车出发去了东京，午餐后参观了宏伟壮观的日本中央电视台。通过参观，小队员们大致明白了日本的叔叔阿姨制作电视节目的过程。参观完日本中央电视台，队员们又去了台场海滨公园。16日上午，代表团去了水族馆，下午去了小队员们最喜欢的迪斯尼乐园。迪斯尼乐园非常大非常漂亮，有很多惊险的游戏，深受小朋友的喜爱。小队员们都很开心，玩得筋疲力尽。17日上午，日本友人带我们参观了航空科学馆。日本科技的先进，深深震撼了我们，也给小队员们上了生动的一课，大家纷纷表示，要好好学习，为祖国作贡献。

在藤冈期间，小队员们有两夜要被安排住宿在日本居民家庭中，这也是为了两国小朋友能更好地交流，使他们对对方的国家能有更好更深的了解。但日本友人第一次将孩子接走时，我们还是有些不放心。语言不通，习惯不同，孩子们能适应吗？会不会哭闹呢？团长们心系孩子，思绪不宁。第一晚，在足协会长神子田遥的陪同下，姜团长、李副团长等专门走访了几家才算放下心来。第二天，孩子集中时，个个兴高采烈。经询问得知，他们去了日本家庭后，日方家长安排了丰富多彩的活动，诸如吃烧烤，打游戏机，踢球，给纪念品，给家里打电话等，小队员们都玩得开心极了，以至急不可待地想要再去玩。当告别时，很多队员都热泪盈眶，不断高呼“爸爸、妈妈、姐姐、弟弟，再见！”双方都依依不舍，场面很感人。

17日中午，代表团一行来到成田机场，办理好出境登机手续，乘机回国。日本同行办事严谨、热情，整个访问日程安排合理、井井有条，从接到送，市政府、足协人员始终陪同服务，尤其是会长神子田遥，虽然年事已高，但仍不辞辛苦，忙里忙外，给我们留下了深刻印象。

部分体育项目沿革史粗考

殷新宝

体育活动、比赛项目较多，亦为人们常见，但能知道他的来龙去脉，恐怕有一定难度。笔者编纂体育志，业务要求，要基本了解这些方面的一手史料。现据《中国体育史简编》等体育界专著教材资料，进行适当的组合整理，作为参考资料，在编著《江阴体育志》过程中起借鉴作用，为读者提供一些可读性史料。

1. 足球沿革史溯源粗探

足球在商代已经流行，《卜辞》中有“庚寅卜，贞：乎鞠舞，从雨”的字句，这是我国有关足球活动最早的文字记载。但商时称鞠舞，用于祭礼，是巫向上天祈求风调雨顺，农业丰收所跳的一种舞，而非用来娱乐作体育活动的。至战国时期，蹴鞠（足球）在各国广泛地开展，主要用于娱乐而非祭祀性质。这是一个历史转折点，《战国策》载：“临淄甚富而实，其民无不吹竽，鼓瑟、击筑、弹琴、斗鸡、走犬、六博踏鞠者”。

秦汉时期，蹴鞠已是一项重要的体育活动，开展得很普遍，上至帝王、下至百姓，从宫廷到民间广泛展开。汉高祖刘邦曾在宫苑内设“鞠城”，盛况可见一斑。汉代盛行在军队中开展蹴鞠运动，目的一为丰富士兵的业余生活，二是可以增强士兵的体能，提高军队战斗力，有富国强兵之效。至唐代，由于马球的兴起和盛行而降低了蹴鞠运动的地位，但依然比较盛行，并向女子蹴鞠和种类上发展。

中国和日本在汉朝时期就有了友好往来，中国的角抵（相扑）、围棋在汉时传入日本。隋唐时期的中国文明文化处于世界领先地位，蹴鞠、击鞠、武术、棋类等多种运动项目于公元644年之前已传到日本。据日本古代蹴鞠专著《蹴鞠九十九条》说：“鞠始于太原。”另一部蹴鞠专著《游廷秘抄》引据《口传集》说：“蹴鞠者，起自沧海万里之异域，遍于九陌之皇城。”这两则史料表明蹴鞠唐时已传入日本。同时，唐时与印度、东罗马、越南及西方国家进行体育交流，蹴鞠等一批优秀体育项目随着交流传向世界各地。

2. 围棋沿革史溯源粗考

围棋发源于原始社会，至夏朝、商朝已在宫廷中出现。围棋、又名弈。至春秋时期已很流行。《论语·阳货》载：“子曰：饱食终日，无所用心，难矣哉，不有博弈者乎，为之犹贤乎已”。《左传》亦有类似记载，说明春秋时，围棋已成为常见的娱乐活动。继魏晋南北朝围棋盛行之后，唐代围棋又形成高潮，所用棋枰已达纵横19道，术语已达30余字。这一时期围棋盛行于文人学士之中，民间亦有高手。唐代帝王多喜爱围棋，大中二年（848年）在长安举行中日围棋比赛，中方获胜。并开始出现女子对围棋爱好现象。至明代出现不少流派和高手，被誉为“国手”“国工”等称谓，并开始使用“冠军”称号。这一时期的妇女也不乏弈棋高手，如明末女棋手薛素素等人。清朝至现代，围棋已进入寻常百姓家，我国几千年古老的围棋项目为多国人民所喜爱。

3. 相扑沿革史溯源粗考

相扑原名角抵，源于秦汉以前的春秋商周时期。山东临沂银雀山汉墓中出土的一幅帛画上绘有角抵图。湖北江陵凤凰出土的垢漆绘木蓖上也发现角抵图案。从这两幅画中不同穿着打扮的角抵人物来看，当时的角抵已形成各种技术风格，并且还有一定的比赛规则。

至两晋南北朝时，角抵已有名称上的变化，其中有区分，凡观赏一类仍称“角抵”，竞技性质的改称“相扑”。据王隐《晋书·刘子笃》载：“颍川，襄城二郡班宣相会，累欲作戏，襄城太守责功曹刘子笃日：‘卿郡人不如颍川人相扑’。笃日：‘相扑下技，不足以别两郡优劣’。”从甘肃敦煌莫高窟北周时期的相扑图来看，当时相扑图的服饰与现代日本的相扑比较相似。这一时期已出现女子相扑。进入隋唐、五代十国，各国上下十分盛行相扑。据《旧五代史·李存贤传》载：“存贤少有材力，善角抵，后唐初，庄宗（李存勖）在藩邸每宴，私与王郁角抵斗胜，庄宗自矜其能，谓存贤曰：‘与尔一博，如胜，赏尔一郡’。即时角抵，存贤胜，得蔚州刺史”。以官职作赌注来角抵，虽有些荒唐，却可以看到当时后唐国主对角抵的喜好程度。

至宋代，“角抵”称为“相扑”或“争交”。据《梦梁录》载：“宋朝宫廷内设有相扑手，都是从卫戍皇城的禁军中选拔出来的，共一百二十人，叫做‘内等子’，专供朝廷大朝会及节日表演之用。”角抵运动在民间也蓬勃开展起来，并组成相扑队，常在民间游乐场所“瓦舍”或在庙会上表演。开始出现民间体育社团，如有名的城市体育组织齐云社（蹴鞠）、角抵社（相扑）、锦标社（射弩）、英略社（使棒）等。南宋时，京城杭州有女子相扑名手“赛关索”“嚣三娘”“黑四妹”等人名扬中外。至清朝，相扑改称摔跤，列为军事训练科目之一。有“官跤”“私跤”之分，至今在杂技项目中出现和以摔跤项目出现，成为娱乐性竞技项目。

4. 马球沿革史溯源粗探

我国最早的马球记录是东汉曹植的《名都篇》中对马球的描述。但那时不称马球，叫“击鞠”。说明马球最迟在东汉晚期已经出现。马球起初是骑在马上以杖击球，要有很高的骑术，发展到三国时期已非常盛行。至唐朝达到最兴盛时期，并取代了蹴鞠的地位。天宝六年（747年），唐玄宗下诏定击鞠为“用兵之技”，推动了军队的马球运动，锻炼了官兵体质，加强了作战技能。唐后期至五代衍化成不骑马的步打球，是现代曲棍球的前身。

马球自汉至隋唐、宋、元、明，前后延续一千几百年，由马上击球发展到步打球，由军事训练演变成娱乐性质，至明代逐渐消失，失传。近代的曲棍球与马球相似，可以说曲棍球继承了马球的内涵。

5. 拔河沿革史溯源粗考

拔河是长盛不衰的民间传统体育活动，起源于春秋时期，当时叫“拖钩”，或“牵钩”，原为军队的体育活动，之后传入民间。唐时拔河作为一种游戏，朝廷王臣以此为乐，较为盛行。《景龙文馆记》说：“景龙四年（710年）清明，中宗命侍臣为拔河之戏。以大麻绠两头系十余小索，每索数人执之以挽，六弱为输。”名曰拔河。拔河这一古老的体育活动植根于民间，历几千年长盛不衰，至今仍有这一体育娱乐和比赛项目，并流传至国外。

6. 木射沿革史溯源探考

木射是一种室内球类活动，发源于隋唐时期。按人轮流比赛，适宜中老年人。游戏的方法是一端置十五个笋状平底木柱，在场地另一端用木球抛去，击倒木柱。其中十个木柱写红字：“仁、义、礼、智、信、温、良、恭、俭、让。”另五个木柱写黑字：“傲、慢、佞、贪、滥。”击倒红字木柱为胜，击倒黑字木柱者为败。唐代陆秉著有《木射图》一书，详述这一娱乐性体育活动之内容，是木射活动起始于唐代前的文史记载见证。

木射运动现已发展成保龄球运动，并流行各国。

7. 竞渡沿革史溯源探考

竞渡活动是为了纪念春秋时代伟大的爱国诗人屈原，发自民间的一种纪念活动。发源时间为春秋战国时期，但在唐代以前没有统一的日子，从春至秋天四至八月间举行。自唐以后才统一于农历五月初五端午节（屈原投汨罗江之日）举行。五代时竞渡风俗较盛，不但民间组织，官方也曾提倡，《南唐书》说：“郡县村社竞渡，每岁端午，官给彩缎，俾两两相交其迟速，胜者加以银椀，谓之打标。”这是古代划船“锦标”赛之初时记录。

竞渡后来因有很浓的民族精神和端午节民俗传统，人们为表达对屈原的敬崇，船演变成龙舟，衍生成一种民间体育活动，兼有很浓的纪念意义。在吴楚这一江南诗人被放逐地区广泛开展，经久不衰，沿续至今，并向全国扩展成共性体育项目。

江阴的龙舟竞渡至今长盛不衰，明、清至民国时期的江阴北涸龙舟上增加惊险的武术表演特色项目，这种文武兼容的为纪念伍子胥的龙舟赛活动，在苏州、江阴一带伍子胥到过的地方盛行，成为国内龙舟竞渡中一绝。近代在月城镇建立龙舟赛基地，举行常规性质的龙舟竞赛活动，延续这几千年古老的民俗传统项目。

8. 滑雪和滑冰沿革史溯源探考

滑雪和滑冰活动，最早在《隋书》中有载：当时北狄的室韦族人“射猎为务，食肉衣皮。……地多积雪，惧陷坑阱，骑木而行。”（骑木而行即是滑雪）。《隋书》这段记载是目前所见的资料中，关于我国滑雪的文史记录。元代对骑木而行作过这样的描述：“木马行如弹弓，长四尺，阔五寸，一左一右，系于两足，激而行之雪中冰上，可以及奔马。”《新唐书》载：“北方拔野古族人‘俗嗜猎射，少耕获，乘木逐鹿冰上’。”又说突厥一些部落，“俗乘木马驰冰上，以板藉足，屈木支腑，蹴辄百步，势迅激。”这些都是狩猎生产中的滑雪滑冰运动。后演化成现代娱乐性和竞技性的滑雪滑冰体育运动。

9. 象棋沿革史溯源探索

象棋，春秋时期《诗经》中已有贵族和民间娱乐生活中有象棋活动的记载。清人所著的《象棋歌》中谓“市夫牧童靡不能”反映出我国广大地区连一般市民和牧童都会下象棋。清后至现代，象棋已成为平常百姓，乃至儿童业余休闲的重要娱乐活动，可谓象棋普及，盛传不衰。象棋这个体育项目，在江阴的诸多体育强项中，将展现其独有的魅力风采。

中华民族是世界上四大文明古国之一，历史悠久，历史文明文化源远流长。体育是伴随人类和文明文化发展而产生的产物，在人类历史上有举足轻重的地位。体育也代表了一个民族的兴盛和发展。上述体育项目是我国历史上产生的体育项目的一部分，已得到世界各国人民的喜爱，并流行发展。同时，国外的篮球、乒乓球、排球等等一些新体育项目已在我国扎根、开花、结果，为我国人民的业余生活娱乐活动，增加了活动项目和乐趣。

中华民族丰富多彩的体育活动项目繁多，古老而又文明，诸如舞龙、舞狮、踢毽、风筝、踏青、跳绳……等等，不胜枚举，她们处处洋溢着中华民族、民俗特有的风彩和韵味，为广大世人所喜爱。

江邑古老厚积的民俗体育拾零

殷新宝

始于夏、商、周远古时代的民间民俗体育项目，有许多现在仍然在延续通行，例如昔“射御”今未变；“角抵”现改称摔跤、相扑；“蹴鞠”“马球”现在成为全球热捧的足球运动；“投壶”现今成为集市上一种大众娱乐趣味活动，在江阴各乡镇街市上都能看见。一批古老的龙灯、龙舟、风筝、石担、石锁等民间民俗体育项目，经过解放初期和“文化大革命”的严禁而短暂时期的冷落，现今又重新焕发出其固有的魅力，活跃在江阴各乡镇，特别是风筝，进入寻常百姓家，且品种新颖，花样百出，玩不胜玩。近代江阴月城镇建成的中国龙舟休闲体育基地，多次举办国内的大型龙舟赛事，延续了我国自春秋战国以来端午节祭祀古代爱国诗人屈原的文式龙舟比赛传统。而江阴历史上曾在东乡胥湖一带流行着源于苏州一带的姑苏型武式龙舟——拳船赛风俗。虽然这种拳船活动已停办了近百年，但这种有别于国内其他地方，拥有文武两种龙舟活动之历史，成为江阴体育史上的一个历史亮点。江阴东乡古有胥湖、胥湖村等地名，相传为纪念伍子胥到此地而命名，现遗址犹存，古江阴人按苏州阊门、胥门地区立夏、端午、中秋等节令出拳船纪念伍子胥的风俗，在胥湖流域进行相同的拳船赛活动，至清末民初，拳船活动逐渐冷落，在地方史上留下记载。

江阴地区的民俗体育种类繁多，适宜儿童的特别多，在解放后至改革开放前，农村文化落后，人民生活水平较低时，民间民俗体育活动是人们自然选择的常规性体育活动，例如踢毽子、跳绳、跳橡皮筋、打陀螺、踁跟斗（空翻）、豁虎跳（侧空翻）、射小箭、爬绳、分绳、爬杆、游泳、踢小皮球、掷手榴弹（石头）、打马鞍床、爬山等等体育活动是家常便饭，丰富了孩子们在校内、校外的活动内容。其中1994年，江阴小学生计丽华、庄建英等几个学生还获得国家体委、国家教会、共青团中央联合颁发的1993-1994学年度全国“雏鹰起飞”小学生体育活动跳绳项目小能手称号。可见江阴这一段历史时期中的民俗体育活动尚处于转型前的兴盛期，现在六十岁以上的老人们均亲身体验过这些民俗体育活动，体验过对自己强身健体的功能及活动的乐趣。

民俗体育中还有不少主要是儿童们玩耍的项目，《江苏省体育志》作了简述，将其称为民俗体育中的“体育杂耍”。这些体育杂耍，是改革开放之前广大农村普遍流行的，也可以说是每一个老年人都切身经历过的民俗体育活动，可惜随着社会进步，人民生活水平快速提高，特别是农村城市化后，这些对锻炼身体，提高智力有益的杂耍活动被新的现代化的体育活动项目所替代，退出了流行农村几千年的历史舞台，目前，已经很难看见孩童们玩这些杂耍活动了。今整理简述于此，作为对民俗体育和体育杂耍的往事追忆和怀念，也是对江阴地区历史上的民间体育活动作一些补充，辑入本志的附录中，留传给后人。

流行于江阴地区的体育杂耍之源头难以考证，总的来说是十分古老，可能源自远古时代、上古时代。内容有打戞（江阴人称打橄榄棒），用瓦片削水漂、打缸牌、跳房子、轧偎偎、躲猫猫、车铁环、荡秋千、掷镰刀、打水枪、打江山（抢制高点）、用一只脚屈起来斗鸡、吃籽、黄狗抢卵子、打朴树果果、打皮弹弓、得洋则利（粘知了）、走乡土棋（其中有走碗架子、大直小直、叫化子爬山头等等），不胜枚举。这些体育杂耍活动，主要在儿童中展开。

五、重要文史选录

《中国体育史简编》是21世纪普通高等院校规划教材。该书以附录形式登载了珍贵的“世界体育大事年表”，对体育起源及沿革作了系统的阐述，对编著本志的笔者和阅读本志的读者了解体育、熟悉体育、热爱体育是一份珍贵的史料，特收录于后。

世界体育大事年表

原始社会

【约300万年前】△人类诞生，旧石器时代开始，走、跑、跳、掷、攀、砸等生活和劳动技能的模仿传习，是原始教育的主要形式。

【10万—5万年前】△旧石器时代中期，发明人工取火和飞石索等，一些身体练习活动逐步与劳动过程分离。

【5万—1万年前】△旧石器时代晚期，发明弓箭、标枪等。△原始农业、畜牧业、手工业产生，各种原始艺术和原始宗教开始发展。

【1万—5000年前】△新石器时代，人类进入发达的氏族社会，各种运动形式普遍出现，出现了作为原始宗教仪式化活动的运动和竞技。

公元前

【4000—3000年前】△黄河中游、长江下游，出现原始城市和早期国家。射箭、舞蹈盛行，传说中陶唐氏（尧）以舞疗疾。

【3000年前】△两河流域、尼罗河流域奴隶制国家出现赛跑、摔跤、拳击、游泳、杂技等活动。

【前28世纪】△北欧出现骨制滑雪板。

【前21—17世纪】△夏朝建立，传说夏代已有主要学射箭的学校（序、校、学）。

【前20世纪】△中亚驯服马，出现战车，盛行狩猎、战车赛、射箭、拳击等。△印度河流域出现瑜伽和按摩术。

【前17—11世纪】△中国商代学校（教、序、庠、学、瞽宗）主要学习射和戒（持兵器而舞）。△甲骨文大量记载了商代贵族的射、猎和祭祀、战争活动。△《尚书·洪范》论及五福六极，以长寿为人生第一幸福。

【前13—12世纪】△波斯人设立教馆（学校），教7－16岁的青少年学习摔跤、跑步、骑马、射箭和掷标枪。

【前11—8世纪】△中国西周学校以六艺（礼、乐、射、御、书、数）为主要教育内容。

【前8世纪】△古希腊《荷马史诗》形成，大量描述了古希腊人的体育生活。

【前776年】△在希腊伊利斯城邦举行了有记载的第1届古代奥运会（4年1届）。

【前770—前476年】△中国春秋时代，出现了围棋、投壶、弄丸、象棋等活动；△春秋时成书的《诗经》反映了西周时贵族和民间的体育生活。

【前720—前570年】△斯巴达人在奥运会上保持优势，并对本城邦贵族子弟进行严格的军事和体育训练。

【前7世纪】△印度出现4色象棋，据考证是国际象棋的前身。

【前685年】△管仲在齐国为相，令举荐拳勇人才。

【前680年】△传老子作《道德经》，书中顺天法道、宁静无为的思想成为后世养生理论与方法的基础之一。

【前6—前4世纪】△雅典体育处于繁荣时期。

【前551—前479年】△中国古代教育家思想家孔子在世，私学兴起。

【前475—前221年】△中国战国时代，导引养生兴起。△蹴鞠流行于齐国。△魏国颁布“习射令”，并且从武装负重长跑中选拔士兵。△庄周学派著《庄子》，论及养生导引。

【前460—前377年】△希腊名医希波克拉底在世，有不少关于养生和体操的著作。

【前427—前347年】△古希腊哲学家、教育家柏拉图在世，他对体操及其教育地位都有详细论述。

【前384—前322年】△古希腊哲学家亚里士多德在世，他明确提出了体、德、智三育思想和分段教育思想。

【前4—前3世纪】△古希腊罗斯特拉托著《体操论》。△中国医学和养生学经典著作《黄帝内经》问世。△中国出现以教围棋、射箭和剑术为生的专门人员。

【前221—前207年】△秦统一中国，更讲武之礼为角抵，军中流行投石、越距离跑等。

【公元前3世纪—公元404年】△罗马帝国时期，盛行角斗、赛车。

【公元前202年—公元23年】△中国西汉王朝，汉初出现《却谷食气篇》《导引图》等。

公元后

【25—220年】△中国东汉王朝，汉末曹植诗《名都篇》中有中国马球的最初记载。

【139—200年】△罗马名医盖伦在世，他对运动、营养与健康的关系很有研究。

【？—208年】△中国汉魏名医华佗在世，创编“五禽之戏”。

【394年】△罗马帝国禁止举行“有异教痕迹的定期竞技会”，历时1168年、共举行了293届的古奥运会至此终止。

【58l—618年】△中国隋朝，太医巢元方著《诸病源候论》，多载“补养宣导方”。

【618—907年】△中国唐朝，唐代盛行击鞠（马球）。△蹴鞠使用充气球。△围棋、蹴鞠、击鞠、养生导引等传入日本。

【7世纪】△少林武僧因曾助唐太宗作战而扬名。△中国武技传入新罗。

【703年】△唐初设武举，有射箭及马枪、翘关、负重及身材之选，780—805年废。

【9世纪】△欧洲骑士制度形成，骑士教育以学习骑马、游泳、掷矛、剑术、狩猎、弈棋和吟诗七艺为主。

【960—1127年】△中国北宋。宋初《角力记》问世。

【980—1037年】△阿拉伯名医伊本·西纳在世，他提出了预防医学的思想。

【1079年】△宋朝颁布《教法格并图像》。

【11—12世纪】△中国东京（开封）、临安（杭州）等城市出现体育社团，北方农村遍设弓箭社。△宋代《道枢》中有八段锦的记载。《事林广记》中有关于蹴鞠规则的记载。△宋宫中专设内等子（摔跤）、棋待诏、打球供奉等。△西欧一些城市出现击剑和射箭组织。△宋代在中央和地方建立武学。△欧洲普及骑士团制度。

【1230年】△法国出现室内网球场。

【1279—1368】△中国元代，建立贵由赤部队，每年举行一次全程约90千米的“贵由赤”长跑比赛。

【1282年】△中国“宁志斋主人”撰捶丸（高尔夫）专著《丸经》2卷。

【1368—1644】△中国明代，明初设武举，后期增考枪、刀、剑、戟、拳搏。

【1374年】△传中国河南温县陈家沟陈卜创太极拳。

【14—16世纪】△欧洲文艺复兴运动，近代体育思想萌芽。

【1423年】△意大利维多里诺（1378—1445）开办名为“快乐之家”的宫廷学校，进行了近代学校体育的最初尝试。

【1490年】△足球正式命名为football（英国）。

【15世纪】△汪云程撰《蹴鞠图谱》。

【1592—1670年】△捷克著名教育家夸美纽斯在世。

【16世纪】△宗教改革运动兴起，宗教改革运动反对苦修，主张促进基督徒身体健康。△中国俞大猷《剑经》，戚继光《练兵纪实》《纪效新书》等问世，论及武技及身体训练。

【1569年】△意大利赫·麦库里亚尼（1530—1606）出版《论体操》。

【1644—1911年】△中国清代，清初一年两次狩猎讲武，冬月举行冰嬉大典。△清初设善年侍卫（摔跤手），后改称善扑营。△清初著名教育家颜元（1635—1704）在漳南书院实行分斋教学，重视武备教育，教兵法、战法及射、御、技击。

【16世纪后期】△中国明代出版周履靖《赤凤髓》、高濂《遵生八笺》等大批养生著作。

【1693年】△英国著名教育家约翰·洛克（1632—1704年）《教育漫话》出版，论述三育的关系。

【17世纪】△英国绅士体育兴起。

【1712—1778年】△法国启蒙思想家让·雅克·卢梭在世，他的《爱弥尔》一书成为博爱派教育运动和自然体育思想的先声。

【1746—1827年】△瑞士教育家约·裴斯塔洛齐在世，他将体操分为三类，提倡学生每天上体育课。

【1749年】△英国拉格比公学建立近代第一个正式足球场。

【1774年】△德国巴塞多在德绍创办博爱学校，该校以“德绍五项竞技”闻名。

【1793年】△德国体操创始人古茨穆斯（1759—1839）出版《青年体操》。

【1794—1818年】△德国人格·维特（1763—1863）分卷出版《体育百科全书》。

【1804年】△丹麦建立皇家陆海军体操师范学校。

【1808年】△丹麦建立文职人员体操师范学院。△丹麦政府令中学开设体操课。

【1811年】△德国弗·杨（1781—1852）在哈森赫德建立公共体操场，并组织体操组织。

【1814年】△丹麦规定小学男生必修体操；订立体操教师和体操场标准。△伯·亨·林（1776—1852）创办瑞典皇家中央体操学校。△10月18日，普鲁士首次举行体操节。△英国剑桥、牛津大学首次举行划船比赛（1856年起每年举行）。

【1820年】△瑞典政府令男子中学实施体操。△巴黎开办体育师范学校。

【1823年】△橄榄球运动在英国拉格比公学问世。

【1837年】△在华西人在广州创办体育俱乐部。

【1839年】△美国阿道布顿在纽约科柏斯镇组织第一次棒球比赛。

【1844年】△普鲁士政府令各级学校实施体操。

【1849年】△伦敦成立第一个田径俱乐部。

【1855年】△英国第一个足球俱乐部成立。

【1859年】△希腊举行奥林匹克节，至1889年共举行6次。

【1861年】△英成立全国射箭总会。△英成立第一个曲棍球俱乐部。

【1862年】△中国清朝官员开始在湘军、淮军中聘请西人教练洋枪、洋炮、洋操。

【1863年】△英国成立橄榄球协会、足球协会（10月26日）。

【1872年】△法国开始在男子学校实施体育义务教育。△清朝派出4批120名官费留美学生，他们在美期间组织了中华棒球队。

【1878年】△上海正蒙书院成立，游戏被列为正式课程。

【1881年】△国际体操联合会成立。△中国北洋水师学堂创立，体操逐步流行。

【1888年】△国际业余田径联合会成立。

【1890年】△上海圣约翰书院举行以田径为主的运动会。

【1891年】△美国奈史密斯发明篮球运动。△严复（1853—1921）发表《原强》，在中国首倡力、智、德三育。△康有为在广州为万木草堂，学生间日习体操。

【1894年】△6月24日，国际奥委会在巴黎成立，顾拜旦（1863一1937）当选为秘书长，1896—1937年他任国际奥委会主席。△冬，清廷开始在天津按西法编练新式陆军，聘用德国人为教官。

【1895年】△美国人威廉·摩根发明排球。△篮球开始在中国天津出现，京、津部分大学开始棒球运动。

【1896年】△4月5－15日，第1届现代奥运会在雅典举行。

【1897年】△中国第一所公办新式小学南洋公学外院正式将体操列为课程。

【1899年】△天津兴起校际运动会。

【1900年】△第2届奥运会在巴黎举行。

【1901年】△中国清廷决定在全国推行常备军制。

【1903年】△中国清廷颁布《奏定学堂章程》，规定体操为各级各类学校必修科。△清政府设立总理练兵处，袁世凯为会办，至1905年练成5镇新军。

【1904年】△第3届奥运会在美国圣路易城举行。△5月21日，国际足联成立。

【1905年】△中国大通师范学堂、江苏两级师范学堂体操专修科、娄县劝学会体操传习所成立。

【1906年】△清廷学部通令各省城师范办体操专修科。

【1907年】△中国举行宁垣学界第一次联合运动会。△上海中国体操学校成立。

【1908年】△第4届奥运会在伦敦举行，首次实行以东道国国旗为先导的入场式。△南华体育会在香港地区成立。

【1910年】△3月，精武体育会在上海成立。△10月18—22日，中国第一次运动大会（全国学校区分队第一次体育国盟会）在南京举行。

【1912年】△第5届奥运会在瑞典斯德哥尔摩举行。

【1913年】△2月1—8日，中国参加在马尼拉举行的第一届远东运动会（至1934年共举行10届）。△5月24日，首届华北运动会在北京举行（至1934年共举行18届）。△华东体育联合会成立。

【1914年】△旧中国第2届全国运动会在北京举行。△华北体育联合会成立。

【1915年】△5月15—22日，第2届远东运动会在上海举行，国际奥委会接纳中国。

【1916年】△南京高等师范学校体育专修科成立。

【1917年】△4月1日，廿八画生（毛泽东）在《新青年》发表《体育之研究》。△全国中学校长会议议决将“中华新武术”列为中学体育课内容。

【1918年】△英国通过教育法案，在初中强制实施体育。

【1919年】△中国教育界发生“兵操废存之争”，部分学校宣布废止兵操。

【1920年】△第7届奥运会在安特卫普举行。

【1921年】△5月30日—6月4日，第5届远东运动会在上海举行。

【1922年】△中华业余运动联合会在北京成立。△王正廷当选国际奥委会委员。

【1923年】△北洋政府教育部中小学《课程纲要草案》将“体操课”改为“体育课”。△第1届华中运动会在武昌举行（至1936年共举行6届）。

【1924年】△第1届冬季奥运会在法国夏蒙尼举行。△第8届夏季奥运会在巴黎举行。△第1届世界大学生运动会在华沙举行。△5月22—24日，旧中国第3届全国运动会在武昌举行，田径赛改为米制。△8月，中华全国体育协进会在南京成立。△中国兴起收回教育权、体育权的斗争。

【1927年】△第8届远东运动会在上海举行。△中国政府成立全国体育指导委员会。

【1928年】△第9届奥运会在阿姆斯特丹举行。△第2届冬季奥运会在圣莫里茨举行。△6月，中国中央国术馆成立，10月在南京举行第一次国术国考。

【1929年】△中国国民政府公布国民体育法。

【1930年】△奥地利高尔霍夫尔（1885—1941）发表《自然体育》，创奥地利自然体育学派。△4月1—11日，旧中国第4届全运会在杭州举行。

【1931年】△苏联开始推行劳卫制。△中国教育部公布中小学体育课程标准。

【1932年】△第10届奥运会在洛杉矶举行，中国派运动员刘长春参加。△第3届冬季奥运会在美国举行。△中国在教育部下设体育委员会和负责体育的督学，并公布《国民体育实施方案》。

【1933年】△5月，瑞金举行中华苏维埃共和国第一次运动大会。△10月10—20日，旧中国第5届全运会在南京举行。

【1936年】△第4届冬季奥运会在德国举行。△第11届夏季奥运会在柏林举行。

【1937年】△中国陕甘宁边区成立体育运动委员会。

【1938年】△春，中国八路军一二O师战斗篮球队成立。

【1938年】△10月10—20日，旧中国第6届全运会在上海举行。

【1939年】△中国孔祥熙当选为国际奥委会委员。

【1940年】△中国国民政府颁布《各级学校体育实施方案》。△延安体育会成立。

【1941年】△中国教育部“体育委员会”改组为“国民体育委员会”。

【1942年】△中国延安举行“九一”扩大运动会。

【1947年】△中国董守义当选为国际奥委会委员。

【1948年】△第14届夏季奥运会在伦敦举行。△旧中国第7届全运会在上海举行。

【1949年】△10月26～27日，中华全国体育总会筹备会在北京举行。

【1951年】△第1届亚洲运动会在新德里举行。

【1952年】△第15届夏季奥运会在赫尔辛基举行，中华人民共和国和苏联代表团首次参赛。△第6届冬季奥运会在奥斯陆举行。△6月24日，中华全国体育总会在北京成立，毛泽东题词：“发展体育运动，增强人民体质”。同日，全国体总会公布劳卫制试行条例（草案）。△11月8日，华东体育学院（1956年改名上海体育学院）成立。△11月15日，中央人民政府体育运动委

员会成立，贺龙任主任。

【1953年】△吴传玉在国际青年联欢节运动会上获男子百米蛙泳第1名。△10月1日，中央体育学院（1956年改名北京体育学院，1994年改名为北京体育大学）成立。△10月8日，在天津举行第一次全国民族形式体育表演大会。△11月8日，武汉体育学院成立。

【1954年】△国际奥委会承认体总为中国奥委会。△成都、西安、沈阳体院成立。

【1955年】△中国第1届工人运动会在北京举行。

【1956年】△第16届奥运会在墨尔本举行。△第7届冬奥会在意大利举行。△陈镜开破最轻量级挺举世界纪录，这是中国运动员首次打破世界纪录。△中国国家体委公布青、少年业余体校章程的两个草案。△中国教育部颁布中、小学和师范学校体育教学大纲的三个草案。

【1958年】△中国断绝同国际奥委会的关系。△9月18日，北京体育科研所成立。

【1959年】△首届世界大学生运动会在都灵举行（两年一届）。△乒乓球运动员容国团在第15届世乒赛上第一次为中国夺得世界冠军。△9月13日—10月3日，中华人民共和国第1届全国运动会在北京举行。

【1960年】△第17届奥运会在巴黎举行。△第8届冬奥会在斯阔谷举行。△中国台北徐亨当选为国际奥委会委员。

【1961年】△第26届世界乒乓球锦标赛在中国北京举行。

【1963年】△第1届新兴力量运动会在雅加达举行。

【1964年】△第9届冬奥会在因斯布鲁克举行。△第18届奥运会在东京举行，首次使用卫星进行实况转播。△中国第一次全国体育科学报告会在北京举行。

【1965年】△非洲最高体育理事会成立，在布拉柴维尔举行首届全非运动会。△3月，国家体委公布《青少年体育锻炼标准》。△9月11—28日，中华人民共和国第2届全国运动会在北京举行。

【1966—1976年】△中国“文化大革命”开始。△第2届新运会在金边举行。

【1967年】△国际单项运动联合会总会成立。

【1968年】△5月12日，中国国家体委被“军事管制”。△各国奥委会总会成立。△第19届奥运会在墨西哥城举行。第10届冬奥会在格勒诺布尔举行。

【1971年】△中国参加在日本举行的第31届世乒赛。△4月，美国乒乓球队访华。

【1972年】△第11届冬奥会在札幌举行。△第20届奥运会在慕尼黑举行，会间发生“黑九月”屠杀事件。△中国乒乓球代表团访美。

【1973年】△中国恢复建立县以上体委、体总及所属协会，体育院系恢复招生。△全国中学生运动会在烟台、长春举行。

【1974年】△9月1—16日，中国首次参加亚运会（德黑兰，第7届）。△9月，中国参加在威斯巴登举行的第1届世界中学生运动会。

【1975年】△中国第3届全运会在北京举行。

【1976年】△第12届冬奥会在因斯布鲁克举行。△第21届奥运会在蒙特利尔举行。△根据联合国教科文组织的建议，国际体育运动政府间委员会成立。

【1978年】△中国召开全国体育工作会议，初步清算“文化大革命”对体育事业的破坏，提出要建设“体育发达国家”。△中国教育部组织编写中、小学体育大纲和体育教材，颁布《中小学体育工作暂行规定》和《高等学校体育工作暂行规定》。

【1979年】△国际奥委会执行委员会决议“中国奥林匹克委员会”为中国的全国性奥委会，设在台北的奥委会为“中国台北奥委会”。△中国全国体工会提出省以上体委侧重抓提高。△9月15—30日，第4届全运会在北京举行。△国家体委、卫生部、教育部联合组织进行了大规模的中国青少年体质调查测试。

【1980年】△中国首次参加冬奥会（普莱西德，第13届）。△萨马兰奇任国际奥委会主席。△第22届奥运会在莫斯科举行，美、中等许多国家抵制参加。△8月，中国第2届中学生运动会在太原举行。△12月，中国体育科学学会在北京成立，同时举行学术报告会。

【1981年】△中国何振梁当选为国际奥委会委员。△中国队获第3届世界杯女排赛冠军，这是中国三大球首获世界冠军。

【1982年】△8月10—19日，中国第1届大学生运动会在北京举行。△9月2—8日，中国第2届民族传统运动会在呼和浩特举行。△中国在新德里第9届亚运会上首次获得金牌总数第一。

【1983年】△中国第5届全运会在上海举行。

【1984年】△中国首次获得奥运会金牌（洛杉矶，第23届，中国获金牌15枚）。△中共中央下达《关于进一步发展体育运动的通知》，提出建设体育强国。

【1986年】△中国国家体委公布《关于体育体制改革的决定（草案）》。△中国第2届大学生运动会在大连举行。△中国第3届民族传统运动会在乌鲁木齐举行。△中国民族体协成立。△国际奥委会决定：奥运会向田径、马术、冰球、足球职业运动员开放。

【1987年】△中国第6届全运会在广州举行。△中国国家体委、国家教委颁布《中学生体育合格标准试行办法》。

【1988年】△第15届冬季奥运会在卡尔加里举行。△第24届夏季奥运会在汉城举行。（中国获金牌5枚）△中国台北吴经国当选为国际奥委会委员。

【1990年】△中国国家教委、国家体委颁布《学校体育工作条例》。△第11届亚运会在北京举行。

【1991年】△中国第3届大学生运动会在武汉举行。

【1992年】△第25届夏季奥运会在巴塞罗那举行（中国获金牌16枚）。△第16届冬季奥运会在阿尔贝维尔举行。

【1994年】△第17届冬季奥运会在利勒哈默尔举行（自本届起与夏季奥运会相间举行）。

【1995年】△6月28日，中国《全民健身计划纲要》颁布实施动员大会在京举行。△中国第4届大学生运动会在成都举行。△8月29日，第8届全国人大常委会第15次会议通过《中华人民共和国体育法》。

【1996年】△第26届夏季奥运会，在美国的亚特兰大举行（中国获金牌15枚）。

【2000年】△第27届夏季奥运会，在澳大利亚的悉尼举行（中国获金牌28枚）。

【2004年】△第28届夏季奥运会，在希腊的雅典举行（中国获金牌32枚）。

【2005年】△第47届世界乒乓球锦标赛，在上海举行（中国获金牌7枚）。

【2008年】△第29届夏季奥运会，在中国北京举行（中国获得金牌51枚）。

【2010年】△第21届冬季奥运会，在加拿大温哥华举行（中国获得金牌5枚）。

“七运特刊”

江阴市第七届全民运动会在于2017年4月—11月举办。大会以“共享全民健身、共建健康江阴”为主题，彰显“回归体育本质”的理念，致力于办成“体育的盛会、人民的节日”。本届市运会设有24个项目、48项次比赛，共有7792名运动员参加了比赛。市七运会开幕式于2017年11月8日在江阴市体育中心隆重举行，3万多人参与观摩开幕式，创历史之最。市七运会闭幕式于2017年11月23日在江阴市政府综合楼第二会议室举行，会上表彰了2013—2016年度群众体育先进集体和先进个人，以及七运会先进集体和先进个人。

【组织单位】

市委办	市政府办	市委农工办	市老干部局	市教育局	市人社局
市民政局	市农林局	市体育局	市总工会	市文广新局	市公安局
市交通运输局					

【参赛单位】

小学组：城中实验小学	峭岐实验小学	
初中组：江阴初级中学	周庄中学	
高中组：江苏省江阴市南菁高级中学	江阴市山观高级中学	
乡镇组：华士镇	青阳镇	
职工组：法尔胜泓晟集团	市级机关	
老年组：市老年体协	徐霞客镇	
仪仗队：第二十三基地	市公安局特警大队	市业余体校

江阴市第七届全民运动会体育道德风尚奖

小学组：江阴市实验小学	第二实验小学	祝塘中心小学
初中组：云亭中学	第一初级中学	峭岐中学
高中组：江苏省江阴市高级中学	江苏省江阴市第一中学	江阴市第二中学
乡镇组：月城镇	云亭街道	徐霞客镇
职工组：市教育局	兴澄特钢	供电公司
老年组：城东街道	青阳镇	顾山镇

初中组金牌总数

名　次	块 数	单　　位
第一名	12	云亭中学
第二名	11	江阴初级中学
第三名	8.5	周庄中学
第四名	8.5	南菁实验学校
第五名	7.5	江阴市第一初级中学
第六名	6.5	峭岐中学
第七名	5	青阳第二中学
第八名	5	长泾第二中学
第九名	5	江阴市第二中学
第十名	4.5	顾山中学

初中组团体总分

名　次	总 分	单　　位
第一名	251	江阴初级中学
第二名	214.5	南菁实验学校
第三名	212.5	周庄中学
第四名	203	云亭中学
第五名	168.5	顾山中学
第六名	162.5	峭岐中学
第七名	126.5	江阴市第一初级中学
第八名	106	南闸实验学校
第九名	104	陆桥中学
第十名	97	长泾第二中学

高中组金牌总数

名　次	块 数	单　　位
第一名	18.5	南菁高级中学
第二名	10	市高级中学
第三名	8	成化高级中学
第四名	8	江阴中等专业学校
第五名	7	山观高级中学
第六名	6	江阴市第一中学
第七名	6	澄西中学
第八名	5	徐霞客综合高中
第九名	4	江阴市第二中学
第十名	3.5	长泾高级中学

高中组团体总分

名　次	总 分	单　　位
第一名	365.5	南菁高级中学
第二名	281	市高级中学
第三名	261	市第一中学
第四名	242	山观高级中学
第五名	213	成化高级中学
第六名	166.5	青阳高级中学
第七名	154.5	长泾高级中学
第八名	140.5	华士高级中学
第九名	116	徐霞客综合高中
第十名	112.5	商业中等专业学校

职工组金牌总数

名　次	块 数	单　　位
第一名	12	法尔胜泓昇集团
第二名	8	教育局
第三名	6.5	市级机关
第四名	5	高新区
第五名	3	职业技术学院
第六名	2	兴澄特钢
第七名	1.5	公安局
第八名	1	苏龙热电
第九名	1	交通局
第十名	1	卫计委

职工组团体总分

名　次	总 分	单　　位
第一名	250	法尔胜泓昇集团
第二名	228	教育局
第三名	181.5	公安局
第四名	169.5	市级机关
第五名	100	高新区
第六名	72	职业技术学院
第七名	72	兴澄特钢
第八名	49	交通局
第九名	49	临港开发区
第十名	41	卫计委

乡镇组金牌总数

名 次	块 数	单 位
第一名	12.5	徐霞客镇
第二名	12	澄江街道
第三名	9.5	月城镇
第四名	7	周庄镇
第五名	7	祝塘镇
第六名	4	临港街道
第七名	3	华士镇
第八名	2.5	青阳镇
第九名	2	城东街道
第十名	1.5	云亭街道

乡镇组团体总分

名 次	总 分	单 位
第一名	316.5	徐霞客镇
第二名	242	澄江街道
第三名	168	华士镇
第四名	154.5	月城镇
第五名	148.5	青阳镇
第六名	142	祝塘镇
第七名	124	临港街道
第八名	114	周庄镇
第九名	100	城东街道
第十名	90.5	云亭街道

老年组金牌总数

名 次	块 数	单 位
第一名	20	澄江街道
第二名	15	青阳镇
第三名	14	华士镇
第四名	13	徐霞客镇
第五名	11	顾山镇
第六名	11	月城镇
第七名	10.5	临港街道
第八名	10	城东街道
第九名	9	长泾镇
第十名	9	祝塘镇

老年组团体总分

名 次	总 分	单 位
第一名	199	澄江街道
第二名	156	青阳镇
第三名	149	华士镇
第四名	135	徐霞客镇
第五名	125	顾山镇
第六名	113.5	临港街道
第七名	106	月城镇
第八名	98	城东街道
第九名	92	长泾镇
第十名	89	祝塘镇

小学组金牌总数

名 次	块 数	单 位
第一名	17	城中实验小学
第二名	11.5	长泾实验小学
第三名	10	江阴市实验小学
第四名	10	第二实验小学
第五名	10	北国中心小学
第六名	8	峭岐实验小学
第七名	7	祝塘中心小学
第八名	7	新桥实验小学
第九名	7	顾山实验小学
第十名	6	云亭实验小学

小学组团体总分

名 次	总 分	单 位
第一名	399	城中实验小学
第二名	304.5	长泾实验小学
第三名	273.5	江阴市实验小学
第四名	219	峭岐实验小学
第五名	200	第二实验小学
第六名	194	祝塘中心小学
第七名	190.5	周庄实验小学
第八名	184	陆桥实验小学
第九名	159	新桥实验小学
第十名	158	辅延中心小学

后 记

编一部反映江阴体育今古全貌的志书，是江阴体育界人士和全市人民共同的夙愿。1988年之前，江阴县（市）体育局曾经组织编写过简易的体育志稿，后因故封存未付梓。

2011年，江阴市体育局再次启动重编《江阴体育志》工作计划，由于诸多综合原因的持续影响，启动工作因此被延迟至2012年5月中旬动工。启动之初，又因客观上难度较大，编撰小组因缺员曾数次频繁重组班子，至下半年始得逐步稳定。

体育类志书，当时社会上县(市)级体育志尚极少面世，地区级体育志虽有部分已出版，但借鉴价值不大。编撰组参阅了多种中国体育史研究文献，增强对体育沿革史理论上的认知，对学校体育在体育史及发展史中的地位有了客观的认识，与《江苏省志·体育志》中的学校体育在目录中的前列位置产生共识，设定了《江阴体育志》的目录框架，并得到市史志办公室领导的认可，为编撰工作顺利展开奠定了基础。

江阴的体育成绩近数十年从后进赶先进，从“文化大革命”后的省内田径最后几名跃升至近年持续位列全省前列，这些数据大部分可以从体育局内档案资料中找到。但总体上讲，体育局及各乡（镇）、企业、体育协会的档案资料缺失相当严重，特别是这次编撰体育志期间，一部分乡（镇）、体育协会未能提供详实资料，对系统地整理成文、引证、考证、查缺、纠讹均带来较大困难。编撰组发动和依靠社会上文人贤达的广泛支助，他们热忱地为编撰组提供了不少局内档案之外的珍贵资料，弥补了部分因档案资料不足而形成的缺憾。为此，再次向提供资料的单位和个人致以最诚挚的感谢。

至2014年冬，经过2年多艰辛努力，90余万字左右的《江阴体育志》送审一稿初步完成，其中第二章学校体育由夏迪和撰写；第三章群众体育和第四章竞技体育由钱云章撰写；卷首各项和第一、五、六、七、八章及卷末志余各项由殷新宝撰写和整理。文稿经江阴市史志办公室组织力量细加审修，提出一些中肯建议和改进意见。2015年8月末，编撰组按照市史志办公室审修意见，综合半年多来的拾遗补缺和考证博引得来的资料，进行完善。后又数易其稿，两次经局内组织力量审稿，对文稿进行后期细修，于2016年夏初步完成时又接局领导指示，将资料截止期从2012年底延伸至2015年底止，为此一场紧张的志书内容向后延伸3年活动全面展开。编撰人员克服重重困难，抢时间，抓质量，重协调排除阻力，迎难而上又新增近10万字文稿，完成志书内容延伸之重任。2017年半年多时间的最后一次审稿中，本局领导删除约4万字文稿，全志约存百万余字左右。

由于体育档案资料客观上存在如本文前一段内所述的缺失状况，造成一定程度上的编撰难度和相关章节资料断缺，相关单位体育活动难以表述之缺撼；同时，因编撰人员才疏学浅，本志文稿中疏漏、舛误之处在所难免，诚请方家、学者和广大读者不吝赐教、斧正。

编 者

提供资料单位

江阴市档案局
江阴市教育局
江阴市总工会
江阴市残疾人联合会
江阴市史志办公室
江阴市人民政府组织部档案室
江阴市澄江街道
江阴市夏港街道
江阴市南闸街道
江阴市申港街道
江阴市云亭街道
江阴市澄东街道
江阴市璜土镇
江阴市月城镇
江阴市青阳镇
江阴市徐霞客镇
江阴市周庄镇
江阴市新桥镇
江阴市顾山镇
江阴市华士镇
江阴市祝塘镇
江阴市信鸽协会
江阴市足球协会
江阴市棋类协会
江阴市乒乓球协会
江阴市太极拳协会
江阴市游泳协会
江阴市羽毛球协会
江阴市体育舞蹈协会
江阴市钓鱼协会
江阴市木兰拳协会
江阴市网球协会
江阴市篮球协会
江阴市门球协会
江阴市武术协会
江阴市石锁协会
江阴市空竹协会
江阴市排球协会
江阴市老年体育协会
江阴市社会体育指导员协会
江阴市围棋联谊会
江苏省南菁高级中学
江苏省江阴市第一中学
江阴市第二中学
江阴市高级中学
江阴市要塞中学
江阴市云亭中学
江阴市长泾中学
江阴市周庄中学
江阴市文林中学
江阴市利港中学
江阴市璜土中学
江阴市职业技术学院
江阴市临港新城实验学校
江阴市华士实验学校
江阴市实验小学
江阴市澄江中心小学
江阴市月城实验小学
江阴市云亭实验小学
江阴市要塞实验小学
江阴市长山中心小学
江阴市大桥小学
江阴市新桥中心小学
江阴市北中心小学
（原）江阴市顾山省渡桥小学
（原）江阴市璜塘红心小学
（原）江阴市南闸曹桥小学

提供资料个人（以姓氏笔画为序）

王煜声	王虎良	尤国耀	尤南华	卞正环
卞富洪	卞　铭	方美红	孔玉娟	毛德彦
包国良	史方度	许晓琴	许建春	许汉祺
许尧良	汤玉兴	束红伟	刘国权	刘少华
刘学东	刘秀燕	仲建毅	江　良	任建平
邵振良	吴汝兴	吴建新	吴香媛	吴德明
吴产良	吴兴赓	吴　勇	吴勤珍	陈汝生
陈济生	时　敏	何公慰	何旭旦	何荣祥
苏海滨	沈　菁	沈　震	李春才	李仲林
李建华	李　春	贡金城	赵　统	陆亚平
陆士兴	汪坤洁	张炳华	张建锋	张霞萍
居正兴	范风鸣	周金春	周春宇	郁光宙
段海锋	胡士勇	顾铁林	顾亚华	袁勤芬
徐泉法	徐和明	唐汉章	殷生金	章　逸
章　成	章赞勋	黄正军	曹　云	曹静霞
符富先	蒋建军	谭震皖	潘　清	薛栋成